MYTHOS

BABYLON

NATIONAL GEOGRAPHIC

ANTON GILL

MYTHOS BABYLON

DIE WIEGE UNSERER ZIVILISATION

INHALTSVERZEICHNIS

EINLEITUNG

Die Erforschung Mesopotamiens, oft auch als Alter Orient bezeichnet, ist eine noch recht junge Wissenschaft. Schon früh verfassten einige Europäer Reiseberichte und schilderten ihre Eindrücke der Region. Doch eine systematische Erforschung begann erst im 19. Jahrhundert. Claudius James Rich erregte mit seinem Buch „Narrative of a Journey to the Site of Babylon in 1811" großes Aufsehen und beflügelte die Fantasie seiner Leser. Seine Abenteuer inspirierten Byron zu einem Theaterstück und weckten die Neugier viktorianischer Wissenschaftler und Forscher. Briten, die gefährliche und raue Länder bereisten, besaßen damals ein enormes Selbstvertrauen. Es erwuchs aus dem Denken, der führenden Nation der Welt anzugehören. Zudem konnten sie sich bei ihren Expeditionen auf eine starke Währung stützen. Mitte des 19. Jahrhunderts sorgten Männer wie Henry Layard und Henry Rawlinson für erhebliche Fortschritte im Wissen über Städte, Kultur und Sprachen der alten, lange vergessenen Völker Mesopotamiens. Französische und italienische Forscher schlossen sich an, und es kam zu einer Zusammenarbeit und zuweilen zu Streitigkeiten. Heute befinden sich die größten Sammlungen orientalischer Altertümer im British Museum in London, im Louvre im Paris, im Vorderasiatischen Museum in Berlin und im Irakischen Nationalmuseum in Bagdad.

Als sich Ende des 19. Jahrhunderts die Machtverhältnisse in der Welt änderten, mischten sich auch die Deutschen in die Forschung ein. Unermüdlich arbeitete Robert Koldewey 17 Jahre lang in Babylon. Die Früchte seiner Arbeit befinden sich heute im Vorderasiatischen Museum in Berlin. Nach dem Ersten Weltkrieg waren wieder die Briten führend. Ihr größter Erfolg war in den 1920er Jahren die Freilegung von Ur, der ältesten bis dahin entdeckten Stadt. Durch den Zweiten Weltkrieg kam es erneut zu einer Unterbrechung der Forschungsarbeiten. Sie wurden jedoch danach kontinuierlich fortgesetzt, bis 1991 der Krieg um Kuwait (Golfkrieg) ausbrach. Seitdem sind die Forschungen praktisch zum Erliegen gekommen. Der folgende Golfkrieg 2003 hatte katastrophale Folgen für die archäologischen Stätten im Irak und die bedeutenden Museen und Bibliotheken des Landes.

Da die Altorientalistik – so der Name der wissenschaftlichen Disziplin, die sich der Erforschung dieser alten Kultur widmet – eine so wechselvolle Geschichte hatte und sich nie reibungslos weiterentwickeln konnte, kann es kaum verwundern, dass nur relativ wenige Fakten eindeutig feststehen. Die Mesopotamier hinterließen über ihre Geschichte und ihren Alltag beinah ebenso ausführliche Aufzeichnungen wie die alten Ägypter. In Museen warten Tausende Tontafeln darauf, katalogisiert und veröffentlicht zu werden. Dennoch hat die Zeit einen erheblichen Teil ihrer Kultur ausgelöscht, und da sie keinen Naturstein als Baumaterial zur Verfügung hatten, waren ihre Bauten nicht wie die Pyramiden vor Verwitterung geschützt.

Dieses Buch beginnt daher mit einem Hinweis: Wer sich weitere Literatur zu diesem Thema ansieht, wird feststellen, dass die Experten sich in groben

Zügen einig sind, in Details aber oft voneinander abweichen. Die Interpretation von Ereignissen, ihre genaue Datierung und Lokalisierung, die Schreibweise der Namen, die Identifizierung von Artefakten – das alles sind Fragen, zu denen es unterschiedliche Ansichten und Vorstellungen gibt. Die Altorientalistik ist eine junge, wachsende Disziplin, die in der jüngsten Vergangenheit schwere Schläge durch unnötige Kriege erlitten hat.

Bei den Namen habe ich mich für die gebräuchlichsten und bekanntesten Schreibweisen entschieden. Ich verzichte auf jegliche diakritische Zeichen, die für den Laien die Lesbarkeit nur erschweren. Götter sind mit ihren akkadischen Namen angeführt und die sumerischen Namen, wo nötig, in Klammern hinzugefügt.

Bei den historischen Ereignissen, der vermutlichen Nutzung von Gebäuden, der Interpretation von Ritualen und so weiter habe ich mich bemüht, dem aktuellen Stand der Forschung zu folgen. Archäologen wie Koldewey und Woolley, ganz zu schweigen von ihren viktorianischen Vorgängern, waren Pioniere. Die meisten ihrer Forschungsergebnisse besitzen heute noch Gültigkeit, manche sind umstritten, einige wurden korrigiert. Allerdings sollte man ihre Bücher und vieles, was zu diesem Thema im Internet zu finden ist, mit einer gewissen Skepsis betrachten. Unter anderem tummeln sich auf diesem Gebiet Fanatiker, die die Geschichte mit biblischen Berichten und einem Pseudomystizismus verquicken und damit das Bild trüben. Ein Beispiel ist S. D. Baldwins Buch „Nebuchadnezzar's Panoramic Vision of the Six Kingdoms of the World", dessen Fantasie aber zumindest offenkundig ist.

Obwohl ich mich also um eine klare Linie und Stimmigkeit bemüht habe, sollte man nicht vergessen, dass diese geschichtliche Epoche noch nicht vollständig erforscht ist. Es mag sein, dass Könige und Ereignisse nur deshalb als wichtig erscheinen, weil wir über sie mehr Informationen haben als über andere. Trotz alledem ist Mesopotamien mit seiner langen Geschichte hochinteressant und kann für sich beanspruchen, nahezu alle Mechanismen einer modernen Verwaltung und Gesellschaft hervorgebracht zu haben. Es hält uns einen fernen Spiegel vor, um eine Formulierung der amerikanischen Historikerin Barbara Tuchman zu gebrauchen, in dem wir uns selbst erkennen können.

Sämtliche Daten und Epochenangaben in diesem Buch sind zwangsläufig ungefähre Angaben. Bei Königen ist jeweils ihre Regierungszeit angegeben.

FRONTISPIZ *Flachrelief eines Stiers an der Prozessionsstraße zum Ischtar-Tor in Babylon.*

TITELBILD *Westliche Gelehrte untersuchen ein assyrisches Felsrelief (Illustration aus dem Buch des britischen Archäologen Austen Henry Layard (1817–1894), „Nineveh and Babylon" (1853).*

Prolog

Das Zweistromland oder Mesopotamien, wie die Griechen es nannten, gilt als Wiege unserer Zivilisation. Das Land zwischen den Flüssen Euphrat und Tigris, das viele für den Garten Eden halten, ermöglichte und förderte schon früh in der Menschheitsgeschichte eine Besiedlung. Damit verbunden war ein relativ schneller Übergang von der Lebensweise als Jäger und Sammler über viehzüchtende Nomaden zu Sesshaftigkeit und Ackerbau.

Mesopotamien umfasste ungefähr die Gebiete des heutigen Palästinas, Syriens, Iraks und Kuwaits. Die wichtigsten Zentren befanden sich jedoch im Irak. Das erste identifizierbare Volk, das dort in der südlichsten Provinz unweit des Persischen Golfs lebte, waren die Sumerer. Woher sie kamen, ist nicht bekannt. Sie tauchten zu Beginn des 3. Jahrtausends v. Chr. auf. Allerdings gibt es eine Fülle von Hinweisen, dass dort bereits vorher eine hochentwickelte Kultur existierte. Mit der Zeit wurden die Sumerer verdrängt (ein Schema, das sich mehrfach wiederholen sollte), als primitivere, aber stärkere Völker, meist viehzüchtende Nomaden, in ihr Gebiet vordrangen. Sie wurden von dem fruchtbaren Schwemmland angelockt, das es ihnen ermöglichte, sesshaft zu werden, Feldfrüchte anzubauen, zuverlässige Ernten einzubringen und es so zu großem Wohlstand zu bringen. Es blieb ihnen sogar die Muße, Objekte rein zu ihrem Vergnügen herzustellen.

Später mussten die Sumerer den Akkadern und den Amoritern weichen, die im Süden Mesopotamiens Reiche und Dynastien gründeten. Dies taten auch die Assyrer von ihrer Machtbasis in der Stadt Assur aus: im Norden unter dem mächtigen Herrscher Schamschiadad, im Süden unter Hammurabi. Über viele Jahrhunderte hinweg hatten in Mesopotamien verschiedene Völker die Vormachtstellung inne. Sie herrschten zeitweise über ganz Mesopotamien und darüber hinaus. Zu anderen Zeiten lebten sie in zerbrechlichen Bündnissen Seite an Seite. Aber immer waren sie von ihren nördlichen und östlichen Nachbarn bedroht. Die Städte entwickelten sich zu Königreichen, die sich in einigen Fällen zu Imperien ausdehnten, aber im Laufe der Jahrtausende wieder in Königreiche und Stadtstaaten zerfielen.

Innerhalb dieser komplexen Abläufe blieb etwas immer gleich: die Grundzüge des ethischen Systems und des Pantheons, die die Sumerer etabliert hatten. Sie wurden von jeder Welle von Zuwanderern übernommen, auch wenn sie sich im Laufe der Zeit leicht wandelten. Das Sumerische wurde vom Akkadischen als Landessprache abgelöst, aber sonst änderte sich wenig. Babylonisch und Assyrisch waren Dialekte des Akkadischen; beide Kulturen kannten die gleichen Götter, auch wenn ihnen unterschiedliche Bedeutungen zukamen. Mit der Zeit entwickelten sie sogar eine gemeinsame oder zumindest überlappende Geschichte. Ab der Regierungszeit Hammurabis zu Beginn des 2. Jahrtausends entwickelte sich Babylon zum kulturellen und religiösen Zentrum Mesopotamiens und blieb es durch alle Wechselfälle hindurch, die diese Stadt erlebte.

Eine Handvoll großer Männer bestimmte das Schicksal der Region maßgeblich. Nebukadnezar etwa ist aus dem biblischen Buch Daniel bestens bekannt. Der hebräische

> «An den Wassern zu Babel saßen wir und weinten, wenn wir an Zion gedachten.
> Unsere Harfen hängten wir an die Weiden dort im Lande. Denn die uns gefangen hielten, hießen uns dort singen und in unserem Heulen fröhlich sein: „Singet uns ein Lied von Zion!“
> Wie könnten wir des HERRN Lied singen in fremdem Lande?
> Vergesse ich dich, Jerusalem, so verdorre meine Rechte.
> Meine Zunge soll an meinem Gaumen kleben, wenn ich deiner nicht gedenke, wenn ich nicht lasse Jerusalem meine höchste Freude sein.»
>
> Psalm 137,1–6

Prophet deutete erfolgreich die Träume des Herrschers und erriet dessen Traum von einem großen Bild aus Gold, Silber, Bronze, Eisen und Ton. Die Bibel berichtet darüber hinaus von einem Feuerofen, in den Daniels Gefährten Schadrach, Meschach und Abed-Nego geworfen wurden, aber nicht verbrannten; von der Raserei des Königs, der durch die Wildnis streifte, Gras aß und Haar und Nägel wachsen ließ. Das Buch der Offenbarung erzählt von einer Frau, die auf einem scharlachroten Ungeheuer mit sieben Köpfen und zehn Hörnern reitet:

> *«Und die Frau war bekleidet mit Purpur und Scharlach und geschmückt mit Gold und Edelsteinen und Perlen und hatte einen goldenen Becher in der Hand, voll von Gräuel und Unreinheit ihrer Hurerei, und auf ihrer Stirn war geschrieben ein Name, ein Geheimnis: das große Babylon, die Mutter der Hurerei und aller Gräuel auf Erden. Und ich sah die Frau, betrunken von dem Blut der Heiligen und von dem Blut der Zeugen Jesu.»* (Offb. 17,4 ff.)

Und selbstverständlich kennt jeder den Turm von Babel aus dem 1. Buch Mose. Man fragt sich, wodurch diese Schmähungen Babylons ausgelöst wurden. Wenn man sich die historischen Ereignisse ansieht, beginnt man allmählich, die Hintergründe zu verstehen. Allerdings sollte man nicht vergessen, dass das Buch Daniel im 2. Jahrhundert v. Chr. und die Offenbarung Ende der 60er Jahre des 1. Jahrhunderts n. Chr. geschrieben wurden. Diese und andere Bücher der Bibel sowie die Apokryphen sorgten dafür, dass Babylon im Bewusstsein und der Vorstellungswelt Europas seit den Anfängen des Christentums präsent war.

Historisch war Nebukadnezar der letzte große König Mesopotamiens. Unter seiner langen Regentschaft erlebte die Kultur der Region, die sich über fast 2500 Jahre hinweg ununterbrochen und stetig entwickelt hatte, eine letzte Blüte. Um sie zu verstehen, ist es notwendig, ihre Wurzeln und ihren Kontext zu betrachten.

UNTEN *„Der Turmbau zu Babel" (Marten van Valckenborch, 1595; Gemäldegalerie Alte Meister, Dresden). Der Turm zu Babel übte auf die Europäer im Mittelalter und zu Beginn der Neuzeit eine starke Faszination aus. Er diente vielen Malern als Motiv, unter anderem Pieter Brueghel dem Älteren und Abel Grimmer.*

TEIL EINS

DIE WIEGE DER ZIVILISATION

D
B
B
B

KAPITEL EINS

DAS ZWEISTROMLAND

Im alten Ägypten trat der Nil, die wichtigste Wasserquelle des Landes, mehr oder weniger vorhersehbar einmal jährlich über die Ufer, wenn die Regenzeit im äthiopischen Hochland den Wasserstand anschwellen ließ. Weniger berechenbar waren Euphrat und Tigris, die Mesopotamien mit Wasser versorgten. Beide entspringen im Bergland der heutigen Osttürkei; kurz vor ihrer Mündung in den Persischen Golf vereinen sie sich zum Schatt al-Arab.

Auf der Höhe der Orte Mari und Assur sind Euphrat und Tigris 250 Kilometer voneinander entfernt. Weiter südlich bei Sippar und Dur-Kurigalzu liegen nur 60 Kilometer zwischen den beiden Flüssen. Anschließend streben sie wieder auseinander, bevor sie sich vereinen und in zwei dicht nebeneinander verlaufenden Mündungsarmen in den Persischen Golf fließen. Von der Quelle bis zur Mündung legt der Euphrat 2800 Kilometer zurück, der Tigris 1900 Kilometer.

Die beiden Flüsse haben unterschiedliche Naturen. Der Tigris (sein sumerischer Name Idigina bedeutet „schneller Fluss") fließt mit höherer Geschwindigkeit in einem tieferen Flussbett. Der Euphrat schlängelt sich gemächlicher dahin, zuweilen auf gleicher Höhe mit dem Ufer. Früher veränderte er häufig seinen Lauf. Das hatte verheerende Folgen für die Städte, denen er dann kein Wasser mehr lieferte. Außerdem mussten die Bewässerungskanäle ständig repariert oder neue angelegt werden. Im Laufe der Jahrtausende begrub er viele Orte unter den dicken Schlammschichten, die er anschwemmte. Andererseits ermöglichte das fruchtbare Schwemmland den Menschen, sesshaft zu werden und Ackerbau zu betreiben. Denn sie konnten sich darauf verlassen, dass der Fluss sie versorgen würde. Der akkadische Name des Euphrat, Puratu, bedeutet „der Fruchtbare". Dank der Flüsse hatten die Menschen im ansonsten trockenen subtropischen Klima des Nahen Ostens ihr Auskommen. So breitete sich der Ackerbau bis 5500 v. Chr. von der Levante (der östlichen Mittelmeerküste) und dem Zagrosgebirge (im Südwesten des heutigen Iran), wo es zuverlässige Niederschläge gab, über das gesamte Tiefland Mesopotamiens aus.

RECHTS *Luftaufnahme des Euphrat im Irak. Der 2700 Kilometer lange Strom, der seit Urzeiten zur Bewässerung und als Verkehrsweg genutzt wird, fließt vorbei an den historischen Stätten Mari, Sippar, Babylon, Borsippa, Uruk und Ur.*

VORHERIGE SEITEN *Der italienische Stich aus dem 18. Jahrhundert, nach einer Zeichnung des österreichischen Architekten Johann Fischer von Erlach, vermittelt einen Eindruck von Babylon zur Zeit Nebukadnezars II. Der riesige Tempelturm oder Zikkurat Etemenanki (oben rechts) könnte das Vorbild für den biblischen Turm zu Babel gewesen sein.*

FRÜHKULTUREN

Die ältesten Keramikerzeugnisse, die in dieser Region gefunden wurden, stammen aus der sogenannten Hassuna-Zeit, benannt nach einem Ort im Norden Mesopotamiens. Die Angehörigen der Hassuna-Kultur bauten einfache, anspruchslose Getreidearten an, die ursprünglich wohl wild wuchsen: Emmer, Einkorn und Gerste. Letztere zählt bis heute zu den wichtigsten Feldfrüchten der Region. Sie domestizierten und züchteten zudem Tiere wie Ziegen, Schweine und Rinder. Ursprünglich waren sie Jäger und Sammler. Doch seit sie sesshaft geworden waren und Ackerbau trieben, jagten sie weniger als ihre Vorfahren, wohl nur als Ergänzung zur Landwirtschaft. Zur Zeit Nebukadnezars II. dann (605–562 v. Chr.) war die Jagd für die Menschen der Region wohl eher ein Zeitvertrieb als eine Notwendigkeit.

In der Hassuna-Zeit konnten die Menschen bereits Blei und Kupfer schmelzen. Sie waren auch die Ersten, die nachweislich Keramiken in eigens dafür gebauten

Öfen brannten und farbig dekorierten. Zudem benutzten sie wohl als Erste Siegel, vermutlich um Eigentum zu kennzeichnen. Dies ist ein Hinweis auf die Anfänge einer Gesellschaftsstruktur, in der dem einzelnen Rechte zugesprochen wurden.

Die Hassuna- wurde von der Halaf-Kultur abgelöst, die sich auf die Zeit von 6000 bis 5400 v. Chr. eingrenzen lässt. In ihr sind bereits Anzeichen einer technischen Verfeinerung erkennbar. Ihre hochwertigen Töpferarbeiten sind so gleichmäßig geformt, dass man meinen könnte, sie seien auf einer Töpferscheibe entstanden. Die zierlichen, feinen Tongefäße waren mit abstrakten Bordüren und Kreuzen geschmückt. Außerdem wurden Halsketten aus Kaurimuscheln und vulkanischem Glas sowie Werkzeuge aus Obsidian und Feuerstein hergestellt. Bei den wenigen Skulpturen, die man aus dieser Zeit gefunden hat, handelt es sich um Votivfigurinen, die eine Art „Erdmutter" darstellen. Offensichtlich lebte dieses Volk in ausreichender Sicherheit und Reichtum, um sich Luxusgüter leisten zu können. Das wiederum deutet auf die Anfänge einer gewissen Hierarchie und die Existenz einer Oberschicht hin. Vermutlich gliederte sich die Gesellschaft bald in verschiedene Schichten auf: spezialisierte Arbeiter, die nur ein bestimmtes Handwerk betrieben; Herrschende, die die Ordnung aufrechterhielten, Entscheidungen für die Gemeinschaft trafen und sich für ihre Dienste hohen Lohn und Ansehen sicherten; und eine breite Schicht von Bauern und vermutlich Jägern, die für Nahrungsmittel sorgten.

Zur gleichen Zeit wie die Halaf-Kultur bildete sich weiter südlich die Samarra-Kultur heraus. Sie war die erste Zivilisation, die das Wasser des Euphrats in Bewässerungskanäle leitete. Dadurch erschlossen sie die trockenen Gebiete Südmesopotamiens für Landwirtschaft und dauerhafte Besiedlung.

DIE ANFÄNGE DER ZIVILISATION

6500 V. CHR.
In Çatal Hüyük (Türkei) werden Stoffe aus Flachs gewebt.

Keramik kommt in Gebrauch.

6200 V. CHR.
In Çatal Hüyük wird Kupfer geschmolzen.

6000 V. CHR.
In Hassuna südlich von Ninive entstehen gebrannte Tonwaren.

5500–4000 V. CHR.
In Südmesopotamien breitet sich die Obeid-Kultur nach Norden und Westen aus.

5500 V. CHR.
Erste landwirtschaftliche Siedlungen in Südmesopotamien; erste Versuche künstlicher Bewässerung werden unternommen.

5000 V. CHR.
Spuren deuten auf erste kleine Städte und Tempel hin.

4500 V. CHR.
Die Töpferscheibe ist gebräuchlich.

4300 V. CHR.
In Südmesopotamien wird Kupfer produziert.

4000 V. CHR.
Schafe werden domestiziert.

3900 V. CHR.
Pflug und Segel sind in Gebrauch.

DIE OBEID-KULTUR

Noch weiter südlich entwickelte sich die Obeid-Kultur, die nach der ersten Fundstätte ihrer Artefakte, Tell el-Obeid, benannt ist. Sie entstand um 5900 v. Chr. und hielt sich bis 4300 v. Chr. Ihr Siedlungsgebiet befand sich unweit des Persischen Golfs, der damals weiter nach Norden reichte als heute. Tell el-Obeid lag nur einen Steinwurf von den sumerischen Städten Ur und Eridu entfernt, wobei Letzteres ursprünglich eine Obeid-Siedlung war. Die sumerische Königsliste bezeichnet Eridu als die älteste aller sumerischen Städte. Für das hohe Alter dieser Siedlung spricht die Tatsache, dass sie nur bis etwa 2500 v. Chr. bewohnt war. Danach wurde sie verlassen und nur noch als Kultstätte und Sitz des Gottes der Weisheit (und damals auch des Meeres), Ea (sumerisch Enki), wiederaufgebaut und erhalten.

Schon bald verdrängten die Keramiken der Obeid-Kultur das lokale Töpferhandwerk nach Norden. Sie hatte eine primitive Töpferscheibe entwickelt, die eine umfangreiche Produktion und Export von Keramiken ermöglichte. Der Süden des Zweistromlandes bot mit seinem fruchtbaren Schwemmland zwar gleichbleibend günstige Bedingungen für den Ackerbau, besaß aber weitaus weniger Rohstoffe als der Norden: Es gab weder Stein noch geeignetes Bauholz, Edelsteine und Metalle. Zu solchen Ressourcen hatte dagegen der Norden Zugang. So erwuchs schon recht früh die Notwendigkeit, Handel zu treiben. Während der Norden niederschlagsreicher war, gab es im Süden Feuchtgebiete mit zahlreichen Wasservögeln, fischreichen Seen und riesigen Riedgräsern, die damals (wie heute) als Baumaterial dienten. Ruinenstätten, die heute in der Wüste liegen, waren zu ihrer Blütezeit voll üppigem Grün, weil das Land bewässert wurde oder der Euphrat durch diese Gegend floss. Im alten Mesopotamien lagen sämtliche Städte am Ufer eines der beiden Zwillingsströme.

OBEN *Der Fruchtbare Halbmond um 2000 v. Chr. mit den bedeutendsten Königreichen und Städten der Region.*

Der Mangel an brauchbaren Rohstoffen wie Stein prägte die Obeid-Kultur. Ihre Keramik war nicht so fein wie die der Halaf-Kultur und das Dekor nicht so kreativ. Aber die Menschen waren findig und stellten sogar Sicheln, Äxte, Beile und Messer aus Keramik her. Die Häuser wurden gestützt von Riedbündeln und Riedmatten, die teilweise mit Lehm oder Erde verstärkt waren. Ähnliche Bauten gab es bis vor Kurzem noch bei den Marsch-Arabern rund um Basra. Ob die Kriege der jüngsten Zeit diesen Traditionen für immer ein Ende gesetzt haben, bleibt abzuwarten. Zu den auffallendsten Artefakten der Obeid-Kultur zählen ihre Skulpturen: schlanke, aufrecht stehende Figurinen, die meist stillende Frauen darstellen. Ungewöhnlich sind ihre spitz zulaufenden, eleganten Köpfe, die wenig menschlich wirken. Die Augen sind lange Schlitze, die Nase ist kaum ausgeprägt, der längliche Kopf läuft nach vorn spitz zu, die breiten, wulstigen Lippen sind schwarz bemalt und die Haare manchmal aus Bitumen gefertigt. Diese Figuren wirken wie frühe Beispiele einer extremen Stilisierung. Während der gesamten mesopotamischen Epoche nutzten die Menschen Bitumen für verschiedene Zwecke: für Dekorationen, Skulpturen oder als Mörtel. Sein natürliches Vorkommen deutete bereits auf das Erdöl hin, das der Region 6000 Jahre später sowohl Reichtum als auch Probleme einbrachte.

Zur Zeit der Obeid-Kultur stellten Statuen in der Regel Götter, Göttinnen und Herrscher dar. Die Tempel von Obeid waren damals bereits Zentren des gesellschaftlichen und administrativen Lebens. Sie bestanden aus Lehmziegeln, die mit Lehmmörtel zusammengefügt waren. Das Zentrum bildete die *cella* (Innenkammer), die von weiteren Räumen umgeben war. An einem Ende der *cella* befand sich ein niedriges Podest für die Götterstatue, ihr gegenüber ein Altar. Die Außenmauern waren mit flachen Strebepfeilern und Nischen versehen. Diese Grundform blieb während der gesamten mesopotamischen Periode bestehen.

ERFINDUNGEN, DIE DIE WELT VERÄNDERTEN

Bereits gegen Ende der Obeid-Kultur und Beginn der Uruk-Zeit um 4500 v. Chr. war im Alten Orient die Töpferscheibe in Gebrauch. Aus der Obeid-Zeit sind hervorragende Töpferarbeiten erhalten, die Archäologen aufgrund ihrer Haltbarkeit wertvolle Anhaltspunkte zur Datierung liefern. Dabei sind nicht nur aufwändig dekorierte Stücke aufschlussreich. In der Uruk-Zeit (4000–3000 v. Chr.) kamen schlichte Schalen mit abgeschrägtem Rand auf, die von Hand mithilfe von Formen in größeren Mengen gefertigt wurden. Möglicherweise dienten sie als Behälter für die Essensrationen von Arbeitern und wurden anschließend weggeworfen. Nach Erfindung der Töpferscheibe entwickelte sich eine regelrechte Industrie, was auf eine starke Nachfrage nach hochwertigen Produkten sowie die Herausbildung einer spezialisierten Handwerkerschaft hindeutet.

Es dürfte nur ein kleiner Schritt gewesen sein, die Töpferscheibe um 90 Grad zu drehen, um ein Rad zu erhalten. Bereits 2600 v. Chr. gab es Wagen mit Rädern. Der britische Archäologe Leonard Woolley fand in den 1920er Jahren bei Ausgrabungen in Ur einige Grabstätten der Oberschicht. Sie enthielten zusammen mit anderen kostbaren Gegenständen Reste eines schweren, vierrädrigen Wagens, der von Ochsen gezogen wurde; die Knochen der Tiere lagen ganz in der Nähe. Auf der sogenannten Standarte von Ur von 2600 v. Chr. sind ähnliche vierrädrige Wagen abgebildet. In diesem Fall handelt es sich jedoch um Streitwagen, die von domestizierten Onagern (Persischen Halbeseln) gezogen werden.

Die Domestizierung von Rindern führte zu einer weiteren bedeutenden Erfindung: 4500 v. Chr. benutzten die Menschen bereits den Pflug, der eine schnellere und effizientere Bearbeitung der Felder ermöglichte. Binnen kurzem wurde der Pflug mit einem Behälter für Saatgut versehen, mit dem man in einem Arbeitsgang pflügen und säen konnte.

Da Euphrat und Tigris nicht jedes Jahr über die Ufer traten wie der Nil, wurden schon bald Bewässerungssysteme entwickelt. Sie bestanden aus verschiedenen Arten von Kanälen.

Als um 4000 v. Chr. auch Schafe domestiziert wurden, zog das die Erfindung des Webstuhls nach sich. Die Technik des Webens war bereits in prähistorischer Zeit bekannt und entwickelte sich in Mesopotamien zu einem bedeutenden Wirtschaftszweig. Das Texthandwerk fertigte nicht nur Kleidung für die Einheimischen, sondern auch wertvolle Exportgüter. Da Mesopotamien nicht annähernd so viele Bodenschätze, Wälder und Naturstein besaß wie Ägypten, war es schon früh auf internationalen Handel angewiesen.

OBEN *Das Flachrelief aus der Zeit von 668 bis 630 v. Chr. zeigt eine Palastwache neben dem leichten, zweirädrigen Streitwagen des assyrischen Königs Assurbanipal. Solche Gefährte kamen um 1700 v. Chr. auf.*

Samarra und Obeid brachten es durch die effiziente Nutzung der Flüsse zu Wohlstand. Beide Kulturen verfügten über beträchtliche Ressourcen und eine wachsende Bevölkerung. Bald bildete sich eine Art primitiver Demokratie und eine Verwaltungsstruktur heraus, wobei die Verwalter anfangs der Priesterschaft entstammten. Der Ackerbau war mühselig. Je nach Jahreszeit folgten auf Perioden intensiver Feldarbeit Mußephasen, doch ständig herrschte Sorge um die Ernte. Auch als die Siedlungen sich zu Städten ausweiteten und die Bevölkerung wuchs, arbeitete der Großteil auf den umliegenden Feldern, die immer häufiger zum Tempel oder Palast gehörten oder ihrer Verwaltung unterstanden. Das Zusammenleben auf engem Raum brachte jedoch neue Probleme mit sich wie die Übertragung von Krankheiten und soziale Spannungen. Die Praxis, Abfälle auf die (engen) Straßen zu werfen, lockte Ratten an. Einseitige Ernährung und anstrengende Feldarbeit beeinträchtigten zudem die Gesundheit.

Der Süden entwickelte sich zwar schneller als der Norden, musste aber nach wie vor Holz, Kupfer und andere wichtige Rohstoffe einführen. Diese kamen auf Handelsstraßen durch Nord- und Ostmesopotamien aus Anatolien und Persien oder wurden in Kriegen und Beutezügen beschafft.

OBEN *Die Karte zeigt die bedeutendsten Städte und die ausgedehnten Handelsstraßen in Mesopotamien und seiner Umgebung im 3. Jahrtausend v. Chr. sowie den Einflussbereich der Sumerer.*

Legenden von der Grossen Flut

Der britische Archäologe Leonard Woolley (1880–1960) stieß 1929 bei Ausgrabungen in der sumerischen Stadt Ur auf eine zwei Meter dicke Sandschicht, die keinerlei Fundstücke enthielt. Darunter lagen Keramikfunde der Obeid-Kultur, darüber

DIE VÖLKER MESOPOTAMIENS

Der Alte Orient wurde von verschiedenen Völkern dominiert. Ihre komplexen Beziehungen und Phasen wechselnder Vorherrschaft umreißen die Geschichte der Epoche, mit der sich dieses Buch befasst.

Die Sumerer lebten im Süden Mesopotamiens unweit der Nordküste des Persischen Golfes. Möglicherweise waren sie ein einheimisches Volk, das die Vorherrschaft über rivalisierende Völker erlangte. In jedem Fall verdrängten sie die frühere Obeid-Kultur, benannt nach dem Ort Tell el-Obeid bei Ur, wo erstmals Artefakte dieser Kultur gefunden wurden. Die Sumerer gründeten erste Städte wie Uruk, Ur und Lagasch und entwickelten wesentliche Instrumente sozialer Organisation wie Schrift, Verwaltung, Politik, Recht, Justiz, Bildungswesen und Medizin. Sie bauten auch die ersten Zikkurats und Wehrmauern, als ihre Städte sich zu rivalisierenden Stadtstaaten entwickelten. Die erste Epoche sumerischer Vorherrschaft dauerte von 3500 bis 2000 v. Chr. In der unruhigen Periode, die man heute Frühdynastische Zeit (2900–2400 v. Chr.) nennt, entstanden Festungsmauern, wurden größere Mengen Bronzewaffen hergestellt und fanden Kriege Eingang in die Kunst. Gleichzeitig änderte sich die Gesellschaftsstruktur. Bis dahin hatte die Macht in der Hand der Priester gelegen. Nun entstanden eine Oberschicht, die eine säkulare Herrschaft ausübte, eine arme, abhängige Bauernschaft und Sklaverei. Zur Elite gehörten nun der *lugal* (wörtlich „großer Mann" oder „König") und der *sanga* (Oberpriester). Die Schriftkunst wurde von speziellen Schreibern ausgeübt. In diese Zeit fällt auch das Aufkommen schöpferischen Schreibens, da die Herrschenden ihre Taten für zukünftige Generationen festhalten und glorifizieren wollten. Das ist der erste Hinweis, dass der Mensch ein Bewusstsein für sich, für seinen Platz in der Welt und für seine Geschichte entwickelte. Personen, die über freie Zeit verfügten, dachten über die Entstehung der Welt, menschliches Leid und die Unausweichlichkeit des Todes nach. Von ihrem hohen geistigen Niveau zeugen Artefakte, die um 2600 v. Chr. entstanden.

OBEN *Statue aus Gips und Alabaster (26.–25. Jahrhundert v. Chr.) aus dem Ischtar-Tempel in Mari. Sie stellt den Stadtverwalter Ebihil dar.*

Die Sumerer schufen die Grundlagen für die religiösen Ansichten, ethischen Systeme und allgemeinen Entwicklungen auf den Gebieten der Kultur und Verwaltung der gesamten Zeit, die dieses Buch behandelt. Spätere Eroberer, die weniger hochentwickelten Gesellschaften angehörten, übernahmen die Kultur, die sie vorfanden, und passten sich ihr an. Mit dieser Tradition brachen nicht einmal die Perser, die 539 v. Chr. unter Kyros dem Großen (regierte 559–529 v. Chr.) Babylon überfielen und das Ende der mesopotamischen Epoche einleiteten. Selbst die sumerische Sprache, die mit keiner anderen bekannten verwandt ist, lebte weiter, wenn auch nur unter Priestern und in der Oberschicht. Als gesprochene Sprache konnte sie sich nicht halten.

Mit der akkadischen Invasion von Norden endete die Vorherrschaft der Sumerer, die allerdings in der „Dritten Dynastie von Ur" noch einmal auflebte. Der akkadische König Sargon der Große (regierte 2334–2279 v. Chr.) übernahm die Macht. Von seiner Stadt Akkad aus errichtete er sein Reich. Die Stadt lag vermutlich nicht weit vom späteren Babylon entfernt, wurde aber bis heute nicht entdeckt. Akkadisch, eine semitische Sprache, setzte sich als Landessprache durch. Die größte Ausdehnung erreichte das Reich von Akkad unter Sargons Enkel Naram-Sin (2254–2218 v. Chr.). Damals erstreckte es sich vom Persischen Golf bis ans Mittelmeer.

Es war jedoch nicht von Dauer. Der sumerische König Ur-Nammu formte ein Bündnis mit rebellischen Städten um Ur und begründete die sogenannte Dritte Dynastie von Ur. Ihre Epoche wird als Ur-III-Zeit bezeichnet. Sie dauerte an, bis vermutlich aus Nordwesten neue Invasoren ins Zweistromland vordrangen: die Amoriter. Sie ließen sich in den Städten im Süden nieder und brachten einen berühmten König hervor: Hammurabi (regierte 1795–1750 v. Chr.), der eine Gesetzessammlung zusammenstellen ließ und in Babylon residierte. Auch wenn die Stadt bis 626 v. Chr. ihre Vormachtstellung verlor, büßte sie ihre Bedeutung als wichtigstes religiöses und kulturelles Zentrum Mesopotamiens nie ein.

Später wurden die Amoriter von den Kassiten aus dem Zargosgebirge verdrängt. Über sie ist wenig bekannt, obwohl sie mehrere Jahrhunderte lang herrschten. Mittlerweile hatten die Assyrer im Norden ein Königreich aufgebaut, dessen Zentrum die Stadt Assur am Tigris war. Unter dem Druck der Assyrer und eines weiteren rivalisierenden Volkes im Osten, der Elamiter, brach die Vormachtstellung der Kassiten schließlich zusammen. Als eine neue babylonische Dynastie entstand, kam es zum Machtkampf mit den Assyrern, den diese letztlich gewannen. Das Assyrische Reich hielt sich 300 Jahre, bis es den Babyloniern wieder unterlag. Der letzte große König Mesopotamiens, Nebukadnezar II., errichtete ein Imperium, das das Reich seines Vorgängers Sargon weit übertraf. Babylon erlebte unter ihm seine größte, aber auch letzte Blütezeit. Auf Nebukadnezar folgten mit einer Ausnahme nur noch unbedeutende Könige. Und bald fiel die gesamte Region nahezu kampflos an die Perser unter Kyros dem Großen.

OBEN *Urnansche (oder Urnina), der erste sumerische Herrscher, dessen Name eindeutig identifizierbar ist, war der erste König von Lagasch, wahrscheinlich in der ersten Hälfte des 24. Jahrhunderts v. Chr.*

HERRSCHER IN FRÜHDYNASTISCHER ZEIT

2700 V. CHR.
Enmeparagesi (Kisch)

Mesannepadda (Ur)

Gilgamesch (Uruk)

2550 V. CHR.
Eannatum (Lagasch)

2500 V. CHR.
Lugalkineschedudu (Ur und Uruk)

2450 V. CHR.
Lugalkisalsi (Ur und Uruk)

2400 V. CHR.
Lugalzaggesi (Lagasch, Umma, Ur und Uruk)

sumerische Artefakte. Experten sahen in dieser rätselhaften sauberen Sandschicht den Beleg für eine große Überschwemmung, die der Obeid-Kultur ein Ende bereitet hatte. Die altmesopotamische Literatur kennt zwei Versionen der Sintflutgeschichte: den Atrahasis-Mythos und die Flutsequenz im Gilgamesch-Epos.

Laut Gilgamesch-Epos kam die Flut über die Menschen, weil sie sich so stark fortgepflanzt hatten, dass es einfach zu viele gab und ihr Lärm die Götter zum Wahnsinn trieb. Nach dem Atrahasis-Mythos rebellierten die jüngeren Götter dagegen, ständig die Kanäle reinigen und instand halten zu müssen. Daraufhin schufen die älteren Götter die Menschen für diese Arbeit. Doch die Menschheit wuchs und gedieh, bis es zur Überbevölkerung kam. Die Götter versuchten mit verschiedenen Mitteln – Dürre, Hungersnot, Seuchen –, sie zu dezimieren, aber die Menschheit wuchs weiter; letzten Endes schickten sie die Sintflut. Ebenso wie Utnapischtim, der Held des Gilgamesch-Epos, von Ea, dem Gott der Weisheit, gewarnt wurde, wurde auch Atrahasis gewarnt und konnte mit seiner Familie, Tieren und Saatgut entkommen und von vorn anfangen.

Es gibt noch andere Mythen über die Sintflut, die alle etwa aus der gleichen Region stammen. Dazu gehört auch die bekannte Erzählung aus dem Alten Testament. In Wahrheit gab es keine globale Sintflut, sondern viele lokale Überschwemmungen, bei denen die Flüsse über die Ufer traten und das Land überfluteten. Alle, die konnten, flohen in höhergelegene Gebiete.

Die sumerische Königsliste führt vor „der Flut" zehn Könige auf. Für keinen von ihnen gibt es historische Belege. Womöglich wurden jeweils mehrere zusammengefasst, aber selbst dann wäre ihre Regierungszeit noch unwahrscheinlich lang. Der erste, Alulim, soll 28 800 Jahre lang regiert haben, sein Nachfolger 36 000 Jahre. Die Städte, mit denen manche von ihnen in Verbindung gebracht werden, existierten jedoch tatsächlich: Sippar, Schuruppak und Larsa. Interessanterweise deckt sich die Zahl der Könige, die vor der mesopotamischen Flut regierten – zehn –, mit der Zahl der Patriarchen, die laut Altem Testament vor der Sintflut lebten. Die biblischen Stammväter weilten ebenfalls unnatürlich lang: Alle bis auf einen (Henoch, der nicht starb, sondern von Gott entrückt wurde) wurden über 1000 Jahre alt.

Die sumerische Königsliste verzeichnet in prädynastischer Zeit eine Verlagerung der Macht von Eridu nach Schuruppak im Norden. Nach der Flut, um die es hier geht, entwickelte sich die noch weiter nördlich gelegene Stadt Kisch zum Machtzentrum. Bis zur akkadischen Invasion 2334 v. Chr. verlagerte sich die Macht erneut nach Uruk, Ur und Lagasch.

Außer Woolley entdeckten noch weitere Archäologen eine ausgedehnte Schwemmschicht, die in den Städten Schuruppak und Uruk meterdicke gelbe Sedimente hinterlassen hatte und bis nach Kisch im Norden reichte. Anstelle der polychromen Keramiken, die typisch für die sogenannte Dschemdet-Nasr-Zeit (3100–2900 v. Chr.) waren, fanden sich darüber Artefakte der Frühdynastischen Zeit.

DIE URUK-ZEIT

Um 4300 v. Chr. entwickelte sich Uruk aus unbekannten Gründen zum neuen Machtzentrum. In der 120 Kilometer nordwestlich von Eridu am Euphrat gelegenen Stadt entstand eine Kultur, die neue Entwicklungen mit sich brachte.

Die Uruk-Zeit dauerte 1000 Jahre, von 4000 bis 3000 v. Chr. Soweit bekannt, waren die Einwohner der Stadt Erben der Obeid-Kultur und anderer einheimischer Völker. Es war jedoch, als habe ein völlig neues Kapitel begonnen, in dem sich bedeutende Fortschritte ereigneten: Es entstanden neue Keramikstile, große Städte, kunstvolle Tempel (wie der Eanna-Komplex in Uruk) und Verwaltungsstrukturen. Vor allem aber brachte die Uruk-Kultur die ersten Schriftzeugnisse hervor.

LINKS *Marmorstatue des Lamgimari, König von Mari am Mitteleuphrat, aus frühdynastischer Zeit (3000 v. Chr.).*

Die Kultur wurde nach Uruk benannt, weil dort die umfangreichsten archäologischen Forschungen stattfanden. Sie beschränkte sich jedoch nicht auf diese Stadt, sondern erstreckte sich über die gesamte südliche Provinz. Es darf angenommen werden, dass Uruk mit einer Ausdehnung von 70 Hektar die größte und bedeutendste Stadt der damaligen Zeit war. Ihre Stadtmauern erstreckten sich über eine Länge von zehn Kilometern.

Im Laufe des Jahrtausends wuchs Uruk auf eine Fläche von 100 Hektar an, die Vororte nicht mitgezählt. Gleichzeitig dehnte sich das Siedlungsgebiet ganz Babyloniens von 80 Hektar auf 210 Hektar aus. Uruk verdankte seinen Aufstieg seiner günstigen Lage in einer Ebene nicht weit von den Marschgebieten an der Küste des Persischen Golfs. Bewässerungskanäle vom Euphrat und seinen kleineren Nebenflüssen ermöglichten es, nicht nur Getreide, sondern auch Obstbäume und Dattelpalmen anzupflanzen sowie Schafe und Ziegen zu züchten. Die Sümpfe lieferten Fisch, Wasservögel und Weideflächen für domestizierte Wasserbüffel. Wohlstand und Sicherheit sowie das reiche Nahrungsangebot boten gute Bedingungen für ein Bevölkerungswachstum. In der wirtschaftlich blühenden Stadt konnte sich eine spezialisierte Handwerkerschaft behaupten, die ihr Brot damit verdienten, ihre Kunstfertigkeit zu verkaufen. Es gibt Hinweise auf „Webereien", die von Frauen geleitet wurden, und auf Kupferschmelzen. Tonschalen mit abgeschrägtem Rand deuten auf die Massenfertigung von „Wegwerfprodukten" hin. Vermutlich dienten sie als Messbecher, um Rationen abzumessen, oder als Gefäße für das Essen der Arbeiter. Sie waren so populär, dass sie sich bald nicht nur in ganz Mesopotamien, sondern auch in den Nachbarländern ausbreiteten.

Eine der bedeutendsten Entwicklungen jener Periode war die Erfindung der Rollsiegel. Sie zeugen vom Aufkommen einer effizienteren Verwaltung. Siegelstempel konnten nur eine begrenzte Informationsmenge aufnehmen. Auf einem kleinen Zylinder ließen sich dagegen weitaus mehr Informationen unterbringen. Die meisten Rollsiegel waren kaum größer als ein menschlicher Daumen und ließen sich so oft wie nötig über weichen Ton rollen, um darin ihren Abdruck zu hinterlassen. Rollsiegel waren allgegenwärtig. Die Ausstattung reichte von nützlich bis luxuriös, das Material von Stein, Fayence, gebranntem Ton oder Knochen bis hin zu Alabaster, Karneol und Lapislazuli. Die Siegel enthielten nicht nur praktische Informationen, sondern auch dekorative Darstellungen von Göttern, Göttinnen, Ungeheuern, Heroen, Tieren und Gebäuden, die offenkundig von spezialisierten Handwerkern angefertigt wurden. Die meisterhafte Beherrschung dieser Kunst schlug sich gegen Ende der Uruk-Zeit in den ersten großformatigen Reliefs und Vollplastiken nieder. Sie lassen hervorragende technische Fertigkeiten erkennen, die auf die Arbeit erfahrener, professioneller Künstler hindeuten.

Die Entstehung der Bürokratie

Als die mesopotamische Gesellschaft komplexer wurde, brauchte sie Führer, die sie verwalteten, die Verteilung von Nahrungsmitteln beaufsichtigten, Zahlungen und Tauschgeschäfte überwachten und Steuern erhoben, um öffentliche Dienste zu finanzieren. In der Uruk-Zeit waren noch die Priester der Tempel für diese Aufgaben zuständig. Die religiöse Ideologie, die der Tempel vertrat, ließ zudem ein ethisches System entstehen und sorgte für Konformität und Ruhe in der Bevölkerung. Als Zentrum administrativer Macht musste der Tempel das imposanteste Bauwerk der Stadt sein. Das reiche Uruk besaß den Eanna-Tempelkomplex im gleichnamigen Stadtbezirk (der andere hieß Kullaba), in dessen Zentrum ein 75 Meter langer Tempelbau aus Kalkstein stand, außerdem eine Zikkurat. Zum ersten Mal wurden hier Säulen mit Stiftmosaiken verziert: Verschiedenfarbige, kegelförmige Stifte aus

OBEN *Eine gebrannte Tontafel, das sogenannte Weld-Blundell-Prism im Ashmolean Museum, Oxford, enthält die sumerische Königsliste. Sie führt in Keilschrift Herrscher von der Zeit „vor der Flut" bis zu Sinmagir von Isin (1827–1817 v. Chr.) auf. Die Tafel stammt vermutlich aus Larsa im heutigen Irak.*

Sandstein, Alabaster und bitumenhaltigem Kalkstein, die mit der Grundfläche nach außen in den weichen Putz gedrückt wurden, ergaben dabei ein Muster aus dicht nebeneinander sitzenden Scheiben. In Uruk fand man die „Vase von Warka", ein Gefäß aus Alabaster, das der Göttin Ischtar (sumerisch: Inanna) geweiht war. Es ist mit einem Relief geschmückt, das eine Prozession nackter Männer zeigt, die der Göttin Feldfrüchte opfern. Ein anderes berühmtes Kunstwerk aus Uruk ist eine weiße Kalksteinmaske, die als „Dame von Uruk" (oder von Warka, siehe Seite 136) bekannt ist. Beide Stücke waren bis vor einigen Jahren im Irakischen Nationalmuseum in Bagdad ausgestellt, fielen aber während des Irakkriegs 2003 Plünderern zum Opfer. Die Vase wurde von ihrem Sockel gerissen und dabei stark beschädigt. Die Maske war sechs Monate lang verschwunden, bis man sie unbeschädigt im Hof eines Bauern wiederfand.

Je komplexer die Verwaltung wurde, desto mehr wuchs das Bedürfnis nach Möglichkeiten einer Dokumentation über die Rollsiegel hinaus. Die Uruk-Kultur entwickelte daher Piktogramme, eine Vorform der Schrift, die Gegenstände durch Symbole darstellte. Kombiniert mit einer Zahl oder einem Zahlenwert, ermöglichten die Symbole eine einfache Form der Buchführung. Nach unserem Kenntnisstand handelte es sich dabei jedoch nicht um eine schriftlich festgehaltene Sprache. Somit ist über eine literarische Tradition der Uruk-Kultur ebenso wenig bekannt wie über ihre Sprache. In der ersten Hälfte des 4. Jahrtausends v. Chr. wurde das System der *bullae* eingeführt, um wirtschaftliche Transaktionen zu dokumentieren. Hohle Tonkugeln, die sogenannten *bullae*, wurden mit Stein- und Tontäfelchen gefüllt. Je nach Material und/oder Form standen diese Täfelchen für Waren wie Weizen oder Ziegen. Anschließend wurden die *bullae* versiegelt. Durch sein Siegel bestätigte der Versiegelnde die Korrektheit des Inhalts. Da man die Täfelchen aber nicht herausnehmen konnte, ohne die Kugel zu zerschlagen, ging man dazu über, in die Außenseite der *bullae* Angaben über ihren Inhalt einzuprägen. Das mühsame Verfahren wich später konventionelleren Formen der Dokumentation, als die Keilschrift die Piktogramme ablöste. Dieser Übergang vollzog sich in den 600 Jahren zwischen 3100 und 2500 v. Chr. Bis in die Zeit Nebukadnezars wurde die Keilschrift weiter verfeinert und verbessert.

Was zum Niedergang der Uruk-Kultur um 3000 v. Chr. führte, ist nicht bekannt. Die wichtigsten Bauwerke scheinen zerstört worden zu sein, möglicherweise beim Angriff durch eine rivalisierende Stadt. Im Gilgamesch-Epos wird vom Angriff der Stadt Kisch auf Uruk (dessen König Gilgamesch war) erzählt. Das frühe 3. Jahrtausend war eine Zeit großer Konflikte und Umwälzungen. Verschiedene Städte, die zu Stadtstaaten herangewachsen waren, führten damals Kriege gegeneinander.

KAPITEL ZWEI

DIE FRÜHEN KÖNIGE

Nach der Obeid-Zeit entstanden im ersten Viertel des 3. Jahrtausends um 2800 v. Chr. herausragende Städte wie Lagasch, Umma und Ur. Ab dieser Zeit bewegen wir uns in gesicherten geschichtlichen Bahnen. Während Artefakte und Bauwerke für Archäologen aufschlussreich sind, braucht der Historiker Schriftzeugnisse, die ihm Daten und Fakten liefern. Schrift entwickelte sich über einen längeren Zeitraum, und vom 3. Jahrtausend an gibt es zunehmend Schriftzeugnisse auf handgroßen Tontafeln, auf größeren „Zylindern“ oder „Prismen“ mit wichtigeren Dokumenten und schließlich auf Stelen und Grenzsteinen.

Ein Volk, dessen Präsenz in der Region sich zuverlässig für diese Epoche nachweisen lässt, sind die Sumerer. Entweder waren sie hier heimisch oder übernahmen nach einer Zeit der Unterwanderung die Vorherrschaft. Zweifellos waren sie zu der Zeit, als sie in historischen Dokumenten auftauchten, bereits gut integriert.

In den 1920er Jahren entdeckte eine angloamerikanische Expedition unter der Leitung von Leonard Woolley bei Ausgrabungen in Ur neben zahlreichen anderen bedeutenden Funden auch Spuren von zwei sumerischen Dynastien, die man als Erste und Zweite Dynastie von Ur beziehungsweise Ur-I- und Ur-II-Zeit bezeichnete.

Bauweisen und Artefakte dieser Zeit unterscheiden sich deutlich von früheren. Aus ungeklärten Gründen traten anstelle der vorher verwendeten rechteckigen Ziegel (die den heutigen recht ähnlich waren) oben abgerundete Ziegel, die einem Brotlaib ähnelten: sogenannte plankonvexe Ziegel. Diese Form mag seltsam und sogar ungünstig erscheinen. Doch andere Stimmen behaupten, dass die abgerundeten Oberflächen, wenn die Ziegel in einem Fischgrätmuster verlegt würden, einen besseren Verbund mit der Mörtelschicht aus Lehm oder Bitumen bildeten. Tatsächlich wurden diese Ziegel eine Zeit lang im Alten Orient verwendet, aber auf Dauer ging man wieder zu einer konventionelleren Ziegelform über.

RECHTS *Die berühmte Statuette „Widder im Dickicht“ (2600 v. Chr.) gehörte zum Grabschatz, den Leonard Woolley in den „Königsgräbern“ von Ur fand. Die mit Blattgold und Lapislazuli verzierte Holzfigur wurde aufwändig rekonstruiert und ist heute im British Museum in London ausgestellt.*

Schätze der Königsgräber

Die zweifellos faszinierendsten Artefakte von Ur entdeckten Woolley und sein Team in den sogenannten Königsgräbern. Bei Grabungen auf dem Friedhof der Stadt konnten insgesamt 2000 Gräber identifiziert werden, darunter 16 besonders imposante, aufwändige. Eines von ihnen ähnelte den gewöhnlichen Gräbern, war aber größer. Es bestand aus einer schlichten Grube, die groß genug war für einen Holzsarg und Grabbeigaben an drei Seiten. Am Kopfende des Sarges steckten Speere in der Erde; dazwischen standen Alabaster- und Tongefäße. Neben dem Sarg lagen zwei Dolche mit Goldgriff, mehrere Dolche aus Kupfer, Meißel und andere Werkzeuge,

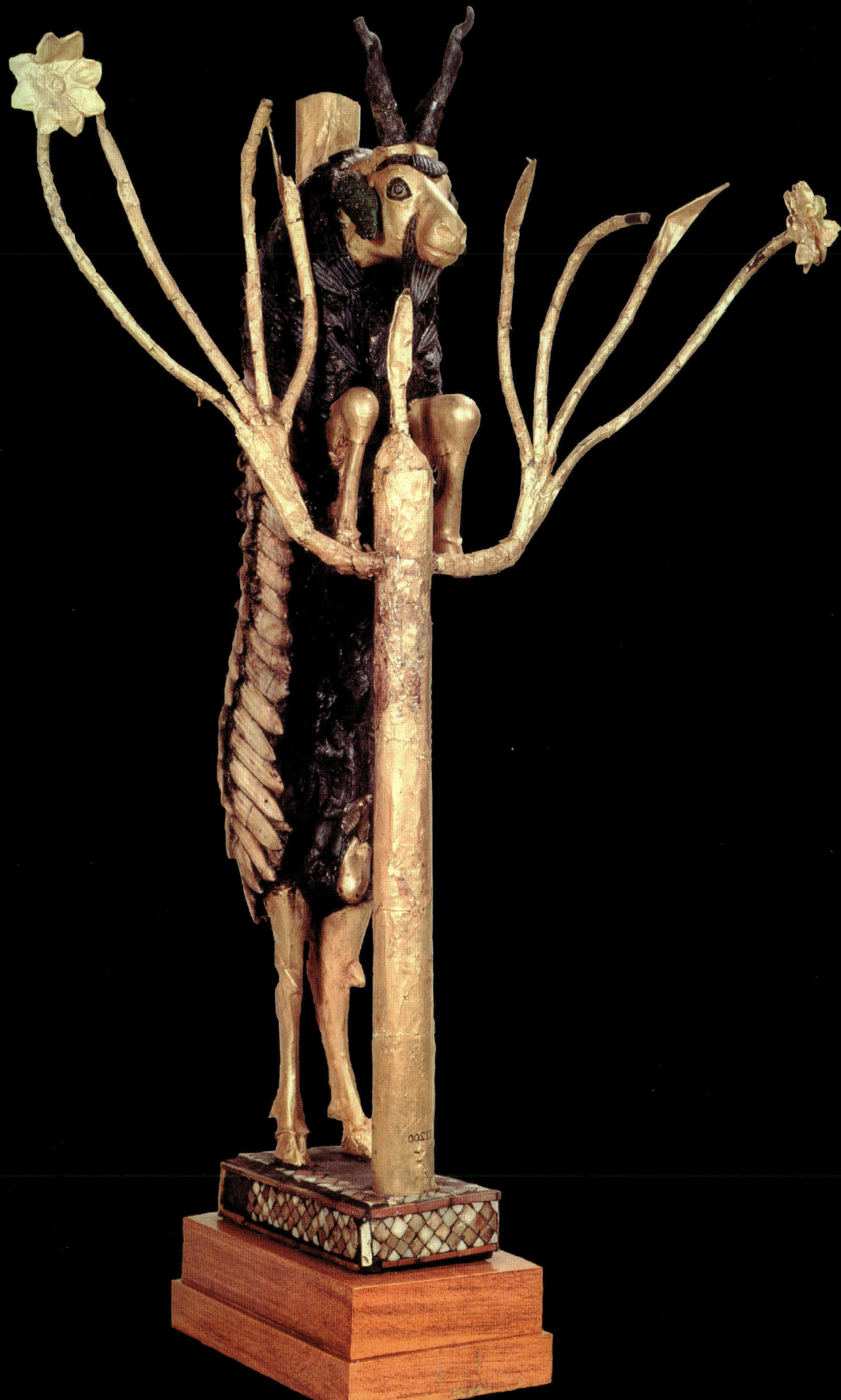

DIE FRÜHE BRONZEZEIT

4000–3000 V. CHR.
Uruk-Kultur in Südmesopotamien.

3800 V. CHR.
In Tepe Yahya, Persien, wird Bronze hergestellt.

3600 V. CHR.
Bronzeguss im Wachsausschmelzverfahren wird entwickelt.

3500 V. CHR.
In Südmesopotamien entstehen die ersten Städte. Eine Klasse von Priestern und Verwaltern bildet sich heraus und es entwickelt sich eine Frühform von Schrift.

50 Kupferschalen, Silberschalen sowie Becher und Teller aus Kupfer. Am Fußende des Sarges steckten weitere Speere und diverse Pfeilspitzen in der Erde. Der Leichnam muss prachtvoll gekleidet gewesen sein, denn man fand Reste eines silbernen Gürtels, einen goldenen Dolch und einen Wetzstein aus Lapislazuli, drei Goldschalen, drei Äxte aus Elektrum, Hunderte Goldperlen, Juwelen und einen erlesenen goldenen Helm.

Anhand von Inschriften auf zwei Schalen konnten die Archäologen den Verstorbenen als „Meskalamdug, Held des Guten Landes" identifizieren. Vielleicht war er ein König, wahrscheinlich aber ein Prinz oder ein hochrangiger Militär, da sich noch wesentlich imposantere Gräber fanden.

Die 16 prachtvollsten Gräber waren in ihrer Form alle leicht unterschiedlich, bestanden aber im Wesentlichen aus einer steinernen Grabkammer, in der sich der Sarg befand. In einer Vorkammer waren weitere männliche und weibliche Leichen beigesetzt, deren Zahl von 6 bis 80 variierte. Alle waren prachtvoll gekleidet – die Frauen in der Trauerfarbe Rot – und mit kostbaren Grabbeigaben aus Gold und Lapislazuli versehen. Außerdem fanden sich Reste von Wagen und Ochsen. Besonders aufwändig waren zwei benachbarte Grabstätten gestaltet. Eine gehörte einem Mann namens Abargi, die andere einer Frau namens Puabi. Die Gegenstände, die Woolley in diesen Gräbern fand, waren so kunstvoll gearbeitet, dass Experten ihre Entstehungszeit damals auf 1000 Jahre später schätzten. Woolleys Frau Katherine leitete weitgehend die mühselige Rekonstruktion dieser Funde. Heute sind sie nahezu im Originalzustand im British Museum ausgestellt. Einige der wertvollen Artefakte erwarben auch das Irakische Nationalmuseum in Bagdad und das University of Pennsylvania Museum.

Unter den Schätzen der beiden Gräber befanden sich ein Kopfschmuck Puabis, eine kunstvolle Statuette aus Gold und Lapislazuli, die einen Widder im Dickicht darstellt, Leiern und die „Standarte von Ur". Dieser Kasten mit rechteckigem Grundriss und sich nach oben verjüngenden Seitenwänden ist mit Einlegearbeiten verziert, die Kriegs- und Friedensszenen darstellen. Möglicherweise handelte es sich um den Resonanzkörper eines Instruments. Außerdem gehörte zum Grabschatz ein Brettspiel mit Würfeln und Spielsteinen ähnlich dem Mensch-ärgere-dich-nicht.

Das weibliche Gefolge trug einen Kopfschmuck mit Silberbändern. Aber da Silber sich im Boden zersetzt, und die Funde hatten 4500 Jahre in der Erde gelegen, konnten die Archäologen nur Spuren von Silberchlorid nachweisen. An einem Leichnam fanden sie keine Spuren von Silberbändern. Ganz in der Nähe entdeckten sie jedoch eine Scheibe mit einem Durchmesser von sieben Zentimetern, die eindeutig aus Silber war. Als Woolley sie reinigte, stellte er fest, dass es sich um ein fest aufgerolltes Silberband handelte. Selbst die zierlichen Ränder waren noch deutlich zu erkennen. Zu diesem Glücksfund sagte Woolley:

«Warum die Besitzerin es nicht anlegte, lässt sich nicht sagen. Vielleicht kam sie zu spät zu der Zeremonie und hatte keine Zeit, sich ordnungsgemäß anzukleiden. Ihrer Hast haben wir jedenfalls das einzige Exemplar eines silbernen Haarbandes zu verdanken, das wir erhalten konnten.»

«Nun aber will ich von der größten Merkwürdigkeit des Landes erzählen, abgesehen von der Hauptstadt selber. Die Schiffe, in denen man den Fluss hinunter nach Babylon fährt, sind rund und vollständig aus Leder. In Armenien, dem Oberland von Assyrien, werden die Spanten der Schiffe aus Weidenholz gefertigt und mit Häuten umkleidet ... In jedem Schiff wird ein lebender Esel mitgeführt, in größeren mehrere. Wenn sie schließlich in Babylon angelangt sind und ihre Waren verkauft haben, versteigern sie auch die Spanten und alles Stroh, laden die Häute den Esel auf und ziehen zurück nach Armenien.»

HERODOT: „DIE HISTORIEN" (UM 450 V. CHR.)

OBEN *Ein weiteres Artefakt aus den Königsgräbern von Ur ist der kunstvolle Zeremoniendolch des Meskalamdug 2500 v. Chr. Die Abbildung zeigt eine Reproduktion aus dem University of Pennsylvania Museum of Archaeology and Anthropology. Das Original besaß vermutlich eine Klinge aus Bronze, vielleicht auch aus Gold, und ein Heft aus Silber und Gold. Die goldene Scheide ist eine kunstvolle Filigranarbeit.*

Sargon der Grosse
(regierte 2334–2279 v. Chr.)

Sargon oder akkadisch *scharrum-kin* war wahrscheinlich ein Ehrentitel, denn das Wort bedeutet schlicht „der legitime König". Sargon kam von Norden in den fruchtbareren Süden und besiegte den letzten König der Frühdynastischen Zeit, Lugalzaggesi von Umma und Uruk. Er war angeblich sehr einfacher Herkunft. Allerdings könnte diese Legende Propaganda gewesen sein, um ihn als Mann des Volkes darzustellen. Nach der sumerischen Königsliste war er ein Gärtner, der zum Mundschenk (einem hohen Beamten) eines Königs von Kisch namens Urzababa aufstieg. Einer anderen Legende zufolge, die offenbar erst lange nach seiner Zeit entstand, war seine Mutter Hohepriesterin, die immer Aristokratinnen, wenn nicht Prinzessinnen waren. Von seinem Vater wusste er nur, dass sein Volk *«aus der Steppe»* kam. Sargon wurde in Azupiranu geboren. Nachdem seine Mutter ihn heimlich zur Welt gebracht hatte, legte sie ihn in einen Korb, setzte diesen in einen Fluss und ließ ihn treiben, wohin das Schicksal ihn tragen mochte. Ein Wasserträger namens Aqqi (das Wort bedeutet „ich zog heraus") fand ihn und zog ihn auf. Durch das Wohlwollen der Göttin Ischtar, *«die mich liebte»*, wendete sich sein Geschick zum Guten.

Er etablierte sich als mächtiger Herrscher, der 2000 Jahre lang als idealer Monarch und „Aufsteiger" verehrt wurde, der sein Schicksal in die Hand nahm und es aus eigenem Verdienst bis an die Spitze schaffte. Er war der Erste, der sich tatsächlich als König eines Reichs bezeichnen durfte. Seine Dynastie setzte sich in direkter Erbfolge fort. Sein Enkel gehörte ebenfalls zu den wahrhaft großen Königen Babylons.

Unter Sargon entwickelte sich Akkadisch zur Landessprache. Inschriften auf Monumenten Sargons sind in Keilschrift auf Akkadisch geschrieben. Als Erster gründete er eine eigene Stadt: Akkad. Dieser Ort wurde bis heute nicht entdeckt, aber Experten vermuten, dass er sich in der Nähe Babylons befand, das damals ein unbedeutendes Dorf war.

GEGENÜBER *Die Karte zeigt Mesopotamien und die Levante zur Zeit ihrer ersten Hochblüte mit den Königreichen Sargons, Schamschiadads und Hammurabis. Östlich des Reichs von Akkad lag das verfeindete Elam und jenseits davon die Region Marhaschi. Von dort drohte Babylon später der Untergang durch Kyros den Großen.*

Was genau mit dem Gefolge geschah, das mit Abargi und Puabi (die vielleicht Herrscher waren, sicher aber eine herausragende Stellung in der Oberschicht innehatten) begraben wurde, ist nicht mit Sicherheit zu sagen. Man fand die Leichen ordentlich aufgereiht und neben jeder eine kleine Kupferschale. In der Kammer befand sich ein Kessel, aus dem man ihnen möglicherweise einen tödlichen Trunk reichte, was auf einen rituellen Selbstmord der wichtigsten Gefolgsleute nach dem Tod ihres Herrn hindeuten würde. Manche vermuten jedoch, dass die Verstorbenen selbst eine herausragende gesellschaftliche Stellung bekleideten und vor ihrem Tod bestimmt hatten, dass sie neben ihrem Herrscher begraben werden sollten. In zeitgenössischen Texten gibt es keinerlei Hinweise, dass Gefolgsleute nach dem Tod ihres Herrn getötet wurden oder Selbstmord begingen, und in den von Woolley entdeckten Gräbern fanden sich keinerlei Schriftzeugnisse.

In der Region wurden bislang keine ähnlichen Grabstätten gefunden. Die Fülle der kostbaren und importierten Gegenstände aus Gold, Lapislazuli und Ähnlichem und die hohe handwerkliche Kunstfertigkeit zeugen von einer überaus wohlhabenden Gesellschaft. Die Gräber wurden 2600 v. Chr., vielleicht auch ein oder

zwei Jahrhunderte später angelegt. Damals erlebte Ur eine Hochblüte. Es lag nahe am Persischen Golf und hatte sich zu einem wichtigen Handelszentrum entwickelt. Dass der Fernhandel bereits etabliert war, belegt das Epos „Enmerkar und der Herr von Aratta“ aus dem 21. Jahrhundert v. Chr. Darin lässt Enmerkar, der legendäre König und Gründer von Uruk, aus Aratta, einem Land jenseits des Zargosgebirges, Gold, Silber, Lapislazuli und Karneol kommen. Diese Waren tauschte er gegen Getreide ein. Das Epos zeigt, dass in Sumer eine große Nachfrage nach Luxusgütern bestand, dass die Sumerer genügend Überschüsse an Nahrungsmitteln produzierten, um sie gegen solche Waren zu tauschen, und dass Länder wie Aratta Gefahr liefen, sich vom Handel abhängig zu machen. Faszinierend ist nicht zuletzt, dass die Geschichte Parallelen zum biblischen Mythos vom Turmbau zu Babel aufweist.

Der Aufstieg rivalisierender Städte

Unterdessen kam es nordöstlich von Ur, jenseits der schmalen Niederung zwischen Euphrat und Tigris, zwischen Umma und Lagasch zu langwierigen Grenzstreitigkeiten um besonders fruchtbare Ackerflächen. Zwistigkeiten und kleinere Scharmützel über solche Fragen waren nichts Ungewöhnliches. Letzten Endes wurde dieser Streit wie so viele durch eine gütliche Einigung beigelegt, die sich daran orientierte, wie die Götter ihre Entscheidungen trafen, obwohl sich in den Göttermythen natürlich das Verhalten der Menschen widerspiegelte. Aber territoriale Vorherrschaft blieb ein vordringliches Ziel. Im Jahr 2340 v. Chr. kam in Umma ein Herrscher namens Lugalzaggesi an die Macht. Er besiegte den König von Lagasch, Urukagina, der Berichten zufolge ein liberaler Reformer war, und unterwarf dessen Stadt. Lugalzaggesi war ein großer Krieger, der sich damit brüstete, die gesamte Region vom Persischen Golf bis ans Mittelmeer zu kontrollieren: Er *«machte, dass alle Völker ihm dienten und alle sich ihm unterwarfen von dort, wo die Sonne aufgeht, bis dort, wo die Sonne untergeht»*. Mit Sicherheit beherrschte er ganz Zentralmesopotamien

Die Dynastie von Akkad (Die Sargoniden)

2334–2279 v. Chr.
Sargon der Große

2278–2270 v. Chr.
Rimusch

2269–2255 v. Chr.
Manischtuschu

2254–2218 v. Chr.
Naram-Sin

2217–2193 v. Chr.
Scharkalischarri

•

2141–2111 v. Chr.
Gudea herrscht in Lagasch.

VERKEHRSWESEN

Um 2700 v. Chr. war Uruk mit 50 000 Einwohnern die größte Stadt Mesopotamiens. Das Land war über Handelsrouten mit Ägypten, Palästina, Zypern, Kleinasien, dem Vansee (Türkei), dem Urmiasee (Iran), Dilmun am Persischen Golf und mit Indien verbunden. Es importierte Lapislazuli aus Afghanistan und Holz aus dem Libanon, und so war es schon früh notwendig, das Verkehrswesen auszubauen.

Selbst nach Erfindung des Rades bevorzugten die Menschen den Schlitten, besonders für schwere Lasten. Vor die Schlitten spannten sie Ochsen oder Onager. Diese domestizierten Persischen Halbesel wurden möglicherweise auch mit Eseln gekreuzt. Seit der Erfindung des Segels um 4000 v. Chr. wurden Waren auch auf dem Wasserweg über Flüsse und Meere transportiert.

Mit dem Transport der Waren beauftragten Kaufleute häufig Fuhrunternehmer und Agenten, die für einen möglichen Verlust hafteten. Ferntransporte erfolgten oft mit Eselskarawanen.

Eine erhebliche Neuerung stellte 2000 v. Chr. die Nutzung von Pferden dar. Sie wurden 1500 Jahre zuvor in der Ukraine domestiziert und gelangten vermutlich durch die Hurriter nach Mesopotamien. Dieses Volk stammte ursprünglich wohl aus Armenien, siedelte sich in Nordmesopotamien an und zog Mitte des 3. Jahrtausends in die fruchtbaren Niederungen im Süden. Anfangs erkannten die Menschen die Möglichkeiten, die Pferde boten, offenbar noch nicht in vollem Umfang. Ein Berater König Zimrilims von Mari (1782–1758 v. Chr.) schrieb in einem Brief an seinen Herrn, kein Mann von hoher Geburt würde sich auf einem Pferd sehen lassen: *«Möge mein Herr seine königliche Würde bewahren. Möge mein Herr niemals auf einem Pferd reiten, sondern in einem Wagen mit Maultieren fahren.»*

Der leichte, zweirädrige Wagen tauchte erstmals um 1700 v. Chr. auf. Damals hatten Räder mit Speichen die früheren massiven Scheibenräder abgelöst. Dank der Schnelligkeit der Pferde konnten die jungen Stadtstaaten über berittene Kuriere einfacher miteinander kommunizieren.

Noch ein weiteres Tier revolutionierte das Transportwesen, eröffnete neue Handelsmöglichkeiten und erwies sich auch im Krieg als nützlich: das Kamel. Es kam allerdings erst recht spät (1000 v. Chr.) nach Mesopotamien. Seine Einführung brachte die Völker des Alten Orients erstmals mit Arabern in Kontakt, die sie allerdings zunächst als Feinde behandelten. Während der Regierungszeit des letzten Königs von Babylon, Nabonid, im 6. Jahrhundert v. Chr. durchquerten Nomaden regelmäßig mit Kamelen die großen Wüstengebiete und gelangten bis nach Mesopotamien. Nabonid verlegte sogar seine Residenz auf die andere Seite der Wüste nach Taima (das heutige Tayma), das damals zum Babylonischen Reich gehörte.

UNTEN *Diese Szene auf der Standarte von Ur zeigt Kaufleute mit einem schweren vierrädrigen Wagen, der von Onagern gezogen wird.*

OBEN *Die Illustration von A. Forestier aus den* Illustrated London News *vom 23. Juni 1928 rekonstruiert eine Beisetzung hoher Würdenträger, wie Leonard Woolley sie sich vorstellte, nachdem er die sogenannten Königsgräber in Ur von 2600 v. Chr. ausgegraben hatte. Die schweren, vierrädrigen Wagen werden von Ochsen gezogen.*

und setzte der Unabhängigkeit der Stadtstaaten mit ihren Königen (*lugals*) und Verwaltern (*ensis*) vorerst ein Ende. Aber Lugalzaggesi konnte sein kleines Reich nur einige Jahrzehnte halten. Er wurde von einem Eroberer aus dem Norden verdrängt.

Sargon von Akkad

In der langen Geschichte des Zweistromlandes geschah kaum etwas über Nacht. Die meisten Veränderungen erfolgten allmählich, zuweilen nahezu unmerklich. Es mag sein, dass die Akkader, die das Land nach den Sumerern beherrschten, bereits in der Region lebten. Vielleicht gehörte schon Lugalzaggesi diesem Volk an. Doch erst die Eroberung Mesopotamiens durch Sargon (regierte 2334–2279 v. Chr.) und seine Gründung der Stadt Akkad veränderten die Region grundlegend.

Sargon stammte nicht aus einer Königsdynastie. Vermutlich stieg er allmählich in hohe Ämter wie Mundschenk oder *shagina* (General) auf und verdrängte jeweils die Herren, denen er diente. Es wird berichtet, dass er als Gärtner gearbeitet habe, was wohl so zu deuten ist, dass er für den Erhalt der Bewässerungskanäle zuständig war.

Woher Sargon auch kam, als er erst einmal Macht hatte, konnte er seinen Ehrgeiz ungehindert entfalten und tat es mit erstaunlichem Erfolg. Sargon der Große ging als erster großer Eroberer in die Geschichte ein. Ihm und seinen Nachfolgern gelang es, ein Imperium aufzubauen. Ägypten zum Vergleich, das über alle nötigen Ressourcen verfügte, hatte nie größere territoriale Ambitionen über seine Grenzen hinaus, die es vehement schützte.

Das Akkadische Reich ereichte nahezu die gleiche Ausdehnung wie spätere mesopotamische Reiche. Lediglich 1500 Jahre später sollten Assurnassirpal und Nebukadnezar noch größere Reiche schaffen. Sargon gelang es nicht nur, sämtliche sumerischen Stadtstaaten zu unterwerfen und die Sumerer als bedeutende politische

NARAM-SIN
(regierte 2254–2218 v. Chr.)

Naram-Sin war der Enkel Sargons des Großen. Unter seiner Herrschaft erreichte das Reich Akkad seine größte Ausdehnung von der Ostküste des Mittelmeers bis an die Nordküste des Persischen Golfs. Nach dem Vorbild seines Großvaters nannte er sich „König von Kisch". Einerseits bekräftigte der Anspruch auf die Königswürde über diese alte Stadt den eigenen Status, andererseits spielte die Bezeichnung mit dem akkadischen Ausdruck *kischschatum*, „die gesamte bewohnte Welt".

Unter Naram-Sin wurde das östliche Nachbarreich Elam, das den Akkadern immer ein Dorn im Auge war, zumindest vorerst unterworfen. Zudem schlug Naram-Sin zwei größere Aufstände von Städten nieder, die sich seiner Vorherrschaft widersetzten. Unter seiner Regentschaft erlebte die Kunst eine Blütezeit. Der Bronzeguss im Wachsausschmelzverfahren war bereits zu seiner Zeit, eventuell sogar schon erheblich früher, in Gebrauch. Lange glaubten Experten, diese Technik sei eine Erfindung der Griechen.

Als erster König beanspruchte Naram-Sin für sich göttlichen Status. Eine Stele, die sich heute im Pariser Louvre befindet, zeigt ihn auf einem Berg, wie er seine Feinde mit Füßen zermalmt. Auf dem Kopf trägt er einen Helm mit Hörnern als Zeichen der Göttlichkeit (es sind allerdings nur zwei Hörner, wie sie niedere Götter kennzeichneten, während bedeutendere Götter mindestens vier Hörnerpaare trugen). Er überhäufte den Ischtar-Tempel in Akkad mit Schätzen, vernachlässigte aber das große Nationalheiligtum, den Tempel des Enlil in Nippur. Daraufhin verstummte das Orakel Enlils. Ischtar erschrak darüber so sehr, dass sie ihr Heiligtum verließ und ihren Schutz versagte. Im Traum erhielt Naram-Sin Warnungen, die er aber missachtete. Diese Geschichte wird in einer sumerischen Dichtung erzählt: „Der Fluch über Akkad".

Tatsächlich hatte das Reich eine Größe erreicht, die eine zentralisierte Verwaltung an die Grenzen ihrer Leistungsfähigkeit brachte. So wendete sich das Blatt. Naram-Sins Nachfolger Scharkalischarri schaffte es, das Reich noch 25 Jahre über den Tod seines Vaters hinaus zusammenzuhalten, aber er kämpfte auf verlorenem Posten. Die Götter hatten beschlossen, Akkad zu bestrafen. Sie ließen die Gutäer auf die Akkader los. Die wilden Bergstämme fielen aus dem Nordosten in das zivilisierte Akkad ein und stürzten das Land in Chaos und Anarchie. Die Gutäer-Zeit war von Wirren geprägt, obwohl sie eine kleine Dynastie begründeten, über die allerdings kaum etwas bekannt ist. *«Wer war König? Wer war kein König?»* heißt es in der sumerischen Königsliste, die damit zwar etwas übertrieb. Doch die große Ära der Sargoniden war beendet.

OBEN *Fragment einer Siegessäule Naram-Sins, der als erster Herrscher den Beinamen „König der vier Himmelsrichtungen" trug (Museum of Fine Arts, Boston, Massachusetts).*

Macht auszuschalten, sondern er brachte auch das gesamte Euphrat-Tigris-Becken unter seine Kontrolle und dehnte sein Reich auf die Nachbarländer aus. Er und seine Nachfolger drangen im Osten nach Elam, im Westen in die Levante, im Norden bis nach Subartu und unter Umständen sogar nach Kleinasien bis an den Taurus vor. Allerdings war Sargon bemüht, die Völker, die er unterwarf, versöhnlich zu stimmen. Den gefangenen Lugalzaggesi führte er in einem Nackenholz vor den Nationalgott Enlil am religiösen und kulturellen Zentrum Nippur. Später setzte Sargon als einer der ersten Herrscher die Heirat als diplomatische Strategie ein.

Seine Tochter machte er zur Hohepriesterin des Mondgottes Sin (Nanna) in Ur und begründete damit eine Tradition, nach der dieses Amt immer an die älteste Tochter des Königs fiel. Diese Tochter, Enheduanna, ging als erste namentlich bekannte Schriftstellerin in die Geschichte ein. Sie schrieb in Sumerisch unter anderem mehrere Hymnen an Ischtar (Inanna), die zum Teil eine sehr persönliche Note tragen. Dabei verwendete sie eine verfeinerte Form der Keilschrift.

Aus den Inschriften über Sargons Taten (die von einem akribischen Gelehrten in späterer Zeit kopiert wurden – die Originalstelen sind verloren gegangen) geht hervor, dass Sargon 34 Schlachten gewann und 50 Stadtherrscher gefangen nahm. Besonders auffallend ist, wie zielstrebig er den Aufbau seines Reichs betrieb. Sargon konzentrierte sich vor allem darauf, wichtige Handelszentren wie Mari und Ebla zu beherrschen. In Ebla fanden Archäologen 22 Kilogramm afghanisches Lapislazuli. Im Nordwesten gehörten ausgedehnte Zedernwälder zu seinem Territorium. Und mit der Herrschaft über Elam im Südwesten kontrollierte er die Handelsrouten nach Afghanistan und Indien.

Sein Reich besaß eine für die Menschen seiner Zeit nahezu unvorstellbare Größe. Nach seinem Zusammenbruch 200 Jahre später hatten viele Herrscher den Ehrgeiz, es wiederherzustellen. Das gilt besonders für die Assyrer. Sargon und die Stadt Akkad (die bis heute nicht wiederentdeckt ist) wurden zur Legende und zum Inbegriff einer 2000-jährigen Epoche.

Akkadische Reformen und Eroberungen

Die Akkader übernahmen von den Sumerern die Keilschrift, einen Großteil ihrer Sitten und ihrer Religion. Die Sumerer gingen in der Gesellschaft auf, doch ihre

«Unter den Massen von Bronzewaffen, die zunächst nicht mit einem Grab in Verbindung zu stehen schienen, fanden wir den berühmten goldenen Dolch von Ur: Seine Klinge war aus Gold, das Heft aus blauem Lapislazuli mit Goldbeschlägen und die Scheide prachtvoll in einem durchbrochenen Muster aus Gold gearbeitet, das geflochtenem Gras ähnelte, aus dem die Dolchscheide einfacher Soldaten zuweilen bestand. Daneben befand sich ein weiteres, beinahe ebenso bemerkenswertes Objekt, ein kegelförmiges Täschchen aus Gold mit Spiralmuster, das Toilettenartikel enthielt: Pinzette, Lanzette und Stift. Bis dahin hatte man nichts dergleichen bei Grabungen in Mesopotamien gefunden. Diese Funde waren so neuartig, dass ein Experte sie für arabische Werke des 13. Jahrhundert n. Chr. hielt. Diesen Irrtum konnte ihm niemand verdenken, denn solche Kunstwerke hätte niemand im 3. Jahrtausend v. Chr. vermuten können.»

Sir Leonard Woolley: „Excavations at Ur“

Sprache, die mit keiner anderen Ähnlichkeit hatte, wurde durch das semitische Akkadisch aus dem Alltag verdrängt. Nur in Tempeln, Gerichten und bei bestimmten Ritualen und Zeremonien war Sumerisch weiter gebräuchlich und blieb so über die gesamte mesopotamische Ära erhalten.

Zu den Neuerungen der Akkader gehörte es, einzelne Jahre nach einem herausragenden Ereignis des Vorjahres oder am Beginn des betreffenden Jahres zu benennen. Vorher existierten bereits Systeme, Jahre mit dem Namen eines bestimmten Lokalfürsten oder die Dauer seiner Regentschaft kenntlich zu machen. Bisher wurden nur wenige Jahresnamen aus dieser Periode gefunden, und nur einige wenige aus der Endzeit dieser Dynastie vermitteln aufschlussreiche Informationen. Weitere Reformen betrafen die Landwirtschaft. Nach der Eroberung eines Gebiets wurden die Dörfer zerstört und das Ackerland einer zentralen Verwaltung unterstellt. Die Verteilung von Getreide und Öl erfolgte in Tongefäßen, die Standardgrößen hatten. Die Akkader führten ein Steuersystem ein, das auf Ertrag und/oder Arbeitszeit, die für öffentliche Aufgaben wie die Erhaltung von Festungsanlagen oder Kanälen erbracht wurde, beruhte. Dank effizienter und teils schonungsloser landwirtschaftlicher Methoden konnten die Akkader riesige Überschüsse an Nahrungsmitteln produzieren und damit Handel treiben. Trotz der großen Städte, die bedeutende Kultur- und Verwaltungszentren und Machtbasen waren, blieb die Landwirtschaft der Wirtschaftszweig, der den größten Bevölkerungsanteil beschäftigte.

Sargons Nachfolger

Sargon regierte von seiner Hauptstadt aus als absoluter Herrscher, überließ lokale Angelegenheiten aber den Gouverneuren der Städte. Gegen Ende seiner 55-jährigen Regentschaft rumorte es in manchen Teilen seines Reichs. Er und sein Sohn und Nachfolger Rimusch gingen hart gegen solche Aufstände vor. Laut Berichten ließ er bei der Niederschlagung von Unruhen in einer einzigen Stadt 54 000 Männer töten, gefangen nehmen oder zur Zwangsarbeit verpflichten. Daran lässt sich ablesen, welche Größe die Städte bereits erlangt hatten. Rimuschs Säuberungsaktionen forderten insgesamt 100 000 Todesopfer, nicht mitgerechnet die Opfer der Eroberungsfeldzüge.

Nachfolger Rimuschs war sein älterer Bruder Manischtusu, der ihn möglicherweise im Zuge einer Palastrevolte stürzte. Nach 14-jähriger Regentschaft folgte ihm sein Sohn Naram-Sin auf den Thron. Er regierte von 2254 bis 2218 v. Chr., brachte das Reich von Akkad auf seine größte Ausdehnung und festigte dessen Vormachtstellung in der Region. Unter seiner Herrschaft waren die lokalen Gouverneure ihm unmittelbar unterstellt und nicht mehr ihren jeweiligen Stadtgöttern. Es kam nach wie vor zu vereinzelten Aufständen, die er aber im Griff behielt. Unterdessen brachte er immer mehr Land unter die Kontrolle der Krone.

Naram-Sin war ein ebenso geschickter und aggressiver Feldherr wie sein Großvater. Er behauptete, er habe Arman (vermutlich die syrische Stadt Aleppo) und Ebla erobert. Eine Stele, die man in der Nähe der südostanatolischen Stadt Diyarbakır fand, belegt, dass er auch im Süden der heutigen Türkei aktiv war. Ein Felsrelief an einem Bergpass bei Sulaimaniyya im heutigen Irak zeigt ihn als Heerführer.

Aus dieser Zeit sind Kunstwerke wie exquisite Rollsiegel aus Edelstein erhalten sowie ein prächtiger, lebensgroßer Bronzekopf. Manche halten ihn für ein Porträt des Königs. Es gilt als relativ sicher, dass es sich um das Abbild einer realen Person handelt. Die Ausführung lässt einen neuen Naturalismus in der Kunst erkennen. In Darstellungen auf Gegenständen glichen die glatt rasierten Sumerer in dieser Zeit den langhaarigen, bärtigen Akkadern. Von nun an hatten nur noch Priester glatt rasierte Köpfe und Gesichter. Eunuchen wurden nur mit glatt rasiertem Kinn dargestellt.

LINKS *Die Bronzebüste eines akkadischen Königs wurde in der Nähe des Ischtar-Tempels in Ninive gefunden. Man nimmt an, dass sie entweder Naram-Sin oder Sargon darstellt.*

Hochmut vor dem Fall

Spuren von Naram-Sins Festungsanlagen fand man in Nagar (heute Tell Brak) im Norden und weit im Südosten in Susa. Eine Stele, die sich heute im Louvre in Paris befindet, zeigt den König in majestätischer Pose. Unter ihm marschieren seine Soldaten. Ihm gegenüber fleht der gegnerische Anführer um Gnade, doch er wird vom Pfeil getroffen und stürzt in einen Abgrund. Ein bemerkenswertes Element ist die Hörnerkrone, die der König trägt. Sie belegt, dass Naram-Sin den Status eines Gottes für sich beanspruchte.

Bis dahin hatten Könige sich nur als Vertreter der Götter auf Erden betrachtet. Die höchste Ehre, die sie sich zugestanden, war der Titel „König von Kisch", was „König der ganzen Welt" bedeutete, da der Herrscher von Kisch zugleich sämtliche flussabwärts liegenden Bewässerungssysteme des Zweistromlandes kontrollierte. Naram-Sin ließ in Inschriften das Keilschriftzeichen für „Gott" an seinen Namen anhängen und sich von seinen Untertanen als „Gott von Akkad" anreden. In einer solchen Inschrift heißt es:

> *«Da er seine Stadt in Notzeiten beschützen konnte, baten die Einwohner Ischtar in Eanna, Enlil in Nippur … Ea in Eridu, Sin in Ur, Schamasch in Sippar … ihn zum Gott ihrer Stadt Akkad zu machen, und bauten ihm einen Tempel mitten in Akkad.»*

Zwischen den Zeilen enthielt diese Inschrift auch eine politische Aussage. Viele der Städte, die darin mit ihren Göttern genannt werden, hatten rebelliert. Auf der Stele steht der König weit unter den Symbolen des Sonnengotts Schamasch (Utu), in dessen Stadt Sippar die Stele errichtet wurde. Aber dennoch empfanden viele Naram-Sins Anspruch der Göttlichkeit als anmaßend.

Das Akkadische Reich hatte schlicht die natürlichen Grenzen seines Wachstums erreicht, wie es bei Imperien oft der Fall ist. Es war zu groß geworden, um es effizient verwalten zu können. Es brach eine neue Welle der Rebellion aus. Naram-Sins Sohn und Nachfolger Scharkalischarri (regierte 2217–2193 v. Chr.) bemühte sich während seiner gesamten Regierungszeit, sie unter Kontrolle zu halten. Ihm folgten nacheinander fünf unbedeutende Könige, die erfolglos gegen die Aufstände kämpften und schließlich nur noch über Akkad herrschten. Den Zusammenbruch verstanden die Menschen als Strafe der Götter. Diese schickten ihnen neue Eindringlinge aus dem Nordosten, die Gutäer. Mit dem Tod Schudurul s 2154 v. Chr. endete das akkadische Reich. Mittlerweile hatten die Gutäer schon weite Teile des Landes unter ihre Kontrolle gebracht. Ihre ersten Könige herrschten nahezu sicher gleichzeitig mit den letzten akkadischen Königen. Die Stadt Akkad verfiel und verschwand mit der Zeit unter Sand und Schwemmland. Bis heute, 4000 Jahre später, bleibt sie verloren.

Die Gutäer, über die nur wenig bekannt ist, errichteten kein Imperium. Ihr Königreich beschränkte sich auf einige Städte im Osten. Auf den Fall des Akkadischen Reichs folgte eine Phase der Unordnung. *«Wer war König? Wer war nicht König?»*, heißt es in der sumerischen Königsliste. In einem späteren babylonischen Dokument, der sogenannten Weidner-Chronik (1800 v. Chr.), steht, der Gott Marduk habe aus Zorn über Naram-Sin *«die Truppen Gutiums gegen ihn aufgeboten»*.

Die Gutäer herrschten vermutlich 90 Jahre im Ostteil des Landes. Die Dauer ihrer Herrschaft ist jedoch umstritten und könnte auch wesentlich kürzer gewesen sein. Offenbar blieben sie weitgehend unter sich, denn in der babylonischen „Weidner-Chronik" heißt es missbilligend: *«Die Gutäer waren unselige Menschen, die die Götter nicht zu ehren wussten und die Rituale nicht kannten.»* Es dauerte nicht lange, bis die Götter jemanden suchten, der sie vertrieb.

LINKS *Die Siegessäule Naram-Sins aus rosa Sandstein. Der Ausschnitt zeigt Naram-Sin, der über seinen Feind siegt. Seinen Helm zieren zwei Hörner als Insignien eines niederen Gottes. Diese Hybris sollte ihm jedoch Schwierigkeiten mit seinen Gegnern und Kritikern bereiten. Damals war es noch nicht üblich, dass Könige sich mit Göttern gleichsetzten, nicht einmal mit niederen Göttern.*

KAPITEL DREI

DIE DRITTE DYNASTIE VON UR

Nach dem Zerfall des Akkadischen Reiches entwickelten sich unabhängige Stadtstaaten. Zu ihnen gehörte Lagasch, das von einem Priesterfürsten oder *ensi* namens Gudea (2141–2122 v. Chr.) regiert wurde. Ausgrabungen förderten zahlreiche Statuen mit Inschriften über ihn zutage. Gudea hatte kaum territoriale Ambitionen, führte aber einen Feldzug gegen Elam. Dass es ihm gelang, Stabilität zu bewahren und eine prosperierende Provinz zu führen, deutet auf einen relativ geringen Einfluss der Gutäer hin.

Als die Gutäer kamen, war das Akkadische Reich von inneren Unruhen, Aufständen im Norden und schlechten Ernten wahrscheinlich schon so zermürbt, dass es nicht schwerfiel, ihm den letzten Stoß zu versetzen. Gudea konnte allerdings die Handelswege zum Mittelmeer und an den Persischen Golf weiter unterhalten, um von dort Holz beziehungsweise Steine zu importieren, ohne von den Gutäern behelligt zu werden. Zahlreiche Statuen aus kostbarem Diorit, die ihn darstellen, zeugen von großem Wohlstand. Manche nehmen an, er habe sich sogar zur Gottheit erhoben.

Die Vertreibung der Gutäer

Doch nicht Gudea, sondern der sumerische König Utuchengal von Uruk war es, der die Gutäer vertrieb. Möglicherweise verließen sie das Land ohne große Kämpfe. Nach seinem Sieg, über den viel geschrieben wurde, hatte Utuchengal nicht mehr lange die Macht inne. Als nächster Herrscher von historischer Bedeutung erlangte Ur-Nammu im Süden Mesopotamiens eine Vormachtstellung. Er war unter Utuchengal Gouverneur von Ur gwesen.

Ur-Nammu begründete die sogenannte Dritte Dynastie von Ur. Deren Herrschaft, die auch als Ur-III-Zeit bezeichnet wird, dauerte 100 Jahre. Ur-Nammu regierte von 2112 bis 2095 v. Chr. In dieser Zeit vereinte er sämtliche sumerischen Städte durch Diplomatie oder Militärgewalt und nannte sich „König von Sumer und Akkad". Unter seiner Regentschaft lebte die sumerische Sprache zumindest in amtlichen Dokumenten und Korrespondenzen wieder auf. Aber der akkadische Einfluss war zu stark, als dass er ausgelöscht werden konnte. Vielleicht war die Dritte Dynastie von Ur sogar semitischer Abstammung. Wahrscheinlich hatten sich Sumerer und Akkader aber mittlerweile zu einer homogenen Bevölkerung mit weitgehend einheitlicher Kultur und Tradition vermischt. Sargons Tochter hatte in makellosem literarischem Sumerisch gedichtet, und die späteren Könige der Ur-III-Zeit sowie ihre Gemahlinnen trugen akkadische Namen. Doch diese letzte sumerische Dynastie war nicht wie die Akkader stolz auf ihre militärischen Triumphe. Ihre Inschriften zeugen von Frömmigkeit und Bildung, nicht von grandiosen Siegen.

Ur-Nammu errichtete nicht nur ein stabiles Königreich in Südmesopotamien, sondern erwies sich auch als eifriger Neuerer und Reformer. In Ur nahm er ehrgeizige Bauprojekte in Angriff. Unter anderem begann er mit dem Bau einer riesigen Zikkurat. Dabei setzte er vermutlich Baumeister von einer Architektenschule ein, die in akkadischer Zeit gegründet wurde. Der Tempelturm hatte eine Grundfläche von 60 mal 50 Metern und eine Höhe von vermutlich 30 Metern. Trotz seiner Größe

UNTEN *Selbst als Ruine bietet die Zikkurat, die Ur-Nammu 2100 v. Chr. in Ur erbaute, noch einen imposanten Anblick. Der riesige Tempelturm war dem Gott Nanna geweiht.*

machte er jedoch keinen klobigen Eindruck, sondern besaß eine gewisse Leichtigkeit. Diese Wirkung verdankte er einer leicht konvexen Linienführung, die man als Entasis bezeichnet. Lange Zeit glaubte man, die Griechen hätten diesen architektonischen Kunstgriff erst 2000 Jahre später erfunden. Ur-Nammus Zikkurat, die Nebukadnezar restaurierte und Nabonid vollendete, ist bis heute das besterhaltene Beispiel für ein solches Bauwerk.

Ur-Nammu vertrieb die letzten Gutäer aus seinem Königreich. Er sicherte die Handelswege zu Land und förderte den Seehandel. Besonderen Wert legte er auf den Bau und Erhalt der Kanäle und errichtete Wehre, um den Wasserstand zu regulieren. Außerdem ließ er den Tempel des damaligen Staatsgottes Enlil in Nippur wiederaufbauen und legte sich den Titel „König von Sumer und Akkad" zu. Damit brachte er zum Ausdruck, dass er über Nord- und Südmesopotamien herrschte. Als er in einer Schlacht fiel, entstanden Hymnen, die seinen Tod und sein unvollendetes Lebenswerk beklagten. Spätere babylonische Gelehrte gaben sich alle erdenkliche Mühe, seinen unglücklichen Tod mit seinem vorbildlichen Leben in Einklang zu bringen.

Die lange Regentschaft Schulgis

Hauptarchitekt der erfolgreichen Ur-III-Zeit war nahezu sicher Ur-Nammus Sohn und Nachfolger Schulgi (2094–2047). Während seiner langen Regierungszeit schuf er einen Gesetzeskodex und dehnte sein Königreich aus. In den ersten beiden Jahrzehnten konzentrierte Schulgi sich vor allem auf Bauprojekte. Manches deutet jedoch darauf hin, dass er zu Beginn des dritten Jahrzehnts eine kriegerischere Haltung annahm, obwohl er sich immer als Mann des Friedens darstellte. Seine militärischen Aktivitäten richteten sich vornehmlich gegen Elam und zielten darauf, die Passstraßen durch das Zargosgebirge zu sichern, über die alle Handelsrouten nach Afghanistan und Indien führten. Ein weiterer Grund, Truppen zu mobilisieren, war die Sicherung der Grenzen, da sie ständig von Nachbarvölkern bedroht waren.

In der Regierungszeit Schulgis gab es offenbar kaum oder gar keine Rebellionen. Diese Tatsache zeugt von seiner straffen, effizienten Verwaltung. Er ernannte loyale Statthalter, die ihm unmittelbar unterstellt waren. Auf sämtlichen Straßen seines Reichs, an denen er in regelmäßigen Abständen Rasthäuser errichten ließ, konnten sich Reisende und Kaufleute sicher bewegen. Um sich die Unterstützung der Priesterschaft zu sichern, besuchte er alle bedeutenden Heiligtümer und Tempel seines Königreichs, unterstellte sie aber auch staatlicher Kontrolle und belegte sie mit Steuern. Mittlerweile hatte sich die gesamte Macht von den Tempeln auf den Palast verlagert.

Es sind mehrere Hymnen erhalten, die an Schulgis Siege erinnern und seine Größe feiern. Sie belegen, dass er nicht zuletzt bei der politisch einflussreichen Priesterschaft beliebt war. Bereits recht früh konnte Schulgi Anspruch auf Göttlichkeit erheben, wie vor ihm Naram-Sin, ohne Anstoß zu erregen. Das kann als Beleg für seine Macht über das Volk beziehungsweise seine Beliebtheit oder auch beides interpretiert werden. Schulgi behauptete sogar, göttlicher Abstammung zu sein. Womöglich veranlassten ihn jedoch nicht Hochmut, sondern politische Erwägungen zu solchen Erklärungen. Er war nicht der einzige König der Ur-III-Zeit, dem göttliche Eltern zugesprochen wurden. Und er war

DIE ERSTEN KÖNIGE

3300–2100 V. CHR.
Dschemdet-Nasr-Zeit, Frühdynastische Zeit und Ur-I-Zeit.

2900 V. CHR.
Erste Städte errichten Wehrmauern. Entwicklung der Keilschrift. Erste Zinn-Bronze-Legierung.

2750 V. CHR.
Weltliche Herrscher erlangen größere Bedeutung; die Macht verlagert sich vom Tempel auf den Palast.

2600 V. CHR.
In Ur entstehen die „Königsgräber". Darin finden sich die „Standarte von Ur" und der „Widder im Dickicht" sowie schwere vierrädrige Wagen.

2400 V. CHR.
Urukagina, König von Lagasch, erlässt den ersten Gesetzeskodex.

2335 V. CHR.
Lugalzaggesi, König von Umma und Uruk, vereint die Südprovinzen.

2334 V. CHR.
Sargon der Große erobert Mesopotamien.

2200 V. CHR.
Invasion der Gutäer.

2112 V. CHR.
Ur-Nammu begründet die Dritte Dynastie von Ur (Ur-III-Zeit) und erlässt den zweiten Gesetzeskodex.

2100 V. CHR.
In Ur, Uruk, Eridu und Nippur entstehen die ersten Zikkurats.

auch nicht der Einzige, der als „Gemahl" der Göttin Ischtar (Inanna) galt, obwohl diese Verbindung in seiner Regierungszeit stärker betont wurde. Interessant ist, dass Ischtar in der Ur-III-Zeit in ihrem nährenden Aspekt verehrt wurde, während in der Akkadzeit stärker ihre kriegerischen Eigenschaften betont wurden. Als ihr Gemahl wurde der König mit dem kosmischen Partner der Göttin, dem guten Hirten Tammuz, in Verbindung gebracht.

Doch auch abgesehen von Mythen und politischen oder propagandistischen Schachzügen war Schulgi ein großer Staatslenker, der zusammen mit Sargon und Naram-Sin als Heldenkönig in spätere babylonische Volkssagen einging.

Schulgi wird nicht nur als guter und weiser König beschrieben, sondern auch als gebildeter, kultivierter Mann. Offenbar war er ein Musterzögling in der Schule (*edubba*, wörtlich: »Tafelhaus«). Man kann davon ausgehen, dass er Keilschrift und Mathematik beherrschte. Er war zudem geschickt im Umgang mit Waffen und ein brillanter Jäger, der Löwen, Stiere, Bären und Wildesel erlegte. Doch er tötete nie

OBEN *Bei Ausgrabungen eines Heiligtums für den Mondgott Nanna in Ur fand man Fragmente einer Stele aus rosa Sandstein mit verschiedenen Darstellungen Ur-Nammus. Auf dem abgebildeten Ausschnitt bringt der König (links) einer Gottheit ein Opfer dar.*

ZIKKURATS

Die großen Stufentürme oder Zikkurats gelten als Wahrzeichen des alten Mesopotamiens. Sie wurden auf massiven Lehmziegeln erbaut und mit hochwertigen Ziegeln verkleidet. Die meisten sind zu Ruinen verfallen, aber ihr Einfluss und ihre Relevanz sind unschätzbar.

Zikkurats waren Tempel, die im Flachland vermutlich Berge nachahmen sollten, um den Götter näher zu kommen. Auf der obersten Plattform befand sich jeweils ein Heiligtum für den Schutzgott der Stadt. Das akkadische Wort *zikkurat* bedeutet „Gebäude auf einer erhöhten Fläche". Die Stufentürme hatten einen rechteckigen oder quadratischen Grundriss. Jedes der bis zu sieben Stockwerke sprang gegenüber dem darunterliegenden zurück. Sie waren über Außentreppen zugänglich, die manchmal so angelegt waren, dass man um die gesamte Plattform herumgehen musste, um den Aufgang zur nächsten zu erreichen. In Dur-Scharrukin (Khorsabad) wurde 710 v. Chr. eine Zikkurat erbaut, bei der vermutlich jede Plattform in einer anderen Farbe angemalt und über eine spiralförmige Rampe zugänglich war.

Die ersten Zikkurats schuf Ur-Nammu 2112 bis 2095 v. Chr. in Ur. Ihr Bau muss einen gewaltigen Einsatz von Arbeitskräften, gute architektonische Planung und genaue Berechnungen erfordert haben. Alle bedeutenden mesopotamischen Könige bauten solche Stufentürme als Mittelpunkte ihrer Tempel und Städte. Die Zikkurat, die Nebukadnezar der Große in Babylon errichtete, gehörte mit sieben Stufen zu den imposantesten des Landes. Auf der obersten Plattform befand sich ein Marduk-Tempel. Der letzte König von Babylon, Nabonid, ließ selbst noch unter massiver persischer Bedrohung Ur-Nammus Zikkurat in Ur renovieren und machte seine Tochter zur Priesterin des Mondgottes Sin, dessen Tempel den Stufenturm krönte.

In der Moderne knüpfte Saddam Hussein (1937–2006) an die Praxis mesopotamischer Herrscher an, die Zikkurats ihrer Vorfahren zu restaurieren. Der irakische Diktator ahmte bedeutende Könige wie Hammurabi und Nebukadnezar nach, indem er bei seinen Teilrekonstruktionen der Zikkurats in Ur und Babylon seinen eigenen Namen in die Ziegel prägen ließ.

Die Form der Zikkurats war in Europa bereits früh durch die biblische Schilderung des Turms zu Babel und die Schriften früher Historiker wie Diodor und Herodot bekannt. Der Turm zu Babel übte eine starke Faszination auf die Europäer aus und fand seinen Niederschlag in der Kunst, etwa in den beiden berühmten Gemälden Pieter Brueghels des Älteren (1525–1569) und einem Stich des romantischen Kupferstechers Gustave Doré (1832–1883). Zikkurats inspirierten auch den deutschen Regisseur Fritz Lang zum Turm in seinem Film „Metropolis" (1927). Beispiele für den Einfluss der Stufentürme auf die europäische und amerikanische Architektur sind der Volkspalast in Bukarest, das Gebäude des Secret Intelligence Service in London und die kalifornische Hauptverwaltung der General Services in West Sacramento bis hin zu Frank Lloyd Wrights Guggenheim Museum in New York. Wright entwickelte das Thema auf eindrucksvolle Weise weiter, indem er die Form des Stufenturms umkehrte.

UNTEN UND KLEINES BILD

Der Elamiterkönig Untasch-Gal (1265–1246 v. Chr.) ließ die Zikkurat in Tschoga Zambil errichten. Aus Dokumenten geht hervor, dass der Bau mit regionalen Handelsgewinnen finanziert wurde. Den Einfluss der Zikkuratform über die Jahrhunderte hinweg belegen moderne Bauten wie der Hauptsitz des britischen Geheimdienstes M16 in London, der Anfang der 1990er Jahre gebaut wurde.

Die Dritte Dynastie von Ur (Ur III)

2112–2095 v. Chr.
Ur-Nammu

2094–2047 v. Chr.
Schulgi

2046–2038 v. Chr.
Amar-Sin

2037–2029 v. Chr.
Shu-Sin

2028–2004 v. Chr.
Ibbi-Sin

Jungtiere oder Mütter mit Jungen. Als guter Läufer war er schneller als eine Gazelle. Er tat sich als exzellenter Musiker und Poet hervor, der Lieder dichtete und komponierte, und beherrschte sogar die Kunst, aus Eingeweiden die Zukunft zu lesen.

Auch wenn man diese Schilderungen nicht allzu wörtlich nehmen sollte, deuten alle historischen Zeugnisse auf einen entschlossenen, gewissenhaften Herrscher hin, der das Werk seines Vaters weiterführte und vervollkommnete und der aufrichtig an der Umsetzung eines klar umrissenen Rechtssystems interessiert war. Das Ethos mesopotamischer Könige war von dem Anspruch geprägt, ihrem Volk ein fürsorglicher Vater zu sein: *«Ich lieferte den Waisen nicht dem Reichen aus, die Witwe nicht dem Mächtigen, den Mann mit einem Schekel nicht dem Mann mit einer Mina, den Mann mit einem Lamm nicht dem mit einem Ochsen.»* Bereits Gudea hatte per Gesetz festgeschrieben, dass Frauen Land erben und besitzen durften. Auch Schulgi erließ Gesetze, die Interessen von Frauen schützten. So erhielt eine Frau, die als Jungfrau geheiratet hatte, im Fall einer Scheidung eine Silbermina als Entschädigung. Eine Witwe, die wieder geheiratet hatte, bekam bei einer Scheidung eine halbe Silbermina. Trennte sich aber ein Paar, das unverheiratet zusammengelebt hatte, so bekam die Frau nichts. Körperverletzungen wurden in der Regel mit einer Geldbuße statt nach dem Auge-um-Auge-Prinzip bestraft. Auf Mord, Vergewaltigung und Raub stand jedoch die Todesstrafe. Schulgis Gesetzeskodex regelte auch Eigentumsfragen, Amtsmissbrauch und die Behandlung von Sklaven.

Die Verwaltung von Ur

Ur-Nammu und Schulgi führten ein System wieder ein, das sich in der Vergangenheit bewährt hatte: Sie ernannten Statthalter für die Verwaltung der Städte und unterstellten die Wartung der Kanäle und Verkehrswege zwischen den Provinzen einer Zentralverwaltung. Der Fernhandel wurde wiederbelebt, der Hafen von Ur wiederaufgebaut und erweitert, Kupfer und andere Rohstoffe im Tausch gegen Erzeugnisse wie Textilien importiert und Silber aus dem Norden eingeführt. Der Schlüssel zum Erfolg lag in ihrer geschickten Verwaltung. Aus der Ur-III-Zeit sind Zehntausende von Tontafeln erhalten, die alle erdenklichen Aspekte des Lebens in

«Wenn die Ehefrau eines Mannes mit einem anderen Mann gegangen ist und er ihr beigewohnt hat, ist diese Frau zu töten, aber der Mann soll freigelassen werden.

Wenn ein Mann sich von seiner ersten Frau trennt, hat er ihr eine Silbermina zu zahlen.

Wenn ein Mann der Hexerei beschuldigt wird, muss er sich einer Wasserprobe unterziehen; erweist er sich als unschuldig, hat der Beschuldiger drei Schekel zu zahlen.

Wenn die Sklavin eines Mannes ungebührlich mit ihrer Herrin spricht, soll ihr der Mund mit einem Quart Salz ausgewaschen werden.

Wenn Sklaven einen Freien heiraten, so haben diese Sklaven den erstgeborenen Sohn ihrem Besitzer zu übergeben.»

Aus dem Gesetzeskodex des Ur-Nammu

GUDEA
(regierte 2141–2122 v. Chr.)

Die Gutäer herrschten in mehreren Stadtstaaten und waren möglicherweise die wichtigste Macht der Region. Sie übernahmen aber nie das Sargonidenreich. Neben ihnen existierten zudem zahlreiche unabhängige Städte mit eigenen Herrschern. Einer von ihnen war Gudea, der sich als *ensi* oder Gouverneur der Stadt Lagasch bezeichnete. Von ihm sind zahlreiche Statuen erhalten, die ihn als ernsten, selbstbewussten Mann mit schlichter, runder Krone und glatt rasiertem Gesicht zeigen (dadurch wirkt er eher sumerisch als akkadisch). Die Hände hat er gefaltet, wie es bei vielen babylonischen Statuen der Fall ist. Er trägt eine Toga, die die linke Schuler unbedeckt lässt, und wirkt wie der Inbegriff des bürokratischen Verwalters. Von Lagasch aus beherrschte er möglicherweise mehrere Kleinstädte. Man vermutet, dass er mit den Elamitern in Konflikt geriet. Sein Königreich war jedoch wohlhabend und stabil genug, einen Tempel zu bauen, den Eninnu. Dieser war Ningirsu geweiht, dem Stadtgott Lagaschs und Gott des Regens, der Bewässerung und der Fruchtbarkeit. Gudea macht eher den Eindruck eines Planers als eines Kriegers. Eine Statue zeigt ihn mit einem Bauplan auf dem Schoß. Inschriften auf seinen Statuen zeugen von seinem Stolz auf Taten wie die Restaurierung des Eanna, des Haupttempels für Ischtar, und den Bau einiger kleinerer Tempel.

Gudea war ein Herrscher, der den Frieden dem Krieg und die Konsolidierung der Expansion vorzog. Er verstand es als seine Hauptaufgabe, seiner Herde ein guter Hirte zu sein, was nach babylonischer Auffassung wesentliches Merkmal eines verantwortungsvollen Königs war.

RECHTS *Gudea von Lagasch war ein erfolgreicher Herrscher, Verwalter und Bauherr sowie ein frühes Beispiel für Personenkult. Die Statue von 2130 v. Chr. besteht aus Diorit, einem Stein, der Granit ähnelt (Louvre, Paris).*

allen Details behandeln, vom Tod eines domestizierten Tiers bis hin zur Anzahl der Arbeiter in einem Kanalreinigungstrupp. Viele dieser Tafeln sind heute über die ganze Welt verstreut. Dennoch sind genügend Zeugnisse erhalten geblieben, um ein recht klares Bild von den Vorgängen jener Zeit zu vermitteln.

Arbeit im Kanalbau, auf dem Feld, im Bootsbau und in der Weberei wurde mit Öl, Getreide, Brot, Zwiebeln, Fisch und vor allem Bier bezahlt. Die Herstellung und Qualität des Biers unterlag strengen Kontrollen, die manchmal auf höchster Ebene erfolgten. Ein Dokument vermerkt, dass eine Prinzessin „Prüferin des Bieres" war.

Das neue Königreich blühte auf. Es gab kaum gewaltsame Konflikte, und die Kunst, ein guter Indikator für Stabilität und Wohlstand, erlebte neue Höhen. Es entstanden prachtvolle Halsketten aus Achat und Karneol sowie aus Edelsteinen, die wohl aus Indien importiert wurden. Man verwendete aufwändige Rollsiegel aus Bergkristall. Und für die Wohlhabenden wurden luxuriöse Nahrungsmittel eingeführt und mit alltäglicheren heimischen Erzeugnissen bezahlt.

Einen bedrückenderen Eindruck vermitteln Verwaltungsunterlagen, die um die Mitte der Regierungszeit Schulgis entstanden. Sie lassen eine quasi totalitäre Bürokratie erkennen, die auf einer beängstigend peniblen Buchführung beruhte. Diese erforderte eine standardisierte Schrift und ein einheitliches System von Maßen und Gewichten. Es gibt vereinzelte Hinweise auf private Unternehmen und zahlreiche

«O Vater Nanna, diese Stadt wurde dem Erdboden gleichgemacht ...
Nicht Scherben, sondern ihre Einwohner füllten die Stätten;
Ihre Mauern wurden durchbrochen; die Menschen stöhnten,
In ihren Toren, wo sie einst wandelten, lagen nun überall Leichen;
In ihren Straßen, wo sie Feste feierten, lagen sie verstreut.
In allen Gassen, wo sie einst wandelten, lagen die Toten;
Auf ihren Plätzen, wo die Landesfeste stattfanden, türmten sich die Haufen der Menschen ...
Die Schwachen und die Starken von Ur raffte der Hunger dahin;
Mütter und Väter, die ihre Häuser nicht verließen, wurden vom Feuer verzehrt;
Die Kinder, die auf dem Schoß ihrer Mütter lagen, wurden vom Wasser davongetragen wie Fische.
In der Stadt blieb die Ehefrau allein zurück, blieb der Sohn allein zurück, wurden die Habseligkeiten verstreut.
O Nanna, Ur wurde zerstört und seine Einwohner zerstreut!»

Klage über die Stadt Ur, die am Ende der Ur-III-Zeit an die Elamiter fiel

RECHTS *Diese Statue aus kostbarem Steatit stammt aus Telloh (Girsu). Sie entstand zwischen 2130 und 2150 v. Chr. und zeigt eine unbekannte Prinzessin aus der Familie Gudeas.*

Belege für Werkstätten, die im Auftrag von Tempeln und Palästen Textilien, Lederwaren, Möbel, Steinmetzarbeiten, Schmuck und Keramik herstellten. Aber die überwiegende Mehrheit der Bevölkerung war damit beschäftigt, große Schaf-, Ziegen- und Rinderherden (die bis zu 350 000 Stück Vieh zählten) zu hüten und Getreide anzubauen. Für den privaten Bedarf konnte man sich Saatgut vom Tempel oder Palast „leihen", musste aber 20 Prozent Zinsen zahlen. Wesentlich höher waren die Zinsen bei privaten Geldverleihern: Dort betrug der gängige Zinssatz 33,5 Prozent.

Häufige Invasionen

Ur dehnte seinen Einfluss im Nordwesten bis nach Mari aus – um die Beziehungen zu festigen, heiratete Ur-Nammu eine Tochter des dortigen Königs – und im Nordosten bis zu den Hurritern, die in der Region zwischen Vansee und Urmiasee siedelten. Aber unter der Regentschaft von Ibbi-Sin (2028–2004 v. Chr.) wurde das Reich von den Amoritern bedroht, die durch ausgedehnte Dürreperioden aus ihrer Heimat vertrieben wurden. Die Einwohner von Ur beurteilten die Amoriter zwar nicht so hart wie die Gutäer, hielten sie aber ebenfalls für primitiv und verdorben:

> *«Er kleidet sich in Schaffelle. Er wohnt in Wind und Regen in Zelten. Er bringt keine Opfer dar. Er lebt armselig in der Steppe. Er gräbt Trüffel aus und zieht umher. Er isst rohes Fleisch. Er hat keine feste Bleibe. Und wenn er stirbt, wird er ohne Ritual begraben.»*

Als Schulgi 2047 v. Chr. starb, traten zwei seiner Söhne nacheinander die Nachfolge an, Amar-Sin und Schu-Sin. Beide folgten dem Beispiel ihres Vaters und ließen sich vergöttlichen. Als Schu-Sin 2037 den Thron bestieg, begannen die Amoriter in sein Königreich vorzudringen. Der König ließ nördlich von Sippar einen Wall zwischen Euphrat und Tigris errichten, um die unwillkommenen Fremden fernzuhalten. Der Schutzwall trug den Namen „Das, was die Amoriter abhält" und war auf eine Länge von 270 Kilometern geplant. Unabhängig davon, welche Größe er tatsächlich erreichte, verfehlte er seinen Zweck. Unter Schu-Sins Nachfolger Ibbi-Sin, dem letzten König der Ur-III-Zeit, entwickelten sich die Amoriter von einem gefährlichen Ärgernis zu einer ausgesprochenen Bedrohung, da sie nun in organisierten, bewaffneten Trupps operierten.

Während seiner langen Regentschaft kämpfte Ibbi-Sin erfolglos gegen den Zerfall seines Reiches. Der Zusammenbruch erfolgte langsam, aber unaufhaltsam. Als die Amoriter immer mehr Land unter ihre Kontrolle brachten, wurden die Städte der Ur-III-Zeit zunehmend voneinander abgeschnitten, die Verkehrsverbindungen brachen zusammen, und es kam zu einer starken Inflation. Allein vom siebten bis zum achten Regierungsjahr Ibbi-Sins stiegen die Getreidepreise auf das 60-Fache des Üblichen. Am Ende herrschte der König nur noch über ein Gebiet, das kaum über die Stadt Ur hinausging. Den Todesstoß versetzten seinem Reich aber nicht die Amoriter, sondern seine Erzfeinde, die Elamiter. Sie spürten die Schwäche des rivalisierenden Königreichs und schickten ein Heer, das die Stadt eroberte und dem Erdboden gleichmachte. Ibbi-Sin wurde gefangen genommen und nach Susa gebracht.

Ischbierra, ein König der Stadt Larsa, trieb die Elamiter schließlich aus dem Land und begründete eine Dynastie, die sich von 2017 bis 1794 v. Chr. hielt. Nicht weit entfernt in der Stadt Isin begründete König Naplanum ebenfalls eine Dynastie, die von 2025 bis 1763 v. Chr. erfolgreich war. Aber die letzte sumerische Herrschaft über Mesopotamien ging ihrem Ende entgegen. Die Amoriter etablierten sich 1894 v. Chr. in der Stadt Babylon und kontrollierten einen Großteil des Landes. Nun trat Babylon aus dem Dunkel der Geschichte hervor und erlangte eine zentrale Stellung, die die Stadt über die nächsten 2000 Jahre in ganz Mesopotamien behalten sollte.

LINKS *Die Vertreibung der Elamiter aus Mesopotamien erforderte langwierige erbitterte Kämpfe. Das Flachrelief aus dem 7. Jahrhundert v. Chr. aus dem Königspalast in Ninive zeigt die Eroberung einer befestigten Elamiterstadt durch Krieger König Assurbanipals.*

KAPITEL VIER

KÖNIGE, GÖTTER UND IHRE STÄDTE

Als Naram-Sin sich zum Gott erhob, schuf er einen Präzedenzfall, dem in der weiteren Geschichte des Alten Orients jedoch nicht alle Könige folgten. Die Königswürde galt immer als heilige Verantwortung. Aber bis dahin hatte sich der König als Stellvertreter des Schutzgottes seiner Stadt gesehen. Das alles änderte sich, als die Könige über größere Gebiete herrschten.

Das mesopotamische Pantheon umfasste zahlreiche Götter und Göttinnen mit jeweils speziellen Zuständigkeiten. Manche Götter standen in keinem unmittelbaren Kontakt zu den Menschen, andere pflegten dagegen einen recht engen, ungezwungenen und sogar sexuellen Umgang mit ihnen. Die Gottheiten hatten nicht nur besondere Aufgaben, sondern waren auch Schutzgötter bestimmter Städte. Das galt vor allem für die Hauptgötter. Von frühester Zeit an herrschte die Vorstellung, dass sie in ihren Städten wohnten und der König (oder auch der *ensi*) ihr Repräsentant in dieser Stadt sei. König und Gott waren daher eng miteinander verbunden. Wenn etwas geschah, was der Gottheit missfiel, und sie die Stadt verließ, galt deren Schicksal als besiegelt. Auf dieser Vorstellung beruhte auch die gängige Praxis der Eroberer, die Götterstatuen der Besiegten mitzunehmen und in ihrer eigenen Stadt aufzustellen. So verfuhren die Elamiter mit den Babyloniern, die Babylonier mit den Assyrern und umgekehrt, und sie alle mit jeder fremden Macht, die sie besiegten.

Der König war zwar ein Mensch, konnte seine Herrschaft aber durch seine Abstammung von den Göttern legitimieren. Er war allerdings immer an seine Verantwortung für seine Untertanen gebunden und wurde daran gemessen. Alljährlich beim Frühjahrsfest nahm ihm der Oberpriester seine Insignien ab und erniedrigte ihn – ein öffentliches Ritual, das ihm und seinem Volk als Mahnung zur Demut galt. Vielleicht sollte es aber auch an Zeiten erinnern, als der Führer einer Stadt (und eines Stammes) einzig und allein aufgrund seiner Verdienste gewählt wurde. Der König sollte sich bewusst sein, dass seine Macht von der Einwilligung seines Volkes abhing. Mit der Zeit verkam die Demütigung zum bloßen Ritual. Ursprünglich war sie jedoch ganz real: Je mehr Schmerzen der König dabei erleiden musste, umso mehr Gefallen fand er beim Schutzgott der Stadt. Das Frühjahrsfest konnte nicht stattfinden, wenn der König nicht persönlich daran teilnahm. Und wenn es ausfiel, galt das als schlechtes Omen.

RECHTS *Fragment einer Statue aus Telloh, die Gudea, den König von Lagasch (2143–2124 v. Chr.), als Förderer von Bauprojekten darstellt. Auf dem Ausschnitt sind die gefalteten Hände des Herrschers zu sehen (in einer typischen Haltung bei Statuen dieser Periode). Auf dem Schoß des Königs liegt ein Stadt- oder Bauplan. Die Statue diente eindeutig Propagandazwecken, denn die Inschrift auf Gudeas Rock enthält eine Auflistung seiner Taten.*

Herrschaft mit göttlicher Einwilligung

Der König hatte drei Hauptpflichten: Er fungierte als Mittler zwischen der Stadt und ihrem Gott, er organisierte die alltägliche Arbeit, vor allem die Landwirtschaft, und er führte sein Volk als Feldherr in den Krieg. Ab dem 2. Jahrtausend v. Chr. ließen sich die Könige nicht mehr zu Göttern erheben. Wenn sie überhaupt vergöttlicht wurden, dann erst nach ihrem Tod. Jedoch brachte man sie durchgängig in enge

Verbindung zu den Göttern. Ihr Amt galt als von den Göttern verliehen, die es den Menschen ursprünglich als Geschenk des Himmels gestiftet hatten. Möglicherweise glaubte man, dass die Götter den König schon vor seiner Geburt als Herrscher erwählt hätten. Diese Vorstellung war auch dem biblischen Propheten Jeremia vertraut, der noch vor dem Babylonischen Exil der Hebräer wirkte: *«Ich kannte dich, ehe ich dich im Mutterleibe bereitete, und sonderte dich aus, ehe du von der Mutter geboren wurdest»* (Jeremia 1,5).

DIE AMORITER

2034 V. CHR.
Die Amoriter dringen nach Mesopotamien vor.

2004 V. CHR.
Die Elamiter plündern Ur.

2000 V. CHR.
Die Nutzung domestizierter Pferde beginnt.

1894 V. CHR.
Die Amoriter begründen eine Dynastie in Babylon.

1792 V. CHR.
Hammurabi besteigt den Thron in Babylon. Der dritte Gesetzeskodex entsteht. Das Königreich umfasst etwa das gleiche Territorium wie das Sargons des Großen.

1700 V. CHR.
Der leichte zweirädrige Wagen mit Speichenrädern wird entwickelt.

1595 V. CHR.
Der Hethiterkönig Mursili plündert Babylon. Es beginnt ein „dunkles Zeitalter" für die Stadt.

Über 1000 Jahre hinweg nahmen alle Könige vom großen Amoriter Hammurabi bis zum letzten babylonischen König Nabonid für sich in Anspruch, ihr Amt von den Göttern erhalten zu haben. Selbst Eindringlinge und Usurpatoren wie Nebukadnezars Vater Nabopolassar behaupteten, sie seien von Marduk gesandt und von Ea geliebt. Doch der König musste das Wohlwollen der Götter immer auch durch sein Verhalten rechtfertigen.

Neben seinen drei wichtigsten Pflichten hatte der König seiner Stadt, seinem Stadtstaat oder Reich den Wohlstand zu erhalten, musste also ein guter Geschäftsmann und Verwalter sein. Außerdem unterstand ihm die Erhaltung der Kanäle als Verkehrswege und Bewässerungsanlagen und der Bau von Getreidespeichern, um in Jahren guter Ernten Getreidevorräte für Dürreperioden, Kriegszeiten, Epidemien und Überschwemmungen anzulegen. Seit Ur-Nammus Zeit, vielleicht auch schon vorher, gehörte es zu den Aufgaben der Könige, einen Gesetzeskodex zu erlassen. Bekanntermaßen war der Kodex der Ur-III-Zeit formal das Werk Schulgis; es ist jedoch äußerst unwahrscheinlich, dass nicht schon unter seinem Vater Ur-Nammu eine Form von Rechtssystem existierte. Allen diesen Pflichten lag der Anspruch zugrunde, dass der Königs ein guter Vater seines Volkes und guter Hirte seiner Herde sein müsse. Wenn sein Verhalten den Göttern gefiel, segneten sie ihn mit einer langen Regentschaft, militärischem Erfolg, einem zufriedenen Volk, vielen Erben und guten Ernten. Fand sein Tun kein Gefallen bei den Göttern, musste er mit einer entsprechend kurzen Regierungszeit, Rebellion, dem Ausbleiben von Erben, Missernten, militärischen Niederlagen und dem Tod auf dem Schlachtfeld rechnen. Der assyrische König Sanherib (704–681 v. Chr.) war über den Tod seines Vaters auf dem Feld so entsetzt, dass er Feldzüge seinen Generälen überließ. Könige konnten wegen solcher Gefahren ernstlich beunruhigt sein. In schwierigen Zeiten führte das zuweilen zu einer merkwürdigen und recht barbarischen Praxis: Wenn die Priester böse Vorzeichen sahen oder die Lage sich tatsächlich verschlechterte, kam es vor, dass der König und seine Frau für eine gewisse Zeit in den Ruhestand traten. Da das Wohlergehen des Landes mit der Person des Königs verknüpft war, galt es ihn zu schützen. Allerdings musste jemand an seine Stelle treten und die Bedrohung auf sich ziehen, also die Rolle eines Sündenbocks übernehmen. Wie diese Person ausgewählt wurde, ist nicht bekannt. Der Ersatzkönig »regierte« mit seiner Frau mit allen Privilegien eines Monarchen, besaß aber im Grunde keine Macht. Sobald die Gefahr vorüber war, wurden der Ersatzkönig und seine Frau getötet.

Kontrollmechanismen

Der Mythos, dass die Menschen geschaffen worden waren, um die Arbeit der Götter zu erledigen, half dem König bei der Erfüllung seiner Aufgaben. Da er als Stellvertreter der Götter galt, verlangte die Religion – die schon immer ein nützliches Instrument gesellschaftlicher Organisation war –, dass seine Untertanen taten, was er wollte. Daher waren mesopotamische Könige vor Kritik weitgehend geschützt. Aber

RECHTS *Ausschnitt aus einem Relief am Podium des Throns von Salmanasssar III. (858–824 v. Chr.) im Thronsaal oder* ekal mascharti. *Rechts besiegeln Salmanasssar und Mardukzakirschum von Babylon ein Bündnis mit Handschlag. Hinter Salmanassar steht ein Eunuch mit Waffen und anderem Gerät.*

DAS MESOPOTAMISCHE PANTHEON

Im Alten Orient gab es zahlreiche Götter. Das Pantheon entwickelte sich bereits früh und blieb in seiner Grundstruktur weitgehend unverändert. Götter anderer Völker konnten meist ohne Probleme integriert werden, da sich die Hauptgottheiten in ihren Funktionen häufig ähnelten. Zu unterschiedlichen Zeiten nahmen jedoch verschiedene Götter die Vorrangstellung ein. Marduk war ursprünglich der Gott des Ackerbaus und Schutzgott der Stadt Babylon, Assur war der Hauptgott der Assyrer. Beide stiegen zu Nationalgöttern auf, als ihre Städte zu Zentren eines größeren Reichs wurden. Andere Gottheiten repräsentierten Naturphänomene wie Mond oder Sonne, jahreszeitliche Witterungsverhältnisse und geographische Phänomene wie Flüsse oder Berge. Viele von ihnen waren untergeordnete Gottheiten wie der Gott der Kanäle Ennugi und der Gott des Euphrat und des Tigris Enbilulu (so ihre sumerischen Namen). Nabu, der Gott der Schrift, war eine spätere Ergänzung des Pantheons; er erlangte in dem Maße Bedeutung, wie die Gesellschaft komplexer wurde.

OBEN *Zeichnung eines kassitischen Reliefs mit dem Gott Marduk und zu seinen Füßen dem Schlangendrachen, der mit ihm assoziiert wird.*

Trotz der zahlreichen Mythen, die sich in verschiedenen Epochen ausprägten, lässt sich in groben Zügen der mesopotamische Kosmos nachzeichnen:

Urelement war das Wasser. Es teilte sich in das männliche Süßwasser, Apsu, und das weibliche Salzwasser, Tiamat, das für die blinden Kräfte des Urchaos stand. Die Erde trieb als runde Scheibe auf dem Apsu, umgeben von Bergen, die den Himmel trugen. Aus der Vereinigung von Apsu und Tiamat gingen Mummu, der Wesir der Götter, und die beiden Schlangen Lachmu und Lachamu hervor. Die Vereinigung dieser Schlangen brachte Anschar, den Himmel und die Männlichkeit, sowie Kischar, die Göttin der Stadt Kisch, hervor, die für die Weiblichkeit und Erde stand. Diese beiden zeugten An (sumerisch Anu), den Himmelsgott, der mit der Stadt Uruk assoziiert wurde und mit Antum vermählt war. Ihre Kinder waren die Göttin Bau, die Lebenspenderin; Enlil, der Gott der Luft, Schutzgott der Stadt Nippur und Gemahl der Ninlil, der „Herrin des freien Feldes"; sowie Ea (Enki), der Schutzgott der Stadt Eridu. Ea war der Gott der Weisheit und Magie und die Quelle des Süßwassers. In alten Mythen galt er als Schöpfer der Menschheit und „Bezwinger" Apsus, der nicht mehr als Gott personifiziert wurde. Seine Gemahlinnen waren entweder Damkina oder Beletili (Ninhursanga, die »Herrin des Berges«). An, Enlil und Ea – Himmel, Erde und Wasser – bildeten die erste große Göttertriade. Von ihnen stand Ea/Enki in unmittelbarstem Kontakt zu den Menschen. Er war es auch, der die Menschen vor der Großen Flut in Sicherheit brachte.

Ea/Enki hatte drei Töchter: Ninkasi, die Göttin des Brauens (die Mesopotamier waren stolz auf ihre Braukunst); Ninsar, die „Herrin des Grünens", und Uttu, die Spinne oder Weberin. Nach einem anderen Mythos war er der Vater Marduks (dessen Mutter Damkina war), des großen Gottes der Babylonier. Enlil und Ninlil hatten ebenfalls drei

LINKS *Eine Bronzefigur von Marduks Drache aus spätassyrischer Zeit (800–600 v. Chr.).*

Kinder: Ninurta, den Gott des Krieges, des Pflugs und der Stadt Lagasch; Nergal, den Gott der Krankheit; und Sin (Nanna), den bedeutenden Gott des Mondes und der Stadt Ur. Mit seiner Gemahlin Ningal, der „Herrin des Rieds", hatte Sin drei Kinder: Schamasch (Utu), Gott der Sonne und Weissagung; Ereschkigal, Göttin der Unterwelt; und Ischtar (Inanna), die schillernde Göttin der Liebe und des Krieges, die mit Uruk, aber auch mit Ninive und Arbela assoziiert wurde. Sin, Schamasch und Ischtar bildeten die zweite große Göttertriade. Schamasch und seine Gemahlin Aja hatten zwei Kinder, Kittu (Gerechtigkeit) und Mischaru (Recht). Ereschkigal war zweimal verheiratet, zuerst mit Gugalana, dem großen Himmelsstier, der von dem Halbgott und Helden Gilgamesch getötet wurde, und anschließend mit Nergal, mit dem sie einen Sohn hatte, Ninazu, den Gott der Heilkunst. Ischtar hatte viele Liebhaber – darin ähnelte sie der griechischen Aphrodite (römisch: Venus) und der Hindugöttin Kali. Der Tod ihres Geliebten Tammuz (Dumuzi), eines Gottes des Ackerbaus, veranlasste Ischtar, in die Unterwelt hinabzusteigen, um ihn zu suchen. In manchen Versionen des Mythos kehrt er zurück, in anderen muss er in der Unterwelt bleiben, damit sie zurückkehren darf. Tammuz hatte Ähnlichkeiten mit Adonis, aber auch mit Persephone, denn die Feste anlässlich seines „Todes" und seiner „Wiedergeburt" markierten alljährlich das Ende der Ernte beziehungsweise den Beginn des Frühjahrs. Die Unterwelt, teilweise Kur genannt, war ein trister Ort, ein „Haus des Staubes", wo die Seelen der Verstorbenen sich von Lehm und Erde ernähren mussten. Die Vorstellung eines Himmels gab es nicht. Die Götter wohnten in einer großen Halle, Upschukina genannt, oder in Dilmun (etwa dem Olymp vergleichbar), einem Paradies jenseits des Meeres, das meist mit dem heutigen Bahrain in Verbindung gebracht wird.

Schließlich gab es noch die jüngere Göttergeneration, die Igigi, angeführt von Enlil, sowie die Uttuku, Geister und Dämonen, die in Ekimmu (Böse) und Shedu (Gute) unterteilt waren. Die Schlimmsten unter den Ekimmu waren „die Sieben", schlangenähnliche Wesen. Zu den legendären Helden des Alten Orients zählten Utnapischtim (auch Atrahasis genannt), der mesopotamische Noah und einzige Sterbliche, dem (zusammen mit seiner Frau) Unsterblichkeit verliehen wurde; der berühmte Halbgott Gilgamesch; Adapa, der dem Südwind die Flügel brach und durch ein Unglück um die Gabe der Unsterblichkeit betrogen wurde; Etana, der auf dem Rücken eines Adlers vergebens in den Himmel flog, um ein Heilmittel gegen seine Unfruchtbarkeit zu suchen; und Enmerkar, der die Stadt Uruk gründete. Er wurde gelegentlich mit dem biblischen König Nimrod gleichgesetzt und in einer Legende mit dem Bau eines großen Turms und einer anschließenden Sprachverwirrung in Zusammenhang gebracht, die Ea über die Menschen brachte. Die sehr alte sumerische Königsliste erwähnt Etana, Enmerkar und Gilgamesch als Könige, und manches spricht dafür, dass die beiden Letztgenannten tatsächlich existierten. Es ist jedoch nicht anzunehmen, dass die Taten der historischen Personen sich mit denen der legendären Helden deckten.

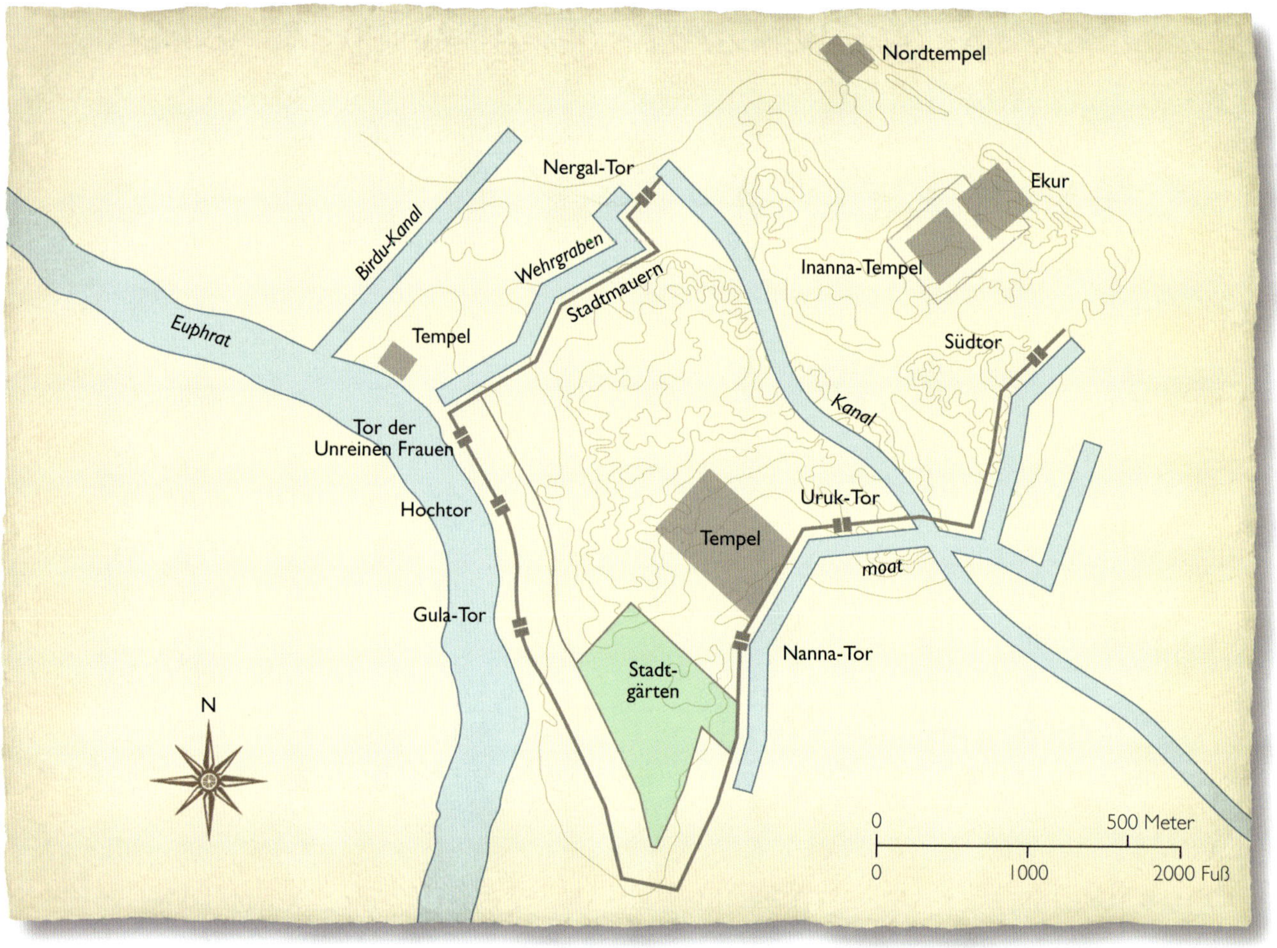

OBEN *Stadtplan von Nippur, einer der ältesten mesopotamischen Städte und Hauptkult - ort des sumerischen Gottes Enlil.*

im Gegensatz zu den ägyptischen Pharaonen, die als Götter in Menschengestalt von ihren Untertanen nicht einmal angeschaut werden durften, galten sie nicht als unfehlbar. Pharaonen fielen wohl gelegentlich einer Palastrevolution zum Opfer; mesopotamische Könige aber mussten auch mit Volksaufständen rechnen. Wenn einem Rivalen ein Putsch gelang, galt sein Erfolg als Legitimation, da die Götter ihn nicht zugelassen hätten, wenn der gestürzte Monarch es nicht verdient hätte. Über weite Teile der mesopotamischen Geschichte wirkten diese Mittel als effektive Kontrollmechanismen gegen den Größenwahn eines Herrschers. So gibt es kaum Hinweise auf Tyrannei im eigenen Land.

Einem König war es kaum möglich, autokratisch zu regieren, da seine Macht an diverse Grenzen stieß, die sich im Laufe der Zeit immer deutlicher ausprägten. Zum einen gab es in Teilen des Königreichs immer Gebiete, die von nomadischen Hirtenvölkern bewohnt und praktisch autonom waren. Zum anderen bestand das Königreich traditionell aus starken Städten mit eigenen Statthaltern, die zwar vom König ernannt wurden, aber über erhebliche Macht verfügten. Zum Dritten genossen die Einwohner vieler Städte, namentlich Babylons, zu Beginn des 1. Jahrtausends v. Chr. Steuerbefreiungen und andere Privilegien wie die Freistellung vom Militärdienst. Diese Städte waren zudem reich genug, sich wieder unabhängig zu machen, wenn sie wollten. Als die Assyrer ganz Mesopotamien beherrschten, hatten sie recht häufig mit Aufständen im Süden des Landes zu kämpfen. Während der gesamten Geschichte Mesopotamiens kam es immer wieder zu lokalen Unruhen. Truppen für Strafaktionen zu mobilisieren erforderte oft viel Zeit. Auch profitierten die Aufständischen von den geographischen Entfernungen im Reich.

Als sich im Laufe der Zeit kleine Staaten, Königreiche und gelegentlich große Reiche ausbildeten, wuchs die Zentralmacht der Könige. Die Grundeinheit staatlicher Organisation blieb aber die Stadt. Selbst wenn eine Stadt sich einem größeren Gemeinwesen unterordnete, verlor sie nicht ihre traditionelle Bedeutung. Zwei Städte verdienen hier eine eingehendere Betrachtung.

Nippur, Zentrum der Kultur und Religion

Nippur (das heutige Niffar) war eine der ältesten Städte Mesopotamiens. Sie lag zwischen Euphrat und Tigris vermutlich an einem mittlerweile verschwundenen Nebenfluss auf halbem Weg zwischen Sippar im Nordwesten und Ur im Südosten an der Grenze zwischen Sumer und Akkad und war ein bedeutendes religiöses und kulturelles Zentrum. Ihr Schutzgott Enlil, der Gott der Luft, zählte zu den Hauptgöttern des mesopotamischen Pantheons. Ihm war der Haupttempel der Stadt geweiht, doch es gab auch Tempel für andere wichtige Gottheiten wie Ischtar (Inanna), Gula, die Gemahlin Ninurtas, und für Sin (Nanna).

Bereits seit dem 6. Jahrtausend v. Chr. existierte an dieser Stelle eine Siedlung. Möglicherweise baute Ur-Nammu den Tempelbezirk Ekur und die dazugehörige Zikkurat am Ort eines älteren Heiligtums. Denn nach mesopotamischer Tradition durfte ein einmal errichteter Tempel zwar renoviert, umgebaut und verschönert, nicht aber verlegt werden. Der Ekur war Hauptheiligtum Mesopotamiens, bis Marduk Enlil als Nationalgott verdrängte. Große Bedeutung besaß jedoch auch das Ischtar-Heiligtum. Es war spätestens von der Uruk-Zeit an bis in die postbabylonische Epoche der Parther über nahezu 4000 Jahre hinweg durchgängig in Betrieb und wurde in dieser Zeit nicht weniger als 22-mal restauriert. Die Stadt existierte bis 800 n. Chr., erlebte aber im Laufe ihrer langen Geschichte mehrfach Phasen des Niedergangs und war zeitweise sogar völlig verlassen, etwa vom 18. bis 15. Jahrhundert v. Chr., von 1150 bis 800 v. Chr. und im 1. Jahrhundert n. Chr. Unter dem assyrischen König Assurbanipal (669–627 v. Chr.) erlebte Nippur eine Blütezeit. In ihren besten Zeiten umfasste die Stadt eine Fläche von 150 Hektar und besaß eine Zikkurat mit einer Grundfläche von 57 mal 39,50 Metern. Wie alle bedeutenden Städte vom 3. Jahrtausend v. Chr. an war auch Nippur durch eine massive Stadtmauer geschützt.

Nippurs Bedeutung als kulturelles, akademisches und religiöses Zentrum verdankte die Stadt vor allem ihrer zentralen Lage im Land. Zudem hatte dort traditionell die Versammlung zur Wahl eines gemeinsamen Herrschers stattgefunden (die es aber schon lange nicht mehr gab). Es könnte allerdings sein, dass die Herrscher der Ur-III-Zeit diese „Tradition" lediglich zu Propagandazwecken erfanden: Enlil war der Hauptgott des Landes; Nippur war seine Stadt; ein Mann, der hier zum König gekürt wurde, konnte (zumindest theoretisch) den Anspruch erheben, König des ganzen Landes zu sein. Diese und andere Traditionen hüteten die Priester, die in Nippur weiterhin die Verwaltung innehatten. Es gab insgesamt 26 Tempelkomplexe, darunter vier Hauptheiligtümer, die um königliche Spenden wetteiferten. Die Priester des Ekur rückten Naram-Sin posthum in ein schlechtes Licht, weil er den Tempel Ischtars/Inannas bevorzugt hatte. Die komplexe Organisation der Stadt machte es erforderlich, dass ein großer Teil der Bevölkerung in der Verwaltung arbeitete und lesen und schreiben konnte. In Nippur pflegten Schreiber die sumerische literarische Tradition noch lange nachdem die Sprache aus dem Alltagsleben verschwunden war. Es gab es mehrere Schulen, die Sumerisch lehrten. Doch die Schreiber mussten auch offizielle Inschriften für Stelen verfassen und über mathematische

OBEN *„Pflockfigur" aus Kupfer, die einen Gott mit vielen Hörnern darstellt. Solche Figurinen wurden in die Fundamente von Gebäuden eingelassen, um Glück anzulocken. Dieses Beispiel aus Girsu ist 29 Zentimeter groß und Urbaba von Lagasch geweiht (22. Jahrhundert v. Chr.).*

OBEN *Dieses Kalksteinrelief aus Telloh (2550–2500 v. Chr.) sollte an den Bau eines Tempels für Ningirsu und Nina durch Urnansche, den Herrscher von Lagasch, erinnern. Links oben ist der König zu sehen, der einen Trog mit Ziegeln auf dem Kopf trägt. Unten rechts sitzt er auf seinem Thron. Ein Diener hinter ihm hält eine Flasche in der Hand. Die kleineren Figuren stellen die Kinder des Königs und andere Familienmitglieder dar. Durch das Loch in der Mitte wurde die Tafel an der Tempelmauer befestigt.*

Kenntnisse verfügen. So findet sich in einem Text die Frage eines Lehrer an seine Schüler:

> *«Versteht ihr euch auf Multiplikation, Kehrwerte, Koeffizienten, Rechnungswesen, Buchhaltung, die Verteilung von Löhnen und Gehältern, die Aufteilung von Eigentum und die Abgrenzung von Ackeranteilen?»*

Nippur war landesweit berühmt für den hohen Bildungsgrad seiner Einwohner und wurde gelegentlich ironisch belächelt. In einer Anekdote heißt es, dort sprächen selbst die Gemüsehändler Sumerisch. Andere Geschichten besangen den angeborenen Witz der Einwohner von Nippur. Die berühmte Erzählung vom armen Mann aus Nippur handelt von einem armen Einwohner Nippurs namens Gimilninurta, dem es gelingt, den habgierigen und leichtgläubigen Bürgermeister zu überlisten.

Der Aufstieg Assurs

Die Stadt Assur lag 450 Kilometer nördlich von Nippur am Tigris. Sie nutzte den Fluss für den Ackerbau, die Schifffahrt und als Teil ihrer Verteidigungsanlagen. Assur war die erste Hauptstadt Assyriens. Vor allem unter der Herrschaft des Amoriters

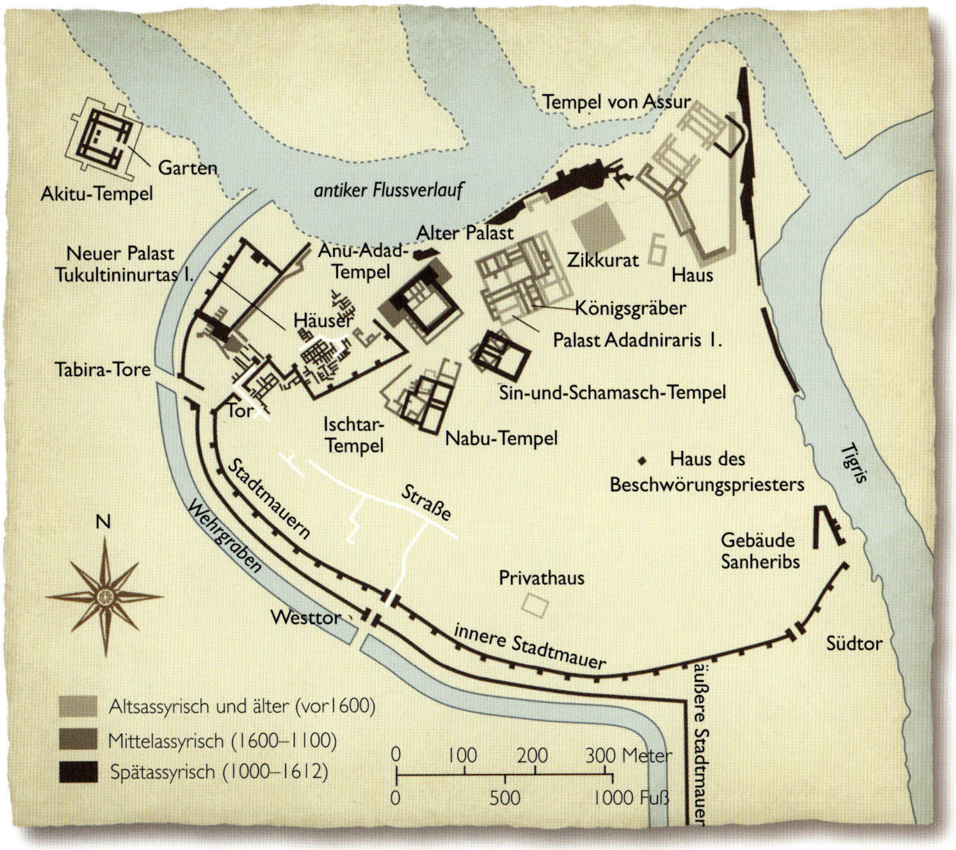

LINKS *Stadtplan von Assur in Nordmesopotamien. Vom 14. bis zum 9. Jahrhundert v. Chr. war der Ort am Tigris Hauptstadt und religiöses Zentrum des Assyrischen Reichs.*

Schamschiadad (1813–1781 v. Chr.), der sein Königreich auf weite Teile Nordmesopotamiens ausdehnte, wurde das Stadtbild geprägt. Damals war Assur bereits ein bedeutendes Handelzentrum mit guten Verbindungen nach Kleinasien und Persien. In Kanesch (in der Nähe des heutigen Kültepe) in Kleinasien hatte sich um das 19. Jahrhundert v. Chr. eine assyrische Kaufmannskolonie fest etabliert.

Nachdem Schamschiadad sich zum König von Assur und Herrscher über ein Reich ausgerufen hatte, das die bedeutenden Städte Mari, Harran und Hit umfasste und im Süden fast bis nach Sippar reichte, nahm er in Assur umfangreiche Bauprojekte in Angriff. Er ließ die Stadtmauern instandsetzen und drei Zikkurats zu Ehren der Götter Enlil, An und Adad bauen. Seine Nachfolger fügten einen Tempel für Sin und Schamasch, einen Palast, einen Wehrgraben und einen großen Tempel für Assur, den Schutzgott der Stadt, hinzu.

Assur war immer ein bedeutendes Religions- und Handelszentrum und wurde im Laufe seiner Geschichte liebevoll gepflegt und geschmückt, obwohl es nicht immer Hauptstadt blieb. Schamschiadad verlegte seine Residenz zumindest vorübergehend nach Schubat-Enlil im Norden. Nach seinem Tod zerfiel sein Reich relativ schnell. Erst Assuruballit I. (1363–1328 v. Chr.) gelang es, erneut ein Assyrerreich aufzubauen, dessen Zentrum Assur war. Assuruballits Nachfolger, vor allem Salman - assar I. (1273–1244 v. Chr.) und sein Sohn Tukultininurta I. (1243–1207 v. Chr.), konsolidierten das Reich und verschönerten die Stadt. Tukultininurta I. förderte Bauprojekte nach mesopotamischer Tradition: Er errichtete den Assurtempel, ließ den Ischtar-Tempel wiederaufbauen und aufwändig mit Alabaster, Gold und Perlen ausschmücken, setzte die Stadtmauern instand, erweiterte den Wehrgraben und begann mit dem Bau eines neuen Palasts. Zudem nahm er ein ehrgeiziges Wohnungsbauprogramm in Angriff und gründete einige Kilometer nördlich eine neue Stadt.

Assur blieb Hauptstadt Assyriens, bis Tukultininurta II. (890–884 v. Chr.) 883 v. Chr. von seinem Sohn Assurnassirpal abgesetzt wurde.

KAPITEL FÜNF

BABYLONIEN UND ASSYRIEN

Schamschiadad, der vermutlich von einem Lokalfürsten im Norden abstammte, erwies sich als guter Verwalter und Feldherr. In der bedeutenden Stadt Mari fanden Forscher im Königspalast unter 13 000 Tontafeln auch Briefe, die Aufschluss über den assyrischen König geben. Mari lag im Westen Mesopotamiens am Euphrat und war ein reges Handelszentrum am Kreuzungspunkt mehrerer Handelsrouten.

Das Palastarchiv ist eine wahre Fundgrube, die detaillierte Einblicke in das Alltagsleben zwischen 1810 und 1760 v. Chr. vermittelt. Schamschiadad stand in regem Briefwechsel mit seinen beiden Söhnen, die er mit der Verwaltung des Reichs betraut hatte. Der ältere Sohn, Ischmedagan, war ganz nach dem Vater geraten (auch wenn es ihm nach dessen Tod nicht gelang, das Königreich zusammenzuhalten). Aber der jüngere Sohn, Jasmahadad, den er zum Statthalter von Mari machte, war offenbar träge, faul und vergnügungssüchtig. In einem Brief tadelte der Vater ihn:

> *«Bist du ein Kind, hast du keinen Bart am Kinn? Selbst jetzt, da du das Mannesalter erreicht hast, hast du keinen ordentlichen Hausstand gegründet! … Wer kümmert sich um dein Haus? Heißt es nicht, wenn ein Verwalter sich nicht einmal zwei oder drei Tage um seine Angelegenheiten kümmert, bricht die Verwaltung zusammen? Wieso hast du keinen Verwalter ernannt? Während dein Bruder hier einen großen Sieg errungen hat, tändelst du dort mit den Frauen herum. Also, wenn du mit dem Heer nach Kanatum ziehst, sei ein Mann! Mache auch du dir einen großen Namen in deinem Land, wie dein Bruder sich einen großen Namen macht.»*

In einem anderen Brief äußerte Schamschiadad sich ebenso verärgert: *«Wie lange soll es noch dauern, bis du auf eigenen Füßen stehen kannst? … Wie lange wirst du noch unfähig sein, dein eigenes Haus zu führen? Siehst du nicht, wie dein Bruder große Armeen befehligt?»* Und Ischmedagan schrieb: *«Warum beklagst du dich ständig darüber? Das ist kein nobles Betragen!»* Jasmahadad zog erneut den Ärger seines Bruders auf sich, als er bei einem kleineren Überfall mit Leuchtfeuern Hilfe herbeirief: *«Es kann (nun) sein, dass das ganze Land dir zu Hilfe eilt»*, schrieb Ischmedagan. *«Schreibe Briefe an das ganze Land … und sende deine schnellsten Boten aus, sie zu überbringen. Du solltest sagen: ‹Das Land wurde von einer großen Schar Männer überfallen, deshalb wurden zwei Feuer angezündet. Es ist nicht notwendig, mir zu Hilfe zu kommen.›»* Interessant ist der Hinweis auf schnelle Boten. Sicher handelte es sich dabei um Reiter, denn ab 2000 v. Chr. kamen domestizierte Pferde in Mesopotamien in Gebrauch, was die Kommunikation über größere Entfernungen erheblich beschleunigte.

Nach Schamschiadads Tod erbte Ischmedagan die Krone seines Vaters und regierte bis 1740 v. Chr. Unter seiner Herrschaft erlebte Assyrien jedoch einen Nie-

RECHTS *Hammurabi (links) übergibt seinen Gesetzeskodex einer Gottheit, bei der es sich entweder um Marduk oder den Sonnengott Schamasch handelt. Der König hält sich als Geste der Ehrerbietung die rechte Hand vor den Mund. Die vielen Hörner des Gottes symbolisieren seine große Macht. Die imposante Basaltstele, in deren Sockel der Kodex in Keilschrift eingemeißelt ist, steht heute im Louvre in Paris.*

KASSITEN, ELAMITER UND ARAMÄER

1550 v. Chr.
Beginn der Kassitendynastie.

1350 v. Chr.
Die Amarna-Briefe entstehen, diplomatische Korrespondenzen der Könige Assyriens und Babyloniens mit dem ägyptischen Pharao.

1240 v. Chr.
Der assyrische König Tukultininurta erobert Babylonien.

1154 v. Chr.
Ende des Kassitenreichs. Die Elamiter erobern das Land und bringen Trophäen wie den Kodex Hammurabi in ihre Hauptstadt Susa.

1125 v. Chr.
Die Elamiter werden vertrieben, aber Babylon bleibt eine untergeordnete Macht.

1100 v. Chr.
Aramäische Nomaden wandern in Scharen von Westen nach Assyrien und Babylonien ein. Sie bringen eine neue Sprache und Lautschrift mit, die sich nach und nach durchsetzen. Mit der Zeit übernehmen die Aramäer das Land. Zur gleichen Zeit dringen chaldäische Nomaden in die südlichen Provinzen vor.

1000 v. Chr.
Eisen kommt weithin in Gebrauch.

dergang. Schon bald forderte der große babylonische Amoriterkönig Hammurabi ein Truppenaufgebot vom Assyrischen Reich, das er offensichtlich als Vasallenstaat ansah und letztlich in das neue Babylonische Reich integrierte. Jasmahadad wurde in Mari von einem gewissen Zimrilim (1782–1758 v. Chr.) abgelöst. Er war ein Nachfahre des Königs von Mari, den Schamschiadad abgesetzt hatte. Zimrilim war mächtig genug, sich nicht von Hammurabi unterwerfen zu lassen. So blieb Mari unter seiner Regentschaft unabhängig. Er unterhielt diplomatische Beziehungen zum babylonischen König, und beide hatten Gesandte (und Spione) am Hofe des anderen. Von Zeit zu Zeit unterstützten sie sich gegenseitig. So bat Zimrilim Hammurabi einmal, ihm leihweise 10 000 Mann zur Verfügung zu stellen, und Hammurabi wandte sich später mit einer ähnlichen Bitte an ihn. Interessant ist die diplomatische Sprache der Briefe. Im Gegensatz zu den präzisen Formulierungen in lokalen Geschäftsbriefen war die Ausdrucksweise in zwischenstaatlichen Korrespondenzen ungenau und weitschweifig. Es galt als unhöflich, rundheraus Nein zu sagen. Könige, die sich als gleichrangig betrachteten, redeten sich mit „Bruder" an. Mächtigere Könige benutzten gegenüber weniger mächtigen die Anrede „Sohn" und ließen sich von ihnen als „Vater" bezeichnen.

Ein anderer Herrscher aus Mari, Ischbierra, begründete 2017 v. Chr. eine eigene Dynastie in Isin, die ihre Unabhängigkeit bis zum Tod Damiqiluschus 1794 v. Chr. bewahrte. Danach – vielleicht aber auch schon vorher – wurde der Stadtstaat in das Territorium des Babylonischen Reichs integriert. Das benachbarte Königreich Larsa konnte sich über einen ähnlich langen Zeitraum halten. Allerdings bewahrte es seine Unabhängigkeit unter seinem letzten König Rimsin etwas länger. Dieser war offenbar ein gebildeter Mann und regierte von 1822 bis 1763 v. Chr. (die längste dokumentierte Amtszeit der mesopotamischen Geschichte). Rimsin behauptete seine Vorherrschaft im Süden bis in die ersten Jahre der Regentschaft Hammurabis und wurde sogar als Gott verehrt (wie es auch bei den Königen von Isin üblich war). Auf diese Praxis verzichtete der wesentlich mächtigere Hammurabi, und so kam sie von seiner Zeit an außer Gebrauch. Nach Rimsins Tod verlor Larsa an Bedeutung. Möglicherweise hatte Hammurabi durch Diplomatie seine Macht inzwischen so weit gestärkt, dass er das Königreich annektieren konnte.

Babylonien unter Hammurabi

Hammurabi von Babylon (1792–1750 v. Chr.) war nach Sargon der erste große Herrscher Babyloniens. Als sechster König seiner Dynastie, die 1894 v. Chr. von Sumuabum begründet worden war, bestieg er den Thron. Babylon war zu dieser Zeit nur einer von mehreren Kleinstaaten, die um die Vormachtstellung in der Region wetteiferten oder Koalitionen bildeten. In seinen ersten Regierungsjahren konzentrierte Hammurabi sich auf innenpolitische Reformen, die in seinem umfassenden Gesetzeskodex gipfelten.

In den ersten 20 Jahren seiner Regierungszeit baute Hammurabi vorsichtig sowohl seine eigene Macht als auch seine diplomatischen Beziehungen aus. Später wurde er aggressiver. Zunächst schlug er einen Angriff der Elamiter zurück, übernahm die Herrschaft über rivalisierende Städte und besiegte Zimrilim, seinen ehemaligen Verbündeten in Mari. Das Reich, das er aufbaute, überdauerte seine Dynastie

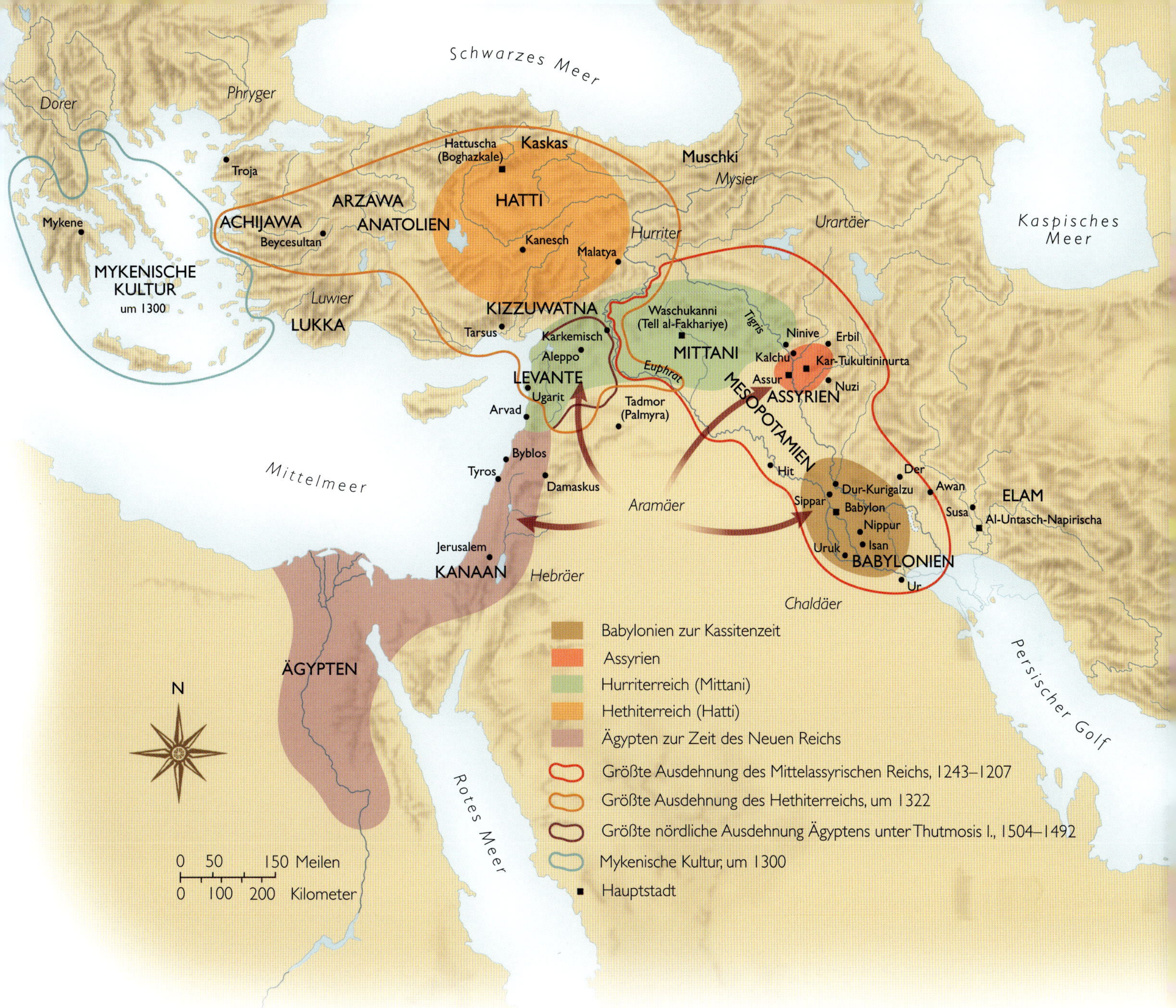

zwar nicht, da die Hethiter von Norden einfielen und 1595 v. Chr. Babylon plünderten. Aber seine Leistungen sorgten dafür, dass die Stadt für lange Zeit bedeutend blieb. Unter seiner Regentschaft begann Marduk, Babylons Schutzgott, Enlil als Nationalgott zu verdrängen.

Inschriften und Dokumente aus Hammurabis Regierungszeit liefern aufschlussreiche Einblicke in gesellschaftliche Vorgänge. Über internationale Angelegenheiten, diplomatische Taktiken und Krieg entschied der König mit seinen Beratern. In den Städten lag die Kontrolle bei einer Bürgerversammlung, die von den Oberhäuptern der führenden Familien geleitet wurde. Allerdings warnte ein Sprichwort vor der Gefahr, sich dort die Finger zu verbrennen:

> *«Geh nicht hin und erhebe dich in der Versammlung: Begib dich nicht an den Ort des Zwistes. Denn im Zwist könnte das Schicksal dich ereilen, in jedem Fall aber könnten sie dich als Zeugen berufen und mitnehmen und in einen Rechtsstreit hineinziehen, der nichts mit dir zu tun hat.»*

OBEN *Die Karte zeigt Babylonien zur Kassitenzeit (1531–1154 v. Chr.) sowie die Nachbarreiche in Ägypten, in der Levante, Kleinasien und Griechenland. Babylonien und Assyrien befanden sich im Niedergang, während Ägypten, Mitanni und Hatti dominierten. Unterdessen drangen Aramäer unaufhaltsam nach Assyrien, Babylonien und in den östlichen Mittelmeerraum vor.*

Hammurabi
(regierte 1792–1750 v. Chr.)

Die Dritte Dynastie von Ur dehnte ihr Herrschaftsgebiet im Norden bis nach Assur und Schuscharra aus. Sie annektierte Elam und beherrschte die Nord- und Nordostküste des Persischen Golfs. Um 2035 v. Chr. geriet sie unter Druck durch die Amoriter, die allmählich in ihr Gebiet vordrangen. Den Todesstoß versetzten Ur jedoch die Elamiter. Sie plünderten die Stadt 2004 v. Chr. und schwächten sie so sehr, dass sie sich nicht mehr gegen eine Übernahme durch die Amoriter zur Wehr setzen konnte. Die Amoriter begründeten erfolgreich eine Dynastie und residierten in Babylon, das nun zu einer bedeutenden Stadt wurde. Ihr sechster König war Hammurabi.

Als Hammurabi den Thron bestieg, war Babylon nur einer von mehreren rivalisierenden Kleinstaaten. In den ersten Jahren seiner Regentschaft konzentrierte Hammurabi sich auf Reformen im Inland, baute Verteidigungsanlagen, reparierte und erweiterte Bewässerungskanäle und schuf ein Netz diplomatischer Beziehungen. Ein zeitgenössischer Bericht schildert die damalige Lage:

«Es gibt keinen König, der für sich genommen der stärkste ist. Zehn bis fünfzehn Könige folgen Hammurabi von Babylon, ebenso viele folgen Rimsin von Larsa, Ibalpiel von Eschnunna und Amutpiel von Katna, während zwanzig Könige Jarimlim von Jamchad folgen.»

Hammurabi war geduldig, und seine Geduld zahlte sich aus. Drei Jahrzehnte geschickter Diplomatie machten ihn zum mächtigsten König Mesopotamiens. Dann wollte er die Expansion. Innerhalb kurzer Zeit besiegte er seinen Hauptrivalen Rimsin von Larsa und brachte damit den gesamten Süden Babyloniens unter seine Kontrolle. Er unterwarf die Gutäer und Eschnunna im Osten und Norden, eroberte Mari und schließlich auch Ninive. Nach acht Jahren Krieg beherrschte er ganz Mesopotamien. Sein Reich umfasste nun etwa das gleiche Territorium wie das der Könige in der Ur-III-Zeit.

OBEN *Der Kopf einer Dioritstatuette (1750 v. Chr.), die in Susa, Iran, gefunden wurde, zeigt möglicherweise König Hammurabi.*

Hammurabis Hegemonie über Mesopotamien war zwar nicht von Dauer – die Hethiter plünderten Babylon im Jahr 1595 v. Chr. –, aber er gab den Städten, die er unter seine Herrschaft brachte, ein bleibendes Gefühl der Einheit. Babylon behielt nahezu 2000 Jahre lang zentrale Bedeutung und blieb bis 100 n. Chr. ein wichtiges religiöses Zentrum. Das Babylonische Reich existierte bis zur persischen Invasion 539 v. Chr. unter Kyros dem Großen und erlebte immer wieder Blütezeiten, zuletzt im 6. Jahrhundert v. Chr. Etwa zur Zeit Hammurabis verdrängte Marduk, der Stadtgott Babylons, Enlil als Hauptgott. Er behielt diese Stellung, bis der letzte babylonische König, Nabonid, den Kult des Mondgottes Sin wiederzubeleben versuchte. Hammurabi ist vor allem durch seinen Gesetzeskodex bis heute in Erinnerung geblieben.

Die Ämter des Vorsitzenden der Versammlung und des Bürgermeisters wurden immer nach einem Rotationsprinzip besetzt. In dieser Praxis sind noch Reste der alten demokratischen Verfahren in den früheren Siedlungen zu entdecken. Die Bevölkerung gliederte sich in drei Klassen: Freie (*awelu*), Leibeigene oder ortsgebundene Pachtbauern (*muschkennu*) und Sklaven (*wardu*). Die rechtliche Situation des Einzelnen hing von seiner jeweiligen gesellschaftlichen Stellung ab. So trugen Freie ein hohes Maß an Verantwortung. Leibeigene genossen als Abhängige des Palasts oder Tempels besonderen Schutz. Sklaven besaßen erheblich mehr Rechte als etwa im Römischen Reich. Sie waren entweder Kriegsgefangene, die in der Regel dem König gehörten, oder stammten aus der heimischen Bevölkerung. Männer und Frauen verkauften sich oder ihre Kinder in die Sklaverei, wenn sie ihren Lebensunterhalt nicht bestreiten konnten oder hoffnungslos verschuldet waren. Diese Form der Sklaverei galt jedoch nur für begrenzte Zeit. Ein Gesetz Hammurabis legte fest:

> *«Wenn jemand eine Schuld nicht begleichen kann und sich, seine Frau, seinen Sohn oder seine Tochter verkauft oder zur Fronarbeit hergibt, sollen sie drei Jahre lang im Haus des Mannes, der sie gekauft hat, oder für den Fronherrn arbeiten und im vierten Jahr die Freiheit erlangen.»*

Gesetze regelten das Wohlergehen und den genauen Status der Sklaven, die durchaus Bürgerrechte genossen. Sie hatten die Möglichkeit, Freie zu werden und mit Einschränkungen auch außerhalb ihrer Klasse zu heiraten.

Hammurabi, der Gesetzgeber

Hammurabis berühmtestes und bedeutendstes Vermächtnis ist sein Gesetzeskodex. Er beginnt mit Ausführungen über die guten Absichten des Königs:

> *«Als An, der Höchste, König der Annanuku, und Bel, der Herr des Himmels und der Erde, der die Geschicke des Landes beschloss, Marduk, den Erstgeborenen Eas und Gott des Rechts, zum Herrn über den Erdenmenschen bestimmten und ihn groß machten unter den Igigi, gaben sie Babylon seinen illustren Namen, machten es groß auf Erden und gründeten darin ein immerwährendes Königreich, dessen Grundlagen so solide sind wie die des Himmels und der Erde. Dann ernannten An und Bel mich, Hammurabi, den hohen, gottesfürchtigen Fürsten, dem Recht im Lande Geltung zu verschaffen und die Bösen und Übeltäter zu vernichten, damit der Starke dem Schwachen keinen Schaden zufüge und ich über die schwarzhaarigen Menschen herrsche wie Schamasch und dem Land Erleuchtung bringe, um das Wohlergehen der Menschen zu fördern.»*

Die Gesetze regelten alle Aspekte des Lebens, legten aber besonderes Gewicht auf den Erhalt des Landes und der Bewässerungssysteme, private Geschäftsabschlüsse und Verträge, sozialen Umgang, Eigentumsrechte und Schuldwesen. Das Rechtssystem kannte durchaus harte Strafen und einen gewissen Glauben an „Gottesurteile". Manche Gesetze sind jedoch auch für moderne Menschen noch nachvollziehbar. Viele Regelungen spiegeln zunehmende private Wirtschaftsaktivitäten wider. Da es Babylonien an wichtigen Rohstoffen wie Naturstein, hochwertigem Bauholz (für den Haus- und Schiffbau) und Edelsteinen mangelte, mussten diese durch Plünderung oder Handel beschafft werden. Im Tausch gegen die benötigten Rohstoffe exportierten babylonische Kaufleute Web- und Lederwaren, Zierrat und luxuriöse Rollsiegel. Aus Afghanistan führten sie Zinn ein, das sie unter anderem nach Kleinasien exportierten.

Einige Beispiele aus diesem Gesetzeswerk veranschaulichen sein Denken:

> *«Wenn jemand die Schwester eines Gottes oder die Frau eines anderen verleumdet, ohne Beweise vorbringen zu können, soll dieser Mann vor den Richter gebracht und seine Stirn gezeichnet werden (durch Einschneiden der Haut oder Abschneiden der Haare).»*

> *«Heiratet ein Mann eine Frau, hat aber keinen Verkehr mit ihr, so ist diese Frau nicht seine Ehefrau.»*

> *«Wenn die Ehefrau eines Mannes mit einem anderen Mann überrascht wird, so sollen beide gefesselt und ins Wasser geworfen werden, der Ehemann mag aber seiner Frau verzeihen und (in diesem Fall) mag der König ihrem Liebhaber Pardon gewähren.»*

> *«Wenn eine ‹Schwester eines Gottes› (Nonne oder Priesterin?) oder eine Prostituierte (nicht heiratsfähige Frau?) von ihrem Vater ein Geschenk und eine Urkunde erhält, die ausdrücklich erklärt, dass sie darüber nach ihrem Belieben verfügen mag, so darf sie ihr Eigentum nach dem Tod des Vaters hinterlassen, wem sie will. Ihre Brüder dürfen darauf keinen Anspruch erheben.»*

Diese Beispiele zeigen allerdings nicht das ganze Bild. Viele Gesetze enthalten Anweisungen für Bestrafungen nach dem Prinzip Auge um Auge, Zahn um Zahn. Besonders strenge Regelungen galten für Ärzte, etwa folgende:

> *«Wenn ein Arzt einen großen Schnitt mit einem Operationsmesser macht und den Patienten tötet oder mit dem Messer ein Geschwür öffnet und das Auge herausschneidet, sollen ihm die Hände abgeschnitten werden.»*

Trotz der Grausamkeit vieler Gesetze zeigt sich Hammurabi in seinem Kodex als starker und gerechter Herrscher. Er hinterließ einen sicheren, prosperierenden Staat und führte seine Reformen ohne Widerstände durch. Sein Königreich bestand jedoch aus zahlreichen Teilgebieten, die eine starke Tradition der Selbstständigkeit hatten und nur durch seine Herrschaft zusammengehalten wurden. Wie so oft, gelang es den Nachfolgern nicht, das Reich zu erhalten. Es zerfiel nach und nach.

DIE ERSTE DYNASTIE VON BABYLON (AMORITER)

1894–1881 V. CHR.
Sumuabum

1822–1763 V. CHR.
Rimsin (von Larsa)

•

1792–1750 V. CHR.
Hammurabi

1782–1758 V. CHR.
Zimrilim (von Mari)

•

1625–1595 V. CHR.
Samsuditana

DIE KASSITENZEIT

Es waren die Hethiter, die dem Altbabylonischen Reich den Todesstoß versetzten. Ihr König Mursili ließ sich jedoch nicht auf Dauer dort nieder, sondern kehrte in seine Heimat zurück. Dort sollte er in seiner Abwesenheit durch Palastintrigen entthront werden. Das Machtvakuum, das er hinterließ, nutzten neue Invasoren aus dem Nordwesten für sich aus, die Kassiten. Auch diese Invasion begann als mehr oder weniger friedliches, aber stetiges Einsickern. Als die Kassiten sich schließlich etabliert hatten, beherrschten sie annähernd 450 Jahre lang Babylon und sein Umland von Sippar im Norden bis Ur im Süden. Die Kassiten waren die Dynastie, die von allen am längsten in Mesopotamien herrschte, auch wenn sie ein weitaus kleineres Gebiet kontrollierte als Hammurabi.

Die Kassiten brachten ihre eigenen Götter mit, übernahmen aber auch heimische. Da in ihrer eigenen Sprache kein vollständiger Text erhalten ist, weiß man nur wenig über sie. Ihre offiziellen Korrespondenzen verfassten sie in Babylonisch-Akkadisch, das die Verkehrssprache der gesamten Region war und bis nach Ägypten verstanden wurde. Die von ihnen eroberten Städte behandelten sie mit Respekt und bauten Nippur, Lasa, Ur und Uruk wieder auf. Sie führten die Pferdezucht ein und brachten eine Technik mit, die spätere assyrische Könige zu einer hohen Kunst weiter-

GESETZGEBUNG

Die ersten Bewohner des fruchtbaren Lands zwischen Euphrat und Tigris waren nomadische Jäger. Ihnen folgten Hirtenvölker, die schon bald sesshaft wurden, Siedlungen gründeten, wilden Weizen und Gerste anbauten und Ziegen und Schafe domestizierten, die ihnen Nahrung und Kleidung lieferten. Sobald Menschen in einer Gemeinschaft leben, brauchen sie Regeln, die für Ordnung sorgen. Der älteste überlieferte Gesetzeskodex wird König Ur-Nammu (2112–2095 v. Chr.) zugeschrieben, der die Dritte Dynastie von Ur begründete. Mittlerweile vermutet man jedoch, dass sein Sohn und Nachfolger Schulgi (2094–2047 v. Chr.) für diesen Kodex verantwortlich war.

Aber selbst dieses Gesetzeswerk war nicht ohne Vorläufer. Gesetze schriftlich festzuhalten war ein wichtiger Schritt, weil sie dadurch öffentlich wurden und jedem zugänglich waren, der lesen konnte. Dieser Kodex, der erst in den 1950er und 1960er Jahren übersetzt wurde, wirkt bereits relativ ausgereift und deutet auf eine gut entwickelte Gesellschaftsstruktur hin. Er legt als Strafen für diverse Vergehen Bußgelder fest und ist damit weniger am Rachegedanken orientiert als spätere Rechtssysteme Babyloniens und Assyriens, die härtere Strafen vorsahen und dem sogenannten *lex talionis,* also dem Vergeltungsprinzip „Auge um Auge“, folgten. Die Todesstrafe wurde nur bei Mord, Raub, Ehebruch und Vergewaltigung verhängt. Viele Bestimmungen dieses Kodex mögen heute primitiv wirken, aber man sollte sie im Licht der Zeit sehen, aus der sie stammen. Der Kodex umfasst sowohl Strafrecht als auch Zivilrecht und betont das Ideal vom König als Beschützer der Schutzlosen. Die Gesellschaft gliederte sich damals in zwei Klassen: Freie und Sklaven.

Drei Jahrhunderte später erließ König Hammurabi von Babylon (1792–1750 v. Chr.) einen umfassenderen, ausgereifteren und bekannteren Gesetzeskodex. Er ist auf einer großen Basaltstele überliefert, deren ursprünglicher Standort unbekannt ist. Sie befindet sich heute im Louvre in Paris.

Zu Hammurabis Zeit war die Gesellschaft stärker gegliedert. Außer der herrschenden Schicht, die quasi als Adel zu bezeichnen ist, und der Priesterschaft, die die Verwaltung innehatte, gab es im Wesentlichen drei Schichten: Freie, Leibeigene oder abhängige Pachtbauern und Sklaven. Die gesetzlichen Bestimmungen folgten einem ähnlichen Muster wie die des Kodex Ur-Nammus/Schulgis: Wenn jemand dieses oder jenes Verbrechen begeht, ist die rechtliche Folge ... Doch sie folgten mehr dem Auge-um-Auge-Prinzip und sahen je nach sozialer Stellung des Täters und/oder Opfers unterschiedlich harte Strafen vor. Während Ur-Nammus/Schulgis Kodex 57 Gesetze umfasste, enthielt Hammurabis 282 Gesetze.

Der Kodex setzte für jedes Vergehen spezifische, teils recht harte Strafen fest und war wesentlich umfassender als der Kodex Ur-Nammus/Schulgis. Ihm lag das Prinzip der Unschuldsvermutung zugrunde, und Kläger und Angeklagter hatten die Möglichkeit, Beweise vorzulegen. Der Kodex umfasste Zivil-, Handels- und Strafrecht und enthielt einige Regelungen zum Schutz der Rechte von Frauen. Bemerkenswert ist zudem, dass in beiden Gesetzeswerken das Gottesurteil eine untergeordnete Rolle spielte.

Dieses Rechtssystem, dessen Umsetzung große Sachkenntnis erforderte, zeugt von einem hohen gesellschaftlichen Entwicklungsstand in dieser relativ frühen Epoche des Alten Orients.

entwickelten: das Flachrelief. Kurigalzu I. (um 1390 v. Chr.) baute an der Mündung des Dijala in den Tigris eine Festung. Zudem führten die Kassiten einen neuen Kalender ein, der die Jahre ab dem Amtsantritt des jeweils regierenden Königs zählte. Sie entwickelten ein System, Landbesitz zu dokumentieren. Symbolische Grenzsteine (*kudurru*) mit Inschriften dienten als Besitzurkunden. Sie wurden im Tempel hinterlegt, während der Grundbesitzer eine Kopie aus Ton erhielt. Diese Grenzsteine sind für Historiker äußerst hilfreich. Für die Kunst war eine andere Innovation bedeutender: Die Kassiten schmückten die Fassaden der Tempel, die sie renovierten, mit Reliefs aus Backsteinmustern und Figuren. Diese Technik übernahm Nebukadnezar der Große 1000 Jahre später beim Ischtar-Tor. Die kassitische Kunst ist zudem berühmt für den feinen Realismus ihrer Tonfigurinen, besonders der Tierskulpturen.

Im Allgemeinen übernahmen die Kassiten jedoch die bestehende heimische Kultur. Sie hinterließen so wenige eigene Zeugnisse, dass kaum etwas über sie bekannt ist. Viele Experten bezeichnen die Kassitenzeit daher als eine „dunkle Epoche“, was sich jedoch eher auf die Unwissenheit über diese Zeitspanne bezieht als auf einen Rückfall in die Barbarei. Sicher war die Kassitenzeit eine Phase großer Wirren, die aber auch einige bedeutende Veränderungen hervorbrachte. Nicht zuletzt wuchs ab 1200 v. Chr. der Einfluss des Gottes Marduk beträchtlich. Bald verdrängte er Enlil als Nationalgott und vereinte in sich viele andere Einzelgötter, die nun als Aspekte Marduks galten. Diese Entwicklung war noch weit von einem Monotheismus, dem Glauben an einen einzigen Gott, entfernt. Man spricht stattdessen von Henotheismus, der Sonderstellung einer Gottheit in einem polytheistischen System. Diese Neuerung stellte eine starke Rationalisierung des babylonischen Pantheons dar.

Die Amarna-Briefe

Ein äußerst interessanter Fund zu dieser Periode wurde bei Ausgrabungen in Tell el Amarna, Ägypten, gemacht. An dieser Stätte befand sich die altägyptische Stadt Achetaton, die Pharao Amenhotep IV., besser bekannt als Echnaton, als neue Hauptstadt erbaut hatte.

Über lange Phasen der Kassitenzeit bestanden diplomatische Beziehungen zwischen den zahlreichen Kleinstaaten des Alten Orients. Ende des 19., Anfang des 20. Jahrhunderts fand man in Tell el-Amarna ein Tontafelarchiv mit 350 Briefen in Akkadisch, die an die dominierende Macht der Region, Ägypten, gerichtet waren. Diese diplomatischen Schreiben an Echnaton (1352–1336 v. Chr.) und seinen Vater Amenhotep III. (1390–1352 v. Chr.) stammten von den Königen von Babylonien, Assyrien, Mitanni, Hatti (dem Hethiterreich), Syrien, Kanaan und Zypern. Die Könige dieser kleineren Länder stritten, klagten und wetteiferten um die Gunst Ägyptens, verlangten Geld, beschwerten sich, wenn sie nicht genug bekamen, nörgelten, wenn die Pharaonen die diplomatische Rangordnung nicht einhielten, und bemühten sich um Bevorzugung. Auf höflich-diplomatische Formulierungen wurde in diesen Korrespondenzen kein sonderlicher Wert gelegt.

Einer, der den ägyptischen Hof sehr erfolgreich umwarb, war der Kassitenkönig Burnaburiasch II. (1359–1333 v. Chr.). Offenbar war er mächtig genug, Echnaton auf Augenhöhe zu begegnen – er bezeichnete den Pharao als „Bruder“ – und eine seiner Töchter zu heiraten. Diese Heirat war ein geschäftlicher und diplomatischer Coup: Die Liste der Hochzeitsgeschenke, die nach Babylon geschickt wurden, ist vier Spalten und 307 Zeilen lang. Das hinderte Burnaburiasch aber nicht daran, sich von Zeit zu Zeit zu beklagen:

«Das Gold, das mir mein Bruder schickte – mein Bruder kümmerte sich nicht persönlich darum, sondern ließ es von einem seiner Beamten versiegeln und versenden –, die 40 Minas Gold, die sie brachten, erreichten nicht das volle Gewicht, als ich sie einschmolz.»

Etwa zur gleichen Zeit schickte der assyrische König Assuruballit I. Echnaton (oder dessen Nachfolger Tutenchamun) zahlreiche Briefe:

«Möge es Euch, Eurer Familie und Eurem Land wohlergehen. Als ich Eure Gesandten sah, war ich überglücklich. Eure Gesandten werden an meinem Hof mit den gebührenden Ehren empfangen. Ich habe Euch als Friedensgabe einen prachtvollen königlichen Wagen geschickt, wie ich selbst einen fahre, und zwei Schimmel, wie ich sie ebenfalls selbst fahre; einen Wagen ohne Pferde sowie ein Siegel aus kostbarem Lapislazuli. Sind das Gaben großer Könige? Gold ist in Eurem Land wie Staub. Man sammelt es bloß auf. Wieso erscheint es Euch so kostbar? Ich baue gerade meinen neuen Palast. Sendet mir genügend Gold, ihn gebührend auszuschmücken. Als mein Vorfahre Assurnadiachi nach Ägypten schrieb, erhielt er 20 Goldtalente. Als der König von Chanigalbat an Euren Vater in Ägypten schrieb, schickte er ihm 20 Goldtalente. Ich bin dem König von Chanigalbat ebenbürtig, aber Ihr sendet mir … (weniger) … Es reicht nicht einmal aus, meine Gesandten für ihre Reise hin und zurück zu entlohnen! Wenn Euch ernstlich an Freundschaft gelegen ist, schickt mir mehr Gold! Es bleibt alles in der Familie! Schreibt mir und teilt mir mit, was Ihr braucht, ich werde es Euch schicken. Unsere Länder sind weit voneinander entfernt. Sollen weiter Gesandte so hin und her reisen?»

Als Burnaburiasch davon erfuhr, wurde er wütend. Assyrien sei sein Vasall und solle Geschäfte mit Ägypten, wenn überhaupt, nur über ihn abwickeln. Aber Assur - uballit war mittlerweile so mächtig, dass Burnaburiasch es für politisch geboten hielt, die Tochter des assyrischen Königs zu seiner Hauptfrau zu machen.

Die assyrische Macht wuchs. Unter König Tukultininurta (1243–1207 v. Chr.) war das Reich stark genug, Babylonien anzugreifen, die Hauptstadt zu plündern und König Kaschtiliasch als Gefangenen nach Assur zu bringen. Tukultininurta brüstete sich: *«[Ich] trat mit Füßen auf seinen fürstlichen Hals wie auf einen Fußschemel.»* Das Herrschaftsgebiet des assyrischen Königs reichte nun im Süden bis an den Persischen Golf, aber sein Triumph war von kurzer Dauer. Sein Sohn stürzte ihn in einer Revolte. Die Kassiten kehrten zurück und herrschten für weitere 80 Jahre. Aber ihre Macht nahm ab. Die Elamiter setzten ihrer Herrschaft schließlich ein Ende und verschleppten die Götterstatuen von Sin und Marduk nach Susa. Es vergingen 500 Jahre, bevor der assyrische König Assurbanipal Sin zurückeroberte. Marduk wurde von Nebukadnezar I. zurückgeholt.

Die Elamiter ließen sich nicht im Land nieder. Entweder zogen sie sich zurück oder sie wurden von einer neuen Dynastie vertrieben, die sich 1157 in Isin etablierte. Nach dem Rückzug der Elamiter verlegte sie ihre Residenz jedoch nach Babylon. Sie hielt sich bis 1026, doch unter ihren elf Königen war nur der vierte herausragend: Nebukadnezar I. (1125–1104 v. Chr.). Er vertrieb die Elamiter endgültig und führte im Sommer einen Feldzug gegen sie: *«Es war, als würden die Straßen wie Flammen brennen. In den Niederungen gab es kein Wasser … Selbst die besten der großartigen Pferde wankten, und die Beine der stärksten Krieger gaben nach»*. Dennoch rückte er erfolgreich weiter vor, plünderte Susa und brachte Marduk in einem Triumphzug zurück. Aber der sogenannten Zweiten Dynastie von Isin war kein Glück beschieden. Im Norden nahm die Macht der Assyrer stetig zu.

LINKS *In diese zwei Meter hohe Basaltstele ist der Kodex Hammurabi (um 1760 v. Chr.) eingemeißelt.*

KAPITEL SECHS

DAS ASSYRISCHE REICH

Gegen Ende des 2. Jahrtausends v. Chr. bestieg Tiglatpileser I. (1114–1076 v. Chr.) den assyrischen Thron. Bei seiner aggressiven Expansionspolitik konzentrierte er sich zunächst auf den Norden und verschonte Babylonien weitgehend. Seine Feldzüge ließ er in königlichen Annalen dokumentieren und begründete damit eine Tradition, die während der gesamten Zeit der assyrischen Vorherrschaft bestehen blieb.

In dieser Zeit überfiel Marduknadinachi – Nebukadnezars I. jüngerer Sohn, der 1099 v. Chr. die Nachfolge seines älteren Bruders antrat – die assyrische Stadt Ekallate. Dies war in etwa so tollkühn, als würde man einen Löwen am Schwanz ziehen. Tiglatpileser führte einen Vergeltungsangriff gegen Nordbabylonien. Dennoch konnte sich Marduknadinachi 17 Jahre lang auf dem Thron halten, bis im Land eine furchtbare Hungersnot ausbrach, die Teile der Bevölkerung zu Kannibalismus trieb. Was aus dem König wurde, ist nirgendwo erwähnt. Seine Nachfolger (über die außer Namen und Regierungszeiten nichts bekannt ist) verwalteten bis 1026 v. Chr. mal besser, mal schlechter den endgültigen Niedergang des Reichs.

Einwanderung und Unruhe

Babyloniens Niedergang war nicht allein eine Folge der assyrischen Bedrohung. Gegen Ende des 2., Anfang des 1. Jahrtausends v. Chr. sah Mesopotamien sich noch weiteren Übergriffen von außen ausgesetzt, die sich über die Jahrhunderte als kaum merkliche Infiltration fortsetzten. Assyrer und Babylonier waren davon gleichermaßen betroffen, ignorierten aber offenbar die Gefahr, anstatt ihr zu begegnen. Das Nomadenvolk der Aramäer drang von Norden und Nordwesten nach Mesopotamien vor, übernahm nach und nach unbewachte Ackerflächen und siedelte sich im Land an. Es waren so viele Menschen, dass sie nicht mehr zu kontrollieren waren. Langsam, aber unaufhaltsam verdrängten die aramäische Sprache und Schrift das Akkadische und die Keilschrift, da vor allem das Alphabet viel einfacher war.

RECHTS *Der Archäologe Henry Layard entdeckte diesen schwarzen Kalksteinobelisken 1846 bei Ausgrabungen in der altassyrischen Hauptstadt Kalchu. Er wurde 825 v. Chr. errichtet. Die Reliefszenen des Obelisken glorifizieren die Leistungen Salmanassars III. und seines Premierministers, schildern Feldzüge aus 31 Jahren und zeigen die Tributleistungen, die sie von ihren Gegnern forderten. Dazu gehörten Kamele, Affen und ein Elefant. Mehrere assyrische Könige interessierten sich sehr für Zoologie und Botanik.*

Die Rivalität zwischen Babylonien und Assyrien nützte den Aramäern. Als Marduknadinachis Nachfolger, Mardukschapikzeri, in diplomatischer Mission zu König Assurbelkala nach Assur reiste, musste er bei seiner Rückkehr feststellen, dass ein Aramäer die Macht ergriffen hatte. Der assyrische König erkannte ihn umgehend an und heiratete seine Tochter. Dieser aramäische König, der sich Adadaplaiddina nannte, war sich offenbar seiner Pflichten gegenüber seinem Land bewusst. Jedenfalls herrschte während seiner 20-jährigen Regentschaft (1068–1047 v. Chr.) relative Ruhe. Später prägten Überfälle, Übergriffe von außen und Unruhen ein „dunkles Zeitalter", das bis 900 v. Chr. dauerte.

In der anschließenden Periode herrschte eine sensible Waffenruhe zwischen den rivalisierenden Königreichen im Norden und Süden. Gegenseitige Hochzeiten un-

DIE ASSYRISCHE VORHERRSCHAFT

934 V. CHR.
Der assyrische König Assurdan II. besteigt den Thron, baut das Königreich und die Städte wieder auf und regiert mit fester Hand.

883 V. CHR.
Assurnassirpal besteigt den Thron. Am Ende seiner Regentschaft reicht das assyrische Imperium vom Mittelmeer bis an den Persischen Golf.

704 V. CHR.
Sanherib verlegt die Residenz nach Ninive und umgibt die Stadt mit einer zwölf Kilometer langen Wehrmauer.

689 V. CHR.
Sanherib schlägt einen Aufstand der Chaldäer in Babylonien nieder, nimmt Babylon ein und zerstört es.

680 V. CHR.
Sein Sohn Asarhaddon besteigt den Thron und baut Babylon wieder auf.

663 V. CHR.
Asarhaddons Sohn Assurbanipal plündert bei einer Strafexpedition Theben in Ägypten, verfügt aber nicht mehr über die Mittel, sein Imperium zusammenzuhalten.

648 V. CHR.
Assurbanipal schlägt einen weiteren babylonischen Aufstand nieder, erobert die Stadt und setzt einen Marionettenherrscher ein.

termauerten zwar die diplomatischen Beziehungen, konnten aber die Risse lediglich übertünchen. Der aggressive Militarismus der Assyrer, der ihre Vorherrschaft prägte, begann, während Babylonien immer schwächer wurde. König Tukultininurta II. (890–884 v. Chr.) marschierte mit seinen Truppen in Nordbabylonien ein und bedrohte die babylonischen Städte Dur-Kurigalzu und Sippar. Zum Glück für Babylonien orientierte Tukultininurtas Sohn Assurnassirpal II. (883–859 v. Chr.) sich stärker nach Norden und Westen.

Assurnassirpal war einer der großen Könige Assyriens. Unter seiner Herrschaft expandierte das Land im Westen bis ans Mittelmeer, verleibte sich Mari ein und eroberte die Gebiete am Oberlauf des Tigris bis zur Quelle. Der König verlegte seine Residenz in die Stadt Kalchu (das biblische Kalach), die Salamanassar I. 400 Jahre zuvor gegründet hatte. Hier baute er im Laufe von 15 Jahren eine neue Stadt auf einem 360 Hektar großen Areal, das er mit einer acht Kilometer langen Mauer einfasste. Im Zentrum stand sein prachtvoller Palast, den er mit einem prunkvollen Fest einweihte. Bereits früher hatten Könige von Ur und Babylonien große Bauprogramme in Angriff genommen. Diese Tradition setzten die Assyrer fort. Beinahe regelmäßig verlegten sie ihre Hauptstadt. Es war gerade so, als wollten sie der ganzen Welt für alle Ewigkeit ihre Existenz, ihren Reichtum und ihre Triumphe demonstrieren und beweisen. Allerdings wurden die größten Städte Assyriens nur 250 Jahre nach Assurnassirpals Tod in Schutt und Asche gelegt.

Über weite Teile des 9. Jahrhunderts v. Chr. bestanden offenbar diplomatische und sogar freundschaftliche Beziehungen zwischen Babylonien und Assyrien. Gegen Ende des Jahrhunderts stürzte eine Revolution Assyrien ins Chaos. Babylonien half dem neuen König, Schamschiadad V. (823–811 v. Chr.), die Ordnung wiederherzustellen, verlangte dafür aber eine zu hohe Gegenleistung. Daraufhin marschierte Schamschiadad V. in Babylonien ein, schlug den Gegner vernichtend und erklärte sich zum König. Bei seinen Entscheidungen unterstützte ihn seine Respekt einflößende Gemahlin Sammuramat. Unter ihrem griechischen Namen Semiramis wird sie von dem Historiker Diodor im 1. Jahrhundert v. Chr. in seinen Annalen als schöne und kluge Frau gefeiert. Nach dem Tod ihres Mannes 811 v. Chr. regierte Sammuramat fünf Jahre lang im Namen ihres minderjährigen Sohnes und gab eigene politische Erklärungen ab, die Vorrang vor denen des jungen Königs hatten. Sie war so angesehen, dass man zu ihrem Andenken eine Stele errichtete.

Militärmacht Assyrien

Die assyrische Gesellschaft war ausgesprochen militaristisch. Assurnassirpals Sohn Salmanassar III. (859–824 v. Chr.) führte während seiner 35-jährigen Regentschaft 31 Jahre lang Krieg. Alle wehrfähigen Männer wurden zum Militärdienst herangezogen. Die Armee bildete die Hauptstütze des Staates und prägte seine Struktur und Hierarchie. Vom König erwartete man, dass er sein Heer persönlich in die Schlacht führte. Militärs übernahmen auch die Aufgaben von Provinzstatthaltern und Richtern. Zumindest zu Beginn dieser Periode fanden alle Feldzüge im Sommer statt,

nachdem die Ernte eingebracht war. Stehende Heere entstanden erst später. Dennoch konnte Assyrien eine bis zu 50 000 Mann starke Armee ins Feld schicken. Wenn die eigene Wehrkraft nicht ausreichte, rekrutierte man Ausländer. Häufig waren das Spezialisten wie Wagenlenker aus Samarien oder Seeleute aus Phönizien.

Die militärische Taktik war simpel und oftmals brutal, zielte aber darauf ab, die assyrischen Truppen zu schonen. Die Assyrer rückten mit einem massiven Truppenaufgebot gegen ein Gebiet vor. Wenn der dortige Herrscher nicht kapitulierte, drängten Gesandte die örtliche Bevölkerung, zu den Assyrern überzulaufen. Wenn diese Taktik fehlschlug, griffen die Assyrer verwundbare Ziele wie Dörfer und Kleinstädte an, zerstörten sie, folterten, vergewaltigten, verstümmelten und verbrannten die Einwohner, streuten Salz auf ihre Felder und entwurzelten die Obstbäume. Meist genügten solche Maßnahmen, um den Gegner einzuschüchtern und zur Kapitulation zu bewegen. Falls sie einmal nicht ausreichten, waren die örtlichen Armeen der professionellen assyrischen Militärmaschinerie selten gewachsen. Langwierige Belagerungen, nur mit hohem Kostenaufwand aufrechtzuerhalten, waren in der Regel erst das letzte Mittel. Die Assyrer ließen aber keinen Zweifel daran, dass sie nach dem Fall einer belagerten Stadt keine Gnade walten lassen würden, nicht einmal gegenüber Kindern. Massendeportationen sorgten dafür, dass es nach der Eroberung in den jeweiligen Gebieten nicht zu Aufständen kam. Diese Migranten stärkten Assyriens Bevölkerung und Wehrkraft. Deportationen gehörten auch zum üblichen Vorgehen der chaldäischen Könige, die nach dem Fall Assyriens herrschten. Ein Beispiel ist aus der Bibel als „Babylonisches Exil“ bekannt.

OBEN *Die Karte zeigt das Assyrerreich auf dem Höhepunkt seiner Macht unter Assurnassirpal und Assurbanipal. Nach Assurbanipals Tod folgte der rasche, vollständige Zerfall des Reichs.*

UNTEN *Diese Illustration aus dem 19. Jahrhundert von James Fergusson (aus Layard, „Discoveries in the Ruins of Nineveh and Babylon“, 1853) zeigt eine Rekonstruktion der Stadt Nimrud, wie sie in ihrer Blütezeit ausgesehen haben könnte. Spätere Experten fanden jedoch, dass viele Details auf Fantasie oder bestenfalls Spekulation beruhten.*

RECHTS *Südlich von Ninive und unmittelbar nördlich der heutigen irakischen Hauptstadt Bagdad baute Assurnassirpal II. am Ufer des Tigris seine neue Residenzstadt Kalchu, die vor allem unter ihrem arabischen Namen Nimrud bekannt ist. Sie hatte eine Fläche von 42 Quadratkilometern.*

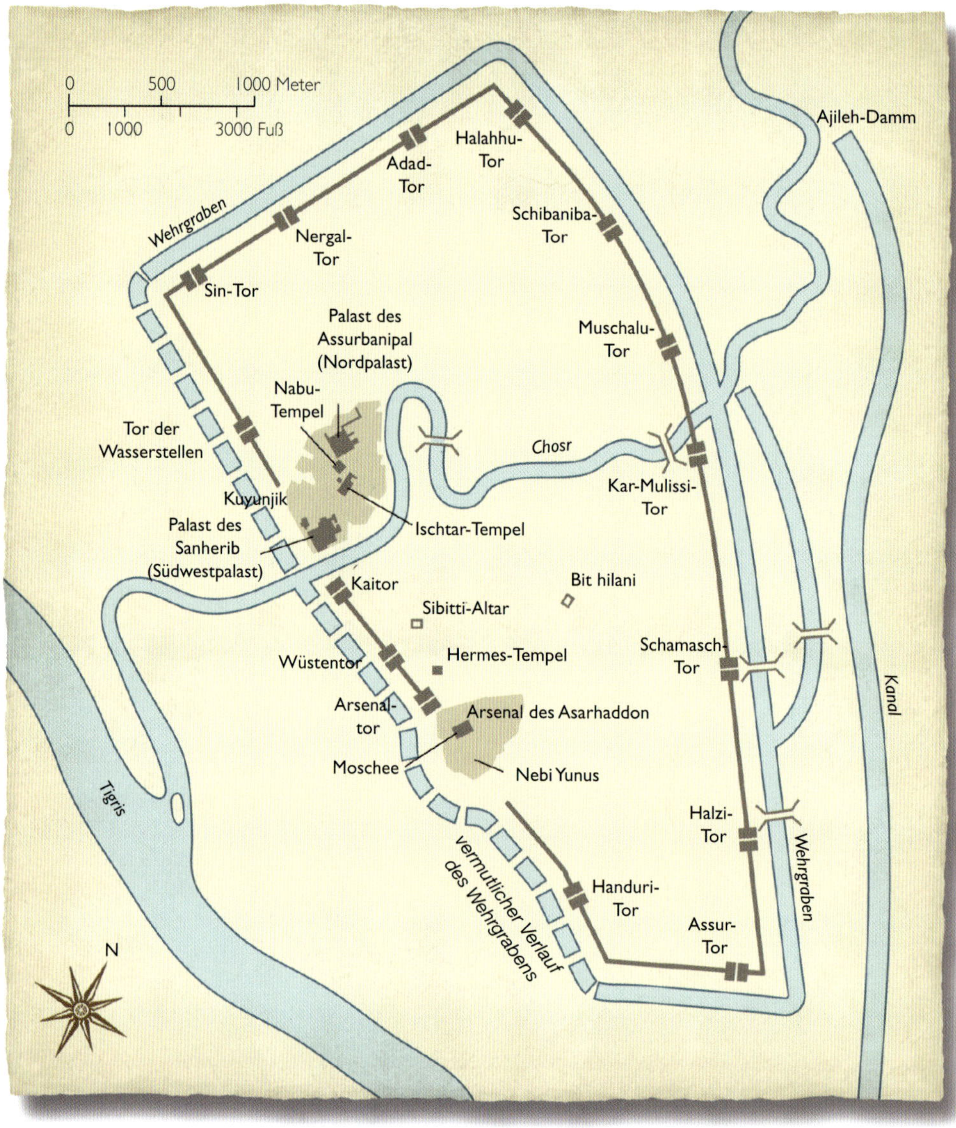

Wenn für die Thronfolge direkte Nachkommen vorhanden waren, fiel die Krone nicht zwangsläufig an den ältesten Sohn, sondern an den fähigsten. Sobald der Nachfolger ausgewählt war, wurde er im Thronfolgerhaus unterrichtet. Er erhielt eine Ausbildung in Kriegskunst und Diplomatie, absolvierte ein anstrengendes körperliches und militärisches Training und lernte Jagen, Schreiben sowie, wenn er sehr begabt war, Fremdsprachen. Unabhängig davon, wo ein König seine Residenz hatte, wurde er in Assur, der Stadt der Vorfahren, beigesetzt. Nach allgemeiner mesopotamischer Tradition galt der König als irdischer Vertreter Gottes (in diesem Fall Assurs).

Über weite Teile des 8. Jahrhunderts v. Chr. herrschte in Babylonien eine Dynastie chaldäischer Könige, der in den Wirren nach der Invasion durch Schamschiadad V. und dem vorübergehenden Rückgang assyrischer Macht der Aufstieg gelang. Dieses Volk, das nun die Bühne betrat, lebte in den Marsch- und Seengebieten an den Unterläufen von Euphrat und Tigris. Es gliederte sich in drei Hauptstämme, die es als Pferde- und Viehzüchter zu Reichtum gebracht hatten. Ihre Kultur war babylonisch, sie sprachen und schrieben Babylonisch-Akkadisch und trugen babylonische Namen. Sie hielten sich an der Macht während der assyrischen Vorherrschaft in Babylonien in der zweiten Hälfte des 8. Jahrhunderts und über den größten Teil des 7. Jahrhunderts v. Chr. Hier mag es genügen, nur einen dieser Könige zu erwähnen: Nabunassir (747–734 v. Chr.). In seiner Regierungszeit machte

ASSURNASSIRPAL II.
(regierte 883–859 v. Chr.)

Die Assyrer zeichneten sich durch ihre militärischen Leistungen und in ihrer Glanzzeit durch ihre Bautätigkeit aus. Mit zahllosen Arbeitskräften und enormen Schätzen, die sie bei ihren Feldzügen erbeuteten, schufen sie große neue Städte.

In Kalchu (Nimrud) fand man eine Statue Assurnassirpals II., die sich heute im British Museum in London befindet. Sie zeigt das Gesicht eines Mannes, den zu verärgern fatale Folgen haben konnte. Er war ehrgeizig, mutig, grausam, eitel, überheblich, aber auch kultiviert. Assurnassirpal baute im Norden Mesopotamiens ein ausgedehntes Königreich auf, das bis ans Mittelmeer reichte, und schuf die Grundlagen für eine beeindruckende politische und administrative Infrastruktur.

OBEN *Statue Assurnassirpals II. (9. Jahrhundert v. Chr.), der für seine skrupellose Expansionspolitik berüchtigt war.*

Auch seine militärischen Leistungen waren beeindruckend. Sobald er den Thron bestiegen hatte, unternahm er eine Reihe von Eroberungsfeldzügen. Er übernahm die vormals von den Hethitern beherrschten Gebiete und die aramäischen Staaten im heutigen Syrien. Nach der Eroberung schlug er sämtliche Aufstände so brutal nieder, dass weitere Revolten nach Abzug der assyrischen Armee unwahrscheinlich waren. Rebellische Fürsten ließ er bei lebendigem Leib häuten und ihre Haut an die Stadtmauer nageln. Ihren Anhängern drohte ohne Rücksicht auf Geschlecht oder Alter die Pfählung, Verstümmelung oder Blendung.

Einheimische Fürsten ersetzte Assurnassirpal durch assyrische Statthalter, um seine Position zu sichern. Die phönizischen Städte verschonte er, zwang sie aber, ihm große Mengen Zedernholz, Eisen, Gold und Silber als Tribut zu zahlen: *«Von den Einwohnern von Tyros, Sidon, Byblos … erhielt ich als Tribut … Gold, Silber, Zinn, Kupfer, Leinen, große und kleine Affen, Ebenholz, Buchsbaumholz … und sie küssten meine Füße.»*

Die Kontrolle über diese Gebiete ging jedoch nach seinem Tod verloren, und seine Feldzüge hatten – objektiv gesehen – etwas von Piratenüberfällen großen Stils. Er unterwarf auch Zypern und demonstrierte damit, dass er über eine effiziente Marine verfügte, obwohl er König eines Landes war, das im Grunde nicht zu den Seefahrernationen gehörte. Möglicherweise führten Phönizier und andere Seefahrervölker seine Flotte für ihn.

Zu Beginn seiner Regentschaft residierte Assurnassirpal in der traditionellen assyrischen Hauptstadt Assur. Ab 878 v. Chr. ließ er 100 Kilometer nördlich eine neue Residenzstadt bauen: Kalchu. Hier frönte er einer seiner Leidenschaften, der Jagd. Außerdem interessierte er sich für Botanik und Zoologie und baute eine umfangreiche Bibliothek auf. Aber vor allem war er Bauherr.

In der neuen Hauptstadt errichtete er einen Palast, den Max Mallowan (1904–1978) Ende der 1940er, Anfang der 1950er Jahre freilegte. Die Anlage nahm eine Fläche von 2,5 Hektar ein und gliederte sich in einen Verwaltungstrakt, einen Empfangstrakt und einen Wohnbereich. Den Eingang zu den Empfangssälen flankierten riesige, aus Stein gehauene *lamassu,* Schutzdämonen mit geflügeltem Stierkörper und bärtigem Männerkopf. Tausende Arbeitskräfte waren am Bau beteiligt, und nur die kostbarsten Materialien kamen zum Einsatz: Zedern-, Zypressen, Wacholder- und Buchsbaumholz, Kalkstein, Alabaster, Silber, Gold und Eisen.

Assurnassirpal gab gern Feste. Ein Bericht schildert ein Fest mit 69 574 Gästen, das zehn Tage lang dauerte.

RECHTS *Diese vergoldete Elfenbeinarbeit aus Nimrud mit Intarsien aus Lapislazuli und Karneol (8. Jahrhundert v. Chr.) zeigt eine Löwin, die einen Äthiopier verschlingt (British Museum).*

die Astronomie so bedeutende Fortschritte, dass die Bezeichnung „Chaldäer" noch in der wesentlich späteren griechischen Kultur gleichbedeutend war mit „Astronom". Er führte einen akkuraten Kalender ein und begann die Babylonischen Chroniken, die historische Ereignisse präzise aufzuzeichnen versuchten und noch bis in die Partherzeit fortgeführt wurden.

Aber selbst Nabunassirs Herrschaftszeit, in der die Kultur blühte, war nicht frei von Unruhen. Zu ihrer Niederschlagung musste er den neuen, fähigen assyrischen König und ehemaligen General Tiglatpileser III. zu Hilfe rufen, der schon bald das Land effektiv regierte. Sein Sohn Salmanassar V. war von 726 bis 722 v. Chr. König von Assyrien und Babylonien. Nach seinem Tod übernahm ein chaldäischer Lokalfürst, den die Assyrer als Herrscher des Seelands, also der Küstenregion am Persischen Golf, anerkannten, mit einer Rebellion die Macht im Süden. Er hieß Mardukapaliddina (biblisch: Merodachbaladan) und blieb den Assyrern in den nächsten Jahren ein Stachel im Fleisch.

Sargon II.

In Assyrien fand Mardukapaliddina in Sargon II. (721–705 v. Chr.) einen ebenbürtigen Gegner. Sargon führte 710 v. Chr. einen Feldzug gegen ihn und trieb ihn zurück ins Seeland (da er offenbar die wichtigen Handelsrouten nicht sichern konnte). Danach wurde Sargon König beider Länder. Die Politik seiner 16-jährigen Regierungszeit war von dem fortwährenden und weitgehend erfolgreichen Bemühen geprägt, sein Reich in Ordnung zu halten. Er konsolidierte die militärischen Erfolge seines Vaters, zerschlug das armenische Königreich Urartu, dehnte sein Herrschaftsgebiet im Osten nach Elam und im Westen in die Levante aus und brachte Assyrien eine Blütezeit, wie das Reich sie zuletzt unter Assurnassirpal erlebt hatte.

Sargon II. war einer der Könige, die umfangreiche Bauprojekte verfolgten. Er verlegte seine Residenz von Kalchu in eine Stadt, die er 75 Kilometer nördlich in der Nähe des heutigen Khorsabad gründete. Diesen Ort nannte er Dur-Scharrukin, „Sargons Festung", und legte ihn nach dem Vorbild Kalchus an. Warum er sich zu diesem Umzug entschloss, ist nicht geklärt. Möglicherweise sah er darin einen Weg, sich einen Namen zu machen. Die Stadtmauer umschloss ein Quadrat mit einer Seitenlänge von 1,3 Kilometern und hatte sieben Tore. In der Zitadelle gab es einen Nabu-Tempel, einen Palast und Wohnhäuser für die Elite. Ohne die Unterstützung und Zustimmung dieser *mar banuti*, „Söhne der Schöpfung", also der eng untereinander verbundenen Aristokratie, konnte er nicht regieren.

« Als Assurnassirpal, König von Assyrien, den Palast in Kalchu, einen mit großer Erfindungsgabe erbauten Palast der Freude, einweihte, lud er Assur ein, den großen Herrn, und die Götter seines gesamten Landes, und er bereitete ein Festmahl aus 1000 Stück Mastvieh, 1000 Kälbern, 10 000 Schafen, 15 000 Lämmern – allein für meine Herrin Ischtar 200 Stück Vieh und 1000 Sippu-Schafe; 1000 Frühlingslämmer, 500 Hirsche, 500 Gazellen, 1000 Enten, 500 Gänse, 500 Kurku-Gänse, 1000 Mesukuvögel, 1000 Karibuvögel, 10 000 Tauben, 10 000 Sukannu-Tauben, 10 000 weitere Vögel verschiedener Arten, 10 000 Fische verschiedener Arten, 10 000 Springmäuse, 10 000 Eier ... 10 000 Krüge Bier, 10 000 Schläuche Wein ... 1000 Kisten Gemüse, 3000 Behälter Öl ... 100 Krüge feinen Mischbiers ... 100 Pistazienzapfen. Zur Einweihung des Palastes in Kalchu bewirtete ich zehn Tage lang 47 074 geladene Gäste, Männer und Frauen aus meinem ganzen Land, sowie 5000 Würdenträger ... und 16 000 Bürger von Kalchu aus allen Schichten, 1500 Beamte meiner Paläste ... insgesamt 69 574 geladene Gäste. Ich ermöglichte ihnen, sich zu waschen und zu salben. Ich erwies ihnen die gebührende Ehre und schickte sie glücklich und zufrieden nach Hause. »

Inschrift einer Stele, die Assurnassirpals Fest zur Einweihung seines neuen Palasts in Kalchu schildert

DIE BEDEUTENDSTEN KÖNIGE ASSYRIENS

1273–1244 V. CHR.
Salmanassar I.

1243–1207 V. CHR.
Tukultininurta I.

•

1114–1026 V. CHR.
Tiglatpileser I.

•

883–859 V. CHR.
Assurnassirpal II.

•

823–811 V. CHR.
Schamschiadad V.

•

744–727 V. CHR.
Tiglatpileser III.

726–722 V. CHR.
Salmanassar V.

721–705 V. CHR.
Sargon II.

704–681 V. CHR.
Sanherib

680–669 V. CHR.
Asarhaddon

668–627 V. CHR.
Assurbanipal

•

611–60? V. CHR.
Assuruballit II.
(gestorben 605)

In Sargons Annalen findet sich ein interessanter Hinweis auf seine Pläne für Dur-Scharrukin. Sie beziehen sich auf entwurzelte, eroberte Völker, die nach Assyrien gebracht wurden. *«Menschen aus den vier Himmelsrichtungen der Welt, die fremde Sprachen und unterschiedliche Dialekte sprechen, Bewohner der Niederungen und der Berge, ... habe ich vereint und in der Stadt angesiedelt.»* Sargon war kein geduldiger Mensch. An den Statthalter von Kalchu schrieb er: *«700 Ballen Stroh und 700 Ballen Ried, jeder größer, als ein Esel tragen kann, haben zum ersten des Monats Kislev in Dur-Scharrukin einzutreffen. Sollte ein Tag [darüber hinaus] verstreichen, werdet Ihr sterben.»*

Zehntausende Arbeiter waren 10 bis 15 Jahre lang mit dem Bau von Dur-Scharrukin beschäftigt. Die Stadt wurde jedoch nie fertiggestellt und war vermutlich nicht lange bewohnt. Sargons ehrgeiziges Projekt fand abrupt ein Ende, als er 705 v. Chr. auf einem Feldzug in Kleinasien fiel.

Umzug nach Ninive

Sein Sohn und Nachfolger Sanherib (704–681 v. Chr.) verlegte seine Residenz von Sargons unvollendeter Stadt nach Ninive, das auf eine 3000-jährige Geschichte zurückblickte. Mit diesem Schritt konnte er sich von seinem Vater distanzieren, dessen Kriegstod, wie üblich, als schlechtes Omen galt. Vielleicht hatte die Entscheidung aber auch politische Gründe. Ninive besaß einen hohen Symbolwert für die Armee. Hier hatte Assurnassirpal seine Feldzüge begonnen, und hierher sandten eroberte Länder ihre Tributzahlungen.

Die erfolgreichen Kriege der Assyrer zahlten sich finanziell aus und so standen Sanherib genügend Mittel für eigene aufwändige Bauprojekte zur Verfügung. In Ninive baute er einen neuen Palast, den „Palast ohnegleichen":

> *«Aus Zedernbalken vom Amanus-Gebirge, die sie mühsam aus den fernen Bergen holten, ließ ich die Dächer errichten. Große Türflügel aus Zypresse, die beim Öffnen und Schließen einen angenehmen Duft verströmen, versah ich mit Beschlägen aus glänzendem Kupfer und setzte sie ein.»*

Die Türen bewachten *lamassu* – geflügelte Stiere mit Menschenkopf – aus Silber, Kupfer und weißem Kalkstein. Die Wände zierten große Flachreliefs, die in Stein gehauen und bemalt waren und Sanheribs Triumphe szenisch darstellten. Die Palastfront war 500 Meter lang. Daran schloss sich ein Park an, in dem es einen botanischen Garten (Botanik war eine Passion Sanheribs) und vermutlich Wild gab.

Unruhen und Kriege

Da Sanherib mit Aufständen in der Levante und Judäa zu kämpfen hatte, herrschten in Babylonien für einige Zeit politisch instabile Verhältnisse. Diese versuchte Mardukapaliddina zu nutzen, um wieder an die Macht zu kommen. In zwei Strafaktionen vertrieb Sanherib ihn 700 v. Chr. endgültig und machte seinen ältesten Sohn zum König Babyloniens. Kronprinz Assurnadinschumi regierte sechs Jahre lang in relativem Frieden. Aber die Elamiter, ehemalige Verbündete Mardukapaliddinas, bedrohten weiter die Ostgrenzen. Sanherib ließ von Phöniziern in Ninive eine Flotte bauen, segelte flussabwärts an die Küste des Persischen Golfs, griff die Elamiter an und schlug sie vernichtend. Das genügte jedoch nicht. Während Sanherib im Süden gegen die Elamiter kämpfte, wurde sein Sohn in Babylon ermordet und durch einen Marionettenkönig der Elamiter ersetzt. Dieser wurde nach einigen Monaten wiederum von einem König gestürzt, der die Unterstützung der Aramäer hatte. Er hielt sich drei Jahre auf dem Thron, bis Sanherib Babylon 689 v. Chr. stürmte und dem Erdboden gleichmachte:

SANHERIB
(regierte 704–671 v. Chr.)

Zur Regierungszeit Sanheribs stand Babylonien unter assyrischer Herrschaft, war aber nicht sehr fügsam. Sanherib erbte eine widerspenstige Südprovinz. Es waren zwar nicht alle Städte rebellisch, aber doch genügend, um ihm Ärger zu bereiten. Auch in den Mittelmeerprovinzen im Westen seines Reichs gab es Schwierigkeiten. Mit seinem harten Durchgreifen in Juda ging Sanherib in die Bibel ein. Jesajas Schilderung, dass der Engel des Herrn 185 000 Mann im assyrischen Lager tötete (Jes. 37,36), die Lord Byron zu seinem berühmten Gedicht „Die Niederlage des Sanherib" inspirierte, beruhte wohl auf Wunschdenken. In assyrischen Chroniken ist darüber nichts zu finden. Nachdem Sanherib auf dem Marsch nach Ägypten von König Hiskia einen Tribut verlangt hatte, damit er Jerusalem verschonte, wurde seine Armee aber offenbar von einer Katastrophe heimgesucht – laut Herodot eine Rattenplage, laut Berossos eine Seuche. Das veranlasste die Assyrer, die geplante Invasion Judas aufzugeben.

Nach dem Tod Mardukapaliddinas, des Garibaldis des babylonischen Unabhängigkeitskampfes, legten sich die Unruhen in dieser Region zumindest vorübergehend. Nun musste sich Sanherib den Elamitern zuwenden. Von syrischen Schiffbauern ließ er sich in Ninive eine Flotte bauen. Die Schiffe segelten den Tigris hinunter nach Opis, wurden auf Rollen 40 bis 50 Kilometer über Land an den Euphrat geschleppt und fuhren weiter in den Persischen Golf. Mittlerweile war es den Elamitern gelungen, in Babylon einen König ihrer Wahl auf den Thron zu setzen. So sah sich Sanheribs Flotte einem Heer seiner vereinten Gegner gegenüber. Aus dem folgenden Gemetzel gingen die Assyrer siegreich hervor. Sie behaupteten später, 150 000 feindliche Soldaten getötet zu haben. Babylon fiel jedoch erst 689 v. Chr. nach langer Belagerung. Da Sanheribs Geduld am Ende war, ließ er die Stadt trotz ihrer Bedeutung als religiöses und kulturelles Zentrum plündern und fluten. Die große Marduk-Statue brachte er in einem Triumphzug nach Ninive, wo sie 20 Jahre lang blieb.

OBEN *Dieses Flachrelief (7. Jahrhundert v. Chr.) zeigt Sanherib. Bei seinem Feldzug gegen Juda eroberte sein Heer 46 Städte von König Hiskia, konnte aber Jerusalem nicht einnehmen.*

Zwischen all diesen Kämpfen hatte Sanherib noch Zeit, seine Residenz von der bisherigen assyrischen Hauptstadt Dur-Scharrukin (Chorsabad) nach Ninive zu verlegen. Er ließ die Stadt aufwändig ausbauen und einen neuen, prachtvollen Palast errichten (geschmückt mit Reliefs, die seinen Sieg über Hiskia in Lachisch feierten). Die frühere Hauptstadt hatte Sanheribs Vater, Sargon II., erbauen lassen und seine Residenz von Kalchu dorthin verlegt. Sargon war jedoch in einer Schlacht gefallen, was in Mesopotamien als schlechtes Omen für einen König galt. Sanherib war daher darauf bedacht, seine eigenen Feldzüge weitgehend von seinen Generälen führen zu lassen.

«Wie ein Wirbelwind griff ich die Stadt an und fiel wie ein Sturm über sie her ... Ich verschonte ihre Bürger nicht, weder Jung noch Alt, und füllte die Straßen mit ihren Leichen ... Ich zerstörte die Stadt und ihre Häuser von den Grundmauern bis zu den Dächern. Mit Feuer brannte ich sie nieder ... damit in Zukunft selbst der Grund ihrer Tempel in Vergessenheit gerät, mit Wasser verwüstete ich sie und verwandelte sie in Weideland.»

Anschließend übernahm er den Königstitel selbst, vertraute aber die Verwaltung des Landes seinem Sohn Asarhaddon an.

Sanherib wurde 681 v. Chr. ermordet. Nach einem Machtkampf unter seinen Söhnen trat schließlich Asarhaddon, den er zum Thronfolger bestimmt hatte, seine Nachfolge an. Dieser baute Babylon, dessen Zerstörung als großes Sakrileg empfunden wurde, in alter Pracht wieder auf. Er war mit einer Babylonierin verheiratet und hatte während seiner achtjährigen Amtszeit als Statthalter Babyloniens die Landestraditionen kennengelernt. Sein Versöhnungs- und Wiederaufbauprogramm war jedoch auch durch Omen motiviert, die ihm ein schlimmes Schicksal voraussagten, falls er eine andere Politik verfolgen sollte. Sobald die Sicherheit Babyloniens wiederhergestellt war, schlug Asarhaddon einen militärischen Expansionskurs gegen Ägypten ein, das damals gegenüber seinen Glanzzeiten erheblich an Stärke eingebüßt hatte. Vermutlich war er nicht der Erste, der bei seinen Feldzügen außer Pferden auch Kamele einsetzte, die es ihm erleichterten, Wüstengebiete schnell zu durchqueren. Auf jeden Fall gelang ihm die Ausdehnung seines Herrschaftsgebiets. Doch er erkrankte und starb 669 v. Chr., als er mit seinem Heer erneut gegen Ägypten zog, um Pharao Taharka aus Memphis zu vertreiben, das dieser zurückerobert hatte, nachdem die Assyrer ihn in früheren Kriegen nach Süden gedrängt hatten.

In Anbetracht der Zwistigkeiten um seine Thronfolge (zwei seiner Brüder hatten Sanherib ermordet) hatte Asarhaddon in Übereinstimmung mit seiner Mutter, Sanheribs Witwe Naqiazakutu, seinen jüngeren Sohn Assurbanipal zu seinem Nachfolger als König von Assyrien bestimmt. Sein ältester Sohn Schamaschschumaukin wurde König von Babylonien. Die beiden Brüder regierten 20 Jahre lang ihre benachbarten Königreiche offenbar in gutem Einvernehmen. Aber 650 v. Chr. zettelte Schamaschschumaukin eine Rebellion an. Es folgten zwei Jahre erbitterter Kämpfe, die in langwierigen Belagerungen Babylons und Borsippas durch die Assyrer gipfelten. Babylon stand 648 v. Chr. allein da, von Hunger und sicher auch Krankheiten geplagt. Es gab Berichte über Kannibalismus, während die Leichen sich in den Straßen türmten. Bald darauf kapitulierte die Stadt, nachdem Schamaschschumaukin sich in die Flammen seines brennenden Palastes geworfen hatte.

Wie es bei den Assyrern üblich war, rächte Assurbanipal sich an den Rebellen und erlaubte seinen Soldaten, den Palast zu plündern. Die Stadt verschonte er jedoch, ließ sie reinigen, die Schäden der langen Belagerung beseitigen und die Gebäude so weit wie nötig wiederaufbauen und instand setzen. Die überlebenden Einwohner durften wieder einziehen. Er setzte einen König namens Kandalanu ein, der in seinem Namen 20 Jahre bis zu seinem Tod 627 v. Chr. regierte. Da Assurbanipal im selben Jahr starb, vermuten manche, die beiden seien identisch und der assyrische König habe sich nur für seine Herrschaft in Babylonien den Namen Kandalanu zugelegt.

Die Assyrer hatten 627 v. Chr. das größte Imperium, das es bis dahin in Mesopotamien gab. Es erstreckte sich von Ägypten bis Elam, vom Persischen Golf bis ans Mittelmeer, dessen Ostküste sie vom Taurus bis an den Nil beherrschten. Es sollte allerdings nur noch 20 Jahre bestehen.

RECHTS *Rekonstruktion eines Saales in einem assyrischen Palast (aus Layard, „Discoveries in the Ruins of Nineveh and Babylon", 1853).*

„Sardanapal“

Der französische Maler Eugène Delacroix (1798–1863) verewigte in seinem Monumentalgemälde „Der Tod des Sardanapal“ einen König von Babylon, der nie existierte. Er wurde angeregt von Lord Byrons Tragödie „Sardanapal“ (1821). Byron hatte sich wiederum von Diodor inspirieren lassen, einem unterhaltsamen, aber unzuverlässigen Historiker, der Mitte des 1. Jahrhunderts v. Chr. geschrieben hatte:

«Sardanapal, der letzte König der Assyrer, der dreißigste von Ninus an, dem Stifter des Reichs, übertraf alle seine Vorgänger an Vergnügungs- und Genusssucht. Nicht genug, dass er sich außer dem Palast vor niemand sehen ließ; er lebte auch ganz wie ein Weib. Unter den Kebsweibern seine Zeit hinbringend, spann er Purpur und die feinste Wolle. Er trug ein Frauenkleid, und sein Gesicht und den ganzen Körper hatte er durch Schminke und durch andere Mittel der Buhlerinnen so entmännlicht, dass kein wollüstiges Weib weichlicher aussehen konnte. Auch eine weibliche Stimme hatte er sich angewöhnt. Seine Mahlzeiten bestanden immer nur in solchen Speisen und Getränken, die den Gaumen kitzeln. Den Trieb der Wollust befriedigte er mit Männern sowohl als mit Weibern. Schamlos missbrauchte er beide Geschlechter, ohne sich um die Schmach, die er auf sich lud, im Geringsten zu kümmern … Ein Mann von solcher Sinnesart musste nicht nur selbst ein schmähliches Ende nehmen, sondern er führte auch die völlige Zerstörung des Assyrischen Reichs herbei, das unter den bekannten Weltreichen am längsten gedauert hat.»

Diodors Informationen stammten vermutlich von Ktesias von Knidos, einem Arzt und Historiker aus dem 5. Jahrhundert v. Chr., dessen Werk verloren gegangen ist. Es ist durchaus möglich, dass es ein historisches Vorbild für Sardanapal gab.

Als der assyrische König Asarhaddon während eines Feldzugs starb, wurde sein Reich unter seinen beiden Söhnen aufgeteilt. Der jüngere, Assurbanipal, regierte Assyrien von 668 bis 627 v. Chr. Sein älterer Bruder, Schamaschschumaukin, herrschte von 667 bis 648 v. Chr. in Babylonien.

Offenbar kamen die beiden Brüder eine Zeitlang gut miteinander aus. Schamaschschumaukin dürfte aber wohl gewusst haben, dass die Garnison in Nippur nur seinem Bruder treu ergeben war und es auch in Babylonien einige assyrische Garnisonen gab, die sich letztlich nur diesem verpflichtet fühlten. Erhaltene Briefe von einem Statthalter in Ur, das zum Territorium des babylonischen Königs gehörte, zeigen, dass er vor allem dem assyrischen König huldigte. Assurbanipal engagierte sich bei Wiederaufbauarbeiten in Babylon, die eigentlich seinem älteren Bruder zur Ehre gereicht hätten. Inschriften an restaurierten Tempeln und Monumenten enthalten zwar höfliche Hinweise auf Schamaschschumaukin. Aber auf Dauer dürfte die besitzergreifende Haltung seines jüngeren Bruders den König von Babylon geärgert haben. Vielleicht beeinflussten ihn aber auch jene Einheimischen, die eine umfassende Unabhängigkeit von Assyrien anstrebten. Jedenfalls verbündete er sich mit den Elamitern, die immer bereit waren, in Mesopotamien Unruhe zu stiften, sowie mit anderen Stämmen und Völkern. Zu dieser Koalition gehörten auch chaldäische Stämme, die nie ihre Bestrebungen aufgegeben hatten, die assyrische Knechtschaft abzuschütteln. So kam es 650 v. Chr. zur offenen Revolte.

Nach zwei Jahren heftiger Kämpfe errang Assyrien die Oberhand und belagerte Babylon und Borsippa. Schamaschschumaukins Verbündete waren geschlagen und die Elamiter mit ihrem eigenen Bürgerkrieg beschäftigt. Eine furchtbare Hungersnot und wahrscheinlich auch Seuchen zwangen Babylon 648 v. Chr. zur Kapitulation. Bevor man den assyrischen Truppen die Stadttore öffnete, schloss Schamaschschumaukin sich mit seiner Entourage in seinem Palast ein, setzte ihn in Brand und verwandelte ihn in einen riesigen Scheiterhaufen. Von dieser Szene ist Delacroix' Gemälde inspiriert. Es zeigt den König, wie er ruhig, resigniert, aber auch irgendwie befriedigt auf seinem Bett liegt, während seine Soldaten um ihn herum seine Frauen und besten Pferde töten. Das Bild illustriert hervorragend die grandiose

Abschiedsrede, die Byron seinem Sardanapal in den Mund legte, und übertrifft sie sogar.

Manche Kommentatoren halten es für wahrscheinlicher, dass Schamaschschumaukin sich in die Flammen seines bereits brennenden Palastes warf. Vielleicht konnte er sich auch nicht mehr aus den Flammen retten. Jedenfalls bewahrte ihn der Flammentod davor, seinem wütenden Bruder in die Hände zu geraten: *«Was die Männer angeht, die Böses gegen mich sannen, so riss ich ihnen die Zunge heraus und vernichtete sie vollends. Die anderen erschlug ich bei lebendigem Leib mit eben den Statuen der Schutzgötter, mit denen sie meinen Großvater Sanherib erschlagen hatten – nun endlich als Grabopfer für seine Seele. Ihre Leichen schnitt ich in kleine Stücke und verfütterte sie an die Hunde, Schweine, Zibu-Vögel, Geier, an die Vögel des Himmels und die Fische des Meeres.»*

Assurbanipals Großvater wurde tatsächlich von zweien seiner Söhne in einer Palastrevolte ermordet, aber hier spielte wohl auch Propaganda eine Rolle, die kein modernes Phänomen ist.

OBEN *Als Delacroix sein Gemälde „Der Tod des Sardanapal“ 1827 in Paris ausstellte, waren viele seiner Zeitgenossen empört über die orientalische Freizügigkeit der Darstellung. Andere wie der Schriftsteller Victor Hugo lobten das Bild.*

TEIL ZWEI

BABYLONS GOLDENES ZEITALTER

KAPITEL SIEBEN

DIE BABYLONISCHE REVOLUTION

IM JAHR 639 V. CHR. BRECHEN DIE ANNALEN ASSURBANIPALS AB, was auf eine Phase großer Instabilität in Assyrien hindeutet. Nach Assurbanipals Tod kam es erneut zu inneren Unruhen. Seine Nachfolger waren offenbar nicht imstande, ihre Vormachtstellung in Babylonien aufrechtzuerhalten. Denn sie hatten in anderen Teilen des zerfallenden Reichs mit Schwierigkeiten zu kämpfen. Bereits in den letzten 20 Jahren der Herrschaft Assurbanipals hatte Babylon politisch an Bedeutung verloren.

Die Chaldäer konnten sich in der Seeprovinz halten, und 625 v. Chr. nutzte ein neuer Führer, Nabopolassar, die Lage, um sich zum König von Babylonien auszurufen. Das heißt jedoch nicht, dass er zu diesem Zeitpunkt bereits über die Stadt Babylon herrschte. Über Nabopolassars Fähigkeiten als Feldherr ist wenig bekannt, da sich die Inschriften über ihn auf seine Bautätigkeit konzentrieren. Doch er muss militärisch sehr begabt gewesen sein. Aus den Inschriften geht hervor, dass er *«der Sohn eines Niemand»* war, also nicht aus einem Königshaus stammte. Möglicherweise war er nicht einmal Chaldäer, doch er muss in der Seeprovinz ein hohes Amt bekleidet haben. Er selbst bezeichnete sich (vielleicht aus politischen Gründen) als Babylonier. Der Historiker Berossos schrieb um 260 v. Chr., also 400 Jahre später, Sinscharischkun habe Nabopolassar zum General ernannt. Das verunklart das Bild ein wenig. Sinscharischkun regierte als vorletzter König Assyriens von 623 bis 612 v. Chr. und war der letzte, der effektive Macht ausübte. Möglicherweise schickte er Nabopolassar als Statthalter nach Südbabylonien, um für Ordnung zu sorgen. Dieser zettelte aber einen Aufstand an, um selbst die Macht zu ergreifen.

Die Verhältnisse waren zur damaligen Zeit unklar. Die vier stark geschwächten Nachfolger Assurbanipals hielten an ihrem Anspruch auf den babylonischen Thron fest. Selbst in den ersten Regierungsjahren Nabopolassars unterhielt Assyrien weiterhin seine Garnison in Nippur. Die Region war in unbedeutende, rivalisierende Kleinstaaten zerfallen. Vorübergehend wurden in Babylonien zwei Assyrer als Herrscher anerkannt, ein General und der vorletzte König des zerfallenden Reichs. Archivquellen erwähnen mehrere Belagerungen unter anderem von Uruk und Nippur, aber die zeitgenössischen Darstellungen sind widersprüchlich. Ohne Nabopolassar wäre das ganze Land möglicherweise in Anarchie verfallen.

DER FURCHT EINFLÖSSENDE NABOPOLASSAR

Nabopolassar war ein energischer, willensstarker Mann, ein guter Feldherr und Organisator. Er besaß die absolute Loyalität seiner chaldäischen Anhänger und konnte sich vermutlich auf Stammesverbindungen stützen. Auch die politischen Umstände waren günstig für ihn: Lange hatten die Elamiter jede Schwäche Babyloniens

VORIGE SEITEN *Der italienische Illustrator Mario Larrinaga schuf diese fantasievolle Rekonstruktion der Stadt Babylon, wie sie 625 v. Chr. ausgesehen haben könnte (1950). Im Hintergrund ist der „Turm zu Babel“ zu sehen, rechts im Vordergrund die hängenden Gärten Nebukadnezars.*

RECHTS *Dieses Kalksteinrelief von Nabuapaliddina, einem babylonischen König des 9. Jahrhunderts v. Chr., wurde in Sippar gefunden und befindet sich heute im British Museum, London. Es zeigt den Gott Schamasch auf seinem Thron. Ein niederer Gott, erkennbar an seinem Fransengewand, führt zwei Gläubige zu ihm. Auf dem Altar steht die Sonnenscheibe als Symbol Schamaschs.*

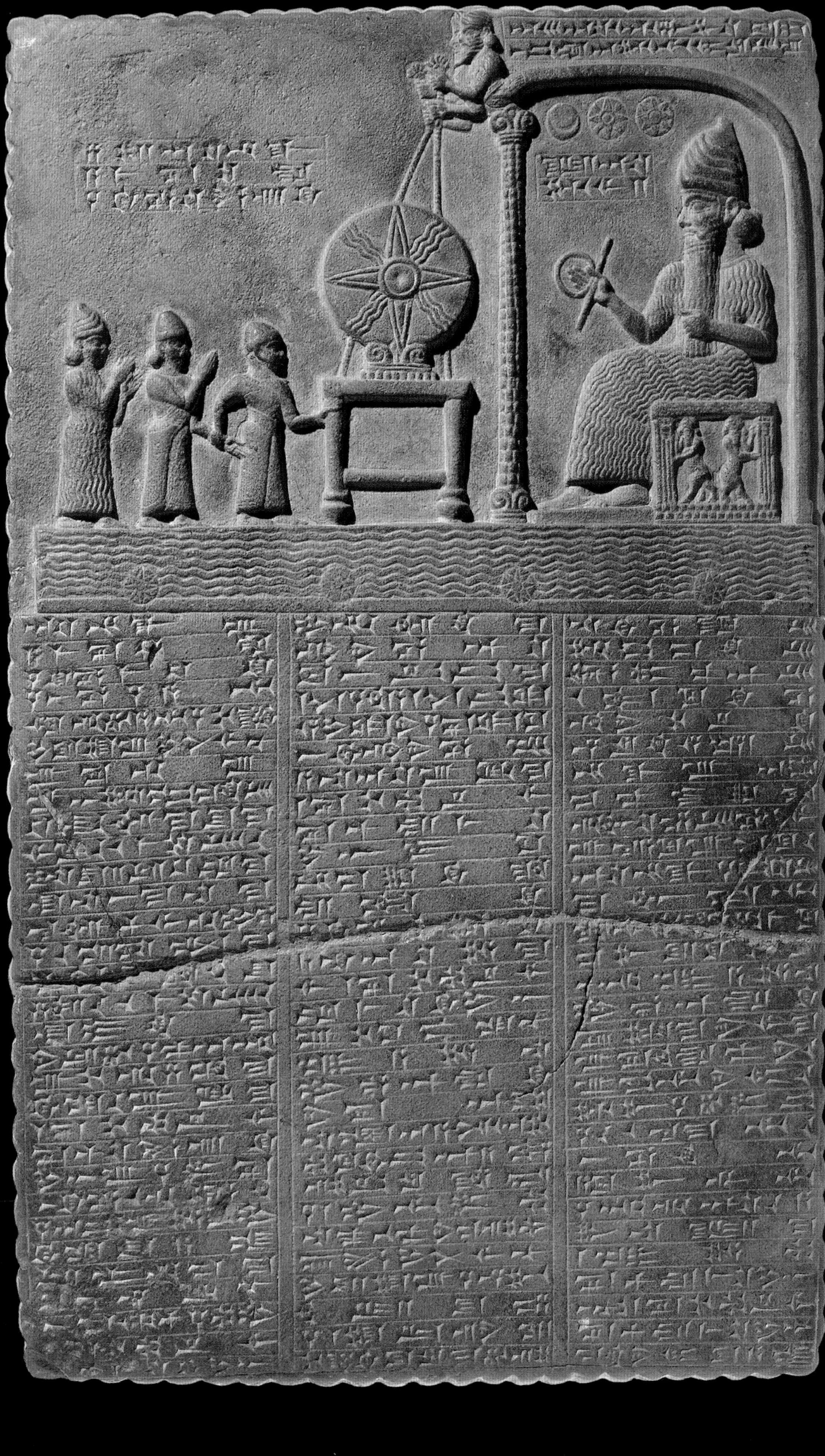

für sich genutzt, waren aber nun endgültig ausgeschaltet. Assurbanipals Truppen hatten das Land, das bereits von inneren Zwistigkeiten zerrissen war, 640 v. Chr. angegriffen, erobert und verwüstet. Der assyrische König hielt fest:

«Susa, die große heilige Stadt, Sitz ihrer Götter und ihrer Mysterien, eroberte ich. Ich drang in ihre Paläste ein und öffnete ihre Schatzkammern, wo sich Silber und Gold, Güter und Reichtümer häuften … Ich zerstörte die Zikkurat von Susa. Ich zerschlug ihre glänzenden Kupferhörner. Die Tempel Elams machte ich zunichte, ihre Götter und Göttinnen verstreute ich in alle Winde. Die Gräber ihrer Ahnen und verstorbenen Könige verwüstete ich, setzte sie der Sonne aus und brachte ihre Gebeine in das Land Assur. Ich verwüstete die Provinzen Elams und streute Salz auf ihr Land.»

Von diesem Schlag erholte Elam sich nur teilweise. Die Vernichtung dieses Gegners erwies sich jedoch als zweischneidiges Schwert, da die Elamiter bald nicht mehr imstande waren, dem Druck von Südosten standzuhalten. Kaum 20 Jahre später beherrschte das rasch wachsende Königreich Persien ein Gebiet, das von Makedonien bis Sind (im heutigen Pakistan) reichte.

Mit Geduld, militärischem Geschick, Entschlossenheit und Diplomatie verschaffte Nabopolassar sich bis 616 v. Chr. eine Vormachtstellung in ganz Südmesopotamien. Nun konzentrierte er sich auf den Norden. Die Bedrohung war so groß, dass sich der ägyptische König Psammetich I. mit Sinscharischkun von Assyrien zusammentat. Beide Könige hielten den neuen Feind offenbar für äußerst gefährlich.

Unbeeindruckt rückte Nabopolassar 615 v. Chr. gegen Assur vor. Er wurde zwar zurückgeschlagen, allerdings nur bis Tikrit. Damit verlor er nicht das gesamte eroberte Terrain. Unerwartete Hilfe erhielt er von dem Mederkönig Chavachschtra (624–585 v. Chr.) – besser bekannt unter seinem griechischen Namen Kyaxares –, der eigene territoriale Interessen verfolgte. Während die Assyrer Nabopolassar in Tikrit belagerten, erfuhren sie, dass Kyaxares an der Ostgrenze Truppen zusammenzog, und traten den Rückzug an, um dieser neuen Gefahr entgegenzutreten.

Die Meder waren ein altiranisches Volk, das um 1000 v. Chr. nach Westen gezogen war und sich im Nordwesten des heutigen Iran niedergelassen hatte. Nun wollten sie ein eigenes Reich aufbauen und waren ebenso wie Nabopolassar daran interessiert, die Reste des Assyrischen Reichs zu zerschlagen. 614 v. Chr. drangen sie von Norden nach Assyrien ein, nahmen unweit von Ninive die Festung Tarbisu ein, plünderten Kalchu und eroberten schließlich Assur:

«Die Meder griffen die Stadt an … Sie zerstörten die Stadtmauer. Sie richteten ein furchtbares Massaker unter einem Großteil der Bevölkerung an, plünderten die Stadt und nahmen Gefangene.»

Diese Schilderung ist vor dem Hintergrund zu sehen, wie die Assyrer mit eroberten Städten umgingen. Die Meder fühlten sich von alters her den Elamitern verbunden, deren vernichtende Niederlage ihnen noch gut in Erinnerung war. Möglicherweise war ihr grausames Vorgehen eine Vergeltung.

Nabopolassar rückte erneut nach Norden vor, um sich seinen neuen Verbündeten anzuschließen, kam aber zu spät für die Schlacht um Assur. Dennoch begegneten er und Kyaxares sich vor der zerstörten Stadt als Gleichrangige und schlossen einen Vertrag, den sie mit einer Heirat besiegelten: Wie spätere Quellen berichte-

DIE BABYLONISCHE VORHERRSCHAFT

612 v. Chr.
Der chaldäische König von Babylon, Nabopolassar, erobert gemeinsam mit den Medern Ninive. Dies ist das endgültige Ende des Assyrischen Reichs.

605 v. Chr.
In der Schlacht von Karkemisch schlägt der babylonische Kronprinz Nebukadnezar die restlichen assyrischen Truppen und ihre ägyptischen Verbündeten.

597 v. Chr.
Nebukadnezar II. schlägt den ersten Aufstand in Juda nieder und führt die Hebräer ins Babylonische Exil.

587 v. Chr.
Nebukadnezar II. schlägt den zweiten Aufstand in Juda nieder. Weitere Hebräer müssen ins Exil.

585–572 v. Chr.
Nebukadnezar II. belagert Tyros.

555 v. Chr.
Nabonid usurpiert in einer Palastrevolte den babylonischen Thron.

552–545 v. Chr.
Nabonid verlegt seine Residenz nach Taima in Arabien. Sein Sohn Belscharassur bleibt als Regent in Babylon.

539 v. Chr.
Kyros II. von Persien marschiert in Mesopotamien ein und erobert Babylon. Belscharassur wird getötet, Nabonid stirbt in Gefangenschaft.

«Im zehnten Jahr im Monat Iyyar bot Nabopolassar das babylonische Heer auf und marschierte am Ufer des Euphrat flussaufwärts. Die Männer von Suhu und Hindanu griffen ihn nicht an, sie legten ihm ihren Tribut zu Füßen. Im Monat Ab meldeten sie, dass das assyrische Heer in der Stadt Qablinu stand. So zog Nabopolassar flussaufwärts gegen sie, und am zwölften Tag des Monats Ab griff er das assyrische Heer an. Das assyrische Heer zog sich außer Reichweite vor ihm zurück und er fügte Assyrien eine schwere Niederlage bei.»

AUS DEN CHRONIKEN DER CHALDÄISCHEN KÖNIGE: NABOPOLASSAR BESIEGT DIE ASSYRER

UNTEN *Ein rekonstruierter Teil der Stadtmauern von Ninive.*

ten, heiratete Nabopolassars ältester Sohn Nebukadnezar die Tochter (oder Enkelin) Kyaxares', Amytis. Offenbar hielt Kyaxares König Nabopolassar bereits für zu stark, um ihn zu schlagen. Ein Abkommen erschien ihm also vernünftiger.

Es folgte ein weiterer Rückschlag. Nabopolassar musste in sein Reich zurückkehren, um dort einen Aufstand niederzuschlagen. Möglicherweise war er von den Assyrern geschürt worden. Auch die Meder mussten sich ihren eigenen Angelegenheiten zuwenden. Sie sahen sich einer möglichen Bedrohung durch die Skythen, früheren Verbündeten der Assyrer, ausgesetzt. Die Assyrer besaßen nach wie vor eine schlagkräftige Armee und starteten einen Gegenangriff. Sie marschierten 613 v. Chr. in Babylonien ein, eroberten Kalchu zurück und setzten die zerstörten Wehranlagen instand. Die Angst vor den Skythen erwies sich jedoch als unbegründet: Sie schlossen sich der medisch-babylonischen Allianz an. Jedes der drei aufstrebenden Königreiche wollte sich einen Teil des Imperiums sichern, das den Assyrern entglitt. In Babylon konnte Nabopolassar die Revolte mühelos niederschlagen.

Die Wende

Im folgenden Jahr wendete sich das Blatt, als eine Allianz aus babylonischen, medischen und skythischen Truppen Ninive angriff und nach nur dreimonatiger Belagerung zerstörte. König Sinscharischkun starb 612 v. Chr. in der brennenden Stadt. Sein Nachfolger, Assuruballit II., der praktisch kein Reich mehr besaß, zog sich nach Harran zurück. Nabopolassar verfolgte ihn, nahm die Stadt 610 v. Chr. ein und richtete dort eine Garnison ein. Assuruballit flüchtete nach Westen und wartete auf ägyptische Unterstützung. In einer Inschrift Nabopolassars heißt es:

> *«Der Assyrer, der seit fernen Zeiten über alle Völker geherrscht und mit seinem schweren Joch das Volk des Landes geknechtet hatte: seine Füße vertrieb ich aus Akkad, sein Joch warf ich ab.»*

Die Meder eroberten unterdessen Kleinasien, und die Skythen dehnten ihr Reich bis auf den östlichen Balkan sowie in ein Gebiet zwischen Donau und Don aus. Babylonien erhielt Mittelassyrien und die gesamte Region zwischen Babylon und Assur, also ganz Mesopotamien. Höchstwahrscheinlich starb Assuruballit in die-

> **«Im zwanzigsten Jahr blieb der König von Akkad (Nabopolassar) in seinem eigenen Land. Nebukadnezar, sein ältester Sohn und Kronprinz, hob die babylonische Armee aus und übernahm das Kommando über seine Truppen. Er marschierte nach Karkemisch am Ufer des Euphrat entlang und überquerte den Fluss, um gegen das ägyptische Heer zu ziehen, das in Karkemisch lag ... Er besiegelte ihre Niederlage und schlug sie vernichtend. Die restlichen ägyptischen Truppen, die so schnell geflüchtet waren, dass keine Waffe sie erreicht hatte, holten die babylonischen Truppen in der Provinz Hamath ein und besiegten sie so vollständig, dass kein einziger Mann in sein Heimatland entkam. In dieser Zeit eroberte Nebukadnezar das ganze Land Hatti. Seit 21 Jahren war Nabopolassar König von Babylon. Am achten Tag des Monats Ab starb er. Im Monat Elul kehrte Nebukadnezar nach Babylon zurück, und am ersten Tag des Monats Elul saß er auf dem Königsthron in Babylon.»**
>
> Aus den Chroniken der chaldäischen Könige: Nebukadnezar besiegt die Ägypter in Karkemisch

Assurbanipal
(regierte 668–627 v. Chr.)

Assurbanipal war der letzte große König des Assyrischen Reichs. Heute ist er vor allem bekannt durch die kunstvollen Flachreliefs, die ihn bei der Löwenjagd zeigen. Sein Reich, das er von Ninive aus regierte, erstreckte sich vom Zagros-Gebirge im Osten bis nach Urartu und Kleinasien im Norden, vom Taurus im Westen an der Ostküste des Mittelmeers entlang und in Ägypten nilaufwärts bis nach Theben.

Er war der jüngere Sohn und Nachfolger Asarhaddons. Sein Vater war während eines Feldzugs gegen Ägypten plötzlich erkrankt und gestorben. Asarhaddons Mutter und Witwe Sanheribs, Naqiazakutu, hatte die Thronfolge geregelt und für Loyalität gegenüber dem König gesorgt. Assurbanipal erhielt Assyrien, sein älterer Bruder Babylonien (das ihr Vater wiederaufgebaut hatte). Theoretisch waren beide Teile des Reichs gleich groß, de facto hatte Assurbanipal jedoch die Vormachtstellung inne.

OBEN *Ausschnitt aus einem Alabasterrelief, das Assurbanipal bei der Löwenjagd zeigt.*

Sein Ruhm gründete sich nicht auf militärische Leistungen. Er war zwar ein hervorragender Jäger und Feldherr, stellte aber die sanftere, kultivierte Seite seiner Persönlichkeit in den Vordergrund. Er war ein exzellenter Schreiber, Mathematiker und Astronom und beherrschte fließend Akkadisch und Sumerisch. Seine Bibliothek war die größte Schriftensammlung der Welt. Es gelang ihm, sein Reich während seiner gesamten Regentschaft zusammenzuhalten, Elam zu zerschlagen und letztlich auch Babylonien zu besiegen. An den Rändern seines Imperiums sammelten sich jedoch Kräfte, denen seine Nachfolger nicht standzuhalten vermochten. Und im Inneren rebellierte sein eigener Bruder gegen ihn. Assurbanipal besiegte ihn 648 v. Chr. und machte – so die Quellen – Kandalanu zum König. Da dieser im selben Jahr starb wie Assurbanipal, gibt es Vermutungen, dass die beiden miteinander identisch sein könnten und Assurbanipal unter dem babylonischen Namen Kandalanu selbst den Thron bestiegen hatte. Im Süden seines Reichs drängte Assurbanipal den ägyptischen König Taharka nilaufwärts bis nach Theben zurück. Nun aber stand seine Armee 2000 Kilometer von der Heimat entfernt in einem fremden, feindlichen Land, dessen Sprache, Sitten und Religion den Soldaten völlig fremd waren. Daher setzte er einheimische Stellvertreter, die sein Vater ernannt hatte und die vor Taharka geflohen waren, als Statthalter ein und zog sich zurück. Bald rebellierten die Ägypter erneut.

Ähnliches passierte auch in anderen Teilen des Assyrischen Reichs, das mittlerweile zu groß war, um es zu beherrschen. Nur in Elam gelang es König Assurbanipal, die heimischen Fürsten vollständig und nachhaltig zu besiegen. Dieser Triumph erwies sich jedoch als zweischneidiges Schwert. Denn er hinterließ ein Machtvakuum, in das nach und nach eine neue Macht von Osten vordrang: die Perser. Ihr Aufstieg setzte der 3000 Jahre langen Geschichte der mesopotamischen Unabhängigkeit und Identität schließlich ein Ende.

OBEN *König Assurbanipal als heldenhafter Jäger, der einen Löwen aufspießt. Die Szene bildet den Höhepunkt des berühmten Löwenjagd-Reliefs, das sich heute im British Museum, London, befindet.*

ser Zeit oder sogar noch früher. Jedenfalls werden die Assyrer nicht in den Chroniken erwähnt, die über die Entscheidungsschlachten berichten. Diese Kämpfe fanden offenbar zwischen Ägyptern und Babyloniern statt.

Pharao Psammetich I. war den Assyrern kein sonderlich hilfreicher Verbündeter gewesen. Aber sein Sohn und Nachfolger, Necho II., schickte ein Heer aus – entweder um „Assyrien" zu unterstützen oder lediglich Nabopolassars Expansion nach Westen aufzuhalten. Sein Heer erreichte schließlich 605 v. Chr. die Überreste der assyrischen Truppen bei Karkemisch. Nabopolassar war klar, dass die Ägypter es nicht gern sehen würden, wenn eine Großmacht die Ostküste des Mittelmeers unmittelbar vor ihrer Haustür beherrschte. Daher hatte er diplomatische Beziehungen zu Judäa und Gaza geknüpft, die sich dem Vormarsch Nechos und seiner Armee entgegenstellten.

«Die Schilde seiner Starken sind rot, sein Heervolk glänzt in Purpur, seine Wagen stellt er auf wie leuchtende Fackeln, seine Rosse rasen. Die Wagen rollen auf den Gassen und rasseln auf den Straßen; sie glänzen wie Fackeln und fahren einher wie die Blitze. Aufgeboten werden seine Gewaltigen, sie stürzen heran auf ihren Wegen, sie eilen zur Mauer, und aufgerichtet wird das Schutzdach. Da werden die Tore an den Wassern geöffnet, und der Palast vergeht in Angst. Die Königin wird gefangen weggeführt, und ihre Jungfrauen werden seufzen wie die Tauben und an ihre Brust schlagen. Ninive ist wie ein voller Teich, aber seine Wasser müssen verrinnen.»

NAHUM 2,4–9: DIE ZERSTÖRUNG NINIVES DURCH DIE BABYLONIER UND MEDER

Mittlerweile regierte Nabopolassar bereits seit 20 Jahren und wurde allmählich alt. Der größte Teil Assyriens und Babyloniens stand zwar unter seiner Kontrolle, aber es gab immer noch Widerstandsnester. Daher war es nicht ratsam, dass König und Kronprinz sich gleichzeitig außer Landes aufhielten. Nabopolassar befand sich 605 v. Chr. in Babylon und war wahrscheinlich todkrank. So stellte sich sein Sohn, Nebukadnezar, den vereinten ägyptischen und assyrischen Truppen in Karkemisch etwa 75 Kilometer westlich von Harran entgegen. Es kam zu einer blutigen Schlacht zwischen Ägyptern und Babyloniern um die Herrschaft über die Levante und Syrien. Das Assyrische Reich war zu dieser Zeit bereits am Ende. Beide Seiten erlitten schwere Verluste, aber letztlich siegten die Babylonier und schlugen den Gegner vernichtend. Nebukadnezar verfolgte das ägyptische Heer bis in die Levante. Laut den Chroniken der chaldäischen Könige flohen die Ägypter so schnell, dass *«keine Waffe sie erreichte»*. Aber die Babylonier holten sie ein und schlugen sie so vernichtend, dass *«kein Mann in sein Heimatland entkam»*.

Aus dieser Konfrontation zwischen Babylonien und Ägypten gingen die Babylonier als klare Sieger hervor. Wie der römisch-jüdische Historiker Josephus um 80 n. Chr. schrieb, beherrschten sie die östliche Mittelmeerküste und das Binnenland bis nach Judäa. Das Assyrische Reich existierte nicht mehr. Es gab nicht einmal mehr Überlebende, die Klagelieder hätten schreiben können.

Der babylonische Kronprinz stoppte seinen Vormarsch nach Süden erst, als ihn die Nachricht vom Tod seines Vaters erreichte. Um sich die Thronfolge zu sichern, musste er umgehend nach Babylon zurückkehren. Die schwere Infanterie ließ er mit den Gefangenen und der Kriegsbeute nachkommen. Berossos schreibt:

> *«... in aller Eile kehrte er mit nur wenigen Begleitern durch die Wüste zurück nach Babylon. Als er dort eintraf, stellte er fest, dass die Chaldäer die öffentlichen Angelegenheiten geregelt hatten und ihr Fürst den Königsthron für ihn freigehalten hatte. So erhielt er nun alle Gebiete seines Vaters.»*

Nebukadnezar erreichte nach 23 Tagen Babylon und wurde im September 605 v. Chr. gekrönt. Es war nach babylonischem Kalender der erste Tag des Monats Elul, an dem er in die Hauptstadt des Reichs kam, das er nun beherrschen sollte.

KAPITEL ACHT

DER GROSSE CHALDÄERKÖNIG

Nebukadnezar II., „Der Grosse“, bedeutet wörtlich: „O Nabu, schütze meinen erstgeborenen Sohn.“ Er war der dritte und letzte König Babylons, den die Nachwelt kennt. Uns ist er besser bekannt als Sargon der Große oder Hammurabi, da es Wissenschaftlern gelungen ist, eine größere Anzahl der von ihm errichteten Bauwerke auszugraben als von seinen Vorgängern. Der Hauptgrund für die Bekanntheit seines Namens ist jedoch die Tatsache, dass er in der hebräischen Bibel, dem Alten Testament der Christen auftaucht, insbesondere im Buch Daniel.

Die Erzählungen des biblischen Buches Daniel zeichnen das Bild eines exzentrischen Herrschers. Doch aus anderen Quellen ist wenig über Nebukadnezars Persönlichkeit bekannt. Wir wissen noch nicht einmal genau, wie er aussah. Ein Relief, das einen glatt rasierten, behelmten jungen Mann im Profil zeigt, ist möglicherweise eine Darstellung des Königs. Statuen gibt es jedoch nicht. Insgesamt sind aus seiner Zeit nur wenige Artefakte erhalten. Nebukadnezars Ruf basiert fast ausschließlich auf Inschriften und den Bauwerken, die er errichten ließ.

«Wie liegt die Stadt so verlassen, die voll Volks war!
Sie ist wie eine Witwe, die Fürstin unter den Völkern,
und die eine Königin in den Ländern war, muss nun dienen.»

Klagelieder Jeremias 1,1: Jeremia beklagt das Schicksal Jerusalems nach Zedekias gescheiterter Rebellion

Wie schon seine Vorfahren war Nebukadnezar stolzer auf seine Verdienste als Baumeister als auf seine militärischen Triumphe. Nichtsdestoweniger vergrößerten die Babylonier unter seiner Herrschaft ihr Reich, so dass es schließlich größer war als zu Sargons Zeiten. Doch während seiner langen Regierungszeit von 604 (dem Jahr seiner offiziellen Thronbesteigung) bis 562 v. Chr. erlebten auch die Künste und die Wissenschaften, die sich in den vorangegangenen zwei Jahrtausenden entwickelt hatten, eine Blütezeit. Die Errungenschaften Babylons in der Architektur, der Astronomie und der Mathematik wirkten weit über die Grenzen des Reichs hinaus. Auch lange nach dem Untergang des Reichs dauerte dieser Einfluss noch fort. Nebukadnezars Tatkraft und Beständigkeit bescherten Mesopotamien Stabilität. Solche Zeiten hatte das Reich nur selten erlebt, seit es 3000 Jahre zuvor zu einer Nation herangewachsen war. Bei seinen militärischen Aktionen scheint Nebukadnezar weitgehend einem assyrischen *opus operandi* gefolgt zu sein. Seine Erfolge auf diesem Gebiet sind vergleichsweise gut dokumentiert. Im Gegensatz zu den assyrischen Königen war es bei den babylonischen Herrschern nicht üblich, einen großen Teil ihrer Annalen den militärischen Triumphen zu widmen. So machten etwa die beiden bedeutendsten Nachfolger Nebukadnezars – Neriglissar und Nabonid – wichtige Eroberungen, von denen wir wenig mehr wissen, als dass sie stattfanden.

RECHTS *„Tötung der Söhne Zedekias vor den Augen ihres Vaters“, Illustration von Gustave Doré (1823–1883). Über dieses brutale Ereignis wird im 2. Buch der Könige (25,7) berichtet. Es fand statt, nachdem der König Judas sich gegen den babylonischen Herrscher Nebukadnezar aufgelehnt hatte.*

DIE HÄNGENDEN GÄRTEN VON BABYLON

Die Hängenden Gärten von Babylon waren eines der sieben Weltwunder der Antike. Angeblich hatte Nebukadnezar II. sie für seine Frau Amytis von Medien anlegen lassen, die sich nach der üppigen Vegetation ihrer Heimat sehnte. Offenbar wurden die Gärten durch ein Erdbeben irgendwann nach dem 2. Jahrhundert zerstört.

Sie „hingen" allerdings nicht wirklich. Der Name geht auf eine falsche Übersetzung des griechischen *kremastos* oder des lateinischen *pensilis* zurück, die eher „überhängend" bedeuten.

Beschreibungen der Gärten findet man bei griechischen Geschichtsschreibern wie Strabo und Diodor. Strabo berichtet, dass die Gärten aus *«überwölbten Terrassen bestehen, die sich eine oberhalb der anderen erhoben und auf würfelförmigen Säulen ruhten. Sie sind hohl und mit Erde gefüllt, damit auch die größten Bäume gepflanzt werden können.»* Doch Herodot erwähnt sie nicht, und sie tauchen auch in keinem zeitgenössischen babylonischen Dokument auf. Das ist insofern erstaunlich, als Nebukadnezar auf seine architektonischen Errungenschaften sehr stolz war.

Der deutsche Archäologe Robert Koldewey meinte, er habe die Grundmauern der Gärten entdeckt. Doch sein Fund lag zu weit vom Euphrat entfernt, sodass eine Bewässerung nicht möglich gewesen wäre.

Möglicherweise befanden sich die Gärten auch an einem anderen Ort. Mehrere assyrische Könige waren begeisterte Gartenbauer. Vielleicht wurde Babylon mit Ninive verwechselt. Dort gab es terrassierte Gärten, die durch zeitgenössische Tontafeln belegt sind.

UNTEN *„Die Hängenden Gärten von Babylon" von Ferdinand Knab, aus einem deutschen Kinderbuch von 1886.*

OBEN *Nebukadnezars Reich zu seiner Blütezeit. Der Herrscher konsolidierte sein Imperium und baute Babylon zu einer prachtvollen Stadt aus.*

Innerhalb von 35 Jahren hatte Nebukadnezar ein Reich erschaffen, das größer war als jenes, das die Assyrer verloren hatten. Er führte überall das babylonische Recht ein. Eine Mischung aus Strenge und Gerechtigkeit sicherte ihm die meiste Zeit Akzeptanz bei dem Großteil seiner Vasallen. Jeder Ansatz von Unabhängigkeitsbestrebungen wurde jedoch rasch unterdrückt.

Es ist nicht leicht zu sagen, wann die Babylonier sich ihres Platzes in der Geschichte bewusst wurden oder erkannten, dass sie Wegbereiter des modernen Staates inklusive einer funktionierenden Verwaltung waren. Öffentliche Institutionen, eine Beamtenschaft, eine Berufsarmee, privates und öffentliches Finanzwesen, Privatbesitz und ein Klassensystem waren zu Nebukadnezars Zeit bereits umfassend organisiert. Die gebildete Elite war sich ihres Erbes sehr wohl bewusst. Trotz unterschiedlicher Ambitionen der vergangenen Herrscher waren die religiösen Traditionen größtenteils unverändert geblieben. Dass wir heute so tiefe Einblicke in die babylonische Gesellschaft haben, verdanken wir dem glücklichen Umstand, dass der Perserkönig Kyros der Große bei seiner Eroberung des Babylonischen Reichs im Jahr 539 v. Chr. keine umfassende Zerstörung anordnete. Er sorgte dafür, dass die Kultur und die gesamte Infrastruktur erhalten blieben. Nicht einmal die Banken mussten schließen. (Im Gegensatz zu anderen Invasoren vor ihm übernahm Kyros ein gut funktionierendes Reich.)

Obwohl er als König viele Neuerungen einführte, war Nebukadnezar auch Erbe einer großen Tradition. Sein Vater hatte der Kernregion des Reichs Frieden und Stabilität gebracht. Und nur kurze Zeit nach der Thronbesteigung des Sohnes waren die letzten Krisenherde befriedet (wobei es noch 595 v. Chr. einen lokalen Aufstand gab, der nur mit Mühe unterdrückt werden konnte). So konnte sich Nebukadnezar von Anfang an auf Eroberungen und den Anschluss neuer Regionen konzentrieren.

DAS BABYLONISCHE EXIL

«Als nun Zedekia, der König von Juda, und seine Kriegsleute das sahen, flohen sie bei Nacht zur Stadt hinaus auf dem Wege zu des Königs Garten durchs Tor zwischen den beiden Mauern und entwichen zum Jordantal hin. Aber die Kriegsleute der Chaldäer jagten ihnen nach und holten Zedekia ein im Jordantal von Jericho und nahmen ihn gefangen und brachten ihn zu Nebukadnezar, dem König von Babel, nach Ribla, das im Lande Hamat liegt. Der sprach das Urteil über ihn. Und der König von Babel ließ die Söhne Zedekias vor seinen Augen töten in Ribla und tötete auch alle Vornehmen Judas. Aber Zedekia ließ er die Augen ausstechen und ihn in Ketten legen, um ihn nach Babel zu führen.»

JEREMIA 39,4–7

RECHTS *Buchmalerei, die Nebukadnezars Belagerung Jerusalems zeigt. Aus den „Antiquités Judaïques", um 1470–1476, des französischen Chronisten Jean Fouquet (um 1420–1480).*

Die mesopotamische Geschichte ist vielschichtig, kann aber auf eine Reihe von Eroberungswellen reduziert werden. Wenn ein Rivale oder ein aufsässiger Vasall im Krieg besiegt war, kam es häufig vor, dass der Sieger die Götterstatuen aus den Tempeln der Unterlegenen sowie andere Trophäen mit sich nahm. Kriegsgefangene wurden versklavt. Gern prahlten die Könige damit, die Städte der Feinde vernichtet zu haben, doch war das oftmals eine Übertreibung. Die Invasoren übernahmen in der Regel die Sprache und Gebräuche derer, die sie besiegt hatten. Und diese lebten meistens genauso weiter wie zuvor. Wenn die unterworfenen Königreiche oder Stadtstaaten aufständische Vasallen waren, wurden häufig auch große Teile der Bevölkerung nach Mesopotamien verschleppt und dort angesiedelt. Dann wurde ein Marionettenherrscher eingesetzt. Angehörige des Adels oder anderer Eliten brachte man in die Hauptstadt, damit sie dort erzogen und in den Sitten des Reichs unterrichtet wurden. Zu dieser Gruppe zählten auch der biblische Prophet Daniel, der den babylonischen Namen Beltschazar annahm, sowie seine Begleiter Schadrach, Meschach und Abed-Nego.

Als Nebukadnezar in Juda und Israel Aufstände niedergeschlagen und Jerusalem erobert hatte, verhielt er sich den Judäern gegenüber genauso wie allen anderen rebellierenden Völkern unter seiner Herrschaft. Das durch das Alte Testament bekannte Babylonische Exil war also eine der üblichen Deportationen. Die biblischen Berichte wurden im Übrigen erst nach der Zeit des Exils verfasst, also nachdem die Perser die Judäer wieder in ihre Heimat entlassen hatten. Erst während des Exils begann sich das Judentum als Religion herauszubilden. Es wuchs aus der Abgrenzung gegen die babylonischen Götter und den Polytheismus. In Juda waren damals Jahwe und seine Frau Aschera die Hauptgottheiten. Israel hingegen war offener für fremde Einflüsse, insbesondere aus Kanaan. Hier wurden Kulte wie der des Baal und des Enlil weithin akzeptiert.

Kontrolle über den östlichen Mittelmeerraum

Die Meder, die im Norden und Osten des Reichs siedelten, blieben zumindest bis zum Ende von Nebukadnezars Herrschaft mit ihm verbündet. Die nomadischen Araber in den Wüsten stellten keine Gefahr dar (und boten keinen Anreiz zur Eroberung). Daher lagen die Herausforderungen des Reichs im Westen. Nebukadnezar hatte Aram erobert (in etwa das heutige Syrien und Jordanien), die Levante und die Mittelmeerregion. Dazu gehörten die Territorien der Phönizier, Moabiter, Ammoniter und Philister (von denen der Name Palästina abgeleitet ist) sowie Israel. Die Herrscher von Damaskus, Tyros und Sidon waren ihm tributpflichtig. Tyros rebellierte später und hielt 13 Jahre lang einer Belagerung stand; dann wurde ein Friedensabkommen geschlossen.

«Ich grub das Stadttor aus und bestrich seine Fundamente, die dem Wasser ausgesetzt waren, mit Bitumen. Ich ließ es aus Ziegeln mit blauem Email aufbauen, auf denen wilde Stiere und Drachen dargestellt waren. Gewaltige Zedern legte ich als Dach der Länge nach darüber. Türflügel aus Zedernholz, mit Bronze beschlagen, eine Schwelle und Angeln, aus Bronze gegossen, befestigte ich an den Türöffnungen. Wilde Stiere und grimmige Drachen stellte ich an den Torrahmen auf. Dieses Stadttor schmückte ich mit üppiger Pracht, damit die Menschheit sie mit Staunen betrachte.»

Inschrift Nebukadnezars auf dem Ischtar-Tor

Nebukadnezar führte die Tradition eines alljährlichen Marschs durch die neu erworbenen Regionen ein. Das diente dazu, Stärke zu demonstrieren und die Menschen daran zu erinnern, wer ihr Herrscher war, aber auch dem Eintreiben von Steuern und anderen Abgaben. Außerdem konnten Unruhen im Keim erstickt und damit eine effektive assyrische Politik fortgesetzt werden. So berichten babylonische Chroniken etwa von der Unterdrückung eines Aufstands in Askalon; im Anschluss daran wurden zahlreiche Bürger der Stadt gewaltsam nach Babylon gebracht. Bezeichnenderweise beschlagnahmte man auch die Bilder der lokalen Gottheiten. Die Schutzgötter einer Stadt zu entfernen galt als wirkungsvolles Mittel, um für die Zukunft Ruhe zu erzwingen.

Schon bald unterwarf sich das bis dahin unbesetzte Juda unter König Jojakim freiwillig. In der Folge wurden zahlreiche bedeutende Judäer zur Sicherheit nach Babylon gebracht – unter ihnen auch Daniel und seine drei Begleiter, die in den Feuerofen geworfen wurden. Daniel stieg im Exil zu hohem Rang auf, was möglicherweise nicht ungewöhnlich war. Laut biblischer Überlieferung musste er zahlreichen Schwierigkeiten trotzen, die Nebukadnezar und seine persischen Nachfolger ihm bereiteten. Er überstand sie alle und starb vermutlich in Babylon. Seine triumphalen Bekenntnisse zum Einen Gott Jahwe sind hingegen biblische Propaganda und wurden lange nach Daniels Tod und dem jüdischen Exil aufgeschrieben, als sich das Judentum in seiner heutigen Form ausgeprägt hatte.

Die dunkle Zeit der assyrischen Vorherrschaft war in der Erinnerung noch lebendig, und so waren Unruhen vorprogrammiert. Doch auch der ägyptische Pharao Necho hatte seine Demütigung in Karkemisch nicht vergessen und wollte jede Gefahr einer babylonischen Expansion in sein Reich im Keim ersticken. Daher kam es 601 v. Chr. nahe der ägyptischen Grenze zu einem kurzen blutigen Krieg zwischen Ägypten und dem Babylonischen Reich. Die Auseinandersetzung scheint ergebnislos geendet zu haben. Dennoch zogen sich die Kontrahenten zurück. Nebukadnezars Chroniken berichten über eine Generalüberholung der Pferde und Wagen. Möglicherweise war man aufgrund von Schwächen der Kavallerie gescheitert.

Der Rückschlag, den Babylon erlitten hatte, ermutigte Ägyptens Nachbarn Juda zu einem Versuch, das Joch der Fremdherrschaft abzuschütteln. Der Prophet Jeremia, ein einflussreicher, probabylonischer Berater des Königs Jojakim, warnte vor einem Aufstand. Dennoch stellte Jojakim die Steuerzahlungen an Nebukadnezar ein und verbündete sich mit Necho. Nebukadnezar sandte daraufhin ein Heer nach

Jerusalem und belagerte 597 v. Chr. die Hauptstadt von Juda. Ägypten versagte die militärische Unterstützung. Als die babylonischen Truppen ankamen – oder kurz danach –, starb Jojakim.

Die Deportation des jüdischen Volkes

Nach einem Feldzug, der kaum länger als drei Monate dauerte, hatte Nebukadnezars Armee gesiegt. Jojakims Sohn und Erbe, Jojachin, wurde zusammen mit seiner Armee, seiner Familie und den meisten wichtigsten Beamten und militärischen Führern sowie nützlichen Handwerkern nach Babylon verschleppt und dort angesiedelt. Hebräischen Berichten zufolge wurden insgesamt 10 000 Juden entwurzelt. Jojachin verbrachte den Großteil seines Lebens dort als königliche Geisel. Deportationen in großem Stil waren damals ein gängiges Mittel, um den Feind zu schwächen. Daneben brachten sie frisches Blut und junge Talente nach Babylon. Die Immigranten selbst litten sicherlich unter der Situation, wie Psalm 137 eindrücklich vermittelt. Doch im Allgemeinen wurden sie gut behandelt.

Viele Städte in Juda blieben verlassen zurück. Allerdings wurde nützliche Industrie, wie etwa die Weinproduktion, vor Ort belassen: Sie versorgte anstelle des Königshofs in Jerusalem nun Babylon mit Wein. Die Hauptstadt ergab sich schließlich, die Babylonier zerstörten sie nicht. Doch musste die Bevölkerung hohe Tribute zahlen. Nach babylonischer Sitte und Tradition wurden zudem die Schätze des Tempels und Palastes konfisziert. Nebukadnezar kehrte im Triumph nach Hause zurück und setzte einen Stellvertreter namens Mattanja ein. Dieser nahm den Namen Zedekia an und herrschte für Nebukadnezar über Juda.

Doch damit waren die Probleme des babylonischen Königs in der Region keineswegs vorbei. Die Ägypter hatten nicht interveniert, als die Babylonier Jerusalem angriffen, nahmen aber Kontakt zu Zedekia auf, nachdem sich Nebukadnezar wieder zurückgezogen hatte. Unter dem Druck nationalistischer Bestrebungen in der eigenen Bevölkerung verbündete sich dieser ein Jahrzehnt später mit dem ägyptischen König Apries (regierte 589–570 v. Chr.) und zettelte eine erneute Revolte an. Nebukadnezar griff schnell und hart durch, indem er eine große Armee nach Juda führte. Apries ließ seinen Verbündeten im Stich und die Babylonier marschierten in das Land ein. Sie eroberten Lachisch und bald darauf eine Reihe weiterer wichtiger Städte, bevor sie Jerusalem belagerten. Die Stadt hielt 18 Monate stand, bis schließlich der Hunger den Widerstand brach. Im Jahr 586 v. Chr. überwanden die Babylonier die Mauern. Zedekia floh mit seinem Gefolge Richtung Jericho, wurde aber gefangen genommen, bevor er dort ankam. Man brachte sie zu Nebukadnezars Hauptquartier am Fluss Orontes in Syrien. Zedekia, der Nebukadnezar einen Treueeid geschworen hatte, galt als Verräter und wurde deshalb anders behandelt als Jojachin. Der babylonische König folgte dem Beispiel seiner assyrischen Vorgänger und statuierte ein Exempel, um auch seine übrigen Vasallenstaaten zu warnen. Zunächst musste Zedekia zusehen, wie seine Söhne hingerichtet wurden. Dann blendete man ihn und brachte ihn in Ketten nach Babylon, wo er die Tage bis zu seinem Tod in einem Verlies verbrachte. Jerusalem wurde geplündert, die Stadtmauern niedergerissen, Tempel und Palast geschleift. Alle Mitverschwörer Zedekias wurden hingerichtet und ein großer Teil der Bevölkerung als Gefangene nach Babylon gebracht.

Einige radikale Islamisten stilisieren Nebukadnezar aufgrund seines harten Durchgreifens gegenüber dem Volk, das wir heute als Juden bezeichnen, zu einem Helden. Doch Nebukadnezars Verhalten gegenüber den Einwohnern Israels und Judas unterschied sich in keiner Weise von seinem Umgang mit anderen rebellischen Vasallenstaaten oder von der Vorgehensweise seiner assyrischen Vorgänger.

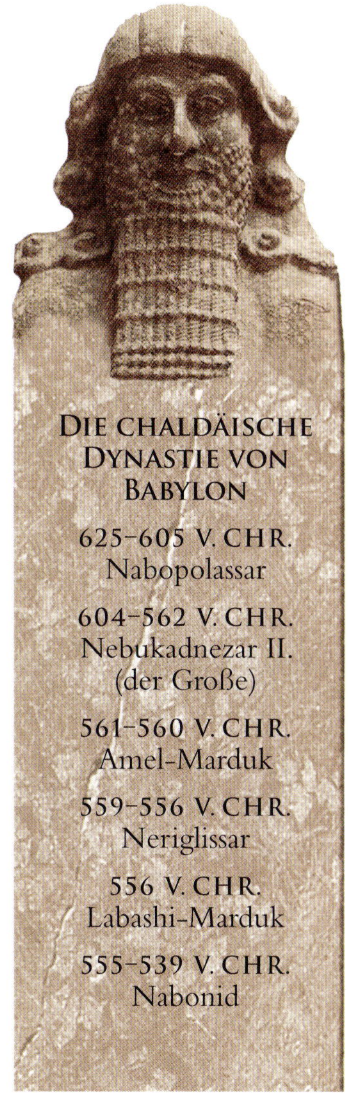

Die chaldäische Dynastie von Babylon

625–605 v. Chr.
Nabopolassar

604–562 v. Chr.
Nebukadnezar II. (der Große)

561–560 v. Chr.
Amel-Marduk

559–556 v. Chr.
Neriglissar

556 v. Chr.
Labashi-Marduk

555–539 v. Chr.
Nabonid

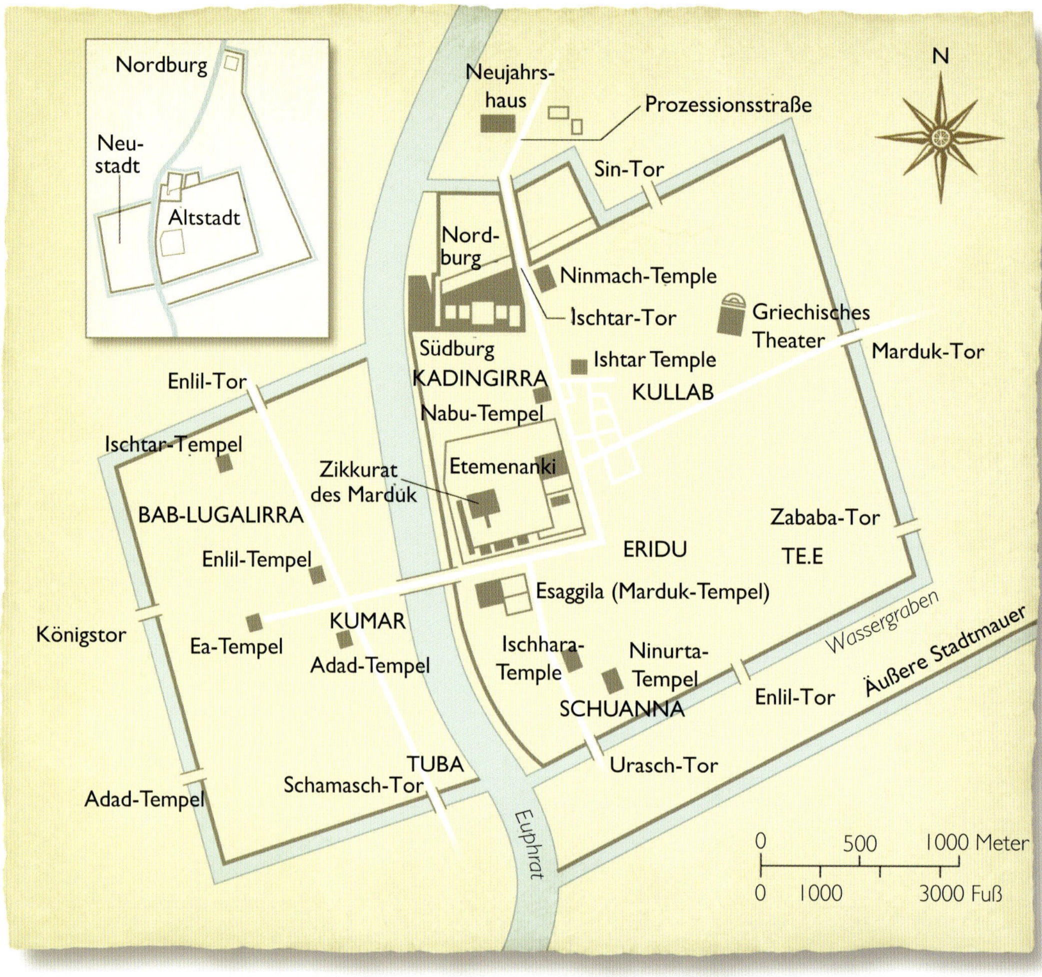

OBEN *Plan der Stadt Babylon nach der Umgestaltung unter Nebukadnezar II. Die Deutsche Orientgesellschaft begann 1899 mit Ausgrabungen. Zu den vielen architektonischen Schätzen zählte auch das prachtvolle Ischtar-Tor.*

Zudem lebte er etwa 150 Jahre vor der Entwicklung des Judentums, wie wir es heute kennen, und rund 1200 Jahre vor dem Aufkommen des Islam.

Gewitterwolken im Osten

Das Babylonische Exil der hebräischen Elite endete mit der Machtübernahme der Perser in Mesopotamien. Als Kyros der Große den Deportierten erlaubte, in ihr Heimatland zurückzukehren, nahmen 40 000 von ihnen die Amnestie an und verließen das Land. Die Regionen, aus denen sie stammten, hatten unterdessen sehr unter der Entvölkerung gelitten. Eine beträchtliche Anzahl von Judäern beschloss, in Babylon zu bleiben. Viele von ihnen waren dort geboren worden. Andere hatten babylonische Ehepartner. Doch all jene, die zurückgingen, erlebten nun eine Zeit der Erneuerung und Umstrukturierung. Diese Phase war für die Hebräer, vor allem für die Ausbildung ihrer Religion und ihres Schrifttums, äußerst wichtig.

Nebukadnezars Eroberungen waren zwar imposant, hatten aber im Alten Orient nur eine relative Bedeutung. Er hätte gut daran getan, mehr auf die Gewitterwolken zu achten, die sich an der östlichen Grenze des Reichs zusammenbrauten. Doch selbst wenn er auf die Informationen seiner Spione reagiert hätte, ist fraglich, ob selbst er in der Lage gewesen wäre, den Lauf der Dinge aufzuhalten. Etwas mehr als 20 Jahre nach seinem Tod ging sein Reich unter.

NEBUKADNEZARS BAUVORHABEN

Möglicherweise hatte der König keine Ahnung von dem, was kommen würde. Die letzten Jahre seiner Regierungszeit liegen für uns im Dunklen. Hingegen sind die aktiven Jahre seiner Herrschaft sehr gut dokumentiert. Daher ist uns bekannt, dass er während dieser Zeit ein umfangreiches Bau- und Sanierungsprogramm in seiner Hauptstadt durchführte. Es scheint, als wollte er die Grundlage für eine Dynastie schaffen, die noch über Jahrhunderte herrschen würde. Wir wissen, dass Babylon auf den Überresten älterer Gebäude errichtet wurde, wie es damals üblich war. Heute, mehr als 2500 Jahre später, sind dort nur noch Haufen von Steinen und Sandhügel zu sehen. Der Verfall der Stadt ist allein der Zeit, langer Verwahrlosung und der jüngsten Barbarei eines anderen Eroberers in der Region geschuldet. Trotzdem kann man sich noch immer vorstellen, wie eindrucksvoll die Metropole Babylon zur ihrer Blütezeit gewirkt haben muss.

«Und des HERRN Wort geschah zu mir Du Menschenkind, du wohnst in einem Haus des Widerspruchs; sie haben wohl Augen, dass sie sehen könnten, und wollen nicht sehen, und Ohren, dass sie hören könnten, und wollen nicht hören; denn sie sind ein Haus des Widerspruchs. Du aber, Menschenkind, pack dir Sachen wie für die Verbannung und zieh am hellen Tage fort vor ihren Augen. Von deinem Ort sollst du ziehen an einen andern Ort vor ihren Augen ...»

HESEKIEL 12,1–3: DER PROPHET WARNT

Nebukadnezar war zu Recht stolz auf seine Taten als Bauherr. Die Ziegel, die zu seiner Zeit hergestellt wurden, waren so kunstvoll, dass sie nicht nur zur Zeit der Perser, sondern auch in der hellenistischen Epoche und sogar in der jüngsten Vergangenheit gestohlen und für andere Bauwerke verwendet wurden. Viele Tausende der Abermillionen Ziegel, die er verbauen ließ, trugen Inschriften mit Bekanntmachungen wie zum Beispiel der folgenden:

> *«Ich bin Nebukadnezar, König von Babylon, Hüter von Esagila [des Marduk-Tempels in Babylon] und Ezida [des Nabu-Tempels in Kalchu], Sohn des Nabupolassar, König von Babylon. Den Palast, der Wohnsitz meiner Majestät ist, habe ich an dem Ort Babil errichtet. Ich habe seine Grundmauern am Busen der Unterwelt erbaut, und mit Asphalt und gebrannten Ziegeln habe ich ihn berghoch entstehen lassen. Auf Geheiß von Marduk, dem weisen Gott, sollen meine Nachwelt und ich mit der Pracht des Hauses, das ich gebaut habe, zufrieden sein. Mögen meine Nachkommen in ihm für immer über die schwarzhaarigen Menschen herrschen.»*

Auch Steinplatten und Türschwellen trugen Inschriften. Doch jene auf Ziegeln wurden verborgen, sobald sie verbaut wurden. Auf diese Weise blieben sie der Nachwelt erhalten, wie Nebukadnezar es beabsichtigt hatte.

Diese Praxis der Beschriftung von Ziegeln setzten Nebukadnezars Nachfolger Neriglissar und Nabonid fort. Die Tatsache, dass eine so große Anzahl von Ziegeln mit Inschriften versehen wurde, deutet darauf hin, dass die Babylonier bereits den Schriftsatz kannten. Keilschriftexperten konnten dies bestätigen, nachdem sie das Fragment einer Tontafel gefunden hatten, auf die versehentlich eine Zeile verkehrt herum gedruckt worden war. Einige Ziegel tragen außerdem individuelle Merkmale. So versahen manche Schreiber die akkadische Inschrift mit ihrer aramäischen Signatur. Aramäisch hatte sich zu Nebukadnezars Zeit zur Sprache des einfachen Volkes entwickelt.

Obwohl in schlechtem Zustand und stark verwittert, befinden sich Nebukadnezars Tempel und Paläste noch immer an Ort und Stelle. Sie sind und bleiben sein größtes und dauerhaftestes Erbe.

NEBUKADNEZAR II.
(regierte 605–562 v. Chr.)

Nebukadnezar, der Sohn Nabopolassars, hatte im Bündnis mit den Medern die Assyrer sowie deren ägyptische Verbündete unterworfen. Als Nächstes führte er einen Krieg im Westen gegen die letzten Hochburgen des assyrischen Widerstands und gegen eine Expeditionsstreitmacht der Ägypter, die Pharao Necho II. (regierte 610–595 v. Chr.) ausgesandt hatte. Zu dieser Zeit erfuhr er vom Tod seines Vaters in Babylon. Es wäre sowohl für den Vater als auch für den Sohn politisch unklug gewesen, wenn sich beide zur gleichen Zeit nicht in der Hauptstadt aufgehalten hätten. Um einem etwaigen Machtvakuum zuvorzukommen, eilte Nebukadnezar zurück nach Babylon, wo er am 6. oder 7. September des Jahres 605 v. Chr. zum König gekrönt wurde.

Nebukadnezar war ein robuster, energiegeladener Mann und unermüdlicher Kämpfer. Sein Reich umfasste das alte Herrschaftsgebiet der Assyrer, einen Teil Nordarabiens sowie die Nordostküste des Roten Meers. Nachdem er im Reich für Ordnung und Stabilität gesorgt hatte, machte er sich daran, seine Hauptstadt wieder aufzubauen und umzugestalten. Die Funde, die bei Ausgrabungen zutage traten, deuten darauf hin, dass Babylon zur damaligen Zeit die prächtigste Stadt der Welt war. Hier ließ Nebukadnezar einen prunkvollen Palast errichten, eine große Zikkurat, einen riesigen Tempel für den Reichsgott Marduk und möglicherweise auch die Hängenden Gärten. Der Legende nach ließ er Letztere für seine Frau bauen, eine Enkelin des medischen Königs Kyaxares.

Ein Tunnel und eine Brücke verbanden die beiden Seiten der Stadt miteinander, die durch den Euphrat getrennt waren. Dreifache Verteidigungsmauern wurden errichtet, um Nebukadnezars Hauptstadt zu schützen. Seine Bauwerke, die für die Ewigkeit gedacht waren, dienten nicht zuletzt der Demonstration seiner Macht. Seinen eigenen Berichten zufolge war Nebukadnezar auf seine Leistungen als Baumeister stolzer als auf seine Triumphe als Feldherr.

Uns ist Nebukadnezar in erster Linie aus dem Alten Testament bekannt. Insbesondere in den Büchern Jeremia und Daniel kommt er vor. Jeremia führte in Juda eine probabylonische Partei. Daniel wurde nach Babylon deportiert, wo er jedoch eine gute Behandlung erfuhr. (Die Episode in der Löwengrube ereignete sich vermutlich nach der Machtübernahme durch die Perser.) Offensichtlich beschloss Daniel, in Babylon zu bleiben, als viele seiner Landsleute in die Heimat zurückkehrten. Er hatte die Position eines Statthalters (Satrapen) inne und nahm den babylonischen Namen Beltschazar an. Im Buch Daniel wird Nebukadnezar als unmäßiger und leichtgläubiger Herrscher dargestellt, was wohl als nachträgliche Propaganda gelten darf. Eine Tatsache war aber die große Bedeutung der Traumdeutung am babylonischen Hof. In einer Episode wird der König für seinen Hochmut bestraft: *«Er wurde verstoßen aus der Gemeinschaft der Menschen und er fraß Gras wie die Rinder und sein Leib lag unter dem Tau des Himmels und wurde nass, bis sein Haar wuchs so groß wie Adlerfedern und seine Nägel wie Vogelklauen wurden.»* (Daniel 4,30) Für diese Textstelle gibt es mehrere Interpretationsmöglichkeiten: Nebukadnezar könnte vorübergehend den Verstand verloren haben; es ist aber auch möglich, dass es sich um eine Verwechslung mit einem späteren König Ba-

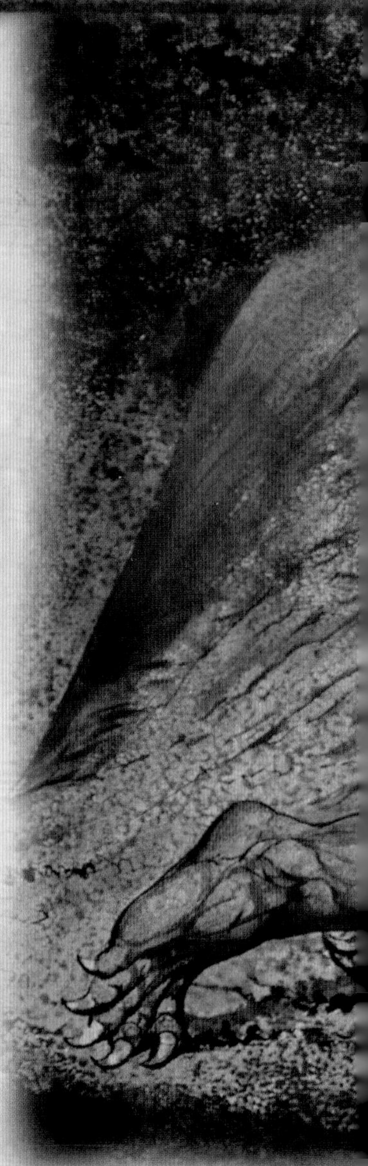

OBEN *Der englische Dichter und Maler William Blake (1757–1827) schuf dieses Gemälde von Nebukadnezar zwischen 1795 und 1805. Es zeigt den babylonischen König als Wahnsinnigen während seiner angeblichen Verbannung in die Wildnis.*

Licht von oben erhellt; die Wände waren mit Wandmalereien oder bemalten Bas-Reliefs verziert, die von den Erfolgen des Königs auf dem Schlachtfeld und auf der Jagd erzählten. Schon sehr früh entwickelte sich die Löwenjagd zu einem königlichen Privileg.

«Babylon liegt in einer großen Ebene. Jede Außenseite der quadratischen Stadt ist 120 Stadien (23 Kilometer) lang. Sie hat einen Umfang von etwa 480 Stadien (90 Kilometern). Zusätzlich zu ihrer enormen Größe übertrifft sie an Pracht jede andere Stadt, die uns bekannt ist. Sie wird von einem breiten, tiefen Wassergraben umgeben. Dann folgt eine Mauer, die 50 königliche Ellen breit und 200 hoch ist ... Oben auf der Mauer errichtete man an den Rändern einstöckige Gebäude, je zwei einander gegenüber. Dazwischen ist genug Platz, dass ein vierspänniger Wagen dort fahren kann. Die Mauer hat 100 Tore, die alle aus Bronze sind. Auch Pfosten und Oberbalken sind aus Bronze.»

HERODOT: „HISTORIEN" (UM 450 V. CHR.)

VERTEIDIGUNGS-, SAKRAL- UND VERGNÜGUNGSBAUTEN

Nebukadnezar war nicht nur am Bau von Palästen und der Renovierung von Tempeln interessiert – wenngleich letztere Tätigkeit auch eine große theologische Bedeutung hatte. Er kümmerte sich auch intensiv um die Verstärkung der Schutzmauern seiner Hauptstadt. Babylon war auf beiden Seiten des Euphrats erbaut. Der größere, ältere Teil, in dem sich die Paläste und Tempelanlagen befanden, lag am Ostufer, der kleinere, neuere am Westufer. Die Stadt war von zwei Mauern mit einem Abstand von sieben Metern umgeben. Die äußere Mauer war rund 3,5 Meter dick, die innere ganze massive 6,5 Meter. Damit war sie breit genug, dass Wagen auf ihr fahren konnten. So war eine schnelle Kommunikation zwischen den Türmen und einem zentralen Befehlsposten möglich.

Die Mauern wurden alle 18 Meter von Wachtürmen durchbrochen. Wahrscheinlich gab es insgesamt acht Tore, die nach verschiedenen Gottheiten benannt waren. Als zusätzliche Verteidigung ließ Nabopolassar einen Wallgraben bauen und Wasser vom Euphrat hineinleiten. Sein Sohn führte dieses Werk fort, indem er die Höhe des Uferdamms aufstockte. Außerdem fügte er eine dritte Verteidigungsmauer im Osten hinzu, denn ernste Bedrohungen waren immer aus dieser Himmelsrichtung gekommen. Auch die neue Mauer wurde durch einen Wallgraben geschützt. Der Euphrat selbst wurde von einer mautpflichtigen Brücke mit Kalksteinpfeilern und Ziegelpontons entgegen der Strömungsrichtung überspannt. Sie verband die beiden Teile der Stadt miteinander, wobei es auch eine Fährverbindung gab. Die Achillesfersen der Verteidigungsanlage waren die Stellen, an denen der Fluss in die Stadt hinein- und aus ihr herausfloss: Sie waren durch schwere Eisengitter geschützt, die über das Wasser reichten.

Allein die Größe der Stadt war schon beeindruckend: Sie erstreckte sich mit ihren rund 1200 Tempeln über eine Fläche von ungefähr 200 Hektar. Insgesamt lebten hier 100 000 Menschen, und es wäre auch genug Platz für 250 000 gewesen. Der Grundriss der Stadt war innerhalb der beiden ursprünglichen Verteidigungsmauern etwa quadratisch. Doch die dritte, etwa 14 Kilometer lange Mauer, die Nebukadnezar im Osten bauen ließ, fügte *«auf jeder Seite der Stadt 4000 Ellen Land hinzu»*. (Eine Nippur-Elle betrug etwa 0,5 Meter.) Diese neue Mauer umschloss eine ausgedehnte Vorstadt aus Lehmhäusern und Schilfhütten inmitten von Palmenhainen und Gärten.

Im Zentrum Babylons ließ Nebukadnezar den großen Marduk-Tempel Esagila sowie die Zikkurat Etemenanki restaurieren und verschönern. Obwohl beide Bauwerke von Sanherib stark zerstört worden waren, benötigte keines von ihnen eine umfassende Renovierung, da Esarhaddon und Assurbanipal schon einige Arbeiten hatten ausführen lassen. Dennoch wollte Nebukadnezar diesen Gebäuden seinen

eigenen Stempel aufdrücken – als öffentliche Demonstration von Frömmigkeit sowie als politisch motivierte Maßnahme. Den Tempel Esagila ließ er beispielsweise neu mit Zedernholz täfeln und mit Gold, Silber und Edelsteinen ausschmücken. Einige moderne Autoren behaupten, dass Nebukadnezars Bauprojekte einen Großteil seiner Regierungszeit in Anspruch nahmen. Selbst gegen Ende ließ er noch eine Verteidigungsmauer in Sippar errichten, was darauf hinweist, dass die medische Allianz nicht sehr stabil war. (Die sogenannte Medische Mauer wurde zwischen Euphrat und Tigris in der Nähe von Ibbi-Sins früherem Verteidigungsbau errichtet. Sie erinnert stark an die Wälle der römischen Kaiser Hadrian und Antoninus im Norden Großbritanniens.) Doch Nebukadnezars Bautätigkeit reichte noch weiter über Babylon hinaus: Seine Männer waren auch in Ur und anderen alten Städten in der Region beschäftigt, Gebäude zu restaurieren und wieder aufzubauen.

König Nebukadnezar hatte mindestens drei Paläste. Den ursprünglichen Palast in Babylon, den sogenannten Südpalast, ließ er auf fünf Höfe erweitern, so dass er genügend Platz bot, um die Garnison und Büros der Verwalter unterzubringen. Er umfasste weiterhin einen Zeremonialtrakt mit dem offiziellen Thronsaal und einen Trakt mit den privaten Gemächern. Hier, an der Nordseite, glaubte der Archäologe Robert Koldewey die Überreste der Hängenden Gärten zu finden. Doch es waren vermutlich Teile von Lagergewölben. Diese dienten unter anderem als Stützen für die Prozessionsstraße, die teilweise über den Gewölben verlief. Doch auch wenn sich hier nicht die berühmten Hängenden Gärten befanden, gab es bestimmt andere, konventionellere, aber dennoch prächtige Gärten für den König, sein Gefolge und die Elite der Stadt.

OBEN *Auf einer assyrischen Baustelle tragen die Arbeiter Werkzeug und Seile, um einen geflügelten Bullen zu bewegen (Tafel 17 des Werks „Auf der Suche nach Ninive", 1849, von Austen Henry Layard, einem Originalrelief nachempfunden).*

Nördlich des Hauptkomplexes zwischen der äußeren und der mittleren Stadtmauer gab es außerdem einen Sommerpalast. Darin war ein privates Museum untergebracht, das neben anderen Schätzen auch Artefakte aus Ur III enthielt. Ein dritter Palast grenzte am nördlichen Stadtrand an die äußere Mauer.

Architektonische Juwelen in Babylons Krone

Dank der minutiösen Ausgrabungen und Rekonstruktionen von Koldewey haben wir eine sehr gute Vorstellung vom Ischtar-Tor und der Prozessionsstraße. Sie befanden sich im nordwestlichen Viertel der Stadt, in der Nähe des Südpalastes und der Zitadelle. Alljährlich wurde im Frühjahr das Bild des Gottes Marduk durch das Tor die Straße entlang zum Neujahrsfesthaus (*bit akitu*) gebracht. Das *bit akitu* lag inmitten eines schön angelegten Parks im Norden der Stadt, möglicherweise innerhalb der Grenzen der dritten Mauer. Außerdem wurde die Prozessionsstraße auch

NEBUKADNEZAR ALS BAUHERR

Der deutsche Archäologe Robert Koldewey (1855–1925) leitete vom Ende des 19. Jahrhunderts bis Anfang des 20. Jahrhunderts umfangreiche Ausgrabungen in Babylon. Ihm verdanken wir die ersten Eindrücke von der Pracht der Bauten Nebukadnezars. Zu den schönsten zählen das Ischtar-Tor und die Prozessionsstraße, die heute als Rekonstruktionen im Vorderasiatischen Museum in Berlin zu sehen sind.

Die Prozessionsstraße erstreckte sich vom Tempel des Marduk im heiligen Bezirk in der Innenstadt durch das Ischtar-Tor hindurch bis zum Neujahrsfesthaus (*bit akitu*) im Norden der Stadt. Jedes Jahr wurde anlässlich des höchsten Festes im babylonischen Jahr, dem Neujahrsfest, in einer Prozession das Bild des Marduk vom Tempel zum *bit akitu* getragen. Diese Zeremonie erinnerte an den Sieg des Gottes über die Mächte des Chaos. Das Tor war 14 Meter hoch und 30 Meter breit. Es war mit wertvollen, blau glasierten Ziegeln verkleidet und ursprünglich mit neun wechselnden Reihen von Tierreliefs auf Ziegeln verziert. Jeder reliefierte Ziegel wurde einzeln entworfen und dann so platziert, dass die Gestalt des Tieres korrekt aussah. Der Hintergrund ist blau, die Tiere sind gelb. Bei ihnen handelt es sich um den Stier, das Symbol des Wettergottes Adad, ein mythisches Wesen namens *mus-hus-su* oder *sirrusch,* das mit Marduk assoziiert wurde. Allerdings haben einige Wissenschaftler versucht, eine Verbindung dieses Tiers zu *mkolo-mbembe* herzustellen, der mythischen Rieseneidechse aus dem Kongo. Der *mus-hus-su* weist alle Kennzeichen eines Fabelwesens auf und kombiniert die herausragendsten Merkmale verschiedener mythischer Gestalten: den Kopf einer Schlange, den Körper einer Eidechse, die Vorderbeine eines Löwen, die Hinterbeine eines Adlers und den Schwanz eines Skorpions.

Die Prozessionsstraße war zwischen 20 und 24 Metern breit. Die Mauern, die sie auf beiden Seiten einfassten, waren ebenfalls mit glasierten Ziegeln bedeckt. Reliefs im unteren Bereich zeigten Löwen, das Tier Ischtars. Darüber befanden sich Ornamente, die Säulen oder stilisierte Bäume darstellten und mit floralen Motiven verziert waren.

Nebukadnezar gilt auch als Schöpfer der Hängenden Gärten von Babylon, von denen jedoch keine Spuren erhalten sind. Tatsächlich gab es „hängende“ (terrassierte) Gärten in der Art, wie die Historiker Herodot und Diodor sie beschrieben. Nachgewiesen sind sie allerdings nur in Ninive. Der Legende nach ließ Nebukadnezar sie für seine Frau Amytis von Medien erbauen, da sie sich so sehr nach den Bäumen und duftenden Pflanzen ihrer Heimat sehnte. Wissenschaftler und Archäologen haben lange und intensiv geforscht und über die technischen Probleme nachgedacht, die mit der Einrichtung und Bewässerung solcher Gärten verbunden waren. Sie haben berechnet, dass rund 300 Kubikmeter Wasser täglich auf die oberen Terrassen hätten befördert werden müssen, möglicherweise

OBEN *Eine Darstellung von Nebukadnezars Babylon aus dem 18. Jahrhundert, mit Blick auf die Euphratbrücke, die Zikkurat und die königliche Stadt („Entwurf einer historischen Architektur“, 1721, des österreichischen Architekten Johann Fischer von Erlach).*

mithilfe einer archimedischen Schraube. Es gab zwar in der Nähe der Stadt prächtige königliche Parkanlagen, in denen wilde Tiere gehalten wurden, doch hängende Gärten werden in keinem der überlieferten Texte aus jener Zeit erwähnt.

Weiterhin ließ Nebukadnezar den königlichen Palast renovieren und erweitern, den großen Marduk-Tempel Esagila sowie die mächtige Zikkurat Etemenanki. Das sumerische Wort Etemenanki bedeutet „Haus des Himmelsfundaments auf der Erde". Es ist gut möglich, dass es sich dabei um den biblischen Turm zu Babel handelt. Für die massiven Befestigungsmauern Babylons soll Nebukadnezar 15 Millionen Ziegel in seinen Öfen haben brennen lassen, von denen viele Tausende seinen Stempel tragen.

Nicht zuletzt gehen Restaurierungsarbeiten in Ur auf Nebukadnezar zurück. Sie wurden später von Nabonid fortgesetzt. Es ist also nicht verwunderlich, dass Nebukadnezar seine Tätigkeit als Bauherr für wichtiger hielt als seine militärischen Leistungen.

OBEN *Auf dem frühen Steinrelief (1830–1600 v. Chr.) ist ein Musiker zu sehen, der auf einem Saiteninstrument mit Resonanzkörper spielt. Musik war ein wichtiger Bestandteil religiöser und liturgischer Zeremonien. Ähnliche Darstellungen sind auf mesopotamischen Steinreliefs häufig zu finden.*

Künsten der Menschheit gehören. Beide gingen wahrscheinlich auf alte religiöse Rituale zurück.

Auch die Literatur hat ihren Ursprung in der Religion. Die meisten erhaltenen Werke stehen in einem engen Zusammenhang mit Religion. Entweder handelt es sich um Hymnen oder um Epen, die versuchen, das Wirken der Götter und der kosmischen Kräfte sowie das Verhältnis der Menschheit zu beiden zu erklären. (Viele Werke können auch als Allegorien auf Eroberung und Entdeckung gelesen werden.) Weitere Literaturformen sind Lobgesänge auf Könige sowie biografische und autobiografische Schriften, die ebenfalls von den Herrschern und ihren Leistungen in Architektur oder Krieg beziehungsweise von wichtigen Persönlichkeiten der mesopotamischen Gesellschaft handeln. Zusätzlich gab es die Chroniken der Könige, die wichtige historische Zeugnisse darstellen. Zu erwähnen sind auch die zahlreichen Briefe, die die Entwicklung einer freien, individuellen Denkweise widerspiegeln und zeigen, dass die Menschen in ihrem Wesen gleich geblieben sind – trotz aller Veränderungen, die ansonsten erfolgt sind. Briefe beschäftigen sich mit jedem Aspekt des Lebens, von der Liebe bis zu privatem Kummer, von Diebstahl, Scheidung und Schulden bis hin zu Ehebruch und Geschäften.

All diese unterschiedlichen Quellen belegen nicht zuletzt die wissenschaftlichen Errungenschaften des antiken Mesopotamiens. Die Menschen beschäftigten sich mit der Bewegung der Planeten und Sterne und entwickelten neue Techniken in der Landwirtschaft, Magie, Astrologie, Philosophie, Medizin und Mathematik. Sie stellten sogar schon den Satz des Pythagoras auf – 1000 Jahre bevor er es selbst tat!

Das Gilgamesch-Epos

Eines der zentralen Themen der Literatur war die Unausweichlichkeit des Todes. Die Angst vor dem Tod wurde durch ihre Vorstellung vom Jenseits beeinflusst. Dieses galt als düsterer, freudloser Ort.

Das berühmteste Werk der mesopotamischen Literatur ist das Gilgamesch-Epos, in dem das Ringen mit dem Tod und das Streben nach Unsterblichkeit eine zentrale Rolle einnehmen. Die Tatsache, dass mehrere Versionen des Epos existieren, zeigt, wie wichtig diese Thematik war. Gilgamesch ist ein mächtiger König und Held göttlicher Abstammung. Niemand ist ihm ebenbürtig. Aus diesem Grund wird er arrogant und verärgert seine Untertanen, das Volk von Uruk. *«Kein Sohn bleibt bei seinem Vater, Gilgamesch holt sie alle! Dabei sollte der König ein Hirte für sein Volk sein. Durch seine Wollust bleibt keine Jungfrau bei ihrem Geliebten, weder die Tochter des Kriegers noch die Gemahlin des Adeligen …»* Da schaffen die Götter Enkidu, einen wilden und unschuldigen Mann. Er lebt in den Bergen, seine einzige Gesellschaft sind wilde Tiere. Dennoch ist er Gilgamesch ebenbürtig. Als Gilgamesch von Enkidu hört, schickt er eine Tempeldienerin zu ihm, um ihn zu verführen. Nach sechs Tagen und sieben Nächten ist Enkidu gezähmt und folgt seiner Geliebten nach Uruk. Dort kämpft er

»Dort ist das Haus, dessen Menschen in Finsternis sitzen; Staub ist ihre Nahrung und Ton ihr Fleisch. Sie tragen Kleidung mit Flügeln wie Vögel, sie sehen das Licht nicht, sie sitzen in Dunkelheit. Ich betrat das Haus aus Staub und sah die Könige der Erde, die ihre Kronen für immer beiseitegelegt hatten; Herrscher und Prinzen, all jene, die einst königliche Kronen trugen und die Welt regierten ... Und da war Ereschkigal, die Königin der Unterwelt; und Beletseri hockte vor ihr, die Schreiberin der Götter, mit dem Buch des Todes. Sie hielt eine Tafel, auf der sie las. Sie hob ihren Kopf, sah mich und sagte: ‹Wer hat ihn hierhergebracht?›«

AUS DEM *GILGAMESCH-EPOS: EINE VISION VOM JENSEITS*

LINKS *In König Abargis Grab in Ur fand man diesen mit Intarsien verzierten Resonanzkörper einer sumerischen Leier. Die Darstellungen zeigen Tiere und mythische Wesen. Im unteren Bild scheint eine anthropomorphe Ziege einen Skorpion-Menschen zu einem Getränk einzuladen.*

OBEN *Eine in Ninive entdeckte Tontafel mit Textteilen aus dem Gilgamesch-Epos. Auf den abgebildeten Fragmenten wird die Legende von der Großen Flut erzählt.*

gegen Gilgamesch, der ihn schließlich besiegt. Die beiden werden Freunde und brechen gemeinsam auf, um in den Wäldern den dämonischen Wächter Chumbaba zu besiegen und Holz zu fällen. Nach ihrem Erfolg fordert die Göttin Ischtar Gilgamesch auf, sie zu heiraten. Doch er weist er sie zurück. Die Götter beschließen Enkidus Tod. Als er gestorben ist, wird Gilgamesch von seiner Trauer überwältigt:

«Lass die Großen des stark befestigten Uruk
Weinen um dich,
Lass die segnenden Hände
In der Klage ausgestreckt sein.
Oh Enkidu, mein Bruder,
Du warst die Axt an meiner Seite,
Die Kraft meiner Hand, das Schwert in meinem Gürtel,
Der Schild vor mir,
Ein prächtiges Gewand, meine schönste Zierde.»

Als er genug getrauert hat, bricht er zu einer langen Reise nach Dilmun auf. In diesem Land lebt Utnapischtim mit seiner Familie. Er ist der einzige Überlebende der Flut und der einzige Mensch, dem die Götter das ewige Leben geschenkt haben. Utnapischtim versucht, Gilgamesch zu überzeugen, das Schicksal der Sterblichkeit anzunehmen. Doch schließlich erzählt er ihm von einer Pflanze, die ihm das ewige Leben schenken könne. Gilgamesch findet sie, doch bevor er sie essen kann, stiehlt eine Schlange sie ihm. Am Ende akzeptiert Gilgamesch sein Schicksal und kehrt nach Uruk zurück. Ein trauriger Stolz auf die von ihm gegründete Stadt erfüllt ihn: *«Haben nicht die sieben weisen Männer diese Fundamente gelegt? Ein Drittel des Ganzen ist die Stadt, ein Drittel sind die Gärten, eines die Felder, dazu der heilige Bezirk für die Göttin Ischtar.»*

Die Unentrinnbarkeit des Schicksals

Der Umgang mit dem Schicksal und dem göttlichen Wirken wird in vielen Mythen Babylons thematisiert. Die Erzählung von Adapa handelt von einem Mann, der die Götter beleidigt hat. Mithilfe des Gottes Enki, der immer als Freund und Fürsprecher der Menschen auftritt, gelingt es Adapa, die Götter zu besänftigen. Der oberste Gott An bietet ihm sogar Speisen und einen Trank an, die ihm das ewige Leben verleihen sollen. Doch Ea hatte seinen Schützling gewarnt, nichts von den Göttern anzunehmen, da es vergiftet sein könne. So lehnt Adapa ab und vergibt damit die Chance auf Unsterblichkeit. In einer anderen Erzählung fliegt König Etana auf dem Rücken eines Adlers zum Himmel, um ein Mittel gegen seine Unfruchtbarkeit zu suchen. Doch im letzten Moment bekommt er in großer Höhe Angst und bittet den Adler, zur Erde zurückzukehren, so dass sein Plan fehlschlägt. Andere Mythen berichten von Göttern, die das Schicksal der Menschen kontrollieren. Im Anzu-Mythos raubt der Dämon Anzu die Schicksalstafeln, so dass die Götter handlungsunfähig sind. Ninurta, der Gott des Kriegs und des Pflugs, meldet sich freiwillig, um sie zurückzuholen – und hat Erfolg. Interessant ist an dieser Geschichte, dass Anzu, der als löwenköpfiger Adler dargestellt wird, eigentlich ein wohlmeinendes Wesen ist. Ein Kupferrelief aus der Zeit um 2300 v. Chr., das in Tell el-Obeid gefunden wurde, zeigt ihn, wie er mit seinen Schwingen zwei Hirsche beschützt. Viele andere Erzählungen versuchen, die Naturgewalten, das Geheimnis der Jahreszeiten und den Ursprung der Sterne zu erklären. Der akkadische Schöpfungsmythos ist politisch beeinflusst, da er Marduk anstelle von Enlil an die Spitze des Pantheons stellt.

> **«Sie schämte sich nicht, ihn aufzunehmen, legte ihre Kleider ab und nahm sein Verlangen hin. Sie ermutigte den Wilden, sie zu lieben, und zeigt ihm die Kunst der Frau. Sechs Tage und sieben Nächte lagen sie beieinander, und Enkidu hatte seine Heimat in den Hügeln vergessen. Doch als er genug hatte, ging er zurück zu den wilden Tieren. Da die Gazelle ihn sah, nahm sie Reißaus; und als das Wild ihn erblickte, floh es. Enkidu wäre den Tieren gefolgt, doch sein Körper war wie mit einem Seil gebunden, seine Knie gaben nach, als er zu laufen begann, seine Schnelligkeit war dahin. ... Enkidu war schwach geworden, denn sein Sinn hatte sich geweitet, und die Gedanken eines Mannes waren in seinem Herzen.»**
>
> Aus dem *Gilgamesch-Epos: Enkidu wird von der Tempeldienerin gezähmt*

Einen Großteil der Schöpfungsliteratur Mesopotamiens verdanken wir Assurbanipals riesiger Sammlung von Keilschrifttexten in Ninive. Diese beweist, wie groß in Mesopotamien das Interesse am geschriebenen Wort war, und gibt Aufschluss über die Themen, Vorlieben und Moden der damaligen Zeit. Ganze 300 Tafeln beschäftigen sich mit göttlichen Omen, 200 enthalten Wortlisten (im Grunde Wörterbücher und Glossare), die alles Kopien von größtenteils verlorenen Originalen sind. Auf 100 weiteren Tafeln finden sich zweisprachige Texte auf Sumerisch und Akkadisch, bei denen es sich meist um Beschwörungen und Gebete handelt. Darüber hinaus gibt es 60 Tafeln mit medizinischen Abhandlungen und etwa 40 mit Heldenepen und Mythen. Assurbanipal besaß mehrere Exemplare einer Version des Gilgamesch-Epos, als dessen Verfasser ein gewisser Sin-leke-unnini angegeben wird.

Im antiken Mesopotamien gab es eine blühende mündliche Tradition. Manche überlieferten Epen sind überraschend knapp gehalten und lassen vermuten, dass sie für frei improvisierende und ausschmückende Erzähler nur provisorisch skizziert worden waren. Andere enthalten endlose Auflistungen. Bei diesen muss das Zuhören ziemlich langweilig gewesen sein.

Bildhauerei

Im Pariser Louvre befindet sich ein gewaltiges Relief, von dem manchmal behauptet wird, es zeige Gilgamesch. Die stehende Figur hält mit der linken Hand einen Löwen und in der rechten eine Waffe. Die assyrischen Könige förderten die Bildhauerei intensiv, insbesondere von Assurbanipals Regierungszeit an. Bei den Babyloniern war sie hingegen weniger verbreitet, was möglicherweise darauf zurückzuführen ist, dass große Steinblöcke im Süden nicht so leicht zu haben waren. Babylon konzentrierte sich mehr auf die Errichtung von Monumentalbauten. Das vermeintliche Gilgamesch-Bildnis stammt aus Dur-Scharrukin und entstand während der Regierungszeit Sargons II. (722–705 v. Chr.). Der Held trägt Sandalen und ein knöchellanges, kurzärmeliges Gewand über einem kurzen Rock sowie einen Armreif an jedem Handgelenk. Sein Haar ist dicht, schwer und lang, sein üppiger, gelockter Bart kunstvoll geflochten. Das Relief vermittelt einen guten Eindruck von Kleidung und Aussehen eines Mannes der assyrischen Oberschicht.

Nur wenige erhaltene Reliefs geben uns hingegen Einblick in das Leben der einfachen Bevölkerung. Schlachtszenen zeigen Fußsoldaten und gewöhnliche Menschen, die als Gefangene weggeführt werden. Darstellungen von Banketten, Feiern und Ritualen kann man entnehmen, wie das normale Volk ausgesehen haben mag.

«Letzte Nacht träumte ich wieder, mein Freund. Die Himmel klagten, und die Erde antwortete; ich stand allein vor einem schrecklichen Wesen, dessen Gesicht düster war wie das eines Sturmvogels. Es fiel über mich her und hielt mich fest, band meine Arme mit seinen Klauen, drückte mich zu Boden. Dann verwandelte es mich, so dass meine Arme zu Flügeln wurden. Danach starrte es mich an und führte mich fort zum Palast von Irkalla, der Königin der Dunkelheit, zu dem Haus, aus dem niemand jemals wiederkehrt, die Straße ohne Wiederkehr hinab.»

Aus dem *Gilgamesch-Epos*: *Enkidu sieht im Traum seinen Tod voraus*

LINKS *Es wird allgemein angenommen, dass diese gewaltige Statue von 4,45 Metern Höhe Gilgamesch darstellt. Mit Sicherheit zeigt sie einen Helden in typischer Pose. Mit seinem linken Arm bändigt er einen kleinen Löwen, in der rechten Hand hält er eine sichelartige Waffe oder einen Stab. Die Skulptur stammt aus der Zeit Sargons II. und entstand ungefähr 705 v. Chr. Bart und Frisur lassen einen neuassyrischen Stil erkennen.*

Ein Bild zeigt etwa Assurbanipals mollige Gemahlin auf einem hohen Stuhl sitzend, die Füße auf einem Schemel. Sie trinkt Wein aus einer flachen Schale. Hinter ihr stehen zwei korpulente Eunuchen und fächeln ihr Luft zu. In der mesopotamischen Kunst existieren zwar möglicherweise weniger Darstellungen des Alltagslebens als in der ägyptischen Kunst, aber es gibt dennoch viel zu entdecken.

Wandmalereien oder kleine Holzskulpturen, wie sie in Ägypten häufig in Gräbern gefunden wurden, sind aus Mesopotamien nicht erhalten. Doch es gibt Bitumen-Modelle gondelartiger Flussschiffe und gelegentlich auch Modelle von Häusern. Auf einem von ihnen ist ein Widder mit dichtem Pelz zu sehen, der in einer Ecke des Daches liegt. Diese Stücke stammen aus dem späten 3. Jahrtausend. Außerdem sind einige landwirtschaftliche Szenen sowie Bilder von Kanalarbeiten überliefert. Eine Darstellung zeigt einen Wasserlauf, der umgeleitet wird, damit eine riesige Skulptur transportiert werden kann, ohne im Morast zu versinken. Es gibt Szenen mit Schreibern bei der Arbeit, Fischern in ihren Ruderbooten, Männern, die mit Sägen, Hacken und Schaufeln in einem Steinbruch einen halbfertigen Kalksteinblock bearbeiten, der zu einem *lamassu* verarbeitet werden soll, sowie mit Pferde hütenden Stallknechten. Diese Bilder vermitteln auch Informationen über die damalige Vege-

UNTEN *Zwei Fabelwesen helfen Gilgamesch bei seiner Suche. Die beiden Stier-Menschen halten über ihm die geflügelte Scheibe des Sonnengottes Schamasch. Dieses Relief wurde im syrischen Tell Halaf gefunden.*

OBEN *Diese mit Intarsien versehene Büste einer unbekannten Frau (8. Jahrhundert v. Chr.) wurde in Babylon ausgegraben.*

»Als Himmel und Erde
noch keinen Namen hatten,
als Apzu, der Erste, ihr Schöpfer,
und ihre Mutter Tiamat, die sie alle gebar,
ihre Wasser miteinander vermischt hatten,
aber noch keine Weiden und kein Schilf
erschaffen hatten,
als es noch keine Götter gab,
kein Name genannt und kein Schicksal bestimmt war,
da entstanden die Götter in ihnen.«

AUS DEM „SCHÖPFUNGSMYTHOS"

»Im Inneren von Apzu wurde Marduk geschaffen;
im Inneren von Apzu wurde Marduk geboren.
Ea, sein Vater, erschuf ihn,
Damkina, seine Mutter, gebar ihn.
Er saugte an der Brust von Göttinnen.
Ein Wächter wachte über ihn
und erfüllte ihn mit furchtbarer Herrlichkeit.«

AUS „DIE SCHÖPFUNG DES MARDUK"

tation, über wild lebende Tiere und Haustiere sowie über die Fische und Schalentiere, die damals die Flüsse bevölkerten. Szenen, die das Innere von Palästen zeigen, oder Listen von Kriegsbeute vermitteln eine recht gute Vorstellung von der Einrichtung assyrischer Häuser. Kampfszenen kann man Einzelheiten über die Rüstungen, Waffen, Belagerungsmaschinen und Schutzmaßnahmen der Belagerten entnehmen. Einige Darstellungen liefern auch Hinweise auf den Zeitraum, in dem bestimmte technische Entwicklungen stattfanden. So entdeckte man etwa in Kalchu (Nimrud) aus der Zeit um 730 v. Chr. eine Darstellung zweier Schreiber; einer von ihnen schreibt auf eine traditionelle Tontafel, während der andere eine Papyrusrolle hält. Wahrscheinlich schrieben sie noch nicht auf Aramäisch, aber ganz offensichtlich verwendete man schon Papyrus. Die Szene stammt aus der Spätphase der Regierungszeit des kriegerischen Tiglatpileser III. (745–727 v. Chr.). Beide Schreiber sind wahrscheinlich Eunuchen, wie sich aus ihren langen Haaren und dem glattrasierten Kinn schließen lässt.

Der Großteil der mesopotamischen Plastik – von monumentalen Statuen bis hin zu Rollsiegeln – beschäftigte sich jedoch mit Göttern, Königen und Monstern. In der Frühzeit wurden Gottheiten in all ihrer Pracht auf einem Thron sitzend dargestellt; häufig nahmen sie die Huldigungen eines Königs entgegen, der durch einen niederen, vermittelnden Gott vorgestellt wird. Häufig waren auch Bilder eines Gottes, der eine runde Vase hält, aus der ein endloser, doppelter Wasserstrom fließt – möglicherweise eine Anspielung auf Euphrat und Tigris. Doch im Laufe der Zeit wurden die Götter auf ihre Symbole reduziert, und die Könige rückten in den Mittelpunkt. Eine Stele Assurbanipals, die ebenfalls aus Kalchu stammt, zeigt den König stehend, die Arme in einer rituellen Geste des Respekts haltend und anscheinend auf fünf Götter zeigend, die lediglich als Symbole dargestellt sind: Der gehörnte Helm steht für Assur, die geflügelte Scheibe für Schamasch, der Halbmond für Sin, der Zweizack für Adad und der Stern für Ischtar. Insbesondere aus frühen Epochen existieren viele Gussbronzen sowie Statuen, Statuetten und Büsten aus Kupfer, die alle in einem raffinierten Wachsausschmelzverfahren hergestellt wurden. Außerdem sind viele schöne Terrakotta-Figuren erhalten. Steinerne Rundplastiken, von kleinen Figurinen und Säulenstatuen abgesehen, gab es jedoch nicht. Plastizität und lebensnahe Darstellung waren möglicherweise keine ästhetischen Werte. Die großen *lamassus*, menschenköpfige, geflügelte Stiere, die die Tore von Palästen und Tempeln bewachten, wurden nie ganz aus ihren Steinblöcken herausgehauen. Daher haben frühe Exemplare fünf Beine: Von vorn betrachtet, stehen die Vorderbeine parallel; von der Seite gesehen ist ein Bein zurückversetzt. So entsteht aus beiden Blickwinkeln ein naturalistischer Eindruck. Dieser geht nur in der Dreiviertelansicht verloren.

«Was kann ich dir geben, wenn ich dich zur Frau nehme? Welche Salben und Gewänder für deinen Leib, welches Brot als Nahrung? Wie kann ich einer Gottheit Nahrung bieten, wie der Königin des Himmels Getränke? Und wenn ich dich heirate, wie wird es mir dann ergehen? Für deine Liebhaber bist du wie eine Kohlenpfanne, die in der Kälte wärmt, eine Tür, die weder Windböen noch Sturm abhält, eine Festung, welche die Garnison vernichtet, Pech, das seinen Träger befleckt, ein undichter Regenschutz, ein von der Brüstung fallender Stein, eine Sandale, die ihren Träger stolpern lässt, ein Katapult in Feindesland.»

AUS DEM *GILGAMESCH-EPOS: GILGAMESCH LEHNT ISCHTARS HEIRATSANTRAG AB*

DAS LÖWENJAGD-RELIEF

Die Bildhauerei der kassitischen Zeit zeichnete sich durch einen ausgeprägten Naturalismus aus, insbesondere in der Darstellung von Tieren. Doch den Höhepunkt der mesopotamischen Bildhauerkunst bildet das steinerne Flachrelief, das Assurbanipal auf der Löwenjagd zeigt. Dieses Kunstwerk zierte seinen Palast in Ninive; heute befindet es sich im British Museum in London. Zu Assurbanipals Zeit hatte die Löwenjagd fast rituelle Züge. Das Relief zeigt Tiere, die aus Käfigen in eine Art Park freigelassen und dort niedergemetzelt werden. Im Nahen Osten waren die Löwen kleiner als im subsaharischen Afrika. Ebenso wie andere wilde Tiere, etwa der Onager und die Gazelle, überlebten sie bis ins 20. Jahrhundert n. Chr. Doch angesichts dieser Praktiken kann man sich vorstellen, dass die Löwen das 7. Jahrhundert nicht überlebt hätten, wenn Assurbanipal über die heutige Technologie verfügt hätte. Wenn man die modernen Vorbehalte gegenüber der Großwildjagd außer Acht lässt, muss man jedoch feststellen, dass die Löwen mit außerordentlichem Geschick und Pathos porträtiert wurden. Der Künstler scheint mehr mit den Tieren als mit dem wesentlich steifer dargestellten König gefühlt zu haben.

Wie die Ägypter kannten die mesopotamischen Künstler noch keine Perspektive. Das erstaunt angesichts des mathematischen Wissens, das ihnen zumindest die theoretischen Möglichkeiten gegeben hätte, mit räumlicher Tiefe zu arbeiten.

Doch trotz fehlender Perspektive faszinieren die Reliefs durch ihre Lebendigkeit und Unmittelbarkeit der Wirkung. Kraft und Mut der Löwen sind an jedem einzelnen Muskel zu erkennen. Die sterbenden und toten Tiere strahlen dagegen eine herzergreifende Traurigkeit aus. Aus dem Maul eines Löwen und den Wunden, die ihm fünf Pfeile oder Speere beigebracht haben, fließt Blut. Er steht noch, schwankt

aber schon. Die Hinterbeine einer Löwin sind bereits eingeknickt, doch mit den Vorderbeinen hält sie sich aufrecht. Trotzig stößt sie ein letztes Brüllen aus, bevor sie stirbt. An anderer Stelle lassen Wärter die Tiere aus ihren Käfigen frei. Ein Ring aus Soldaten und Jägern mit riesigen, wilden Doggen verhindert, dass die Löwen entkommen können. Auf einer Seite klettern Männer und Frauen auf einen Hügel, um einen besseren Blick auf das Geschehen zu haben. Der König trägt prächtige Kleider, eine Krone und viel Schmuck. Sein Haar ist lang, sein Bart lockig und geflochten. An seiner Seite sieht man Diener mit Speeren. Auf einem Wagen stehend spannt er seinen Bogen. In einer weiteren Szene erlegt er eine große Gazelle, vielleicht auch eine Elenantilope. Treiber haben die Tiere in seine Richtung gedrängt. Eine andere Darstellung zeigt den König in einer klassischen Pose, die auch schon von seinen Vorfahren bekannt ist: Er steht einem brüllenden Löwen gegenüber. Mit seiner linken Hand packt er das Tier am Hals, während seine rechte Hand mit dem Schwert zustößt. Doch selbst hier stiehlt der Löwe Assurbanipal die Schau!

OBEN *Ein Löwe springt auf Assurnassirpals Wagen. Der König oben rechts scheint eher auf seine Leibwache als auf den Löwen zu zielen. Das Tier ist gut dargestellt, reicht in der Qualität jedoch nicht an die Löwen in Assurbanipals Jagdszenen heran, die etwa 200 Jahre später entstanden. Dieses Relief (um 865 v. Chr.) stammt aus Nimrud.*

KAPITEL ZWÖLF

DIE WISSENSCHAFTEN

Die Babylonier glaubten fest an Astrologie und göttliche Omen. Daher investierten sie viel Zeit und Energie in die Deutung von Naturphänomenen. Sie verfügten zudem über ausgeprägte analytische und kombinatorische Fähigkeiten. Besonders in der Astronomie und der Mathematik machten sie beispiellose Fortschritte. Mehrere Entdeckungen, die wir in der Regel den alten Griechen zuschreiben, kamen eigentlich aus Babylonien. Hier entstanden auch der Tierkreis und einer der ältesten Kalender. Zudem hatten die Babylonier bereits umfassende medizinische Kenntnisse.

Der bedeutendste babylonische Astronom hieß Kidinnu und lebte in der zweiten Hälfte des 4. Jahrhunderts v. Chr. Ihm gelang es, die Dauer des Sonnenjahres mit einer Abweichung von nur vier Minuten und 32,65 Sekunden zu berechnen. Diese Genauigkeit des Ergebnisses ist an sich schon beeindruckend, doch Kidinnus Leistung muss im Kontext einer wissenschaftlichen Tradition betrachtet werden, die bis in sumerische Zeiten zurückreicht.

Die babylonischen Astronomen verfügten nur über einfache Instrumente und hatten keine Teleskope. So mussten sie sich auf ihre mathematischen Kenntnisse sowie genaue, kontinuierliche Beobachtungen der Planetenbewegungen und Sternpositionen stützen, um zu allgemeingültigen Schlussfolgerungen zu gelangen. Die Astronomie war dabei nur eine Weiterführung ihrer astrologischen Studien. Wie alle Phänomene der Natur galten auch Sternkonstellationen und Planetenbewegungen als Zeichen der Götter, die erkannt und interpretiert werden mussten. So hoffte man, zukünftige Übel abwenden oder sich zumindest darauf vorbereiten zu können. Phänomene wie eine Sonnenfinsternis galten schon in frühesten Zeiten als böses Omen. Durch intensive Studien wurden sie vorhersagbar und dadurch weniger rätselhaft oder bedrohlich. Schon sehr früh wurden der Lauf der Sonne und die Bewegung der bekannten Planeten aufgezeichnet. Man unterteilte ihre Wege in zwölf Abschnitte à 30 Grad. Auf dieser Unterteilung basiert auch unser eigenes System der Tierkreiszeichen.

RECHTS *Ein* kudurru *(Grenzstein) aus der Zeit König Nazimaruttaschs, der von 1328 bis 1296 v. Chr. regierte. Er gehörte der Dynastie der kassitischen Könige an, die die* kudurru *als Form der Besitzkennzeichnung in Mesopotamien einführten. Ein Gott, möglicherweise Marduk oder Schamasch, sitzt auf einem Thron; über ihm sind ein Skorpion und die Sonnenscheibe dargestellt.*

Kalenderberechnungen

Als die Mathematik ihre Blütezeit erlebte, spielte die Sterndeutung nur eine untergeordnete Rolle. Doch gegen Ende des 2. Jahrtausends gewann sie an Bedeutung, so dass eine genauere Beobachtung der Sterne erforderlich wurde. Man entdeckte eine größere Anzahl an Sternbildern. 36 dieser Konstellationen wurden auf die drei Kreise der Gottheiten An, Enlil und Ea aufgeteilt. Sonne, Mond, die Planeten und Fixsterne wurden im 1. Jahrtausend noch eingehender beobachtet. Während der

DAS BABYLONISCHE JAHR

Das babylonische Jahr begann im Frühling und bestand aus zwölf Mondmonaten. Wenn bei Sonnenuntergang die Mondsichel am westlichen Horizont erschien, fing jeweils ein neuer Monat an. Ungefähr alle drei Jahre wurde ein Schaltmonat eingeschoben, da das Mondjahr knapp elf Tage kürzer ist als das Sonnenjahr. Der Kalender war erst um 600 v. Chr., also relativ spät, vollständig geregelt. Die folgende Liste enthält die Namen der babylonischen Monate und ihre Entsprechungen im gregorianischen Kalender:

Arax Nisanu – März
Arax Aru – April
Arax Simanu – Mai
Arax Du'uzu – Juni
Abu – Juli
Ululu – August
Tis-ri-tum – September
Arax-samna – Oktober
Arax Kislimu – November
Arax Tebetum – Dezember
Arax Sabatu – Januar
Addaru – Februar

Die Babylonier waren auch die Ersten, die Wochentage nach der Sonne, dem Mond und Planeten benannten:

Montag – *Mond* (**Sin**)
Dienstag – *Mars* (**Nergal**)
Mittwoch – *Merkur* (**Nabu**)
Donnerstag – *Jupiter* (**Marduk**)
Freitag – *Venus* (**Ischtar**)
Samstag – *Saturn* (**Ninurta**)
Sonntag – *Sonne* (**Schamasch**)

RECHTS *Die berühmte Marmorbüste aus der Zeit um 3000 v. Chr. ist allgemein als „Dame von Uruk" bekannt. Man nimmt an, dass sie die Mondgöttin Inanna darstellt. Sie wurde 2003 während des Irakkriegs gestohlen, aber später wiedergefunden.*

Zeit der assyrischen Vorherrschaft war Kalchu (Nimrud) das Zentrum astronomischer Beobachtungen, gefolgt von Dur-Scharrukin und Ninive. Zeichnungen von besonderen Himmelsphänomenen wurden schon sehr früh angefertigt. Listen von Sonnenfinsternissen führte man mit absoluter Genauigkeit von 747 v. Chr. an, dem Jahr des Regierungsantritts Königs Nabonassars (747–734 v. Chr.). Seine Dynastie liegt ebenso im Dunkeln wie seine Regierung. Doch während seiner Herrschaftszeit machten die Naturwissenschaften in Babylon bedeutende Fortschritte. Der Kalender wurde genauer, da man die Jahre nun nicht mehr Regierungs- beziehungsweise Amtszeiten von Königen oder wichtigen Staatsbeamten zuordnete, die in den sogenannten *limmu*-Listen festgehalten wurden. Die späteren griechischen Astronomen erkannten Nabonassars kurze Regierungszeit als Wendepunkt in der Astronomie an. Ptolemäus (85–165 v. Chr.) begann seine chronologischen Berechnungen mit dem ersten Jahr der Regierungszeit Nabunassirs – möglicherweise, weil in diesem Jahr eine ungewöhnliche und spektakuläre Planetenkonjunktion stattfand.

Vom Jahr 700 v. Chr. an konnte man Mondfinsternisse mit annähernder Genauigkeit vorhersagen. Zuvor hatten Finsternisse als Anzeichen für den Zorn der Götter gegolten. Nun wurde Schicksalsglaube durch wissenschaftliche Erkenntnisse ersetzt. Diese Wende hatte zahlreiche positive Auswirkungen. Nabonassar hörte etwa auf den Rat seiner Wissenschaftler und ließ im Verlauf von 19 Mondjahren sieben Monate einfügen, um den Kalender zu regulieren.

Die babylonische Astronomie wirkte weit über die Grenzen des antiken Mesopotamiens hinaus. Griechische und babylonische Astronomen begannen zusammenzuarbeiten. Diese Kooperation wurde in der Zeit der Seleukiden und Parther weiter ausgebaut. Sie war nicht zuletzt für die Erstellung des modernen Kalenders von äußerster Wichtigkeit. Zwischen 388 und 367 v. Chr. wurde Nabonassars System verfeinert, indem in einen Zeitraum von 19 Jahren acht Schaltjahre eingefügt wurden. Um die Berechnungen zu vereinfachen, arbeiteten die Astronomen auf einer Basis von zwölf Monaten, die jeweils aus 30 Tagen bestanden. Die Monatsnamen aus Nebukadnezars Zeiten wurden zuerst von den Juden und Syrern übernommen.

OBEN *Diese Tontafel mit Keilschriftzeichen und einer rechteckigen Grafik illustriert ein algebraisch-geometrisches Problem.*

Mathematik

Unser Wissen über die Mathematik der Babylonier basiert auf zwei Arten von Dokumenten: zum einen auf Zahlenlisten, die zum Beispiel aufsteigende oder absteigende Folgen, Multiplikations- und Divisionstabellen enthalten, und zum anderen auf Problemstellungen. Man kann davon ausgehen, dass die Mathematik sich aufgrund praktischer Erfordernisse entwickelte. So musste man etwa wissen, wie man die Maße eines Bauwerks und die Belastung an verschiedenen Stellen eines Hauses berechnete, wie man das Jahr am besten einteilte, um Aussaat und Ernte zu planen, oder wie man Waren abwog oder maß. Doch man kann davon ausgehen, dass sich die Babylonier für die Mathematik auch um ihrer selbst willen interessierten.

Zwei Beispiele von Aufgaben illustrieren das. Die erste scheint für einen Schüler gedacht gewesen zu sein, die zweite ist komplett ausgeführt.

1) *Ich fand einen Stein, den ich nicht wog. Dann fügte ich ein Siebtel und ein Elftel hinzu. Ich wog den Stein:* ein mana. *Was wog der Stein ursprünglich?*

2) *Wenn jemand dich also fragt: Ich grub so tief, wie die Seite meines Quadrats lang ist, und ich holte ein Volumen von anderthalb* musaru *heraus. Meine Grundfläche ist quadratisch. Wie tief habe ich gegraben?*

Bei deinen Berechnungen arbeitest du mit 12. Nimm den reziproken Wert von 12 und multipliziere mit 1,30,0,0, was deinem Volumen entspricht. Es ergibt sich 7,30,0, wie du sehen wirst. 30 ist die Kubikwurzel. Multiplizierst du 30 mit 1, ist das Ergebnis 30. Multiplizierst du 30 mit 12, ergibt sich 6,0 (360). 30 entspricht der Seite des Quadrats, und 6,0 (360) ist die Tiefe.

Die babylonische Medizin

Medizin ist eine weit weniger exakte Wissenschaft als Mathematik, doch die Babylonier dokumentierten eifrig ihre Ergebnisse. Aus heutiger Sicht gingen sie dabei nicht immer von einem wissenschaftlichen Standpunkt aus. Doch sie forschten intensiver und waren dabei weniger konservativ als ihre ägyptischen Kollegen. Allerdings glaubten sie, dass Krankheiten eine Folge von Vergehen gegen die Götter waren und deshalb als Bestrafung betrachtet werden mussten. Manchmal wurden sie auch als Besessenheit durch einen Dämon erklärt.

Das bedeutete jedoch nicht, dass man keinen Versuch unternehmen sollte, Krankheiten zu heilen. Doch da Erkrankungen ursprünglich als Heimsuchungen durch böse Geister galten, wurde zunächst ein spezieller Priester geholt, um die Ursache festzustellen. Ein weiterer Priester führte dann eine Art Exorzismus durch. Später gewannen zwei weitere Spezialisten an Bedeutung, deren Methoden mehr auf Wissenschaft beruhten. Die Begriffe sind umstritten. Doch man kann wohl sagen, dass ein *asipu* so etwas wie ein professioneller Arzt war. Er wurde viele Jahre in den bekannten wissenschaftlichen Disziplinen ausgebildet und lernte, die Ursachen von Krankheiten und Leiden zu erkennen. Dazu zählten Schmutz, unsaubere Nahrungsmittel oder Getränke sowie Ansteckung. Er gab Ratschläge, wie Krankheiten vermieden werden konnten, etwa durch bessere Hygiene oder ausgewogenere Ernährung. Zudem verordnete er Heilmittel. Der *asipu* wurde bei seiner Arbeit vom *asu* unterstützt. Er hatte ähnliche Aufgaben wie ein Apotheker.

Der Kodex Hammurabi schrieb Bestrafungen für die falsche Behandlung von Kranken vor. Doch der Beruf des Arztes war hoch angesehen. Ziemlich sicher gab es auch Kurpfuscher, wie immer und überall. Im Allgemeinen war die Medizin in Mesopotamien aber fortschrittlicher als im mittelalterlichen Europa. Babylonische Ärzte wurden zum Beispiel auch angefordert, um Amenophis III. von Ägypten (regierte 1390–1352 v. Chr.) oder den Hethiterkönig Hattuschili (regierte von 1275–1250) zu behandeln. Dies ist ein Beweis dafür, dass ihr Wissen nicht nur im eigenen Land hoch angesehen war, sondern auch international einen guten Ruf genoss.

OBEN *Möglicherweise ist dies die älteste Weltkarte. Sie ist zudem die einzige, die in Babylon gefunden wurde. Der Kreis stellt das Tote Meer dar. Oberhalb davon gibt es eine Region, «in der man die Sonne nicht sieht». Durch die Mitte der Karte verläuft der Euphrat. Babylon ist als rechteckiger Kasten dargestellt. Im Norden (im oberen Teil des Kreises) befinden sich die Gebirge, in denen der Fluss entspringt, im Süden das Marschland des Golfes. Diese kleine Karte (12,2 Zentimeter lang) wurde im 1. Jahrtausend v. Chr. hergestellt, um die Eroberungen des Heldenkönigs Sargons des Großen im 3. Jahrtausend v. Chr. zu illustrieren.*

ASTRONOMIE UND ASTROLOGIE

Die Mesopotamier waren hervorragende Mathematiker. Die Anwendung ihrer Kenntnisse auf die Astronomie ermöglichte es ihnen, exaktere Berechnungen anzustellen als andere Völker der Antike. Ihr Interesse an der Bewegung der Sterne war sowohl metaphysischer als auch wissenschaftlicher Natur. Eine Trennung zwischen Astronomie und Astrologie gab es damals noch nicht. Die Menschen glaubten, dass die Ereignisse am Himmel Bedeutung für das Leben auf der Erde hätten.

Sie kannten fünf Planeten: Jupiter, Venus, Saturn, Merkur und Mars. Diesen waren die wichtigsten Götter des babylonischen Pantheons zugeordnet: Jupiter wurde mit Marduk assoziiert, Venus mit Ischtar, Saturn mit Ninurta, Merkur mit Nabu und Mars mit Nergal. Die Bewegungen der Sonne, des Mondes und der fünf Planeten standen für das Wirken der fünf Götter, die gemeinsam mit dem Mondgott Sin und dem Sonnengott Schamasch die Ereignisse auf der Erde bestimmten. Daher hatten die Planeten, die Sonne, der Mond und die Sterne große Bedeutung für die Menschen: Wenn man deren Konstellationen vorhersagen konnten, konnte man auch in die Zukunft sehen. Die babylonischen Wissenschaftler zeichneten gewissenhaft ihre Himmelsbeobachtungen auf und entwickelten Theorien, mit deren Hilfe sie Himmelsphänomene wie etwa die Mondphasen vorherbestimmen konnten.

Einige frühe Historienschreiber glaubten, die Zikkurats hätten als Observatorien gedient. Allerdings ist der Nachthimmel im Nahen Osten nicht immer klar: Er ist häufig von Staub, Sandstürmen oder von Wolken verdüstert. Wie stellten die Mesopotamier also ihre Berechnungen an? Sie besaßen keine raffinierten Instrumente, so dass alle Erkenntnisse auf Mathematik und genauen, kontinuierlichen Beobachtungen beruht haben müssen.

UNTEN *Auf dieser astronomischen Tafel aus Kisch sind der Auf- und Untergang der Venus in den ersten sechs Jahren der Regierungszeit des Königs von Babylon (7. Jahrhundert v. Chr.) verzeichnet.*

«Die Chaldäer sagen, dass die Natur des Universums ewig ist und dass es weder einen ursprünglichen Anfang hat noch in der Zukunft ein Ende haben wird, doch dass der Ordnung des gesamten Kosmos ein göttlicher Wille zugrunde liegt und dass jedes Phänomen, das sich nun am Himmel ereignet, weder zufällig geschieht noch spontan, sondern durch eine vorbestimmte und unveränderliche Anordnung der Götter. Die Chaldäer beobachten die Sterne von alters her; und da sie die Bewegungen und Kräfte jedes einzelnen besser kennen als alle anderen Menschen, sagen sie der Menschheit viele Dinge voraus, die geschehen werden.»

DIODOR: „BIBLIOTHECA HISTORICA" (UM 35 V. CHR.)

Zu den erhaltenen medizinischen Dokumenten gehören eine Liste von Symptomen und ihren Behandlungsmöglichkeiten sowie medizinische Korrespondenzen. Sie zeigen ein recht umfassendes Verständnis von den meisten Erkrankungen, mit denen Ärzte damals vermutlich zu tun hatten. Ein einfaches Beispiel für die Diagnose und Behandlung einer Krankheit stammt von Assurbanipals Leibarzt Aradnanna. Es ging um heftiges Nasenbluten (Epistaxis):

«Im Hinblick auf Nasenbluten … wurden die Verbände nicht richtig angebracht. Sie wurden neben die Nase platziert, so dass sie beim Atmen stören und das Blut in den Mund läuft. Das Nasenloch sollte vollständig verstopft werden, so dass keine Luft einströmt und die Blutung aufhört.»

Aus einem Brief, den Zimrilim von Mari 1000 Jahre vor Assurbanipals Regierungszeit an seine Frau Shibtu schrieb, geht außerdem hervor, dass die Mesopotamier eine klare Vorstellung von der Ansteckungsgefahr bestimmter Krankheiten hatten:

«Ich höre, dass Frau Nanna-Me krank ist. Sie hat viel Kontakt zu den Menschen in ihrem Palast. Sie trifft viele Frauen in ihrem Haus. Gib also strikte Anweisung, dass niemand aus der Tasse trinken soll, aus der sie trinkt, niemand soll sich auf den Stuhl setzen, auf dem sie sitzt, niemand soll in dem Bett schlafen, in dem sie schläft. Sie sollte nicht mehr so viele Frauen in ihrem Haus treffen. Diese Krankheit ist ansteckend.»

Obwohl in den Naturwissenschaften nur langsam Fortschritte gemacht wurden, fand man durch Erfahrungen heraus, dass einige Krankheiten auf bestimmte Behandlungsweisen positiv ansprachen. Schon in der Ur-III-Zeit existierten umfassende pharmakologische Listen und Rezepte zur Herstellung von Tinkturen, Salben, Wickeln, Einläufen und Zäpfchen. Medizin wurde in allen Formen verabreicht, außer als Injektion. Einige der Kräutermittel würden auch heute noch wirken. Opium wurde zu medizinischen Zwecken verwendet. So fand man beispielsweise ein Rezept zur Behandlung von Harnverhaltung: *«Zerstoße Mohnsamen in Bier und lasse es den Patienten trinken. Zermahle etwas Myrrhe, verrühre sie mit Öl und blase es mit einem Bronzerohr in seine Harnröhre. Verabreiche dem Patienten zerstoßene Anemone in alappanu-Bier.»*

Es mag sein, dass sich in Mesopotamien die Medizin und bis zu einem gewissen Grad auch die Anatomie (Chirurgie wurde in Kliniken erfolgreich praktiziert) parallel zu abergläubischen und religiösen Überzeugungen weiterentwickelte. Doch sie ebnete den Weg für die bahnbrechenden Erkenntnisse des Hippokrates von Kos im 5. Jahrhundert v. Chr. und leistete einen wichtigen Beitrag für die Ausbildung dieser Wissenschaft in Europa.

RECHTS *Eine Steintafel mit 14 Zeilen eines mathematischen Textes in Keilschrift und geometrischen Verzierungen.*

KAPITEL DREIZEHN

GESCHÄFTE UND HANDEL

In Mesopotamien entwickelte sich erst dann eine nationale Identität, als man begann, mit anderen Ländern Handel zu treiben. Vor allem der Süden musste Rohstoffe wie Bauholz und Stein importieren. Später zeigte sich, dass man auch durch Eroberungen an solch kostbare Ressourcen gelangen konnte. Doch während der über 3000 Jahre währenden Blütezeit Mesopotamiens war der Handel das beständigere Mittel, um diese und andere Waren zu erwerben. Feldzüge waren teuer, zumal man danach in widerspenstigen Vasallenstaaten Garnisonen unterhalten musste.

Glücklicherweise verfügten die Mesopotamier über zahlreiche Güter, die handelbar waren. Im Bereich der Landwirtschaft sorgten Neuerungen wie effektive Bewässerungssysteme, der Pflug, die Kultivierung von wildem Weizen und Gerste sowie vernünftige Landverteilung und -bewirtschaftung für gute Ernten. So konnten sie nicht nur ihre eigene wachsende Bevölkerung ernähren, sondern behielten noch genügend Getreide übrig, um damit importierte Waren zu bezahlen. Als sie begannen, Schafe zu züchten, entwickelte sich auch eine blühende Woll- und Textilindustrie. Im Laufe der Zeit entstand ein lebhafter Exporthandel mit Kleidung und anderen Produkten wie Keramik und Luxusartikeln wie Schmuck. All diese Dinge wurden von spezialisierten Handwerkern in Babylon hergestellt. Lange bevor die Bewohner Mesopotamiens erkannten, welcher Reichtum in Form von Öl unter der Erde lagerte, nutzten sie dessen Muttersubstanz Bitumen. Sie gewannen es in der zentralen Euphrat-Region nördlich der Stadt Hit, wo sich eine natürliche Austrittsstelle befand. Es wurde als Mörtel und wasserdichter Belag von Kanälen und Badezimmern und zur Abdichtung von Schiffen genutzt, kam aber auch in der Bildhauerei, bei Intarsienarbeiten und sogar als Medikament zum Einsatz. Bitumen wurde auch exportiert.

Zu Hammurabis Zeit war der Handel in hohem Maße organisiert und kontrolliert, wie dieser Auszug aus seinem Gesetzbuch zeigt:

> *«Wenn ein Händler einem Vermittler Silber zum Kaufen und Verkaufen gibt und ihn auf eine Reise schickt …, und er macht dort Gewinn, soll er die Zinsen für das Silber ausrechnen, das er genommen hat, und sie sollen die Zeit zusammenrechnen, die vergangen ist, und er soll den Händler entsprechend bezahlen.*
>
> *Wenn er dort keinen Gewinn gemacht hat, soll der Vermittler das Silber verdoppeln, das er erhalten hat, und dem Händler geben.*
>
> *Wenn es an dem Ort, an den er reist, keine Handelsabkommen gibt, soll er den Gesamtbetrag, den er erhalten hat, dem Händler geben.*

RECHTS *Das assyrische Relief aus dem 9. Jahrhundert v. Chr. zeigt Träger, die Waren transportieren. Allein die Anzahl der Handelsbestimmungen im Kodex Hammurabi ist ein Indiz für die große Bedeutung des Handels im antiken Mesopotamien.*

Wenn ein Händler einem Vermittler Geld für eine Investition anvertraut und der Vermittler erleidet an dem Ort, an den er reist, einen Verlust, soll er für den Händler den Verlust wieder ausgleichen.

Wenn ihm während der Reise ein Feind etwas raubt, soll der Vermittler es bei Gott beschwören und hat dann keine Verpflichtungen mehr.

Wenn ein Händler einem Vermittler Getreide, Wolle, Öl, Gold oder andere Waren zum Transportieren übergibt, soll der Vermittler den Erhalt quittieren und den Händler dafür entschädigen. Dann soll er von dem Händler einen Beleg für das Geld erhalten, das er dem Händler gegeben hat.

Wenn der Vermittler leichtsinnig ist und keinen Beleg für das Geld nimmt, das er dem Händler gegeben hat, kann er das unquittierte Geld nicht als sein eigenes betrachten.»

Diese Gesetze sind Bestandteil einer umfangreichen Sammlung von Handelsgesetzen. Aus ihnen geht klar hervor, dass die Berufe des Handelsvertreters und Spediteurs bereits existierten. Sie waren Experten in dem beschwerlichen und häufig auch gefährlichen Geschäft der Karawanenorganisation. Als Transportmittel standen vierrädrige Karren oder Wagen zur Verfügung. Für schwere Güter wurden Schlitten verwendet, da ein Wagen im weichen, angeschwemmten Boden versunken wäre. Doch all diese Gefährte waren langsam und für unebenes Gelände nicht geeignet. Zu jener Zeit waren die Handelswege eher bekannte Pfade, keine offiziellen Verkehrsstraßen. Deshalb wurden Waren bevorzugt mit Eselskarawanen transportiert. Esel waren zäh, konnten schwere Lasten tragen, waren leicht zu züchten und ließen sich am Ende einer Reise gut verkaufen. Als später das Kamel in Mesopotamien eingeführt wurde, waren auch lange Reisen durch die Wüste möglich.

UNTEN *Auf dieser Steintafel ist in Keilschrift ein Vertrag über den Verkauf eines Felds und eines Hauses in Schuruppak festgehalten. Sie stammt aus der Zeit um 2600 v. Chr. Die Kreise und sichelförmigen Vertiefungen stehen vermutlich für Zahlenwerte.*

Die Entwicklung des Handels

Als die ersten Stadtstaaten in der Nähe oder an den Ufern des Persischen Golfs entstanden (die nördliche Küste des Golfs lag damals weiter im Landesinneren als heute), bot der Transport per Schiff die Nordostküste des heutigen Saudi-Arabiens hinab verlockende Möglichkeiten. Die Schiffe fuhren durch den Golf und das Arabische Meer, um an den Küsten im Süden (heute Iran und Pakistan) Handel zu treiben. Sie erreichten sogar die Nordwestküste Indiens. Die Häfen entlang der Küsten dienten zum Teil als Ausgangspunkte für Expeditionen ins Landesinnere. Aus Meluhha im Industal wurden Karneol, Elfenbein, Speckstein und Bauholz eingeführt, aus Tepe Yahya in Südpersien Chlorit. Das ultimative Statussymbol Lapislazuli und weiteren Karneol beschaffte man sich aus Afghanistan. Im Nordwesten dieses Landes in Richtung Kaspisches Meer wurden Kupfer, Zinn und Türkise gefunden. Aus der Region um Hanaslu, südlich des Urmiasees, kamen ebenfalls Zinn sowie Silber. In den Gegenden nordwestlich des Vansees kaufte man Obsidian und Kupfer. Perlen und Perlmutt konnte man auf Dilmun (Bahrain) erwerben, einer Insel, die auf der Indienroute lag. Im nördlichen Sinai und auf Zypern konnte man Kupfer bekommen. Das Nildelta war eine Quelle für Alabaster, Diorit und Gold. Das wertvolle Zedernholz importierten die Babylonier aus dem heutigen Libanon. Das

»Du schriebst mir, behalte die Armbänder und Ringe, Du wirst sie brauchen, um Lebensmittel zu kaufen. Es stimmt, dass Du mir durch Ilibani ein halbes Pfund Gold geschickt hast, doch wo sind die Armbänder, von denen Du sagtest, dass Du sie zurückgelassen hast? Als Du gingst, hast Du mir nicht einmal einen Schekel Silber dagelassen; Du hast das Haus leergefegt und alles mitgenommen. Seitdem hat eine schreckliche Hungersnot die Stadt getroffen, und Du hast mir nur einen Liter Gerste hiergelassen. Ich muss wieder Gerste zum Essen kaufen ... Wo ist die Extravaganz, die Du immer wieder erwähnst? Wir haben nichts zu essen! Denkst Du, wir können uns Luxus leisten? Alles, was ich hatte, habe ich Dir geschickt. Nun lebe ich in einem leeren Haus, und der Jahreszeitenwechsel steht bevor. Schick mir den Wert meiner Kleider in Silber, damit ich wenigsten zehn Maß Gerste kaufen kann ... Assur-immiti hat für ziemlich viel Unruhe gesorgt und sich einige Sklaven als Sicherheit genommen ... Ich musste zwei Drittel Pfund Silber bezahlen, damit er vor Deiner Rückkehr keine Beschwerde gegen Dich einreicht. Warum hörst Du auf üble Nachrede und schreibst mir lästige Briefe?«

EINE FRAU SCHREIBT AUS ASSUR IHREM MANN, DER GESCHÄFTLICH IN ANATOLIEN WEILT (UM 1200 V. CHR.)

nahegelegene Ugarit lieferte Perlmutt. Weiteres Silber gab es an den Nordhängen des Taurus, Kupfer weiter nördlich in Anatolien. Außerdem wurde hier mit Sklaven und Vieh gehandelt.

Daneben wurde auch Zinn zur Bronzeherstellung nach Anatolien exportiert. Der von den Hethitern kontrollierte Teil der heutigen Türkei war ein Zentrum der Metallgewinnung. Seit der Zeit Sargons des Großen existierten hier mesopotamische Handelskolonien. Eine Kolonie gab es auf jeden Fall in der hethitischen Hauptstadt Hattuscha (heute Boghazkale) und eine besonders wichtige in Kanesch (in der Nähe des heutigen Kültepe). Bei Ausgrabungen zwischen 1948 und 2005 entdeckte der türkische Archäologe Tahsin Özgüç die Häuser von Händlern und Hunderte von Briefen auf Tontafeln, die teilweise noch in ihren „Umschlägen" erhalten waren. Die Texte waren in einem akkadischen Dialekt geschrieben, der als Altassyrisch bekannt ist. Wir erfahren aus ihnen, dass die Händler Edelsteine, Eisen, Silber und Gold exportierten, Zinn und Textilien importierten. Gezahlt wurde mit Silber. Die mesopotamischen Siedler kontrollierten die lokale Wirtschaft, kamen aber gut mit ihren hethitischen Gastgebern aus. Viele blieben mehrere Jahre in Anatolien, manche sogar für immer. Obwohl sie zu Hause Familien hatten, heirateten einige vor Ort noch einmal.

UNTEN *Gipskopie eines mesopotamischen Briefes mit Umschlag (Musée de la Poste, Paris).*

Gefahren und Risiken des Handels

Das Straßennetz erforderte eine sorgfältige Organisation und Überwachung. Weil die Reiche zentralistisch regiert wurden, gab es kaum Probleme. Entlang der Straßen entstanden Raststätten – zumindest innerhalb des Reichs. Man konnte sich darauf verlassen, dass Vasallenstaaten und Handelspartner, für

GEWICHTE, MASSE UND WÄHRUNGEN

OBEN *Ein Gewicht in Form einer Ente, deren Hals auf den Rücken gebogen ist. Es besteht aus Basalt und stammt aus dem 2. Jahrtausend v. Chr.*

Im mesopotamischen Gewichtssystem waren die Einheiten in Sechzigstel unterteilt. Ein Talent entsprach etwa 30 Kilogramm, ein Mina waren ungefähr 500 Gramm, ein Schekel zirka 8,4 Gramm. Gewichte bestanden häufig aus wertvollem Stein wie Basalt oder Diorit und hatten entweder die Form eines unten abgeflachten Eis oder einer Ente. Größere Gewichte, die man insbesondere in Assyrien benutzte, hatten die Form eines Löwen, dessen Schwanz über den Rücken des Tieres nach vorne gebogen war, so dass man ihn als Griff benutzen konnte. Manchmal bestanden Gewichte auch aus Edel- oder Halbedelmetallen. Händler, die ins Ausland reisten, führten zum Teil bis zu neun verschiedene Gewichtsets mit.

Die Längenmaße wurden folgendermaßen unterteilt: Ein Beru war zirka elf Kilometer lang und entsprach 30 Ush. Jeder Ush (zirka 360 Meter) entsprach 60 Nindan. Ein Nindan (oder Gar) maß also sechs Meter, ein Kush einen halben Meter. Aber es gab noch weitere Unterteilungen. Die Grundeinheit war ein Sar, der einem Quadrat-Nindan oder 36 Quadratmetern entsprach. Der 60. Teil eines Sar hieß Gin, und ein Iku waren 100 Sar.

Volumenangaben waren wichtig, um Bier, Öl, Getreide und Ziegelsteine abzumessen. Die Grundeinheit war ein Sila (ein Liter), dessen sechzigster Teil Gin hieß. 60 Sila waren eine Bariga.

Die Unterteilung des Tages in Stunden, Minuten und Sekunden gilt als Erfindung der Babylonier. Der Tag von Sonnenauf- bis Sonnenuntergang gliederte sich in zwölf Einheiten, die Nacht ebenfalls. Jede dieser 24 Unterteilungen bestand aus 60 gleich langen Abschnitten. Babylonische Astronomen besaßen Sonnenuhren. Und die Nachtstunden konnten sie bei klarem Himmel anhand der Sterne berechnen. Entfernungen wurden häufig mithilfe der Zeit bestimmt, die man benötigte, um sie zurückzulegen. Mit demselben auf Sechzigsteln basierenden System unterteilten Mathematiker auch den Kreis in 360 Teile, die sie ihrerseits in 60 Teile unterteilten.

Das Geld entwickelte sich bereits im 3. Jahrtausend v. Chr. Davor hatten Waren wie Gerste als Währung gedient. Da diese nach Gewicht bemessen wurden, gingen die Bezeichnungen Talent, Schekel und Mina mit der Zeit auf Münzen über. Gerste war nur bei lokalen Handelsgeschäften nützlich, da ihr Wert über lange Zeit oder große Distanzen sank. Auch viele Gewichte waren für den Transport nicht geeignet. Nur bei Edel- oder Halbedelmetallen traten keine Probleme auf. Daher wurden Gold und Kupfer verwendet, während Silber während der Bronzezeit (um 3000–1200 v. Chr.) und Eisenzeit (ab etwa 1200 v. Chr.) die gängigste Währung war. Die Werte der Metalle hingen von ihrer Verfügbarkeit ab. Also waren Kupfer und Blei weniger wert als Silber und Gold.

Münzprägung ist erstmals für die Zeit um 650 v. Chr. in Lydien (der heutigen Türkei) nachweisbar. Abgewogene Spulen und kleine Standardgewichte aus Gold, Silber, Kupfer und Bronze wurden etwa von 2110 bis 1590 v. Chr. verwendet.

LINKS *Die vier Siegel aus Karneol aus der Zeit um 3000 bis 1500 v. Chr. stellen (im Uhrzeigersinn von oben links) einen Stier, ein Rhinozeros, einen Tiger und einen Elefanten, begleitet von stilisierten Symbolen, dar. Hergestellt wurden sie in der antiken Stadt Harappa im pakistanischen Industal. Drei der Siegel fand man dort, das Elefanten-Siegel in Mesopotamien. Es ist bislang der einzige Beweis für Handelsaktivitäten quer durch Asien. Es ist gut möglich, dass sich indische Geschäftsleute in Babylon niedergelassen haben.*

die der Handel ebenso wichtig war wie für die Mesopotamier, die Interessen der Händler ebenfalls schützten. Doch die Straßen führten häufig durch unwirtliche Gegenden, in denen unabhängige Stämme und Verbrecherbanden lebten. Diese nahmen Karawanen Geld ab oder verwickelten sie in Kämpfe. Hammurabis Gesetze sorgten dafür, dass Händler für Verluste recht gut entschädigt wurden. Dennoch gingen Handelsvertreter und Spediteure ein großes Risiko ein. Vermutlich wurden die Karawanen von bewaffneten Wachen begleitet, die entweder vom Staat oder von Privatleuten zur Verfügung gestellt wurden. Reisen dauerten lange, in der Regel einige Monate. Und die Menschen, die in den Handelsstationen arbeiteten, waren manchmal mehrere Jahre von zu Hause fort. Beim Seehandel bestand das Risiko, von Piraten überfallen zu werden. All diese Gefahren nahmen die Händler auf sich. Denn der Wunsch, Gewinne zu erzielen, und die bloße Notwendigkeit, Handel zu treiben, waren stärker.

Händler mussten für ihre Transaktionen Steuern zahlen. Ebenso wie Landbesitzer und Pachtbauern waren sie manchmal gezwungen, einen Kredit aufzunehmen. Kredite wurden von Palast und Tempel, in späteren Zeiten auch von privaten Banken angeboten, die zweifellos aus Unternehmen professioneller Geldverleiher hervorgingen. Es ist nicht ganz klar, wann genau diese Entwicklung begann, doch während Nebukadnezars Regierungszeit hatten sich private Banken bereits etabliert. Die Bank der Familie Egibi etwa verdiente damals ein Vermögen, da sie Zinsen zwischen 20 und 30 Prozent verlangte. Sie schützte sich gut gegen Risiken wie etwa Inflation, die durch Krieg, Überschwemmung oder Hungersnöte ausgelöst wurde, und investierte in Grundbesitz und Handel. Auch als der persische König Kyros der Große dem Babylonischen Reich und der Hegemonie Mesopotamiens ein Ende setzte, führte die Familie Egibi ihre Geschäfte fort.

KAPITEL VIERZEHN

FESTE UND RITUALE

Der Grundwasserspiegel im Euphrat-Tigris-Becken war in der Regel sehr hoch. Dafür sorgten die winterlichen Niederschläge in den Bergen der Osttürkei, wo die beiden Flüsse entspringen, und das Schmelzwasser im Frühjahr. Von der Zeit Sargons an beeinträchtigte die durch mangelhafte Bewässerung ausgelöste Versalzung des Bodens die Weizenernte. Deshalb wurde vor allem Gerste angebaut, die mehr Salz verträgt.

Trotz Überschwemmungen und gelegentlicher Dürren sorgten Ackerbau und kluge Vorratshaltung dafür, dass die mesopotamische Bevölkerung in der akkadischen Zeit insbesondere im Süden stark anwuchs. Dadurch verfügte das Land über einen militärischen Vorteil und die erforderlichen Arbeitskräfte für seine Bauvorhaben.

Trupps von Zwangsarbeitern führten die Reparaturen an den Bewässerungssystemen aus. Meist geschah das nach der Ernte im August, September und Oktober, zu einer Zeit also, in der Ischtar in die Unterwelt hinabstieg, um ihren verlorenen Geliebten zu suchen (siehe Seite 55). Bevor Sargon den Thron bestieg, war er möglicherweise unter dem König von Kisch für die Organisation der Zwangsarbeiter verantwortlich gewesen.

«Ich habe nicht gesündigt, oh Herr des Landes,
Ich habe deine Göttlichkeit nicht missachtet,
Ich habe kein Leid in Babylon verursacht ...
Ich habe den Tempel nicht behindert,
Ich habe seine Riten nicht unbeachtet gelassen,
Ich habe dem Volk, das unter deinem Schutz steht, keinen Schaden zugefügt.»

Das rituelle Gebet an Marduk, das der König beim Frühlingsfest sprach

Die Ernte wurde am Ende des Frühlings und Anfang des Sommers eingebracht. Nomadische Viehhüter kamen dann von ihren Winterweiden herunter, um die Tiere auf den Stoppelfeldern grasen zu lassen. Wasser fanden sie in den Kanälen und Flüssen. Für dieses Privileg mussten sie Fleisch, Schafspelze, Milch und Käse als Steuern an den Palast und Tempel zahlen.

Das Frühjahrsfest

Es gab zahlreiche Feste im Laufe des Jahres, bei denen Rituale zu Ehren der Götter abgehalten und Opfer dargebracht wurden. Das bei Weitem wichtigste Fest hieß *akitu* und fand im März statt. Gefeiert wurde der Beginn des Landwirtschaftsjahrs. Das Fest begann am ersten Frühlingstag und dauerte zwölf Tage.

Babylon war traditionell das Zentrum des Frühlingsfestes. Wer dazu in der Lage war, reiste auch aus großer Entfernung zur Feier in die Stadt. In einer Zeit, in der die Menschen zwar zunehmend rationaler wurden, aber noch immer in ihren alten Glaubensvorstellungen verhaftet waren und ihre Götter achteten, wurde dieser Abschnitt des Jahres als Erneuerung angesehen. Durch Ehrbezeugungen gegenüber dem König und dem Nationalgott konnten die Menschen die Leiden und Probleme der Vergangenheit hinter sich lassen und sich auf eine Phase des Wiedererwachens

RECHTS *Die drei Votivfiguren aus Alabaster und Gold stellen möglicherweise Priester in rituellen Röcken dar. Sie stammen aus dem religiösen und akademischen Zentrum Nippur von etwa 2800 v. Chr.*

٢٣٦٩
M.2369

freuen. Ischtar würde aus der Unterwelt zurückkehren, und nach der Saat würden die Pflanzen wieder keimen und wachsen.

Doch damit man sicher sein konnte, dass dies auch wirklich geschah, mussten die Götter mit einer Reihe von Anrufungen und Ritualen günstig gestimmt werden. So sollten jegliche Übel von der Ernte oder dem Land ferngehalten werden. Zwar glaubten die Menschen des Alten Orients an das Schicksal und fühlten sich dem oft unbegreiflichen Wirken der Götter ausgesetzt. Doch sie versuchten stets, drohende Gefahren durch die Deutung von Zeichen vorauszusehen und sie abzuwenden, indem sie die Gunst der Götter zu gewinnen trachteten – durch Gebete, Opfer, Rituale oder Magie.

Viele Texte in Assurbanipals Bibliothek handelten von Omen und Magie. Wie war etwa der Vogelflug zu interpretieren oder die Geburt eines missgestalteten Tiers, zum Beispiel eines Kalbs mit sechs Beinen? Spezialisten konnten aus den Eingeweiden, insbesondere der Leber, von Tieren die Zukunft vorhersagen; solche Praktiken werden Haruspizien genannt. Eine berühmte Skulptur von Chumbabas Kopf zeigt den Dämon mit einem Gesicht aus kunstvoll aufgewickelten Gedärmen. Zur Ausbildung gab es Modell-Lebern aus Ton, auf denen einzelne Bereiche und ihre Bedeutung eingezeichnet waren. Der Zweck aller Weissagungen war, die Zukunft zu ergründen, um die Götter gegebenenfalls umzustimmen.

OBEN *Die kleine, 15 Zentimeter hohe Bronzefigur aus dem 6. Jahrhundert v. Chr. zeigt den hundeköpfigen Dämon Pazuzu. Solche Figurinen waren in der neubabylonischen Zeit sehr beliebt. Pazuzu war der König der Winddämonen und herrschte über den Südwestwind, der bekannt dafür war, dass er in trockenen Jahreszeiten Dürren und Hungersnöte brachte und in regenreichen Zeiten Heuschrecken. Pazuzu-Amulette schützten vor der bösen Göttin Lamaschtu, von der man glaubte, sie schade Mutter und Kind während der Geburt. Pazuzu war zwar selbst ein böser Geist, vertrieb aber andere und schützte die Menschen auf diese Weise vor Plagen und Unglück.*

«Der Tempel ist ein quadratisches Gebäude, das in jede Richtung zwei Stadien misst. Er hat Bronzetore und hat sich bis zu meiner Zeit erhalten. Auf dem massiven Turm in der Mitte, ein Stadion lang und breit, steht ein zweiter Turm, darauf ein dritter und so weiter, bis acht übereinander stehen. Alle acht Türme kann man über einen spiralförmig gewundenen Pfad erklimmen, der außen herum verläuft. Etwa auf mittlerer Höhe gibt es Ruhebänke. Auf der Spitze des obersten Turms steht ein großer Tempel mit einem schönen, breiten, reich verzierten Ruhebett darin und einem goldenen Tisch. Der Schrein enthält kein Bild, und niemand verbringt hier die Nacht, außer – wenn wir den Chaldäern glauben dürfen, die Priester des Bel sind – eine einzige assyrische Frau, die sich der Gott erwählt hat. Die Chaldäer sagen auch, obwohl ich ihnen nicht glaube, dass der Gott den Tempel persönlich betritt und auf dem Bett ruht.»

HERODOT: „HISTORIEN" (UM 450 V. CHR.)

OBEN *Die Votivtafel (2600 oder 2500 v. Chr.) aus der Region Dyala oder Ur zeigt in der oberen Reihe Priester, die einem sitzenden Gott huldigen und andere rituelle Handlungen vollziehen.*

Zur Zeit Nebukadnezars war das Frühjahrs- oder Neujahrsfest zu einer Mischung aus zwei älteren Traditionen geworden. Eine basierte auf einem alten Fruchtbarkeitskult, der sich bis in prädynastische Zeiten und sogar darüber hinaus zurückverfolgen lässt. Die andere hatte sich aus den Glaubensvorstellungen der Sumerer entwickelt, sie war von deren Nachfolgern übernommen und angepasst worden.

Das Fruchtbarkeitsritual nannten die Sumerer *zagmuk*. Es basierte auf der mystischen Verbindung Ischtars mit ihrem Gemahl, dem Vegetationsgott Tammuz. Doch man glaubte, dass die Macht der Fortpflanzung beziehungsweise deren Verkörperung nicht auf ein einziges Götterpaar beschränkt war. Das hatte mit der engen Beziehung eines Gottes oder einer Göttin zu seiner oder ihrer jeweiligen Stadt zu tun. Ischtar und Tammuz (Sumerisch Inanna und Dumuzi) waren ursprünglich mit Uruk verbunden. In anderen Städten übernahmen beim Frühjahrsfest sicher andere Gottheiten deren Funktion – auch wenn diese nicht einen direkten Bezug zu Fortpflanzung und Neuanfang hatten wie jene. So sorgte in der Frühzeit jeder Stadtstaat durch eine „Heilige Hochzeit" gewissenhaft für das Wohlergehen seiner Felder und Viehherden. Vollzogen wurde dieser rituelle Geschlechtsverkehr von einer Priesterin des Tempels und dem König oder Regenten der Stadt. Wahrscheinlich war es diese Praxis, die den griechischen Geschichtsschreiber Herodot zu der falschen Annahme verleitete, alle babylonischen Frauen müssten sich einmal in ihrem Leben rituell prostituieren.

Zu Nebukadnezars Zeit war dieser heilige Liebesakt mit dem Schöpfungsmythos verschmolzen. Dadurch wurden zwei Vorstellungen miteinander kombiniert: die Fruchtbarkeit der Erde zu bekräftigen und dadurch die göttliche Ordnung wiederherzustellen.

Die Verehrung Marduks

Marduk war der Schutzgott der Stadt Babylon. Er war längst von einer lokalen Gottheit zum Nationalgott aufgestiegen. Diese Entwicklung hatte bereits 1000 Jahre zuvor begonnen. Im Laufe dieser Zeit hatte er die Eigenschaften und Funktionen von 50 wichtigen Gottheiten angenommen. Er war der höchste, wenn auch nicht der einzige Gott des babylonischen Pantheons. Er verkörperte die schöpferische Macht und zugleich den göttlichen Beschützer der Menschheit. Zum Frühjahrsfest gehörte nach wie vor ein ritueller Geschlechtsakt zwischen Marduk und der Göttin Ischtar. Marduk wurde sogar die Erschaffung des Menschen aus *adamah* (Ton, Lehm) zugeschrieben, die früher als Enkis/Eas Werk galt.

Das Frühjahrsfest begann mit drei Tagen trauriger Gebete und Klagelieder, die von den Priestern des Esagila, Marduks großem Tempel in Babylon, angestimmt wurden. Die Gebete brachten die Angst der Menschen vor dem Unbekannten und ihre Sorge um die Zukunft zum Ausdruck. Der Hohepriester sprach täglich ein besonderes Gebet zum noch abwesenden Marduk und flehte ihn an, Babylon und sein Volk zu schützen und den Menschen ihre Sünden zu vergeben.

Am vierten Tag wurden diese Rituale wiederholt, doch am Abend brachte der Vortrag des Schöpfungsmythos Enuma Elisch eine hoffnungsvollere Nuance. Diese

OBEN *Auf diesem seltenen Wandgemälde ist ein Priester zu sehen, der einen Stier zur Opferung führt. Es stammt aus dem Palast des Königs Zimrilim von Mari. Es entstand im 18. Jahrhundert v. Chr. und befindet sich heute im Syrischen Nationalmuseum in Aleppo.*

Version des Mythos stammte möglicherweise aus der Mitte des 2. Jahrtausends. Marduk wird darin als heldenhafter Vorsteher der Götter dargestellt, als Schöpfer der Menschheit und als Sieger über die Mächte des Chaos, verkörpert in der geheimnisvollen Urgöttin Tiamat. In der Nacht bereitete der König sich darauf vor, am folgenden Tag Marduks Richterspruch entgegenzunehmen.

Der fünfte Tag war in vielerlei Hinsicht der dramatischste. Er markierte den Beginn eines „Schauspiels", das als Höhepunkt des Festes inszeniert wurde. Dieses zentrale Ritual war voller Symbolik. Am Morgen betrat der König in vollem Ornat in Begleitung von Priestern den Esagila-Tempel. Sie schritten in einer Prozession zum Hochaltar, wo der Hohepriester sie erwartete. Dieser verkörperte den Marduk und nahm dem König dessen Insignien, den Schmuck, das Zepter und die Krone ab.

Dann sprach der König ein Gebet. Es handelte sich dabei um eine Art negativer Beichte, die auch bei Bestattungsriten im Alten Ägypten üblich war: *«Ich habe nicht gesündigt, oh Herr des Universums; ich habe deine Macht nicht missachtet ...»* Währenddessen schlug der Hohepriester ihn fest – je stärker, desto besser, denn es gefiel dem Gott, wenn dem König die Tränen in die Augen traten. Anschließend sprach der Priester ein Absolutionsgebet: *«Fürchte dich nicht. Marduk erhört deine Gebete ..., er erweitert deine Macht und die Größe deiner Herrschaft ... Er segnet dich auf ewig. Er wird deine Feinde vernichten und zu Fall bringen.»* Danach gab er dem König die Insignien zurück und verabreichte ihm noch einen abschließenden Schlag ins Gesicht.

OBEN *Diese Vase aus Silber und Kupfer weihte König Enmetena dem Gott Nigirsu. Sie stammt aus Girsu (Telloh) aus der Zeit um 2400 v. Chr.*

Rituelle Demütigung

Zu Nebukadnezars Zeit war der babylonische König der mächtigste Herrscher der Welt. In der geschilderten Zeremonie wurde er zu einem einfachen Menschen degradiert, zu einem Angehörigen seines Volkes mit den gleichen Sorgen und Nöten. Damit wurde der Niedergang des Staates symbolisiert. Die Rückgabe der Insignien an den König stand für den Wiederaufstieg. Wenn die Zeremonie vorüber war, „verließ“ Marduk quasi den Hohepriester wieder und zog sich in die Zikkurat zurück. Dort kämpfte er gegen die Ekimmu, die bösen Götter der Unterwelt. In ihrer Gefangenschaft musste er auf Rettung durch seinen Sohn Nabu, den Gott der Schreibkunst, warten. Umringt von Jubel, kam dieser am sechsten Tag des Frühjahrsfestes in Begleitung eines Gefolges von Schutzgöttern der anderen bedeutenden Städte Babyloniens über den Fluss. Nabu befreite seinen Vater am siebten Tag des Festes. Am achten hielten die Götter eine Ratssitzung ab und erwählten Marduk wieder zu ihrem Oberhaupt. Mit diesem Ritual wurde die kosmische Ordnung bestätigt.

Am neunten Tag fand die Prozession des Gottes von seinem Tempel zum *bit-akitu*, dem Neujahrsfesthaus, statt. Sie führte über die Prozessionsstraße und durch das Ischtar-Tor. Am zehnten Tag folgte ein Festmahl, das Marduk für die Götter ausrichtete. (Ihre Bilder wurden dabei rund um einen gedeckten Tisch aufgebaut.) Der Gott kehrte in dieser Nacht in die Stadt zurück, um sich mit Ischtar zu vereinen. Stellvertretend vollzogen der König und eine Priesterin Ischtars den Beischlaf. Das Resultat ihrer Verbindung war der Frühling.

Am elften Tag traten die Götter erneut zu einer Ratssitzung zusammen, um über das Schicksal der Menschen im kommenden Jahr zu entscheiden. Sie beschlossen, dass die Menschheit nichts zu fürchten hätte, solange sie den Göttern richtig diente. Am zwölften und letzten Tag des Festes kehrten die Götter in Gestalt ihrer Bilder wieder in die Tempel zurück. Gegen mögliche Schicksalsschläge im kommenden Jahr gerüstet, konnten die Menschen nun an ihre Arbeit gehen.

> «Dieses Volk hat eine wirklich beschämende Sitte: Jede Frau aus diesem Land muss einmal in ihrem Leben zum Tempel der Aphrodite gehen und sich dort einem fremden Mann hingeben ... Die meisten ... sitzen in dem Heiligtum mit einem geflochtenen Band um den Kopf. Es sind viele von ihnen zur gleichen Zeit dort. Andere kommen an, wieder andere gehen fort. Sie bilden Gänge in alle Richtungen, damit die Männer an ihnen entlanggehen und ihre Wahl treffen können. Sobald eine Frau hier ihren Platz eingenommen hat, darf sie nicht mehr nach Hause gehen, bis ein Mann ihr eine Silbermünze in den Schoß geworfen und sie mit nach draußen genommen hat, um mit ihr zu schlafen ...»
>
> HERODOT: „HISTORIEN“ (UM 450 V. CHR.)

KAPITEL FÜNFZEHN

DAS TÄGLICHE LEBEN

Das meiste, was wir über das antike Mesopotamien wissen, bezieht sich zwangsläufig auf die wichtigsten Ereignisse und Personen. Denn über sie existieren schriftliche Zeugnisse, die entsprechenden Gebäude und Monumente sind besser erhalten. Doch Ausgrabungen insbesondere in Ur und Babylon haben auch Hinweise auf den Alltag des einfachen Volkes erbracht. Persönliche Briefe, geschäftliche und juristische Korrespondenz sowie Spuren von Künstlern und Handwerkern liefern uns weitere Einzelheiten.

Durch Handel und Eroberungen in den verschiedenen Phasen ihrer Geschichte waren Babylonien und Assyrien zu großem Wohlstand gelangt. Soweit man es erkennen kann, waren die Städte prächtig und reich ausgeschmückt. Die Baumaterialien stammten aus der gesamten damals bekannten Welt. Bei archäologischen Grabungen in der assyrischen Hauptstadt Kalchu etwa fand man Möbel, die mit Elfenbein verziert waren. Und die Königinnengräber, die dort in den 1980er Jahren freigelegt wurden, enthielten große Mengen fein gearbeiteten Goldschmucks, der den Funden in den Königsgräbern der frühen Ur-Dynastien ähnelte. Wenn man bedenkt, dass der Großteil vermutlich verlorenging und einige Materialien vergänglich waren (zum Beispiel bei Teppichen), kann man ungefähr erahnen, welche unermesslichen Schätze hier versammelt gewesen sein müssen.

Ein Teil dieses Reichtums ist noch erhalten. Dennoch haben wir nur eine vage Vorstellung vom Lebensstil der höheren Schichten der mesopotamischen Gesellschaft, namentlich jener Klassen, die in der Hierarchie direkt unter den Eliten der Tempel und Paläste standen. Dokumente zeigen, dass höhere Beamte wohlhabend genug waren, um in beträchtlichem Umfang in Land und Immobilien zu investieren. Auch das Geschäft des Silberverleihs in großem Stil ist belegt. Allerdings haben wir heute keine genaue Vorstellung von der Größe der Ländereien und Vermögen.

Der Alltag als gemeinsame Aufgabe

RECHTS *Der Ausschnitt des Frieses „König Assurbanipal in seiner Gartenlaube" (Gips, um 645 v. Chr.) aus dem Nordpalast in Ninive ist ein seltenes Beispiel für ein Frauenbildnis in der assyrischen Kunst. Es zeigt die Königin trinkend mit ihrem Gemahl, König Assurbanipal.*

Noch schwieriger ist, etwas über die unteren Gesellschaftsschichten zu erfahren. Doch auch in diesem Fall helfen zeitgenössische Belege weiter. Wie bereits erwähnt, gliederte sich die mesopotamische Gesellschaft während Hammurabis Regierungszeit in drei Hauptschichten. Die meisten Menschen lebten und arbeiteten damals auf dem Land. Darüber dürfen das Wachstum und die Größe der Städte nicht hinwegtäuschen. Sie lebten in Dörfern, die inzwischen spurlos verschwunden sind. Einige sogenannte Volkszählungslisten aus dem 7. Jahrhundert v. Chr. weisen darauf hin, dass die Familien eher klein waren. Im Durchschnitt hatte ein Bauer eine Ehefrau und zwei bis vier Kinder. Sein Landbesitz war bescheiden. Er baute Wein und Gemüse für den Eigenbedarf an und besaß etwas Vieh. In der Nähe

OBEN *Zunehmender Wohlstand und das Wachstum des Handels förderten den Aufstieg einer Künstlerschicht in Mesopotamien. Diese kleine Terrakottatafel aus Uruk (Warka) wurde um 2000 bis 1595 v. Chr. angefertigt und zeigt einen Schreiner in seiner Werkstatt bei der Arbeit.*

der Flüsse, wo das Wasser am süßesten war, wurden Dattelplantagen angelegt. In ihrem Schatten pflanzte man Obstbäume und Gemüse an. Auch wo der Boden nicht bewässert wurde, gab es immer noch noch genügend wildes Gebüsch, um den Ziegen- und Schafherden Nahrung zu bieten. Allerdings war Wasser nie weit entfernt. In den Marschgebieten konnte sich die Landbevölkerung von Fischen und Geflügel ernähren. Das Schilf bot ihnen Baumaterial. Ihre Häuser scheinen den Behausungen der Marsch-Araber im heutigen Irak geähnelt zu haben, deren Kultur stark bedroht ist. Aus dem Schilf fertigten die Menschen auch noch viele andere Gegenstände – von Booten bis hin zu Mobiliar und Griffel zum Einprägen von Keilschriftzeichen.

Die Landwirtschaft wurde vom Staat organisiert und kontrolliert. Dies war eine pragmatische Maßnahme, die nichts von kollektiver Landwirtschaft hatte, wie man vielleicht vermuten könnte. Der Lauf des Euphrats änderte sich häufig, Überschwemmungen waren nicht vorhersagbar und konnten die harte Arbeit der Menschen über Nacht vernichten. So war den Babyloniern die Unbeständigkeit der Verhältnisse stets bewusst und sie blieben anpassungsfähig. Die Stadtstaaten wetteiferten miteinander, um Arbeitskräfte anzulocken. Der Konkurrenzkampf war tief in ihrer Mentalität verwurzelt und auch dann noch spürbar, als sie Teil eines gemeinsamen Reiches wurden. Paläste und Tempel blieben die größten Landbesitzer, und die meisten Bauern arbeiteten für sie.

Das mesopotamische Familienrecht

Hammurabis Gesetzbuch ist eine umfassende Quelle für Informationen über die häusliche Ordnung der Gesellschaft. Offensichtlich war die Monogamie weithin akzeptiert, allerding wohl eher aus praktischen als aus moralischen Gründen, denn Polygamie (Polyandrie ist nirgends bezeugt) verstieß nicht gegen das Gesetz. Ein mögliches Problem der Polygamie war zum Beispiel die Aufteilung des Erbes. Ein Mann konnte neben seiner Ehefrau eine Sklavin als Konkubine haben, ohne dass dies gesellschaftlich oder moralisch verwerflich gewesen wäre. Kinder, die aus einer solchen Beziehung hervorgingen, galten als unfrei, wenn sie nicht offiziell adoptiert wurden. Eine Frau, die mit einem Mann schlief, konnte nicht die Rechte einer Ehefrau für sich beanspruchen, solange sie keinen schriftlichen Vertrag besaß.

Wenn zwei Familien aus materiellen Interessen eine Verbindung miteinander eingehen wollten, arrangierten die Väter oder der zukünftige Bräutigam und der Vater der Braut eine Hochzeit. War die Braut minderjährig, blieb sie auch nach der offiziellen Eheschließung im Haus ihres Vaters, bis sie ihre erste Menstruation bekam. Bei der Heirat erhielt die Frau von ihrem Mann ein Geldgeschenk, das als Vorsorge für den Fall seines Todes gedacht war. Ihre Aussteuer wurde während der Ehe zwar vom Mann verwaltet, blieb aber stets ihr Eigentum. Falls die Frau als Erste starb, erbten die Kinder ihre Mitgift. Hatte sie keine Kinder, wurde die Aussteuer an ihre Eltern zurückgegeben. Scheidungen wurden toleriert und konnten sowohl von der Frau als auch vom Mann beantragt werden. Das Gesetz schützte Frauen, deren Ehemänner sich aus unzumutbaren Gründen von ihnen trennen wollten. Die Priesterinnen bestimmter Götter und Göttinnen durften heiraten. Wenn aber ihr Kult ihnen verbot, Kinder zu bekommen, durfte ihr Ehemann mit einer Sklavin welche zeugen. Die Gesetze gehen noch auf weitere Details des Familienlebens im antiken Mesopotamien ein, doch die erwähnten Beispiele bieten bereits einen hinreichenden Einblick.

«Die Kleidung der Babylonier besteht aus einer Leinentunika, die bis zu den Füßen reicht, einer Wolltunika, die sie darüber tragen, und einem weißen Umhang. Ihre Schuhe ähneln Pantoffeln, wie man sie in Böotien sieht. Das Haar lassen sie lang wachsen. Sie tragen einen Turban und parfümieren sich. Jeder besitzt einen Gehstock, der speziell für ihn angefertigt wurde und oben mit einer Schnitzerei verziert ist – einem Apfel, einer Rose, einer Lilie, einem Adler oder etwas Ähnlichem ...»

Herodot: „Historien" (um 450 v. Chr.)

OBEN *Leonard Woolleys förderte bei seinen Ausgrabungen der Königsgräber von Ur in den 1920er Jahren viele außergewöhnliche Fundstücke zutage, darunter diese Luxusausgabe eines bekannten babylonischen Spiels, das unserem „Mensch ärgere dich nicht" ähnelt. Die Felder weisen Intarsien aus Perlmutt und Lapislazuli auf. Auch die Spielsteine, die in einer Schublade des hohlen Spielbretts verstaut werden können, sind mit Intarsien verziert.*

Das Leben in der Stadt

Einige einfache Häuser aus Hammurabis Zeit konnte Robert Koldewey in Babylon im Merkes-Bezirk freilegen. Der Rest der Stadt liegt jedoch unter dem heutigen Wasserspiegel und ist unzugänglich. Ohnehin haben Jahrtausende der Überbauung inzwischen den Großteil von Nebukadnezars Stadt vernichtet oder für immer begraben. Die Ausgrabungen zeigten, dass die Stadtplaner versucht hatten, die Straßen möglichst gerade und im rechten Winkel zueinander anzulegen. In tieferen Schichten entdeckte Koldewey Geschäftsbriefe und Beispiele für „Omen-Literatur", die in Krügen aufbewahrt waren. Außerdem stieß er auf viele flache, dünnwandige Schalen, Trinkbecher und Vasen sowie auf frühe Beispiele für Glasgeschirr, die teilweise aus Ägypten eingeführt worden waren. Koldewey fand auch tönerne Glocken und Modellboote, große Aufbewahrungskrüge und flache Schalen aus Basalt zum Mahlen von Getreide. In Gräbern entdeckte er Bronzeschwerter, Messer und Lanzen sowie prächtige Ketten aus Onyx, Ringe, Armreifen, Fußspangen, goldene Ohrringe und Rollsiegel. Es fanden sich Hinweise auf Bestattungen *«außerhalb der Befestigungsmauern, in den Straßen und in Teilen der bewohnten Stadt, die zur Zeit der Bestattung zur Errichtung von Häusern nicht geeignet waren»*. Die tiefste Schicht, in die Koldewey vorstieß, stammte ungefähr aus Hammurabis Zeit. Sie enthielt *«keine Sarkophage. Die Leichen wurden entweder einfach in der Erde vergraben, allenfalls in Schilfmatten eingerollt oder grob von Lehmziegeln umgeben. Fast immer lagen sie ganz ausgestreckt. Häufig vermitteln die Leichname den Eindruck, als seien sie genau an dem Ort und in der Situation beerdigt worden, in der sie starben»*.

Spuren des Alltagsleben fand man auch an anderen Ausgrabungsstätten, insbesondere in Ur. Dort legte Leonard Woolley in den 1920er Jahren zahlreiche Privathäuser und normale Straßen frei. Ein Großteil war bei Angriffen auf die Stadt in der

Zeit nach Hammurabis Tod zerstört worden. Viele waren niedergebrannt, dennoch wurden die Archäologen im Schutt der Gebäude fündig, denn Feuer kann Ton und Ziegel nicht vernichten. So blieben viele Dokumente und Gegenstände des täglichen Lebens in den Ruinen erhalten, die Woolley zu recht genauen Erkenntnissen verhalfen: Zum Beispiel fand er ein Haus, das einem Mann namens Igmil-Sin gehört hatte. Er war Direktor einer Schule gewesen und hatte Geschichte, Mathematik, Religion und Schreibkunst unterrichtet. Im Haus befanden sich Hunderte tönerne Übungsbücher seiner Schüler. Der Unterricht fand im Hof und im Empfangsraum statt. Dokumente, die man in Igmils Haus entdeckte, weisen darauf hin, dass er als Laienbeamter für den Tempel tätig war – möglicherweise als eine Art Kirchenvorsteher.

Ein anderes Gebäude hatte dem Händler Ea-nasir gehört, der Kupfer nach Dilmun verkaufte. Als er in finanzielle Schwierigkeiten geriet, musste er einen Teil seines Hauses an einen Nachbarn verkaufen. Danach hielt er sich mit Geldverleih, Grundstückserschließung und dem Handel mit gebrauchter Kleidung über Wasser. Doch wie man aus Briefen an ihn schließen kann, geriet er bald auf die schiefe Bahn. Ein drittes Haus wurde als Restaurant oder „Kochhaus" identifiziert, zu dem die Menschen möglicherweise Lebensmittel bringen konnten, um sie kochen zu lassen. Es wurde auch eine Bronzegießerei freigelegt, deren Eigentümer Gimil-Ningishzida hieß.

Die Anlage der Wohnhäuser

Die meisten Häuser hatten zwei Stockwerke und waren um einen Hof herum gebaut. Dessen Boden war nach innen abschüssig, so dass Wasser problemlos ablaufen konnte. Diese Bauform hielt sich in der Region bis in die Moderne. Die Größe der Häuser variierte je nach Wohlstand des Eigentümers zwischen 40 und 500 Quadratmetern. Die meisten hatten eine Wohnfläche von 60 bis 200 Quadratmetern. Die Türen bestanden aus Schilf, die Fenster hatten Holzrahmen. Die Häuser selbst wurden aus Ziegeln gebaut. Als Mörtel dienten Lehm und Bitumen. Sowohl innen als auch außen waren sie mit Lehm verputzt. Verstorbene Familienmitglieder wurden unter dem Fußboden vergraben oder in einem Gewölbegrab im hinteren Teil des Hauses bestattet. Dort gab es auch eine kleine Kapelle mit Bildern des wichtigsten Hausgottes. Grabbeigaben wurden nicht gefunden. Die Toten brauchten keinerlei Ausrüstung für das Jenseits, da sie immer noch zu Hause waren und Zugang zu den Göttern des Hauses hatten.

«In jedem Dorf wurden alle Mädchen im heiratsfähigen Alter einmal im Jahr auf einem Platz versammelt, während die Männer in einem Kreis um sie herum standen. Ein Auktionator rief dann eine nach der anderen auf und bot sie zum Kauf an, beginnend mit der Schönsten … Ziel des Unterfangens war die Heirat. Die reichen Männer, die eine Frau haben wollten, überboten einander bei den hübschesten Mädchen. Die ärmeren Männer hingegen, die für das gute Aussehen einer Ehefrau keine Verwendung hatten, wurden tatsächlich dafür bezahlt, die Hässlichen zu nehmen …»

Herodot: „Historien" (um 450 v. Chr.)

Hausbestattungen waren nicht immer üblich. Friedhöfe in der Zeit vor Sargon bestanden aus Tausenden kleiner Parzellen mit Grabstätten. Das einfache Volk wurde üblicherweise mit einigen Haushaltsgegenständen und Waffen für das Jenseits ausgestattet. In Nebukadnezars Babylon fand Robert Koldewey einen Hinweis auf eine Nekropole unter dem Haupthof des Südpalastes. Sie enthielt Hunderte von Särgen aus Terrakotta, die ursprünglich mit einer dünnen, blauen Glasur verziert gewesen waren. Darin war offensichtlich die Elite bestattet worden.

In den Häusern, die Woolley in Ur ausgrub, gab es viele Räume, die leicht ihrer Funktion zuzuordnen waren. Man entdeckte Küchen, Werkstätten, Lagerräume, Badezimmer, Toiletten und lange, rechteckige Haupträume, die als Schlaf- und Wohnzimmer genutzt wurden. Das Mobiliar bestand aus Tischen, Stühlen, Hockern, Truhen, Polstern und Teppichen unterschiedlicher Qualität. Eine Stadtplanung existierte hier nicht. Die Stadtviertel wuchsen organisch. Die Straßen bildeten ein Labyrinth, in dem sich ein Fremder leicht verlaufen konnte.

Arbeit und Freizeit

Die Städte waren wie im mittelalterlichen Europa häufig in Viertel unterteilt, in denen bestimmte Gewerbe vorherrschten. Geschäfte taten sich wahrscheinlich zu Basaren zusammen oder siedelten sich in der Nähe der Stadttore an. Sie waren auf bestimmte Waren spezialisiert, etwa auf Keramik, Lederwaren, Lebensmittel, Getränke, Medikamente, Teppiche, Kleidung, Gewürze und Duftstoffe. Daneben gab es Barbiere und Schmiede, Badehäuser, Brauereien und Cafés, in denen gegrillter Fisch und Lamm, Zwiebeln, Gurken, Datteln und Aprikosen angeboten wurden. In den Wohngebieten standen bescheidene, öffentliche Tempel für die täglichen Gebete.

Die Straßen waren eng und gewunden und die Fassaden der Gebäude fensterlos. In den Gassen wimmelte es von Wasserträgern, Hausierern und Boten, Geschäftsleuten, Priestern und Sklaven. Gelegentlich konnte man auf Plätzen oder in der Nähe von Tempeln das Büro oder das Pult eines öffentlichen Briefschreibers finden. Abends traf man hier manchmal auf Schausteller, die Epen deklamierten. Ein großer Teil des Lebens spielte sich auf dem Dach ab, wo es kühler war. Am belebtesten war die Stadt morgens und abends. Denn wenn die Sonne hoch am Himmel stand, war es für die meisten Aktivitäten deutlich zu heiß.

Wie die Menschen in Mesopotamien ihre Freizeit verbrachten, ist nur schwer herauszufinden. Da der allgemeine Reichtum zu mehr Freizeit führte, muss es jedoch viele Aktivitäten gegeben haben, bei denen sich die Wohlhabenden vergnügten. Bei dem Brettspiel, dass Woolley in den Königsgräbern in Ur entdeckte, handelt es sich um ein Spiel, das im Alten Orient weit verbreitet war. Dokumente weisen darauf hin, dass es unserem „Mensch ärgere dich nicht" ähnelte. Vermutlich existierte auch eine Art Unterhaltungsindustrie. Auf jeden Fall gab es Musiker und Tänzer. Zahlreiche Hinweise auf aufwendige Bankette lassen vermuten, dass dafür professionelle Köche engagiert werden konnten.

Im Großen und Ganzen scheint die Unterhaltung jedoch mit dem Tempel und Ritualen in Verbindung gestanden zu haben. Man weiß, dass Ringkämpfe zu Ehren verschiedener Gottheiten veranstaltet wurden (Figurinen im Irakischen Nationalmuseum und Tafeln im Pariser Louvre weisen darauf hin). Doch dass es organisierten Sport oder sportliche Wettkämpfe gab, können wir nur vermuten. Es ist jedoch möglich, dass – ebenso wie im antiken Griechenland – manche Formen sportlicher Betätigung mit militärischem Training verbunden waren, insbesondere bei professionellen Soldaten. Bei einigen der erwähnten Ringer handelte es sich möglicherweise um junge Priester: Die Priesterkaste, die meist aus Angehörigen angesehener Familien bestand, erfüllte eine Vielfalt verschiedener Funktionen.

Raubbau an der Umwelt

Wie wir wissen, hat eine zunehmende menschliche Bevölkerung negative Auswirkungen auf die Umwelt. Im Alten Orient wurden so viele Eichen gefällt, dass sie schon um 10000 v. Chr. komplett abgeholzt waren. Auch die wertvollen Zedern wurden in großen Mengen geschlagen. Davon erholten sich die einst großen Wälder Libanons nie mehr. Die Überweidung durch Schafe und vor allem Ziegen in gefährdeten Regionen führte zu Erosion. Schafe fressen Gras bis auf die Wurzeln ab und zerstören so das Netzwerk, das den Boden zusammenhält; und Ziegen fressen fast alles, was wächst. Das schlechte Bewässerungssystem in der Frühzeit führte im Süden Mesopotamiens zur Versalzung des Bodens. Später wurden Schritte unternommen, um die Situation zu verbessern. Durch die Bodenerosion im Norden führten Euphrat und Tigris große Mengen Schlick mit sich; ihre Nebenflüsse konnten die Flüsse behindern, ihren Verlauf verändern und Überschwemmungen des bebaubaren Landes auslösen. Die Versandung der Bewässerungskanäle war einer der Hauptgründe für die aufwendigen Säuberungsarbeiten, die jedes Jahr nach der Ernte erforderlich waren.

Auch die Tiere der Region litten unter den Folgen der menschlichen Aktivitäten. Der Indische Elefant und das Nilpferd waren schon vor Beginn der Landwirtschaft ausgerottet. Die Jagd bereitete einigen Gazellenarten ein frühes Ende, während andere Antilopen und der asiatische Löwe bis ins 20. Jahrhundert überlebten.

OBEN *Diese Relieftafel aus Bitumen aus Susa (8. oder 9. Jahrhundert v. Chr.) zeigt eine Weberin bei der Arbeit. Ein Diener fächelt ihr Luft zu. Sie sitzt bequem mit untergeschlagenem Bein. Die raffiniert frisierte Elamiterin spinnt Wolle mit einer Spindel. Die Wollindustrie war ein wichtiger Wirtschaftszweig; die Unternehmen wurden häufig von Frauen geführt und kontrolliert.*

TEIL DREI

BABYLONS NIEDERGANG

KAPITEL SECHZEHN

DER LETZTE KÖNIG

Nebukadnezar der Grosse lebte die ersten Jahrzehnte seiner langen Regierungszeit in großem Prunk; über seine letzten Jahre wissen wir nur wenig. Im Norden seiner Hauptstadt errichtete er eine Verteidigungsmauer. Womöglich fürchtete er, seine medischen Verbündeten könnten sich gegen ihn wenden. Doch es gibt keine Berichte über einen Angriff.

VORIGE SEITEN *Der „Fall Babylons", ein Mezzotinto des englischen Künstlers John Martin (1789–1854), entstand zu einer Zeit, als alles Mesopotamische in England sehr modern war.*

RECHTS *Auf der Stele des Nabonid sind die Symbole für Sin (Mond), Schamasch (Sonne) und Ischtar (Venus) zu sehen. Die Schrift darunter wurde entfernt, möglicherweise von Anhängern Kyros' des Großen.*

Nach dem Sturz König Zedekias und der Deportation der Hebräer nach Babylon setzte Nebukadnezar einen Mann namens Gedalja als Statthalter im besetzten Juda ein. Dieser wurde, wie es am Ende des Zweiten Buchs der Könige in der Bibel heißt, zusammen mit seinem hebräischen und chaldäischen Gefolge ermordet. *«Da machte sich das ganze Volk auf, Klein und Groß, und die Obersten des Kriegsvolkes und zogen nach Ägypten; denn sie fürchteten sich vor den Chaldäern.»* Möglicherweise stand also Ägypten hinter dem Mord. An anderer Stelle gibt es einen fragmentarischen Text, der auf eine babylonische Invasion des Landes hinweist. Doch er enthält keine Details.

Der Anfang vom Ende

Nebukadnezar starb 562 v. Chr. Ihm folgte sein Sohn Amelmarduk (561–560 v. Chr.) auf den Thron, der in seiner Heimat unbeliebt gewesen zu sein scheint. Der babylonische Historiker Berossos berichtete im 3. Jahrhundert v. Chr., dass weder Gesetz noch Sitte ihn zügeln konnten. Während seiner kurzen Regierungszeit zeigte sich Amelmarduk einmal gnädig, wie dem Zweiten Buch der Könige zu entnehmen ist:

«Aber im siebenunddreißigsten Jahr, nachdem Jojachin, der König von Juda, weggeführt war, am siebenundzwanzigsten Tage des zwölften Monats ließ Ewil-Merodach [Amelmarduk], der König von Babel, im ersten Jahr seiner Herrschaft Jojachin, den König von Juda, aus dem Kerker kommen und redete freundlich mit ihm und setzte seinen Sitz über die Sitze der Könige, die bei ihm waren zu Babel. Und Jojachin legte die Kleider seiner Gefangenschaft ab, und er aß alle Tage bei dem König sein Leben lang. Und es wurde ihm vom König sein ständiger Unterhalt bestimmt, den man ihm gab an jedem Tag, sein ganzes Leben lang.»

«Babylon, das Werk von Enlil
Babylon, die Stadt, die das Leben im Lande sichert
Babylon, die Stadt der Fülle
Babylon, dessen Bürger überwältigend reich sind
Babylon, die Stadt der Feste, der Freude und des Tanzes
Babylon, die Stadt, deren Bürger feiern, ohne aufzuhören
Babylon, die privilegierte Stadt, die Gefangene befreit
Babylon, die reine Stadt.»

Lobeshymne auf Babylon aus der Zeit Nebukadnezars

Wie immer ist der biblische Bericht mit Vorsicht zu genießen, zumindest was Jojachins Gefangenschaft betrifft. Doch der Gnadenakt fand ohne Zweifel statt: Jojachin wurde nach Jahrzehnten des Hausarrests befreit. Eine neue Entdeckung Irving Finkels vom British Museum wirft ein interessantes und sehr menschliches Licht auf diese Geschichte. Finkel fand in der Sammlung des Museums einen Brief, der andeutet, dass Amelmarduk während der Regierungszeit seines Vaters selbst aufgrund einer Beleidigung für einige Zeit inhaftiert gewesen war. Der Brief beteuert Amelmarduks Unschuld mit ungewöhnlich emotionalen Worten. Ein hebräisches Manuskript aus dem 12. Jahrhundert n. Chr. deutet an, dass Amelmarduk seine Haft in Jojachins Gesellschaft verbracht haben könnte. Falls dies stimmt, wäre leicht nachzuvollziehen, warum er als neuer König seinen Leidensgenossen so schnell wie möglich befreite. Wenn man der Bibel hinsichtlich der Behandlung, die Jojachin nach seiner Freilassung erfuhr, glauben darf, bestand sogar eine recht enge Freundschaft zwischen den beiden Männern. Was mit Jojachin nach Amelmarduks Tod geschah, ist ungewiss. Der Herrscher selbst wurde bei einer Palastrevolution getötet. Diese hatte eventuell sein Schwager Neriglissar angezettelt, ein hoher General, der möglicherweise zusammen mit Nebukadnezar Jerusalem belagert hatte. Neriglissar regierte ebenfalls nur kurz (559–556 v. Chr.). Wir wissen aus dieser Zeit nur, dass Neriglissar Tempel in Babylon und Borsippa restaurieren ließ und einen Feldzug nach Hilakku (Kilikien) führte. Es gibt kaum Hinweise auf Unruhen an den Grenzen des Reichs. Deshalb lässt Neriglissars Zug nach Westen über den Taurus expansionistische Ambitionen vermuten; zumindest sollte Kilikien, das freundschaftliche Beziehungen zu Babylon pflegte, wohl gefügig gemacht werden, da das Land begonnen hatte, sich seinem westlichen Nachbarn Lydien anzunähern. Die politischen Details sind komplex, doch fest steht, dass Neriglissar über das Selbstvertrauen und die Mittel verfügte, um erfolgreich einen großen Feldzug durchzuführen.

Die Umstände von Neriglissars Tod liegen im Dunkeln. Als Erben hinterließ er seinen jungen Sohn Labaschimarduk, der innerhalb weniger Monate durch einen unblutigen Putsch von hohen Beamten verdrängt wurde. Diese setzten den erfahrenen General Nabonid als Herrscher ein. Er hatte nach eigener Aussage keinen persönlichen Ehrgeiz, König zu sein. Allerdings brachte sein Sohn Belsazar schon bald große Ländereien an sich, die sich in Neriglissars Privatbesitz befunden hatten.

«Aus Liebe zu mir, die ihn verehrt und den Saum seines Gewandes gehalten hat, hat Sin, der König aller Götter, was er noch nie zuvor getan hat, mir – einer Frau – eine erhabene Position und einen berühmten Namen im Land verliehen. Ihm verdanke ich viele Tage und Jahre des Glücks. Er ließ mich am Leben von der Zeit Assurbanipals, des Königs von Assyrien, bis zum neunten Jahr der Regierungszeit Nabonids, des Königs von Babylon und des Sohnes, den ich geboren habe: 104 glückliche Jahre verbrachte ich in Frömmigkeit, die Sin, der König aller Götter, in mein Herz gepflanzt hat. Mein Augenlicht war gut bis ans Ende meiner Tage, ich hörte hervorragend, meine Hände und Füße waren gesund, meine Worte wohl gewählt, Nahrung und Getränke bekamen mir, meine Gesundheit war gut und mein Geist fröhlich. Ich sah meine Ururenkel bis in die vierte Generation bei guter Gesundheit und hatte also ein erfülltes, langes Leben.»

Eine pseudoautobiografische Inschrift auf einer Gedenkstele für Nabonids Mutter

Ein unbeliebter Herrscher

OBEN *Der Zylinder des Nabonid wurde während der Regierungszeit des letzten babylonischen Königs (555–539 v. Chr.) angefertigt. In Keilschrift sind darauf seine Leistungen aufgeführt, einschließlich des Wiederaufbaus des Sin-Tempels in Harran sowie zweier Tempel in Sippar, die dem Sonnengott Schamasch und der Göttin Anunitu geweiht waren. In den Ruinen des Anunitu-Tempels wurde dieser Tonzylinder gefunden.*

Nabonid (555–539 v. Chr.) war der letzte König, der über Mesopotamien herrschte. Obwohl er General war, stellen die Berichte ihn nicht als militärischen Herrscher dar, sondern vielmehr als Mann, der an Geschichte, Antiquitäten und der Restaurierung von Tempeln interessiert war. (So vollendete er etwa einige Arbeiten, die Nebukadnezar und Neriglissar begonnen hatten.) Außerdem förderte er den Kult des Mondgottes Sin, der in Vergessenheit geraten war. Seine Mutter Adda-Guppi, der er offenbar sehr nahe stand, war eine Hohepriesterin Sins. Außer dass sein Vater Nabu-balatsu-ikbi dem niederen Adel angehörte, wissen wir nichts über ihn.

Anscheinend konzentrierte er seine Energie größtenteils auf den alten Süden seines Landes. Er scheint ein fähiger Herrscher gewesen zu sein, denn das Reich zerfiel erst am Ende seiner Regierungszeit, und zwar infolge massiven Drucks von außen. Wegen seiner Unterstützung des Sin-Kults kam es zu Auseinandersetzungen mit den mächtigen Marduk-Priestern. Auch gelang es ihm nicht, das Vertrauen seines Volkes zu gewinnen. Wahrscheinlich begünstigten diese Faktoren die persische Invasion, die seine Regentschaft beendete.

Die Tatsache, dass Nabonid von seinen Standesgenossen zum König gemacht wurde, ist ein Hinweis auf sein Talent. 30 Jahre bevor er den Thron bestieg, hatte er möglicherweise als Feldherr einen Friedensvertrag zwischen den Medern und den Lydern ausgehandelt. Die frühen Jahre seiner Herrschaft waren von einer vernünftigen Militärpolitik geprägt. Er scheint immer die Loyaliät der Armee besessen zu haben. Dennoch hat man den Eindruck, dass er bei seinem Volk nicht beliebt war.

Es ist nicht schwer, dafür Gründe zu finden. Nabonid stammte weder aus der Familie Nebukadnezars, noch war er ein hoher Adeliger. Beides hätte jedoch nicht zwangsläufig ein Nachteil sein müssen. Seine Mutter, die das außergewöhnliche Alter von 104 Jahren erreichte, starb erst in Nabonids neuntem Regierungsjahr. Sie war Sin-Priesterin in Harran, jener Stadt im Norden, in der der letzte assyrische König Zu-

DIE SCHRIFT AN DER WAND

«Im gleichen Augenblick gingen hervor Finger wie von einer Menschenhand, die schrieben gegenüber dem Leuchter auf die getünchte Wand in dem königlichen Saal. Und der König erblickte die Hand, die da schrieb. Da entfärbte sich der König und seine Gedanken erschreckten ihn, so dass er wie gelähmt war und ihm die Beine zitterten. Und der König rief laut, dass man die Weisen, Gelehrten und Wahrsager herbeiholen solle. Und er ließ den Weisen von Babel sagen: Welcher Mensch diese Schrift lesen kann und mir sagt, was sie bedeutet, der soll mit Purpur gekleidet werden und eine goldene Kette um den Hals tragen und der Dritte in meinem Königreich sein. Da wurden alle Weisen des Königs hereingeführt, aber sie konnten weder die Schrift lesen noch die Deutung dem König kundtun. Darüber erschrak der König Belsazar noch mehr und verlor seine Farbe ganz, und seinen Mächtigen wurde angst und bange.»

Nur der hebräische Prophet Daniel, der am babylonischen Hof weilt, kann die Schrift deuten, von der diese Episode des Buchs Daniel (5,5–9) spricht. Die Worte lauten „Mene mene tekel u-parsin". Sie beziehen sich auf verschiedene Geldwerte. Mene ist gleichzusetzen mit *mina*, Tekel mit *schekel* und u-parsin mit dem halben *schekel*. Daniel interpretiert dies folgendermaßen: *« … man hat dich auf der Waage gewogen und zu leicht befunden … dein Reich ist zerteilt und den Medern und Persern gegeben.»*

Der Verfasser des Buchs Daniel, der den Text einige Zeit nach dem Ereignis niederschrieb, hatte bereits erlebt, dass die Perser Babylon erobert und damit Daniels Prophezeiung erfüllt hatten. Belsazar, der nie wirklich König war, sondern anstelle seines Vaters Nabonid regierte, hatte unwissentlich ein Sakrileg begangen, als er die heiligen Gefäße aus dem Salomonischen Tempel in Jerusalem für ein Festmahl verwendete. Die Plünderung der Tempel besiegter Feinde war in Babylon gängige Praxis. Zudem war die Botschaft in Aramäisch geschrieben, das zu Belsazars Zeit weit verbreitet war, so dass er sie problemlos hätte verstehen müssen. Als der Maler Rembrandt das seinem Freund, dem sephardischen Rabbi Menasseh-ben-Israel (1604–1657) gegenüber erwähnte, erklärte dieser ihm, dass der Regent die Worte nicht verstehen konnte, da sie in ungewöhnlicher Reihenfolge erschienen. Ganz abgesehen von diesen Fragen weisen die Geschichte und andere Erzählungen im Buch Daniel darauf hin, welch große Bedeutung die Babylonier Träumen, Omen und Vorzeichen beimaßen.

RECHTS *Auf seinem Gemälde „Belsazars Gastmahl" ordnete Rembrandt die Zeichen der Inschrift fälschlicherweise in Spalten an, statt von rechts nach links, wie die hebräische Sprache in aramäischer Schrift notiert wird.*

flucht gesucht hatte. Da Hohepriesterinnen normalerweise aus dem Adel stammten, kann man spekulieren, dass Adda-Guppi eine assyrische Adelige war. Es war schon lange her, dass Nabopolassar dem Assyrischen Reich den Todesstoß versetzt hatte, doch nicht lange genug, als dass die assyrische Hegemonie über Babylon hätte in Vergessenheit geraten können. Wenn also Nabonid assyrischer Abstammung gewesen war, hat dies sicher nicht zu seiner Beliebtheit beigetragen. Er versuchte, einige politische und wirtschaftliche Reformen durchzuführen, tat dies aber offenbar so ungeschickt, dass sie nur dazu beitrugen, ihn seinem Volk weiter zu entfremden.

Eine seiner ersten Taten war die Restaurierung des Ehulhul in Harran, in dem seine Mutter Hohepriesterin war. Ein Text auf dem „Nabonid-Zylinder", der in Sippar gefunden wurde und heute im British Museum in London ausgestellt ist, behauptet, dass Marduk Nabonid im Traum angewiesen habe, diese Arbeiten durchzuführen. Doch der Text preist auch den Gott Sin. Und es fällt auf, dass in Harran gefundene Inschriften kaum Hinweise auf Marduk enthalten. Damals war Harran in der Hand der Meder, und Nabonid gelang es nicht, sie zu vertreiben. Da die Stadt an der Kreuzung wichtiger Handelsstraßen lag, die das Medische Reich im Nordwesten und das Lydische Königreich (in der heutigen Westtürkei) versorgten, ist es möglich, dass Nabonid den Tempel nicht nur aus sentimentalen Erwägungen restaurieren ließ.

Der Hinweis, dass Nabonid auf Marduks Anweisung hin handelte, stellte eine Huldigung an Babylon dar. Dennoch sorgten die Arbeiten in Harran für großen Ärger zu Hause. Den Inschriften des Nabonid-Zylinders zufolge sammelten sich überdies auch an anderer Stelle Gewitterwolken:

> *«Zu Beginn des dritten Jahres [533 v. Chr.] erweckten sie König Kyros … Er zerstreute mit seiner kleinen Armee die großen medischen Horden. Astyages, den König der Meder, nahm er gefangen und führte ihn in sein Land. Damit erfüllten sich die Worte des großen Herrn Marduk und Sins, des Erleuchters des Himmels und der Unterwelt, dessen Befehl nicht widerrufen wird. Ich [Nabonid] fürchtete ihren erhabenen Befehl, wurde unruhig, machte mir Sorgen, und mein Gesicht zeigte Anzeichen von Angst. Ich war weder gleichgültig, noch nachlässig, noch sorglos.»*

Einige Wissenschaftler glauben, dass Nabonid versuchte, die Meder aus Harran zu vertreiben, indem er Kyros ein Bündnis vorschlug. Falls dies wirklich der Fall gewesen sein sollte, scheiterten diese Bemühungen ganz offensichtlich.

Kyros war ein achämenidischer König, der die Macht in Persien übernommen hatte. Er hatte bereits gegen die Meder erfolgreich gekämpft und ihre Hauptstadt Ekbatana (Hamadan) 549 v. Chr. erobert. Mesopotamien war dadurch an seinen Nord- und Ostgrenzen bedroht. 549 v. Chr. kontrollierte Kyros das gesamte Medische Reich. Drei Jahre später nahm er offiziell den Titel „König von Persien" an.

Nabonid nahm die persische Gefahr offenbar nicht ernst. Sorglos verfolgte er seine Bauprojekte weiter. Der Ärger des Volkes über die finanzielle Belastung wuchs. Die Unzufriedenheit nahm noch weiter zu, als eine Seuche ausbrach und eine Inflation auslöste: Zwischen 560 und 550 v. Chr. stiegen die Preise um 50 Prozent an.

Eine verhängnisvolle Entscheidung

Zu diesem Zeitpunkt, etwa im Jahr 552 v. Chr., traf der König mit vermutlich 50 Jahren eine außergewöhnliche Entscheidung. Er ließ seinen Sohn Belsazar als Regent in der Stadt Babylon zurück und verließ zusammen mit seinem Hof die Hauptstadt, um sich 900 Kilometer weiter südwestlich in Taima anzusiedeln, im Norden der Arabischen Wüste. Er blieb dort ein Jahrzehnt lang und errichtete im Grunde eine neue Hauptstadt, mit königlichen Bauwerken und Tempeln.

D.W. GRIFFITHS „INTOLERANZ“

Der Film „Intoleranz“ (1916) des Hollywood-Pioniers D.W. Griffith behandelt das Thema Intoleranz in vier verschiedenen Zeitepochen. Die Episode, die in der Antike spielt, erzählt von der Einnahme Babylons durch Kyros. Rebellische Priester verraten den friedliebenden Prinzen Belsazar an den Perserkönig. Noch nie zuvor war eine so riesige Kulisse aufgebaut worden. Für Massenszenen wurden 16 000 Statisten engagiert. Das Gesamtbudget von zwei Millionen US-Dollar war für die damalige Zeit ebenfalls beeindruckend; ein Drittel des Geldes verschlangen allein die Sequenzen, die in Babylon spielten.

Die Schilderung des Falls von Babylon ist wegen ihrer historischen Genauigkeit und des Mitgefühls für die Babylonier beeindruckend. Die Kulissen der Szenen in der Stadt wären Nebukadnezars selbst würdig gewesen. Allerdings ist es unwahrscheinlich, dass er oder seine Nachfolger Elefanten an ihrem Hof hielten. Zu seiner Zeit war der Film ein Flop. Seine pazifistische Botschaft kam in den USA nicht gut an, zumal das Land kurz davorstand, in den Ersten Weltkrieg einzutreten. Der Film ist schwerfällig und verknüpft recht ungeschickt die vier Handlungen: das Leben Jesu, die Bartholomäusnacht 1572, den Fall Babylons und eine moderne Geschichte über soziale Ungerechtigkeit. Mit seinen 197 Minuten hat er zudem wahrhaft epische Länge.

Es gab damals nur wenige Spielfilme über Babylon und keinen anderen von solchem Format. Domenico Paolella nahm sich mit seinem Film „Herkules gegen die Tyrannen von Babylon“ (1964) des Themas an.

Dass Nabonid die Hauptstadt in solch gefährlichen Zeiten verließ, wird sein Ansehen beim Volk und der Priesterschaft nicht verbessert haben. Entscheidend war jedoch, dass das Frühjahrsfest in seiner Abwesenheit nicht stattfinden konnte. Deshalb wurde durch seinen Umzug der rituelle Zyklus unterbrochen und untergraben. Hinzu kam, dass Belsazar zwar Kronprinz war und die Armee anführte, aber weder die Autorität seines Vaters besaß noch in der Lage war, den wachsenden Widerstand im Land zu unterdrücken. Besonders gefährlich war die Entstehung einer propersischen Fraktion, die möglicherweise von Kyros finanziert wurde. Diese sah die Perser in zunehmendem Maße als Befreier an.

Es wurden verschiedene Gründe für Nabonids verhängnisvolle Entscheidung, die Hauptstadt zu verlassen, angenommen. Seine Besessenheit von religiösen Reformen scheint fast zu einer Manie geworden zu sein. Er machte keinen Hehl aus seiner Verachtung gegenüber der Gottlosigkeit seiner Untertanen, die sich seiner Meinung nach in der Ablehnung des Gottes Sin äußerte. Auch ihre Gesetzlosigkeit war ihm zuwider. Das biblische Buch Daniel, das an dieser Stelle Nebukadnezar mit Nabonid verwechselt, berichtet von einer Phase der Verrücktheit. Bewegte sie ihn zu seinem Umzug? Oder litt er an einer Krankheit, die ihn zwang zu gehen? Es gibt Vermutungen, dass er Lepra hatte. Hebräische Quellen sprechen von einer sieben Jahre andauernden Krankheit als Folge göttlichen Zorns. Doch diese Deutung mag auch auf Propaganda durch die Marduk-Priesterschaft beruht haben. Nabonids eigenen Chroniken kann man entnehmen, dass er 553 bis 552 v. Chr. krank war, sich aber erholte.

Vielleicht interessierte Nabonid sich einfach nicht für den Schaden, den sein Ansehen zu Hause nahm. Er war ganz offensichtlich weder eingebildet noch dumm und muss wahrgenommen haben, dass die Aussetzung des Frühjahrsfestes die Moral untergrub. Hoffte er, dadurch Marduk zugunsten von Sin abwerten zu können?

Was auch immer wirklich geschehen sein mag: Nach zehnjähriger Abwesenheit kehrte Nabonid ungehindert nach Babylon zurück und wurde widerstandslos akzeptiert. Das ist insofern überraschend, als er mit Belsazar einen verantwortungsbewussten und fähigen Stellvertreter zurückgelassen hatte, den die Babylonier möglicherweise als Alternativherrscher favorisiert hätten.

Deshalb scheint es wahrscheinlich, dass Nabonid bewusst zum Wohl seines Landes ein Risiko einging, indem er Babylon verließ. Taima lag an einer Kreuzung mehrerer Karawanenstrecken, die nach Damaskus und Saba, zum Persischen Golf, ans Rote Meer und nach Ägypten führten. Somit war die Stadt eine gute Basis für den Ausbau eines neuen Handelsimperiums in Richtung Süden entlang der Küste des Roten Meers und anderswohin. Berücksichtigt man sein früheres Interesse an Harran und die Tatsache, dass während seiner Regierungszeit der internationale Handel florierte, ist es denkbar, dass seine Bestrebungen in diese Richtung zielten.

Doch das sind alles Vermutungen. Die letzte Theorie klingt zwar vernünftig, ist aber nicht unumstritten: Nabonid muss als Kenner der Geschichte seines Landes gewusst haben, wie riskant es war, als König seine Machtbasis zu verlassen, insbesondere in unsicheren Zeiten. In den zehn Jahren, die er fern von Babylon verbrachte, wurde er überdies alt. Es war nicht klar, ob er die Energie und den Ehrgeiz würde aufbringen können, seine Pläne durchzuführen, zumal ihm klar gewesen sein muss, wie unbeliebt er in seiner Heimat war. Doch die größten Bedenken gründen sich darauf, dass es für seine Motive keinerlei schriftliche Belege gibt; zudem scheint das Jahrzehnt in der Wüste vollkommen fruchtlos geblieben zu sein.

UNTEN *Nabonid setzte sich vehement für die Verehrung des Mondgottes Sin und verwandter Gottheiten wie dessen Tochter Ischtar ein und stellte diese über den traditionellen Hauptgott Marduk. Dies trug vermutlich zu seiner großen Unbeliebtheit im Volk bei. Diese Alabasterstatue von Ischtar aus dem 3. Jahrtausend v. Chr. stammt aus ihrem Tempel in Mari.*

Zu Nabonids Leistungen zählte auch die Restaurierung des Tempels in Ur, der ebenfalls dem Mondgott geweiht war. Wie schon Sargon setzte er dort seine Tochter Bel-shalti-Nannar als Hohepriesterin ein und stellte damit dieses Amt wieder her, das seit einiger Zeit nicht mehr besetzt worden war. Der Tempel in Harran war noch jahrhundertelang in Benutzung. Römische Münzen, die um 300 n. Chr. dort geprägt wurden, zeigten noch immer Sins Mondsichel. Dieses Symbol hat noch heute eine religiöse Bedeutung. Doch Nabonids Fehler überwogen im Gedächtnis der Menschen gegenüber seinen Leistungen. Nach dem Fall Babylons lag es in Kyros' Interesse, den besiegten König zu diffamieren. So verfassten die babylonischen Anhänger des Perserkönigs eifrig Nabonid-feindliche Schriften. Im „Strophengedicht des Nabonid" wird er als Geisteskranker und Lügner dargestellt, der sich mit Siegen brüstete, die er niemals errungen hatte, und als Ketzer, der Marduk verunglimpfte und seinem Volk den Gott Sin aufzwang – *«eine Gottheit, die niemand in diesem Land jemals gesehen hat»*. Kyros pflegte die Bevölkerung der von ihm eroberten Länder so weiterleben zu lassen wie zuvor. Er tastete deren Infrastruktur und natürlich auch die Religion nicht an. Dies war einer der Gründe für seinen großen Erfolg.

Die Invasion Kyros' des Grossen

Im Herbst 539 v. Chr. griff Kyros Babylon an. Der begabte Heerführer Belsazar mobilisierte die Truppen entlang des Tigris, wurde jedoch vernichtend geschlagen. Die Perser hatten ein deutlich größeres Heer und erhielten zusätzlich Unterstützung durch den assyrischen Statthalter Gobryas, der zu ihnen überlief. Nabonid musste aus Sippar weichen; die Stadt fiel kampflos. Nach einer nur 16 Tage währenden Schlacht war Babylon erobert – ebenfalls ohne Widerstand. Nabonid wurde gefangen genommen. Einigen Quellen zufolge verschonte Kyros ihn und machte ihn zum Statthalter Zentralpersiens, doch das scheint eher unwahrscheinlich. Nabonid muss etwa 70 Jahre alt gewesen sein und wird an einer solchen Niederlage zerbrochen sein. Sein Sohn Belsazar kam im Kampf um die Stadt Opis östlich von Sippar um.

Kyros selbst zog etwa zwei Wochen nach der Eroberung Babylons in die Stadt ein. Es kam weder zu Plünderungen noch zu Zerstörungen; die Tempel und Götter, privates Eigentum und der Palast wurden verschont. Sobald die Ordnung wieder hergestellt war, ließ Kyros die Götterbilder, die Nabonid während der Kämpfe aus den umliegenden Städten zur Verwahrung nach Babylon gebracht hatte, wieder in ihre ursprünglichen Tempel zurücktransportieren.

Angesichts solchen Großmuts wundert es nicht, dass ihm Mesopotamien erlag. Kyros machte deutlich, dass er sich als Nachfolger aller großen Herrscher des Landes sah. Er pries dessen Helden und verkündete, dass er selbst Marduk verehre und *«seine große Göttlichkeit freudig preise»*. Die religiösen Zeremonien und Kulte, die Nabonid ausgesetzt hatte, wurden wiederaufgenommen. Kyros ordnete zudem an, dass Nabonids Name aus all seinen Monumenten herausgemeißelt werden sollte.

Ein in akkadischer Sprache beschriebener Tonzylinder (der sogenannte Kyros-Zylinder, der heute im British Museum zu sehen ist) berichtet, dass die Babylonier den Perserkönig ohne Vorbehalte akzeptierten:

> *«Alle Einwohner Babylons sowie des gesamten Landes der Sumerer und Akkader, Prinzen und Statthalter, beugten die Knie, küssten seine Füße und jubelten, dass er die Königswürde errungen hatte. Mit strahlenden Gesichtern begrüßten sie ihn herzlich als ihren Herrscher, durch dessen Hilfe sie vom Tod ins Leben zurückgefunden hatten. Er hatte ihnen Schaden und Leid erspart, und sie verehrten seinen Namen.»*

So fand nach vielen Jahrhunderten aufeinanderfolgender Dynastien die Herrschaft einheimischer Könige über Mesopotamien schließlich ein Ende.

KAPITEL SIEBZEHN

AUF DER SUCHE NACH DER VERGANGENHEIT

Die meisten erhaltenen Überreste der Stadt Babylon befinden sich am Ostufer des Euphrats. Während ihrer Blütezeit war sie die größte Stadt der bekannten Welt. Der erste Historiker, der von ihr berichtete, war Herodot. Wir wissen zwar nicht sicher, ob er Babylon wirklich besucht hat, doch seine Beschreibungen lassen wahre Begeisterung erkennen.

Herodot war ein griechischer Reisender und Historiker des 5. Jahrhunderts v. Chr. Der römische Politiker Cicero (1. Jahrhundert v. Chr.) nannte ihn den „Vater der Geschichtsschreibung". Heutige Historiker verliehen ihm dagegen den Spitznamen „Vater der Lügen" aufgrund seiner Neigung, Informationen zu erfinden, um seine Geschichten interessanter zu machen, und seiner Bereitwilligkeit, alles für bare Münze zu nehmen, was ihm erzählt wurde. Inwieweit diese Vorwürfe berechtigt sind, ist nach wie vor umstritten. Auf jeden Fall ist Herodot immer noch eine äußerst wertvolle und unterhaltsame Quelle. Wo seine Darstellungen irreführend oder ungenau sind, können die Arbeiten seiner Nachfolger uns darauf aufmerksam machen. Man muss Herodot zugutehalten, dass er dem Leser mitteilte, er habe nur wiedergegeben, was ihm erzählt worden sei. Er war sehr neugierig und ein unermüdlicher Reisender. Im ersten Buch seiner „Historien" findet sich sein Bericht über das antike Mesopotamien.

Mesopotamien in der antiken Geschichtsschreibung

Ktesias von Knidos lebte etwa zur selben Zeit wie Herodot. Er war der Leibarzt des persischen Königs Artaxerxes II. von Mnemon (regierte 404–358 v. Chr.) und begleitete ihn 401 v. Chr. auf einem Feldzug gegen seinen rebellischen Bruder Kyros den Jüngeren. Ktesias verfasste Werke über Berge und Flüsse, die persische Wirtschaft sowie eine umfassende Geschichte Assyriens und Persiens mit dem Titel „Persika", die vermutlich auf den königlichen Archiven Persiens basiert. Die ersten sechs Bücher der „Persika" beschäftigen sich mit der Geschichte Assyriens und Babylons bis zur Gründung des Persischen Reichs. Die restlichen 17 Bücher reichen bis ins Jahr 398 v. Chr. Der griechische Historiker Diodor (um 45 v. Chr.) wurde von Ktesias stark beeinflusst: Das zweite Buch seiner vielbändigen Universalgeschichte „Bibliotheca historica" stützt sich auf dessen Werk. Diodors Bericht über das antike Mesopotamien ist höchst unterhaltsam und enthusiastisch, doch insgesamt unzuverlässig.

Der historische Wert der „Persika" war schon im Altertum sehr umstritten und ist es bis heute. Viele antike Experten schätzten ihren Wert sehr hoch ein und verwendeten sie, um Herodot zu diskreditieren. Heutzutage hält man das Werk historisch für unbedeutend, da seine Berichte über die assyrischen Könige nicht mit den vorliegenden Keilschrift-Zeugnissen übereinstimmen. Der assyrische Rhetoriker Lukian, der im 2. Jahrhundert n. Chr. lebte, hielt sowohl von Ktesias als auch von Herodot wenig und versetzte die beiden fantasievoll in die Hölle:

RECHTS *Ein bewaffneter irakischer Mann bewacht eine antike sumerische Stätte, die erst im Jahr 2000 bei Umm al-Aqareb entdeckt wurde, rund 300 Kilometer südlich von Bagdad. Man datierte die Siedlung auf etwa 2700 v. Chr. Damit zählt sie zu den ältesten archäologischen Funden der Welt. Zu den Überresten der Stadt gehören ein Friedhof, Wohnhäuser und ein Palast.*

> *«Die Menschen, die zu Lebzeiten Lügen erzählt und unwahre Geschichten aufgeschrieben hatten, erlitten die schlimmsten Qualen; zu ihnen zählten unter vielen anderen Ktesias von Knidos und Herodot.»*

Ein weiterer Historiker, der über das antike Mesopotamien schrieb, war Berossos. Er veröffentlichte seine „Babylonaica" um 278 v. Chr. Sein Werk ist nicht mehr vollständig erhalten, doch er wurde häufig von anderen Geschichtsschreibern zitiert, die kurze Zeit nach ihm wirkten und Zugriff auf sein Buch hatten. Zu ihnen zählt auch Flavius Josephus (um 37–100 n. Chr.). Berossos wurde entweder kurz vor oder während der Regierungszeit Alexanders des Großen in Babylon geboren. Der Name Berossos ist die griechische Form eines akkadischen Namens, der „Bel ist sein Hirte" bedeutete. Sein Werk verfasste er möglicherweise im Auftrag des Seleukidenkönigs Antiochos I. Soter (regierte 281–261 v. Chr.).

Der letzte antike Historiker, der hier erwähnt werden muss, ist der Grieche Strabon („der Schielende"). Er lebte etwa von 64 v. Chr. bis 24 n. Chr. Seine „Geographika" ist fast vollständig verloren, doch einige Zitate und Hinweise auf das Werk überdauerten in Schriften anderer Autoren. Der Vordere Orient ist ein häufiges Thema seines 17-bändigen Werks. Strabons Meinung über Herodot und Ktesias war ebenso kritisch wie die Lukians, was darauf hindeutet, dass die Griechen zu diesem Zeitpunkt über profundere Kenntnisse über die mesopotamische Geschichte verfügten.

Europäische Reisende

Danach scheint das Interesse am Alten Orient vorerst nachgelassen zu haben. Es erwachte erst wieder im Mittelalter. Unter den frühesten Autoren dieser Epoche ist vor allem Rabbi Benjamin von Tudela zu nennen, der im 12. Jahrhundert n. Chr. in die Region reiste und einen Bericht über seine Erlebnisse verfasste. Vier Jahrhunderte später fuhr der Londoner Kaufmann Ralph Fitch (gestorben um 1610) als erster Engländer nach Mesopotamien. Im Februar 1583 ging er zusammen mit den Händlern John Newbery und John Eldred sowie dem Juwelier William Leedes und dem Maler James Story an Bord der „Tyger", um nach Tripolis und Aleppo zu segeln. Von Aleppo aus erreichten sie den Euphrat und segelten flussabwärts bis nach Bagdad. Danach reisten sie den Tigris hinab nach Basra. Eldred blieb vor Ort, um seinen Geschäften nachzugehen, während Fitch und die anderen den Persischen Golf hinab nach Ormuz fuhren. Dort wurden sie auf Veranlassung von Venezianern, die die östlichen Handelsrouten streng kontrollierten, als Spione verhaftet. Im Herbst schickte man sie als Gefangene zum portugiesischen Vizekönig nach Goa. Fitchs Reise wird sogar in Shakespeares „Macbeth" erwähnt (1. Akt, dritte Szene, 4–10):

> *«Ein Schiffersweib fand ich, das saß,*
> *Und hatte Kastanien im Schoß,*
> *Und fraß und schmatzt' und fraß;*
> *Gib mir auch, sagt' ich;*
> *Pack dich, Hexe, pack dich,*
> *Schrie das vollwampige Aas.*
> *Ihr Mann ist nach Aleppo gefahren,*
> *Allein den Weg will ich ihm ersparen;*
> *In einem Sieb, in Rattengestalt,*
> *Doch ohne Schwanz, erreich ich ihn bald!*
> *Das tu ich, das tu ich, das tu ich.»*

Fitch kehrte 1591 nach London zurück. Dort wurde seine Geschichte von den Gründern der Ostindien-Kompanie sorgfältig aufgezeichnet.

Rund 30 Jahre nach Fitchs Abenteuer reiste der wohlhabende italienische Adelige Pietro della Valle (1586–1652) im Jahr 1614 im Alter von 28 Jahren Richtung Osten und unternahm eine Pilgerfahrt ins Heilige Land. Er tat dies auf Empfehlung eines Freundes, der meinte, dies sei besser als Selbstmord: Della Valle litt damals an Liebeskummer. Er war ein kultivierter Mann, versiert im Lateinischen und Griechischen, bewandert in der klassischen Mythologie und der Bibel. Während seines ersten Jahrs im Ausland, das er in Konstantinopel verbrachte, kamen noch gute Türkisch- und etwas Arabischkenntnisse hinzu. Er reiste stets im großen Stil und mit standesgemäßem Gefolge. Von Konstantinopel fuhr er weiter nach Alexandria und Kairo. Jerusalem erreichte er gerade rechtzeitig, um dort 1616 Ostern zu feiern. Danach besuchte er Damaskus und Aleppo, bevor er nach Bagdad reiste. Seine Neugier auf die Stadt war unter anderem durch ein Porträt der schönen Prinzessin Ma'ani geweckt worden, die dort lebte. Es folgten Reisen nach Persien und Indien, bevor er über Basra nach Hause fuhr. Della Valles „Reisebeschreibungen in Persien und Indien" wurden zwischen 1658 und 1663 posthum veröffentlicht und enthalten interessante Berichte über Mesopotamien.

Frühe archäologische Expeditionen

Auch im 18. Jahrhundert schrieben mehrere Reisende ihre Erinnerungen nieder. Doch erst im 19. Jahrhundert setzte eine ernst zu nehmende archäologische Forschungstätigkeit ein. Ermutigt durch die Expansion des Britischen Empires im Nahen Osten, waren die Engländer die Ersten, die Expeditionen unternahmen. Italienische und französische Forscher folgten. Die ersten Archäologen waren größ-

UNTEN *Zum Entsetzen der Archäologen begann der irakische Diktator Saddam Hussein im Zuge seiner Selbstverherrlichung 1985 mit einem umfassenden Wiederaufbau der antiken Stadt Babylon. Hier ist seine Rekonstruktion der Prozessionsstraße zu sehen, die zum Ischtar-Tor führte.*

tenteils Amateure, die jedoch mit großem Verantwortungsgefühl und Respekt an ihre Aufgabe herangingen. Der Brite Claudius James Rich (1787–1821) lebte von 1808 bis 1821 in Bagdad. Er kartografierte das Land und sammelte Artefakte, die die Grundlage für die Sammlung des British Museum in London bilden sollten. Nicht immer kam er rechtzeitig, um wertvolle Objekte vor den Plünderungen der Stadtbevölkerung und Stammesangehörigen zu retten. Während er 1820 Ninive erforschte, erfuhr er von *«einem riesigen Flachrelief, das einen Mann und Tiere darstellte und einen grauen Stein bedeckte, der so hoch war wie zwei Menschen»*. Es war zwei Jahre zuvor entdeckt worden, und *«die ganze Stadt Mosul* [die moderne Stadt, die an Ninive angrenzt] *brach auf, um es zu sehen. Innerhalb weniger Tage war es zerteilt oder in Stücke gebrochen»*. Rich verfasste zwei Berichte über dieses Werk, die in England auf großes Interesse stießen, so auch bei Lord Byron (aus „Don Juan", Fünfter Gesang, 62):

> *«Der Zweifel ist heut herrschendes Prinzip,*
> *wenn aber heut noch ein ungläub'ger Mann,*
> *bloß weil er nicht mehr sieht, wo Babel blieb,*
> *(Obwohl doch Claudius Rich, Esquire, dann und wann*
> *Backsteine fand und Bücher drüber schrieb,)*
> *wenn er nicht glauben will, vielleicht nicht kann …»*

Der französische Konsul in Mosul, Paul-Émile Botta (1802–1870), führte 1842 und 1843 Ausgrabungen in Ninive und Chorsabad durch. Allerdings hielt er Letzteres für das antike Ninive. Sein Fehler sei ihm verziehen, denn in Chorsabad, dem antiken Dur-Scharrukin, fand er Teile eines Palasts, in dem Sargon II. residiert hatte. Als er seine Arbeit fortsetzte, wurde er begeistert von der französischen Regierung unterstützt. Ende 1844 begann der mühsame Abtransport der riesigen Skulpturen, die er entdeckt hatte. 600 Männer wurden angestellt, um sie auf speziell angefertigten Wagen nach Mosul zu schaffen. Als Nächstes wurden sie auf Flößen den Tigris hinab nach Basra gebracht und dort auf Schiffe verfrachtet, die sie nach Frankreich transportierten. Es dauerte zwei Jahre, bis sie schließlich den Louvre erreichten.

Botta glaubte, er habe alles Interessante in Chorsabad entdeckt, und schloss seine Grabungen ab. Doch private lokale Unternehmer fanden weitere Stücke, die das British Museum bis 1847 aufkaufte. Den Engländern gelang es auch, zwei riesige *lamassus* nach London zu transportieren, welche die Franzosen aufgrund ihrer enormen Größe zurückgelassen hatten. Sie sind noch heute im British Museum zu sehen.

Austen Henry Layard (1817–1894), der später als Politiker Karriere machte, verbrachte einige Zeit als Archäologe in Mesopotamien. Er war der Erste, der systematisch vorging. Unter der Leitung von Sir Stratford Canning, dem britischen Botschafter in Konstantinopel, begann Layard Ende 1845 Ausgrabungen in Kalchu (Nimrud), der großen Stadt Assurbanipals. Er hatte sogleich Erfolg: Das, was er freilegte, vermittelte einen guten Eindruck von der einstigen Pracht des Palasts des assyrischen Herrschers. Riesige menschliche Köpfe aus Stein kamen aus dem Sand hervor – zum Entsetzen mancher Einheimischer. Es dauerte einige Zeit, bis man sie davon überzeugt hatte, dass es sich dabei nicht um Dämonen handelte.

Mit zahlreichen Aufs und Abs, die mit den Funden und der lokalen Bürokratie vor Ort zu tun hatten, setzte Layard seine Arbeiten in Nimrud fünf Jahre lang fort. Dort besuchte ihn unter anderem sein Freund Henry Rawlinson (1810–1895), der die Keilschrift entziffert hatte und eigene archäologische Forschungen betrieb.

Layard legte weitere Paläste und beeindruckende Artefakte frei wie etwa den Schwarzen Obelisken Salmanassars III. Als er sich später wieder Ninive zuwandte, stellte er fest, dass Botta den Tell Kujundschik, die Stätte des antiken Ninive, nicht umfassend erforscht hatte. Layard entdeckte, dass die Assyrer ihre Paläste auf getrockneten Ziegeln errichtet hatten. Er schrieb darüber:

GERTRUDE BELL UND DAS ARCHÄOLOGISCHE MUSEUM IN BAGDAD

Gertrude Bell wurde 1868 im britischen County Durham als Kind einer wohlhabenden Familie geboren. 1892 fuhr sie zum ersten Mal nach Persien, um ihren Onkel Sir Frank Lascelles zu besuchen, der britischer Minister in Teheran war. Sieben Jahre später kehrte sie in den Nahen Osten zurück, um Palästina und Syrien zu bereisen. Sie lernte Arabisch, Persisch und Türkisch, Italienisch, Französisch und Deutsch. Ihre erste Reise nach Mesopotamien fand 1909 statt. Dort besuchte sie die Stätte des antiken Babylon und lernte T. E. Lawrence kennen (der später als Lawrence von Arabien gefeiert wurde).

OBEN *Gertrude Bell – die „Ungekrönte Königin des Irak".*

Ihre erste Gelegenheit, in Mesopotamien zu arbeiten, das damals noch zum Osmanischen Reich gehörte, erhielt sie während des Ersten Weltkriegs. Nachdem die Briten Basra im November 1914 erobert hatten, schickte das Arabische Büro Bell dorthin, um Landkarten anzufertigen, so dass die britischen Truppen Bagdad erreichen konnten. Die Stadt fiel 1917. Bell war der einzige weibliche politische Offizier des britischen Geheimdienstes. Ihr Beitrag zur Eroberung Bagdads brachte ihr eine Beförderung zur Orientsekretärin ein. Nur wenige Briten vor Ort besaßen eine solch profunde Kenntnis der Region. Daher erhielt sie nach Ende des Krieges und dem Zusammenbruch des Osmanischen Reichs die Aufgabe, zu untersuchen, wie die Briten Mesopotamien am besten verwalten konnten. Ihre Empfehlung, einen arabischen Herrscher einzusetzen, stieß in manchen Kreisen auf Widerstand, beeinflusste aber 1921 die Festlegung der Grenzen des neuen Staates Irak (unter britischer Mandatsherrschaft). Faisal I., der sich während des Kriegs als zuverlässiger Alliierter erwiesen hatte, wurde erster König und Bell seine Beraterin. Als Nächstes konzentrierte sie sich auf den Aufbau des Archäologischen Museums in Bagdad. Trotz europäischen Widerstands bestand sie (mit einigem Erfolg) darauf, dass die Fundstücke der antiken Stätte im Irak bleiben sollten. So schuf sie eine wichtige Grundlage für die Sammlung.

Das Museum wurde im Juni 1926 eröffnet. Im folgenden Monat starb Bell im Alter von 57 Jahren an einer Überdosis Schlaftabletten. Warum sie sich das Leben nahm, ist bis heute unklar. Möglicherweise war in London bei ihr Lungenkrebs diagnostiziert worden – sie war immer eine starke Raucherin gewesen.

Ihr Museum wurde später zum Irakischen Nationalmuseum. Im Jahr 2003 kam es nach dem Einmarsch der USA in den Irak zu verheerenden Plünderungen. Daraufhin ließ der Direktor, Donny George, die Türen des Museums mit Beton versiegeln, um weitere Verwüstungen zu verhindern, und verließ das Land. Inzwischen wurde das Museum renoviert und im Februar 2009 wiedereröffnet.

> *«Bei Grabungen nach Überresten besteht der erste Schritt darin, die Grundplatte aus sonnengetrockneten Ziegeln zu suchen. Ist diese gefunden, müssen die Ausgrabungen bis auf dieses Niveau ausgeweitet werden, nicht tiefer. Danach sollten sie in entgegengesetzte Richtungen weitergeführt werden, wobei man immer darauf achten muss, oberhalb der Grundplatte zu bleiben. Wenn es irgendwelche Ruinen gibt, müssen sie auf diese Weise zwangsläufig entdeckt werden …»*

So fand Layard den Ort, an dem Sanheribs Palast gestanden hatte, der größte und möglicherweise prunkvollste aller Paläste des antiken Mesopotamien.

1847 ging schließlich das Geld aus, und Layard musste nach London zurück. Doch als seine Funde allmählich im British Museum eintrafen, stieg das Interesse am Alten Orient wieder. Um dies zu unterstützen, veröffentlichte Layard sein Werk „Auf der Suche nach Ninive", eine wissenschaftliche Abhandlung im Duktus einer Abenteuergeschichte. Einige Jahre später erschien Henry Rawlinsons Bericht über seine Übersetzungen der Behistun-Inschrift.

Im Oktober 1849 kehrte Layard nach Mosul zurück. 18 Monate später hatte er allein an Sanheribs Palast schätzungsweise drei Kilometer Mauern mit Flachreliefs freigelegt. Außerdem entdeckte er Assurbanipals Bibliothek. Doch im Jahr 1852 gab er die Archäologie zugunsten der Politik auf. In der Folge setzte sein Assistent Hormuzd Rassam (1826–1910) seine Arbeit fort. Dieser war ein in Mosul geborener assyrischer Christ, der sein gesamtes Berufsleben lang als Archäologe tätig war (wenn man von einem kurzen, katastrophalen Ausflug in die Diplomatie absieht). Rassams Leistungen in Ninive und Kalchu stellen fast alles andere in den Schatten. Er entdeckte nicht nur die berühmten Reliefs, die Assurbanipals Löwenjagd zeigen, sondern auch die Steintafeln mit dem „Gilgamesch-Epos". Er arbeitete bis Anfang der

«An der Nordostecke [der Hauptzitadelle] … war eine große Basaltfigur eines Löwen, der auf einem unter ihm liegenden Menschen herumtrampelt. Die rechte Hand des Mannes befindet sich an der Flanke des Tieres, die Linke an seinem Maul. Letztere wurde von abergläubischen Händen abgehackt. Überall sind zudem Spuren von Steinen und Kiesel zu sehen, die nach ihm geworfen wurden und werden, da er als gefürchteter *djinn* gilt [ein dämonischer Geist der islamischen Legende]. An einer Seite haben die Araber ein tiefes Loch in seine Flanken gegraben, das nun mit Zement aufgefüllt ist. Der Grund dafür ist folgender: Einst kam ein Europäer hierher und erkundigte sich nach dem Löwen, von dem er möglicherweise in Büchern früherer Reisender gelesen hatte. Die Araber zeigten ihm ihn, und nachdem er ihn genau angesehen hatte, wählte er von den kleinen Löchern im Basalt das rechte. Er steckte einen Schlüssel hinein und drehte ihn herum. Daraufhin füllte sich seine Hand sofort mit Goldmünzen. Nach diesem Streich ging der Reisende, der kein Arabisch sprach, fort. Die braven Araber wollten jedoch an den Schatz gelangen und hämmerten ein Loch in den Löwen. Das muss eine harte Arbeit gewesen sein, denn der Stein ist äußerst hart.»

Robert Koldewey: „Das wieder erstehende Babylon" (1914)

ROBERT KOLDEWEY

OBEN *Trotz seiner großen Bedeutung als Archäologe bekleidete Robert Koldewey nie eine akademische Position in diesem Bereich.*

Robert Koldewey war keineswegs der erste Archäologe, der in Mesopotamien forschte. Schon früher hatten dort mehrere wichtige Ausgrabungen stattgefunden, geleitet von Männern wie Claudius Rich, Paul-Émile Botta, Henry Layard und Hormuzd Rassam. Koldewey wurde zwar dafür kritisiert, dass er kaum auf Schrifttafeln achtete und sich auf die Freilegung von Gebäuden konzentrierte, doch er war der Erste, dem es gelang, ausgedehnte und systematische Arbeiten in Babylon durchzuführen.

Er hatte Geschichte und Architektur in Berlin und Wien studiert, bevor er sich 1882 an einer Grabung in der Türkei beteiligte. Danach leitete er viele Expeditionen in Italien und Griechenland. Im Juni 1887 kam er zum ersten Mal kurz nach Babylon. Erst zehn Jahre später, im Dezember 1897, folgte ein zweiter, ebenfalls kurzer Besuch. Bei diesem Anlass sammelte er einige *«emaillierte Tonreliefs»*, die er mit nach Berlin nahm, um den Generaldirektor der Königlichen Museen dazu zu bewegen, umfassende Grabungen zu bewilligen. Damals lag Babylon im Osmanischen Reich, das eine enge Beziehung zu Deutschland pflegte. Zudem hatte Kaiser Wilhelm II. persönlich großes Interesse an einer archäologischen Expedition nach Mesopotamien und ebnete Koldewey den Weg.

Am 26. März 1899 begann er mit den Grabungen. Er arbeitete unermüdlich, sommers wie winters, und ignorierte soweit möglich den Ersten Weltkrieg, bis 1917 seine Gesundheit unter den Anstrengungen zu leiden begann. Auch seine beharrlichen Versuche, unter Beweis zu stellen, dass sein Geist stärker war als sein Körper, trugen nicht zur Verbesserung seines Zustands bei. Seine Besessenheit brachte ihn unter anderem dazu, mitten im Hochsommer dicke Anzüge und im kältesten Winter dünne zu tragen. Dennoch konnte er im Jahr vor seinem Tod und nach Veröffentlichung seiner abschließenden Grabungsberichte feststellen, dass *«die wichtigsten Punkte dieser großartigen, glorreichen Stadt bearbeitet wurden»*. Mit viel Glück hatte er den bedeutendsten Teil freigelegt. Bezogen auf die Größe der gesamten Stadt handelte es sich jedoch nur um einen Bruchteil. Was unter Nebukadnezars Stadt liegt, werden wir nie erfahren.

Von Februar bis November 1902 grub Koldewey das Ischtar-Tor aus. Ein Jahr später stieß er auf ein Gewölbe, dass er fälschlicherweise für Überreste der Hängenden Gärten hielt; wahrscheinlich handelte es sich in Wahrheit um einen riesigen Lagerraum. Außerdem entdeckte er die nordöstliche Ecke der südlichen Zitadelle. In den folgenden Jahren brachte er viele Überreste des Königspalasts, des großen Marduk-Tempels Esagila, der Etemenanki-Zikkurat, einiger Tempel, der Wehrmauern und des Stadtzentrums zutage.

Koldeweys Leistung war von enormem Wert, denn sie vermittelt uns einen Eindruck von der Stadt, wie sie zur Zeit Nebukadnezars des Großen ausgesehen haben muss.

SIR LEONARD WOOLLEY

OBEN *Leonard Woolley untersucht einen Fund aus dem Sin-Tempel. Insgesamt verbrachte er zwölf Jahre in Ur.*

Leonard Woolley legte in den 1920er Jahren die berühmten Königsgräber der antiken Stadt Ur frei. 1880 in London geboren, begann er sein Berufsleben als stellvertretender Kustos im Ashmolean Museum in Oxford. Seine archäologische Karriere nahm er 1906 auf Anregung von Sir Arthur Evans (1851–1941) auf, der später für seine Ausgrabungen in Knossos berühmt wurde. Woolley leitete an der römischen Stätte in Corbridge (Northumberland) die Grabungen, obgleich er dafür keine Ausbildung besaß. 1912 arbeitete er zusammen mit T. E. Lawrence in Karkemisch. Im Jahr 1922 übernahm er dann die Leitung der Ausgrabungen in Ur und leitete eine gemeinsame Expedition des Londoner British Museum und der Universität Pennsylvania, wobei Letztere den Großteil der Finanzen zur Verfügung stellte.

Ur war seit 1854 bekannt. Damals hatte der britische Vizekonsul in Basra, J. E. Taylor, im Auftrag des British Museum an einigen antiken Stätten in Südmesopotamien geforscht. Rund 15 Kilometer vom Euphrat entfernt hatte er einige Hügel bemerkt. Den höchsten von ihnen nannten die Einheimischen Tell al-Muqayyar („Stufenhügel"). Taylor begann seine Forschungen an dieser Stelle. Schon bald entdeckte er hier Inschriften, denen zu entnehmen war, dass sich an dieser Stelle die bedeutende Stadt der Sumerer befunden hatte. Der Stufenhügel entpuppte sich als nichts Geringeres als die Zikkurat von Ur-Nammu und Nabonid.

Jahre später schickte die Universität von Pennsylvania eine Expedition an die Stätte, die in der Zwischenzeit nicht weiter erforscht worden war. Nachdem sie ohne besondere Ergebnisse Ur verlassen hatte, wurden weitere Arbeiten durch den Ausbruch des Ersten Weltkriegs verhindert. Erst 1922 konnte eine erneute Grabung organisiert werden.

Woolleys Arbeiten in Ur dauerten zwölf Jahre, bis 1934. Während dieser Zeit gelang es ihm, Hunderte von Schrifttafeln und wertvollen Artefakten zu entdecken und an das British Museum zu schicken, unter anderem den berühmten „Widder im Dickicht", die „Standarte von Ur". Woolleys Ehefrau Katherine beteiligte sich an der Restauration der Fundstücke. Sie wurde aber auch aus einem anderen Grund berühmt: 1927 reiste Agatha Christie, die sich gerade von ihrem Mann getrennt hatte, in den Orient. Dort traf sie Max Mallowan, Woolleys jungen Assistenten, den sie auf mehrere Ausgrabungen begleitete. 1930 heirateten die beiden. Christies Buch „Mord in Mesopotamien", das an einer archäologischen Grabungsstätte im Irak spielt, erschien 1936. Einige Zeitgenossen erkannten schnell, dass die Ehefrau eines Archäologen, die das Mordopfer war, Ähnlichkeiten mit Woolleys Gattin Katherine hatte. Es war kein Geheimnis, dass die beiden Frauen sich im Irak zerstritten hatten, nachdem die herrische Lady Woolley sich in Christies und Mallowans Hochzeitspläne eingemischt hatte.

1880er Jahre in Assyrien. Obwohl Rassam gelegentlich rassistische Angriffe erfuhr, war er äußerst anglophil. Er heiratete eine Engländerin und verbrachte seinen Lebensabend in Brighton.

Spätere Arbeiten in Babylon wurden durch die bahnbrechenden Entdeckungen in Assyrien gewissermaßen in den Schatten gestellt. Der Geologe und Naturforscher William Loftus (1820–1858), der für die türkisch-persische Grenzkommission der britischen Regierung tätig war, konnte zwischen 1849 und 1855 eingeschränkt in Eridu, Nippur, Susa, Ur und Uruk forschen. 1853 bis 1854 legte J. E. Taylor, der britische Vizekonsul in Basra, Teile der Zikkurat in Ur frei. Er fand in den vier Ecken der obersten Etage Tonzylinder, die Inschriften von Nabonid wie zum Beispiel ein Gebet für seinen Sohn Belsazar trugen.

Die Wissenschaft im 19. und 20. Jahrhundert

Ende des 19. Jahrhunderts nahm der britische Einfluss auf das Osmanische Reich, das die Region kontrollierte, ab. Stattdessen wuchs der Einfluss der Deutschen, die zusammen mit den Amerikanern die Führung bei den archäologischen Forschungen übernahmen. Deutsche Wissenschaftler profitierten von der Unterstützung und dem aktiven Interesse Kaiser Wilhelms II., der 1888 den Thron bestiegen hatte; die amerikanischen Universitäten verfügten über umfassende Finanzmittel. Um die Jahrhundertwende führte Robert Koldewey (1855–1925) seine langjährigen Ausgrabungen in Babylon durch, die schließlich vom Ersten Weltkrieg unterbrochen wurden. Nach dem Krieg übertrug der Völkerbund den Briten das Mandat über den Irak. Dies ermöglichte in den 1920er und 1930er Jahren umfassende, langjährige Ausgrabungen in Ur und Umgebung, die von einer gemeinsamen Expedition des British Museum und der Universität von Pennsylvania unter Leitung von Leonard Woolley (1880–1960) durchgeführt wurden.

In den 1920er Jahren wurde ein Museum für mesopotamische Artefakte eingerichtet, das Archäologische Museum Bagdad. Die Gründung war eine Idee der Engländerin Gertrude Bell (1868–1926). Die Orientalistin, Archäologin, Diplomatin, Linguistin und Spionin lebte viele Jahre im Nahen Osten, vor allem aber in ihrer Wahlheimat Irak. Als Beraterin des von den Briten eingesetzten Königs Faisal trat die zierliche Frau so energisch auf, dass sie den Beinamen „Ungekrönte Königin des Irak" erhielt. Das Museum wurde im Jahr ihres Todes eröffnet. Später wurde es in Irakisches Nationalmuseum umbenannt und beherbergte eine der größten Sammlungen der Welt. Bell hatte Vorschriften durchgesetzt, die verhinderten, dass im Irak gefundene Artefakte außer Landes gebracht werden konnten.

Bevor der Zweite Weltkrieg wieder für Unruhe sorgte, wurden Expeditionen nach Kisch (von der Oxford University und dem Field Museum in Chicago, 1922–1933) und Uruk (von Berlin aus, 1928–1939), eine französische Forschungsreise nach Girsu (1929–1934) sowie eine Expedition nach Eschnunna (Orient-Institut der Universität Chicago, 1930–1934) durchgeführt.

Nach 1945 setzte man die Arbeiten fort. Anfang der 1960er Jahre entwickelte die irakische Generaldirektion für Altertümer einen Plan, um zu verhindern, dass das antike Ninive der rasch wachsenden, benachbarten Stadt Mosul weichen musste. Ziel war es, die gesamte Stätte in ein Museum zu verwandeln. Teile der Stadtmauer und -tore wurden restauriert. Von 1987 an unterstützten amerikanische Archäologen die Iraker. Drei Jahre lang arbeiteten sie an den Wohnvierteln der Stadt. Menschliche Überreste, die am Halzi-Tor entdeckt wurden, zeugten von der letzten Schlacht um die Stadt, die 612 n. Chr. mit der Plünderung durch die Meder unterging.

Die Bemühungen wurden jedoch durch den Krieg zwischen Iran und Irak sowie durch den Golfkrieg 1991 und 2003 durch die Invasion der USA unterbrochen.

EPILOG

Die mesopotamische Kultur bestand mehr als 3000 Jahre; ihre Wurzeln reichen bis in die Vorgeschichte zurück. Uns trennt etwas weniger Zeit von Nebukadnezar als ihn von den Ursprüngen seiner eigenen Kultur trennte. Vom heutigen Standpunkt aus lebte er also etwa in der Mitte der Entwicklungsgeschichte der Menschheit. Den Völkern, die in Mesopotamien lebten, waren Zerstörungen durch Kriege nicht fremd: Städte wurden geschleift und Menschen getötet. Gegen den Tod kann man nichts tun, außer zu versuchen, seine unnatürlichen Auslöser einzudämmen. Die Städte und Bauwerke wurden zumindest damals wieder aufgebaut. Heute gibt es niemanden, der sie wieder aufbaut.

Was Babylon angeht, so rief der irakische Diktator Saddam Hussein (1937–2006) im Jahr 1985 ein Wiederaufbauprogramm ins Leben. Doch es scheint, dass dieses grundsätzlich gescheitert ist. Die meisten Kopien der alten Bauten wurden über den antiken Ruinen errichtet, so dass unerforschte und noch nicht freigelegte Bauwerke und Artefakte darunter begraben wurden. Saddam verwendete die falschen Materialien und ließ sogar im Stile Nebukadnezars seinen Namen in einige der neuen Thermalit-Steine stempeln. Der irakische Führer errichtete einen Palast auf den Ruinen einer Zikkurat und wollte 2003 damit beginnen, eine Seilbahn über der Stadt zu bauen. 2006 wurden die Pläne zum weiteren Wiederaufbau Babylons verschoben. Ihr Ziel war es, ein lebendiges Museum daraus zu machen, mit Hotels, Einkaufszentren und eventuell einem Freizeitpark. Im Augenblick scheint dieses Projekt auf Eis zu liegen.

Im Jahr 2003 gerieten die amerikanischen Besatzungstruppen in die Kritik, als die First Marine Expeditionary Force unter Leitung von General James T. Conway einen Hubschrauberlandeplatz auf antiken Ruinen errichtete.

John Curtis, Leiter der vorderasiatischen Abteilung des Londoner British Museum, berichtete, dass auch das Ischtar-Tor durch die Besatzung in Mitleidenschaft gezogen wurde. Neun Tierfiguren der Ziegelreliefs wurden durch Soldaten beschädigt, als diese versuchten, Steine als Andenken herauszubrechen. Außerdem zerstörten Militärfahrzeuge antikes Ziegelpflaster aus dem 2. Jahrtausend v. Chr. Die unverantwortliche Errichtung von Abwehrschanzen und der Einsatz von Erdbaumaschinen richteten ebenfalls großen Schaden an.

Nach Beginn der Invasion gab es wenige oder gar keine Versuche, die antiken Stätten des Landes zu schützen. In einem Interview beschrieb ein französischer Assyrologe kürzlich seinen Besuch einer Stätte im Jahr 1998, an der er acht Jahre zuvor gearbeitet hatte: *«Sie war nicht mehr wiederzuerkennen. Es war wie in Verdun. Schützengraben neben Schützengraben neben Schützengraben. Und Plünderungen im großen Stil.»* Durch den wirtschaftlichen Zusammenbruch des Irak, den Zerfall des sozialen Gefüges und die Gier skrupelloser internationaler Händler oder Sammler haben Plünderungen seitdem noch zugenommen.

Großer Schaden entstand auch in Bagdads Nationalbibliothek, in der trotz Bränden und Todesdrohungen weiterhin gearbeitet wird. Das Schicksal des Nationalmuseums ist gut dokumentiert. Durch Plünderungen sind rund 15 000 Artefakte verloren gegangen, die zum Teil aus der in diesem Buch behandelten Epoche stammen. Auch Moscheen und andere muslimische Bauwerke blieben nicht verschont. Inzwischen wurde das Museum mit internationaler Hilfe renoviert und im Februar 2009 für einen Tag geöffnet. Aus Sicherheitsgründen ist es jedoch der Öffentlichkeit nicht zugänglich.

Im Irak gibt es 42 inventarisierte Museen und rund 12 000 archäologische Stätten. Überall werden archäologisch bedeutsame Orte und Artefakte durch Plünderungen und militärische Aktivitäten für immer zerstört. Die finanziellen Mittel, welche die irakische Regierung zum Schutz der Stätten zur Verfügung gestellt hat, sind seit Mitte 2006 erschöpft. Für die Besatzer hat der Schutz der Kultur nie Priorität gehabt. Curtis entdeckte auf einer Militärbasis in Babylon (Camp Alpha, das von 2003 bis 2005 von polnischen Truppen genutzt wurde) sogar Sandsäcke, die mit archäologischem Material gefüllt waren: mit Tonscherben, Knochen und antiken Ziegeln. Im März 2005 finanzierte der amerikanische Konzern Halliburton den Bau des Camp Babylon für die US-Armee und richtete dabei weitere große Schäden an. In Ur, dem Geburtsort des Propheten Abraham, sprühten US-Truppen schon im Mai 2003 Graffiti an die Wände und beschädigten die Stätte mutwillig.

All das läuft der 1954 abgeschlossenen Haager Konvention zum Schutz von Kulturgut bei bewaffneten Konflikten zuwider. Darin ist unter anderem festgehalten, dass eine Besatzungsmacht alle erforderlichen Maßnahmen ergreifen muss, um die Kulturgüter des besetzten Landes zu erhalten, und verpflichtet ist, *«jede Art von Diebstahl, Plünderung oder anderer widerrechtlicher Inbesitznahme von Kulturgut sowie jede sinnlose Zerstörung solchen Guts zu verbieten, zu verhindern und nötigenfalls solchen Handlungen ein Ende zu setzen»*.

Doch trotz des düsteren Gesamtbildes gibt es auch Grund zur Hoffnung. Im Februar 2008 wurde berichtet, dass die britische Armee mit dem British Museum Gespräche führe, die das Ziel haben, die Überreste des verstreuten kulturellen Erbes des Irak zu restaurieren und zu schützen. In einem Interview mit der *Art Newspaper* äußerte Curtis vorsichtigen Optimismus. Wenn die irakischen Behörden sich an diesem Projekt beteiligen, könnte es Erfolg haben. Zurzeit liegen viele der bedrohten Stätten in Regionen, die für Archäologen zu gefährlich sind.

Währenddessen setzen Archäologen erfolgreich ihre Forschungen in den angrenzenden Ländern fort, die im Altertum von Babylon und Assyrien beeinflusst wurden. Ende April 2008 wurde berichtet, dass deutsche Archäologen in Göbekli Tepe nahe der syrischen Grenze im Südosten der Türkei in Stein gemeißelte Kreise gefunden hatten, die aus der Zeit um 9500 v. Chr. stammen. Sie waren von Menschen angefertigt worden, die noch Jäger und Sammler waren. Doch in dieser Zeit kamen allmählich Sesshaftigkeit und Landwirtschaft auf und eine Entwicklung setzte ein, die bis zu unserer heutigen Lebensweise führte. Es wäre eine große Schande und Ironie, wenn die sogenannte Wiege der Menschheit auch zu ihrem Grab werden würde.

UNTEN *Diese riesige, halb vollendete Basaltstatue zeigt einen Löwen, der über einem Menschen steht. Abergläubische Einheimische haben das Werk im Laufe der Jahrtausende beschädigt, da sie den Löwen für einen* djinn *hielten. Er befindet sich vor Ort in Babylon, wo Robert Koldewey ihn 1903 entdeckt hat.*

GLOSSAR

ACHÄMENIDEN Persische Dynastie, benannt nach ihrem Gründer, König Achaimenes. Kyros der Große, der das Babylonische Reich besiegte, gehörte dieser Dynastie an.

AKKAD Von Sargon dem Großen gegründetes Zentrum des Akkadischen Reichs, das als Zentralstaat die sumerischen Stadtstaaten ablöst. Nach der Stadt ist eine semitische Sprache benannt, die lange Zeit Amtssprache in Mesopotamien war: Akkadisch.

AMORITER Semitisches Volk, das in Babylonien einfiel und die Ur-III-Zeit beendete. Der bekannteste Amoriter auf dem babylonischen Thron war König Hammurabi.

ANNALEN Chroniken der Taten der assyrischen und später der babylonischen Herrscher.

ARAMÄER Vorderasiatisches Volk, das zur Zeit des Mittelassyrischen Reichs nach Mesopotamien vordrang. Ihre Sprache, das Aramäische, verdrängte allmählich das Akkadische.

ASSYRIEN Der nördliche Teil Mesopotamiens, der oft ein eigenes Königreich neben Babylonien bildete. Zeitweise dominierten die Assyrer militärisch die gesamte Region. Die assyrische Sprache war ein Dialekt des Akkadischen.

BABYLON Kulturelles und politisches Zentrum der Region Babyloniens im Süden Mesopotamiens, das zeitweise die gesamte Region dominierte. Das Babylonische war ein Dialekt des Akkadischen.

CHALDÄER Volk aus dem Süden Mesopotamiens, das sich aus drei Hauptstämmen zusammensetzte. Im letzten Jahrhundert der mesopotamischen Epoche gelangten die Chaldäer an die Macht. Wichtigster König war Nebukadnezar II.

ENSI Sumerischer Begriff für den Herrscher über eine Stadt.

FRÜHDYNASTISCHE ZEIT Epoche sumerischer Vorherrschaft von 3000 bis 2350 v. Chr.

DSCHEMDET-NASR-ZEIT Epoche, die nach einer archäologischen Stätte in der Nähe von Babylon benannt ist. Sie bildet die Übergangsphase zwischen der späten Uruk-Zeit und der Frühdynastischen Zeit (um 3100–2900 v. Chr.).

KASSITEN Volk, das das südliche Mesopotamien vom 16. bis 12. Jahrhundert v. Chr. dominierte.

KEILSCHRIFT Schriftform des Sumerischen und Akkadischen. Aus einer Symbolschrift mit keilförmigen Zeichen entwickelte sich eine Silbenschrift. Die Keilschrift wurde vom aramäischen Schriftsystem abgelöst.

LUGAL Sumerisches Wort für König.

MEDER Volk persischer Herkunft, das möglicherweise mit den Elamitern verwandt war. Die Allianz der Meder mit den Chaldäern führte das Ende des Neuassyrischen Reichs herbei.

MESOPOTAMIEN Wörtlich „das Land zwischen den Flüssen"; Region im heutigen Irak, die Assyrien im Norden, Babylonien im Süden und Sumer ganz im Süden sowie die Küste umfasste.

OBED Volk und Epoche in prähistorischen Zeiten, noch vor den Sumerern (um 5500–4000 v. Chr.).

SUMER Region des südlichen Mesopotamiens, in der sich die mesopotamische Hochkultur ausprägte. Die Sumerer beherrschten das Gebiet, bevor Akkad die kulturelle und politische Führung übernahm. In der Uruk-Zeit begannen sich die Sumerer am Euphrat anzusiedeln. Später gründeten sie Stadtstaaten mit eigenen Königen. Charakteristisch waren Bündnisse von Stadtstaaten wie Kisch, Lagasch, Nippur, Ur und Uruk.

UR-III-ZEIT Epoche der sumerischen Renaissance mit dem Zentrum Ur nach dem Zusammenbruch des Akkadischen Reichs und der Invasion der Gutäer (2112–2004 v. Chr.).

URUK-ZEIT Periode kulturellen Fortschritts mit dem Zentrum Uruk, um 4000–3000 v. Chr.

WEITERFÜHRENDE LEKTÜRE/MUSEEN

Diese kurze Bibliografie ist alphabetisch nach Autoren geordnet und deckt die wichtigsten Abschnitte der Geschichte Mesopotamiens ab. Leser, die nach der Lektüre dieses Buches mehr wissen möchten, können weiterführende Informationen in den folgenden Werken finden, die wiederum teilweise sehr umfangreiche Bibliografien enthalten.

Ascalone, Enrico: „Mesopotamien: Sumerer, Assyrer und Babylonier" (Parthas, 2005).

„Babylon. Mythos und Wahrheit", 2 Bde. (Hirmer, 2008).

Barnett, Richard David und Lorenzini, Amleto: „Assyrische Skulpturen im British Museum" (Bongers, 1975).

Baykal, Hakan: „Vom Perserreich zum Iran: 3000 Jahre Kultur und Geschichte" (Theiss, 2007).

Bibel, Die: nach der Übersetzung Martin Luthers. Mit Apokryphen. Bibeltext in der revidierten Fassung von 1984 (Stuttgart: Deutsche Bibelgesellschaft, 1999).

Cameron, George G. (Hrsg.): „Sie schreiben auf Ton: Was die babylonischen Schrifttafeln erzählen", 4. Aufl. (Orell Füssli, 1958).

Cancik-Kirschbaum, Eva: „Die Assyrer: Geschichte, Gesellschaft, Kultur", 2. Aufl. (Beck, 2008).

Diodorus Siculus: „Griechische Weltgeschichte", Hrsg. von Thomas Nothers (Hiersemann, 1992).

Edzard, Dietz Otto: „Geschichte Mesopotamiens – von den Sumerern bis zu Alexander dem Großen" (Beck, 2004).

Friedell, Egon: „Kulturgeschichte Ägyptens und des alten Orients", 1. Aufl. (Beck, 2009).

Griffe, Maurice: „Chronologie Kleinasiens und Mesopotamiens" (Le Cannet: Edition Tableaux Synoptiques de l'Histoire, 2003).

Groneberg, Brigitte: „Die Götter des Zweistromlandes. Kulte, Mythen, Epen" (Artemis & Winkler, 2004).

Herodot: „Historien". Hrsg. von Josef Feix (Artemis & Winkler, 2004).

Höveler-Müller, Michael: „Am Anfang war Ägypten" (Philipp von Zabern, 2005).

Hrouda, Barthel (Hrsg.): „Der Alte Orient. Geschichte und Kultur des alten Vorderasien" (Bassermann, 2003).

Ders.: „Mesopotamien: Die antiken Kulturen zwischen Euphrat und Tigris", 5. Aufl. (Beck, 2008).

Josephus, Flavius: „Aus meinem Leben". Kritische Ausgabe, Übersetzung und Kommentar von Folker Siegert, Heinz Schreckenberg, Manuel Vogel u. a. (Mohr Siebeck, 2001).

Jursa, Michael: „Die Babylonier: Geschichte, Gesellschaft, Kultur", 2. Aufl. (Beck, 2008).

Keel, Othmar: „Die Welt der altorientalischen Bildsymbolik und das Alte Testament am Beispiel der Psalmen", 5. Aufl. (Vandenhoeck und Ruprecht, 1996).

Koldewey, Robert: „Das wieder erstehende Babylon: Die bisherigen Ergebnisse der deutschen Ausgrabungen". Nachdruck der 4. erweiterten Aufl. (VDM Verlag Dr. Müller, 2007).

Korn, Wolfgang: „Mesopotamien – Wiege der Zivilisation. 6000 Jahre Hochkulturen an Euphrat und Tigris" (Theiss, 2004).

Layard, Austen Henry: „Auf der Suche nach Ninive". Nachdruck der Ausgabe von 1965 (Beck, 1975).

Leurpendeur, Nicole: „Babylon wird ausgegraben: Robert Koldeweys Expedition nach Mesopotamien 1898–1917" (Aja, 2006).

Matthiae, Paolo: „Ninive, glanzvolle Hauptstadt Assyriens" (Hirmer, 1999).

Maul, Stefan M.: „Das Gilgamesch-Epos". Neu übersetzte und kommentierte Ausgabe (Beck, 2005).

McCall, Henrietta: „Mesopotamische Mythen" (Reclam, 2002).

Oates, Joan: Babylon: „Stadt und Reich im Brennpunkt des Alten Orient" (Pawlak, 1986).

Reade, Julian: „Mesopotamia (to 1500 BC)" (British Museum Press, London, 1991).

Roux, Georges: „Irak in der Antike" (Philipp von Zabern, 2005).

Saggs, Henry W. F.: „Völker im Lande Babylon" (Theiss, 2005).

Schlögl, Hermann A.: „Das Alte Ägypten. Geschichte und Kultur von der Frühzeit bis zu Kleopatra" (Beck, 2006).

Selz, Gebhard J.: „Sumerer und Akkader. Geschichte, Gesellschaft, Kultur" (Beck, 2005).

Soden, Wolfram von: „Der Alte Orient. Eine Einführung" (Wissenschaftliche Buchgesellschaft, 2006).

Streck, Michael P. (Hrsg.): „Sprachen des Alten Orients", 2. Aufl. (Wissenschaftliche Buchgesellschaft, 2006).

Velikovsky, Immanuel: „Ramses II. und seine Zeit" (Ullstein, 1983).

Wiltshire, Katharine (Hrsg.): „Zeittafel der Antike: Mesopotamien – Ägypten – Griechenland – Rom" (Tessloff, 2005).

Wiseman, D. J. (Hrsg. & Übers.): „Chronicles of Chaldean Kings (626–556 bc) in the British Museum" (Trustees of the British Museum, London, 1961).

Woolley, Leonard: „Ur und die Sintflut. Sieben Jahre Ausgrabungen in Chaldäa, der Heimat Abrahams" (Brockhaus, 1930).

MUSEEN

Die vier erstgenannten Sammlungen sind die bedeutendsten, wobei das Museum in Bagdad zurzeit nicht der Öffentlichkeit zugänglich ist.

Bagdad, Irakisches Nationalmuseum
Berlin, Vorderasiatisches Museum
London, British Museum
Paris, Louvre

Aleppo, National Archaeological Museum
Ankara, Museum of Anatolian Civilisation
Chicago, Oriental Institute of the University of Chicago
Damaskus, National Archaeological Museum
Philadelphia, University of Pennsylvania Museum
Teheran, National Archaeological Museum

REGISTER

Kursiv gedruckte Seitenzahlen weisen auf Bildtexte und Karten hin.

BILDNACHWEIS

Der Originalverlag Quercus Publishing, London, hat jeden Versuch unternommen, die Urheber der Bilder, die in dem Buch verwendet werden, ausfindig zu machen. Jeder, der Urheberrechte geltend machen will, möge mit Quercus Publishing Kontakt aufnehmen.

akg-images: Seiten 27 (Irakisches Nationalmuseum, Bagdad/Bildarchiv Steffens); 34 (Irakisches Nationalmuseum, Bagdad/Erich Lessing); 36, 46, 48 (Erich Lessing); 51 (Louvre, Paris/Erich Lessing); 85 (Delacroix/Louvre, Paris/Erich Lessing); 106–107 (William Blake/Institute of Art, Minneapolis); 123 (Louvre, Paris/Erich Lessing); 131, 136 (Bildarchiv Steffens); 146 (Irakisches Nationalmuseum, Bagdad/Erich Lessing); 161 (Louvre, Paris/Erich Lessing); 185 (Irakisches Nationalmuseum, Bagdad/Erich Lessing).

Bridgeman Art Library: Seiten 2 (The Stapleton Collection); 9 (Staatliche Kunstsammlungen, Dresden); 21 (Peter Willi); 23 (Ashmolean Museum, University of Oxford); 32 (Museum of Fine Arts, Boston, Massachusetts/Gift of the Guide Foundation and Mrs. Hilary Barrat-Brown; 42, 45, 47 (Louvre, Paris); 53 (Irakisches Nationalmuseum, Bagdad); 57, 58, 61, 64, 68 (Louvre, Paris); 74 (private Sammlung); 77 (British Museum, London); 81 (British Museum, London/Boltin Picture Library); 82 (Bibliothèque Nationale, Paris); 94 (British Museum, London/Boltin Picture Library); 96 (Archives Charmet); 97 (private Sammlung); 101 (Bibliothèque Nationale, Paris); 106 Stapleton Collection); 113 (Stapleton Collection); 117, 118 (Ashmolean Museum, University of Oxford); 119 (Hermitage, St. Petersburg); 120 (British Museum, London); 129 (Louvre, Paris/Lauros/Giraudon); 133 (British Museum, London); 135 (Louvre, Paris/Peter Willi); 139 (Ashmolean Museum, University of Oxford); 141 (Irakisches Nationalmuseum, Bagdad/Giraudon);144 (Louvre, Paris), 145 (Musée de la Poste, Paris/Archives Charmet); 147 (National Museum, Karachi); 149 (private Sammlung); 150 (Louvre, Paris/Lauros/Giraudon); 152 (National Archaeological Museum/Giraudon); 153 (Louvre, Paris/Lauros/Giraudon); 162 (British Museum, London); 168 (National Gallery, London).

British Museum: Seiten 71, 88, 93,165, 167.

Corbis: Seiten 1 (Michael Nicholson); 10–11 (News/Cheryl Diaz Meyer); 16 (Picture Desk/Gianni Dagli Orti); 18 (Gallery Collection); 19 (Picture Desk/Gianni Dagli Orti); 30 (Werner Forman); 39 (Edge/Michael S. Yamashita); 41 (Bettmann); 43 (Arciad/Mark Fiennes); 53 (Picture Desk/Gianni Dagli Orti); 54 (Bettmann); 64 (Picture Desk/Gianni Dagli Orti); 114 (Documentary/Françoise de Mulder); 137 (David Lees); 156 (Picture Desk/Gianni Dagli Orti); 177 (Documentary/Françoise de Mulder); 179 (Hulton-Deutsch); 182 (Bettmann).

Getty Images: Seiten 13 (Science Faction/Ed Darack); 25 (Middle Eastern); 55 (Middle Eastern); 86–87(Hulton Archive); 91 (Nineveh National Geographic/Randy Olso); 116 (Time & Life Pictures/Lee Boltin); 124 (Mesopotamian); 125 (Time & Life Pictures/Frank Scherschel); 126 (Assyrian); 130 (Assyrian); 138 (Babylonian School); 143 (Assyrian); 148 (Mesopotamian); 151 (Roger Viollet Collection); 155 (Middle Eastern); 158 (Middle Eastern); 172 (Assyrian School); 175 (AFP/Karim Sahib); 182 (Middle Eastern).

Illustrated London News: Seite 31.

Private Sammlungen: Seiten 10–11; 171.

Einband: Der Turmbau zu Babel auf einem Gemälde eines flämischen Meisters vom Ende des 16. Jahrhunderts; © akg-images/Rabatti – Domingie.

DEM IRAKISCHEN VOLK

Danksagung des Autors:

Ich danke den Mitarbeitern der Bibliothèque Nationale de France, der British Library, des British Museum, des Institut du Monde Arabe, des Musée du Louvre und des Vorderasiatischen Museums in Berlin.
Darüber hinaus gilt mein Dank John Baxter, Marji Campi (ganz besonders), Hilary Ellis, Sir John Hammerton, Richard Milbank, Dr. Harold Shukman, Professor emeritus Geza Vermes und Susan Walby.
Vorträgen von Dr. Irving Finkel und Dr. Walter Stephens verdanke ich wichtige Einsichten. Außerdem bin ich dankbar für die indirekte Unterstützung durch Bücher, Artikel und Vorträge von Dr. Béatrice André-Salvini und Dr. Dominique Collon sowie von Dr. Donny George, dem früheren Direktor des Irakischen Nationalmuseums.
Bedanken möchte ich mich auch bei meinem Agenten, Julian Alexander, und bei meinem Verleger, Nicolas Cheetham.
Schließlich muss ich den Autoren der Bücher danken, die in der Bibliografie aufgeführt sind. Wer sich eingehend mit diesem Thema beschäftigen möchte, kann durch nichts besser informiert werden als durch ihre Werke. Besonders hervorheben möchte ich zudem die Arbeit von Stephanie Dalley, Edwin Murphy, N. K. Sandars und Aubrey de Sélincourt.

Titel der englischen Originalausgabe:
Gateway of the Gods. The Rise and Fall of Babylon

Autorisierte deutsche Ausgabe, veröffentlicht von NATIONAL GEOGRAPHIC DEUTSCHLAND
(G+J/RBA GmbH & Co. KG), Hamburg 2010.

Mitarbeiter der deutschen Ausgabe:
Übersetzung: Ulrike Bischoff, Birgit Irgang für Delius Producing Berlin
Lektorat und Satz: Juliane von Laffert für Delius Producing Berlin
Titelgestaltung: Büro Hamburg
Druck: CT Printing, Hongkong

Printed in China
ISBN 978-3-86690-164-3

DAS HANDBUCH DER LOKOMOTIVEN

300 Typen in mehr als 160 farbigen Illustrationen und über 500 Fotos

Die Autoren

Brian Hollingsworth, M.A., M.I.C.E.

Brian Hollingsworth besitzt schon seit seiner Kindheit eine außergewöhnliche Liebe zur Eisenbahn. Nach Abschluß seines Ingenieurstudiums an der Universität Cambridge und einem kurzen Abstecher in die Welt der Flugmaschinen, trat er 1946 eine Stellung bei der Great Western Railway als Ingenieur an. Seine mathematischen Fähigkeiten führten ihn zur Beschäftigung mit der Computertechnik der British Railways und auch zu einer umfangreichen Mitarbeit bei der Entwicklung des „TOPS"-Leitsystems für den Frachtverkehr der BR.

1974 verließ er die Britischen Eisenbahnen, um sich ganz dem Schreiben zu widmen. Seitdem hat er zehn bedeutende Bücher über verschiedene Aspekte des Eisenbahnwesens veröffentlicht, darunter die ebenfalls im Birkhäuser-Verlag erschienene „Illustrierte Enzyklopädie Dampflokomotiven". Daneben schreibt er auch noch für verschiedene Eisenbahn-Fachzeitschriften.

Er ist einer der Direktoren der Rhomney, Hythe & Dymchurch Railway und Berater für Ingenieurbaufragen der Ffestiniog Railway. Er besitzt eine ganze Anzahl von Dampflokmodellen im Maßstab 1:5, mit denen er auf seiner eigenen Strecke im „Garten" (eigentlich einem Teil eines walisischen Berges) fährt. Er nennt sogar eine Originallokomotive sein Eigen, die 2'C-Lokomotive „LMS Black Five" Nr. 5248 namens „Eric Treacy", die auf der North Yorkshire Moors Railway zur Freude von Touristen und Eisenbahnfreunden eingesetzt wird.

Arthur F. Cook, M.A., M.I.Mech.E.

Geboren in der berühmten englischen Eisenbahnstadt Doncaster in Yorkshire, interessiert sich Arthur Cook schon sein ganzes Leben lang für die Eisenbahn. Er studierte Maschinenbau an der Universität von Cambridge, an der er auch nach Abschluß seines Studiums als wissenschaftlicher Mitarbeiter weiterarbeitete. Später lehrte er an der Universität von Southampton.

Nach vielen Dienstjahren bei den Britischen Eisenbahnen trat er vor kurzem in den Ruhestand. Im Laufe der Jahre schrieb Mr. Cook viele Abhandlungen über Eisenbahnen und ihre Technik, vor allem über moderne Fahrzeuge, und wirkte auch an der „Illustrierten Enzyklopädie Dampflokomotiven" mit.

Der Berater

Patrick B. Whitehouse, O.B.E., A.R.P.S.

Patrick B. Whitehouse ist der Autor von mehr als 30 Büchern über das Thema Eisenbahn und war schon Herausgeber und Berater mehrerer britischer Eisenbahnzeitschriften. Er beteiligte sich auch aktiv an der Erhaltung von Dampflokomotiven als Geschäftsführer/Sekretär der allerersten britischen Bahnlinie, die von Eisenbahnfreunden gerettet wurde, der Talyllyn Railway in Nord Wales. Darüber hinaus ist er ein Förderer der weltberühmten Ffestiniog Railway und ist direkt an der Erhaltung von mehreren Hauptbahn-Dampflokomotiven beteiligt.

Er ist Mitglied der Königlichen Photographischen Gesellschaft und fotografiert schon seit seinem elften Lebensjahr Eisenbahnen. Mit der Zeit baute er dadurch eine Bildsammlung von mehr als 100000 Eisenbahnobjekten aus aller Welt auf. Um auf dem Laufenden zu bleiben, reserviert er wenigstens einen Monat in jedem Jahr, um die Welt zu bereisen – nicht nur um die Hauptstrecken zu erleben, sondern auch um in abgelegenen Winkeln nach den letzten Resten des Dampfbetriebs zu forschen.

Dank der Autoren

Der Verlag und die Autoren möchten vor allem Christopher Bushell danken, der das Manuskript durchsah und viele wertvolle Anregungen gab. Ihr Dank geht aber auch an Margot Cooper, die die Schreibarbeiten übernahm.

Für die ausgezeichneten grafischen Darstellungen danken wir den Künstlern David Palmer und Diana und John Moore, natürlich auch allen Sammlern und Institutionen, die die oft seltenen Fotos aus ihren Sammlungen zur Verfügung stellten und damit dazu beitrugen, daß dieses Buch die Geschichte der modernen Lokomotiven und Triebwagen derart gut illustrieren kann.

Genehmigte Lizenzausgabe für
Bechtermünz Verlag im
Weltbild Verlag GmbH, Augsburg 1996

Umschlaggestaltung: Peter Engel, München
Gesamtherstellung: Gráficas Estella S.A.
Printed in Spain
ISBN 3-86047-138-4

Aus dem Englischen übersetzt
von Manfred Sandtner

Die Seiten 401–407
von Eva Maria Müller

Inhalt

Entstehung und Entwicklung der Eisenbahn

Vor langer Zeit, noch in den frühen Tagen unserer Zivilisationsgeschichte, muß ein findiger Kopf erstmals versucht haben, Holzbohlen auf den Boden zu legen, damit sein Pferd eine schwere Wagenladung leichter ziehen konnte. Wenn man annimmt, daß die Räder, deren Abstand voneinander wiederum durch die Breite des Pferdekörpers bestimmt war, außen an den Achsen angebracht waren, so lagen die Holzbohlen wohl etwa so weit auseinander wie heute die Schienen der meisten Eisenbahnen. Eine Zeitlang wurden gußeiserne Platten mit seitlichem Flansch als Schienen verwendet, dann folgten Spurwege aus Schmiedeeisen und schließlich die Stahlschienen. Zu dieser Zeit mußte das Zugpferd aus Fleisch und Blut dem "Dampfroß" weichen.

Zu Beginn des 19. Jahrhunderts waren Eisenbahnen in den Bergbaugebieten durchaus gebräuchlich. Mit Dampfkraft wurden dort üblicherweise die Pumpanlagen betrieben. Die geniale Idee, die beiden Systeme miteinander in der ersten Dampflokomotive zu verbinden, wird Richard Trevithick zugeschrieben, einem englischen Ingenieur aus Cornwall. Trevithicks Lokomotive wurde aufgrund einer Wette 1804 in Pen-y-darran in Südwales gebaut und auf einem Schienenweg im dortigen Bergbaugebiet ausprobiert. Allem Anschein nach machte sie ihre Sache recht gut, aber die Gleise aus Gußeisenplatten erwiesen sich als zu schwach für ihr Gewicht.

Puffing Billy, die berühmte Lokomotive von William Hedley aus dem Jahre 1813, wurde auf einem Spurweg bei Wylam, nahe bei Newcastle-on-Tyne, eingesetzt und war eines der ersten erfolgreichen Anwendungsbeispiele für Zugmaschinen mit Dampfantrieb. Sie war so zweckmäßig und verläßlich, daß sie bis 1859, also noch bis in das Zeitalter der Photographie, im Einsatz blieb.

Als erste Dampflokomotive fuhr 1825 die *"Locomotion"* von George und Robert Stephenson auf einer *öffentlichen* Eisenbahnlinie von Stockton nach Darlington, wobei die Bezeichnung "öffentliche" Bahnlinie wörtlich zu verstehen ist, d.h., jedermann konnte seinen Zug darauf fahren lassen, wenn er nur die entsprechende Benützungsgebühr bezahlte. Ein großer Teil des Eisenbahnverkehrs auf der Stockton-Darlington-Linie, einschließlich der fahrplanmäßigen Personenzüge, wurde mit Zugpferden abgewickelt und von freien Unternehmern, die auch die Pferde bereitstellten, betrieben – der Schienenweg also ähnlich wie ein Kanal genutzt.

An der Wand des ehemaligen Bahnhofs von Stockton ist eine Tafel angebracht, deren Inschrift besagt, daß "am 30. August 1825 hier der erste Fahrgast, der auf Schienen reiste, seinen Platz buchte und damit einen Meilenstein in der Geschichte der Menschheit setzte". Genau betrachtet, ist dies nicht ganz richtig. Wenn man statt "auf Schienen" die Worte "mit der Dampfeisenbahn" einsetzt, kommt die Aussage den Tatsachen schon näher. Unbestritten bleibt, daß der Einsatz von Maschinenkraft im Eisenbahnbetrieb das Leben der Menschen drastisch veränderte.

Wenn man bedenkt, daß damit auf einen Schlag die Transport- und Fahrtkosten auf ein Viertel sanken, so versteht man, warum: die meisten Menschen im Landesinneren brauchten nun nicht mehr ein Leben lang an dem Ort zu bleiben, wo ihre Wiege stand, oder nahe genug bei den Feldern zu wohnen, auf denen sie ihre Nahrung anbauten, um mit Pferd und Wagen noch hin- und herfahren zu können. Leider hatte diese Entwicklung auch ihre Schattenseiten: die Regierungen fanden in der Eisenbahn das geeignete Mittel, um ganze Heere innerhalb von Tagen – statt bisher Wochen – von einem Ort zum andern zu verlegen.

Oben: *Eine Baldwin 2-8-2 der California Western Railroad, restauriert in Fort Bragg, Californien, zu sehen.*

Um 1850 waren in den meisten Ländern der zivilisierten Welt Eisenbahnstrecken von mehreren hundert Kilometern Länge bereits in Betrieb, und der rasante Ausbau des Netzes in den darauffolgenden dreißig Jahren führte zu einer echten "Eisenbahnmanie". Bereits 1870 überspannte die Eisenbahn den amerikanischen Kontinent, mit der Eröffnung der Transsibirischen Eisenbahn 1902 auch Asien. In Australien war die Durchquerung des Kontinents erst 1916 vollendet, während Cecil Rhodes' Traum einer afrikanischen Eisenbahnlinie vom Kap bis Kairo noch immer auf Erfüllung wartet. Zur Zeit des ersten Weltkriegs war in den meisten Gebieten der Welt das Eisenbahnnetz komplett.

Da begannen dunkle Wolken am Eisenbahnhimmel aufzuziehen: Ein junger Mann namens Henry Ford hatte zu Beginn des 20. Jahrhunderts die Idee, Automobile nicht als Spielzeug für die Reichen, sondern als billiges Transportmittel für jedermann zu bauen. Von seinem Modell "T" waren bis zur Einstellung der Produktion im Jahre 1927 über 15 Millionen gebaut worden, außerdem kleinere Stückzahlen anderer Fabrikate. Wer noch der Bahn treu blieb, tat dies eher aus Liebhaberei als aus Notwendigkeit. Für die übrigen Kunden der Eisenbahn – Handel, Transportwesen und Leute ohne Auto – galt dasselbe, denn ihnen standen

Oben: *Eine Amtrak GG1 auf der Strecke Harrisburg – New York.*

als Alternativen Lastkraftwagen und Omnibusse zur Verfügung.

Die Auswirkungen waren für den Eisenbahnverkehr auf den Hauptstrecken beträchtlich, für Nebenstrecken und Lokalbahnen jedoch verheerend. Einige kleinere Staaten stellten den Eisenbahnbetrieb überhaupt ein, in anderen wurden viele Strecken stillgelegt. In Frankreich beispielsweise wurde der Bahnverkehr auf Nebenstrecken von insgesamt fast 25.000 km Länge eingestellt, in ähnlichem Umfang fielen auch in den USA Städteverbindungen auf Lokalstrecken dem Rotstift zum Opfer.

Die Ölknappheit im zweiten Weltkrieg verschaffte der Bahn zwar eine Atempause, doch die Entwicklung des Flugzeugbaus während des Krieges führte in den Sechziger Jahren zur Entstehung neuer Konkurrenz durch das Düsenflugzeug. Die hohe Reisegeschwindigkeit der großen Linienjets machte das komfortablere und weniger beengte Reisen in Fernreisezügen mehr als wett.

Die Bahn machte durch den Konkurrenzdruck von Straßen- und Luftfahrzeugen schwere Zeiten durch; kaum ein Jahrhundert alt, mußte sie um ihren Fortbestand als öffentliches Massenverkehrsmittel bangen. Erschwert wurde ihre Lage in vielen Ländern überdies durch überholte, starre Betriebsvorschriften aus dem Monopolzeitalter.

Und doch gibt es heutzutage eine Reihe von Gründen, die es wahrscheinlich erscheinen lassen, daß die Welt an der Schwelle zu einem neuen Eisenbahnzeitalter steht. Was vor 20 Jahren eine Spekulation war, ist nun Gewißheit geworden.

Erstens wird die Tatsache, daß die Erdölvorräte der Welt zur Neige gehen, nicht ohne Auswirkung bleiben. Alle Transportmittel, die nicht erdölabhängig sind – oder weniger Mineralöl als andere verbrauchen – sollten daher gefördert werden.

Zweitens spricht dafür, daß die – durch die geringe Rollreibung zwischen Stahlrad und Schiene sowie durch die Spurführung der Räder – kostengünstige Beförderung von Gütern in langen Güterzügen die Eisenbahn zum billigsten Landverkehrsmittel macht, allerdings unter der Voraussetzung, daß die Züge lang genug sind und/oder die Zugfrequenz hoch genug ist, um die Fixkosten für dieses Transportsystem zu decken.

Drittens hat sich auch der technische Fortschritt auf die Seite der Bahn geschlagen: Aus theoretischen Begriffen wie automatisch betriebenen Zügen oder Reisezügen mit Geschwindigkeit von Flugzeugen werden zunehmend praktikable technische Lösungen.

Und schließlich ergibt sich aus dem wachsenden Umweltbewußtsein eine ermutigende Perspektive für den Bahnverkehr, wenn man bedenkt, daß ein einziger zusätzlicher Güterzug auf der Schiene fünfzig Lastzüge auf der Straße einspart.

Heute, mehr als 160 Jahre nach der Inbetriebnahme der ersten Dampfeisenbahn, kann man die Zukunft der Bahn einigermaßen optimistisch sehen. Nur eine verschwindend kleine Zahl der Staaten unserer Erde haben keine Eisenbahnen; und einige von ihnen haben bereits die Absicht erkennen lassen, dem Club der Bahn-Staaten beizutreten.

Begriffserklärungen

Ablenkdom "97" – Er dient bei Tendern mit Wasserschöpfvorrichtung zum Ablenken und Verteilen des starken Wasserstrahls.

Abschlammventil – Ein Ventil, an der tiefsten Stelle des Wasserraums des Kessels an der Unterkante der Feuerbüchse. Beim Öffnen reißt das ausströmende Wasser dort abgelagerte Wasserverunreinigungen (Schlamm) mit sich.

Achslager "28,44" – Die Lager der Achsen sind außen kastenförmig ausgebildet und laufen in den Achslagerführungen, die am Rahmen befestigt sind. In Längsrichtung haben sie kein Spiel, sie können sich aber vertikal gegen den Federdruck bewegen.

Achslagerführungen "44" – siehe Achslager.

Achslastausgleich – Die Federn mehrerer Achsen sind durch Ausgleichshebel verbunden, damit sich bei Gleisunebenheiten keine zu großen Unterschiede in den einzelnen Achslasten ergeben.

Achsschenkel – Zylindrische Lagerfläche des Radsatzes.

Achsstand – Der feste Achsstand ist der Abstand der Mittellinien der äußersten, fest im Fahrzeugrahmen gelagerten Achsen; der Gesamtachsstand ist der Abstand der Mittellinien der äußersten Achsen eines Fahrzeugs.

Anfahrleistung – Leistung, die für kurze Zeit, das heißt für etwa 5 bis 10 Minuten, ohne Schaden aufgebracht werden kann.

Anker – Der drehbar gelagerte Teil eines Gleich- oder Wechselstrommotors. Er besitzt eine Anzahl von Drahtspulen (Windungen), die über einen Kommutator mit Strom versorgt werden und durch die Wechselwirkung mit dem Magnetfeld des Stators eine Drehbewegung erzeugen.

Aschkasten "52" – Wie bei jeder Feuerung mit festen Brennstoffen werden auch bei einer Lokomotive die Verbrennungsrückstände in einem Behälter unter dem Rost gesammelt.

Asynchronmotor – Ein Drehstrommotor, der nur dann Leistung abgibt, wenn seine Drehzahl sich etwas von der Synchrondrehzahl unterscheidet (die von der Sromfrequenz abhängt), also wenn er "asynchron" läuft. Als Motor läuft eine Asynchronmaschine etwas langsamer, als Generator etwas schneller.

Aufhängung – Verbindungselemente, einschließlich Federn, zwischen den Achslagern und dem Fahrzeugkasten, die die Radsätze führen, das Fahrzeuggewicht auf die Radsätze übertragen und Stöße durch Gleisunebenheiten u.a. mildern.

Aufladen – Erhöhung des Drucks der Verbrennungsluft eines Dieselmotors über den atmosphärischen Druck durch Gebläse (Kompressor).

Ausgleichshebel – siehe Achslastausgleich.

Barrenrahmen – siehe Rahmen.

Berner Fahrzeugbegrenzung – Begrenzungslinie, die bei Eisenbahnfahrzeugen, die in Kontinentaleuropa freizügig eingesetzt werden sollen, nicht überschritten werden darf.

Beyer-Garratt Lokomotive – Gelenklokomotivbauart, siehe "Reihe 231 + 132BT" auf Seite 144/145.

Bläser "2" – Eine Düse in der Rauchkammer oder unterhalb des Schornsteins, die mit einem Dampfstrahl einen Saugzug zur Feueranfachung erzeugt, wenn die Lokomotive nicht fährt.

Blasrohr "7" – Die Auspufföffnungen einer Dampflokomotive sind so angeordnet, daß der austretende Dampf in einem Strahl durch den Schornstein ausgestoßen wird. Dadurch erzeugt man einen Unterdruck in der Rauchkammer und facht durch diesen Saugzug das Feuer an.

Blechrahmen "37" – siehe Rahmen.

Blindwelle – Über Zwischengetriebe angetriebene Welle, von der die Drehbewegung über Treibstangen zu den Treibrädern weitergeleitet wird.

Bodenring "90" – Ein rechteckiger Ring, der die Feuerbüchse unten mit dem Kessel verbindet.

King-Klasse 2'C

Großbritannien
Great Western Railway (GWR), 1927

Die Zeichnung zeigt die Funktionselemente einer 2'C-Lokomotive der „King"-Klasse (siehe Seite 122), dem fortgeschrittensten Mitglied einer großen Familie von standardisierten Lokomotiven. In einigen Punkten weicht die Lokomotive von der üblichen Praxis ab, so besitzt sie keinen Dampfdom, in dem der Dampf üblicherweise in das Hauptdampfrohr gelangt.
(Die Zeichnung wurde mit freundlicher Genehmigung aus dem Werk „Railway Wonders of the World" entnommen)

1 Schornstein
2 Bläseranschluß
3 Rauchkammertürverkleidung
4 Rauchkammertürverschluß
5 Rauchkammertür
6 Rauchkammmer
7 Blasrohr
8 Ein- und Ausströmöffnungen
9 Dampfverbindungsrohr
10 Überhitzerdampfrohr
11 Heißdampfsammler
12 Reglerventil
13 Saugzugbegrenzer
14 Schieberkasten
15 Kolbenschieber
16 Schieberstange
17 Kolben
18 Kolbenstange
19 Stopfbuchse
20 Vorderer Zylinderdeckel
21 Puffer
22 Schraubenkupplung
23 Schienenräumer
24 Drehgestellrahmen
25 Zylinderhähne
26 Zylinder
27 Drehgestellradsatz
28 Drehgestellaußenlager
29 Achsfeder
30 Drehgestellquerfederungsgehäuse
31 Kreuzkopf
32 Schieberkasten für Innenzylinder
33 Schieberantriebshebel
34 Gleitschienen
35 Gleitschienenträger
36 Drehzapfenbefestigung
37 Hauptrahmen
38 Kurbelzapfen
39 Kuppelstange
40 Führender Treibradsatz
41 Treibstange
42 Sandbehälter
43 Treibachsfedern
44 Achslagerführungen
45 Sandfallrohr

Breitspur – Spurweite, die größer als die Normalspur ist – Siehe dort.

Bremsen – Lokomotiven besitzen gewöhnlich (aber nicht immer) eine Handbremse und (meist) eine Kraftbremse. Kraftbremsen können mit Druckluft, Dampfdruck oder Vakuum (Unterdruck) betrieben werden. Luft- und Vakuumbremsen verwendet man auch für die Bremsung des Wagenzuges von der Lokomotive aus.
Luftbremse – Die Bremsen, die Druckluft verwenden, fanden am weitesten Verbreitung.
Vakuumbremse – Das Gegenteil der Druckluftbremse ist die Vakuumbremse. Für Dampflokomotiven ist die Vakuumbremse wesentlich einfacher anzuwenden, denn zur Erzeugung eines Unterdrucks braucht man nur einen statischen Ejektor, für die Druckluft einen vielteiligen Kompressor. Nachteil der Vakuumbremse ist der geringe verfügbare Bremsdruck, der maximal auf ein Dreiviertel des Atmosphärendrucks, also etwa 0,75 kp/cm2 beschränkt ist. Entweder braucht man dadurch sehr große Bremszylinder oder der Bremsdruck und damit die Bremswirkung ist nur gering.

Bürsten – Meist aus Graphit (Kohlenstoff) gefertigte Schleifstücke, über die der elektrische Strom auf den Rotor übertragen wird.

Dampferzeuger – Damit ist im allgemeinen ein Kessel gemeint, mit dem Dampf für die Zugheizung erzeugt wird.

Dauerleistung – Leistung, die eine Maschine über einen längeren Zeitraum ohne Schaden abgeben kann.

Dieselmotor – Wärmekraftmaschine mit dem besten Wirkungsgrad. Die Luft im Verbrennungsraum des Zylinders wird durch den Kolben verdichtet, das brennbare Gemisch wird am Ende der Verdichtung durch Einspritzen des Brennstoffs (Öl) erzeugt, der durch die hohe Temperatur selbständig verbrennt – Selbstzündermotor.

Dieseltraktion – Antrieb von Fahrzeugen durch Dieselmotoren; allgemein: Eisenbahnbetrieb mit Dieseltriebfahrzeugen.

Direktantrieb – Antrieb mit direkter Kraftübertragung vom Ausgang des Antriebsaggregats auf die Treibräder ohne Zwischengetriebe.

Direktmotor – Elektrischer Antriebsmotor, dessen Rotor auf der Achswelle des Radsatzes sitzt.

Dom – Der Dampf wird dem Kessel am höchsten Punkt entnommen. Wo die Bauhöhe es zuläßt, verwendet man einen runden Kesselaufsatz, den Dom, um dort den Dampf zu sammeln.

Doppelbespannung – Beförderung eines Zuges durch zwei unabhängig voneinander steuerbare Triebfahrzeuge (mit 2 Personen).

Doppeltraktion – Siehe Vielfachtraktion.

Drehgestell "24,27,29,30" – Ein drehbares Laufgestell, meist zweiachsig gebaut, führt die Lokomotive in Kurven und trägt einen Teil des Lokgewichts. Sehr oft auch bei Tendern und Wagen verwendet.

Drehstrom – Wechselstromsystem, das aus drei jeweils um eine Drittelperiode gegeneinander verschobenen "Phasen" gleicher Spannung besteht.

Drehzahlregler – Eine Vorrichtung, mit der die Drehzahl eines Dieselmotors auch bei unterschiedlicher Belastung möglichst konstant gehalten wird.

Druckausgleichsventil – Ventil am Zylinder, das beim Leerlauf den Druckausgleich zwischen den beiden Seiten des Zylinders ermöglicht.

Druckluftbremse – Heute allgemein übliches Bremssystem mit Druckluft als Arbeitsmedium.

Dynamische Bremse – Bremssystem, bei dem der Antrieb eines Fahrzeuges zur Abbremsung benutzt wird: Beispielsweise arbeiten Elektromotoren als Generator und erzeugen aus der Bewegungsenergie des Zuges Strom, der in Widerständen verheizt wird.

Dynamische Last – Last oder Belastung von Ober- und Unterbau durch Fahrzeuge in Bewegung.

Dynamometerwagen – Spezialwagen zur Messung der Leistungsdaten einer Lokomotive während der Fahrt.

Einphasenstrom – Einfacher Wechselstrom, besteht aus einer Phase der Drehstromversorgung.

46 Bremsklötze
47 Mittlerer Treibradsatz
48 Vakuumbremshauptleitung
49 Achsfeder
50 Abdeckung für Gummiklötze
51 Ausgleichshebel
52 Aschkasten
53 Roststäbe
54 Luftklappen
55 Hebel für Luftklappen
56 Hebel für Zylinderhähne
57 Hebel für Besandungseinrichtung
58 Bedienungsgriff für Feuertür
59 Führerhauswand
60 Führerhausboden
61 Umsteuerrad mit Griffen
62 Feuertür
63 Reglergriff
64 Bläseranstellventil
65 Pfeife
66 Reglerstange
67 Öffnung des Hauptdampfrohrs
68 Senkrechte Stehbolzen
69 Kesselmantel
70 Hauptdampfrohr
71 Sicherheitsventile
72 Speiseventile
73 Wasserablenkbleche
74 Längsstehbolzen
75 Heizrohre
76 Überhitzerelemente
77 Rauchrohre
78 Feuerbüchse
79 Feuerschirm
80 Feuerbüchsrückwand
81 Feuerbüchsdecke
82 Feuerbüchsrohrwand
83 Feuerbüchsstehbolzen
84 Feuerbüchsvorderwand
85 Position des beweglichen Kesselauflagers
86 Radverkleidungen
87 Rauchkammerrohrwand
88 Ausgleichsgewicht
89 Schmelzpfropfen
90 Bodenring
91 Tenderachsfeder
92 Federschaken
93 Bremsklotz
94 Bremsgestänge
95 Wasserschöpfschnabel
96 Wassereinlaßrohr
97 Ablenkdom
98 Puffer
99 Tenderrahmen
100 Tendervorderpuffer
101 Kurbel für Wasserschöpfvorrichtung
102 Kurbel für Tenderbremse
103 Achslager
104 Vakuumbremsbehälter

Einspritzpumpe – Vorrichtung zum Einspritzen von Kraftstoff in den Zylinder oder die Verbrennungskammer eines Dieselmotors.

Ein- und Ausströmöffnungen "8" – siehe Schieber.

Elektrifizierung – Umstellung einer Bahnstrecke auf elektrischen Betrieb. Schließt den Bau aller dafür nötigen Versorgungseinrichtungen (Kraftwerke, Unterwerke, Oberleitung) ein.

Elektrotraktion – Antrieb von Fahrzeugen durch elektrischen Strom, der von außen zugeführt wird oder in Batterien auf dem Fahrzeug gespeichert ist; allgemein: Betrieb mit elektrischen Triebfahrzeugen.

Erde – Bei fast allen elektrischen Bahnen wird der Stromkreis über die Fahrschienen und das Erdreich geschlossen.

Exzenter – Eine außenmittig angebrachte Scheibe auf der Treibachse, die die Drehbewegung in eine hin- und hergehende Bewegung für den Antrieb der Schieber umsetzt.

Fahrstufe – Zwischenstufe der Fahrsteuerung bei elektrischen und diesel-elektrischen Fahrzeugen.

Fahrzeugbegrenzung – National oder international festgelegte Außenmaße für Eisenbahnfahrzeuge, die gewährleisten sollen, daß diese immer ausreichenden Abstand zu festen Bauten und zu Fahrzeugen auf anderen Gleisen haben.

Fairlie-Lokomotive – siehe Seiten 94/95.

Federschaken "92" – Die Enden der Blattfedern sind mit dem Rahmen durch bewegliche Glieder verbunden, die Federschaken.

Fernsteuerung – Steuerung unbemannter Triebfahrzeuge durch Kabelverbindung oder per Funk vom vorderen Führerstand des Zuges aus. Heute gibt es auch Funkfernsteuerung durch einen Bediener außerhalb des Zuges.

Feuerbüchse "78,84" – Der Teil der Lokomotive, in dem das Feuer brennt. Wird aus Stahl oder Kupfer hergestellt.

Feuerschirm "79" – Ein Schirm aus Backstein oder Beton im Vorderteil der Feuerbüchse, der die Heizgase umlenkt, damit sie länger in der Feuerbüchse verweilen und die Rohrwand vor dem Verbrennen geschützt wird. Die ersten Lokomotiven heizte man mit Koks; dabei war ein Feuerschirm notwendig, bis es gelang, Kohle ohne starke Rauchentwicklung zu verbrennen.

Feuertür "58,62" – Die Öffnung der Feuerbüchse, durch die die Kohle geschaufelt wird; verschließt die Feuertür.

Flachschieber – siehe Schieber.

Frequenz – Zahl der Schwingungen pro Sekunde, beispielsweise von Wechselstrom.

Führerstand – Meist umschlossener Arbeitsplatz des Lokführers mit allen nötigen Steuer- und Überwachungseinrichtungen.

Füllungsgrad – Der Dampf tritt nur während eines Teils des Kolbenhubs in den Zylinder ein, der Anteil der Einströmzeit an der Dauer eines Hubs wird in Prozent angegeben. Typisch ist eine Anfahrt mit 75% Füllung, während der Fahrt wird sie auf 40-15% zurückgenommen.

Funkenfänger – Eine Vorrichtung in der Rauchkammer, die den Auswurf von glühenden Kohle- und Ascheteilchen verhindert.

Gasturbine – Verbrennungskraftmaschine mit rotierenden Teilen. Luft wird verdichtet und in der Brennkammer mit Treibstoff vermischt. Die erhitzten Gase treiben eine Anzahl hintereinander angeordneter Schaufelräder und erzeugen dadurch die Arbeitsleistung, von der allerdings der größte Teil für den Antrieb des Verdichters benötigt wird. Gasturbinen haben im Vollastbereich einen Wirkungsgrad von 30-35%, der im Teillastbereich aber stark abfällt.

Gegendruckbremse – Die Zylinder werden hier als Kompressor verwendet, um Bewegungsenergie zu vernichten, also zu bremsen. Dabei erhitzt sich die Luft in den Zylindern sehr stark und man spritzt zur Kühlung Wasser ein, das sofort verdampft und dann durch einen Schalldämpfer ausgestoßen wird. Oft bei Steilstrecken verwendet.

Gegenkurbel – Ein Kurbelhebel, meist am Ende des Kurbelzapfens der Treibräder, der exzentrisch angeordnet ist, um die Drehbewegungen in eine hin- und hergehende Bewegung für die Schieber umzuwandeln.

Gelenkantrieb – Antriebsbauart, bei der der Antriebsmotor im (abgefederten) Haupt- oder Drehgestellrahmen gelagert ist und die Antriebskraft über verschiebbare und/oder elastische Bauelemente auf die Radsätze übertragen wird.

Gelenkfahrzeug – Fahrzeug, bei dem sich zwei benachbarte Fahrzeugenden auf ein gemeinsames Fahrgestell (Jakobsdrehgestell) abstützen.

Gelenklokomotive – Eine Lokomotive, die mehrere, teilweise bewegliche, Triebwerksgruppen besitzt. Die wichtigsten Bauformen "Fairlie", "Beyer-Garatt" und "Mallet" werden in diesem Buch beschrieben.

Generator – Elektrische Maschine, die mechanische in elektrische Energie umwandelt. Im Prinzip ein Elektromotor mit umgekehrter Arbeitsrichtung.

Getriebe – Teil der Kraftübertragung zur Änderung von Drehzahl und Drehmoment. Ausführung als Zahnradgetriebe oder als hydraulischer Wandler (Föttinger-Getriebe).

Gleichrichter – Elektrisches Bauteil, das Strom nur in einer Richtung leitet und dadurch aus Wechselstrom Gleichstrom erzeugen kann.

Gleichstrom – Elektrischer Strom, der nur in einer Richtung fließt.

Unten: *Ein Lokomotivführer demonstriert den Gebrauch der Totmannschaltung.*

Gleichstromkreis – Einzelne Abschnitte der Fahrschienen werden elektrisch getrennt. Schließen die Räder der Fahrzeuge den Gleichstromkreis zur anderen Schiene, fließt ein Strom zur Gleisbesetztmeldung und zur Signalbeeinflussung.

Gleitlager – Achslager, in dem die Last des Fahrzeugs durch geschmierte Lagerschalen auf die Achsschenkel übertragen wird. Siehe auch Rollenlager.

Gleitschienen "34" – siehe Kreuzkopf.

Gleitschutz – Vorrichtung, die beim Bremsen das Blockieren der Räder verhindert, meist durch kurzzeitige Minderung des Bremsdrucks.

Halbleiter – Allgemeine Bezeichnung für elektronische Bauteile mit aktiven Bauelementen bestimmter chemischer Zusammensetzung mit besonderen elektrischen Eigenschaften. Dazu gehören Dioden, Transistoren, Thyristoren u.v.a., im Hochleistungsbereich meist in Siliziumausführung.

Handbremse – Durch menschliche Kraft betätigte Bremseinrichtung, meist mit Spindelantrieb, zum Feststellen des Fahrzeugs bei Stillstand.

Hauptluftleitung – Durchgehende Versorgungsleitung (mit Schlauchkupplungen) für die Luftbremsen eines Zuges.

Hauptschalter – Schalter, mit dem bei einem elektrischen Triebfahrzeug die Fahrleitungsspannung abgeschaltet wird; meist auf dem Dach montiert.

Haupttransformator – Transformator, der bei einem Wechselstromfahrzeug die Fahrleitungsspannung auf die Motorspannung herabsetzt. Zur Geschwindigkeitssteuerung erhält er meistens Anzapfungen für verschiedene Spannungswerte.

Heißläufer – Achslager, das durch zu hohe Reibung (ungenügende Schmierung, mechanische Beschädigung) überhitzt und zerstört wurde.

Heizfläche – Summe der Flächen eines Dampfkessels, über die die Wärmeenergie des Feuers auf das Kesselwasser übertragen wird.

Heizrohre "75" – Die heißen Rauchgase aus der Feuerbüchse durchströmen die Heizrohre (auch "Kesselrohre" oder einfach "Rohre" genannt) zur Rauchkammer hin und erhitzen dabei das Wasser im Langkessel.

Hocheinspeisung "72,73" – Speisewasser ist verhältnismäßig kalt und wird von oben durch die Speiseventile in den Kessel gedrückt, damit die Kesselrohre keinen zu großen Temperaturschwankungen ausgesetzt sind.

Hüpfer – Siehe Schütz.

Hydraulisches Getriebe – Flüssigkeitsgetriebe zur Kraftübertragung und Drehmomentwandlung. Heute meist hydrodynamische Getriebe (Föttinger-Getriebe) in dieselhydraulischen Lokomotiven.

Indizierte Leistung – Die Leistung, die in den Zylindern einer Lokomotive entwickelt wird, oft auch als Zylinderleistung bezeichnet.

Induktion – Erzeugung eines elektrischen Stroms mit Hilfe von wechselnden Magnetfeldern.

Induktive Zugsicherung – Sicherheitseinrichtung, die mit Hilfe von Elektromagneten auf dem Fahrzeug und neben dem Gleis das Überfahren von Halt gebietenden Signalen verhindert und die Einhaltung von Geschwindigkeitsbeschränkungen gewährleistet.

Oben: *Eine „multiple unit" von Denver & Rio Grande Western Railroad.*

Injektor – Eine statische Vorrichtung zum Einspeisen des Kesselwassers. Frisch- oder Abdampf saugt dabei das frische Wasser an.

Jakobsdrehgestell – Drehgestell, auf dem die Enden von zwei benachbarten Fahrzeugkästen ruhen (Gelenkfahrzeug).

Kessel – Bauteil zur Erzeugung von Dampf durch Wärmeenergie, der für den Fahrzeugantrieb oder zur Heizung genutzt wird (siehe Dampferzeuger und Lokomotivkessel).

Kesselrohre "75" – siehe Heizrohre.

Kettenfahrleitung – siehe Oberleitung.

Kipprost – Hat eine Lokomotive ihren Einsatz beendet, wird das Feuer vom Rost entfernt. Anfänglich schaufelte man recht mühsam die Überreste des Feuers durch das Feuerloch heraus. Später ordnete man einen Teil des Rosts so an, daß man ihn kippen konnte und Asche und Schlacke einfach nach unten heraus fielen.

Klotzbremse – Bremseinrichtung, bei der ein oder mehrere Klötze aus Reibmaterial (Holz, Gußeisen, Kunststoff) durch Hebelwirkung an die Lauffläche des Radsatzes gepreßt werden.

Kohlenschieber – Eine meist dampfbetriebene Vorrichtung im Tender, die die hinten lagernde Kohle so weit vorschob, daß sie der Heizer leicht erreichen konnte.

Kolben "17" – siehe Zylinder.

Kolbenschieber "15" – siehe Schieber.

Kolbenstange "18" – Verbindet den Kolben mit dem Kreuzkopf.

Kommutator – Teil des Ankers eines Elektromotors, auf dem die Bürsten laufen. Meist zylindrisch mit voneinander isolierten Kupferstäben, die mit den einzelnen Spulen des Ankers verbunden sind.

Kompressor – Eine Maschine, die Luft verdichtet, also Druckluft erzeugt, entweder für die Druckluftbremse oder zum Aufladen eines Dieselmotors.

Kraftübertragung – Gesamtheit der Bauteile, mit denen die Antriebsenergie auf die Radsätze übertragen wird. Bei Dampflokomotiven meist von den Dampfzylindern über Stangen auf die Treibräder. Bei elektrischen Lokomotiven wirken meist die Fahrmotoren über Zahnradgetriebe und elastische Zwischenglieder. Bei Diesellokomotiven gibt es mechanische, hydraulische und elektrische Kraftübertragungen mit Kupplungen, die es erlauben, daß der Motor ohne Last anlaufen kann. Mechanische Getriebe bestehen meist aus Kupplung und Zahnradgetriebe. Hydraulische Kraftübertragungen besitzen einen oder mehrere Drehmomentwandler, Wendegetriebe (zur Fahrtrichtungsänderung) und Gelenkwellen. Die elektrische Kraftübertragung umfaßt vom Dieselmotor getriebene Gleichstrom- oder Drehstromgeneratoren, die elektrische Fahrmotoren mit Strom versorgen.

Kreuzkopf "31" – Der Kreuzkopf wird in den Gleitschienen geführt und überträgt die Kolbenkräfte auf die Treibstangen. Die Gleitschienen nehmen dabei die Seitenkräfte auf, die sich durch die Schrägstellung der Treibstange ergeben.

Kropfachse – Die Innenzylinder treiben Kropfachsen an, bei denen Kröpfungen den Kurbelzapfen der Außenzylinder entsprechen.

Kuppelstangen "39" – Verbinden die Treibzapfen der Antriebsräder einer Lokomotivseite und übertragen die Antriebskräfte von der Treibachse auf die Kuppelachse.

Kupplung "22" – Die Kupplungen verbinden die einzelnen Fahrzeuge eines Zuges miteinander. Es gibt sie von der einfachsten Ausführung mit einigen Kettengliedern bis hin zu selbsttätigen Mittelpufferkupplungen, mit denen auch die elektrischen und die Luftleitungen gekuppelt werden. Nicht selbsttätige Kupplungen sind meist Schraubenkupplungen aus zwei Gliedern, die eine Schraube verbindet. Die Schraube besitzt je zur Hälfte rechts- und linksläufige Gewinde, damit man die Kupplung verlängern oder verkürzen kann. Nach dem Einhängen in den Kupplungshaken eines Fahrzeugs wird sie so weit verkürzt, daß die Puffer sich berühren. Automatische Kupplungen arbeiten mit Klauen, die beim Zusammenschieben der Fahrzeuge einrasten und von außen wieder gelöst werden können.

Kurbel – Vorrichtung zur Umsetzung einer hin- und hergehenden Bewegung in eine Drehbewegung oder umgekehrt, beispielsweise in Verbrennungsmotoren.

Kurbelzapfen "38" – Die Treib- und Kuppelstangen sind mit den Rädern durch die Kurbelzapfen verbunden, die die Triebkräfte übertragen.

Laufachse – Nicht angetriebene Achse eines Triebfahrzeugs, die einen Teil des Fahrzeuggewichts trägt, oft auch die Führung beim Einlauf in Kurven verbessern soll. Sind mehrere Laufachsen in einem gemeinsamen Rahmen gelagert, der sich gegenüber dem Hauptrahmen verdrehen kann, spricht man von Laufdrehgestellen.

Lokomotivkessel – Bis auf wenige Versuchsausführungen besaßen Dampflokomotiven immer einen zylindrischen Röhrenkessel zur Dampferzeugung, bei dem die Feuerbüchse mit der Rauchkammer und dem Schornstein durch eine größere Anzahl dünner wasserumspülter Rohre verbunden ist, durch die Rauchgase strömen und dabei die Wärmeenergie an das Wasser abgeben.

Luftfedern – Luftgefüllte Gummibalgen dienen bei manchen modernen Eisenbahnfahrzeugen der Abfederung, auch in Verbindung mit Neigungseinrichtungen.

Luftklappen "54,55" – Die Stärke der Feuers wird durch die Luftzufuhr geregelt. Die Luftklappen werden vom Heizer mit Hebeln bedient.

Mallet-Lokomotive – siehe "Challenger" auf den Seiten 164/165.

Manganhartstahlplatten – Moderne Lokomotiven besaßen sie in den Achslagerführungen, um den Verschleiß zu verringern.

Massenausgleich "88" – Die hin- und hergehenden und die umlaufenden Massen des Treibwerks erzeugen eine Unwucht, die durch Ausgleichsmassen so weit ausgeglichen werden müssen, daß der Lauf der Lokomotive nicht darunter leidet. Umlaufende Massen lassen sich einfach auswuchten, andere Bewegungen meist nur zum Teil.

Maßgebende Steigung – Stärkste Steigung einer Strecke, die so lang ist, daß sie nicht mit Schwung durchfahren werden kann.

Mehrspannungsfahrzeug – auch Mehrsystemfahrzeug. Elektrisches Triebfahrzeug, das mit mehreren verschiedenen Stromsystemen betrieben werden kann.

Metro – Stadtbahn für den Transport großer Menschenmengen auf kürzeren Entfernungen, meist als Untergrund- oder Hochbahn ausgeführt (auch kombiniert).

Neigungseinrichtung – Vorrichtung, mit deren Hilfe beim Durchfahren von Kurven der Wagenkasten des Fahrzeugs zum Kurveninneren hin geneigt wird, um der Zentrifugalkraft entgegenzuwirken und damit eine höhere Fahrgeschwindigkeit zu ermöglichen.

Nennleistung – Als Dauerleistung festgelegter Wert.

Nockenwelle – Eine Welle, auf der eine Reihe von Nasen (Nocken) sitzt, mit der beispielsweise die Ventile eines Verbrennungsmotors oder auch Schaltstützen eines elektrischen Fahrzeugs betätigt werden.

Normalspur – Eine Spurweite von 4 englischen Fuß und 8 1/2 Zoll, gleich 1435 mm. Dieses Maß ergab sich durch die historische Entwicklung der Eisenbahn. Kleinere Spurweiten werden als Schmalspur bezeichnet, größere als Breitspur. Heute sind Spurweiten von 381 mm bis 1676 mm in Verwendung.

Nutzbremse – Bei manchen elektrischen Triebfahrzeugen ist es möglich, durch die Bewegungsenergie des Zuges beim Bremsen in den Fahrmotoren (als Generatoren) Strom zu erzeugen, der in das Fahrleitungsnetz zurückgespeist wird. Bei Gleichstromfahrzeugen ist dies verhältnismäßig einfach möglich, ebenso bei Fahrzeugen mit Umformern und elektronischen Stromrichtern.

Oberbau – Gleiskörper der Eisenbahn, bestehend aus Schotterbett, Schwellen, Schienen und Befestigungselementen.

Oberleitung – Bei elektrischen Bahnen wird der Fahrstrom meist über einen Fahrdraht oberhalb des Gleises über Stromabnehmer dem Fahrzeug zugeführt. Man unterscheidet einfache und Kettenfahrleitungen, bei Drehstromsystemen gibt es Doppelfahrleitungen mit zwei nebeneinanderliegenden Fahrdrähten für zwei oder drei Stromphasen.

Pantograf – Andere Bezeichnung für einen Scherenstromabnehmer.

Parallelschaltung – Elektrische Bauteile (z.B. Motoren) sind so geschaltet, daß sie alle an der vollen Versorgungsspannung liegen. Der Gesamtstrom ist die Summe der Ströme durch die einzelnen Elemente.

Pendelstütze – Gelenkig befestigter Stützstab; Teil der Abstützung vieler Drehgestelle.

Pferdestärke – Maß für die Leistung, das heute offiziell durch das Watt abgelöst ist, aber noch häufig verwendet wird. 1 PS = 75 kpm/sec = 735,5 W. Das englische Maß "Horsepower" (HP) entspricht 1,014 PS = 746 W, kann also zum überschlägigen Vergleich gleichgesetzt werden.

Quecksilberdampfgleichrichter – Ältere Gleichrichterbauform mit flüssigem Quecksilber in einem großen Behälter.

Radialachse – Die Achslager einer Radialachse sind so gestaltet, daß die Achse bei einer seitlichen Verschiebung einen Kreisbogen beschreibt. Damit erreichte man die Wirkung eines separaten Laufgestells auch bei einer im Hauptrahmen gelagerten Achse.

Radreifen – Stahlreifen mit Lauffläche und Spurkranz, der auf den Radstern aufgeschrumpft wird.

Radverkleidungen "86" – Bei tiefliegenden Umlaufblechen und in Führerständen mußte man den herausstehenden Teil aus Sicherheitsgründen abdecken.

Rahmen "37" – Oft Hauptrahmen genannt. Das Rückgrat einer Lokomotive bestand entweder aus Stahlplatten (Blech- oder Plattenrahmen) oder aus Stahlstangen (Barrenrahmen). Später verwendete man auch große Stahlgußteile (Lokomotivbett).

Rauchkammer "6" – Im Vorderteil des Kessels sammelt sich der Rauch aus den Heiz- und Rauchrohren und wird durch den Dampfstrahl aus dem Blasrohr ins Freie mitgerissen. Am Boden der Rauchkammer setzen sich Verbrennungsrückstände (Lösche) ab, die durch die Rohre geblasen wurden.

Rauchrohre "77" – Große Kesselrohre, in denen die Überhitzerelemente untergebracht sind.

Regelspur – Siehe Normalspur.

Regler "12" – Das Ventil, mit dem die Dampfzufuhr zu den Zylindern eingestellt wird, das "Gaspedal" der Lokomotive.

Reibungsgewicht – Der Anteil des Lokgewichts, der auf den Kuppelrädern ruht. Er bestimmt die Kraft, die die Räder auf das Gleis übertragen können, und damit die Zugkraft der Lokomotive.

Reibwert – Verhältnis zwischen dem Reibungsgewicht und der vom Rad auf die Schiene übertragbaren Zugkraft. Die nutzbare Haftreibung ist abhängig vom Zustand der Schienenoberfläche und von der Fahrgeschwindigkeit. Wird dieser Wert überschritten, kommt es zum Schleudern (beim Anfahren) oder Gleiten (beim Bremsen).

Reihen-Parallelschaltung – Schaltung, bei der mehrere Gruppen in Reihe geschalteter Bauelemente zueinander parallel geschaltet sind.

Reihenschaltung – Elektrische Bauteile (z.B. Motoren) sind so geschaltet, daß sie nacheinander vom gleichen Strom durchflossen werden. Die Spannung teilt sich auf die einzelnen Elemente auf.

Reihenschlußmotor – Elektrischer Motor mit sehr gut für Antriebszwecke geeigneter Kennlinie, bei dem die Wicklungen von Rotor und Stator in Reihe geschaltet sind.

Rekuperationsbremse – siehe Nutzbremse.

Relais – siehe Schütz.

Rohre – siehe Heizrohre.

Rollenlager – Lagerbauart, bei der die Last nicht gleitend, sondern wälzend über Stahlwalzen übertragen wird.

Rost "53" – Normalerweise aus Gußeisenstäben zusammengesetzte Fläche, auf der das Feuer brennt.

Rotor – Drehbarer Teil einer elektrischen Maschine (Motor/Generator).

Sandstreueinrichtung "42,45" – Sand aus dem Sandkasten wird durch die Sandfallrohre auf die Gleise geleitet, um die Reibung zu erhöhen, vor allem bei feuchtem Wetter. Die Vorrichtung wird vom Führerstand aus bedient. Der Sand fällt entweder durch sein Eigengewicht herab oder er wird mit Dampf oder Luft herausgedrückt.

Saugzugbegrenzer "13" – Manche Lokomotiven besaßen eine Einrichtung, die bei angestrengtem Arbeiten der Maschine den Saugzug und damit die Feueranfachung einschränken konnte.

Scheibenbremse – Bremsbauart, bei der auf der Achswelle oder an der Radscheibe ein oder zwei Scheiben befestigt sind, gegen die die Reibbeläge gepreßt werden.

Schieber – Bei Dampflokomotiven verwendete man drei verschiedene Schiebertypen. Der *Flachschieber* wurde während der ersten 75 Jahre der Dampflokomotive durchweg verwandt. Er besteht aus einem flachen Schiebekörper, der auf dem Schieberspiegel mit den Ein- und Ausströmöffnungen gleitet. Eine Vertiefung im Schiebekörper verbindet die verschiedenen Öffnungen je nach der Stellung der Steuerung. Dadurch wird die Dampfeinströmung und der Auspuff des Dampfes in der gewünschten Reihenfolge vorgenommen.

Später fanden die *Kolbenschieber* fast universelle Anwendung. Der Schieberkasten ist zylindrisch geformt, anstelle des flachen Schieberkörpers treten zwei Kolben, die den Dampf entsprechend leiten. Der Dampf kann in den Zylinder zwischen oder auch auf der Außenseite dieser Kolben in den Zylinder eintreten: entsprechend besitzen die Schieber dann innere oder äußere Einströmung, wobei die innere häufiger angewendet wurde.

Einige Lokomotiven erhielten auch Tellerventile *(Ventilsteuerung)*, die den in Autos verwandten Ventilen ähnlich sind.

Schienenräumer "23" – Sie befinden sich vor dem ersten Radsatz einer Lokomotive und haben die Aufgabe, Gegenstände von den Schienen zu schleudern, die sonst zur Entgleisung führen könnten.

Schlepptenderlok – Dampflokomotive, die ihre Vorräte auf einem separaten Fahrzeug (Tender) mitführt.

Schleudern – Überschreitet die vom Antrieb erzeugte Zugkraft die durch die Haftreibung übertragbare Zugkraft, drehen die Räder durch, sie schleudern und es kann zu schweren Schäden kommen.

Schleuderschutz – Vorrichtung, die das beginnende Schleudern erfaßt und selbsttätig Gegenmaßnahmen einleitet, wie Herunterschalten der Leistung, Sanden oder leichtes Anlegen der Klotzbremse.

Schlingern – Eine Bewegung um die senkrechte Achse der Lokomotive durch die hin- und hergehenden Massen.

Schlupf – Unterschied zwischen theoretischer und praktischer Drehzahl. Beim Fahren an der Reibgrenze kommt es vor dem Schleudern zu einem leichten Gleiten der Räder auf der Schiene, dem Schlupf. Ebenso nennt man beim Asynchronmotor die Differenz zwischen der Synchrondrehzahl und der Arbeitsdrehzahl.

Schmalspur – Siehe Normalspur.

Schmelzpfropfen "89" – Die letzte Sicherung vor den gefährlichen Folgen eines zu niedrigen Wasserstandes. Eingeschraubte Messingpfropfen mit einem Bleieinsatz schmelzen durch, wenn die Feuerbüchsdecke zu heiß wird. Der Dampf, der in die Feuerbüchse strömt, soll das Feuer löschen, damit der Kessel nicht explodiert.

Schornstein "1" – Die Öffnung des Kessels, durch die Abdampf und Rauchgase ins Freie gelangen.

Schüttelrost – Bei ihm können Teile des Feuerrostes hin- und herbewegt werden, damit Verbrennungsrückstände in den Aschkasten fallen.

Schütz – Fernbetätigter Schalter für hohe Ströme und Spannungen, z.B. zur Leistungsschaltung einer elektrischen Lokomotive. Ähnliche Schalter für kleine Leistungen nennt man Relais.

Selbsttragende Bauweise – Aufbau und Rahmenteile eines Fahrzeugs bilden eine einheitliche Tragkonstruktion nach Art einer Fachwerkbrücke oder in Form einer Röhre.

Sicherheitsventile "71" – Bei Überschreiten des maximalen Kesseldrucks tritt hier der überschüssige Dampf aus.

Speisepumpe – Eine Pumpe, die das Speisewasser in den Kessel drückt, entweder über Hebel vom Triebwerk oder durch einen eigenen Dampfzylinder angetrieben, letztere meist in Verbindung mit einer Vorwärmeranlage.

Speiseventil "72" – Ein Rückschlagventil, durch das das Speisewasser in den Kessel gelangt.

Spülen – Das Entfernen der Verbrennungsrückstände (Abgase) aus dem Zylinder eines Dieselmotors durch Einblasen von Luft.

Spurkranz – Führungsflansch am Radreifen, der den Radsatz im Gleis führt, normalerweise auf der Innenseite des Rades.

Spurkranzöler – In scharfen Kurven drücken die Spurkränze der Räder sehr stark gegen den Schienenkopf, der Verschleiß ist sehr hoch. Um den Verschleiß zu verringern, erhielten Lokomotiven Vorrichtungen, mit denen der Spurkranz geschmiert werden konnte. Häufig findet man heute Vorrichtungen an den Kurvengleisen selbst.

Spurwechselradsatz – Früher gab es zum Wechsel der Spurweiten austauschbare Radsätze, heute verwendet man auch Radsätze mit Radscheiben, die nach Lösen einer Verriegelung in einer Spurwechselanlage auf der Achse in die gewünschte Stellung verschoben werden können.

Spurweite – Das Maß zwischen den inneren Kanten der Fahrschienenköpfe. Es hat bei Normalspur einen Nennwert von 1435 mm (4 ft 8 1/2 in).

Stator – Feststehender (äußerer) Teil eines elektrischen Motors.

Stehbolzen "68,74,83" – Der runde Kessel widersteht dem Druck allein durch seine Form. Die mehr oder weniger rechteckige Feuerbüchse muß durch Hunderte von Stehbolzen mit der Außenwand des Kessels verbunden und versteift werden.

Steigung – Eine gegen die Horizontale geneigte Strecke, deren Maß meist in Prozenten oder Promille angegeben wird. Bei 1% Steigung steigt die Strecke auf 100 m um 1 m. In anderen Ländern gibt man oft an, auf welche Distanz man einen Höhenunterschied von 1 Einheit hat, z.B. 1:50 (= 2%).

Steuerung – Mechanismus, mit dem die Funktion des Antriebs beeinflußt wird. Bei Dampflokomotiven bezeichnet man als Steuerung eine Anzahl von Stangen, Schwingen und Exzentern, deren Bewegung aus der Drehbewegung der Räder und der hin- und hergehenden Bewegungen des Kreuzkopfs abgeleitet wird und die die Dampfmenge, die in die Zylinder einströmt, steuern. Die bekanntesten Bauformen sind die Stephenson-/Allansteuerung und die Heusinger-Walschaert-Steuerung, die bei den meisten in diesem Buch beschriebenen Dampfloks verwendet wird, sich weltweit durchsetzte und hier näher beschrieben werden soll:

Die Gegenkurbel (1) ist um 90 Grad versetzt auf dem Treibzapfen befestigt. Die Schwingenstange (2) bewegt die Schwinge (3) und den Drehpunkt (4) hin und her. Ein Schwingenstein, der in der Schwinge gleitet, ist mit der Schieberschubstange (5) verbunden. Mit dem Umlenkhebel (6) der Steuerstange kann der Schwingenstein und damit die Schieberschubstange gehoben oder gesenkt werden. Befindet sich die Schieberschubstange (5) oben, fährt die Lok rückwärts, ist sie unten, fährt sie vorwärts. Durch Zwischenstellungen kann die Füllung verändert werden. Der Voreilhebel (7) überträgt einen Teil der Kolbenbewegung auf den Schieber, damit er schon etwas früher öffnet (voreilt).

Die *Bakersteuerung* ist eine Abart der Walschaertsteuerung, bei der die gekrümmte Schwinge durch mehrere gerade Teile ersetzt wurde. Sie fand hauptsächlich in den USA Verwendung.

Die *Stephensonsteuerung* wurde sicher genauso häufig verwendet wie die Walschaertsteuerung. Andere Bauarten wie Allan, Gooch oder Hakensteuerung wurden seltener verwendet und werden in diesem Buch beschrieben. Man findet sie bei:

Stephenson – siehe "Beuth", Seite 34
Gooch – Siehe "Rover"- Klasse, Seite 57
Allan – siehe "Reihe 79", Seite 50
Hakensteuerung – siehe "Beuth", Seite 40.

Stoßdämpfer – Zylindrisches Bauteil zur Dämpfung von Schwingungen des Fahrgestells.

Stopfbuchse "19" – Die Dichtung des Dampfzylinders an der Austrittsstelle der Kolbenstange.

Stromabnehmer – Teil eines elektrischen Fahrzeugs, mit dem der Betriebsstrom aus der Fahrleitung entnommen wird. Eine der einfachsten Formen ist der Stangenstromabnehmer (Trolleystange), der über eine Laufrolle oder ein Schleifstück die Oberleitung kontaktiert. Ebenso einfach sind Schleifbügel (Lyrabügel); beide Bauarten verwendete man vorwiegend bei Straßenbahnen. Weiteste Verbreitung im Eisenbahnbereich fanden die Scherenstromabnehmer (Pantografen), deren moderne Varianten nur noch ein oder zwei Tragholme haben. Bei Verwendung von Stromschienen befinden sich die Stromabnehmer dafür an den Drehgestellen.

Stromlinie – Gestaltung des Äußeren eines Fahrzeugs im Hinblick auf einen möglichst geringen Luftwiderstand.

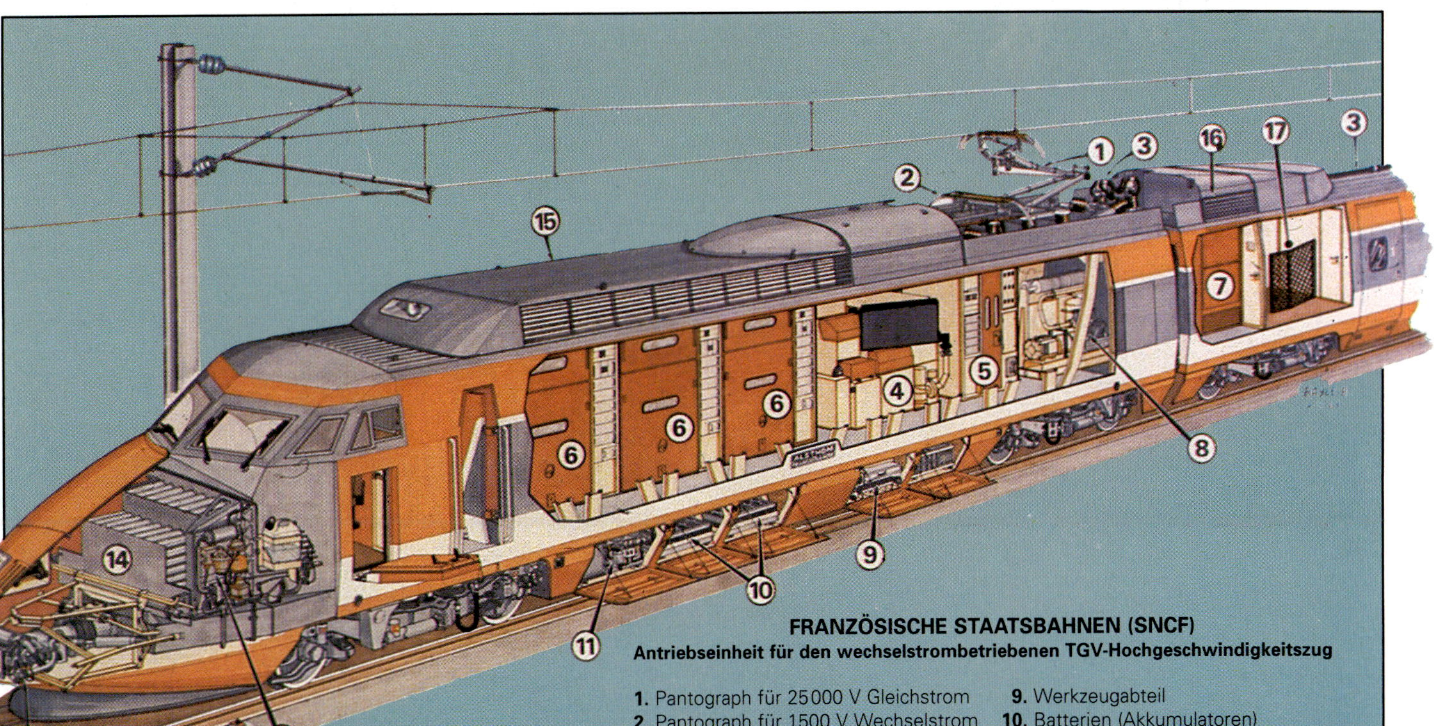

FRANZÖSISCHE STAATSBAHNEN (SNCF)
Antriebseinheit für den wechselstrombetriebenen TGV-Hochgeschwindigkeitszug

1. Pantograph für 25000 V Gleichstrom
2. Pantograph für 1500 V Wechselstrom
3. Hochspannungsleitung für 25 000 V auf dem Dach
4. Haupttransformator
5. Sanitärer Bereich
6. Traktionsmotor
7. Gleichrichter für Störungen
8. Hauptkompressor
9. Werkzeugabteil
10. Batterien (Akkumulatoren)
11. Klimaanlage für Führerstand
12. Kontrollmechanismus für Bremsen
13. Automatische Kupplung
14. Kollisionsschutz
15. Entlüfter für Klimaanlage
16. Entlüfter für Klimaanlage
17. Gepäckabteil

Stromschiene – Eine Bauform der Stromzuführung, vor allem bei Nahverkehrsbahnen, mit einer isolierten stromführenden Schiene neben oder zwischen den Fahrschienen, meist mit Gleichstrom verhältnismäßig niedriger Spannung. Größter Nachteil sind die Unterbrechungen im Bereich von Weichen und Kreuzungen.

Stundenleistung – Leistung, die ein Antrieb eine Stunde lang ohne Schaden abgeben kann.

Tatzlagermotor – Elektrischer Antriebsmotor, der auf einer Seite elastisch am Fahrgestell befestigt ist und sich mit seinem Getriebegehäuse als Tragarm auf die Achswelle des Treibradsatzes stützt. Das Motorritzel steht in direktem Eingriff mit dem Großrad auf der Achse. Diese nur teilweise abgefederte Motorbauart fand vorwiegend bei niedrigen Leistungen und Geschwindigkeiten Anwendung.

Tender – Ein separates Fahrzeug für die Vorräte der Lokomotive.

Tenderlok – Dampflokomotive, die ihre Vorräte mit sich führt und keinen separaten Tender besitzt.

Thermischer Wirkungsgrad – Das Verhältnis zwischen geleisteter Arbeit und der Energie, die im Brennstoff enthalten war.

TIA – Eine Art der Speisewasserbehandlung, entwickelt von Louis Armand von den Französischen Staatsbahnen, bezeichnet als "Traitement Intégral Armand". Das Wasser wurde regelmäßig auf Härte und Verunreinigung kontrolliert und entsprechend mit Chemikalien behandelt. Die Verwendung sauberen Wassers verringerte die Reparaturhäufigkeit der Kessel erheblich.

Totmannschaltung – Sicherheitseinrichtung, bei der der Lokführer ständig oder in Abständen einen Schaltknopf oder ein Pedal betätigen muß. Unterläßt er dies (weil er dazu nicht in der Lage ist), wird automatisch die Leistung abgeschaltet und die Bremse betätigt, damit der Zug nicht führerlos weiterfährt.

Transformator – Elektrische Maschine zur Wandlung der Höhe von Wechselspannungen. Die Speisespannung induziert in der Primärwicklung ein magnetisches Wechselfeld, das in der Sekundärwicklung eine Spannung induziert, die in einem festen Verhältnis zur Primärspannung steht, das durch die Windungszahlen bestimmt wird. Transformatoren in Eisenbahnfahrzeugen sind häufig ölgekühlt.

Treibräder "40,47" – Die angetriebenen Räder der Lokomotive; sie werden auch als Kuppelräder bezeichnet.

Treibstange "41" – Sie verbindet den Kreuzkopf mit dem Kurbelzapfen des Treibrades.

Triebdrehgestell – Drehgestell, dessen Achsen angetrieben werden. Moderne Fahrzeuge besitzen meist zwei (manchmal auch drei) zwei- oder dreiachsige Triebdrehgestelle.

Triebwagen – Triebfahrzeug, das auch Nutzlast, also Personen oder Güter, befördert.

Triebwerk – Ein Oberbegriff für alle Teile, die direkt der Fortbewegung der Lokomotive dienen.

Triebzug – Eine Zuggarnitur aus meist einzeln nicht verwendbaren Triebwagen oder aus Triebwagen und antriebslosen Steuer- und Mittelwagen, teilweise auch als Gelenkfahrzeug gebaut.

Turbine – Wärmekraftmaschine mit rotierenden Teilen, die mit einem gasförmigen Arbeitsmedium arbeitet, also mit Dampf oder mit Verbrennungsgasen. Siehe auch Gasturbine.

Turbolader – Eine mit den Abgasen des Dieselmotors betriebene Turbine treibt einen Kompressor, der Druckluft zum Aufladen des Diesels erzeugt.

Überhitzer – Teil eines Lokomotivkessels, in dem durch weitere Wärmezufuhr die Temperatur über die Sättigungstemperatur des Wasserdampfs gesteigert wird.

Überhöhung – Erhöhung der äußeren Fahrschiene in einer Kurve, um durch Neigung der Fahrzeuge zum Kurveninneren der Zentrifugalkraft entgegenzuwirken. Dabei muß ein Kompromiß zwischen den Auswirkungen auf unterschiedlich schnelle Züge gefunden werden.

Umformer – Elektrische Maschine zur Umwandlung von elektrischem Strom, beispielsweise von Drehstrom in Gleichstrom, mit Hilfe von Motor-Generator-Aggregaten.

Umrichter – Elektrische Schaltung zur Umwandlung von elektrischem Strom mit Hilfe von statischen (elektronischen) Bauelementen.

Unten: *Eine Baldwin 2-8-2 von 1925 im Besitz der Denver & Rio Grande Western Railroad.*

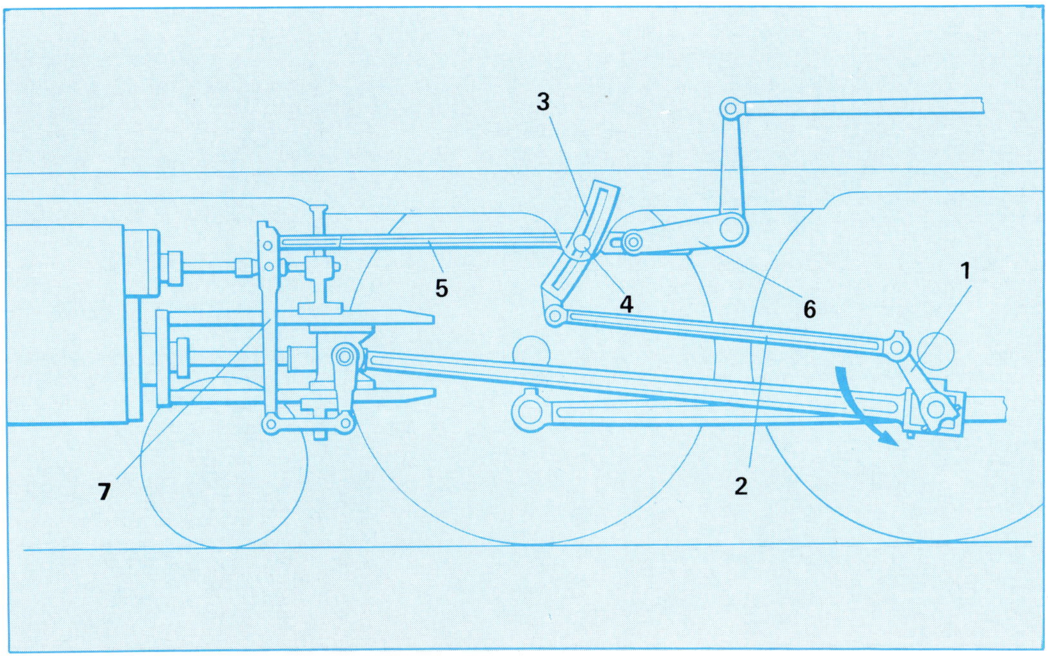

Die Abbildungen zeigen die Anordnung der Heusinger/Walschaertsteuerung. Die Zahlen beziehen sich auf die Beschreibung unter dem Begriff „Steuerungen“. Die Zeichnung wurde der Fachliteratur entnommen © Eleanora Steel. (Ziffernerklärungen Seite 13)

Umsteuerhebel – Ein Hebel im Führerstand, der auf die Steuerstange wirkt. Bei Schnellzuglokomotiven modernerer Bauart nicht mehr verwendet.

Umsteuerrad "61" – Das Rad dreht eine Steuerspindel, die im Steuerblock gelagert ist und die über die Steuerstange die Stellung der Steuerung verändert.

Untergestell – Der Rahmen eines Fahrzeugs, der den Fahrzeugkasten trägt, mitsamt allen Einrichtungen zur Übertragung der Kräfte, wie Zug- und Stoßvorrichtung, Achslager und Drehgestellaufhängung.

Untergrundbahn – Nahverkehrsbahn, die im Bereich großer Städte unterhalb der Erdoberfläche in Tunnels angelegt ist.

Unterwerk – Elektrisches Umspannwerk, in dem der Strom aus dem Überlandnetz in Bahnstrom durch Transformatoren oder Umformer umgewandelt wird.

Vakuumbremse – Luftbremse, die mit Unterdruck arbeitet. Dabei verrichtet der atmosphärische Druck die eigentliche Arbeit. Nachteilig ist die geringe verfügbare Druckdifferenz im Vergleich zur Druckluftbremse.

Ventilsteuerung – siehe Schieber.

Verbrennungskammer – Eine Fortsetzung der Feuerbüchse in den Langkessel hinein, die das Feuerbüchsvolumen auf Kosten der Rohrlänge vergrößert. Sie soll bei langen Kesseln zu einer besseren Verbrennung führen.

Verbundantrieb – Bei der Verbundmaschine sind Zylinder unterschiedlicher Größe so angeordnet, daß zuerst die kleinen Hochdruckzylinder den Frischdampf aus dem Kessel erhalten. Hat er dort seine Arbeit verrichtet, gelangt er über einen Dampfsammler in die größeren Niederdruckzylinder, um sich dort weiter zu entspannen und dabei weitere mechanische Arbeit zu leisten. Die Zylinder sind unterschiedlich groß, damit sich etwa gleiche Leistungen trotz der verschiedenen Drücke ergeben.

Vielfachsteuerung – Steuerungseinrichtung, die es erlaubt, mehrere Triebfahrzeuge von einem Führerstand aus zu kontrollieren (Vielfachtraktion).
Voreilung – siehe Steuerungen.

Wachsamkeitsüberprüfung – Sicherheitseinrichtung, die vom Lokführer in bestimmten Abständen betätigt werden muß. Ist er dazu nicht in der Lage, erfolgt eine Notbremsung. Zusätzlich wird oft (beispielsweise bei der Indusi – Induktive Zugsicherung) die richtige Beobachtung der Signale kontrolliert. Passiert er ein Halt ankündigendes Vorsignal zu schnell oder überfährt er das Haltsignal, erfolgt ebenfalls eine Zwangsbremsung.

Wasserkammer – Senkrechte oder schräge Wassergefäße innerhalb der Feuerbüchse, die die direkte Heizfläche vergrößern und die Feuerbüchswände (und den Feuerschirm) versteifen sollen. Ist der Querschnitt der Gefäße rund, sind es Wasserröhren, sind sie flach, spricht man von Wasserkammern.

Wasserreißen – Wenn der Wasserspiegel im Kessel zu hoch ist oder wenn das Wasser durch Verunreinigungen schäumt, kann Wasser in die Zylinder übergerissen werden und dort im schlimmsten Fall zum Wasserschlag führen. Dabei kann sogar der Zylinder zerreißen.

Wasserstandsglas – Ein Glasrohr, das so am Kessel im Führerstand befestigt ist, daß auf ihm der Wasserstand des Kessels zu ersehen ist. Es ist die wichtigste Einrichtung für die Sicherheit des Betriebs einer Dampflokomotive und ist darum meist zweimal vorhanden.

Wechselstrom – Elektrischer Strom, dessen Fließrichtung in regelmäßigen, kurzen Intervallen umgekehrt wird (siehe Drehstrom und Einphasenstrom).

Wendezug – Lokbespannter Zug mit Steuerwagen am anderen Zugende, bei dem bei einem Richtungswechsel die Lokomotive nicht umgesetzt werden muß. Führt der Steuerwagen, braucht die Lok auch nicht mit Personal besetzt zu werden (mit Ausnahme von Dampfloks).

Westinghouse-Bremse – Eine bekannte Form der Luftbremse – siehe Bremsen.

Wiege – Abgefederter Querträger eines Drehgestells, der die Verbindung zum Drehzapfen herstellt.

Zahnradbahn – Meist bei steilen Gebirgsbahnen anzutreffendes System zur Zugkraftübertragung (Steigung größer als 5-8%), bei denen Reibungsantriebe nicht mehr ausreichen. Große angetriebene Zahnräder der Fahrzeuge greifen in Zahnstangen zwischen den Fahrschienen ein. Diese Zahnstangen besitzen gefräste Zähne oder – als Leiterzahnstangen – Rundstäbe zwischen zwei U-Profilen.

Zughakenleistung – Wichtige Größe für die Zugförderung. Es ist die Zylinderleistung abzüglich der Leistung, die die Lokomotive für ihre eigene Fortbewegung benötigt, also das, was tatsächlich zur Beförderung eines Zuges zur Verfügung steht.

Zugkraft – Eine theoretische Größe, die angibt, welche Kraft die Lokomotive am Zughaken bei einem Druck von 85% des Maximaldrucks in den Zylindern abgeben kann.

Zweisystemfahrzeug – siehe Mehrspannungsfahrzeug.

Zylinder "26" – Die Energie, die im Dampf enthalten ist, wird im Zylinder in eine Bewegung des Kolbens umgewandelt.

Zylinderhähne "26,56" – Wenn eine Lokomotive anfährt, kondensiert der Dampf in den anfänglich kalten Zylindern zu Wasser, das ja nicht komprimiert werden kann. Damit der Zylinder nicht platzt, wird das Wasser durch die untenliegenden Zylinderhähne abgelassen.

Oben: *UP's berühmte 119 in Golden Spike N.M., Utah.*

Dampflokomotiven

Dampflokomotiven

Oben: *Eine Anzeige von 1886 für die C & NW's Short Line.*

Einführung

Absicht dieses Buches ist es, die Geschichte von Entstehung, Entwicklung, Erfolg und, schließlich, des langsamen Sterbens des meistgeliebten aller mechanischen Erzeugnisse der Menschheit zu erzählen, der Dampf-Schnellzuglokomotive. Dazu werden mehr als 150 verschiedene, herausragende Exemplare dieser Gattung in meist chronologischer Reihenfolge eingehend beschrieben und illustriert.

Die Geschichte beginnt vor mehr als 150 Jahren bei der legendären „Rocket", die George und Robert Stephenson für die erste städteverbindende Eisenbahn zwischen Liverpool und Manchester bauten. Ganz England hielt den Atem an, als diese kleinen Feuerwagen begannen, die Grenzen von Raum und Zeit mit Geschwindigkeiten bis zu 56 km/h (35 mph) aufzuheben. Auf diese Weise verkürzten sich die Reisezeiten auf ca. ein Drittel dessen, was bisher mit Straßenfahrzeugen und Zugpferden aus Fleisch und Blut zu schaffen war. Binnen einem Dutzend Jahre hatten sich diese Geschwindigkeiten verdoppelt, die Lokomotivgewichte hatten sich verdreifacht, die Leistungen sogar vervierfacht und das Ganze hatte einen annehmbaren Grad der Zuverlässigkeit erreicht. Zusätzlich begannen sich zwei unterschiedliche Entwicklungen beiderseits des Atlantiks abzuzeichnen.

Auch heute noch, wo wir doch viel unglaublichere Beispiele für die Herrschaft des Menschen über die Natur besitzen, ist für uns der Anblick einer schwer arbeitenden Dampflokomotive ein erregendes Erlebnis, für die damals lebenden Menschen muß ein Feuerroß furchterregend gewesen sein. Kein Wunder, daß viele der Meinung waren, daß das Vieh unfruchtbar würde, die Ähren am Halm verwelkten, die Hühner keine Eier mehr legten und die Früchte am Baum verfaulten, wenn eine Dampflokomotive vorbei stürmen würde.

Nichts derartiges geschah, aber trotzdem änderte sich die Welt in kurzer Zeit, weil die Einführung der Dampflokomotive die Kosten und auch die Reisezeiten um den Faktor drei oder mehr senkte. Nicht mehr länger mußten die Menschen – jedenfalls die meisten – ihr Leben an einem Ort verbringen. Darüber hinaus war die Dampfeisenbahn in den wilderen Regionen der Erde der Vorreiter der Zivilisation; die Eisenbahn erschloß das Land und ermöglichte die Besiedlung; die Vereinigten Staaten von Amerika sind wohl das bekannteste Beispiel dafür.

Aber es gibt noch einen anderen Aspekt, unter dem die Dampflokomotive zu betrachten ist und erstaunlicherweise war es eine junge Schauspielerin namens Fanny Kemble, die als erste Person (und als erste und fast auch letzte Frau) uns überlieferte, daß sie erkannt hatte, daß es sich hier um etwas Neues handelte, das alle Sinne erregen konnte. Am 26. August 1830 schrieb sie an einen Freund, daß „... ein gewöhnliches Blatt Papier ausreicht um über Liebe zu schreiben, aber nur ein großer Kanzleibogen Platz genug bietet für die Eisenbahn und meine Begeisterung". Sie beschrieb weiter „den tapferen kleinen Feuerdrachen ... die magische Maschine mit ihrem wundervoll dahinwehenden weißen Atem und dem rhythmischen gleichmäßigen Gang" und schließlich empfand sie „daß kein Märchen auch nur halb so schön sein kann wie das, was ich gesehen habe". Zwar hatte nicht jeder das Glück, George Stephenson als Lokführer zu haben, wenn er das erste Mal eine Dampflokomotive erlebte, aber diese scharfsinnige Dame traf genau den richtigen Ton mit der Art, in der sie schrieb.

Oben: *Die Museumslokomotive „Blackmore Vale", eine Pazifik der britischen Southern Railway, befördert 1981 einen Personenzug auf der Bluebell Railway.*

Oben: *Eine „Fairlie"-Gelenklokomotive der Mexikanischen Eisenbahn überquert mit ihrem Arbeitszug eine zerbrechlich aussehende Brücke*

Viele von uns merken erst jetzt langsam, was wir einmal besaßen, nachdem es uns wieder genommen wurde oder zumindest derzeit genommen wird. In den meisten Ländern der Erde kann man nicht mehr neben einem Eisenbahngleis stehen und dem Herandonnern eines Schnellzuges lauschen, der bald mit wirbelnden Stangen vorbeirast und mit einer weißen Dampffahne hinter sich in der Ferne verschwindet; oder vielleicht auch am Fenster eines Personenwagens stehen und der harten Auspuffmusik und dem Prasseln der Asche auf dem Dach lauschen, wenn sich eine mächtige Dampflokomotive mit ihrer Wagenschlange die Berge hinauf windet.

Aber zu unserem Dampflokomotivkult gehört noch mehr und wir müssen uns wieder bei Miss Kemble dafür bedanken, daß sie auch dies deutlich machte. Sie konnte zwar unsere heutigen Lokomotiven nicht kennen – die nur geräuschvolle Kästen auf Rädern sind – aber sie hatte vollkom-

Oben: *Die britischen Pazifik „Duchess of Hamilton", die „Herzogin von Hamilton", verläßt den Bahnhof von York auf der ersten Fahrt nach ihrer Wiederaufarbeitung als betriebsfähige Museumslokomotive.*

Links: *Die britische „A4"-Pazifik Nr. 60025 namens „Falcon" stürmt mit dem „Flying Scotsman", dem „Fliegenden Schotten", aus dem Gaswerktunnel beim Londoner Kings Cross-Bahnhof hervor.*

men recht, als sie einen weiteren Reiz der Dampflokomotive erwähnte, nämlich daß ihre meisten Geheimnisse demjenigen klar erkenntlich sind, der nur Augen hat um sie zu sehen. Fanny schrieb „. . . *sie* (denn sie betrachten alle diese kleinen Feuerpferde als Stuten) bestand aus einem Kessel, einem Ofen, einer kleinen Plattform, einer Bank . . . sie bewegt sich auf Rädern, die ihre Füße sind und von glänzenden stählernen Beinen bewegt werden, die sie Kolben nennen; diese werden durch den Dampf angetrieben und je mehr Dampf den oberen Gliedmaßen (wohl die Hüftgelenke) dieser Kolben zugeführt wird, umso schneller bewegen sich die Räder . . . Zügel, Kandare und Zaumzeug dieser wundervollen Kreatur ist ein kleiner stählerner Griff, der den Beinen oder Kolben Dampf zuführt oder entzieht, so einfach, daß ein Kind es beherrschen könnte. Die Kohlen, also der Hafer, befanden sich unter der Sitzbank und am Kessel

Oben: *Eine „Electromotive SD 40-2" beim Rangieren der Fracht, gesehen in Green River Wyoming.*

war ein kleines wassergefülltes Glas befestigt, das durch die Höhe seines Wasserspiegels anzeigte, wann dieses Wesen Wasser brauchte . . ."

Obwohl in diesem Buch Lokomotiven beschrieben werden, die sechs Mal länger, sechsundvierzig Mal schwerer und sechzig Mal stärker sind als Fannys Lokomotive (es war übrigens die „Northumbrian"), trifft diese hübsche Beschreibung auch auf sie alle zu. Alle erwähnten Bauteile sind dem außenstehenden Betrachter gleichermaßen sichtbar, und ob die Höchstgeschwindigkeit nun 40 km/h oder 200 km/h beträgt, arbeiten sie doch auf die gleiche Weise.

Wie stark auch immer die Ausführungen der Dampflokomotiven voneinander abweichen mögen – in der Größe und auch in der Form – etwas ist immer gleich, die Anziehungskraft auf uns. Ob nun eine Lok kunstvoll bemalt ist oder nur eine Schicht Bitumen (oder Rost) trägt, ob sie durch ein Messingschild mit einem romantischen Namen oder nur durch eine schablonierte Nummer gekennzeichnet ist, bleibt der Eindruck auf uns gleich – ihr Anblick erfüllt uns mit dem Wunsch, alles über jede einzelne dieser wundervollen Maschinen herauszufinden.

Die schwierigste Aufgabe für den Autor war die Auswahl der Lokomotiven aus der großen Zahl der in Frage kommenden Kandidaten. Natürlich betraf die erste Wahl alle die Konstruktionen, die einen wichtigen Schritt in der Entwicklungsgeschichte veranschaulichen, von der „Rocket" bis zu solchen Höhepunkten der Entwicklung, wie zum Beispiel den „Niagara"-D'D2'-Lokomotiven der New York Central Railroad. Es sollten aus möglichst allen Gegenden dieser Erde Lokomotiven vertreten sein und auch Beispiele aus all den Ländern –, einige davon sind erstaunlich klein und wenig technisiert – die ihre eigenen Dampflokomotiven bauten. Gleichzeitig sollten auch möglichst unterschiedliche Einsatzgebiete dieser Personenzuglokomotiven berücksichtigt werden: Um einen schweren Schnellzug über die Pässe der nordamerikanischen Rockies zu bringen, braucht man ein ganz anderes Zugpferd wie für die schnellen Züge auf der Ebene von York in England.

Schwierig war es auch, die Trennungslinie zwischen Schnellzuglokomotiven und anderen zu ziehen. Abgesehen von so augenfälligen Merkmalen wie einem farbigen Anstrich und der Verwendung von Loknamen wurde gefragt, „War diese Maschine für die Verwendung vor einem der bedeutenden Züge der Erde bestimmt?" Lautete die Antwort „Ja", dann hatte man einen weiteren Kandidaten für dieses Buch.

Die Beschreibungen

Die einzelnen Beschreibungen dieses Buches versuchen, die Lokomotiven unter verschiedenen Gesichtspunkten zu betrachten. Zuerst muß man sich mit den Einzelheiten – das heißt Gewichten, Drücken, Abmessungen, usw. – befassen. Zweitens folgen die Fakten ihrer Geschichte – wie viele es gab, wann sie gebaut wurden, wer sie entwarf und baute, wie lange sie im Dienst blieben und ähnliches. Drittens, und vielleicht noch interessanter ist dann die Beschreibung bemerkenswerter technischer Merkmale. Die Dampflokomotiven erschienen in einer faszinierenden Vielfalt und weil der Großteil ihrer Funktionselemente klar zu sehen ist, hat auch das kleinste Detail das Interesse von Fachleuten und Laien gefunden.

Als nächstes wird erzählt, für welche Aufgaben diese Lokomotivreihe bestimmt war und ob sie die Vorstellungen ihrer Konstrukteure auch erfüllte. Auch ihr Aussehen wird angesprochen – ihr Erfolg oder Mißerfolg als Kunstwerk, wenn man so will. Zuletzt wird darauf hingewiesen, ob es heute noch Exemplare dieser Gattung gibt.

Jede einzelne Lokbeschreibung beginnt mit der Bezeichnung der Reihe oder Klasse. Oft kann man schon aus der Bezeichnung etwas über die Lokomotive erfahren. Beispielsweise verwendete die britische London & North Eastern Railway einen Buchstaben für jede Achsanordnung, gefolgt von einer Nummer, die die eigentliche Reihe innerhalb der Bauform kennzeichnete. Beispielsweise war die „A4" eine stromlinienförmige Lokomotive der Achsfolge 2'C1' (zu dieser Reihe gehörte auch die Rekordlokomotive „Mallard") und die vierte Reihe dieser Achsfolge, die die LNER oder eine der Vorläuferbahnen entwickelte.

Bauartbezeichnungen für Personenzuglokomotiven

Achsanordnung	Whyte-Bezeichnung	Europäisch	Name
	0-2-2	A1	–
	2-2-0	1A	–
	2-2-2	1A1	–
	4-2-0	2A	–
	4-2-2	2′A1	–
	4-2-4	2′A2′	–
	0-4-2	B1	–
	2-4-0	1B	–
	2-4-2	1′B1′	(Columbia)*
	4-4-0	2′B	American
	4-4-2	2′B1′	Atlantik
	4-4-4	2′B2′	(Jubilee)*
	2-6-0	1′C	Mogul
	2-6-2	1′C1′	Prärie
	2-6-4	1′C2′	(Adriatic)*
	4-6-0	2′C	Ten-wheeler
	4-6-2	2′C1′	Pazifik
	4-6-4	2′C2′	Hudson, Baltic
	2-8-0	1′D	Consolidation
	2-8-2	1′D1′	Mikado
	4-8-0	2′D	(Mastodon)*
	4-8-2	2′D1′	Mountain
	4-8-4	2′D2′	Northern*
	4-6-6-4	(2′C)C2′	Challenger
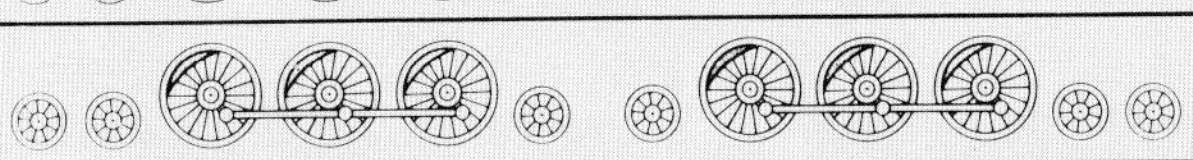	4-6-2 + 2-6-4	(2′C1′) (1′C2′)	Garratt-Pazifik
	4-8-2 + 2-8-4	(2′D1′) (1′D2′)	Garratt-Mountain

* Diese Namen wurden selten verwendet

Ein ′ bedeutet bewegliche Laufachsen – Triebwerke in Klammern sind beweglich

Andere Bahnen, wie die Deutsche Reichsbahn oder Österreich, verwendete eine Nummernbezeichnung mit System, andere numerierten ihre Loks nach Belieben. Wieder andere Bahnen, die so entgegengesetzt sein konnten, wie die feudale Great Western Railway Englands und die Bahnen der Volksrepublik China, gaben ihren Lokomotivgattungen Namen, die erstere zum Beispiel „Castle", die andere „Vorwärts Marschieren" oder „Hohes Ziel", um sie voneinander unterscheiden zu können.

Danach folgt dann die Achsanordnung, das Herkunftsland, die Eigentümergesellschaft und das Jahr des Neu- bzw. Umbaus. Viele der Achsanordnungen haben allgemein eingeführte Namen, die Tabelle auf Seite 9 gibt darüber eine Übersicht.

Technische Angaben über die Lokomotiven

Jede einzelne Beschreibung beginnt mit einer Auflistung der wichtigsten technischen Angaben wie Zugkraft, Gewichten, Kessel- und Triebwerksabmessungen und Vorräten. Natürlich darf man diese Angaben nicht zu genau sehen, denn nur eine von ihnen – die Länge des Kolbenhubs – liegt völlig fest. Einige verändern sich im Laufe einer Fahrt, wenn sich die Vorräte verbrauchen. Andere verändern sich durch die Abnutzung und es kam auch vor, daß Angaben vom Hersteller oder Besitzer geschönt wurden. Normalerweise gibt es auch unter den verschiedenen Exemplaren einer Reihe Abweichungen in den unterschiedlichsten Punkten.

All das bedeutet, daß diese Informationen mit etwas Zurückhaltung zu betrachten sind. Oft sind die Zahlen auch gerundet worden. Zuerst kommen die Angaben im metrischen System, in Klammern folgen dann die umgerechneten Daten im englischen Maßsystem. Meist wurde auch bei diesen Umrechnungen gerundet, denn eine zu große Genauigkeit ist hier ja nicht sinnvoll, vor allem bei den Gewichtsangaben. Eine metrische Tonne unterscheidet sich von der englischen „long ton" nur um 2%, weniger als die Abweichungen innerhalb einer Lokomotivreihe, die 10% betragen können. Die technischen Angaben sind nachfolgend noch einmal eingehender erklärt.

Zugkraft: Dies ist ein errechneter Nennwert, der einen Anhaltspunkt für die mögliche Zugleistung geben soll. Er errechnet sich aus einer für alle beschriebenen Lokomotiven gleichermaßen verwendeten Gleichung, die einen Kesseldruck von 85% des Maximaldrucks und den Nenndurchmesser der Dampfzylinder zugrunde legt. Man berücksichtigt dabei auch die Hebelübersetzung, die sich aus dem Drehkreis des Triebzapfens und dem Treibraddurchmesser ergibt. Bei Lokomotiven mit mehr als zwei Zylindern und einfacher Dampfdehnung wird der gefundene Wert mit der Hälfte der Zylinderzahl multipliziert. Bei Verbundlokomotiven ergibt diese Formel keine sinnvollen Vergleichswerte, so daß in diesem Fall eine Angabe unterblieb. Der Wert wird wie heute im metrischen System üblich in kN (KiloNewton) angegeben, etwa das 9,81fache der früher verwendeten Angabe in kg. Im britischen Maßsystem erfolgt die Angabe in pound (lb).

Achslast: Diese Zahl gibt den höchsten statischen Achsdruck der Lokomotivachsen an. Bei jeder Bahn bestimmt die Bahnbauabteilung die zulässige Achslast aufgrund der Tragfähigkeit der Schienen und der Oberbauabmessungen (z. B. Schwellenabstand). Die Lokomotivabteilungen mogeln oft ein bißchen und geben niedrigere Achslasten an, wenn sie es nicht geschafft haben, die Konstruktion leicht

Oben: *Die indische Meterspur-Pazifik Nr. 2439 der Reihe „YP" fährt aus dem Bahnhof von Agra Fort aus.*

Oben: *Die berühmte Museumslokomotive „Flying Scotsman" stürmt durch die englische Hügellandschaft bei Clampham in Yorkshire. Beachten sie den zweiten Hilfstender.*

genug auszuführen, aber die Bahnbauabteilung rechnet meist damit und legt die Grenzen entsprechend niedriger. Die Achslast hängt auch von der Menge des Wassers und der Kohle im Kessel ab, vor allem dürfen auch die dynamischen Effekte der bewegten Teile nicht außer Acht gelassen werden. Die Achslasten werden in Tonnen (t) und pound (lb) angegeben.

Zylinder: Die Zahl der Zylinder, sowie ihr Durchmesser und Hub wird genannt. Letzterer kann als genau angesehen werden, der Durchmesser vergrößert sich, wenn abgenutzte Zylinder neu ausgebohrt werden. Erhält die Lokomotive neue Zylinder oder werden die alten neu ausgekleidet, geht der Durchmesser wieder auf den Nennwert zurück. Verbundlokomotiven haben Hochdruck- und Niederdruckzylinder, die sich in den Abmessungen und manchmal auch in der Anzahl unterscheiden. Wenn die Zylinder einer Loko-

Oben: *Die Verlegung moderner durchgehend geschweißter Gleise in England.*

Oben: *Eine britische 2'C-Lokomotive der „King"-Klasse der Great Western Railway rollt mit einen Sonderzug an den Bahnsteig des Snow Hill-Bahnhofs in Birmingham.*

Links: *Diese Aufnahme einer eindrucksvollen Anfahrt der 2'C1'-Lokomotive Nr. 01 192 der Deutschen Bundesbahn versinnbildlicht die ganze Herrlichkeit der Dampflokomotive, man sieht wie sie sich anstrengt.*

motive beispielsweise als „(3) 419 x 711 mm (16½ x 28 in)" angegeben werden, bedeutet das, daß die Maschine drei Zylinder mit 419 mm (16½ in) Durchmesser und 711 mm (28 in) Hub besitzt.

Treibraddurchmesser: Man sollte annehmen, daß der Treibraddurchmesser eine verläßliche Angabe ist, aber er verringert sich, wenn die abgenutzten Räder von Zeit zu Zeit auf einer Drehbank überdreht werden. Dadurch kann der tatsächliche Durchmesser bis zu 75 mm unter dem angegebenen Nennwert liegen, angegeben in Millimeter und Zoll (mm/in). Der unterschiedliche Durchmesser neuer und abgenutzter Räder kann die Achslast um bis zu ½ Tonne erniedrigen.

Verdampfungsheizfläche: Die Verdampfungsheizfläche einer Lok in Quadratmetern (m^2) und in Quadratfuß (sq ft) ist ein Maß für die Größe des Kessels und seine Fähigkeit zur Dampferzeugung. Sie besteht aus der Summe der Oberflächen von Heizrohren, Feuerbüchse und eventuell vorhandenen Wasserkammern in der Feuerbüchse.

Überhitzerheizfläche: Die Oberfläche der Überhitzerelemente wird in Quadratmetern (m^2) und in Quadratfuß (sq ft) angegeben.

Kesseldruck: Der Nenndruck des Kessels und damit der Druck, auf den die Sicherheitsventile eingestellt sind. Während einer Fahrt liegt der vorhandene Druck meist niedriger, sogar erheblich niedriger, wenn die Lokmannschaft Pech hat. Die Angaben erfolgen in Kilopond/Quadratzentimeter (kp/cm^2) und in pounds per sqare inch (psi).

Rostfläche: Dieser Wert ist besonders wichtig, denn er gibt die Größe des Feuerbetts an, damit die Größe der Kraftquelle der Lokomotive. Die Angabe erfolgt in Quadratmetern (m^2) und in Quadratfuß (sq ft).

Brennstoff: Die Art und das Gewicht der Brennstoffvorräte wird hier genannt. Bei festem Brennstoff (Kohle, Koks) wird das Gewicht angegeben (t/lb), bei flüssigem Heizmaterial (Öl) dafür der Rauminhalt des Brennstofftanks in Kubikmetern (m³) und Imperial Gallons (Imp gal).
Wasser: Die maximale Menge des Wasservorrats wird in Kubikmetern (m³) und in Imperial Gallons (Imp gal) angegeben.
Reibungsgewicht: Eine Lokomotive kann nur eine Zugkraft ausüben, wenn ihre Treibachsen entsprechend belastet sind und genügend Reibung zwischen Treibrädern und Schienenoberfläche vorhanden ist. Die Angabe des Reibungsgewichts (auch: Gewicht auf den Kuppelachsen) erfolgt in Tonnen (t) und in pound (lb) und muß als Anhaltswert betrachtet werden.
Gesamtdienstgewicht: Das Gewicht der dienstfähigen Lokomotive mit gefülltem Tender, in Tonnen (t) und pounds (lb) muß ebenfalls als Richtwert gesehen werden, der stark variieren kann.
Gesamtlänge: Dies ist die Länge von Lokomotive und Tender, gemessen zwischen den Pufferflächen, oder bei Mittelpufferkupplung zwischen den Stoßflächen der Kupplungen.
Abkürzungen: Für die Maßangaben wurden die üblichen Abkürzungen verwendet, die hier noch einmal vollständig wiedergegeben sind: kN = KiloNewton, kg = Kilogramm, kp = Kilopond, t = Tonnen, mm = Millimeter, m = Meter, m² = Quadratmeter, m³ = Kubikmeter, kp/cm² = Kilopond pro Quadratzentimeter, km = Kilometer, km/h = Kilometer pro Stunde, PS = Pferdestärken, lb = pounds, t = tons, in = inches, ft = feet, sq ft = square feet, Imp gal = Imperial Gallons, psi = pounds per square inch, mph = miles per hour.

Wie eine Dampflokomotve funktioniert

Die Dampflokomotive wird oft als unwirtschaftlich bezeichnet; aber nur wenige beachten dabei, daß ihr einfacher Aufbau einen hohen mechanischen Wirkungsgrad mit sich bringt, der sie beim Vorhandensein verschiedener Voraussetzungen auch heute noch durchaus als interessante Alternative zu den „modernen" Traktionsmitteln erscheinen läßt, was deren Vertreter zur Verteidigung ihrer eigenen Interessen auch behaupten mögen.

Das Grundprinzip der Dampflokomotive ist ausgesprochen einfach. Wasser, das über seinen Siedepunkt hinaus erhitzt wird, versucht sich als Dampf auf das 1700fache Volumen auszudehnen. Der Kessel verhindert aber seine Ausdehnung, also steigt der Druck an. Leitet man den Dampf in einen Kolben, übt er auf die Kolbenfläche den gleichen Druck aus, der Kolben bewegt sich. Überträgt man diese Bewegung in geeigneter Weise über ein System von Treibstangen auf die Räder, bewegt sich das Gefährt.

Die Dampflokomotive besteht also aus zwei Grundelementen – dem Kessel und dem mechanischen (Lokomotiv-)Teil. Der „Kessel" ist ein fest verschlossener Behälter, der meistens hinten eine „Feuerbüchse" besitzt. Röhren leiten die heißen Rauchgase nach vorn in die „Rauchkammer". Hunderte von Stäben, die „Stehbolzen" versteifen den Kessel im Bereich der Feuerbüchse, dem „Stehkessel". Der runde Langkessel braucht keine derartigen Versteifungen, die runde Form reicht aus, um dem Druck zu widerstehen. Ein Ventil, der „Regler", kontrolliert den Dampffluß durch das „Hauptdampfrohr" zum Lokomotivteil. Wenn der Dampf dort seine Arbeit verrichtet hat, wird er durch das „Blasrohr" und durch den „Schornstein" ausgestoßen. Dieses sogenannte Blasrohr ist so angeordnet, daß der Dampfstrahl einen Unterdruck in der Rauchkammer erzeugt und dadurch auf das Feuer durch die „Heizrohre" entsprechend der verbrauchten Dampfmenge ein Saugzug ausgeübt wird. Wenn mehr Dampf verbraucht wird, wird auch durch das stärker angefachte Feuer mehr Dampf erzeugt. Andere Kesselbauarten wurden von Zeit zu Zeit ausprobiert, waren aber selten erfolgreich.

Oben: *Der Arbeitsplatz eines amerikanischen Lokführers auf einer 1'D1'-Lokomotive der Denver, Rio Grande & Western Railroad.*

Oben: *Die 2'D2'-Lokomotive Nr. 905 der neuseeländischen Reihe „K" befördert den „Auckland-Express" an einem Tag im Juli 1956.*

Die meisten Dampflokomotiven werden mit Kohle geheizt, sie haben einen „Feuerrost" aus eisernen „Roststäben" auf denen das Feuer brennt. Die Asche fällt hinunter in den „Aschkasten". Verschiedene Vorrichtungen versorgen den Kessel mit frischem Wasser. Befindet sich das Wasser auf einem separaten Fahrzeug, sprechen wir von einem Tender, die Lokomotive ist dann eine Schlepptenderlokomotive; trägt die Lokomotive ihre Vorräte selbst, heißt sie Tenderlokomotive.

Der Lokomotivteil besteht aus dem „Rahmen" aus Stahl-

Oben: *Die größte und stärkste Lokomotivtype, die je für den Personenzugverkehr gebaut wurde, waren die (2'C) C2'-„Challenger"-Gelenklokomotiven der Union Pacific Railroad.*

Oben: *Die 01 187 der Deutschen Bundesbahn donnert mit ihrem Schnellzug nach Hof die Schiefe Ebene bei Neuenmarkt-Wirsberg hinauf – April 1970.*

Links: *Die 1'E-Lokomotive „Evening Star" (Abendstern) ist die letzte für die Britische Eisenbahn gebaute Dampflokomotive. Hier sehen wir sie in Didcot in Berkshire.*

platten („Plattenrahmen"), aus Stahlstäben und -stangen („Barrenrahmen") oder bei moderneren Maschinen aus einem einzigen großen Stahlgußstück (nur in englischsprachigen Ländern als „Lokomotivbett" bezeichnet). In diesem Rahmen sitzen in Aussparungen die „Achslager" für die „Radsätze", das heißt für eine Einheit aus zwei Rädern und einer Achse. Die Achslager sind mit dem Rahmen durch die „Federn" und „Ausgleichshebel" verbunden. Meist vorne sind die „Zylinder" am Rahmen befestigt, in denen sich jeweils ein „Kolben" bewegt. Die Kolbenkräfte, die der Dampf (abwechselnd) erzeugt, werden über ein System aus Stangen auf die Räder übertragen, zuerst von der „Kolbenstange" auf den „Kreuzkopf", der in den „Gleitbahnen" geführt wird, von dort über die „Treibstangen" auf die „Kurbelzapfen" der „Treibräder". Sollen weitere Achsen angetrieben werden, übertragen die „Kuppelstangen" die Antriebskräfte.

Damit kein Dampf aus den Zylindern austritt, dichtet eine „Stopfbuchse" die Austrittsöffnung der Kolbenstange ab. Um den Dampf so in die Zylinder zu leiten, daß eine Fortbewegung der Lokomotive entsteht, regelt man den Dampfeintritt und -austritt mit „Schiebern" oder „Ventilen". Angetrieben werden diese von den Treibrädern durch die „Steuerung". Über die Jahre verwendete man viele unterschiedliche Arten von Steuerungen, wie die Lokomotivbeschreibungen aufzeigen werden. Aber allen gemeinsam ist das Grundprinzip, daß der in den Kolben an einem Ende eintretende Dampf diesen Kolben, abhängig vom Dampfdruck und der Kolbenfläche, mit entsprechender Kraft zum entgegengesetzten Kolbenende hin bewegt.

Northumbrian A1

Großbritannien
Liverpool & Manchester Railway (L&M) 1830

Zugkraft: 7,0 kN (1580 lb)
Achslast: ca. 3t (6,500 lb)
Zylinder, ∅ x Hub: (2) 280 x 406 mm (11 x 16 in)
Treibrad ∅: 1321 mm (52 in)
Verdampfungsheizfläche: 38m² (412 sq ft)
Kesseldruck: ca. 3,5 kp/cm² (50 psi)
Rostfläche: ca. 0,75 m² (8 sq ft)
Brennstoff (Koks): ca. 1t (2,200 lb)
Wasser: ca. 1,8m³ (400 gall)
Reibungsgewicht: ca. 3 t (6,500 lb)
Gesamtdienstgewicht: 11,5 t (25,500 lb)
Gesamtlänge: 7.315 mm (24 ft)

Oben: *Die 1980 nachgebauten Rocket (links) und Sans Pareil (rechts) aus dem Jahre 1829.*

Der Leser mag vielleicht verwundert sein, daß die Parade der Reisezug-Dampflokomotiven in diesem Buch nicht von Stephensons unsterblicher „Rocket" angeführt wird. Der Grund dafür ist, daß sich zwischen dem Wettrennen von Rainhill im Oktober 1829 und der Eröffnung der ersten städteverbindenden Dampfeisenbahn am 15. September 1830 ebenso viele grundlegende Änderungen ergaben, wie von 1830 bis heute. Dampflokomotiven, die 1982 gebaut wurden, unterscheiden sich von Lokomotiven des Jahres 1830 auch nicht mehr, als diese von den Lokomotiven, die man nur ein Jahr zuvor baute – zumindest in der Grundform. Natürlich wurden sie inzwischen etwas größer und schwerer – etwa um das Vierzigfache.

Die „Northumbrian", die den Jungfernzug an diesem unheilvollen Eröffnungstag im Jahre 1830 zog, besaß wichtige Bauelemente, die die „Rocket" nicht besaß; erstens hatte sie eine Rauchkammer, in der sich die durch Rohre gesaugte Asche sammeln konnte. Zweitens war der Kessel mit dem Wassermantel um die Feuerbüchse herum gebaut. Diese beiden Neuerungen bedeuteten, daß man die endgültige Form des Lokomotivkessels gefunden hatte, wie ihn in den nächsten 150 Jahren mindestens 99,9% aller Dampflokomotiven der Erde erhalten sollten. Der dritte wichtige Punkt war, daß die Zylinder sich nun endlich der horizontalen Lage näherten. Die Zylinder der „Rocket" lagen noch ziemlich steil in einem Winkel von 35° zur Horizontalen; es überrascht daher nicht, daß die unausgeglichenen Massenkräfte zu einem starken Schlingern der Lokomotive führten. Auch waren die Zylinder der „Northumbrian" besser zugänglich, wenn sie auch noch am falschen Ende lagen. Die „Northumbrian" wog 7,35 Tonnen ohne Tender, beinahe doppelt so viel wie die 4,25 Tonnen schwere „Rocket". Man war sich ihrer unbändigen Kräfte bewußt und stattete sie darum mit einer vorderen Pufferbohle aus, die lederne, mit Roßhaar ausgestopfte, Puffer vervollständigten. Weitere recht wichtige Verbesserungen waren die Verwendung senkrechter Eisenplatten als Hauptrahmen und ein richtiger Tender, der mehr war, als nur ein Faß auf Rädern.

Die charakteristischen Bauelemente der „Rocket", die ihr zum Erfolg von Rainhill verhalfen, verwendete man bei der „Northumbrian" selbstverständlich weiter, aber in größerer und kräftigerer Ausführung. Der verwendete Rohrkessel ist ein Kessel, in dem die Wärmeenergie der Rauchgase nicht in einem einzigen großen Rauchrohr, sondern in vielen kleinen Heizrohren an das Wasser übergehen kann. Eine größere Zahl kleiner Rohre hat eine größere Oberfläche als ein großes Rohr gleichen Querschnitts, damit kann die Wärme besser an das Kesselwasser abgegeben werden und es kann vergleichsweise mehr Dampf erzeugt werden.

Die andere, außerordentlich wichtige, Neuerung der „Rocket" war das Blasrohr, das so wichtig für das Funktionieren einer Dampflokomotive ist, daß bis heute praktisch alle normalen Dampflokomotiven eines erhielten. Mit ihm „bläst" man den Abdampf, der aus den Zylindern kommt, in einem scharfen Strahl in den Schornstein und erzeugt damit einen Unterdruck am Rauchkammerende des Kessels. Die Außenluft strömt nach und versucht den Druck auszugleichen. Der einzige Weg, den sie dabei nehmen kann (so hoffte man), war der durch den Feuerrost, das Feuerbett und die Rauchrohre. Damit wird das Feuer angefacht und man erhält eine Rückwirkung von der abgegebenen auf die erzeugte Leistung. Die Menge der angesaugten Luft hängt nämlich von der ausgestoßenen Dampfmenge ab; arbeitet die Lok stärker, saugt sie auch mehr Verbrennungsluft an. Mehr als alles andere trug diese Kopplung von Dampfverbrauch und Dampferzeugung zum großen Erfolg der Konstruktion von George Stephenson und seinem Sohn Robert bei.

Es spricht wohl für sich, daß der Kessel der „Northumbrian" als „Lokomotivkessel" bekannt wurde. Von all den Lokomotiven, die in diesem Buch beschrieben werden, besaß nur eine, die Nr. 10000 der London & North Eastern Railway, einen anderen Kesseltyp und ebenfalls nur eine, die Reihe 25 der South African Railways war ohne Blasrohr. Dabei hatte es wahrhaftig nicht an Vorschlägen zur Verbesserung der Dampflokomotive gefehlt; vieles wurde versucht, aber nur wenige Vorschläge kamen überhaupt so weit voran, daß sie im normalen Einsatz erprobt werden konnten. Und, wie wir ja wissen, hat es niemand geschafft, den Stephenson Kessel zu ersetzen, zumindest solange man bei der Dampftraktion blieb. Übrigens war der Röhrenkessel keine eigene Idee der Stephensons, diese Ehre gebührt dem Schatzmeister der L&M Company, Mr. Henry Booth.

Was den mechanischen Teil der „Northumbrian" angeht, hat sich das Prinzip der Verwendung von zwei Zylindern – und nur zwei – außerhalb des Rahmens, die direkt mit den Treibrädern verbunden waren, ebenfalls im Laufe der Zeit weltweit durchgesetzt. Gegen Ende der Dampflokzeit war dieses Grundschema praktisch allgemein gültig, abgesehen von Gelenklokomotiven, die dann aber meist zwei derartige Triebwerke besaßen. Auch wenn dies so kam, so wies doch die „Northumbrian" selbst erhebliche Mängel auf.

Weil die Treibräder vorne lagen, befanden sich die schwere Feuerbüchse und die ebenso schweren Zylinder über der hinteren Laufachse. Am vorderen Ende gab es nur einen Behälter voller Rauch, dabei brauchten doch die Treibräder soviel Gewicht, wie die Tragfähigkeit der Gleise nur zuließ, um nicht durchzudrehen. Dazu kam dann noch, daß die Kraftwirkung am hinteren Zughaken bewirkte, daß sich

Oben rechts: *Stephensons Northumbrian, ein zeitgenössischer Kupferstich. Man beachte die Lampen und die Kleidung des Lokpersonals.*

Unten: *Eine frühere Nachbildung der Rocket vor ihrem Umbau.*

Unten: *Die Northumbrian im Neuzustand, so wie sie nach dieser Zeichnung damals ausgesehen haben muß.*

die Lok beim Anfahren vorne noch etwa anhob und damit das Reibungsgewicht weiter vermindert wurde.

Der kurze Achsstand in Verbindung mit außenliegenden Zylindern führte durch die Bewegung der Kolben zu starken Bewegungen um eine senkrechte Drehachse, die Maschine „boxte" und schlingerte. Erst erhebliche Umbauten der „Northumbrian" konnten diese Probleme beseitigen; man verlängerte den Achsstand und verlegte die Zylinder nach vorne. In der Zwischenzeit verließ die Entwicklung die Hauptlinie und zweigte von ihr ab, wie wir sehen werden.

Eine etwas fragwürdige Angelegenheit war die Vorrichtung zur Fahrtrichtungsänderung der „Northumbrian". Ein Exzenter – ein Bauteil, das eine Drehbewegung in eine hin- und hergehende Bewegung umsetzt – saß auf der Treibachse und steuerte die Bewegungen der Dampfschieber der beiden Zylinder. Um die Fahrtrichtung zu ändern, mußte der Exzenter um etwa 180° gegen die Achse verdreht werden. Es war einfach, die Exzenter lose auf der Achse anzubringen und nur Arretierungen für die jeweilige richtige Richtung vorzusehen. Wenn die Achse sich dann drehte, nahm der Exzenter von selbst die richtige Stellung ein. Der Nachteil dieser einfachen Steuerung war, daß es sehr schwierig war, für sie eine Verstellmöglichkeit zu finden, mit der sie auch im Stillstand für die gewünschte Richtung eingestellt werden konnte. Ansonsten war es nur möglich, die Lokomotive durch Anschieben in die richtige Richtung fahren zu lassen!

Die „Rocket" und auch die „Northumbrian" hatten eine primitive mechanische Umsteuervorrichtung; ihr Nachteil war, daß sie während der Fahrt nicht bedient werden konnte. Dies wurde am Eröffnungstag drastisch vor Augen geführt, als das Parlamentsmitglied William Huskisson in den Weg der „Rocket" trat. Joseph Locke, der die Lokomotive fuhr, hatte keine Möglichkeit schnell anzuhalten – abzubrechen, wie man damals sagte – um den denkwürdigen Unfall zu verhindern. Die „Northumbrian" gelangte zwar zu neuem Ruhm, indem sie den schwerstens Verletzten rasch in ärztliche Betreuung brachte, aber auch das half nichts mehr.

Die „Northumbrian" zählt man zur „Rocket"-Klasse, von der die Liverpool & Manchester Railway 1829-30 schon sieben Exemplare erhalten hatte. Die unmittelbaren Nachfolger der „Rocket", die „Meteor", „Comet", „Dart" (Speer) und „Arrow" (Pfeil) besaßen von Anfang an fast waagerechte Zylinder, die „Rocket" wurde bald ebenso umgebaut. „Phoenix" und „North Star" hatten schon eine Rauchkammer. „Majestic", die der „Northumbrian" folgte, stattete man auch mit allen erwähnten Einrichtungen aus. Von allem blieben nur Überreste der „Rocket" erhalten, die sich im Londoner Wissenschaftsmuseum befindet. Sie ähneln aber mehr den späteren Maschinen, als dem Lieferzustand der „Rocket".

Oben: *Eine zweifelhafte Darstellung der Northumbrian aus Holz angefertigt 1930 anläßlich des 100jährigen Jubiläums der L&M.*

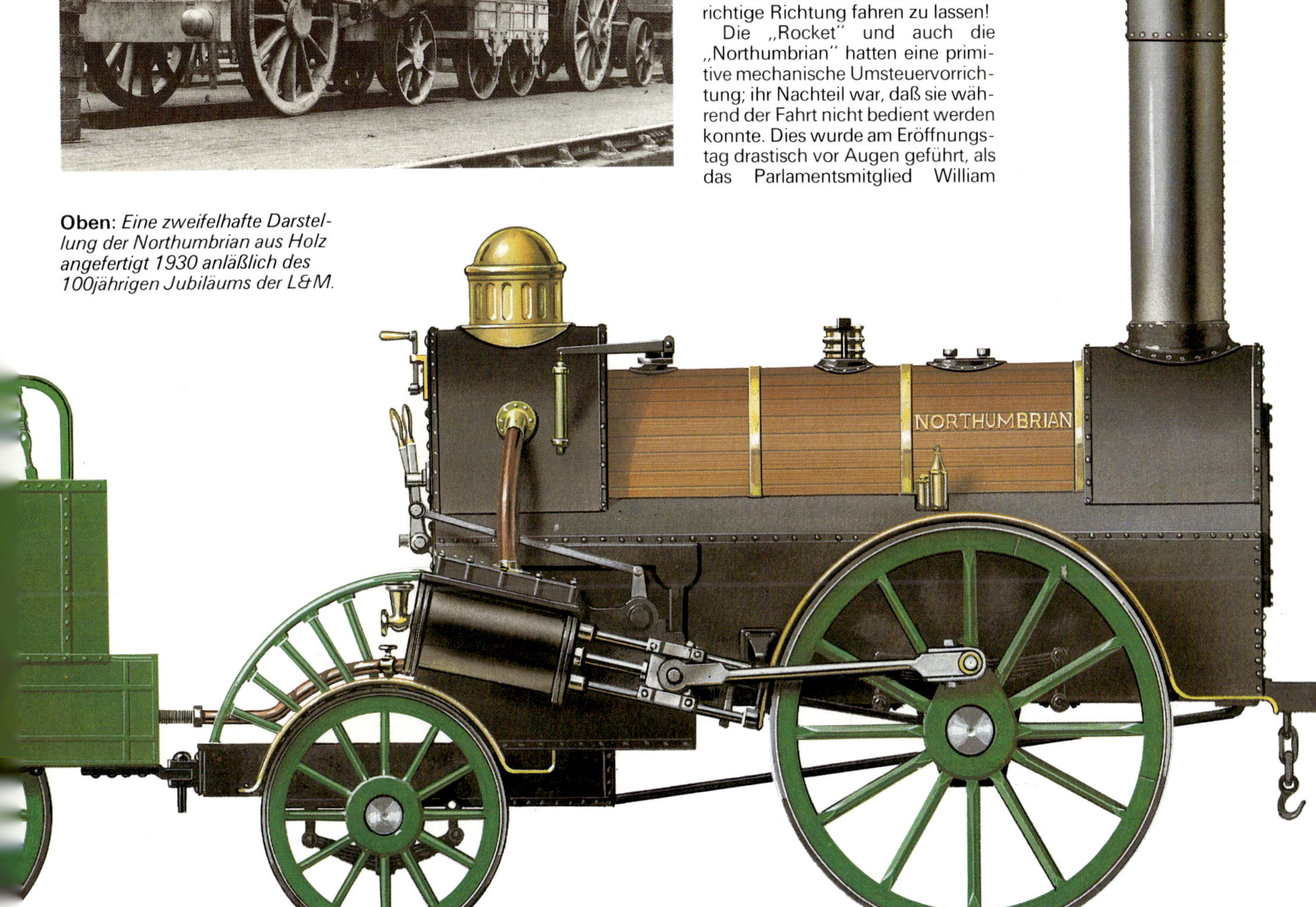

Planet-Reihe 1A

Großbritannien
Liverpool & Manchester Railway, 1830

Zugkraft: circa 6,5 kN (1450 lb)
Achslast: 5,1 t (11 250 lb)
Zylinder, ⌀ x Hub: (2)
292 x 406 mm (11 ½ x 16 in)
Treibrad ⌀: 1575 mm (62 in)
Verdampfungsheizfläche:
37,8 m² (407 sq ft)
Kesseldruck: circa 3,5 kp/cm² (50 psi)
Rostfläche: 0,67 m² (7,2 sq ft)
Brennstoff (Koks): circa 1 t (2200 lb)
Wasser: circa 1,8 m³ (400 Imp gal)
Reibungsgewicht: 5,1 t (11 250 lb)
Gesamtdienstgewicht: 13,4 t (29 500 lb)
Gesamtlänge: 7407 mm (24 ft 4 in)

Die „Planet" erschien auf der Liverpool & Manchester Railway im Oktober 1830, kurz nach der Eröffnung. Die Stephensons hatten zwei Dinge seit Ablieferung ihrer „Northumbrian", wenige Wochen zuvor, geändert. Zuerst verlegten sie die Zylinder wieder an das vordere Ende der Lok; damit verbesserte sich die Gewichtsverteilung der Maschine, angetrieben wurde die hintere Achse, die die schwere Feuerbüchse unterstützte. 99% aller Dampflokomotiven der Welt sollten diese Anordnung mit zwei vornliegenden waagerechten Zylindern erhalten.

Zweitens versuchte man das „Boxen" der früheren Lokomotiven zu lindern. Man näherte die Zylinder der Mittelachse, indem man sie zwischen die Rahmenwangen verlegte und die Treibachse als Kropfachse ausführte. Nicht nur bereiteten diese Kropfachsen bis in die jüngste Zeit Schwierigkeiten durch ihre störungsanfällige Form, sondern man mußte für sie auch das Pleuellager der Treibachsen teilen – und damit schwächen –, um sie auswechseln zu können. Trotzdem sollten etwa 5% aller Dampflokomotiven der Welt zwei Innenzylinder mit Kropfachsen erhalten. Die Firma Robert Stephenson & Co lieferte derartige Maschinen noch im Jahre 1953 an die British Railways.

Die „Planet"-Bauart war sehr erfolgreich und viele dieser Maschinen, manche mit gekuppelten Achsen, erschienen von den Stephensons und anderen. Eine 1A-Lok namens „Old Ironsides" baute 1832 ein Matthias Baldwin in Philadelphia. Dies war der Beginn der größten Lokomotivfabriken, die es auf der Welt gab und die in 130 Jahren 60 000 Lokomotiven erbaute. Man berichtet, daß Baldwin so große Schwierigkeiten bei der Eintreibung der Rechnung für seine erste Lokomotive hatte, daß er erklärte, nie wieder eine zu bauen! Im Gegenteil dazu beschlossen die Stephensons beim Entwurf ihrer berühmten dreiachsigen Lokomotiven, daß sie diesmal ein Patent beantragen würden, um Nachahmer abzuschrecken.

Immerhin war es die „Planet", die am Ende eine noch skeptische Welt davon überzeugen konnte, daß man hier endlich ein verläßliches Transportmittel besaß, und daß die Stephensons die richtigen Leute zu seiner Herstellung waren. Schon bald sollten sie es von einer kleinen Hütte am Tyne zu Millionären bringen, in britischen Pfunden der damaligen Zeit selbstverständlich. Vor allem aber war – und ist – ihr Name überall dort geläufig, wo immer auch und solange es Eisenbahnen gibt.

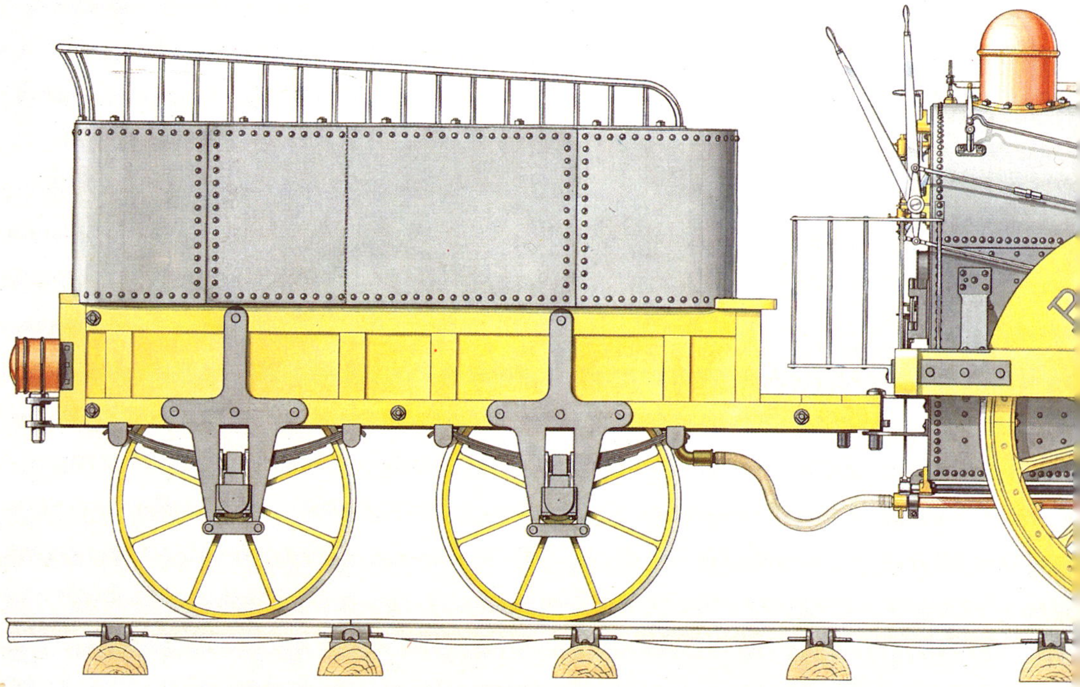

Best Friend of Charleston B

USA
South Carolina Railroad (SCRR), 1830

Zugkraft: 2 kN (453 lb)
Achslast: 2 t (4500 lb)
Zylinder, ⌀ x Hub: (2)
152 x 406 mm (6 x 16 in)
Treibrad ⌀: 1372 mm (54 in)
Kesseldruck: 3,5 kp/cm³ (50 psi)
Rostfläche: 0,2 m² (2,2 sq ft)
Brennstoff (Koks):
Nicht bekannt
Wasser: 0,625 m³ (137 Imp gal)
Reibungsgewicht: 4,1 t (9000 lb)
Gesamtdienstgewicht: 4,1 t (9000 lb)
Gesamtlänge: 4496 mm (14 ft 9 in)

Ein Tag der ganz gewiß in die Geschichte einging, war der 15. Januar 1831, an dem die erste in den USA in voller Größe gebaute Lokomotive ihren Dienst begann. Es war der „Best Friend of Charleston", der zum erstenmal auf der ersten kommerziellen Bahn der Neuen Welt, der South Carolina Railroad, fuhr. Dieser kleine Apparat kündigte den Anfang eines Zeitalters an, in dem

Unten: *Eine Zeichnung der Lokomotive „Planet" der Liverpool & Manchester Railway, Stephensons erste Innenzylinderlokomotive.*

allein in den USA 170000 Dampflokomotiven gebaut werden sollten. Den „Best Friend" erbaute die West Point Giesserei in New York gegen Ende des Jahres 1830. Zu ihren Merkmalen gehörten ein senkrecht stehender Kessel, ein im Rahmen angeordneter Wasserbehälter, vier gekuppelte Räder und zwei leicht geneigte Zylinder. Entworfen hatte dieses Fahrzeug der Ingenieur der South Carolina Railroad, E. L. Miller.

Obwohl abgesehen von den gekuppelten Achsen nichts von dieser Lokomotive übernommen wurden, war sie doch recht erfolgreich. Die nächste Maschine der Bahn hatte dann einen waagerechten Kessel, den ersten in Amerika gebauten. Der „Best Friend" selbst konnte immerhin 5 Wagen mit mehr als 50 Passagieren bei einer Geschwindigkeit von 32 km/h bewegen.

Auf tragische Weise ging diese Lokomotive in einem weiteren Punkt in die Geschichte ein. Den Heizer störte das Zischen des Dampfes, der aus dem Sicherheitsventil entwich und pflegte dessen Hebel festzubinden. An einem Tag im Juni 1831 tat er dies einmal zu oft – bei der resultierenden Explosion des Kessels kam er ums Leben. Nach einiger Zeit gelang es dann, die Sicherheitsventile so zu bauen, daß derartige Manipulationen nicht mehr möglich waren – es bedarf halt meist eines Schocks, bis etwas unternommen wird.

Man baute später die Lok mit einem neuen Kessel wieder auf und nannte sie – angemessenerweise – „Phoenix". 1834 verband die South Carolina Railroad schon mit einem 248 km langen Schienenstrang die Stadt Charleston mit Hamburg, dem die Stadt Augusta, Georgia am anderen Ufer gegenüberlag, die weitaus längste Bahn der damaligen Zeit.

Links: *Der „Beste Freund von Charleston". Einige zeitgenössische Berichte sprechen von zusätzlichen Dampfzylindern, die die Tenderachsen getrieben haben sollen.*

Brother Jonathan 2'A

USA

Mohawk & Hudson Railroad (M&HRR), 1832

Oben: *„Brother Jonathan", Vorfahr aller Drehgestellokomotiven.*

Zugkraft: circa 4,6 kN (1023 lb)
Achslast: 3,2 t (7000 lb)
Zylinder, ⌀ x Hub: (2) 241 x 406 mm (9½ x 16 in)
Treibrad ⌀: 1524 mm (60 in)
Kessel: Keine Einzelheiten bekannt
Kesseldruck: circa 3,5 kp/cm² (50 psi)
Reibungsgewicht: circa 3,2 t (7000 lb)
Gesamtgewicht*: 6,4 t (14000 lb)
Gesamtlänge*: 5017 mm (16 ft 5½ in)
* *Lok ohne Tender*

Was Schnellzuglokomotiven angeht, so war einer der großen Wohltäter der Menschheit ein gewisser John B. Jarvis, der 1832 das führende Drehgestell in die Entwicklungsgeschichte der Lokomotive einführte. Auf den Gedanken brachte ihn niemand anderer als Robert Stephenson, als er ihn in England besuchte. Obschon nur wenige Einzelheiten überliefert sind, war es diese kleine 2'A-Lokomotive, anfänglich als „Experiment" bezeichnet, an der er die Idee probierte. Diese wegweisende Konstruktion erbaute die West Point Gießerei in New York für die Mohawk & Hudson River Railroad.

Auffallend ist der kleine Kessel (übernommen von Stephensons „Planet"-Bauart), der zum Außenrahmen noch Raum für die Treibstangen ließ. Die Treibachse lag, wie bei den späteren Crampton-Loks, hinter der Feuerbüchse.

All dies konnte sich in den folgenden Jahren nicht durchsetzen; was blieb, ist das führende Drehgestell, das bekanntermaßen bei Schnellzuglokomotiven in aller Welt verwendet wurde. Viele der in diesem Buch beschriebenen Lokomotivtypen besaßen die gleiche Bauart des Drehgestells, das Jarvis mit dieser Maschine einführte. Übrigens war „Bruder Jonathan" damals eine recht unhöfliche Bezeichnung für die Engländer, ohne Zweifel wollte man mit diesem Namen dem neugewonnen Gefühl der Unabhängigkeit von britischer Technologie Ausdruck geben.

Grundgedanke bei der Einführung dieses neuartigen Drehgestells war der Wunsch, den Lauf der Lokomotive dadurch zu verbessern, daß sich die beiden äußeren Laufräder den Gleiskrümmungen anschmiegten. Jedem Gleishalbmesser, sogar Knicken in den Schienen, sollte sich das Laufgestell so anpassen, daß alle drei Räder der Außenseite gleichzeitig an der Fahrkante anlagen. Auf den leichten und oft schlecht verlegten Gleisen der damaligen Zeit war dies besonders wichtig.

Diese Lokomotive zeigte klar die Brauchbarkeit des Prinzips. In Zukunft sollte der Großteil der amerikanischen Lokomotiven dieser Bauweise folgen. „Brother Jonathan" selbst war auch ein Erfolg beschieden, in eine 2'B-Lok umgebaut, hatte er noch ein langes und nützliches Leben.

Unten: *Ein Nachbau der „Experiment" alias „Brother Jonathan".*

Vauxhall 1A

Irland
Dublin & Kingstown Railway, 1834

Zugkraft: circa 6,9 kN (1550 lb)
Zylinder, ⌀ x Hub: (2) 279 x 457 mm (11 x 18 in)
Treibrad ⌀: 1524 mm (60 in)
Kesseldruck: circa 3,5 kp/cm² (50 psi)
Gesamtlänge: circa 7315 mm (24 ft)

George Forrester ist ein Lokomotivbauer, dessen Name kaum jemand kennt; und doch gehen auf ihn zwei grundlegende Neuerungen im Mechanismus der Dampflokomotive zurück, von denen sich eine bis zur letzten Dampflok halten konnte.

Daß die „Northumbrian" zwei Außenzylinder, aber am falschen Ende, und daß die Zylinder der „Planet" vorne lagen, aber innerhalb des Rahmens, haben wir schon beschrieben. Mit der „Vauxhall", geliefert 1832 für die Dublin & Kingstown Railway, baute Forrester die erste Lokomotive der Welt mit gut zugänglichen Außenzylindern, die waagerecht am Vorderende der Lok lagen. Nebenbei bemerkt, hatte die D & KR die englische Normalspur von 1435 mm; es sollte noch lange bis zur Einigung auf die irische Spurweite von 1600 mm dauern.

Nun hatten die Zylinder endlich die endgültige Position gefunden, die seitdem bei fast allen Dampflokomotiven der Welt, etwa 150 Jahre lang, beibehalten werden sollte, obwohl man bei Schnellzuglokomotiven noch am ehesten zu komplizierten Neuerungen neigte.

Eine Art, in der die Forrester-Maschinen von den meisten neuzeitlichen Lokomotiven abweichen war die Tatsache, daß zwar die Zylinder außerhalb des Rahmens lagen, aber der Rahmen lag auch außerhalb der Radsätze. Gesonderte Außenkurbeln übertrugen die Kolbenbewegung auf die Achse. Aber auch in jüngerer Zeit konnte man diese Bauweise bei Lokomotiven für besonders kleine Spurweiten (unter 914 mm) wiederfinden.

Forresters grundlegende Verbesserung der Zylindersteuerung war auch sehr wichtig, aber mehr als Schritt nach vorne, denn als Neuerung, die sich lange gehalten hätte. Es wurde bereits erwähnt, daß mit der „Schleif-Exzenter"-Steuerung die Fahrtrichtung nur schwer vom Führerstand einzustellen war, Forrester verwendete daher separate Exzentervorrichtungen für jede Richtung – also insgesamt vier Stück – auf der Treibachse. Der Umsteuerhebel bewegte die senkrecht angeordneten Exzenterstangen und brachte „Haken" an den Enden der Stangen in Eingriff mit den jeweiligen Ventilstiften. Man brauchte jetzt nicht mehr die Kunstfertigkeit, die die seitherige Anordnung verlangt hatte; mit genügend Kraft ließ sich der Hebel in die richtige Stellung bringen. Während der Fahrt war dies aber immer noch nicht möglich.

Eine andere Eigenheit der ersten Forrester-Lokomotive, die nicht wiederholt wurde, war eine Schwinghebelführung für die Kolbenstange. Sie sollte das Gelenk zwischen Kolbenstange und Treibstange in einer geraden Linie führen, auch wenn die Treibstange schräg stand und versuchte, die Kolbenstange seitlich zu verschieben. Die Stephensons hatten dafür bisher einen Kreuzkopf, der zwischen zwei Gleitschienen lief, benutzt und diese einfache Anordnung sollte nie entthront werden. Die einzige Lokomotive in diesem Buch, abgesehen von der „Vauxhall", der dies fehlte, war die „Turbomotive" und das auch nur, weil sie gar keine Zylinder besaß.

Die weit auseinanderliegenden Zylinder in Verbindung mit einem kurzen Achsstand waren kein gutes Rezept für Laufruhe, deshalb hatte man schon 1836 diese 1A-Lok, und andere an die Liverpool & Manchester, London & Greenwich und weitere Bahnen geliefert, zu Lokomotiven mit der Achsfolge 1a1 umgebaut. Trotzdem erreichte die „Vauxhall" am Eröffnungstag in Irland eine Geschwindigkeit von 50 km/h. Die Fahrgäste waren erstaunt und erfreut, daß sie auch bei diesem enormen Tempo noch mit

Bury 1A

Großbritannien
London & Birmingham Railway (L & B), 1837

Zugkraft: 6,2 kN (1386 lb)
Achslast: 5,7 t (12600 lb)
Zylinder, ⌀ x Hub: (2) 279 x 419 mm (11 x 16½ in)
Treibrad ⌀: 1543 mm (60¾ in)
Verdampfungsheizfläche: 33,2 m² (357 sq ft)
Kesseldruck: 3,5 kp/cm² (50 psi)
Rostfläche: 0,65 m² (7 sq ft)
Brennstoff (Koks): 1 t (2200 lb)
Wasser: 1,8 m³ (400 Imp gal)
Reibungsgewicht: 5,7 t (12600 lb)
Gesamtdienstgewicht: 10,0 t (22000 lb)
Gesamtlänge: 8166 mm (26 ft 9½ in)

Edward Bury besaß eine kleine Maschinenfabrik in Liverpool und begann 1829 mit dem Bau einer kleinen Lokomotive, mit der er an dem Wettbewerb von Rainhill teilnehmen wollte, aber sie wurde nicht rechtzeitig fertig. Schließlich lieferte er 1830 diese Lokomotive, die er „Liverpool" nannte, an die Liverpool & Manchester Railway. Sie hatte Treibräder von 1829 mm Durchmesser und eine Zylinderanordnung wie die „Planet". Anders als bei dieser bestand aber der Rahmen aus Stabeisen und nicht aus Blechplatten; eine wichtige Neuerung, denn Bury verkaufte einige Lokomotiven nach Amerika und dort sollte dieser „Barrenrahmen" zum Kennzeichen des amerikanischen Lokomotivbaus werden, bis ihn die Stahlgußrahmen ablösten. Bury schaffte es, sich die Lieferung der Lokomotiven an die London & Birmingham Railway, damals bei weitem die wichtigste Bahn, zu sichern. Bis 1841 waren alle 58 bestellten 1A-Maschinen abgeliefert.

Ein Problem dieser Lokomotiven waren ihre kleinen Abmessungen, die konstruktiv bedingt waren und nicht durch simple Vergrößerung verschiedener Teile geändert werden konnten. Bury setzte ganz richtig voraus, daß ein Druckgefäß am besten rund sein sollte und so gab er seinen Stehkesseln auch einen runden Querschnitt und eine gewölbte Decke, verbunden mit einem zylindrischen Kessel üblicher Art. Die eigentliche, innenliegende Feuerbüchse war D-förmig, mit dem geraden Teil zum Langkessel, um das Einsetzen der Heizrohre in die gerade Rohrwand zu erleichtern. Schlecht war, daß der kreisförmige Stehkessel nicht über ein bestimmtes (geringes) Maß hinaus vergrößert werden konnte, die Grenze bildete der Raum zwischen den Rädern. Damit war auch die Rostfläche – und damit die Leistung – beschränkt. Auch konnte der Lokomotivrahmen nicht bis hinter den Stehkessel verlängert werden, eine Achsfolge 1A1 war kaum machbar.

Damit eröffnete man die erste längere Hauptbahn Englands im Jahre 1837 mit einem Lokomotivpark, der schon nach damaligen Gesichtspunkten zu schwächlich war. Beispielsweise erhielt im gleichen Jahr die Bahn von London nach Bristol – bei Eröffnung der L&B noch im Bau – eine 1A1-Lok von Stephenson, die „North Star",

Leichtigkeit lesen und schreiben konnten. Nur wenige Einzelheiten dieser wegbereitenden Konstruktion blieben uns erhalten, die fehlenden Daten bei den technischen Angaben dürften denen der „Planet" entsprechen (vgl. S. 20).

Links: *George Forresters „Vauxhall", gebaut 1834 für die Dublin & Kingstown Railway. Beachten Sie die vorneliegenden waagerechten Außenzylinder, eine Anordnung, der mit der Zeit fast alle Lokomotivingenieure der Welt folgten.*

mit doppelt so großer Rostfläche und verdoppeltem Reibungsgewicht gegenüber diesen Bury-1A-Maschinchen.

Die Kleinheit dieser Lokomotiven bot aber auch Vorteile. Sie waren billig beim Bau und zuverlässig im Dienst – die niedrige Beanspruchung der immer problematischen Kropfachsen entsprach mehr den technologischen Fähigkeiten dieser Tage. Und wenn schwere Personenzüge zwei oder drei – oder sogar vier – Lokomotiven benötigten, so ließ sich das eben nicht ändern. Die Arbeitskraft war billig, kräftige Lokomotiven aber teuer und zudem noch nicht ausreichend erprobt.

Wenn wir auch zugute halten wollen, daß Bury mit seinem Denken 1837 noch recht hatte, so blieb seine Bahn doch schon in den nächsten Jahren hinter der Entwicklung zurück.

Unten: *Die 1A-Lokomotive Nr.1 der London & Birmingham Railway, der wichtigsten Bahnstrecke, die in den 30er Jahren des letzten Jahrhunderts eröffnet wurde. Edward Bury entwarf diese ziemlich kleinen Lokomotiven, die für den Schnellzugdienst eigentlich zu schwach waren. Trotzdem waren sie billig und zuverlässig; Bury hielt an seinem Prinzip des „klein, aber zahlreich" fest, bis er 1847 zum Rücktritt gezwungen wurde, kurz nachdem die LNWR durch Fusion der Grand Junction und der London & Birmingham entstand.*

Adler 1A1

Deutschland
Nürnberg-Further Eisenbahn, 1835

Zugkraft: 5,4 kN (1220 lb)
Achslast: 6 t (13250 lb)
Zylinder, Ø x Hub: (2)
229 x 406 mm (9 x 16 in)
Treibrad Ø: 1372 mm (54 in)
Verdampfungsheizfläche:
18,2 m^2 (196 sq ft)
Kesseldruck: 4,2 kp/cm^2 (60 psi)
Rostfläche: 0,48 m^2 (5,2 sq ft)
Reibungsgewicht: 6 t
(13250 lb)
Gesamtdienstgewicht*: 14,3 t
(31500 lb)
Gesamtlänge*: 7620 mm
* *Lok ohne Tender*

Die erste deutsche Lokomotive wurde schon 1816 gebaut, aber sie hatte genausowenig Erfolg wie eine zweite im darauffolgenden Jahr. Es dauerte bis zum 7. Dezember 1835, bis die Dampftraktion ihren Einzug in Deutschland halten konnte. Den Anfang machte die Nürnberg-Fürther Eisenbahn, Ludwigsbahn genannt, nach König Ludwig dem Ersten von Bayern, der 1834 seine königliche Genehmigung zum Bahnbau gab.

Der Gründer der Bahn, ein Herr Scharrer, fragte bei Robert Stephenson & Co wegen der Lieferung von Fahrzeugen an, aber man fand die verlangten Preise zu hoch und beschloß, „deutsch zu kaufen". Zwei Württemberger verpflichteten sich zur Lieferung einer Lokomotive im Gegenwert von 565 englischen Pfund, die „den besten englischen Maschinen gleich ist und nicht mehr Brennstoff verbraucht. „Die Zeit verging und als sich Scharrer nach dem Baufortschritt erkundigte, mußte er feststellen, daß seine Handelspartner sich nach Österreich abgesetzt hatten. Er folgte ihnen dorthin, nur um zu erfahren, daß sich der Preis verdoppelt habe. Der Eröffnungstermin der Bahn näherte sich und Scharrer hatte keine andere Wahl, als am 15. Mai 1835 doch noch eine Eilbestellung an Robert Stephenson über eine 1A1-Lokomotive zum Preis von 1750 £ abzugeben.

Trotz der historischen Wichtigkeit dieser Maschine, sind die vorhandenen Informationen über sie sehr spärlich, sogar über ihren Namen gibt es Zweifel. Alte Quellen sprechen von „Der Adler", heute nennt man sie einfach „Adler" und läßt den Artikel fort. Vorhandene Aufzeichnungen der Erbauer enthalten keine Einzelheiten, aber zeitgenössische Darstellungen zeigen eine Lokomotive, die der „Patentee" ähnelt, die 1834 an die Liverpool & Manchester Railway geliefert wurde. Die Erzeugnisse der Stephensonschen Fabrik in Newcastle beruhten damals vorwiegend auf dieser Konsruktion.

1830 hatte Robert Stephenson & Co an die L&MR die 1A-Lok „Planet" geliefert, die erste Lokomotive mit Innenzylindern und Kropfachse. Indes war die Kunst des Schmiedens von gekröpften Achsen noch neu und die Kombination der Führungskräfte mit den Belastungen durch die Triebstangen zeigte recht bald die Verwundbarkeit dieser empfindlichen Schmiedeteile. 1833 entwarf Robert Stephenson daher eine 1A1-Lokomotive, bei der die Treibräder keine Spurkränze hatten, so daß die Treibachse keine seitlichen Führungskräfte mehr aufnehmen mußte. Die zusätzliche Tragachse verringerte auch die maximale Achslast, die seit der Lieferung der „Rocket" stetig gestiegen war, die noch nach den Vorstellungen der L&M-Direktoren sehr leicht ausgeführt worden war.

Die Verbesserungen, die die 1A1-Bauart mit sich brachte, ließ Stephenson sich patentieren, die erste Maschine hieß entsprechend „Patentee". Sie wog 11,45 t, das Gewicht des „Adler" wird in englischen Quellen mit nur 6,6 t, in Deutschland aber mit 14 t angegeben, davon entfielen 6 t auf die Treibachse. Ähnlich unsicher ist die Höhe des Kesseldrucks, der in einer englischen Quelle mit 4,2 kp/cm^2 (60 psi) und in einer deutschen mit 3,3 kp/cm^2 (47 psi) verzeichnet ist. Bekannt ist, daß der Kessel 62 Kupferrohre enthielt und daß der „Adler" verschiebbare Steuerexzenter hatte. Ihm folgten in Nürnberg weitere Maschinen ähnlicher Bauart von Stephenson. Der „Adler" leistete noch lange Dienst, 1857 ver-

Campbell 2'B

USA
Philadelphia, Germanstown & Norriston Railroad, (PG&NRR), 1837

Zugkraft: 19,5 kN (4373 lb)
Achslast: 3,6 t (8000 lb)
Zylinder, Ø x Hub: (2)
356 x 400 mm (14 x 15¾ in)
Treibrad Ø: 1372 mm (54 in)
Verdampfungsheizfläche:
67,2 m^2 (723 sq ft)
Kesseldruck: 6,3 kp/cm^2 (90 psi)
Rostfläche: circa 1,1 m^2 (12 sq ft)
Reibungsgewicht: 7,26 t
(16000 lb)
Gesamtlänge *(Lok ohne Tender)*:
5017 mm (16 ft 5½ in)

Henry Campbell, Ingenieur bei der Philadelphia, Germanstown & Norriston Railroad, kam auf den Gedanken, die gekuppelten Treibräder des „Best Friend Of Charleston" mit dem Laufdrehgestell des „Brother Jonathan" zu verbinden. Auf diese Weise konnte er das Reibungsgewicht verdoppeln und erhielt eine Lokomotive, die auch um scharfe oder ungleichmäßige Kurven laufen konnte. Er ließ sich diese Idee patentieren und wendete sich an einen ortsansässigen Maschinenbauer, der sie in die Tat umsetzte. Im Mai 1837 lieferte James Brooks (nicht der Begründer der bekannten Brooks-Lokomotivfabrik in Dunkirk) die erste 2'B-Lokomotive der Welt ab.

Zwar war sie mehr für den Kohletransport gedacht, aber in diesem Buch hat sie ihren Platz als Vorläufer der wahrscheinlich zahlreichsten und erfolgreichsten Personenzuglokomotivtypen.

Man folgte der generellen Anordnung „Brother Jonathans", die zusätzliche Kuppelachse verband man mit der Treibachse über Stangen mit außenliegenden Kurbeln. Die Zylinder befanden sich damit innerhalb des Rahmens und trieben den ersten Kuppelradsatz über eine Kropfachse, eine Anordnung, die bei einigen europäischen Bahnen sehr beliebt werden sollte, wenn sie auch in Amerika kaum wiederholt wurde. Für die damalige Zeit ist der hohe Kesseldruck sehr bemerkenswert. Diese bemerkenswerte Lokomotive eröffnete zwar große Möglichkeiten, die Beweglichkeit zum Ausgleich schlecht verlegter Gleise in horizontaler Richtung war vorhanden, es fehlte aber eine gleiche Beweglichkeit in vertikaler Richtung, um Buckel und Vertiefungen ebenso gut bewältigen zu können. Dadurch war Campbells erster 2'B kein Erfolg beschieden.

Links: *Die erste 2'B-Lokomotive der Welt, entworfen von Henry R. Campbell, Ingenieur bei der Philadelphia, Germanstown & Norriston Railroad. Sie wurde 1837 bei James Brooks in Philadelphia gebaut.*

kaufte man die Lokomotive ohne Räder und andere Teile zum Schrottpreis.

Für die Hundertjahrfeier der Nürnberg-Fürther Eisenbahn baute das Ausbesserungswerk Kaiserslautern der DRG eine funktionsfähige Nachbildung, die heute im Nürnberger Verkehrsmuseum ausgestellt ist. Eine zweite, nicht funktionsfähige Kopie entstand 1950 für Ausstellungszwecke. Beide beruhen auf Darstellungen der Lokomotive in zeitgenössischen Gemälden.

Links: *Diese Nachbildung des „Adler" ließ die Deutsche Reichsbahn für die Hundertjahrfeier 1935 bauen. Sie erschien auch im zwiespältig aufgenommenen Film „Das Stahltier", dessen Regisseur für seine Heraushebung der englischen Herkunft der Lok von den Nationalsozialisten mit Haft bestraft wurde.*

Unten: *Der „Adler" wurde 1835 für die Nürnberg-Fürther Eisenbahn gebaut. Sie war die erste Eisenbahn in Deutschland, die Lokomotive lieferte aber noch die berühmte Firma Stephenson & Co in Newcastle-upon-Tyne in England.*

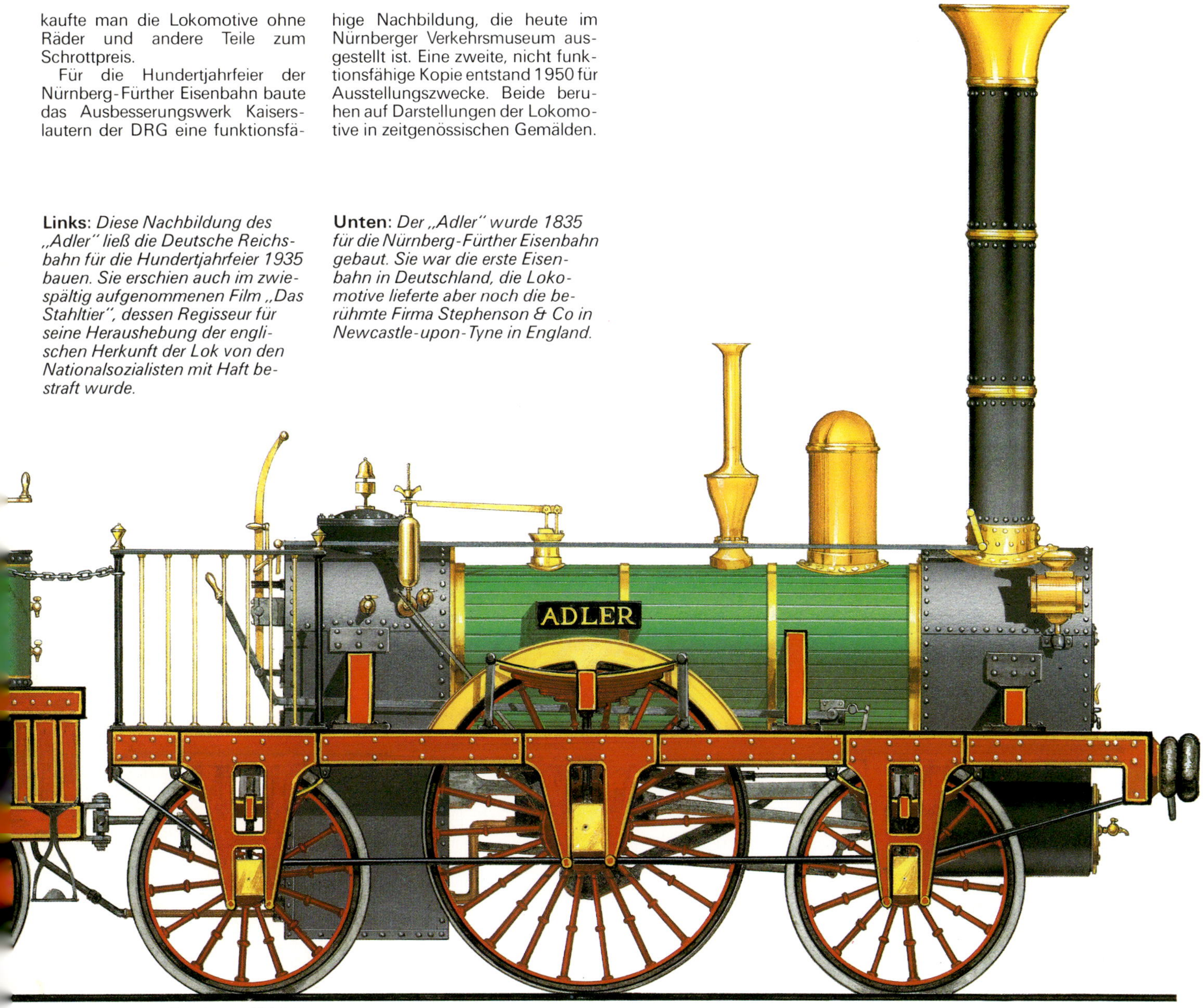

Hercules 2'B

USA
Beaver Meadows Railroad, 1837

Zugkraft: 20,1 kN (4507 lb)
Achslast: circa 4,5 t (10000 lb)
Zylinder, ⌀ x Hub: (2) 305 x 457 mm (12 x 18 in)
Treibrad ⌀: 1118 mm (44 in)
Kesseldruck: 6,3 kp/cm² (90 psi)
Reibungsgewicht: circa 9,1 t (20000 lb)
Gesamtgewicht*: 13,6 t (30000 lb)
Gesamtlänge*: 5766 mm (18 ft 11 in)
* *Lok ohne Tender*

1836 bestellte die Beaver Meadows Railroad eine 2'B-Lokomotive bei der Firma Garrett & Eastwick im benachbarten Philadelphia. Der Werkstattleiter, Joseph Harrison, kannte Henry Cambells Schwierigkeiten mit seiner 2'B-Lok, dem es nicht gelang, alle Räder seiner Lokomotive gleichzeitig im Kontakt mit den Schienen zu halten. Er erinnerte sich aber auch daran, daß der „Brother Jonathan" von 1832 auf den rauhen Gleisen so sicher stand, wie ein dreibeiniger Schemel auf dem Boden. Der Ausdruck „Sicher wie ein Dreibein" kommt dabei lebhaft zur Vorstellung, die drei Beine bildeten die beiden Treibräder und der Drehpunkt des Laufgestells. Ein weiteres Beispiel waren die frühen Norris-2'A-Lokomotiven, ebenfalls aus Philadelphia. Harrison kam auf den Gedanken, die beiden Treibachsen als eine Art nicht-drehbares Drehgestell zu bauen, indem er die jeweiligen Achslager einer Seite durch einen gußeisernen Träger verband, der sich in der Mitte verdrehen konnte. Die Gelenke waren mit dem Hauptrahmen auf jeder Seite über eine große Blattfeder verbunden.

Auf diese Weise trugen die acht Räder das Gewicht der Lokomotive in nur drei Punkten. Dieser geniale Einfall löste das Problem des Betriebs auf schlechtem Oberbau und bildete die Grundlage für die Dreipunkt-Federsysteme der meisten Lokomotiven der Welt bis hin zur 2'F1'.

„Hercules" war ein angemessener Name für diese Lokomotive, der in ähnlicher Form noch viele folgten. Joseph Harrison wurde Partner in der Herstellerfirma (Garrett setzte sich zur Ruhe), die als Eastwick & Harrison bekannt wurde. Die berühmte „American Standard" 2'B-Lokomotive, von der allein in den USA 25000 Stück gebaut wurden, stammt direkt von dieser neuartigen Konstruktion ab.

Links: *„Hercules", gebaut 1836 von Garrett & Eastwick, war ein bedeutender Schritt vorwärts in der Entwicklung der Lokomotive.*

Lafayette 2'A

USA
Baltimore & Ohio Railroad (B&O), 1837

Zugkraft: 9,6 kN (2162 lb)
Achslast: 5,9 t (13000 lb)
Zylinder, ⌀ x Hub: (2)
267 x 457 mm (10½ x 18 in)
Treibrad ⌀: 1219 mm (48 in)
Verdampfungsheizfläche:
36,6 m² (394 sq ft)
Kesseldruck: 4,2 kp/cm² (60 psi)
Rostfläche: 0,8 m² (8,6 sq ft)
Brennstoff (Koks): 1 t (2200 lb)
Wasser: 2 m³ (450 Imp gal)
Reibungsgewicht: 5,9 t
(13000 lb)
Gesamtdienstgewicht: 20 t
(44000 lb)
Gesamtlänge: 9252 mm
(30 ft 4¼ in)

Die sogenannten Norris-Lokomotiven nehmen einen sehr wichtigen Platz in der Lokomotivgeschichte ein; sie bedeuteten einen weiteren großen Schritt vorwärts.

William Norris baute in Philadelphia Lokomotiven seit 1831. Obwohl von Beruf Tuchhändler, machte er sich nach einigen Jahren Partnerschaft mit einem Oberst Stephen Long selbständig. Bis Beginn des Jahres 1836 hatte er sieben Lokomotiven produziert. In diesem Jahr baute er eine 2'A-Lok namens „Washington County Farmer" für die Philadelphia & Columbia Railroad. Im Prinzip ähnelte sie der „Brother Jonathan", doch befanden sich die Zylinder jetzt außerhalb von Rädern und Rahmen und die Schieber lagen oberhalb der Zylinder. Die Treibachse lag vor und nicht mehr hinter der Feuerbüchse und trug damit einen größeren Teil des Lokgewichts.

Damit sind wir schon fast bei der endgültigen Ausführung der Dampflokomotive angekommen. „Northumbrian" hatte den Röhrenkessel und zwei Außenzylinder; „Planet" hatte die Zylinder vorne; bei der „Vauxhall" befanden sie sich dann auch außen. Burys Lokomotiven hatten Barrenrahmen und „Brother Jonathan" das Drehgestell. Endlich haben wir nun eine Kombination von Außenzylindern, Barrenrahmen und führendem Drehgestell.

1827 erhielt die Baltimore & Ohio Railroad als erste Gesellschaft die Konzession zum Betrieb einer Eisenbahn für Personen- und Gütertransport. 1830 eröffnete man die ersten 19 Kilometer ab Baltimore, in den ersten Jahren dienten aber Pferde der Beförderung der Wagen, Dampflokomotiven kamen erst einmal nur zur Probe. 1834 hielt dann die Dampftraktion Einzug in Form der „Grasshopper"-Lokomotiven; ihrer Form mit einem senkrechten Kessel und mit vielen Hebeln wegen verdienten sie die Bezeichnung „Heuschrecke" tatsächlich.

Den Ohio-Fluß erreichte man 1842 über eine Strecke, bei der eine Anzahl von Steigungen mit Schrägebenen und Seilzügen überwunden werden mußten. Aber schon lange vorher verspürte man den Wunsch nach stärkeren Lokomotiven, als sie die Konstruktion mit senkrechten Kesseln zu bauen erlaubte. Die Führung der B&O war beeindruckt von der „Washington County Farmer" und bestellte bei Norris acht gleiche Lokomotiven. Die erste, „Lafayette" wurde 1837 geliefert. Sie war die erste B&O-Lokomotive mit einem waagerechten Kessel. Edward Burys zylindrischer Kuppelstehkessel und Barrenrahmen fanden sich wieder; angeblich hatte die Maschine nockengesteuerte Schieber nach einem Entwurf von Ross Winans von der B&O. Es spricht nicht gerade für diese Bauart, daß spätere Mitglieder dieser Gattung wieder die normale „Haken"-Steuerung der damaligen Zeit erhielten.

Die neuen Lokomotiven waren sehr erfolgreich, sie leisteten mehr und verbrauchten weniger. Sie waren auch recht zuverlässig und benötigten nur wenig Reparaturen. Im gleichen Jahr baute Norris eine gleichartige Lokomotive für die Champlain & St. Lawrence Railway in Kanada. Sie war die erste amerikanische Exportlokomotive. Die Norrislokomotiven bewältigten auch steigungsreiche Strecken; diese Fähigkeit führte zu vielen weiteren Lieferungen ins Ausland.

Der erste Kunde in der alten Welt war die Wien-Raaber Eisenbahn, ihre Lokomotive „Philadelphia" wurde Ende 1837 vollendet. Vor der Versendung erprobte man sie vor einem Zug von 200 t Gewicht auf einer Steigung von 1%, bisher die größte bekannte Leistung einer Lokomotive. Die Eisenbahnen Österreichs (nicht die kleine Republik, wie wir sie heute kennen, sondern die große Donaumonarchie, die den Großteil der heutigen Tschechoslowakei, Polen, Rumänien und Jugoslawien umfaßt) waren die besten Kunden, aber schon vor 1840 hatte Norris auch an die Braunschweigische und an die Berlin-Potsdamer Eisenbahnen geliefert. Eine große Serie von 15 Maschinen ging an die Birmingham & Gloucester Railway in Großbritannien, wo sie sich auf der „Schiefen Ebene" von Lickey mit einer Steigung von 2,7% bewährten.

Die Nachfrage nach Norris-Lokomotiven war so groß, daß die Firma eine genormte Typenreihe in vier Größen anbieten konnte. Die Reihe „C" hatten einen Zylinderdurchmesser von 229 mm, Reihe „B" 267 mm, Reihe „A" 292 mm und Reihe „A extra" 318 mm. Die Rostflächen betrugen entsprechend 0,6, 0,68, 0,73 und 0,88 m², die Lokomotivgewichte waren 7,15, 9,35, 10,9 und 13,45 Tonnen.

Die Norris-Loks, die nach England gingen, waren besonders interessant, denn die englischen Lokomotivingenieure waren es ja eher gewohnt, Lokomotiven zu exportieren, als sie einzuführen. Insgesamt 17 Lokomotiven kamen zwischen März 1839 und Mai 1842 aus Philadelphia, sie gehörten alle zu den größeren Norris-Typen. Es waren neun „B", drei „A" und fünf „A extra"-Maschinen, die stärksten benutzte man als Schublokomotiven auf der Steigungsstrecke.

Verschiedene Verbesserungen verringerten den anfänglich sehr hohen Kohleverbrauch bei dem mühsamen Schiebedienst. Alle fünf „A extras" baute man zu Tenderlokomotiven um und sparte sich dabei das tote Gewicht des Tenders.

Den Dampf aus den Sicherheitsventilen und einen Teil des Abdampfs leitete man in die neuen Satteltanks zurück. Kupferfeuerbüchsen ersetzten die ursprünglichen stählernen, neue Teile traten an die Stelle der gelieferten zweifelhaften Ausführungen. Der Erfolg der Umbauten war meßbar, der Verbrauch von 26 kg/km des Jahres 1841 konnte bis 1843 um 53% gesenkt werden. Die besten der Norris-Loks blieben bis 1856 im Dienst.

In seiner Heimat Amerika standen in den damaligen 30er Jahren 27 Vorgänger berühmter Bahngesellschaften der Blütezeit der Dampflokomotiven auf der Kundenliste von Norris. Sie lagen in Staaten wie Connecticut, Georgia, Louisiana, Maryland, Massachusetts, New York, North Carolina, Pennsylvania, Tennessee und Virginia. Eine von ihnen, die Richmond, Fredericksburg & Potomac Railroad firmiert auch heute noch unter dem gleichen Namen. Norris wurde für einige Zeit zum größten Lokomotivhersteller der USA und baute auch 2'B-Loks, C-Loks bis hin zu 2'C-Maschinen zusätzlich zu den 2'A-Loks, die seinen Ruf begründeten. Auf der anderen Seite brachte der Erfolg seiner Lokomotiven in Europa dort keine entsprechenden Einnahmen. Obwohl 1844 William Norris und sein Bruder Octavius nach Wien gingen und dort eine Lokomotivfabrik einrichteten, waren es andere Hersteller, die seine Ideen übernahmen, Hunderte von Lokomotiven bauten und damit viel Geld verdienten.

Der erste Produzent von Lokomotiven der Norris-Type war John Haswell in Wien. Andere waren Sigl, ebenfalls in Wien, Günther in Österreich, Cockerill in Belgien, Borsig und Emil Kessler mit der Nachfolgefirma Esslinger Maschinenfabrik in Deutschland. In Großbritannien bauten Hick in Bolton und Nasmyth in Manchester ebenfalls 1A-Maschinen seiner Bauart. Eine derartige 1A-Lok wurde um 1840 als „La Junta" nach Kuba geliefert und wurde später im Bahnhof von Havanna der United Railways of Havanna als Denkmal aufgestellt. In jüngster Zeit wurde nichts mehr über ihr Schicksal bekannt, weder über ihre Erhaltung noch über ein etwaiges Ende. In den USA baute man um 1941 eine Norris-Lokomotive in Originalgröße nach; sie befindet sich heute bei der Tallulah Falls Railway im Norden Georgias.

Oben: *Grabsteine im Friedhof von Bromsgrove, Worcestershire, die an eine Lokmannschaft erinnern, die im November 1870 bei einer Kesselexplosion ums Leben kam. Die Unglücksmaschine war zwar keine Norris-type, aber nichtsdestotrotz zeigen die Steine Abildungen dieser Type, die für die Eisenbahn in Bromsgrove charakteristischer waren.*

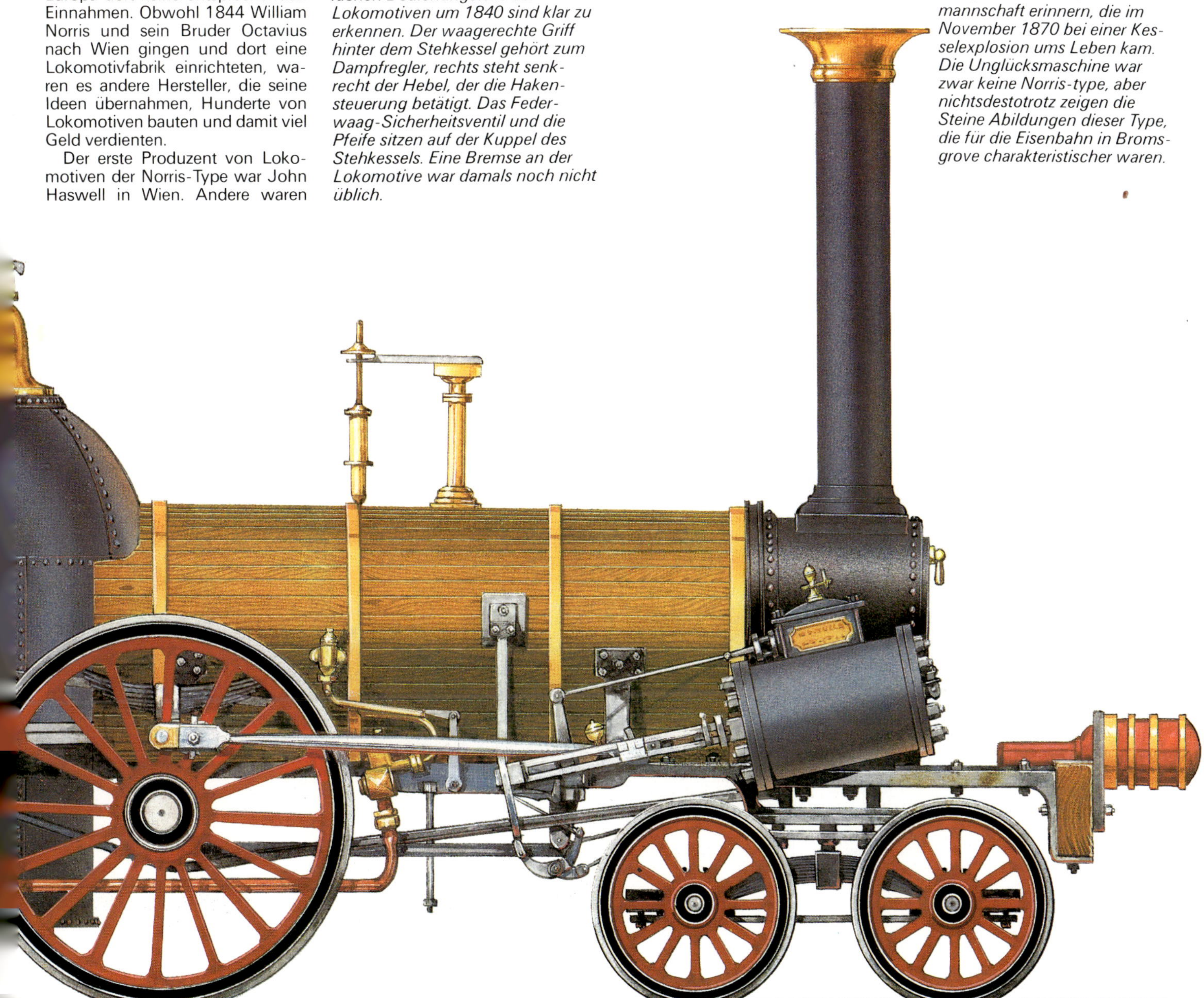

Unten: *Unsere Zeichnung zeigt die Seitenansicht einer typischen Norris-2A-Lokomotive. Die einfachen Bedienungsteile der Lokomotiven um 1840 sind klar zu erkennen. Der waagerechte Griff hinter dem Stehkessel gehört zum Dampfregler, rechts steht senkrecht der Hebel, der die Hakensteuerung betätigt. Das Federwaag-Sicherheitsventil und die Pfeife sitzen auf der Kuppel des Stehkessels. Eine Bremse an der Lokomotive war damals noch nicht üblich.*

Fire Fly Klasse 1A1

Großbritannien
Great Western Railway (GWR), 1840

Zugkraft: 9,1 kN (2049 lb)
Achslast: 11,3 t (25000 lb)
Zylinder, ⌀ x Hub: 381 x 457 mm (15 x 18 in)
Treibrad ⌀: 2134 mm (84 in)
Verdampfungsheizfläche: 65 m² (700 sq ft)
Kesseldruck: 3,5 kp/cm² (50 psi)
Rostfläche: 1,25 m² (13,5 sq ft)
Brennstoff (Koks): 1,5 t (3400 lb)
Wasser: 8,2 m³ (1800 Imp gal)
Reibungsgewicht: 11,3 t (25000 lb)
Gesamtdienstgewicht: 42 t (92500 lb)
Gesamtlänge: 11989 mm (39 ft 4 in)

Im Jahre 1833 übernahm Isambard Kingdom Brunel die Stellung des leitenden Ingenieurs des „besten Werkes in England", wie er es nannte. Er war kein Nachahmer und hielt wenig von der von ihm geringschätzig „Kohlenloren-Spur" genannten Stephensonschen Spurweite. Er sagte: „Ich dachte, daß die verwendeten Mittel dem angestrebten Ziel nicht angemessen waren", und wählte dementsprechend für seine Eisenbahn eine fast um die Hälfte größere Spur von 7 ft ¼ in, entsprechend 2140 mm. Dies war die größte Spurweite, die je für eine Eisenbahn verwendet wurde.

Auch die Lokomotiven der Great Western Railway genossen großes Ansehen, aber nicht von Anfang an. Brunel hatte eine Reihe von Lokomotiven, vielleicht zu beiläufig, bei verschiedenen Herstellern bestellt; es war nicht gerade seine beste Leistung. Er gab den Firmen völlig freie Hand, machte aber einige kaum zu verwirklichende Einschränkungen. Das Gewicht der sechsrädrigen Lokomotiven sollte 10½ Tonnen und die Kolbengeschwindigkeit bei einer Geschwindigkeit von 48 km/h sollte 85 m/Minute nicht überschreiten. Die Ergebnisse dieser Einengungen waren dementsprechend äußerst unbefriedigend. In ihren ersten Tagen konnte die GWR sich nur auf eine einzige Lokomotive verlassen, die zufällig von Stephenson erworbene „Patentee"-Lokomotive „North Star", die mit 18,2 t über 75% mehr wog als von Brunel ausbedungen war. Sogar die Kolbengeschwindigkeit bei 48 km/h lag mit 98 m/Minute über der Grenze.

Die Verantwortung für die Lokomotiven der Bahn übertrug Brunel einem jungen Mann namens Daniel Gooch aus dem Norden des Landes, der schon für die Stephensons gearbeitet hatte. Nach vielen Anstrengungen – oft die ganze Nacht hindurch – im Lokschuppen von Paddington mit der Ansammlung oft „unbeweglicher Haufen Unglück", die damals den Lokomotivpark der GWR bildeten, formte Gooch seine eigene Meinung über das, was man besser getan hätte. Als klar wurde, daß mit dem vorhandenen unbrauchbaren Material keinerlei Fahrplan eingehalten werden konnte, mußte sich Gooch, über den Kopf seines Vorgesetzten hinweg, an den Aufsichtsrat der Bahn wenden. Brunel war ungehalten, änderte seine Meinung aber bald und beide blieben gute Kollegen und Freunde bis zum Tod des älteren im Jahr 1859.

Schließlich ließ Gooch neue Entwürfe für einen brauchbaren Lokomotivpark ausarbeiten, der mehr als 100 sechsrädrige Lokomotiven nach Art von Stephensons „Patentee" umfaßte. Für Güterzüge sah er 1B- und C-Lokomotiven vor, selbstverständlich auch 1A1-Maschinen für Personenzüge. Kessel, Tender, Triebwerke und viele andere Teile waren bei allen Typen gleich – eine Vereinheitlichung in einem bisher ungekannten Umfang. Dieses Mal ließ man den Baufirmen keinen Spielraum. Auch in den folgenden Jahren sollte man noch oft sehen, daß es nur zwei Möglichkeiten gab etwas zu tun – nach Art der Great Western oder auf die falsche Art. Neben den Zeichnungen erhielten die Firmen auch Schablonen und Lehren für verschiedene Teile; ja, man ging noch weiter und machte die Hersteller für alle Reparaturen verantwortlich, die sich auf den ersten 1600 km im Einsatz mit normalen Zuglasten ergaben. 62 der neuen Lokomotiven waren für den Schnellzugverkehr bestimmt, sie interessieren uns hier. Als erste lieferte Jones, Turner & Evans in Newton-le-Willows, Lancashire im März 1840 die Lokomotive „Fire Fly" (Glühwürmchen). Von dort folgten „Spit Fire, Wild Fire, Fire Ball, Fire King" und „Fire Brand". Am 17. März fuhr „Fire Fly" einen Sonderzug von Tyford nach Paddington, der für die 49,5 km 37 Minuten brauchte und eine Höchstgeschwindigkeit von 93 km/h erreichte. Bis zur Verlängerung der Bahn über Swindon hinaus bis Wootton Bassett standen weitere 25 Maschinen dieses Typs zur Verfügung und ein Fahrplan, der diesen Namen auch verdiente, konnte endlich aufgestellt werden.

Keines dieser kleinen Feuer-Rösser wurde in seiner Würde durch das Anbringen eines Nummernschildes herabgesetzt, aber man bemühte sich, die Erzeugnisse verschiedener Hersteller durch verwandte Namen kenntlich zu machen. Nachstehend die Ergebnisse dieser Bemühungen, die einen Hang zur Klassik erkennen lassen.

Sharp, Roberts & Co, Manchester: „Tiger, Leopard, Panther, Lynx (Luchs), Stag (Hirsch), Vulture (Geier), Hawk (Falke), Ostrich (Strauß), Greyhound (Windhund)."

Fenton, Murray & Jackson, Leeds: „Charon, Cyclops, Cerberus, Pluto, Harpy, Monos, Ixion, Gorgon, He-

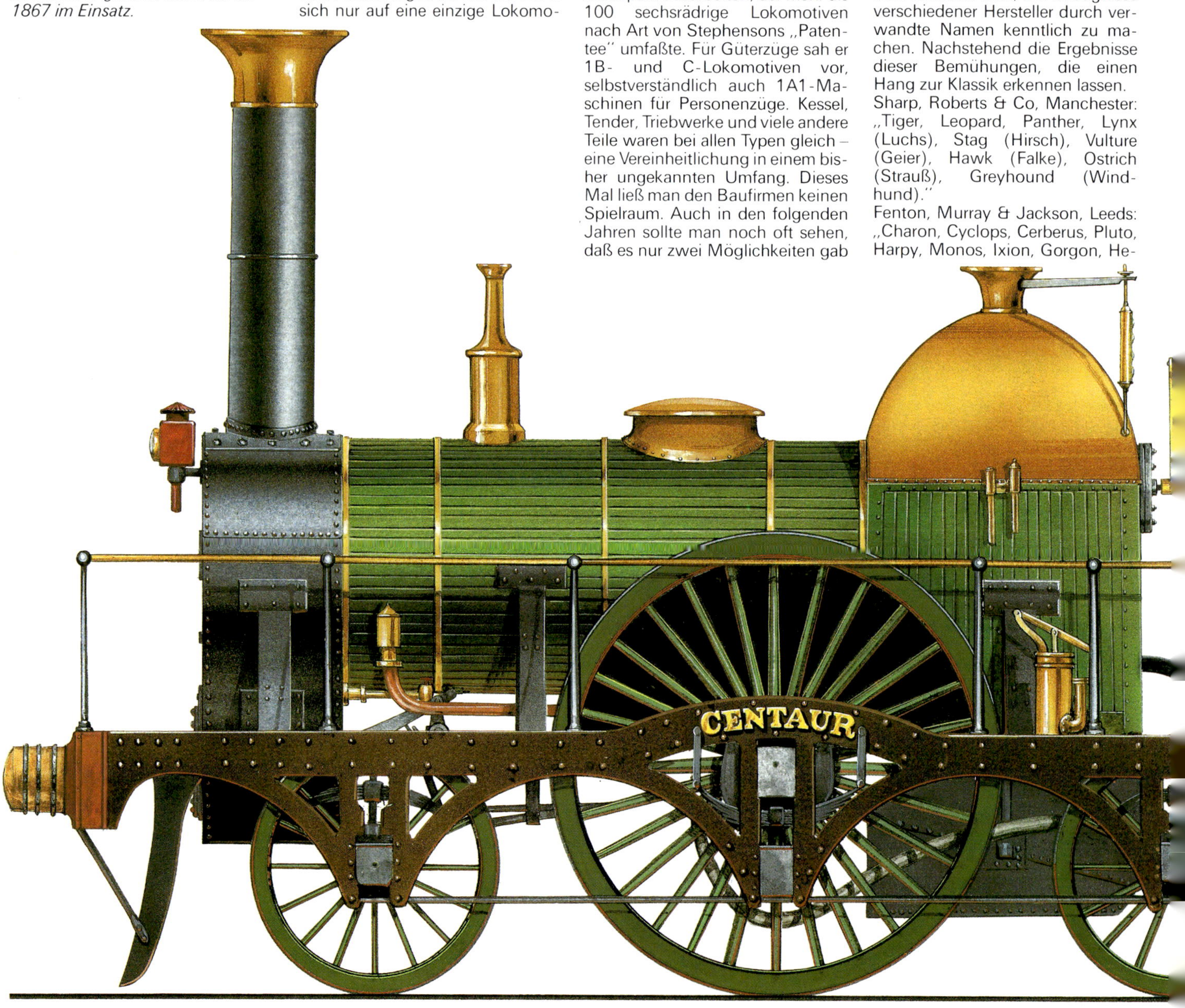

Unten: *„Centaur" war eine der berühmten Standardlokomotiven von Daniel Gooch. 1841 bei Nasmyth, Gaskell & Co in Manchester gebaut, stand sie bis 1867 im Einsatz.*

cate, Vesta, Acheron, Erebus, Medea, Hydra, Lethe, Phlegethon, Medusa, Proserpine, Ganymede, Argus."
G. & J. Rennie, Blackfriars, London: „Mazeppa, Arab."
R. B. Longridge & Co., Bedlington: „Jupiter, Saturn, Mars, Lucifer, Venus, Mercury."
Stothert & Slaughter, Bristol: „Arrow, Dart."
Nasmyth, Gaskell & Co., Manchester: „Achilles, Milo, Hector, Castor, Mentor, Bellona, Actaeon, Centaur, Orion, Damon, Electra, Priam, Pollux, Phoenix, Pegasus, Stentor" (der als letzter im Dezember 1842 geliefert wurde).

Übrigens hielt sich der Brauch der Namensgebung und auch die Schrifttype der Messingschilder für die Schnellzuglokomotiven der Bahn bis zur Verstaatlichung im Jahre 1948. Die Rahmenbauart der „Fire Fly"-Klasse war bemerkenswert, die sogenannte Sandwichbauart bestand aus dünnen Eisenblechen, die eine dicke Holzfüllung umschlossen. Die Hakensteuerung wurde wieder verwendet, in späteren Jahren meist auf die Stephensonsche Bauart umgebaut, verbesserte sich die Wirtschaftlichkeit der Lokomotiven durch die nunmehr mögliche Nutzung der Expansionskraft des Dampfes. Alle Lokomotiven waren koksgefeuert und hatten „gotische" Kuppelstehkessel. Die zwei- und dreiachsigen Tender wurden häufig getauscht, die Angaben der Tabelle beziehen sich auf die dreiachsige Type.

„Phlegethon" erhielt die Ehre, den ersten Königlichen Zug zu befördern. Die erste Eisenbahnfahrt der Königin Victoria von Slough nach Paddington erfolgte am 13. Juni 1842. Gooch fuhr selbst, Brunel leistete ihm im Führerstand Gesellschaft. Die Fahrt von 30 Kilometern dauerte 25 Minuten und entzückte die junge Königin.

„Castor" zog den Eröffnungszug zwischen London und Bristol am 30. Juni 1841, damals war dies die ganze Strecke der GWR, aber die Schwestergesellschaft Bristol & Exeter Railway war schon im Bau, so daß „Castor" bis Taunton weiterfahren konnte.

Oben: *Die „Queen" gehörte zur späteren „Prince"-Klasse von 1847 – der Hauptunterschied war das Fehlen des äußeren Rahmens.*

Brunel hatte bekanntermaßen den Wunsch, den Verkehrsbereich der GWR von Bristol bis nach New York auszudehnen. An einem schönen Sommertag, dem 19. Juli 1843, brachte Gooch mit einer nicht überlieferten Lokomotive den Prinzgemahl Prinz Albert nach Bristol, wo dieser dem Stapellauf des berühmten Dampfschiffs „Great Britain" beiwohnte. Gooch schreibt in seinem Tagebuch: „Auf der Hinfahrt hatten wir einige lange Aufenthalte für Ansprachen an den Prinzen, aber auf dem Rückweg hatten wir keine Verzögerungen und legten die Strecke in 2 Stunden und 4 Minuten zurück. Nur wenige Fahrten über diese große Entfernung waren bisher so schnell." Genaugenommen betrug damit die Durchschnittsgeschwindigkeit für die 191 Kilometer 92 km/h.

Zweifellos war die Stabilität, die die große Spurweite von 2140 mm verlieh, in Verbindung mit den bemerkenswerten Laufeigenschaften dieser frühen Einheitslokomotiven, der Grund für diese damals unübertreffbaren Fahrleistungen.

Ein weiteres Beispiel dafür ist der Sonderzug für die geladenen Gäste am Tag der Streckeneröffnung nach Exeter, bei dem Gooch persönlich am 1. Mai 1844 die Lokomotive „Orion" auf der Hin- und Rückfahrt bediente. Einschließlich etlicher Aufenthalte zum Wassernehmen dauerte die 312 km lange Fahrt 280 Minuten. Schon ein Jahr später war diese Leistung alltäglich, die planmäßigen Expreßzüge hatten eine Fahrzeit von 270 Minuten, einschließlich Aufenthalten (insgesamt 13 Minuten) in Didcot, Swindon, Bath, Bristol und Taunton.

Beim „Kampf der Spurweiten" im Jahr 1845, bestritt „Ixion" das Testprogramm der Regierungskommission für die Spurweiten der Breitspurvertreter. Die Fahrten fanden zwischen Didcot und Paddington statt. Mit einer Anhängelast von 60 t legte man die 85 Kilometer in 63,5 Minuten zurück, bei einer Höchstgeschwindigkeit von 98 km/h! Das übertraf alles, das die „Schmalspurleute" (1435 mm-Spur) mit ihren Versuchszügen zwischen York und Darlington zu bieten imstande waren. „Ixion" war auch die letzte dieser berühmten Lokomotiven, die 1879 aus dem Dienst schied. Die Reihe hatte damit fast vierzig Jahre bestanden, in denen die Eisenbahnen zum allgemeinen Transportmittel wurden. Bei Abstellung der „Ixion" war die Entscheidung, die Breitspur aufzugeben, schon gefallen, wenn es auch noch dreizehn Jahre bis zu ihrem Verschwinden dauerte.

Bis 1879 war aus dem jungen Mann, der (mit Hilfe eines anderen jungen Konstrukteurs namens Thomas Crampton, der auch berühmt werden sollte) die „Fire Fly" entworfen hatte, Sir Daniel Gooch, Mitglied des Parlaments und Präsident der Great Western Railway Company geworden.

Lion B1 Großbritannien
Liverpool & Manchester Railway (L&M), 1838

Zugkraft: 8,2 kN (1836 lb)
Zylinder, ∅ x Hub: 305 x 457 mm (12 x 18 in)
Treibrad ∅: 1524 mm (60 in)
Kesseldruck: 3,5 kp/cm² (50 psi)
Gesamtlänge: 10287 mm (33 ft 9 in)
Andere Daten lagen nicht vor.

Obwohl sie keine ausgesprochene Schnellzuglokomotive ist, hat die 1838 für die Liverpool & Manchester gebaute „Lion" aus verschiedenen Gründen ein Anrecht auf Ruhm. Sie wurde fast ein Jahrzehnt nach dem berühmten Lokrennen von Rainhill gebaut, zu einer Zeit, als sich die Herstellung von Lokomotiven so weit etabliert hatte, daß man zuversichtlich sein konnte, daß eine bestellte Lokomotive auch dem angegebenen Zweck entsprach. Lion stammt von Todd, Kitson & Laird in Leeds und gehörte zu einer Lokomotivreihe, die man nach starken Tieren benannte. Damals begann die L&M auch mit dem Lokomotivbau in eigener Werkstatt, eine Unternehmenspolitik, die auch von den Nachfolgegesellschaften der ersten städteverbindenden Bahn der Welt – Grand Junction Railway, London & North Western Railway, London, Midland & Scottish Railway und British Railways – bis heute fortgesetzt wurde.

Ein glücklicher Zufall führte zum Verkauf der „Lion" im Jahr 1859 an den Mersey Docks & Harbour Board, der sie für Verschiebearbeiten benutzte. Nach einigen Jahren stellte man sie dort als stationäre Maschine auf. In dieser Weise blieb sie bis 1920 im Dienst, dann kaufte die LMS die Überreste zum Wiederaufbau. 1930 fuhr „Lion" bei der

Rechts: *Die „Lion" der Liverpool & Manchester Railway ist auch nach 140 Jahren noch betriebsfähig.*

Beuth 1A1 Deutschland
Berlin-Anhalter Eisenbahn, 1843

Zugkraft: 18,35 kN (4120 lb)
Achslast: 9,5 t (20925 lb)
Zylinder, ∅ x Hub: (2) 330 x 560 mm (13 x 22 in)
Treibrad ∅: 1543 mm (60¾ in)
Verdampfungsheizfläche: 47 m² (506 sq ft)
Kesseldruck: 5,5 kp/cm² (78 psi)
Rostfläche: 0,83 m² (8,9 sq ft)
Reibungsgewicht: 9,5 t (20925 lb)
Gesamtdienstgewicht*: 18,5 t (40750 lb)
Gesamtlänge*: 6,143 mm (20 ft 2 in)
* *Lok ohne Tender*

1841 war ein denkwürdiges Jahr in der Geschichte der deutschen Lokomotivindustrie, denn in diesem Jahr lieferten gleich drei Fabriken ihre erste Lokomotive – Borsig in Berlin, Maffei in München und Emil Kessler in Karlsruhe. August Borsig war ein Mann mit großartigen Fähigkeiten und ebensolcher Energie, der sich schon einen Industriekonzern aufgebaut hatte, der auch ein Eisenwerk und ein Wasserwerk umfaßte. Zur Zeit seines Eintritts in die Welt des Lokomotivbaus importierte man gerade die Norris 2'A-Lokomotiven nach Europa. Borsigs erste Erzeugnisse waren 15 Maschinen gleicher Achsfolge für die Berlin-Anhalter Eisenbahn, die den Norris-Produkten mit ihren Barrenrahmen und dem großen „Heuschober"-Stehkessel sehr stark ähnelten, aber eine Reihe von Verbesserungen nach Borsigs Ideen enthielten. Die Lokomotiven hatten großen Erfolg, weitere Bestellungen folgten.

Bis 1843 erfuhren die Borsigschen Erzeugnisse weitere Vervollkommnungen, teils von ihm erdacht, teils aus England übernommen. Diese Verbindung aus amerikanischen, englischen und deutschen Bauweisen zeigt uns sehr gut die 1A1-Lokomotive „Beuth", die Borsig 1843 an die Berlin-Anhalter Eisenbahn lieferte. Ihr Name erinnerte an August Borsigs Lehrer, Professor Beuth, am Königlichen Gewerbe-Institut in Berlin.

Durch die gleichmäßigen Achsabstände ergab sich eine bessere Gewichtsverteilung als bei den Norris-Loks. Für die damalige Zeit war die gesamte Konstruktion recht fortschrittlich. Die Flachschieber bewegte die neuartige Kulissensteuerung von Stephenson, die erst 1842 eingeführt worden war. Eigentlich war es eine Erfindung eines Beschäftigten Robert Stephensons, William Howe, was auch von seinen Arbeitgebern nie verschwiegen wurde.

Wie alle großen Erfindungen war auch diese sehr einfach. Die bisherigen Steuerungen besaßen separate Exzenter für Vorwärts- und Rückwärtsfahrt und Haken oder Greifer am Ende jeder Exzenterstange, die in die entsprechende Ventilspindel eingriffen. Howes Idee war nun, die beiden Exzenterstangen durch ein gebogenes und geschlitztes Schwingenglied zu verbinden. In dem Schlitz saß ein verschiebbarer Schwingenstein, der mit der Ventilspindel verbunden war. Man mußte nun nur noch das Schwingenglied heben oder senken um die Fahrtrichtung zu wechseln. Diese Anordnung bewährte sich so hervorragend, daß der Großteil aller Dampflokomotiven, die innerhalb der nächsten 60 Jahre gebaut wurden, diese Steuerung erhielt.

Neu war die Möglichkeit, durch Zwischenstellungen der Schwinge die Einströmung schon zu einem frühen Zeitpunkts des Kolbenhubs zu beenden und damit die Wirtschaftlichkeit durch Ausnutzung der Expansionskraft des Dampfes zu steigern. Borsig benutzte bei dieser Lokomotive allerdings einen zusätzlichen Flachschieber, um die Füllung zu beeinflussen. Die Zylinderablaßhähne, die man vom Führerstand aus bedienen konnte, waren ein Fortschritt gegenüber den Norris-Maschinen, bei denen die Bedienungshebel dafür noch an den Zylindern saßen. Die Speisepumpen trieben am Treibzapfen befestigte Hebel, die unter den Führerstand reichten. Wie Norris verwandte Borsig Barrenrahmen. Der Stehkessel erhielt einen elliptischen Querschnitt, seine Kuppel bildete einen geräumigen Dampfraum. Ein zylindrisches Gehäuse auf dieser Kuppel beherbergte das Dampfrohr und eines der Salter-Sicherheits-

Hundertjahrfeier der Liverpool & Manchester Railway und wurde dann in einem Museum aufbewahrt, dem heutigen Merseyside County Museum in Liverpool. 1980 fuhr „Lion" dann wieder bei der Dampfkavalkade zum 150jährigen Bestehen der L&M und ist damit die älteste betriebsfähige Lokomotive der Welt.

Zu den interessanten Merkmalen der Lokomotive gehören der große „Heuschober"-Stehkessel und Sandwichrahmen zu beiden Seiten der Räder.

„Lion" wurde auch zum Filmstar, als er die Titelrolle in dem auch heute noch beliebten hinreißenden Lustspiel „Titfield Thunderbolt" (in Deutschland: Titfield Expreß) übernahm.

Rechts: *140 Jahre Fortschritt im Eisenbahnwesen: Die „Lion" der Liverpool & Manchester Railway von 1838 steht vor dem „Advanced Passenger Train" von heute.*

ventile. Die Außenseite des Stehkessels bestand aus glänzendem Blech, der Kessel war mit Holzleisten verschalt. Der dreiachsige Tender hatte Außenrahmen und die Spindelbremse wirkte auf alle seine Räder.

Dies war Borsigs 24te Lokomotive und sie unterstützte seinen wachsenden Ruf als Lokomotivbauer. Die Bestellungen häuften sich, das Werk expandierte und 1846 hatte Borsig schon 120 Lokomotiven gebaut, eine bemerkenswerte Leistung für die fünf ersten Jahre des neuen Unternehmens. Die „Beuth" war typisch für die Erzeugnisse der damaligen Zeit.

Die Originallokomotive wurde irgendwann einmal verschrottet, aber 1921 baute der Hersteller einen Nachbau in Originalgröße, der heute im Deutschen Museum ausgestellt wird.

Unten links: *Die Lokomotive „Beuth", 1843 gebaut für die Berlin-Anhalter Eisenbahn.*

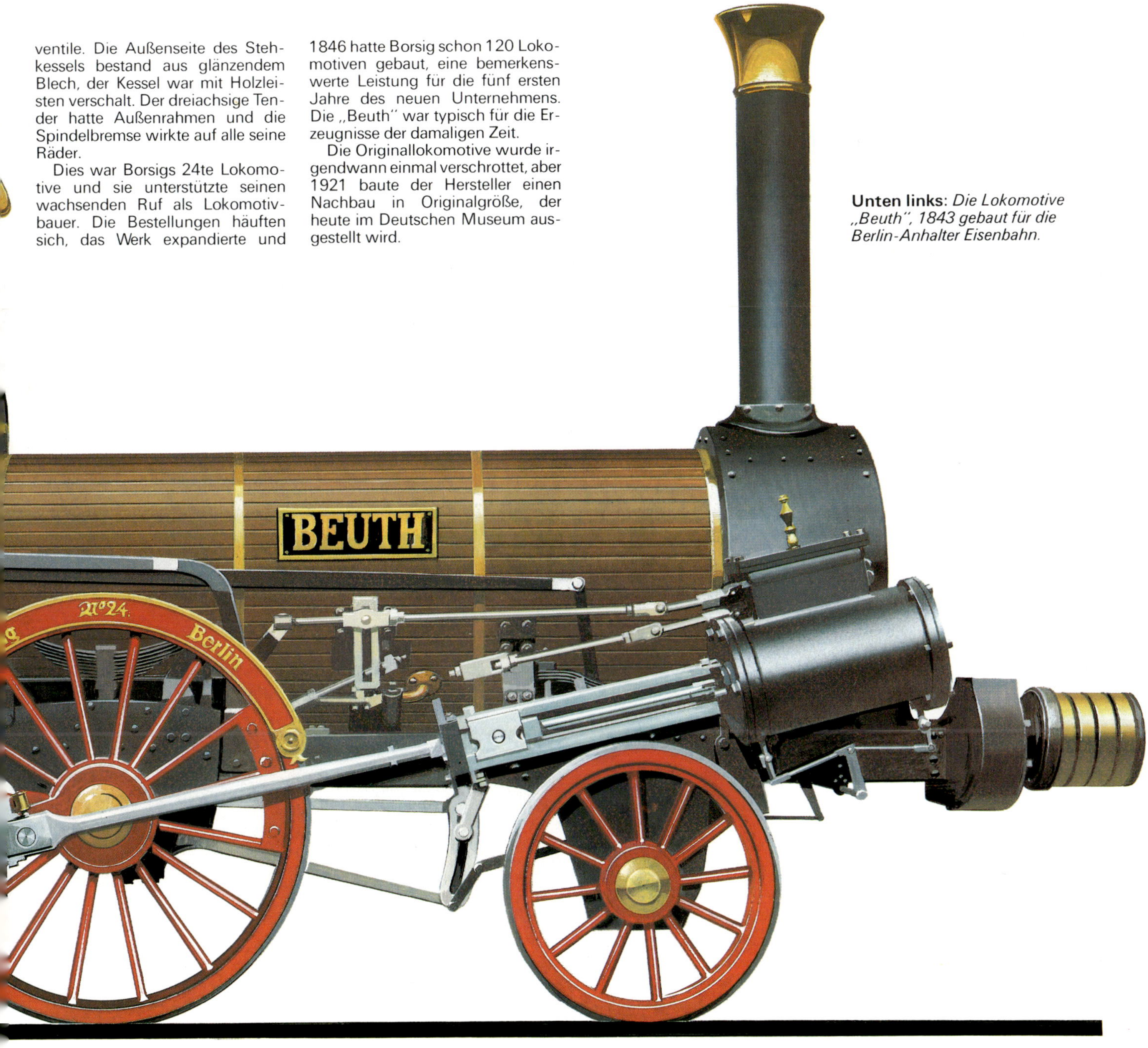

Médoc 1B

Schweiz
Schweizer Westbahn (O-S), 1857

Zugkraft: 40 kN (8986 lb)
Achslast: 9,2 t (20265 lb)
Zylinder, ∅ x Hub:
408 x 612 mm (16,1 x 24,1 in)
Treibrad ∅: 1686 mm (66,4 in)
Verdampfungsheizfläche:
95 m² (1022 sq ft)
Kesseldruck: 8 kp/cm² (114 psi)
Rostfläche: 1,0 m² (10,75 sq ft)
Brennstoff (Kohle): 2,4 t (5290 lb)
Wasser: 4 m³ (880 Imp gal)
Reibungsgewicht: 18,1 t (40000 lb)
Gesamtdienstgewicht: 40 t (88110 lb)
Gesamtlänge: 13650 mm (44 ft 9½ in)

Unten: *Die 1B-Lokomotive Nr. 58 „Simplon" der Jura-Simplon-Bahn, vormals die Nr. 11 der Schweizer Westbahn stand von 1857 bis 1901 im Einsatz.*

Oben: *Diese 1B-„Longboiler"-Lokomotive der Schweizer Westbahn gehörte später zur Jura-Simplon-Bahn.*

Buddicom 1A1

Frankreich
Paris-Rouen-Eisenbahn, 1843

Zugkraft: 13,8 kN (3100 lb)
Achslast: 6,6 t (14,540 lb)
Zylinder, ∅ x Hub: (2)
318 x 533 mm (12,5 x 21 in)
Treibrad ∅: 1600 mm (63 in)
Verdampfungsheizfläche:
49,6 m² (534 sq ft)
Kesseldruck: 5 kp/cm² (71 psi)
Rostfläche: 0,88 m² (9,5 sq ft)
Reibungsgewicht: 6,6 t (14540 lb)

Diese Lokomotivgattung ist die zweitälteste, in diesem Buch erwähnte, von der noch ein betriebsfähiges Originalexemplar (und kein Nachbau) vorhanden ist. Der französischen Staatsbahn gebürt das Lob dafür, zusammen mit ihren Vorgängern – der Westbahn und der Staatsbahn, daß durch ihre große Fürsorge uns dieses bemerkenswerte und reizende, 139 Jahre alte Geschöpf auch heute noch erfreuen kann.

Ihr Konstrukteur, W. B. Buddicom, gehörte zu einer Gruppe britischer Ingenieure, die Stephensons Lehren in der Welt verbreiteten. Dabei ging er allerdings seinen eigenen Weg, der sich am Ende aber als richtig herausstellen sollte. Die Buddicom 1A1-Lokomotiven sind ein weiterer Schritt in der europäischen Entwicklung, die von der „Northumbrian" über die „Planet" und die „Vauxhall" zur auf der ganzen Welt gleichen modernen Zweizylinderlokomotive führte. Es war allerdings ein knappes Rennen mit den sehr ähnlichen und gleich berühmten 1A1-Loks der London & North Western Railway, die in Crewe nach den Entwürfen Alexander Allans gebaut wurden und als „Crewe"-Type bekannt waren. Grund für die neue Bauart war das häufige Brechen der Kropfachsen der Innenzylindermaschinen.

Zu den zwei Außenzylindern kam Stephensons neue Kulissensteuerung und eine tiefe Feuerbüchse zwischen den hinteren Rädern. Das bewährte sich hervorragend, die Lokomotiven blieben sehr lange im Einsatz. Am Ende baute man 22 Stück in Tenderlokomotiven mit der gleichen Achsfolge um. Die letzte Überlebende der Reihe stand lange Zeit abgestellt, bis sie 1946 in den angenäherten Originalzustand versetzt wurde.

Es ist die Lokomotive Nr. 33 der Paris-Rouen-Eisenbahn mit dem Namen „Saint Pierre". 1951 besuchte sie England zu den Britischen Festspielen und wurde sogar

Oben: *Die „Buddicom" – 1A1-Lokomotive, umgebaut als Tenderlokomotive.*

Die Stephensons waren die Pioniere des Lokomotivbaus, aber Forrester, Norris, Crampton und andere waren ihnen bei der Verwendung der Zylinderanordnung voraus, die sich endgültig durchsetzen sollte. Die berühmten „Longboiler"-Typen mit drei Achsen, die Robert Stephenson ab 1846 anbot, verbanden die vorneliegenden horizontalen Außenzylinder mit einem verlängerten Kessel, um die Wärmeenergie der Rauchgase besser zu nutzen. Viele der frühen Longboiler-Maschinen hatten anstelle des Dampfdoms noch einen „Heuschober"-Stehkessel.

Die Feuerbüchse ragte über den verhältnismäßig kurzen Radstand hinaus. Dadurch neigten diese Lokomotiven bei höherer Geschwindigkeit sehr zum Stampfen, aber ihre Vorzüge machten sie sehr beliebt, so daß viele in den Achsanordnungen 1A1, 1B und C gebaut wurden, teils in England und teils in Lizenz (oder auch nicht) in vielen Ländern Europas. Der Begriff „Longboiler" gehörte in vielen Sprachen zum Wortschatz der Eisenbahner.

Unser dargestelltes Beispiel ist ein spätes Mitglied der „Longboiler"-Gattung, von dem 15 Exemplare 1856-58 in Karlsruhe für die Schweizer Westbahn, die spätere Jura-Simplon-Bahn gebaut wurden. Der Typ war bekannt als „Médoc", fast eine Standardtype im Frankreich der Zeit. Sie hatten alle lange und nützliche Leben, die letzte stellte man erst 1902 ab.

Oben: *Die in den Originalzustand zurückversetzte „Buddicom"-1A1-Lokomotive stand 1951 im Bricklayer Arms Betriebswerk in London wieder unter Dampf.* im Betriebswerk Bricklayers Arms in London angeheizt und gefahren. Dort begrüßte Fräulein Buddicom, eine Nachfahrin des Erbauers, die alte Lokomotive. Normalerweise steht sie jetzt im Eisenbahnmuseum von Mulhouse.

Gloggnitzer 2'B

Österreich
Wien-Gloggnitzer Eisenbahn, 1848

Zugkraft: 25,6 kN (5750 lb)
Achslast: 7,5 t (16520 lb)
Zylinder, ⌀ x Hub: (2) 368 x 579 mm (14,5 x 22,8 in)
Treibrad ⌀: 1420 mm (55,9 in)
Verdampfungsheizfläche: 70,6 m² (760 sq ft)
Kesseldruck: 5,5 kp/cm² (78 psi)
Rostfläche: 0,94 m² (10 sq ft)
Brennstoff (Kohle): 2 t (4400 lb)
Wasser: 6,8 m³ (1500 Imp gal)
Reibungsgewicht: 15 t (33040 lb)
Gesamtdienstgewicht: 32 t (70500 lb)
Gesamtlänge: 12853 mm (42 ft 2 in)

Die Geschichte der Norris-Brüder mit ihrem überdurchschnittlichen technischen Verständnis und ihrem schlecht entwickelten Geschäftssinn wurde schon erwähnt. Einer, der diese Eigenschaften in sich vereinigte, war ein Schotte namens John Haswell, der 1836 nach Österreich ging, um dort einige aus England gekaufte Lokomotiven in Betrieb zu nehmen. Man war mit ihm zufrieden und bat ihn, die Leitung der Lokomotivabteilung der 43 km langen Wien-Gloggnitzer Eisenbahn zu übernehmen. Als er 1897 im Alter von 85 Jahren starb, war er für seine Verdienste um Österreich zweimal geadelt worden.

Eine seiner erfolgreichsten Konstruktionen waren 2'B-Lokomotiven, die auf der Norris-Type basierten. Sie wurden als die „Gloggnitzer" bekannt, auch nachdem sich ihr Wirkungsbereich nach Eröffnung der Semmeringpaß-Strecke und der Vollendung der Südbahn 1857 über Gloggnitz hinaus bis Laibach, 460 km von Wien, ausdehnte. Laibach liegt heute in Jugoslawien und heißt Ljubljana.

Unter den Besonderheiten dieser Lokomotiven muß das Drehgestell zuerst genannt werden. Es war so gebaut, daß es sich auch seitlich verschieben konnte und nicht nur um einen Punkt drehen. Da die Treibachsen nahe beim Drehgestell lagen und dadurch die Lage der Lokomotivachse zur Gleisachse bestimmten, sie waren ja nicht seitenverschiebbar, mußte eben das Drehgestell diese Bewegungsmöglichkeit besitzen. Haswell führte diese Anordnung schon lange vor Levi Bissell aus New York (dessen Namen sie gewöhnlich trägt) ein, der aber ein Patent dafür erhielt. Ebenso interessant sind der „Yankee"-Funkenfängerschlot (nicht umsonst hatte Norris eine Fabrik in Wien), die runden Querschnitte der Treib- und Kuppelstangen und die Reisigbündel an den vorderen Bahnräumern, die Steine und andere kleine Hindernisse von den Schienen fegen sollten.

Eine dieser berühmten Lokomotiven überlebte und ist im Wiener Technischen Museum ausgestellt. Es handelt sich um die „Steinbrück", die 1860 zur Graz-Köflacher Eisenbahn kam, die glücklicherweise bei der Verschrottung alter Maschinen sehr zurückhaltend war und damit zur Freude der Lokomotivhistoriker manches interessante Stück in die heutige Zeit rettete.

Unten: *Eine von Haswells „Gloggnitzern", die 2'B-Lokomotive „Steinbrück" wird vom Wiener Technischen Museum erhalten.*

Crampton-Type 2A

Frankreich
Ostbahn (Est), 1852

Zugkraft: 22,4 kN (5040 lb)
Achslast: 12,5 t (27535 lb)
Zylinder, Ø x Hub: (2)
400 x500 mm ($15^3/_4$ x $19^{11}/_{16}$ in)
Treibrad Ø: 2100 mm (82.7 in)
Verdampfungsheizfläche:
98,4 m² (1059 sq ft)
Kesseldruck: 6,5 kp/cm²
(92.5 psi)
Rostfläche: 1,42 m² (15.3 sq ft)
Brennstoff (Kohle): 7 t
(15420 Imp lb)
Wasser: 7 m³ (1540 Imp gal)
Reibungsgewicht: 12,5 t
(27535 lb)
Gesamtdienstgewicht: 47,5 t
(104625 lb)
Gesamtlänge: 12728 mm
(41 ft 9 in)

Oben: *Crampton 2A-Lokomotive Nr. 170 der französischen Nordbahn. Charakteristisch für die Crampton-Type sind die großen Treibräder hinter der Feuerbüchse.*

Die Lokomotiven von Thomas Russell Crampton sind eine Legende – lange Zeit war der französische Ausdruck für „mit dem Zug fahren" – „prendre le Crampton". Und doch waren sie in keiner Weise ein Schritt nach vorn in der Entwicklung der Dampflokomotive. Aber sie waren einfach großartig.

Crampton wurde im August 1816 geboren, im selben Monat wie Daniel Gooch. Er lernte sein Handwerk als Ingenieur unter Marc Brunel, dem Vater des Erbauers der Great Western Railway. Er trat selbst bei der GWR ein und arbeitete mit Gooch beim Entwurf dessen berühmter Standardlokomotiven.

1842, er arbeitete noch für diese Gesellschaft, beantragte er ein Patent für eine Hochgeschwindigkeitslokomotive, die einen niedrigen Schwerpunkt hatte und trotzdem auch einen ausreichend bemessenen Kessel. Schwierigkeiten bereitete bisher die Treibachse – war sie groß, um eine hohe Geschwindigkeit zu erlauben, mußte auch der Kessel hoch liegen, um Platz für die Kropfachse oder die Steuerexzenter zu lassen. Um den Kessel und damit den Schwerpunkt niedrig zu legen, verlegte Crampton die Treibachse nach hinten. Die Zylinder lagen außerhalb der Räder zur Mitte der Lokomotive hin. Es war eine günstige Anordnung, alle wichtigen Teile waren leicht zugänglich. In diesem Punkt (und nur in diesem) entsprachen die Cramptons schon der endgültigen Bauform der Dampflokomotive.

Crampton arbeitete für eine Breitspur-Eisenbahn und er muß Normalspurlokomotiven als kaum standfester als die Hochräder seiner Zeit angesehen haben. Bei der typischen Crampton-Bauart, die hier dargestellt ist, entspricht die Höhe der Kesselmitte etwa der Spurweite, ähnlich wie es bei den Lokomotiven der Breitspur von 2140 mm üblich war.

Er beschäftigte sich auch mit dem Stampfen und Schaukeln, das bei Lokomotiven mit einem kurzen Achsstand auftrat, vor allem wenn der Großteil des Lokgewichts auf einer mittigen Treibachse ruhte. Man kann die Originalität seiner Gedanken anzweifeln, für ihn zählte das Patent, das er erhielt; damit war er im Geschäft. Es war ein Beispiel für den „Propheten, der im eigenen Land nichts gilt", seine erste Maschine war die 2A-Lok „Namur" für die Eisenbahn Namur-Liège in Belgien. Erbauer war die kaum bekannte und schon lange verschwundene Firma Tulk and Ley of Tulca Works in Whitehaven. Bei Fertigstellung der Lokomotiven war die belgische Bahn selbst noch im Bau, so daß sie erst einmal in Großbritannien und auf der Belgischen Staatsbahn erprobt wurden.

Insgesamt wurden etwa 320 Cramptons gebaut, die meisten für französische Bahnen, vor allem für die Nord- und die Ostbahngesellschaften. Unter den bemerkenswerten Einsätzen dieser Maschinen war auch der letzte Zug, der Paris 1870 vor der Belagerung durch die Deutschen verließ. Eine andere Crampton im Eigentum der Ost-

Oben: *Die Crampton Nr. 80 der französischen Ostbahn vor der Restaurierung zu dem betriebsfähigen Museumsstück, das wir heute kennen.*

Pearson 9ft Single 2'A2'

Großbritannien
Bristol & Exeter Railway (B&ER), 1854

Zugkraft: 32,7 kN (7344 lb)
Achslast: 18,8 t (41 500 lb)
Zylinder, Ø x Hub:
(2)457 x 610 mm (18 x 24 in)
Treibrad Ø: 2743 mm (108 in)
Verdampfungsheizfläche:
114,7 m² (1235 sq ft)
Kesseldruck: 8,4 kp/m² (120 psi)
Rostfläche: 2,1 m² (23 sq ft)
Brennstoff (Kohle): 2 t
(4480 lb)
Wasser: 6,5 m³ (1430 Imp gal)
Reibungsgewicht: 18,8 t
(41 500 lb)
Gesamtdienstgewicht: 50,8 t
(112000 lb)
Gesamtlänge: 9373 mm
(30 ft 9 in)

ten Maschine ein, als der Giffard-Injektor die unbeliebten Speisepumpen bei der Kesselspeisung ersetzte. Die bekanntesten von ihnen beförderten Züge waren die Züge mit der Post nach Irland mit dem Spitznamen „Wilde Irländer" vom Euston-Bahnhof nach Holyhead mit einem Lokwechsel in Stafford.

Francis Webb löste 1871 John Ramsbottom ab, er beging nun den Fehler, wie auch andere Lokomotivingenieure vor und nach ihm, daß er meinte mit komplizierten Maschinen mehr erreichen zu können. Seine Verbundlokomotiven waren nicht so zuverlässig wie gedacht, die Betriebsabteilung der LNWR war nach einiger Zeit zu der Anordnung gezwungen, daß Züge mit einer größeren Last als 17 dreiachsigen Personenwagen (etwa 270 t) Vorspann erhalten müssen. Für diese Aufgabe boten sich die 30 Jahre alten „Problem"-Lokomotiven an und dafür baute man sie in aller Stille in den 90er Jahren um. Die Daten in der Tabelle beziehen sich auf diesen letzten Umbau, bei dem sich das Gesamtgewicht gegenüber der Ursprungsversion um 25 % erhöhte. Bei einem früheren Umbau hatten sie Führerhäuser erhalten und man kann sicher sein, daß zum Schluß kaum noch Teile von 1859 vorhanden waren. Alle Änderungen halfen aber nichts gegen ihren größten Mangel, die Neigung zu starken Schwingungen um eine senkrechte Achse bei höheren Geschwindigkeiten.

Einer LNWR-Tradition folgend erhielten sie ihre Nummern und Namen ohne erkennbaren Zusammenhang. Viele der Namen sollten an irgendetwas erinnern, beispielsweise „Erebus", „Harlequin", „Atalanta", „Lady of the Lake", „Tornado", „Pandora" und so fort, andere waren mehr zufällig, wie „Problem", „Soult", „Edith" und „Fortuna".

Links: *Die Fotografie zeigt die zur „Problem"-Klasse zugehörige Nr. 610 „Princess Royal" noch ohne Führerhaus, aber schon im „brombeer-schwarzen" Anstrich der LNWR.*

Die „Stirling 8ft Single" ist für viele der Inbegriff des als Kunstform betrachteten Lokomotivbaus. Ihre eleganten Linien verbinden sich mit der geschmackvollen Farbgebung und den Messingverzierungen zu einer kaum zu übertreffenden Schönheit.

Patrick Stirling, Lokomotivsuperintendent der Great Northern Railway, ließ die erste Lokomotive dieser Reihe 1870 in den Doncaster-Werkstätten der Bahn bauen. Wie bei der GNR üblich, folgte die Numerierung der Serienlokomotiven keiner Ordnung, aber der Prototyp erhielt die Nummer 1 und konnte mit dieser auffälligen Nummer auch entsprechend Ruhm einheimsen. Bis die 47te und letzte Maschine der Reihe fertiggestellt wurde, sollten 23 Jahre ins Land ziehen.

Der domlose Kessel fiel dem Betrachter gleich ins Auge, dieses Markenzeichen Stirlings war damals sehr ungewöhnlich. Im mechanischen Aufbau waren die Maschinen sehr einfach gehalten, sie hatten Außenzylinder und direkt von der Stephenson-Kulissensteuerung angetriebene innenliegende Flachschieber.

Zu jener Zeit, als die Züge noch aus dreiachsigen Abteilwagen ohne Durchgang bestanden, beförderten diese Lokomotiven alle wichtigen Schnellzüge einschließlich des berühmten Expreßzuges, der um 10 Uhr Vormittags den Kings Cross-Bahnhof in Richtung Edinburgh verließ und damals nur inoffiziell als „Flying-Scotsman" bezeichnet wurde. Viele verbürgte Aufzeichnungen berichten von Geschwindigkeiten um 120 km/h mit erstaunlich schweren Zuglasten, aber die Entwicklung von schweren vier- und sechsachsigen Durchgangswagen und von Speisewagen verdrängte sie in weniger anstrengende Dienste. Bis 1916 verschwanden alle außer der legendären Nr. 1 aus dem Betrieb. Sie fand am Rande ihres früheren Einsatzgebietes im Nationalen Eisenbahnmuseum in York ein Heim.

1938 holte man sie aus dem Museum, arbeitete sie auf und verwendete sie bei einer Werbeveranstaltung, bei der das neue Wagenmaterial des „Flying Scotsman" vorgestellt wurde. Man lud Journalisten in den Kings Cross-Bahnhof ein und bot ihnen erst einmal eine Fahrt im „Flying Scotsman" von 1888, bevor sie in Stevenage in die neuen Luxuswagen umstiegen. Dieses Ereignis veranlaßte eine Gruppe, die sich „Railway Correspondence and Travel Society" (etwa Eisenbahn-Korrespondenz und -Reise-Gesellschaft) nannte, die Lokomotive Nr. 1 und ihre Dreiachsergarnitur für eine Fahrt von Kings Cross nach Cambridge zu mieten. Das war das erste Mal, daß eine museal erhaltene Hauptbahnlokomotive zur Freude von Eisenbahnfreunden eingesetzt wurde und damit sozusagen ein Präzedenzfall für die vielfältigen Aktivitäten dieser Art, die nach dem 2. Weltkrieg in aller Welt begannen.

PLM 121 1B1

Frankreich
Paris–Lyon–Mediterrannée (PLM), 1876

Zugkraft: 54,4 kN (12225 lb)
Achslast: 14 t (30840 lb)
Zylinder, ∅ x Hub:
(2) 500 x 650 mm (197 x 256 in)
Treibrad ∅: 2100 mm (827 in)
Verdampfungsheizfläche:
119 m² (1280 sq ft)
Kesseldruck: 9 kp/m² (128 psi)
Rostfläche: 2,2 m² (23.7 sq ft)
Reibungsgewicht: 27,5 t
(60575 lb)
Gesamtdienstgewicht: 49,7 t
(109470 lb)
Gesamtlänge: 17215 mm
(56 ft 5¾ in)
(Tenderdaten nicht verfügbar)

Französische Lokomotiven nahmen immer eine besondere Stellung ein, und diese bezaubernden Geschöpfe der „Route Imperiale" der Kaiserlichen Bahn sind keine Ausnahme. Vor ihrem Bau stützte sich der Personenverkehr der Paris–Lyon–Mediterranée auf 2A-Crampton-Lokomotiven. Als man das Bedürfnis nach stärkeren Maschinen hatte, baute diese Gesellschaft 1868 fünfzig „Longboiler"-Lokomotiven der Achsfolge 1B, die Arbeit teilten sich die Bahnwerkstätten in Paris und Ouillons.

Der Leistungsbedarf stieg weiter, so daß man die 1B-Loks vergrößern mußte. Das gestiegene Lokgewicht erforderte den Übergang zu einer zusätzlichen Laufachse, es resultierte die Achsfolge 1B1, die auch die vorhandenen 1B-Loks bei Um-

Unten: *Eine „121" der Paris–Lyon–Mediterrannée, die Nr. 90. Man erkennt die Goochsteuerung, der Dampfdom ist beinahe so dick wie der Kessel. Bemerkenswert sind das Sicherheitsventil mit seinem schön geschwungenen Hebel, die Glocke auf dem Tender zur Kommunikation mit dem Zug und der drehbare Verschlußdeckel für den Schlot.*

Oben: *Die PLM-Lokomotive Nr. 67. Vierhundert Maschinen dieser Bauart wurden gebaut.*

Reihe 79 2'B

Australien
New South Wales Government Railways (NSWGR), 1877

Zugkraft: 61,5 kN (13800 lb)
Achslast: 14,5 t (32000 lb)
Zylinder, ∅ x Hub:
(2) 457 x 610 mm (18 x 24 in)
Treibrad ∅: 1702 mm (67 in)
Verdampfungsheizfläche:
104 m² (1121 sq ft)
Kesseldruck: 9,8 kp/cm²
(140 psi)
Reibungsgewicht: 29,1 t
(64000 lb)
Gesamtdienstgewicht: 60,6 t
(133500 lb)
(Tenderdaten nicht verfügbar)

Ein aktives Arbeitsleben von mehr als 80 Jahren sagt mehr über die Qualitäten dieser hübschen Lokomotiven, als dies eine Beschreibung vermag. Eine von ihnen wurde in eine 2'B1'-Tenderlok umgebaut und hätte in dieser Form fast ihren hundertsten Geburtstag im Dienst erlebt, denn sie rangierte in der NSWGR-Werkstatt Clyde bis Mitte 1972!

Trotz ihrer Herkunft von Lokomotiven für eine städtische Untergrundbahn waren sie für die Beförderung erstklassiger Schnellzüge bestimmt. Grundlage für diese Type waren die berühmten und erfolgreichen 2'B-Tenderlokomotiven, die Beyer, Peacook in Manchester ab 1864 an die Londoner Metropolitan Railway lieferte. Die Australier bestellten erst einmal 30 Stück, die zwischen 1877 und 1879 ausgeliefert wurden. Später orderte man 26 weitere bei Dübs & Co in Glasgow (später ein Teil der North British Locomotive Co). Noch einmal 4 kamen 1881 von Beyer, Peacock, die letzten 4 baute die australische Atlas Engineering Pty in Sydney, New South Wales. Damit ergab sich ein Gesamtbestand von 68 Lokomotiven. Es war eine erfreuliche Abweichung von der ansonsten vorherrschenden Praxis der „KZG"-Maschinen (Keine Zwei Gleich).

Wie wir schon gesehen haben und auch noch häufig sehen werden, war die Einfachheit der Trumpf der Dampflokomotive und Konstrukteure; die Kompliziertes hinzufügten, gingen damit ein hohes Risiko ein. Beyer, Peacocks klassische Bauart (sie soll von Sir John Fowler stammen), die für viele Bahnen mit kleinen Abweichungen gebaut wurde, kam diesem Ziel sehr nahe. Auf dem Bild nicht zu sehen ist die innenliegende Allensteuerung mit gerader Kulisse, die alle diese Lokomotiven besaßen.

Ursprünglich hatte der Führerstand keine Seitenwände. Es dauerte einige Zeit, bis das Lokpersonal mehr Schutz erhielt. Das einfache runde Seitenfenster ist ein Erkennungszeichen der NSWGR-Maschinen dieser Zeit. Seltsam mutet die schräge Vorderwand der Rauchkammer an, sie stammt von ihren Vorfahren der „Metropolitan".

Die New South Wales Government Railways hatten einen bemerkenswert großen Anteil an langen leichtgebauten Nebenbahnen in den landwirtschaftlich genutzten Gebieten. Außerhalb der Erntezeit ist das Verkehrsbedürfnis minimal, hier fanden die 79er noch lange ihr Auskommen, nachdem sie stärkere Maschinen vor den Schnellzügen verdrängt hatten. Für die Postzüge auf diesen Zweigstrecken benötigte man flinke und leichtfüßige Lokomotiven. Es wundert darum nicht, daß man hier auch noch in den 60er

bauten recht bald erhielten. Man hatte nämlich sehr schnell festgestellt, daß die hintere Tragachse auch die Stabilität des Laufs verbesserte. Interessante Merkmale der neuen Lokomotiven waren die Belpaire-Feuerbüchse, die außenliegende Goochsteuerung (beschrieben bei Goochs „Rover"-2'A1-Lokomotiven) und, eine spätere Zutat, die großen Luftkessel für die Luftbremsart der PLM.

Die zweckgebundenen Formen der Lokomotiven waren spielerisch gestaltet. Der prächtig geformte Schlot mit dem großen „capouchon" und der Drehklappe zum Verschließen der Öffnung ist ein wahres Gedicht. Auch der Sandkasten fällt auf; von der Seite ein rechteckiger Kasten, zeigt er von vorne seine schön geschwungene Form. Der riesige Dom mit seinen Federwaag-Sicherheitsventilen ist danach auch keine Enttäuschung des Auges, während die Form des Führerhauses (wenn man es so nennen will) von allen Seiten gleich markant ist.

Sechzig Lokomotiven baute man von dieser Unterbaureihe, auf sie beziehen sich auch die angegebenen Daten. Sie trugen die Nummern 51 bis 110, im Anschluß an die Umbauten aus den früheren 1B-Maschinen.

Diese Maschinen waren so außerordentlich erfolgreich, daß sich ihre Zahl zwischen 1879 und 1883 auf 400 erhöht. Außer 40 wurden alle Mitglieder dieser umfangreichen Reihe „zuhause" gebaut, also in den eigenen Werkstätten. Die 40 anderen lieferte die Firma Sharp, Steward & Co in Manchester. Diese große Anzahl von Lokomotiven setzte man vor Zügen aller Art ein.

Eine neue Entwicklung bahnte sich an, als man 1888 weitere 1B1-Loks baute. Ihr Gesamtgewicht war nur 10 % größer als bei den ersten Exemplaren, aber sie wiesen drei Neuheiten in ihrer Konstruktion auf, die den „Großen Sprung nach vorn" im französischen Lokomotivbau bedeuteten: erstens fand man hier die neue Walschaertsteuerung, die in der ganzen Welt zur Norm werden sollte; zweitens baute man den Kessel für den bisher beispiellosen Kesseldruck von 15 kp/cm², der auch für die modernen Dampflokomotiven typisch werden sollte und gegenüber der Ursprungsausführung eine Erhöhung von 65 % bedeutete. Drittens markierte diese Konstruktion den Übergang bei der größten französischen Bahngesellschaft von der einfachen Dampfdehnung zur Verbundbauweise. Diese sollte im Laufe der Zeit dazu führen, daß Frankreich für lange Zeit einen Vorsprung vor dem Rest der Welt hatte, wenn es um den thermischen Wirkungsgrad der Lokomotiven ging, das heißt um die Brennstoffmenge, die man zur Erzeugung einer bestimmten Leistung benötigt.

Sehr ähnliche 1B1-Lokomotiven ließ ab 1876 die benachbarte Paris–Orleans-Bahn bauen. Es hat sogar den Anschein, als ob die PLM einfach kopierte, was auf der anderen Seite des Zauns einer der größten französischen Lokomotivingenieure, Victor Fourquenot, vorexerziert hatte. Insgesamt erhielt die P–O 126 dieser Maschinen, einige waren noch 70 Jahre später im Einsatz. Eine davon überlebte und wurde nach ihrer Restauration dem Eisenbahnmuseum in Mulhouse übergeben.

Nicht nur die PLM kopierte den Entwurf der P–O. Zwischen 1882 und 1891 wurden für die Österreichisch-Ungarische Staatsbahn 40 Maschinen dieser Type gebaut. Ein Grund dafür könnte die vermutliche finanzielle Beteiligung der P–O an der Österreichisch-Ungarischen Staatsbahn sein.

Jahren diese 2'B-Loks antreffen konnte. Inzwischen hieß die Type zwar „Z-12", von 1885 bis 1923 waren sie die „C" gewesen, aber es waren immer noch dieselben inzwischen 85 Jahre alten Konstruktionen. Eine Abwechslung in diesem Landleben gab es nur an einem Tag im Jahre 1932, als 7000 Tonnen, bestehend aus ältlichen Lokomotiven, Puffer an Puffer die Festigkeit der Hafenbrücke von Sydney prüften.

Links: *Die 2'B-Lokomotive Nr. 176 der Reihe „79" der New South Wales Government Railways wurde aufgearbeitet und ist im NSWGR-Museum zu sehen.*

Duke Klasse 2'B

Großbritannien
Highland Railway (HR), 1874

Zugkraft: 55,0 kN (12338 lb)
Achslast: 14,3 t (31500 lb)
Zylinder, ∅ x Hub:
457 x 610 mm (18 x 24 in)
Treibrad ∅: 1918 mm (75½ in)
Verdampfungsheizfläche:
114 m² (1228 sq ft)
Kesseldruck: 9,8 kp/cm²
(140 psi)
Rostfläche: 1,5 m² (16,25 sq ft)
Brennstoff (Kohle): 4 t
(9000 lb)
Wasser: 8 m³ (1800 Imp gal)
Reibungsgewicht: 27 t
(59500 lb)
Gesamtdienstgewicht: **73,7 t (161500 lb)**
Gesamtlänge: 15621 mm
(51 ft 3 in)

Bei ihrer Einführung im Jahre 1874 waren die „Dukes" der Highland Railway die stärksten Lokomotiven in Großbritannien. Obwohl nur eine kleine Bahn mit weniger als 60 Lokomotiven im Bestand, brauchte die HR starke Maschinen um ihre Züge über die Berge zu bringen. Diese zehn 2'B-Loks, gebaut von Dübs in Glasgow und der erste Entwurf des neuernannten Leiters der Lokomotivabteilung, David Jones, waren die Vorläufer etlicher ähnlicher Reihen. Das waren die „Lochgorn Bogie" von 1876, die „Clyde Bogie" von 1886 und die „Strath"-Reihe von 1889. Die berühmte „Skye Bogie"-Reihe war eng verwandt, hatte aber erheblich kleinere Treibräder. Insgesamt addierten sich diese fähigen Maschinen zu einem Fuhrpark von 30 Lokomotiven, der die Geschwindigkeiten und Zuglasten erheblich erhöhen half. Bei dieser Reihe erschien zum ersten Mal der berühmte „Highland-Schlot", bei dem Luftschlitze helfen sollten, die Auspuffgase höher über das Führerhaus zu leiten und auch die Feueranfachung zu verbessern. Den elegant geformten Doppelrahmen der Vorgänger übernahm man auch für die „Dukes". Wie es einer Bahn angemessen ist, bei der der Leiter der Lokomotiventwicklung Alexander Allen hieß, erhielten die Loks die Allensteuerung.

Bemerkenswert war auch die Verwendung der Le-Chatelier-Gegendruckbremse, bei der die Zylinder auch zum Bremsen benutzt werden. Man wollte damit die handbedienten Bremsklötze bei langen Gefällefahrten schonen, aber diese Einrichtung konnte sich nicht durchsetzen. Das Prinzip kann man sich ähnlich wie bei einem Auto vorstellen, bei dem man bei einer Talfahrt einen niedrigeren Gang einlegt. Die später auch vorn angebrachte Schlauchkupplung der Vakuumbremse konnte umgeklappt werden um die Befestigung eines keilförmigen Schneeräumers zu ermöglichen.

Obwohl heute genauso wie damals eine Fahrt über die Hochland-Hauptstrecke zu den interessantesten Erlebnissen auf den Bahnstrecken der Welt gehörte, so war die Fahrt noch nie sonderlich schnell. In der Frühzeit der Jones-Lokomotiven dauerte die Fahrt über die 230 Kilometer von Perth nach Inverness 5¼ Stunden mit dem besten Zug; die Weiterfahrt nach

Rechts: *Die Zeichnung zeigt „The Duke" im ursprünglichen auffallenden gelben Anstrich. Später ging man zu einem gesetzteren Grün über.*

Gladstone Klasse B1

Großbritannien
London, Brighton & South Coast Railway (LBSCR), 1882

Zugkraft: 58,8 kN (13211 lb)
Achslast: 14,75 t (32500 lb)
Zylinder, ∅ x Hub:
(2) 464 x 660 mm (18¼ x 26 in)
Treibrad ∅: 1981 mm (78 in)
Verdampfungsheizfläche:
139 m² (1492 sq ft)
Kesseldruck: 9,8 kp/cm²
(140 psi)
Rostfläche: 1,9 m² (203 sq ft)
Brennstoff (Kohle): 4,1 t
(9000 lb)
Wasser: 10,2 m² (2240 Imp gal)
Reibungsgewicht: 28,8 t
(63500 lb)
Gesamtdienstgewicht: 69,5 t
(153000 lb)
Gesamtlänge: 15799 mm
(51 ft 10 in)

Rechts: *Das Foto zeigt die Lokomotive Nr. 188 „Allen Sarle" der „Gladstone"-Klasse 1901 in Oxted Surrey, die vor allem durch ihre außerordentliche Gepflegtheit besticht.*

Schon seit den Tagen der ersten „Patentee"-1A1-Lokomotive hatte man es als selbstverständlich angesehen, daß eine Schnellzuglokomotive vor ihren Treibachsen zur Führung besaß. Als nun einer der fähigsten Lokomotivingenieure eine B1-Maschine einführte, die für die besten Schnellzüge der London, Brighton & South Coast Railway bestimmt war, staunten seine Kollegen sehr, aber ohne Grund.

Wick, weitere 260 km, nahm noch einmal 8¼ Stunden in Anspruch. Als diese Flotte von Drehgestellmaschinen die Zugförderung übernahm, verringerten sich ab 1890 die Fahrzeiten auf 4 bzw. 6 Stunden.

Für die Planung der HR sehr schwierig war das unausgewogene Verkehrsaufkommen, entweder war der Andrang kaum zu bewältigen – zum Beispiel bei Beginn und Ende der Jagdsaison – oder die Fahrgastzahl so gering, daß man nicht wußte, wie man die Kosten abdecken sollte. Foxwell beschreibt in seinem Buch „Express Trains, Englisch and Foreign, (1895)" einen Schnellzug von Euston nach Inverness, der an einem Augustmorgen des Jahres 1888 Perth verließ, mit zwei 2'B-Loks und 36 Wagen, einschließlich Pferdetransport- und Salonwagen aus dem ganzen Land.

Es überrascht nicht, daß trotz einer Nachschublok auf der 29 km langen, 1,3 %-Steigung von Blair Atholl bis Druimachdar Summit bis Kingussie schon 22 Minuten Verspätung zu verzeichnen waren. Diese 2'B-Maschinen beförderten alle wichtigen Hochland-Schnellzüge bis sie Peter Drummonds größere 2'B und 2'C-Lokomotiven ablösten.

David Jones Vorgänger in Inverness war William Stroudley, der bei der HR seine ureigene Farbgebung in Gelbocker einführte, die später auf der London, Brighton & South Coast Railway noch bekannter werden sollte. Die „Duke"-Klasse wurde mit dieser Farbe geliefert, aber es dauerte nicht lange, bis die grüne Farbgebung nach dem Geschmack von David Jones sie ablöste. Die einzige noch vorhandene Highland-Lokomotive, die „Jones Goods" 2'C-Lok Nr. 103 von 1894 ist fälschlicherweise in dieser gelben Farbe lackiert – näher kann man heute an das Aussehen einer der Highland-Schnellzugmaschinen nicht mehr kommen. Die letzte „Duke", die es gab, war der Namensgeber der Reihe, die Nr. 67 „The Duke", später „Cromartie", die 1923 aus dem Dienst schied. Als letztes Exemplar der verwandten Klassen verschwand die Nr. 95 „Strathcarron" als Lok Nr. 14274 der London, Midland & Scottish im Jahr 1928, noch lange vor dem Zeitalter der umfassenden Erhaltung von Dampflokomotiven.

Oben: *Lokomotive Nr. 82 „Fife" der „Duke"-Klasse passiert das Stellwerk von Welch in Inverness auf ihrem Weg in den Süden des Landes. Die Strecken am linken Bildrand führen zu den Abfahrgleisen des Bahnhofs. Ankommende Züge fahren heute wie damals geradeaus und setzen dann zu den Ankunftsbahnsteigen zurück.*

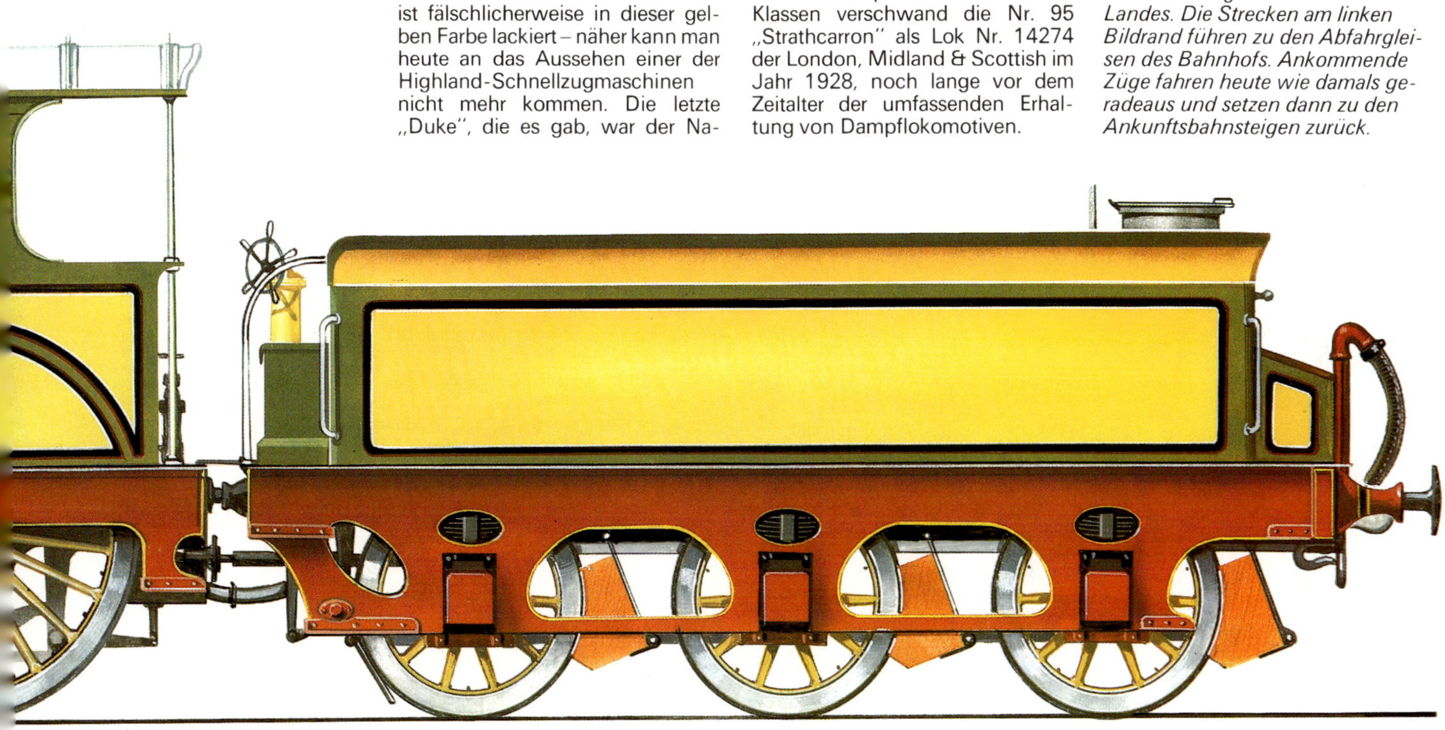

Der Vorstand der LBSCR hatte William Stroudley 1871 aus dem schottischen Hochland zu sich gelockt, um das ziemlich schlampige Lokomotivwesen der Bahn in Ordnung zu bringen. Er war ein Mann, der überzeugt war, daß das Beste auch das Wirtschaftlichste war und der auch das gute Aussehen der Lokomotive sehr wichtig fand. Stroudley gehört zu der Handvoll Lokomotivfachmänner, deren Schöpfungen mehr als siebzig Jahre im Einsatz blieben.

Das letzte seiner Meisterstücke war eine Schnellzuglokomotivreihe, die nach dem Prototyp, der das Licht der Eisenbahnwelt im Dezember 1882 in den Bahnwerkstätten in Brighton erblickte, „Gladstone" genannt wurde. Innerhalb der nächsten acht Jahre baute man 35 weitere. 1889 reiste Nr. 189 „Edward Blount" über den Kanal und gewann auf der Weltausstellung von Paris eine Goldmedaille. Nach Ende der Ausstellung unternahm man Probefahrten mit Nr. 189 auf dem Abschnitt Paris–Laroche der PLM-Hauptstrecke. Die Lokomotive wies gute Leistungen auf und erreichte mit einem schweren Zug 111 km/h, aber leider erkältete sich Stroudley so stark, daß er noch in Paris im Alter von 56 Jahren verstarb. Einige seiner Lokomotiven (die berühmte „Terrier"-Klasse) waren auf den British Railways noch nach 1960 im Dienst.

Der Erfolg der „Gladstone"-Lokomotiven liegt wieder einmal, wie so oft in diesem Buch erwähnt, in der einfachen und robusten Bauweise und in durchdachten Konstruktionen. Zum Beispiel lagen die Flachschieber unter den Zylindern, die Schieberriegel waren aber so geneigt, daß die Stephensonsteuerung ohne Übersetzungshebel direkt wirken konnte. Da eine vordere Laufachse fehlte, widmete man der Abfederung besondere Aufmerksamkeit. Die führende Achse besaß Blattfedern, die Mittelachse weiche Schraubfedern. Eine Komplikation, von der man sich einen Nutzen versprach, war die Rückleitung von Auspuffdampf in das Speisewasser, durch die Verwendung des Kondensats gewann man einen Teil der Abwärme zurück. Den Druckluftvorrat der Westinghousebremse nutzte Stroudley zusätzlich für eine Kraftverstärkung der Schraubenumsteuerung.

Als Produkt seiner Zeit war Stroudley ein strenger Vorgesetzter, aber die Kraftumsteuerung ist ein Beispiel für seinen umsichtigen Umgang mit Untergebenen. Er bestand auch darauf, daß der Name des Lokomotivführers in Goldfarbe auf der Führerstandseite der ihm zugeteilten Lokomotive angeschrieben wurde; jeder der einmal die „Gladstone" im Eisenbahnmuseum von York besichtigt, sollte auf den Namenszug „William Love" achten. Dieser Usus führte zu einem außerordentlich guten Zustand der Maschinen und einem reibungslosen Ablauf des Betriebs. Übrigens war die „Gladstone" sicherlich die erste Hauptbahnlokomotive, die von einer privaten Gruppe erhalten wurde – in diesem Fall die „Stephenson Locomotive Society", die sie 1927 von der Southern Railway, dem Nachfolger der LBSCR, kaufte. Sie mußten den fürstlichen Preis von £ 140 zahlen, das umfaßte aber die Neubekesselung und andere Arbeiten, die die Lokomotive fast in den Originalzustand versetzten. Man lackierte sie in der herrlichen ockergelben Farbgebung Stroudleys und bewahrte sie im Museum in York der London & North Eastern Railway auf.

Eingesetzt wurden die „Gladstones" vor den meisten Schnellzügen der LBSCR, einschließlich der Pullman-Züge von London nach Brighton, den Vorläufern der berühmten „Brighton-Belle" (Schönheit von Brighton). Sie waren imstande die Fahrt vor dem 1898 eingeführten „Brighton Sunday Pullman" in 60 Minuten zurückzulegen. Heute ist der schnellste elektrische Zug nur 5 Minuten schneller.

Vittorio Emanuele II 2'C

Italien
Oberitalienische Eisenbahnen (SFAI), 1884

Zugkraft: 63,3 kN (15335 lb)
Achslast: 16 t (35250 lb)
Zylinder, ∅ x Hub:
(2) 470 x 620 mm (18.5 x 24.4 in)
Treibrad ∅: 1675 mm (66 in)
Verdampfungsheizfläche:
160 m² (1720 sq ft)
Kesseldruck: 10 kp/cm² (142 psi)
Rostfläche: 2,2 m² (24 sq ft)
Brennstoff (Kohle): 3,5 t
(7710 lb)
Wasser: 10 m³ (2200 Imp gal)
Reibungsgewicht: 48 t
(105727 lb)
Gesamtdienstgewicht: 83,7 t
(184361 lb)
Gesamtlänge: 16500 mm
(54 ft 1⅝ in)

Das alte Königreich Piemont, Heimat des Grafen Cavour, der zusammen mit König Victor Emanuel das Ende der österreichischen Herrschaft über Norditalien und die Einigung Italiens erreichte, besaß eine der ersten wichtigen Gebirgsbahnen Europas. Die Bahn verband die Hauptstadt Turin über den Giovi Pass mit dem Hafen von Genua. Nach einer Bauzeit von neun Jahren wurde die 165 km lange Strecke 1853 eröffnet.

Schwierigkeiten bereitete die Überquerung der Apenninen mit einer Paßhöhe von 360 m nur 22,5 km von Genua entfernt. Die gewählte Bahntrasse war verbunden mit einer gewaltigen Steigung von 3,5%. B- und C-Satteltank-Lokomotiven, paarweise mit den Führerständen gegeneinander gekuppelt, bewältigten den Verkehr mit einigem Erfolg für die Piemonter Staatsbahnen.

1859 wurde Italien vereinigt und die Giovi-Bahn wurde Bestandteil der Oberitalienischen Eisenbahnen (SFAI), die 1872 das erste Lokomotivkonstruktionsbüro einer italienischen Bahngesellschaft einrichteten. Das letzte Erzeugnis dieser Institution vor der Fusion in die Mittelmeerbahnen war 1885 diese äußerst bemerkenswerte Maschine, die erste 2'C-Lokomotive Europas, Nr. 1181 „Vittorio Emanuele II".

Es war beabsichtigt, diese Reihe auf der neutrassierten, weniger schwierigen Giovi-Bahn zu verwenden, die noch im Bau war, und bei der man, unter Inkaufnahme einer längeren Strecke, die maßgebliche Steigung auf 1,6% verringert hatte. Als sie 1889 eröffnet

Reihe X2 2'B:

Großbritannien
London & South Western Railway (L&SWR), 1891

Zugkraft: 73,2 kN (16426 lb)
Achslast: 15,2 t (33500 lb)
Zylinder, ∅ x Hub:
(2) 483 x 660 mm (19 x 26 in)
Treibrad ∅: 2159 mm (85 in)
Verdampfungsheizfläche:
125,4 m² (1350 sq ft)
Kesseldruck: 12,3 kp/cm²
(175 psi)
Rostfläche: 1,7 m² (18,2 sq ft)
Brennstoff (Kohle): 3,6 t
(8000 lb)
Wasser: 15 m³ (3300 Imp gal)
Reibungsgewicht: 29,5 t
(65000 lb)
Gesamtdienstgewicht: 82,6 t
(182000 lb)
Gesamtlänge: 16358 mm
(53 ft 8 in)

Diese liebenswerten Maschinen sind das Geistesprodukt von William Adams, der nach seiner Zeit als Maschineningenieur und als Verantwortlicher für den Lokomotivpark der North London Railway, 1878 Chefingenieur der London & South Western Railway wurde. Sein Meisterstück war eine Reihe von 60 Schnellzuglokomotiven der Achsfolge 2'B für die Verbindungen London–Bournemouth und London–Exeter dieser Bahn, die in den Jahren 1891 bis 1896 entstand. Wie damals üblich hatten einzelne Serien kleine Unterschiede, die auch in der Bezeichnung kenntlich wurden; es waren die „X2", „T3", „T6", und die „X6". Der Hauptunterschied war der Treibraddurchmesser, bei den Reihen „X2" und „T6" betrug er 2160 mm, bei den anderen 2007 mm. Allen vier Reihen gemeinsam waren hervorragende Leistungen. Bei vielen Gelegenheiten verzeichnete man Geschwindigkeiten über 130 km/h, ein Beweis für die ausgezeichneten Laufeigenschaften der von Adams entwickelten bekannten Drehgestellbauart, die den Lokführern den Mut zu diesen hohen Geschwindigkeiten gaben.

Ursprünglich boten die Außenzylinder das seltsame und spektakuläre Schauspiel durchgehender Kolbenstangen ohne Verkleidung – das heißt die Kolbenstangen waren durch Stopfbuchsen hindurch nach vorn verlängert. Bei der Fahrt bewegte sich diese Stange dann gut sichtbar hin und her. Nachdem sich Adams zur Ruhe gesetzt hatte, entfernte man diese Stange, ebenso wie Adams elegante Schornsteinbauart. Die innenliegenden Flachschieber betätigte eine Kulissensteuerung nach Stephenson. Die Loknummern verteilten sich wie folgt: „X2" – 577 bis 596, „T3" – 557 bis 576, „T6" – 677 bis 686, „X6" – 657 bis 666; bei der Übernahme der L&SWR durch die Southern Railway gab es keine Änderungen.

Das Aufkommen der Durchgangs- und Speisewagen zu Beginn des Jahrhunderts führten bald zur Verdrängung der Adams-2'B-Loks aus hochwertigen Diensten durch größere Lokomotiven, aber auch am Ende ihrer Tage konnte man immer wieder einmal eine dieser schönen Maschinen vor solch hochklassigen Zügen wie Drei- und Vierwagen-Pullman-Sonderzügen in Verbindung mit dem „Empire"-Flugbootverkehr der „Imperial Airways" antreffen. Selbstverständlich mußten auch sie, wie alles das Räder hatte, schwere Truppenzüge übernehmen, als die Truppen aus Dünkirchen evakuiert wurden. Nr. 657 „spielte" in dem albernen, aber berühmten und heute noch gern gezeigten Film „Oh, Mr. Porter", der auf der schon lange stillgelegten Strecke von Basingstoke nach Alton aufgenommen wurde.

Die Ausmusterungen begannen 1930 und bis zum Kriegsausbruch waren die Adams-2'B-Loks fast verschwunden, nur etwa ein Dutzend war geblieben. Für die Dauer des Krieges waren sie noch einmal gerettet, aber schon 1946 waren alle ausgeschieden bis auf die Nr. 563, die 1948 für eine Ausstellung im Londoner Waterloo-Bahnhof anläßlich dessen Hundertjahrfeier restauriert wurde. Einige Zeit später wurde sie Bestandteil der Nationalen Lokomotivsammlung und kann deshalb heute im Yorker Museum betrachtet werden.

Rechts: *Die 2'B-Lokomotive Nr. 563, Reihe „X2" der London & South Western Railway wurde wieder im Originalzustand aufgearbeitet.*

wurde, hatte man schon eine ganze Anzahl dieser 2'C-Maschinen erbaut. 1896 umfaßte die Reihe 55 Exemplare, gebaut von Ansaldo in Genua, Miani & Silvestri in Mailand und Maffei in München.

Zu den ungewöhnlichen Baumerkmalen der Lokomotiven gehörte die Außensteuerung nach Gooch, die bei dessen „Rover"-Klasse beschrieben wird, aber auf der untenstehenden Zeichnung kann man sehr gut alle Bauteile erkennen. Angetrieben wird sie von zwei Exzentern auf einer Gegenkurbel, die selbst konzentrisch läuft. Man kann sehen, daß eine Bewegung der Steuerstange vom Führerhaus aus, die Kolbenstange hebt oder senkt und nicht die Exzenterstangen mit dem Verbindungsglied, wie das bei der Stephensonsteuerung geschieht.

Auffallend sind die zurückverlegten Zylinder und die dadurch weit vorne liegende Rauchkammer und das kurze Drehgestell darunter. Die Konstrukteure befürchteten, daß zu lange Kesselrohre eine ungenügende Feueranfachung ergeben könnten und vertieften deshalb die hintere Rohrwand in den Kessel hinein. Dies reduzierte die Rohrlänge und vergrößerte das Feuerbüchsvolumen. Ohne es zu wissen schufen sie damit zum ersten Mal einen Bestandteil der modernen Dampflokomotive, die Verbrennungskammer. Später steigerte man den Kesseldruck noch auf 11 kp/cm².

Die Maschinen bewährten sich vorzüglich; sie konnten die neue Giovi-Rampe mit einer Zuglast von 130 Tonnen bei einer Geschwindigkeit von 40 km/h erklimmen. Ihr Höchstgeschwindigkeit lag doppelt so hoch.

Diese 2'C-Loks gingen in einem weiteren Punkt in die Eisenbahnannalen ein – auf wenig beneidenswerte Art waren sie die ersten Hauptbahndampflokomotiven, die durch eine moderne Traktionsform um die Arbeit gebracht wurden, für die man sie gebaut hatte. Die alte Giovi-Strecke wurde 1910 auf elektrischen Betrieb mit Drei-Phasen-Strom von 3300 Volt und 15 Hertz umgestellt, die neue Strecke folgte 1914.

Unten: *Die „2'C-Lokomotive „Vittorio Emanuele II", gebaut für die Oberitalienischen Eisenbahnen im Jahr 1884, für die bekannte Giovi-Rampe bei Genua.*

Teutonic Klasse 1AA

Großbritannien
London & North Western Railway (LNWR), 1889

Achslast: 15,9 t (35000 lb)
Zylinder, ∅ x Hub:
– **Hochdruck**: (2) 356 x 610 mm (14 x 24 in)
– **Niederdruck**: (1) 762 x 610 mm (30 x 24 in)
Treibrad ∅: 2259 mm (85 in)
Verdampfungsheizfläche: 130 m² (1402 sq ft)
Kesseldruck: 12,3 kp/cm² (175 psi)
Rostfläche: 1,9 m² (20.5 sq ft)
Brennstoff (Kohle): 5 t (11000 lb)
Wasser: 8 m³ (1800 Imp gal)
Reibungsgewicht: 31,6 t (69500 lb)
Gesamtdienstgewicht: 71,7 t (158000 lb)
Gesamtlänge: 15551 mm (51 ft 0¼ in)

Oben: *Eine Webb 1AA-Verbundlokomotive braucht einen Anstoß von Hand, mit einer Brechstange, um in Fahrt zu kommen. Man sieht sehr gut den riesigen mittigen Niederdruckzylinder hinter der Pufferbohle.*

Die Geschichte von Francis Webb, der London & North Western Railway und den Verbundlokomotiven ist eine der traurigsten Episoden der ganzen Geschichte der Lokomotiventwicklung. Beide, der Mann und die Bahn, waren Giganten und mit gutem Grund. Nicht umsonst kannte man die LNWR als „Die Erste Bahn, die größte Aktiengesellschaft der Welt"; Webb dagegen formte die Werkstätten von Crewe zu einer konkurrenzlosen Produktionsstätte, die alles was eine große Bahngesellschaft braucht, selbst aus Rohmaterialien herstellen konnte. Zu seinen ausgezeichneten 1B-Lokomotiven mit einfacher Dampfdehnung (auf denen auch die ersten drei Serien der Verbundmaschinen basierten) gehörte die „Hardwicke", die noch heute ab und zu fährt. Diese Lokomotive zeigte, wozu Webb-Lokomotiven fähig waren, als sie am 22. August 1895, der letzten Nacht des berühmten Rennens nach Aberdeen, die 227 Kilometer hügelige Strecke von Crewe nach Carlisle mit einer Durchschnittsgeschwindigkeit von Halt zu Halt von 108 km/h bei einer Höchstgeschwindigkeit von 141 km/h fuhr.

In den späten 70er Jahren des letzten Jahrhunderts lag die Idee des Verbundantriebs in der Luft und Webb beschloß, daß dies eine neue Welt sei, die er erobern wollte. Zuerst ließ er die 1A1-Lok „Medusa" von Trevithick in eine Zweizylinder-Verbundlok der Achsfolge 1B umbauen; 1882 folgte dann die erste seiner Dreizylinder-1AA-Verbundlokomotiven, die Nr. 66 „Experiment". Das System, das Webb verwendete, bestand aus zwei Hochdruckzylindern von 292 m Durchmesser, die die hintere Treibachse antrieben und aus einem großen „Mülleimer" von Niederdruckzylinder mit 660 mm Durchmesser, der auf die vordere Achse wirkte. Es gab aber keine Kuppelstangen! Die Schieber trieben drei Joy-Steuerungen an.

Abgesehen von dem Verbundtriebwerk mit seinen drei Zylindern handelte es sich bei dem Rest der Lokomotiven um die übliche LNWR-1B-Type, von der eine große Zahl im Dienst stand. Die „Experiment" benötigte Verbesserungen und die erste Serie von 29 Loks, gebaut 1883–84 erhielt Hochdruckzylinder von 343 mm statt 292 mm Durchmesser. Sie waren nicht besonders wirtschaftlich im Verbrauch und fuhren sehr schlecht an – Männer mit Brechstangen mußten den Maschinen einen Anfahrimpuls geben, damit sie überhaupt losfuhren! Ein großes Problem war, daß Webb ein Autokrat war und jeder, der etwa darauf hinwies, daß die Verbundlokomotiven nicht vollkommen waren, so angesehen wurde, als ob er die Urteilskraft seines obersten Vorgesetzten in Zweifel zog – also um seine eigene Entlassung bat. Es fand sich also niemand, der Webb sagte, wie schrecklich sie eigentlich waren, auch als, unvermeidbar, von 1884 bis 1888 weitere 40 kaum veränderte Lokomotiven als „Dreadnought"-Klasse erschienen.

Das einzige, das seine unterdrückten Mitarbeiter machen konnten, um den Betrieb in Ordnung zu halten, war die Reparatur, mehr ein Neubau, des Fuhrparks älterer 1B-Lokomotiven. Auf diese Weise entstanden von 1887 bis 1901 unter der Nase Webbs neue „Umbauten" ohne Verbundantrieb.

1889 erschienen die besten Webb-Verbundmaschinen, die zehn „Teutonics" (Germanen); sie sind Gegenstand der angegebenen Daten und der untenstehenden Zeichnung. Die neuerliche Änderung betraf die Steuerung des Innenzylinders. Die Joy-Steuerung wurde durch einen „Gleit-Exzenter" ersetzt, eine Steuerung, die unter Spielzeugherstellern bekannter ist, als unter Lokomotivfachleuten. Dabei war ein einzelner Exzenter lose auf der Treibachse angebracht. Ein Stift sitzt auf diesem Exzenter und greift in einen abgestuften Ring ein, der den Exzenter je nach Fahrtrichtung in der richtigen Stellung festhielt. Der Füllungsgrad der Hochdruckzylinder konnte in der üblichen Weise mit der ungewöhnlichen umgedrehten Kulisse der Joy-Steuerung eingestellt werden. Die Steuerungen funktionierten im Allgemeinen recht gut, nur beim

Unten: *L&NWR Webb's Verbundlok „Jeannie Deans" der „Teutonic" Klasse.*

Anfahren konnte es Schwierigkeiten geben. Wenn die Lokomotive rückwärts an die stehende Wagengarnitur herangefahren war, stand der Gleitexzenter selbstverständlich noch in der Stellung für die Rückwärtsfahrt. Normalerweise erhielten zuerst nur die Hochdruckzylinder Dampf, wenn der Lokführer den Regler für die Abfahrt öffnete. Wenn sich die Lokomotive eine halbe Radumdrehung bewegt hatte und der Niederdruckzylinder Dampf bekam, hatte auch der Gleitexzenter die richtige Position erreicht und die Fahrt konnte reibungslos beginnen. Leider kam es auch vor, daß die Lokomotive beim Anfahren schleuderte, es war ja anfangs nur eine Treibachse angetrieben. Nun erreichte, bei stehender Vordertreibachse der Dampf den Niederdruckzylinder, die Steuerung stand aber noch falsch. Als Resultat erhielt man eine unbewegliche Dampflokomotive, deren Treibachsen sich heftig in entgegengesetzten Richtungen drehten, für schadenfrohe Naturen ein herrlicher Anblick!

Abgesehen davon waren die „Teutonic"-Lokomotiven sehr gut, wenn sie erst einmal fuhren. Die Nr. 1304 „Jeannie Deans" ist berühmt dafür, daß sie die ganzen 90er Jahre hindurch regelmäßig und pünktlich den „2 pm Scottish Express" von Euston nach Crewe beförderte. Nr. 1309 war auch ein Teilnehmer des Rennens nach Aberdeen in der letzten Nacht, ihre Durchschnittsgeschwindigkeit von Euston nach Crewe von 101,5 km/h war aber nicht ganz so herausragend wie die Leistung der „Hardwicke" auf dem anschließenden Abschnitt; trotzdem war auch dies noch recht respektabel.

Diese zehn Maschinen der „Teutonic"-Klasse erreichten fast die Leistungen der Loks einfacher Dampfdehnung und waren damit der Höhepunkt von Webbs Anstrengungen mit der Verbundbauart. Es spricht nicht gerade für die Führung der damaligen LNWR, daß ihn niemand hindern konnte, vor seiner Pensionierung 1903 noch weitere 140 Verbundschnellzuglokomotiven bauen zu lassen, von denen keine auch nur die bescheidenen Fähigkeiten der „Teutonics" besaß und die ein Ärgernis erster Ordnung für die Betriebsabteilung der Bahn, die sich „die Beste" nannte, bildeten.

Rover Klasse 2 A1

Großbritannien
Great Western Railway (GWR), 1888

Zugkraft: 42,9 kN (9639 lb7
Achslast: 16,25 t (35800 lb)
Zylinder, ∅ x Hub: (2) 457 x 610 mm (18 x 24 in)
Treibrad ∅: 2438 mm (96 in)
Verdampfungsheizfläche: 193,7 m² (2085 sq ft)
Kesseldruck: 9,8 kp/cm² (140 psi)
Rostfläche: 2,2 m² (24 sq ft)
Brennstoff (Kohle): 3,2 t (7000 lb)
Wasser: 13,5 m³ (3000 Imp gal)
Reibungsgewicht: 16,3 t (36000 lb)
Gesamtdienstgewicht: 72,6 t (160000 lb)
Gesamtlänge: 14478 mm (47 ft 6 in)

Als Anführer des Great Wester Lokomotivparks sind diese legendären Lokomotiven die direkten Nachfolger der „Fire Fly"-1A1-Lokomotiven, der Schnellzugversion von Gooch berühmter Einheitsbauart. Der Prototyp „Great Western" von 1846 war im Grunde nichts anderes als eine verlängerte Version der 1A1-Maschinen mit einer um 68 % vergrößerten Rostfläche und einer um 36 % größeren Zugkraft. Das hatte eine Erhöhung des Lokgewichts um 21 % zur Folge, der Preis dafür mußte schon bald bezahlt werden, als die Vorlaufachse der „Great Western" bald nach der Indienststellung in voller Fahrt bei Shrivenham brach. Man baute sie zu einer 2A1-Lokomotive um, die beiden führenden Achsen waren aber nicht in einem Drehgestell angeordnet, sondern im Hauptrahmen gelagert.

Schon zuvor, am 13. Juni 1846 hatte die „Great Western" einen 100 t-Zug von Paddington nach Swindon in 78 Minuten über die 125 km lange Strecke gezogen, eine Durchschnittsgeschwindigkeit von 96 km/h. Die Konstruktion war so gut durchdacht, daß sie immer und immer wieder nachgebaut wurde, jedes Mal mit kleinen Änderungen und unter Berücksichtigung modernerer Techniken, bis die letzte Serie von 1888 entstand, die Gegenstand unserer Beschreibung ist. Die Bauzeit dehnte sich damit über mehr als 40 Jahre nach dem Erscheinen des Prototyps aus und endete erst 4 Jahre vor dem Ende der Breitspur. Normalerweise befanden sich etwa 24 Lokomotiven dieser Type im Betrieb, insgesamt wurden 54 gebaut; beim Bau der letzten waren aber die ersten schon verschrottet.

Um die Expansionskraft des Dampfes zu nutzen ersetzte bald die von Gooch selbst entwickelte Steuerung die ursprüngliche Hakensteuerung. Die Goochsteuerung ist der Stephensonsteuerung sehr ähnlich, vermutlich wollte Gooch damit nur Stephensons Patent umgehen. Beide Steuerungen besitzen zwei Exzenter, eines für jede Fahrtrichtung, die an ihrem Ende durch ein gekrümmtes Verbindungsglied verbunden sind. Die Krümmung dieses Teils zeigt bei der Goochsteuerung in die entgegengesetzte Richtung, zum Zylinder hin ist es konkav und nicht konvex. Die Steuerung wird durch Heben oder Senken der Schieberstange und des Kulissensteins eingestellt und nicht durch Heben oder Senken des Verbindungsgliedes und der Exzenterstangen wie dies bei der Stephensonsteuerung geschieht.

Abgesehen von der im Ganzen gut durchdachten und sauber ausgeführten Konstruktion lag der Grund für den Erfolg und die Langlebigkeit dieser Lokomotiven auch in der Natur der Breitspur selbst. Bei den meisten britischen Lokomotiven dieser Zeit lagen Antrieb und Steuerung und auch die Feuerroste zwischen den Rahmen, die wiederum zwischen den Rädern lagen. Es überrascht daher nicht, daß die zusätzlichen 705 mm Spielraum in der Breite, der sich durch den Unterschied der Spurweiten von 1435 mm und 2140 mm ergab, den Konstrukteuren sehr willkommen war und von ihnen entsprechend genutzt wurde. Beispielsweise hatte sich hier ganz von selbst eine Breite der Feuerbüchse ergeben, die

Oben: *Diese 2'A1-Lokomotive der „Rover"-Klasse der Great Western Railway trägt den Namen „Tornado". Maschinen dieser Bauart beherrschten die Breitspurlinien von 1846 an bis zur Umstellung der Spurweite im Jahr 1892 und wurden für ihre Geschwindigkeit und Leistungsfähigkeit gerühmt. Entworfen hat sie Daniel Gooch.*

später von den Konstrukteuren der Normalspurlokomotiven nur unter Schwierigkeiten erreicht wurde. Großzügig bemessene Schieber fanden Platz zwischen ebenfalls großzügig bemessenen Zylindern und man hatte immer noch genügend Platz übrig, um dieses einfache Triebwerk zu warten.

46 Jahre lang regierten also Goochs 2A1-Lokomotiven auf den Strecken der Great Western. Den „Flying Dutchman" von Paddington nach Newton Abbot vertraute man ihnen noch 1892 genauso an wie 1848, als er der schnellste Zug der Welt war. Spätere Versionen wiesen selbstverständlich Abweichungen in Details auf, ja es gab sogar so verzärtelnde Einrichtungen wie Führerhäuser für das Personal! Bis zu ihrem Ende erhielten sie keine Nummern, nur Namen und was für Namen: *Rover, Swallow, Balaklava, Hirondelle, Timour, Iron Duke, Tartar, Sultan, Warlock, Lightning, Amazon, Crimea, Eupatoria, Inkerman, Courier, Bulkely, Dragon, Great Britain, Emperor, Sebastopol, Alma, Prometheus, Great Western, Tornado. Tornado* war die letzte Breitspurlokomotive, die im Juli 1888 geliefert wurde.

E. L. Ahrons, der berühmte Beobachter des spätviktorianischen Eisenbahnbetriebs, beschrieb eine Fahrt in den letzten Jahren der Breitspur, bei der „Lightning" (Blitz) bei der Talfahrt auf der Wellington-Rampe 130 km/h erreichte. Es war, so schreibt er, „meine schnellste Fahrt, nicht nur auf der Breitspur, sondern für lange Zeit auch auf der Eisenbahn überhaupt."

Johnson Midland Single 2A1

Großbritannien
Midland Railway (MR), 1887

Zugkraft: 64,6 t (14506 lb)
Achslast: 17,9 t (39500 lb)
Zylinder, ⌀ x Hub: (2) 483 x 660 mm (19 x 26 in)
Treibrad ⌀: 2375 mm (93½ in)
Verdampfungsheizfläche: 115 m² (1237 sq ft)
Kesseldruck: 12 kp/cm² (170 psi)
Rostfläche: 1,82 m² (19.6 sq ft)
Brennstoff (Kohle): 4 t (8800 lb)
Wasser: 15,9 m³ (3500 Imp gal)
Reibungsgewicht: 17,9 t (39500 lb)
Gesamtdienstgewicht: 82,4 t (181500 lb)
Gesamtlänge: 16040 mm (52 ft 7½ in)

Die englische Midland Railway war bekannt für ihre schnellen, häufig verkehrenden und dementsprechend leichten Züge. Ein Grund dafür war sicherlich, daß es in ihrem ganzen Netz nur eine Stadt gab – Kettering in Northamptonshire – in der sie nicht Konkurrenz durch eine andere Bahn hatte. Durch die vielen leichten Züge war die Midland Railway die letzte britische Bahn die noch eine Anzahl von „Singles", also Lokomotiven mit einer Treibachse, unterhielt und die solche Lokomotiven bis zum Anfang des 20ten Jahrhunderts baute.

Die erste dieser, als „Spinnrad" bezeichneten Lokomotiven erbaute 1887 die Bahnwerkstatt in Derby nach einem Entwurf S. W. Johnsons, nachdem 21 Jahre lang nur Lokomotiven mit mindestens zwei gekuppelten Treibachsen gebaut worden waren. Bis 1900 umfaßte der Bestand 95 Lokomotiven dieser Bauart in mehreren Serien mit kleinen Unterschieden in den Hauptabmessungen. Eine Vereinheitlichung der Lokomotiven war damals etwas, das die Midland Railway gerne neueren und draufgängerischeren Eisenbahnen überließ!

Die angegebenen Abmessungen beziehen sich auf die Serie ab Nr. 115 von 1887, die als die beste angesehen wird.

Ihre Eleganz wurde durch ihre noble karminrote Farbgebung noch verstärkt – darüber hinaus wurden sie unglaublich gut gepflegt. Man behauptet tatsächlich, daß es bei der MR üblich war, daß der Werkstattaufseher mit weißen Handschuhen *hinter* den Rädern überprüfte, ob die Maschinen ausreichend poliert waren, um auf die

Oben: *Die Midland Single Nr. 176 hält um 1900 im Bahnhof von Bedford. Hinter der Lok befindet sich ein Stallungswagen für hochwertige Pferde.*

Reihe 17 2'B

Belgien
Belgische Staatsbahnen (SNCB/NMBS), 1902

Zugkraft: 90,2 kN (20261 lb)
Achslast: 18 t (39650 lb)
Zylinder, ⌀ x Hub: (2) 482 x 660 mm (19 x 26 in)
Treibrad ⌀: 1980 mm (78 in)
Verdampfungsheizfläche: 128 m² (1378 sq ft)
Überhitzerheizfläche: Siehe Text
Kesseldruck: 14 kp/cm² (199 psi)
Rostfläche: 2,1 m² (22.6 sq ft)
Brennstoff (Kohle): 4,5 t (9910 lb)
Wasser: 18,5 m³ (4070 Imp gal)
Reibungsgewicht: 36,5 t (80400 lb)
Gesamtdienstgewicht: 99,5 t (219160 lb)
Gesamtlänge: 17475 mm (57 ft 4 in)

Gegen Ende des 19ten Jahrhunderts fielen die belgischen Eisenbahnen durch besonders eigenwillige Lokomotiven auf. So gab es seltsame 1B1-Maschinen, die mit ihren *quadratischen* Schloten Alpträume bereiten konnten. Bestimmt waren sie für die Traktion der besten Schnellzüge des Landes. Dieses kleine Land ist auch die Heimat von Alfred Belpaire und Egide Walschaerts, deren Erfindungen weltweite Anwendung im Dampflokbau fanden.

Es mutet daher seltsam an, daß dieses älteste aller Staatsbahnsysteme kurz vor der Jahrhundertwende den europäischen Kontinent verließ und bei einer ausländischen Fabrik Lokomotiven nach einem ausländischen Entwurf bestellte, die so einfach und konventionell gebaut waren, daß sie weder eine Belpaire-Feuerbüchse noch eine Walschaertsteuerung besaßen.

Der Lokomotivingenieur J. M McIntosh der Caledonian Railway hatte seine berühmten „Dunalastair"-2'B-Lokomotiven 1897 eingeführt, die viele Jahre die Hauptstütze des Personenverkehrs dieser Bahn bilden sollten. Die meisten davon waren auch nach 1923 noch vorhanden und wurden von der London, Midland & Scottish Railway übernommen, einige erlebten sogar noch die Ära der British Railways nach 1948. Es gab vier Unterbaureihen, die „Dunalastair I" bis „Dunalastair IV". Vor 1914 schmückte sie alle die herrliche blaue Farbgebung der Caledonian Railway. Gebaut wurden sie alle in den bahneigenen St. Rollox-Werkstätten in Glasgow.

Die Caledonian Railway war so stolz auf ihre neuen „Lokomotivgiganten", daß sie eine zur Brüsseler Ausstellung von 1897 sandte, von wo sie mit einer goldenen Auszeichnung zurückkehrte. Ein unerwartetes Resultat dieser Ausstellung war eine Bestellung der Belgischen Staatsbahn über 5 gleiche Lokomotiven, die bei Neilson Reid & Co (einem Vorläufer der North British Locomotive Co) in Glasgow gebaut werden sollten. Weitere 40 Lokomotiven dieses Typs bauten dann zwischen 1899 und 1900 belgische Firmen. Alle diese Lokomotiven bezeichnete man als Reihe „17". Nach einiger Zeit beschaffte man eine vergrößerte Version, die Reihe „18", bis 1905 wuchs der

Strecke zu gehen. Tröge wurden unter der Lokomotive aufgestellt, wenn sie einmal im Lokschuppen abgestellt wurde, um die Öltropfen aufzufangen, bevor sie den Fußboden eines Midland-Schuppens verschmutzen konnten! Unter diesen Umständen ist es kaum verwunderlich, daß der technische Zustand der Fahrzeuge außerordentlich gut war, dies war sicher auch ein Grund dafür, daß verhältnismäßig schwache Maschinen den Betrieb zufriedenstellend abwickeln konnten. Es ließ auch zu, daß alle Teile des Triebwerks für den Betrachter unsichtbar angebracht werden konnten und dort trotzdem nicht vom Lokpersonal und von den Mechanikern übersehen wurden.

Ein weiterer Grund für die Rückkehr zu Lokomotiven mit einer Treibachse war die Erfindung des Dampfdrucksandstreuers, der den Sand zuverlässiger unter die Treibräder blies, als dies bisher die Schwerkraftbesandung konnte. Eine Druckluftbesandung wäre noch etwas besser gewesen, aber leider zeigte die Midland Railway eine Vorliebe für die Vakuumbremse anstelle der Luftbremse, so stand also keine Druckluft zur Verfügung.

Oben: *Die wiederhergestellte „Johnson Single" Nr. 673 der Midland Railway nahm auch an den „Rocket 150"-Feierlichkeiten 1975 teil.*

Unten: *Die Zeichnung zeigt eine „Johnson Single" in der ganzen Pracht ihrer herrlichen karminroten Farbgebung.*

Bei den Lokomotiven mit einer Treibachse mit ihrem beschränkten Reibungsgewicht war eine gute Sandstreuvorrichtung absolut lebenswichtig.

Schnellzüge mit sieben oder acht Drehgestellwagen von 200 bis 250 t Gewicht waren gerade das richtige für diese berühmten Lokomotiven. Bei ruhigem und trockenem Wetter bewältigten sie auch größere Lasten; es gibt Berichte über Züge bis zu 350 Tonnen Gewicht, die sie pünktlich ans Ziel brachten. Sie waren selbstverständlich auch sehr flink, Geschwindigkeiten bis zu 144 km/h sind verbürgt. Eine Rolle spielten diese „Singles" auch als Vorspannlokomotiven für die ebenso bekannten Midland 2'B-Lokomotiven.

Bevor ein logisch aufgebautes Nummernsystem verwendet wurde, ordnete die Midland ihren Lokomotiven die Nummern „wild" zu. Nach 1907 trugen die „Singles" die Nummernreihe von 600 bis 694. Die Verleihung von Namen war, ebenso wie die Vereinheitlichung, nicht nach dem Geschmack der Midland dieser Tage. Es war daher eine große Ausnahme, als die letzte, schon im 20ten Jahrhundert gebaute, Serie – mit Drehgestelltendern, die schwerer als die Lokomotive waren – den Namen „Princess of Wales" erhielt.

Eine Midland Single überlebte; nach ihrer Ausmusterung im Jahre 1928 stellte man die Nr. 118 von 1897 in der Werkstatt von Derby ab. Lange Jahre trug sie mit Fassung einen imitierten Schlot aus Holz; zur Hundertfünfzigjahrfeier „Rocket 150" stand sie endlich wieder mit einem richtigen Schornstein unter Dampf.

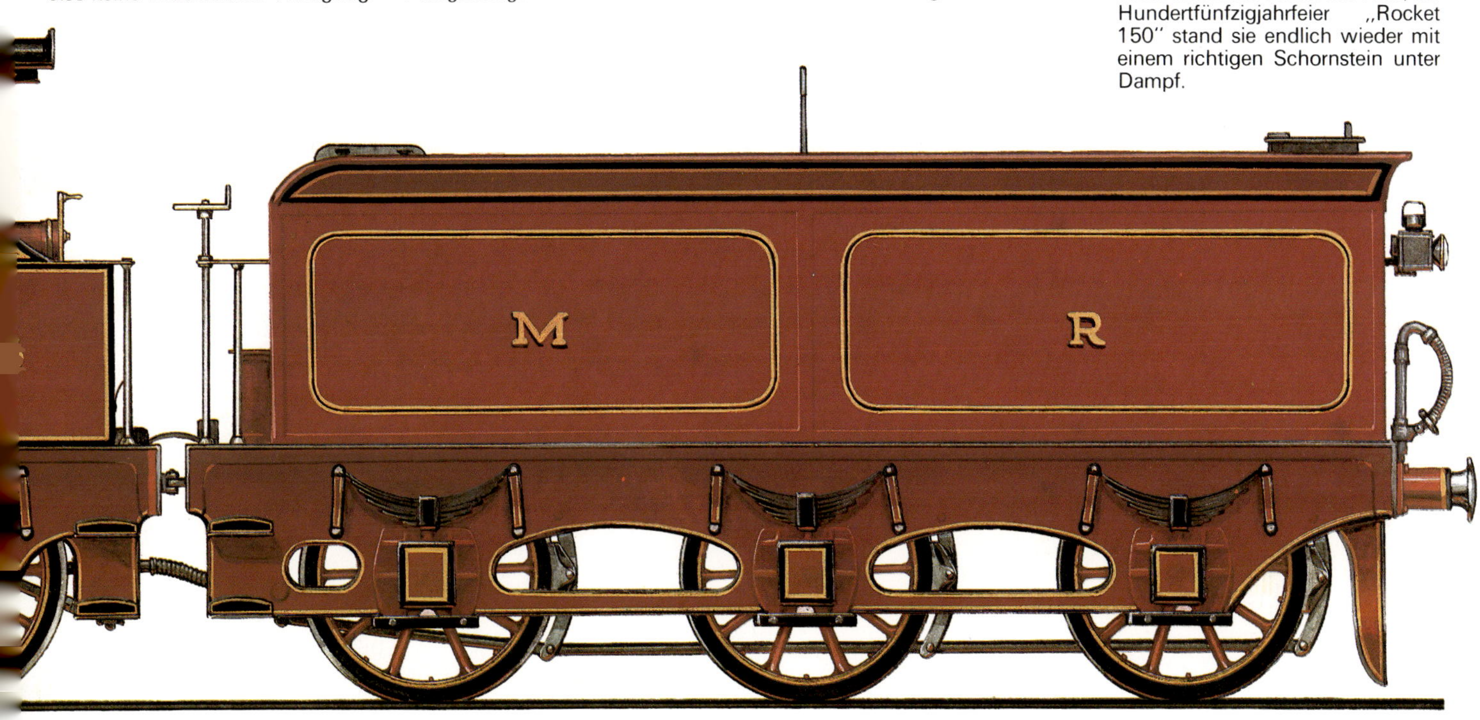

Bestand auf 185 Maschinen dieser Bauart. Es gab auch eine Abart als 2'B1-Tenderlokomotive, von der 115 Stück gebaut wurden und die kein Gegenstück bei der Caledonian besaß.

Auf dem europäischen Kontinent übliche Ausrüstungsteile wie Drehgestelltender und Luftbremsen gehörten schon zur Originalkonstruktion, die einzige auffällige Abweichung der belgischen Maschinen betraf die dürftig gehaltenen Führerhäuser der Schotten.

Links: *Die Museumslokomotive der belgischen Reihe 18 präsentiert sich hier in ihrem heutigen Zustand nach ihrer Aufarbeitung.*

Reihe S3 2'B

Deutschland
Königlich Preußische Eisenbahnverwaltung (KPEV), 1893

Achslast: 15,4 t (33920 lb)
Zylinder, ∅ x Hub:
– **Hochdruck:** (1) 460 x 600 mm (18.1 x 23.6 in)
– **Niederdruck:** (1) 680 x 660 mm (26.8 x 23.6 in)
Treibrad ∅: 1980 mm (78 in)
Verdampfungsheizfläche: 117,7 m² (1267 sq ft)
Überhitzerheizfläche: (siehe Text)
Kesseldruck: 12 kp/cm² (171 psi)
Rostfläche: 2,32 m² (25.0 sq ft)
Brennstoff (Kohle): 6,5 t (14320 lb)
Wasser: 21,5 m³ (4730 Imp gal)
Reibungsgewicht: 30,9 t (68060 lb)
Gesamtdienstgewicht: 99,9 t (220045 lb)
Gesamtlänge: 17561 mm (57 ft 7⅜ in)

In den 80er Jahren des letzten Jahrhunderts besaß die Preußische Staatsbahn als neueste Schnellzuglokbauart 1B-Lokomotiven mit Außenzylindern. Gegen Ende des Jahrzehnts wurde der Wunsch nach höheren Geschwindigkeiten und größerem Fahrkomfort (verbunden mit gesteigerten Wagengewichten) laut, man mußte an den Bau größerer Lokomotiven gehen. Damals war August von Borries, bekannt durch seine Verbundlokomotivbauart, Lokomotivdezernent der KED Hannover. Der Minister für öffentliche Arbeiten sandte ihn auf eine Studienreise nach England und Nordamerika, um die neuesten Lokomotiventwicklungen dieser Länder kennenzulernen. Von Borries berichtete nach seiner Rückkehr, daß der benötigte größere Kessel eine zusätzliche Tragachse erforderlich mache und daß sich als beste Anordnung die amerikanische Bauart der 2'B anbiete. Dies werde vor allem wesentliche bessere Laufeigenschaften ergeben, als die vorhandenen 1B-Loks mit ihrem vorderen Überhang aufwiesen.

Unten: *Die 2'B-Schnellzuglokomotiven der preußischen Reihe „S3" waren eine der erfolgreichsten Personenzugtypen Deutschlands. Um die Jahrhundertwende wurden mehr als 1000 Lokomotiven dieser Bauart geliefert. An Loks dieser Type erprobte man die ersten Lokomotiv-Überhitzer der Welt, die bei geringen Mehrkosten einen großen Nutzen brachten.*

1890 baute Henschel zwei Zweizylinder-Verbundlokomotiven nach einem Entwurf von Von Borries. Im nächsten Jahr baute die gleiche Firma vier weitere Maschinen gleicher Achsanordnung nach einem Entwurf des Lokomotivdezernenten Lochner aus Erfurt, zwei mit einfacher Dampfdehnung und zwei mit Verbundtriebwerk. Von der Erfurter Bauart mit einfacher Dampfdehnung baute man später noch 150 weitere Lokomotiven. Die Erfahrungen mit diesen Lokomotiven zeigten die Überlegenheit der Hannoverschen Bauart nach Von Borries. 1892 ließ dieser eine verbesserte Ausführung seiner Maschinen bauen, die als „S3" bezeichnet wurde. Das „S" der Typenbezeichnung bedeutet, daß es sich um eine Schnellzuglokomotive handelt, die Numerierung der Bauarten begann bei der „Normallokomotive" der Reihe „S1" und wurde anfangs fortlaufend fortgeführt. Nach der noch eingehender zu besprechenden Einführung der Heißdampflokomotiven erhielten diese die geraden Typenziffern, die Naßdampfloks die ungeraden.

Die Serienloks der „S3" besaßen das Triebwerk der Hannoverschen „Von Borries"-Bauart und den etwas größeren Kessel der Erfurter Type. Sie wurden ein so großer Erfolg, daß sie um die Jahrhundertwende *die* Schnellzuglokomotive in Preußen waren. Bis 1904 beschaffte die KPEV 1072 Maschinen, die elsaß-lothringischen (EL) Reichseisenbahnen erhielten 40 gleiche Loks. Auch die Oldenburgischen Staatsbahnen ließen 6 Stück für sich bauen. Weitere 707 Lokomotiven ähnlicher Ausführung baute man als Personenzuglokomotive der Reihe „P4²" mit kleineren Treibrädern von 1750 mm.

Das Drehgestell saß mittig unter den Zylindern und der Rauchkammer, zusammen mit der weit zurückverlegten Treibachse – um eine möglichst lange Treibstange mit geringer Schrägstellung zu erhalten. Dies zeigt ganz klar den Einfluß der Amerikareise des Dezernenten Von Borries. Die schräg auf den Zylindern liegenden Flachschieber bewegte die außenliegende Heusingersteuerung (baugleich mit der zur gleichen Zeit entwickelten Walschaertsteuerung). In der Ebene zogen die Maschinen Schnellzüge von 320 t mit 75 km/h, auf einer Steigung von 1 % zogen sie noch 150 t mit 50 km/h. Man rühmte sie für ihren geringen Verbrauch und für ihren guten Lauf.

Oben: *Diese preußische „S3"-Lokomotive war die 5000te Lokomotive, die Borsig baute.*

Schon durch ihre Größe verdient die „S3" einen Platz in der Lokomotivgeschichte, aber noch wichtiger ist, daß an ihr zum ersten Mal erfolgreich die Dampfüberhitzung angewendet wurde. Die Notwendigkeit der Überhitzung des Dampfes beruht auf einem physikalischen Phänomen – Wasser verdampft bei einer ganz bestimmten Temperatur, die vom vorherrschenden Druck abhängt. Bei dem Betriebsdruck des „S3"-Kessels von 12 kp/cm² ist das eine Temperatur von 197°C. Solange Wasser im Kessel vorhanden ist – das kann man nur hoffen – kann die Dampftemperatur diese

Grenze nicht übersteigen. Wenn der Dampf dem Kessel entnommen wird, um seine Arbeit zu verrichten, reißt er auch noch Wasserteilchen mit sich und wenn er dann in Kontakt mit den relativ kalten Oberflächen der Schieber und Zylinder kommt bilden sich weitere Wassertropfen durch die Kondensation an diesen Flächen. Der Großteil der Dampfarbeit findet nach Beendigung der Einströmung in den Zylinder durch Expansion statt, Wasser kann sich aber nicht ausdehnen und stellt damit einen Verlust dar; es wurde vergeblich erhitzt. Darüberhinaus kann zuviel Wasser im Zylinder, verbunden mit der Unachtsamkeit des Personals zu dem gefürchteten Wasserschlag führen, denn Wasser läßt sich ebensowenig komprimieren.

Wenn man nun dem Dampf nach Verlassen des Wasserkessels weitere Wärme zuführt, er also nicht länger in Kontakt mit einer großen Wassermenge steht, kann man ihn „trocknen". Weitere Wärmezufuhr steigert bei gleichem Druck die Dampftemperatur, der Dampf wird überhitzt. Der Hauptvorteil des „Heißdampfes" ist, daß bei der Abkühlung in den Dampfleitungen und im Triebwerk kein Wasser kondensiert bevor nicht die gesamte Überhitzung abgebaut ist. Mit der Überhitzung kann man also den Wärmeinhalt des Dampfes besser nutzen.

Die Vorzüge der Überhitzung kannten die Lokomotivingenieure schon lange, aber erst nach 1890 entstanden praktikable Überhitzerbauarten, der bei weitem wichtigste stammt von Dr. Wilhelm Schmidt aus Kassel. Allen Bauarten gemeinsam war, daß der Dampf nach Verlassen des Kessels in einem Dampfkasten auf eine Reihe von kleinen Rohren in den Überhitzerelementen verteilt und nach dem Überhitzen in einem zweiten Kasten wieder gesammelt wird. Von dort gelangt er dann in die Zylinder. Bei Schmidts erster Konstruktion, dem sogenannten Flammrohrüberhitzer befanden sich die Überhitzerelemente noch in einem großen Rohr von 445 mm Durchmesser, das sich aber nicht bewährte. Die Größe des Rohres sollte sicherstellen, daß die Flammen die Elemente gut erreichten, denn in engen Rohren erstarben die Flammen aus der Feuerbüchse sehr rasch.

Schmidt fand im Berliner Lokomotivdezernenten Robert Garbe einen begeisterten Befürworter seiner Pläne. Mit Garbes Unterstützung entstanden die zwei ersten Heißdampflokomotiven der Welt, eine „S3" und eine „P4". Die „S3" wurde im April 1898 fertiggestellt und machte ihre erste Probefahrt am dreizehnten des Monats, ein Tag, der in die Lokomotivgeschichte einging. Trotz ermutigender Ergebnisse gab es auch Rückschläge, das große Flammrohr verformte sich. Schmidt entwickelte daraufhin zwei weitere Bauarten, bei einer waren die Elemente in der Rauchkammer untergebracht, bei der anderen befanden sie sich in einer Anzahl von „Rauchrohren", die etwas größer als die Siederohre waren und in denen jedes der Elemente eine Schleife bildete.

1899 erschienen zwei neue „S3"-Lokomotiven mit dem Rauchkammerüberhitzer, die nun auch Kolbenschieber erhielten; die Flachschieber waren der Beanspruchung durch die hohen Temperaturen nicht mehr gewachsen. Mit der Kombination von Überhitzer und gut bemessenem Kolbenschieber besaßen diese Maschinen alle Merkmale der endgültigen Form der Dampflokomotive.

Eine der beiden wurde auf der Weltausstellung in Paris 1900 ausgestellt und erregte beträchtliches Aufsehen. Im Einsatz ergaben sich Einsparungen im Kohlenverbrauch gegenüber der normalen „S3" in Naßdampf-Verbundbauart, aber man war sich bald klar, daß die Temperatur der Rauchgase in der Rauchkammer für eine gute Überhitzung nicht ausreichte. Die Zukunft gehörte der Bauart mit Überhitzerelementen in Rauchröhren. Allerdings stellte man fest, daß die höheren Dampftemperaturen auch bessere Schmieröle verlangten. Während man an der Verbesserung der Schmierstoffe arbeitete, rüstete man noch verschiedene „S3"-Maschinen mit einem Rauchkammerüberhitzer aus. Die Serienbauten mit etwas größerem Kessel bezeichnete man als Reihe „S4".

Schmidt arbeitete hart an der Verbesserung seiner Überhitzer und perfektionierte sie innerhalb von 10 Jahren so weit, daß sie schon bald zur Ausrüstung praktisch aller großer Lokomotiven in aller Welt gehörten. Die erste ausländische Lokomotive damit war eine belgische „Caledonian" 2'C-Lokomotive der Reihe 35 im Jahre 1903. Bei geringen Mehrkosten und nur geringerem Mehrgewicht ergaben sich Kohlenersparnisse um 20% und, in vielen Ländern noch wichtiger, eine ähnliche Einsparung beim Wasserverbrauch. Für viele Ingenieure war das Heißdampfsystem Schmidts eine lohnende Alternative zur Verbundbauart, die gleich gute Wirtschaftlichkeit versprach, ohne die Nachteile der komplizierten Verbundtriebwerke mit sich zu bringen. Andere betrachteten die Überhitzung als einen Zusatz zur Verbundwirkung. Eine Reihe von Jahren nach Einführung des ersten Überhitzers wurden beide Meinungen im preußischen Lokomotivbau verfochten. So baute man nach einer Anzahl von einfachen Heißdampfmaschinen mit drei und vier Zylindern auch eine Reihe von Vierzylinder-Verbundloks der Achsfolge 2'C als Reihe „S10'".

Insgesamt 34 der „S3"-Lokomotiven überlebten lange genug, um noch Reichsbahnnummern zu erhalten. Die preußischen Maschinen reihte man als 13 001-028 ein und die 6 Stück der Oldenburgischen Staatsbahn als 13 1801-1806. Bis Ende der 20er Jahre musterte man sie aber alle aus.

Links: *Vorgänger der „S3" waren die 1B-Lokomotiven der Reihe „S1", von denen von 1877 bis 1885, 242 Maschinen für die Preußische Staatsbahnen gebaut wurden.*

Nr. 999 2'B USA
New York Central & Hudson River RR (NYC&HRRR), 1893

Rechts: *So sah die berühmte Nr. 999 der New York Central & Hudson River Railroad aus, als sie Weltrekordgeschwindigkeit fuhr.*

Zugkraft: 72,5 kN (16270 lb)
Achslast: 19,1 t (42000 lb)
Zylinder, Ø x Hub:
(2) 483 x 610 mm (19 x 24 in)
Treibrad Ø: 2184 mm (86 in)
Verdampfungsheizfläche:
179 m² (1927 sq ft)
Kesseldruck: 13,4 kp/cm²
(190 psi)
Rostfläche: 2,85 m² (30.7 sq ft)
Brennstoff (Kohle): 7 t
(15400 lb)
Wasser: 13,25 m³ (2915 Imp gal)
Reibungsgewicht: 38,1 t
(84000 lb)
Gesamtdienstgewicht: 92,6 t
(204000 lb)
Gesamtlänge: 17628 mm
(57 ft 10 in)

Als am 10. Mai 1893 die Lokomotive Nr. 999 der New York Central & Hudson River Railroad vor dem „Empire State Express" in einem leichten Gefälle von 0,29% in der Nähe von Batavia, New York State, eine Geschwindigkeit von 181 km/h erreichte, war das nicht nur ein Weltrekord für die Schiene, sondern für alle Verkehrsmittel. Das einzige Problem, das sich bei diesem Rekordwert stellt, ist nicht „wieviel", sondern „ob überhaupt".

Bei einem Zug aus vier schweren „Wagner"-Wagen von je 50-55 t Gewicht hätte diese Geschwindigkeit eine Zylinderleistung von etwa 2000 PS erfordert und dies scheint etwas mehr als das damals Mögliche: nicht so sehr was die Erzeugung der notwendigen Dampfmengen im Kessel angeht, sondern mehr die Fähigkeit der Dampfwege und Schieber, diese Dampfmengen bei derartigen Geschwindigkeiten durchzulassen. Eine Geschwindigkeit von 165,4 km/h, gemessen in der vorhergehenden Nacht, erscheint glaubhafter, muß aber ebenfalls als „nicht eindeutig erwiesen" gelten.

Der Mann, dem wir die Existenz dieser Lokomotive zu verdanken haben, war kein Eisenbahnmagnat, sondern ein ungestümer Patentmedizinverkäufer, den man in New York als Fahrkartenverkäufer angestellt hatte. Er überredete die Verwaltung, für die Dauer der „Columbian Exposition" einen exklusiven „Empire State Express" zwischen New York und Chicago einzusetzen; seine Fahrzeit von 20 Stunden für die 1545 km lange Distanz war bei derart langen Strecken bisher ohne Beispiel.

Der Erfolg dieser Kombination aus Geschwindigkeit und Luxus sollte schon bald zur Einführung des berühmtesten Zuges der Welt, dem legendären „Twentieth Century Limited" (Schnellzug des Zwanzigsten Jahrhunderts) führen, der Tag für Tag zwischen New York und Chicago verkehrte.

Speziell für den „Empire State Express" baute man die Lokomotive Nr. 999, stolz stand der Name des Zuges auf ihren Tenderseiten. Sie entstand in den Werkstätten der NYC&HRRR in West Albany als großrädrige Variante der normalen 2'B-Schnellzuglok der Bahn. Typisch für die damalige Zeit, besaß sie Flachschieber, Stephensonsteuerung und anstelle der üblichen Treibräder von 1981 mm erhielt sie solche von 2184 mm.

Durch ihre Rekordleistung wurde die Lokomotive Nr. 999 weltweit bekannt, sie wurde sogar auf einer amerikanischen 2-Cent-Briefmarke des Jahres 1900 abgebildet. Später baute man sie mehrmals um, ihre großen Treibräder mußte sie dabei gegen alltäglichere mit einem Durchmesser von 2006 mm eintauschen. Äußerlich wieder in den Originalzustand versetzt, kann man sie heute im Chicagoer Museum für Wissenschaft und Technik besichtigen.

Rechts: *Nr. 999 wurde für die Nachwelt erhalten. Sie trägt zwar die Originalbeschriftung, aber ihre großen Räder von 2184 mm büßte sie für den Normalbetrieb gegen weniger auffällige von 2006 mm ein.*

Reihe 6 2'B Österreich
Kaiserlich-Königliche Staatsbahnen (KKStB), 1893

Achslast: 14,5 t (31940 lb)
Zylinder, Ø x Hub,
– **Hochdruck:** (1) 500 x 680 mm
(19¾ x 26¾ in)
– **Niederdruck:** (1) 740 x 680 mm
(29 x 26¾ in)
Treibrad Ø: 2190 mm (82½ in)
Verdampfungsheizfläche:
140 m² (1507 sq ft)
Kesseldruck: 13 kp/cm² (185 psi)
Rostfläche: 2,9 m² (31 sq ft)
Brennstoff (Kohle): 7,25 t
(15970 lb)
Wasser: 16,5 m³ (3630 Imp gal)
Reibungsgewicht: 28 t
(61675 lb)
Gesamtdienstgewicht: 94 t
(207050 lb)
Gesamtlänge: 16480 mm
(54 ft 1 in)

Karl Gölsdorf, Leiter der Lokomotiventwicklung der Kaiserlich-Königlichen Staatsbahnen Österreichs war sowohl ein origineller Denker als auch ein erstklassiger Ingenieur. Obwohl seine Ideen kaum die allgemeine Entwicklung der Dampflokomotive beeinflußten, waren sie doch sehr gut und paßten vor allem auf die lokalen Bedingungen dieses Alpenlandes.

Diese kleinen 2'B-Lokomotiven, die die Floridsdorfer Lokomotivfabrik baute, zeigten dies sehr lebhaft. Es waren Verbundlokomotiven mit nur zwei Zylindern. Damit umging man bei ihnen einen der größten Nachteile der Verbundbauart, die Komplexität des Triebwerks. Bei einer Zweizylinder-Verbundmaschine ist es selbstverständlich unumgänglich, daß der Niederdruckzylinder beim Anfahren Frischdampf erhält, sonst könnte die Lokomotive oft nicht anfahren. Die dazu nötigen Anfahrvorrichtungen bringen meist wieder Komplikationen mit sich, die man eigentlich vermeiden wollte und erschweren die Beherrschung der Maschine durch das Personal.

Gölsdorf umging dieses Bedienungsproblem, indem er zusätzliche Anfahrventile so anordnete, daß sie nur bei voll ausgelegter Steuerung – hier der Heusingersteuerung – geöffnet waren, also bei der Anfahrt aus dem Stand. Wenn der Zug sich in Bewegung setzte, nahm der Lokführer die Steuerung zurück, schloß damit das Anfahrventil und der normale Verbundantrieb kam zur Wirkung. Die zugelassene Achslast der österreichischen Bahnen war sehr niedrig, bei diesen verhältnismäßig schweren Maschinen hielt man sie durch einen weiteren originellen Einfall ein. Bei diesen und anderen Lokomotiven verschob man die Achsen so weit nach hinten, daß die führende Laufachse fast unter dem Schlot lag. Dadurch übernahm das sonst nur gering belastete Drehgestell einen größeren Teil des Gesamtgewichts und der Gewichtsanteil der Treibachsen blieb innerhalb der zulässigen Grenzen.

Im Einsatz erwies sich diese Reihe nicht nur als leistungsstark, sondern auch als sehr schnell, die zulässige Höchstgeschwindigkeit setzte man auf 130 km/h fest. Durch sie konnte man die planmäßige Fahrzeit der Bäder-Schnellzüge von Wien nach Karlsbad (heute Karlovy Vary) von 12 auf 8 Stunden reduzieren. Durch die bekannten politischen Schwierigkeiten, die auch diese Strecke berühren, dauert fast 90 Jahre später eine Reise zwi-

schen diesen Städten 11 Stunden und 29 Minuten.

Ein auffälliges Kennzeichen vieler Gölsdorf-Lokomotiven, auch dieser 2'B-Maschinen der Reihe 6, war das Dampfrohr zwischen dem Dampfdom und dem Reglerdom. Technisch ist dies nichts besonderes, denn die meisten Dampflokomotiven besitzen ein Rohr vom Dampfdom, in dem dem Kessel Dampf entnommen wird nach vorn zum Regler und zu den Zylindern, nur ist es – abgesehen von Rußland und China – üblich, daß dieses Rohr innerhalb des Kessels verläuft.

Rechts: *Die 2'Bn2v-Schnellzuglokomotive Nr. 6.51 der KKStB. Auffallendstes Merkmal ist das Dampfrohr zwischen Dampf- und Reglerdom.*

Reihe I-1 2'C

USA
Lake Shore & Michigan Southern Railroad (LS&mSSR), 1900

Zugkraft: 106 kN (23800 lb)
Achslast: 20,4 t (45000 lb)
Zylinder, Ø x Hub:
(2) 508 x 711 mm (20 x 28 in)
Treibrad Ø: 2032 mm (80 in)
Verdampfungsheizfläche:
271 m² (2917 sq ft)
Kesseldruck: 14,1 kp/cm²
(200 psi)
Rostfläche: 3,1 m² (33.6 sq ft)
Brennstoff (Kohle): 8 t
(17500 lb)
Wasser: 27,25 m³ (6000 Imp gal)
Reibungsgewicht: 61,3 t
(135000 lb)
Gesamtdienstgewicht: 136,2 t
(300000 lb)
Gesamtlänge: 18974 mm
(62 ft 3 in)

Wie wir schon beschrieben haben, wurden die meisten Schnell- und Personenzüge der USA von 1850 bis in die 80er Jahre von den „American Standard"-Lokomotiven mit der Achsfolge 2'B befördert. Mit der Zeit stiegen die Zuglasten aber so weit an, daß sie die Fähigkeiten die-

Reihe D16sb 2'B

USA
Pennsylvania Railroad (PRR), 1895/1914

Zugkraft: 106,4 kN (23900 lb)
Achslast: 23,6 t (52000 lb)
Zylinder, Ø x Hub:
(2) 521 x 660 mm (20½ x 26 in)
Treibrad Ø: 1727 mm (68 in)
Verdampfungsheizfläche:
130 m² (1400 sq ft)
Überhitzerheizfläche: 23,5 m²
(253 sq ft)
Kesseldruck: 12,3 kp/cm²
(175 psi)
Rostfläche: 3,1 m² (33.2 sq ft)
Brennstoff (Kohle): 11,8 t
(26000 lb)
Wasser: 21,2 m³ (4660 Imp gal)
Reibungsgewicht: 44,7 t
(98500 lb)
Gesamtdienstgewicht: 127,6 t
(281000 lb)
Gesamtlänge: 20422 mm
(67 ft 0 in)

Gegen Ende des 19ten Jahrhunderts genoß Pennsylvania Railroad großes Ansehen durch ihre kräftigen Lokomotivkonstruktionen, die, meist in den eigenen Werkstätten gebaut, vor allem durch die Belpaire-Feuerbüchse auffielen, in Amerika eine große Rarität. Auch ihre 2'B-Lokomotiven waren keine Ausnahme, den Höhepunkt der Type bildete die Reihe „D16", die 1895 eingeführt wurde. Mit Zylindern von 470 mm Durchmesser und 660 mm Hub und einem Kesseldruck von 13 kp/cm² waren sie damals große Maschinen; noch eindrucksvoller machte sie die Anordnung der Feuerbüchse über dem Rahmen und die damit verbundene ungewohnt hohe Kessellage.

Anfangs baute man 2 Varianten der Lokomotive, eine erhielt Räder von 2032 mm Durchmesser für die Flachlandstrecken (D16a), die andere mit Rädern von 1727 („D16") war für die gebirgigen Abschnitte bestimmt. Die „D16a" etablierten sich bald als „Renner", denn man setzte sie im Konkurrenzkampf mit der Atlantic City Railroad auf der 94 km langen „Rennstrecke" von Camden nach Atlantic City ein. Bei diesen Zügen brachte es ein Lokführer fertig über 13 Kilometer hin-

ser Lokomotive mit zwei Treibachsen überstiegen.

Die naheliegendste Lösung war das Hinzufügen einer weiteren Treibachse und das ist auch genau das, was man machte. Einige der besten Eigenschaften der Achsanordnung 2'B blieben auch bei den 2'C-Maschinen erhalten, vor allem das Drehgestell, das die Lokomotiven durch Kurven führte. In anderen Punkten ergaben sich aber neue Schwierigkeiten. Der Aschkasten kam in Konflikt mit der dritten Treibachse und der Zwischenraum zwischen der vorderen Treibachse und dem Drehgestell, durch den das Triebwerk der „American" so gut zugänglich war, mußte verkleinert werden. Trotzdem gab es eine Zeit gegen Ende des 19ten Jahrhunderts, als die Achsfolge 2'C den Schnellzugverkehr der USA beherrschte. Etwa 16000 Maschinen dieser Bauart entstanden, die meisten davon zwischen 1880 und 1910.

Links: *Die 2'C-Schnellzuglokomotive Nr. 604 der Lake Shore & Michigan Central Railroad, Reihe „I-1", führt den „Twentieth Century Limited".*

Das hochrädrige Beispiel, mit dem wir diese berühmte Bauart vorstellen wollen, entstand 1900 in den Brooks Locomotive Works, in Dunkirk, New York State für die Lake Shore & Michigan Southern Railroad. Sie war dazu vorgesehen, die besten Züge auf dem Westteil der Hauptstrecke von New York nach Chicago zu übernehmen, die bald zur New York Central Railroad gehören sollte.

Kipling beschrieb diese Zeit in seiner gefühlvollen Kurzgeschichte „007" (in der Werksammung „The Day's Work"), aber sie sollte nur von kurzer Dauer sein. Breite Feuerbüchsen, Kolbenschieber und Überhitzer ersetzten sehr bald die schmalen Feuerroste, Flachschieber und den Naßdampf des 19ten Jahrhunderts und änderten damit die Welt der Dampflok für immer. Genau genommen war die Farbe auf diesen Lokomotiven kaum trocken, als die LS&MS einige 1'C1'-Schnellzugloks mit breiter Feuerbüchse über der Nachlaufachse bestellte. Allerdings führte die Neigung der führenden Einzellaufachse zum Aufklettern und Entgleisen bei hohen Geschwindigkeiten sehr bald dazu, daß diese 2'C-Loks wieder die Führung so bekannter Züger wie des luxuriösen „Twentieth Century Limited" von New York nach Chicago kurz nach dessen Einführung am 15. Juni 1902 übernehmen mußten.

Die Fahrzeit für die 1545 km lange Strecke zwischen dem New Yorker „Grand Central Terminal" und der „La Salle Street Station" in Chicago betrug 20 Stunden, eine Reisegeschwindigkeit von 77 km/h. Dies schloß etliche Halte zur Wartung und zum Wechsel der Lokomotiven ein, vor allem aber auch Langsamfahrstellen wie die Ortsdurchfahrt in Syracuse, wo die Hauptstrecke entlang der Hauptstraße des Ortes führte und dementsprechend langsam befahren werden mußte, damit die Pferde nicht scheuten. Damit ergab sich insgesamt wohl der anstrengendste Fahrplan der Welt. Ursprünglich bestand der Zug aus einem Wagen mit Buffet und Leseabteil, einem Speisewagen und drei Schlafwagen, von dem der letzte ein Salonabteil und eine offene Aussichtsplattform, mit Messinggeländer, besaß. Der angebotene Komfort entsprach dem eines erstklassigen Hotels.

Die großzügige Ausstattung dieser Wagen und die beachtliche Länge von 24,4 m ließen die Züge sehr schwer werden, auch wenn es nur fünf Wagen waren. Als die steigende Nachfrage eine Erweiterung des Platzangebots nötig machte, reichte die Leistung der 2'C-Maschinen nicht mehr aus, sie mußten ersetzt werden.

---

weg eine Geschwindigkeit von 164 km/h zu halten. Ein andermal brachte es derselbe Lokführer mit einem Sonderzug des US-Präsidenten auf der 145 km langen Strecke von Philadelphia nach Jersey City auf eine Durchschnittsgeschwindigkeit von 116 km/h.

Die technische Wertarbeit dieser Konstruktion illustrierte die Lokomotive Nr. 816 sehr gut, als sie innerhalb von drei Jahren und vier Monaten im Zentralbezirk der PRR eine Laufleistung von 300000 Meilen (482700 km) erreichte, ohne daß sie zu größeren Reparaturen die Werkstatt aufsuchen mußte, seinerzeit eine außerordentlich bemerkenswerte Leistung.

Links: *Die Museumslokomotive Nr. 1223, eine 2'B-Maschine der Reihe „D16sb" der Pennsylvania Railroad, hält an der Station „Groff's Drove" ihrer neuen Heimat auf der Strasburg Railroad.*

Insgesamt 426 Maschinen in fünf Unterbauarten der „D16" baute die PRR zwischen 1895 bis 1910. Abgesehen von den Treibrädern waren alle anderen Hauptabmessungen gleich. Das Aufkommen der Atlantiks und später der Pazifiks im neuen Jahrhundert verdrängte die „Americans" vor den besten Zugleistungen, aber nach 1914 bekamen sie ein zweites Leben geschenkt, als fast die Hälfte nach dem Vorbild der neueren Lokomotiven modernisiert wurde. Leicht vergrößerte Zylinder mit Kolbenschiebern, weiter durch die innenliegende Stephensonsteuerung angetrieben und ein Schmidt-Überhitzer bei leicht verringertem Kesseldruck gehörten dazu. Die meisten der umgebauten Maschinen besaßen die kleineren Treibräder, diese wurden zur Baureihe „D16sb", auf sie beziehen sich auch die angegebenen Daten. In dieser Form besorgten sie noch lange Jahre den Betrieb auf den zahlreichen Nebenstrecken der Pennsylvania Railroad, noch zu Beginn des 2. Weltkriegs konnte man dort drei Maschinen antreffen. Eine davon, die Nr. 1223, gebaut 1905, wurde wieder aufgearbeitet und kann heute auf der Strasburg Railroad in ihrer Heimat Pennsylvania bewundert werden.

Unten: *Die hervorragende Qualität der Aufarbeitung, die die Touristenbahn Strasburg RR durchführte, ist auf diesem Foto gut zu erkennen.*

Unten: *Das Gesicht der „D16sb" Nr. 1223 zeigt diese Aufnahme in Strasburg, Pennsylvania.*

Reihe Q1 2'B

Großbritannien
North Eastern Railway (NER), 1896

Zugkraft: 75,5 kN (616953 lb)
Achslast: 19,1 t (42000 lb)
Zylinder, ⌀ x Hub:
(2) 508 x 660 mm (20 x 26 in)
Treibrad ⌀: 2318 mm (91 ¼ in)
Verdampfungsheizfläche:
113 m² (1216 sq ft)
Kesseldruck: 12,3 kp/cm²
(175 psi)
Rostfläche: 1,93 m² (20,75 sq ft)
Brennstoff (Kohle): 5,1 t
(11200 lb)
Wasser: **18,2 m³** (4000 Imp gal)
Reibungsgewicht: 35 t
(77000 lb)
Gesamtdienstgewicht: 93,5 t
(206000 lb)
Gesamtlänge: 17145 mm
(56 ft 3 in)

Hier haben wir eine richtige „Rennlokomotive". Nicht einfach eine Lokomotive, die schnell fuhr, sondern eine die einzig für eine Geschwindigkeitskonkurrenz mit öffentlichen Zügen bestimmt war. Beabsichtigt war, einen Zug voller Fahrgäste von London nach Schottland zu bringen, bevor die Konkurrenz auf der anderen Strecke das Ziel erreicht hatte. Die Gesellschaften, die die verschiedenen Strecken an Ost- und Westküste der britischen Insel betrieben, hatten sich von 1888 an Tag für Tag zwischen London (Kings Cross und Euston) und Edinburgh und Nacht für Nacht zwischen London und Aberdeen dieses Rennen geliefert. Die Fahrzeiten verringerten sich in dieser Zeit von anfänglich 12 Stunden auf 8 Stunden 32 Minuten ab Euston und 8 Stunden 40 Minuten ab Kings Cross. Um sich diese Leistung klar zu machen, muß man wissen, daß heutzutage der Nachtzug ab Kings Cross knappe 10 Stunden für die 525 Kilometer benötigt! Beim „Waffenstillstand" zwischen den Bahnen im Jahre 1895 hatte die Westküste einen kleinen Vorsprung, die Rivalen waren auf Revanche aus. Wie ernst man an diese Dinge heranging, zeigt die Tatsache, daß die North Eastern Railway, ansonsten die gelassenste der betroffenen Bahnverwaltungen, die die Züge dieses Rennens auf der (meist) ebenen und geraden Strecke von York nach Edinburgh brachte, einige speziell für die für 1896 vorgesehene „Wiederaufnahme der Feindseligkeiten" bestimmte 2'B-Innenzylinder-Lokomotiven bestellte. In der Zwischenzeit ereignete sich allerdings auf der Westküstenstrecke in Preston ein Unfall, der auf die hohe Geschwindigkeit zurückgeführt wurde, wenn er auch nichts mit dem „Rennen" zu tun hatte. Dadurch verloren die Kontrahenten den Spaß an den schnellen Zügen, ein Teil der bestellten Rennlokomotiven wurde storniert, nur zwei der fünf bestellten (Nr. 1869 und 1870) wurden abgeliefert. Sie bezeichnete die NER als Reihe „Q1".

Wilson Worsdell ging die Aufgabe, eine besonders schnelle Maschine zu konstruieren, recht pragmatisch an. Kessel, Zylinder und Triebwerk üblicher Bauart kombinierte er mit ungewöhnlich großen Treibrädern von 2315 mm Durchmesser, wohl die größten Lokomo-

Rechts: *Die Reihe „Q1" der North Eastern Railway wurde im Jahre 1896 für die „Lokomotivrennen" gebaut.*

Camelback Atlantic 2'B

USA
Atlantic City Railroad (ACR), 1896

Zugkraft: 102,0 kN (22906 lb)
Achslast: 18,2 t (40000 lb)
Zylinder, ⌀ x Hub: (4) Siehe Text
Treibrad: 2134 mm (84 in)
Verdampfungsheizfläche:
170 m² (1835 sq ft)
Kesseldruck: 14,1 kp/cm²
(200 psi)
Rostfläche: 7,06 m² (76 sq ft)
Wasser: 15,1 m³ (3330 Imp gal)
Reibungsgewicht: 35,9 t
(79000 lb)
Gesamtdienstgewicht: 99 t
(218000 lb)

Das ungewöhnliche Erscheinungsbild dieser seltsam anmutenden, aber wegweisenden Lokomotive täuscht über ihre Fähigkeiten hinweg, die ihrer Zeit weit voraus waren. Die Atlantic City Railroad (ACR) verwendete sie vor Schnellzügen, die die Menschen aus der Großstadt Philadelphia in die Erholungsorte der Küste von New Jersey brachten. Von Camden (auf der anderen Seite des Flusses gegenüber Philadelphia) nach Atlantic City waren es 89 Kilometer und der Konkurrenzkampf mit der mächtigen Pennsylvania Railroad, die direkten Zugang zur Großstadt hatte, war sehr hart. In Juli und August, also zur Urlaubszeit, verbesserte man täglich die Fahrzeiten gegenüber der Planzeit von 50 Minuten. An einem Tag dauerte die Fahrt nur 46,5 Minuten von Halt zu Halt, eine Reisegeschwindigkeit von 115 km/h. Das setzt voraus, daß durchgehend eine Geschwindigkeit von 145 km/h und mehr gehalten wurde, Berichte über Geschwindigkeiten von 160 km/h sind aber nicht offiziell verbürgt. Ganz sicher war aber der „Atlantic City Flier" einer der planmäßig schnellsten Züge der Welt zu dieser Zeit.

Abgesehen von Breitspurlokomotiven erscheint hier zum ersten Mal bei den Lokomotiven dieses Buchs jenes Merkmal, das Bestandteil der meisten modernen Dampflokomotiven werden sollte – die breite Feuerbüchse, für die die Achsfolge 2'B1 geradezu prädestiniert ist. In diesem Fall verwendete man sie, um Kohle geringen Heizwerts zu verfeuern, später fand man

tivräder bei gekuppelten Antriebsachsen. Die riesigen Räder hätten zu einem bizarren Aussehen der Lokomotiven führen können, aber die gekonnte Hand Worsdells führte zu einer ausgesprochen wohlproportionierten Lokomotive. Für das England der damaligen Zeit ungewohnt war das geräumige Führerhaus mit Seitenfenstern und Lüftungsaufsatz, das dem Personal ausreichend Schutz bot. Die Flachschieber lagen über den Zylindern und wurden von der Stephensonsteuerung über Schwinghebel angetrieben.

Als klar wurde, daß ihre außergewöhnlichen Fähigkeiten nun doch nicht gefragt waren, gesellte man die beiden „Renner" ihren normalen Geschwistern der Reihe „Q" bei der Beförderung normaler Schnellzüge zu, bis sie alle 1903 von Atlantiks vor den besten Zügen verdrängt wurden. Ein beliebter Einsatz war der Schnellzug von Newcastle nach Sheffield, der eine bemerkenswerte planmäßige Reisezeit von Halt zu Halt auf dem 71 km langen Abschnitt Darlington–York von 43 Minuten hatte, eine Reisegeschwindigkeit von 99 km/h. Um diese Fahrzeit halten zu können, mußten Geschwindigkeiten bis über 130 km/h gefahren werden.

Obwohl sie von der normalen Bauart abwichen, überlebten sie bis 1930, lange genug, um noch nach den Fusionen von 1923 zur Reihe „D18" der London & North Eastern Railway zu werden.

Links: *Eine 2'B-Lokomotive der Reihe „Q" der North Eastern Railway. Diese Maschinen glichen den „Rennern" der Reihe „Q1", besaßen aber normal große Treibräder.*

heraus, daß sie auch für Fettkohle und sogar bei Ölfeuerung Vorteile bringt.

Zwei andere Eigenschaften dieser Maschinen sind interessant, wenn sie auch etwas absonderlich anmuten. Wie man sehen kann, war dies eine Verbundlokomotive, bei der Hoch- und Niederdruckzylinder übereinander saßen und auf einen gemeinsamen Kreuzkopf wirkten. Erfunden hatte dies Samuel Vauclain, Chef der Baldwin Locomotive Works. Er beabsichtigte damit, die Vorteile der Verbundbauart zu erhalten, ohne ein kompliziertes Innentriebwerk in Kauf nehmen zu müssen. In diesem Fall saßen die Hochdruckzylinder von 330 mm Durchmesser über den Niederdruckzylindern von 559 mm Durchmesser, der gemeinsame Hub betrug 660 mm. Beide Zylinder einer Seite besaßen auch nur eine Steuerung. Leider gerieten diese Vauclain-Verbund-Lokomotiven bald aus der Mode, als man herausfand, daß die Arbeitsleistung der unterschiedlichen Zylinder oft ungleich war und damit der Kreuzkopf auch seitlichen Belastungen ausgesetzt war, mit entsprechenden Auswirkungen auf die Haltbarkeit.

Noch seltsamer erscheint uns die Anordnung des Führerhauses in Lokomotivmitte, das vorwiegend dem Lokführer zum Schutz diente, der Heizer mußte in seiner üblichen Position zwischen Lok und Tender bleiben und konnte sich glücklich schätzen, wenn er ein kleines Dach als Wetterschutz hatte, oft fehlte auch dies. Nachteilig war auch die räumliche Trennung der beiden Lokomotivmänner. Hauptgrund für diese Bauart war die breite Feuerbüchse, die ja die gesamte Breite der Lokomotive beanspruchte. Hätte man hinter ihr ein ausreichend bemessenes Führerhaus angeordnet, wäre die Lok länger geworden, die Drehscheiben hätten auch verlängert werden müssen und das kostete viel Geld, das man sich auf diese Weise sparte. Die Philadelphia & Reading Railroad (später einfach Reading Railroad), die die ACR bald übernahm, baute auch in Zukunft viele ihrer Lokomotiven in dieser „Camelback" oder „Mother Hubbard"-Bauart. Auch bei anderen Bahnen konnte man sie antreffen, weite Verbreitung fanden sie aber nicht.

Seltsamerweise stammt der Name „Atlantic" für die Achsfolge 2'B1 nicht von Maschinen dieser Bahn, sondern von ziemlich unscheinbaren Lokomotiven – ohne breite Feuerbüchse – die 1893 für die Atlantic Coast Line, einer Bahn in südlicher Richtung nach Florida, gebaut wurden. Auch wenn die ACR-Atlantiks nicht dieser Type den Namen gaben, so bereiteten sie doch der konkurrierenden Pennsy eine tüchtige Schlappe und führten dazu, daß diese das gleiche Prinzip anwandte, mit Resultaten die wir noch sehen werden.

Links: *Die „Camelback"-Atlantic der Atlantic City Railroad, Nr. 1027, wurde 1896 gebaut. Beachten Sie die übereinander angeordneten Hoch- und Niederdruckzylinder, das Führerhaus in Kesselmitte und die reiche Verzierung der Tenderseiten.*

Reihe 500 2'C

Italien
Adriatische Bahn (RA), 1900

Achslast: 14,6 t (32160 lb)
Zylinder, ∅ x Hub:
– **Hochdruck**: (2) 370 x 650 mm (14.7 x 25.6 in)
– **Niederdruck**: (2) 580 x 650 mm (22.8 x 25.6 in)
Treibrad ∅: 1920 mm (75.6 in)
Verdampfungsheizfläche: 166,6 m^2 (1793 sq ft)
Überhitzerheizfläche: Später eingebaut, Größe nicht bekannt.
Kesseldruck: 14 kp/cm^2 (199 psi)
Rostfläche: 3 m^2 (32.3 sq ft)
Brennstoff (Kohle): 4 t (8810 lb)
Wasser: 15 m^3 (3300 Imp gal)
Reibungsgewicht: 43,8 t (96475 lb)
Gesamtdienstgewicht: 100 t (220265 lb)
Gesamtlänge: 24135 mm (79 ft 2.2 in)

Oben: *Lokomotive Nr. 3701 der Reihe „500" der italienischen „Rete Adriatica" fuhr „rückwärts".*

Fast von Beginn des Dampflokzeitalters an, seit Eröffnung der Stockton & Darlington Railway im Jahre 1825, lag die Richtung, in der eine Lokomotive zu fahren hatte und der Platz des Lokführers fest. Der Schlot der „Locomotion", der ersten Lokomotive der S&D, lag in Fahrtrichtung vorn, während der Führer und der Heizer ihr Werk am hinteren Ende des Kessels verrichteten, wo sich die Feuertür und die Bedienungseinrichtungen befanden. Hinter ihnen befand sich wiederum der Tender mit den Vorräten an Kohle und Wasser. Fast alle Dampflokomotiven, die seither gebaut wurden, folgten dieser Anordnung.

Etwas in Frage zu stellen, das fast ein Naturgesetz zu sein schien, war ein schweres Unterfangen, aber es gab einige eigenwillige Geister, die dies taten. Einer davon war Guiseppe Zara, Lokomotivingenieur der italienischen Adriatischen Bahnen (Rete Adriatica oder kurz RA); er leitete das Konstruktionsbüro der Bahn in Florenz. Zara fand, daß es das Beste wäre, wenn der Lokführer seinen Platz vorne in der Lokomotive hätte und entwarf zu diesem

Reihe E3sd 2'B1

USA
Pennsylvania Railroad (PRR), 1901

Zugkraft: 122,0 kN (27400 lb)
Achslast: 29,3 t (64500 lb)
Zylinder, ∅ x Hub: (2) 559 x 660 mm (22 x 26 in)
Treibrad ∅: 2032 mm (80 in)
Verdampfungsheizfläche: 190 m^2 (2042 sq ft)
Überhitzerheizfläche: 38 m^2 (412 sq ft)
Kesseldruck: 14,4 kp/cm^2 (205 psi)
Rostfläche: 5,2 m^2 (55.5 sq ft)
Brennstoff (Kohle): 15,5 t (34200 lb)
Wasser: 25,7 m^3 (5660 Imp gal)
Reibungsgewicht: 57,9 t (127500 lb)
Gesamtdienstgewicht: 165 t (363500 lb)
Gesamtlänge: 21793 mm (71 ft 6 in)

In der zweiten Hälfte des vergangenen Jahrhunderts war die 2'B-„American" die Standard-Personenzuglokomotive Nordamerikas, aber gegen Ende des Jahrhunderts erreicht man die Grenze der Leistungsmöglichkeit dieser vierachsigen Lokomotiven und die Zuglasten stiegen weiter an. Der Übergang zu fünfachsigen Maschinen war unvermeidbar. Hier gab es nun zwei interessante Alternativen, die Achsfolgen 2'C oder die 2'B1 „Atlantik". Die zuerst genannte hatte zwar ein größeres Reibungsgewicht, aber der Feuerrost war zwischen den hinteren Treibrädern sehr eingeengt. Die Atlantik hatte zwar ein geringeres Reibungsgewicht, aber genügend Platz für eine große Rostfläche. Für die Pennsylvania Railroad war die Atlantik die Type ihrer Wahl. Die Bahn war schon dabei außerordentlich schwere Schienen für hohe Achslasten zu verlegen, während die Lokomotiven imstande sein mußten auch Kohlen minderen Heizwerts zu verwerten.

1899 entstanden in der Werkstatt von Altoona die beiden ersten Atlantiks der Bahn und sie schöpften die Möglichkeiten der Achsanordnung vollständig aus. Ihre Reibungslast von 46,1 t und die Rostfläche von 6,3 m^2 waren mehr als doppelt so groß wie bei den bisherigen 2'B-Loks. Eine dritte Maschine hatte eine etwas bescheidenere Rostfläche von 5,2 m^2, die zur Norm für alle weiteren Atlantiks und auch andere Lokomotiven dieser Zeit werden sollte. Mit dieser Lokomotive lag die Bauform aller 576

Oben: *Eine alte Fahrtaufnahme einer „E2"-Atlantik der Pennsylvania Railroad mit einem Schnellzug von New York nach Chicago.*

nachfolgenden Atlantiks fest, die alle den gleichen Treibraddurchmesser, den selben Kesseldruck und die selbe Rostfläche erhielten.

Obwohl die grundlegenden Maße gleichblieben, erzielte man bei späteren Serien selbstverständlich auch Verbesserungen. Die drei Prototypen besaßen die bei der PRR üblichen Belpaire-Feuerbüchsen, die folgenden zwei Serien von 96 Atlantiks erhielten aber Kessel mit runden Feuerbüchsdecken. Danach kehrte man zur Belpaire-Bauart zurück und behielt sie bis zur letzten Maschine bei. Die beiden erwähnten Serien unterschieden sich nur durch ihre Zylinderdurchmesser, die „E2" hatte solche von 521 mm, die „E3" von 559 mm. Die

Zweck eine 2'C-Lokomotive, bei der Kessel und Zylinder entgegengesetzt der üblichen Bauweise angeordnet waren. Den Kohlenvorrat nahm ein Bunker auf einer Seite der Feuerbüchse auf, die über dem Drehgestell genügend Platz fand und nicht zwischen den Rädern eingezwängt war. Der Tender befand sich am Rauchkammerende und trug natürlich nur einen Wassertank.

Die Vorteile, die man sich von dieser Bauform versprach, waren zuallererst die hervorragende Sicht des Personals auf die Strecke, genauso gut wie bei einer heutigen Diesel- oder Elektrolok. Zweitens traten die Auspuffgase hinter dem Führerhaus aus und verminderten dadurch die Gesundheitsgefahren bei der Fahrt durch Tunnel, zumindest für die Lokmannschaft.

Die vier Zylinder des Verbundtriebwerks waren ungewöhnlich angeordnet. Die beiden Hochdruckzylinder lagen auf einer Seite übereinander, die Niederdruckzylinder gleichermaßen auf der anderen, jedes Zylinderpaar besaß einen gemeinsamen Kreuzkopf. Wie bei einer normalen Zweizylinderlokomotive waren die Kurbeln der beiden Seiten um 90° versetzt, der Antrieb ähnelte der aus den USA stammenden Vauclainbauart, nur lagen dort jeweils ein Hoch- und ein Niederdruckzylinder übereinander. Jede Seite besaß eine Walschaertsteuerung für den Schieber, der beide Zylinder gleichzeitig mit Dampf versorgte. Eine ganze Zahl italienischer Lokomotiven besaß derartige Verbundtriebwerke, die nach ihrem Erfinder System Plancher benannt wurden. Nachteilig war dabei, daß es meist nicht möglich war, die Leistungen der Hoch- und der Niederdruckzylinder auszugleichen. Dadurch ergab sich oft ein Schlingern der Lokomotiven.

Die Prototyplokomotive wurde bei einer Versammlung des Internationalen Eisenbahnkongresses in Paris ausgestellt. Eine Einzelheit, die R. M. Deeley von der britischen Midland Railway beeindruckte, war die Bauart der Anfahrvorrichtung für diese Verbundmaschine. Wenn der Regler nur leicht geöffnet wurde, erhielt das Niederdrucktriebwerk Frischdampf, um die Anfahrt zu ermöglichen. Öffnete man den Regler etwas stärker, stellte sich selbsttätig die Verbundwirkung ein. Deeley verwandte dieses System bei seinen erfolgreichen Midland-Verbundloks, Zara selbst benutzt es bei den 42 Serienlokomotiven nicht mehr, sondern gab einem unabhängig arbeitenden Ventil den Vorzug. Ein möglicher Grund dafür mag gewesen sein, daß es wünschenswert war, die Leistung der Triebwerke aneinander anzupassen. Normalerweise wäre dies wohl nur ein frommer Wunsch geblieben, aber im Falle der Plancher-Verbundloks lag es im ureigensten Interesse der Bedienungsmannschaft, denn ein Ausgleich der von Hoch- und Niederdruckzylindern ausgeübten Kräfte minderte auch das unangenehme starke Schlingern der Maschinen.

Während der Prototyp sich in Frankreich befand, unternahm man auch Versuchsfahrten und erreichte mit einem 130 t-Zug eine Höchstgeschwindigkeit von 126 km/h. Bei der Verstaatlichung der Eisenbahnen wurden die Lokomotiven 1905 zu den FS-Loks Nr. 670001 bis 670043 und bewährten sich viele Jahre lang vor Schnellzügen in der Po-Ebene. Die meisten baute man später in Heißdampfloks um, sie wurden dadurch zur Reihe 671. Anfang der vierziger Jahre endete ihr Einsatz.

Unten: *Diese seltsam aussehende „rückwärtsfahrende" 2'C-Lokomotive wurde von Guiseppe Zara um die Jahrhundertwende für die Adriatische Bahn entworfen.*

Absicht dabei war, daß man die „E3" für schwerere Einsätze etwas zugkräftiger machen wollte. Alle diese Lokomotiven hatten noch Flachschieber, die Serie von 1903 erhielt dann Kolbenschieber, noch in Verbindung mit der Stephensonsteuerung. Ab 1906 verwandte man dann auch die Walschaertsteuerung.

Bis 1913 hatte man insgesamt 493 Atlantiks gebaut, alle mit einem Kessel mit einem Maximaldurchmesser von 1664 mm. Zu dieser Zeit hatte sich die Pazifik-Bauart auf der Pennsy etabliert und es schien als ob die große Zeit der Atlantiks vorbei sei. Jedoch war der leitende Ingenieur Axel Vogt nicht damit einverstanden, daß man Geld für Loks mit drei Treibachsen ausgab, wenn für verschiedene Dienste auch zwei Treibachsen ausreichten. So ließ er 1910 eine weitere Atlantik bauen, die zwar die gleiche Rostfläche hatte, deren größter Kesseldurchmesser aber 1949 mm betrug, fast so groß wie der der Pazifiks. Zusätzlich besaß er auch eine Verbrennungskammer. Die neue Maschine, als „E6" bezeichnet, entwickelte bei Geschwindigkeiten über 64 km/h mehr Leistung als die vorhandenen Pazifiks. Zwei weitere „E6"-Loks folgten, dieses Mal aber mit Überhitzern und mit noch erstaunlicherer Leistungsfähigkeit. Die Verdampfungsleistung des Kessels ließ eine Vergrößerung des Zylinderdurchmessers auf 597 mm zu.

Nach vier Jahren intensiver Entwicklungsarbeit entstand eine Serie von 80 „E6"-Atlantiks mit einigen Verbesserungen gegenüber den Prototypen, unter anderem längeren Kesselrohren. Diese Maschinen entstanden in großer Eile von Februar bis August 1914, also im selben Jahr, in dem die berühmten „K4s"-Pazifiks gebaut wurden. Diese Lokomotiven übernahmen die wichtigsten Schnellzugleistungen auf den flacheren Strecken des Bahnetzes und leisteten während des 1. Weltkrieges für zweifach gekuppelte Lokomotiven schier Unglaubliches. Als nach dem Krieg große Stückzahlen der „K4s"-Pazifiks erschienen, zog man sie auf weniger geschäftige Strecken zurück, vor allem in New Jersey.

Die kleineren Atlantiks hatten bald einen guten Ruf als schnelle Maschinen, aber das volle Ausmaß ihrer Fähigkeiten erkannte man erst 1905, als die Fahrzeit des „Pennsylvania Special" von Jersey City nach Chicago auf 18 Stunden verkürzt wurde, entsprechend einer Reisegeschwindigkeit für die Gesamtstrecke von 80,8 km/h. Die 302 Kilometer von Jersey City nach Harrisburg legte der Zug mit einer Durchschnittsgeschwindigkeit von 93,5 km/h zurück. Auf der ersten Fahrt in westlicher Richtung soll die „E2" Nr. 7002 eine Geschwindigkeit von 193 km/h überschritten haben, es gibt aber keine eindeutigen Beweise dafür. Die „E2" und „E3"-Lokomotiven hielten die Fahrzeit von Zügen, die bis zu acht hölzerne Personenwagen umfaßten, ein Zuggewicht von etwa 325 t. Die Einführung der schwereren Stahlwagen machte Doppeltraktionen zur alltäglichen Notwendigkeit.

Die „E6s"-Atlantiks waren imstande Züge von 700-800 t Gewicht zu befördern, zum Beispiel auf der Relation New York–Philadelphia–Washington, aber vor leichteren Zügen trumpften sie richtig auf. Ihre bekannteste Leistung ist der „Detroit Arrow" (Der Pfeil von Detroit), der 1933 der schnellste planmäßige Zug der Welt war mit Reisegeschwindigkeiten von 121,5 km/h auf den 103 km von Plymouth nach Fort Wayne und von 121,2 km/h über die 198 km zwischen Fort Wayne und Gary. In diesem Dienst zogen sie fünf oder sechs Stahlpersonenwagen mit einem Zuggewicht von 270-320 t.

Im Lauf der Zeit modernisierte man viele der älteren Atlantiks mit Überhitzern und Kolbenschiebern und machte sie damit zu zeitgemäßen Maschinen für leichte Dienste. Fünf davon überlebten bis 1947 und eine von ihnen, die „E2sd" Nr. 7002, wurde erhalten. Es ist nicht die Rekordmaschine von 1905, sondern sie erhielt die Nummer später, vielleicht auch um weiszumachen, daß es doch das Original sei. Die „E6s"-Lokomotiven überlebten bis in die 50er Jahre hinein und eine von ihnen, die 460, blieb auch erhalten. Diese Lokomotive hatte Ruhm durch eine Schnellfahrt erlangt, bei der sie die Filme von der Rückkehr des Atlantikfliegers Lindbergh von Washington nach New York brachte. Bei der rasenden Fahrt mit einem Durchschnitt von 119 km/h entwickelte man Filme im Zug und konnte sie in New Yorker Kinos vorführen, bevor die mit Flugzeugen beförderten Filme eintrafen.

Claud Hamilton Klasse 2'B

Großbritannien
Great Eastern Railway (GER), 1900

Zugkraft: 76,2 kN (17100 lb)
Achslast: 18,6 t (41000 lb)
Zylinder, ⌀ x Hub:
(2) 483 x 660 mm (19 x 26 in)
Treibrad ⌀: 2134 mm (84 in)
Verdampfungsheizfläche:
151,5 m² (1631 sq ft)
Kesseldruck: 12,7 kp/cm² (180 psi)
Rostfläche: 2 m² (21,3 sq ft)
Brennstoff (Öl): 3,25 m³ (715 Imp gal)
Wasser: 15,7 m³ (3450 Imp gal)
Reibungsgewicht: 37,2 t (82000 lb)
Gesamtdienstgewicht: 96,7 t (213000 lb)
Gesamtlänge: 16275 mm (55 ft 4¾ in)

Das neue Jahrhundert war noch keine drei Monate alt, als eine wirklich großartige 2'B-Lokomotive, nach dem Direktor der Bahn „Claud Hamilton" genannt und mit der naheliegenden Nummer „1900", die Werkstatt der Great Eastern Railway in Stratford verließ. Ihre Bauweise mit Innenzylindertriebwerk stammte noch aus dem vergangenen Jahrhundert, aber mit dem großen Führerhaus und in vielen anderen Einzelheiten war sie ihrer Zeit weit voraus. Einige davon, wie die Kraftumsteuerung und die Wasserschöpfeinrichtung warteten immer noch auf ihre allgemeine Einführung, als 60 Jahre später die letzte Dampflokomotive der britischen Eisenbahnen gebaut wurde. Sogar an eine Einsparung von wertvollen Rohstoffen dachte man, denn die ersten „Clauds" heizte man mit Ölrückständen anstelle von Kohle, die aus der Ölgasherstellung der Bahn stammten. Andere Bauelemente nach dem neuesten Stand der Technik waren der Dampfinjektor und das Blasrohr mit verstellbarer Öffnung. Die beiden Stephensonsteuerungen nahmen den gesamten Raum zwischen den Rahmenplatten ein, den das Triebwerk noch übrig gelassen hatte. Vor 1914 erstrahlten sie in der fantastischen Farbgebung, die die Zeichnung uns zeigt.

Die „Claud Hamilton"-Klasse hat eine komplizierte Geschichte. Zwischen 1900 und 1923 entstanden insgesamt 121 dieser Maschinen. Neue Entwicklungen wie vergrößerte Kessel, Überhitzer und Kolbenschieber – anstelle der Flachschieber – wurden nach und nach bei neugebauten Lokomotiven eingeführt, die meisten älteren Loks wurden entsprechend umgebaut. Die ersten „Clauds" mußten mehrere Umbauten über sich ergehen lassen, irgendwann ähnelten die meisten von ihnen den letzten beiden Unterbaureihen der „Super Claud". Die letzten dieser Umbauvarianten, schon unter der Leitung der London & North Eastern Railway, kehrten zur ursprünglichen Bauart mit runder Feuerbüchse zurück, alle dazwischenliegenden Neu- und Umbauten besaßen Belpaire-Feuerbüchsen.

Entsprechend der LNER-Bezeichnungsweise gibt die nebenstehende Tabelle die Details der einzelnen Serien wieder.

In ihren Tagen als erste Garde der GER-Schnellzuglokomotiven beförderten die Original-„Clauds" den „Norfolk Coast Express" mit 14 Wagen ohne Halt vom Bahnhof Liverpool-Street in London nach

Große C 2'B

Frankreich
Paris–Lyon–Mediterranée (PLM), 1898

Achslast: 17,5 t (38550 lb)
Zylinder, ⌀ x Hub:
– **Hochdruck**: 340 x 620 mm (13.4 x 24.4 in)
– **Niederdruck**: 540 x 620 mm (21.3 x 24.4 in)
Treibrad ⌀: 2000 mm (78,7 in)
Verdampfungsheizfläche:
190 m² (2040 sq ft)
Kesseldruck: 15 kp/cm² (213 psi)
Rostfläche: 2,5 m² (26.9 lb)
Brennstoff (Kohle): 5 t (11000 lb)
Wasser: 20 m³ (4400 Imp gal)
Reibungsgewicht: 34,4 t (75770 lb)
Gesamtdienstgewicht: 101,5 t (223570 lb)
Gesamtlänge: 19200 mm (63 ft 0 in)

Frankreichs Kohleförderung konnte den Bedarf der Eisenbahnen des Landes nicht decken, jede Möglichkeit, den Verbrauch der Lokomotiven zu verringern war den Lokomotivkonstrukteuren also willkommen. Die bedeutsamste Entwicklung des 19. Jahrhunderts auf diesem Gebiet war die Einführung der Verbundtriebwerke. Bei einer Verbundmaschine leistet der Dampf nacheinander in zwei Zylindern seine Arbeit. Dadurch konnte man das Expansionsverhältnis gegenüber einer „einfachen" Maschine vergrößern und damit mehr Wärmeenergie in Bewegungsenergie umwandeln. Eines der Probleme, dem die Ingenieure gegenüberstanden, war die Notwendigkeit, die Belastungen durch die Triebwerksteile aneinander anzugleichen; man war sich einig darüber, daß die Leistung, die die Hoch- und Niederdruckzylinder erzeugten, möglichst gleich sein sollten. Das Verhältnis der geleisteten Arbeit hing teilweise von der Größe der Zylinder, aber auch vom Füllungsgrad ab, das heißt vom Zeitpunkt während eines Kolbenhubs, zu dem die Dampfeinströmung beendet wird. In einer französischen „Vollblut"-Verbundlokomotive konnte der Lokführer mit zwei Umsteuerungen die Füllungen der Triebwerke beliebig einstellen, aber um diese Möglichkeit ausnutzen zu

Oben: *Den Versuch einer stromlinienförmigen Verkleidung trägt diese PLM 2'B-Lokomotive Nr. „C 91" genannt „Coupe-Vent" (Windschneider).*

LNER-Reihe	Beschreibung	Anzahl der Neubauten	Anzahl der Umbauten	Im Einsatz von/bis
D14	Original „Claud" Hamilton" wie beschrieben	41	0	1900-1931
D15	Erste mit Belpaire-Feuerbüchsen	66	9	1903-1933
D15/1	Erste Überhitzer	4	70	1911-1935
D15/2	Verlängerte Rauchkammer	0	80	1914-1952
D16/1	Größere Kessel („Super Claud")	10	5	1923-1934
D16/2	Desgleichen	0	40	1926-1952
D16/3	Kuppelstangen-verkleidung entfernt. Wieder runde Feuer-büchsdecke	0	104	1933-1958

Unten: *Die herrliche Farbgebung der „Claud Hamilton"-Lokomotiven der englischen Great Eastern Railway in Blau und Schwarz mit Messing- und Kupferverzierungen gehört zum Schönsten, was es an Lokomotiven gab.*

North Walsham. Der Dienstplan sah Lasten bis zu 430 t und eine Fahrzeit von 159 Minuten für die 209 Kilometer vor, für diese kleinen Maschinen eine erstaunliche Leistung.

Das Eintreffen von 2'C-Lokomotiven im Jahre 1913 bedeutete für sie das Ende vor den besten Planzügen in Ostengland. Der angesehenste Einsatz von allen blieb ihnen aber auch weiterhin, denn auf der Strecke nach Wolferton waren keine schwereren Maschinen zugelassen. Nun ist Wolferton aber die Bahnstation für Haus Sandringham, einem beliebten Aufenthaltsort der Königlichen Familie. Die häufigen „Royal Trains" von London nach Sandringham übernahmen ein oder zwei besonders lackierte „Royal Clauds". Noch in den 30er Jahren erinnerten diese gepflegten Maschinen – auch wenn sie nun grün lackiert waren – an die Zeit, als die Great Eastern-Loks eine Wohltat für müde Augen waren.

Am Stichtag der Verstaatlichung der Eisenbahnen, dem 1. Januar 1948, gab es noch 13 „D15/2"-, 16 „D16/2"- und 88 „D16/3"-Maschinen. Die Reihe verfehlte nur knapp das sechzigjährige Dienstjubiläum und ein unseliger Zufall führte dazu, daß keine der Nachwelt erhalten blieb. Im Ausbesserungswerk von Stratford hatte man eine „Claud" ausgesucht, die nicht verschrottet werden sollte. Leider hatte man sie nur auf einer Seite gekennzeichnet und die Verschrottungsmannschaft kam von der anderen Seite, um ihr trauriges Werk zu verrichten. So können diese berühmten Maschinen nur noch in der Erinnerung weiterleben.

können, mußte der Mann sehr erfahren sein. Diese Methode war bei der Nordbahn üblich. Eine andere Vorgehensweise war die Verwendung einer einzigen Umsteuerung für beide Triebwerke.

Die erste PLM-Verbundmaschine beruhte auf einer bestehenden 1B1-Bauart, von der die Bahn 290 Stück besaß. Die vier Zylinder lagen nebeneinander, die innenliegenden Hochdruckzylinder trieben die erste Treibachse an, die äußeren Niederdruckzylinder wirkten auf die zweite Achse. Bedient wurden sie durch eine einzige Umsteuervorrichtung. Der Kesseldruck von 15 kp/cm² war seinerzeit der höchste der Welt. Nach diesem Entwurf entstanden zwei Lokomotiven, Nr. C1 und C2. Sie bewährten sich und man entwarf eine neue Type mit der Feuerbüchse zwischen den Treibrädern, um einen stabileren Lauf zu erzielen. Die erste Lokomotive, Nr. C3, besaß die Achsfolge 1B, zwei weitere erhielten aber ein führendes Drehgestell, die Nrn C11 und C12. Auch diese Maschinen hatten Erfolg, so daß 1894 eine verbesserte Baureihe konstruiert wurde. Vierzig Lokomotiven, die Nrn C21 bis C60, baute man danach von 1894 bis 1896. Die auffälligste Veränderung gegenüber den drei Vorserienmaschinen war die teilweise Verkleidung der Lokomotiven, die den Luftwiderstand herabsetzen sollte. Eine zugespitzte Verkleidung verlief vom Schornstein über die Rauchkammerfront bis zur Pufferbohle, auch die Vorderwand des Führerhauses verlief V-förmig. Im Bauzustand waren die Steuerungen der Innen- und Außentriebwerke miteinander verbunden, wie schon erprobt, aber nach einer Reihe von Versuchen, bei denen man die günstigste Kombination der Füllungen feststellen wollte, entschied man, daß eine Verstellung der Füllung des Niederdruckantriebs kaum Nutzen brachte und legte dessen Füllung bei 63% fest. Damit betätigte der Lokführer mit seiner Umsteuerung nur noch die Steuerung der Hochdruckzylinder. Ein Ventil ermöglichte dem Lokführer beim Anfahren Frischdampf in die Niederdruckzylinder zu lassen, aber auch diese Feinheit entfernte man bei einigen Maschinen, bei denen man den ungewöhnlich großen Füllungsgrad von 88% einstellte, von dem man meinte, daß auch damit ein Anfahren möglich sei.

Diese Lokomotiven übernahmen nun die Arbeit auf den weniger schwierigen Strecken der PLM, aber die Zuglasten stiegen rasch und stärkere Lokomotiven wurden erforderlich. Mit gleichen Zylinderabmessungen, aber mit einem größeren Kessel baute man von 1898 bis 1901 noch einmal 120 Lokomotiven mit den Nummern C61 bis C180. Durch den etwas längeren Kessel wurde der Winkel der vorderen Verkleidung etwas stumpfer, dafür erhielten sie eine weitere Verkleidung zwischen Schlot und Dom. Die beiden Klassen erhielten die Spitznamen „compound à bec" (Verbundlok mit Schnabel) und „coupe-vent" (Windschneider). Untereinander unterschied man sie als „le petit C" und „le grosse C" (kleine bzw. große C).

Bis zur Einführung der Atlantiks im Jahr 1905 war die „große C" die Standard-Schnellzuglok der PLM. Sie beförderten die schnellsten Züge zwischen Paris, Lyon und Marseille, einschließlich des berühmten Rapide „Côte d'Azur". Mit einem Zug von 220 t konnten sie auf der 0,8%-Steigung von Blaisy Bas eine Geschwindigkeit von 85 km/h halten, die gesamte Strecke von Paris bis Marseille legten sie mit einer Geschwindigkeit von 87 km/h zurück. Bei Versuchsfahrten erreichten sie 140 bis 150 km/h vor leichten Zügen. Man rechnete ihre Fähigkeit zu hohen Geschwindigkeiten der „coupe-vent"-Verkleidung zu, aber aus heutiger Sicht kann man annehmen, daß dies genauso einer großzügigen Bemessung der Dampfwege zuzuschreiben ist. Die „große C" Nr. C145 blieb uns erhalten.

de Glehn Atlantik 2'B1 Frankreich Nordbahn, 1910

Achslast: 17,8 t (39207 lb)
Zylinder, ⌀ x Hub:
– **Hochdruck**: (2) 340 x 640 mm (13.4 x 25.2 in)
– **Niederdruck**: (2) 560 x 640 mm (22 x 25.2 in)
Treibrad ⌀: 2040 mm (80.3 in)
Verdampfungsheizfläche: 138 m² (1485 sq ft)
Überhitzerheizfläche: 39 m² (419.8 sq ft)
Kesseldruck: 16 kp/cm² (228 psi)
Rostfläche: 2,75 m² (29.6 sq ft)
Brennstoff (Kohle): 7 t (15420 lb)
Wasser: 23 m³ (5060 Imp gal)
Reibungsgewicht: 35,6 t (78415 lb)
Gesamtdienstgewicht: 120 t (264320 lb)
Gesamtlänge: 18247 mm (59 ft 10.4 in)

Oben: *Eine der hervorragenden „de Glehn Atlantiks", die Nr. 2.674 der französischen Nordbahn.*

Trotz seines Namens – teils französisch und teils deutsch – war Alfred de Glehn von Geburt Engländer, wurde aber in den 70er Jahren des letzten Jahrhunderts Direktor der Konstruktionsabteilung bei der französischen „Société Alsacienne de Construction Mécanique" in Mulhouse, noch nicht einmal 30 Jahre alt. Zusammen mit Gaston de Bousquet von der französischen Nordbahn entwickelte er ein Verbundantriebssystem, das auch die Prüfungen der Zeit bestehen sollte. Die Mehrzahl der französischen Schnellzuglokomotiven des 20ten Jahrhunderts waren de Glehn-Verbundmaschinen.

Ein wichtiger Faktor für seinen Erfolg war die Tatsache, daß die französischen Lokführer nicht ehemalige Heizer waren, sondern als Mechaniker ausgebildet wurden. Das heißt, daß der Mann im Führerstand auch verstand, was es mit all den komplizierten Bedienungseinrichtungen vor ihm auf sich hatte und daß er sie auch so bedienen konnte, daß er die besten Resultate erhielt. Das de Glehn-System war vom Standpunkt des Lokführers sicherlich sehr kompliziert, verfügte er doch über zwei Regler und zwei Umsteuerungen, sowie zusätzliche Ventile, mit denen er das Ganze beeinflussen konnte. Die Tabelle 1 zeigt, daß die Lokomotive in 5 verschiedenen Betriebsweisen gefahren werden konnte!

In Stellung A des Zwischenventils gelangte der Dampf aus den Hochdruckzylindern in die Zwischenkammer und von dort in das Niederdrucktriebwerk. Ein Sicherheitsventil auf dem Zwischenbehälter begrenzte dessen Druck auf 6 kp/cm².

In Stellung B war diese Verbindung verschlossen, der Abdampf der Hochdruckzylinder ging direkt zum Blasrohr. Die Betriebsarten IV und V verwendete man nur für alleinfahrende Maschinen oder im Notfall, wenn eines der Triebwerke Schwierigkeiten bereitete. Betriebsart III steigerte die Zugleistung, indem der Zwischenbehälter Dampf mit dessen Maximaldruck von 6 kp/cm² erhielt.

Selbstverständlich reichte es nicht aus, die korrekte Betriebsweise zu wählen, man mußte auch mit den beiden Umsteuerungen die Füllungen der Triebwerke einstellen. Bei dieser Vielfalt von Handgriffen, an die man zur rechten Zeit denken mußte, war der Übergang von einer einfachen auf eine derartige Verbundlokomotive wie der Wechsel vom Spielen eines Instruments zum Dirigieren eines ganzen Orchesters!

Du Bousquet und de Glehn begannen ihre Zusammenarbeit in Verbindung mit einigen sehr erfolgreichen 2'B-Verbundlokomotiven in den 90er Jahren, aber einen Platz in der Ruhmeshalle der Eisenbahnwelt sicherten sie sich, als die Atlantiklokomotive Nr. 2.641 auf der Pariser Weltausstellung 1900 gezeigt wurde. Mit Außenlagern am Drehgestell und Innenlagern für die Nachlaufachse sah sie recht ungewöhnlich aus, aber sie war ganz sicher ein gut aussehendes Beispiel für die Kunst ihrer Erbauer. Ihr sollten noch 32 gleiche Lokomotiven allein für die Nordbahn folgen.

Die inneren Niederdruckzylinder lagen in Höhe der ersten Laufachse und wirkten auf die erste Treibachse, dagegen trieben die äußeren Hochdruckzylinder das hintere Paar Treibräder. Ein Kritikpunkt dieser

Tabelle 1

Betriebsart	Zweck	Nennzugkraft	
I	Normal	72,0 kN	(16,171 lb)
II	Anfahren	107,0 kN	(24,069 lb)
III	Zugkraftverstärkung	85,4 kN	(19,194 lb)
VI	nur Hochdruck-triebwerk	49,5 kN	(11,125 lb)
V	nur Niederdruck-triebwerk	57,6 kN	(12,944 lb)

Tabelle 2

Betriebsart	Hochdruck-regler	Niederdruck-regler	Zwischen-ventil
I	Offen	Zu	A
II	Offen	Offen	B
III	Offen	Offen	A
V	Zu	Offen	B

Tabelle 3 Land	Bahngesellschaft	Bestellte Anzahl
Frankreich	Ostbahn	2
Frankreich	Paris–Orleans	14
Frankreich	Midi	34
Frankreich	Etat	9
Groß-Britannien	Great Western Railway	3
Preußen	Preußische Staatsbahn	79
USA	Pennsylvania RR	1
Ägypten	Staatsbahn	10

Konstruktion war die Tatsache, daß alle Zylinder gerade dort am Rahmen befestigt waren, wo dieser durch Ausschnitte für die Drehgestellräder geschwächt war. Abgesehen davon war das einzige Problem die schlechte Zugänglichkeit des inneren Triebwerks für die Wartung. Als Tender kamen sowohl dreiachsige als auch Drehgestelltender zur Verwendung. Abgesehen von diesen Nachteilen (mit denen man leben konnte) waren die Leistungen dieser Atlantiks vor Zügen wie den Schiffszügen von Paris nach Calais mit einem der anspruchsvollsten Fahrpläne, sehr eindrucksvoll. Die Einsparungen beim Kohlenverbrauch waren beträchtlich und das damit eingesparte Geld war sehr willkommen, aber das war nicht ihr einziger Vorzug. Mit den Atlantiks näherte man sich dem Punkt, an dem die Leistung einer Lokomotive nicht mehr von ihrer Größe, sondern von der Kohlemenge, die der Heizer schaufeln konnte, abhing. Daraus folgt, daß eine Lokomotive mit einem höheren thermischen Wirkungsgrad mit der gleichen Kohlemenge eine größere Leistung erzeugen konnte. Und das zeigte sich auch; Züge von 270 t Gewicht konnten die Atlantiks beispielsweise über die 21 km lange Steigung zwischen St. Denis und Survilliers von 0,5% noch mit einer Durchschnittsgeschwindigkeit von mehr als 100 km/h befördern.

Es folgten Bestellungen für ähnliche Lokomotiven, aber nicht nur aus Frankreich, sondern auch aus dem Ausland, wie Tabelle 3 zeigt.

Einige davon waren etwas größer, andere wichen in Details erheblich ab, aber alle folgten demselben Prinzip. Die französischen Bahngesellschaften gingen zu größeren Lokomotiven der Achsfolge 2'C, 1'D1, 2'C1, 2'D1 und anderen über, aber die britische Great Western Railway baute alle ihre künftigen Schnellzuglokomotiven nach dem gleichen Grundschema, nur mit vier Zylindern einfacher Dampfdehnung.

Wie auch in anderen Ländern führten schwerere Stahlwagen und die Erhöhung des Komforts zur Notwendigkeit von drei Treibachsen, so daß die de Glehn-Atlantiks zwischen den beiden Weltkriegen aus dem Betrieb verschwanden. Die Nr. 2.670 der Nordbahn überlebte und kann heute, herrlich restauriert, im Museum von Mulhouse, in der Stadt ihres Entstehens, bewundert werden.

Links: *Die „de Glehn Atlantik" Nr. 2.670 der Nordbahn wurde für das Eisenbahnmuseum in Mulhouse wieder aufgearbeitet.*

Unten: *Die Zeichnung zeigt eine der Vierzylinder-Verbund-Atlantiks der französischen Nordbahn mit einem der später verwendeten großen Tender.*

Reihe Q 2'C1'

Neuseeland
New Zealand Government Railways (NZGR), 1901

Zugkraft: 87,0 kN (19540 lb)
Achslast: 10,7 t (23500 lb)
Zylinder, ⌀ x Hub:
(2) 406 x 559 mm (16 x 22 in)
Treibrad ⌀: 1245 mm (49 in)
Verdampfungsheizfläche:
155 m² (1673 sq ft)
Kesseldruck: 14,1 kp/cm²
(200 psi)
Rostfläche: 3,7 m² (40 sq ft)
Brennstoff (Kohle): 5 t
(11000 lb)
Wasser: 7,7 m³ (1700 Imp gal)
Reibungsgewicht: 31,6 t
(69500 lb)
Gesamtdienstgewicht: 74,9 t
(165000 lb)
Gesamtlänge: 16878 mm
(55 ft 4½ in)

Das Jahr 1901 sah den Bau der ersten Lokomotive einer neuen Achsfolge – wohl *der* berühmtesten aller Achsfolgen – für Schnellzuglokomotiven, die bis zum Ende des Dampflokbaus beibehalten werden sollte. Es war aber keine der großen Eisenbahnnationen, die für ihre Entstehung verantwortlich war und die sie auch bestellte, sondern das kleine Neuseeland. A. W. Beattie, Chefingenieur der Staatsbahn, wollte eine Lokomotive mit einer großen Feuerbüchse, in der man auch die schlechte Braunkohle aus den Otago-Minen der Südinsel verfeuern konnte.

Die amerikanische Lokomotivfabrik Baldwin schlug eine „Camelback"-Lokomotive der Achsfolge 2'C mit breiter Feuerbüchse über den Kuppelrädern vor, aber der Neuseeländer schlug stattdessen eine zusätzliche, tragende Laufachse unter der Feuerbüchse vor, damit hatte man die Achsanordnung 2'C1'. Die 13 bestellten Maschinen waren schnell gebaut und traten ihren Weg über den Pazifik an; auf diese Weise entstand der Name, den zukünftig Tausende von Lokomotiven tragen sollten. Es dauerte nicht lange, bis der Begriff „Pazifik" den Eingang in das englische Eisenbahnvokabular bekam und von dort in den Sprachgebrauch gelangt.

Eine weitere Einzelheit, die in Zukunft bei den meisten Dampflokomotiven der Welt auftauchen sollte, die noch gebaut wurden, war die

Unten: *Die 1901 gebauten Lokomotiven der Reihe „Q" der neuseeländischen Staatsbahnen waren die ersten „Pazifiks" der Welt.*

Oben: *Die „Q" Nr. 343 verkehrte auf dem südlichsten Eisenbahnetz der Welt mit Personenbeförderung. Hier sehen wir sie zwischen Invercargill und Bluff, Southland.*

Reihe F15 2'C1'

USA
Chesapeake & Ohio Railway (C&O), 1902

Zugkraft: 144,3 kN (32400 lb)
Achslast: 23,8 t (52500 lb)
Zylinder, ⌀ x Hub:
(2) 597 x 711 mm (23½ x 28 in)
Treibrad ⌀: 1829 mm (72 in)
Verdampfungsheizfläche:
273 m² (2938 sq ft)
Kesseldruck: 12,7 kp/cm²
(180 psi)
Rostfläche: 4,4 m² (47 sq ft)
Brennstoff (Kohle): 13,6 t
(30000 lb)
Wasser: 34,1 m³ (7500 Imp gal)
Reibungsgewicht: 71,3 t
(157000 lb)
Gesamtdienstgewicht: 185,2 t
(408000 lb)
Gesamtlänge: 22555 mm
(74 ft 0 in)

Die Chesapeake & Ohio Railway kann ihre Geschichte bis in das Jahr 1785 zurückverfolgen, als die „James River Company" eine Konzession erhielt. Der erste Aufsichtsratsvorsitzende der Gesellschaft war George Washington höchstpersönlich. Der Eisenbahnbetrieb begann allerdings erst 1836 mit der Eröffnung der „Louisa Railroad" in Virginia.

Nur wenige Wochen, nachdem die Missouri Pacific die ersten – amerikanischen – Pazifiks erhielt, bekam auch diese geschichtsträchtige Gesellschaft den Prototyp ihrer berühmten „F15"-Pazifiks geliefert. Es gab keinen Zweifel mehr – die Standard-Schnellzuglokomotivtype der nordamerikanischen Bahnen des 20ten Jahrhunderts war endlich erschienen. Die wegweisende C&O Nr. 147 besaß schon Kolbenschieber, aber noch die Stephensonsteuerung zwischen den Rahmen. Selbstverständlich hatte sie zu dieser Zeit noch keinen Überhitzer – man experimentierte ja erst

Bauart der Steuerung, die diese Maschinen erhielten. Von 105 Lokomotiven, die in diesem Buch noch beschrieben werden, besaßen 86 die Walschaertsteuerung. Die Erfindung war nicht neu, ein belgischer Ingenieur namens Egide Walschaert hatte sie schon 1844 entwickelt – der Deutsche Heusinger hatte sie unabhängig davon wieder erfunden, deshalb verwendet man im deutschen Bereich die Bezeichnung „Heusingersteuerung", ansonsten „Walschaertsteuerung", es handelt sich aber um die gleiche Bauart. Aber erst mit diesen kleinen „Pazifiks" begann ihre Verbreitung außerhalb Westeuropas. Die Steuerung ergab eine gute Dampfverteilung, aber ihr Hauptvorteil war ihre Einfachheit und die Tatsache, daß sie ohne Schwierigkeiten außen an den Treibrädern angebracht werden konnte und damit gut zugänglich war. In diesem Fall trieb die Steuerung Kolbenschieber mit äußerer Einströmung an, auch diese Kolbenschieber waren im Lokomotivbau noch neu.

Man kann sagen, daß diese Maschinen der endgültigen Form der Dampflokomotive näher kamen als alle bisher beschriebenen. Nur zwei grundlegende Verbesserungen sollten noch erfolgen – die allgemeine Verwendung von Kolbenschiebern mit innerer Einströmung und von Überhitzern.

Nach einigen kleinen Änderungen erfüllte die Reihe „Q" ihren Dienst zuverlässig, erst 1957 schied die letzte von ihnen aus. In ihren großen Tagen beförderten sie nicht nur alle wichtigen Personenzüge der Südinsel, einige kamen auch auf die Nordinsel, um den „Roturua Express" zwischen Auckland und den berühmten heißen Quellen dieses Namens zu bespannen.

Rechts: *Zum Aufnahmezeitpunkt im Jahre 1956 näherte sich die hervorragende Pazifik der Reihe „Q", Nr. 343, dem Ende ihrer mehr als 50 Jahre währenden Dienstzeit auf der Spurweite von 1067 mm auf den New Zealand Government Railways, einer Bahn, die der amerikanischen Lokomotivpraxis folgte.*

Links: *Eine Fortentwicklung der C&O-Pazifiks war die Reihe „F16", 1937 von Baldwin gebaut. Das Markenzeichen der C&O fällt besonders auf, die beiden Duplex-Luftpumpen an der Rauchkammerfront der Nr. 472.*

in Deutschland damit – aber allein ihre Größe und Leistungsfähigkeit setzte neue Maßstäbe. In den Jahren 1903 bis 1911 folgten 26 weitere Maschinen. Die meisten davon überlebten bis zur Verdieselung der C&O in den 50er Jahren und in diesem Land, dem man nicht gerade nachsagen kann, daß es sehr an Althergebrachtem hing, sagt das ziemlich viel über die Qualitäten der Reihe „F15". Natürlich mußten sie im Laufe der Zeit die Beförderung der wichtigen Züge moderneren Lokomotiven überlassen, aber es gab auch Strecken mit weniger tragfähigen Brücken, auf denen diese für amerikanische Verhältnisse leichten Maschinen bis fast an ihr Ende auch Schnellzüge befördern durften. In den 20er Jahren modernisierte man alle Mitglieder dieser Reihe mit Walschaertsteuerung, Überhitzern, größeren Tendern, neuen Führerhäusern, Stokern, neuen Dampfzylindern und in einigen Fällen auch mit neuen Rahmen; genau wie der berühmte irische Hammer – „Hundert Jahre alt, nur zwei neue Köpfe und drei Stiele".

Die „F15" war nicht nur Vorbild für fast 7000 Pazifiks allein in den USA, sondern auch Ahnherr einer ganzen Dynastie von Pazifiks auf der eigenen Bahn. Die „F16" von 1913 bedeutete eine Erhöhung der Zugkraft um 34% bei einer um 28% vergrößerten Rostfläche, bei der „F17" von 1914 betrugen die Steigerungen dieser Werte 45% bzw. 71%, allerdings nur auf Kosten einer 27% höheren Achslast. Nach dem 1. Weltkrieg erschienen die Reihen „F18" und „F19", die vor allem durch ihre sechsachsigen Tender mit einer Wasserkapazität von fast 82 m³ auffielen. Bis zum Erscheinen der ersten 2'C2'-Lokomotiven 1941 versahen diese 61 Pazifiks alle Schnellzugdienste der C&O.

Es fällt bei diesen Maschinen noch etwas anderes auf. Während des Dampfzeitalters gab es keine großen Eisenbahngesellschaften außerhalb Nordamerikas, deren Gleise mehr als 22,5 t Achslast vertrugen, so daß diese Lokomotiven von 1902 besser als manches andere zeigen, daß die USA sich anschickten, von ihrer rückständigen Position des alten Jahrhunderts zur führenden Industriemacht der Welt zu werden.

Large Atlantic 2'B1' Großbritannien
Great Northern Railway (GNR), 1902

Zugkraft: 77,2 kN (17340 lb)
Achslast: 20,4 t (45000 lb)
Zylinder, ∅ x Hub:
(2) 508 x 610 mm (20 x 24 in)
Treibrad ∅: 2032 mm (80 in)
Verdampfungsheizfläche:
182,5 m² (1965 sq ft)
Überhitzerheizfläche: 52,8 m² (568 sq ft)
Kesseldruck: 12 kg/cm² (170 psi)
Rostfläche: 2,9 m² (31 sq ft)
Brennstoff (Kohle): 6,6 t (14500 lb)
Wasser: 15,9 m³ (3500 Imp gal)
Reibungsgewicht: 40,9 t (90000 lb)
Gesamtdienstgewicht: 114,6 t (252500 lb)
Gesamtlänge: 17634 mm (57 ft 10¼ in)

Mit diesen berühmten Maschinen hielt die breite Feuerbüchse Einzug in Großbritannien. Zwischen 1902 und 1910 baute man davon 94 Stück. Bis zum Erscheinen der Pazifiks 1921 herrschten sie auf dem Teil der Hauptstrecke an der Ostküste von London nach Schottland, den die Great Northern Railway betrieb, das heißt zwischen Kings Cross und York. Auch später waren die leichten Luxusgarnituren der 20er Jahre, die man mit Pullmanwagen bildete, gerade recht für die Atlantiks.

Mitte der 30er Jahre setzten die neuen Stromlinien-Pazifiks die älteren frei, die man jetzt für die Pullman-Züge einsetzen konnte, aber die nun 30 Jahre alten Schlachtrösser fanden eine neue und hochinteressante Betätigung vor den berühmten sehr schnellen und leichten „Bier-Zügen" von Kings Cross nach Cambridge. Sie standen auch in Orten wie Peterborough, Grantham und Doncaster bereit, um Vorspann- oder Reservedienste zu leisten und demonstrierten bei vielen Gelegenheiten, daß sie unter günstigen Umständen und mit einer Mannschaft, die kräftig zupackte, durchaus imstande waren die Fahrzeiten der Pazifiks vor den Stromlinienzügen oder auch mit einem 17-Wagen-Schnellzug einzuhalten.

Die Ankunft der „Green Arrow"-1'C1'-Lokomotiven, die jeden Zug auf der Hauptstrecke übernehmen konnte und darüber hinaus das Fehlen leichter schneller Züge während der Kriegszeit bedeuteten das Ende der Atlantiks. Die erste (GN Nr. 1459, LNER Nr. 4459) wurde 1943 ausgemustert. Als letzte ging die Nr. 62822 der British Railways, die vorher schon die LNER-Nrn 2822 und 3294 und die GN.Nr. 294 trug und noch auf ihrer letzten Fahrt eine Geschwindigkeit von 121 km/h erreichte. Für die Öffentlichkeit waren sie die Verkörperung der Eisenbahnromantik der „guten alten Zeit"; auch ihre Besitzer hatten sie sehr gemocht – bei einem Neupreis von 3400 £ kann man sie auch kaum als schlechte Investition bezeichnen. Ihr Personal war von der Leichtigkeit, mit denen sie gefeuert und gefahren werden konnten, sehr angetan, auch wenn die nur angedeuteten Führerhäuser nicht viel Schutz vor den Unbilden des Wetters boten.

Wie die meisten großartigen Dampflokomotiven der Welt waren sie ausgesprochen einfach, wenn auch auf dem neuesten Stand der Technik. Die Zylinder lagen außen, die Schieber und die Steuerung (von Stephenson) lagen innen. Die ersten 81 wurden noch ohne Überhitzer und mit entlasteten Flachschiebern gebaut. Die letzten 10 aus dem Jahr 1910 hatten dann Kolbenschieber und Überhitzer. Mit der Zeit erhielten auch alle anderen Maschinen den Überhitzer, die meisten dabei auch Kolbenschieber. Es erschienen auch drei Atlantiks versuchsweise mit Vierzylinder-Verbundtriebwerken, die aber gegenüber ihren einfacheren Kollegen keine Vorteile zeigten. Alle Atlantiks, außer einer Verbundlokomotive bauten die bahneigenen Werkstätten in Doncaster nach dem Entwurf Henry Ivatts.

Ein außerordentlich simples Bauteil, das im 20ten Jahrhundert schon sehr ungewöhnlich für eine Schnellzuglokomotive war, war der

Midland Compound 2'B Großbritannien
Midland Railway (MR), 1902

Achslast: 20,2 t (44500 lb)
Zylinder, ∅ x Hub:
– **Hochdruck**: (1) 483 x 660 mm (19 x 26 in)
– **Niederdruck**: (2) 533 x 660 mm (21 x 26 in)
Treibrad ∅: 2134 mm (84 in)
Verdampfungsheizfläche:
122,4 m² (1317 sq ft)
Überhitzerheizfläche: 25,3 m² (272 sq ft)
Kesseldruck: 14,1 kp/cm² (200 psi)
Rostfläche: 2,6 m² (28.4 sq ft)
Brennstoff (Kohle): 5,7 t (12500 lb)
Wasser: 15,9 m³ (3500 Imp gal)
Reibungsgewicht: 40,4 t (89000 lb)
Gesamtdienstgewicht: 106,2 t (234000 lb)
Gesamtlänge: 17258 mm (56 ft 7½ in)

Die „Midland Compound"-Lokomotiven haben sich wirklich einen Platz unter den Berühmtheiten der Schiene verdient. S. W. Johnson führte sie 1902 ein, sein Nachfolger R. M. Deeley entwickelte sie weiter. 1914 wurden sie dann von Henry (später Sir Henry) Fowler grundlegend umgebaut. Sie waren die einzigen auf lange Sicht erfolgreichen Verbundlokomotiven Großbritanniens; und als die Midland Railway 1923 mit anderen Bahnen zur London, Midland & Scottish vereinigt wurde, wählte man diese Bauart – etwas überraschend – zur Standard-Schnellzuglokomotive der neuen Gesellschaft. Insgesamt wurden von ihnen 240 Exemplare gebaut. In den Tagen der MR und der LNER trugen sie die Nummern 900-939 und 1000-1199, die meisten überlebten lange genug, um auch noch die BR-Nummern 40900-41199 zu erhalten.

Die LMS-Nachbauten hatten einen um 76 mm kleineren Treibraddurchmesser. Die letzten nahm man 1961 aus dem Dienst, nur sieben Jahre vor dem „endgültigen" Ende des BR-Dampfes. Die Lokomotive mit der Midland-Nummer 1000 blieb für das Nationale Eisenbahnmuseum in York betriebsfähig erhalten. Die meisten der Lokomotiven wurden in den Werkstätten der Midland in Derby gebaut, aber auch andere Lokomotivbaufirmen erhielten in der Frühzeit der LMS Bauaufträge.

Anders als die Webb-Verbundloks hatten diese Lokomotiven *einen einzelnen* Hochdruck- und *zwei* Niederdruckzylinder. Der Hochdruckzylinder lag innen, die anderen außen. Ebenfalls innerhalb des Rahmens befanden sich *drei* vollständige Stephensonsteuerungen neben dem Innentriebwerk. Wenn der Regler leicht geöffnet wurde, erhielten die Niederdruckzylinder Frischdampf und arbeiteten damit zum Anfahren „einfach". Öffnete der Lokführer den Regler stärker, schloß sich die Frischdampföffnung und die normale Verbundarbeitsweise setzte ein.

In den Tagen der LMS, als die Lokomotiven auch außerhalb des ursprünglichen Midland-Gebietes verwendet wurden, brachte diese ungewohnte Funktion des Reglers manchen Lokführer in Verlegenheit, sie waren es eben nicht gewohnt, daß ein teilweise geschlossener Regler mehr Dampf durchließ als ein voll geöffneter. Trotzdem genossen die „Midland Compounds" den Ruf der Zuverlässigkeit und waren allseits beliebt. Für die schnellen, häufig verkehrenden, aber kurzen Personenzüge ihrer Stammbahn waren die „Roten Herumtreiber" ein angemessenes und wirtschaftliches Betriebsmittel.

Rechts: *Die „Midland Compound" Nr. 1000 leistete der LNER „Green Arrow" Nr. 4771 Vorspann bei einem Sonderzug für Eisenbahnfreunde in der Nähe von Settle Junction, Yorkshire im Mai 1950.*

Oben links: *Diese Aufnahme aus der Zeit vor dem 2. Weltkrieg zeigt die „Large Atlantic" Nr. 4458 vor einem Pullman-Zug.*

Oben: *Die „Large Atlantic" Nr. 251 des Nationalen Eisenbahnmuseums arbeitete man in der ursprünglichen grünen Farbgebung der Great Northern Railway auf.*

einfache „Johnson bar" oder Umsteuerhebel zur Bedienung der Steuerung; man fand ihn im Allgemeinen nur noch bei kleinen Rangierlokomotiven, deren Steuerung leicht gebaut war und bei denen die Fahrtrichtung oft und schnell gewechselt werden mußte. Mit diesem Hebel war es schwierig während der Fahrt die Füllung zu verstellen – oft mußten sich Lokführer und Heizer gemeinsam anstrengen! Damit hatte man keinerlei Möglichkeit, die Feineinstellungen während der Fahrt vorzunehmen, die bei anderen Lokomotiven zum niedrigen Kohlenverbrauch führten. Auf dieser Bahn wog der Preis der Kohle aber nicht so stark und wenn die Ivatt-Atlantiks auch etwas mehr verbrauchten, so stand doch im großen Ganzen ihre Wirtschaftlichkeit außer Zweifel.

Die erste der „Large Atlantics" Ivatts, GN Nr. 251, LNER 3251, später 2800, überlebte die allgemeine Verschrottung und erhielt einen Ehrenplatz im Nationalen Eisenbahnmuseum in York.

City Klasse 2'B

Großbritannien
Great Western Railway (GWR), 1903

Zugkraft: 79,2 kN (17790 lb)
Achslast: 18,6 t (41000 lb)
Zylinder, ∅ x Hub: (2) 457 x 660 mm (18 x 26 in)
Treibrad ∅: 2045 mm (80½ in)
Verdampfungsheizfläche: 125,5 m² (1351 sq ft)
Überhitzerheizfläche: 20,1 m² (216 sq ft)
Kesseldruck: 14,1 kp/cm² (200 psi)
Rostfläche: 1,9 m² (20,56 sq ft)
Brennstoff (Kohle): 5 t (11000 lb)
Wasser: 13,6 m³ (3000 Imp gal)
Reibungsgewicht: 36,8 t (81000 lb)
Gesamtdienstgewicht: 94 t (207000 lb)
Gesamtlänge: 17126 mm (56 ft 2¼ in)

Der Ruhm der „City"-Klasse der Great Western Railway beruht auf einer Fahrt im Mai 1905, bei der ein Postsonderzug die kurvenreiche Wellington-Rampe, westlich Taunton, mit großer Geschwindigkeit bergab fuhr. Dazu hatte man den bekannten Journalisten und „Eisenbahn-Zeitnehmer" Charles Rous-Marten eingeladen, der eine offiziell gemessene Höchstgeschwindigkeit von 164 km/h (102.3 mpH) feststellte und damit den offiziellen Geschwindigkeitsrekord. Eine nachträgliche Analyse der Zeiten, die Rous-Marten beim Passieren der Viertelmeilensteine nahm, zeigte allerdings, daß er wohl auch andere Objekte als Markierung genommen haben muß und daß damit die tatsächliche Geschwindigkeit wohl etwas niedriger lag. Auch wenn dies so ist, führte dieses Ereignis zur Erhaltung des Tageshelden, der Nr. 3171 „City of Truro". Ursprünglich als 3433-3442 bezeichnet, nummerte man sie später in 3710-3719 um.

Es gab nur zehn eigentliche „City"-Maschinen, aber 27 ähnliche Lokomotiven entstanden durch Umbauten aus den verwandten „Badminton"- und „Atbara"-Klassen. Sie waren eine Art Lückenfüller in einer Zeit, als die ehrwürdige GWR einen großen Sprung nach vorne machte und ihren schon für das 19te Jahrhundert als altmodisch geltenden Lokomotivpark durch Maschinen ersetzte, die ihrer Zeit voraus waren. In der Zwischenzeit baute man diese Reihe von Lokomotiven, mit Innenzylindern und außenliegenden Kuppelstangen und mit innen- und außenliegenden Sandwichrahmen, aber mit neuzeitlichen Kesseln.

Die Triebwerksanordnung ähnelte, oberflächlich gesehen, der ältesten aller 2'B-Lokomotiven, der Lokomotive von Campbell von 1837 für die Philadelphia & Norristown Railroad in den USA. Nur wenige andere, vor allem nicht in der Heimat des Erfinders, hatten derartige Lokomotiven gebaut, aber gegen Ende des 19ten Jahrhunderts erschien diese Type in großer Zahl auf der GWR. Zusätzlich zu den „City"-Loks und den erwähnten Umbauten gab es 60 „Duke", 156 „Bulldog", 20 „Flower" und 40 „Stella"-Maschinen ähnlicher Ausführung. Um die Jahrhundertwende waren die 2'B-Loks mit Außenrahmen kennzeichnend für den Personenlokpark der GWR.

Als Lückenbüßer wurde die „City"-Klasse nur kurz vor namhaften Schnellzügen benötigt, aber abgesehen von dem etwas zweifelhaften Rekord hatten sie allgemein einen guten Ruf als schnelle Renner. Die letzte verschwand schon 1931 aus dem Dienst, allerdings kehrte die „City of Truro" nach dem 2. Weltkrieg in den Betrieb zurück, um für Sonderzüge der Eisenbahnfreunde zur Verfügung zu stehen. Heute darf sie sich im Great Western Museum in Swindon ausruhen.

Unten: *Die erhalten gebliebene Great Western Nr. 3717 „City of Truro" mit einem Zug bei Hullavington, Wiltshire. Diese Lokomotive hielt lange den offiziellen Geschwindigkeitsrekord für Dampflokomotiven mit 164 km/h und steht heute im Great Western Railway Museum in Swindon, Wilts in England.*

Saint Klasse 2'C

Großbritannien
Great Western Railway (GWR), 1902

Zugkraft: 108,6 kN (24395 lb)
Achslast: 18,8 t (41500 lb)
Zylinder, ⌀ x Hub:
(2) 470 x 762 mm (18½ x 30 in)
Treibrad: 2045 mm (80½ in)
Verdampfungsheizfläche:
171 m² (1841 sq ft)
Überhitzerheizfläche: 24,4 m² (263 sq ft)
Kesseldruck: 15,8 kp/cm² (225 psi)
Rostfläche: 2,5 m² (27.1 sq ft)
Brennstoff (Kohle): 6,1 t (13500 lb)
Wasser: 15,9 m³ (3500 Imp gal)
Reibungsgewicht: 56,75 t (125000 lb)
Gesamtdienstgewicht: 114 t (251000 lb)
Gesamtlänge: 19209 mm (63 ft 0¼ in)

Oben: Diese betagte Farbaufnahme zeigt Lok Nr. 2937 „Clevedon Court" der „Saint"-Klasse. Die „Courts" waren die letzte Serie der „Saints" im Jahre 1911.

Als kurz vor der Jahrhundertwende der auch nicht mehr allzu junge George Jackson zum designierten Nachfolger des Lokomotivdezernenten der Great Western Railway, William Dean, avancierte, hatte er schon beschlossen, daß er bei seiner Amtsübernahme viel ändern würde. Schnellzüge mit Durchgangswagen und Speisewagen und das Verlangen der Kundschaft nach schnelleren Zügen bedeuteten, daß eine vollständige Erneuerung des Lokomotivparks durchzuführen war, denn schon nach den Maßstäben des 19ten Jahrhunderts waren die vorhandenen GWR-Lokomotiven sehr verschieden und unbefriedigend. Solange Churchward noch die Nummer zwei unter einem alternden Chef war, hatte er die Gelegenheit, seine Ideen beim Bau einer ganzen Anzahl seltsamer Maschinen zu prüfen. Weil es schon so viele Abstrusitäten gab – beispielsweise 2'B-Lokomotiven umgebaut aus normalspurigen B2'-Tenderloks, die man wiederum aus Breitspurmaschinen nach dem Ende dieser Spur 1892 umbaute – erzeugten seine Produkte wenig Aufsehen.

1902 erblickte dann aber eine große Außenzylinderlokomotive der Achsfolge 2'C das Licht Englands, die neben ihrer Nummer 100 (später 2900) auch taktvoll „Dean" (später „William Dean") genannt wurde. Nach dem Geschmack der Zeitgenossen war sie eine der seltsamsten Konstruktionen ihrer Zeit, aber den wenigen, die das Aussehen eines nordamerikanischen „Ten-wheelers" kannten, kam die Nr. 100 sehr bekannt vor, denn nichts anderes versteckte sich unter dem üblichen GWR-Anstrich mit seinen reichlichen viktorianischen Messingverzierungen. Dahinter steckte die Freundschaft Churchwards mit A. W. Gibb, dem Chefingenieur der Pennsylvania Railroad.

Die Bauart des amerikanischen „Ten-wheelers" wurde strikt eingehalten. Beide Zylinder und Schieberkästen saßen außerhalb der Rahmen und waren dort sehr gut zugänglich; die innenliegende Stephensonsteuerung trieb die Schieber über Umlenkhebel und Schwingwellen an. Mit einigen Verbesserungen sollte sich diese Bauart bei etwa 2000 Lokomotiven Churchwards und seiner Nachfolger wiederfinden. Die Rahmenanordnung von Churchwards Einheitslokomotiven war ein Kompromiß zwischen der britischen und der amerikanischen Lokomotivpraxis. Der Hauptteil mit den Treibrädern war als Plattenrahmen ausgeführt, aber die Zylinder waren, nach echter Yankee-Art, jeweils mit einer Hälfte des Rauchkammersattels in einem Stück gegossen und mit Bolzen verbunden; das Vorderteil des Lokomotivrahmens war als Barrenrahmen angeordnet. Der domlose Kessel war weniger amerikanisch, sondern mehr Churchwards eigene Arbeit und wich genauso wie der neuartige Rahmen von der bisherigen GWR-Bauweise ab. Es sollte aber noch einige Zeit vergehen, bis die Kesselkonstruktion ausgereift war.

Um diese Zeit herum übernahm Churchward die Führung, nicht nur (wie bei den meisten britischen Bahnen) über den Bau und die Reparatur, sondern auch über den Einsatz der Lokomotiven. Er machte es sich zur Angewohnheit, sich mit einem Zeichner, der eine bestimmte Aufgabe vor sich hatte und mit dem Chefkonstrukteur um das Zeichenbrett zu setzen und mit ihnen gemeinsam nach einer Lösung zu suchen. Wenn es Zweifel über die Herstellung eines Teils gab, schickte er nach einem Fachmann – beispielsweise den Gießereimeister. War man sich über einen Punkt unklar, der den Betrieb betraf, holte man den Betriebsinspektor. Sollte Churchward sich einmal danach erkundigen, wie andere ein Problem angepackt hatten, brachte ihm jemand aus der Dokumentationsabteilung ein entsprechendes Buch oder eine Zeitschrift, in der die betreffende Stelle markiert war. Damit erreichte er, daß die GWR bald über einen Lokomotivpark verfügte, der in vielerlei Hinsicht nur wenig Konkurrenz auf der ganzen Welt hatte.

Man war hier weit entfernt von den autokratischen, überheblichen „Allwissenden", die bei vielen anderen britischen Bahnen dieser Zeit das Sagen hatten. Churchward arbeitete nicht nur mit dem eigenen Wissen, sondern vor allem, indem er anderen zuhörte und dann eine in dieser Position sehr seltene Gabe

anwendete, den gesunden Menschenverstand. Churchward nahm sich viel Zeit für seine Entscheidung, welche seiner Schnellzuglokomotiven besser für die Zukunft geeignet war, die 77 Exemplare zählende Zweizylinder-2'C-Lokomotive „Saint", die aus seiner „William Dean" entstand oder die gleich alte Vierzylinder-„Star"-Klasse von gleicher Geschwindigkeit und Leistung. Bevor er sich 1921 zur Ruhe setzte, entschied er sich für die letztere und es erscheint dem Autor, daß dies eine der wenigen falschen Entscheidungen eines der besten Lokomotivingenieure war.

Der Sprung von den besten Schnellzugmaschinen des Jahres 1892, den eleganten 2'A1-„Dean Singles" zur „William Dean" von 1902 brachte eine Steigerung der meisten Kennwerte: Zugkraft – 20%, Zylinderhub – 25%, Verdampfungsheizfläche – 35%, Kesseldruck – 12%, Rostfläche – 30%, Reibungsgewicht – 204%. Zu diesen Schocks fügte sich noch ein weiterer hinzu, der ungewohnte Anblick eines „nackten" Lokomotivtriebwerks.

Obwohl die Lokomotiven als „Saint"-Klasse bekannt wurden, baute man 32 Maschinen anderer Namen, bis die erste „Heilige" erschien, Nr. 2911 „Saint Agatha" im Jahr 1907. Nach „William Dean" kam 1903 erst einmal ein zweiter Prototyp, Nr. 98 (später 2998) „Ernest Cunard" und im gleichen Jahr ein dritter, Nr. 171 (später 2971) „Albion". Vorübergehend lief die Nr. 171 erst einmal als 2'B1, um direkte Vergleiche mit der aus Frankreich importierten de Glehn-Atlantik Nr. 102 „La France" anzustellen. Die ersten 19 Serienlokomotiven (Nr. 172-190, später 2972-2990) erschienen 1905, auch einige davon hatten anfänglich die Form 2'B1! Ihre Namen stammten aus Sir Walter Scotts „Waverley-Novellen". Die 10 nächsten (Nr. 2901-2910) kamen im Mai 1906, sie erhielten Namen von „Ladies". Nr. 2901 namens „Lady Superior" (Mutter Oberin) war die erste britische Lokomotive mit dem modernen Schmidt-Überhitzer, bis 1912 erhielten alle Überhitzer nach einer Konstruktion aus Swindon.

Bei den 20 echten „Saints" von 1907 verschönte man die nüchterne gradlinige Gestaltung der Umlaufbleche durch die gebogene Frontverkleidung, die für alle weiteren GWR-Lokomotiven charakteristisch sein sollte. 1911 kamen dann endlich die 25 „Courts" (Residenzen), alle von Anfang an mit Überhitzer und, was noch auffälliger war, mit den Einrichtungen zur „Hocheinspeisung" (des Speisewassers) zu beiden Seiten des Sicherheitsventils. Diese hochliegenden Speiseventile sollten zu einem Markenzeichen der GWR werden.

Churchwards Kesseltypen waren sein größter Erfolg und der beste davon war die Type Nr. 1, die nicht nur die 77 „Saints" besaßen, sondern auch die 74 „Star"-2'C-Loks, die 3 „Frenchmen" (Franzosen) 2'B1-Loks, 330 „Hall"-2'C-Loks, 80 „Grange" (Landsitze)-2'C-Loks und die 150 1'D-Maschinen der Reihe „28XX".

Wichtiges Konstruktionsmerkmal des Kessels Nr. 1 waren die Maßnahmen, die man vorsah, um eine Beschädigung der Kesselbleche durch das Zusammentreffen des kalten Speisewassers mit dem heißen Kesselinhalt zu vermeiden, wie dies damals üblich war. Die Einweg-Speiseventile (Klappventile) saßen auf dem Kesselscheitel und richteten den Strahl des eintretenden Wassers nach vorne auf eine Reihe von Schalen, die Verunreinigungen des Wassers auffangen sollten, während sich das Wasser schrittweise erwärmte. Erst jetzt konnte sich das angewärmte Wasser ohne Schwierigkeiten mit dem Kesselwasser vermischen.

Nach einiger Zeit hatte man auch die anderen „Saints" (außer dem Prototyp) an die neueste Ausführung angepaßt. Erst jetzt traf Churchward eine Entscheidung in der Frage des Weiterbaus der verschiedenen Triebwerksanordnungen, denn in letzter Minute stornierte er die Bestellung der letzten fünf „Courts", und ließ stattdessen die vierzylindrigen „Stars" weiterbauen. Die weitere Schnellzuglokentwicklung basierte nun auf den „Stars", obwohl die „Saints" so gut gelungen waren, daß sie imstande waren, alle Leistungen ihrer komplizierten Schwestern zu vollbringen.

1925 baute man die Nr. 2925 „Saint Martin" mit Treibrädern von 1829 mm anstelle der 2045 mm-Räder aus. Die Zugkraft steigerte sich entsprechend, auf die Höchstgeschwindigkeit hatte der Umbau kaum Auswirkungen. In dieser Form wurden als „Hall"-Klasse 330 weitere Maschinen nach dem gleichen Entwurf gebaut, die meist erst durch die Verdieselung aus dem Dienst verdrängt wurden.

Eine besonders lobenswerte Eigenschaft des Lokomotivwesens der GWR dieser Zeit ist die außergewöhnliche Präzision, mit der man die Lokomotiven baute und reparierte. Dies war der wichtigste Beitrag, den Churchwards Nachfolger leisteten. Sie achteten darauf, daß Swindon dafür die richtigen Hilfsmittel besaß – beispielsweise eine optische Anreißapparatur von Zeiss – die es ermöglichte präziser zu arbeiten als anderswo. Die Behauptung, daß die Normen für die Passungen und Toleranzen bei den British Railways für den Neuzustand einer Lokomotive dem Zustand entsprachen, der bei der GWR dazu führte, daß eine Lokomotive als abgenutzt in die Werkstatt eingeliefert wurde, entbehrt sicherlich nicht jeder Grundlage.

Die letzte der Original-„Saints" war die Nr. 2920 „Saint David", die 1953 ausgemustert wurde.

Oben: *Gehen und Kommen. Zwei Bilder aus dem Alltag der „Saints". Das obere Bild zeigt, daß sie auch in den Tagen der British Railways gut gepflegt wurden. Wie diese Bilder zeigen, erhielten die meisten „Saints" in späteren Tagen die gebogene Umlaufverkleidung unter der Rauchkammer, die bei den letzten Serien dieser wegweisenden Lokomotiven eingeführt wurden.*

Unten: *Die Zeichnung stellt die „Lady of the Lake" in der ursprünglichen Ausführung dar.*

Reihe P 2'B1'

Dänemark
Dänische Staatsbahn (DSB), 1907

Achslast: 18 t (39650 lb)
Zylinder, ⌀ x Hub
– **Hochdruck:** (2) 360 x 600 mm (14.2 x 23.6 in)
– **Niederdruck:** (2) 600 x 600 mm (23.6 x 23.6 in)
Treibrad ⌀: 1908 mm (78 in)
Verdampfungsheizfläche: 192,5 m² (2072 sq ft)
Kesseldruck: 13 kp/cm² (185 psi)
Rostfläche: 3,2 m² (34.4 sq ft)
Brennstoff (Kohle): 6 t (13215 lb)
Wasser: 21 m³ (4620 Imp gal)
Reibungsgewicht: 36 t (79300 lb)
Gesamtdienstgewicht: 119 t (262115 lb)
Gesamtlänge: 18515 mm (60 ft 9 in)

Man könnte annehmen, daß das flache Land Dänemark keine interessanten Lokomotiven hervorbrachte. Im Gegenteil waren die dänischen Dampflokomotiven ansehnlich und charakteristisch – auch die Reihe „P", die 1907 eingeführt wurde. Neunzehn kamen von der Hannoverschen Maschinenbau AG (Hanomag), 1910 lieferte Schwartzkopff in Berlin 14 weitere Loks. Die zweite Serie erhielt die Bezeichnung „P-2" und unterschied sich durch den größeren Zylinderhub von 640 mm (bei gleichen Zylinderdurchmessern) und durch den höheren Kesseldruck von 15 kp/cm².

Es waren alle Vierzylinder-Verbundlokomotiven mit außenliegenden Niederdruckzylindern. Die Heusingersteuerung lag seltsamerweise innen und trieb die Schieberstangen an, von denen eine gemeinsam einem Hoch- und einem Niederdruckzylinder diente. Alle Zylinder trieben die hintere Kuppelachse an. Dazu lagen die Innenzylinder erhöht und waren geneigt, damit die Treibstangen über der vorderen Treibachse zu liegen kamen. Die zulässige Höchstgeschwindigkeit in Dänemark betrug 100 km/h.

Äußerlich waren die dänischen Atlantiks sehr eindrucksvoll, den Schlot schmückten die dänische Nationalflagge – rot, gelb, rot – und sie besaßen so verspielte Einzelheiten wie die Speiseleitung, die fast einen vollen Kreis beschrieb, bevor sie in das Speiseventil einmündete.

Dänemark war ein Pionier bei der Einführung der diesel-elektrischen

Oben und unten: *Die 2'B1-Reihe „P" der Dänischen Staatsbahn. Diese eindrucksvollen Maschinen trugen von 1910 bis 1935 die Hauptlast des dänischen Personenverkehrs.*

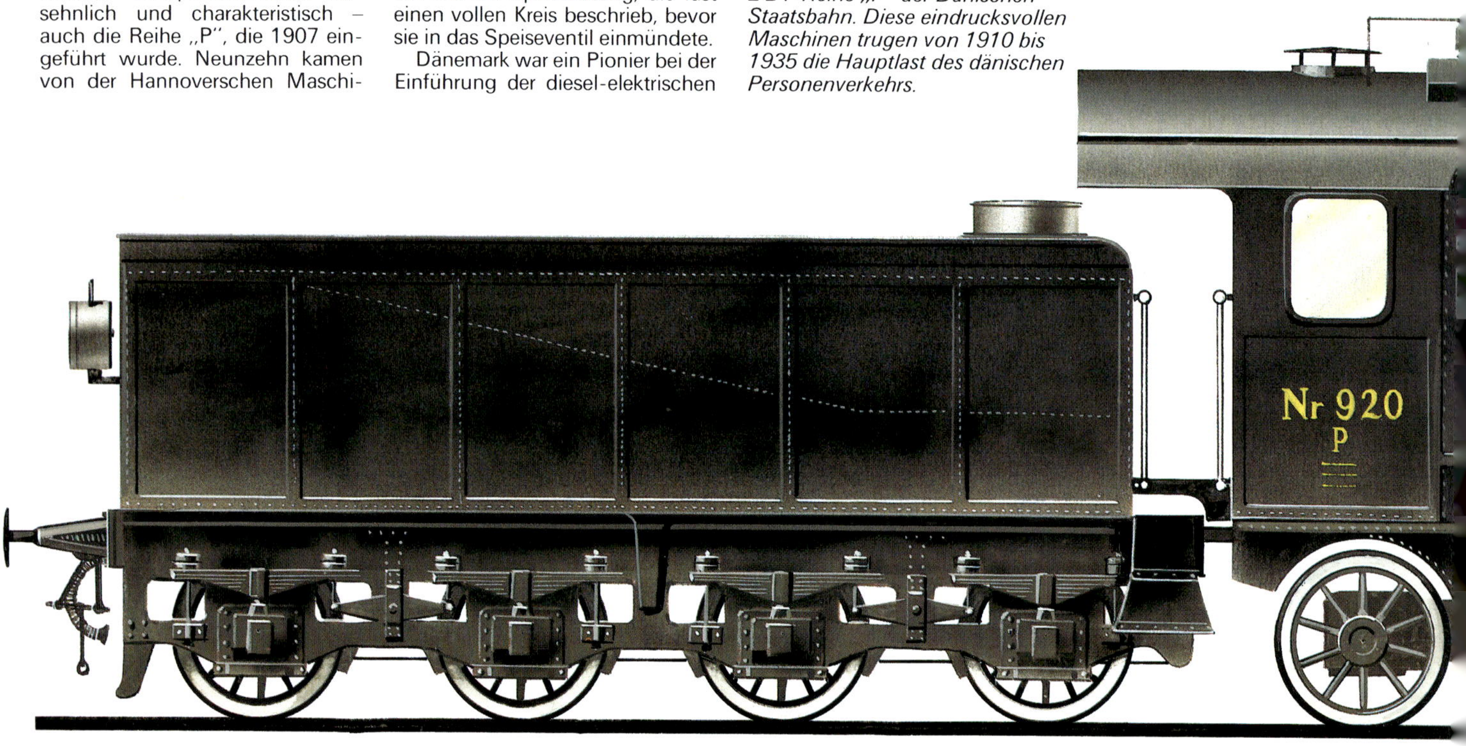

Reihe 640 1'C

Italien
Staatsbahn (FS), 1907

Zugkraft: 110,5 kN (24810 lb)
Achslast: 15 t (33040 lb)
Zylinder, ⌀ x Hub: (2) 540 x 700 mm (21¼ x 27½ in)
Treibrad: 1850 mm (72.8 In)
Verdampfungsheizfläche: 108 m² (1162.5 sq ft)
Überhitzerheizfläche: 33,5 m² (361 sq ft)
Kesseldruck: 12 kp/cm² (171 psi)
Rostfläche: 2,42 m² (26 sq ft)
Brennstoff (Kohle): 6 t (13215 lb)
Wasser: 15 m³ (3300 Imp gal)
Reibungsgewicht: 44,5 t (98020 lb)
Gesamtdienstgewicht: 89,8 t (197800 lb)
Gesamtlänge: 16530 mm (54 ft 2.8 in)

Als die italienischen Staatsbahnen 1905 gebildet wurden, war eine der ersten Arbeiten des Lokomotivdezernenten der neuen Verwaltung, Guiseppe Zara, der Entwurf einer Reihe neuer Einheitslokomotiven. Er war ein fähiger Mann mit eigenwilligen Ideen – seine kleinere Schnellzuglokomotive steckt auch voll interessanter Details, trotzdem sind einige von ihnen noch 75 Jahre nach Anlieferung der ersten derartigen Maschine im Einsatz.

Die 1'C-Lokomotiven der Reihe 640 erschienen 1907, die erste Serie baute Schwartzkopff in Berlin. Bis 1930 wurden insgeamt 188 Loks dieser Reihe gebaut, die meisten davon von italienischen Firmen. Zur Reihe gehörten auch 15 umgebaute Zweizylinder-Verbundlokomotiven der Reihe 630. Die 630er waren ursprünglich als Einheitsreihe vorgesehen gewesen, aber schon kurz nach ihren Erscheinen hatte ihnen das Aufkommen des Überhitzers ein frühes Ende bereitet.

Es war schon ziemlich eigenwillig, die 1'C-„Mogul"-Achsfolge für eine Schnellzuglokomotive zu wählen, aber die Kombination mit großen Treibrädern, Innenzylindern und außenliegenden Schieberkästen ergab wirklich etwas, das einen Umweg wert ist, nur um es einmal zu sehen.

Der Grund, warum die Achsfolge 1'C nicht oft Gelegenheit bekam, die besten Züge eines Landes zu befördern, war, daß man einer einzelnen Vorlaufachse keine guten Laufeigenschaften bei höheren Geschwindigkeiten zutraute. Die meisten Schnellzuglokomotiven hatten darum zweiachsige Drehgestelle zur Führung, auf der anderen Seite kann eine 1'C einen größeren Anteil ihres Gewichts für die Adhäsion nutzen, ein wichtiger Vorteil in einem gebirgigen Land wie Italien. Aber Zara hatte noch einen Trumpf im Ärmel – sein Zara-Drehgestell, in Italien auch italienisches Drehgestell genannt. Die erste Treibachse hatte ein Seitenspiel von 20 mm in den Achslagern, die Kuppelstangen und -zapfen besaßen kugelförmige Lager, damit alles richtig funktionierte, auch wenn die Treibräder seitlich verschoben waren. Die Vorlaufachse saß mit dieser Treibachse in einem gemeinsamen Drehgestell, so daß beide gemeinsam die Führung in der Kurve übernahmen. Dies Drehgestellbauweise war so erfolgreich, daß die 1'C und 1'C1'-Lokomotiven seither im Schnellzugbetrieb in Italien dominieren.

Traktion; die ersten diesel-elektrischen Schnellzüge gingen schon 1935 in Betrieb. Sie waren bekannt als „Lyntogs" (Blitzzüge) und bildeten zwar keine Gefahr für die Dampftraktion als solche, aber ihr Einsatz berührte die Atlantiks sehr wohl, die bisher die leichten Schnellzüge gefahren hatten. Daher baute man eine Anzahl von ihnen zwischen 1943 und 1955 in ziemlich kurze Pazifiks in der DSB-Werkstatt in Kopenhagen um. Der Kessel wurde mit einem zusätzlichen Schuß verlängert, die breite Feuerbüchse mußte einer schmaleren Type weichen, die von den 2'C-Loks der Reihe „R" stammte. Die Zylinder und die Steuerung verblieben, aber die neuen Treibräder hatten nur noch einen Durchmesser von 1727 mm. Die Umbauten bezeichnete man als Reihe „PR".

Die Umstellung von der Dampf- zur Dieseltraktion währte mehr als 40 Jahre, aber einmal war es doch so weit. Kurz zuvor war die letzte der Atlantiks, die Nr. 912 im Jahre 1968 ausgemustert worden. Dänemark hat viele Dampflokliebhaber und so führte ihr Enthusiasmus zur Erhaltung von zwei dieser herrlichen Atlantiks, den Lokomotiven Nr. 917 und 931 – die zweite steht im Museum von Odense. Die ebenfalls noch vorhandene Nr. 908 ist eine der Umbau-Pazifiks.

Oben: *Die Vorkriegsaufnahme einer „P" der Dänischen Staatsbahn zeigt die klare Linienführung vor dem Anbau der Luftbremseinrichtung.*

Die Elektrifizierung der italienischen Hauptstrecken hatte schon begonnen, als die 640001 erschien, daher ist es nicht erstaunlich, daß nach 1928 keine neuen Dampfschnellokomotiven erschienen. Aber die Elektrifizierung trug auch zum langen Überleben von Maschinen wie der 640 bei, denn sie wären schon lange verschwunden, hätte man modernere Loks besessen.

Links: *Noch im Juni 1972 stand die 1'C-Lokomotive des FS, Nr. 640004 im Lokdepot Alessandria unter Dampf.*

BESA 2'C **Indien** Indian Railways, 1905

Zugkraft: 100,6 kN (22590 lb)
Achslast: 17,9 t (39500 lb)
Zylinder, ⌀ x Hub:
(2) 521 x 660 mm (20½ x 26 in)
Treibrad ⌀: 1 880 mm (74 in)
Verdampfungsheizfläche:
137 m² (1 476 sq ft)
Überhitzerheizfläche: 32,7 m² (352 sq ft)
Kesseldruck: 12,7 kp/cm² (180 psi)
Rostfläche: 3,0 m² (32 sq ft)
Brennstoff (Kohle): 7,6 t (16800 lb)
Wasser: 18,2 m³ (4000 Imp gal)
Reibungsgewicht: 53,6 t (118000 lb)
Gesamtdienstgewicht: 123,9 t (273000 lb)
Gesamtlänge: 18980 mm (62 ft 3¼ in)
(Die Angaben beziehen sich auf spätere Lieferungen mit Walschaertsteuerung, außenliegenden Schiebern und Überhitzer).

Britischer als jede britische Lokomotive, diente diese mustergültige Schnellzuglok mehr als 75 Jahre ihren Aufgaben und fährt sogar heute noch. Es ist die „BESA Heavy Passenger 4-6-0", die schwere Personenzuglokomotive der Achsfolge 2'C nach den Entwürfen der „British Engineering Standards Association", der „britischen Vereinigung für die Normung im Maschinenbau". Von dieser Type, die 1905 erschien, sind auch heute noch etliche Exemplare in Indien im Einsatz (aber keine der Originallieferung), zumindest zum Zeitpunkt der Entstehung dieses Buches.

Die Eisenbahnen Indiens entwickelten sich vornehmlich durch privaten Unternehmungsgeist in einem Konzessionssystem, bei dem die Britische Regierung Indiens eine kleine Dividende garantierte, dabei sich aber ein gewisses Maß der Kontrolle und eine eventuelle spätere Übernahme vorbehielt. Die Regierung war der Meinung, daß eines ihrer Vorrechte die Schaffung von Normen war und nachdem man bei der Frage der Spurweiten ein ziemliches Durcheinander angerichtet hatte, bemühte man sich hier eine bessere Leistung zu zeigen. Und wie wir sehen werden gelang diese auch sehr gut.

Man entschied sich dafür, nachdem eine Reihe britischer Lokomotivhersteller vorstellig geworden war. Bekanntlich hatte nach der Jahrhundertwende eine explosionsartige Nachfrage nach neuen Lokomotiven eingesetzt und die Firmen waren nicht bereit, kleine Serien zu liefern, die kleinen Serien für andere Besteller bis auf wenige Details ähnelten.

Die Entwürfe für die indischen Einheitslokomotiven umfaßten für die Breitspur (1676 mm) eine „Standard Passenger"-2'B-Lock eine „Standard Goods"-C-Lok, eine „Heavy Goods"-1'D-Lok und schließlich eine „Heavy Passenger"-2'C-Lok. Alle diese Konstruktionen bewährten sich so gut, daß nach ihnen gebaute Lokomotiven noch heute voll ihren Mann stehen. Die „Heavy Passenger" wurde bis 1950 nach der Unabhängigkeit Indiens, gebaut, die 2'B-Maschinen kann man noch in Pakistan antreffen.

Staatseigene Bahnen, wie die „North Western" folgten den Normen ohne Vorbehalt, einige der anderen waren nicht gewillt ihre Unabhängigkeit in so wichtigen Fragen wie der Lokomotivbeschaffung allzu schnell aufzugeben. Im Laufe

Oben: *Die BESA-2'C-Lokomotive Nr. 24 256, 1949 gebaut von der Vulcan Foundry, gehört heute zur Ostregion (Eastern Region) der Indian Railways.*

Unten: *Die 2'C-Lok Nr. 24 328 der Western Railway entstand 1923 bei der Firma William Beardmore & Co in Glasgow.*

der Zeit sprachen aber die Qualitäten der Einheitstypen für sich.

Die ersten „BESA 4-6-0"-Lokomotiven waren solide Muster guten Maschinenbaus, größer als alles, daß man hier hatte. Ihre nächsten Verwandten in ihrem Herkunftsland scheinen einige 2'C-Maschinen der Glasgow & South Western Railway zu sein, die die North British Locomotive Co. in Glasgow 1903 baute. NBL lieferte auch die ersten 2'C-Loks nach Indien.

Im Laufe der Jahre baute man hier und bei anderen Firmen wie der Vulcan Foundry in Newton-le-Willows und bei Robert Stephenson & Co. Einige lieferten auch Kitson in Leeds und kurz vor dem 1. Weltkrieg auch William Beardmore in Glasgow, eigentlich eine Schiffsbaufirma. Die ersten Exemplare waren Naßdampfmaschinen mit Außenzylindern und innenliegenden Flachschiebern mit Stephensonsteuerung, aber schon bald erhielten sie außenliegende Walschaertsteuerung mit Kolbenschiebern und auch Überhitzer. Alle besaßen Kessel mit Belpaire-Feuerbüchsen. In der Zwischenkriegszeit rüstete man einige kleine Serien versuchsweise mit einer Ventilsteuerung aus. Einige der später gebauten Maschinen besaßen einen vierachsigen Drehgestelltender anstelle der üblichen dreiachsigen Bauform.

Als man 1957 das für ganz Indien gültige Nummernschema einführte, zählte man noch 387 Breitspurlokomotiven der Achsanordnung 2'C. Weitere Maschinen des Typs existierten noch in Ostpakistan (heute Bangladesh) und Westpakistan. Fast alle diese Loks entsprachen dem BESA-Entwurf oder kamen ihm recht nahe. Sie erhielten die neuen Nummern 24 000 bis 24 470, gemeinsam mit einigen 2'B1'-Loks und einen 2'C1' und 2'C-Loks, die nicht zu den Einheitsloks gehörten.

Auch die Ankunft ihrer Nachfolger, der „India Railway Standard" (IRS) 2'C1'-Maschinen, Reihe „XA" und „XB", berührte ihre Verwendung in hochwertigen Diensten kaum, weil die Neulinge sich als äußerst unbefriedigend herausstellten. Der große Erfolg der BESA-Lokomotiven scheint auf der Tatsache zu beruhen, daß man nicht versuchte etwas Neues zu schaffen, sondern einfach die übliche britische Baupraxis anwendete. Die in Indien etwa ein Viertel niedriger liegenden Geschwindigkeiten bei ähnlichen Zuglasten glich die rauhere Behandlung wieder aus. So kam es in staubigen Gegenden dazu, wo die Lokomotiven stark zum Heißlaufen neigten, daß man Wasserleitungen verlegte, die während der Fahrt Wasser auf die empfindlichen Lager tröpfeln ließen! Sicher trug auch die größere Spurweite ihren Teil bei, die im Vergleich zu ihrem Ursprungsland zwischen den Rädern 240 mm zusätzliche Breite für den Einbau des Feuerrostes ließ.

Dennoch verkündete eines Tages das Eintreffen des Nachkriegs-Pazifiks und der Diesel- und Elektrolokomotiven das nahende Ende der „BESA 4-6-0". 1980 war ihre Zahl auf etwa 100 gesunken, aber noch immer findet man sie an der Spitze von Personenzügen. Und wenn man die Wichtigkeit eines Zuges an der Menge der darin geballten oder sogar außen hängenden Menschheit mißt, dann sind es wirklich außerordentlich wichtige Züge. Es ist aber weit entfernt von jener Zeit, als der „Imperial Indian Mail" mit einer dieser Lokomotiven bespannt, Platz für 32 distinguierte Fahrgäste bot – selbstverständlich mit ihrer Dienerschaft, die sie für die 1979 km lange Reise von Bombay nach Kalkutta benötigten.

Oben: *Einige der noch vorhandenen BESA-2'C-Loks der Indian Railways besitzen einen vierachsigen Drehgestelltender anstelle der ursprünglichen dreiachsigen Bauart.*

Unten: *Der ausgezeichnete Zustand der Lok Nr. 24 280, 1915 von der North British Locomotive Co geliefert, läßt ihre fast 70 Jahre kaum ahnen.*

Baureihe P 8

Deutschland
Königlich Preußische Eisenbahnverwaltung (KPEV), 1906

Zugkraft: 119,2 kN (26760 lb)
Achslast: 17,7 t (38990 lb)
Zylinder, ∅ x Hub:
(2) 575 x 630 mm (22.6 x 24.8 in)
Treibrad ∅: 1750 mm (68.9 in)
Verdampfungsheizfläche:
144,96 m^2 (1560 sq ft)
Überhitzerheizfläche: 58,9 m^2
(634 sq ft)
Kesseldruck: 12 kp/cm^2 (171 psi)
Rostfläche: 2,64 m^2 (28.4 sq ft)
Brennstoff (Kohle): 7 t
(15420 lb)
Wasser: 21,5 m^3 (4730 Imp gal)
Reibungsgewicht: 51,6 t
(113655 lb)
Gesamtdienstgewicht: 129,7 t
(285685 lb)
Gesamtlänge: 18585 mm
(60 ft 11.7 in)

Oben: *„P8" Nr. 38 3635 der Deutschen Bundesbahn steht mit einem Personenzug im Bahnhof von Lippstadt zur Abfahrt bereit.*

Zu Beginn dieser Jahrhunderts sahen sich die Preußischen Staatsbahnen der Frage gegenüber, die sich auch den meisten anderen Eisenbahnen der Welt in den nächsten zehn Jahren stellen sollten – war der neu erfundene Überhitzer eine Alternative zum Verbundantrieb oder eine Ergänzung? Seit 1884 hatte die Verwaltung nebeneinander einfache und Verbundlokomotiven beschafft, die Verbundloks vorwiegend für höherwertige Dienste, die einfachen Maschinen für untergeordnete Arbeiten. Der Bau von Naßdampf-Verbundloks dauerte bis 1911 fort, aber in der Zwischenzeit hatten neue Heißdampfloks mit einfacher Dampfdehnung Fuß gefaßt. Eine davon war die Reihe „P6", eine 1'C-Lok für gemische Dienste, also gleichermaßen geeignet für Personen- und Güterzüge, von der zwischen 1903 und 1910 272 Stück gebaut wurden. Es stellte sich aber heraus, daß die Treibräder von 1600 mm für die gewünschte Höchstgeschwindigkeit zu klein waren und daß die Gewichtsaufteilung ungünstig war.

1906 erschien eine vergrößerte Ausführung mit führendem Drehgestell, also als 2'C und mit Treibrädern von 1750 mm. Man visierte für die neue Maschine eine Höchstgeschwindigkeit von 110 km/h an und wollte sie für Schnellzugdienste im Hügelland verwenden. Leider erwiesen sich die ersten Exemplare dieser Reihe als unzuverlässig und unbeliebt, auch kam es oft zu Ausfällen durch technische Mängel.

Diese Kinderkrankheiten bekämpfte man unter anderem mit der Verkleinerung des Zylinderdurchmessers und Veränderungen der Gewichtsverteilung. Vor allem entschied man aber, daß Laufwerk und Steuerung nicht für Geschwindigkeiten über 100 km/h geeignet waren und führte sie im Bezeichnungsschema nicht mehr als Schnellzuglok („S") sondern als zweitrangige Personenzuglok („P") und gab ihr die Reihenbezeichnung „P8". Damit wurde aus einer Lokomotive, die für Schnellzüge auf einem begrenzten Teil des preußischen Netzes bestimmt war, eine Allzwecklokomotive, die in ganz Europa Verbreitung finden sollte.

Wie viele erfolgreiche Lokomotivkonstruktionen war die „P8" sehr einfach gebaut und zumindest anfänglich von schlichter Eleganz. Der Kessel mit runder Feuerbüchsdecke war gut proportioniert; mit der Zeit gab es zwar verschiedene Kesselvarianten, die grundlegenden Abmessungen wurden aber nicht verändert. Als Ergänzung zu Dr. Schmidts Überhitzer benutzte man die von ihm empfohlenen langhubigen Kolbenschieber. Durch die Kombination des Überhitzers mit Kolbenschiebern und einer gut bemessenen Heusingersteuerung erreichten die Maschinen eine Wirtschaftlichkeit, die Lokomotiven einfacher Dampfdehnung nur selten erzielten. In der Ebene beförderten sie Personenzüge von 400 t mit der zulässigen Geschwindigkeit von 90km/h; mit 365 t schafften sie auf einer Steigung von 1% noch 40 km/h. Schnellzüge hatten einen etwas niedrigeren Laufwiderstand, so daß die „P8" ihre 100 km/h mit einem D-Zug von 300 t Gewicht ausfahren konnte, auf der Steigerung von 1% erreichte sie damit nicht ganz die 50 km/h-Marke.

Nach Beseitigung der anfänglichen Probleme wurde sie so beliebt, daß sie in riesigen Stückzahlen gebaut wurde, ihre Achslast erlaubte ihren Einsatz auf einem großen Teil des preußischen Bahnnetzes. Auch die Bahnverwaltungen von Oldenburg, Mecklenburg und Baden bestellten insgesamt 58 dieser Maschinen. Obwohl sie jetzt offiziell eine „Personenzuglokomotive" war, übernahm sie genauso gut Schnellzüge, wenn deren planmäßige Geschwindigkeit nicht höher als 100 km/h lag.

Bis zum Ende des 1. Weltkrieges hatte man 2350 „P8" für deutsche Bahnen gebaut, nun mußte ein großer Teil von ihnen, nämlich 628 Stück als Reparation an die Siegermächte abgegeben werden.

Unten: *Im Laufe der Zeit wurde aus der preußischen Reihe „P8" die Baureihe „38" der Deutschen Reichsbahn Gesellschaft (DRG), später liefen sie mit gleicher Bezeichnung bei der Deutschen Bundesbahn (DB) und der deutschen Reichsbahn (DR). Die Zeichnung zeigt eine „38" der DB in der letzten Ausführung mit Witte-Leitblechen und Indusikasten unter der Führerstandsbeschriftung, aber noch mit dem alten Nietentender.*

Den Verlust durch die Reparationsleistungen machte man durch einen umfangreichen Weiterbau der Baureihe wieder wett, der bis in die 20er Jahre dauerte. Letzte neugebaute deutsche Lokomotive dieser Type war die 1923 von der AEG schon mit neuer Nummer gelieferte „38 4051". Bei Reparaturen und Aufarbeitungen wurden die Kessel häufig getauscht, auch mit der verwandten Güterzuglokomotive „G10", das äußere Erscheinungsbild der Lokomotiven änderte sich aber vor allem durch den Anbau von Windleitblechen, Speisewasservorwärmern und anderen Zusatzausrüstungen.

Beim Ostfeldzug des 2. Weltkrieges gelangten auch sehr viele „38er" nach Rußland, die meisten kehrten zwar zurück, aber viele sahen ihre Heimat nicht mehr wieder; ein Teil der in Rumänien vorhandenen Maschinen ist aber keine Kriegsbeute, sondern wurde neu an die CFR geliefert. In vielen Ländern baute man die „P8" nach eigenen Vorstellungen und Normen um, die Grundbauart blieb aber immer erhalten. Insgesamt wurden für deutsche Bahnen 3561 „P8" gebaut, für Litauen, Polen und Rumänien noch einmal 395 Stück. Die Zahl 4000 wurde damit knapp verfehlt. Polen baute darüberhinaus 190 vergrößerte „Ok 22", die einen neuen Kessel auf einem Fahrwerk des „P8-Typs besaßen.

Nach dem 2. Weltkrieg verblieben buchmäßig 2234 „38er" in Deutschland, davon waren aber in den Westzonen nur 1351 und in der Ostzone etwa 842 Maschinen vorhanden, der Rest war nicht auffindbar. Die DB-Loks rüstete man im Laufe der Zeit mit den neueren Witte-Windleitblechen aus, viele kuppelte man mit Wannentendern von verschrotteten Kriegsloks der Baureihen 42 und 52. Bei der DR behielt man die älteren kleinen Wagnerbleche meist bei, 76 Loks wertete man aber durch den Einbau von Giesl-Ejektoren (Flachesse) in der Wirtschaftlichkeit auf, über die Schönheit läßt sich aber streiten.

Zwei der DB-Loks baute man mit kurzgekuppelten Zweiachstendern in 2'C2'-Tenderloks der Reihe „78^{10} um, die gleich gute Laufeigenschaften in beiden Richtungen hatte, aus Sicherheitsgründen rückwärts aber keine 100 km/h fahren durfte. Der schnell fortschreitende Traktionswechsel verhinderte den Bau von mehr als den 2 Prototypen. Über 40 Wannentender-38er rüstete die DB mit Wendezugeinrichtung und geschlossenen Führerhäusern um. Am Ende siegte aber doch die Verdieselung; 1968 besaß die DB nur noch 73 „P8", die meist südlich Stuttgarts liefen. Der letzte Abschied von dieser Reihe verzögerte sich dann mehrmals, aber Anfang 1975 dampfte 38 1772 zum letzten Mal über die Gleise der DB, 3 Jahre nach der Abstellung der letzten DR-Maschinen. In anderen Ländern, wie Polen und Rumänien fuhren sie auch weiterhin durch die Lande, auch noch 1979, also 73 Jahre nach dem Bau der ersten „P8". 8 Lokomotiven blieben in verschiedenen Orten Deutschlands der Nachwelt erhalten.

Es ist interessant, die „P8", die nach der deutschen Fahrzeugbegrenzung gebaut war, mit etwa 1500 britischen 2'C-Loks zu vergleichen, die in Größe und Leistung sehr ähnlich waren, obwohl sie unabhängig voneinander entwickelt wurden. Sogar die Schieberdiagramme der „P8" und der LMS „Stanier Black Fives" waren fast identisch.

Oben: *Die 383753 fuhr bis 1966 für die Deutsche Bundesbahn.*

Unten: *Wieder eine „P8", aber diesmal die 230187 der Rumänischen Staatsbahn. (CFR).*

Cardean Klasse 2'C

Großbritannien
Caledonian Railway (CR), 1906

Zugkraft: 101,0 kN (22667 lb)
Achslast: 18,8 t (41 500 lb)
Zylinder, Ø x Hub:
(2) 527 x 660 mm (20¾ x 25 in)
Treibrad Ø: 1981 mm (78 in)
Verdampfungsheizfläche:
168,5 m² (1814 sq ft)
Überhitzerheizfläche: 48 m²
(516 sq ft)
Kesseldruck: 14,1 kp/cm²
(200 psi)
Rostfläche: 2,4 m² (26 sq ft)
Brennstoff (Kohle): 5 t
(11 000 lb)
Wasser: 22,7 m³ (5000 Imp gal)
Reibungsgewicht: 55,8 t
(123000 lb)
Gesamtdienstgewicht: 133,5 t
(294000 lb)
Gesamtlänge: 19 964 mm
(65 ft 6 in)

Kaum eine Lokomotive hat ein größeres Anrecht, als Inbegriff des Goldenen Dampfzeitalters betrachtet zu werden, als die „Cardean" mit ihren Schwestern. Die schöne und sehr gepflegte Farbgebung im Blau der Caledonian Railway, wie sie die Zeichnung darstellt, spricht für sich, aber auch ansonsten kommen uns diese Maschinen heute wie ein Traum vor. Zum Beispiel war die „Cardean" einem bestimmten Zug und einem Lokführer fest zugeteilt. Der legendäre David Gibson („temperamentvoll wie ein Filmstar") war von 1911 bis 1916 ihr Herr. An jedem Wochentag fuhren sie den berühmten „Corridor"-Durchgangszug, der um 2 Uhr nachmittags von Glasgow nach Euston fuhr, bis Carlisle. Zurück ging es am gleichen Abend mit dem Gegenzug.

Ohne Zweifel betrachtete Gibson die „Cardean" als persönliches Eigentum und ließ ihr eine liebevolle Pflege zuteil werden, wie man sie heute nur noch bei wenigen Autonarren finden kann. Als Resultat ergab sich eine Zuverlässigkeit der Lokomotive, die außerhalb der Vorstellungskraft heutiger Bahnverwaltungen liegt. Es gab natürlich auch unangenehme Geschehnisse; eines ereignete sich im April 1909, als eine Kropfachse in voller Fahrt brach. Eines der Treibräder machte sich selbständig und purzelte die Böschung hinunter. Der Zug trennte sich von der Lok und entgleiste, blieb aber bald durch die automatische Westinghouse-Bremse stehen; die Lokomotive, jetzt nur noch eine 4-5-0 statt einer 4-6-0 fuhr lustig weiter und blieb

Oben: *Eine der kleineren Schwestern der „Cardean" eine 2'-C-Lok der Reihe „908" für gemischten Dienst. 10 dieser Lokomotiven lieferten 1906 die Werkstätten von St. Rollox.*

Unten: *Die 2'C-Lokomotive Nr. 903 „Cardean" der Caledonian Railway in ihrer ganzen Pracht. So sah sie vor 1914 bei ihren Einsätzen auf der Strecke Glasgow-Carlisle aus.*

Reihe A 2'C

Australien
Victorian Government Railways (VGR), 1907

Zugkraft: 122,4 kN (27480 lb)
Achslast: 17,9 t (39500 lb)
Zylinder, Ø x Hub:
(2) 559 x 660 mm (22 x 26 in)
Treibrad Ø: 1854 mm (73 in)
Verdampfungsheizfläche:
190 m² (2048 sq ft)
Überhitzerheizfläche: 35 m²
(375 sq t)
Kesseldruck: 13 kp/cm² (185 psi)
Rostfläche: 2,7 m² (29 sq ft)
Reibungsgewicht: 53,6 t
(118000 lb)
Gesamtdienstgewicht: 119,6 t
(263500 lb)
(Tenderdaten nicht verfügbar)

erstaunlicherweise auf den Schienen. Der damalige Herr der Lokomotive war James Currie, der Vorgänger Gibsons.

Gibson ist noch heute beinahe genauso bekannt wie John Farquharson McIntosh, der Konstrukteur dieser ausgezeichneten Maschinen. Die fünf Mitglieder der Reihe entstanden 1906 in den bahneigenen Werkstätten von St. Rollox in der damals üblichen Bauweise. Innentriebwerk und innenliegende Stephensonsteuerungen, die über Schwinghebel die Flachschieber über den Zylindern antrieben, entsprachen völlig der Praxis des 19ten Jahrhunderts. McIntosh war der Meinung, daß die besseren Laufeigenschaften und das bessere Aussehen einer Innenzylindermaschine mehr als ausreichend die Mehrkosten der Kropfachse und die schlechtere Zugänglichkeit des Antriebs ausglichen. 1911-12 baute man Überhitzer ein. Später kam dazu auch noch eine Vakuumbremseinrichtung, um auch vakuumgebremste Fremdwagen fahren zu können, die Caledonian Railway besaß ja Luftdruckbremsen.

Dem Lokführer half eine Dampf-Kraftumsteuerung; große Drehgestelltender erlaubten es, Strecken wie die 243 Kilometer von Carlisle nach Perth ohne Halt zurückzulegen. Seltsamerweise erhielt nur eine der Lokomotiven einen Namen; „eigenartigerweise" wählte man dafür den Namen des Hauses, in dem der Vizepräsident der Bahn wohnte. So mußten alle außer der Nr. 903 „Cardean" mit ihren Nummern 904-907 vorlieb nehmen.

Nr. 907 fiel dem fürchterlichsten Eisenbahnunglück der britischen Geschichte in Quintinshill bei Carlisle am 22. Mai 1915 zum Opfer. Die anderen vier erlebten die erste Eisenbahngruppierung von 1923. Letzter Überlebender der Reihe war „Cardean" selbst, die 1930 als Nr. 14 752 der London, Midland & Scottish Railway ausgemustert wurde. Nur eines der Merkmale der Caledonian, das die LMS nach einigen Jahren übernahm, war die tieftönende Dampfpfeife der CR, die William Stanier für seine Lokomotiven verlangte.

Oben: *Als einzige Caledonian-Lokomotive blieb die „Single" 2'A1-Lok Nr. 123 von 1886 erhalten; sie ist zur Zeit in Glasgow zu sehen.*

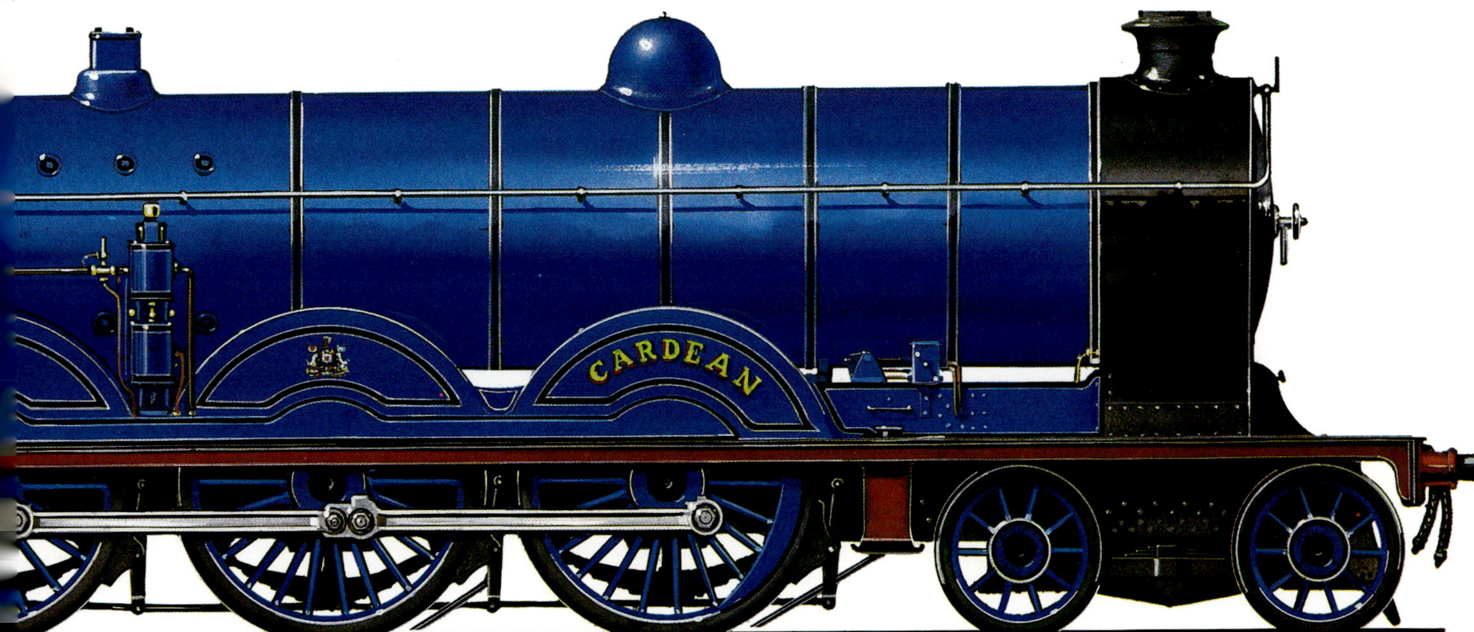

Links: *Die 2'C-Lokomotiven der Reihe „A" waren lange Jahre die vorrangigen Schnellzuglokomotiven der Victorian Railways.*

Die ersten dieser 2'C-Lokomotiven der Reihe „A" entstanden nach dem sich langsam verbreitenden Selbsthilfeprinzip um 1905 in den eigenen Werkstätten der Victorian Railways in Newport. Es waren stattliche und ansehnliche Maschinen, die der britischen Lokomotivpraxis folgten. Sieben Jahre später gab es schon 125 von ihnen, alle mit Außenzylindern, innenliegenden Flachschiebern mit Stephensonsteuerung und Drehgestelltendern. Anfänglich hatten sie keine Überhitzer, damit rüstete man sie im Laufe der Jahre aus, die letzten erst 1949. Ab 1923 bezeichnete man die Naßdampfmaschinen als Reihe „A-1", die Heißdampfvariante als „A-2", mit den Nummern 816-939.

2'C-Maschinen für Güterverkehr hatte man schon sehr früh, nämlich 1879 von Baldwin bezogen. Die berühmte „DD"-Reihe gleicher Achsfolge baute man ab 1902 im eigenen Land. Sie war der direkte Vorfahr der zahlreichsten und langlebigsten Schnellzuglokomotive Viktorias.

Spätere Änderungen umfaßten den Umbau von 57 Exemplaren auf Ölfeuerung und zuvor schon den Anbau von Windleitblechen. Eine Gruppe von 5 Lokomotiven modernisierte man umfänglich mit neuen Vorderpartien und „Boxpok"-Scheibentreibrädern, die das Aussehen erheblich veränderten.

Von 1915 bis 1922 entstanden weitere 60 Maschinen der Reihe „A-2" (Nrn 940-999) mit außenliegenden Schiebern und Walschaertsteuerung. Die Reihenbezeichnung unterschied nicht zwischen den Walschaert- und den Stephensonmaschinen. Die 185 Lokomotiven waren bis nach dem Ende des 2. Weltkriegs die Hauptstütze des Personenverkehrs der VGR. Man muß bedenken, daß die VGR insgesamt nur 640 Lokomotiven auf ihrem Netz mit 1600 mm-Breitspur (5ft 3in) besaßen und man sieht leicht, welche hervorragende Stellung die „A-2" einnahmen. Es war so, als ob die London, Midland & Scottish 2300 „Royal Scots" besessen hätte und nicht nur 70.

1950 lieferten britische Hersteller einige 2'C2'-Lokomotiven der Reihe „R", die zahlreiche Maschinen der Reihe „A-1" und „A-2" überflüssig machten. Trotzdem hielt sich diese Type bis 1963 im normalen Dienst. Drei blieben erhalten, Nr. 995 steht im Museum der „Australian Railway Historical Society" in Newport. Nr. 964 steht bei Edwardes Lakes und Nr. 966 in einem öffentlichen Park in Echucha. Damit endete eine bedeutende Ära in der Geschichte dieses Staates.

Reihe 4500 2'C1' Frankreich
Paris-Orleans-Bahn (P-O), 1907

Achslast: 17,5 t (38550 lb)
Zylinder, ∅ x Hub:
-Hochdruck: (2) 420 x 650 mm (16.5 x 25.6 in)
-Niederdruck: (2) 640 x 650 mm (25.2 x 25.6 in)
Treibrad ∅: 1900 mm (74.8 in)
Verdampfungsheizfläche: 195 m² (2099 sq ft)
Überhitzerheizfläche: 63,5 m² (684 sq ft)
Kesseldruck: 16 kp/cm² (228 psi)
Rostfläche: 4,27 m² (46 sq ft)
Brennstoff (Kohle): 6 t (13215 lb)
Wasser: 20 m³ (4400 Imp gal)
Reibungsgewicht: 53 t (116740 lb)
Gesamtdienstgewicht: 136,5 t (300660 lb)
Gesamtlänge: 20 790 mm (68 ft 2½ in)
(Diese Angaben beziehen sich auf die Heißdampfversion der Reihe vor dem Umbau durch Chapelon)

Oben: *Eine der 2'D-Lokomotiven (Nr. 240 P.2), die 1940 für die PLM aus Pazifiks der P-O umgebaut wurden.*

Unten: *Die 231.E.23 der SNCF ist eine der Pazifiks, die Chapelon aus den Lokomotiven der Paris-Orleans von 1907 umbaute.*

Wenn man aus der Vielzahl der in diesem Buch beschriebenen Lokomotiven eine Schnellzuglokomotive aussuchen müßte, die auf jeden Fall beschrieben werden muß, dann wäre die Wahl ganz bestimmt auf diese Lokomotiven gefallen. Es war, mit knappem Vorsprung die erste Pazifik, die in Europa lief (nicht die erste gebaute – in Großbritannien waren etwas früher im gleichen Jahr einige für Malaya entstanden) und wurde später nicht nur zur leistungsfähigsten, sondern auch zur wirtschaftlichsten Pazifik Europas. Es waren sicher auch die modernsten, wenn auch vielleicht die kompliziertesten, Maschinen der Achsanordnung 2'C'1.

Zwischen 1907 und 1910 baute man 100 Pazifiks der Reihe „4500", meist in Frankreich, eine Serie (Nr. 4541-70) stammt eigenartigerweise von der American Locomotive Co. in Schenectady, USA. Die 90 Lokomotiven der Reihe „3500" waren bis auf die 100 mm kleineren Treibräder identisch. Sie entstanden zwischen 1909 und 1918.

Alle diese Pazifiks der Paris-Orleans-Bahn waren de Glenn-Vierzylinder-Verbundloks. Interessant war die Bauart der Feuerroste. Hinten waren sie breit, wie bei Pazifiks üblich, nach vorne verjüngten sie sich trapezförmig und reichten zwischen die Rahmenplatten. Spätere Lieferungen baute man mit Überhitzer, andere erhielten diesen nachträglich eingebaut. Die Hochdruckzylinder besaßen Kolbenschieber, für die Niederdruckzylinder reichten der P-O Flachschieber. Sie waren fähige, aber nicht besonders bemerkenswerte Maschinen ihrer Zeit, die etwa 2000 PS Zylinderleistung erreichen konnten.

In den 20er Jahren machten die steigenden Zuggewichte durch den Übergang von Holz- auf Stahlwagen die Unzulänglichkeiten der Pazifiks offensichtlich, die begonnene Elektrifizierung ließ aber keine Mittel für Neubauten übrig.

Ein junger Mann namens André Chapelon, der bei der P-O als Entwicklungsingenieur beschäftigt war, schlug einen drastischen Umbau vor, 1926 hatte er seine Vorgesetzten – gegen deren Überzeugung – soweit gebracht, daß sie die Arbeit in seine Hände legten. Veränderungen in der Verwaltungsspitze bedeuteten weitere Überzeugungsarbeit, aber am Ende konnte die umgebaute Nr. 3566 1929 ihre erste Fahrt antreten. Eine neue Ära der Dampftraktion hatte begonnen. Bei gleicher Dampfmenge leistete die Maschine 25% mehr, die Verbesserungen des Kessels steigerten aber auch die Dampferzeugung, so daß eine Zylinderleistung von 3700 PS erreicht wurde, eine Steigerung von 85% gegenüber der vorherigen Ausführung.

Chapelon erzielte dieses Ergebnis nach einer sorgfältigen Analyse der Mängel der vorhandenen Konstruktion. Er betrachtete den gesamten Vorgang, vom kalten Wasser im Tender bis zum Auspuffdampf und ergriff folgende Maßnahmen zur Verbesserung:
(a) Vorwärmen des Speisewassers mit Wärmeenergie aus dem Abdampf.
(b) Vergrößern der direkten Heizfläche in der Feuerbüchse durch flache Wasserbehälter, die sogenannten Wasserkammern.
(c) Verwendung eines Überhitzers mit einer um 24% größeren Heizfläche, in einer wirtschaftlicheren, wenn auch komplizierteren Bauart.
(d) Vergrößerung der Dampfleitungen, um den Durchfluß zu erleichtern.
(e) Einbau einer Ventilsteuerung an Hoch- und Niederdrucktriebwerken, um schneller öffnende und größere Dampfdurchlässe zu erhalten.
(f) Eine verbesserte Auspuffanordnung ergab eine höhere Saugwirkung bei niedrigerem Gegendruck, äußerlich durch den Doppelschlot erkennbar.

Die Walschaertsteuerung wurde zum Antrieb der Schwingwelle der Ventilsteuerung beibehalten.

Die P-O gab an, daß Lok Nr. 3566 die 113 Kilometer von Poitiers nach Angoulême mit einem 567 t-Zug mit einer Reisegeschwindigkeit von Anfahrt bis Halt von 107,7 km/h zurücklegte: eine Steigerung von 0,5% meisterte sie dabei mit 124 km/h. Diese in Frankreich beispiellose Leistung war eine Sensation für die Welt des Lokomotivbaus.

Um den Bedarf der P-O zu decken, baute man weitere 31 Pazifiks der Reihe „3500" um. Das Fortschreiten der Elektrifizierung führte dazu, daß die P-0 einige der älteren Pazifiks nicht mehr benötigte, die anderen französischen Bahngesellschaften konnten es kaum erwarten, diese Wundermaschinen in ihre Hände zu bekommen. Für die Nordbahn wurden 20 umgebaut, später 23 Stück für die Ostbahn. 20 weitere Nordbahnlokomotiven wurden neu gebaut.

1932 baute man 16 Loks der Reihe „3500" weniger weitgehend um. Anstelle der Ventilsteuerung erhielten sie Doppelkolbenschieber, die doppelt so große Dampföffnungen wie normale Kolbenschieber hatten. Benannt wurden sie nach ihrem Konstrukteur Willoteaux, einem Assistenten Chapelons.

Im gleichen Jahr baute man eine der noch in Naßdampfausführung vorhandenen 2'C1'-Loks der Reihe „4500" in der Werkstatt Tours in eine 2'D-Lokomotive um. Damit wollte man eine Lokomotive erhalten, die mehr Reibungsgewicht für die Bewältigung der Strecke nach Toulouse besaß, die schwieriger war, als die nach Bordeaux. Man benötigte dazu einen anderen Kessel mit einer schmalen Feuerbüchse, die zwischen den Treibrädern Platz fand. Bei dem Entwurf hielt man sich an den Kesseltyp der Nordbahn-Pazifiks.

Ansonsten folgte man wieder dem gleichen Rezept, einige Detailverbesserungen ergaben nun eine Zylinderleistung von 4000 PS. 1934 baute man 11 weitere Loks dementsprechend um; 1940 noch einmal 25 für die PLM (jetzt die

SNCF-Region Süd) als Reihe „240P", dieses Mal mit einem mechanischen Stoker.

Die Abmessungen dieser Umbauten, die sich wesentlich von den Originallokomotiven unterscheiden sind wie folgt:

Achslast: 20 t (44055 lb)
Zylinder, ∅ x Hub:
-Niederdruck: 650 x 690 mm (25.6 x 27.2 in)
Verdampfungsheizfläche: 213 m² (2293 sq ft)
Überhitzerheizfläche: 68 m² (732 sq ft)
Kesseldruck: 20,4 kp/cm² (290 psi)
Rostfläche: 3,75 m² (40.4 sq ft)
Brennstoff (Kohle): 12 t (26430 lb)
Wasser: 34 m³ (7480 Imp gal)
Reibungsgewicht: 80,5 t (177315 lb)

Zu den jetzt möglichen Leistungen dieser 2'D-Maschinen gehörte, daß sie nun die Steigung von 0,8% bei Bleisy-Bas zwischen Paris und Dijon mit 787 Tonnen mit mindestens 94 km/h bewältigen konnten. Während des Krieges bürdete man der „240P" Züge mit 28 Schnellzugwagen auf, mit denen sie in der Ebene noch 85 km/h erreichte. Leider wurde die Hauptstrecke von Paris nach Lyon 1952 elektrifiziert und Vorschläge, diese Maschinen in Frankreich anderweitig zu verwenden, scheiterten aus nie ganz klar gewordenen Gründen.

In den 60er Jahren massierten sich die verbliebenen P-O-Pazifiks, sehr zur Freude ihrer britischen Bewunderer, in Calais. Viele werden sich noch lange daran erinnern, wie sie mühelos die schweren Schiffszüge über die 0,8%-Steigung zwischen Calais und Boulogne bewegten.

1956 führte man Versuche über das Verhalten von Ellok-Pantografen bei hohen Geschwindigkeiten durch. Dabei schob die 231.E.19 eine 220 t-Garnitur mit 177 km/h vor sich her, die höchste bekannte Geschwindigkeit dieser Maschinen.

Im Gegensatz dazu stand die traurige Tatsache, daß die „Chapelons" zwar sehr wirtschaftlich waren, was ihren Verbrauch betrifft, sie waren aber im Unterhalt teurer als die zahlreich vorhandenen einfachen und robusten 1'D1'-„Liberation"-Lokomotiven, die nach Kriegsende in den USA gebaut worden waren. Auch diese konnten, beispielsweise, einen Zug von 850 t auf der 0,8%-Steigung mit 84 km/h fahren, wenn man ihnen dabei die Anstrengung auch anmerkte. So kam es in Calais wie überall in Frankreich dazu, daß diese einfachen Arbeitstiere die großartigen Verbundmaschinen überdauerten. Die 231.E.22 steht im Museum von Mulhouse, die 231.E.41 wird in St. Pierre-les-Corps wieder aufgearbeitet. Auch die nicht umgebaute Nr. 4546 der Strecke Paris–Orleans blieb uns erhalten.

Oben: *Bahnhof Calais Maritime. Die Chapelon-Pazifik Nr. 231.E.39 ist soeben mit dem „Golden Arrow"-Express aus Paris angekommen. Die Fahrgäste fahren mit dem rechts zu sehenden Dampfer weiter in Richtung Großbritannien.*

Unten: *So sieht die, für das Eisenbahnmuseum in Mulhouse in den Originalzustand zurückversetzte Pazifik der Paris-Orleans-Bahn, Nr. 4546, heute aus.*

Reihe S 3/6 2'C1'

Deutschland
Königlich Bayerische Staatsbahn (KBStB), 1908

Achslast: 18,4 t (40 530 lb)
Zylinder, ⌀ x Hub
-Hochdruck: (2) 440 x 610 mm (17.3 x 24 in)
-Niederdruck: (2) 650 x 670 mm (25.6 x 26.4 in)
Treibrad ⌀: 1870 mm (73.6 in)
Verdampfungsheizfläche: 197,4 m² (2125 sq ft)
Überhitzerheizfläche: 74,2 m² (799 sq ft)
Kesseldruck: 16 kp cm² (228 psi)
Rostfläche: 4,5 m² (48.4 sq ft)
Brennstoff (Kohle): 8,5 t (18 725 lb)
Wasser: 27,4 m² (6030 Imp gal)
Reibungsgewicht: 55,1 t (121 365 lb)
Gesamtdienstgewicht: 153,9 t (338 990 lb)
Gesamtlänge: 21 371 mm (70 ft 1.4 in)
(Die Angaben beziehen sich auf die Nachbauserie von 1926 von Maffei)

Oben: *Die luxuriöse Inneneinrichtung der Salonwagen des „Rheingold"-Zuges.*

Mitte: *Eine S3/6 mit dem „Rheingold" in voller Fahrt im Rheintal.*

Unten: *Eine der S3/6-Nachbauloks posiert mit dem „Rheingold" für den Fotografen.*

Die Lokomotiven Bayerns unterschieden sich von den preußischen genauso wie die bayerischen Alpen vom norddeutschen Flachland. Der Grund dafür war einfach; die meisten bayerischen Lokomotivtypen stammten von Maffei und der Chefkonstrukteur Leppla hatte eine Vorliebe für Lokomotiven mit einem geschmackvollen Aussehen – etwas, das dem Lokomotivbau Preußens fehlte. Eine der bemerkenswertesten Leistungen der Firma Maffei war eine ganze Familie von Pazifiks, die 1908 erstmals geliefert und über eine Zeit von 23 Jahren für die Eisenbahnen Bayerns, Badens und auch für die Deutsche Reichsbahn des Nachkriegsdeutschlands weitergebaut wurden.

Ab 1895 beschaffte die Bayerische Staatsbahn nur noch Vierzylinder-Lokomotiven für den Personenverkehr, dazu gehörten auch zwei Atlantiks, die 1901 von Baldwin aus den USA kamen. Diese Maschinen scheinen Maffei so beeinflußt zu haben, daß diese Firma die erste in Europa war, die den Barrenrahmen allgemein verwendete. Zu den amerikanischen Eigenheiten, die man hier übernahm, gehörte auch die Herstellung der Zylinderblöcke als große Gußstücke in einem Teil mit dem Rauchkammersattel. Alle vier Zylinder der Maffei-Maschinen trieben die gleiche Achse an, bei den Pazifiks war das die mittlere. Damit die Treibstange an der vorderen Achse vorbei kam, mußten die innenliegenden Hochdruckzylinder stark geneigt werden. Die zugehörigen Schieber lagen außen über den Schiebern der Niederdruckzylinder. Dadurch konnte über einen einfachen Zwischenhebel die äußere Steuerung auch die Innenschieber antreiben. Auch die Dampfverbindungsleitungen lagen in diesem massiven Gußblock.

Die ersten Maschinen dieser Bauart lieferte Maffei 1907 an die Badische Staatsbahn; Bayern erhielt eine erste Serie im folgenden Jahr. Bis 1911 entstanden 23 Lokomotiven mit Treibrädern von 1870 mm und einem Kesseldruck von 15 kp/cm². 1912/13 kam eine Reihe von 18 Maschinen mit Rädern von 2000 mm (Die Hochhaxigen); nachfolgende Serien von 1913 bis 1924 hatten wieder die Treibräder von 1870 mm und umfaßten 78 Stück. Die bis 1918 gelieferten „S3/6" hatten (außer den hochrädrigen) Führerhäuser mit schrägen Vorderwänden als Windschneide. Ab 1912 erschien auch der charakteristische Krempenschornstein. Zu Zutaten späterer Serien gehörten auch Speisewasservorwärmer und eine Erhöhung des Kesseldrucks auf 16 kp/cm². Ihre Bezeichnung „S3/6" weist darauf hin, daß es Schnellzuglokomotiven („S") sind, die drei Treibachsen bei insgesamt sechs Achsen besitzen. In etwas veränderter Form lebte diese Bezeichnung auch auf den Gattungsschildern der Deutschen Reichsbahn fort, dort kam noch die Angabe der maximalen Achslast hinzu, bei 18 t Achslast der späteren „S3/6"-Maschinen ergab das „S36.18".

1925 wurden die ersten Einheits-Pazifiks der DRG gebaut. Aber diese Lokomotiven hatten eine Achslast von 20 t und konnten nicht überall verwendet werden. Es bestand darum ein Bedarf an weiteren leichten Maschinen mit einer Achslast von 18 t. Die DRG-Verantwortlichen waren von der Leistungsfähigkeit der „S3/6" so beeindruckt, daß sie von der jetzt als „Baureihe $18^{4\text{-}5}$" bezeichneten Konstruktion bei Maffei weitere 40 als 18 509-548 bestellten. Während des Baus ging die Firma bankrott, die 18 531-548 lieferte Henschel in Kassel als Lizenzproduktion. Dies waren die einzigen von der DRG bestellten Länderbahnmaschinen, die nicht aus Preußen stammten. Vor allem durch die DRG-Nachbauten verließen viele „18er" ihre Heimat und arbeiteten bis zum Eintreffen der Einheitsloks der Reihe „03" mit ebenfalls 18 t Achsdruck in so weit nördlich liegenden Betriebswerken wie Osnabrück und Berlin-Anhalter Bahnhof. Von der Rheinstrecke konnte sie auch die „03" nicht verdrängen, wo die bayerischen Pazifiks vor (und auch nach) dem 2. Weltkrieg den angesehenen „Rheingold" bespannten.

Die Reihe bewährte sich so hervorragend, daß die Deutsche Bundesbahn anfang der 50er Jahre beschloß, 30 der 40 Nachbauten mit neuen Kesseln (mit Verbrennungskammer) aufzuwerten. 1953 bis 1956 entstanden so die 18 601-630. Sie fuhren jetzt zwar nicht mehr am Rhein, die Strecke wurde elektrifiziert, aber auch in Bayern waren ihre Dienste willkommen. Ihre letzten Leistungen erbrachten sie zwischen München und Lindau am Bodensee bis 1966.

Mehrere Lokomotiven dieser Reihe blieben erhalten, die wohl bekannteste ist die Nr. 3634 (alias 18 451) im Deutschen Museum in München. Auch die 18 478 (letzte mit Windschneidenführerhaus), 18 505, 18 508, 18 528 und die 18 612 wurden erhalten, teils von Firmen und teils von privaten Eisenbahnfreunden.

Wenn man die bayerischen Pazifiks von der Seite sieht, wirken sie durch das unter dem Kessel und durch den Barrenrahmen hindurchscheinende Licht sehr schlank, von vorne gab ihnen der riesige Zylinderblock ein bulliges Aussehen. Die bei der DRG eingeführten Windleitbleche verbesserten ihre Vorderansicht erheblich. Anfänglich verwendete man zylindrische „Ofenrohre" als Schlote, später ging man zum britisch beeinflußten Krempenschornstein über. Es war in Deutschland leider oft so, daß Umbauten das Aussehen einer Lokomotive verschlechterten, aber hier war es nicht so, das Gegenteil war der Fall: sie sahen mit der Zeit immer besser aus, nur der bayerische leuchtende grüne Anstrich mit gelben und schwarzen Zierlinien fehlte einem Betrachter später schon.

Reihe 10 2'C1' Belgien

Belgische Staatsbahn (EB), 1910

Zugkraft: 195,1 kN (43800 lb)
Achslast: 19,6 t (43170 lb)
Zylinder, ∅ x Hub: (4) 500 x 660 mm (19.7 x 26 in)
Treibrad ∅: 1980 mm (78 in)
Verdampfungsheizfläche: 232 m² (2499 sq ft)
Überhitzerheizfläche: 76 m² (818 sq ft)
Kesseldruck: 14 kp/cm² (199 psi)
Rostfläche: 4,6 m² (49.5 sq ft)
Brennstoff (Kohle): 7 t (15420 lb)
Wasser: 24 m³ (5280 Imp gal)
Reibungsgewicht: 59 t (129955 lb)
Gesamtdienstgewicht: 160 t (352425 lb)
Gesamtlänge: 21 404 mm (70 ft 2.7 in)

Eisenbahnfreunde, die früher zum ersten Mal Belgien besuchten, mögen wohl befürchtet haben, unter Halluzinationen zu leiden, wenn sie eine Pazifik erblickten, die so aussah, als ob sie den Kessel einer Atlantik erhalten hatte. Es waren wirklich einige der bemerkenswertesten Lokomotiven Europas, aber es war eine 1'E-Güterzuglok und keine Atlantik, die an dem kurzen Kessel schuld war.

Zu Beginn des Jahrhunderts durchlief die Belgische Staatsbahn eine interessante Phase, in der man eine Anzahl von Innenzylindermaschinen beschaffte, die den Lokomotiven der McIntosh-Ära der Caledonian Railway stark ähnelten. 1904 begann eine völlig neue Ära unter der Führung von J. B. Flamme. Französische Verbundlokomotiven zogen große Aufmerksamkeit auf sich, man lieh sich eine davon zur Erprobung aus. Die Überlegenheit über die vorhandenen belgischen Lokomotiven war so augenscheinlich, daß 12 ähnliche Loks gebaut wurden, gefolgt von 57 Verbundlokomotiven der Achsfolge 2'C. Der nächste Schritt war der Bau von vier neuartigen 2'C-Loks, um die Verwendung von Überhitzern an einfachen und Verbundlokomotiven zu vergleichen. Nach den Versuchen entschied Flamme, daß er zur einfachen Lokomotive ohne Verbundanordnung zurückkehren konnte, für die größten geplanten Maschinen war es aber wünschenswert vier Zylinder zu verwenden, um einen guten Massenausgleich zu erhalten.

Ergebnis dieser Überlegungen war der Bau von zwei sehr großen Lokomotivtypen, einer Pazifik für Schnellzüge und einer 1'E-Lok für den Güterverkehr. Abgesehen von kleinen Unterschieden bei den Feuerbüchsabmessungen waren die Kessel der beiden Typen identisch. Ihre Länge bestimmten die Gewichtsbeschränkungen der 1'E-Type. Dieser Kessel hätte auf jeder Pazifik kurz ausgesehen, aber Flamme ließ auch noch die Innenzylinder die erste Achse antreiben. Um ausreichend lange Treibstangen zu erhalten, mußten diese Zylinder weit nach vorne gelegt werden. Sogar die Außenzylinder lagen noch vor der Rauchkammer.

Über den Innenzylindern ordnete Flamme eine große Plattform an. Auch der Kessel selbst war für das damalige Europa sehr ungewöhnlich, denn man brauchte eine große Rostfläche, um minderwertige Kohle verfeuern zu können. Damit dies nicht zu einem zu hohen Kesselgewicht führte, baute man ihn vorne schmal und erweiterte ihn dann konisch nach hinten in einer Bauart, die in den USA „wagon top" genannt wird. Die Walschaertsteuerung lag außen, die inneren Schieber wurden über Umlenkhebel angetrieben.

Zwischen 1910 und 1912 entstanden 28 Pazifiks; die zweite Serie von 30 Stück, die in den nächsten zwei Jahren folgte erhielt etwas kleinere Rostflächen; damit reduzierte sich ihr Gewicht von 102 auf 98 t. Diese Maschinen, später als Reihe 10 bezeichnet, übernahmen alle wichtigen Schnellzüge auf den Strecken von Brüssel nach Liege-Lüttich und nach Luxemburg und bewährten sich dabei sehr gut.

In einem Modernisierungsprogramm nach dem 1. Weltkrieg vergrößerte man die Überhitzer der Pazifiks, sie erhielten Doppelschlote nach einem Entwurf des amtierenden Lokomotivdezernenten Legein, die Rahmen wurden vorne verstärkt und viele Kleinigkeiten wurden verbessert. Sie erhielten auch Windleitbleche und ACFI-Vorwärmer, so daß das Lokgewicht allmählich anstieg. Eine Lokomotive rüstete man mit mechanischer Rostbeschickung aus, bei einer anderen verkürzte man die Feuerbüchse und die Hinterpartie, um das Gewicht wieder etwas zu reduzieren, es blieb hierbei jeweils bei einer Maschine. Drehgestelltender von preußischen Reparationslokomotiven ersetzten die alten dreiachsigen.

Ab 1938 führte man durchgreifende Verbesserungen, beeinflußt von Chapelons Arbeit in Frankreich, durch. Dazu gehörten größer bemessene Dampfleitungen und der Ersatz der Legein-Blasrohre durch die Kylchap-Bauart. Mit dem voluminösen Kylchap-Schornstein und anderen Zutaten sahen die Maschinen direkt furchterregend aus, aber ihre Leistungen wurden weiter verbessert. Die verschiedenen Umbauten hatten eine Steigerung des Zuggewichts auf der Luxemburger Strecke von 350 auf 500 t erlaubt. Bis zur Vollendung der Elektrifizierung beförderten sie hier die Schnellzüge; am 30. September 1956 zogen sie den letzten dampfbeförderten Schnellzug dieser Strecke, Ende 1956 schied dann die letzte der zweiten Serie aus, die letzte der ersten Serie verschwand dann 1959, 49 Jahre nach Einführung der Reihe.

Unten: *Zwar sieht die 2'C1'-Lokomotive Nr. 10 045 der belgischen Reihe „10" sehr seltsam aus, sie war aber trotzdem eine erfolgreiche Konstruktion.*

Reihe 1501 2'C1' Argentinien
Buenos Aires and Pacific Railway (BAP), 1910

Zugkraft: 117,9 kN (26472 lb)
Achslast: 18,2 t (40000 lb)
Zylinder, ⌀ x Hub:
(2) 533 x 660 mm (21 x 26 in)
Treibrad ⌀: 1702 mm (67 in)
Verdampfungsheizfläche:
148 m² (1597 sq ft)
Überhitzerheizfläche: 40,4 m² (435 sq ft)
Kesseldruck: 10,5 kp/cm² (150 psi)
Rostfläche: 2,5 m² (27 sq ft)
Brennstoff (Öl): 8,9 m³ (1960 Imp gal)
Wasser: 25 m³ (5500 Imp gal)
Reibungsgewicht: 53,6 t (118000 lb)
Gesamtdienstgewicht: 163,9 t (361 000 lb)
Gesamtlänge: 21 393 mm (70 ft 2¼ in)

Die vier wichtigen Eisenbahngesellschaften Argentiniens waren früher in britischem Besitz und erstreckten sich von der Hauptstadt Buenos Aires in Richtung Westen über die Pampas. Die Breitspurhauptstrecke (5ft 6in = 1676 mm) der Buenos Aires & Pacific verlief genau nach Westen und verdiente sich zumindest zum Teil ihren Namen dadurch, daß sie Mendoza am Fuße der Anden erreichte, wo ein Anschluß an die Transandino-Bahn nach Santiago an der chilenischen Pazifikküste bestand. Die Beschaffenheit des durchquerten Landes wird klar, wenn man erfährt, daß es auf dieser Strecke ein durchgehend gerades Stück von 330 km Länge gibt.

1909 bestellte die Bahn bei der North British Locomotive Co. in Glasgow einige Pazifiks mit sehr charakteristischem Aussehen. Für ihre Zeit waren sie sehr fortschrittlich, sie waren sogar die ersten von der NBL gebauten Lokomotiven mit Überhitzer. Bei der breiten Spur war die zusätzliche hintere Tragachse eigentlich gar nicht nötig, denn eine Feuerbüchse zwischen den Rahmenwagen ist ja nicht so schmal und auch wenn sie etwas schmäler ausfällt, ist das bei Ölfeuerung kein Nachteil. Die vorderen Klappuffer sind eine argentinische Spezialität. Rinder, die vom Kuhfänger zur Seite geworfen werden, könnten an feststehenden Puffern hängen bleiben. Gleichermaßen unkonventionell war das dekorative Aussehen der Rauchkammertürscharniere und die ungewohnte Form des Führerhauses.

In Großbritannien gebaute Lokomotiven, beispielsweise für Indien, sahen den eigenen britischen Maschinen oft zum Verwechseln ähnlich, aber diese Pazifiks hatten ihre eigene Note. 1910-11 wurden 14 Loks mit den Nummern 1511-1524 geliefert, die letzten Schnellzuglokomotiven, die die Gesellschaft vor der Verstaatlichung 1948 bestellte, auch ein Zeichen für die schwierige wirtschaftliche Situation der Bahnen in ausländischem Eigentum im Argentinien dieser Jahre.

Nach der Verstaatlichung hieß die ehemalige Buenos Aires and Pacific Railway nun General San Martin National Bahn, aber die Pazifiks diente auch den neuen Herren. Im Rentenalter von mehr als 60 Jahren konnte man sie Mitte der 70er Jahre noch vor Vorortzügen antreffen.

Rechts: *Schon mehr als 60 Jahre alt ist die 2'C1'-Lokomotive Nr. 1515 der General San Martin Eisenbahn, die hier einen Vorortzug am Haken hat. Bemerkenswert sind die nach oben geklappten Puffer europäischer Bauart an der vorderen Pufferbohle.*

Reihe A 3/5 2'C Schweiz
Schweizer Bundesbahnen (SBB), 1913

Achslast: 16 t (35240 lb)
Zylinder, ⌀ x Hub
-Hochdruck: (2) 360 x 660 mm (14.2 x 26 in)
Niederdruck: (2) 570 x 660 mm (22.4 x 26 in)
Treibrad ⌀: 1780 mm (70 in)
Verdampfungsheizfläche:
129 m² (1388.5 sq ft)
Überhitzerheizfläche: 46,2 m² (497 sq ft)
Kesseldruck: 15,5 kp/cm² (220 psi)
Rostfläche: 2,6 m² (28 sq ft)
Brennstoff (Kohle): 7 t (15420 lb)
Wasser: 17,8 m³ (3915 Imp gal)
Reibungsgewicht: 48 t (105727 lb)
Gesamtdienstgewicht: 110 t (242290 lb)
Gesamtlänge: 18 640 mm (61 ft 1.8 in)

Als kleines Land zwischen zwei großen lokomotivbauenden Nationen, übernahmen die Schweizer vieles aus der Baupraxis der Nachbarländer Deutschland und Frankreich. Die Jura-Simplon-Bahn, die zur französischen Grenze führte,

verwendete deGlehn-Verbundlokomotiven; die Gotthardbahn in Richtung Deutschland bevorzugte das Verbundsystem von Maffei in München.

Wenn es aber an den eigentlichen Lokomotivbau ging, wendete man sich fast ausschließlich an die berühmte Schweizerische Lokomotiv- und Maschinenfabrik (SLM) in Winterthur. Von den 200 Schweizer 2'C-Loks stammten nur 4 nicht von diesem Werk. Zur Bezeichnung ihrer Lokomotiven benutzen die Schweizer ein eigenes System; so bedeutet „A3/5", daß es sich um eine Lokomotive handelt, deren Höchstgeschwindigkeit über 75 km/h liegt („A") und daß 3 der 5 Achsen gekuppelt sind.

Es mag seltsam anmuten, daß man eine 2'C-Maschine für ein derart gebirgiges Land als ausreichend ansah, aber fast alle Hauptstrecken verlaufen entlang der Täler mit Ausnahme der Lötschbergbahn, die aber von Anfang an elektrisch betrieben wird. Damit bleibt nur noch die Gotthardstrecke mit ihren langen Rampen von 2,6% übrig und hier verwendete man entweder „A3/5"-Doppeltraktionen oder spannte eine der 1'E-Maschinen vor die „A3/5", um die Schnellzüge durch den Gotthardtunnel zu bringen.

Die angegebenen Abmessungen beziehen sich auf die zahlenmäßig stärkste Gruppe von 109 Lokomotiven (Nrn 701-809), die für die Jura-Simplon-Bahn und die SBB zwischen 1902 und 1909 gebaut wurden. Überhitzer erhielten sie nachträglich zwischen 1913 und 1933.

Die Gotthardbahn verwendete erstmals 2'C-Lokomotiven im Jahre 1894, bis 1905 besaß sie schon 30 deGlehn-Verbundloks (GB Nrn. 201-230; SBB-Nrn. 901-930), aber die nächsten Bestellungen waren dann Maffei-Produkte (SBB-Nrn. 931-938 und 601-649), von denen Maffei selbst aber nur die Nr. 931-934 lieferte. Von den deGlehns unterschieden sie sich vor allem durch den Antrieb auf die erste Kuppelachse.

Zur Zeit ist die Nr. 705 betriebsfähig, später wird sie im Verkehrshaus von Luzern ausgestellt werden.

Links: *Die „A3/5" Nr. 705 von 1904 ist heute betriebsfähige Museumslokomotive der SBB und wird vor Sonderzügen verwendet, zur Freude aller Eisenbahnfreunde.*

Reihe 3700 2'C

Niederlande
Niederländische Staatsbahn (NS), 1910

Zugkraft: 114,2 kN (25647 lb)
Achslast: 17 t (37445 lb)
Zylinder, ⌀ x Hub: (4) 400 x 600 mm (15¼ x 26 in)
Treibrad ⌀: 1850 mm (72¾ x 26 in)
Verdampfungsheizfläche: 145,5 m^2 (1566 sq ft)
Überhitzerheizfläche: 41 m^2 (441 sq ft)
Kesseldruck: 12 kp/cm^2 (171 psi)
Rostfläche: 2,8 m^2 (30.1 sq ft)
Brennstoff (Kohle): 6 t (13215 lb)
Wasser: 18 m^3 (3960 Imp gal)
Reibungsgewicht: 50 t (110130 lb)
Gesamtdienstgewicht: 123 t (270925 lb)
Gesamtlänge: 18480 mm (60 ft 7½ in)

Britische Augen empfanden die meisten Dampflokomotiven auf dem europäischen Kontinent als nicht gerade schön – eine Ausnahme waren die Niederlande; dort bot die Mehrzahl der Schnellzug-Lokomotiven einen gewohnten Anblick. Seltsam mutete nur ihre Höhe an, teilweise nur eine Illusion, denn man sah die meist von ebenerdigen Bahnsteigen aus und nicht von Plattformen, die fast einen Meter über den Schienen lagen. Sie waren aber wirklich höher gebaut, als ihre britischen Gegenstücke – fast 600 mm höher. Ansonsten hatten sie alles, was man auf der anderen Seite des Kanals gewohnt war, niedrige Umlaufbleche mit Radverkleidungen, Schornsteine und kupferne Krempen, Messingdome und apfelgrüne Farbe. Etwas unbritisch waren nur die herrlichen großen Petroleumlampen und das Fehlen von Namensschildern.

Die erste Serie baute 1910 die britische Firma Beyer, Peacock in Manchester, bis 1930 entstanden insgesamt 120 dieser Maschinen. Einige baute die niederländische Firma Werkspoor, andere kamen aus Deutschland. Spätere Lieferungen besaßen größere vierachsige Tender anstelle der dreiachsigen Ausführung. Die vier Zylinder mit einfacher Dampfdehnung lagen alle in einer Flucht und trieben die erste Kuppelachse an. Die beiden Steuerungskulissen nach System Walschaert trieben die äußeren Schieber direkt und die inneren über Umlenkhebel an. Man verwendete Knorr-Speisewasservorwärmer und -pumpen. In den 20er Jahren verwendete man zwei dieser Lokomotiven für Versuche mit Staubkohle minderer Güte, die aber nicht so erfolgreich waren, daß man sie weiter verfolgt hätte.

Auf Basis dieser 2'C-Loks entstanden 1929 zehn 2'C2'-Tenderlokomotiven, aber die Zeit der Dampflok ging in den Niederlanden zu Ende. Die Elektrifizierung der Hauptbahnen schritt rasch voran und wurde nach dem Krieg noch intensiver vorangetrieben. Der Dampfbetrieb endete 1958, aber glücklicherweise stellte die Bahnverwaltung die Nr. 3737 für das Eisenbahnmuseum in Utrecht beiseite. Nach längerer Standzeit arbeitete man sie in den 70er Jahren wieder betriebsfähig auf und führt mit ihr ab und zu Sonderfahrten durch.

Unten: *Die 2'C-Lokomotive Nr. 3737 der Niederländischen Staatsbahn wurde annähernd in den Originalzustand zurückversetzt und wird vom Eisenbahnmuseum Utrecht für Sonderfahrten eingesetzt.*

Mexican Fairlie C'C'

Mexiko
Mexikanische Eisenbahn (FCM), 1911

Zugkraft: 260,5 kN (58493 lb)
Achslast: 20,9 t (46000 lb)
Zylinder, ⌀ x Hub:
(4) 483 x 635 mm (19 x 25 in)
Treibrad ⌀: 1219 mm (48 in)
Verdampfungsheizfläche:
271 m² (2924 sq ft)
Kesseldruck: 12,9 kp/cm²
(183 psi)
Rostfläche: 4,4 m² (47.7 sq ft)
Brennstoff (Kohle): 9,1 t
(20000 lb)
Wasser: 15,9 m³ (3500 Imp gal)
Reibungsgewicht: 125,3 t
(276000 lb)
Gesamtdienstgewicht: 125,3 t
(276000 lb)
Gesamtlänge: 15 437 mm
(50 ft 7¾ in)

Die mexikanische Eisenbahn betreibt eine 425 km lange Strecke von der Hafenstadt Vera Cruz am Atlantischen Ozean nach Mexico City, in einer Höhe von 2240 m. Die Scheitelhöhe der Strecke liegt bei 2536 m, aber die Höhe von 2454 m muß in 174 km erklommen werden. Die größte Steigung dieser Bahn sind unangenehme 4,5%, die schärfste Kurve hat einen Radius von 99 m. Vor der Elektrifizierung im Jahre 1923 hatte diese landschaftlich außerordentlich interessante Bahn auch, wie fast zu erwarten ist, ebenso ungewöhnliche Lokomotiven zu bieten.

Die „Fairlie"-Gelenklokomotive entwickelte ein englischer Ingenieur namens Robert Fairlie im Jahre 1864. Seine Erfindung war in einem Punkt eine Vorbote der heutigen Lokomotiven, die Krafterzeugungsanlage (der Kessel) war in die Tragkonstruktion einbezogen, ähnlich wie diese heute bei Drehgestellmaschinen der Fall ist. Alle Achsen wurden angetrieben, damit stand das gesamte Gewicht für die Erzeugung von Zugkraft zur Verfügung und doch war diese Anordnung sehr flexibel. Dadurch war diese Bauart geradezu für steile Berglinien mit engen Kurven bestimmt. Trotzdem wurden die „Fairlies" nie so populär wie die „Garratt" oder die „Mallet". Auf dieser mexikanischen Bahn fanden sie ihre große Anwendung, gleichermaßen was ihre Größe und ihren Erfolg angeht.

Die erste „Fairlie" kam 1871 nach Mexiko; bis 1911 wurden 49 derartige Maschinen hierher geliefert, von denen 1923 noch 18 im Dienst waren und durch die Elektrifizierung überflüssig wurden. Die letzten und auch größten dieser Lokomotiven waren die 1911 von der Vulcan Foundry gelieferten Nr. 183-185. Die Vorteile der „Fairlie" kann man sich am besten beim Vergleich mit typischen Lokomotiven des Herstellungslandes vor Augen führen. Wenn man diese mexikanischen Loks beispielsweise mit einer LNWR-Maschine vergleicht, stellt

Rechts: *Die „Fairlie" der „Ferrocarril Mexicano" Nr. 184 gehört zur Serie, die 1911 die Vulcan Foundry lieferte.*

George the Fifth Klasse 2'B

Großbritannien
London & North Western Railway (LNWR), 1910

Zugkraft: 89,4 kN (20066 lb)
Achslast: 19,8 t (43680 lb)
Zylinder, ⌀ x Hub:
(2) 521 x 660 mm (20½ x 26 in)
Treibrad ⌀: 2057 mm (81 in)
Verdampfungsheizfläche:
144 m² (1547 sq ft)
Überhitzerheizfläche: 28,1 m²
(303 sq ft)
Kesseldruck: 12,3 kp/cm²
(175 psi)
Rostfläche: 2,08 m² (22.4 sq ft)
Brennstoff (Kohle): 6,1 t
(13440 lb)
Wasser: 13,6 m³ (3000 Imp gal)
Reibungsgewicht: 38,9 t
(85 680 lb)
Gesamtdienstgewicht: 96,6 t
(212800 lb)
Gesamtlänge: 17 443 mm
(57 ft 2¾ in)

1903 zog sich Francis Webb (etwas zögernd, wie Gerüchte besagen) von seinem Posten als Chef der Lokomotivabteilung der London & North Western Railway zurück und setzte sich zur Ruhe. Seine Verbundlokomotiven und auch die anderen veralteten Maschinen, die deren ungenügende Leistungen ausgleichen sollten, folgten ihm bald nach. Webbs direkte Nachfolger, George Whale und W. J. Bowen-Cooke stockten den Bestand mit 336 fachmännisch gelungenen 2'B und 2'C-Loks innerhalb der nächsten zehn Jahre wieder auf, die alle in den Werkstätten von Crewe entstanden. Und wenn man sagt, „entstanden", dann meint man das in der vollen Bedeutung des Wortes. Züge, beladen mit Kohle, Erz, Kalkstein, Kupferbarren und anderem rollten an einem Ende in diese Werkstätten hinein, am anderen Ende erschienen dann Lokomotiven in dem herrlichen „Brombeerschwarz" der LNWR, komplett bis zum Namensschild ausgestattet. Dafür muß man Francis Webb hoch achten, auch wenn er beim Loko-

man fest, daß ein 29% größeres Gesamtgewicht und eine 5% höhere Achslast, eine um 114% größere Rostfläche, ein um 220% größeres Reibungsgewicht und eine 190% größere Zugkraft ermöglichen. Diese „Fairlies" waren zu diesem Zeitpunkt die stärksten in Großbritannien gebauten Lokomotiven.

Obwohl die Geschwindigkeit dieser mexikanischen Lokomotiven bei Bergfahrt durch die große Steigung beschränkt war und bei Talfahrt aus Sicherheitsgründen auf 13 km/h begrenzt werden mußte, besaßen die „Fairlies" auch ausgezeichnete Laufeigenschaften bei hohen Geschwindigkeiten. Man stellte dies unfreiwillig beim Durchgehen von Zügen nach Versagen der Bremse fest, mit schätzungsweise mehr als 110 km/h rasten die Züge durch die engen Kurven zu Tal und entgleisten trotzdem nicht. Die Triebwerke dieser Maschinen waren konventionell, mit Außenzylindern und Walschaertsteuerung, gebaut. Dafür waren die Doppelkessel umso ungewöhnlicher. Die beiden Langkessel entsprachen der üblichen Ausführung, besaßen aber in der Lokmitte eine gemeinsame Feuerbüchse. Ein großer Dampfdom saß in üblicher Weise auf einem der Langkessel, meist dem bergwärts zeigenden, und sammelte den Dampf für alle vier Zylinder.

Der große Aufwand für diese doppelte Kesselanlage war sicher der Hauptgrund, warum die „Double Fairlie" nie weite Verbreitung fand. Es stimmt zwar, daß es einige Probleme mit der Abdichtung der beweglichen Dampfleitungen mit ihren Gelenken gab, aber mit zunehmender Erfahrung und dem normalen technischen Fortschritt, hätte man sie in Griff bekommen können. Schließlich kann man das bei der einzigen Bahn der Welt, die noch „Double Fairlie"-Loks betreibt, der Festiniog Railway in Nord Wales, sehen, wenn auch die kleinen 40-Tonnen B'B'-Tenderloks nicht mit den mexikanischen 123-Tonnen-Riesen zu vergleichen sind.

Sogenannte „Single Fairlies" sah man weitaus häufiger. Sie hatten einen normalen Lokomotivkessel, ein führendes Treibdrehgestell und ein Laufgestell hinter der Feuerbüchse. Die Fähigkeit, unglaublich enge Kurven bewältigen zu können, fand Gefallen und viele fanden Verwendung bei Vorortbahnen, die enge Straßenecken zu umrunden hatten. Meist nannte man sie aber nicht Fairlie, denn in den USA erkannte man das Patent Fairlies nicht an. Ein bekannter amerikanischer Typ war die „Mason Bogie". Aber die „Single Fairlies" waren halt auch nur die eine Hälfte einer guten Idee.

motivbau viel zu lange an abwegigen Ideen festhielt.

Aus den vier Schnellzugloktypen, die in diesen ereignisreichen Jahren in Crewe entstanden, ragt die letzte von zwei 2'B-Konstruktionen besonders heraus, die legendäre „George the Fifth"-Klasse, die 1910 ihren Dienst begann. Zur robusten Einfachheit der „Precursor" (Vorgänger) von 1903 kamen Kolbenschieber und Überhitzer mit Resultaten, die heute kaum zu glauben sind. Neunzig „George the Fifth" wurden gebaut, dazu muß man 64 Umbauten aus „Precursors" und auch 10 Umbauten aus einer Reihe von 2'B-Naßdampfmaschinen der „Queen Mary"-Klasse rechnen. Diese vergleichsweise kleinen Maschinen übernahmen alle nennenswerten Schnellzüge, die den Londoner Euston-Bahnhof in Richtung Norden verließen auf souveräne Art; mit Zügen von mehr als 400 t Gewicht – etwa 13 Drehgestellwagen – liefen sie in der Relation Euston-Crewe in Fahrplänen mit Reisegeschwindigkeiten von 88 km/h von Halt zu Halt, die Höchstgeschwindigkeiten von wenigstens 120 km/h erforderten. Wenn eine „George" mit ihrer Garnitur aus „plum and spilt milk" (Pflaumen und verschüttete Milch, ein Spitzname des Wagenanstrichs) vorbei röhrte, war das ganz bestimmt ein eindrucksvolles Schauspiel. Es gab zu dieser Zeit kaum andere Bahnen, die ihren zweifach gekuppelten Lokomotiven derartige Lasten und Fahrzeiten zumuteten. Auf dem schwierigeren Abschnitt von Crewe bis Carlisle waren zumindest theoretisch die verwandten 2'C-Loks der „Experiment" und „Prince of Wales"-Klassen die übliche Bespannung, aber südlich Crewe waren die wichtigsten Züge fest in der Hand dieser 2'B-Lokomotiven.

Alles an den „Georges" war einfach gehalten, beispielsweise waren die Kanten der Feuerbüchse stärker gerundet als bei der Belpaire-Bauart. Die Zylinder lagen innen, aber die Verwendung der Joy-Steuerung, deren Stangen und Gleitbahnen in der gleichen vertikalen Ebene wie das Triebwerk lagen, bedeutete, daß trotzdem alle Triebwerkteile leicht zugänglich waren. Einige kleine Schwächen beeinträchtigen ihre Leistungen etwas; so hatten die Schmidt-Kolbenschieber die Unart, bei Abnutzung undicht zu werden und den Verbrauch an Kohle und Wasser erheblich zu steigern. Und wenn auch gesagt wurde, daß die Joy-Steuerung einfach war, so war die Version, die die „Georges" erhielten, doch nicht so einfach, wie es wünschenswert gewesen wäre. Aus irgendwelchen Gründen – man nimmt an, daß man die Steuerung der „Precursor" weiter verwenden wollte, die Flachschieber mit äußerer Einströmung besaß und keine Kolbenschieber mit innerer Einströmung – hatte sie einen zusätzlichen Umlenkhebel zwischen Schieberstange und Schieberspindel. Nutzten sich die Lager des Hebels ab, hatte das auch negative Auswirkungen auf den Dampfverbrauch. Allerdings waren diese LNWR-Maschinen so robust, daß man, wenn die Zeit für einen Besuch in der Werkstatt von Crewe nahte, die „George" nur härter herannehmen mußte, um pünktlich anzukommen, sie hielten es schon aus.

Bei der Zusammenlegung der britischen Bahnen 1923 kamen alle „Georges" in den Bestand der London, Midland & Scottish Railway, die hauptsächlich von Midland-Leuten beherrscht wurde, die wenig von den Lokomotiven hielten, die auf die LNWR zurückgingen. Es überrascht darum nicht, daß die Ausmusterung dieser großartigen Maschinen Ende 1935 begann, die 1948 mit der Abstellung des letzten Exemplars endete. Mit der Zerlegung der Heißdampf-„Precursor" namens „Sirocco" im Oktober 1949 verschwand die letzte LNWR 2'B, um genau zu sein, auch die letzte aller LNWR-Schnellzugmaschinen. Keine der 2'B- unbd 2'C-Loks blieb der Nachwelt erhalten, eine überraschendes letztes Werk der Abneigung der „Midlander".

Links: *eine LNWR-Lokomotive der „George the Fifth"-Klasse ergänzt in voller Fahrt ihre Wasservorräte aus einem Wassertrog.*

Reihe Su 1'C1' **Rußland**
Ministerium für Transportwesen, 1911

Zugkraft: 134,0 kN (30092 lb)
Achslast: Siehe Text
Zylinder, ⌀ x Hub:
(2) 575 x 700 mm (22.6 x 27.6 in)
Treibrad ⌀: 1850 mm (72.8 in)
Verdampfungsheizfläche:
198 m^2 (958 sq ft)
Überhitzerheizfläche: 89 m^2
(958 sq ft)
Kesseldruck: 13 kp/cm^2 (185 psi)
Rostfläche: 4,72 m^2 (50.8 sq ft)
Brennstoff (Kohle): 18 t
(39650 lb)
Wasser: 23 m^3 (5060 Imp gal)
Reibungsgewicht: Siehe Text
Gesamtdienstgewicht: 168 t
(370044 lb)
Gesamtlänge: 23 738 mm
(77 ft 10.6 in)

Diese gutaussehenden Schnellzuglokomotiven bildeten eine der zahlenmäßig stärksten Lokomotivreihen für den Personenverkehr, die es je gab. Mehr als 40 Jahre lang gebaut und über 60 Jahre im Dienst sind sie sicherlich die zahlenmäßig umfangreichste Gattung in der Hand einer Verwaltung. Verglichen mit britischen Lokomotiven ließ das russische Umgrenzungsmaß eine um 1200 mm größere Höhe und eine um 600 mm größere Breite der Fahrzeuge zu, die Gleise ließen, zumindest zu Zeiten des Dampfbetriebs, aber nur um 2 t niedrigere Achsbelastungen zu. Man kam also nicht in Versuchung, den verfügbaren Raum mit schlecht zugänglichen Stahlteilen aller Art vollzustopfen.

Im zaristischen wie im kommunistischen Rußland lag die Konstruktion von Dampflokomotiven in den Händen von Universitätsprofessoren, die sich eingehend mit der Theorie der Lokomotiven beschäftigten und viele faszinierende Möglichkeiten theoretisch ergründeten – wahrscheinlich gründlicher als alle anderen. Wenn es aber tatsächlich an den Entwurf einer alltagstauglichen Maschine ging, kamen diese gelehrten Herren anscheinend immer wieder zum gleichen Schluß, wie „Old Geordie" (Stephenson), daß nämlich die einfachste Lösung die beste ist.

Ein weiterer Punkt, in dem die alte Regierung ihrer Zeit voraus war, war die Standardisierung der Typen; auch die großen Umwälzungen der Russischen Revolution unterbrachen dies nicht. Zum Beispiel besaß Großbritannien 1955 zwanzig Reihen von Schnellzuglokomotiven, die mehr als 10 Lokomotiven umfaßten, die Sowjetunion hatte dagegen nur vier, bei etwa gleichem Umfang des Lokomotivparks. Die hier beschriebenen 1'C1'-Lokomotiven der Reihe „S" (in russischer Schrift „C") sind eine Konstruktion, die auf Anordnung des Ministeriums für Transportwesen entstand und den Lokomotivpark der vielen unabhängigen Bahngesellschaften einheitlich gestalten sollte. Das „S" steht für die Sormowo-Werke in Nischni Nowgorod, die diese Reihe bauten. Vor der Russischen Revolution entstanden etwa 900 dieser Lokomotiven.

Über die Form einer Lokomotive, die in etwa der letzten Entwicklungsstufe der Dampflokomotive entsprach, braucht nicht viel gesagt werden. Sie hatten zwei Außenzylinder, Walschaertsteuerung, eine breite Feuerbüchse, Überhitzer und eine Abfederung mit Ausgleichshebeln, deren Drehpunkte so verändert werden konnten, daß sich die Achslast der Treibachsen änderte. Für den Einsatz auf wenig tragfähigen Gleisen konnte man ohne großen Aufwand die Achslast von 18 auf 16 t vermindern, entsprechend sank das Reibungsgewicht von 54 auf 48 t. Das restliche Gewicht übernahmen dann die Laufachsen.

Eine verbesserte und vergrößerte Version, Reihe „Su", bauten die Kolomna-Werke bei Moskau ab 1926. Diese Variante, von der in den nächsten 15 Jahren etwa 2400 Stück entstanden, ist die Grundlage für die Tabelle und die untenstehende grafische Darstellung. Das „u" steht für „Usilenny", auf deutsch „verstärkt", die russische Schreibweise lautete „Cy". Die Zylinder, der Achsstand und die Kesselabmessungen wurden vergrößert, interessanterweise bleib der Kesseldruck aber auf dem gleichen mäßigen Wert. Die Erhöhung des Kesseldrucks war aber so oft ja nur (wie später oft der Traktionswandel) der kostspielige Ausdruck des Wunsches „mit Meier von nebenan mithalten zu können".

Die zusätzlichen Kosten eines hohen Kesseldrucks, vor allem bei der Unterhaltung, sind beträchtlich, während sogar der theoretische Nutzen zweifelhaft ist. Natürlich mußte manche Bahnverwaltung

Rechts: *Die „Su" Nr. 100-85 steht vor der Werkstatt von Sormowo. Diese Lokomotive besitzt Ölfeuerung.*

Unten: *Die 1'C1'-Lokomotiven der Reihe „Su" waren die Standard-Schnellzugloks Rußlands.*

Reihe 685 1'C1' **Italien**
Staatsbahn (FS) 1912

Zugkraft: 123,6 kN (27741 lb)
Achslast: 16 t (35243 lb)
Zylinder, ⌀ x Hub:
(4) 420 x 650 mm (16.5 x 25.6 in)
Treibrad ⌀: 1850 mm (72.8 in)
Verdampfungsheizfläche:
178,6 m^2 (1,922 sq ft)
Überhitzerheizfläche: 48,5 m^2
(522 sq ft)
Kesseldruck: 12 kp/cm^2 (171 psi)
Rostfläche: 3,5 m^2 (37.7 sq ft)
Brennstoff (Kohle): 6 t
(13215 lb)
Wasser: 22 m^3 (4840 Imp gal)
Reibungsgewicht: 47 t
(103525 lb)
Gesamtdienstgewicht: 120,4 t
(265200 lb)
Gesamtlänge: 20 575 mm
(67 ft 6 in)

Die Reihe „685" entwickelte sich von 1912 an zur Standardausführung der italienischen Schnellzuglokomotiven. Insgesamt entstanden 390 Maschinen dieser Reihe, einige aus früheren Naßdampf-Verbundlokomotiven (Reihe „680") nach System Plancher, die meisten wurden neu gebaut. Man wollte annähernd die Leistung der 2'C1'-Loks der Reihe „690" erzielen, ohne unter deren einsatzbeschränkender Achslast von 19 t zu leiden. Die Reihe „685" besaß Überhitzer und ein Vierzylinder-Triebwerk mit einfacher Dampfdehnung, jeweils ein Zylinderpaar besaß einen gemeinsamen Kolbenschieber. Die gewundenen Dampfwege, die diese ungewöhnliche Anordnung mit sich brachte, trugen nicht gerade zu einem leichten Lauf der Maschinen

Rechts: *Von der italienischen Standard-Schnellzuglokomotivbaureihe „685" wurden 390 Exemplare gebaut.*

hohe Drücke verwenden, um genügend Zugkraft aus den größtmöglichen Zylindern zu holen, die in ein enges Lademaß paßten, aber Sowjetrußland gehörte sicher nicht dazu. Auch ein Verdienst der „Eierköpfe".

Nach dem 2. Weltkrieg begann die Produktion wieder in den Sormowo-Werken, deren Standort inzwischen Gorki hieß und wurde bis 1951 fortgeführt. Insgesamt erreichten die Produktionszahlen der Reihe „S" und der Nachfolger die Marke von 3750. Zu den Unterbauarten gehörten einige Normalspurmaschinen aus dem Jahr 1915 für die Strecke von Warschau in Richtung Wien mit der Bezeichnung „Sv" („Cb"). Es gab auch eine Gruppe von „Sum" („Cym")-Maschinen, bei denen die Verbrennungsluft durch eine Zusatzeinrichtung vorgewärmt wurde. 1880 hatte ein Schotte namens Urquhart erfolgreich die Ölfeuerung in Rußland propagiert, die später allgemein üblich wurde. So waren auch viele dieser Lokomotiven damit ausgerüstet.

bei. Ein auffälliges, aber recht seltsam anmutendes Bauelement italienischer Lokomotiven ist das Salter-Federwaag-Sicherheitsventil, das gesetzlich vorgeschrieben ist, neben den beiden normalen und modernen Pop-Sicherheitsventilen. Selbstverständlich war auch bei dieser Konstruktion die führende Laufachse mit der ersten Treibachse in einem Zara-Gestell verbunden.

Arthur Caprotto stammt bekanntlich aus Italien, die von ihm entwickelte Ventilsteuerung (die vielleicht weltweiter Standard geworden wäre, hätte man weiter Dampfloks gebaut), erhielten dementsprechend später auch 123 Loks dieser Reihe. Das leidige Problem der Wartung – die Caprotti-Nockengehäuse waren Präzisions- und keine Schmiedearbeit – löste man durch Auswechseln kompletter Baueinheiten.

Zwei andere Namen, die mit dem Versuch diese und andere italienische Dampflokomotiven zu verbessern, verbunden sind, sind Attilo Franco und Piero Crosti, deren Franco-Crosti-Kessel den Auspuffgasen einer gewöhnlichen Lokomotive in großen Wärmetauschertrommeln einen Teil der sonst ungenutzten Wärmeenergie entzieht, indem das Speisewasser vorgewärmt wird. Aus ästhetischer Sicht war das Resultat fürchterlich, aber die fünf 1940 umgebauten „685er" konnten eine Kohleersparnis von 18,3% aufweisen. Dabei hatte man aber die Trumpfkarte der Dampflok, die Einfachheit, fallengelassen; die verbliebenen 385 Maschinen rührte man nicht an.

Rechts: *Der Lokführer dieser „685" der FS kümmert sich um die Stangenlager seiner Maschine.*

Reihe 231 C 2'C1' Frankreich
Paris-Lyon-Mediterrannée-Bahn (PLM), 1912

Achslast: 18,5 t (40750 lb)
Zylinder, Ø x Hub:
-Hochdruck: (2) 440 x 650 mm (17.3 x 25.6 in)
-Niederdruck: (2) 650 x 650 mm (25.6 x 25.6 in)
Treibrad Ø: 2000 mm (78.7 in)
Verdampfungsheizfläche: 203 m^2 (2185 sq ft)
Überhitzerheizfläche: 65 m^2 (700 sq ft)
Kesseldruck: 16 kp/cm^2 (228 psi)
Rostfläche: 4,3 m^2 (46.7 sq ft)
Brennstoff (Kohle): 5 t (11 000 lb)
Wasser: 28 m^3 (6160 Imp gal)
Reibungsgewicht: 55 t (121 145 lb)
Gesamtdienstgewicht: 145,5 t (320485 lb)
Gesamtlänge: 20 000 mm (65 ft 7.4 in)

Oben: *Der berühmte Schnellzug „Fleche d'Or" (Goldener Pfeil) wird von einer der langlebigen tüchtigen „231 K"-Pazifiks gezogen, die aus den PLM-„231 C" umgebaut wurden.*

Die französischen Ingenieure bekannten sich sehr früh zum Glauben an die Verbundlokomotive; in keinem anderen Land verfolgte man diesen Weg begeisterter und erfolgreicher. Dennoch schlichen sich von Zeit zu Zeit – bis zum Ende der Dampflokentwicklung – immer wieder einmal Zweifel in die Gedanken der Konstrukteure; dann erschien eine Serie Lokomotiven einfacher Dampfdehnung, aber am Ende wurde dadurch die vorherrschende Auffassung nur noch gestärkt.

Die PLM-Pazifiks veranschaulichen diese Vorgänge sehr schön. Zwischen 1890 und 1907 bestellte die Bahn 845 Lokomotiven, von denen 835 Verbundmaschinen waren, vor allem in der Zeit von 1905 bis 1907 war der Bau von Verbund-Atlantiks und -2'C-Loks in vollem Schwung. 1907 erschien die erste europäische Pazifik; die PLM ließ daraufhin 1909 zwei Prototypen dieser Achsfolge bauen, eine mit einfacher Dampfdehnung, die andere in Verbundart. Eine Dampfmaschine in Verbundanordnung ermöglicht, einen größeren Teil der im Dampf enthaltenen Energie in mechanische Arbeit umzuwandeln, aber um die Vorteile dieser Bauart voll nutzen zu können, benötigt man einen relativ hohen Kesseldruck und ein hoher Kesseldruck wiederum bringt höhere Unterhaltskosten mit sich. Zu dieser Zeit gab es eine neue Attraktion für Ingenieure – den Überhitzer –, der es ermöglichte den thermischen Wirkungsgrad auch bei einfacher Dampfdehnung auf annehmbare Werte zu verbessern und das bei einem niedrigeren Kesseldruck.

Mit den beiden PLM-Pazifiks wollte man diese Frage untersuchen; die Verbundlokomotive verwendete Naßdampf, die einfache Maschine erhielt einen Überhitzer. Die Verbundlok besaß ein Triebwerk in deGlehn-Anordnung, die äußeren Hochdruckzylinder waren bis auf die Höhe des zweiten Drehgestellradsatzes zurückverlegt; die einfache Lokomotive hatte vier Zylinder, die alle in einer Flucht angeordnet waren, so wie bei den bisherigen PLM-Atlantiks und 2'C-Maschinen. Die Parallelanordnung der Zylinder ergab einen viel steiferen Aufbau als die deGlehn-Bauart. Abgesehen von den erwähnten Unterschieden der Zylinder, Triebwerke und Kessel waren die beiden

Oben: *Die SNCF-Lokmannschaft kümmert sich um ihre Pazifik, die noch von der Paris-Lyon-Mediterrannée stammt.*

Unten: *Die Lokomotive des „Fleche d'Or" fährt rückwärts vom Lokdepot Calais zum Bahnhof Calais Maritime, um ihren Zug zu übernehmen.*

Lokomotiven so gleich wie möglich ausgeführt, die Verbundlok hatte dabei einen Kesseldruck von 16 kp/cm², die einfache Lokomotive nur 12 kp/cm².

1911 führte man vergleichende Versuchsfahrten durch, dabei entwickelte die Heißdampfmaschine höhere Leistungen und verbrauchte dabei 16% weniger Kohle als die Verbundlok. Der logische Schritt wäre jetzt eine Heißdampflokomotive mit Verbundtriebwerk gewesen, aber dies erlaubten die damaligen Gewichtseinschränkungen nicht. Daher bestellte man 1911 70 weitere Heißdampf-Vierlingslokomotiven, aber schon im nächsten Jahr hatte man doch einen Weg zur Heißdampf-Verbundlok gefunden und baute davon 20 Stück, die sich vom Prototyp dadurch unterschieden, daß alle vier Zylinder in einer Reihe lagen, wie bei den einfachen Lokomotiven.

Man war sich aber immer noch nicht über die richtige Bauweise sicher, so daß man 1913 die beiden Heißdampfvarianten sorgfältig miteinander verglich. Dabei glänzte die Verbundtype durch einen um 25% niedrigeren Kohleverbrauch und bessere Leistungen. Damit war die Entscheidung gefallen und die PLM baute keine weiteren Pazifiks mit einfacher Dampfdehnung mehr, auch die vorhandenen Maschinen baute man mit der Zeit entsprechend um.

1921 bestellte die PLM weitere 230 Pazifiks, 1931 noch einmal 55 Stück, damit besaß sie 462 Pazifiks. Spätere Serien verbesserte man in den Details, hauptsächlich bei der Auspuffanordnung und in den Kesselabmessungen, aber die grundlegende Bauweise änderte sich nicht. Auch nach dem Bau gingen die Verbesserungen weiter, noch später führten Chapelons Ideen zum Umbau einer Maschine mit einem Kessel, der einen Kesseldruck von 20 kp/cm² besaß. Es war vorgesehen, diesen Kessel allgemein einzuführen, aber die Übernahme der PLM in die SNCF führte dazu, daß nur 30 Loks auf diese Art umgebaut wurden, die letzten davon 1948; aber 284 Pazifiks verbesserte man nach den Grundsätzen Chapelons in weniger weitreichender Weise. Durch die verschiedenen Bauserien und Umbauten war das Bezeichnungsschema sehr verwickelt geworden, die Baureihen reichten von „231 A" bis „231 K", wobei die letzteren ein Umbau aus der ursprünglichen „231 C" sind.

Die PLM-Pazifiks hatten ein langes und bemerkenswertes Leben, ihre Leistungsfähigkeit stieg mit jeder konstruktiven Verbesserung, die man an ihnen vornahm, aber sie erreichten nie die Fähigkeiten der von Chapelon umgebauten Paris-Orleans-Pazifiks. Die Elektrifizierung der PLM-Hauptstrecke verdrängte sie von 1952 an in andere Regionen der SNCF. Die Ausmusterungen begannen in den 50er Jahren, aber viele Kessel waren noch in gutem Zustand und verhalfen Schwesterloks zu einem längeren Einsatz, der erst 1969 endgültig endete.

Vier Maschinen stellte man zur Erhaltung beiseite, dazu gehört auch die 231.K.22, eine der Umbauten nach Chapelons Methode, die sich im Steamtown im britischen Carnforth befindet.

Reihe 310 1'C2' Österreich
Kaiserlich und Königliche Staatsbahn (KKStB), 1908

Achslast: 14,6 t (32160 lb)
Zylinder, Ø x Hub:
-Hochdruck: (2) 390 x 720 mm (15.4 x 28.3 in)
-Niederdruck: (2) 620 x 720 mm (24.4 x 28.3 in)
Treibrad Ø: 2100 mm (82.7 in)
Verdampfungsheizfläche: 193 m² (2077 sq ft)
Überhitzerheizfläche: 43 m² (463 sq ft)
Kesseldruck: 15 kp/cm² (213 psi)
Rostfläche: 4,6 m² (49 sq ft)
Brennstoff (Kohle): 8,5 t (18720 lb)
Wasser: 21 m³ (4620 Imp gal)
Reibungsgewicht: 44 t (96916 lb)
Gesamtdienstgewicht: 146 t (321 586 lb)
Gesamtlänge: 21 318 mm (69 ft 11.3 in)

Die Eisenbahnen Österreichs wurden mit leichten Gleisen gebaut und wiesen oft erhebliche Steigungen auf. Die Lokomotiven mußten daher eine niedrige Achslast haben, aber trotzdem imstande sein, bei mäßigen Geschwindigkeiten beachtliche Leistungen zu erbringen, und das mit einer Kohle niedrigeren Heizwertes. Von 1897 bis 1916 lag die Lokomotiventwicklung vorwiegend in den Händen Karl Gölsdorfs, einem Mann voller schöpferischer Ideen, auf den etwa 45 verschiedenen, oft neuartige Lokomotiventwürfe zurückgehen, die seine Handschrift tragen.

Nach dem Bau von Zweizylinder-Verbundloks kam er 1908 an den Punkt, an dem die benötigte Leistung nur noch durch vier Zylinder zu erzeugen war. Um Gewicht zu sparen verwendete er einen einzigen Kolbenschieber für Hoch- und Niederdruckzylinder einer Seite. Dies führte zu komplizierten Dampfwagen, die bei hohen Kolbengeschwindigkeiten eine schwer zu überwindende Grenze dargestellt hätten.

In diesem Jahr, 1908, entstand Gölsdorfs Meisterwerk. Er drehte diese Achsfolge um, damit für die schlechte Kohle eine große Feuerbüchse verwendet werden konnte und man gleichzeitig eine leichtere Vorderpartie der Lokomotive erhielt, als bei einer Pazifik mit vorderem Drehgestell. Um die Nachteile seiner Steuerungsanordnung zu lindern, sah er Treibräder mit einem Durchmesser von 2100 mm vor, obwohl die Höchstgeschwindigkeit nur 100 km/h betragen sollte. Damit blieben aber die Kolbengeschwindigkeiten im gewünschten niedrigen Bereich. Er nutzte jede Möglichkeit, um Gewicht einzusparen; die Achslast dieser großen Maschine betrug dann auch nur 14,6 t, eine bemerkenswerte Leistung. Bei den verhältnismäßig niedrigen Geschwindigkeiten war auch die einzelne führende Laufachse kein Nachteil.

Die Abmessungen der Zylinder, die bei einer Verbundlok besonders kritisch sind, stellten sich als ungünstig heraus und trotz verschiedener Änderungen an den Schiebern erreichten die Maschinen nie die Leistung, die die Kesselgröße erwarten ließ. Trotzdem bewährten sich diese Loks vor den wichtigsten Schnellzügen der Monarchie und später auch der Republik Österreich auf den leichteren Hauptstrecken des Landes, bis dann 1928 die ersten 1'D2'-Lokomotiven erschienen.

Die ersten der 1'C2'-Loks waren Naßdampfmaschinen und wurden als Reihe „210" bezeichnet. Ab 1911 erschien dann die Reihe „310" mit Überhitzern. Österreich besaß insgesamt 43. Auch in Polen, der Tschechoslowakei und in Preußen konnte man im Laufe der Zeit derartige Loks antreffen, die dorthin teils neu, teils auf Umwegen aus Österreich gelangten. Die letzte der österreichischen Maschinen stellte man 1957 ab, die Lok Nr. 16.08, die frühere 310.23, ist seit 1974 im Freigelände des Technischen Museums in Wien aufgestellt.

Oben: *Diese schöne Aufnahme zeigt die erste der Gölsdorf-1'C2'-Lokomotiven, Nr. 210.01, im Lieferungszustand.*

Unten: *Am Ende ihrer Tage diente dieses Exemplar der Vorläuferreihe „Nr. 10.13"; später „15.13" mit der Achsfolge 1'C1' noch als Vorheizanlage der ÖBB. Heute ist sie ein Exponat des Technischen Museums Wien.*

Remembrance Klasse 2'C2't

Großbritannien
London, Brighton & South Coast Railway (LBSCR), 1914

Zugkraft: 107,7 kN (24180 lb)
Achslast: 20,0 t (44000 lb)
Zylinder, Ø x Hub:
(2) 559 x 711 mm (22 x 28 in)
Treibrad, Ø: 2057 mm (81 in)
Verdampfungsheizfläche:
168,7 m² (1816 sq ft)
Überhitzerheizfläche:
35,6 m² (383 sq ft)
Kesseldruck: 12 kp/cm² (170 psi)
Rostfläche: 2,48 m² (26.7 sq ft)
Brennstoff (Kohle): 3,6 t
(8000 lb)
Wasser: 12,3 m³ (2700 Imp gal)
Reibungsgewicht: 57,2 t
(126000 lb)
Gesamtdienstgewicht: 100,8 t
(222000 lb)
Gesamtlänge: 15361 mm
(50 ft 4³-4 in)

Unter den berühmten Zügen der Welt findet man nur wenige, die auf der ganzen Fahrt von Tenderlokomotiven befördert wurden. Einer davon war der unvergeßliche „Southern Belle" (die südliche Schönheit), ein Schnellzug, der ausschließlich aus Pullmanwagen bestand und die 82 Kilometer vom Victoria-Bahnhof nach Brighton ohne Halt fuhr. Besonders verbunden mit diesem Zug ist eine Reihe von sieben 2'C2'- oder „Baltic"-Tenderlokomotiven, die stärksten Lokomotiven, die die London, Brighton & South Coast Railway je besaß.

Zuvor bespannte man die Schnellzüge zwischen London und der Südküste mit verschiedenen Baureihen der Achsanordnung 2'B, 2'B1', 2'B1't, verstärkt durch zwei 2'C1'-Tenderloks. Die neuen 2'C2'-Tendermaschinen der Reihe „L" kann man als eine vergrößerte Ausführung der 2'C1't-Loks ansehen. Ihr Konstrukteur Oberst L. B. Billinton hatte den Auftrag, Maschinen zu entwerfen, die imstande sein sollten, Züge wie den „Belle" und ähnliche Schnellzuge wie den „City Limited" in der von einer Stunde auf 45-50 Minuten verkürzten Fahrzeit zu befördern. Tatsächlich verkürzte sich die Fahrzeit des „Southern Belle" dann doch nicht, auch nicht bei dem elektrisch betriebenen Nachfolger „Brighton Belle", der 1933 die Dampfloks ersetzte, denn durch das Hinzufügen von Pullmanwagen für die dritte Klasse zur vorher ausschließlich die erste Klasse führenden Garnitur erhöhte sich das Zuggewicht beträchtlich.

In den meisten Punkten folgte die Konstruktion den üblichen Gepflogenheiten, nur die Steuerungsanordnung war ungewöhnlich. Man verwendete eine außenliegende Walschaertsteuerung, die innenlie-

Unten: *Die 2'C2'-Tenderlokomotive Nr. B333 „Remembrance", die spätere Nr. 2333, im Londoner Victoria-Bahnhof im Jahre 1930. Sie war die „Kriegs-Gedächtnislokomotive" der Southern Railway und trug viele Jahre lang entsprechende Schrifttafeln an den Wassertanks.*

Reihe F 2'C1'

Schweden
Schwedische Staatsbahn (SJ), 1914

Achslast: 16 t (35250 lb)
Zylinder, Ø x Hub
– **Hochdruck**: (2) 420 x 660 mm
(16.5 x 26 in)
– **Niederdruck**: (2) 630 x 660 mm
(24.8 x 26 in)
Treibrad Ø: 1880 mm (74 in)
Verdampfungsheizfläche:
189 m² (2034 sq ft)
Überhitzerheizfläche: 68 m²
(732 sq ft)
Kesseldruck: 13 kp/cm² (185 psi)
Rostfläche: 3,6 m² (28.75 sq ft)
Brennstoff (Kohle): 6,5 t
(14320 lb)
Wasser: 25 m³ (5500 Imp gal)
Reibungswicht: 48 t
(105725 lb)
Gesamtdienstgewicht: 146 t
(321585 lb)
Gesamtlänge: 21265 mm
(69 ft 9.2 in)

Oben: *Eine schwedische Pazifik der Reihe „F". Alle Maschinen dieser Reihe wurden nach Elektrifizierung der schwedischen Hauptstrecken nach Dänemark verkauft. Die abgebildete Lokomotive „F 1200", der Prototyp der Reihe, kam nach Ende ihres Einsatzes in Dänemark als Museumsstück nach Schweden zurück.*

Schweden ist keines der Länder, bei denen man sofort an den Lokomotivbau denkt, aber es war und ist heute noch ein Lokomotiven produzierendes Land. Nicht nur das, sondern das Land hat auch seinen eigenen Stil beim Bau von Lokomotiven entwickelt, der gelegentlich sogar exportiert wurde. Die Einfachheit der Dampflokomotive ermöglichte es auch kleineren Ländern (und Bahngesellschaften) eigene Entwürfe kostengünstig zu realisieren. Häufiger bauten die Schweden aber nach den Entwürfen und auf Bestellungen anderer Länder. Beispielsweise baute Nydquist und Holm in Trollhättan in den 20er Jahren eine große Serie von E-gekuppelten Güterzugloks für Sowjetrußland. Nach der Fertigstellung erhielt das Werk die Nachricht, daß ein russisches Schiff die Loks am firmeneigenen Kai abholen werde. Man verlud sie ordnungsgemäß, dann lud der Kapitän zur Bezahlung der Bestellung Goldbarren im entsprechenden Wert an Land.

Nydquist und Holm entwarfen und bauten aber auch die besten schwedischen Schnellzuglokomotiven, die 2'C1'-Lokomotiven der Reihe „F", die die Schwedische Staatsbahn 1914 erhielt. Wie man sieht waren sie recht eigenwillige aber auch schöne Maschinen. Das führende Drehgestell hatte Außenrahmen, wahrscheinlich aus Platzgründen. Es erleichterte aber auch die Verwendung – vermutlich zum ersten Mal überhaupt – von Rollen-

Oben: *Die Lokomotive Nr. 329 „Stephenson" der „Remembrance"-Klasse sehen wir hier im erdbraunen Anstrich der LBSCR. Diese berühmten Tendermaschinen beförderten auch den legendären „Southern Belle"-Pullman-Luxuszug, der mehrmals täglich zwischen dem Londoner Victoria-Bahnhof und Brighton verkehrte, bis 1933 die elektrischen „Brighton Belle"-Züge die Dampftraktion ablösten.*

gende Kolbenschieber über Umlenkhebel antrieb, obwohl die Zylinder selbst außen lagen. Man wollte aber die gleichen Zylinder wie bei den 2'C1'-Tenderloks verwenden, konnte innen aber keine Steuerung anordnen, weil die Maschinen einen Wasserkastenrahmen hatten. Die seitlichen Wassertanks hatten zu Unannehmlichkeiten geführt, sogar zu einer Entgleisung, die man auf umherschwappendes Wasser in halbvollen Tanks und den hohen Schwerpunkt zurückführte. Zu diesem Zwischenfall kam es schon bald nach der Inbetriebnahme der Prototypmaschine Nr. 321 „Charles C. Macrae" im April 1914. Zur Lösung des Problems baute man die Wassertanks so um, daß nur die unteren 380 mm tatsächlich Wasser enthielten, der Rest der Tanks war eine Attrappe, wie man dies seinerzeit auch bei Dampfschiffsschloten gerne machte, um das Aussehen zu verbessern. Nun lag der Schwerpunkt tiefer und die Lokomotiven konnten regelmäßig mit 120 km/h gefahren werden, ohne daß es weitere Vorkommnisse gab.

Eine zweite Lokomotive, Nr. 328, wurde kurz vor dem Kriegsausbruch im Herbst 1914 fertig, fünf weitere Maschinen (Nr. 329-333) kamen dann erst 1921-1922. Zwei von ihnen erhielten auch Namen – Nr. 329 wurde zu „Stephenson", mit der Nr. 333 wollte man an die Bahnbediensteten erinnern, die dem Krieg zum Opfer gefallen waren und nannte sie „Remembrance" (Gedenken). Die späteren Mitglieder der Reihe erhielten von vornherein nicht die Speisewasservorwärmer und dampfbetriebenen Speisepumpen, die, für Großbritannien sehr ungewöhnlich, die ersten Loks nach der Ablieferung für einige Zeit besessen hatten.

Nach der Elektrifizierung 1933 baute die nun den Betrieb führende Southern Railway diese Tenderloks in 2'C-Lokomotiven der Reihe „N15X" um. In dieser Form hatten sie noch ein langes und achtbares Arbeitsleben in weniger aufreibenden Diensten auf längeren Strecken des größeren Bahnnetzes ihrer nunmehrigen Verwaltung und erlebten auch noch die Zeit der British Railways nach 1948. Daß man sie so lange im Dienst behielt spricht mehr als alle Worte für die ausgezeichneten Qualitäten dieser gut aussehenden Maschinen. Letzte Überlebende der Klasse war die BR Nr. 32331, die frühere SR Nr. 2331 und LBSCR Nr. 331, die im Juli 1957 ausschied.

lagern (eine schwedische Spezialität) an stark belasteten Lokomotivachsen.

Die „F"s besaßen ein Verbundtriebwerk in einer aus Deutschland stammenden Anordnung, mit der man versuchte, die Vorteile der Verbundwirkung ohne deren Komplikationen zu erreichen. Alle vier Zylinder trieben die mittlere Kuppelachse und waren darum mit einer Neigung von 6¼° zur Horizontalen ziemlich stark geneigt. Die Niederdruckzylinder lagen außen, die Hochdruckzylinder zwischen den Rahmenwangen. Jedes Zylinderpaar hatte eine einzige außenliegende Walschaertsteuerung, die Steuerspindel bewegte mehrere hintereinander liegende Ventilkammern, die den Dampfeintritt und -austritt in die Hochdruckzylinder und den Dampfeintritt und -austritt in die Niederdruckzylinder regulierten. Das sich dadurch ergebende Labyrinth der Dampfwege in den Zylindergußstücken war sehr kompliziert, aber wenigstens bedurfte es keiner beweglichen Teile.

Man verwendete ein „Windschneiden"-Führerhaus, obwohl die Höchstgeschwindigkeit nur 100 km/h betrug, bedingt durch die damals verwendeten leichten Gleise, die auch die geringe Achslast von 16 t zur Folge hatten. Der ungewöhnliche „Wannentender" trug seinen Teil zum charakteristischen Aussehen bei. Die Reihe „F" beförderte alle wichtigen Schnellzüge auf den Hauptstrecken von Stockholm nach Göteborg und Malmö.

Das Fehlen von Kohlevorkommen in Verbindung mit reichlich zur Energieeerzeugung vorhandener Wasserkraft veranlaßte die Schwedische Staatsbahn früh zur Umstellung auf elektrischen Betrieb. 1936 konnte man daher diese großen Maschinen als überflüssig abstellen. Ein Käufer fand sich jenseits von Sund und Kattegat und es dauerte nicht lange bis aus den schwedischen „F 1200-1211" die Reihe „E" der Dänischen Staatsbahn mit den Nummern 964-974 wurde. Die neuen Eigentümer waren mit diesen Maschinen aus erster Hand so zufrieden, daß sie während und nach dem 2. Weltkrieg bei der dänischen Firma Frichs noch einmal 25 Lokomotiven nach den Originalzeichnungen bauen ließen.

König Christian von Dänemark war sein Leben lang ein Freund der Eisenbahn, so wünschte er sich, daß seine letzte Fahrt zur Beisetzung hinter einer „F"-Pazifik stattfinden sollte. Sogar zwei dieser Pazifiks erwiesen ihm dann die letzte Ehre. Mehrere dieser Maschinen blieben erhalten, so die Nr. 974 (ex SJ 1211), Nr. 978, Nr. 991 und Nr. 999 (von 1950). Die Lok Nr. 991 hält die DSB für Sonderfahrten vor. Der Prototyp der Reihe ging wieder als „F 1200" nach Schweden als Museumsstück zurück.

Links: *Diese Aufnahme von 1927 zeigt eine schwedische Pazifik der Reihe „F" vor einem Personenzug in der Nähe von Nyboda. Die schon aufgestellte Oberleitung verkündet das nahe Ende der Dampftraktion vor schwedischen Schnellzügen.*

Reihe K4 2'C1' USA
Pennsylvania Railroad (PRR), 1914

Zugkraft: 198,0 kN (44460 lb)
Achslast: 32,7 t (72000 lb)
Zylinder, ⌀ x Hub:
(2) 686 x 711 mm (27 x 28 in)
Treibrad ⌀: 2032 mm (80 in)
Verdampfungsheizfläche:
375 m² (4040 sq ft)
Überhitzerheizfläche:
88 m² (943 sq ft)
Kesseldruck: 14,4 kp/cm²
(205 psi)
Rostfläche: 6,5 m² (70 sq ft)
Brennstoff (Kohle): 16 t
(36000 lb)
Wasser: 46 m³ (10000 Imp gal)
Reibungsgewicht: 96 t
(210000 lb)
Gesamtdienstgewicht: 242 t
(533000 lb)
Gesamtlänge: 25.451 mm
(83 ft 6 in)

Die Pennsylvania Railroad bezeichnete sich selbst als „Standard Railroad of the World". Dies bedeutet nicht, daß sie sich als typisch oder gar nur als durchschnittlich ansah. Nein, sie betrachtete sich als Vorbild, dessen Qualitäten von anderen Bahnverwaltungen zwar angestrebt, aber wohl kaum erreicht werden konnten. Ebenso sollte das Bahnemblem, ein Schlußstein, symbolisieren, daß das Wohlergehen der amerikanischen Wirtschaft von dieser Bahn ebenso abhing, wie der Zusammenhalt eines Gewölbes vom Schlußstein.

Die berühmten K4-Pazifiks, zuerst erbaut 1914, trugen bis nach dem 2. Weltkrieg die Hauptlast des Personenverkehrs. Man könnte dieser Konstruktion gleichermaßen den Titel der „Standard-Schnellzuglokomotive der Welt" verleihen. Von diesem Typ wurden über einen Zeitraum von 14 Jahren insgesamt 425 Stück gebaut. Sie folgten auf eine Anzahl anderer Lokomotiven der gleichen Achsfolge. Die Pennsylvania Railroad war im Allgemeinen sehr zurückhaltend bei der Anwendung neuer Ideen des Lokomotivbaus. Die Pazifik-Ära wurde mit einem einzigen Prototyp eingeleitet, der im Jahre 1907 bei der American Locomotive Company (AlCo) bestellt und später als Reihe K28 bezeichnet wurde. 1910 war man der Meinung, man habe mit ihr genug Erfahrungen gesammelt, um eigene 2'C1'-Lokomotiven bauen zu können. Innerhalb kurzer Zeit verließen 239 Pazifiks der Reihe K2 die Werkstätten. Erst ab 1912, also recht spät, erhielten diese Lokomotiven auch einen Überhitzer.

1913 beschaffte die Bahn 30 2'C1'-Loks der Reihe K3 von Baldwin in Philadelphia. Interessant war deren Ausrüstung mit der ersten brauchbaren Ausführung einer mechanischen Rostbeschickung, dem „Crawford-Stoker", benannt nach D. F. Crawford, Lokomotiv-Superintendent der westlichen Linien der PRR. Von 1905 bis 1914 nahm man fast 300 dieser Stoker in Betrieb, davon aber erst 64 auf Pazifiks. Spätere Bauarten benutzten eine Förderschraube, der Crawford-Stroker besaß dagegen Schaufelblätter, die von Dampfzylindern hin- und herbewegt wurden. Sie waren so angeordnet, daß sie wie Paddel die Kohle in eine Richtung beförderten. Die Kohle erreichte die Feuerbüchse in Rosthöhe, nicht wie bei späteren Stokern auf einer erhöhten Plattform, um mit Dampfstrahldüsen verteilt zu werden.

Im Jahre 1911 hatte AlCo einen weiterne Prototyp geliefert, der größer als die K28 war und später als K29 eingeordnet wurde. Die Be-

Oben: *Die „K4" der Pennsylvania Railroad mit der Nummer 3749 wurde in den Juniata-Bahnwerkstätten in Altoona gebaut.*

Mitte: *Der „Broadway Limited" in Chicago im Jahre 1938 wird von der „K4" 3768 gezogen. Ihre Stromlinienverkleidung stammt von dem Designer Raymond Loewy.*

zeichnung K1 trug ein eigener Entwurf der PRR, der aber nicht ausgeführt wurde.

Die erste K4-Pazifik erschien 1914. Sie war erheblich größer als die K2, hatte 36% mehr Zugkraft und eine um 26% vergrößerte Rostfläche, bei einer um 9% erhöhten Achslast. Viele der Konstruktionsmerkmale der K4 entstammen der E6-Atlantik (2'B1'), dem bisherigen technischen Höhepunkt der Schnellzuglokentwicklung dieser Eisenbahngesellschaft.

Die Pennsylvania Railroad war eine der wenigen nordamerikanischen Bahnen, die auf dem Gebiet des Lokomotivbaus die Autarkie anstrebten. Man baute möglichst in eigenen Werkstätten Lokomotiven nach eigenen Entwürfen. Eine wichtige Hilfe bei ihrer Entwicklung war die Lokomotivprüfanlage in Altoona, bekannt bei Fachleuten in aller Welt. Altoona war damals der einzige Rollprüfstand in Nordamerika, bei dem man unter genau kontrollierten Bedingungen das Verhalten einer Lokomotive bis zur Höchstgeschwindigkeit untersuchen konnte.

Auch der K4-Prototyp wurde in Altoona recht bald auf die Probe gestellt. Es wurden aber nur wenige Verbeserungen nötig. Nicht wieder angewendet wurden allerdings die ölbetriebene Beleuchtung und der Bahnräumer aus Holz. Wichtigste Neuerung während der Bauzeit war die Kraftumsteuerung, die im Jahre 1923 eingeführt wurde. Die damals schon mehr als 200 vorhandenen Lokomotiven erhielten diese ebenfalls im Laufe der Zeit. 1937 sollte dann die Kraftumsteuerung für alle Lokomotiven in den USA mit mehr als 72,7 t (160000 lb) Reibungsgewicht zur Vorschrift werden. Mit demselben Gesetz wurde auch die mechanische Rostbeschickung für große Lokomotiven zur Pflicht. Viele, aber nicht alle Maschinen der Reihe K4 erhielten sie in den 30er Jahren, da die Leistung handgefeuerter Lokomotiven davon abhängt, wieviel Kohlen der Heizer schaufeln kann. Eine Leistungssteigerung war also nur durch eine mechanische Feuerung möglich. Die letzten 5 K4-Pazifiks besaßen in einem Stück gefertigte Stahlgußrahmen.

Oben: *PRR „K4" 5354, gebaut 1924, ergänzt ihre Wasservorräte bei einem Unterwegshalt.*

Eine andere Erleichterung für das Lokpersonal war die Übertragung der Signalbilder über Gleisstromkreise auf eine Führerstandsanzeige.

Anzeichen für die Zurückhaltung der PRR gegenüber neuen Entwicklungen bieten auch die Daten des Kessels. So betrug das Verhältnis von Verdampfungs- zu Überhitzerheizfläche auch bei späten Lieferungen der K4 nur 4,3, während andere Bahnen Nordamerikas damals Werte von 2,2 bis 2,5 erzielten, also stärker überhitzten. Auch der Kesseldruck war ziemlich niedrig, nur ein Dreiviertel des Wertes anderer Lokomotiven. Dies soll nicht heißen, daß dies falsch gewesen wäre, denn niedriger Kesseldruck und geringerer Überhitzungsgrad wirkten sich positiv auf die Reparaturanfälligkeit der Maschinen aus, sie waren weniger kompliziert. Da die PRR die Kohle sehr billig direkt von den Bergwerken bezog, glich dies die etwas geringere Effektivität völlig aus.

Wie bei der Pennsylvania Railroad üblich, erhielten auch die K4-Pazifiks Betriebsnummern wahllos zugeteilt, sie lagen zwischen 8 und 8378. Lediglich die letzten Serien der Jahre 1924-28 wurden fortlaufend von 5350 bis 5499 numeriert. Außer Nr. 5400-5474, 1927 von Baldwin gebaut, entstanden alle Lokomotiven dieser Reihe in der Juniata-Werkstätte in Altoona, Pennsylvania.

Es existierten auch einige K4-Loks mit Sonderausrüstungen. So besaßen die Loks 3874 und 5399 eine Ventilsteuerung, Wasserkammern in der Feuerbüchse und ein verbessertes Blasrohr. Dies ergab eine Steigerung der Zylinderleistung von 3000 auf 4000 PS. Eine Anzahl, Reihe K4sa, hatte weniger weitreichende Verbesserungen erhalten. Statt der Ventilsteuerung erhielten sie von 305 mm auf 381 mm vergrößerte Kolbenschieber. Nr. 3768 wurde eine Zeitlang mit voller Stromlinienverkleidung eingesetzt, andere erhielten Teilverkleidungen und wurden farblich an verschiedene Stromlinienzüge angepaßt. Viele unterschiedliche Tenderbauarten wurden verwendet, vor den größten davon mit 25 t Kohle und 107 m³ Wasser, sah eine K4-Pazifik recht klein geraten aus.

Bis zum Erscheinen der Duplex-Lokomotiven nach dem 2. Weltkrieg bespannten die K4-Pazifiks alle Schnellzüge der Pennsylvania RR außerhalb der elektrifizierten Strecken. Im Winter 1934 fuhr der „Detroit Arrow" auf der Strecke von Plymouth bis Fort Wayne, Indiana (102 km) mit einer Reisegeschwindigkeit von 121 km/h. Damit war er kurze Zeit der schnellste planmäßige Dampfzug der Welt.

Vor allem auf den langen Strecken der westlichen Linien der PRR mußten die Expresszüge oft mit zwei Lokomotiven bespannt werden. Durch die wirtschaftliche Arbeitsweise der K4 wurde dies aber trotzdem als ökonomisch angesehen. Bei der Überquerung des Alleghany-Gebirges kuppelte man oft drei – angeblich so manches Mal auch vier – Pazifiks vor, um beispielsweise den schweren „Broadway Limited" durch die Horseshoe-Kurve mit einer Steigung von 1,72% zu ziehen.

Heute sind dies nur noch Erinnerungen, nur eine K4 erinnert in einem kleinen Park innterhalb dieses halbkreisförmigen Streckenabschnitts als Denkmal an die harte Arbeit dieser großartigen Schnellzuglokomotiven. Eine weitere, besser zugängliche Maschine dieser Reihe wird im Eisenbahnmuseum von Strasburg aufbewahrt.

Unten: *Die Zeichnung zeigt eine der zuletzt erbauten 2'C1'-Lokomotiven, Reihe K4, der Pennsylvania Railroad. Von 1914 bis 1928 wurden 425 Stück gebaut, die meisten davon in Altoona.*

Reihe C53 2'C1' Niederländisch-Indien (Indonesien)
Staats Spoorwegen (SS), 1917

Achslast: 12,5 t (28000 lb)
Zylinder, ∅ x Hub / Hochdruck: (2) 340 x 580 mm (13,4 x 22,8 in) – **Niederdruck:** (2) 520 x 580 mm (20,5 x 22,8 in)
Treibrad ∅: 1600 mm (63 in)
Verdampfungsheizfläche: 123 m² (1324 sq ft)
Überhitzerheizfläche: 43 m² (463 sq ft)
Kesseldruck: 14 kp/cm² (200 psi)
Rostfläche: 2,7 m² (29 sq ft)
Reibungsgewicht: 37,5 t (83000 lb)
Dienstgewicht (ohne Tender): 66,5 t (147000 lb)
Gesamtlänge: 20889 mm (68 ft 6,5 in)
Die Daten des Tenders sind nicht bekannt.

Java, die dicht besiedelte Hauptinsel Indonesiens, wurde vor dem 2. Weltkrieg von der niederländischen Verwaltung mit einem ausgezeichneten Eisenbahnnetz ausgestattet. Es gab sechsfach gekuppelte Güterzugloks, Lichtsignale und sogar einen elektrischen Vorortbetrieb um Batavia, heute Djakarta. Vor allem aber fuhren hier die schnellsten Schmalspurzüge der Welt – und das mit Dampf. Dies mag etwas seltsam anmuten in diesem Land, in dem man sich die Lebensfreude nicht gerade durch Gedanken an Zeit und Eile verdirbt. Aber es gab dafür einen wichtigen Grund. Zu Zeiten der Kolonialverwaltung wurde ein Eisenbahnbetrieb bei Nacht als unsicher erachtet, nicht wegen der Gefahr von Sabotage, sondern weil die Gefahren des Dschungels den vorsichtigen Niederländern bei Dunkelheit zu groß erschienen.

Da Java in der Nähe des Äquators liegt, ist die Zeit des Tageslichts das ganze Jahr über annähernd gleich. Dadurch war die Gestaltung des Fahrplans recht einfach. Aber es bedeutete auch, daß die Züge die Strecke von 820 km zwischen Batavia und Surabaya, den wichtigsten Strecken der Insel, recht flott zurücklegen mußten, um die Fahrt vor Sonnenuntergang zu beenden. Viele Jahre hindurch war eine Unterwegsübernachtung erforderlich, für viele eine erfreuliche Unterbrechung der Fahrt. Aber letztendlich wollte man dies, auch durch den Kauf neuer Lokomotiven, unnötig machen.

Diese großartigen Pazifiks ermöglichten die Reduzierung der Fahrzeit von 29 Stunden auf 12 Stunden 20 Minuten. Die Reisegeschwindigkeit von 66,4 km/h schloß 12 Unterwegshalte ein. Die Durchschnittsgeschwindigkeit zwischen zwei Stationen betrug bis zu 75,8 km/h; als Höchstgeschwindigkeit erreichten diese Züge 120 km/h.

Im Gegensatz dazu hat die heutige Bahnverwaltung Bedenken, mit ihren Dieselloks diese Geschwindigkeiten zu fahren. Dafür fährt man auch bei Dunkelheit, um die Reise in 15 beschaulichen Stunden zurückzulegen.

Von diesen Vierzylinder-Verbund-Lokomotiven auf 1067-mm-Spur (3 ft 6 in) wurden von Werkspoor in den NIederlanden von 1917 bis 1921 insgesamt 20 Stück mit den Nummern 1001-1020 gebaut. Während der japanischen Besetzung im 2. Weltkrieg erhielten sie die Reihenbezeichnung C53 mit den Nummern C53 01-5320. Drei Exemplare hielten sich bis in die 70er Jahre im Betrieb. Eine davon ist für ein Museum reserviert.

Oben: *Fabrikfoto der 2'C1'-Lokomotive 1015 für Niederländisch-Indien, die spätere C53 15.*

Rechts: *Die 2'C1'-Lok C53 17 der Indonesischen Staatsbahn in ihrer letzten Betriebszeit in Surabaya.*

Reihe 231 D 2'C1' Frankreich
Staatsbahn (Etat), 1914

Achslast: 18,5 t (40500 lb)
Zylinder, ∅ x Hub/Hochdruck: (2) 420 x 650 mm (16½ x 25½ in) – **Niederdruck:** (2) 640 x 650 mm (25¼ x 25½ in)
Treibrad ∅: 1950 mm (76½ in)
Verdampfungsheizfläche: 196 m² (2110 sq ft)
Überhitzerheizfläche: 80 m² (861 sq ft)
Kesseldruck: 17 kp/cm² (242 psi)
Rostfläche: 4,27 m² (46 sq ft)
Brennstoff (Kohle): 6 t (13500 lb)
Wasser: 20 m³ (4400 Imp gal)
Reibungsgewicht: 55 t (121500 lb)
Gesamtdienstgewicht: 136 t (300000 lb)
Gesamtlänge: 22974 mm (75 ft 4½ in)

Die französische Westbahn war für längere Zeit der Inbegriff eines schlecht geführten, ineffizienten Betriebs. Auch die Übernahme durch den Staat im Jahre 1908 änderte nicht viel daran. Allerdings verstand es die neue Verwaltung wenigstens, vom Jahre 1914 an, einen Bestand von Pazifik-Schnellzugloks aufzubauen, die sich in der Kontruktion an solche der Paris-Orleans-Bahn anlehnten. Der hauptsächliche Unterschied lag in der Verwendung einer runden Feuerbüchsdecke anstelle der Belpaire-Feuerbüchse. Dadurch ergaben sich auch bei dem stark eingeschränkten Lichtraumprofil dieser Bahn genügend große Frontfenster im Führerstand.

Während des 1. Weltkriegs lieferte sogar North British in Glasgow einige dieser Lokomotiven. Nach dem Krieg übernahm die Regierung die Konstruktion als Norm und bestellte 400 Stück bei französischen Firmen. 280 davon gingen an die „Etat", weitere 100 gingen an die „Alsace-Lorraine", die wieder in französische Verwaltung gekommen war. Der Rest ging an die Ost-, Nord- und Paris-Orleans-Bahnen.

1928 begann man unter dem Direktor Raoul Dautry das recht desolate System der „Etat" zu sanieren. Eine vernünftige Maßnahme war der Umbau der 269 nun vorhandenen Pazifik-Lokomotiven nach den Prinzipien von Chapelon, um ihre Wirtschaftlichkeit zu verbessern.

Rechts: *Eine Lok der ehem. Westbahn bei der SNCF als 231-D-722 der Region 3.*

Der Überhitzungsgrad wurde erhöht, die Dampfwege vergrößert und Doppel-Blasrohre eingebaut. Nur 30 Lokomotiven (Reihe 231G) erhielten außerdem Ventilsteuerungen an allen vier Zylindern. 134 Loks (Reihe 231F) bekamen auf der Hochdruckseite Ventilsteuerung und auf der Niederdruckseite Doppelkolbenschieber nach Willoteaux. 85 Loks (Reihe 231H) wurden in bescheidenerem Maße durch Verbesserungen an der Steuerung aufgewertet.

Die Resultate der Umbauten waren ausgezeichnet. Diese Lokomotiven waren vor Expresszügen ebenso zuhause wie zur Kriegszeit vor schweren Zügen aus 22 Wagen mit 2500 Fahrgästen, die auf ebenen Strecken immerhin noch 100 km/h erreichten.

Einen lebhaften Eindruck davon, was es bedeutete, eine dieser Maschinen zu fahren und zu feuern, erhält man in Jean Renoirs Film „La Bête Humaine“ aus den 30er Jahren. Zolas Geschichte von Leidenschaft und Blut in bis dahin selten gesehenem Ausmaß kann kaum vom eigentlichen Star ablenken, einer 231D-Pazifik der „Etat“.

Lok 231-D-596 ist für das Eisenbahnmuseum in Mulhouse bestimmt. Auch 231-G-558 blieb erhalten.

Reihe A1 2'C1' Groß-Britannien
Great Northern Railway (GNR), 1922

Zugkraft: 130,9 kN (29385 lb)
Achslast: 20,5 t (45000 lb)
Zylinder ∅ x Hub:
(3) 508 x 660 mm (20 x 26 in)
Treibrad ∅: 2032 mm (80 in)
Verdampfungsheizfläche:
272 m² (2930 sq ft)
Überhitzerheizfläche: 49 m² (525 sq ft)
Brennstoff (Kohle):
8 t (1800 lb)
Wasser: 22,7 m³ (5000 Imp gal)
Reibungsgewicht:
61 t (134000 lb)
Gesamtdienstgewicht:
151 t (332000 lb)
Gesamtlänge: 21463 mm
(70 ft 5 in)

Der April 1922 war ein Meilenstein in der Geschichte der britischen Eisenbahnen, denn in diesem Monat ging die erste Lokomotive einer neuen Reihe von Pazifiks in Betrieb. Nur wenige Lokomotiven erreichten die Leistungen dieser Lokomotiven und ihrer Weiterentwicklungen. 79 davon wurden von 1921 bis 1934 erbaut und bekamen die ihrer Vorrangstellung angemessenen Bezeichnung „A1".

Diese 2'C1'-Lokomotiven der Great Northern Railway waren das Werk von Nigel Gresley (später Sir Nigel Gresley), der 1911 Lokomotiv-Superintendent der GNR wurde. Gresley war das, was man heute als System-Ingenieur bezeichnen würde, das heißt, er beherrschte eher den Entwurf neuer Gesamtkonzepte als die Detailkonstruktion.

Das Konzept dieser neuen Pazifiks sah vor, daß eine Lokomotive so groß sein mußte, daß sie alle gestellten Aufgaben mit Leichtigkeit erfüllen konnte. Dies sei auf lange Sicht wirtschaftlicher, auch wenn die Anschaffung zu Beginn teurer sei. So kosteten die ersten 10 A1-Loks durchschnittlich 8560 £ im Vergleich zu 6840 £ für die ersten 10 „Castle"-2'C-Lokomotiven der Great Western Railway.

Grundgedanke des Entwurfs war, daß die Einfachheit einer Dampflokomotive ihr großer Vorteil ist. Auch erkannte Gresley wie wichtig es ist, die Kraftwirkungen der hin- und hergehenden Massen möglichst gut auszugleichen. Die kleinste Zahl von Zylindern, bei der dies möglich ist, sind drei Zylinder. Dies bedeutet zwar die Anordnung eines Zylinders zwischen den Rahmenplatten, aber Gresley verwendete eine Steuerung, bei der auch der Schieber des Innenzylinders von außen angetrieben wurde.

Gresley war auch künstlerisch begabt, so gestaltete er seine Lokomotiven mit einem ansprechenden Äußeren. Seine Pazifiks erhielten meist Namen berühmter Rennpferde. Sie haben sich mit Recht einen Platz auf der Liste der berühmtesten Lokomotiven erobert.

Im Gegensatz zur gelungenen Gesamtkonzeption hatten die Pazifiks viele kleine Mängel. Ein schlecht beweglicher „Alles-oder-nichts"-Regler trug in Verbindung mit dem Fehlen von Ausgleichshebeln zwischen der Nachlaufachse und den Treibachsen zum häufigen Schleudern beim Anfahren bei. An Stellen, an denen diese Maschinen regelmäßig mit schweren Zügen anfuhren, mußten die Schienen oft nach wenigen Wochen gewechselt werden, weil die schleudernden Räder sich eingebrannt hatten. Die Lager der inneren Treibstangen liefen regelmäßig heiß, dabei gab es damit bei anderen Bahnen kaum Probleme. Es gab auch so unverzeihliche Konstruktionsfehler wie z. B. Schmierleitungen, zu deren Reparatur der Kessel abgehoben werden mußte. Ein weiteres Problem war die schlechte Sicht aus dem Führerstand durch den Dampf, der entlang dem Kessel strömte.

Ein Grund für die Entstehung dieser Probleme war sicherlich, daß Gresley im Jahre 1923 Chef-Ingenieur der London & North Eastern Railway (LNR) wurde, die durch den Zusammenschluß der Great Northern, Great Eastern, North Eastern, Great Central, North British und etlicher kleiner Bahngesellschaften entstanden war. Er zog nach London um und entfernte sich damit auch geistig von der Lokomotiventwicklung in Doncaster. Verschiedene Verbesserungen der Steuerungen dieser Pazifiks wurden bisher immer Gresley gutgehalten. Erst vor kurzem wurde bekannt, daß diese Veränderungen durch andere, sogar gegen seinen Willen, durchgesetzt wurden.

Anlaß dazu waren Probefahrten der eleganten, aber kleineren 2'C-Lokomotive „Pendennis Castle" der rivalisierenden Great Western Railway auf der LNER im Jahre 1925. Sie erfüllte leicht die Aufgaben der großen Pazifiks, verbrauchte dabei aber 10% weniger Kohle. Den LNER-Leuten war es ein Rätsel, warum die Castle-Reihe so gut war, sie vermuteten den Grund aber in der Geometrie der Walschaerts-Steuerung. Man probierte etwas an den Pazifiks herum, aber ohne Ergebnis. Um nicht das Gesicht zu verlieren, indem man einfach die Konkurrenz um Zeichnungen bat, entschloß man sich zu einer Nacht-und-Nebel-Aktion. Gelegenheit dazu ergab die Anwesenheit einer anderen „Castle" in Darlington bei der Hundertjahrfeier der Stockton & Carlington Railway 1925. Die gesamte Steuerung wurde insgeheim vermessen und Bert Spencer, Gresleys technischer Assistent in Kings Cross, entwickelte daraus eine neue Steue-

Oben: *Museumslokomotive „Flying Scotsman" der Reihe A3 der früheren London & North Eastern Railway verläßt York in Richtung Süden mit einem Sonderzug von Eisenbahnfreunden.*

Unten: *Der „Flying Scotsman" vor dem Umbau von Reihe A1 in Reihe A3, aber schon mit einem Korridortender für lange Durchläufe ausgerüstet.*

rung, die an Lok 2555 „Centenary" ausprobiert wurde. Die Resultate waren erstaunlich; nicht nur die 10% Kohleersparnis der „Castle" wurden erzielt, sondern sogar das Doppelte davon.

Nach anfänglichem Zweifel machte Gresley eine Fahrt auf der „Centenary" mit, zeigte sich dann überzeugt und ordnete den Umbau aller Pazifiks beim nächsten Werkstattaufenthalt an. Man sparte nun auf der Fahrt von Kings Cross nach Newcastle 1½ Tonnen Kohle ein, genau genommen ermöglichte erst diese Ersparnis den störungslosen Durchlauf auf diese Entfernung. Etwa zur gleichen Zeit wurden neue Kessel mit einem erhöhten Kesseldruck von 15,75 kp/cm² eingeführt, teilweise in Kombination mit einem verkleinerten Zylinderdurchmesser. Durch diese Änderungen stieg das Lokgewicht um 6 Tonnen, die Achslast erhöhte sich um 2 Tonnen. Umgebaute Lokomotiven wurden als Reihe „A3" oder auch als Super-Pazifiks bezeichnet.

Der längste planmäßige Lokomotivdurchlauf der Welt wurde mit diesen Lokomotiven gefahren. Ab 1928 bis zum Kriegsbeginn fuhren sie durchgehende Schnellzüge über die 632 km lange Strecke von London nach Edingburgh ohne Zwischenhalt. Besondere Korridortender wurden mit ausgewählten Loks gekuppelt, um einen Personalwechsel während der Fahrt zu ermöglichen. Dazu erhielten die Tenderrückseiten die normalen Übergangsvorrichtungen der LNER-D-Zugwagen.

1935 führte Nr. 2750 „Papyrus" eine Hochgeschwindigkeitsfahrt von London nach Newcastle als Vorbereitung für den neuen „Silver Jubilee"-Express durch, der die Strecke in 240 Minuten fahren sollte. Sie legte die Strecke in der erstaunlichen Zeit von 230 Minuten mit einem Durchschnitt von 112,5 km/h zurück. Auf der Rückreise erreichte sie sogar eine Höchstgeschwindigkeit von 174 km/h. Dies dürfte auch heute noch den Weltrekord für eine nicht stromlinienverkleidete Lokomotive darstellen.

Mit der Inbetriebnahme dieses Zuges kam die stromlinienverkleidete Version der Gresley-Pazifiks in Dienst. Durch sie wurden die unverkleideten Maschinen von Platz 1 in der Zugförderung auf der Ostküstenstrecke verdrängt. Sie hatten aber keine Mühe die Fahrzeiten zu halten, wenn sie für eine Stromlinienlok einspringen mußten. Der 2. Weltkrieg brachte der Strecke entlang der Ostküste 24-Wagen-Personenzüge, die von den A3 und den wenigen verbliebenen A1 ebenso befördert wurden wie Güterzüge. Die schlechtere Werkstättenunterhaltung dieser Zeit brachte allerdings auch die kleinen Konstruktionsmängel mehr zum Vorschein.

Oben: *Der „Flying Scotsman" in voller Fahrt. Der Farbwechsel der Rauchwolke von weiß auf schwarz zeigt, daß gerade Kohle aufgelegt wird.*

Nach dem Krieg und dem Tode Gresleys versuchte man diese Mängel zu beseitigen. Einige Erfolge wurden erzielt, aber weitere wurden verhindert, weil die Hauptwerkstätte sich wenig um Anregungen aus den Betriebswerken kümmerte. Das Aussehen der A3 veränderte sich etwas, als man das Abdampfproblem nach 25 Jahren Bastelei durch den Anbau von Windleitblechen nach deutschem Vorbild löste. Aber auch in den 60er Jahren erkannte man ohne Schwierigkeiten ihre Abkunft von der A1, die 40 Jahre früher in Dienst gegangen war. Der A1-Prototyp war zu dieser Zeit praktisch in eine neue Lokomotive umgebaut worden, eine weitere Maschine wurde 1959 ausgemustert. Ansonsten blieb die Reihe bis 1962 vollständig und verrichtete weiterhin hochwertige Dienste, dann wurden sie recht schnell abgestellt. Schon im Dezember 1965 machte die letzte Gresley-Pazifik der British Railways, die Nr. 60041 „Salmon Trout" ihre letzte Fahrt.

Im Jahre 1934 trugen die Lokomotiven, nach Alter geordnet, die Nummern 4470-81, 2543-99, 2743-97, 2500-08. Nach der zweiten Nachkriegs-Umnummerung waren sie nun Nr. 102-112, 44-100, 35-43. Die Lok 4470 gehörte damals nicht mehr zu dieser Reihe. 1948 addierten die British Railways die Zahl 60000 zur Nummer und nannte sie nun 60035-60112.

Glücklicherweise kaufte ein Eisenbahnfreund namens Alan Pegler eine der berühmtesten Lokomotiven der Reihe (und vielleicht auch der Welt), die „Flying Scotsman". Nach abenteuerlichen Reisen, die sie bis an die Westküste der USA führten, befindet sie sich heute im Steamtown Museum Carnforth und wird regelmäßig vor Sonderzügen auf Strecken der British Railways eingesetzt.

Super-Pazifik 2'C1' Frankreich Nordbahn, 1923

Achslast: 19 t (41 500 lb)
Zylinder, Ø x Hub/Hochdruck: (2) 440 x 660 mm (17.6 x 26 in)
–Niederdruck: (2) 620 x 660 mm (24.4 x 26 in)
Treibrad Ø: 1900 mm (74.9 in)
Verdampfungsheizfläche: 249 m² (2680 sq ft)
Überhitzerheizfläche: 57 m² (616 sq ft)
Kesseldruck: 16 kp/cm² (227 psi)
Rostfläche: 3,5 m² (37,5 sq ft)
Brennstoff (Kohle): 7 t (15500 lb)
Wasser: 31,5 m³ (, 0 Imp gal)
Reibungsgewicht: 56 t (122500 lb)
Gesamtdienstgewicht: 160 t (353000 lb)
Gesamtlänge: 21350 mm (70 ft 1 in)

Oben: *Eine Nordbahn „Super-Pazifik" vor der Abfahrt im Pariser Gare du Nord. Diese Lokomotiven zogen lange Jahre die Fährbootzüge wie den „Golden Arrow" zwischen Paris und den Kanalhäfen.*

Wir haben die plötzliche Umwandlung der Pazifiks der Paris-Orleans-Bahn durch André Chapelon von alltäglichen Lokomotiven in die bemerkenswertesten 2'C1'-Lokomotiven aller Zeiten schon besprochen. Eine andere französische Gesellschaft, die Nord, benutzte fast die selben Methoden und kam auch beinahe so weit, aber in mehreren Stufen. Sie begannen mit zwei seltsam aussehenden 2'C2'-Lokomotiven im Jahre 1911, die zeigten, wie man es besser machen sollte.

Bis auf 2 Exemplare waren alle Nord-Pazifiks de Glehn-Verbundloks. Eine Serie von 40 Maschinen wurde 1912-13 geliefert Die damals durchaus gewöhnliche Bauart entstand in Anlehnung an Maschinen der Reichseisenbahnen in Elsaß-Lothringen aus dem Jahre 1908. Der 1. Weltkrieg verhinderte eine rasche Weiterentwicklung.

Im Jahr 1923 lieferte Blanc-Misseron in Lille die ersten 40 „Super-Pazifiks". Verbesserungen in der Dampfführung und eine leicht erhöhte Dampferzeugungsfähigkeit der Kessel machte sie zu bemerkenswerten Lokomotiven, die beiderseits des Kanals für ihre Leistungen vor Zügen wie dem „Golden Arrow" und dem Calais-Mittelmeer-Express gerühmt werden. Dafür spricht auch, daß Hornby, eine britische Spielzeugfirma, die Super-Pazifik und blaue Wagon-Lits-wagen als Vorbild für ihre er-

Reihe P 10 1'D1' Deutschland Preußische Staatseisenbahn / Deutsche Reichsbahn Gesellschaft

Zugkraft: 179,9 kN (40400 lb)
Achslast: 19,5 t (43000 lb)
Zylinder, Ø x Hub: (3) 520 x 660 mm (20.5 x 26.8 in)
Treibrad Ø: 1750 mm (68.9 in)
Verdampfungsheizfläche: 218,2 m²(2348 sq ft)
Überhitzerheizfläche: 82 m² (883 sq ft)
Kesseldruck: 14 kp/cm²(200 psi)
Rostfläche: 4,07 m² (43.8 sq ft)
Brennstoff (Kohle): 7,0 t (15430 lb)
Wasser: 31,5 m³ (6940 Imp gal)
Reibungsgewicht: 77 t (167000 lb)
Dienstgewicht (ohne Tender): 110,5 t (243500 lb)
Gesamtlänge: 22980 mm (75 ft 5 in)

Oben: *Die erste Lok der Baureihe 39. Diese kraftvolle Lokomotive war eine von mehreren preußischen Bauarten, die die neue Deutsche Reichsbahn Gesellschaft übernahm.*

Nach dem 1. Weltkrieg mußte Deutschland viele Lokomotiven preußischer Bauart, vor allem 2'C-Personenzuglokomotiven der Reihe P8, als Reparation an die Kriegsgegner abgeben. Teil eines Bauprogramms, das diese Verluste ersetzen sollte, war die Neukonstruktion einer schweren Personenzuglokomotive, vor allem für Strecken im Mittelgebirge, auf denen die Leistung der P8 nicht mehr ausreichte. Nachkriegsschwierigkeiten behinderten die Arbeit an dieser neuen Reihe „P10" und so dauerte es bis zum Jahre 1922 bis Borsig das erste Exemplar dieser neuen Type an die inzwischen entstandene Deutsche Reichsbahn Gesellschaft (DRG) liefern konnte.

Obwohl vieles bei diesem Entwurf an die bisherige preußische Lokomotivpraxis erinnert, wird vor allem der Einfluß der „G12" deutlich. Diese dreizylindrige 1'E-Lokomotive wurde vom Jahr 1917 an geliefert, um dem Mangel an leistungsfähigen Güterzugloks im Kriege zu begegnen. Aus Zeitgründen übernahm man damals in den Grundzügen eine Lokomotive, die Henschel für die Ottomanische Eisenbahn gebaut hatte. Dies führte zu wichtigen Neuerungen im preußischen Lokomotivbau, vor allem zum Barrenrahmen und der Belpaire-Feuerbüchse mit einem trapezförmigen Rost über den Treibrädern.

Diese Neuerungen wurden auch bei der P10 beibehalten, die zur Erzielung eines gleichförmigen Drehmoments ebenfalls mit drei Zylindern ausgeführt wurde. Schwierigkeiten machten die größeren Treibräder bei der Unterbringung der Feuerbüchse. Der Rost mußte dreiteilig gebaut werden. Der vordere gerade Teil lag zwischen den hinteren Treibrädern, der zweite Teil verbreitete sich trapezförmig bis zum dritten, wieder geraden Teil des Rostes. Im Vergleich mit herkömmlichen Ausführungen ergab diese nach vorn verlagerte Feuerbüchse eine bessere Gewichtsverteilung der Lokomotive. Die Unterhaltung der mehrfach gebogenen Wände der Belpaire-Feuerbüchse war allerdings problematisch. Dies führte wohl auch dazu, daß diese Bauart in Deutschland nicht mehr angewandt wurde.

Die von der Außensteuerung abgeleitete Bewegung der Innensteuerung wurde zugunsten drei separater Steuerungen aufgegeben, aber als Neuerung wurde die Innensteuerung über eine Umlenkwelle von einer zweiten Gegenkurbel auf der linken Seite betätigt. Eine weitere Neuheit waren die großen Windleitbleche, die von nun an bei allen großen deutschen Lokomotiven verwendet wurden, bis in den 40er Jahren die kleineren Witte-Bleche aufkamen.

Die DRG bezeichnete die P10 als Reihe 39 und beschaffte von 1922 bis 1927 insgesamt 360 Stück. Sie bewährten sich in ganz Deutschland, wenn auch der Einsatz durch die hohe Achslast eingeschränkt war. Mit einer Höchstgeschwindigkeit von 110 km/h waren sie imstande alle vorhandenen Schnellzugdienste zu fahren, bis in den 30er Jahren deren Fahrgeschwindigkeit angehoben wurde. Obwohl als Personenzuglokomotive bezeichnet, benutzte man sie vor fast allen Zuggattungen vom Luxuszug bis zum Güterzug bis zur Ausmusterung der letzten 39 im Jahre 1967.

Nach dem 2. Weltkrieg verblieben die meisten dieser Lokomotiven bei DB und DR. Obwohl die DB erfolgreiche Versuche zur Behebung von Mängeln unternahm, unterblieb ein Umbau der Reihe durch den beginnenden Traktionswechsel. Die mitteldeutsche DR rekonstruierte 85 ihrer 39er mit neuen Kesseln in den Jahren 1958 bis 1962. Die neuen Kessel mit Versten Produkte wählte, die Anspruch auf gewisse Vorbildtreue erhoben.

Die Super-Pazifiks hatten keine Mühe die 296 km von Calais bis Paris mit 550 t-Zügen – manchmal mehr – in 184 Minuten zurückzulegen. Und dies mit mehreren leichten, aber langen Steigungen bis 0,4% und bei einer offiziellen Höchstgeschwindigkeit von 120 km/h. Eine ansprechende braune Lackierung sorgte dafür, daß die Lokomotiven auch so gut aussahen, wie sie liefen.

Weitere Super-Pazifiks wurden 1925 (10) und 1931 (40) gebaut. Sie wichen in Einzelheiten voneinander ab, alle 90 wurden aber als untereinander austauschbar angesehen. Eine schmale Feuerbüchse mit einer Länge von 3580 mm schien den französischen „Chauffeurs" keine Probleme zu bereiten und der Kessel lieferte genügend Dampf für die beiden Hochdruckzylinder. Einige der frühen Maschinen hatten ausgeglichene Flachschieber im Niederdruckteil anstelle der Kolbenschieber. Zwei Lokomotiven besaßen Ventilsteuerung, zwei weitere wurden in Zweizylinderlokomotiven mit einfacher Dampfdehnung und Cossart-Steuerung umgebaut.

Lok Nr. 31280 wurde zeitweise stromlinienverkleidet eingesetzt und befindet sich heute im Museum von Mulhouse. Alle anderen wurden bis 1962 ausgemustert und verschrottet.

brennungskammer, runder Feuerbüchsdecke und Mischvorwärmer machten auch eine Verlängerung des Lokomotivrahmens nötig. Die mittlere Achslast verringerte sich auf 18,5 t. Nach dieser Anpassung an die Einheitslokomotiven wurden sie in die Baureihe 22 umgenummert. Die altersschwachen Fahrwerke führten zur relativ frühen Ausmusterung dieser Reihe. Viele der neuen Kessel fanden aber bei der Rekonstruktion der Baureihe 03 noch Verwendung.

Die P10 war der Höhepunkt preußischer Lokomotiventwicklung, aber sie bildet auch den Übergang zu den Einheitslokomotiven der DRG. Die 39184 wird im Werksmuseum der Firma Linke-Hofmann-Busch in Salzgitter erhalten.

Reihe E1/D1 2B' Großbritannien
South East & Chatham Railway (SECR), 1919

Zugkraft: 79,9 kN (17950 lb)
Achslast: 17,5 t (38000 lb)
Zylinder, ∅ x Hub: (2) 483 x 660 mm (19 x 26 in)
Treibrad ∅: 1981 mm (78 in)
Verdampfungsheizfläche: 119 m² (1726 sq ft)
Überhitzerheizfläche: 21 m² (228 sq ft)
Kesseldruck: 12,7 kp/cm² (180 psi)
Rostfläche: 2,2 m² (24 sq ft)
Brennstoff (Kohle): 4,5 t (10000 lb)
Wasser: 15,7 m³ (3450 Imp gal)
Reibungsgewicht: 34 t (75000 lb)
Gesamtdienstgewicht: 93 t (204000 lb)
Gesamtlänge: 16834 mm (55 ft 2¾ in)

Auf einer Reise von London nach Paris konnte man kaum größere Gegensätze erleben als die Super-Pazifiks der französischen Nordbahn und die kleinen 2'B-Lokomotiven der South-East & Chatham Railway, mit denen in den frühen 20er Jahren die Fahrt in London begann. Ein Grund dafür lag in der Größe der Wagen. Ein Pullman-Luxuswagen eines SECR-Zuges konnte 16 Fahrgäste bei einem Wagengewicht von 32 t befördern. Dieselben Personen fuhren auf der anderen Seite des Kanals in Schlafwagen erster Klasse von 40 t und mehr, bei durchschnittlich 12 Plätzen pro Waggon. Derselbe Unterschied galt auch für die niedrigeren Klassen. So konnte aus einem 300 t-Schiffszug auf der englischen Kanalseite ohne weiteres ein 500 t-Zug in Frankreich werden.

Trotz der leichteren Züge hatte die SECR nach dem 1. Weltkrieg ein Problem. DIe Fährschiffzüge fuhren nicht mehr vom Charing Cross-Bahnhof ab, sondern vom Victoria-Bahnhof. Die dort abgehende Strecke der ehemaligen London, Chatham & Cover Railway hatte starke Gewichtsbeschränkungen, die verhinderten, daß hier die stärkste 2'B-Lokomotive, Reihe L der SECR, eingesetzt werden konnte. Neue Lokomotiven oder neue Brücken kamen damals nicht in Frage. So entschloß sich Lokomotiv-Superintendent Richard Maunsall zu einer Verbesserung von schon etwas betagten, aber schönen 2'B-Lokomotiven seines Vorgängers Harry Wainwright, die man als „Chapelon-Behandlung" bezeichnen könnte.

Das Ergebnis dieses Umbaus war eine nicht mehr ausgesprochen schöne, aber doch ansehnliche Lokomotive. Die erste so behandelte Lokomotive war die Nr. 179 der Reihe E. Sie erhielt eine neue Feuerbüchse mit einem um 13% vergrößerten Rost, die Kesselmitte wurde dabei um 178 mm angehoben, um der Feuerbüchse auch eine größere Tiefe zu geben. Kolbenschieber mit einem größeren Hub und eine vergrößerte Überhitzerheizfläche trugen ihren Teil dazu bei, daß aus einer guten eine hervorragende Maschine wurde. Nach dem Erfolg dieses Umbaus wurden 31 weitere 2'B-Lokomotiven der Reihen E und D bei Beyer Peacock und in den eigenen Bahnwerkstätten rekonstruiert. Sie erhielten daraufhin die Reihenbezeichnungen E1 und D1.

Obwohl 2'C-Lokomotiven der Southern Railway diese Loks bald vor den Schiffszügen ersetzten, bewährten sie sich bei anderen Einsätzen sehr gut. Vor den allsommerlichen Ferienzügen und bei anderen Sondereinsätzen konnte man sie bis zum Jahre 1958 erleben. Ihren Abschied von hochwertigen Diensten nahmen sie 1938, als sich der London-Paris-Schlafwagenzug, der neu eingeführt wurde, mit einigen schweren Stahlwagen, die mehr als 45 t wogen, als zu schwer für eine „Lord Nelson"-Lokomotive erwies. Statt dessen wurde dieser beste Zug der Southern Railway nun von zweien dieser 2'B-Lokomotiven gezogen – ein wahrlich imposanter Anblick.

Oben: *2'B-Lokomotive Nr. 31687, Reihe E1 der British Railways, eine Lok der früheren Southern Railway, verläßt Folkstone Junction mit einem Eilzug nach London.*

Castle-Reihe 2'C

Großbritannien
Great Western Railway (GWR), 1923

Zugkraft: 140,85 kN (31 625 lb)
Achslast: 20,25 t (44 500 lb)
Zylinder, Ø x Hub:
(4) 406 x 660 mm (16 x 26 in)
Treibrad Ø: 2045 mm (80½ in)
Verdampfungsheizfläche:
190 m^2 (2049 sq ft)
Überhitzerheizfläche: 24,4 m^2
(263 sq ft)
Kesseldruck: 15,8 kp/cm^2
(225 psi)
Rostfläche: 2,81 m^2 (30.3 sq ft)
Brennstoff (Kohle): 6 t
(13 500 lb)
Wasser: 18 m^3 (4000 Imp gal)
Reibungsgewicht: 60 t
(133 500 lb)
Gesamtdienstgewicht: 129 t
(283 500 lb)
Gesamtlänge: 19 863 mm
(65 ft 2 in)

Als Chefkonstrukteur Churchward von der GWR seine erste Lokomotive der „Saint"-Reihe bauen ließ, die auf bewährten amerikanischen Konstruktionen basierte, beschaffte er auch aus Frankreich Vierzylinder-Verbundlokomotiven, System de Glehn, mit dem Namen „La France". Dieses elegante französische Erzeugnis wurde eingehend erprobt und mit der Zwei-Zylinder-Ausführung verglichen. Man kam zur Auffassung, daß die Verbundbauweise nicht genug Vorteile brachte, um diese komplizierte Bauart zu rechtfertigen, aber die lauftechnischen Vorteile dieser Bauform, sollten weiter untersucht werden. Deshalb baute man 1906 eine Vier-Zylinder-Atlantik (2'B1') mit einfacher Dampfdehnung und dem gleichen Kesseltyp „No.1", wie ihn die „Saint" hatte. Dies war die Lokomotive Nr. 40 (später 4000) „North Star".

Der hauptsächliche Vorteil eines Vier-Zylinder-Antriebs ist, daß es möglich ist, die Triebwerkskräfte völlig auszugleichen. Bei einer Zwei-Zylinder-Lokomotive ist dies nur unvollständig möglich. Außerdem verteilen sich die Triebkräfte auf die doppelte Anzahl von Stangen und Lagern, so daß die einzelnen Teile nur mit der Hälfte der Kräfte belastet werden. Nachteilig sind natürlich die höheren Kosten für die Herstellung durch die größere Zahl der Teile und die gekröpften Achsen und vor allem die schlechte Zugänglichkeit der neuen Triebwerke bei Wartung und Reparaturen.

Dies wurde bei Churchward noch dadurch verstärkt, daß er jeweils zwei Zylinder einer Seite mit nur einer Walschaertsteuerung ausrüstete und diese seltsamerweise den Blicken entziehen wollte, indem er auch den Steuerungsantrieb nach innen verlegte. Dadurch wurde der Mechanismus innerhalb der Rahmenwangen überaus kompliziert. Die „North Star" selbst hatte eine eigenartige Form einer „Scheren"-Steuerung, bei der die Steuerung einer Seite vom Kreuzkopf der jeweils anderen Seite angetrieben wurde. Dies ergab zwar etwas einfacherere Verhältnisse innerhalb des Rahmens, dafür kam es zu Patentstreitigkeiten mit R. M. Deeley von der Midland Railway.

Zwei weitere Verbundloks aus Frankreich wurden beschafft, bis es gelang die Verbundfrage endgültig zu entscheiden. Immerhin baute man in dieser Zeit weitere 10 „Star"-Lokomotiven. 1908 folgte eine weitere Serie von 10 Stück, benannt nach Rittern („Knights"). 1909 erschienen 10 Maschinen mit den Namen von Königen („Kings"), die nicht mit der „King"-Baureihe von 1927 zu verwechseln sind. 1910 und 1911 wurden weitere 10 nach Königinnen („Queens") benannte Lokomotiven in Dienst gestellt. Das Jahr 1913 brachte 5 Prinzen („Princes"), 1914 gab es 15 neue Prinzessinnen („Princesses"). Zu guter Letzt baute man 1922-23 121 Lokomotiven, die Namen von Abteien („Abbeys") erhielten. Trotz der verschiedenartigen Namensgebung werden alle diese Lokomotiven der „Star"-Klasse zugerechnet.

In der Zwischenzeit hatte sich Churchward zur Ruhe gesetzt und sein Nachfolger Charles Collett ordnete den Entwurf einer vergrößerten „Star"-Lokomotive an, um die zwischenzeitlich von 18½ auf 20 t erhöhte zulässige Achslast auszunutzen. Man hoffte, den kürzlich eingeführten Kesseltyp Nr. 7 der 1'D-Lokomotiven „47xx" für gemischten Dienst, verwenden zu können. Da sich ein entsprechender Entwurf als zu schwer erwies, entwickelte man einen neuen Kessel, Typ Nr. 8. Der

Oben: *Die Great Western Railway ehrte ihren Erbauer mit dieser „Castle" in der Farbgebung von 1935.*

Unten: *Lok Nr. 5094 „Tretower Castle" in voller Fahrt vor einem Schnellzug von Bristol nach Paddington. Diese prächtigen Lokomotiven waren die Grundlage des Schnellzugdienstes der GWR.*

Oben: *Museumslokomotive Nr. 7029 „Clun Castle" wird vom Eisenbahnmuseum Birmingham vor Sonderzügen auf britischen Hauptstrecken eingesetzt.*

Rest der neuen, „Castle" genannten Lokomotiven stammte von der alten „Star"-Reihe ab, lediglich der Zylinderdurchmesser war um 25,4 mm (1 in) vergrößert worden. Liebhaber der GWR-Lokomotiven beeindruckte das vergrößerte, aber immer noch dürftig bemessene Führerhaus mit seinen Seitenfenstern.

Die erste „Castle", Nr. 4073 „Caerphilly Castle", erschien im August 1923 und wurde gleich nach der letzten „Star", Nr. 4072 „Tresco Abbey", eingereiht. Die zweite Lok, Nr. 4074 „Caldicot Castle", untersuchte man eingehend auf ihren Kohlenverbrauch. Danach präsentierte Collett in einem Vortrag auf der Welt-Energie-Konferenz das Ergebnis, nämlich einen durchschnittlichen Verbrauch von 1,28 kg Kohle pro PS-h Zughakenleistung. Dies nahmen die anderen Lokomotivkonstrukteure mit großer Skepsis auf, die schon glücklich waren, wenn sie Werte von 1,8 kg pro PS-h erreichten. Offensichtlich war die GWR der Konkurrenz weit voraus. Ein wesentlicher Faktor war die Bemessung der Steuerung, die hier sehr niedrige Füllungsgrade ermöglichte. Dadurch konnte ohne die Kompliziertheit des Verbundantriebs die Expansionsarbeit des Dampfes in ähnlicher Weise ausgenutzt werden.

Die zehnte „Castle" war im Jahre 1924 gerade fertig geworden, als König George V und Königin Mary die Fabrik in Swindon besuchten. So erhielt Nr. 4082 den Namen „Windsor Castle", den man sicher für diesen Zweck zurückgehalten hatte. „Seine Majestät" persönlich fuhr die Lokomotive für ein kurzes Stück. Eine Messingtafel an der Führerhausseite erinnerte künftig an diese Begebenheit. Nr. 4082 behielt diese Tafel viele Jahre lang. Unglücklicherweise war sie beim Tode des Königs im Jahr 1952 gerade in Reparatur. Man befestigte die Beschriftung an Lok 7013 „Bristol Castle", die für den Beerdigungszug die Rolle der königlichen Lokomotive. Es war wohl eine recht naive Annahme der Verwaltung, daß man dies geheim halten könne, aber dieses Verwechslungsspiel war leicht zu durchschauen, denn Unterschiede der beiden Maschinen waren leicht festzustellen. Der Aufruhr, den Anhänger der GWR daraufhin in der britischen Presse veranstalteten, war der noch jungen, aber vielen verhaßten Britischen Staatsbahn sehr unangenehm.

Bei dieser Reihe hielt man sich bei der Namensgebung meist an den Namen der Klasse. Glücklicherweise hatte die stürmische Vergangenheit des Gebietes der Great Western für einen ausreichenden Vorrat an Burgennamen gesorgt. Trotzdem gab es Ausnahmen, wie 15 umgebaute „Star"-Loks (eigentlich zwei „Sterne", ein „Ritter", zwei „Königinnen" und zehn „Abteien"), außerdem nannte man eine Anzahl nach angesehenen Grafen, nachdem die hochwohlgeborenen Herrschaften sich darüber beschwert hatten, daß ziemlich kleine und altertümliche Lokomotiven ihre Namen trugen. Im 2. Weltkrieg erhielten 12 Stück Namen berühmter Flugzeuge und weitere Loks erinnerten an Isambard Kingdom Brunel, Sir Daniel Gooch, G. J. Churchward und andere Persönlichkeiten.

Zur Zeit ihrer Einführung war die „Castle"-Reihe die stärkste Lokomotive des Landes, obwohl sie nicht die größte war. Zweifel an ihrer Leistungsfähigkeit wurden bei Versuchsfahrten 1925-26 beseitigt, bei denen die „Castle" die schwierigsten Leistungen auf der LNER und LMS mit Leichtigkeit vollbrachte, während deren Lokomotiven auf der GWR dazu nicht imstande waren. Zu den Aufgaben der „Castle" gehörte der „Cheltenham Flyer", der in einer Zeit von 65 Minuten die 124 km von Swindon zum Paddington-Bahnhof in London fuhr, für einige Zeit der schnellste Zug der Welt. Am 6. Juni 1932 legte die „Tregenna Castle" diese Strecke in 56¾ Minuten zurück, entsprechend einer Durchschnittsgeschwindigkeit von 131,5 km/h, auch dies blieb für einige Zeit ein Weltrekord.

Die „Castle"-Reihe war imstande, schwerste Züge zu befördern. Der berühmte „Cornish Riviera Limited" hatte bis zu 15 Wagen von 21 m Länge auf der beileibe nicht einfachen Strecke von Paddington nach Plymouth, bei einer Durchschnittsgeschwindigkeit von 88 km/h auf den 363,3 km. Viele Jahre hindurch war dies die längste ohne Halt gefahrene Strecke des Landes. Es wurden zwar im Verlauf der Fahrt dreimal Wagen für Unterwegsbahnhöfe abgekuppelt, eine britische Spezialität, aber dafür weist das letzte Stück Steigungen bis 2,7% auf.

Die 171te und letzte „Castle", Nr. 7037 „Swindon" erschien erst 1950, zu einer Zeit, als die ersten der Reihe schon ausgemustert waren. In der Zahl 171 sind die 15 „Star"-Umbauten enthalten, außerdem eine Lok, Nr. 111 „Viscount Churchill", die einmal der Außenseiter der GWR-Lokomotiven war. Sie entstand aus Churchwards 2'C1'-Lok „The Great Bear". Diese älteren „Castles" verschwanden auch als erste. In den Jahren 1957 bis 1960, also einige Zeit nachdem die GWR 1948 Teil der Britischen Eisenbahnen geworden war, modernisierte man eine Anzahl der Lokomotiven. Sie erhielten größere Überhitzer und Doppelblasrohre. Die Ergebnisse waren hervorragend, aber die beginnende Verdieselung verhinderte, daß sich dies noch genügend auswirken konnte.

Die große Ausmusterungswelle begann 1962, die letzte „Castle" machte ihre Abschiedsfahrt vom Plandienst im Juli 1965. Aber dies war nicht das Ende ihrer Geschichte. Es spricht für das große Ansehen dieser Reihe, daß sieben Lokomotiven erhalten blieben. Das Museum für Wissenschaft und Technik hatte nur Platz für eine Lokomotive, die das Beste im modernen britischen Dampflokbau veranschaulichen sollte. Man wählte Nr. 4073 „Caerphilly Castle", die erste der Reihe. Sie ist auch die einzige moderne Lokomotive, die bisher auf einer britischen Briefmarke abgebildet wurde.

Drei der erhaltenen „Castles" sind zur Zeit betriebsfähig, Nr. 7029 „Clun Castle" im Eisenbahnmuseum Birmingham, Nr. 5051 „Drysllwyn Castle" im Dampfzentrum Didcot der Great Western Society und letztendlich an einem so abgelegenen Ort in Australien, daß man die Adresse am besten mit 20°45' südl. Länge und 116°10' östl. Breite angibt, die Lok Nr. 4079 „Pendennis Castle".

Reihe 424 2'D Ungarn
Ungarische Staatsbahn (MAV), 1924

Zugkraft: 174,94 kN (39280 lb)
Achslast: 14,5 t (32000 lb)
Zylinder, ∅ x Hub:
(2) 600 x 660 mm (23,6 x 26 in)
Treibrad ∅: 1606 mm (63¼ in)
Verdampfungsheizfläche:
207 m^2 (2230 sq ft)
Überhitzerheizfläche: 58 m^2
(624 sq ft)
Kesseldruck: 14 kp/cm^2 (200 psi)
Rostfläche: 4,45m^2 (48 sq ft)
Brennstoff (Kohle):
9 t (20000 lb)
Wasser: 21 m^3 (4620 Imp gal)
Reibungsgewicht: 58,5 t
(129000 lb)
Gesamtdienstgewicht: 143 t
(315000 lb)
Gesamtlänge: 13 334 mm (68 ft 10¾ in)

Es spricht Bände für die Vorzüge dieser hervorragenden Lokomotive, daß sie über einen Zeitraum von 32 Jahren gebaut wurde und inzwischen seit 59 Jahren in Dienst steht. Wie so oft, beruht auch ihr Erfolg hauptsächlich auf der einfachen und robusten Bauweise in der Stephensonschen Tradition. Das Ungewöhnlichste an ihnen ist die Achsanordnung mit dem führenden Drehgestell und einem hohen Anteil des Reibungsgewichts am Gesamtgewicht. Die Achsfolge 2'D, in Nordamerika auch „Mastodon" genannt, scheint eigentlich für schwere Schnellzüge geradezu prädestiniert zu sein, aber sie wurde sehr selten angewendet. Im Falle der Reihe 424 ermöglichten die großzügigen Abmessungen der ungarischen Fahrzeugbegrenzungslinie die Anordnung einer breiten Feuerbüchse über dem letzten Kuppelradsatz. Dieser erhielt ein Seitenspiel von 25 mm, um den Kurvenlauf zu erleichtern.

Die 424er waren „Mädchen für alles", sie fuhren Expreßzüge, Vorortzüge und auch Güterzüge mit gleicher Leichtigkeit. Im Vorortverkehr verwendete man sie auch als Wendezuglok. Dabei konnte der Lokführer die Lokomotive über eine Druckluftsteuerung bedienen.

Die Konstruktion basiert auf einem nicht gebauten Entwurf für eine 1'D-Lokomotive aus dem Jahr 1915. Der Brotankessel dieses Vorgängers wurde durch die gewöhnliche Bauart ersetzt. Die erste Serie von 27 Lokomotiven lieferten die Budapester Staatswerkstätten. Im Laufe des 2. Weltkriegs baute man weitere 218 Stück. Die letzten 120 Loks stammen aus den Jahren 1955-56. Sie erhielten fortlaufend die Nummern 424001 bis 424365, aber nicht alle dieser Maschinen fuhren gleichzeitig in Ungarn. Einige blieben 1945 in Jugoslawien, andere fuhren einige Zeit in der Sowjetunion, bis sie an die MAV zurückgegeben wurden. Der Entwurf wurde auch in der Slowakei im 2. Weltkrieg und in Nordkorea nachgebaut. Auch heute noch ist eine größere Zahl bei der MAV im Bestand.

Rechts: *2'D-Lokomotive Nr. 424075 der Ungarischen Staatsbahn vor einem Personenzug.*

Reihe 241 A 2'D1' Frankreich
Ostbahn (Est), 1925

Achslast: 19 t (42000 lb)
Zylinder, ∅ x Hub
- **Hochdruck:** (2) 450 x 720 mm (17¾ x 28½ in)
- **Niederdruck:** (2) 660 x 720 mm (26 x 28½ in)

Treibrad ∅: 1950 mm (76¾ in)
Verdampfungsheizfläche:
216,9 m^2 (2335 sq ft)
Überhitzerheizfläche: 92,5 m^2
(996 sq ft)
Kesseldruck: 16 kp/cm^2 (228 psi)
Rostfläche: 4,4 m^2 (47,7 sq ft)
Reibungsgewicht:
75 t (165000 lb)
Gesamtlänge: 20 275 mm (86 ft 2½ in)
Die Daten des Tenders sind nicht bekannt.

Das deGlehn-Verbundsystem ließ sich nicht nur auf die schon vorgestellten 2'C1'-Lokomotiven anwenden. Die erste 2'D1'-Schnellzuglokomotive mit deGlehn-Anordnung war die 41 001 der französischen Ostbahn, einer Bahn, die Paris mit Städten wie Chalons-sur-Marne, Nancy, Belfort und Strasbourg verbindet. Die Lokomotive entstand in den Bahnwerkstätten in Epernay. Nach 4 Jahren Erprobung beschaffte die „Est" 41 weitere, verbesserte Lokomotiven für den erstklassigen Schnellzugdienst. Bald danach erhielt auch die Staatsbahn (Etat) 49 dieser schönen Maschinen, die nach der Verstaatlichung aller französischen Bahnen im Jahre 1938 zu ihren Schwestern in der neuen Region 1 der SNCF kamen.

1933 führte man auf der Nordbahn umfangreiche Erprobungen verschiedener Lokomotiven durch. Zu den Aufgaben gehörte auch die Beförderung des „Golden Arrow"-Expreßzuges zwischen Paris und Calais, dessen Gewicht mit zusätzlichen Wagen auf 650 t erhöht wurde. Die Ostbahn und die PLM stellten 2'D1'-Lokomotiven zur Verfügung, während die Paris-Orleans-Midi eine ihrer berühmten 2'C1'-Umbauten schickte. Die Ostbahnmaschinen erlitten Rahmen-

Unten: *Zwei Ansichten der 241A der französischen Ostbahn. Links sieht man die 241-A-68 der SNCF-Region 1, also der ehem. Ostbahn. Die rechte Aufnahme zeigt Lok 241-008 in der ursprünglichen Ausführung.*

schäden und zeigten einen höheren Kohleverbrauch als die P-O-Loks. Resultat dieser Vesuchsfahrten für die Ostbahn war der Ankauf einiger P-O-2'C1'-Umbaulokomotiven und der Umbau der eigenen 2'D1'-Maschinen nach Chapelons Richtlinien. Bei einem Mehrgewicht von 6 t erreichten die verbesserten Lokomotiven eine Zylinderleistung von 3700 PS, eine Steigerung um 40%. Dabei verringerte sich der Kohleverbrauch um etwa 15%. Interessantes Konstruktionsmerkmal war ein sechsstrahliges Blasrohr mit einstellbarer Blaswirkung. Dies war eine weitere Kontrollmöglichkeit für die Leistung der Lokomotive neben den zwei Reglern, zwei Umsteuerungen und dem Anfahrventil.

Der Prototyp dieser Reihe 241-A-1, die frühere 41 001, wurde mustergültig restauriert und kann im Eisenbahnmuseum von Mulhouse besichtigt werden.

Reihe 4300 2'D1'

USA
Southern Pacific Railroad (SP), 1923

Zugkraft: 254,3 kN (51 100 lb)
Achslast: 28 t (61 500 lb)
Zylinder, Ø x Hub: (2) 711 x 762 mm (28 x 30 in)
Treibrad Ø: 1867 mm (73½ in)
Verdampfungsheizfläche: 423 m² (4552 sq ft)
Überhitzerheizfläche: 108 m² (1162 sq ft)
Kesseldruck: 14,8 kp/cm² (210 psi)
Rostfläche: 7 m² (75 sq ft)
Brennstoff (Öl): 18 m³ (4000 Imp gal)
Wasser: 60 m³ (13300 Imp gal)
Reibungsgewicht: 112 t (246000 lb)
Gesamtdienstgewicht: 277,5 t (611 000 lb)
Gesamtlänge: 29794 mm (97 ft 9 in)

Oben: *Die 2'D1'-Lokomotive Nr. 4330 der Southern Pacific. Die Zahl 51 auf der Anzeigetafel neben dem Schlot ist die Zugnummer.*

Die 2'D1'-Lokomotiven nannte man nach ihrem hauptsächlichen Einsatzgebiet auf Gebirgsstrecken auch „Mountain-Type". An ihnen kann man gut den Unterschied von Zugkraft und Leistung erkennen. Lokomotiven mit einer hohen Zugkraft bezeichnet man oft als leistungsfähig, dies ist aber irreführend. Die 2'D1' wurde aus der 2'C1' entwickelt. Die zusätzliche Treibachse sorgt für eine höhere Zugkraft, die Leistungsfähigkeit hängt aber von der Dampfmenge ab, die der Kessel erzeugen kann. Und diese war auch weiterhin durch den beschränkten Platz für die Feuerbüchse über der Nachlaufachse begrenzt. Erst die spätere Anwendung von zwei Nachlaufachsen ergab hier eine Besserung.

Um Steigungen zu erklimmen ist eine hohe Zugkraft unbedingt notwendig, eine große Leistung aber nur wünschenswert. Beides war der Southern Pacific wichtig, deren Züge bei Sacramento den Gebirgszug der Sierras überwinden müssen, ein Anstieg von beinahe Seehöhe auf eine Paßhöhe von 2099 m bei einer Streckenlänge von 128 km.

So ließ die SP 1923 eine Serie von 2'D1'-Lokomotiven von AlCo bauen. Sie entsprachen der damals in den USA üblichen Bauweise, bemerkenswert war der Vanderbilt-Tender mit seinem zylindrischen Wassertank. Ein zustäzlicher Hilfsantrieb an der Nachlaufachse (booster) ermöglichte es, beim Anfahren die Zugkraft um etwa 44kN zu steigern, solange der Dampf dafür ausreichte.

Eigenheiten der SP auch bei diesen Lokomotiven waren die Ölfeuerung und die Halterung für die Stirnlampe auf der unteren Hälfte der Rauchkammertür. Die Reihe von 77 Maschinen war sehr erfolgreich, alle späteren Serien erbauten die SP-Werkstätten in Sacramento. Einige der frühen Lokomotiven besaßen kleinere vierachsige Tender anstelle der normalen sechsachsigen Bauart. Leider blieb keine dieser Lokomotiven erhalten.

Baureihe 01 2'C1'

Deutschland
Deutsche Reichsbahn Gesellschaft (DRG), 1926

Zugkraft: 158,6 kN (35610 lb)
Achslast: 20,1 t (44300 lb)
Zylinder, ∅ x Hub:
(2) 600 x 660 mm (23,6 x 26,0 in)
Treibrad ∅: 2000 mm (78,7 in)
Verdampfungsheizfläche:
247,3 m² (2661 sq ft)
Überhitzerheizfläche: 85,0 m²
(915 sq ft)
Kesseldruck: 16 kp/cm² (228 psi)
Rostfläche: 4,41 m² (47,5 sq ft)
Brennstoff (Kohle): 10,0 t
(22000 lb)
Wasser: 34 m³ (7500 Imp gal)
Reibungsgewicht: 59,2 t
(130500 lb)
Dienstgewicht (ohne Tender):
109 t (240000 lb)
Gesamtlänge: 23940 mm
(78 ft 6 in)
Die Daten beziehen sich auf die Lokomotiven ab Nr. 01 077

Oben: *Eine 01 der DB mit der Dampffahne vor dem Schornstein, die den Neubaukessel kennzeichnet.*

Unten: *Die 01 204 der DR befindet sich trotz moderner Computer-Check-Nr. (Endziffer) noch weitgehend im Originalzustand.*

Nach Gründung der Deutschen Reichsbahn Gesellschaft (DRG) bemühte man sich um den Bau vereinheitlichter Lokomotiven, um den mannigfaltigen Lokomotivpark aus der Länderbahnzeit zu bereinigen. 1922 beschloß der Engere Ausschuß für Lokomotiven die Einrichtung eines Vereinheitlichungsbüros bei Borsig unter der Leitung von August Meister. Lokbaudezernent der DRG wurde zu dieser Zeit Dr. R. P. Wagner, der von der Preußischen Staatsbahn kam. Unter seinem Einfluß entstand ein Programm von 12 Einheitstypen, stark beeinflußt vom preußischen Lokomotivbau. Abweichend von der dortigen Praxis berücksichtigte man dabei auch den Verbrauch schlechterer Kohlesorten und den Einsatz auf schwierigen Strecken in Mittel- und Süddeutschland. Die Einheitslokomotiven erhielten dafür eine größere Rostfläche als ihre preußischen Vorgänger. Bei den Lokomotiven mit einer Nachlaufachse ließ man unter der Feuerbüchse genügend Raum für einen freien Zutritt der Verbrennungsluft und die leichte Reinigung des Aschkastens, wie dies Maffei schon seit einiger Zeit bei süddeutschen Lokomotiven praktiziert hatte.

Man hatte damals begonnen, die Hauptstrecken für eine Erhöhung der Achslast von 18 auf 20 t zu verstärken. Die ersten der neuen Schnellzuglokomotiven mit der Achsfolge 2'C1' wurden daher für eine Achslast von 20 t ausgelegt. Das Betriebsprogramm sah die Beförderung eines Zuges von 800 t mit 100 km/h in der Ebene und von 500 t mit 50 km/h auf einer Steigung von 10‰ vor. Als Höchstgeschwindigkeit wurden 120 km/h bestimmt.

Die 139 Pazifiks, die die DRG von süddeutschen Bahnen übernahm, waren bis auf 10 Stück, Vierzylinder-Verbundlokomotiven. Von dem Garbe-Schüler Wagner beeinflußt, sah das Einheitsprogramm eigentlich nur Zweizylinder-Heißdampflokomotiven vor. Der Druck der süddeutschen „Verbundvertreter" erreichte wenigstens den Bau einiger Verbundlokomotiven zu Vergleichszwecken.

Die Erfahrung der süddeutschen Ingenieure wurde aber nicht in Anspruch genommen, so daß die Verbundkonstruktion nicht sonderlich glückte. Die mangelhafte Ausbildung der Dampfwege minderte ihre Chancen bei dem anstehenden Vergleich der Systeme, zur Freude Wagners, der damit die angebliche Überlegenheit der Zweizylindermaschinen beweisen konnte.

Je 10 Lokomotiven wurden mit zwei Zylindern als Reihe 01 und mit Vierzylinder-Verbundtriebwerk als Reihe 02 durch die Firmen Borsig und AEG geliefert und an die Betriebswerke Erfurt P, Hamm und Hof zur Erprobung gegeben. Im großen Ganzen waren ihre Leistungen gleich, so daß die DRG, wie beabsichtigt, die einfachere 01 für den Serienbau bevorzugte. Spätere Erfahrungen mit Verbundlokomotiven in Frankreich (Chapelon) und auch mit den Mitteldrucklokomotiven der DRG, Reihe 04 und 24 haben gezeigt, daß Wagner mit seiner Ablehnung der Verbundbauart unrecht hatte.

Obwohl die 01 also im Grunde

Oben: *Die Baureihe 03, hier 03180 der DR, ist eine leichtere Version der 01. Die gezeigte Lok besitzt schon einen DR-Neubaukessel mit Mischvorwärmer, der von einer Reko-lok der Reihe 22 stammt.*

Unten: *Die Zeichnung zeigt eine 01 in DB-Ausführung mit Witte-Windleitblechen und zurück verlegten Pumpen, gekuppelt mit dem kurzen Tender der Bauart 2'2T30.*

eine einfache Lokomotive war, stattete man sie mit allen damals üblichen Hilfseinrichtungen aus. Vor dem Schlot lag der charakteristische Wärmetauscher der Speisewasservorwärmung. Die Verwendung einer runden Feuerbüchsdecke war eine Abkehr von der jüngsten preußischen Bauweise (Reihe P10). Zu einer Zeit, als viele Lokomotivingenieure die Feuerbüchsen durch Verbrennungskammern verlängerten, sah Wagner eine fast gerade Feuerbüchsvorderwand vor. Er hielt den erhöhten Erhaltungsaufwand einer Verbrennungskammer für nicht gerechtfertigt, auch der zylindrische Kessel war in dieser Länge ungewöhnlich.

Die äußere Erscheinung der Lokomotiven war von Preußen beeinflußt, aber die vielen sichtbaren Leitungen und Zusatzeinrichtungen erinnerten etwas an nordamerikanische Bauarten. Auf dem Kessel saßen von vorne gesehen, ein Speisedom, ein Sanddom und der Reglerdom. Wie die meisten deutschen Lokomotiven der letzten Jahre hatten auch die Einheitsloks einen Barrenrahmen. Durch ihren großen Abstand von der letzten Kuppelachse trug die Nachlaufachse eine höhere Achslast als die Treibachsen.

Der langsame Fortschritt bei der Erneuerung der Hauptstrecken für die Achslast von 20 t behinderte den Einsatz der neuen Pazifiks. Trotzdem wurden bis 1938 231 Stück gebaut, hinzu kamen noch 10 weitere durch den Umbau der Reihe 02 in die Normalausführung.

Nach ersten Erfahrungen änderte man den Zylinderdurchmesser von ursprünglich 650 mm bei späteren Serien, ab 01 077, auf 600 mm. Die Kesselrohre wurden von 5800 mm auf 6800 mm verlängert, die Rauchkammer entsprechend gekürzt. Stahlfeuerbüchsen ersetzten die Kupferausführung, zur Erhöhung der Höchstgeschwindigkeit von 120 auf 130 km/h wurden die Bremseinrichtungen verstärkt und die vorderen Laufräder von 850 auf 1000 mm vergrößert.

Zwischenzeitlich, im Jahre 1930, erschien eine leichtere Pazifik, die Reihe 03 mit einer Achslast von 18 t, da die schwere 01 nicht überall eingesetzt werden konnte. 1937 erhöhte die DRG die allgemeine Geschwindigkeitsgrenze von 100 km/h auf 120 km/h. Erst jetzt konnten 01 und 03 ihre Schnelligkeit zeigen. Wie auch immer, schon in diesem Jahr gab es 58 Züge täglich, die eine Reisegeschwindigkeit von 97 km/h und mehr erreichten, die meisten davon mit Einheitslokomotiven.

Versuchsweise baute Krupp 1932 zwei Vierzylinder-Verbund-Pazifiks der Reihe 04. Sie entsprachen leistungsmäßig der Reihe 03, der Kessel dieser sogenannten Mitteldruckloks produzierte aber Dampf mit einem Druck von 25 kp/cm². Der hohe Druck und die dadurch bedingte hohe Dampftemperatur brachten viele Probleme mit sich, die nicht alle zufriedenstellend gelöst werden konnten. Trotz des inzwischen auf 20 kp/cm² herabgesetzten Kesseldrucks explodierte 1939 der Kessel der einen, auf 02102 umgenummerten Lokomotive wegen Ermüdung des Materials. Darauf wurde auch die andere Maschine, nun 02101, ebenfalls abgestellt und ausgemustert. Weitergehende Versuche verhinderte der Kriegsbeginn.

Beim Bau weiterer Schnellzuglokomotiven ab 1939 berücksichtigte man die Erfahrungen mit den 2'C2'-Versuchslokomotiven der Baureihe 05. Um die Höchstgeschwindigkeit auf 140 km/h anzuheben, ging man zur Erhöhung der Laufruhe auf ein Dreizylinder-Triebwerk über und verkleidete die Maschinen stromlinienförmig. Von 1939 bis 1941 entstanden 55 Lokomotiven der Reihe 01^{10} und 60 der leichteren 03^{10}. Der Rest der bestellten 250 bzw. 140 Maschinen wurde zugunsten kriegswichtigerer Güterzuglokomotiven storniert. Abgesehen von den zwei DB-Neubaulokomotiven der Baureihe 10, waren dies die letzten neugebauten Schnellzugdampflokomotiven Deutschlands.

Bei der Teilung Deutschlands verblieben der westlichen DB 171 und der mitteldeutschen DR 70 Lokomotiven der Reihe 01. Davon wurden später bei der DB 55 und bei der DR 35 Maschinen mit neuen Kesseln ausgerüstet. Die DB tauschte die großen „Wagner"-Windleitbleche gegen die kleineren, aber genauso effektiven „Witte"-Leitbleche. Einige büßten auch die vordere schräge Umlaufverkleidung ein. Die nicht rekonstruierten Lokomotiven der DR behielten bis zu ihrem Ende ihr ursprüngliches Aussehen.

Die DB musterte ihre letzten Exemplare der Reihe 01 im Jahre 1973 aus. Die DR-Lokomotiven nahmen von 1977 an einige Male Abschied, um später doch wieder zu fahren, wenn auch ihre Zahl beständig abnahm. Auch 1981/82 kamen sie noch vereinzelt zum Einsatz. Darüber hinaus blieben einige dieser bewährten Pazifiks für Sonderfahrten in Ost und West erhalten.

King Arthur Klasse 2' C

Großbritannien
Southern Railway (SR), 1925

Zugkraft: 112,8 kN (25320 lb)
Achslast: 20,4 t (45000 lb)
Zylinder, ⌀ x Hub: (2) 521 x 711 mm (20½ x 28 in)
Treibrad ⌀: 2007 mm (79 in)
Verdampfungsheizfläche: 174,5 m² (1878 sq ft)
Überhitzerheizfläche: 31,3 m² (337 sq ft)
Kesseldruck: 14,1 kp/cm² (200 psi)
Rostfläche: 2,8 m² (30 sq ft)
Brennstoff (Kohle): 5 t (11000 lb)
Wasser: 22,7 m³ (5000 Imp gal)
Reibungsgewicht: 61 t (134500 lb)
Gesamtdienstgewicht: 141 t (310500 lb)
Gesamtlänge: 20244 mm (66 ft 5 in)

Diese Ritter der Drehscheibe erhielten ihre Namen nach den Legenden um König Arthurs Tafelrunde. Die wohlklingenden Namen verdeckten ihre Mittelmäßigkeit, wie dies sicher auch bei König Arthurs Rittern der Fall war. Trotzdem leisteten die Träger dieser Namen – wohl in beiden Fällen – durchaus wertvolle Dienste.

1923 wurde Richard Maunsell zum Chefkonstrukteur der neuen Southern Railway bestellt, die aus dem Zusammenschluß der London & South Western, London Brighton & South Coast und South East &

Oben: *Lok Nr. 30804 „Sir Cador of Cornwall" der British Railways, eine King Arthur der früheren Southern Railway, verläßt Bromley, Kent, mit einem London-Ramsgate Zug.*

Lord Nelson Klasse 2'C

Großbritannien
Southern Railway (SR), 1926

Zugkraft: 149,2 kN (33500 lb)
Achslast: 20,9 t (46000 lb)
Zylinder, ⌀ x Hub: (4) 419 x 610 mm (16½ x 24 in)
Treibrad ⌀: 2007 mm (79 in)
Verdampfungsheizfläche: 185 m² (1989 sq ft)
Überhitzerheizfläche: 35 m² (376 sq ft)
Kesseldruck: 15,5 kp/cm² (220 psi)
Rostfläche: 3,1 m² (33 sq ft)
Brennstoff (Kohle): 5 t (11000 lb)
Wasser: 22,7 m³ (5000 lb)
Reibungsgewicht: 63 t (139000 lb)
Gesamtdienstgewicht: 142,5 t (314000 lb)
Gesamtlänge: 21279 mm (69 ft 9¾ in)

Als 1926 die Southern Railway Nr. 850 „Lord Nelson" erschien, wurde sie als kräftigste Lokomotive des Landes bezeichnet. Grundlage für diese Behauptung war die für die Bemessung der Leistungsfähigkeit nicht maßgebliche Zugkraft. Sicher ist nur, daß die Werbeabteilung der SR eine der tüchtigsten war. „Lord Nelson" war der Prototyp einer Reihe von 16 noblen Lokomotiven mit den Nummern 850 bis 865, die nach berühmten Seemännern vergangener Tage benannt wurden. Sieben der Maschinen erschienen 1928, acht weitere 1929. Wenn nun ein moderner Eroberer zu fernen Zielen, wie Moskau, Istanbul, Bombay, Monte Carlo oder gar Le Touquet aufbrach, konnte ihn „Sir Francis Drake" oder auch „Sir Walter Raleigh" auf den Weg bringen.

Die „Lord Nelson"-Klasse entstand aus dem Bedürfnis nach einer stärkeren Maschine als der „King Arthur"-Type, die auch schwere Fernzüge fahren und Verspätungen leichter einholen konnte. Die Bahnbauabteilung überzeugte man davon, daß der bessere Massenausgleich einer Mehrzylinderlokomotive die Erhöhung der Achslast möglich machte. Resultat der Entwicklungsarbeit war eine großartige, aber recht komplizierte 2'C-Lokomotive mit Vierzylinder-Triebwerk und einer Belpaire-Feuerbüchse mit großer Rostfläche.

Bemerkenswert war, daß die Treibkurbeln um 135° anstatt der üblichen 90° versetzt waren, um ein gleichförmigeres Drehmoment zu erhalten. Ein eigenartiger Effekt war die deshalb verdoppelte Anzahl von acht Auspuffschlägen pro Radumdrehung. Im Betrieb stellte sich heraus, daß sich durch die fehlenden Schüttelbewegungen die Kohle im Tender nicht mehr während der Fahrt von selbst nach vorn bewegte, wie dies sonst üblich war. So mußten die Heizer der „Lord Nelsons" am Ende eines anstrengenden Dienstes auch noch die Kohlen von Hand hervorholen.

Dabei war der Dienst des Heizers auf diesen Lokomotiven schon anstrengend genug, denn im Gegensatz zum gleichmäßig geneigten Rost der „King Arthur"-Klasse hatte der Rost hier hinten einen waagerechten Teil. Dort mußte die Kohle sorgfältig verteilt werden, in den schrägen Vorderteil der Feuerbüchse mußte sie dafür mit viel Schwung geschaufelt werden, da auch hier die Kohle nicht wie sonst von selbst nach vorne rutschte. Dabei war der Rost mit 3200 mm länger als bei „King Arthur" mit 2743 mm.

Wenn man also erreichen wollte, daß die Lokomotive gut Dampf machte, mußte sehr sorgfältig gefeuert werden. War das der Fall, liefen die „Lord Nelson" vorzüglich; wenn nicht, dann konnte es schon einmal zur größten Schande einer

Chatham-Bahnen entstand. Der Zustand des von ihm bisher betreuten SECR-Lokomotivparks war recht gut, bei den anderen hatte er verständliche Zweifel.

Die LSWR fuhr die Schnellzüge in den Westen des Landes mit ihren Spitzenmaschinen, 20 2'C-Lokomotiven der Reihe N15. Ihr Grundkonzept war eine einfache Bauweise mit zwei großen Außenzylindern (559 x 711 mm), Außensteuerung und einem geraden Kessel mit einer runden Feuerbüchsdecke. Da die LSWR keine Wassertröge besaß, aus denen während der Fahrt der Wasservorrat ergänzt werden konnte, kuppelte man sie mit großen Drehgestelltendern. Sie liefen recht passabel, aber nach SECR-Vorstellungen nicht besonders gut. Daher sah Maunsell einige Verbesserungen für diese Bautype vor.

Die Zylinder der neu zu bauenden Lokomotiven erhielten Schieber und Steuerungen nach Art der umgebauten 2'B-Lokomotiven der Reihe E1 der SECR. Eine direktere Dampfführung und größere Überhitzer sowie ein verbesserter Achskasten, der eine bessere Verbrennung ermöglichte, waren weitere Verbesserungen. Ein junger Mann, John Elliot, aus der Werbeabteilung schlug die Namen vor. Die erste im Februar 1925 von den LSWR-Werkstätten in Eastleign gelieferte Lokomotive Nr. 453 hieß „King Arthur", im März gefolgt von „Queen Guinevere", „Sir Lancelot" und acht anderen Maschinen mit Ritternamen. Die 20 älteren Lokomotiven wurden ebenfalls umgebaut. Sie erhielten verwandte Namen wie „Excalibur", „Camelot" und „Morgan le Fay".

Gleichzeitig orderte die SR weitere 30 Stück bei der North British Locomotive Co (NBL) in Glasgow. Im folgenden Jahr baute Eastleigh noch einmal 14 Loks für die Zentralregion der SR, die frühere LBSCR. Sie hatten kleinere dreiachsige Tender mit 16 m³ Wasser. Dies waren nun 74 „King Arthur"-Maschinen, die alle wichtigen Schnellzugleistungen der Southern Railway übernahmen, bis 1927 die erste „Lord Nelson"-Lokomotive erschien.

Die Strecke, auf der „King Arthur" und seine Ritter am häufigsten den Kampf – gegen den Fahrplan – aufnahmen, war die Berg- und Talbahn von Salisbury nach Exeter. Hier schaffte es „Sir Balin", Nr. 768, an einem Tag des Jahres 1934 bei einer planmäßigen Fahrzeit von 96 Minuten, trotz einer Zuglast von 65 t über den normalen 420 t, noch 6 Minuten Verspätung aufzuholen. Dabei erreichte der Zug bei Axminster eine Geschwindigkeit von 139 km/h. Sogar Geschwindigkeiten von 145 km/h stellten Beobachter bei anderen Gelegenheiten fest.

Vielleicht die bemerkenswerteste Fahrt machte eine dieser Lokomotiven, Nr. 777 „Sir Lamiel", im Jahr 1936. Die 134 km von Salisbury bis Waterloo legte sie mit einer Zuglast von 345 t in 72¾ Minuten bei einer Reisegeschwindigkeit von 111 km/h zurück und holte dabei noch 17½ Minuten Verspätung ein.

Daher war es nur angemessen, daß die „King Arthur"-Lokomotive, die das Nationale Eisenbahnmuseum erhielt, eben diese Nr. 777 war. Diese Reihe wurde schon zu einer Zeit außer Dienst gestellt, als die Erhaltung von Dampflokomotiven noch nicht zur Besessenheit geworden war, deshalb wurde keine von privater Seite aufgehoben. Das Sprichwort „Glücklich ist ein Land ohne Geschichte", traf auf diese Reihe zu. Abgesehen von einem Herumprobieren mit verschiedenen Tendertypen, blieben sie bis zu ihrem Ende praktisch unverändert.

Unten: *Lok Nr. 772 „Sir Percivale" in der hellgrünen Southern Railway-Farbgebung, die 1938 das olivgrün aus den 20er Jahren ablöste.*

Lokmannschaft kommen. Der Zug blieb auf der Strecke mit Dampfmangel liegen. Da es nur 16 dieser Maschinen gab, dauerte es sehr lange, bis sich die meisten Heizer überhaupt an sie gewöhnt hatten.

In den späten 30er Jahren löste man das Probelm der Kohleverteilung durch die verstärkte Saugwirkung eines Lemaitre-Vielfachblasrohres. Doppelblasrohre hatten vorher mit zwei Lokomotiven zu keinem Erfolg geführt. Die Kohlenbehälter der Tender wurden ebenfalls verändert, damit die Kohle auch bei einer „Lord Nelson" nicht mehr im hinteren Teil liegen blieb. Abgesehen davon hatten die Konstrukteure ihr Handwerk verstanden, sogar das komplizierte Innentriebwerk war weniger anfällig als erwartet.

Am 10. April 1927 fuhr man versuchsweise einen auf 16 Wagen erweiterten „Atlantic Coast Express", der Kurswagen für 6 Zielorte in Devon und Cornwall enthielt. Man wählte einen Sonntag, denn der überlange Zug blockierte im geschäftigen Waterloo-Bahnhof etliche Gleiszufahrten. Trotz allem konnte die normale Fahrzeit von 197 Minuten für die 275 km lange Strecke bis Exeter gehalten werden. Eingeschlossen waren dabei Halte in Salisbury und Sidmouth Junction, sowie Behinderungen durch Wochenendbauarbeiten. Letztendlich führte aber die geringe Zahl der „Lord Nelsons" dazu, daß man diese Züge nicht regelmäßig fahren konnte.

Die Lokomotive „Lord Nelson" überlebte die Ausmusterung und wurde in die Sammlung des nationalen Eisenbahnmuseums aufgenommen. Sie läuft heute wieder zur Freude der Dampflokfreunde vor Sonderzügen. Aber auch jetzt kommt es noch vor, daß sie ihre unversöhnliche Art an Heizern ausläßt, die glauben, sie wären ihr Meister.

Oben: *Museumslokomotive Nr. 850 „Lord Nelson", wieder in den Farben der Southern Railway, bei einer Sonderfahrt im Jahre 1980.*

Reihe XC 2'C1' **Indien** Indian Railways Standard (IRS), 1927

Zugkraft: 136,4 kN (30625 lb)
Achslast: 19,75 t (43500 lb)
Zylinder, ∅ x Hub: (2)
584 x 711 mm (23 x 28 in)
Treibrad ∅: 1880 mm (74 in)
Verdampfungsheizfläche:
226 m² (2429 sq ft)
Überhitzerheizfläche: 59 m²
(636 sq ft)
Kesseldruck: 12,7 kp/cm²
(180 psi)
Rostfläche: 4,75 m² (51 sq ft)
Brennstoff (Kohle): 14,3 t
(31500 lb)
Wasser: 27,25 m³ (6000 Imp gal)
Reibungsgewicht: 59,5 t
(130000 lb)
Gesamtdienstgewicht: 178 t
(392000 lb)
Gesamtlänge: 23203 mm
(67 ft 1½ in)

Die Geschichte der indischen 2'C1'-Lokomotiven ist nicht sonderlich glücklich gewesen. Nach dem 1. Weltkrieg bestand die Absicht, in Zukunft billigere, aber schlechtere indische Kohle zu verwenden. Dafür wurde eine Reihe von Lokomotiven mit breiten Feuerbüchsen entwickelt. Für den Personenzugdienst entstanden eine leichte, eine mittlere und eine schwere 2'C1'-Lokomotive. Diese Reihen XA, XB und XC hatten Achslasten von 13,17 und 19,5 t. Sie folgten der bisherigen britischen Praxis; die meisten wurden von der Vulcan Foundry in Newton-le-Willows, Lancashire gebaut.

Nach den erstklassigen Erfahrungen mit den schon besprochenen „BESA"-2'C-Lokomotiven erwartete man auch die Neuankömmlinge voller Hoffnung. Aber leider konnten sie überhaupt nicht befriedigen. Sie machten schlecht Dampf und liefen so unruhig, daß es schon gefährlich war. Die Steuerungsdiagramme sahen auf dem Papier gut aus; keiner wußte, warum sie dann so schlecht liefen. Darüber hinaus neigten sie auch noch zu Rissen von Kessel und Triebwerk.

Keines dieser Probleme war grundlegend, so geschah nichts bis eine „XB" 1937 bei Bihta entgleiste, ein Unfall, der viele Opfer forderte. Endlich untersuchten französische und britische Ingenieure die Lokomotivkonstruktion und regten einige kleine Änderungen an, die schon lange möglich gewesen wären, wenn sie nicht die träge Bürokratie verhindert hätte. So hatte man in den elf vergangenen Jahren schon 284 dieser Lokomotiven in Dienst genommen!

Bei der Aufteilung Britisch-Indiens im Jahre 1947 erhielt Pakistan etwa 60 IRS-Pazifiks. Indien verblieben 76 XAs, 81 XBs und 50 XCs. 1957 wurden alle indischen Lokomotiven einheitlich numeriert, die Pazifiks erhielten die Nummern 22001-76 (XA), 22101-81 (XB) und 22201-50 (XC).

In untergeordneten Diensten überlebten einige von ihnen noch lange. Die letzte wurde erst 1981 außer Dienst gestellt.

Rechts: *XB-Lokomotive Nr. 22104 gehört zur mittleren Ausführung der IRS-Pazifiks.*

Reihe S 2'C1' **Australien** Victorian Government Railways (VGR), 1928

Zugkraft: 183 kN (41100 lb)
Achslast: 24 t (53000 lb)
Zylinder, ∅ x Hub: (3)
521 x 711 mm (20½ x 28 in)
Treibrad ∅: 1854 mm (73 in)
Verdampfungsheizfläche:
290 m² (3121 sq ft)
Überhitzerheizfläche: 59 m²
(631 sq ft)
Kesseldruck: 14 kp/cm² (200 psi)
Rostfläche: 4,7 m² (50 sq ft)
Brennstoff (Kohle): 8,5 t
(18500 lb)
Wasser: 59 m³ (13000 Imp gal)
Reibungsgewicht: 72 t
(158000 lb)
Gesamtdienstgewicht: 226 t
(497500 lb)
Gesamtlänge: 26060 mm
(85 ft 6 in)

Oben: *Eine noch unverkleidete Lokomotive der Reihe S, Nr. S300, der Victorian Government Railways.*

Die Victorian Government Railways erbauten 1928 diese großen 2'C1'-Lokomotiven für ihre wichtigsten Züge zwischen Melbourne und der Grenze zu New South Wales in Albury, auf der Strecke nach Sidney. Für dieses beschränkte Einsatzgebiet reichten vier Lokomotiven aus, da die hohe Achslast eine Verwendung auf anderen Strecken ausschloß. Sie gehören zu den wenigen australischen Lokomotiven mit Dreizylinder-Triebwerk. Die Schieber der Außenzylinder hatten Walschaert-steuerung, der Innenzylinder einen Steuerungsantrieb nach Gresley-Holcroft, wie er auch bei der London & North Western Railway verwendet wurde. Ja, mit ihrer runden Feuerbüchsdecke und den Führerhausdoppelfenstern erinnerten diese australischen Maschinen tatsächlich an die LNER-Pazifiks. Nicht sichtbar war allerdings ein völlig unbritischer Stahlguß-Barrenrahmen.

1937 erhielten die Lokomotiven eine blaue Stromlinienverkleidung, die zu den neuen Stahlwagen des „Spirit of Progress"-Expreßzuges paßte. Neue große sechsachsige Tender ermöglichten ihnen, die meist ebene, 307 km lange Strecke von Melbourne nach Albury in 220 Minuten zurückzulegen. Die Reisegeschwindigkeit von 83 km/h mag mäßig erscheinen, aber auch die heutigen Diesellokomotiven sind nur 8 Minuten schneller.

Später erhielten die Lokomotiven Namen berühmter Männer aus der Geschichte Victorias. So hieß die

Serie von 36 „Ps-4"-Lokomotiven, gebaut von der American Locomotive Co im Jahre 1923.

1925 besuchte der Präsident der Southern Railway, Fairfax Harrison, die Bahn gleichen Namens in England und war von der grünen Farbgebung ihrer Lokomotiven sehr beeindruckt. Er beschloß, daß seine nächsten Pazifik-Lokomotiven ebenso gut aussehen sollten, wenn nicht gar besser. Er wählte eine Lackierung ähnlich der englischen, mit einem helleren Grün und goldenen Zierlinien – der kleine Aufpreis dafür machte sich schnell durch eine große Publicity bezahlt. Bunte Lokomotiven waren zu dieser Zeit in Nordamerika schon etwas Außergewöhnliches. Bald darauf erhielten auch seine älteren Pazifiks diese grün-goldene Farbgebung.

Die 1926er Serie von 23 Lokomotiven besaß den großen sechsachsigen Tender, wie er in der Zeichnung dargestellt ist, anstelle des vierachsigen USRA-Tenders der Vorgänger. Der neu verwendete Speisewasservorwärmer des Typs Elesco fiel durch den quer im Oberteil der Rauchkammer angebrachten Wärmetauscher auf. Einige Lokomotiven jeder Serie erhielten Walschaertsteuerung, andere eine Bakersteuerung. 1928 lieferte Baldwin eine letzte Reihe von 5 Lokomotiven mit Walschaertsteuerung und vierachsigen Tendern großer Kapazität. Alle Pazifiks waren mit mechanischen Rostbeschickungsanlagen (Stoker) ausgestattet.

Die Southern teilte die Maschinen festen Personalen zu, die die Lokomotiven auch zusätzlich schmücken durften, wie dies schon 70 Jahre vorher üblich war. Über den Stirnlampen wurden Adlerfiguren angebracht, flankiert von Messing-Kerzenleuchtern. Zylinderdeckel wurden mit Sternen, Schornsteine mit Messingringen verziert. Etliche Lokomotiven erhielten Namen, einige sogar die der regulären Lokführer. Das mag vielen sehr nach Spielerei klingen, aber all dies hatte zum Resultat, daß man kaum besser gepflegte Lokomotiven finden konnte.

Von den 64 gebauten Lokomotiven erhielt 44, Nr. 1366-1409, die eigentliche Southern Railway, 12 Stück, Nr. 6471-6482, bekam die Tochtergesellschaft Cincinnati, New Orleans & Texas Pacific und 8 fuhren für die Alabama Great Southern als Nr. 6684-6691. Alle waren allerdings auf den Tenderseiten mit „Southern" beschriftet. Die Maschinen der CNO & TP hatten eine Vorrichtung, bekannt als Wimble-Rauchableiter, eine Röhre, die Abdampf und Rauch vom Schornstein in die Nähe des Sanddoms leitete und erst dort ins Freie entließ. Diese Bahn besaß viele holzverkleidete Tunnel und der starke Druck eines direkten Auspuffstrahls hätte Unheil angerichtet.

Die „Ps-4"-Reihe war die letzte Dampfschnellzuglokomotivbauart, die die Southern in Betrieb nahm. Sie fuhren im hochwertigen Schnellzugdienst, bis sie in den 40er und 50er Jahren von Diesellloks abgelöst wurden. Lok Nr. 1401 blieb erhalten und wurde dem Smithsonian Museum in Washington, DC übergeben. Dort wurde ein Ausstellungsgebäude um die Lokomotive herum errichtet. Leider verhindert das heute ihren erneuten Einsatz vor Dampfloksonderzügen, einer Spezialität der heutigen Southern, für die diese deshalb andere Lokomotiven im „Ps-4"-Grün herrichtete.

Links: *Eine der hervorragenden „Ps-4"-Pazifiks der Southern Railway in Aktion. Diese Lok, Nr. 1401, befindet sich heute im Smithsonian Museum.*

Unten: *Eine „Ps-4" in ihrer ganzen Schönheit zeigt die untere Abbildung.*

Ebene. Vor der Rückkehr dekorierte man „King George V" mit Erinnerungsmedaillen und einer großen Glocke, die heute noch vorhanden ist.

Das Jahr 1927 sah 5 weitere „King"-Lokomotiven, 14 Stück wurden 1928 gebaut und die letzten 10 kamen 1930. Nach ersten Erfahrungen, leider auch mit einer Entgleisung der führenden Achse in Midgham bei Newbury, modifizierte man die Abfederung um die Laufeigenschaften zu verbessern. Danach erfüllte die „King"-Klasse die Erwartungen und ermöglichte die Verkürzung der Fahrzeit des „Cornish Riviera Limited" um 7 Minuten.

Bei der Steigerung der Leistungsfähigkeit der Lokomotive hatte man das schwächste Glied der Kette nicht bedacht, den Menschen. Und zwar den Heizer, der eine „King" feuern mußte. Die Verdampfungsleistung des Kessels war so hoch, daß er gut 30% mehr Kohle vertragen hätte, als die ungefähr 1,4 t, die ein Mann pro Stunde schaufeln konnte. Trotzdem unternahm man keinen Versuch mit einer mechanischen Rostbeschickung. Dafür vergrößerte man die Überhitzerfläche um 56% und verbesserte die Blasrohranordnung. Bei Versuchsfahrten mit 2 Heizern beförderte die Lokomotive einen enormen 25-Wagen-Zug zwischen Reading und Stoke-Gifford bei Bristol mit mehr als 93 km/h. Weitere Verbesserungen, wie Doppelblasrohre wurden angebracht. Eine der ersten damit ausgerüsteten Lokomotiven, Nr. 6015 „King Richard III", erzielte am 29. September 1955 die höchste bekannte Geschwindigkeit dieser Klasse von 175 km/h bei Patney mit dem „Cornish Riviera Limited" in Richtung London.

Bis 1958 erhielten alle „Kings" die Doppelblasrohre, recht spät, denn ihre Zeit lief ab. Als erste Lokomotive verschwand Nr. 6006 „King George I" Anfang 1962. Schon ein Jahr später waren alle aus dem Dienst geschieden.

Links: *Lok Nr. 6010 „King Charles I" der Great Western Railway bei der Durchfahrt in Corsham, auf der von Brunel angelegten alten Hauptstrecke von Bath nach Bristol.*

Reihe J3a 2'C2' USA
New York Central Railroad (NYC), 1926

Zugkraft: 186,4 kN (41 860 lb)
Achslast: 30,6 t (67 500 lb)
Zylinder, ∅ x Hub: (2) 572 x 737 mm (22½ x 29 in)
Treibrad ∅: 2007 mm (79 in)
Verdampfungsheizfläche: 389 m² (4187 sq ft)
Überhitzerheizfläche: 162,1 m² (1745 sq ft)
Kesseldruck: 18,6 kp/cm² (265 psi)
Rostfläche: 7,6 m² (82 sq ft)
Brennstoff (Kohle): 41,8 t (92 000 lb)
Wasser: 68,1 m³ (15 000 Imp gal)
Reibungsgewicht: 91,5 t (201 000 lb)
Gesamtdienstgewicht: 354 t (780 000 lb)
Gesamtlänge: 32 342 mm (106 ft 1 in)

Oben: *2'C2'-Lokomotive Nr. 5280, Reihe „J1", mit dem Empire State Express bei Dunkirk, New York im Februar 1950.*

Manche Achsanordnung ist fest mit einer bestimmten Bahn verbunden, so wie auch die Achsfolge 2'C2' mit der New York Central. 1926 beschaffte die NYC ihre letzten Pazifiks der Reihe „K5b" und das Konstruktionsbüro, unter der Leitung von Paul W. Kiefer, begann mit der Planung einer künftigen leistungsfähigeren Type. Man forderte eine höhere Zugkraft, größere Zylinderleistungen bei erhöhten Geschwindigkeiten, eine bessere Gewichtsverteilung und einen verbesserten Massenausgleich, damit der Oberbau weniger beansprucht würde, als bei den Pazifiks. Offensichtlich benötigte man dafür eine größere Feuerbüchse. Der logische Schritt war die Verwendung eines zweiachsigen Drehgestells unter dem Führerhaus, wie dies die Lima Locomotive Works schon seit einiger Zeit für ihre „Super Power"-Lokomotiven propagierten.

Für die vorgesehene Zugkraft reichten drei Treibachsen noch aus, als Achsfolge ergab sich 2'C2'. Trotz des Einflusses der Lima-Konstruktionen auf diesen Entwurf erhielt die American Locomotive Co in Schenectady die erste Bestellung, allerdings baute auch Lima einige Jahre später 10 Stück dieser Reihe. Andere Bahnen übernahmen für ihre 2'C2'-Maschinen den Namen „Hudson", den die NYC erfand.

Die erste Lokomotive mit der Nr. 5200, Reihe J1a, wurde den Eignern am 14. Februar übergeben, kurz bevor auch andere Bahnen „Hudsons" erhielten, die bei ALCo schon im Bau waren. Im Vergleich mit der „K5b"-Pazifik war die Rostfläche von 6,3 m² auf 7,6 m² vergrößert worden, der Kesseldurchmesser stieg von 2134 mm auf 2226 mm, Zylinder und Treibradabmessungen blieben unverändert. Die Zugkraft erhöhte sich durch den von 14,1 kp/cm² auf 15,8 kp/cm² gesteigerten Kesseldruck. Trotz des zusätzlichen Lokgewichts von 22 t verringerte sich durch die zweite Nachlaufachse die Belastung der Treibachsen von 83,9 t auf 82,6 t. Ein besserer Ausgleich der hin- und hergehenden Massen verringerte auch die Stoßbelastung der Gleise.

Die Maschine war eine eindrucksvolle Erscheinung, das Nachlaufgestell ließ sie ausgeglichener aussehen als eine Pazifik mit dem einzelnen Radsatz unter einer großen Feuerbüchse. Die Luft- und Speisepumpen befanden sich auf der vorderen Pufferbohle hinter charakteristischen, abgerundeten Verkleidungsblechen mit schrägen Stützen. Die Kesselarmaturen vor dem Führerhaus verbarg eine ungewöhnliche gebogene Verkleidung.

Nr. 5200 zeigte schon bald ihr Können, weitere Bestellungen folgten, die meisten für die NYC selbst, 80 Stück auch für drei Tochtergesellschaften, die abweichend beschriftet und numeriert wurden. Die Boston & Albany erhielt davon 30 Loks, deren Treibraddurchmesser 76 mm kleiner war, ein ziemlich unbedeutender Unterschied. Die B & A-Maschinen hatten weitere kleine Abweichungen untereinander, so daß man sie in die Reihen „J2a", „J2b" und „J2c" einordnete. Die eigentlichen NYC-Hudsons wurden von Nr. 5200 fortlaufend numeriert, kleine Abweichungen durch die Reihenbezeichnungen „J1a" bis „J1e" gekennzeichnet. Ein markanter Unterschied war der Ersatz der Walschaertsteuerung durch die Bakersteuerung, die keine verschleißbehafteten Gleitstücke besitzt. Auch die Ventileinstellungen wurden mit der Zeit abgeändert.

Vom ersten Tag an erwiesen sich die Hudsons als die richtigen Lokomotiven für schwere Züge und hohe Geschwindigkeiten. Ihre maximale Zughakenleistung lag 38% höher als die der Pazifiks. Sie beförderten 18 Wagen mit 1270 t Gewicht mit einer mittleren Geschwindigkeit von 88 km/h auf den meist ebenen Strecken. Eine Maschine fuhr mit einem 21-Wagen-Schnellzug von 1500 t die 1027 km von Windsor, Ontario nach Harmon, auf einem Teilstück von 114 km erreichte sie 100,5 km/h.

Die letzten der „J1" und „J2"-Reihen wurden 1932 gebaut, für einige Jahre die letzten Neubauten. Unterdessen gingen die Pla-

Unten: *Die Normalausführung der Hudson, Klasse „J3". Die NYC bediente den Schnellzugverkehr 20 Jahre lang mit 275 dieser Lokomotiven.*

nungen für eine noch stärkere Ausführung weiter. 1937 bestellte die NYC 50 Hudsons der verstärkten Reihe „J3". Die Ingenieure hatten bei dem Entwurf der ersten Hudson, genauso wie ihre deutschen Kollegen zur gleichen Zeit, Vorbehalte gegenüber Verbrennungskammern gezeigt. 1937 war man weiter, die „J3" erhielt eine Verbrennungskammer von 1092 mm Länge. Weiter wurde der Kessel konisch gebaut, um bei der Feuerbüchse einen größeren Außendruchmesser zu erreichen. Der Kesseldruck stieg auf 19,3 kp/cm² (später auf 18,6 kp/cm² reduziert). Die Zylindermaße änderten sich von 635 x 711 mm auf 572 x 737 mm. Am auffälligsten war aber die Verwendung von Scheiben-Treibrädern. Die Hälfte der Lokomotiven erhielt Boxpok-Räder mit ovalen Öffnungen, die anderen Scullin-Räder mit runden Öffnungen.

Die letzten 10 Maschinen der Lieferung wurden nach einem Entwurf von Henry Dreyfus stromlinienförmig verkleidet, die erste Verkleidung, die die Form der Lokomotive nachzeichnete, statt sie zu verdecken. Schon früher hatte eine „J1" eine Verkleidung nach einem Entwurf der „Case school of science" in Cleveland erhalten, sie war aber weniger attraktiv als die Dreyfus-Version und wurde entsprechend umgebaut. 2 weitere „J3"-Loks bekamen später die Dreyfus-Verkleidung für Sonderdienste. Viele bezeichneten diese Maschinen als die schönsten aller Lokomotiven, vor allem, wenn sie einem Zug in passendem Anstrich vorgespannt waren.

Die „J3" war der „J1" überlegen, bei 105 km/h entwickelte sie 20% mehr Leistung. Die Züge von 1130 t Gewicht über die 236 km lange Distanz von Albany bis Syracuse fuhren mit einer planmäßigen Reisegeschwindigkeit von 95 km/h. Vor einem Personenzug von 1640 t Gewicht erreichten sie noch eine Geschwindigkeit von 96 km/h.

Das Aushängeschild der NYC-Züge war der „20th Century Limited", der „Zug des 20sten Jahrhunderts". Bis zum Bau der ersten Hudsons benötigte er von New York bis Chicago eine Zeit von 20 Stunden. Bei Einführung der „J1e"-Reihe konnte diese um 2 Stunden verringert werden, ab 1936 betrug die

Oben: *Die erste Hudson, Nr. 5200, der Reihe „J1" zieht einen Versuchszug mit 18 Wagen im Jahre 1927 durch Albany.*

Fahrzeit dann nur noch 16½ Stunden. Mit der Inbetriebnahme der „J3"-Hudsons und der Einsparung von Betriebsaufenthalten gelang eine Kürzung der Fahrt auf 16 Stunden, entsprechend einer Reisegeschwindigkeit von 96,3 km/h mit einem 900 t-Zug, bei sieben Unterwegshalten von zusammen 26 Minuten Dauer. Mit einem Zug von 940 t Gewicht durchfuhr eine „J3" die 214 km von Toledo bis Elkhart in 112½ Minuten und die anschließenden 151 km von Elkhart nach Englewood in 79½ Minuten, das sind Durchschnittsgeschwindigkeiten von 114 km/h. Über 50 km Strecke erreichte der Zug einen Durchschnitt von 137 km/h bei einer Spitzengeschwindigkeit von 151 km/h. Die Hudson-Maschinen wurden von Harmon aus in Richtung Toledo (1114 km) und Chicago (1487 km) eingesetzt. Die riesigen Tender hatten Raum für die kaum faßbare Menge von 41 t Kohle, aber nur 68,1 m³ Wasser, denn die Wasservorräte wurden während der Fahrt aus Gleiströgen aufgefüllt.

Mit der Zeit reihte die NYC auch die Lokomotiven der Tochtergesellschaften ein. Nach Entfernung der Stromlinienverkleidungen nach dem Krieg, besaß sie 275 annähernd gleiche Hudsons mit den Nummern von 5200 bis 5474. Dies war der größte Lokomotivpark mit

Oben: *Die berühmte Hudson mit der Stromlinienverkleidung des Designers Henry Dreyfus.*

dieser Achsfolge, den es gab. Schließlich waren dies 63% aller Hudsons der USA.

Obwohl auch sie nicht von Problemen verschont blieben, waren sie im Allgemeinen sehr zuverlässig. Die Reihe „J3" fuhr zwischen den Untersuchungen etwa 300000 km bis 320000 km, bei einer jährlichen Laufleistung von etwa 177000 km.

Nach dem 2. Weltkrieg verdrängten sie die 2'D2'-Niagara-Lokomotiven von den schwersten Diensten. Da es aber nur 25 Niagaras gab, blieben ihnen noch die meisten der 150 Züge, die täglich Reisegeschwindigkeiten von mehr als 96 km/h fuhren. Trotz einer schnell fortschreitenden Verdieselung blieben sie bis 1953/56 im Dienst, abgesehen von einem Unfallverlust.

Schools Klasse 2'B

Großbritannien
Southern Railway (SR), 1933

Zugkraft: 111,9 kN (25133 lb)
Achslast: 21,3 t (47000 lb)
Zylinder, ∅ x Hub: (3)
419 x 660 mm (16½ x 26 in)
Treibrad ∅: 2007 mm (79 in)
Verdampfungsheizfläche:
164 m² (1766 sq ft)
Überhitzerheizfläche: 26,3 m³
(283 sq ft)
Kesseldruck: 15,5 kp/cm²
(220 psi)
Rostfläche: 2,63 m² (28,3 sq ft)
Brennstoff (Kohle): 5 t
(11000 lb)
Wasser: 18 m³ (4000 Imp gal)
Reibungsgewicht: 42,6 t
(94000 lb)
Gesamtdienstgewicht: 111,5 t
(245500 lb)
Gesamtlänge: 17926 mm
(58 ft 9¾ in)

Britische Lokomotivingenieure verdienen Respekt für ihre Beherrschung der mannigfaltigen Vorgänge beim Bau einer Dampflokomotive. Man sollte so manches Mal mit seinem Lob aber vorsichtig sein, wenn es um ihre theoretischen Kenntnisse geht. So mancher Konstrukteur rechnete nicht gern, sondern legte Abmessungen nach seinem Gutdünken, über den berühmten Ingenieursdaumen, fest. Meist gab es dann unangenehme Überraschungen. Die „Schools"-Klasse zeigt, daß es ab und zu auch angenehmes Erstaunen gab, wenn sich eine Lokomotive besser als erwartet zeigte. Die „Schools"-Lokomotiven waren als kleine Lokomotiven für untergeordnete Dienste geplant, es verblüffte daher die Erbauer sehr, daß sie in vielen Punkten der größeren „King Arthur"-Klasse ebenbürtig waren, ganz abgesehen von der viel größeren, aber ziemlich enttäuschenden „Lord Nelson"-Klasse.

Grundlage dieser Konstruktion war ein verkürzter „King Arthur"-Kessel. Man kürzte aber nur die Kesselrohre, die Rostfläche und damit der heißeste Teil des Kessels, in dem der meiste Dampf erzeugt wird, blieb fast unverändert; die Verdampfungsleistung nahm kaum ab. Der größere Achsstand der Treibachsen ermöglichte die Verlängerung des Aschkastens. Die meisten 2'B-Lokomotiven zeigten den berüchtigten „Boxer-Effekt", sie schlingerten um eine senkrechte Achse, verursacht durch den bei Zweizylinderlokomotiven nur teilweise möglichen Massenausgleich.

Darum wählte man für die neue Maschine drei Zylinder, die alle die erste Achse antrieben. Jeder Zylinder hatte eine eigene Walschaertsteuerung, aber wie wir schon bei der „American Standard" 2'B-Lok gesehen haben, sind bei dieser Achsfolge die innenliegenden Antriebsteile viel besser zugänglich als bei einer 2'C1' oder einer 2'C-Lokomotive.

Von Anfang an waren diese Lokomotiven sehr erfolgreich, nur wenige Änderungen wurden mit der Zeit durchgeführt. Einige Maschinen rüstete man später mit Vielfach-Blasrohren und größeren Schornsteinen aus, ansonsten war die größte Veränderung an dieser Reihe die Addition der Zahl 30000 zur Loknummer bei der Verstaatlichung 1948.

Reihe 500 2'D2'

Australien
South Australian Government Railways (SAR), 1928

Zugkraft: 227,1 kN (51000 lb)
Achslast: 22,5 t (49500 lb)
Zylinder, ∅ x Hub: (2)
660 x 711 mm (26 x 28 in)
Treibrad ∅: 1600 mm (63 in)
Verdampfungsheizfläche:
339 m² (3648 sq ft)
Überhitzerheizfläche: 77,5 m²
(835 sq ft)
Kesseldruck: 14,1 kp/cm²
(200 psi)
Rostfläche: 6,2 m² (66,5 sq ft)
Brennstoff (Kohle): 11,1 t
(24500 lb)
Wasser: 32 m³ (7000 Imp gal)
Reibungsgewicht: 89,2 t
(196500 lb)
Gesamtdienstgewicht: 226,1 t
(498000 lb)
Gesamtlänge: 25641 mm (83 ft 1½ in)

Süd-Australien ist kein leichtes Einsatzgebiet für Lokomotiven. So müssen die Züge der South Australian Railways nach Melbourne gleich nach Verlassen der Hauptstadt Adelaide eine Steigung von 2,2% über die Mount Lofty Gebirgskette überwinden. Trotzdem war vor sechzig Jahren der Lokomotivpark recht leistungsschwach. In den frühen 20er Jahren stammte die stärkste vorhandene Personenzuglokomotive, die 2'B-Lok der Reihe „S", aus dem Jahr 1894! Sie hatte eine Zugkraft von 56,5 kN und eine Rostfläche von 1,6 m².

Die Regierung war über diesen Zustand ihres 1600 mm-Breitspurnetzes nicht sonderlich glücklich und berief einen erfahrenen Eisenbahnfachmann aus den USA auf den Posten des Eisenbahnbevollmächtigten. Es war ein gewisser Mr. W. A. Webb von der Missouri-Kansas-Texas Railroad, der berühmten „Katy". Seine Pläne für die Neugestaltung der SAR umfaßten auch einige wirklich große neue Lokomotiven. Die bemerkenswer-

Für die Namensgebung wählte man berühmte Privatschulen im Verkehrsgebiet der SR, obwohl diese oft auch den Namen der dortigen Bahnhöfe entsprachen. So mancher Reisende verwechselte das Namensschild an der Lokomotivseite mit dem Zielort des Zuges. Erste Lokomotive dieser Klasse von 10, die in diesem Jahr in den Eastleigh-Werkstätten gebaut wurden, war Nr. 900 „Eton" im März 1930. 1932 baute man 5 weitere, 1933 erschienen 10 Stück, einige davon auch nach Schulen außerhalb des SR-Gebiets benannt; den Anfang machte Nr. 919 „Harrow". 1934 kamen 7, 1935 noch einmal 8 Lokomotiven in Betrieb, die den Bestand auf 40 Stück brachten.

Eine der Forderungen bei der Konstruktion war die Einhaltung des Lichtraumprofils der besonders klein gebauten Tunnel auf der Strecke von Tonbridge nach Hastings. Die darum oben schräg eingezogenen Seitenwände von Führerhaus und Tender trugen ihren Teil zum gefälligen Aussehen der „Schools" bei.

Ihre beste Zugleistung war der „Bournemouth Limited", der die 186 km bis Bournemouth in 120 Minuten ohne Halt zurücklegte. Cecil J. Allen notierte sich besondere Leistungen, beispielsweise einen 510 t-Zug mit Nr. 932 „Blundells" vom Waterloo-Bahnhof nach Southampton mit einer Reisegeschwindigkeit von 98 km/h, oder einen Zug von 305 t Gewicht mit Nr. 931 „King's Wimbledon", der von Waterloo bis zu einem Signalhalt vor Salisbury einen Durchschnitt von 106,5 km/h erreichte, bei einer Höchstgeschwindigkeit von 145 km/h. Dies sind Leistungen, die auch einer Pazifik keine Schande machen würden.

Die „Schools"-Klasse wurde in den Jahren 1961 und 1962 außer Dienst gestellt, drei Exemplare blieben erhalten. Nr. 925 „Cheltenham" gehört dem Nationalen Eisenbahn Museum und ist derzeit betriebsfähig. Nr. 928 „Stowe" ist bei der Bluebell Railway und Nr. 926 „Repton" ging in die USA an das Steamtown Museum in Bellows Falls, Vermont.

Oben: *Nr. 30934 „St. Lawrence" der „Schools"-Klasse mit einem Truppensonderzug Richtung London in Folkestone Warren, Kent.*

Unten: *Nr. 919 „Harrow" der „Schools"-Klasse in der Vorkriegsfarbgebung der Southern Railway. Eine großartige Lokomotive, deren Leistungsfähigkeit sogar ihre Konstrukteure überraschte.*

tere der beiden Neukonstruktionen für den Personenzugdienst war eine Serie von 10 2'D1'-Lokomotiven, Reihe „500", mit mehr als der vierfachen Zugkraft der bisherigen Schnellzugloks. Obwohl typisch amerikanisch im Aussehen, baute sie die englische Rüstungsfirma Armstrong-Whitworth in Newcastle-upon-Tyne im Jahre 1926.

Anscheinend noch nicht stark genug, erhielten sie 1928 ein zweiachsiges Nachlaufgestell mit einem Booster, der die Zugkraft um weitere 35,6 kN steigerte. Damit hatte Australien die erste 2'D2'-Lokomotive außerhalb Nordamerikas. Die Gewichtsverteilung wurde dadurch verbessert, die einzelne Laufachse hatte vorher mehr als 22 t Gewicht zu tragen. Eine andere, spätere Zutat waren Umlaufverkleidungen mit dem „Overland"-Schriftzug. Der „Overland"-Express zwischen Adelaide und Melbourne bewältigte die Mount Lofty-Steigung bei einem Zuggewicht von 550 t bei zugeschaltetem Booster mit 24 km/h Geschwindigkeit.

Dabei hörte sich die Maschine sicher gut an, aber das war wohl auch bei den 2'B-Vorgängern in Dreifachtraktion vor einem 350 t-Zug der Fall gewesen.

Die Reihe „500" und die anderen Webb-Bauarten wurden nicht nachgebaut, vor allem weil die hohe Achslast ihren Einsatz auf einige Hauptstrecken beschränkte. 1951 erschienen in Süd-Australien die ersten Diesellokomotiven und 1955 schied die erste „500" aus dem Dienst. Bis 1962 verschwanden alle, außer Nr. 504, die von der „Australian Railway Historical Society" im Museum von Mile End bei Melbourne aufbewahrt wird.

Links: *Zwei Bilder von einer Abschieds-Sonderfahrt der 2'D2'-Lokomotive Nr. 500 von Adelaide bis Victor Harbour im März 1962.*

Reihe KF 2'D2' China

Chinesisches Eisenbahnministerium, 1935

Zugkraft: 160,8 kN (36100 lb)
Achslast: 17,25 t (38000 lb)
Zylinder, ⌀ x Hub: (2)
540 x 750 mm (21 ¼ x 29 ½ in)
Treibrad ⌀: 1750 mm (69 in)
Verdampfungsheizfläche:
278 m^2 (2988 sq ft)
Überhitzerheizfläche: 100 m^2
(1076 sq ft)
Kesseldruck: 15,5 kp/cm^2
(220 psi)
Rostfläche: 6,4 m^2 (68,5 sq ft)
Brennstoff (Kohle): 12 t
(26500 lb)
Wasser: 30 m^3 (6600 Imp gal)
Reibungsgewicht: 68,1 t
(150000 lb)
Gesamtdienstgewicht: 196,1 t
(432000 lb)
Gesamtlänge: 28410 mm
(93 ft 2 ½ in)

24 dieser prächtigen Lokomotiven baute in den Jahren 1935-36 die Vulcan Foundry in Newton-le-Willows für die chinesischen Eisenbahnen. Bezahlt wurden sie aus Reparationsmitteln für Schäden an britischem Eigentum in China während des Boxeraufstands 1910. Obwohl von einem Briten, Kenneth Cantlie, entworfen und in Großbritannien gebaut, folgte die Konstruktion amerikanischen Baugrundsätzen, abgesehen von dem für amerikanische Verhältnisse sehr niedrigen Achsdruck von 16,5 t.

Die typisch amerikanisch aussehende Lokomotive mit zwei Außenzylindern war einfach gebaut, aber mit den damals modernsten Hilfseinrichtungen ausgerüstet. So erhielten sie, bestimmt für ein damals technisch noch recht rückständiges Land, eine elektrische Beleuchtung, während die Personale auf den neuesten britischen Schnellzuglokomotiven sich noch mit Öllampen plagten. Britische Heizer mußten schaufeln, ihre chinesischen Kollegen konnten die Hilfe eines Stokers in Anspruch nehmen. Zur Ausrüstung gehörten auch heißdampfgespeiste Hilfseinrichtungen und eine Füllungskontrollanzeige, die dem Lokführer beim Einstellen der Steuerung half.

Einige Lokomotiven besaßen einen Booster-Antrieb an zwei gekuppelten Achsen eines der dreiachsigen Tenderdrehgestelle, der die Zugkraft um 34,2 kN steigern konnte. Bemerkenswert war die Walschaert-

Oben: *Eine chinesische „KF" 2'D2'-Lokomotive vor der Abfahrt in Nanjing.*

Unten: *Diese 2'D2'-Lokomotive der späteren Reihe „KF" baute die Vulcan Foundry für China im Jahr 1936.*

Reihe K 2'D2' Neuseeland

New Zealand Government Railways (NZGR), 1932

Zugkraft: 145,8 kN (32740 lb)
Achslast: 13,8 t (30500 lb)
Zylinder, ⌀ x Hub: (2)
508 x 660 mm (20 x 26 in)
Treibrad ⌀: 1372 mm (54 in)
Verdampfungsheizfläche: 179 ^{2}
(1931 sq ft)
Überhitzerheizfläche: 45 m^2
(482 sq ft)
Kesseldruck: 14,1 kp/cm^2
(200 psi)
Rostfläche: 4,4 m^2 (47,7 sq ft)
Brennstoff (Kohle): 8 t
(17500 lb)
Wasser: 22,7 m^3 (5000 Imp gal)
Reibungsgewicht: 55,4 t
(122000 lb)
Gesamtdienstgewicht: 139 t
(306000 lb)
Gesamtlänge: 21233 mm
(69 ft 8 in)

Man ist sicher überrascht, wenn man hört, daß das so abgelegene Neuseeland eines der besten Eisenbahnsysteme der Welt besitzt. Darüber hinaus baute dieses kleine Land der Schafzucht mit einer Bevölkerung von nur 1,6 Millionen seine eigenen Dampflokomotiven, und zwar auf beiden Hauptinseln. Unter den vielen guten Lokomotiven nahmen die 2'D2'-Lokomotiven der Reihe „K" eine herausragende Position ein.

Abgesehen von dem Führerhaus, das ausgewachsenen Neuseeländern Platz bieten mußte, waren dies für die schmale Spur (1067 mm) auf Neuseeland verkleinerte Ausgaben typischer nordamerikanischer Northern-Lokomotiven. Dabei versuchten die Konstrukteure, alles an Leistungsfähigkeit herauszuholen, was eine größte Höhe von 3480 mm und eine Achslast von 14 t zuließ.

Zwischen 1932 und 1950 wurden insgesamt 71 Lokomotiven der Reihe „K" in den Hauptwerkstätten der NZGR gebaut. Die Unterbauarten „K", „Ka" und „Kb" zählten 30, 35 bzw. 6 Loks mit den Nummern von 900 bis 970. Die erste Gruppe besaß Rollenlager an den Lauf- und Tenderachsen, die anderen stattete man mit Rollenlagern an allen Achsen aus. Die Reihe „Kb" erbauten die Hillside-Werkstätten in Dunedin auf der Südinsel, alle anderen die Werkstätte in Hutt, bei Wellington auf der Nordinsel.

Für den Dienst über die neuseeländischen Alpen erhielten die „Kb"-Lokomotiven einen Booster mit 35,6 kN Zugkraft. Anfänglich trugen die Reihen „Ka" und „Kb" eine kastenförmige Verkleidung der Vorderfront, die an heutige Diesellokomotiven erinnert. Dieses häßliche Beiwerk wurde glücklicherweise gleich nach dem 2. Weltkrieg entfernt. Die zwei Loks, Nr. 958 und 959 der Reihe „Ka" hatten Bakersteuerungen anstelle der Walschaertsteuerungen.

Die Bakersteuerung, in den USA patentiert, war der Walschaertsteuerung sehr ähnlich, eine findige Anordnung von Hebeln und Gelenken ersetzte die verschleißbehaftete Schwinge und das Gleitstück. Außerhalb der USA wurde sie kaum angewendet, sogar in ihrem Heimatland konnte sie die Walschaertsteuerung nicht verdrängen. In diesem Buch finden sich etliche Anwendungsbeispiele dieser Bauart; sie zeigte ihre Vorteile vor allem bei dem langen Schieberhub vieler Schnellzuglokomotiven.

Ende der 40er Jahre bauten die NZGR die Reihen „K" und „Ka" der Nordinsel auf Ölfeuerung um, die „Kb"-Lokomotiven der Südinsel wurden weiterhin mit Kohle geheizt. Abgesehen von diesem Umbau war die einzige Änderung der Ersatz der Speisewasservorwärmer der „Ka" und „Kb" durch Abdampfinjektoren.

Viele Jahre hindurch bewährten sich diese wundervollen Lokomotiven vor Schnellzügen mit Ge-

Rechts: *Ein Personenzug mit einer Lok der NZGR-Reihe „K" überquert eine Behelfsbrücke aus Stahl- und Holzträgern.*

steuerung. Die Bewegung der Gegenkurbel ergab nur den halben Schieberhub, erst ein Übersetzungshebel ergab die richtige Hublänge. Die Kolbenschieber hatten einen, mit 320 mm ziemlich großen Durchmesser. Die Lokomotiven erhielten die Nummern 600 bis 623. Die Maschinen mit Booster erhielt die Kanton-Hankau-Bahn, die anderen wurden zwischen dieser Bahn und der Shanghai-Nanking-Bahn aufgeteilt.

Oft kam es zu Mißerfolgen, wenn eine Lokomotivfirma versuchte, größere Lokomotiven, als im eigenen Land üblich, zu bauen. Diese 2'D2'-Lokomotiven für China bildeten die Ausnahme von dieser Regel; sie bewährten sich ausgezeichnet. Während der Kriegsjahre unternahm man alles, um diese Maschinen vor den japanischen Eroberern zu bewahren und war auch ziemlich erfolgreich. 17 der 24 Lokomotiven sollen den 2. Weltkrieg überstanden haben, der in China mehr als 10 Jahre dauerte und schwere Verwüstungen hinterließ. Nach der Machtübernahme der Kommunisten erhielt die Reihe die Bezeichnung „KF" in lateinischen, nicht in chinesischen Schriftzeichen und wurde von Nr. 1 fortlaufend einnumeriert. Die Buchstaben „KF" sollen „Konföderation" (Bündnis) bedeuten, die Bezeichnungen anderer Lokomotiven aus dieser Zeit vor der Vereinheitlichung stützen diese Vermutung. Die Numerierung gibt einen Hinweis auf das Ansehen, das sie genossen.

Die Verdieselung der Chinesischen Eisenbahnen geht nur langsam voran, dabei hatten aber die Fernpersonenzüge Vorrang. Die 2'D2'-Lokomotiven wurden in diesen Diensten also schon früh abgelöst. Zuletzt sahen sie westliche Besucher im Jahr 1966. Allerdings sollen einige auch noch 1974 im Raum von Shanghai gefahren sein.

1978 versprach der chinesische Eisenbahnminister bei einem Besuch in Großbritannien dem Nationalen Eisenbahn-Museum in York eine dieser Lokomotiven als Musterexemplar britischer Exporttätigkeit. Im Jahr 1981 wurde dann „KF" Nr. 7 in Shanghai eingeschifft, um in ihr Herstellungsland zurückzukehren.

Oben: *Die „KF" Nr. 7 erwartet 1981 in Shanghai ihre Rückkehr nach England; sie ging an das nationale Eisenbahn-Museum.*

schwindigkeiten bis 110 km/h, recht schnell für die schmale Spur. Auf den Rampenstrecken der Raurima-Spirale erreichten sie auf 2% Steigung mit unkompensierten Kurven mit 300 t Zuggewicht eine Geschwindigkeit von 32 km/h.

Im Verhältnis zur Bevölkerungszahl haben die Neuseeländer eine noch größere Liebe zur Dampflok als die Briten, wie die Erhaltung von 5 Lokomotiven allein dieser Reihe zeigt. Nr. 900 ist bei der Pacific Steel Co in Otahuhu, Nr. 935 befindet sich in Seaview bei Wellington, Nr. 942 und 945 in Paekikari, alle auf der Nordinsel. Die „Kb" Nr. 968 besitzt das Ferrymead Museum für Wissenschaft und Industrie bei Cristchurch auf der Südinsel.

Reihe P2 1'D1' Großbritannien London & North Eastern Railway (LNER), 1934

Zugkraft: 193,6 kN (19715 lb)
Achslast: 20,3 t (44800 lb)
Zylinder, ∅ x Hub: (3) 533 x 660 mm (21 x 26 in)
Treibrad ∅: 1880 mm (74 in)
Verdampfungsheizfläche: 252 m² (2714 sq ft)
Überhitzerheizfläche: 72 m² (777 sq ft)
Kesseldruck: 15,5 kp/cm² (220 psi)
Rostfläche: 4,6 m² (50 sq ft)
Brennstoff (Kohle): 8,2 t (18000 lb)
Wasser: 23 m³ (5000 Imp gal)
Reibungsgewicht: 80,4 t (177000 lb)
Gesamtdienstgewicht: 168 t (370000 lb)
Gesamtlänge: 22692 mm (74 ft 5⅜ in)

Wenn man an die LNER-Hauptstrecke an der Ostküste von London nach Schottland denkt, vergißt man leicht die 209 km lange Strecke, die von Edinburgh weiter nach Aberdeen führt. Dieser letzte Abschnitt mit einer maßgeblichen Steigung von 1,34% ist schwerer als die südlichere Strecke mit ihren 1,05% Steigung.

Die Pazifiks der Reihen „A1" und „A3" waren dort vor Zügen wie dem „Aberdonian"-Schlafwagen-Expresszug überfordert. Man beschloß den Bau einer Schnellzuglokomotive mit einem um 20% höheren Reibungsgewicht, das vier Treibachsen erforderte.

Der Prototyp dieser einzigen vierfach gekuppelten Schnellzuglokomotivreihe wurde 1934 gebaut. Die stattliche 1'D1'-Lokomotive Nr. 2001 trug den Namen „Cock o'the North". Die Zugkraft dieser Maschine überstieg die jeder anderen britischen Schnellzuglok.

Bemerkenswerte Merkmale dieser Dreizylinderlokomotive waren

Reihe V 2'B Irland Great Northern Railway (GNR [I]), 1932

Achslast: 21,3 t (47000 lb)
Zylinder, ∅ x Hub
– **Hochdruck**: (1) 438 x 660 mm (17¼ x 26 in)
– **Niederdruck**: (2) 483 x 660 mm (19 x 26 in)
Treibrad ∅: 2007 mm (79 in)
Verdampfungsheizfläche: 116 m² (1251 sq ft)
Überhitzerheizfläche: 25,6 m² (276 sq ft)
Kesseldruck: 17,6 kp/cm² (250 psi)
Rostfläche: 2,3 m² (25 sq ft)
Brennstoff (Kohle): 6 t (13200 lb)
Wasser: 16 m³ (3500 Imp gal)
Reibungsgewicht: 41,8 t (92000 lb)
Gesamtdienstgewicht: 105,3 t (232000 lb)
Gesamtlänge: 16853 mm (55 ft 3½ in)

Vom Jahre 1876 an betrieb die Great Northern Railway of Ireland die Hauptstrecke von Dublin nach Belfast. Lange Zeit hindurch begrenzte die Tragfähigkeit des großen Stahlviadukts über den Boyne River nördlich Dublin die Größe der Lokomotiven. 1931 wurde die Brücke verstärkt, der Weg zu wahrhaft kraftvollen Schnellzuglokomotiven war frei.

Unter den ersten waren die auffallenden Verbundlokomotiven der Reihe „V", gebaut von Beyer, Peacock & Co in Manchester. Die Tender entstanden in den Dundalk-Bahnwerkstätten. Sie waren Dreizylinder-Verbundlokomotiven, Bauart Smith und ähnelten einer Ausführung der Midland Railway in England.

die abgeschrägte Vorderfront, die den Abdampf über das Führerhaus leiten sollte und die Ventilsteuerung, angetrieben durch eine rotierende Steuerwelle. Die Blasrohranordnung mit Doppelschlot wurde für einen guten Saugzug bei minimalem Gegendruck ausgelegt.

Eine zweite 1'D1'-Lokomotive, Nr. 2002 „Earl Marischal" erhielt die normale LNER-Steuerungsanordnung mit äußerer Walschaertsteuerung und Gresley-Holcroft-Antrieb der Innensteuerung. Diese Bauart wurde bei den weiteren 4 Lokomotiven dieser Reihe beibehalten, die 1936 erbaut wurden und äußerlich mehr den Stromlinien-Pazifiks der Reihe „A4" von 1935 glichen.

Auch die erhöhte Zugkraft dieser Mikado-Lokomotiven konnte Doppeltraktionen vor schweren Zügen nicht völlig verhindern. Unzureichend bemessene Lagerflächen und fehlende Rückstellkräfte für das Vorlaufgestell verursachten eine starke Abnutzung in den vielen Kurven der Strecke Edinburgh–Aberdeen und führten zu hohen Unterhaltskosten. Darum baute man 1943-44 diese 1'D1'Lokomotiven in Pazifiks der Reihe „A2/2" um. Die damals fehlende Kontinuität im LNER-Lokomotivbau verhinderte eine Vereinheitlichung dieser Umbauten. Damit erfüllte sich die eigentliche Absicht dieses Umbaus nicht, aber eine Reihe gut aussehender Maschinen verwandelte sich in das Häßlichste, das diese Bahn je hervorbrachte, die sonst für ihren wohlgestalteten Lokomotivpark bekannt war.

Links: *Die stattliche „P-2" Mikado Nr. 2005 „Wolf of Badenoch" mit einem Zug von Aberdeen nach Edinburgh.*

Der einzelne Hochdruckzylinder lag innen, die beiden Niederdruckzylinder außen. Der innen verbleibende Raum wurde von drei separaten Stephensonsteuerungen völlig ausgefüllt. Ursprünglich besaßen die Niederdruckzylinder Flachschieber, wurden aber bald mit Kolbenschiebern umgebaut.

Die neuen Lokomotiven beschleunigten die Züge von Dublin nach Belfast auf eine Fahrzeit von 148 Minuten für die Strecke von 181 km mit 5 Unterwegshalten und der Zollabfertigung an der Grenze. Die 87 km von Dublin nach Dundalk legten die Züge in 54 Minuten zurück, mit 96,7 km/h Reisegeschwindigkeit die schnellste Zugleistung Irlands, aber nur für kurze Zeit. Die Wirtschaftskrise und ein unheilvoller Streik führten 1933 zu drastischen Einsparungen. Die Fahrzeiten wurden gestreckt und bei den Lokomotiven der Reihe „V" auch der Kesseldruck herabgesetzt.

Die einfachen, aber geschmackvollen Linien der 5 Verbundloks wurden durch den schönen blauen Anstrich noch besser zur Geltung gebracht. Neben ihren Nummern 83 bis 87 trugen sie Namen von Greifvögeln: „Eagle" (Adler), „Falcon" (Falke), „Merlin" (Zwergfalke), „Peregrine" (Wanderfalke) und „Kestrel" (Turmfalke). Die Lok „Merlin" blieb erhalten und wird durch die „Railway Preservation Society of Ireland" wieder in einen betriebsfähigen Zustand versetzt.

5 ähnliche Lokomotiven, Reihe „VS", mit einfacher Dampfdehnung, drei Zylindertriebwerken und Walschaertsteuerung wurden 1948 gebaut. Sie erhielten die Nummern 206 bis 210 und Namen irischer Flüsse: „Liffey", „Boyne", „Lagarn", „Foyle" und „Erne".

Die letzte „V" wurde 1961 aus dem Dienst genommen, die letzte „VS" 1965 abgestellt. Beide Reihen überlebten damit die GNR, die 1958 aufgeteilt wurde.

Links: *Die 2'B-Lokomotiven der Great Northern of Ireland, Reihe „VS" baute 1948 Beyer Peacock & Co. Von der Ursprungsausführung unterschieden sie sich durch einfache Dampfdehnung und Walschaertsteuerung.*

Unten: *Die Zeichnung zeigt die ursprüngliche Reihe „V", 1932 von Beyer Peacock & Co gebaut.*

Turbomotive 2'C1'

Großbritannien
London, Midland & Scottish Railway (LMS), 1935

Zugkraft: 178,1 kN (40000 lb)
Achslast: 24,5 t (54000 lb)
Zylinder: Keine
Treibrad Ø: 1981 mm (78 in)
Verdampfungsheizfläche: 215 m² (2314 sq ft)
Überhitzerheizfläche: 61 m² (653 sq ft)
Kesseldruck: 17,6 kp/cm² (250 psi)
Rostfläche: 4,2 m² (45 sq ft)
Brennstoff (Kohle): 9,1 t (20000 lb)
Wasser: 18 m³ (4000 Imp gal)
Reibungsgewicht: 71,7 t (158000 lb)
Gesamtdienstgewicht: 166,6 t (367000 lb)
Gesamtlänge: 22663 mm (74 ft 4 ¼ in)

Turbinen hatten sich schon viele Jahre beim Antrieb von Schiffen und Stromgeneratoren bewährt, daher versuchte so mancher Ingenieur auch ihre Anwendung beim Antrieb von Lokomotiven. 1932 sah der neuernannte Konstruktionschef der London, Midland & Scottish Railway, William Stanier, eine schwedische Dampfturbinen-Güterzuglokomotive im Betrieb und entschloß sich zu einem eigenen Versuch. Man hatte auf der LMS schon mit Turbinenlokomotiven experimentiert, aber dies waren komplizierte Kondenslokomotiven nach einem anderen Konzept gewesen. Die schwedische Bauart vermied die Schwierigkeiten der Wasserrückgewinnung. Ihre einfache Bauweise beeindruckte Stanier ganz besonders. Schieber und Steuerungen entfielen und das Fehlen der hin- und hergehenden Massen garantierte einen ruhigen Lauf. Drei Pazifik-Prototyplokomotiven befanden sich damals in Crewe, eine davon wurde als Versuchskaninchen für das vielversprechende Experiment ausersehen, das 1935 zur Ausführung kam.

Eine Metropolitan-Vickers Mehrstufen-Turbine von rund 2000 PS Leistung wurde an der linken Seite montiert, etwa an der Stelle, die normalerweise der Zylinder einnahm. Über ein dreistufiges, in einem Ölbad gekapselten Getriebe trieb sie die erste der drei gekuppelten Treibachsen. Das Übersetzungsverhältnis betrug 34:1, so daß bei einer Geschwindigkeit von 113 km/h die Turbine mit etwa 10000 Umdrehungen/Minute lief. Um den Wirkungsgrad der Turbine nicht zu verschlechtern, konnte man zur Leistungsregelung nicht wie bei einer Kolbenlokomotive den Dampf in einem Regler drosseln. Statt dessen schaltete man die sechs Dampfdüsen einzeln zu oder ab, eine außerordentlich einfache Anordnung.

Bei Versuchsfahrten erwies sich die Turbinen 2'C1'-Lokomotive den konventionellen Pazifiks überlegen. Eine kleine Turbine auf der rechten Seite diente der langsamen Rückwärtsfahrt. Sie wurde durch eine Klauenkupplung mit einer vierten Getriebestufe in Eingriff gebracht; eine leider nicht betriebssichere Anordnung, wie sich später herausstellte.

Anders als die meisten Konstruktionen, die die „Frechheit hatten", die Stephensonsche Bauweise verbessern zu wollen, bewährte sich die sogenannte „Turbomotive" sehr gut, sie erreichte immerhin eine Laufleistung von 480000 km. Ihr normaler Dienst bestand aus der Beförderung des „Liverpool Flyer" am Morgen nach London und nachmittags zurück nach Liverpool, viele Jahre lang der schnellste Zug der LMS. Natürlich stellten sich wie bei jeder Versuchslokomotive auch Probleme ein, aber die Ergebnisse waren vielversprechend. Dann kamen aber der Krieg und die Verstaatlichung.

Die neuen Verantwortlichen hatten keine Verbindung zum ursprünglichen Versuchsbetrieb; nach einem Schaden an der Hauptturbine im Jahre 1947 wurde die Lokomotive in Crewe abgestellt. 1951 baute man sie in eine konventionelle Pazifik namens „Princess Anne" um, bald nach der Indienststellung wurde sie aber ein Opfer des katastrophalen Zusammenstoßes dreier Züge bei Harrow.

Damit endete endgültig einer der gelungensten Versuche, eine turbinengetriebene Dampfschnellzuglokomotive zu bauen. Ähnliches könnte man sicher auch von den Zeolly-Turbinenloks in Deutschland oder der gewaltigen Baldwin-6000 PS-Maschine der Pennsylvania RR berichten.

Unten: *Die LMS „Turbomotive" Nr. 6202 in ihrem normalen Zuglauf von Euston-Bahnhof nach Liverpool.*

Anden-Klasse 1'D

Peru
Peruanische Zentralbahn (FCC), 1935

Zugkraft: 163 kN (36600 lb)
Achslast: 16,6 t (36500 lb)
Zylinder, ∅ x Hub: (2) 508 x 711 mm (20 x 28 in)
Treibrad ∅: 1321 mm (52 in)
Verdampfungsheizfläche: 160 m² (1717 sq ft)
Überhitzerheizfläche: 32 m² (341 sq ft)
Kesseldruck: 14,1 kp/cm² (200 psi)
Rostfläche: 2,6 m² (28 sq ft)
Brennstoff (Öl): 6,7 m³ (1465 Imp gal)
Wasser: 12 m³ (2650 Imp gal)
Reibungsgewicht: 66,3 t (146000 lb)
Gesamtdienstgewicht: 113,5 t (250000 lb)
Gesamtlänge: 18879 mm (61 ft 11 ¼ in)

„Die Höchste und die Schwierigste", diesen Titel gab Brian Fawcett der Peruanischen Zentralbahn, in deren Diensten er einen großen Teil seines Lebens verbrachte. Diese Bahn steigt von Lima auf einer Strecke von nur 158 km von Meereshöhe auf eine Paßhöhe von 4783 m beim Galera Tunnel auf ihrem Weg zu den Kupferminen in den Bergen. Viele Jahre hindurch hatte der zwangsläufig langsame Personenzugdienst der Bahn keine Konkurrenz durch Fluglinien, denn keine der Fluggesellschaften der Pazifikküste besaß Maschinen, die so hoch steigen konnten wie die Eisenbahn.

Der Hauptanstieg mit Steigungen von 4,5 und 4% erfolgt erst auf den letzten 118 km. Die Strecke zum Paß mit ihren sechs Doppelspitzkehren ist eine großartige Ingenieurleistung. Die Fahrgäste müssen in der großen Höhe mit Sauerstoff versorgt werden, dafür steigert der niedrigere Luftdruck den Wirkungsgrad einer Dampflokomotive. Trotzdem war die Aufgabe, Züge über diese „Stufeneisenbahn" zu bringen, unglaublich schwierig. Erst nach vielen Jahren voller Schwierigkeiten kam man mit der vorliegenden Kombination aus nordamerikanischer Bauweise und britischer Qualitätsarbeit von Beyer, Peacock & Co zu befriedigenden Ergebnissen.

Die vielen, kurz aufeinander folgenden Neigungswechsel in den steilen Spitzkehren bedingten einen kurzen Kessel, damit die Rohre und die Feuerbüchse immer mit Wasser bedeckt blieben. Die Ölfeuerung ermöglichte die Verwendung einer schmalen Feuerbüchse. Wegen den lang anhaltenden Steigungen wählte man die Achsfolge 1'D, um ein möglichst hohes Reibungsgewicht zu erzielen. Auf der Bergstrecke gab es genügend Wasserstellen, dadurch konnten die Wasservorräte und damit totes Lokgewicht, auf ein Minimum beschränkt werden. Die Besandungseinrich-

Reihe 5P5F 2-C

Großbritannien
London, Midland & Scottish Railway (LMS), 1934

Zugkraft: 113,4 kN (25455 lb)
Achslast: 18,5 t (40700 lb)
Zylinder, ∅ x Hub: (2) 470 x 711 mm (18½ x 28 in)
Treibrad ∅: 1829 mm (72 in)
Verdampfungsheizfläche: 180 m² (1938 sq ft)
Überhitzerheizfläche: 28,5 m² (307 sq ft)
Kesseldruck: 15,8 kp/cm² (225 psi)
Rostfläche: 2,7 m² (28,65 sq ft)
Brennstoff (Kohle): 9,2 t (20200 lb)
Wasser: 18 m³ (4000 Imp gal)
Reibungsgewicht: 54 t (119000 lb)
Gesamtdienstgewicht: 129,4 t (285000 lb)
Gesamtlänge: 20618 mm (67 ft 7¾ in)

Die „Black Fives"! Ohne Zweifel der beste Kauf, den je eine britische Bahn getätigt hat, was ihre Leistungen im Schnellzugdienst betrifft. Diese legendären Lokomotiven bildeten nicht nur die zahlreichste, sondern auch die vielseitigste Reihe, die es je in Großbritannien gab. Man könnte sie in gewisser Weise mit den preußischen P8-Lokomotiven vergleichen. Obwohl als bescheiden dimensionierte Lokomotive für den gemischten Dienst geplant, bewiesen sie bei vielen Gelegenheiten, daß es im Gebiet der LMS keinen Schnellzug gab, den sie nicht pünktlich ans Ziel bringen konnten.

Aus den ersten Monaten ihres Einsatzes im Jahre 1934 berichtet Cecil J. Allen von einer Leistung der Prototyplokomotive Nr. 5020 vor dem Spitzenzug der LMS, dem „Royal Scot": Die „Black Five" mußte in letzter Minute für eine „Princess" 2'C1' oder für eine „Royal Scot" 2'C-Lokomotive einspringen, deren Vielgestaltigkeit sie für Schäden anfälliger machte. Die kleinere Maschine konnte trotz der maximalen Last von 15 Wagen und einem Zuggewicht von 495 t die Fahrzeit nach Crewe gut einhalten. Eine ausgezeichnete Schiebereinstellung und ein erprobter Kesseltyp standen hinter den überraschenden Eigenschaften dieser ausgezeichneten Lokomotiven.

In späteren Jahren war es sehr beruhigend zu wissen, daß die „Black Fives" entlang der Fahrstrecke des „Royal Scot" in den Betriebswerken Camden, Willesden, Rugby, Crewe, Warrington, Wigan, Preston, Carnforth, Carlisle, Carstairs und Glasgow stationiert wa-

tungen waren bei dieser Andenbahn lebenswichtig, denn starke Steigungen haben meist auch noch feuchte, glatte Schienen. Die bisher benutzten Schwerkraft- und Dampfdruckbesandungen hatten zu wünschen übrig gelassen; die „Anden"-Klasse erhielt eine Druckluftbesandung. Die Sandmenge war auch wichtig, spätere Bauserien der Reihe besaßen einen großen Sandbehälter um den Dampfdom herum, dies hielt den Sand auf einfache Weise trocken.

Von Rechts wegen mußte eine Gegendruckbremse eingebaut werden, sie wurde aber selten benutzt, denn die Kolben- und Schieberdichtringe nutzten sich dabei stark ab. Der Sicherheit diente eine Luftbremse mit zwei Luftleitungen. Bei ihr mußte die Bremse nicht regelmäßig gelöst werden, um die Luftbehälter wieder zu füllen. Dies hätten auf den langen Gefällestrecken zum katastrophalen Durchgehen eines Zuges führen können.

Um die Lokomotive Stunde für Stunde „voll" fahren zu können, wurde sie sehr robust ausgeführt. Daß die Konstruktion gelungen war, beweist die Tatsache, daß die Bahn sie insgesamt achtmal nachbestellte. Es waren schließlich 29 Lokomotiven mit den Nummern 200 bis 228. Benachbarte Bahnen besaßen auch einige Loks dieses Typs. Die Peruanische Südbahn, eine Schwestergesellschaft der FCC, hatte 20 Stück mit etwas größeren Treibrädern, auch die Cerro de Pasco-Bahn nannte 5 Stück ihr eigen. Die zuletzt genannten waren die letzten normalen Dampflokomotiven, die die Firma Beyer, Peacock & Co baute.

Leider regiert heute nicht mehr die Dampflok auf dieser Gebirgsbahn, aber ihre Fahrzeit von 6 Stunden blieb unverändert. Eine Reisegeschwindigkeit von 35 km/h mag gering erscheinen, aber die Leistungen, die hier vollbracht wurden, rechtfertigen die Aufnahme des täglichen Personenzugs auf dieser Andenstrecke in die Liste der „wichtigsten Züge der Welt". Die dargestellte Lok Nr. 206 wird in Lima erhalten.

Unten: *Diese hübschen grünen „Anden"-Lokomotiven der „Ferrocarril Central" von Peru hatten wohl einen der anstrengendsten Dienste der Welt.*

ren. Wenn den Primadonnen der Bahn das Temperament überschäumte und sie unpäßlich wurden, waren genügend zuverlässige Arbeitspferde in der Nähe zum Einspringen bereit.

Man muß aber zugeben, daß die LMS-Vierzylinder-Pazifiks bei höheren Geschwindigkeiten ruhiger liefen. Bei einer Geschwindigkeit von 145 km/h mit einer „Duchess" in der Dunkelheit (keine Stirnlampen!) talwärts zu rasen war schon ziemlich aufregend, aber auf einer „Black Five" kann man dies nur ein „Totales Erlebnis" nennen.

Ein weiterer Vorteil der größeren Lokomotiven war das größere Aschkastenvolumen, zwar vollbrachte die erwähnte Nr. 5020 von Euston bis Crewe dieselbe Leistung wie eine Pazifik, aber die 2'C-Lokomotive konnte wohl kaum bis Glasgow weiterfahren, ohne daß die Verbrennungsrückstände das Feuer erstickt hätten. Natürlich hatten die Pazifiks die Reserven für höhere Leistungen, doch dazu hätte man einen Supermann oder mindestens zwei normale Männer zum Heizen gebraucht, was normalerweise nicht der Fall war.

Auf den Hochlandstrecken, nördlich Perth, war die „Black Five" der schwerste zugelassene Lokomotivtyp. Hier beförderten sie die meisten Züge, angefangen beim 550 t schweren „Royal Highlander". Zwei Lokomotiven bezwangen dann mit weit geöffnetem Regler die 32 km lange Steigung von meist 1,66% von Inverness bis zum Scheitelpunkt bei Slochd in 400 m Höhe. Sie machten sicher Dampf, der Heizer mußte sich aber schwer anstrengen, damit auch auf diesen langen Steigungen die starken Auspuffschläge immer gleich laut zu hören waren.

William Stanier kam 1932 von der konkurrierenden GWR zur LMS. Unter seiner Leitung entstand 1933 der Entwurf für eine zweizylindrige 2'C-Lokomotive für den gemischten Dienst, die die schon etwas veralteten 2'C'-Maschinen der LMS-Vorgänger ablösen sollte. Das Gesamtkonzept stammte direkt von der „Hall"-Klasse seines alten Arbeitgebers ab, aber nur der konische Kessel und die Achslagerbauart wurden direkt von der GWR übernommen. Viele der anderen Konstruktionselemente beruhten auf bewährten Ausführungen aus dem Gebiet der LMS, beispielsweise Zylinder, Walschaertsteuerung und Führerhaus nach Art der Lancashire & Yorkshire, Midland-Kesselarmaturen und die tiefe Caledonian-Dampfpfeife. Der Einfluß der alten London & North Western zeigte sich in der Art der Stationierung und Unterhaltung der LMS-„Black Five"-Reihe, die es innerhalb von 18 Jahren auf 842 Exemplare brachte. Die LMS-Werkstätten in Crewe bauten davon 231, Derby 54 und Horwich 130 Stück. Durch ein Regierungsprogramm für notleidende Gebiete in der Vorkriegszeit erhielten auch zwei auswärtige Firmen Aufträge. Die Vulcan Foundry in Newton-le-Willows produzierte 100 und Armstrong-Whitworth & Co in Newcastle-upon-Tyne erstellte insgesamt 327 „Black Fives". Die Lokomotiven trugen die Nummern von 4758 bis 5499, die Nummern unter 5000 erhielten die später gebauten zugeteilt. Die British Railways bestellten noch einmal 100 Maschinen, die neuen BR-Nummern lauteten nun 44658 bis 45499.

Wenige Verbesserungen wurden mit der Zeit nötig, lediglich die Überhitzerheizfläche wurde bei späteren Serien vergrößert. Bei den letzten Lieferungen experimentierte man mit verschiedenen Neuerungen, wie Rollenlagern, Schüttelrosten, Doppelblasrohren und Caprotti-Ventilsteuerungen. Ja, eine Lokomotive erhielt sogar eine außenliegende Stephensonsteuerung. Die einzige Änderung, die allgemein eingeführt wurde, war der Einbau auswechselbarer Mangan-Hartstahl-Achslagerführungen, die den Verschleiß stark herabsetzten.

Die in Preston stationierten „Black Fives" waren die letzten Dampflokomotiven im planmäßigen Schnellzugdienst der British Railways. Im Januar 1967, nur 20 Monate vor dem Ende, erreichte die Lok Nr. 44917 die höchste verbürgte Geschwindigkeit dieser Reihe. Nördlich Gobowen, zwischen Chester und Shrewsbury, fuhr sie mit 155 km/h. 15 dieser Lokomotiven blieben der Nachwelt erhalten, 4 davon kann man von Zeit zu Zeit im Einsatz erleben, entweder einzeln oder auch in Doppeltraktion.

Links: *Eine Stanier „Black Five" 2'C-Lokomotive verläßt eine Unterwegsstation im schottischen Hochland mit ihrem Personenzug. Nördlich Perth versahen diese vielseitigen Lokomotiven fast alle Dienste.*

Reihe A 2'B1'

USA
Chicago, Milwaukee, St. Paul & Pacific Railroad (CMStP&P), 1935 (siehe Falttafel S. 142)

Zugkraft: 136,7 kN (30685 lb)
Achslast: 32,9 t (72500 lb)
Zylinder, ∅ x Hub: (2)
483 x 711 mm (19 x 28 in)
Treibrad ∅: 2134 mm (84 in)
Verdampfungsheizfläche:
301,5 m² (3245 sq ft)
Überhitzerheizfläche: 96 m²
(1029 sq ft)
Kesseldruck: 21,1 kp/cm²
(300 psi)
Rostfläche: 6,4 m² (69 sq ft)
Brennstoff (Öl): 15 m³
(3300 Imp gal)
Wasser: 49,2 m³ (10800 Imp gal)
Reibungsgewicht: 65,6 t
(144500 lb)
Gesamtdienstgewicht: 243,8 t
(537000 lb)
Gesamtlänge: 27026 mm
(88 ft 8 in)

Reihe F7 2'C2'

USA
Chicago, Milwaukee, St. Paul & Pacific Railroad (CMStP&P), 1937

Zugkraft: 224,0 kN (50295 lb)
Achslast: 32,8 t (72250 lb)
Zylinder, ∅ x Hub: (2)
597 x 762 mm (23,5 x 30 in)
Treibrad ∅: 2134 mm (84 in)
Verdampfungsheizfläche:
387 m² (4166 sq ft)
Überhitzerheizfläche: 157 m²
(1695 sq ft)
Kesseldruck: 21,1 kp/cm²
(300 psi)
Rostfläche: 9,0 m² (96,5 sq ft)
Brennstoff (Kohle): 22,7 t
(50000 lb)
Wasser: 75,7 m³ (16650 Imp gal)
Reibungsgewicht: 98,1 t
(216000 lb)
Gesamtdienstgewicht: 359,1 t
(791000 lb)
Gesamtlänge: 30480 mm
(100 ft 0 in)

Oben: *Die „F7" 2'C2'-Lok Nr. bietet am Ende ihrer Tage einen trostlosen Anblick, nachdem sie ihren Schwestern als Ersatzteilspender diente.*

Mitte: *Treibachsen und Kesselverkleidung sind verschwunden, die „F7" erwartet der Hochofen.*

„Schnellfüßig war Hiawatha", so schrieb Longfellow ... Die starke Konkurrenz im Tagesreiseverkehr zwischen Chicago und den „Twin cities" (Zwillingsstädten) St. Paul und Minneapolis war der Auslöser für die Schaffung der „Hiawatha"-Lokomotiven und -züge, den schnellsten die je mit Dampfkraft betrieben wurden. Drei Bahngesellschaften waren an diesem Verkehr beteiligt. Erstens, die Chicago & North Western Railway, die auf ihrer 657 km langen Strecke ihre „400"-Expreßzüge einsetzte, die diese Strecke in 400 Minuten durchmaßen. Die „400"er bestanden aus herkömmlichem Fahrzeugmaterial, allerdings attraktiv aufpoliert und besonders unterhalten. Die zweite Bahn, die Chicago, Burlington & Quincy leistete Pionierarbeit mit der Einführung ihrer Diesel-Schnelltriebzüge aus rostfreiem Stahl, die trotz ihres Namens „Zephyr" (sanfter Wind) recht geräuschvoll waren, wenn sie die 30 km längere CB&Q-Strecke entlang fuhren.

Zu guter Letzt, und für uns am interessantesten, kommt die Chicago, Milwaukee, St. Paul & Pacific Railroad, deren Direktion beschloß, sich mit besonderen Hochgeschwindigkeitszügen am Kampf um die Gunst des Publikums zu beteiligen. Sie sollten die 663 km lange Strecke in 6½ Stunden zurücklegen. Zum erstenmal in der Geschichte der Dampflokomotive bestellte eine Bahn Maschinen, die für eine planmäßige Geschwindigkeit von 100 mph (160 km/h) und mehr bestimmt waren!

Die American Locomotive Company in Schenectady, New York nahm die Herausforderung an ihre Konstrukteure an und lieferte zwei hervorragende ölgefeuerte, bunt lackierte Atlantik-Lokomotiven. Diese 2'B1'-Maschinen erhielten von der Milwaukee Road die Bezeichnung: Reihe „A", Nr. 1 und 2. Sie verdienten sich diese Auszeichnung im Betrieb sehr schnell, in der Geschwindigkeit war ihnen kaum eine andere Lokomotive ebenbürtig.

Sie entwickelten mehr als 3000 PS Zylinderleistung und konnten in der Ebene 177 km/h erreichen. Es spricht für sich, daß sie statt der geplanten 6-Wagen-Züge mit einer 6½-Stunden-Fahrzeit bald den Dienst mit 9 Wagen in 6¼ Stunden versahen. Dies schloß 5 Unterwegshalte und 15 dauernde Langsamfahrstellen unter 80 km/h ein!

Die Konstruktion war mehr ungewohnt als unkonventionell, beispielsweise besaß der Tender ein dreiachsiges und ein zweiachsiges Drehgestell und die Treibstangen wirkten auf die erste Treibachse, nicht auf die zweite wie bei früheren Atlantiks. Man unternahm besondere Anstrengungen, um die Triebwerksteile möglichst leicht zu halten, so wurde der Kesseldruck so hoch gewählt, um die Kolben klein zu halten. Besondere Sorgfalt wurde auf den besten Massenausgleich verwandt, der bei einer Zweizylinderlokomotive möglich ist. 1936 wurde Lokomotive Nr. 3 der Reihe „A" geliefert, 1937 die Nr. 4.

Weitere Hochgeschwindigkeitslokomotiven bestellte die Milwaukee 1938, dieses Mal aber sechs 2'C2'-Lokomotiven, deren normale Bauart auch die Einordnung in das übliche Schema als Reihe „F7" mit den Nummern 100-105 zeigt. Die Atlantiks leisteten Hervorragendes vor den Stromlinienzügen, aber sie waren nicht imstande, das übliche schwere Wagenmaterial zu befördern. Daher griff man zur größeren Hudson-Achsfolge, in der man große Zugkraft und die Fähigkeit zu hohen Geschwindigkeiten kombinieren konnte. Als Zugeständnis an die Geschwindigkeit wählte man einen großen Triebraddurchmesser, einem vielseitigen Einsatz kam die Rückkehr zur Kohlefeuerung zugute, wie sie bei dieser Bahn üblich war. Dies bedingte aber den Bau einer neuartigen Bekohlungsanlage im Bahnhof New Lisbon, die es ermöglichte, die „F7"-Lokomotive während des planmäßigen Halts des „Hiawatha" von 2 Minuten zu bekohlen. Auch die „F7"-Hudsons waren sehr erfolgreich, mit leicht erreichten 193 km/h und mehr waren sie noch schneller als die „A"-Atlantiks.

Oben: *Ihre Tage sind schon gezählt, aber noch entströmen dem Schlot der „F7" der Milwaukee Road dicke Qualmwolken und legen sich über den Zug.*

Probefahrten zeigten, daß derartige Geschwindigkeiten mit einem 12-Wagen-Zug von 550 t Gewicht gefahren werden konnten, eine schier unglaubliche Leistung. Man berichtet auch von Höchstgeschwindigkeiten von mehr als 200 km/h, aber leider gibt es davon keine offiziellen Messungen, denn dies hätte womöglich die Weltrekordleistungen der deutschen „05" und der britischen „Mallard" noch überboten. Einen Weltrekord stellten sie allerdings 1940 auf, die schnellste Durchschnittsgeschwindigkeit von der Anfahrt bis zum Halt, die eine Dampflokomotive je planmäßig fuhr. Die 126 km von Sparta bis Portage fuhr der „Morning Hiawatha", eine von nunmehr zwei Tagesverbindungen, mit einer Reisegeschwindigkeit von 130,7 km/h. Ebenfalls 1940 führte man den „Mid-West Hiawatha" von Chicago nach Omaha und Sioux Falls ein, für den man die „A"-Atlantiks einsetzte, von denen allerdings weiterhin eine Maschine als Reserve für den Ausfall einer „F7" vor den „Twin Cities-Zügen" bereit stand.

Allmählich begann die Verdieselung, zum ersten Mal zog eine Diesellok einen „Hiawatha"-Zug im Jahre 1941. Die Dampftraktion verschwand vor dem „Twin Cities Hiawatha" aber schließlich erst 1946. Die Atlantiks hielten vor den Mid-West-Zügen 2 Jahre länger aus. Einige Maschinen wanderten für kurze Zeit in mindere Dienste ab, aber schon 1951 wurde die letzte Stromlinienlokomotive abgestellt. Es ist außerordentlich bedauerlich, daß keine dieser Rekorde brechenden Lokomotiven erhalten blieb, vor allem jetzt, wo ihr die alte Milwaukee Road von Chicago zum Pazifik ins Land des Vergessens folgt.

Immerhin können Modelle und Erinnerungen das Andenken an diese großartigen Lokomotiven wachhalten, wenn sie auch die meisten von uns nicht mehr erleben konnten.

Unten: *Eine Fabrikaufnahme einer 2'C2'-Lokomotive der Reihe „F7", die die Chicago, Milwaukee, St. Paul & Pacific Railroad 1938 für ihre „Hiawatha"-Expreßzüge beschaffte.*

Reihe F-2a 2'B2'

Kanada
Canadian Pacific Railway (CPR), 1936

Zugkraft: 118,0 kN (26500 lb)
Achslast: 27,7 t (61 000 lb)
Zylinder, ∅ x Hub: (2)
438 x 711 mm (17¼ x 28 in)
Treibrad ∅: 2032 mm (80 in)
Verdampfungsheizfläche: 263 m^2 (2833 sq ft)
Überhitzerheizfläche: 102 m^2 (1100 sq ft)
Kesseldruck: 21,1 kp/cm^2 (300 psi)
Rostfläche: 5,2 m^2 (55,6 sq ft)
Brennstoff (Kohle): 12 t (27000 lb)
Wasser: 31,8 m^3 (7000 Imp gals)
Reibungsgewicht: 54,9 t (121 000 lb)
Gesamtdienstgewicht: 209,3 t (461 000 lb)
Gesamtlänge: 24762 mm (81 ft 2⅞ in)

1936 stellte die Canadian Pacific Railway vier neue Züge vor, die sie als „High Speed Local Service", also als „Nahschnellverkehr" bezeichnete. Jede Zugkomposition bestand aus Paketpostwagen, einem kombinierten Büfett-/Packwagen und zwei Sitzwagen. Nach nordamerikanischen Maßstäben waren dies sehr leichte Garnituren mit 200 t Zuggewicht. Die meisten amerikanischen Bahnen hätten irgendwo einige noch brauchbare ältere Lokomotiven für solche Züge aufgetrieben, aber nicht so die CPR. Sie bestellte 5 neue 2'B2'-Lokomotiven, als „Jubilee"-Type bezeichnet, von den Montreal Locomotive Works. Man nannte sie zwar Stromlinienloks, aber um der Wahrheit die Ehre zu geben, waren es normale Maschinen, bei denen man nur einige Kanten recht hübsch abgerundet hatte. Sie erhielten die Bahn-Nummern von 3000 bis 3004.

Die neuen Leistungen, die sie übernahmen, waren der „Chinook" im Westen von Calgary bis Edmonton (310 km in 315 Minuten bei 22 Halten) und der grenzüberschreitende „Royal York" von Toronto nach Detroit (366 km in 335 Minuten mit 19 Halten), sowie zwei weitere Züge zwischen Montreal und Quebec. Für einen Dienst dieser Art hätte eine britische Bahnverwaltung wohl eine 2'B-Lokomotive von 100 t Gewicht mit einer Rostfläche von vielleicht 2,3 m^2 gewählt, diese „leichten" 2'B2'-Loks waren doppelt so groß.

Auch wenn in diesem Fall die Liebe zur Größe auf dieser Seite des Atlantiks vielleicht etwas übertrieben wurde, waren doch die „Jubilees" prachtvolle Lokomotiven. Man stattete sie mit allen damals üblichen Raffinessen wie Stokern, Speisewasservorwärmern und Rollenlagern aus. Eine in Kanada sehr wichtige Einrichtung war das rundum geschlossene Allwetter-Führerhaus, das dem Personal auch bei den häufig vorkommenden Wintertemperaturen von −40°C noch Schutz bot.

Eine weitere Serie ähnlicher, aber etwas kleinerer 2'B2'-Loks, Nr. 2901-2929 baute man 1938 als Reihe „F-1a". Man konnte sie leicht an dem Antrieb auf die zweite Kuppelachse von der „F-2a" unterscheiden, bei der die erste Achse angetrieben war.

Die Lokomotiven Nr. 2928 und 2929 dieser Reihe erhielten nach der Ausmusterung das Nationale Eisenbahnmuseum in Delson, Quebec und das Steamtown Museum in Bellows Falls, Vermont in den USA.

Unten: *2'B2'-Lok Nr. 3003, Reihe „F-2a", verläßt Montreal mit einem „Nahschnellverkehrszug".*

Reihe A4 2'C1'

Großbritannien
London & North Eastern Railway (LNER), 1935 (siehe Falttafel S. 138)

Zugkraft: 157,9 t (35455 lb)
Achslast: 22,5 t (49500 lb)
Zylinder, ∅ x Hub: (3) 470 x 660 mm (18½ x 26 in)
Treibrad ∅: 2032 mm (80 in)
Verdampfungsheizfläche: 239,3 m² (2576 sq ft)
Überhitzerheizfläche: 70 m² (749 sq ft)
Kesseldruck: 17,6 kp/cm² (250 psi)
Rostfläche: 3,8 m² (41 sq ft)
Brennstoff (Kohle): 8,2 t (18000 lb)
Wasser: 22,7 m³ (5000 Imp gal)
Reibungsgewicht: 67,2 t (148000 lb)
Gesamtdienstgewicht: 168 t (370000 lb)
Gesamtlänge: 21647 mm (71 ft 0 in)

Oben: *Die „A4"-Museumslokomotive Nr. 4498 „Sir Nigel Gresley" zieht einen Sonderzug für Dampflokfreunde.*

Rechts: *Eine „A4"-Pazifik vor dem „Flying Scotsman" donnert kurz hinter dem Kings Cross-Bahnhof aus dem Gaswerktunnel hervor.*

Wenn die britischen Dampflokfreunde über die ihrer Meinung nach beste Schnellzuglokomotive abzustimmen hätten, so würden sie ohne Zweifel die hier vorgestellte wählen. Man kann auch kaum an dieser Weltrekordlokomotive vorbeigehen. Die Stromlinien-Pazifiks der Reihe „A4" stammen direkt von den „Flying Scotsman"-Maschinen der Reihe „A1" ab. Die LNER-Führung hatte die Inbetriebnahme des „Fliegenden Hamburgers" in Deutschland mit Interesse verfolgt. Dieser zweiteilige dieselgetriebene Schnelltriebwagen fuhr auf der 285 km langen Strecke zwischen Berlin und Hamburg mit einer Reisegeschwindigkeit von 124 km/h. Die Hersteller dieses Zuges wurden beauftragt, ein Konzept für einen solchen Triebwageneinsatz auf den 429 km zwischen London und Newcastle auszuarbeiten. Durch viele vorhandene Geschwindigkeitsbeschränkungen hätte er aber eine Fahrzeit von 4¼ Stunden benötigt, das heißt, er hätte nur eine Durchschnittsgeschwindigkeit von 102 km/h erreicht. Für nur zwei Wagen war der verlangte Preis auch überraschend hoch. Am 5. März 1935 zeigte dann eine „A3"-Pazifik, die Nr. 2750 „Papyrus", daß eine Dampflok imstande war, eine 4-Stunden-Planzeit zu fahren, sie benötigte nur 230 Minuten mit einem 6-Wagen-Zug.

Auf diese Art entstand die Idee eines Zuges aus einer Stromlinienlokomotive und einer passenden Wagengarnitur, der „The Silver Jubilee" heißen sollte. Der Bahnvorstand genehmigte den Plan am 28. März, die erste von vier stromlinienförmigen Maschinen, Nr. 2509 „Silver Link" wurde schon am 5. September 1935 zum ersten Mal angeheizt. Der neue Zug, strotzend vor Neuerungen, wurde der Presse am 27. September 1935 vorgestellt. Herzlose Zeitgenossen könnten auf die Idee kommen, dies mit der Entstehungszeit des heutigen „High Speed Train" der British Railways zu vergleichen, der gegenüber dem vorhandenen Material einen ähnlichen Fortschritt bedeutete, wie damals der „The Silver Jubilee". Damals dauerte es aber nur sechs **Monate**, nicht sechs **Jahre** wie in der jüngsten Zeit.

Schon auf der Pressefahrt wurde bei Sandy mit einer Höchstgeschwindigkeit von 181 km/h ein neuer britischer Geschwindigkeitsrekord aufgestellt. Die Lokomotive lief ausgezeichnet und über 40 km wurden mit mehr als 160 km/h zurückgelegt. Die Besatzung der Lokomotive war sich dabei überhaupt nicht bewußt, welche Ängste sie bei den Fahrgästen in den schlingernden Gliederwagen hervorrief. Trotz allem wurde drei Tage später der Expreßzug „The Silver Jubilee" der Öffentlichkeit übergeben, der sofort einen bemerkenswerten Erfolg erzielte. Trotz eines Fahrpreiszuschlags war der Zug, der um 17 Uhr 30 London verließ, Abend für Abend ausverkauft. Der erste Zwischenhalt war erst in Darlington, nach 198 Minuten Fahrzeit und 374 km Weg, die Ankunft in Newcastle war um 21 Uhr 30.

Die neuen Lokomotiven wiesen nicht so viele Neuerungen wie die Wagen auf, aber dafür waren die Verbesserungen wichtiger. Die Dampfwege waren vergrößert und begradigt worden, um dem Dampf auf dem Weg vom Regler bis zum Blasrohr möglichst wenig Widerstand zu bieten, die Folge war ein sehr leichter Lauf. Eine größere Feuerbüchse mit Verbrennungskammer verbesserte die Dampferzeugung. Eine besondere Note erhielten die „A4"-Loks durch ihre wohlklingenden Dreitonpfeifen.

Diese Maschinen der Reihe „A4" waren so gut, daß von 1936 bis 1938 noch 31 weitere gebaut wurden, nicht nur für weitere Stromlinienzüge („Coronation" und „West Riding Limited"), sondern auch für allgemeine Dienste. Einige rüstete man mit doppelten Blasrohren und Schloten aus; eine davon, die Lok Nr. 4468 „Mallard", brach am 4. Juli 1938 den deutschen Geschwindigkeitsweltrekord der 05002, als sie eine Geschwindigkeit von 200 km/h hielt und kurz auch 202,7 km/h (126 mph) erreichte, allerdings auf einer Gefällestrecke von 0,5% Neigung nördlich

Rechts: *Die „A4"-Lokomotive „Empire of India" der London & North Eastern Railway ist eine der Maschinen, die 1937 für den „Coronation"-Expreß gebaut wurden.*

Peterborough und nicht in der Ebene, wie die deutsche Lok.

Ähnlich eindrucksvoll war eine Fahrt im Jahr 1940, als Nr. 4901 „Capercaillie" eine ebene Strecke von 40 km nördlich York vor einem 22-Wagen-Zug von 730 t Gewicht mit einer Durchschnittsgeschwindigkeit von 122 km/h zurücklegte.

Zu Beginn unterschied man zwischen den ursprünglichen „silbernen" Lokomotiven, den grünen Maschinen mit Vogelnamen für allgemeine Dienste und den blauen „Coronation"-Loks mit Namen aus dem britischen Empire. Ebenfalls blau lackiert waren die „Golden Fleece" und die „Golden Shuttle" für den „West Riding Limited". 1938 wurde der blaue Anstrich der Lokomotiven zur Normalausführung, er sah auch wirklich gut aus, nicht nur vor den Stromlinienzügen, sondern auch vor den älteren Wagen aus naturfarbenem Teakholz.

Eine der „A4"-Pazifiks, Nr. 4469 „Sir Ralph Wedgwood" erhielt bei einem Luftangriff auf York einen Volltreffer und mußte verschrottet werden. Die anderen Maschinen wurden nach dem Krieg auf die Nummern 1 bis 34 umnumeriert, um 1948 die BR-Nummern 60001 bis 60034 zu erhalten.

Obwohl sie nicht die neuesten LNER-Schnellzuglokomotiven waren, wurden ihnen hochwertige Leistungen wie der von London nach Edinburgh ohne Halt verkehrende „Elizabethan" nicht von anderen Dampflokomotiven streitig gemacht, erst Anfang der 60er

Oben: *Die „A4" Nr. 2510 „Quicksilver" im Bauzustand von 1935. Die Umlaufverkleidung wurde später entfernt.*

Jahre löste sie die Dieseltraktion ab. Das Problem ihrer Unzuverlässigkeit – häufig liefen die Treibstangenlager des inneren Triebwerks heiß – war entschieden angegangen und großteils gelöst worden.

Nach der Abstellung der letzten „A4" im Jahr 1966 blieben 6 Maschinen erhalten. Privatleute besitzen Nr. 4498 „Sir Nigel Gresley", Nr. 60009 „Union of South Africa" und Nr. 19 „Bittern" (Rohrdommel), Rekordlokomotive Nr. 4468 „Mallard" (Wildente) steht im Nationalen Eisenbahn Museum in York, die Nr. 60010 „Dominion of Canada" befindet sich im Kanadischen Eisenbahn Museum in Delson, Quebec und Nr. 60008 „Dwight D. Eisenhower" ging dem Namen entpsrechend in die USA, an das Green Bay Eisenbahn Museum in Wisconsin.

Nr. 4498 und 60009 werden regelmäßig vor Sonderzügen eingesetzt, und geben damit einer neuen Generation einen kleinen Eindruck davon, welche großartigen Maschinen dies waren.

Unten: *Die „A4" „Kingfisher" erhielt die BR-Nummer 60024. Die vornehmlich für allgemeine Dienste gebauten Lokomotiven bekamen Vogelnamen.*

Nr. 10000 2'C2'

Großbritannien
London & North Eastern Railway (LNER), 1930

Achslast: 21,3 t (47000 lb)
Zylinder, ⌀ x Hub
–Hochdruck: (2) 254 x 660 mm (10 x 26 in)
– Niederdruck: (2) 508 x 660 mm (20 x 26 in)
Treibrad: ⌀ 2032 mm (80 in)
Verdampfungsheizfläche: 184,5 m² (1986 sq ft)
Überhitzerheizfläche: 13 m² (140 sq ft)
Kesseldruck: 31,6 kp/cm² (450 psi)
Rostfläche: 3,25 m² (35 sq ft)
Brennstoff (Kohle): 9,1 t (20000 lb)
Wasser: 22,7 m³ (5000 Imp gal)
Reibungsgewicht: 63,6 t (140000 lb)
Gesamtdienstgewicht: 168,9 t (372000 lb)
Gesamtlänge: 22682 mm (74 ft 5 in)

Die Geschichte der LNER-Lokomotive Nr. 10000, der „Heimlichen" Lokomotive, ist die Geschichte eines vielversprechenden Experiments, das scheiterte. Alles begann unter großer Geheimhaltung – daher der Spitzname – und wurde auch sehr sorgfältig ausgeführt, aber wie bei so vielen anderen Versuchen, den Wirkungsgrad der Dampflokomotive zu verbessern, siegte schließlich doch das einfache Antriebsprinzip, das schon Stephensons „Northumbrian" aufwies.

Es ist ein Grundgesetz der Physik, daß der Wirkungsgrad einer Wärmemaschine direkt von dem Verhältnis zwischen oberer und unterer Temperatur des Arbeitsmediums – hier also Dampf – während eines Arbeitstakts abhängt. Die obere Temperatur des Dampfes hängt vom Kesseldruck und vom Grad der Überhitzung ab, wenn man also den Druck wesentlich erhöht, erhöht sich auch der Wirkungsgrad der Dampfmaschine.

Leider ist der herkömmliche Lokomotivkessel nicht für hohe Drücke geeignet, unter anderem wegen der vielen geraden Flächen. Auf Schiffen und in Kraftwerken erzeugt man höhere Dampfdrücke in verschiedenartigen Kesseln, die nur aus Zylindern und Röhren bestehen. Der LNER-Konstrukteur Nigel Gresley beriet sich mit der Firma Yarrow in Glasgow, ob man nicht etwas in dieser Form auch auf einer Lokomotive anwenden könnte.

Es entstand der Entwurf einer Vierzylinder-Verbundlokomotive mit einem Wasserrohrkessel aus fünf verbundenen Röhren. Oben lag eine lange Dampfröhre, verbunden mit zwei Paaren beiderseits tiefer liegender Wasserröhren durch 694 dünne Wasserrohre. Die beiden äußeren Niederdruckzylinder und ein großer Teil der Steuerung entsprachen der „A1"-Pazifik. Die zwei Hochdruckzylinder lagen innerhalb des Rahmens nahe zusammen, ihre Schieber wurden durch schwingende Wellen von der äußeren Walschaertsteuerung angetrieben. Diese Wellen waren so gebaut, daß es möglich war, die Füllung der Hochdruckzylinder unabhängig einzustellen. Die Lokomotive wurde in der Bahnwerkstatt Darlington 1930 gebaut.

Nach Überwindung der Kinderkrankheiten setzte man Lok Nr. 10000 einige Jahre lang vom Betriebswerk Gateshead ein. Leider glichen die hohen Unterhaltskosten und Wärmeverluste an undichten oder schlecht isolierten Stellen die Kohleersparnis wieder aus, Einsparungen brachte diese Versuchsmaschine nicht. So war es kein Wunder, daß die „Heimliche" im Jahre 1937 nach Art der „A4"-Stromlinienloks in eine normale Lokomotive umgebaut wurde. Als alleiniger Inhaber der Reihenbezeichnung „W1" war sie weiterhin die einzige Schnellzuglokomotive der Achsfolge 2'C2' in Großbritannien.

Unten: *Die „Heimliche" 2'C2'-Hochdrucklokomotive Nr. 10000 der London & North Eastern Railway bei einer Versuchsfahrt mit dem Leistungsmeßwagen der Bahn.*

Reihe 05 2'C2'

Deutschland
Deutsche Reichsbahn Gesellschaft (DRG), 1935

Zugkraft: 146 kN (32776 lb)
Achslast: 19,5 t (43000 lb)
Zylinder, ∅ x Hub: (3) 450 x 660 mm (17¾ x 26 in)
Treibrad ∅: 2300 mm (90½ in)
Verdampfungsheizfläche: 256 m² (2756 sq ft)
Überhitzerheizfläche: 90 m² (969 sq ft)
Kesseldruck: 20 kp/cm² (284 psi)
Rostfläche: 4,7 m² (51 sq ft)
Brennstoff (Kohle): 10 t (22000 lb)
Wasser: 37 m³ (8140 Imp gal)
Reibungsgewicht: 57,6 t (127000 lb)
Gesamtlänge: 26265 mm (86 ft 2 in)

Im Jahre 1931 betrug die allgemeine Höchstgeschwindigkeit bei der Deutschen Reichsbahn nur 100 km/h. In diesem Jahr begann der Bau des „Fliegenden Hamburgers", der 160 km/h erreichen sollte. Mit einem Mal rückte Deutschland bei den Zuggeschwindigkeiten an eine führende Position. Die Doppeltriebwagen boten aber nur eine beschränkte Platzzahl, dies führte zu dem Gedanken, eine Lokomotive zu bauen, die einen Zug normaler Bauweise mit der gleichen Geschwindigkeit befördern konnte. Man rechnete sich aus, daß ein lokbespannter Zug mit 50% mehr Sitzplätzen für etwa den halben Preis des Triebwagens gebaut werden könnte.

1932 begann daher die DRG mit der Planung einer entsprechenden Lokomotive für die es bisher keine

Oben: *Die erste deutsche Schnellfahrlokomotive, 05001, geliefert im März 1935, ist baugleich mit der Weltrekordlokomotive 05002, die mehr als 200 km/h erreichte.*

Dovregubben 1'D2'

Norwegen
Norwegische Staatsbahn (NSB), 1935

Achslast: 15,4 t (34000 lb)
Zylinder, ∅ x Hub
– **Hochdruck:** (2) 440 x 650 mm (17½ x 25½ in)
– **Niederdruck:** (2) 650 x 700 mm (25½ x 27½ in)
Treibrad ∅: 1530 mm (60¼ in)
Verdampfungsheizfläche: 254,7 m² (2742 sq ft)
Überhitzerheizfläche: 101,5 m² (1092 sq ft)
Kesseldruck: 17 kp/cm² (242 psi)
Rostfläche: 5 m² (54 sq ft)
Brennstoff (Kohle): 8 t (17620 lb)
Wasser: 27 m³ (5940 Imp gal)
Reibungsgewicht: 62,5 t (137665 lb)
Gesamtdienstgewicht: 151,5 t (333700 lb)
Gesamtlänge: 22000 mm (72 ft 2 in)

Die Achsfolge 1'D2' war außerhalb der USA sehr selten, aber Norwegen baute seine wichtigste Schnellzuglokomotivbauart in dieser Anordnung und dieses kleine Land baute sie auch noch selbst. Norwegen hat zwar eine Länge von 1850 km, aber nur eine durchschnittliche Breite von 177 km und ist recht dünn besiedelt. An einer Bahnlinie in den Norden baute man schon viele Jahre, bis jetzt endet sie in Bodø, 1282 km von Oslo entfernt. Der südliche Teil, die 553 km von Oslo bis Trondheim heißt Dovre-Bahn, für sie waren diese „Dovregubben" (Dovre-Riesen) bestimmt.

1935/36 baute die Firma Thune

Rechts: *Eine „Dovregubben"-Lokomotive der Norwegischen Staatsbahn im Lieferzustand.*

Vorbilder gab. Man hatte zwar in Deutschland schon mehrmals „Schnellfahrlokomotiven" gebaut, aber keine von ihnen hatte die angestrebte planmäßige Geschwindigkeit auch nur bei Versuchsfahrten erreicht. Die Lok sollte mit einer Zuglast von 250 t etwa 150-160 km/h fahren können. Windkanalversuche an der Göttinger Universität und Versuche mit den Pazifiks 03154 und 03193 ergaben die Vorteile einer Stromlinienverkleidung und deren günstigste Gestaltung, bei 150 km/h brachte die Verkleidung Leistungseinsparungen von etwa 20%.

Von 22 vorgelegten Entwürfen wählte man einen von der Firma Borsig in Berlin für eine dreizylindrige Lokomotive der Achsfolge 2'C2'. Das Konstruktionsbüro unter Adolf Wolff berücksichtigte soweit es möglich war die Verwendung von Bauteilen des DRG-Einheitsprogramms. Die gewünschten Leistungen konnte aber nur ein Kessel erbringen, der größer als der der 01 war, die Achslast sollte nach Möglichkeit niedriger liegen. Die Achsanordnung 2'C2' wählte man, weil man sich von den beiden Laufdrehgestellen eine größere Laufruhe versprach. Wegen der hohen Geschwindigkeit wählte man einen Dreizylinderantrieb auf Treibräder von 2300 mm Durchmesser, die Schieber und Dampfwege wurden großzügig bemessen. Der Kesseldruck von 20 kp/cm² war bei Lokomotiven herkömmlicher Bauweise noch nie verwendet worden.

Mit besonderer Sorgfalt widmete man sich der Durchbildung der Bremsen, außer dem führenden Drehgestell erhielten alle Achsen Doppelbremsklötze. Der bisher größte deutsche Tender wog mit vollen Vorräten alleine schon 86 t. Die Stromlinienverkleidung schloß die Lokomotive fast bis zur Schieneoberkante ein, das Triebwerk war durch Rolläden zugänglich.

Insgesamt wurden drei 2'C2'-Lokomotiven beschafft. Die ersten beiden, 05001 und 05002, in üblicher Weise mit Kohle gefeuert, die dritte 05003, erschien im Jahre 1937 mit Kohlenstaubfeuerung und vorneliegendem Führerhaus. 05001 lieferte Borsig im März 1935, 05002 im Mai; mit ihrem glänzenden roten Anstrich machten sie großen Eindruck. Mehr als ein Jahr lang erprobte sie das Lokversuchsamt Grunewald, dabei erreichte 05002 am 11. Mai 1936 mit einem Probezug von 197 t Last von Hamburg nach Berlin auf ebener Strecke die Weltrekordgeschwindigkeit von 200,4 km/h, die indizierte Leistung der Lok lag bei 3400 PS. Zwar brach 1938 die britische „Mallard" diesen Weltrekord, von vielen wurde dies aber nicht anerkannt, denn sie erreichte ihre Geschwindigkeit von 202,7 km/h in einem Gefälle von 0,5% und bergab geht es halt etwas schneller als in der Ebene.

Im Mai bzw. im Oktober begannen die beiden Lokomotiven ihren Plandienst vor den Zügen FD 23/24 Hamburg–Berlin. Die Planzeit für die 285 km lange Strecke betrug in Richtung Berlin Lehrter Bf 144 Minuten, zurück 145 Minuten, entsprechend Reisegeschwindigkeiten von 118,75 bzw. 117,9 km/h bei einer planmäßigen Höchstgeschwindigkeit von 150 km/h. Damit waren die 05er damals die schnellsten Dampflokomotiven Europas. Durch ihre gute Beschleunigungsfähigkeit im oberen Geschwindigkeitsbereich konnten sie auch Verspätungen gut einholen.

Bei Kriegsbeginn endete der Schnellverkehr, die Loks wurden eine Zeitlang vor gewöhnlichen Zügen verwendet, bis man sie abstellte. Glücklicherweise 1948 nicht als Splittergattung ausgemustert, wurden sie 1950 bei Krauss-Maffei in München für die neue DB aufgearbeitet, allerdings ohne Stromschale. Den Kesseldruck setzte die DB auf 16 kp/cm² herab, um das Kesselmaterial zu schonen, das sich als nicht alterungsbeständig erwiesen hatte. Die Versuchslokomotive 05003, die nach dem Umbau 1945 nie planmäßig eingesetzt wurde, arbeitete man gleichermaßen auf. In dieser Form liefen sie anstandslos im 140 km/h-FD-Dienst des Bw Hamm. Nach der Ausmusterung 1958 verschrottete die DB die 05002; 00305001 erhielt teilweise wieder eine Stromschale und wurde dem Deutschen Verkehrsmuseum in Nürnberg übergeben.

Unten: *Die Lokomotive 05003, ursprünglich als Kohlenstaublokomotive geliefert, nach ihrem Umbau in die Regelbauart.*

in Oslo drei 1'D2'-Lokomotiven mit den Bahnnummern 463 bis 465, die letzte besaß einen Booster, der später entfernt wurde. Während der deutschen Besetzung lieferte Krupp 1940 die Loks Nr. 470 und 471, 1941 die Nr. 472 und 473. Alle hatten ein Vierzylinder-Verbundtriebwerk, die Niederdruckzylinder lagen innen. Jede Seite besaß eine gemeinsame Walschaertsteuerung.

Ungewöhnlich war die Verwendung von zwei separaten Reglern, einer im Dampfdom, der zweite saß im Überhitzer. Die Feuerbüchsen hatten Wasserkammern, das vordere Laufgestell war mit der ersten Treibachse in einem Zara-Drehgestell vereinigt. In Europa ungewohnt war auch der zylindrische Wassertank des rahmenlosen Tenders. Die in Norwegen gebauten Maschinen erhielten Doppelblasrohre, die Krupp-Lokomotiven hatten einfache Blasrohre und etwas kleinere Zylinder. Eine dieser Krupp-Loks blieb im Norwegischen Eisenbahnmuseum Hamar erhalten.

Rechts: *Eine „Dovregubben"-Maschine befördert 1935 einen Schnellzug von Oslo nach Trondheim.*

Reihe I-5 2'C2'

USA
New York, New Haven & Hartford (NH), 1937

Zugkraft: 196,0 kN (44000 lb)
Achslast: 29,5 t (65000 lb)
Zylinder, ∅ x Hub: (2)
559 x 762 mm (22 x 30 in)
Treibrad ∅: 2032 mm (80 in)
Verdampfungsheizfläche:
354 m² (3815 sq ft)
Überhitzerheizfläche: 97 m²
(1042 sq ft)
Kesseldruck: 20 kp/cm² (285 psi)
Rostfläche: 7,2 m² (77 sq ft)
Brennstoff (Kohle): 14,5 t
(32000 lb)
Wasser: 68,1 m³ (15000 Imp gal)
Reibungsgewicht: 87,6 t
(193000 lb)
Gesamtdienstgewicht: 316,9 t
(698000 lb)
Gesamtlänge: 29585 mm
(97 ft 0¾ in)

Diese gutaussehenden Maschinen waren die ersten stromlinienverkleideten 2'C2'-Lokomotiven der USA. Sie sind ein gutes Beispiel dafür, daß der Wunsch nach einer stromlinienförmigen Verkleidung meist erst nach der guten Zugänglichkeit aller Teile rangierte und daß man auch dabei die bewährte Stephensonsche Bauart bevorzugte.

Die New Haven Railroad betrieb die Hauptstrecke von New York nach Boston, die bis New Haven elektrifiziert war. Die restlichen 256 km bis Boston blieben der Dampflok überlassen. Züge wie der „The Colonial" oder der Pullmann-Salonwagen-Expreß „The Merchants Limited" überstiegen das Leistungsvermögen der „I-4"-Pazifiks, so daß man 1936 nach gründlichem Überlegen zehn 2'C2'-Lokomotiven bei Baldwin in Philadelphia bestellte. Sie erhielten die Bahnnummern 1400 bis 1409.

Reihe 16E 2'C1'

Süd-Afrika
South African Railways (SAR), 1935

Zugkraft: 180,8 kN (40596 lb)
Achslast: 21,3 t (47000 lb)
Zylinder, ∅ x Hub: (2)
610 x 711 mm (24 x 28 in)
Treibrad ∅: 1829 mm (72 in)
Verdampfungsheizfläche:
271 m² (2914 sq ft)
Überhitzerheizfläche: 55 m²
(592 sq ft)
Kesseldruck: 14,75 kp/cm²
(210 psi)
Rostfläche: 5,9 m² (63 sq ft)
Brennstoff (Kohle): 14,1 t
(31 000 lb)
Wasser: 27,3 m³ (6000 Imp gal)
Reibungsgewicht: 60,8 t
(134000 lb)
Gesamtdienstgewicht: 170,3 t
(375000 lb)
Gesamtlänge: 21 850 mm
(71 ft 8¼ in)

Oben: *Die 2'C1'-Lokomotive „Millie", Nr. 858 der Reihe „16E" der South African Railways vor dem „Sunset Limited" in Kimberley.*

Schnellzuglokomotiven waren in Afrika nur selten zu finden. Ein Treibraddurchmesser von 1524 mm war schon ungewöhnlich groß, größere gab es höchstens in den Mittelmeerstaaten. Die meisten afrikanischen Bahnen fahren auf schmaler Spur, aber das ist kein Grund für geringe Geschwindigkeiten, einen guten Gleiszustand vorausgesetzt. Südafrika wurde sich in den 30er Jahren dessen bewußt und bemühte sich, Fahrten wie die 1530 km lange Reise von Kapstadt nach Johannesburg zu beschleunigen, die bisher 30 Stunden in Anspruch nahm – eine Reisegeschwindigkeit von 51 km/h. Bei Henschel & Sohn in Kassel bestellte die SAR 5 Schnellzuglokomotiven, Reihe 16E, Loknummern 854-859.

Gegenüber den vorhandenen „16DA"-Lokomotiven, die bisher Züge wie den „Blue Train" zogen, vergrößerte man den Treibraddurchmesser um 20%. Dadurch lag die Kesselmitte mit 2820 mm sehr hoch, denn das ist das 2,6fache der Spurweite von 1067 mm. Die große Höhe verbot den üblichen Reglerdom, der Dampf wurde einem Dampfsammelrohr im Kesselscheitel entnommen. Es funktionierte gut und die flachen Kesselaufbauten sahen eindrucksvoll aus. Die Steuerungsbauart war sehr interessant, sie entsprach im Prinzip mehr der in Autos üblichen Ausführung. Eine Nockenwelle bewegte Steuerungsventile an beiden Enden der Dampfzylinder, sie arbeiten bekanntlich, im Gegensatz zu Automotoren, in beiden Richtungen. Zusätzlich muß eine Lokomotive ja die Richtung wechseln können, und um die Expansionskraft des Dampfes zu nutzen, verändert man bei der Dampflokomotive auch noch die Zylinderfüllung. All dies mußte über die Ventilnocken gesteuert werden, die Nockenwellen wurden dadurch ziemlich lang. Konische Nocken erlaubten es durch Verschieben der Welle, die Ventile für längere oder kürzere Zeit zu öffnen, um den Füllungsgrad zu ändern. Wenn der Lokführer die Nockenwelle ein ganzes Stück weiter verschob, bewegten andere Nocken die Zylinderventile in umgekehrter Reihenfolge, die Lok fuhr rückwärts. Mit dieser „RC"-Ventilsteuerung liefen die Lokomotiven außerordentlich leicht, die fachmännische Pflege der SAR sorgte dafür, daß dies auch so blieb und nicht der bei Ventilsteuerungen übliche Verschleiß die Fahreigenschaften verschlechterte.

Bei verschiedenen Gelegenheiten, heute kann man es ja verraten, konnten die „16E"-Pazifiks zeigen, zu welch hohen Geschwindigkeiten sie imstande waren, allerdings unter Mißachtung der strikten Geschwindigkeitsbeschränkungen der SAR-Vorschriften. Leider war es ihnen im planmäßigen Einsatz nicht

Links: *In den späten dreißiger Jahren führten viele amerikanischen Bahnen Stromlinienzüge ein. Hier sehen wir den „Black Diamond" der Lehigh Valley RR.*

Diese Reihe „I-5" mit Scheibentriebrädern, Rollenlagern und Walschaertsteuerung ging 1937 in Betrieb und erfüllte alle Erwartungen ihrer Erbauer, die Unterhaltskosten lagen 65% niedriger als die der Pazifiks. Dabei beförderten sie 16-Wagen-Züge von 1100 t Gewicht, während die „I-4"-Loks kaum 12 Wagen schafften. Die 0,7%-Steigung von Boston nach Sharon Heights erklommen sie mit einem 12-Wagen-Zug von 840 t noch mit 97 km/h. Ihre sicher vorhandene Fähigkeit zu hohen Geschwindigkeiten konnten sie nicht ausspielen, denn die Streckenhöchstgeschwindigkeit lag bei 113 km/h. Deswegen und auch wegen der vielen zusätzlichen Langsamfahrstellen schafften die Züge die Fahrt nie in weniger als 171 Minuten, eine Risegeschwindigkeit von 89 km/h. Vierzig Jahre „Fortschritt" und der Traktionswechsel von Dampf zu Diesel haben es geschafft, diese Fahrzeit der „I-5" auf heute „nur" 170 Minuten zu reduzieren.

Oben: *Die 2'C2'-Lokomotiven der Reihe „I-5" der NYNH & H RR wurden für die Schnellzüge von New Haven nach Boston gebaut.*

möglich, diese Fähigkeiten zu zeigen, denn die South African Railways betreiben von ihrer Gründung an, auch den Flugverkehr in Südafrika. Um eilige Leute ins Flugzeug zu locken, war man nun an einer Beschleunigung des Schienenverkehrs nicht mehr sonderlich interessiert, es blieb bei den alten langen Fahrzeiten. Es blieb damit auch bei den fünf Exemplaren der Reihe „16E".

Vier von ihnen schieden in den 60er und 70er Jahren aus dem Betrieb. Eine, die Nr. 858 „Millie" blieb glücklicherweise erhalten, um Sonderzüge für Dampflokfreunde zu befördern, eine Spezialität der SAR. Oft dauern solche Fahrten 10 Tage oder so, die Fahrgäste schlafen dabei in den über Nacht abgestellten Wagen. Eine Fahrt hinter dieser schönen Maschine, poliert wie ein Juwel, bei einer Geschwindigkeit von 110 km/h, ist immer ein Höhepunkt dieser Reisen.

Rechts: *Ein Paar wunderbar gepflegter SAR „16E"-Pazifiks befördert einen Dampfsonderzug.*

Reihe 231-132 BT 2'C1' + 1'C2'

Algerien
Paris-Lyons-Mediterranée (PLM), 1937

Zugkraft: 293,8 kN (65960 lb)
Achslast: 18,4 t (40500 lb)
Zylinder, ⌀ x Hub: (4)
490 x 660 mm (19¼ x 26 in)
Treibrad ⌀: 1800 mm (71 in)
Verdampfungsheizfläche:
260 m² (2791 sq ft)
Überhitzerheizfläche: 91 m²
(980 sq ft)
Kesseldruck: 20 kp/cm² (284 psi)
Rostfläche: 5,4 m² (58 sq ft)
Brennstoff (Kohle): 11 t
(24230 lb)
Wasser: 30 m³ (6600 Imp gal)
Reibungsgewicht: 111 t
(244493 lb)
Gesamtdienstgewicht: 216 t
(475777 lb)
Gesamtlänge: 29432 m
(96 ft 6⅞ in)

Hätte jemals der Wunsch bestanden, eine Kolbendampflokomotive für Fahrleistungen zu bauen, wie sie die neuen britischen HST 125-Garnituren mit diesel-elektrischem Antrieb erbringen, dann wäre diese in Frankreich nach britischem Konzept gebaute Maschine sicher ein guter Ausgangspunkt gewesen.

Im Jahre 1907 besuchte ein Ingenieur namens H. W. Garratt die Lokomotivbaufirma Beyer, Peacock in Manchester. Garratt arbeitete damals als Inspektor für britische Waren für die Regierung von New South Wales in Australien, aber der Grund für seinen Besuch war eine Gelenklokomotivbauart, die er zum Patent angemeldet hatte und zu der ihn gelenkig gebaute Eisenbahngeschütze inspiriert hatten. Ergebnis dieser Gespräche waren nach einiger Zeit zwei kleine B'B'-Verbundlokomotiven mit zwei Gelenktriebwerken, die in das weit entfernte Tasmanien geliefert wurden.

Diese Garratt-Bauart bestand aus zwei herkömmlichen Lokomotivtriebwerken beliebiger Achsfolge, die Rücken an Rücken als Drehgestelle für einen Brückenträger mit dem Dampfkessel und dem Führerhaus dienten. Die Wassertanks und der Brennstoffvorrat befanden sich auf den Fahrgestellen.

Im Vergleich mit anderen Gelenklokomotivbauarten, wie der „Mallet" finden sich einige Gründe, die zum Erfolg der „Beyer-Garratts" beitrugen. Die symmetrische Bauweise verlieh ihr gleichermaßen gute Laufeigenschaften in beiden Richtungen, wie auch ein elegantes Aussehen. Beim schnellen Durchfahren enger Kurven nimmt der Kesselteil eine Sehnenstellung ein und wirkt damit einer eventuellen Kippgefahr durch die Zentrifugalkraft entgegen. Im Gegensatz dazu ragt bei einer „Mallet" in Kurven der Kessel tangential nach außen.

Ein weiterer Vorteil dieser Type ist, daß sich direkt unter dem Feuerrost keine gegen Asche und Kohlengrus empfindlichen Triebwerksteile befinden, nur sehr viel Raum für einen großen Aschkasten und eine gute Verbrennungsluftzufuhr. Noch wichtiger war, daß kein Triebwerk die Größenentwicklung des Kessels hemmte. Obwohl eine Garratt den Eindruck einer langgestreckten Lokomotive macht, sind die Kessel meist kurz und dick, denn diese haben grundsätzlich eine bessere Verdampfungsleistung als ein gleich schwerer, aber schlanker langgebauter Kessel.

Obwohl viele dieser Lokomotiven für die Güterbeförderung oder gemischte Dienste gebaut wurden, machte man selten von ihren ausgezeichneten Schnellaufeigenschaften im Personenzugdienst Gebrauch. Erst 1927 beschaffte die brasilianische Sao Paulo-Eisenbahn eine Reihe von 1'C1' + 1'C1'-Lokomotiven – später auf 2'C1' + 1'C2' umgebaut – mit Treibrädern von 1676 mm Durchmesser für die Breitspur von 1600 mm. Sie liefen auch bei einer Geschwindigkeit von 113 km/h noch sehr ruhig. 1931 erhielt die spanische Zentral Aragon-Eisenbahn von der Firma Euskalduna in Bilbao, unter Lizenz von Beyer, Peacock, sechs 2'C1' + 1'C2'-Maschinen mit einem Treibraddurchmesser von 1753 mm, die sich ebenfalls gut bewährten.

Unten: *Die großartige 231-132 BT Beyer-Garratt-Lokomotive, die in Frankreich für die Algerischen Bahnen gebaut wurde.*

Reihe 142 1'D2'

Rumänien
Rumänische Staatsbahn (CFR), 1935

Zugkraft: 196,2 kN (44050 lb)
Achslast: 18,5 t (40750 lb)
Zylinder, ⌀ x Hub: (2)
650 x 720 mm (25,6 x 28,4 in)
Treibrad ⌀: 1940 mm (76½ in)
Verdampfungsheizfläche:
280 m² (3014 sq ft)
Überhitzerheizfläche: 72 m²
(775 sq ft)
Kesseldruck: 15 kp/cm² (213 psi)
Rostfläche: 4,72 m² (51 sq ft)
Brennstoff: Siehe Text
Wasser: 29,5 m³ (6490 Imp gal)
Reibungsgewicht: 74 t
(162996 lb)
Gesamtdienstgewicht: 184 t
(405286 lb)
Gesamtlänge: 22784 mm
(74 ft 9 in)

Oben: *Die österreichische Baureihe 214, mit der Achsfolge 1'D2' übernahm Rumänien als Standard-Schnellzuglokomotive.*

Ein anderes Beispiel für ein kleines Land, das seine eigenen Schnellzuglokomotiven und noch dazu 1'D2'-Maschinen baute, ist Rumänien. Die Firmen Malaxa und Resita lieferten davon 58 bzw. 27 Exemplare zwischen 1936 und 1949, die bis in die 60er Jahre in Betrieb waren. Genaugenommen waren es Lizenz-Nachbauten der größten österreichischen Dampflokomotivtype „214". Ihr Ursprungsland baute nur 13 Stück und diese Unglückszahl machte sich bei ihnen bemerkbar. Zuerst kam die deutsche Machtübernahme, die aus der stolzen österreichischen Bundesbahn einen Bestandteil der Deutschen Reichsbahn werden ließ, die die österreichische „214" in die DRG-Reihe „12" umzeichnete, mit 13 Maschinen nur eine Splittergattung im großen DRG-Lokomotivpark. Nach dem Krieg litten sie unter der russischen Besetzung, zuletzt kam die Elektrifizierung ihrer Einsatzstrecke Wien–Salzburg, die sie auf die Südbahn verdrängte.

Zur gleichen Zeit ging es ihren rumänischen Schwestern der Reihe „142" viel besser, man kann sagen, sie wuchsen und mehrten sich. Wie bei so vielen großen Lokomotiven dieser Zeit lag ihr Ursprung in dem Wunsch, die ungeliebten Doppelbespannungen vor den wichtigsten Schnellzügen unnötig zu machen, die nur der Öffentlichkeit zeigten, daß diese Bahnverwaltung keine Maschine besaß, die einen solchen Zug allein bewältigen konnte. Auch auf der österreichischen Westbahn waren die Zuglasten über das Vermögen der 1'C2'-Loks der Reihe „210" gewachsen. Ein Prototyp der neuen „214" wurde 1931 gebaut, zusammen mit einer gleichartigen Dreizylinderlokomotive, Reihe „114". Eine Walschaertsteuerungskulisse trieb die Nocken der Ventilsteuerung, eine Maschine erhielt Caprottisteuerung. Die rumänischen Nachbauten besaßen auch die Walschaert-Ventilsteuerung, bis auf eine Serie von 1939 mit Caprottisteuerung, die aber später an die Normalbauart angeglichen wurde.

1932 bestellte die Paris-Lyon-Mediterranée-Bahn eine Probelokomotive Garratt-Bauart von Franco-Belge in Raisnes in Frankreich für ihre algerischen Strecken. Diese ebenfalls als 2'C1' + 1'C2' gebaute Lokomotive zeigte sich hohen Geschwindigkeiten ebenso gewachsen wie sie die Steigungen der Bergstrecken bewältigte. Ihr Erfolg ließ die PLM 10 weitere Maschinen bestellen. Zwischenzeitlich wurden die PLM-Strecken mit der Staatsbahn CFAE zur neuen algerischen Eisenbahn CFA vereinigt, die neue Verwaltung erweiterte die Bestellung auf 29 Stück.

In den Grundzügen entsprach sie genau dem Konzept Garratts, sie wies aber viele Besonderheiten auf, die wichtigste war wohl die Cossart-Steuerung. Diese ungewöhnliche Bauart mit nockenbetätigten Ventilen ermöglicht kleinste Füllungsgrade bis herab zu 5-7% Füllung. Bei den üblichen Stephenson- oder Walschaertsteuerungen ist es technisch nicht möglich, die Expansionskraft des Dampfes derart stark auszunutzen. Bei ihnen liegen die Füllungsgrade bei mindestens 15-17%. Sehr interessant war bei den CFA-Lokomotiven auch die Bedienung der Steuerungen durch elektrische Servoantriebe.

Zur Ausrüstung gehörten auch doppelte Bedienungselemente im Führerhaus für beide Fahrtrichtungen, ein Speisewasservorwärmer und ein Turbogebläse zur Lüftung des Führerstands. Vorhanden waren weiterhin Nässvorrichtungen für Rauchkammer und Aschkasten, ein Rußbläser zur Rohrreinigung während der Fahrt und ein schreibender Geschwindigkeitsmesser. Die verstellbaren Doppelblasrohre und damit die beiden Schlote lagen ungewohnterweise nebeneinander. Ein Kohlenschieber half dem Heizer bei abnehmenden Vorräten. Die beiden Vorratsbehälter paßte man in der Form an den Kessel an und rundete die Enden ab. Damit erreichten die Konstrukteure ein ästhetisch gelungenes Erscheinungsbild dieser mächtigen Lokomotive.

Bei Versuchsfahrten auf der französischen Nordbahn zwischen Calais und Paris lief die Lok ruhig und entwickelte bis zu 3000 PS Zylinderleistung. Ihr Einsatz auf der 464 km langen Hauptstrecke Algiers-Constantine mit Steigungen bis 2,6% erlaubte die Reduzierung der Fahrzeit von 12½ auf 8½ Stunden. Auf der 422 km langen Strecke von Algiers nach Oran bedeutete die neue Fahrzeit von 7 Stunden die Einsparung von 2 Stunden.

Bis zum Kriegsbeginn leisteten diese Schnellzug-Garratt-Loks zuverlässig ihren Dienst, aber die nachlässige Wartung der nächsten Jahre führte zu vielen Störungen, vor allem bei dem elektrischen Steuerungsantrieb. Bald nach dem 2. Weltkrieg ergab sich die Möglichkeit der Verdieselung, schon 1951 waren alle 30 Garratts abgestellt.

Vielleicht der interessanteste Gesichtspunkt bei dieser Bauart ist, daß sie im Gegensatz zu „normalen" Einrahmenlokomotiven nicht bis zur Grenze des Möglichen vergrößert wurden. Größere Treibräder in Verbindung mit einem vergrößerten Kessel hoher Leistung hätten wahrscheinlich zu ungekannten Höchstleistungen geführt. Eine hypothetische Dampflokomotive für das Betriebsprogramm des HST 125-Zuges mit Treibrädern von etwa 2300 mm und mit einem Kesseldurchmesser von ebenfalls etwa 2300 mm wäre sogar innerhalb der knappen britischen Fahrzeugbegrenzung von 2740 mm Breite und 3300 mm Höhe denkbar.

Eine Rostfläche von 7,5 m² ergäbe eine Dauerleistung von 5000 PS. Der große Raum unter der Feuerbüchse läßt genug Platz für einen ausreichend bemessenen Aschkasten. Das DaPorta-Verbrennungssystem, das bei den 2'D2'-Lokomotiven der Reihe 25 der South African Railways beschrieben wird, wäre ebenfalls anwendbar. Ein Turbogenerator könnte genügend elektrische Energie für die Klimaanlagen von HST-Wagen liefern. Aber leider bleibt dieser Maschine die Beförderung des „Traumland-Express" unserer Phantasie vorbehalten.

Ungewöhnlich war die rumänische Art der Lokomotivfeuerung mit einer kombinierten Kohle- und Ölfeuerung. Die Kohle diente der dauernden gleichmäßigen Feuerung, zur kurzfristigen Steigerung der Kesselleistung spritzte man zusätzlich Öl ein. Viele Jahre lang versahen diese eindrucksvollen Lokomotiven ihren Teil des rumänischen Schnellzugverkehrs. Außerordentlich für dieses kleine Land ist auch die eigene Erzeugung von Diesel- und Elektrolokomotiven, die mäßigen Produktionsraten ließen den Traktionswechsel langsam aber sicher fortschreiten. Bis zum Anfang der 70er Jahre zog man alle „142er" aus dem Einsatz. Lok Nr. 142008 wird im Bukarester Betriebswerk Grivita aufgehoben, die Lok 142072 stellt das Lokomotivmuseum Resita zur Schau.

Rechts: *Eine CFR „142" befördert einen bescheidenen Güterzug durch die idyllische Landschaft Rumäniens.*

Duchess Klasse 2'C1'

Großbritannien
London, Midlan & Scottish Railway (LMS), 1939

Zugkraft: 178,1 kN (40000 lb)
Achslast: 23,8 t (52500 lb)
Zylinder, ⌀ x Hub: (4) 419 x 711 mm (16½ x 28 in)
Treibrad ⌀: 2057 mm (81 in)
Verdampfungsheizfläche: 260,8 m² (2807 sq ft)
Überhitzerheizfläche: 79,5 m² (856 sq ft)
Kesseldruck: 17,6 kp/cm² (250 psi)
Rostfläche: 4,6 m² (50 sq ft)
Brennstoff (Kohle): 10,2 t (22400 lb)
Wasser: 18,2 m³ (4000 Imp gal)
Reibungsgewicht: 67 t (147500 lb)
Gesamtdienstgewicht: 164,3 t (362000 lb)
Gesamtlänge: 22510 mm (73 ft 10¼ in)

Oben: *Die frühere LMS-Pazifik, BR-Nr. 46236 „City of Bradford" durcheilt die Lune-Schlucht bei Tebay, Lancashire mit dem „Royal Scot" von London in den Norden des Landes.*

Die leistungsfähigste Lokomotive, die je in Großbritannien lief! Dies zeigte sich im Februar 1939, als die Lokomotive Nr. 6234 „Duchess of Abercorn" einen 20-Wagen-Versuchszug von 605 t Gewicht von Crewe nach Glasgow und zurück fuhr. In einer Steigung von 1,01% bei Beattock zeichnete man bei einer Geschwindigkeit von 101 km/h eine indizierte Leistung von 3330 PS auf, die von keiner anderen britischen Dampflokomotive übertroffen wurde. Diese technische Großtat war aber ohne praktischen Nutzen, nicht daß die Lokomotive dafür besonders hergerichtet gewesen wäre, sondern weil diese Leistung über den Möglichkeiten eines Heizers lag. Zwei Heizer mußten sich abwechseln, um eine Höchstleistung zu erreichen, die auch die Dieselnachfolger vor Erscheinen des „High Speed Train" nicht streitig machen konnten.

Es ist schade, daß man nie einen Stoker oder eine Ölfeuerung bei den „Duchess"-Pazifiks ausprobierte, nicht um die rein akademischen Höchstleistungswerte noch zu steigern, sondern um den Schnellzugbetrieb schon Jahre früher so zu beschleunigen, wie dies erst die Verdieselung vollbrachte.

Übrigens waren die „Duchess"-Lokomotiven nicht nur zugkräftig, sondern auch schnell. Sie hielten sogar für kurze Zeit den britischen Geschwindigkeitsrekord auf Schienen, obwohl die Bahn keinen Grund hatte, auf die Rekordfahrt stolz zu sein. Die Lok brauchte so lange, um die Rekordmarke von 183 km/h zu erreichen, daß der Lokführer erst kurz vor dem Bahnhof von Crewe den Regler schloß. Die Weichenstraße der Bahnhofseinfahrt mit einer Geschwindigkeitsbeschränkung von 32 km/h durchfuhr der Zug deshalb mit 96 km/h! Am Gleis entstand nur leichter Schaden, im Speisewagen war der Scherbenhaufen um so größer, aber der Zug und die Reporter in ihm überlebten dieses Abenteuer. Der Tag war zwar gerettet, aber mit etwas weniger Verachtung gegenüber der Theorie hätte man leicht den richtigen Bremszeitpunkt berechnen können und hätte die Sicherheit des Zuges nicht so leichtfertig gefährdet.

Völlig unberührt von diesem Vorfall fuhr der unerschütterliche Lokführer namens J. T. Clarke mit derselben Lokomotive auch auf dem Rückweg nach London so schnell er konnte. Die Fahrt dauerte nur 119 Minuten, das ist eine Reisegeschwindigkeit von 128 km/h. Einige Male erreichte der Zug 145 km/h, bei Castlethorpe eine Zeitlang sogar die magische Grenze von 100 Meilen pro Stunde (161 km/h).

Genug ist gesagt, um darzustellen, daß die „Duchess"-Klasse einer der Höhepunkte des britischen Lokomotivbaus war. Sie waren nicht gerade einfach konstruiert, aber die Anwendung bewährter Prinzipien machte sie zu einem Erfolg. Entworfen wurden sie von William Stanier, der 1932 von der Great Western Railway zur LMS kam, ein würdiger Vertreter der Grundsätze Churchwards und mit 52 Jahren nicht mehr gerade jung. Gegenüber seinen Vorgängern bei der LMS hatte er einen großen Vorteil, den direkten Kontakt zu Lord Stamp, dem Direktor der Bahn, der ihn persönlich beim Essen im Athenaeum Club angeworben hatte. Früheren Konstruktionsleitern hatte die Betriebsabteilung sogar Kleinigkeiten wie Achslager vorgeschrieben, um sie hinterher für ein Versagen verantwortlich zu machen.

Stanier konnte also ohne fremde Einmischung an den Entwurf exzellenter Einheitslokomotiven gehen, die die LMS aus ihrer etwas rückständigen Position im Lokomotivsektor hervorholte. Seine erste 2'C1'-Lokomotive war 1933 die „Princess Royal". Ihre Zylinderan-

Unten: *Die Zeichnung zeigt die Lokomotive Nr. 46251 „City of Nottingham" in dem letzten Anstrich der British Railways, die ein nachempfundenes LMS-Rot mit ihren Insignien kombinierte. Der Tender entspricht der ursprünglichen Stromlinienbauart.*

Oben: *Mit der vorletzten, schon stark abgeänderten „Duchess"-Lokomotive Nr. 46256 ehrte man ihren Konstrukteur „Sir William A. Stanier".*

Unten: *Noch zu Zeiten der LMS durchfährt die Stromlinienlokomotive Nr. 6225 „Duchess of Gloucester" den Bahnhof von Rugby.*

ordnung ähnelte der Great Western „King"-Klasse, aber die Außenzylinder erhielten eigene Walschaertsteuerungen. Der konische Kessel machte erst nach einigen Abänderungen richtig Dampf, neue „Princess Royal"-Lokomotiven erhielten diese Änderungen sofort, die inzwischen gebauten nachträglich. Aus dieser Serie stammt auch die schon beschriebene „Turbomotive".

Die Einführung eines Stromlinienzuges vom Euston-Bahnhof nach Glasgow im Jahre 1937 gab Gelegenheit, alles aus dem Bau der 12 „Princess Royal"-Pazifiks gelernte für den Entwurf wesentlich größerer Maschinen zu verwenden. Der Zug war der „Coronation Scot", die erste der fünf neuen Lokomotiven taufte man „Coronation".

Diesmal verließ man die GWR-Zylinderanordnung. Die Zylinderachsen hatten eine Neigung von 1,5 Grad, die Außenzylinder lagen nicht mehr neben dem hinteren Drehgestellradsatz, sondern mehr zur Drehgestellmitte hin. Die Außensteuerungen betätigten auch die innenliegenden Schieber über Schwinghebel, man hatte dies schon bei Lok Nr. 6205 „Princess Victoria" erprobt. Die Durchmesser der Zylinder und der Treibräder wurden gegenüber den Vorgängern vergrößert. Eine interessante Einrichtung war der dampfbetätigte Kohlenschieber, der die verbliebene Kohle nach vorne in die Reichweite des Heizers schob, wenn die Vorräte zur Neige gingen.

Die Rostfläche vergrößerte Stanier um 11%, die Überhitzerheizfläche hatte man zwar schon bei späteren Exemplaren der „Princess Royal"-Klasse erweitert, jetzt war sie 133% größer als bei der ersten Lok dieser Reihe. Viele störte die wurstförmige Stromschale der Lokomotiven, aber der neue Anstrich in Blau und Silber fand überall Zustimmung. Die anderen 4 Loks der Reihe benannte man nach Mitgliedern der königlichen Familie – „Queen Elizabeth", „Queen Mary", „Princess Alice" und „Princess Alexandra".

Die 6½-Stunden-Fahrzeit des „Coronation Scott" von London nach Glasgow mit einer Garnitur von 270 t Gewicht beanspruchte die Maschinen nicht sonderlich, aber sie erwiesen sich als sehr geeignet für die normalen Schnellzugdienste mit schwereren Zügen auf der Hauptstrecke an der Westküste. Folglich bestellte man zehn weitere Lokomotiven, von denen nur die ersten fünf eine Stromlinienverkleidung erhielten. Alle zehn erhielten die Namen von Herzoginnen, man bezeichnete nun die ganze Reihe als „Duchess"-Klasse. Lok Nr. 6230 „Duchess of Buccleuch" war die erste, die zeigte, wie schön eine „Duchess" ohne Verkleidung war.

Vor Kriegsbeginn bestellte die LMS noch einmal 20 Lokomotiven. Sie wurden aber nur nach und nach bis 1943 geliefert. Nach der Abnahme von 18 Maschinen entschied man sich für einen Weiterbau ohne Stromschale, 1945 ordnete man dann die Entfernung aller Verkleidungen an. Erst 1949, als die 38ste und letzte „Duchess" – Nr. 6257 „City of Salford" – schon ein ganzes Jahr in Betrieb war, wurde dieser Auftrag erfüllt.

Ein Maßstab für den Erfolg der Konstruktion ist die geringe Zahl der Änderungen von ihrer Indienststellung bis zur Ausmusterung 1964. An den Lokomotiven Nr. 6256 und 6257 nahm man zwar einige Umbauten vor, aber dies waren mehr Experimente und weniger die Abstellung von Mängeln.

Im Gegensatz dazu stehen die unzähligen Farbgebungen dieser Reihe, von blau-goldenen Stromlinienloks über das normale LMS-braunrot, Rot-goldene Stromschalen, einfaches Schwarz der Kriegszeit, Schwarz mit Zierlinien der Nachkriegszeit, einen Farbversuch in Grau, BR-Dunkelblau, BR-Mittelblau, BR-Grün bis hin zum letzten Anstrich in LMS-braunrot mit BR-Insignien boten die Maschinen ein wirklich buntes Bild.

Drei blieben uns erhalten – Nr. 6229 „Duchess of Hamilton" befindet sich in den Händen des Nationalen Eisenbahnmuseums und wird für Sondereinsätze betriebsfähig hergerichtet; Nr. 6233 „Duchess of Sutherland" gehört zu Alan Blooms Loksammlung in Bressingham bei Diss und Nr. 6235 „City of Birmingham" steht im Wissenschaftsmuseum von Birmingham.

Reihe GS-4 2'D2'

USA
Southern Pacific Railroad (SP), 1941

Zugkraft (Lok + Booster): 288,6 + 58,8 kN (64800 + 13200 lb)
Achslast: 31,3 t (68925 lb)
Zylinder, ⌀ x Hub: (2) 648 x 813 mm (25½ x 32 in)
Verdampfungsheizfläche: 454 m² (4887 sq ft)
Überhitzerheizfläche: 194 m² (2086 sq ft)
Kesseldruck: 21,1 kp/cm² (300 psi)
Rostfläche: 8,4 m² (90,4 sq ft)
Brennstoff (Öl): 23,75 m³ (5225 Imp gal)
Wasser: 88,2 m³ (19400 Imp gal)
Reibungsgewicht: 125,3 t (276000 lb)
Gesamtdienstgewicht: 395,3 t (870600 lb)
Loklänge (ohne Tender): 19006 mm (62 ft 4¼ in)

Oben: *„GS-4" Nr. 4456, eines der robusten Zugpferde der Southern Pacific, in San Francisco, California im Mai 1952*

Der „Daylight"-Expreßzug der Southern Pacific Railroad ist die dritte in diesem Buch behandelte Zugkomposition aus einer Stromlinienlokomotive und dazu passenden Wagen. Die „Hiawatha"-Züge der Milwaukee Road und der LNER-„Coronation" wurden schon bei anderen Lokomotiven erwähnt. Jeder dieser drei Züge setzte in seinem Bereich neue Maßstäbe für Geschwindigkeit, Komfort und Ausstattung und jeder von ihnen diente erfolgreich der Werbung neuer Bahnkunden.

Die 756 km lange Strecke von Los Angeles nach San Francisco war mit Abstand die schwerste und längste Strecke der drei, beispielsweise betrug die Steigung von Santa Margharita bei San Luis Obispo 2,2%. Der „leichte" 12-Wagen-„Daylight" wog mit 568 t fast doppelt soviel wie der „Coronation", der allerdings ein um 15% niedrigeres Sitzplatzgewicht hatte.

Wegen der vielen Kurven und Steigungen lag die Reisegeschwindigkeit des „Daylight" mit 78 km/h wesentlich niedriger, aber jeder der drei Züge brachte gegenüber den bisherigen Zugleistungen eine ähnliche Verringerung der Fahrzeiten. Die Steigungen des „Daylight" und die höhere Geschwindigkeit des „Hiawatha" erforderten ähnliche Leistungen, aber der „Daylight" erforderte auf jeden Fall eine größere Leistung als der britische Zug, wie schon ein Größenvergleich der beiden Lokomotiven zeigt.

Mit ihrem vierfach gekuppelten Triebwerk erbrachten die „GS"-Lokomotiven eine um 124% höhere Zugkraft als die „A4"-Pazifiks der LNER, die Rostfläche war 119% größer. Die SP besaß schon vorher 14 Northerns, Reihe „GS-1", die Baldwin in Philadelphia 1930 lieferte. Ähnlich den britischen Maschinen waren die SP-„Daylight"-Lokomotiven also eine Weiterentwicklung des Vorhandenen und keine Neuentwicklung wie die Reihe „A" der Milwaukee Road. Natürlich war das Äußere der Loks etwas Neues und diese Riesen aus den Lima Locomotive Works kann man in ihrem Anstrich in schwarz, rot, silber und gold kaum mit weniger als „großartig" bezeichnen.

Wie bei so vielen großen nordamerikanischen Lokomotiven dieser Zeit lag der Erfolg der „Daylight"-Type in der Anwendung bewährter Konstruktionsprinzipien des US-Lokomotivbaus. Eine ihrer erwähnenswerten Besonderheiten war die bei Dampflokomotiven äußerst seltene Verwendung einer elektropneumatischen (EP-)Bremse, also einer Luftbremse mit elektrischen Steuerventilen. Bei modernen Traktionsmitteln, vor allem bei Vielfachsteuerung, wird sie heute oft angewendet. Bei einer normalen Luftbremse wird die Bremsung durch eine Druckabsenkung eingeleitet, die sich aber relativ langsam durch die Luftleitung bewegt. Es dauert etliche Sekunden bis auch der letzte Wagen zu bremsen beginnt. Dagegen bewirkt die elektrische Steuerung der EP-Bremse eine annähernd gleichzeitige Betätigung aller Bremseinrichtungen des Zuges. Bei hohen Geschwindigkeiten bedeuten diese wenigen Sekunden einen kürzeren Bremsweg, der davor bewahren kann, daß aus einem Zwischenfall ein Unglück wird.

Um den Verschleiß an den Schienen und den Radreifen in den vielen Kurven zu mindern, erhielt die führende Treibachse ein abgefedertes Seitenspiel, damit die Führungskräfte von beiden führenden Treibradsätzen gleichermaßen aufgenommen werden. Die vielen Steigungen bedeuteten ebensoviele Gefällestrecken; damit die Radreifen von Lok und Tender durch das häufige Bremsen nicht überhitzten und Schaden nahmen, konnten sie aus einer Reihe von Wasserdüsen gekühlt werden. Die Besandung arbeitete mit Luftdruck, der Sandbehälter unter der „Skyline"-Verkleidung am Kesselscheitel faßte eine ganze Tonne Sand. Mit Hilfe des Boosters konnte eine „GS"-Maschine die normale „Daylight"-Garnitur auf den 2,2%-Steigungen befördern; hatte der Zug zusätzliche Wagen, wurde eine Hilfsmaschine nötig.

Obwohl die „Daylight"-Loks nach dem weltweit gleich einfachen Schema mit zwei Außenzylindern und Außensteuerung gebaut waren, machten sie eine Vielzahl verschiedenster Hilfseinrichtungen doch recht kompliziert. So hatten sie drei Turbogeneratoren, einen Speisewasservorwärmer und zusätzlich Injektoren. Die Kompliziertheit der vielen Ausrüstungsteile war aber kein Problem, sie konnten im Störungsfall als komplette Einheit getauscht werden. Die Konkurrenz der verschiedenen Zulieferer garantierte eine gute Qualität der Bauteile, denn Pfusch verkaufte sich nicht. Trotzdem gab es auch Schwierigkeiten bei Neuerungen, eine elektromagnetische Vorrichtung – im Kessel! – die beim Schäumen des Kesselwassers automatisch die Abschlammventile öffnete, wurde nach einiger Zeit entfernt.

Wie fast alle Dampflokomotiven der SP wurden auch die „GS"-Loks mit Öl gefeuert. Genaugenommen war die Southern Pacific in den USA der Vorkämpfer der Ölfeue-

Unten: *Die erste Reihe von 2'D2'-Lokomotiven mit Stromlinienverkleidung der Southern Pacific, „GS-2", lieferten 1937 die Lima Locomotive Works, Ohio.*

rung, sie durchquert ja die Ölfördergebiete.

Dem wirtschaftlichen Betrieb diente eine „Lokomotiv-Steuerungs-Anzeige", die dem Lokomotivführer angab, welche Zylinderfüllung bei der jeweiligen Geschwindigkeit und Last am günstigsten war.

Stromlinienzüge, gezogen von weiteren Serien dieser großzügig ausgerüsteten Lokomotiven erschienen auf dem gesamten Streckennetz der SP, in so weit voneinander entfernten Orten wie Portland, Oregon, Ogden, Utah und New Orleans. Die Daten der verschiedenen Serien gibt die untenstehende Tabelle an.

Der Kriegsproduktionsausschuß wollte die Bestellung der „GS-6"-Lokomotiven nicht genehmigen, der Bau von Schnellzuglokomotiven war nicht kriegswichtig. Man überzeugte ihn aber davon, daß „GS" jetzt „General Service" (Allgemeiner Dienst) hieße und nicht mehr „Golden State" (Spitzname für Kalifornien) und er genehmigte den Bau von 16 „GS-6", davon erhielt die Western Pacific Railroad 6 Stück.

Die erste „GS", die aus dem Betrieb ausschied, war die „GS-6" Nr. 4462 im Jahre 1954. Im Oktober 1958 erbrachte dann die Lok Nr. 4460 die letzte Leistung einer SP-Dampflokomotive vor einem Sonderzug von Oakland nach Reno, Nevada; sie kann heute im Verkehrsmuseum von St. Louis besichtigt werden. „GS-4" überlebte ebenfalls, wieder aufgearbeitet zog sie 1976 zur Zweihundertjahrfeier der amerikanischen Unabhängigkeitserklärung den Ausstellungszug „Freedom Train" viele Tausend Meilen quer durch die USA, lackiert in den Nationalfarben Rot-Weiß-Blau. Später erhielt sie wieder ihren Original-„Daylight"-Anstrich und dient jetzt als Ausstellungsstück.

Bezeichnung	Baujahr	Loknummern	Besonderheiten
GS-2	1937	4410-4415	Treibraddurchmesser 1867 mm statt 2032 mm
GS-3	1937	4416-4429	
GS-4	1941-42	4430-4457	Mit dieser Reihe führte man allseits geschlossene Führerhäuser ein
GS-5	1942	4458-4459	wie GS-4, aber mit Rollenlagern
GS-6	1943	4460-4469	Ohne Stromlinienverkleidung, schwarzer Anstrich

Oben: *Den Southern Pacific „Daylight"-Expreß von Los Angeles nach Chicago zieht eine der speziell für diesen Zug gebauten „GS-4"-Lokomotiven.*

Mitte: *Lok Nr. 4466 der Reihe „GS-6" ohne Verkleidung hält mit dem „Klamath"-Expreß in Dunsmuir, California im Juni 1952.*

Royal Hudson Klasse 2'C2'

Kanada
Canadian Pacific Railway (CPR), 1937

Zugkraft: 201,9 kN (45300 lb)
Achslast: 29,5 t (65000 lb)
Zylinder, ⌀ x Hub: (2) 559 x 762 mm (22 x 30 in)
Treibrad ⌀: 1905 mm (75 in)
Verdampfungsheizfläche: 352 m² (3791 sq ft)
Überhitzerheizfläche: 143 m² (1542 sq ft)
Kesseldruck: 19,3 kp/cm² (275 psi)
Rostfläche: 7,5 m² (81 sq ft)
Brennstoff (Kohle): 21,3 t (47000 lb)
Wasser: 54,6 m³ (12000 Imp gal)
Reibungsgewicht: 88,1 t (194000 lb)
Gesamtdienstgewicht: 299,2 t (659000 lb)
Gesamtlänge: 27686 mm (90 ft 10 in)

Gleichzeitig königlich und nordamerikanisch zu sein ist eigentlich ein Widerspruch, aber vor vierzig Jahren war die Canadian Pacific Railway genauso britisch wie sie amerikanisch war. Die Bahngesellschaft war durch ein Gesetz des Britischen Parlaments gegründet worden und ihr östlichster Endpunkt war der Hafen von Southampton in England. Hier begannen König Georg VI und Königin Elizabeth 1939 an Bord des Canadian Pacific-Linienschiffs „Empress of Britain" eine Reise nach Kanada, ihrem größten Dominion. Dort beförderte den königlichen Zug auf dem größten Teil ihrer Reise die neue 2'C2'-Lokomotive Nr. 2850, für diesen Anlaß in königsblau und silber lackiert und mit einer Kesselverkleidung aus glänzendem rostfreien Stahlblech versehen. Der Tender trug das königliche Wappen, an der Umlaufverkleidung vor den Zylindern brachte man eine Krone an. Später erhielten alle 45 der zwischen 1937 und 1945 gebauten „Royal Hudsons" diese Krone zur Verzierung.

Der Entstehungsgrund für diese edlen Lokomotiven war der Wunsch, die Pazifiks der Reihe „G-3" zu verbessern, die bis 1931 die leistungsfähigsten Schnellzugmaschinen waren. Um die Verdampfungsleistung nennenswert zu steigern, ging man zur Achsfolge 2'C2' über. Sie ermöglichte die Verwendung eines neuen Kesseltyps mit einer 23% größeren Rostfläche.

Die Zugkraft und das Reibungsgewicht der neuen „H-1"-Reihe mit den Nummern 2800 bis 2819 änderte sich gegenüber den Pazifiks dagegen kaum.

Die Kessel erhielten große Überhitzer und Verbrennungskammern – eine Verlängerung der Feuerbüchse in den zylindrischen Kesselraum. Die Anbringung des Dampfreglers auf der Heißdampfseite des Überhitzers ermöglichte die Verwendung von Heißdampf für die verschiedenen Hilfseinrichtungen. Die dampferzeugende Heizfläche vergrößerten Wasserröhren innerhalb der Feuerbüchse und bei einer derart großen Rostfläche war ein mechanischer Stoker unabdinglich.

Der erste Nutzeffekt der neuen Lokomotiven war die Verringerung der Lokwechsel bei der Durchquerung Kanadas von 14 auf 9. Der längste Abschnitt waren die 1320 km von Fort William, Ontario bis Winnipeg, Manitoba; versuchsweise ließ man auch eine Hudson die 2051 km von Fort William nach Calgary, Alberta durchlaufen.

Fünf aufregende Monate lang im Jahr 1931 war der nachmittägliche CPR-Zug von Toronto nach Montreal, der „Royal York", der schnellste planmäßige Zug der Welt, denn er legte die 200 km von Smith's Falls nach Montreal West in 108 Minuten mit einer Reisegeschwindigkeit von 110,9 km/h zurück. Man entriß damit der englischen Great Western Railway den Rekord, den bisher ihr „Cheltenham Flyer" mit 70 Minuten für 124 km, einer Reisegeschwindigkeit von 106,7 km/h, inne hatte. Beim nächsten Planwechsel kürzte die GWR ihre Fahrzeit um 3 Minuten und holte sich den Rekord wieder zurück.

Interessant war die nachträgliche Ausrüstung einer „H-1" mit einem Boosterantrieb im hinteren Laufdrehgestell. Das Problem einer Hudson war, daß nur 6 von 14 Rädern angetrieben waren; während der Fahrt hatte das keinen Einfluß, aber das Anfahren war durch das beschränkte Reibungsgewicht oft schwierig. Die zusätzlichen 53,5 kN Zugkraft des Boosters waren da sehr willkommen; bei einer Geschwindigkeit von 32 km/h schaltete er sich selbsttätig ab.

Unten: *Die CPR „Royal Hudson" Nr. 2860, die heute der British Columbia Railway gehört, fährt mit ihrem Ausflugszug gemächlich am Ufer des Howe Sound entlang.*

Die 30er Jahre waren die Zeit, in der Stromlinienverkleidungen in Mode kamen; als neue Schnellzugmaschinen bestellt werden sollten, entschloß sich H. B. Bowen, der Chef der CPR-Lokomotiventwicklung, zu einem Kompromiß. Er war der Meinung, daß man oft bei der Verkleidung der Lokomotiven zu weit gegangen war, die Wartung des Triebwerks und anderer Teile war oft so erschwert, daß die umständlichen Werkstattarbeiten die Einsparung beim Kohleverbrauch wieder wettmachten. Auf der andern Seite war die werbende Wirkung einer schön verkleideten Lokomotive nicht zu verachten.

Resultat seiner Überlegungen war 1937 eine Serie von 30 weiteren Hudsons, Nr. 2820-2849 der Type „H-1c" – die vorhergehenden hatte man in zwei Serien von je 10Stück als „H-1a" und „H-1b" geliefert. Die neuen Lokomotiven wiesen nicht nur eine weichere Linienführung auf, sondern auch eine prächtig gestaltete Farbgebung, wie sie unser Zeichner unten darstellte. Am Grundkonzept der Loks änderte man kaum etwas, verschiedene Einzelheiten verbesserte man aber entsprechend den Fortschritten des Lokomotivbaus. Den Kessel baute man ohne Dom, der Lokomotivrahmen bestand aus einem einzigen Stahlgußformstück, die Arbeit des Lokführers erleichterte eine Kraftumsteuerung. Fünf der Maschinen erhielten auch einen Booster. 1938 beschaffte die CPR weitere 10 2'C2'-Lokomotiven, Type „H-1d". Die letzten 5 mit den Nummern 2860 bis 2864, Type „H-1e", aus dem Jahr 1940 unterschieden sich von ihren Vorgängern durch ihre Ölfeuerung. Auch diese „H-1e"-Loks, sowie 5 der „H-1d"-Type hatten Boosterantriebe.

Die letzte Serie war für einen Einsatz im westlichsten Teil der Bahn, zwischen Vancouver und Revelstoke, British Columbia bestimmt, wo die Ölfeuerung schon seit Jahren die Regel war. Nach dem Krieg, als man begann, die großen kanadischen Ölfelder auszubeuten, baute man auch alle die „H-1"-Loks, die die langen Präriestrecken befuhren, auf Ölfeuerung um. Der Brauch der CPR die Lokomotiven über lange Zeit fest zu stationieren, gewährleistete die beste Ausnutzung der verschiedenen Abarten einer Lokomotivtype. So wurden die Lokomotiven mit Boosterantrieb immer dort verwendet, wo die erhöhte Zugkraft am wichtigsten war. Dadurch konnte der 1300 t schwere „Dominion"-Expreß mit 18 Wagen von einer in Toronto stationierten „H-1c" mit Booster allein über die Steigung von Neys Hill an der Nordseite des Oberen Sees befördert werden, ansonsten wäre eine zusätzliche Lokomotive nötig gewesen.

Wie bei anderen Bahnen, die über ausgezeichnete Dampflokomotiven verfügten, die man gut wartete und gekonnt fuhr, ließ man sich auch bei der Canadian Pacific Railway mit der Verdieselung Zeit. 1956 verschrottete man die erste Hudson, bis zur Mitte der 60er Jahre verschwanden alle aus dem Dienst, aber fünf von ihnen entkamen dem Schneidbrenner. Die Standard Hudson Nr. 2816 befindet sich derzeit in den USA in Steamtown, Bellows Falls, Vermont. Eine der „Royal Hudsons", Nr. 2839 wird von der Southern Railway in den USA regelmäßig vor Dampfsonderzüge gespannt. Nr. 2850 befindet sich im Kanadischen Eisenbahnmuseum in Delson, Quebec; Nr. 2858 stellt das Nationale Museum für Wissenschaft und Technik in Ottawa aus. Die berühmteste von allen ist aber die „H-1e" Nr. 2860, mit der planmäßige Dampffahrten auf der British Columbia Railway zwischen Vancouver und Squamish durchgeführt werden. Lok Nr. 2860 hat darüber hinaus auch schon den Osten Kanadas besucht und dampfte auch zu südlichen Zielen wie Los Angeles vor einem Ausstellungszug, der die Schönheiten British Columbias anpries.

Oben: *Aus einem Felsentunnel kommt uns die Museumslok Nr. 2860 der British Columbia Railway entgegen.*

Unten: *Die ansprechende rote Farbgebung der Museumslok Nr. 2860 entspricht dem früheren Anstrich der Canadian Pacific Railway.*

Reihe U-4 2'D2' Kanada
Canadian National Railway (CN), 1936

Zugkraft: 233,6 kN (52457 lb)
Achslast: 27 t (59500 lb)
Zylinder, Ø x Hub: (2)
610 x 762 mm (24 x 30 in)
Treibrad Ø: 1956 mm (77 in)
Verdampfungsheizfläche:
358,7 m² (3861 sq ft)
Überhitzerheizfläche: 142 m²
(1530 sq ft)
Kesseldruck: 19,5 kp/cm²
(275 psi)
Rostfläche: 6,8 m² (73,7 sq ft)
Brennstoff (Kohle): 18,2 t
(40000 lb)
Wasser: 53 m³ (11660 Imp gal)
Reibungsgewicht: 107,1 t
(236000 lb)
Gesamtdienstgewicht: 299,6 t
(660000 lb)
Gesamtlänge: 28990 mm
(95 ft 1 in)

Zu Zeiten der Dampflok lag die längste Bahn Amerikas nicht in den USA, sondern es waren die Canadian National Railways. Vor etwa 60 Jahren hatten die kanadischen Bahnen die gleichen schweren Probleme, die man heute in den USA hat. Die kanadische Regierung sah sich gezwungen, von bankrotten Bahngesellschaften ein Streckennetz von 38600 km Länge unter die eigene Verwaltung zu nehmen. Für diese Aufgabe engagierte man einen der bemerkenswertesten Eisenbahnfachmänner aller Zeiten, Sir Henry Thornton. Er hatte sein Handwerk bei der Pennsylvania Railroad und ihrer bekannten Tochtergesellschaft Long Island Railroad gelernt. 1914 berief man ihn zum Generaldirektor der britischen Great Eastern Railway.

Es war ein himmelweiter Unterschied zwischen den C1'-Tenderloks, die die Londoner Pendler von der Liverpool Street Station schnell nach Hause brachten und dem „Trans-Canada-Limited", der auf seiner 4776 km langen Reise einen Kontinent durchquerte, aber Thornton meisterte auch diese Umstellung. Sein Prinzip war, jede Aufgabe mit den ihr angemessenen Mitteln zu bewältigen. Es war daher nicht überraschend, daß die CN zu den ersten Bahnen gehörte, die die größte aller Schnellzugtypen bestellte, die 2'D2'.

Die Canadian Locomotive Company lieferte 1927 die Lok Nr. 6100 nur 7 Monate, nachdem die Northern Pacific die erste aller „Northerns" erhielt. Die erste kanadische Northern erhielt den Namen „Confederation", um das 60jährige Bestehen der kanadischen Konföderation zu würdigen. Zum Ende des Jahres besaßen die CN und ihre US-Tochtergesellschaft Grand Trunk Western schon 52 dieser großen Maschinen. Die CN wurde zum Besitzer des größten Parks von 2'D2'-Lokomotiven, bis sie in der Mitte der 50er Jahre die Sowjetunion überholte. Die CN-Lokomotiven, Reihe „U-2", trugen die Nummern 6100-6139, die GTW numerierte ihre „U-3" als 6300-6311.

Weitere, im großen Ganzen gleiche Serien folgten 1929 und 1936, die ihre Zahl auf 77 brachte. 1936-38 erschien dann die „U-4", die stromlinienförmige Version der 2'D2' für höhere Geschwindigkeiten. Die technischen Daten auf dieser Seite entsprechen dieser Reihe, sie hatte größere Treibräder und eine recht ansehnliche Verkleidung, die nicht so häßlich war wie sonst üblich. Sie bekamen die Nummern 6400-04 (CN) und 6405-11 (GTW). 1940 und 1944 baute man noch einmal normale 2'D2', der Bestand erreichte 203 Stück. Alle CN-Maschinen bauten die beiden Montrealer Lokomotivfabriken Montreal Locomotive Works und Canadian Locomotive Company, während die GTW-Loks aus Zollgründen von US-Firmen gebaut wurden.

Es ist keine Geringschätzung, wenn man sagt, daß die Ingenieure der CN sich nicht schnell für Neuerungen begeisterten, denn die Lokomotiven entsprachen dadurch bewährten nordamerikanischen Bauprinzipien. Kennzeichnend für die CN waren die zylindrischen Vanderbilt-Tender und bis 1936 auch der auffällige Speisewasservorwärmer vor dem Schornstein der Northerns. Selbstverständlich verwendete man solche Neuerungen wie Rollenlager und Gußstahlrahmen, sobald sie allgemein erhältlich wurden.

An einer Lokomotive, Nr. 6184, versuchte man eine Ventilsteuerung; als man später in Kanada Öl fand, stellte man viele der 2'D2'-Loks auf diese Feuerungsart um. Die Abstellungen begannen in kleinem Umfang im Jahr 1955 und verstärkten sich allmählich, bis 1960

Rechts: *Lok Nr. 6218 der Canadian National Railway gehört zur Reihe „U-2"*

Reihe U1-f 2'D1' Kanada
Canadian National Railways (CN), 1944

Zugkraft: 233,8 kN (52500 lb)
Achslast: 27 t (59500 lb)
Zylinder, Ø x Hub: (2)
610 x 762 mm (24 x 30 in)
Treibrad Ø: 1854 mm (73 in)
Verdampfungsheizfläche:
333 m² (3584 sq ft)
Überhitzerheizfläche: 146 m²
(1570 sq ft)
Kesseldruck: 18,3 kp/cm²
(260 psi)
Rostfläche: 6,5 m
(70.2 sq ft)
Brennstoff (Kohle): 18 t
(39650 lb)
Wasser: 51,1 m³ (11240 Imp gal)
Reibungsgewicht: 107,6 t
(237000 lb)
Gesamtdienstgewicht: 289,7 t
(638000 lb)
Gesamtlänge: 28426 mm
(93 ft 3 in)

Im Jahre 1923, bald nach der Entstehung der Canadian National Railways, führte man die ersten vierfach gekuppelten Lokomotiven im Personenzugdienst ein. Die erste Serie „U-1a" umfaßte 16 Loks, die die Canadian Locomotive Company baute. 1924 lieferte Canadian 21 „U-1b", 1925 kamen 5 „U-1c" von Baldwin für die Tochtergesellschaft Grand Trunk Western in den USA. 1929 und 1930 folgten 5 „U-1d" und 12 „U-1e" von Canadian und den Montreal Locomotive Works.

Man hatte also in 7 Jahren 59 Maschinen mit den Nummern 6000 bis 6058 in Dienst genommen, aber jetzt wurden sie von den 1927 eingeführten 2'D2'-Lokomotiven überschattet, die oben beschrieben werden. Die CN-Tochtergesellschaft Central Vermont in den USA besaß auch 4 2'D1'-Loks, die aber nicht in das CN-Schema eingeordnet waren. Allerdings folgte auch die CV dem CN. Reihenschema und bezeichnete ihre Mountains als CV-Reihe „U1". Tatsächlich hatten sie außer der Achsfolge nichts mit

die letzten 159 Northerns in einem Massensterben ausschieden.

Die Trauer, die kanadische Eisenbahner beim Abschied von ihren Northerns empfanden, drücken die folgenden Zeilen gut aus, die Anthony Clegg und Ray Corley in ihrem Buch „Canadian National Steam Power" zitierten. Sie standen auf einer zur Verschrottung bestimmten 2'D2'-Maschine:

„In days gone by this junk pile now
Was a grand sight to behold
On threads of steel it dashed along
Like a knight in armour bold . . ."

oder in deutsch:

„In vergangenen Tagen war auch dieser Haufen Schrott großartig anzusehen.
Auf Fäden aus Stahl stürmte er dahin wie ein stolz gepanzerter Ritter . . "

Eine Zeitlang setzte die Canadian National einige Northerns noch weiter vor Ausflugssonderzügen ein. Auch dies fand inzwischen ein Ende, aber 8 Loks überlebten. Zwei, darunter Stromlinienlok Nr. 6400 sind jedermann im Nationalen Museum für Wissenschaft und Technik in Ottawa zugänglich.

der kanadischen „U1" zu tun, denn sie stammten aus einer Serie, die die Florida East Coast Railroad aus Geldmangel nicht abnehmen konnte.

Die 6000er erfüllten ihre Aufgaben im harten Konkurrenzkampf des Schnellzugverkehrs zwischen Montreal und Toronto mit viel Elan; vor Zügen von etwa 700 t erreichten sie Geschwindigkeiten bis 131 km/h. Später bewährten sie sich auch in einem gemeinsamen Lokomotivpool von CN und Canadian Pacific.

1944 lieferten die Montreal Locomotive Works noch einmal 20 Mountains, Reihe „U-1f", die auch die Abbildungen zeigen. Dem neuesten Stand der Technik entsprachen die Gußstahlrahmen, Scheibentreibradsätze und andere Verbesserungen. Einige waren ölgefeuert, alle hatten Vanderbilt-Tender und Vorlaufdrehgestelle mit Außenrahmen. Am bedeutsamsten war aber der Fortfall der Speisewasservorwärmer mit ihren komplizierten Pumpen und Wärmetauschern. Sie ersetzten einfache Abdampfinjektoren. Normalerweise sind die Injektoren unter dem Führerhaus untergebracht, hier hing man sie gut sichtbar neben den Treibrädern auf, das große Abdampfrohr, das zu ihnen führte, ließ die Injektoren noch stärker ins Auge fallen.

Noch mehr als andere Injektoren, die mit Frischdampf betrieben werden, sind Abdampfinjektoren ein Griff in die Trickkiste der praktischen Anwendung von Naturgesetzen. Man kann sich eigentlich kaum vorstellen wie es gelingt, mit Abdampf von 0,7 kp/cm² Druck das Speisewasser in den Kessel zu drücken, dessen Druck etwa 30mal so hoch ist. Geschickt angeordnete konische Diffusoren verwandeln einen Dampfstrom von hoher Geschwindigkeit und niedrigem Druck in eine langsame Strömung hohen Drucks, die dann die Speiseventile passieren kann.

Mit wenigen Ausnahmen waren die CN-Dampflokomotiven schmucklose Gebrauchsgegenstände, aber bei den ausgezeichneten Maschinen der letzten Serie bemühte man sich darum, ihnen ein angenehmes Aussehen zu verleihen. Umlaufverkleidungen, eine Schornsteinkrempe, ein freundlicher Anstrich in grün und schwarz mit Messing-Loknummern und die gemeinsame Verkleidung von Dampfdom und Sandbehälter trugen zu den klaren Linien der „U-1f" bei. Das Gesamtbild war so gut, daß man den Designern sogar die spitze Rauchkammerfront mit dem eingebauten Scheinwerfer verzeihen kann.

Die Canadian National Railways gehören zu den lobenswerten Bahnverwaltungen, die zum Vergnügen eines großen Publikums Fahrten mit Dampflokomotiven anbieten, wie die Tatsache zeigt, daß 6 dieser Lokomotiven erhalten blieben. Die „U-1f" Nr. 6060 hat die Ehre, diese Dampfzüge zu ziehen. Andere Maschinen sind als Lokomotivdenkmäler aufgestellt, Nr. 6069 in Bayview Park, Sarnia und Nr. 6077 in Capreol, Ontario. Von den älteren Mountains gibt es noch Nr. 6015 im Museum in Delson, Quebec, Nr. 6039 der Grand Trunk Western ging an das Steamtown Museum, Bellows Falls, Vermont und Nr. 6043 befindet sich im Assinboine Park, Winnipeg.

Links: *Die 2'D1'-Lok Nr. 6060 der Canadian National Railways glänzt auch heute noch so, als ob sie gerade aus der Fabrik käme.*

Unten: *Unsere Zeichnung zeigt die „U-1f" der CN im Lieferzustand.*

V2 Klasse 1′C1′

Großbritannien
London and North Eastern Railway (LNER), 1936

Zugkraft: 150,2 kN (33730 lb)
Achslast: 22,5 t (49500 lb)
Zylinder, ∅ x Hub: (3) 470 x 660 mm (18½ x 26 in)
Treibrad ∅: 1880 mm (74 in)
Verdampfungsheizfläche: 225,8 m² (2431 sq ft)
Überhitzerheizfläche: 63,2 m² (680 sq ft)
Kesseldruck: 15,5 kp/cm² (220 psi)
Rostfläche: 3,8 m² (41,25 sq ft)
Brennstoff (Kohle): 7,7 t (17000 lb)
Wasser: 19,1 m³ (4200 Imp gal)
Reibungsgewicht: 66,3 t (146000 lb)
Gesamtdienstgewicht: 146,6 t (323000 lb)
Gesamtlänge: 20244 mm (66 ft 5 in)

Diese bemerkenswerten Lokomotiven sind ein Beispiel für das in den 30er Jahren aufkommende Streben nach Universallokomotiven. Weil der Treibraddurchmesser ein Kompromiß zwischen den bisher üblichen Maßen bei Güter- und Personenzugloks sein mußte, erreichten sie bei höheren Geschwindigkeiten eine größere Drehzahl. Ermöglicht wurde dies durch das bessere Verständnis des Massenausgleichs und der Bemessung der Dampfwege, das man inzwischen hatte und durch die Verwendung von mehr als zwei Zylindern.

Im Juni 1936 erschien die erste von Sir Nigel Gresleys (er erhielt in diesem Jahr die Ritterwürde) berühmten „V2" 1′C1′-Lokomotiven aus den Doncaster Works. Es war die letzte bedeutende Baureihe des Meisterkonstrukteurs, er starb 1941.

Die Lokomotive hieß „Green Arrow" nach einem neuen System der Güterabfertigung – für Einzelpakkungen bis hin zur Wagenladung – das man gerade eingeführt hatte; der apfelgrüne Anstrich entsprach der Farbgebung der Personenzuglokomotiven. Vor Kriegsbeginn zählte die Reihe schon 86 Stück, weitere Lieferungen brachten dies auf 184 Exemplare. Nur einige von ihnen erhielten Namen, aber sie waren mit Grund im Gebiet der LNER bekannt als „die Loks, die den Krieg gewannen". In Reihenfolge der Indienststellung trugen sie die Nummern 4771-4899, 3641-95. Nach dem Krieg nummerte man sie vernünftigerweise in eine einzige Nummernfolge von 800-983 um, bei der BR wurden sie zu 60800-60983.

Wie bei etwa gleichen Rostflächen zu erwarten war, waren sie praktisch so stark wie die 2′C1′-Loks, wenn sie Schnellzüge zu ziehen hatten. Eine „V2" brachte es mit dem „Yorkshire Pullman" immerhin auf eine Geschwindigkeit von 149 km/h. Durchgehend gebremste Schnellgüterzüge mit Geschwindigkeiten von mehr als 96 km/h in der Ebene, wie der berühmte „Scotch Goods" mit 600 t Gewicht, waren ihre Spezialität. Gelegentlich mußten sie auch für eine der Stromlinienloks einspringen, auch hier hatten sie keine Mühe, die Fahrzeiten zu halten. Personenzüge der Kriegszeit mit bis zu 25 vollbesetzten Wagen lagen ebenfalls im Rahmen ihrer Fähigkeiten.

Auf der Negativseite stand die Tatsache, daß sie zwar Universalloks in dem Sinne waren, daß sie alle Zugarten bewältigten, aber es hieß nicht, daß sie überall fahren konnten. Die große Achslast von 22,5 t bedeutete, daß sie nur 40% der LNER-Strecken befahren konnten. Tatsächlich erschienen 1941 zwei Maschinen einer verkleinerten Ausführung, Reihe „V4", um diese Lücke zu füllen, aber Gresleys Nachfolger hatte andere Vorstellungen und unterband einen Weiterbau.

Zwei andere große Fragezeichen galten Details der Bauart, die

Rechts: *Museumslokomotive Nr. 4771 „Green Arrow", Reihe V2 der früheren LNER hält das Eisenbahnmuseum in Birmingham betriebsbereit.*

Unten: *Die apfelgrüne LNER „V2" oder „Green Arrow"-Klasse, im Lieferzustand von 1936.*

Reihe E4 2′C2′

USA
Chicago & North Western Railway (C&NW), 1938

Zugkraft: 245 kN (55000 lb)
Achslast: 32,7 t (72000 lb)
Zylinder, ∅ x Hub: (2) 635 x 737 mm (25 x 29 in)
Treibrad ∅: 2134 mm (84 in)
Verdampfungsheizfläche: 368 m² (3958 sq ft)
Überhitzerheizfläche: 175 m² (1884 sq ft)
Kesseldruck: 21 kp/cm² (300 psi)
Rostfläche: 8,4 m² (90,7 sq ft)
Brennstoff (Öl): 22,7 m³ (5000 Imp gal)
Wasser: 75,7 m³ (16650 Imp gal)
Reibungsgewicht: 98,1 t (216000 lb)
Gesamtdienstgewicht: 359,3 t (791500 lb)
Gesamtlänge: 31033 mm (101 ft 9¾ in)

Diese ausgesprochen schönen Vertreter des modernen Dampflokbaus haben die zweifelhafte Ehre, die ersten derartigen Lokomotiven zu sein, die diesel-elektrische Lokomotiven um die Arbeit brachten, für die sie gebaut wurden. Die Chicago & North Western Railway hatte in vielen Dingen ihren eigenen Stil; nicht umsonst fuhren ihre Züge auf dem linken Gleis, während fast alle nordamerikanischen Bahnen rechts fahren. Als 1935 die Konkurrenten Milwaukee, Burlington und C&NW den Kampf um den Tagesreiseverkehr zwischen den „Twin Cities" und Chicago aufnahmen, war die letztgenannte Bahn die erste mit ihren berühmten „400"-Zügen, die so genannt wurden, weil sie die Strecke in etwa 400 Minuten zurücklegten. Die C&NW gewann diesen Vorsprung gegenüber den Mitkämpfern, weil sie normale, aber aufgemöbelte Wagen mit umge-

abgeleitete Gresleysteuerung des Mittelzylinders wurde schon bei anderen LNER-Lokomotiven erwähnt. Das andere Problem wurde ebenfalls schon angesprochen, nämlich die Laufeigenschaften der führenden Laufachse. Bis 1946 ging alles gut, bis sich gleich zwei Entgleisungen auf den im Krieg vernachlässigten Strecken ereigneten. Nach einer Untersuchung ersetzte man die ursprüngliche selbstzentrierende Pendelaufhängung der Laufachse durch eine Rückstelleinrichtung mit Querfederung und es kam zu keinem weiteren Zwischenfall.

Abgesehen davon waren die „V2"-Loks großartige Maschinen, die letzte von ihnen wurde erst 1966 abgestellt, als die Verdieselung sie verdrängte. Zum Glück wurde die erste, „Green Arrow", nicht verschrottet, sondern steht heute im Rahmen der Nationalen Lokomotivsammlung in betriebsfähigem Zustand zur Verfügung.

bauten Loks einsetzte, statt die Lieferung neuer Fahrzeuge abzuwarten.

Bald mußte die C&NW aber den anderen folgen und auch neue Züge bestellen. Sie beschloß, dem Konzept der Milwaukee „Hiawathas" zu folgen, nicht dem Diesel-„Zephyr" der Burlington und bestellten bei der American Locomotive Company 9 Stromlinienloks der Achsfolge 2'C2'.

Die neuen Lokomotiven, als Reihe „E4" bezeichnet und mit den Nummern 4000-4008, wurden 1938 abgeliefert, aber zwischenzeitlich hatte die Bahnverwaltung beschlossen, daß man auf das falsche Pferd gesetzt hatte; man bestellte bei der Electromotive Division von General Motors einige der ersten Serien-Diesellokomotiven. Diese übernahmen die neuen stromlinienförmigen „400"-Züge und verdrängten die neuen 2'C2'-Lokomotiven in den Dienst vor den transkontinentalen Zügen auf der ursprünglichen „Overland Route" von Chicago nach Omaha.

Weil alle Dampflokomotiven auf den gleichen Prinzipien beruhen, waren die „E4"-Hudsons den „Hiawatha"-Hudsons ziemlich ähnlich, aber die vielen kleinen Unterschiede bedeuteten, daß sie doch zwei völlig verschiedene Konstruktionen waren. Wir haben hier zwei Reihen von sechs und neun Lokomotiven, bestimmt für denselben Zweck und bei derselben Fabrik zur gleichen Zeit gebaut, und doch hatten sie kaum gemeinsame Bauteile; so ging es eben im Dampflokbau, vor allem in den USA.

Von den vielen modernen Merkmalen der „E4" sind insbesonders die Bakersteuerung, die Ölfeuerung, die Ausstattung aller Lager mit Rollenlagern und vor allem der Barco-Niedrigwasseralarm erwähnenswert. Einen so großen Kessel wie einen Lokomotivkessel trocken zu heizen, hat sehr unangenehme Folgen; bei den meisten Lokomotiven gab es trotzdem keine automatische Sicherung dagegen, daß das Lokpersonal vergaß, die Wasserstandsgläser regelmäßig zu prüfen.

Freche Farbgebungen waren nicht die Art der C&NW und so ist es besonders schade, daß in den frühen 50er Jahren keine „E4" dem Schneidbrenner entging. Wir können darum nur in unserer Vorstellung noch einmal unsere Augen an ihrer grün-goldenen Eleganz weiden.

Links: *Vergangen, aber nicht vergessen. Die „E4"-Hudson Nr. 4001 der Chicago & North Western Railway in voller Aktion.*

Reihe 56 2'C1' Malaysia
Malaiische Eisenbahn (PKTM), 1938

Zugkraft: 106,6 kN (23940 lb)
Achslast: 13 t (28560 lb)
Zylinder, ⌀ x Hub: (3)
330 x 610 mm (13 x 24 in)
Treibrad ⌀: 1372 mm (54 in)
Verdampfungsheizfläche:
103 m² (1109 sq ft)
Überhitzerheizfläche: 20,25 m² (218 sq ft)
Kesseldruck: 17,6 kp/cm² (250 psi)
Rostfläche: 2,5 m² (27 sq ft)
Brennstoff (Kohle) 10 t (22000 lb)
Wasser: 15,9 m³ (3500 Imp gal)
Reibungsgewicht: 39 t (86000 lb)
Gesamtdienstgewicht: 102,6 t (226000 lb)
Gesamtlänge: 18628 mm (61 ft 1⅜ in)

Diese Meterspur-Pazifiks gehören zum Elegantesten, was Großbritannien für die Kolonien entwickelte und sie fuhren auch auf einem der besten Bahnsysteme der britischen Kolonien. Vor der Verdieselung beförderte die Malaiische Eisenbahn den Großteil ihrer Personen- und Güterzüge mit dieser Baureihe von 66 gefälligen Pazifiklokomotiven. Die PKTM war lange Zeit „die Eisenbahn der Pazifiks", schon seit den Tagen, als man in Großbritannien noch die stärksten Schnellzuglokomotiven in der Achsfolge 2'B baute. Tatsächlich wurde die erste der malaiischen Pazifiks, Prototyp der schließlich 60 Loks umfassenden Reihe „H", schon 1907 bei Kitson in Leeds für die damalige „Federated Malay States Railways" (FMSR), etwa „Malaiische Bundesbahnen", gebaut. Andere lieferten die Firmen Nasmyth, Wilson in Manchester und Robert Stephenson in Darlington. Noch einmal 79 Pazifiks in 4 weiteren Baureihen folgten während der nächsten 30 Jahre.

1938 lieferte die North British Locomotive Co. in Glasgow einige Pazifiks, die den Höhepunkt der malaiischen Dampflokomotiven bilden sollten. Vor dem Krieg und der japanischen Besetzung erhielt die Bahn 28 Stück, gleich nach dem Kriegsende noch einmal 40. Sie waren außerordentlich gut gelungen, im Aussehen genauso wie in der technischen Gestaltung. Ein Merkmal war der gute Massenausgleich der Triebwerkteile durch ein Dreizylindertriebwerk, der ihren Einsatz auf sehr leichtem Schienenmaterial erlaubte. Sie besaßen eine Ventilsteuerung mit rotierendem Antrieb, eine vielversprechende Einrichtung, mit der aber viele Bahnen nicht zufrieden waren, weil die Einsparungen durch bessere Dampfführung und geringeren Verbrauch durch den höheren Preis und die zusätzlichen Unterhaltskosten wieder ausgeglichen wurden. Darum Respekt vor den FSMR (und später der PKTM) die dieses komplizierte System so gekonnt anwendeten, daß es sogar zur Norm dieser Bahn wurde. Keine andere Bahn der Welt schaffte dies – nur diese, betrieben von einer Belegschaft aus Briten, Chinesen, Indern und Malaien.

Ursprünglich war dies die Reihe „0" mit den Loknummern 60 bis 87. Nach dem Krieg änderte man es in Reihe „56" und unterschied die verschiedenen Serien in der Numerierung als 561.01-11, 562.01-06, 563.01-11, 564.01-40. Davon wurden 561.09 und 562.01 im Krieg stark beschädigt und verschrottet. Ihre Nummern vergab man nicht mehr.

In den späten 50er Jahren gab es eine Periode, in der man die Farbe und Zierlinienanordnung der Great Western Railway verwendete, aber davor und auch später hatten sie eine gepflegte schwarze Lackierung. In dieser Zeit erhielten auch alle Lokomotiven Namen, auf einer Seite in malaiischer Schrift, auf der anderen mit lateinischen Buchstaben.

1955 versuchte man die Zugläufe zu beschleunigen und erprobte

Reihe 800 2'C Irland
Great Southern Railways (GSR), 1939

Zugkraft: 147 kN (33000 lb)
Achslast: 21,3 t (47000 lb)
Zylinder, ⌀ x Hub: (3)
470 x 711 mm (18½ x 28 in)
Treibrad ⌀: 2007 mm (79 in)
Verdampfungsheizfläche:
174 m² (1870 sq ft)
Kesseldruck: 15,8 kp/cm² (225 psi)
Rostfläche: 3,1 m² (33,5 sq ft)
Brennstoff (Kohle): 8,2 t (18000 lb)
Wasser: 22,7 m³ (5000 Imp gal)
Reibungsgewicht: 64 t (141000 lb)
Gesamtdienstgewicht: 137,3 t (302500 lb)
Gesamtlänge: 20550 mm (67 ft 6 in)

Die etwa 450 Breitspurlokomotiven (1600 mm-Spur) die Irland in der Zwischenkriegszeit besaß, waren teilweise von erstaunlichem Alter und von einer großen Vielfalt, gehörte doch diese Anzahl zu mehr als 80 Reihen. Noch 1932 liefen zwischen Waterford und Tramore die letzten Lokomotiven der Welt mit einzelner Treibachse. Alle Bahngesellschaften, die nicht die Grenzen der sechs nordirischen Grafschaften überschritten, wurden 1925 in der Great Southern Railway zusammengefaßt. Die wirtschaftliche Lage der GSR erlaubte nicht den Bau einer größeren Zahl der nötigen neuen Lokomotiven, ganz zu schweigen von Schnellzugloks.

Abgesehen von einer Reihe von 10 2'C-Maschinen von der früheren Great Southern & Western Company, stützte sich die GSR beim Personenverkehr auf 26 Lokomotiven einer Bauart der South Eastern & Chatham mit der Achsfolge 1'C, die nach dem 1. Weltkrieg im Arsenal von Woolwich aus vorhandenen Teilen gebaut und billig an die GSR abgegeben wurden. Man war sich bewußt, daß man eigentlich für die schweren Postzüge auf der schwierigen Strecke von Dublin nach Cork etwas besseres benötigte, aber es war sehr unwahrscheinlich, daß sich in dieser Frage etwas tat.

Wie man aber weiß, kann man sich in Irland darauf verlassen, daß gerade das Unmögliche geschieht. Es war aber dennoch eine große Überraschung, als drei große und auch schöne Dreizylinder-2'C-Loks modernster Konstruktion die Inchicore-Werkstatt der Great Southern Railway verließen. Sie besaßen konische Kessel, Belpaire-Feuerbüchsen, drei unabhängige Walschaertsteuerungen und glichen in Bauart, Größe und Erscheinungsbild den umgebauten „Royal Scots" der London, Midland & Scottish Railway – das heißt sie hätten ihnen geglichen, wenn es sie schon gegeben hätte. Ihre Bahn-Nummern waren 800 bis 802 und sie erhielten die Namen irischer Königinnen; „Maeve", „Macha" und „Tailte" auf Schildern in gälischer Schrift. Sie waren die einzigen Schnellzuglokomotiven, die im unabhängigen Irland gebaut wurden, alle späteren wurden importiert.

Dies zeigt sehr schön, daß auch kleine und landwirtschaftlich orientierte Staaten imstande waren, erstklassige Dampflokomotiven zu entwerfen und zu bauen, dagegen die Diesellokomotiven, die sie ersetzten, nur wirtschaftlich in großen Stückzahlen in den Industriestaaten zu produzieren sind.

Die Reihe „800" hatte nur im Sommer 1939 Zeit sich zu bewähren. Die Lok „Maeve" erreichte nach O. S. Nock bei einer Fahrt von Cork nach Dublin vor einem Zug, der durch Sonderwagen für ein Atlantikschiff 450 statt der üblichen 300 t wog, eine beachtenswerte Geschwindigkeit von 37 km/h auf der Steigung von

zwei Loks der Reihe „56" bei Geschwindigkeiten bis 112 km/h, für Meterspur eine beachtliche Leistung. Die Versuche verliefen sehr zufriedenstellend, aus der vorgeschlagenen Beschleunigung wurde dann aber doch nichts, es blieb bei der Höchstgeschwindigkeit von 45 mph (72,4 km/h). Was den Zügen an Geschwindigkeit fehlte, machten sie mit Komfort wieder wett. Der Luxus des „Golden Blowpipe"-Expreß konnte sich durchaus mit einem „Night Scotsman" oder dem „Blue Train" messen; für denjenigen Europäer, der zum ersten Mal hier reiste, eine willkommene Überraschung.

Links: *Die heute noch betriebsfähige 2'C1'-Lokomotive Nr. 564.36 „Temerloh" der PKTM bei der Ausfahrt in Kuala Lumpur mit einem privaten Sonderzug zu den Batu-Höhlen im September 1979. Diese Lok ist eine der beiden, die das Dampfende in Malaysia überlebt haben. Die Bahnverwaltung arrangiert mit ihnen auch kurzfristig und recht preisgünstig Sonderzüge für Interessenten.*

Unten: *2'C1'-Lokomotive Nr. 71 „Kuala Lumpur" der Reihe „0" (später Reihe „56", Nr. 562.01) in der Farbgebung, die vor 1941 üblich war.*

Im selben Zeitraum rüstete man alle Malaiischen Lokomotiven von Kohle- auf Ölfeuerung um, die breiten Feuerbüchsen boten dabei keine Schwierigkeiten und eine Reise durch das Land wurde dadurch viel sauberer für die Passagiere und auch die Umwelt.

1957 kamen die ersten Diesellloks, 1972 war dann nur noch die Hälfte der Reihe „56" im Dienst. Das Jahr 1981 erlebten nur die beiden Loks Nr. 564.33 „Jelebu" und Nr. 564.36 „Temerloh" im Lokdepot von Kuala Lumpur, dort befinden sich auch die Hauptwerkstätten der Bahn. Hauptsächlich verwendet man sie für gecharterte Sonderzüge, ab und zu auch mal als Reservelok bei Triebfahrzeugmangel.

1,66% bei Cork. Im weiteren Verlauf der Reise erzielte sie dann bei Newbridge eine Höchstgeschwindigkeit von 126 km/h.

Nach dem Krieg herrschte ein chronischer Brennstoffmangel, der den Maschinen in der kurzen Zeit bis zur Verdieselung kaum die Möglichkeit zu großen Leistungen gab. Als erste verschwand 1957 die Lok „Tailte", die beiden anderen hielten sich zwar noch bis 1964, ohne aber noch nennenswert eingesetzt zu werden. Die Lok Nr. 800 „Maeve" erhielt das Transportmuseum in Belfast zur Aufbewahrung.

Rechts: *Die 2'C-Lokomotive Nr. 800 „Maeve" der irischen Great Southern Railway (später Coras Iompair Eirann) blieb uns erhalten. Zur Zeit stellt sie das Irische Transportmuseum in Belfast aus.*

Reihe FEF-2 2'D2'

USA
Union Pacific Railroad (UP), 1939

Zugkraft: 284,1 kN (63800 lb)
Achslast: 30,4 t (67000 lb)
Zylinder, Ø x Hub: (2)
635 x 813 mm (25 x 32 in)
Treibrad Ø: 2032 mm (80 in)
Verdampfungsheizfläche:
392,5 m² (4225 sq ft)
Überhitzerheizfläche: 130 m² (1400 sq ft)
Kesseldruck: 21,1 kp/cm² (300 psi)
Rostfläche: 9,3 m² (100 sq ft)
Brennstoff (Kohle): 22,7 t (50000 lb)
Wasser: 89 m³ (19568 Imp gal)
Reibungsgewicht: 121 t (266500 lb)
Gesamtdienstgewicht: 412,2 t (908000 lb)
Gesamtlänge: 34696 mm (113 ft 10 in)

Diese Baureihe entstand Ende der 30er Jahre, als die steigenden Zuggewichte langsam, aber sicher, die Kräfte der 2'D1'-Loks überstiegen, die bisher die Hauptlast des Personenverkehrs der UP trugen. Eines Tages, im Jahre 1937, besaß eine dieser Mountains der Reihe „7000" die Frechheit, ihre mangelhafte Fähigkeit zur Dampferzeugung bei einem Zug zu zeigen, an den der Privatwagen des UP-Generaldirektors William Jeffers angekuppelt war. Noch während die Reisegesellschaft inmitten der Prärie auf eine Hilfslok wartete, entspann sich per Telegramm ein Dialog zwischen dem Direktor und der American Locomotive Company (Alco) im fernen Schenectady, um hier eine Abhilfe zu schaffen.

Resultat dieser Besprechung war im Laufe der Zeit eine großartige Reihe von 45 Lokomotiven, davon erschienen 20 im Jahre 1938, ihre Nummern waren 800 bis 819. Weitere 15, Nr. 820 bis 834 mit größeren Treibrädern und Zylindern, sowie siebenachsigen „Centipede"-Tendern anstelle der bisherigen sechsachsigen Ausführung, kamen im folgenden Jahr; auf sie beziehen sich die technischen Daten dieser Seite. Die zweite Serie erhielt die Bezeichnung „FEF-2", die erste nachträglich „FEF-1". „FEF" leitete man aus der Whyte-Achsfolge der Loks „Four-Eight-Four" ab.

Eine letzte Lieferung von 10 Maschinen war mit den vorherigen bis auf die kriegsbedingte Verwendung von Ersatzstoffen identisch. Diese „FEF-3"-Reihe erschien 1944, sie waren die letzten Dampflokomotiven, die die UP je erhielt. All diese Lokomotiven der 800er-Reihe baute Alco.

Im großen ganzen folgten sie demselben simplen Konzept wie die Northumbrian 108 Jahre früher, auch sie besaß zwei Außenzylinder. Die größte aller Achsfolgen bei Personenzuglokomotiven, 2'D2', die „Northern"-Type, wurde gewählt und ursprüngliche Zweifel an der Eignung vierfach gekuppelter Triebwerke für hohe Geschwindigkeiten wurden bald ausgeräumt. Das Befahren enger Kurven erleichterte eine Alco patentierte Anordnung zur Seitenverschiebung der ersten Treibachse.

Die grundlegende Einfachheit vieler US-Lokomotiven wurde oft dadurch wieder vereitelt, daß ihre Konstrukteure anfällig für die Werbeversprechungen der Hersteller komplizierter Ausrüstungsteile waren. Die UP schaffte es, den meisten von ihnen zu widerstehen, mit dem Ergebnis einer erfreulich schönen und klaren Linienführung dieser Maschinen, auch ungestört durch eine Stromlinienverkleidung. Selbstverständlich benutzten sie so ausgezeichnete Erfindungen wie einen Stahlgußrahmen, der die bisherige vielteilige Rahmenbauart ersetzte. Ein anderes Beispiel war die Verwendung eines statischen Abdampfinjektors, der die Speisepumpe und den Vorwärmer ablöste. Ein kompliziertes Konstruktionsdetail, dem die UP widerstand, waren Wasserkammern in der Feuerbüchse; man war der Überzeugung, daß diese Einrichtung mehr Unterhaltskosten verursachte, als sie nutzte. Trotzdem geboten die Vernunft und auch Onkel Sams Gesetze die Anwendung einer Kraftumsteuerung und einer mechanischen Rostbeschickung; die elektrische Beleuchtung zahlte sich sicherlich dadurch aus, daß damit das Lokpersonal der Northerns sehen konnte, was sich vor dem Zug tat.

Vielleicht das bemerkenswerteste Detail dieser Lokomotiven war die Ausführung der Treibstangen. Rein ästhetisch gesehen, waren die der Kraftübertragung auch formmäßig angepaßten Stangen ein Gedicht, aber es steckte mehr dahinter. Wegen den angestrebten Geschwindigkeiten und den daraus resultierenden Beanspruchungen, ging man über den bisherigen

Unten: *Die Museumslok Nr. 8444, Reihe „FEf-3", zieht einen Sonderzug zur Freude vieler Hundert Eisenbahnfreunde.*

Oben: *Die letzte Dampflokomotive, die die Union Pacific Railroad bauen ließ, die „FEF-3" Nr. 844, später umnumeriert in 8444, um die niedrigen Nummern für Dieselloks frei zu machen.*

Links: *Eine Union Pacific 2'D2'-Lok der Reihe „FEF-1" steht abfahrbereit im Bahnhof von Denver, Colorado. Diese Loks hatten die kleineren sechsachsigen Tender.*

Stand der Technik hinaus. Die Größe der Spannungen, denen die herumwirbelnden Stangen ausgesetzt waren, sind sehr schwer zuverlässig zu bestimmen.

Welch eine Freude war es für die Konstrukteure dieser Reihe, als ihr Werk auch den Beanspruchungen bei Geschwindigkeiten von mehr als 160 km/h standhielt. Im Gegensatz zu der bisherigen Übertragung der Triebkräfte auf die einzelnen Treibräder über die Treibzapfen wurden die Kräfte von Stange zu Stange über separate Gleitlager übertragen. Die zusätzlichen Gabelgelenke in den Kuppelstangen ersetzte man durch gegabelte Enden der mittleren Treibstange, die Funktionen der Kurbel- und der Gelenkzapfen vereinigte man in einem Teil.

Die Bauart der Lokomotiven bewährte sich großartig, es gibt viele Berichte über Geschwindigkeiten bis 176 km/h (110 mph). Nach dem Krieg beeinträchtigten Streiks die Kohleversorgung, und um den Personenverkehr zu sichern, baute man die „800"er Maschinen auf Ölfeuerung um; in den Kohlenbunker des Tenders baute man einen 27 m³ fassenden Ölbehälter. Abgesehen davon kam es nur zu kleinen Veränderungen in den vielen Jahren ihres schweren Dienstes; auch ein Zeichen für eine gute Konstruktion.

Normalerweise vertraute man den Northerns die Beförderung der vielen Schnellzüge an, die aus den üblichen schweren Stahlwagen bestanden, aber schon zur damaligen Zeit führte die UP auch Stromlinienzüge mit diesel-elektrischen Lokomotiven ein, die viel kürzere Fahrzeiten ermöglichten. In ihren ersten Jahren war die neue Traktionsart nicht sehr zuverlässig, so fanden sich die Northerns oft an der Spitze eines der besten Züge der UP anstelle einer mehrteiligen Diesellok. Sie hatten keine Schwierigkeit, die knappen Fahrpläne der Dieselmaschinen zu halten und machten sogar kleine Verspätungen, die beim Wassernehmen entstanden, wieder wett.

Der letzte planmäßige Personenzug, den eine „800" beförderte, war eine solche Ersatzleistung. Es war im Herbst 1958, als die letzte für die UP gebaute Dampflok, die Nr. 844, den „City of Los Angeles" auf den letzten 232 Kilometern von Grand Island bis Omaha beförderte, ja, die Dampflok fuhr sogar schneller als sonst die Dieselloks, obwohl das Lokpersonal in den letzten Jahren etwas aus der Übung in der Behandlung von Dampflokomotiven gekommen war. Ein Jahr später kam der Zeitpunkt, an dem alle zur Verschrottung abgestellt wurden; ein trauriger Augenblick für alle Bewunderer dieser herrlichen Lokomotiven.

Glücklicherweise blieb Nr. 844 (inzwischen als Nr. 8444, um die alte Nummer für eine Diesellok frei zu machen) erhalten und wurde wieder betriebsfähig aufgearbeitet. Eine publizitätsbewußte Union Pacific führt mit ihr regelmäßig Sonderfahrten für Eisenbahnfreunde durch. Lok Nr. 814 wird im Dodge Park in Council Bluffs bei Omaha ausgestellt. Von Nr. 833 und 838 nimmt man ebenfalls an, daß sie noch als Ersatzteilspender für die Lok 8444 existieren.

Unten: *Die Lok Nr. 826 aus der Reihe „FEF-2" sehen wir hier mit dem zweiten Teil des „The Gold Coast"-Zuges.*

Reihe 12 2'B1'

Belgien
Belgische Staatsbahn (SNCB), 1939

Zugkraft: 118,6 kN (26620 lb)
Achslast: 23,6 t (52000 lb)
Zylinder, ∅ x Hub: (2)
480 x 720 mm (18⅞ x 28⅜ in)
Treibrad ∅: 2100 mm (82¾ in)
Verdampfungsheizfläche:
161 m² (1733 sq ft)
Überhitzerheizfläche: 63 m² (678 sq ft)
Kesseldruck: 18 kp/cm² (256 psi)
Rostfläche: 3,7 m² (39,8 sq ft)
Brennstoff (Kohle): 8 t (17620 lb)
Wasser: 24 m³ (5280 Imp gal)
Reibungsgewicht: 45,8 t (100880 lb)
Gesamtgewicht (ohne Tender):
89,5 t (197140 lb)
Gesamtlänge: 21190 mm (69 ft 6¼ in)

Die meisten mordernen Dampflokomotiven können ihre Abkunft mehr auf die „Northumbrian" als auf die „Planet" zurückführen, aber hier ist eine Ausnahme. Ja, diese Ausnahme war so gut gelungen, daß sie sogar einen Weltrekord aufstellte, nämlich für die höchste Reisegeschwindigkeit zwischen zwei Bahnhöfen. Waren die belgischen 2'B1'-Lokomotiven im Prinzip recht konventionell, so war doch die Anordnung der einzelnen Teile sehr ungewöhnlich, wenn nicht sogar eigenartig. Aber was kann man in einem Land erwarten, das so ungewöhnliche Leute wie Alfred Belpaire und Egide Walschaert hervorbrachte?

Es war vorgesehen, häufig verkehrende leichte, aber sehr schnelle

Oben und unten: *Zwei Ansichten der belgischen 2'B1'-Lokomotiven, Reihe „12", die 1938 für leichte Schnellzüge zwischen Brüssel und Ostende gebaut wurden.*

Reihe 520 2'D2'

Australien
South Australian Government Railways (SAR), 1943

Zugkraft: 145,2 kN (32600 lb)
Achslast: 15,9 t (35000 lb)
Zylinder, ∅ x Hub: (2)
521 x 711 mm (20½ x 28 in)
Treibrad ∅: 1676 mm (66 in)
Verdampfungsheizfläche:
228 m² (2454 sq ft)
Überhitzerheizfläche: 60,5 m² (651 sq ft)
Kesseldruck: 15,1 kp/cm² (215 psi)
Rostfläche: 4,2 m² (45 sq ft)
Brennstoff (Kohle): 10 t (22000 lb)
Wasser: 41 m³ (9000 Imp gal)
Reibungsgewicht: 63,6 t (140000 lb)
Gesamtdienstgewicht: 204,1 t (449500 lb)
Gesamtlänge: 26622 mm (87 ft 4½ in)

Züge mit nur drei Wagen zwischen Brüssel und Ostende einzusetzen. Sie sollten jeweils zu geraden Stunden abfahren und die 121 km lange Strecke in 46 Minuten fahren, bei einem Zwischenhalt in Brügge, eine Reisegeschwindigkeit von 121,3 km/h. Die Geschwindigkeitsgrenze dieser fast ebenen Strecke wurde eigens dafür auf 140 km/h heraufgesetzt. Man beschloß, daß zwei Treibachsen für die geforderte Zugkraft ausreichten, die Leistung zum Erreichen der hohen Geschwindigkeit erforderte aber eine große breite Feuerbüchse. Ein führendes Drehgestell war auf jeden Fall wünschenswert und um einen ruhigen Lauf zu erreichen, wählte man Innenzylinder, die durch den Barrenrahmen statt des üblichen Plattenrahmens gut zugänglich waren. All dies ergab der Welt letzte Atlantiklokomotive und auch die letzte Innenzylinder-Schnellzuglok der Welt. Die Tender stammten von anderen Loks und wurden stromlinienförmig verkleidet; die Lokomotiven baute die Firma Cockerill in Seraing.

Leider fuhren diese Leichtschnellzüge nur einige Monate, denn bald brach der 2. Weltkrieg aus. Eine der Atlantiks, Nr. 1203, überlebte und wird heute im SNCB-Depot in Louvain aufbewahrt. Die schnellste Fahrzeit des heutigen elektrischen Betriebs zwischen Brüssel und Ostende ist 11 Minuten länger bei einem zusätzlichen Halt – eine *Steigerung* der Reisezeit um 18% durch die Umstellung von Dampf auf Strom ist möglicherweise auch ein Rekord, der auf diese bemerkenswerten Lokomotiven zurückgeht.

Oben: *Die SNCB-Reihe 12, hier 12004, war eine der letzten Atlantiks der Welt.*

Australien wurde zweifellos zu einem Land der 2'D2'-Lokomotiven, als 1943 die schon vorhandenen 10 Loks der Reihe „500" durch 12 Maschinen der Reihe „520" ergänzt wurden. Aber hier endet auch schon die Ähnlichkeit der Typen, während die „500"er viele Treibräder für eine hohe Zugkraft hatten, sorgten diese bei den „520"ern dafür, daß sie mit einer niedrigen Achslast auch auf leichten Gleisen von nur 30 kg Metergewicht auf abgelegenen Nebenstrecken verkehren konnten. Und dies taten sie mit großem Erfolg.

Alle Maschinen erbauten zwischen 1943 und 1947 die Islington-Werkstätten der SAR. Die Form ihrer Stromlinienverkleidung stammte offensichtlich von den 2'BB2'-Loks der Reihe „T1" der amerikanischen Pennsylvania Railroad. Im Gegensatz zu diesen waren sie aber unter ihrer Verkleidung konventionell gebaut – und anders als diese erreichten sie eine Dienstzeit von 18 Jahren. 1948 wurden alle Loks dieser Reihe auf Ölfeuerung umgebaut.

Zwei Maschinen blieben von der Verschrottung verschont. Nr. 520 „Sir Malcolm Barclay-Harvey" wird ab und zu eingesetzt. Die andere, Nr. 523 „Esington Lewis" ist auf dem Gelände der „Australian Railway Historical Society" in Mile End bei Adelaide als Denkmal ausgestellt.

Links: *Unter einem gewaltigen Rauchpilz durcheilt eine 2'D2'-Lok der Reihe „520" die australischen Weiten mit einem Sonderzug für Eisenbahnfreunde.*

Rechts: *Eine der erhalten gebliebenen Lokomotiven ist Nr. 520 „Sir Malcolm Barclay-Harvey". Das Bild zeigt sie im Lieferzustand des Jahres 1943.*

Reihe C38 2'C1'

Australien
New South Wales Government Railways (NSGWR), 1943

Zugkraft: 161,2 kN (36200 lb)
Achslast: 23,2 t (51000 lb)
Zylinder, ⌀ x Hub: (2)
546 x 660 mm (21 ½ x 26 in)
Treibrad ⌀: 1753 mm (69 in)
Verdampfungsheizfläche:
243 m² (2614 sq ft)
Überhitzerheizfläche: 70,1 m² (755 sq ft)
Kesseldruck: 17,25 kp/cm² (245 psi)
Rostfläche: 4,4 m² (47 sq ft)
Brennstoff (Kohle): 14,3 t (31500 lb)
Wasser: 36,8 m³ (8100 Imp gal)
Reibungsgewicht: 68,3 t (150500 lb)
Gesamtdienstgewicht: 204,8 t (451000 lb)
Gesamtlänge: 23279 mm (76 ft 4 ½ in)

Die letzten und besten der australischen Dampfschnellzugloks waren die 30 „C38"-Pazifiks der New South Wales Government Railways, gebaut zwischen 1943 und 1949. Die Konstruktionsarbeiten begannen zwar schon vor dem Krieg, aber die meisten von ihnen konnten erst nach Kriegsende geliefert werden. Die ersten 5, gebaut von Clyde Engineering in Sydney waren stromlinienförmig verkleidet. Den Rest bauten die Eisenbahnwerkstätten von Cardiff und Eveleigh ohne Verkleidung. Die Konstrukteure hatten bedacht, daß die Einfachheit der größte Vorteil der Dampflokomotive ist und daß ihr größter Nachteil der große Arbeits- und Personalaufwand war, den sie für Betrieb und Unterhaltung benötigte. Folglich baute man sie möglichst einfach und wartungsarm mit zwei Außenzylindern und Außensteuerung und mit einem Stahlgußrahmen, an den auch die Zylinder, Luftbehälter und alle Stützen angegossen waren. Alle Achsen erhielten Rollenlager, der Feuerrost hatte Schüttel- und Kippvorrichtungen; es gab eine Kraftumsteuerung und Druckluftbesandung.

Oben: *Die „C38"-Pazifik Nr. 38.01 zieht den transkontinentalen Sonderzug „Western Endeavour" auf der Strecke von Sidney nach Perth. Hinter dem Tender laufen zusätzliche Wasserwagen.*

Rechts: *Die unverkleidete Pazifik Nr. 38.06 vor dem Tageszug von Sydney nach Brisbane in Hawkesbury.*

Reihe T1 2'BB2'

USA
Pennsylvania Railroad (PRR), 1942

Zugkraft: 288,2 kN (64700 lb)
Achslast: 31,3 t (69000 lb)
Zylinder, ⌀ x Hub: (4)
501 x 660 mm (19¾ x 26 in)
Treibrad ⌀: 2032 mm (80 in)
Verdampfungsheizfläche:
391 m² (4209 sq ft)
Überhitzerheizfläche: 132,9 m² (1430 sq ft)
Kesseldruck: 21,1 kp/cm² (300 psi)
Rostfläche: 8,5 m² (92 sq ft)
Brennstoff (Kohle): 38,6 t (85000 lb)
Wasser: 71,9 m³ (15820 Imp gal)
Reibungsgewicht: 124 t (273000 lb)
Gesamtdienstgewicht: 433,1 t (954000 lb)
Gesamtlänge: 37,440 mm (122 ft 10 in)

Oben: *Die „T1" Nr. 5537 verläßt Fort Wayne, Indiana mit dem „Fast Mail"-Expreß von Chicago nach New York.*

In den 30er Jahren nahm die Zahl der 2'D2'-Lokomotiven in den Vereinigten Staaten für Güterzug- und auch für Schnellzugdienste erheblich zu. Allerdings hatte man einige Schwierigkeiten mit den großen Kolbendrücken und den dadurch verursachten starken Beanspruchungen der Kurbelzapfen. Der Ausgleich der Massenkräfte der schweren Triebwerkteile stellte die Konstrukteure vor große Probleme. All dies konnte mit der Zeit behoben werden, aber R. P. Johnson, Chefkonstrukteur der Baldwin Locomotive Works schlug die Verwendung zweier unabhängiger Triebwerksgruppen in einem Rahmen vor, jede mit eigenen Zylindern. Dies ergab eine Achsfolge von 2'BB2', im Gegensatz zur 2'D2' waren die Kolbenkräfte niedriger, es war einfacher die Kolbenventile ausreichend groß zu bemessen, aber der feste Achsstand wuchs noch um die Länge, die der zweite Satz Dampfzylinder benötigte. Dieser größere feste Achsstand hielt die meisten Bahnen davon ab, es mit dieser Bauart zu probieren.

Die erste Bahn, die eine Duplexlokomotive baute, war die Baltimore and Ohio mit einer 2'BB2' mit einem experimentellen Wasserröhrenkessel. Aber die Pennsylvania war die erste Verwaltung, die diese Achsanordnung in Verbindung mit einem konventionellen Kessel beschaffte. 1937, als fast alle wichtigeren Personenzugdienste noch mit den „K4"-Pazifiks, einer Konstruktion von 1914, gefahren wurden, begannen die Ingenieure der Bahn mit dem Entwurf einer Lokomotive, die einen Zug von 1090 t Gewicht mit 160 km/h befördern sollte, mehr als jede vorhandene 2'D2'.

Johnson plädierte für die Duplex-Bauart und überzeugte die PRR-Fachleute, aber für die Größe der geplanten Maschine reichten acht Achsen nicht aus. Daher ging die PRR zu der außergewöhnlichen Achsfolge 3'BB3' über. Die Lokomotive entwarfen und bauten die Bahnwerkstätten in Altoona. Es wurde die größte Einrahmen-Personenzuglokomotive, die je gebaut wurde. Sie erhielt die Reihenbezeichnung „S1" und die Nummer 6100. Mit Treibrädern von 2134 mm Durchmesser, einer Rostfläche von 12,3 m² und einem Kessel, der 15% größer war, als der jeder 2'D2'-Lok, war sie hauptsächlich eine Maschine, die bei hohen Geschwindigkeiten eine große Leistung erbringen konnte. Mit einer Stromlinienverkleidung nach einem Entwurf von Raymond Loewy war ihr Aussehen genauso eindrucksvoll wie ihre Abmessungen.

Nr. 6100 erschien Anfang 1939, aber einen großen Teil der Jahre 1939 und 1940 verbrachte sie als Ausstellungsstück auf der New Yorker Weltausstellung und es wurde Dezember 1940, bis sie in den regulären Dienst kam. Vorgesehen für die Strecke von Harrisburg nach Chicago, ließ ihre große geführte Länge einen Einsatz auf den östlichen Strecken nicht zu; eine weitere Einsatzbeschränkung ergab sich durch ihr zu großes Gewicht mit einer Achslast von 33,5 t anstatt der beim Entwurf geforderten 30,6 t.

Daher setzte man sie nur auf dem Streckenabschnitt von Crestline bis Chicago ein, wo sie Züge von 1225 t mit einer durchschnittlichen Geschwindigkeit von 106 km/h beförderte. Mit kleineren Zuglasten erreichte sie sehr hohe Geschwindigkeiten. Obwohl sich die PRR und ihr offizieller Geschichtsschreiber darüber ausschwiegen, kann man wohl davon ausgehen, daß sie bei vielen Gelegenheiten die Grenze von 120 mph (193 km/h) überschritten. Allerdings gab es viele Probleme mit dem Schleudern der Triebwerke, denn nur 46% des Lokgewichts ruhten auf den Treibachsen, im Vergleich dazu waren es bei der „K4"-Pazifik 65%.

Trotz der begrenzten und nicht immer befriedigenden Erfahrungen, die man mit der „S1" erzielt hatte, bestellte die PRR im Juli 1940 bei Baldwin zwei weitere Duplex-Lokomotiven. Die verlangte Leistung reduzierte man auf 880 t bei 160 km/h, so daß eine 2'BB2' mit 2032 mm Treibrädern und einer Rostfläche von 8,5 m² ausreichte. Die maximale Achslast betrug 31,4 t im Vergleich zu den 33,5 t der „S1". Die beiden Maschinen, bezeichnet als „T1", mit den Nummern 6110 und 6111 waren im Prinzip gleich, nur hatte die 6111

Die „C38"-Pazifiks waren erheblich stärker als die „C36"-Loks mit der Achsfolge 2'C, die sie ersetzten. Sie waren imstande, den Melbourne Expreß von 450 t Gewicht alleine über die Steigungen von 1,33% auf der Hauptstrecke nach Albury zu ziehen. Ihre große Achslast beschränkte ihren Einsatz auf die Hauptstrecken dieses Staates, aber auch dieses Wirkungsfeld war groß genug, denn hier konnten sie ihr Können vor den meisten Schnellzügen der NSWGR beweisen.

Die Ausmusterungen begannen in der Mitte der 60er Jahre, bis etwa 1970 hielt sich ein Teil von ihnen noch in einfachen Diensten. Etliche blieben erhalten und ein oder zwei werden ab und zu zur Freude vieler angeheizt. Die längste Fahrt, die eine Lok dieser Art je machte – und auch je machen wird – führte quer über den australischen Kontinent von Sydney nach Perth. Anlaß war 1970 die Fertigstellung der durchgehenden Normalspurverbindung über die 3961 km lange Strecke zwischen diesen beiden Städten.

einen Booster. Abgesehen von der Verwendung verschiedener genormter PRR-Bauteile ließ man Baldwin freie Hand beim Entwurf. Die PRR bestand auf der Anwendung der Franklin-Ventilsteuerung, weil sich mit ihr bei „K4"-Pazifiks eine nennenswerte Leistungssteigerung ergeben hatte. Rollenlager, Ausführung der Triebwerksteile nach Leichtbauprinzipien und Scheibentreibräder gehörten zur modernen Lokomotivtechnik, die Stromlinienverkleidung stammte wieder von Raymond Loewy, unterschied sich aber stark von der „S1". Geliefert wurden die beiden Lokomotiven dann im April und Mai 1942.

1944 untersuchte man die Nr. 6110 in der Versuchsanstalt von Altoona. Dabei erzeugte sie eine Zylinderleistung von 6550 PS bei 137 km/h mit einer Zylinderfüllung von 25%. Im Einsatz waren die Maschinen auf der 1147 km langen Strecke von Harrisburg nach Chicago, aber trotz dieser langen Distanz erreichten sie keine hohe Laufleistung, sondern verbrachten viel Zeit in Reparatur. Wieder war das Schleudern der Treibwerke problematisch, obwohl nun 54% des Lokgewichts auf den Treibachsen ruhten.

An dieser Stelle traf die Bahn eine schicksalhafte Entscheidung. Man ignorierte die bisherige Gepflogenheit der eingehenden Versuche mit Prototypen, mit dem Ziel der Entwicklung einer völlig zufriedenstellenden Serienmaschine und bestellte 50 fast gleiche Lokomotiven. Die Loks Nr. 5500-24 baute Altoona, Nr. 5525-49 kamen von Baldwin zwischen Ende 1945 und Anfang 1946.

Mit einem kürzeren festen Achsstand und einer kleineren Achslast als die „S1" ließ man die Reihe für die ganze Strecke von Harrisburg bis Chicago zu. Sie übernahmen den gesamten Personenverkehr auf dieser Strecke, einschließlich des „Chicago Arrow", der die 198 km/h von Fort Wayne nach Gary mit 117,5 km/h Reisegeschwindigkeit fuhr. Vier weitere Züge hatten ebenfalls Durchschnittsgeschwindigkeiten von mehr als 112,5 km/h (70 mph).

In ihrer besten Zeit waren sie schlicht großartig, oft überschritten sie mit 910 t-Zügen die Marke von 160 km/h, einmal konnte eine „T1" auf einer leicht abfallenden Strecke mit einem Zug von 1045 t Gewicht über eine Distanz von 111 km eine Durchschnittsgeschwindigkeit von 160 km/h halten. Sie liefen ruhig und wenn alles gut ging, waren sie beim Personal sehr beliebt, aber das Schleudern bildete immer noch eine große Gefahr, nicht nur beim Anfahren, sondern vor allem, wenn bei hohen Geschwindigkeiten plötzlich ein Triebwerk heftig zu schleudern begann.

Zu diesem Zeitpunkt war die Lokomotivabteilung der PRR auf einem Tiefpunkt angelangt, sowohl bei den Fahrzeugen, als auch bei der Arbeitsmoral und im Vergleich mit den einfachen „K4"-Pazifiks waren die „T1"-Maschinen überaus kompliziert, vor allem ihre Steuerungen. Die Unterhaltung der großen Maschinen stellte sich als sehr schwierig heraus und ihre Auftritte vor den großen Zügen der Pennsy wurden immer unregelmäßiger. Die verläßlichen „K4"-Loks mußten wieder einspringen.

Verschiedene Veränderungen sollten die Unterhaltung erleichtern, vor allem die Entfernung verschiedener Teile der Verkleidung: eine Lokomotive baute man sogar mit Kolbenschiebern um. Bei acht Maschinen reduzierte man den Zylinderdurchmesser, um die Schleuderneigung herabzusetzen, aber auch das half nichts. Mit der Zeit führte die sich verschlechternde finanzielle Situation der Bahn zur Bestellung von Diesellokomotiven für diese Dienste.

Man hatte eigentlich vorgehabt, die Reihe „T1" bis zur vollständigen Abschreibung ihres Anschaffungspreises einzusetzen, aber die nicht in den Griff zu bekommenden Schwierigkeiten beschleunigten die Verdieselung: schon Ende 1949 waren die meisten von ihnen aus dem Dienst ausgeschieden. Damit endete das größte Lokomotivfiasko des Jahrhunderts.

Unten: *Die 2'BB2'-Duplex-Lokomotive Nr. 5511 der Reihe „T1" der Pennsylvania Railroad baute die Bahnwerkstatt in Altoona.*

Challenger (2'C)C2'

USA
Union Pacific Railroad (UP), 1942

Zugkraft: 433,8 kN (97400 lb)
Achslast: 30,9 t (68000 lb)
Zylinder, ⌀ x Hub: (4) 533 x 813 mm (21 x 32 in)
Treibrad ⌀: 1753 mm (69 in)
Verdampfungsheizfläche: 431,3 m² (4642 sq ft)
Überhitzerheizfläche: 161,7 m² (1741 sq ft)
Kesseldruck: 19,7 kp/cm² (280 psi)
Brennstoff (Kohle): 25,4 t (56000 lb)
Wasser: 94,6 m³ (20820 Imp gal)
Reibungsgewicht: 184,3 t (406000 lb)
Gesamtdienstgewicht: 486,2 t (1071000 lb)
Gesamtlänge: 37160 mm (121 ft 11 in)

In praktisch allen Punkten war diese Lokomotive die größte, stärkste, schwerste und zugkräftigste, die je vor regulären Schnellzügen verwendet wurde. Diese Superlative waren nur möglich durch die Verwendung der Gelenkbauart für das Triebwerk.

Gelenklokomotiven erschienen schon früh in der Geschichte der Eisenbahn, aber erst während der vollen Blüte der Schmalspurbahnen ab dem Ende des 19ten Jahrhunderts baute man sie in größerer Zahl. Viele Bauarten wurden versucht, aber die beliebteste war die von Anatole Mallet, einem beratenden Ingenieur in Frankreich. Mallet war ein früher Befürworter der Verbundbauweise, ab 1876 entstanden einige Zweizylinder-Verbundlokomotiven nach seinen Entwürfen. 1884 schlug er größere Lokomotiven vor, bei denen nur ein Teil der Treibachsen im Hauptrahmen gelagert war, ein vorderes Triebwerk war mit dem Hauptrahmen gelenkig verbunden und unterstützte den vorderen Teil des Kessels über eine Gleitfläche, denn es bewegte sich ja unter ihm hin und her. Zwei Hochdruckzylinder trieben die hinteren Treibachsen, zwei Niederdruckzylinder die vorderen Achsen. Der Hochdruckdampf wurde dadurch nur im fest gelagerten Triebwerk benötigt, die gelenkigen Dampfrohre nach vorne führten nur den niedrigeren Druck.

In Europa baute man nach diesem Konzept vornehmlich Schmalspurlokomotiven. Dagegen versuchte man mit der „Mallet" in Amerika von Anfang an eine möglichst hohe Zugkraft auf Normalspur zu erzielen, denn man war noch nicht in der Lage, eine sechsfach gekuppelte Einrahmenlokomotive zu bauen, die auch um die Kurven kam. So war die Gelenkbauart von Mallet sehr willkommen. Die erste amerikanische Mallet-Lokomotive der Baltimore and Ohio Railroad hatte die Achsfolge C'C. Sie war seinerzeit die größte Lokomotive der Welt, ein Titel, der seitdem immer von einem amerikanischen Mitglied der Malletfamilie gehalten wurde.

Weitere amerikanische Mallets folgten, zuerst vornehmlich für Nachschubdienste auf starken Steigungen, dann auch für den Streckendienst. Allerdings waren diese Maschinen mit ihren riesigen Niederdruckzylindern (bis 1200 mm Durchmesser) und den gekrümmten Dampfleitungen zwischen den Triebwerken für Geschwindigkeiten über 40-50 km/h völlig ungeeignet. Darüber kam es zu starken Schwingungen des Vorderrahmens, die Lokomotive und Gleis übermäßig beanspruchten.

1924 bestellte die Chesapeake and Ohio 20 (1'D)D1'-Mallets mit einfacher Dampfdehnung. Der Hauptgrund dafür war, daß das Lichtraumprofil der C&O die riesigen Niederdruckzylinder einer Verbundlok nicht zuließ, aber es hatte den Vorteil, daß die Dampfleitungen kleinere Querschnitte erhielten und die Lokomotiven mit den kleineren Kolbenmassen schneller fahren konnten. Intensive Entwicklungsarbeit erforderte die Konstruktion dichter Gelenkverbindungen für die Hochdruckdampfleitungen zu den vorderen Zylindern.

Von diesem Zeitpunkt an konzentrierte sich das Interesse auf diese Vierzylinder-Mallets mit einfacher Dampfdehnung. Viele Verbesserungen verschoben ihr Einsatzgebiet von Schubdiensten zu Streckendiensten mit durchgehenden Güterzügen bis letztlich auch einige Bahnen die Mallet-Bauart in den Personenzugverkehr einführten. Unter anderem verlängerte man den Hub der Kolbenschieber und verbesserte den Massenausgleich, aber am wichtigsten waren die Änderungen an der Verbindung von Haupt- und Vorderrahmen sowie die bessere Kontrolle der Seitenbe-

Unten: *Die (2'C)C2'-Challenger-Lok Nr. 3985 in Cheyenne vor ihrer Wiederinbetriebnahme 1981.*

wegung der führenden Achsen. Damit unterband man die heftigen Schwingungen, die die Geschwindigkeit früher so stark eingeschränkt hatten.

Die Union Pacific erhielt zwischen 1918 und 1924 70 Verbundloks der Achsfolge (1'D)D mit einem Treibraddurchmesser von 1500 mm. Es waren stark stampfende langsame Zugmaschinen; 1926 wollte man die Güterzüge beschleunigen und beschaffte eine bemerkenswerte Lokomotivreihe mit der Achsfolge 2'F1' und mit einem Treibraddurchmesser von 1702 mm, die ersten Lokomotiven dieser Achsfolge überhaupt. Sie gehörten zu den wenigen amerikanischen Dreizylinderlokomotiven, mit insgesamt 88 Maschinen bildeten sie die größte Reihe dieser Bauart. Sie bewährten sich sehr gut, aber wegen dem langen Achsstand und den schweren Triebwerksteilen beschränkte man ihre Höchstgeschwindigkeit auf 72 km/h. Die wachsende Konkurrenz anderer Bahnen machte eine schnellere sechsfach gekuppelte Maschine notwendig.

Die Erfahrungen mit den Verbund-Mallets hatten dazu geführt, daß diese auf einfache Dampfdehnung umgebaut wurden, damit war der Weg aufgezeigt, den die Bahn gehen mußte. Ein großer Schritt vorwärts war 1936 die Bestellung von 40 (2'C)C2'-Mallets mit einfacher Dampfdehnung und Treibrädern von 1753 mm Durchmesser. Sie erhielten die Nummern 3900-3939 und die Bezeichnung „Challenger" („Herausforderer"). Das führende Drehgestell ergab einen besseren Lauf als die bisherige Laufachse und das Drehgestell unter der Feuerbüchse erlaubte eine riesige Rostfläche. Die Maschinen wurden über das gesamte Netz der UP verteilt und vorwiegend vor schnellen Güterzügen verwendet, aber die letzten 6 Loks wurde speziell für den Personenzugdienst beschafft. Der sichtbarste Unterschied zu den früheren Lokomotiven und auch zu den dargestellten, war die Verwendung von viel kleineren sechsachsigen Tendern. Alle Loks feuerte man mit Kohle, die meist aus bahneigenen Bergwerken stammte.

Oben: *Die „Challenger" Nr. 3964 faßt Kohle aus einem riesigen Kohlebunker der Union Pacific.*

1942 ergab der sprunghafte Verkehrsanstieg durch den Kriegsbeginn einen weiteren Bedarf an großen Maschinen; bis 1944 baute man 65 weitere „Challengers". Einige Veränderungen verbesserten die ursprüngliche Konstruktion, vor allem die Vergrößerung der Feuerbüchse von 10,0 m² auf 12,3 m² und die Anwendung von Gußstahlrahmen. Den Kesseldruck erhöhte man auf 17,9 kp/cm², die Zylinder wurden etwas verkleinert, so daß die Zugkraft unverändert blieb.

Äußerlich nicht sichtbar, aber ausgesprochen wichtig war eine Änderung der Verbindung von Vorder- und Hauptrahmen. Bei den älteren Maschinen erlaubten zwei Gelenke horizontale und vertikale Bewegungen, aber nun nutzte man Erfahrungen aus den „Big Boy"-(2'D)D2'-Lokomotiven und ließ das horizontale Gelenk fort. Das vertikale Gelenk verstärkte man, damit es auch etliche Tonnen Gewicht übertragen konnte. Wie bei einer Einrahmenlokomotive übernahmen nun die Tragfedern der einzelnen Achsen den Ausgleich von Höhenunterschieden im Gleis. Der Gewichtsausgleich der beiden Triebwerke verminderte die bisher problematische Schleuderneigung des vorderen Antriebs.

Alle Maschinen baute man mit Kohlefeuerung, 1945 baute man 5 von ihnen auf Ölfeuerung um. Sie setzte man vor Personenzügen auf den Strecken in den Staaten Oregon und Washington ein. Der Lokomotivabdampf störte oft die Sicht des Lokpersonals, darum rüstete man sie mit großen Windleitblechen aus; sie erhielten auch für einige Zeit den üblichen Personenzuglokanstrich in zwei Grautönen, den die Zeichnung zeigt.

Eine beliebte Rennstrecke dieser Riesen war die Hauptbahn durch die Wüste zwischen Salt Lake City, Las Vegas und Los Angeles. Hier kamen sie regelmäßig auf Geschwindigkeiten bis 112 km/h vor ihren Personenzügen.

1952 unterbrach ein Streik die Kohlezufuhr, und in einem Sofortprogramm begann man den Umbau weiterer Loks auf Ölfeuerung, der Streik endete aber nach dem Umbau von 8 Maschinen. 10 der nun auf Öl umgebauten Loks hatten diese Feuerungsart schon einmal besessen, man hatte sie erst 1950 auf Kohle zurückgebaut. Die Verdieselung begann sich bemerkbar zu machen, aber bis 1958 trugen sie noch einen großen Teil des verbliebenen Dampfbetriebs. In jenem Jahr machte sie dann eine große Lieferung neuer Dieselloks überflüssig.

Die Numerierung der Challengers war extrem kompliziert, weil man sie beim Umbau von Kohle auf Ölfeuerung und zurück umnummerte. Auf diese Weise wurden die ursprüngliche 3900-3939 zu 3800-3839. Die drei Lieferungen der zweiten Serie wurden in der reihenfolge des Baus als 3950-3969, 3975-3999 und 3930-3949 bezeichnet, damit waren die Nummern 3930-3939 zweimal und 3970-3974 überhaupt nicht vergeben worden. Darüber hinaus erhielten 18 aus der zweiten Serie beim Öl-Umbau die neuen Nummern 3700-3717.

Mehrere andere Bahnen kauften Loks der Achsfolge (2'C)C2', meist den Challengers sehr ähnlich, ein Teil davon kam auch zu Personenzugeinsätzen, aber nur auf der UP geschah dies in großem Umfang; eine Challenger vor 20 oder mehr Schnellzugwagen war ein gewohnter Anblick. Glücklicherweise erhielt man Lok Nr. 3985 als Denkmal. 1981 arbeitete man sie wieder betriebsfähig auf, sie ist nun bei weitem die größte betriebsfähige Dampflokomotive der Welt.

Unten: *Die Zeichnung zeigt eine Union Pacific „Challenger" in der Farbgebung für Personenzuglokomotiven in zwei Grautönen, wie sie Ende der vierziger Jahre verwendet wurde.*

Reihe J 2'D2'

USA
Norfolk & Western Railway (N&W), 1941

Zugkraft: 356,3 kN (80000 lb)
Achslast: 32,7 t (72000 lb)
Zylinder, ∅ x Hub: (2) 686 x 813 mm (27 x 32 in)
Treibrad ∅: 1778 mm (70 in)
Verdampfungsheizfläche: 490 m² (5271 sq ft)
Überhitzerheizfläche: 202 m² (2177 sq ft)
Kesseldruck: 21,1 kp/cm² (300 psi)
Rostfläche: 10 m² (107,5 sq ft)
Brennstoff (Kohle): 31,8 t (70000 lb)
Wasser: 75,7 m³ (16650 Imp gal)
Reibungsgewicht: 130,8 t (288000 lb)
Gesamtdienstgewicht: 396,3 t (873000 lb)
Gesamtlänge: 30759 mm (100 ft 11 in)

„Die bittersten Worte, die es gibt, sind: „Es hätte so sein können." In den USA gab es eine kleine, aber wohlhabende Bahngesellschaft, die auf lange Sicht es beinahe geschafft hätte, die Invasion der Dieselloks abzuwehren. Es war die Norfolk & Western Railway mit Sitz in Roanoke, Virginia und einer Hauptstrecke von 1033 km Länge von den Hafenkais in Norfolk, Virginia bis nach Columbus, Ohio. Viele Seitenstrecken dienten der Abfuhr der Kohle von allen wichtigen Bergwerken in einem der größten Kohlefelder der Erde. Am Ende verlor die Dampflok doch den Kampf um die N&W und die letzte Bastion des großen Dampflokbetriebs in den USA verschwand – ein schwerer Schlag für alle, die sich in anderen Teilen der Welt noch gegen die allmächtige Verdieselung wehrten. Aber die großartigen Dampfloks der Norfolk & Western kamen einem Sieg nahe, deshalb wollen wir uns diese etwas näher anschauen.

Das Prinzip, das man hier verfolgte, war alle Vorzüge des Dampfantriebs auszunutzen, und selbstverständlich, die Nachteile möglichst gut zu lindern. Man war auch davon überzeugt, daß nur der bestmögliche Unterhaltungszustand aller Betriebsmittel die Wirtschaftlichkeit garantierte. Man kann all dies sehr gut an der Geschichte der Reihe „J" sehen, einer Super-Schnellzuglokomotive, die die Norfolk & Western selbst entwarf und baute.

Um 1940 fühlten die zuständigen Fachleute der Bahn, daß es Zeit für eine bessere Schnellzuglok war, als die bisher verwendete USRA-2'D1'-Lokomotive. Vernünftigerweise war ihnen klar, daß schon Robert Stephenson die meisten wärmetechnischen und mechanischen Probleme mit seiner „Northumbrian" richtig angegangen war, aber die Kosten und Zeit verschlingenden Wartungs- und Unterhaltungsarbeiten mußten entschieden verringert werden. Dies bedeutete zum Beispiel, daß alle Achs- und Triebwerkslager mit Rollenlagern ausgestattet wurden, während eine vorher nie dagewesene Zahl von kleineren Lagern aller Art über eine mechanische Schmieranlage mit einem 110-Liter-Tank, ausreichend für eine Fahrstrecke von 2400 km, automatisch mit Öl versorgt wurde. Sogar die Lager der Glocke wurden automatisch geschmiert.

Eine andere Schmierpumpe versorgte die Dampfzylinder mit Heißdampföl; dies war üblich, aber darüber hinaus schmierte sie auch die Dampfzylinder der Speisewasser- und Luftpumpen und der Stokermaschine. Die Einfachheit der Bauweise mit zwei Antriebszylindern und Bakersteuerung trug ebenfalls ihren Teil zur Minderung der Unterhaltskosten bei.

Große Tender verminderten die Anzahl der Halte, die dem Ergänzen der Wasservorräte dienten. In Verbindung mit den USA-üblichen Konstruktionsmerkmalen wie Gußstahlrahmen, summierte sich all dies zu einer Lokomotive, die Laufleistungen um 24000 km im Monat erreichte, die Hauptwerkstätte nur alle anderthalb Jahre aufsuchen mußte und die für ihre außerordentliche Verläßlichkeit gerühmt wurde.

Zu einer Zeit, in der Dampf- und Dieselantrieb um die Vorherrschaft auf den nordamerikanischen Strecken kämpften, war es üblich, daß man die brandneuen Dieselloks in ebenso brandneuen Betriebswerken wartete, während die Dampflokomotiven mit denen man sie verglich, schon abgenutzt waren und in abbruchreifen Lokschuppen gewartet wurden. Oft fehlte hier das Dach, und die Werkzeuge waren auch veraltet und verschlissen. Der Schmutz war oft unbeschreiblich.

Unten: *Eine „J" der Norfolk & Western windet sich mit ihrem Expreßzug durch die Hügel Virginias.*

Oben: *Die prachtvolle Linienführung der in Roanoke gebauten 2'D2'-Lokomotiven der Reihe „J" der Norfolk & Western veranschaulicht diese Zeichnung.*

Auf der Norfolk & Western Railroad der 50er Jahre waren die Dampflokwerkstätten fast klinisch sauber, modern, gut ausgerüstet und optimal angelegt. Eine Northern der Reihe „J" konnte in weniger als einer Stunde nach einer Fahrt wieder betriebsfähig aufgerüstet werden; dazu gehörten die Reinigung von Verbrennungsrückständen, das Schmieren und Untersuchen auf Schäden, und vor allem das Auffüllen des Tenders mit vielen Tonnen Kohle und Wasser. Ergebnis dieser vorbildlichen Lokbehandlung war eine gute Wirtschaftlichkeit; die Aktionäre der Norfolk & Western erhielten eine Dividende von 6%, die der benachbarten und voll verdieselten Pennsylvania Railroad mußten sich damals mit 0,5% begnügen.

Am Ende merkte man aber doch die Schwierigkeiten, die es bereitete, daß man die einzige große US-Bahn mit Dampfbetrieb war. Auch ein Betrieb wie die N&W, der nach Möglichkeit alles selber machte, mußte vieles von anderen Firmen hinzukaufen, die nach und nach entweder schlossen oder zumindest die Produktion von Dampflokteilen einstellten. 1960 führten diese Probleme dann doch zum Ende des Dampfbetriebs; die Reihe „J" und alle anderen der großartigen N&W-Loks musterte man sehr schnell aus.

Viele meinen, daß die „J" die beste aller 2'C2'-Lokomotiven war, aber das ist sicherlich Geschmackssache. Tatsache ist, daß sie auf jeden Fall die höchste Zugkraft aller Northerns hatte, und daß zu dieser Reihe die letzten in den USA gebauten Schnellzugdampfloks gehörten. Gebaut wurden sie wie folgt: 1941-Nr.600-603, 1942-Nr.604, 1943-Nr.605-610, 1950-Nr.611-613.

Nr.604 hatte einen Boosterantrieb an einer Schleppachse. Nr.605-610 baute man ohne Stromlinienverkleidung, zwei Jahre liefen sie als vierschrötige, aber doch attraktive Lokomotiven in einfacher Aufmachung.

Obwohl ihr Treibraddurchmesser für Schnellzugloks recht klein war, gibt es Aufzeichnungen über im Dienst erzielte Geschwindigkeiten von 144 km/h, bei Versuchen erreichten sie sogar 177 km/h mit einem 1000-Tonnen-Zug von 15 Wagen, entsprechend der bemerkenswerten Zylinderleistung von 6000 PS.

Trotz dieser Fähigkeit zu außerordentlichen Leistungen und Geschwindigkeiten waren die Reisegeschwindigkeiten durch das hügelige Gelände mäßig. Beispielsweise benötigte der Stromlinienzug „Powhattan Arrow" für die 1082 km von Norfolk, Virginia nach Cincinatti, Ohio eine Zeit von 15 Stunden 45 Minuten, eine Reisegeschwindigkeit von 69 km/h. Dieser Zug war nicht allzu schwer, aber der Nachtexpreß „Pocahontas" mit Kurswagen von Norfolk nach Chicago über Cincinatti und die Pennsylvania Railroad hatte ein Gewicht bis 1000 t, die über die Steigungen bis 1,6% befördert werden mußten.

Die Norfolk & Western fungierte auch als Verbindungsbahn für andere Gesellschaften und ihre Northerns zogen auch Expreßzüge wie den „Tennessean" und den „Pelican" – die ursprünglichen, durch das Lied bekannten, „Chattanooga Choo-Choos" – zwischen Lynchburg und Bristol auf der berühmten Fahrt von New York nach Chattanooga und weiteren Orten.

Mitte: *Neu verkleidet ist die „J" Nr. 605 der N&W, als sie 1945 die Stromliniengarnitur des „Powhattan Arrow" zieht.*

Unten: *Eine andere in Roanoke gebaute Lok der Reihe „J", die Nr. 607. Sie gehört zu der Serie von 6 Loks, die 1943 ohne Verkleidung erschienen.*

Lok Nr. 611 erhielt das Verkehrsmuseum in Roanoke, Virginia. 1982 arbeitete man sie für Sonderfahrten wieder betriebsfähig auf.

Reihe 2900 2'D2'

USA
Atchison, Topeka & Santa Fe Railway (AT&SF), 1944

Zugkraft: 356,1 kN (79960 lb)
Achslast: 33,6 t (74000 lb)
Zylinder, ∅ x Hub: 711 x 813 mm (28 x 32 in)
Treibrad ∅: 2032 mm (80 in)
Verdampfungsheizfläche: 494 m² (5313 sq ft)
Überhitzerheizfläche: 220 m² (2366 sq ft)
Kesseldruck: 21,1 kp/cm² (300 psi)
Rostfläche: 10 m² (108 sq ft)
Brennstoff (Öl): 26,5 m³ (5830 Imp gal)
Wasser: 92,7 m³ (20400 Imp gal)
Reibungsgewicht: 133,5 t (294000 lb)
Gesamtdienstgewicht: 436,3 t (961000 lb)
Gesamtlänge: 36830 mm (120 ft 10 in)

Oben: *Die 2'D2'-Lokomotive Nr. 3769 erklimmt mit dem Vorzug des „Grand Canyon Limited" im Juni 1946 den Cajon Pass in Kalifornien. Der ausfahrbare Schornsteinaufsatz befindet sich in der oberen Position.*

Grund für die Bedeutung der Atchison, Topeka & Santa Fe (kurz Santa Fe) war die Tatsache, daß sie die einzige Bahn war, die Chicago mit Kalifornien verband. Seltsam war aber, daß sie nach drei kleinen Orten im südlichen Mittelwesten der USA benannt war, während viele Bahnen, die stolz den Namen mit dem Zusatz „Pazifik" schmückten, nie bis zu ihm gelangten. Auch heute noch befindet sich die Santa Fe im gleichen guten Zustand wie in den großen Tagen der Dampflok – finanzstark, zukunftsbewußt und mit erstklassig unterhaltenen Betriebsanlagen. Bei einer Länge der Hauptstrecke von 3580 km quer durch Amerika (oder 4100 km, wenn man mit der Santa Fe bis zur Bucht von San Francisco fuhr) und damals auch mit einem der besten und angesehensten Schnellzugdienste der Welt, kann man auf den Gedanken kommen, daß auch die Schnellzuglokomotiven außerordentlich gewesen sein müssen – und man hat damit auch Recht.

Fast alle Dampflokomotiven der Santa Fe stammten von Baldwin in Philadelphia. Dazu gehörten auch einmal solche exotischen Maschinen wie (1'B)C1' – und (1'C)C1'-Schnellzug-Mallets mit 1854 bzw. 1753 mm Treibraddurchmesser. 6 Lokomotiven aus einer Reihe von 44 (1'C)C1'-Mallets hatten sogar einen *„gelenkigen Kessel"*. Die Erfahrungen, die man mit ihnen und anderen kühnen Konstruktionen sammelte, führten zu dem festen Entschluß, in Zukunft bei dem Stephensonschen Grundschema zu bleiben und man hielt sich fast ohne Ausnahme später an diesen Grundsatz, das heißt, daß fast alle weiteren Santa Fe-Dampfloks einfach (d.h. ohne Gelenkrahmen) gebaut und mit einfacher Dampfdehnung (d.h. ohne Verbundwirkung) ausgeführt wurden. Die Ergebnisse dieser Entwicklungspolitik der langsamen, aber sicheren Fortentwicklung waren schlicht großartig.

Die Santa Fe überquert den berühmten Raton Pass in New-Mexiko mit Steigungen von 3,5% und den weniger steilen, aber dennoch schwierigen Cajon Pass im östlichen Kalifornien. Östlich Kansas City reichten auf den ebenen Präriestrecken bis zur Verdieselung 2'C1'- und 2'C2'-Lokomotiven, aber für die schweren westlichen Streckenstücke beschaffte die Santa Fe 1927 ihre ersten 2'D2'-Maschinen. Die ersten „Northerns" der Northern Pacifik schlugen sie mit ihrem Erscheinen nur um kurze Zeit. Diese frühen 2'D2'-Loks waren durch ihre großen Zylinder von 762 mm Durchmesser bemerkenswert, bisher der größte Wert für Durchmesser und auch Zylindervolumen bei Schnellzuglokomotiven, abgesehen von Verbundmaschinen.

Die erste Serie feuerte man mit Kohle, alle späteren Northerns waren Ölloks. Weitere 2'D2'-Lokomotiven erschienen erst 1938 (Nr. 3765-75), eine weitere Lieferung kam 1941. Die letztere Reihe mit den Nummern 2900 bis 2929, zu der auch die angegebenen Daten gehören, wurde schon während der Kriegszeit gebaut. Dadurch wurden sie rein zufällig auch die schwersten Einrahmen-Schnellzugloks, die je gebaut wurden, denn die sonst verwendeten hochfesten Stahlsorten waren knapp und verschiedene Teile – vor allem die Treib- und Kuppelstangen – mußten wegen der nicht so widerstandsfähigen Normalstähle viel massiver gebaut werden als vor dem Krieg. Das Gewicht der Lok lag nur um einen kleinen Betrag über dem anderer Lokomotiven, aber wenn man das Gesamtgewicht mit den riesigen achtachsigen Tendern betrachtet, gibt es keinen Rivalen um diesen Titel. Die beiden letzten Serien erhielten diese Riesentender, sie waren damit nicht nur die schwersten, sondern auch die längsten Schnellzuglokomotiven.

Man muß erwähnen, daß der Santa Fe statt der letzten Reihe „2900" Dieselloks lieber gewesen wären, aber die kriegsbedingten Einschränkungen, die die Regierung verfügte, erlaubten dies nicht. Die Bahn hatte sich früh am Spiel der Diesellokindustrie beteiligt, wie der heute legendäre Leichtbau-Stromlinienluxuszug „Super Chief" und gleichermaßen berühmte Sitzwagenzug „El Capitan" bezeugen. Aber vor 30 Jahren gab es auch noch Züge wie den „California Limited", „The Scout" und den „Grand Canyon Limited" und natürlich auch den ursprünglichen „Chief", die noch mit den normalen schweren Stahlfahrzeugen ausgerüstet waren. Oft mußten zum Hauptzug auch noch Vor- und Nachzüge eingesetzt werden und sie alle benötigten starke Dampflokomotiven.

Abgesehen von den frühen Diesel-Eindringlingen beherrschten die insgesamt 65 Northerns die Hauptstrecke von Chicago nach Los Angeles westlich von Kansas City. Es war üblich, sie diese ganze Strecke über vor dem Zug zu lassen, 2880 km über Amarillo oder 2830 km über den Raton Pass. Das war bei weitem die größten Langläufe, die jemals irgendwo gefahren wurden. Dabei erreichten die Loks Geschwindigkeiten im Bereich von 140-160 km/h, für die sie auch zugelassen waren.

Natürlich mußte auf diesen langen Fahrten das Personal mehrmals gewechselt werden. Die Vorschriften der Gewerkschaften, die aus den Zeiten der 2'B „Americans" 50 Jahre früher stammten, brachten dem Personal angenehm kurze Leistungen. Während der 34 Stunden

Unten: *Die 2'D2'-Reihe „2900". Beachten Sie den ausgefahrenen Schornsteinaufsatz, die sich elegant verjüngenden Kuppelstangen und den riesigen Tender auf zwei vierachsigen Drehgestellen. Acht dieser herrlichen Maschinen blieben erhalten, aber keine ist heute betriebsfähig.*

Oben: *Durch die Berge am Cajon Pass zieht die 2'D2'-Lok Nr. 3787 der Reihe „3700" die Stromlinienwagen des legendären „Chief"-Expreßzuges. Dieser lief täglich die 3580 km lange Sante Fe-Strecke zwischen Chicago und Los Angeles.*

Links: *Die beeindruckende Vorderfront einer Santa Fe „2900".*

langen Fahrt wechselte das Lokpersonal 12mal, 16mal mußten die Wasservorräte und beinahe so oft die Brennstoffbunker aufgefüllt werden, obwohl die Tender enorme Kapazitäten aufwiesen.

Diese großartigen Beispiele der Lokomotivbaukunst waren in allen wichtigen Punkten konventionell gebaut. Ungewöhnlich war der „hot-hat"-Schornstein, der in der Zeichnung gut zu erkennen ist. Lange Streckenabschnitte der Santa Fe wiesen keine die Lokomotivhöhe einschränkenden Brücken oder Tunnel auf; dort wurde die Schornsteinverlängerung ausgefahren, die die Feueranfachung verstärkte und Rauch und Dampf besser über das Führerhaus ableitete. Die Walschaertsteuerung war bei einem Teil der Northerns modifiziert, um den Ausschlag und damit der Massenkräfte der Schwinge zu verringern, erzeugte diese nur die Hälfte der Bewegung für die Schieber, Übersetzungshebel übertrugen den Schwingenausschlag auf die richtige Größe.

Die Santa Fe erteilte ausgemusterte 2'D2'-Maschinen großzügig an Ortschaften entlang ihrer Strecke zur Verwendung als Denkmäler, nicht immer waren sie dort erwünscht und verwahrlosten dementsprechend. Sie standen in Modesto und San Bernadino, California; Pueblo, Colorado; Fort Madison, Iowa; Kingsman, Arizona; Albuquerque, New Mexico und Wichita, Kansas. Nr. 2903 stellt das Chicagoer Museum für Wissenschaft und Technik aus, Nr. 2925 steht auch heute noch im Sante Fe-Betriebswerk in Belen, New Mexiko. Es gab zwar vor einigen Jahren das Gerücht, daß die Santa Fe sie wieder aufarbeiten und damit Sonderfahrten durchführen wolle, so wie ihr Nachbar Union Pacific, aber bisher wurde nichts daraus.

West Country Klasse 2'C1'

Großbritannien
Southern Railway (SR), 1946

Zugkraft: 138,3 kN (31 046 lb)
Achslast: 20,2 t (44 500 lb)
Zylinder, ∅ x Hub: (3) 416 x 610 mm (16⅜ x 24 in)
Treibrad ∅: 1879 mm (74 in)
Verdampfungsheizfläche: 197 m² (2122 sq ft)
Überhitzerheizfläche: 50,6 m² (545 sq ft)
Kesseldruck: 19,7 kp/cm² (280 psi)
Rostfläche: 3,55 m² (38,25 sq ft)
Brennstoff (Kohle): 5 t (11 000 lb)
Wasser: 25 m³ (5500 Imp gal)
Reibungsgewicht: 59,5 t (131 000 lb)
Gesamtdienstgewicht: 138 t (304 000 lb)
Gesamtlänge: 20 542 mm (67 ft 4¾ in)

Oben: *Lok Nr. 34002 „Union Castle" der „Merchant Navy" Klasse vor rot-/cremefarbenen Wagen der frühen BR-Zeit.*

Als Oliver Bullied von der London & North Eastern Railway als neuer Chefkonstrukteur 1937 zur Southern Railway wechselte, bekräftigte er seine Absicht, die Kunst des Dampflokbaus einen wichtigen Schritt voran zu bringen. Er war ein Mann mit Charme, Rechtschaffenheit, Können und guter Ausbildung, der sich auch in den vielen Jahren seiner Tätigkeit unter Sir Nigel Gresley seinen eigenen Stil bewahrt hatte. Ergebnis seiner Überlegungen, was den Schnellzugverkehr angeht, war der Bau von 140 2'C1'-Lokomotiven, die im Ganzen gesehen zum Bemerkenswertesten gehören, was man je auf britischen Schienen sah. Bullieds Lokomotiven waren in vielen Punkten erstaunlich gut, aber in Manchem auch unglaublich schlecht durchkonstruiert.

Er begann unter der Voraussetzung – von vielen oft vergessen –, daß es die Hauptaufgabe eines Chefkonstrukteurs ist, Lokomotiven zu entwerfen und bauen zu lassen, die ihre Züge pünktlich ans Ziel bringen, unabhängig von der Kohlenqualität, dem Wetter und der Erfahrenheit und dem Können des Lokpersonals. Im großen Ganzen war er damit erfolgreich, abgesehen von einem gewissen Können auf der Seite des Lokführers, andererseits war es vollkommen unwichtig, wie schlecht der Heizer war, er mußte die Kohlen nur irgendwie in die Feuerbüchse schaufeln.

Bullied strengte sich auch an, die zweite Forderung an einen Konstrukteur zu erfüllen, nämlich seine Hauptaufgabe, so kostengünstig wie nur möglich auszuführen. Dazu muß gesagt werden, daß es trotz einem gezielten und durchdachten Vorgehen von Bullied, zu Lokomotiven kam, die in Anschaffung, Unterhaltung und Verbrauch wesentlich teurer als ihre Konkurrenten waren.

An dritter Stelle kommt, daß Bullied seinen Namen (etwa Tyrann) lügen strafte und sich sehr aufmerksam um seine Untergebenen kümmerte. Er war damit ein gutes Beispiel für viele seiner Kollegen; mit geringem Aufwand verbesserte er die Arbeitsbedingungen seiner Lokpersonale durch kleine Verbesserungen. Seine Leute dankten es ihm durch ihren Einsatz im Umgang mit den neuartigen und ungewohnten Maschinen, die er schuf.

Bullieds 2'C1'-Loks besaßen alle ein Dreizylindertriebwerk mit drei unabhängigen Steuerungen neuartiger Bauweise. Diese patentierten Steuerungen hatten einen Kettenantrieb in einem ölgefüllten Getriebekasten zwischen den Rahmenwangen. Die Kolbenschieber mit außenliegender Einströmung wurden damit über querliegende Pendelwellen betrieben. Der große Kessel hatte eine breite Feuerbüchse mit geneigter Rostfläche.

Die zuerst gebauten Lokomotiven nannte man die „Merchant Navy" („Handelsflotten")-Klasse; der Prototyp der Reihe erschien 1941. Mit den Erfahrungen aus ihnen baute man kleinere Pazifiks als „West Country"-Klasse von 1945 an. In den folgenden 5 Jahren erschienen davon 109 weitere Lokomotiven, die umfassendste Reihe von Pazifiks in Großbritannien. Die Southern Railway numerierte sie ab 21C101 fortlaufend, bei der BR wurden sie zu 34001-34110. Die ersten 48 bekamen Namen mit Bezug zu den westlichen Teilen des Landes, die folgenden Namen bezogen sich auf die Schlacht um England, diese Lokomotiven bezeichnet man oft als „Battle of Britain"-Klasse, es gibt aber technisch keinen Unterschied zu den „West Country"-Loks.

Andere Besonderheiten waren das Lemaitre-Vielfachblasrohr, Scheibentreibräder mit runden Löchern statt der üblichen Speichen und die sogenannte strömungsgünstige Verkleidung. Neu für die SR waren der Schüttelrost, ein dampfbetriebener Hilfsantrieb zur Betätigung der Feuertür, Kraftumsteuerung und die elektrische Beleuchtung. Ein französisches System der Wasserbehandlung, bekannt als „Traitment Intégral Armand", hielt die Kessel sehr wirkungsvoll frei von Kesselstein, auch bei kreidehaltigem Wasser im südlichen Teil der SR. Fast alle ihre Lokomotiven bauten die Bahnwerkstätten in Brighton, wo man abgesehen von wenigen Ausnahmen während des Krieges schon lange keine neuen Lokomotiven gebaut hatte. 6 Maschinen kamen aus den Eastleigh-Werkstätten.

Das beste an den Loks war der Kessel. Sie strotzten vor Neuerungen, neu für die Southern Railway natürlich – geschweißte statt genietete Nähte, Feuerbüchsen aus Stahl anstelle von Kupfer mit bisher nicht gekannten Wasserkammern. Obwohl vieles neu und bei der SR nicht erprobt war, machten sie sehr

gut Dampf und benötigten auch nur wenig Unterhalt, eine großartige Leistung von Bullied und seinem Team.

Ein komplizierter Dampfbehälter für ein Wasser-Dampf-Gemisch mit 19,7 kp/cm² war ihnen gut gelungen, aber ein Behälter, der nur ein paar Zentimeter hoch Öl enthalten sollte, war völlig mißraten. Gemeint ist die Ölwanne zwischen den Rahmenblechen, in der die Treibstange des Innentriebwerks und die drei Kettenantriebe der Steuerungen umhertobten. Bullied hatte angenommen, daß sich die Wartung wie bei einem Auto auf die regelmäßige Kontrolle des Ölstands und gelegentliches Auffüllen beschränken würde. Der Antrieb sollte gegen Staub, Schmutz und Wasser geschützt sein, die Abnutzung gering bleiben. Leider sollte es ganz anders kommen, die Ölwannen wurden undicht und die neuartigen unerprobten Steuerungsantriebe waren immer wieder Anlaß zu Störungen. Die Antriebe korrodierten auch stark, wenn das Öl verunreinigt war. Es gab also erschreckende Unterhaltungsprobleme, die auch beharrliche Verbesserungsversuche nie ganz lösen konnten.

Bei einer gut zu übersehenden Außensteuerung konnte der Lokführer einen Schaden oft schon frühzeitig erkennen und größeren Schaden vermeiden. Aber bei diesen Lokomotiven war das erste Zeichen für Schwierigkeiten ein meist schon sehr kostspieliges ungutes Geräusch, dem oft recht bald ein Loch in der Ölwanne folgte, wenn lose Teile sich ihren eigenen Weg suchten. Übrigens war der Preis, den man für diese komplizierte Maschine auch nach Abzug der Entwicklungskosten zahlte, noch ziemlich hoch; der Herstellungspreis einer „West Country"-Lok betrug £ 17000, zu einer Zeit als eine so komplexe Maschine wie die „Castle" der Great Western Railway weniger als £ 10000 kostete.

Beide 2'C1'-Reihen der Southern Railway waren im großen Ganzen gut, aber da die kleinere alle Aufgaben der größeren „Merchant Navy" erfüllen konnte, gebürt ihr etwas mehr Bewunderung. Bei den Lokomotivversuchen nach der Nationalisierung 1948 leisteten sie gleich viel oder sogar mehr als die größeren Rivalen von den anderen Bahnen. Den SR-Leuten war vollkommen klar, daß ihre Loks bei den Verbrauchswerten ganz unten auf der Liste rangierten, deshalb mühten sie sich, wenigstens in anderen Bereichen gut auszusehen. Abgesehen von der SR stand es damals um die Pünktlichkeit der britischen Züge sehr schlecht, bei einer der Versuchsfahrten holte Lok Nr. 34006 „Bude" auf der kurzen Strecke von 64 km zwischen Bristol und Taunton ganze 11 Minuten Verspätung auf.

Bei einer anderen Gelegenheit fuhr eine der SR-Loks im schottischen Hochland auf der berühmten Steigung von Blair Atholl nach Dalnaspidal 13 Minuten heraus, dabei leistete diese verhältnismäßig kleine Maschine mehr als 2000 PS. Im Vergleich mit den dort üblichen 2'C-Lokomotiven verbrauchte sie dabei aber 28% mehr Kohle, pro PS-Stunde waren es immer noch 22% mehr. Es wurde auch verzeichnet, daß der Verbrauch an Schmieröl nicht 7%, sondern *7mal"* so hoch war, ein untypischer Wert, üblicher war der 3fache. Dabei muß man auch bedenken, daß eine normale Lokomotive mit dem System der verlorenen Schmierung arbeitete.

Oben: *Die ungepflegte „West Country"-Pazifik Nr. 34017 legt an einem kalten Schneetag bei Weald in Kent eine herrliche Dampfwolke über ihren Zug.*

In ihrer Heimat verwendete die SR die „West Country"-Loks vor fast allen Personenzügen vom „Golden Arrow"-Exreßzug vom Victoria-Bahnhof zum Kanalhafen Dover bis herab zu Vorortzügen mit zwei oder drei Wagen. Die Wartungsprobleme linderte die große Zahl der 140 Bullied-Pazifiks, die weit über dem eigentlichen Bedarf lag.

Darüber hinaus baute man zwischen 1957 und 1960 sechzig „West Country"-Loks mit gewöhnlichen Zylindern und Steuerungen um; in dieser Form waren sie in der kurzen Zeit, die der Dampflok noch verblieb eindeutig unter den besten Lokomotiven, die je in Großbritannien fuhren.

Vom 3. bis 9. Juli 1967, der letzten Woche des Dampfbetriebs auf der Southern Railway, beförderten diese Umbauloks den sonst elektrisch betriebenen Luxuszug „Bournemouth Belle" etliche Male.

Mehrere Lokomotiven der ursprünglichen und der umgebauten Versionen wurden erhalten und wieder aufgearbeitet, beispielsweise die originale Lok Nr. 21C123 „Blackmore Vale" auf der Bluebell Railway und die 21C192 „City of Wells" der Keighley & Worth Valley Railway.

Unten: *Die eindrucksvolle „Battle of Britain"-Maschine namens „Sir Winston Churchill" wird heute in Didcot ausgestellt.*

Niagara 2'D2'

USA
New York Central Railroad (NYC), 1945

Zugkraft: 274,2 kN (61 570 lb)
Achslast: 31,8 t (70000 lb)
Zylinder, Ø x Hub: (2) 648 x 813 mm (25½ x 32 in)
Treibrad Ø: 2007 mm (80 in)
Verdampfungsheizfläche: 448 m² (4827 sq ft)
Überhitzerheizfläche: 191 m (2060 sq ft)
Kesseldruck: 20,4 kp/cm² (290 psi)
Rostfläche: 9,3 m² (100 sq ft)
Brennstoff (Kohle): 41,7 t (91900 lb)
Wasser: 68,1 m³ (15000 Imp gal)
Reibungsgewicht: 124,4 t (274000 lb)
Gesamtdienstgewicht: 404,5 t (891 000 lb)
Gesamtlänge: 35192 mm (115 ft 5½ in)

Die Rennstrecke der New York Central Railroad zwischen New York und Chicago wurde schon an anderer Stelle erwähnt, man kann behaupten, daß diese Bahn zu Zeiten der Dampflok die größte Personenverkehrsgesellschaft der Welt war, was die Fahrgeschwindigkeiten und die beförderte Tonnage angeht. Anfang der 40er Jahre zeichnete sich ab, daß diese Beförderungsleistungen langsam die Leistungsfähigkeit der berühmten „Hudsons" überstiegen. Paul Kiefer schlug den Bau einer 2'D2'-Lokomotive vor, die ein mehr als 30% höheres Reibungsgewicht mit entsprechender Zugkraft und eine 25% größere Rostfläche haben sollte. Sein Ziel war eine Maschine, die Stunde für Stunde eine Zylinderleistung von 6000 PS entwickelte und zuverlässig die Strecke New York–Chicago mit einer Länge von 1493 km bediente.

Die American Locomotive Company in Schenectady entwickelte eine Lokomotive, die die letzte bedeutende Neuentwicklung der USA werden sollte. In der Größe ähnelte sie der Union Pacific-Loks der Reihe „800", darüber hinaus stammt die Bauart des Tenders sicherlich von der UP. Gemeinsam mit den „800"-Loks hatten sie auch das glatte gefällige Äußere, das nicht durch Ausrüstungsteile oder eine mißlungene Lokverkleidung verunziert wurde.

Unten: *Von vielen wird sie als der Höhepunkt der Dampflokentwicklung angesehen, Nr. 6025 war die zuletzt gebaute Lokomotive der New York Central „Niagaras".*

Weil das kleinere Lademaß der NYC nur eine größte Höhe von 4623 mm im Gegensatz zu den 4928 mm der UP erlaubte, ist der Schlot äußerlich nur andeutungsweise vorhanden und der Dampfdom kaum mehr als eine Mannlochverkleidung. Es gab andere Unterschiede wie eine Bakersteuerung anstelle der Walschaertsteuerung.

Selbstverständlich war die Grundlage der Konstruktion ein Stahlgußrahmen mit allen wichtigen Baugruppen, nichts anderes war für die starken Beanspruchungen geeignet, denen diese Loks ausgesetzt waren. Wie nicht anders zu erwarten war, hatten alle Achsen und Treibstangen Rollenlager. Die Bakersteuerung hat den Vorteil, daß sie keine Gleitflächen besitzt, so konnte man alle beweglichen Teile mit Nadellagern ausstatten. Wenn wir schon von der Steuerung sprechen, ist zu bemerken, daß die Ventilöffnungen in Einlaßrichtung scharfkantig waren, die Auslaßseite war aber etwas abgerundet. Dadurch minderte man die Schärfe der Auspuffschläge und erhielt damit einen gleichmäßigeren Schornsteinzug.

Obwohl in den Grundzügen gleich, hatten die Tender auch interessante Unterschiede. Da die NYC eine der wenigen nordamerikanischen Bahnen war, die die Wasservorräte der Lokomotiven während der Fahrt aus Wassertrögen zwischen den Schienen ergänzten, konnte man die Wasservorräte zugunsten einer größeren Kohlekapazität verringern. Dadurch mußte während der langen Fahrt von New York nach Chicago der Kohlevorrat nur einmal ergänzt werden. Eine verbesserte kraftbetätigte Wasserschöpfvorrichtung verringerte die Verzögerungen, bisher mußten die Züge zum Wassernehmen die Geschwindigkeit herabsetzen, jetzt konnte man auch noch bei fast 130 km/h Wasser schöpfen. Spezielle Entlüftungsöffnungen vermieden das Platzen der Wassertanks (es war tatsächlich vorgekommen), wenn innerhalb von Sekunden vielleicht 45 m³ inkompressiblen Wassers in den Wasserbehälter stürzten. Der starke Überhang des hinteren Tenderteils war nötig, damit die Lokomotiven mit allen Achsen auf eine 30,5 m große Drehscheibe paßten.

Die Nummer 6000 für eine Lokomotive, die 6000 PS entwickeln sollte und ebensoviele Meilen pro Woche laufen sollte, mag manchem als Herausforderung des Schicksals erscheinen, aber alles ging gut. Der Prototyp erhielt die Reihenbezeichnung „S1a", die 25 Loks der Serie mit den Nummern 6001-6025 waren die Reihe „S1b". Außerdem gab es eine einzelne „S1c". Nr. 5500 mit Ventilsteuerung. Diese größte aller Schnellzugdampflokomotiven bezeichnete man als „Niagara"-Klasse und es dürfte keinen Lokomotivkenner geben, der bei Erwähnung dieses Worts an die Wasserfälle denkt. Diese vollendeten Maschinen erreichten beide gesetzten Ziele, bei Versuchen leisteten sie 6700 PS und sie liefen im Monat durchschnittlich fast 42000 km.

Eigentlich wollte man zuerst den Prototyp ausführlich testen und erst dann eine ganze Serie bestellen, aber bevor die Arbeit weit gediehen war, bestellte man gleich alle 27 Lokomotiven. Dies war vernünftig, denn die Loks entsprachen völlig der üblichen Bauweise, sie waren nur größer. Was wirklich wichtig war, war die Schaffung einer verbesserten Organisation der Wartung und Lokbehandlung um die angestrebte Laufleistung zu verwirklichen. Und um dies zu erproben, brauchte man schon von Anfang an alle Maschinen.

Eine Verordnung der Stadt New York untersagte den Betrieb mit Dampflokomotiven innerhalb der Stadtgrenzen. Darum verließen alle Personenzüge den Grand Central Bahnhof hinter Stromschienen-Elloks. Vor der Stadt, in Harmon spannte man dann endlich die Dampfloks vor die Züge. Hier und in Chicago war die Heimat der „Niagaras", wo man sie in ihrer großen Zeit in erstklassigen Zustand hielt, für einen der zweifellos härtesten Einsätze, den wohl jemals Dampfloks – oder auch andere Lokomotiven – erbringen mußten.

Weltrekorde erzielt man nicht ohne außergewöhnliche Anstrengungen, aber die hervorragende Organisation des Betriebsdienstes erlaubte eine rasche Lokbehandlung in den Betriebswerken. Als erstes entfernte man bei einer neu im Betriebswerk eingetroffenen Lokomotive das Feuer, dann bestieg eine Mannschaft von „hot men" in Asbestanzügen die Feuerbüchse – so groß wie ein Zimmer – und reinigten die Siede- und Rauchrohre und re-

Oben: *Es ist ein kalter Märztag des Jahres 1952, als eine New York Central „Niagara" ihren Zug schwerer Stahlwagen aus dem Bahnhof von Dunkirk im Staate New York Richtung Westen zieht.*

parierten wenn nötig die Ausmauerung oder den Feuerrost. Eine Vorbehandlung des Speisewassers verhinderte die Bildung von Kesselstein, der den Wärmeübergang von der Feuerbüchse zum Wasser behindert hätte. Auf vielen Bahnen hatten die Lokomotiven einen Auswaschtag pro Woche, an dem diese Arbeiten ausgeführt wurden, aber bei einer täglichen Laufleistung von 1493 km von Harmon nach Chicago oder zurück mußte diese wöchentliche Arbeit innerhalb des 24-Stunden-Zyklus erledigt werden.

Damals gab es zwölf tägliche Züge allein zwischen New York und Chicago – den „Chicagoan", den „Advance Commodore Vanderbilt", den „Commodore Vanderbilt", den „Advance Empire State Express", den „Empire State Express', den „Lake Shore Limited", den „Mohawk", den „North Shore Limited", den „Pacemaker", den „Water Level", den „Wolverine" und den besten zuletzt, nämlich den berühmten „Twentieth Century Limited", den „Schnellzug des zwanzigsten Jahrhunderts", mit einer Fahrzeit von 16 Stunden.

Auch der fanatischste Dampflokfan muß zugeben, daß auch andere Faktoren dazu beitrugen, aber die Zeit der „Niagaras" war ein Höhepunkt des Eisenbahnwesens. Die Qualität des Personenverkehrs hat so stark nachgelassen, daß heute mit dieselbespannten Zügen die Fahrzeit auf dieser Strecke 19 Stunden und 50 Minuten beträgt, dabei gibt es heute nur noch einen Zug in dieser Richtung.

Die „Niagaras" zeigten auch klar, daß moderne, gut gewartete Dampflokomotiven den Dieselloks auch wirtschaftlich überlegen sein können. Leider war damals die Kohleversorgung durch häufige Streiks der Bergewerksarbeiter unter ihrem Gewerkschaftsführer John L. Lewis unzuverlässiger als die Versorgung mit Öl, darüber hinaus war der größte Teil der NYC-Lokomotiven weder modern noch gut gewartet. So mußten auch die modernsten aller New York Central-Maschinen, nachdem sie in ihrem kurzen Leben mehr Meilen gefahren und mehr Tonnen gezogen hatten als ihre älteren Kollegen, ihre letzte Fahrt antreten. Keine der „Niagaras" entging dem Schneidbrenner.

Unten: *Die „S1b" „Niagara" Nr. 6001 verläßt Albany im Staat New York mit einem Zug zu südlichen Zielen; im April 1952.*

Rechts: *„Niagara" Nr. 6018 legt sich mit dem „The Missourian" von St. Louis nach New York in Peekskill, New York in die Kurve.*

Reihe 242 A1 2'D2'

Frankreich
Französische Staatsbahn (SNCF), 1946

Achslast: 21,1 t (46256 lb)
Zylinder, ⌀ x Hub,
– **Hochdruck**: (1) 600 x 720 mm (23,6 x 28,3 in)
– **Niederdruck**: (2) 680 x 760 mm (26,8 x 29,9 in)
Treibrad ⌀: 1950 mm (76,8 in)
Verdampfungsheizfläche: 253 m² (2723 sq ft)
Überhitzerheizfläche: 120 m² (1292 sq ft)
Rostfläche: 5 m² (54 sq ft)
Brennstoff (Kohle): 11,5 t (25300 lb)
Wasser: 34 m³ (7480 Imp gal)
Reibungsgewicht: 84 t (185020 lb)
Gesamtdienstgewicht: 225 t (495600 lb)
Gesamtlänge: 17765 mm (58 ft 3½ in)

Unter Fachleuten ist es unbestritten, daß André Chapelon auf die kurze Liste der besten Lokomotivkonstrukteure der Welt gehört, er war wohl der beste von allen. Und diese großartige Lokomotive ist sein Meisterwerk.

Die frühere Etat, heute die Westregion der SNCF, hatte in der Vorkriegszeit viele, aber schlechte, Erfahrungen mit einer großen 2'D1'-Lokomotive gesammelt, die eine von der Regierung eingesetzte Entwurfskommission bauen ließ. Es war eine Dreizylindermaschine mit einfacher Dampfdehnung und einer Ventilsteuerung, mit der auch damit ein Füllungsverhältnis wie bei einer Verbundlokomotive erzielt werden sollte. Bedauerlicherweise konnte dieses Ziel nie erreicht werden, andere Mängel der Maschine führten zu schlechten Laufeigenschaften und ließen sie gern entgleisen. Nach den Versuchsfahrten stellte man dieses Ärgernis mit der Nummer 241101 ab, besonders peinlich war, daß man vorher mit großem Trara verkündet hatte, daß diese Lokomotive eine neue Ära des Lokomotivbaus einläuten würde.

Chapelon hatte schon lange gewünscht, diese Lokomotive in seine Hände zu bekommen und sie genauso zu verbessern wie zuvor die Pazifiks der Paris-Orleans-Bahn. Es dauerte Jahre, bis er die ablehnende Haltung der Verwaltung überwunden hatte, aber 1942 stimmte man endlich seinen Plänen zu, denn man benötigte einen Prototyp für neue Schnellzuglokomotiven, die gebaut werden sollten, wenn der Krieg erst einmal vorüber war. Die Umbauarbeiten übertrug man der „Société des Forges et Aciéres de la Marine et d'Homecourt".

Der Lokrahmen mußte wesentlich verstärkt werden, das zusätzliche Gewicht, das sich dabei und bei weiteren Änderungen ergab, erforderte eine zusätzliche Achse – damit entstand Frankreichs erste 2'D2'-Lokomotive. Die de Glehn-Verbundbauart mit zwei Niederdruck-Innenzylindern hätte eine doppelt gekröpfte Treibachse mit ziemlich dünnen Kurbelschenkeln bedeutet, weil für stärkere Schenkel kein Platz blieb und zugegebenermaßen war diese Kropfachse bei anderen Maschinen eine Quelle von Störungen. Darum sah Chapelon nur einen einzigen Hochdruck-Innenzylinder vor, der die erste Treibachse antrieb, die beiden äußeren Niederdruckzylinder wirkten auf die zweite Treibachse. Die drei Zylinder lagen in einer Ebene zwischen den Vorlaufachsen.

Oben: *Eine alte Farbaufnahme zeigt Chapelons Meisterwerk, die 242.A.1 der SNCF, umgebaut aus einer älteren 2'D1'-Lokomotive.*

Unten: *Die 242.A.1war die einzige französische Lokomotive mit der Achsfolge 2'D2'.*

Chapelon ließ auch von der Ventilsteuerung ab und verwendete doppelte Kolbenschieber mit ausreichend bemessenen Durchlaßöffnungen wie bei seinen letzten 2'C1-Umbauten. Die Außenkurbeln waren wie bei einer Zweizylinderlok um 90° versetzt, die Innenkurbel teilte den stumpfen Winkel dazwischen in zweimal 135°. Der Antrieb für die innere Walschaertsteuerung saß links am dritten Treibrad. Die schlechten Laufeigenschaften bekämpfte man mit einer Rollen-Rückstellvorrichtung für das vordere Drehgestell und mit Franklins selbststellenden Achslagerkeilen, beides aus den USA übernommen.

Der Kessel besaß zwei Wasserkammern in der Feuerbüchse, Houlets konzentrische Überhitzerelemente und einen mechanischen Stoker. Ein dreifaches Kylchap-Blasrohr sorgte für eine gute Feueranfachung. Nach der Fertigstellung 1946, bewies die nun als 242.A.1 bezeichnete Lokomotive bei Versuchen, daß sie bei weitem die stärkste Lokomotive außerhalb Nordamerikas war – der Zusatz „Dampf" ist absichtlich fortgelassen, es gab auch keine stärkere Diesel- oder Ellok! Sie erreichte nun eine Zylinderleistung von 5500 PS im Vergleich zu 2800 PS vor dem Umbau. Dies war genausoviel wie die Leistung einer um die Hälfte schwereren US-2'D2'-Lok, wenn man diese hart heranahm.

Diese gewaltige Leistung eröffnete bisher ungeahnte Möglichkeiten. Typisch war die Beförderung eines 15-Wagen-Zugs von 740 t Gewicht auf einer anhaltenden Steigung von 0,8% mit einer Mindestgeschwindigkeit von 114 km/h! Einen 700 t-Zug von Paris nach Lille zog sie in 140 Minuten über die 258 km lange Strecke, eine Reisegeschwindigkeit von 110,6 km/h. Die 210 km der elektrifizierten Hauptbahn von Paris nach Le Mans bewältigte sie mit einem Versuchszug von 810 t Gewicht in 109 Minuten, schneller als die Elektroloks mit einem Durchschnitt von 115,6 km/h. Bei einer anderen Gelegenheit erreichte sie 151 km/h, auch ein Versuch im Hinblick auf eine Erhöhung der allgemeinen Geschwindigkeitsgrenze von 120 km/h.

Für ihre Zukunft war all das gar nicht gut, denn die Bahnoberen waren von ihrem Erfolg noch mehr entsetzt als von den früheren Fehlschlägen. Sie waren gerade dabei, die französische Regierung in diesen schlechten Zeiten zur Zustimmung zu einem umfassenden Elektrifizierungsprogramm zu bewegen, und hier kam ein „junger" Mann (Chapelon war 58) mit einer Lokomotive, die erstens mehr leistete als jede Elektrolok, die bisher gebaut wurde und die zweitens so sparsam im Verbrauch war, daß eine Elektrifizierung nicht die versprochene Einsparung gebracht hätte. Und auf diese beiden Punkte stützte sich vor allem ihr Vorschlag für die Elektrifizierung.

Man kann also leicht verstehen, warum diese großartige Lokomotive keine Nachfolger bekam. Tatsächlich schob man sie in aller Stille zum Depot von Le Mans ab, wo sie zusammen mit unbedeutenderen Maschinen die Schnellzüge übernahm, die von Paris mit Elloks ankamen.

Die Leistung der 2'D2' war den Personalen wohlbekannt, denn sie konnten sich bei stark verspätet übernommenen Zügen hohe Prämien für wieder eingeholte Verspätungen verdienen.

Ein weiterer Punkt zuungunsten eines Nachbaus waren die robusten amerikanischen 1'D1'-Liberation-Loks, die wirtschaftlicher waren als die bisherigen Verbundloks, denn sie waren so billig im Unterhalt, daß der leichte Kohlenmehrverbrauch nicht ins Gewicht fiel. Ironie des Schicksals war, daß Chapelon selbst die Triebwerke der 141R-Loks verbessert hatte, so daß der Mehrverbrauch von 20 auf 10% gesenkt wurde.

Es überrascht daher nicht, wie Baron Gerard Vuillet in seinem umfassenden Werk „Eisenbahnerinnerungen aus drei Kontinenten" berichtet, daß es einen Entwurf für eine Zweizylinderlokomotive einfacher Dampfdehnung mit der Achsfolge 2'C2', mit Stahlgußrahmen, Rollenlagern, Stoker und einer Rostfläche von 6,2 m² gab. Vuillet bemerkt dazu, daß diese 147 t schwere Maschine nicht mehr Zugkraft besessen hätte als die besten französischen Pazifiks von 104 t Gewicht, aber sie wäre besser und vielseitiger einzusetzen gewesen.

Chapelon konterte darauf mit Entwürfen für Dreizylinder 2'C2'- und 2'D2'-Lokomotiven für den Schnellzugdienst. Er dachte auch an eine Vierzylinder-Verbund-2'D2'-Lok mit dreifacher Dampfdehnung, einem Kesseldruck von 41 kp/cm² und einer Wasserrohrfeuerbüchse. Sie sollte 8000 PS entwickeln. Er war sich sicher, daß mit der ersteren auf jeden Fall, und vielleicht auch mit der Hochdrucklok, die Unterhaltungskosten auf die Höhe der einfachen Maschinen gebracht werden könnten. All das sind aber nur noch akademische Erwägungen – die große 242.A.1 musterte man 1960 aus und verschrottete sie in aller Heimlichkeit. Es blieben nur Modelle, Erinnerungen und ein tiefes Bedauern, daß davon nichts mehr wahr wurde.

Oben: *Die SNCF 242.A.1 wurde 1946 fertiggestellt und übertraf in ihren Leistungen alle vorhandenen Diesel- oder Elektrolokomotiven.*

Unten: *Chapelons großartige 242.A.1 war die stärkste Dampfschnellzuglokomotive in Westeuropa.*

Reihe C62 2'C2'

Japan
Japanische Staatsbahn (JNR), 1949

Zugkraft: 136,7 kN (30960 lb)
Achslast: 16,6 t (36500 lb)
Zylinder, ∅ x Hub: (2)
521 x 660 mm (20½ x 26 in)
Treibrad ∅: 1750 mm (69 in)
Verdampfungsheizfläche*:
245 m² (2640 sq ft)
Überhitzerheizfläche:
* im obenstehenden Wert enthalten
Kesseldruck: 16 kp/cm² (228 psi)
Rostfläche: 3,86 m² (41,5 sq ft)
Brennstoff (Kohle): 10 t
(22000 lb)
Wasser: 22 m³ (4850 Imp gal)
Reibungsgewicht: 64,7 t
(142500 lb)
Gesamtdienstgewicht: 161,6 t
(356000 lb)
Gesamtlänge: 21475 mm
(70 ft 5½ in)

Bevor sie in vielen Zweigen der Technik Ausgezeichnetes hervorbrachten, waren die Japaner als Nachahmer berühmt und berüchtigt. In manchem – beispielsweise beim Eisenbahnsicherungswesen – hielten sie sich an britische Vorbilder, bei ihren Dampflokomotiven herrschte der amerikanische Einfluß vor. Es begann, als Baldwin 1897 einige 1'D1'-Lokomotiven lieferte, die dieser weitverbreiteten Type den Namen „Mikado" gaben.

So waren die neueren japanischen Dampflokomotiven hübsch aussehende oder gar elegante Miniaturausgaben der jeweiligen typischen US-Maschinen in etwa einem Dreiviertel ihrer Größe, um sie an die schmälere Spur von 1067 mm anzupassen. Das Modernste auf dem Gebiet der Personenzugtraktion waren diese 49 Maschinen der Achsfolge 2'C2', die der üblichen Regel folgten, aber in Details doch sehr charakteristisch waren. Sie sind das Ergebnis eines weitgehenden Umbaus von Mikados der Reihe „D52" – einer schwereren Version der Einheitsbauart

Oben: *Ein Paar „C62"-Hudsons der Japanischen Staatsbahn zieht einen Schnellzug auf der Insel Hokkaido.*

Unten: *Die Zeichnung zeigt die moderne Linienführung der JNR „C62", volkstümlich als „Schwalbe" bezeichnet.*

Reihe Pt-47 1'D1'

Polen
Polnische Staatsbahn (PKP), 1947

Zugkraft: 187,6 kN (42120 lb)
Achslast: 21 t (46260 lb)
Zylinder, ∅ x Hub: (2)
630 x 700 mm (24,8 x 27,6 in)
Treibrad ∅: 1850 mm (72,8 in)
Verdampfungsheizfläche:
230 m² (2476 sq ft)
Überhitzerheizfläche: 101 m²
(1087 sq ft)
Kesseldruck: 15 kp/cm² (213 psi)
Rostfläche: 4,5 m² (48,4 sq ft)
Brennstoff (Kohle): 9 t
(19825 lb)
Wasser: 32 m³ (7040 Imp gal)
Reibungsgewicht: 83,5 t
(183920 lb)
Gesamtdienstgewicht: 173 t
(381060 lb)
Gesamtlänge: 24255 mm
(79 ft 7 in)

In der mit 60 Jahren verhältnismäßig kurzen Zeit ihres Bestehens haben die Polnischen Eisenbahnen schon sehr viel mitgemacht, aber ihre Lokomotiventwicklung ist erstaunlicherweise sehr kontinuierlich verlaufen. Vierfach gekuppelte Schnellzuglokomotiven erschienen recht früh in Form von drei „Pu-29" 2'D1'-Loks, die die Firma Cegielski 1929 lieferte. Die Zahl der Reihenbezeichnung gibt das erste Baujahr einer polnischen Lokomotive an, das „P" steht für „Pospieszny" (Personenzuglok) und das „u" gibt die Achsfolge 2'D1' an, „t" heißt die 1'D1'-Lok.

Eine allgemeine Einführung dieser 2'D1'-Loks hätte die Erneuerung vieler kurzer Drehscheiben bedeutet, so kam man nach reiflicher Überlegung davon ab, sie zur Norm zu erklären. Man nahm an, daß eine

„D51" –, die vor dem 2. Weltkrieg gebaut worden waren. Den Umbau führten die Firmen Hitachi, Kawasaki und Kisha Seizo Kisha durch.

Man kann nur vermuten, daß dieser sogenannte Umbau dazu diente, ein vermutlich vorhandenes Verbot des Neubaus von Personenzuglokomotiven durch die Regierung oder die Finanzverwaltung zu umgehen, denn von den Mikados ließ sich für diese Hudsons wohl kaum etwas verwenden und die Einsparung durch die Verwertung weniger Teile dürfte minimal gewesen sein. Aber solche „Umbauten" waren in der Welt des Lokomotivbaus gang und gäbe, und über das Ergebnis konnte sich hier wirklich niemand beschweren. Aus praktischer und ästhetischer Sicht war er ein voller Erfolg. Die Verehrung der Eisenbahn ist in Japan noch mehr eine eigene Religion als in Amerika oder Großbritannien und die „C62", auch als „Schwalben" bezeichnet, standen lange Zeit an der Spitze dieses Kults.

Nennenswerte Merkmale aller größeren japanischen Dampfloks sind die elektrische Beleuchtung und der Speisewasservorwärmer. Alle Achsen hatten Scheibenräder, die Treibräder mit markanten Öffnungen. Der Dampfdom saß innerhalb des Sandbehälters und hielt damit den Sand trocken und warm. Der Tender hatte keine vordere Plattform, sondern der Führerhausboden reichte bis über den ersten Tenderradsatz und der Kohlebehälter reichte ins Führerhaus.

Vor zwanzig Jahren konnte man sie vor den besten Zügen – wie dem „Hatsukari" (Wildgans-Expreß) – im Tokioter Hauptbahnhof antreffen, aber heute ist nicht nur die Dampftraktion von den 1067 mm-Strecken verschwunden, sondern auch die Tagesfernzüge. Jetzt fährt man auf Normalspur mit dem weltberühmten „Shin Kansen" mit einer Geschwindigkeit von 160 km/h und mehr und kann zwischen mehreren Zügen pro Stunde wählen.

Die 2'C2'-Loks fanden allerdings noch ein Refugium auf Japans Nordinsel Hokkaido, wo sie zu zweit, oder auch in Dreifachtraktion – die Schnellzüge im Fährhafen Hakkodate an der Südspitze der Insel übernahmen. Als auch hier ihr Dienst endete, reservierte man zwei dieser Giganten auf schmaler Spur für eine Erhaltung. Die Maschine Nr. C62-2 kann man im Umekoji Museums-Betriebwerk in Kyoto auf der Hauptinsel sehen, die C62-3 behielt man in Otaro im Norden von Hokkaido und setzt sie bei besonderen Anlässen ein.

Oben: *In Doppeltraktion befördern „C62"-„Schwalben" einen Schnellzug der Japanischen Staatsbahn.*

1'D1'-Maschine ähnliche Leistungen erbringen könnte, es resultierte die „Pt-31" mit gleichen Zylindern, Rädern und Kesseldruck. Wie die meisten polnischen Lokomotiven waren sie unkomplizierte robuste Zweizylindermaschinen, vielteilige Zusatzausrüstungen zur Verbesserung der Wirtschaftlichkeit waren in diesem Land der reichen Kohlevorkommen nicht nötig.

Der deutsche Einmarsch 1939 brachte es mit sich, daß die letzten 12 der 110 Lokomotiven als deutsche „39" geliefert wurden. 30 „Pt-31" verblieben im russisch besetzten Landesteil und nicht alle kehrten nach Kriegsende in das neue Polen zurück. Die meisten davon befanden sich im von der Sowjetunion annektierten Teil, einige dienten mehrere Jahre in Österreich.

Das Baukonzept war so erfolgreich, daß 1947 weitere 1'D1'-Maschinen gebaut wurden. Von dieser „Pt-47" lieferte die Fabrik Chrzanow in Warschau 120 und Cegielski 60 Exemplare. Unterschiede zur älteren Bauart waren hauptsächlich der Übergang von genieteten zu geschweißten Feuerbüchsen; Dampf- und Sanddom faßte man nun unter einer Verkleidung zusammen und die „Pt-47" erhielt einen Stoker. Die neuen Lokomotiven sahen genauso gut aus wie die älteren und übernahmen bald den Großteil der Schnellzüge auf den nicht elektrifizierten Hauptstrecken. Alle 1'D1'-Loks besaßen vorne ein Krauss-Helmholtz-Drehgestell. Diese seitenbewegliche Verbindung von Laufachse und erster Treibachse ergibt einen wesentlich besseren Kurvenlauf als die einzelne Laufachse, die bei höheren Geschwindigkeiten äußerst fragwürdig war – hatte es doch damit schon Entgleisungen mit schwersten Folgen gegeben.

In der Frühzeit der polnischen Eisenbahnen, unter der russischen Regierung, machte sich deren Einfluß durch die Verwendung der Breitspur und einer großzügigen Fahrzeugbegrenzung bemerkbar. Die in Westeuropa übliche Normalspur setzte sich später durch, das hohe Lichtraumprofil blieb aber; die Lokomotiven wie die „Pt-47" mit einer Höhe von 4668 mm konnten damit freizügiger gestaltet werden. Noch heute betreibt Polen mehr Dampfloks als jedes andere Land außerhalb von Afrika oder Asien. Ohne Zweifel spielt bei dem Konzept der stetig voranschreitenden Elektrifizierung unter weitgehender Beibehaltung des Dampfbetriebs auf den restlichen Strecken der Wunsch eine große Rolle, sich lieber auf die heimische Kohle zu verlassen als auf fremdes Öl. Ein anderer wichtiger Faktor ist aber sicher auch die in diesem Kohleland gegebene Wirtschaftlichkeit und die Verläßlichkeit dieser besten Helfer der Menschheit, der Dampflokomotiven in ihrer einfachsten Bauweise.

Links: *Eine 1'D1'-Lokomotive, Reihe „Pt-47" der Polnischen Staatsbahn zieht einen Nahverkehrszug. Zur Erhöhung der Transportkapazität beschafften mehrere Ostblockstaaten mehrteilige Doppelstockgarnituren; der Packwagen am Zugschluß ist normaler Bauart.*

Reihe A1 2'C1' Großbritannien
British Railways (BR), 1948

Zugkraft: 166,6 kN (37400 lb)
Achslast: 22,5 t (49500 lb)
Zylinder, ⌀ x Hub: (3) 482 x 660 mm (19 x 26 in)
Treibrad ⌀: 2032 mm (80 in)
Verdampfungsheizfläche: 228,6 m² (2461 sq ft)
Überhitzerheizfläche: 63,2 m² (680 sq ft)
Kesseldruck: 17,6 kp/cm² (250 psi)
Rostfläche: 4,6 m² (50 sq ft)
Brennstoff (Kohle): 9,1 t (20,000 lb)
Wasser: 22,7 m³ (5000 Imp gal)
Reibungsgewicht: 67,2 t (148000 lb)
Gesamtdienstgewicht: 167,5 t (369000 lb)
Gesamtlänge: 22250 mm (73 ft 0 in)

Als 1941 Sir Nigel Gresley plötzlich im Dienst verschied, besaß die London & North Eastern Railway 115 Pazifiks und etwa 600 andere Lokomotiven nach Gresleys Dreizylinderbauweise mit seiner Steuerung, bei der die Bewegung der inneren Steuerung von der Außensteuerung abgeleitet wurde. Schon in Friedenszeiten war diese Steuerung sehr anfällig, im Krieg verschärfte sich dieses Problem durch die mangelhafte Wartung.

Gresleys Nachfolger wurde Edward Thompson, einer seiner ältesten Mitarbeiter, der sich besonders für eine gute Wartung einsetzte. Thompson war sich bewußt, daß er nach dem Krieg ein großes Umbauprogramm einleiten mußte, um den Rückstand im Lokomotivbau aufzuholen. Vor allem wollte er den Gresley-Antrieb der Innensteuerung entfernen, bei größeren Maschinen durch eine separate Steuerung für den dritten Zylinder, bei kleineren Lokomotiven durch die völlige Entfernung des Mittelzylinders. Da er bei seiner Ernennung schon 60 Jahre alt war, hatte er es verständlicherweise eilig, seine Ideen in die Tat umzusetzen.

Die Gelegenheit zum Bau einer Pazifik nach seinen Entwürfen bot sich durch die schlechten Erfahrungen, die man mit Gresleys „P2" – 1'D1'-Lokomotiven machte, bei denen ein Mangel die starke Abnutzung der Achsbuchsen und anderer Triebwerksteile durch den langen festen Achsstand in den engen Kurven der Strecke von Edinburgh nach Aberdeen war. Durch den Umbau in Pazifiks erhoffte man eine Verbesserung und gleichzeitig wollte man dabei Erfahrungen für den Bau neuer Lokomotiven sammeln. Die Entfernung der Gresleysteuerung machte es notwendig,

Oben: *Die in Darlington gebaute „A1"-Pazifik der British Railways, Nr. 60149" „Amadis" steht abfahrbereit im Londoner Kings Cross Bahnhof.*

Unten: *Die Zeichnung zeigt die BR „A1" Nr. 60161 „North British" in einem blauen Versuchsanstrich, den die British Railways in ihrer Anfangszeit verwendeten.*

Reihe WP 2'C1' Indien
Indian Railways (IR), 1946

Zugkraft: 136,3 kN (30600 lb)
Achslast: 20,7 t (45500 lb)
Zylinder, ⌀ x Hub: (2) 514 x 711 mm (20¼ x 28 in)
Treibrad ⌀: 1705 mm (67 in)
Verdampfungsheizfläche: 209,7 m² (2257 sq ft)
Überhitzerheizfläche: 67,4 m² (725 sq ft)
Kesseldruck: 14,8 kp/cm² (210 psi)
Rostfläche: 4,3 m² (46 sq ft)
Brennstoff (Kohle): 15 t (33000 lb)
Wasser: 27,3 m³ (6000 Imp gal)
Reibungsgewicht: 55,2 t (121500 lb)
Gesamtdienstgewicht: 172,5 t (380000 lb)

Nur von drei Schnellzuglokomotivbauarten, die in diesem Buch beschrieben werden, kann man – mit Freude – sagen, daß sie noch zum großen Teil im Betrieb sind und die Dienste verrichten, für die man sie einmal baute. Eine von ihnen ist die wuchtige Breitspur-Pazifik (Spurweite: 1676 mm) der Indian Railways. Von 1947 bis 1967 baute man insgesamt 755 Maschinen der amerikanisch beeinflußten „WP"-Pazifiks mit den Nummern 7000 bis 7754.

16 Prototypen bestellte man 1946 bei Baldwin in Philadelphia. Einige Zeit vor der Unabhängigkeit Indiens war die Abkehr von den traditionellen Lieferanten in Großbritannien nicht politisch beeinflußt, sondern Ergebnis der guten Erfahrungen mit den amerikanischen Lokomotiven, die Indien im Krieg erhielt und auch das Resultat der mißratenen Einheitslokomotiven der 20er und 30er Jahre.

Selbstverständlich baute man sie in der üblichen robusten US-Bauweise. Noch unkomplizierter machte sie die in Indien verwendete Vakuumbremse, denn ein Vakuumejektor ist wesentlich einfacher als die Luftpumpe einer Druckluftbremse. Mehr aus ästhetischen als aus aerodynamischen Gründen verkleidete man den Kessel stromlinienförmig; man sieht den Maschinen ihre Verläßlichkeit direkt an.

Die erste Serie bezeichnete man als „WP/P" (P für Prototyp), die folgende Großserie unterschied sich von ihnen nur in Kleinigkeiten. In den nächsten 10 Jahren lieferte das Ausland Lokomotiven wie folgt:

USA-Baldwin	100
Kanada-Canadian Locomotive Co	100
Kanada-Montreal Locomotive Works	100
Polen-Fabryka Locomotywim, Chrzanow	30
Österreich-Wiener Lokomotivfabrik	30

Bis 1963 trat eine Pause ein, bis dann Indiens erste eigene Lokomotivfabrik in Chitteranjan die Produktion aufnahm. Zur Erleichterung der Herstellung änderte man weitere Details ab.

Die „WP"-Lokomotiven werden in allen Teilen des Breitspurnetzes vor einer Vielzahl von Schnellzügen eingesetzt, allerdings haben Diesel – und Elektroloks, auch in Indien gebaut, sie vor den besten Zugleistungen verdrängt. Dafür bewegen sie täglich enorme Züge, zum Ber-

daß der Mittelzylinder die erste Treibachse antrieb, da aber Thompson auf der gleichen Länge aller Treibstangen bestand, ergab sich eine ungeschickte Anordnung im Vorderteil der Lokomotive; das führende Laufdrehgestell lag vor den Außenzylindern.

Ärger bereiteten Verwindungen des Rahmens und das Undichtwerden oder auch Reißen von Dampfleitungen. Trotzdem verwendete man diese Anordnung beim Umbau der „P2" und 19 weiterer Pazifiks für gemischte Dienste mit einem Treibraddurchmesser von 1880 mm. Noch bevor dieses Programm zu Ende geführt war, beschäftigte sich Thompson auch mit Gresleys erster Pazifik, der „Great Northern" und baute sie entsprechend mit Einzelsteuerungen, größeren Zylindern und einer von 3,8 auf 4,6 m² vergrößerten Rostfläche um.

Schon vor Thompsons Pensionierung nahm sein vorgesehener Nachfolger Arthur Peppercorn im Zeichnungsbüro in Doncaster sich selbst die Pazifiks vor. Sein Entwurf sah vor, die Zylinder in ihre ursprüngliche Lage zurückzuversetzen, eine kürzere Treibstange des Innenzylinders machte die Maschinen kompakter. 15 neue Pazifiks mit Treibrädern von 1880 mm baute man nach diesen Zeichnungen, als Reihe „A2" bezeichnet; 49 Lokomotiven bestellte man mit Treibrädern von 2032 mm als Reihe „A1". Die „Great Northern" ordnete man als „A1/1" ein.

Die neuen Lokomotiven wurden erst nach der Verstaatlichung geliefert. 1948-49 bauten die Werkstätten in Doncaster die 60114-27 und 60153-62, Darlington lieferte die Nrn. 60130-52. Alle besaßen Kylchap-Doppelblasrohre, 5 Loks erhielten Rollenlager. Zu Beginn hatten sie zylindrische Schlote, später ersetzte man diese durch die normale Doncaster-Type. Ihre Namen kamen von Lokomotivingenieuren, den verschiedenen Bahnen, die die LNER gebildet hatten, Vögeln, Rennpferden oder es waren traditionelle schottische Namen.

Oben: *Die „A1"-Pazifik Nr. 60139 zeigt vor dem „Yorkshire Pullman" ihr Können.*

Die „A1"-Pazifiks erwiesen sich als schnelle und wirtschaftliche Maschinen, die einen nennenswerten Teil der Zugförderung der Ostküste übernahmen, allerdings ausgenommen waren die Schnellzüge, die von den „A4"-Stromlinienloks ohne Halt vom Londoner Kings Cross-Bahnhof nach Edinburgh gebracht wurden. Ihre Unterhaltungskosten lagen niedriger als die der BR-Pazifiks und sie erreichten erwähnenswerte Laufleistungen. In einem Zeitraum von 12 Jahren fuhren sie durchschnittlich 325 km pro Kalendertag, der höchste Wert der BR; die 5 Rollenlagermaschinen übertrafen dies noch mit 367 km pro Tag. Sie liefen etwas rauher als die „A4", denn sie neigten auf geraden Gleisen zum Schlingern, trotzdem erreichten sie Geschwindigkeiten von mehr als 160 km/h bei einer Reihe von Gelegenheiten.

Diese Maschinen waren ein angemessener Höhepunkt der Doncaster-Pazifiks, aber leider kamen sie zu spät, um noch ein volles Lokomotivleben zu erfahren. In den frühen 60er Jahren schritt die Verdieselung der Ostküstenstrecke schnell voran, die Lokomotiven der Reihe „A1" musterte man zwischen 1962 und 1966 aus. Keine von ihnen blieb erhalten.

sten voll mit Menschen, durch den indischen Subkontinent. Eine Lokmannschaft besteht aus vier Mann, dem Lokführer, zwei Heizern und einem Kohlentrimmer, aber auch mit zwei weiteren Zuschauern bleibt noch genügend Bewegungsfreiheit im geräumigen Führerstand.

Links: *Eine 2'C1'-Lok, Reihe „WP" der Indischen Eisenbahnen. Die Buchstaben „CR" auf dem Tender bezeichnen die „Central Railway", bei der sie stationiert ist.*

Reihe 241 P 2'D1' Frankreich
Französische Staatsbahn (SNCF), 1948

Achslast: 20,4 t (45000 lb)
Zylinder, Ø x Hub,
– **Hochdruck**: (2) 446 x 650 mm (17,6 x 25,6 in)
– **Niederdruck**: (2) 674 x 700 mm (26,5 x 27,6 in)
Treibrad Ø: 2010 mm (79,1 in)
Verdampfungsheizfläche: 244,6 m² (2633 sq ft)
Überhitzerheizfläche: 108 m² (1163 sq ft)
Kesseldruck: 20 kp/cm² (284 psi)
Rostfläche: 5,1 m² (54,9 sq ft)
Brennstoff (Kohle): 11 t (21230 lb)
Wasser: 34 m³ (7480 Imp gal)
Reibungsgewicht: 82 t (180620 lb)
Gesamtdienstgewicht: 214 t (471370 lb)
Gesamtlänge: 27418 mm (89 ft 11 in)

In der Zeit, in der André Chapelon beispiellose Erfolge mit dem Umbau der Paris-Orleans Pazifiks erzielte, wurden im Verhältnis zur Größe des Landes ziemlich wenig neue Lokomotiven gebaut. Während des Krieges entwarf man neue Schnellzuglokomotivtypen, denn man war zuversichtlich, daß man nach Kriegsende die Sünden der Vergangenheit durch den Neubau einer großen Zahl von Dampflokomotiven wettmachen mußte und wollte sich für den zu erwartenden Verkehrsaufschwung mit höheren Geschwindigkeiten wappnen. Für die schwersten Schnellzugdienste sah man eine 2'D2' vor, aber der Bau eines Prototyps aus einer alten 2'D1' kam nur langsam voran. In der Zwischenzeit nahm man eine modernisierte Version einer PLM-1'D1'-Lokomotive in Angriff und bestellte eine große Anzahl von Zweizylinder-Mikados der „Liberation"-Type in Nordamerika.

Unglücklicherweise veranlaßte ein Kohlenstreik 1946 die Regierung von der SNCF die Verminderung des Kohleverbrauchs zu verlangen, damit war der Weg für die Vertreter einer weitgehenden Elek-

Reihe L-2a 2'C2' USA
Chesapeake & Ohio Railway (C&O), 1948

Zugkraft: 232,0 kN (52100 lb)
Achslast: 33,4 t (73500 lb)
Zylinder, Ø x Hub: 635 x 762 mm (25 x 30 in)
Treibrad Ø: 1981 mm (78 in)
Verdampfungsheizfläche: 393,3 m² (4233 sq ft)
Überhitzerheizfläche: 168,2 m² (1810 sq ft)
Kesseldruck: 17,9 kp/cm² (255 psi)
Rostfläche: 8,4 m² (90 sq ft)
Brennstoff (Kohle): 27,2 t (60000 lb)
Wasser: 79,5 m³ (17490 Imp gal)
Reibungsgewicht: 99,7 t (219500 lb)
Gesamtdienstgewicht: 380,9 t (839000 lb)
Gesamtlänge: 32918 mm (108 ft 0 in)

Es war Zeit für „die letzte Bestellung, bitte", als sich 1947 die Chesapeake & Ohio Railway wegen fünf 2'C2'-Lokomotiven an Baldwin in Philadelphia und wegen fünf 2'D2'-Loks an die Lima Locomotive Co in Lima, Ohio wandten. Sie sollten die letzten Schnellzugdampflokomotiven der großen US-Lokomotivbaufirmen werden, natürlich wußte dies zu diesem Zeitpunkt noch niemand.

Die C&O teilte ihre Strecken in Gebirgs- und Flachlandbezirke ein, die Northerns waren für das Gebirge bestimmt, die Hudsons für die Ebenen. Das Einsatzgebiet der 2'C2'-Loks waren die Strecken nach Louisville, Cincinatti, Chicago und Detroit im Nordwesten der Alleghenys und in deren Südwesten in Richtung Washington und Richmond, Virginia.

1947 hatte in der Verwaltung der C&O in Richmond ein Mann namens Robert R. Young das Sagen, der an die Zukunft der Personenzüge glaubte. Die Chessie durchquerte große Kohlefelder und transportierte damals mehr Kohle als jede andere Eisenbahn. Eine andere Energiequelle als Kohle war undenkbar. Zu Youngs Plänen gehörten Tagesverbindungen mit Stromlinienzügen namens „Chessie" – und drei Dampfturbinenlokomotiven mit elektrischer Kraftübertragung auf 16 Treibachsen (Reihe „M-1", Nrn. 500-502) erschienen 1947-48, um diese Züge auf der Hauptstrecke und über die Berge zu übernehmen. Normale Dampfloks sollten die Anschlußstrecken bedienen und als Reserve fungieren. Leider hatten die Konstrukteure die Trumpfkarte der Dampflokomotive, nämlich ihre Einfachheit, fallengelassen und schon nach zwei kurzen Jahren wurden die Turbo-elektrischen Maschinen als hoffnungslos unwirtschaftlich verschrottet.

Gleichzeitig hatte man das gesamte Stromlinienprojekt gestrichen, aber nicht ohne einige ältere 2'C1'-Maschinen der Reihe „F-19" in stromlinienverkleidete 2'C2'-Lokomotiven umzubauen, die die neuen Züge auf einem Teil der Strecken übernehmen sollten. In der großzügigen Art einer großen und wohlhabenden Bahn, hatte die C&O die Verwendung von Maschinen aus zweiter Hand vor den besten Zügen abgelehnt und diese „L-2a"-Hudsons beschafft, die eine Stromlinienverkleidung erhalten sollten. Ihre Bahn-Nummern waren 310 bis 314 und glücklicherweise fehlten ihnen all die Störungsquellen der Turboloks.

In verschiedenen Punkten waren diese Hudsons Weltbeste – ihr Lokgewicht von 201 t war 7½% größer als das des nächsten Verfolgers, der Santa Fe-Hudson. Ihre Zugkraft, mit und ohne Booster, war unübertroffen; der Booster erbrachte noch zusätzliche 63,2 kN; ebenso hatte keine 2'C2'-Lokomotive ein größeres Reibungsgewicht auf ihren drei Treibachsen. Möglich machte dies

trifizierung bereitet. Die weitere Entwicklung von Dampflokomotiven stellte man umgehend ein, eine begrenzte Zahl großer Schnellzuglokomotiven sollte aber trotzdem noch gebaut werden, vor allem um die gestiegenen Zuglasten auf der Hauptstrecke der ehemaligen PLM nach Marseille zu bewältigen, wo die Chapelon – 2'D-Maschinen der Reihe „240P" ungeheure Zuglasten beförderten. Um allerdings diese Leistungen mit einer Rostfläche von nur 3,7 m² zu erreichen, mußte man Kohle der besten Qualität verwenden; es war klar, daß für die Bedingungen der Nachkriegszeit eine Lokomotive mit einer wesentlich vergrößerten Rostfläche wünschenswert war. Darüber hinaus bevorzugten die Ingenieure, die von der PLM stammten und nun die Entscheidungen der SNCF beeinflußten, die einfachen Kolbenschieber gegenüber den komplizierten Steuerungsventilen der Chapelon-Loks. Man genehmigte daher den Bau von 35 2'D1'-Lokomotiven anstelle der schon bestellten 40 1'D1'-Loks.

Nur wenig Zeit stand für die Konstruktionsarbeiten zur Verfügung, Chapelons 2'D2' war noch nicht fertiggestellt, geschweige denn getestet, so blieb nur die Möglichkeit der Veränderung eines bestehenden Entwurfs. Man entschied sich für eine 2'D1' der früheren PLM, von der 1930 nur ein Exemplar gebaut worden war, Das beabsichtigte Konzept war aber vorhanden und erleichterte die Arbeit. Diese Lokomotive hatte innenliegende Hochdruckzylinder zwischen der ersten und der zweiten Kuppelachse, die auf die dritte Achse wirkten. Die äußeren Niederdruckzylinder befanden sich an der gewohnten Stelle über dem Laufdrehgestell und trieben die zweite Treibachse an. Hoch – und Niederdrucksteuerungen einer Seite besaßen einen gemeinsamen Steuerungsantrieb nach der Bauart „von Borries". Die Ideen Chapelons wendete man so weit wie möglich an, vor allem bei der großzügigen Bemessung des Überhitzers und der Dampfwege, bekannte Schwachstellen des PLM-Rahmens wurden verstärkt. Mechanische Rostbeschickung, Speisewasservorwärmer und das französische TIA-Wasserbehandlungssystem gehörten zur Ausrüstung. Das TIA-System verringerte die Notwendigkeit des Kesselwaschens erheblich.

Trotzdem war die Konstruktion nur ein Kompromiß, eine Anzahl von Teilen, die man von der alten Maschine übernahm, waren bei der nun möglichen Kraftentfaltung überfordert und die Lokomotiven ließen darum einiges zu wünschen übrig. Obwohl man Maßnahmen zur Beschleunigung ihres Baus vornahm, wurde es doch 1948-49 bis sie geliefert wurden. Zu dieser Zeit war die Elektrifizierung der alten PLM-Hauptstrecke schon im Gange. Man setzte sie anfänglich hier und auf der Strecke von Paris nach Lille und nach Belgien auf der früheren Nordbahn ein. Mit Fortschreiten des elektrischen Betriebs wanderten einige zur Westregion ab und übernahmen dort die schwersten Züge zu den Kanalhäfen der Bretagne ab Le Mans. Der von ihnen begeisterte Betriebsdienst belastete sie bis an ihre Grenzen; ihre Schnellzüge wogen bis zu 950 Tonnen. Vor einem Zug von 650 t fuhren sie Reisegeschwindigkeiten von 96 km/h und erreichten die Höchstgeschwindigkeit von 120 km/h schon 6 Minuten nach Abfahrt. Ihr anderes Spezialgebiet war die Bourbonnais-Strecke der früheren PLM, auf der sie Personenzüge bis zu 800 t Last zogen, bis sie Dieselloks im Jahre 1968 ablösten.

Zwar glich ihre Leistung im Verhältnis zu ihrer Größe nie der der Chapelon-2'D-Loks, aber sie waren dennoch großartig. Man setzte sie intensiver als jede andere französische Personenzuglokomotive ein; zwei Loks erzielten Monatslaufleistungen von 32000 km und 29874 km vor Zügen von durchschnittlich 585 t Gewicht, als sie beim Depot Lyons Mouche stationiert waren.

Die „241P" erreichten eine Dienstzeit von fast 20 Jahren, bevor sie endgültig von den Dieselloks verdrängt wurden. 4 Maschinen hat man erhalten, Lok 241P16 ist eine der Hauptattraktionen des französischen Eisenbahnmuseums in Mulhouse.

Links: *Die Reihe „241P" der französischen Staatsbahn ging aus älteren PLM-2'D1'-Lokomotiven hervor.*

Unten: *Die Vielgestaltigkeit der SNCF-Reihe „241P2" illustriert die Zeichnung sehr gut.*

der schwere Oberbau der C&O für die riesigen Kohlezüge.

Technisch repräsentierten die Maschinen die höchste Stufe des amerikanischen Dampflokomotivbaus nach einer 120jährigen stetigen Weiterentwicklung der ursprünglichen Prinzipien. Die „L-2a"-Reihe war eine Weiterentwicklung der acht „L-2"-Hudsons von 1941 (Nr. 300-307), der hauptsächliche Unterschied war eine Franklin-Ventilsteuerung mit rotierendem Antrieb anstelle der Bakersteuerung mit Kolbenschiebern. Für amerikanische Verhältnisse hatten sie eine ungewöhnlich gefällige einfache Linienführung. Die C&O hatte in der Vergangenheit sogar die Luftpumpen am auffälligsten Ort, vor der Rauchkammer angebracht, jetzt schmückte die Rauchkammertür nur noch ein Nummernschild, sogar der Scheinwerfer war tiefer gesetzt.

Die Vorteile der Ventilsteuerung wurden schon an anderer Stelle erwähnt, genauso wie die Unterhaltungsprobleme, die sich ergaben. Es scheint, als ob nun die Hersteller beiderseits des Altantiks endlich in der Lage waren, ein brauchbares Produkt anzubieten – jetzt, wo es keinen Einfluß mehr auf den Überlebenskampf der Dampflokomotive haben konnte.

Im Jahre 1953 wurde die volle Verdieselung des Personenverkehrs der Chessie erreicht. Entsprechend gab es kaum noch Arbeit für die neuen Hudsons und alle ereilte der Schneidbrenner noch vor ihrem siebten Geburtstag.

Links: *Sie sah zwar kompliziert aus, aber im Grunde war die 2'C2'-Lokomotive der C&O-Reihe „L-2a" sehr einfach gebaut.*

Reihen 01^{10}/01 Umbau

Deutschland
Deutsche Bundesbahn (DB)/Deutsche Reichsbahn (DR)

Zugkraft: 165,7 kN (37200 lb)
Achslast: 20,2 t (44500 lb)
Zylinder, ∅ x Hub: (3)
500 x 660 mm (19,7 x 26 in)
Treibrad ∅: 2000 mm (78,7 in)
Verdampfungsheizfläche:
206,5 m² (2222,7 sq ft)
Überhitzerheizfläche: 96,15 m² (1035 sq ft)
Kesseldruck: 16 kp/cm² (227,6 psi)
Rostfläche: 3,96 m² (42,6 sq ft)
Brennstoff (Kohle): 10 t (22026 lb)
Wasser: 38 m³ (8360 Imp gal)
Reibungsgewicht: 60,4 t (133040 lb)
Gesamtdienstgewicht: 192 t (422900 lb)
Gesamtlänge: 24130 mm (79 ft 2 in)
Die Daten gelten für die 01^{10}-Umbauloks mit Kohlefeuerung

Oben: *Der große Kohlehaufen auf dem Tender sagt uns, daß diese DB„01" mit einem alten Kessel ihre Fahrt erst begonnen hat.*

Links: *Die ölgefeuerte „Reko-01" der DR steht abfahrbereit im Hamburger Hauptbahnhof. Gleich fährt sie mit dem Interzonenzug nach Dresden los.*

Als der 2. Weltkrieg endlich zu Ende ging, lagen die deutschen Eisenbahnen in Trümmern und ein großer Teil der Schnellzuglokomotiven stand betriebsunfähig abgestellt. Bis zum Ende des Jahrzehnts hatte man einen Großteil der Strecken wieder in Betrieb genommen, aber die politische Entwicklung führte zur Teilung des Schienennetzes. Im Westen nannte sich die Eisenbahn nun „Deutsche Bundesbahn", im Osten blieb es bei „Deutsche Reichsbahn". Die Verteilung der Lokomotiven auf die verschiedenen Gesellschaften richtete sich nach ihrem Aufenthaltsort bei Beendigung der Kriegshandlungen.

1950 war klar, daß beide Bahnen ihre Strecken im Rahmen der Möglichkeiten elektrifizieren und auf den verbleibenden Strecken die Dieseltraktion einführen würden. Aber eine begrenzte Anzahl neuer Dampflokomotiven wollten beide noch bauen, um die Zwischenzeit zu überbrücken. Tatsächlich beschränkte sich der Neubau dann auf Personenzug- und Güterzuglokomotiven, nur zwei Schnellzuglokomotiven erschienen neu nach dem Krieg. Diese beiden Dreizylinder-Pazifiks der DB-Baureihe „10" erschienen 1957, als die Elektrifizierung hier so weit fortgeschritten war, daß es keine Zukunft für diese Type gab.

Dampfgeförderte Schnellzüge blieben also weiterhin in der Hand der Vorkriegs-Pazifiks. Um ihre Lebensdauer zu verlängern, baute man sie bei DB und DR in verschiedenem Umfang um. Obwohl jede Bahn Umbauten nach ihrer eigenen Art vornahm, hatten die Loks vieles gemeinsam, auch achtete man bei Umnumerierungen meist darauf, daß es zu keinen Doppelbelegungen im gemeinsamen Nummerplan kam.

Als erste baute die DB die 55 Dreizylinder-Pazifiks der Reihe 01^{10} um, die vollständig bei dieser Verwaltung geblieben waren. 1939-40 hatten sie bei der Lieferung eine volle Stromschale besessen, aber im Laufe des Krieges entfernte man die meisten Teile der Verkleidung, um die Wartung zu erleichtern; viele standen lange Zeit auf dem Abstellgleis. Manche warteten 5 Jahre auf die Aufarbeitung, die zwischen 1949 und 1951 erfolgte. Dabei entfernte man auch die Reste der Stromlinienverkleidung und paßte sie äußerlich an das Bild der anderen Nachkriegslokomotiven an. Im Vergleich zu den älteren Zweizylinder-Pazifiks fehlten ihnen die schrägen Umlaufbleche unterhalb der Rauchkammer und anstelle der großen Wagner-Windleitbleche besaßen sie die kleineren Witte-Bleche, die man bei den Kriegsgüterzuglokomotiven eingeführt hatte. Die Entkleidung enthüllte auch den Vorwärmerkessel vor dem Schlot, der noch mehr ins Auge fiel als bei anderen Maschinen, weil er nicht so tief in die Rauchkammer versenkt war. Das nordamerikanische Aussehen der 01^{10} verstärkte sich damit noch. Viele Teile, die im Krieg aus „Heimstoffen" gefertigt worden waren, rüstete man auf bessere Friedensmaterialien um.

Als nächstes erhielten 5 der „01" Pazifiks neue geschweißte Feuerbüchsen mit Verbrennungskammern in die alten Kessel. Die ursprünglichen Kessel ohne Verbrennungskammer waren störanfällig gewesen, trotz der guten Absichten von Dr. Wagner. Die neuen Feuerbüchsen erkannte man an der längeren Reihe von Auswaschluken, aber noch auffälliger waren die erhöhten Verkleidungen der Heinl-Speisewasservorwärmer auf der Rauchkammer.

Die schnelle Alterung des nicht schweißbeständigen Kesselstahls der 01^{10} und 03^{10}-Dreizylindermaschinen machte den Bau von Ersatzkesseln notwendig. Man konstruierte einen Kessel nach neuen Bauprinzipien, der sich für alle schweren Pazifiks eignete, die 03^{10} erhielt eine leichtere Ausführung. Zwischen 1954 und 1956 rüstete man zuerst alle 01^{10}-Loks, sowie von 1956 bis 1958 die 26 03^{10}-Loks, die die DB besaß, damit aus.

Unten: *Man sieht der neubekesselten und mit Öl gefeuerten 012 077-4 der DB nicht mehr ihre Vergangenheit als Stromlinienlok 01 1077 an.*

Die Vorderfronten erhielten das Nachkriegsgesicht der DB-Loks, der Wärmetauscher des Heinl-Vorwärmers verschwand innerhalb der Rauchkammer. Die äußeren Linien wurden glatter; gegenüber der Vorkriegsausführung besaßen sie nur noch einen Dampfdom, die Sandbehälter befanden sich auf dem Umlauf. Die oben angegebenen Daten gehören zu den auf diese Weise umgebauten 01^{10}-Maschinen.

Diese Lokomotiven bildeten die Hauptstütze des DB-Fernverkehrs. Mit Fortschreiten der Elektrifizierung nach Norden bewegten sich auch ihre Einsatzgebiete in Richtung Norden, die meisten beendeten ihre Tage in Rheine im Münsterland, als eine der letzten Dampflokomotivreihen der DB im Jahre 1975. Um ihre Einsatzmöglichkeiten zu erweitern baute man 34 von ihnen in den Jahren 1957-58 auf

Ölhauptfeuerung um. Bei der Umnummerung auf Computerziffern 1968 bezeichnete man sie als „012“ im Gegensatz zur kohlegefeuerten „011“. In ihrer Einsatzzeit auf der Strecke Hamburg-Bremen beförderten sie 600 t-Züge mit 130 bis 140 km/h und erreichten Monatsleistungen von 27000 km.

Man beabsichtigte den Umbau von 80 Maschinen der Baureihe „01“ mit diesem Neubaukessel, die rasch voranschreitende Elektrifizierung reduzierte diese Zahl auf 50. Auffällig war der große Durchmesser des Schornsteins, das kleinere Lichtraumprofil auf einigen ihrer Einsatzstrecken erlaubte nur eine geringe Schlothöhe im Gegensatz zu den „Ölfässern“ der 01[10].

Auch in Ostdeutschland mußte die DR wegen der langsamen Umstellung auf elektrischen Zugbetrieb einige Maschinen modernisieren. 35 der „01“-Pazifiks rekonstruierte sie zwischen 1961 und 1965 mit völlig geschweißten Kesseln. Während die DB-Umbauten eine etwas kleinere Rostfläche erhielten, vergrößerte die DR die Feuerroste, um die schlechtere Kohle besser nutzen zu können. Äußerlich veränderten sie sich sehr stark, nach Art der SP „Daylight“-Lokomotiven verhüllte man alle Kesselaufbauten mit einer gemeinsamen Verkleidung. Eine weitere Schürze unter den seitlichen Umlaufblechen verschwand bald wieder. Acht Maschinen rollten zeitweise auf Boypok-Scheibenrädern und im Laufe der Zeit änderte man 28 Loks auf Ölfeuerung um. Als neue Nummern bekamen sie die Reihe von 01501 bis 01535. Bei den Computerziffern bezeichnete eine zusätzliche „0“ zwischen Reihe und Ordnungsnummer die Ölfeuerung, eine „1“ eine kohlegefeuerte Maschine. Bei diesem Umbau blieb nicht viel von den ursprünglichen Lokomotiven übrig. Sie übernahmen die schwersten Zugleistungen der DR, vor allem auch die Interzonenzüge in den Westen. In Hamburg und Bebra konnte man direkte Vergleiche zwischen ihnen und ihren anders aussehenden westdeutschen Schwestern anstellen.

232.U.1 2'C2'

Frankreich
Französische Staatsbahnen (SNCF), 1949

Achslast: 23 t (50660 lb)
Zylinder, Ø x Hub
– **Hochdruck**: (2) 450 x 700 mm (17,7 x 27,6 in)
– **Niederdruck**: (2) 680 x 700 mm (26,8 x 27,6 in)
Treibrad Ø: 2000 mm (78,7 in)
Verdampfungsheizfläche: 195 m² (2099 sq ft)
Überhitzerheizfläche: 64 m² (689 sq ft)
Kesseldruck: 20 kp/cm² (285 psi)
Rostfläche: 5,17 m² (55,6 sq ft)
Brennstoff (Kohle): 9 t (20000 lb)
Wasser: 38 m³ (8360 Imp gal)
Reibungsgewicht: 69 t (152000 lb)
Gesamtdienstgewicht: 212 t (467000 lb)
Gesamtlänge: 26634 mm (87 ft 4½ in)

Diese große Maschine ist Ergebnis des Wunsches der französischen Nordbahn, die Chapelon-Pazifiks zu verbessern. Die Schwächen des bisherigen Plattenrahmens führten zur Verwendung eines Barrenrahmens aus Gußstahl. Für die angestrebte höhere Leistung wählte man eine breite Feuerbüchse anstelle der trapezförmigen und einen mechanischen Stoker. Geplant waren 8 Stromlinienlokomotiven der Achsfolge 2'C2' in verschiedenen Versuchsversionen; 4 als Verbundloks (Reihe 232S), 3 mit einfacher Dampfdehnung (Reihe 232R) und eine Turbinenlokomotive. Mit ihnen wollte man 200 t-Züge mit Geschwindigkeiten bis 160 km/h fahren. Noch vor der Fertigstellung wurden die französischen Bahnen 1940 verstaatlicht und der verheerende Krieg mit Deutschland hatte begonnen, so daß anstelle der leichten schnellen Züge nun schwere, aber langsame befördert werden mußten. Die Turbinenlokomotive stellte man daraufhin nicht mehr fertig.

Nach dem Krieg konnte man sich wieder mit den Schnellfahr-Hudsons beschäftigen. Beim Bau der Verbundmaschinen hatte man sich aber so angestrengt, als ob man das Rad noch einmal erfinden wolle und wurde dafür mit der Unzuverlässigkeit der Lokomotiven gestraft. Anstelle des schwingenden Antriebs nach Chapelon für die Ventilsteuerung benutzte man einen rotierenden Antrieb, der störanfällig war und die erwartete größere Wirtschaftlichkeit der Maschinen nicht erzielen konnte. Frankreich wollte trotzdem nicht vom Verbundprinzip ablassen und so beschloß die SNCF die angefangene Turbinenlok als Verbundmaschine zu vollenden. Ergebnis war die 1949 von Corpet-Louvet abgelieferte „232.U.1“.

Das zweckmäßige Durcheinander der Kesselausrüstung der Chapelon-Maschinen verdeckte man unter einer Stromlinienverkleidung. Herkömmliche Kolbenschieber, getrieben von zwei Walschaertsteuerungen, ersetzten die unbefriedigende Ventilsteuerung. Um den Wartungsaufwand zu vermindern, erhielten alle Achsen Rollenlager, Fettschmierung ersetzte großteils die Ölschmierung und auch ein gegossener Barrenrahmen wurde wieder verwendet. Diese Maschine war endlich so erfolgreich, wie es ihre mißratenen Vorgänger sein sollten. Ihre Zylinderleistung von 4500 PS lag etwa in der Mitte zwischen der Leistung der Chapelon-Pazifiks und der „242.A.1“, der stärksten französischen Lokomotive. Ein Nachteil war ihre große Achslast von 23 t, die ihren Einsatz (und den der anderen Stromlinienloks „232R“ und „232S“) auf die Hauptstrecke von Paris nach Lille begrenzten. Obwohl für große Schnelligkeit gedacht, mußten auch diese Renner sich auf die gesetzliche Höchstgeschwindigkeit von 120 km/h beschränken.

Man mühte sich auch, die Bedienung der Maschine zu vereinfachen – über die Kompliziertheit der Bedienung des deGlehn-Antriebs wurde ja schon geschrieben. Bei den „232S“ und „232U“-Lokomotiven erfolgte der Übergang von einfacher Dampfdehnung (beim Anfahren verwendet) zur Verbundwirkung automatisch und hing davon ab, ob eine Zylinderfüllung über oder unter 55% eingestellt war. Es scheint, als ob der Vorrat an Führerstandsartisten, die die komplizierten französischen Dampfmaschinen in Vollendung beherrschten, doch geringer war, als die Bewunderer in anderen Ländern annahmen.

Bis man alle Vorzüge dieser Konstruktion ausreichend untersucht hatte und sich die Frage einer Serienbestellung stellte, war die Elektrifizierung in Frankreich so weit vorangekommen, daß die „232.U.1“ ein Einzelstück blieb. Heute steht dieser Markstein der französischen Lokomotivgeschichte vorbildlich aufgearbeitet im Verkehrsmuseum von Mulhouse.

Unten: *Die 2'C2'-Lokomotive „232.U.1“ der SNCF im Pariser Nordbahnhof im Oktober 1959.*

Unten: *Die französische „232.U.1“ nach ihrer Aufarbeitung für das Verkehrsmuseum in Mulhouse.*

Reihe P36 2'D2'

UdSSR
Sowjetische Staatsbahn (SZD), 1953

Zugkraft: 176,8 kN (39686 lb)
Achslast: 18,5 t (40750 lb)
Zylinder, Ø x Hub: (2)
575 x 800 mm (22,6 x 31,5 in)
Treibrad Ø: 1850 mm (72,8 in)
Verdampfungsheizfläche:
243 m² (2613 sq ft)
Überhitzerheizfläche: 142 m² (1528 sq ft)
Kesseldruck: 15 kp/cm² (213 psi)
Rostfläche: 6,75 m² (72,7 sq ft)
Brennstoff (Kohle): 23 t (50660 lb)
Wasser: 46 m³ (10120 Imp gal)
Reibungsgewicht: 74 t (163000 lb)
Gesamtdienstgewicht: 264 t (581500 lb)
Gesamtlänge: 29809 mm (97 ft 10 in)

Oben: *Eine sowjetische 2'D2-Lokomotive der Reihe „P36" in einem Betriebswerk irgendwo in Rußland.*

Nachdem sie bis 1930 eine ausgezeichnete Personenzuglokomotive – die Reihe „S" – in einer Zahl von etwa 3000 Exemplaren gebaut hatten, konnten sich die Verantwortlichen der Sowjetischen Staatsbahnen in Ruhe zurücklehnen und zuversichtlich in die Zukunft blicken, denn damit hatten sie alle Bedürfnisse des Fernpersonenverkehrs erfüllt. Der Personenverkehr hatte schon immer den zweiten Platz hinter dem Güterverkehr eingenommen, aber es dauerte nicht lange, bis man auch hier zur Auffassung kam, daß diejenigen, denen die sowjetische Regierung das Reisen erlaubte, etwas schneller an ihr Ziel kommen sollten.

Der erste Prototyp einer neuen Schnellzuglokomotive erschien 1932; er war eine logische Vergrößerung der weitverbreiteten 1'C1'-Lok zu einer 1'D2'. Die zusätzliche Treibachse erhöhte die Zugkraft und die zusätzliche Laufachse ermöglichte die Verwendung einer größeren Rostfläche. Die Lokomotive erhielt die Reihenbezeichnung „JS" (Josef Stalin); zwischen 1934 und 1940 baute man 640 Stück. Heute ist davon keine mehr in Dienst, aber eine Güterzugvariante die „FD" (Felix Dscherschinskij) mit der Achsfolge 1'E1' mit gleichem Kessel, Führerhaus, Zylindern und Tender ist auch heute noch in Südchina im Einsatz, allerdings von Breitspur (1524 mm) auf Normalspur umgebaut.

Diese Entwicklung ist charakteristisch für die vernünftige Vorgehensweise der Bahnverwaltung. Hier unterschied sich die neue sozialistische Regierung kaum vom zaristischen System. Eine kleine Extravaganz leistete man sich aber doch. 1937-38 erschienen die ersten drei von insgesamt zehn 2'C2'-Lokomotiven für hohe Geschwindigkeiten für den „Roten Pfeil" von Moskau nach Leningrad. Man wollte mit ihnen die Reisegeschwindigkeit dieses Expreßzuges von 64 auf 80 km/h auf der 646 km langen Strecke verbessern. Die ersten beiden Maschinen erhielten Treibräder von 2000 mm Durchmesser, die dritte sogar mit 2197 mm. Bei der dritten Lok glichen wieder Kessel, Zylinder und vieles andere der „FD"-Reihe. Der Krieg beendete das Projekt, aber nicht bevor der erste Prototyp eine Geschwindigkeit von 170 km/h erreicht hatte, immer noch ein Rekord russischer Dampflokomotiven.

Der 2. Weltkrieg mag für die meisten Russen kürzer gewesen sein, er war aber sicher noch verheerender als im restlichen Europa. So dauerte es noch fünf Jahre nach Kriegsende, bis die erste neue Schnellzugdampflok von der Kolomnaer Lokomotivfabrik abgeliefert wurde. Dieser Prototyp erschien in Form einer hochgebauten ansehnlichen 2'D2' mit der Reihenbezeichnung „P36". In Größe und Leistung war die neue Lokomotive der „JS"-Reihe ähnlich, die zusätzliche Laufachse reduzierte aber den Achsdruck von 20 auf 18 Tonnen und erlaubte einen vielseitigeren Einsatz der Maschi-

Rechts: *Zwei „P36"-Maschinen dampfen in einem Lokdepot im eisigen Sibirien leise vor sich hin.*

Links: *Die mit Fahne und Spruchtafel verzierte P36-0148 der SZD läuft in Leningrad ein.*

nen, der aber nie nötig wurde, wie wir sehen werden.

Die Lokomotiven entsprachen im großen Ganzen der überall in der Welt gleichen, letzten ausgereiften Bauform der Dampflokomotive; außergewöhnlich war die große verkleidete Dampfleitung vom Dampfdom zur Rauchkammer auf dem Kesselscheitel. Diese Anordnung ermöglichte die sehr große Fahrzeugbegrenzung der russischen Bahnen mit einer zulässigen Höhe von 5280 mm über der Schienenoberkante. Zum ersten Mal stattete man eine russische Lokomotive mit Rollenlagern an allen Achsen aus; eine allseits geschlossene Führerkabine schützte im harten Winter das Personal, dem auf den kohlegefeuerten „P36" eine mechanische Stokeranlage die Arbeit erleichterte. Viele der nun abgelieferten Maschinen hatten auch eine Ölfeuerung erhalten, vor allem die für den Westen des Landes bestimmten.

Nach einer Periode der ausführlichen Versuche begann in Kolomna die Serienfertigung. Von 1954 bis 1956 baute man dort mindestens 249 weitere Lokomotiven; damit wurden sie zur zahlenmäßig stärksten Baureihe der Welt mit der Achsfolge 2'D2'. Im Vergleich mit anderen Reihen der SZD, die bis zu mehr als 10000 Loks zählten, ist dies noch recht gering.

In keinem Verhältnis dazu stand der Eindruck, den sie auf westliche Besucher machten, denn man konnte sie auf den Ausländern zugänglichen Strecken Moskau-Leningrad und von Moskau zur polnischen Grenze häufig erleben. Einige lackierte man sogar in dem hübschen blauen Anstrich der 2'C2'-Stromlinienloks, aber auch in ihrer normalen grünen Farbgebung mit cremefarbenen Zierstreifen und roten Radsternen konnten sie gefallen.

Mehr als 15 Jahre lang führten sie den berühmten „Transsibirischen Expreß" auf dem Abschnitt vom Ende der elektrifizierten Strecken bis zur Pazifikküste. In der Zeit von 70 Stunden wechselte man die Lokomotiven 19mal, aber dadurch war Sibirien wenigstens für eine bestimmte Art der Gattung Mensch ein Paradies. Dampflokbegeisterte mußten sich aber gut beherrschen können, wenn es darum ging, das Objekt ihrer Verehrung auf Film zu bannen, die Benutzung kleiner und kleinster Kameras konnte sehr gefährlich sein. Mehr Erfolg hatte, wer eine riesige Plattenkamera aufbaute und vom nächsten Polizisten verlangte, daß der Bahnsteig freigemacht werde.

Auch für heimische Anhänger der Dampflok gab es Gefahren. Der Sowjetkommisar für Verkehr und Schwerindustrie Lazar Kaganowitsch, der sich immer für die Dampftraktion mit den Worten einsetzte: „Ich bin für die Dampflokomotive und gegen diejenigen, die meinen, sie hätte keine Zukunft – diese Maschine ist robust, unbeugsam und gibt nie auf", bekam das zu spüren. 1956 verlor er sein Amt und verschwand spurlos. Der Dampflokbau kam damit in der Sowjetunion zu einem abrupten Ende. Etwa 20 Jahre später beendete die SZD die Dampftraktion im Personenverkehr und damit auch das Leben dieser großartigen Lokomotiven.

Oben: *Ihre eindrucksvolle Vorderfront zeigt uns hier eine „P36", die Krönung des sowjetischen Dampflokomotivbaus.*

Unten: *Die SZD P36-0223 steht bereit, um einen Personenzug von Blagowetschensk nach Wladiwostok auf der Trans-Sib-Strecke zu bringen.*

Gelsa Klasse 2'D2' Brasilien
Staatsbahn, 1951

Zugkraft: 133,0 kN (29857 lb)
Achslast: 13 t (28635 lb)
Zylinder, ⌀ x Hub: (2)
434 x 640 mm (17,1 x 25,2 in)
Treibrad ⌀: 1500 mm (59 in)
Verdampfungsheizfläche:
169,5 m² (1824 sq ft)
Überhitzerheizfläche: 67 m²
(721 sq ft)
Kesseldruck: 20 kp/cm² (284 psi)
Rostfläche: 5,4 m² (58 sq ft)
Brennstoff (Kohle): 18 t
(39650 lb)
Wasser: 22 m³ (4840 Imp gal)
Reibungsgewicht: 52 t
(114540 lb)
Gesamtgewicht*:
93 t (205000 lb)
Gesamtlänge: 24870 mm
(81 ft 7⅛ in)

* *ohne Tender*

1948 wurde die Brasilianische Staatsbahn aus einer Anzahl bisher selbständiger Bahngesellschaften geformt. Von der Gesamtstreckenlänge von 38500 km des Jahres 1950 hatten 93% die Schmalspur von 1 m-Spurweite. Zwei Weltkriege und dazwischen noch eine schwere Wirtschaftskrise hatten eine starke Vernachlässigung des gesamten Rollmaterials mit sich gebracht.

1949 bildete sich in Frankreich eine Vereinigung von Lokomotivherstellern namens GELSA (Groupment d'Exportation des Locomotives en Sud-Amerique, etwa: Vereinigung für den Lokomotivexport nach Südamerika). Sie machte Brasilien ein Angebot und erhielt auch einen Auftrag für den Neubau von 90 großen Meterspurlokomotiven. Die Leitung der Konstruktion übernahm André Chapelon.

Als klar wurde, daß 24 dieser Lokomotiven als Zweizylindermaschinen der Achsfolge 2'D2' gebaut würden, war man natürlich in zwei Punkten sehr gespannt. Zuerst, natürlich, wollte man sehen, was der meisterliche Umbaukünstler der Verbundtypen bei dem Neubau einer Zweizylindermaschine leisten würde. Zweitens sah man interessiert der ersten Meterspur-Northern entgegen.

Große Sorgfalt verwendete man nicht nur für die theoretische Berechnung aller Teile, sondern auch auf praktische Gesichtspunkte der Bahnverwaltung. So benutzte man möglichst viele Teile von anderen brasilianischen Lokomotiven, um die Ersatzteilhaltung zu erleichtern.

Der Belpaire-Stehkessel sollte genug Dampf für eine Leistung von etwa 2000 PS liefern, auch wenn brasilianische Kohle mit niedrigem Heizwert verbrannt wurde – ihr Heizwert beträgt nur etwa die Hälfte dessen der besten walisischen Kohle, aber der Aschegehalt ist erheblich höher. Der Aschkastenboden war sehr steil ausgeführt, neben der üblichen Entleerungsöffnung in der Mitte gab es noch weitere vier an den Außenseiten, um die großen Mengen der anfallenden Verbrennungsrückstände entfernen zu können. Ein mechanischer Stoker sorgte für die gleichbleibende Verfeuerung der großen Kohlemengen.

Andere Ausrüstungsteile waren eine Kraftumsteuerung, ein Worthington-Speisewasservorwärmer und Kylchap-Doppelblasrohr und -schlot. Je nachdem, für welche Strecke sie vorgesehen waren, erhielten die Lokomotiven entweder eine Vakuum- oder eine Druckluftbremse; eine einheitliche Brems-

Reihe YP 2'C1' Indien
Indian Railways (IR), 1949

Zugkraft: 82,2 kN (18450 lb)
Achslast: 10,7 t (23500 lb)
Zylinder, ⌀ x Hub: (2)
387 x 610 mm (15¼ x 24 in)
Treibrad ⌀: 1372 mm (54 in)
Verdampfungsheizfläche:
103 m² (1112 sq ft)
Überhitzerheizfläche: 30,75 m²
(331 sq ft)
Kesseldruck: 14,8 kp/cm²
(210 psi)
Rostfläche: 2,6 m² (28 sq ft)
Brennstoff (Kohle): 9,8 t
(21500 lb)
Wasser: 13,6 m² (3000 Imp gal)
Reibungsgewicht: 31,3 t
(69000 lb)
Gesamtdienstgewicht: 99,2 t
(218500 lb)
Gesamtlänge: 19088 mm
(62 ft 7½ in)

Oben: *Die „YP"-Pazifik Nr. 2630 der Indischen Staatsbahn; aus dem Führerhaus schauen alle vier Mann des Lokpersonals.*

Insgesamt 871 dieser wohlproportionierten und tüchtigen Lokomotiven wurden zwischen 1949 und 1970 für das Meterspurnetz der Indian Railways gebaut. Die jüngsten Mitglieder dieser Reihe sind damit die letzten, neu gebauten Schnellzugdampflokomotiven der Welt!

Man kann sagen, daß zwar der Bau des indischen Eisenbahnsystems eine große Tat der britischen Verwaltung war, daß aber ihr größter Fehler die Teilung der Eisenbahn in zwei etwa gleich große Teile mit Breitspur und Meterspur war. Das 25500 km lange Meterspurnetz umfaßte auch viele Langstreckenverbindungen, die entsprechende Maschinen für die Schnellzüge verlangten.

Die scharfe Kritik der Breitspur-Pazifiks „XA", „XB" und „XC" aus den 20er und 30er Jahren betraf ihre schmalspurigen Gegenstücke überhaupt nicht. Die schönen „YB"-Pazifiks baute man daher auch von 1928 bis 1950. Dessenungeachtet beschlossen die Indian Railways dasselbe Vorgehen wie bei der Breitspur, nämlich den Wechsel von britischen zu amerikanischen Lokomotivtypen. Jodhpur, eines der Fürstentümer und damals

Links: *Die brasilianische 2'D2'-Lokomotive Nr. 242N4 bei einer Versuchsfahrt auf den bretonischen Schmalspurbahnen. Die Bremslokomotive folgt gleich hinter dem Tender.*

bauart gab es durch die vielen Vorgängergesellschaften der Staatsbahn nicht. In engen Kurven schaltete sich selbsttätig eine Schienenschmieranlage ein, um den Reibungswiderstand in Kurven bis herab zu 80 m Radius zu verkleinern.

Der Prototyp der Serie wurde auf schwierigen Streckenabschnitten der bretonischen Schmalspurbahnen eingehend erprobt. Bremslokomotiven simulierten die verlangten Zuglasten und zur Leistungsmessung verbrannte man gleichermaßen französische und brasilianische Kohlen. Die Ergebnisse waren hervorragend und bis Ende 1952 hatte man alle Maschinen abgeliefert. Chapelon selbst besuchte Brasilien zur Inbetriebnahme der Lokomotiven – und wurde dort als Hohepriester der Dampfloks gefeiert.

noch mit eigener Bahngesellschaft, erhielt 1948 von Baldwin in Philadelphia 10 gefällige 2'C1'-Lokomotiven. Bei Baldwin bestellte man dann auch 20 Prototypen der neuen Meterspurreihe „YP", ähnlich den Jodhpur-Maschinen, aber etwas größer. Die neuen Loks vereinfachte man durch die Verwendung einfacher Gleitlager anstelle der Rollenlager und durch kleinere vierachsige Tender statt der großvolumigen sechsachsigen Tender.

Die Serienlokomotiven der „YP"-Reihe bestellte man in Übersee. Krauss-Maffei in München lieferte 200, North British Locomotive Co. in Glasgow baute 100 Maschinen innerhalb der nächsten fünf Jahre. Alle restlichen Loks baute die Tata Engineering & Locomotive Co in Jamshedpur in Indien. Sie erhielten die Nummern von 2000 bis 2870, aber nicht in der Reihenfolge des Baus. Man konnte die Lokomotiven als verkleinerte Ausgaben, in etwa ⅔-Größe, der normalen US-Pazifik betrachten. Wenn man die Längen mit 1,5, die Flächen mit $1{,}5^2$ (= 2,25) und die Volumina mit $1{,}5^3$ (= 3,375) multipliziert, sieht man die Ähnlichkeit sehr gut. Unamerikanisch waren die Vakuumbremse, die „Chopper"-Mittelpufferkupplung, die Jalousien in den Führerstandsfenstern und die fehlende Glocke.

Bei dieser großen Zahl an Lokomotiven ist klar, daß man sie auf allen Teilen des Meterspurnetzes finden kann, von Trivandrum, fast am Südende der Indian Railways bis zu einem Punkt im Norden von Delhi, auch die östlichsten und westlichsten Punkte der Bahn bedienen sie auf schmaler Spur. In jüngerer Zeit waren sie auf die einzelnen Regionen wie folgt verteilt: Central Railway – 9; Northern Railway – 101; North-Eastern Railway – 235; Northern Frontier Railway – 98; Southern Railway – 199; South Central Railway – 72; Western Railway – 155. Die zwei fehlenden Lokomotiven musterte man nach Unfällen aus.

Inzwischen erscheinen auch Diesellokomotiven auf den Meterspurstrecken Indiens, aber noch kann man die „YP"-Loks auch vor wichtigen Zügen erleben.

Oben: *Eine „YP" der „Southern Railway"-Region produziert vor ihrem Meterspur-Schnellzug eine ansehnliche Rauchwolke.*

Unten: *Unten sehen wir die Serienausführung der indischen „YP" in der Beschriftung der „Southern Railway". Zu diesem Typ gehören auch die letztgebauten Dampfschnellzuglokomotiven der Welt.*

Reihe 11 2'D1' Angola
Benguela Bahn (FCB), 1951

Zugkraft: 160,8 kN (36100 lb)
Achslast: 13,2 t (29000 lb)
Zylinder, ⌀ x Hub: (2)
533 x 660 mm (621 x 26 in)
Treibrad ⌀: 1372 mm (54 in)
Verdampfungsheizfläche:
165 m² (1,777 sq ft)
Überhitzerheizfläche: 39 m²
(420 sq ft)
Kesseldruck: 14,1 kp/cm²
(200 psi)
Rostfläche: 3,7 m² (40 sq ft)
Brennstoff (Holz): 18,4 m³
(650 sq ft)
Wasser: 22,7 m³ (5000 Imp gal)
Reibungsgewicht: 52,7 t
(116000 lb)
Gesamtdienstgewicht: 133,9 t
(295000 lb)
Gesamtlänge: 21107 mm
(69 ft 3 in)

Die Benguela Bahn in Angola ist eine der bemerkenswertesten (wenn auch nicht der schnellsten) Leistungen des Eisenbahnbaus der Welt. Initiator war der Engländer Robert Williams, der überzeugt war, daß es besser war, das in Katanga (heute Zaïre) geförderte Kupfer zu einem Atlantikhafen in Lobito Bay zur Verladung zu bringen, als es ostwärts über den afrikanischen Kontinent nach Beira am Indischen Ozean zu transportieren.

Die Bauarbeiten in Lobito Bay begannen 1904, aber es dauerte bis zum Jahre 1929, bis die 1347 km lange Bahn bis zur Grenzstation Dilolo vollendet war. Eine durchgehende Verbindung mit südafrikanischen Kapspurnetz (1067 mm Spur) kam 1931 zustande; von Lobito bis Kapstadt waren es nun 3965 km durchgehendes Gleis.

Zur Anwendung kam (auch heute noch vorwiegend) die Dampftraktion. Um für Heizmaterial zu sorgen, pflanzte die Benguela Bahn schnellwachsende Eukalyptuswälder an geeigneten Stellen. Man importierte die Bäume aus ihrem Heimatland Australien und legte genügend Wald an, um die Holzversorgung auf Dauer sicherzustellen. Wie bei den meisten anderen südafrikanischen Strecken sind die ersten Kilometer nach dem Hafen die schwierigsten, denn es muß der Anstieg von Meereshöhe auf das afrikanische Plateau mit einer Höhe von 1500-1800 m bewältigt werden. Für die hier verwendeten starken Steigungen beschaffte man Beyer-Garratts, aber man benötigte für die leichteren Abschnitte auch kleinere Maschinen, vor allem für den Personenverkehr. Anfänglich benutzte man dafür 2'D-Lokomotiven aber im Jahre 1951 bestellte die Bahn sechs 2'D1'-Personenzuglokomotiven der Reihe „11" bei der North British Locomotive Co. in Glasgow.

Das Leistungsprogramm sah die Beförderung von Zuggewichten von 500 t auf einer Steigung von 1,25% mit Kurven bis herab zu 90 m Radius vor. Die Achslast durfte 13 t nicht überschreiten. Für die verlangte Leistung übernahm man die normale „19C/19D 2'D1'-Lokomotive der South African Railways mit einigen Änderungen, hauptsächlich durch die Holzfeuerung bedingt. Einen wirkungsvollen Funkenfänger brachte man in der Rauchkammer unter – einmal ohne die Silhouette der Lok kopflastig zu machen. Für die Blasrohranordnung wählte man die Bauart Kylchap. Das größere Lademaß erlaubte, die Kesselmitte um 178 mm anzuheben. Damit hatte man auch mehr Raum für einen vergrößerten Aschkasten mit einer Näßvorrichtung. Für den voluminösen Holzvorrat trug der Tender einen hohen Gitteraufbau.

Die hier für Afrika verwendeten komplizierten Ausrüstungen mögen manchem übertrieben vorkommen, denn zur gleichen Zeit mußten europäische Personale, vor allem in Großbritannien mit viel weniger auskommen. Ein Pyrometer überwachte die Dampftemperatur, die Steuerung betätigte eine dampfbetriebene Kraftumsteuerung, System Hadfield. Auch die Feuertür bewegte ein Dampfzylinder, elektrische Beleuchtung und ein schrei-

Selkirk Klasse 1'E2' Kanada
Canadian Pacific Railway (CPR), 1949

Zugkraft: 342,5 kN (76905 lb)
Achslast: 28,3 t (62240 lb)
Zylinder, ⌀ x Hub: (2)
635 x 813 mm (25 x 32 in)
Treibrad ⌀: 1600 mm (63 in)
Verdampfungsheizfläche:
426 m² (4590 sq ft)
Überhitzerheizfläche: 191 m²
(2055 sq ft)
Kesseldruck: 20 kp/cm² (284 psi)
Rostfläche: 8,7 m² (93,5 sq ft)
Brennstoff (Öl): 18,6 m³
(4100 Imp gal)
Wasser: 54,6 m³ (12000 Imp gal)
Reibungsgewicht: 141,3 t
(311200 lb)
Gesamtdienstgewicht: 332,6 t
(732500 lb)
Gesamtlänge: 29835 mm
(97 ft 10⅝ in)

Fünffach gekuppelte Lokomotiven verwendete man in fast allen Teilen der Welt für die Güterbeförderung. Tatsächlich ist die einzige Dampflokomotivtype, die heute noch in nennenswerter Zahl produziert wird, eine 1'E1' der Chinesischen Staatsbahn. Die Länge des festen Achsstands ist beschränkt, dies bedeutete normalerweise kleine Treibräder an den fünf Treibachsen und damit auch relativ niedrige Geschwindigkeiten. Zwar verwendeten beispielsweise die British Railways ihre vorzüglichen 1'E-Maschinen gelegentlich auch vor Personenzügen und erreichten mit ihnen, trotz der kleinen Treibräder von 1575 mm, Geschwindigkeiten bis zu 145 km/h, aber dies war die große Ausnahme. Vielleicht der Fünfkuppler, der das größte Recht hat, als Schnellzuglokomotive bezeichnet zu werden, ist die „Selkirk"-Klasse der Canadian Pacific Railway mit der Achsfolge 1'E2'. Sie waren nicht nur stromlinienförmig

Oben und unten: *Zwei Abbildungen der 2'D1'-Lokomotiven der Reihe „11" der Benguela Bahn in Angola. Das obere Foto zeigt, daß ihr Aussehen auch im Alltag dem Idealbild der Zeichnung nahekommt.*

bender Geschwindigkeitsmesser komplettierten die Ausrüstung. Die Federn der Nachlaufachse verbanden Ausgleichhebel mit den Treibachsen, damit Gleisunebenheiten keine Auswirkung auf das Reibungsgewicht hatten, denn sonst hätten die Lokomotiven genauso zum Schleudern geneigt, wie ihre britischen Artgenossen, bei denen das ein chronisches Leiden war.

Die Benguela Bahn war in der glücklichen Lage, lange Zeit (vorwiegend) ein Transportgut zu befördern, nämlich Kupfer, und das von einem bestimmten Ausgangspunkt zu einem festen Ziel. Bahnen, die derartige Transportaufgaben haben, bringen es oft zu ansehnlichem Wohlstand. Auch hier war das der Fall; man konnte es leicht an dem ausgezeichneten optischen und technischen Zustand der Lokomotiven sehen. Durch die gute Pflege liefen die Maschinen auch recht wirtschaftlich und trugen so ihren Teil zu weiterem Reichtum der Gesellschaft bei – eine gute Rückwirkung anstelle eines Teufelskreises, der bei mangelhafter Wartung leicht auftrat.

Der Loslösung von Portugal folgte ein Bürgerkrieg, der auch 1981 noch fortdauerte und der schon seit Jahren den Kupferverkehr unterbindet. Der Holzeinschlag wird dadurch auch verhindert; die Züge, die fahren, ziehen meist ölgefeuerte Loks, betrieben mit Öl aus landeseigener Produktion.

verkleidet (oder was die CPR darunter verstand), sie trugen auch den Farbanstrich der Personenzugloks und vor allem beförderten sie planmäßig den besten Zug der CPR, den „Dominion" über die Rocky Mountains und die anschließenden Selkirks.

Von Anfang an erzählt, ähnelt ihre Geschichte der der CPR-Hudsons. Zuerst kamen die etwas kantigeren „T-1a"-Loks im Jahr 1929 mit den Nummern 5900-5919. Zehn weitere („T-1b") mit etwas weicheren Linien erschienen 1938 und schließlich kamen 1949 die letzten sechs („T-1c"). Die Nr. 5935 war nicht nur die letzte ihrer Klasse, sondern auch die letzte für die CPR gebaute Dampflokomotive, ja sogar die letzte überhaupt für eine kanadische Bahn erbaute Maschine. Grundlage war der vergrößerte Kessel der „Royal Hudson", allerdings ölgefeuert, denn alle Lokomotiven des Bergbezirks wurden seit 1916 mit Öl geheizt.

Links: *Eine „Selkirk"-Lokomotive der Canadian Pacific Railway fährt entlang eines ungestümen Flusses auf der berühmten „Kicking Horse Paß"-Strecke.*

Wenn man Kanada mit der CPR durchquert, ist der größte Teil der 4637 km langen Strecke relativ leicht zu bewältigen, nur ein Abschnitt nördlich des Oberen Sees und noch mehr die 422 km lange Bergstrecke zwischen Calgary und Revelstoke bereiten der Zugförderung Schwierigkeiten. Bis in die 50er Jahre bestand der beste Zug der CPR, der „Dominion", aus bis zu 18 schweren Stahlwagen mit einem Zuggewicht bis 1300 t und um ihn über die Steigungen von 2,2% zu bringen, mußte man außergewöhnliche Maßnahmen ergreifen. Bei den Fahrzeiten der einzelnen Züge gab es kaum Unterschiede, auch der schwere „Dominion" hielt in diesem Bezirk 23mal.

Eine einzelne 1'E2'-„Selkirk" konnte über die steilsten Abschnitte etwa 1000 t ziehen. Bei einer derartigen Last betrug auf einer 32 km langen Steigungsstrecke von 2,2% die Durchschnittsgeschwindigkeit nur 16 km/h. Fiel die Geschwindigkeit unter Schrittgeschwindigkeit, schaltete der Lokführer den Booster zu, bis der Zug schneller fuhr, als ein Mann rennen konnte. Dabei verbrauchten die Maschinen etwa 105 Liter Öl pro Km.

Talwärts beschränkte man wegen der engen Kurven die Geschwindigkeit auf 40-50 km/h, der Mindestradius war nur 140 m klein, aber den Fahrgästen wurde (und wird) es auch dabei nicht langweilig, die Natur sorgt immer wieder für Abwechslung für den Betrachter. Auf den wenigen geraden Abschnitten konnten die „Selkirks" bis auf 105 km/h kommen.

Damit diese langen Maschinen um die engen Kurven kamen, erweiterte man dort die Spurweite von 1435 auf 1469 mm, das ist außergewöhnlich viel, und man gab der führenden Achse ein Seitenspiel von 2mal 25 mm. Spurkranzöler verminderten den Verschleiß. Ansonsten folgten die Loks der üblichen nordamerikanischen Bauweise, einschließlich einer recht frühen Anwendung des einteiligen Gußstahlrahmens. Damit bewährten sich diese 1'E2'-Lokomotiven in ihrem rauhen Dienst.

1952 übernahmen Dieselloks die Zugförderung über die Berge. Nach einem kurzen Einsatz vor Güterzügen durch die Prärie wurden alle „Selkirks" abgestellt. Bis auf zwei verschrottete man sie alle. Ausgenommen waren die Nr. 5931 (als 5934 beschriftet) im Heritage Park in Calgary und die Nr. 5935 im Eisenbahnmuseum in Delson, Quebec.

Reihe 8 2'C1'
Großbritannien
British Railways (BR), 1953

Zugkraft: 174,1 kN (39080 lb)
Achslast: 22,5 t (49500 lb)
Zylinder, ∅ x Hub: (3) 457 x 711 mm (18 x 28 in)
Treibrad ∅: 1880 mm (74 in)
Verdampfungsheizfläche: 231 m² (2490 sq ft)
Überhitzerheizfläche: 64 m² (691 sq ft)
Kesseldruck: 17,6 kp/cm² (250 psi)
Rostfläche: 4,5 m² (48,5 sq ft)
Brennstoff (Kohle): 10 t (22000 lb)
Wasser: 19,7 m³ (4325 Imp gal)
Reibungsgewicht: 67,2 t (148000 lb)
Gesamtdienstgewicht: 157,5 t (347000 lb)
Gesamtlänge: 21 336 mm (70 ft in)

Oben: *Die Lok Nr. 70039 der „Britannia"-Klasse erklimmt im September 1965 die Steigung von Shap mit einem Schnellzug von Liverpool nach Glasgow.*

Unten: *Die „Britannia"-Pazifik Nr. 70020 „Mercury" (= Quecksilber) befördert im Mai 1959 den „Capitals United Express".*

Am 1. Januar 1948 wurde aus den verschiedenen britischen Bahngesellschaften die „British Railways" und natürlich gab es viele Spekulationen über die Frage, wie die Nachfolger der „Duchess", „King", „Merchant Navy" und „A4"-Maschinen wohl aussehen würden. Anfang 1951 gab man bekannt, daß für sie kein direkter Nachfolger geplant wurde, statt dessen lüftete man das Geheimnis, daß man die erste britische Zweizylinder-Pazifik als Ersatz für die nicht so hochkarätigen „Royal Scot", „Castle" und „West Country"-Reihen vorgesehen hatte und nicht für die größten vorhandenen Maschinen.

Die „Britannia" war eine einfache, robuste 2'C1'-Lokomotive mit einer Belpaire-Feuerbüchse und Rollenlagern an allen Achsen sowie anderen Neuerungen, die die Unterhaltung erleichtern und verbilligen sollten. Man bezeichnete sie als Reihe „7". Sie hatte die Fähigkeit, eine Zylinderleistung von 2200 PS zu entwickeln, bei einem Kohlenverbrauch von etwa 2300 kg/h, zwar ein akzeptabler Verbrauch, der aber doch mehr war als ein einzelner Mann in dieser Zeit schaufeln konnte. Die Größe der Feuerbüchse erlaubte es allerdings, schon vor einer starken Anstrengung ausreichend Kohle auf den Rost zu häufen.

Insgesamt 55 „Britannias" baute man von 1951 bis 1953. Sie erfüllten die Erwartungen ihrer Konstrukteure bezüglich der Wartung und sie zeigten auch, daß sie imstande waren, alle Schnellzugleistungen der damaligen Zeit zu bewältigen. Alle BR-Regionen erhielten Lokomotiven dieser Bauart, am besten nutzte sie die Ostregion. Man setzte sie hier in einem neuen Schnellverkehr ein, der speziell auf ihre Möglichkeiten eingestellt war. In den 50er Jahren konnte man in fast allen Teilen Großbritanniens sagen, daß die letzten 20 Jahre Fortschritt die Fahrzeiten um 20% *verlängert* hatten. Die neuen Pazifiks *verkürzten* dagegen die Fahrtdauer gegenüber der Vorkriegszeit um 20% zwischen London und Norwich.

Obwohl sie in jeder Hinsicht „einfache" Lokomotiven waren, zeigten sie doch eine wirtschaftliche Ausnutzung des erzeugten Dampfs. Genaugenommen standen sie ganz vorne, aber es wurmte manchen Fachmann, daß auf der anderen Kanalseite die Chapelon-

Pazifiks noch 16% besser lagen. Im Dienst verringerte sich wohl der Abstand durch die verschiedensten Faktoren, aber trotzdem konnte die französische Pazifik bei annähernd gleichem Gewicht 1500 PS mehr leisten. Man wollte aber in Großbritannien nicht mehr zur Verbundanordnung zurückkehren, vor allem weil es kein Gegenstück zu den hervorragend geschulten „mechaniciens"-Lokführern gab, die solch komplizierte Gebilde auch richtig bedient hätten. Die bisherigen Erfahrungen wiesen auch darauf hin, daß die zusätzlichen Unterhaltungskosten unter Umständen noch die Einsparungen durch den Minderverbrauch aufzehrten.

Ein Punkt, den man vielleicht übersah, war, daß die Leistung durch die Kohlenmenge, die der Heizer schaufelte begrenzt war, und daß damit eine wirtschaftlichere Maschine auch leistungsfähiger sein konnte. Eine größere Leistung bedeutete kürzere Fahrzeiten, und kürzere Fahrzeiten bedeuteten höhere Einnahmen. Damit konnte eine wirtschaftlichere Lokomotive gleichzeitig Geld sparen und mehr einbringen. Aber die Verbundbauweise ist nicht der einzige Weg dahin, man muß nur eine Möglichkeit finden, das Expansionsvermögen des Dampfes besser zu nutzen. Das heißt, daß man bei jedem Zylinderhub die Einströmung des Dampfes sehr früh beenden muß. Dieser „Füllungsgrad" (gemessen in Prozent) hängt von der Steuerungsbauart ab, normale Bauarten (beispielsweise Walschaert/Heusinger) erlauben keine Füllungsgrade unter 15-20%. Der Zeitraum für die Einströmung ist etwa gleich der Zeit für die Dampfausströmung; ist diese zu kurz, bleibt Dampf im Zylinder und verringert die Leistung. Eine Lösung für dieses Problem ist die Verwendung voneinander unabhängiger Ventile für Einströmung und Ausströmung. Die einfachste Möglichkeit dafür sind durch eine Steuerwelle angetriebene Einzelventile. Zu einfach ist aber auch dies nicht, denn man muß ja den Füllungsgrad variieren können und die Lokomotive muß auch die Fahrrichtung wechseln können. Dazu verschiebt man die Steuerwelle, damit verschieden geformte Nocken die Ventile entsprechend betätigen.

1953 genehmigte die BR den Bau einer Prototyplokomotive für eine künftige Serie von schweren Schnellzugmaschinen. Bei einer Zweizylinderlokomotive wären die Zylinder so groß geworden, daß sie nicht mehr in der Fahrzeugumgrenzung unterzubringen gewesen wären, so mußte man den Wunsch nach großer Einfachheit zurückstellen und ein Dreizylindertriebwerk vorsehen. Wenigstens ist der Antrieb einer Ventilsteuerung unabhängig von der Zahl der Zylinder. Man wählte die „British-Caprotti"-Bauart für die einzige Lokomotive der neuen Reihe „8". Bei Versuchsfahrten ergab sich eine Einsparung von 9% gegenüber der „Britannia"-Klasse für gleiche Leistung. Für Lokomotiven einfacher Dampfdehnung waren die Verbrauchswerte Weltrekord.

Zwar war der Kessel im großen Ganzen ohne Tadel, er basierte auf der hervorragenden Bauart der „Duchess"-Klasse, aber einige Details der Bemessung behinderten die wirtschaftliche Dampferzeugung bei hoher Leistung. Es wäre ein leichtes gewesen dies zu korrigieren, aber wie E. S. Cox, damals Chefkonstrukteur der BR, es sagte: „gab es Verantwortliche in der Hauptverwaltung, aber nicht im Maschinendienst, die entschlossen waren, eine weitere Entwicklung der Dampftraktion nicht zuzulassen." So wurde nichts mehr getan, auch der Bau weiterer Lokomotiven der Reihe „8" unterblieb.

Nr. 71 000 verbrachte ihr kurzes Leben als ungeliebter Einzelgänger. Nach der Ausmusterung baute man die komplette Steuerungsanlage aus, um sie aufzubewahren. Das konnte eine sehr entschlossene Vereinigung zur Dampflokerhaltung nicht davon abhalten, die Überreste der „Duke of Gloucester" aufzukaufen.

Oben: *Die Lokomotive Nr. 71 000 „Duke of Gloucester" der Reihe „8" der British Railways. Die Antriebswelle der Ventilsteuerung ist sehr gut zu erkennen.*

Unten: *Die unselige Pazifik Nr. 71 000 „Duke of Gloucester", einziges Mitglied der BR-Reihe „8".*

Reihe 25 2'D2'

Südafrika
South African Railways (SAR), 1953

Zugkraft: 202,0 kN (45360 lb)
Achslast: 20 t (44000 lb)
Zylinder, ∅ x Hub: 610 x 711 mm (24 x 28 in)
Treibrad ∅: 1524 mm (60 in)
Verdampfungsheizfläche: 315 m² (3390 sq ft)
Überhitzerheizfläche: 58,5 m² (630 sq ft)
Kesseldruck: 15,8 kp/cm² (225 psi)
Rostfläche: 6,5 m² (70 sq ft)
Brennstoff (Kohle): 19 t (42000 lb)
Wasser: 20 m³ (4400 Imp gal)
Reibungsgewicht: 78 t (172000 lb)
Gesamtdienstgewicht: 238,4 t (525000 lb)
Gesamtlänge: 32772 mm (107 ft 6¼ in)

Hier haben wir ein sehr schönes Beispiel dafür, daß es durchaus möglich ist, von Stephensons Bauprinzipien abzuweichen, und daß gleich in zwei Punkten. Die South African Railways hatten Schwierigkeiten mit ihrer Strecke von Kapstadt nach Johannesburg, die durch die Karoo-Wüste führt. Viele Jahre mußten sie damit leben, das Lokomotivwasser in der trockenen Zeit mit Kesselwagen heranzuschaffen und dafür Tiefbrunnen, Pumpen und Wasserbehälter zu unterhalten.

Schon lange Zeit hatten Lokomotivingenieure mit dem Gedanken gespielt, die Wärmemenge des Abdampfes zu nutzen. In Kraftwerken und Schiffsantrieben kondensierte man den Abdampf und verwendete das Wasser wieder zur Kesselspeisung. Dadurch sparte man Heizenergie und Wasser. Problematisch war die Größe und Schwere der Kondenseinrichtungen, man hatte zwar zahlreiche Kondenslokomotiven erprobt, aber jegliche Einsparung beim Verbrauch verzehrten die hohen Unterhaltskosten.

Im Fall der SAR war der Beweggrund vor allem die mögliche Einsparung des wertvollen Wassers, so daß man sich 1948 an Henschel in Kassel wegen des Umbaus einer 1'E1'-Lokomotive der Reihe „20" in eine Kondenslokomotive wandte. Henschel hatte ja im 2. Weltkrieg eine Anzahl von Kondens-Güterzugloks für die Deutsche Reichsbahn gebaut. Die Kondenseinrichtung fand in einem langen Tender Platz, eine Dampfturbine erzeugte den nötigen Zug für den Kessel, für den sonst das jetzt fehlende Blasrohr sorgte.

Versuche zeigten, daß die Einrichtung 90% Wasser und 10% Kohle einsparte. Diese Resultate waren so vielversprechend, daß die SAR ein beispielloses Programm zur Einführung von Kondenslokomotiven begann. Endergebnis war die hier beschriebene Reihe „25".

Diese 2'D2'-Maschinen waren in allem auf dem neuesten Stand der Technik. Nicht nur die Achslager, sondern auch alle Treib- und Kuppelstangen erhielten Rollenlager. Wie man sehen kann, besitzen die Stangen keine Gelenke, sondern reichen jeweils von einem zum anderen Treibzapfen. Lokomotivrahmen und Zylinder bildeten ein einziges Formgußstück, auch der Tender besaß einen Stahlgußrahmen. Den Kessel baute Henschels Konstrukteur Roosen so groß, wie es das südafrikanische Lademaß nur erlaubte, für Dom und Schlot blieb nicht viel Raum.

Insgesamt 90 Kondenslokomotiven mit den Nr. 3451-3540 wurden gebaut, bis auf die Prototyplokomotive von Henschel kamen alle von der North British Locomotive Co. in Glasgow. Weitere 50 Lokomotiven erschienen ohne Kondensvorrichtung als „25NC" mit den Nr. 3401-3450. Davon waren 10 von der NBL und 40 von Henschel. Ihre Tender faßten 18 t Kohle und 54,5 m² Wasser und waren etwas kürzer als die Kondenstender.

Einmal im Dienst stellten die Lokomotiven in fast allen Aspekten zufrieden, nur die meist verhängnisvolle Abweichung vom Stephensonschen Prinzip des feueranfachenden Abdampfstrahls – die Achillesferse der meisten Kondensloks – wirkte sich beinahe katastro-

Oben: *Eine „25NC" nimmt Wasser vor einem Zug von De Aar nach Kimberley auf der Hauptstrecke Johannesburg-Kapstat. Diese Maschine wurde ohne Kondenseinrichtung geliefert.*

Unten: *Diese Zeichnung illustriert eindrucksvoll die außerordentliche Länge der Kondensmaschinen der Reihe „25" der SAR.*

phal aus. Die Asche und der Kohlengrus in den Abgasen nützten die Schaufeln des Saugzuggebläses sehr schnell ab. Mit Hilfe der Henschel-Werke konnte man aber dann doch noch dieses Problem bewältigen. Wie beabsichtigt, konnte man nun auf dem „trockenen" Abschnitt der Strecke von Kapstadt nach Johannesburg zwischen Beaufort West und De Aar viele teure Wasserstellen schließen und auch bei den übrigbleibenden die Menge des nötigen Wassers verringern. In diesem Bereich übernahmen sie alles vom berühmten „Blue Train" bis zum Kohlenzug. Es ist ein eigenartiges Erlebnis, eine „25" zu erleben, die einen schweren Zug anfährt; einziges Geräusch ist das gleichmäßige Singen der Gebläseturbine, das Auspuffgeräusch, das Eisenbahnliebhaber so begeistert, verschwindet völlig in der Kondensapparatur.

In den 70er Jahren hatte man dann eine bessere Lösung für die wasserlose Karoo zur Hand – die Diesellokomotiven. So verloren diese Maschinen ohne Auspuffgeräusch ihre Existenzberechtigung. Man beschloß, sie als normale Lokomotiven weiterzuverwenden und entsprechend umzubauen. Der Umbau bestand hauptsächlich in der Umgestaltung der Tender zu seltsam aussehenden Gefährten, umgestülpten Badewannen ähnlich, und im Umbau der Saugzugeinrichtung. Zur Zeit ist nur noch eine einzige Kondensmaschine vorhanden, als funktionsfähiges Museumsstück gedacht. Es erinnert an eine der wenigen unkonventionellen Dampflokbaureihen, die erfolgreiche Dienste leistete und eine bemerkenswerte „tour de force" des Lokomotivbaus darstellt.

Als „25NC" (non-condensing) sind alle noch vorhanden, zusammen mit den Originalloks der Reihe sind dies jetzt 139 Exemplare. In den letzten Jahren stationierte die SAR sie vorwiegend im Betriebswerk von Beaconsfield, Kimberley. Sie bedienen von dort die Hauptstrecken in Richtung Süden nach De Aar, östlich nach Bloemfontein und nordwestlich nach Warrenton. Viele haben feste Personale, die offiziell dazu ermuntert werden ihre Maschinen besonders zu schmücken und einige erhielten sogar Namen.

Erstaunlicher, als man es sich eigentlich beim derzeitigen Stand der Dampftraktion vorstellen kann, ist die Tatsache, daß eine der südafrikanischen Baureihen zur Zeit Gegenstand einer grundlegenden Verbesserung der Feuerungstechnik ist. Der hochgeschätzte Name André Chapelons steht im Zusammenhang mit einer neuen Art der Verbrennung der Lokomotivkohle. Grundlage der Neuerung ist die Rückführung eines Teils des Abdampfs in das Feuerbett. Gleichzeitig führt man einen großen Teil der notwendigen Verbrennungsluft durch kurze Rohre großen Querschnitts über das Feuer. Dadurch verbrennt die Kohle nicht wie üblich, sondern man erzeugt im Feuerbett Generatorgas, das mit der Luft vermischt, sauber verbrennt. Damit entfällt die Erzeugung von schwarzem Rauch und Schlacke in Verbindung mit einer wesentlichen Verringerung des Kohleverbrauchs. Und all das bei geringstem Aufwand.

Dieses von Chapelon vorgeschlagene System benutzte ein südamerikanischer Ingenieur namens Da Porta bei Lokomotiven einer Kohlenbahn in der Nähe von Kap Hoorn. Nach Jahren erfolgreichen Einsatzes in diesem abgelegenen Gebiet probierte man es an einer kleinen „9D" der SAR ab 1979. 1981 baute man die „25NC" Nr. 3450 auf gleiche Weise um und bezeichnet sie jetzt als Reihe „26". Der Erfolg ist so groß, daß es sogar Hoffnung gibt, daß diese gasgeheizten Maschinen das Ende der Dampftraktion wenigstens in dieser Hochburg, einer der letzten, aufhalten könnten.

Links oben: *Die SAR-Reihe „25" mit dem langen Kondenstender.*

Unten: *Die „25NC2 Nr. 3530 produziert eine schöne Qualmwolke vor ihrem Güterzug bei Modder River. Dieses Foto aus dem April 1979 zeigt die ungewöhnliche Tenderform der umgebauten ehemaligen Kondensloks.*

Reihe 59 (2'D1')(1'D2')

Kenia
East African Railways (EAR), 1955

Zugkraft: 371,2 kN (83350 lb)
Achslast: 21,3 t (47000 lb)
Zylinder, ∅ x Hub:
521 x 711 mm (20½ x 28 in)
Treibrad ∅: 1372 mm (54 in)
Verdampfungsheizfläche:
331 m² (3560 sq ft)
Überhitzerheizfläche: 69,4 m²
(747 sq ft)
Rostfläche: 6,7 m² (72 sq ft)
Kesseldruck: 15,8 kp/cm²
(225 psi)
Brennstoff (Öl): 12,3 m³
(2700 Imp gal)
Wasser: 39,1 m³ (8600 Imp gal)
Reibungsgewicht: 162,1 t
(357000 lb)
Gesamtdienstgewicht: 256 t
(564000 lb)
Gesamtlänge: 31737 mm
(104 ft 1½ in)

In den Beschreibungen dieses Buches ist oft voller Ehrfurcht von Steigungsstrecken wie Shap und Beattock geschrieben worden. Die Steigung bei Shap von 1,3% ist 32 km lang, aber was soll man dann erst zu einer 563 km langen Strecke mit einer maßgebenden Steigung von 1,5% sagen. Denn so lang ist der Anstieg von Mombasa nach Nairobi, auf dem jeden Abend der legendäre „Uganda Mail"-Expreß verkehrt.

Der Bau der meterspurigen Uganda-Bahn begann 1892 und war ein seltsames Beispiel für die widersprüchliche Politik der Kolonialverwaltung. Einerseits sollte das Land erschlossen werden, andererseits versuchte man im Heimatland den Bau zu verhindern. Schließlich konnte die Bahn doch eröffnet werden und erfüllte auch die Erwartungen der Erbauer. Die angestrebte Unterdrückung des Sklavenhandels fand recht bald statt, auch die Erleichterung des Handels zeitigte bald so große Erfolge, daß die Bahn kaum noch den Verkehr bewältigen konnte. 1926 sah man ein, daß die vorhandenen 2'D-Lokomotiven nicht mehr ausreichten und so bestellte die Kenya & Uganda Railway (der damalige Name) einige (2'D1')(1'D2') Beyer-Garratts bei Beyer, Peacock in Manchester, die möglichst viele Bauelemente der 2'D-Maschinen enthalten sollten. Diese großen Lokomotiven waren die Lösung für den Massenverkehr auf den leichten Schienen von 24 kg-Metergewicht.

Mit den Jahren beschaffte man weitere Garratts verschiedener Größe und aus der K &U R wurden die East African Railways. 1954 stand man dem größten Warenrückstau der Geschichte gegenüber, so daß die Verwaltung 34 Exemplare der größten Garratts, die je gebaut wurden, bestellen mußte. Ihre Hauptaufgabe lag zwar in der Güterbeförderung, aber man sah diese gigantischen „59"er auch als für den Personenverkehr geeignet an und gab ihnen Namen ostafrikanischer Berge. Dazu trugen sie die attraktive braunrote Farbgebung der Bahn.

Nach britischen Maßstäben waren ihre Kenndaten schon sehr eindrucksvoll – ihre Zugkraft war mehr als doppelt so hoch wie bei den

Oben: *Die Garratt Nr. 5904 „Mount Elgon" der East African Railways.*

Reihe 15A (2'C2')(2'C2')

Rhodesien
Rhodesia Railways (RR), 1952

Zugkraft: 211,6 kN (47500 lb)
Achslast: 15,4 t (34000 lb)
Zylinder, ∅ x Hub: (4)
445 x 660 mm (17½ x 26 in)
Treibrad ∅: 1448 mm (57 in)
Verdampfungsheizfläche:
216 m² (2322 sq ft)
Überhitzerheizfläche: 46 m²
(494 sq ft)
Kesseldruck: 14,1 kp/cm²
(200 psi)
Rostfläche: 4,6 m² (49,6 sq ft)
Brennstoff (Kohle): 12,3 t
(27000 lb)
Wasser: 31,8 m³ (7000 Imp gal)
Reibungsgewicht: 80,8 t
(178000 lb)
Gesamtdienstgewicht: 189,8 t
(418000 lb)
Gesamtlänge: 28143 mm
(92 ft 4 in)

stärksten britischen Personenzuglokomotiven, in Verbindung mit einer fast 50% größeren Rostfläche. Die Lokomotiven feuerte man mit Öl, aber der Einbau eines Stokers war möglich, falls sich mit der Zeit ergeben sollte, daß eine Kohlefeuerung günstiger werden sollte. Die Laufwerke konnte man leicht von Meterspur auf die afrikanische Normalspur von 1067 mm umspuren; darüber hinaus konnte man auch leicht eine Vakuumbremsvorrichtung montieren, sollte einmal ein Einsatz außerhalb des mit Luftbremse ausgerüsteten Gebietes in Tansania erfolgen.

Die Maschinen entsprachen dem neuesten Stand der Technik, die Hauptdrehzapfen stellten sich bei Verschleiß selbsttätig nach, die Enden der Vorratsbehälter rundete man „stromlinienförmig" ab und lange Treibstangen wirkten auf die jeweilige dritte Kuppelachse. Die vier Walschaertsteuerungen betätigte eine Hadfield-Kraftumsteuerung mit hydraulischer Arretierung, ein Beyer-Patent. Die Vorzüge des kurzen und dicken Garratt-Kessels, zusammen mit dem großen Freiraum für die Feuerbüchse, erlaubten eine gleichbleibende starke Dampferzeugung über einen Zeitraum von 14 oder 15 Stunden.

Später erhielt die Reihe „59" Giesl-Ejektoren, der Erfolg für den Betrieb war umstritten; ästhetisch war diese Änderung unbestreitbar katastrophal.

Eine Eigenheit, die sich nicht bewährte, war die gestaffelte Gewichtsverteilung; in der Reihenfolge betrugen die Achslasten bei Vorwärtsfahrt: 15,4; 15,4; 19,0; 20,9; 20,8; 18,8; 15,3/15,5; 19,0; 21,0; 21,0; 19,0; 15,3; 15,3. Damit beabsichtigte man den Betrieb auf den leichteren Schienen von 38,6 kg Metergewicht nördlich und westlich Nairobis, zusätzlich zum Einsatz auf den 45,7 kg/m schweren Gleisen zwischen Nairobi und der Küste zu ermöglichen.

Der Nutzen der neuen Maschinen für die Bahn war eindrucksvoll festzustellen, als sich der Rückstau der Ladungen schnell auflöste. Diese Beyer-Garratts fanden sich bald in der Position der größten und stärksten Lokomotiven der Welt, als der US-Dampfbetrieb endete. 25 Jahre lang konnten sie diese Stellung durch den wirtschaftlichen Einsatz gut gewarteter Lokomotiven auf den East African Railways bewahren, der es den Vertretern der Dieselindustrie nicht ermöglichte Fuß zu fassen.

Aber wie fast überall siegte die Diesellok am Ende doch und ersetzte recht bald die „59"er vor den Expreßzügen. Auch vor Güterzügen verschwanden sie langsam zwischen 1973 und 1980. Die geplante Reihe „61" der Achsfolge (2'D2') (2'D2') mit 27 t Achslast, 512 kN Zugkraft und einem Rost von 9,8 m² Fläche bleibt wohl für immer nur ein Plan.

Oben: *Eine eindrucksvolle Ansicht der mächtigen (2'D1')(1'D2')-Lokomotive Nr. 5916 „Mount Rungwe".*

Unten: *Die Zeichnung zeigt uns die EAR-Beyer-Garratt Nr. 5928 „Mount Kilimanjaro" in der herrlichen ursprünglichen Karminroten Farbgebung.*

Eine Eisenbahn durch ganz Afrika hindurch, die Kapstadt mit Kairo verbindet, das war der unmögliche Traum eines Pfarrersohns namens Cecil Rhodes, der Rhodesien (heute Zimbabwe) seinen Namen gab. „Die Eisenbahn ist meine rechte Hand, der Telegraf meine Stimme", das sagte Rhodes am Höhepunkt seiner Macht. Als er 1902 starb, hatte seine Kap-Kairo-Bahn den Sambesi-Fluß, 450 km nördlich Bulawayo erreicht, der Bahnbau besaß aber genug Schwung, um bis 1914 Bukama zu erreichen, 4344 km von Kapstadt entfernt und heute in Zaïre.

Oben links: *Die „15A" Beyer-Garratt Nr. 400 der Rhodesia Railways (heute National Railways of Zimbabwe) wird nach einer Untersuchung in der Werkstatt von Bulawayo auf ihre Funktionstüchtigkeit überprüft.*

Links: *Die Beyer-Garratt Nr. 358 der Reihe „15" läuft mit dem Kohlenbunker voraus vor dem Personenzug von Victoria Falls nach Bulawayo.*

1930 bestellte die nunmehrige Rhodesia Railways in England vier Beyer-Garratts der Achsfolge (2'C2')(2'C2') für die 779 km lange Strecke von Mafeking nach Bulawayo. Es waren typische, solide Exemplare der Ingenieurskunst Beyer, Peacocks, die klar zeigten, wozu die Garratt-Type vor allem gedacht war. Bei gleicher Rostfläche und einer um 30% kleineren Achslast hatten sie eine größere Zugkraft als jede „normale" Lokomotive, die je in Großbritannien lief. Verzögerungen bei der Verstärkung der Brücken auf der Kap-Kairo-Strecke zwischen Mafeking und Bulawayo verboten dort vorläufig ihren Einsatz, so ging die „15te" Reihe, wie sie genannt wurde, erst einmal auf der Hauptstrecke von Bulawayo nach Salisbury in Dienst. Auch den berühmten „Rhodesia Express" vertraute man ihnen an. Sie bewiesen vorzügliche Laufeigenschaften und erforderten nur wenig Unterhaltungskosten. Sie spielten eine große Rolle bei der Umstimmung der RR-Oberen in Garratt-Anhänger, gleich nach Kriegsende bestellte die Bahn 30 Stück als Allzwecklokomotiven. Mit kleinen Änderungen kamen von 1949 bis 1952 weitere 40 Loks als Reihe „15A", auf die sich auch die angegebenen Daten beziehen. Eine letzte Serie von 10 Maschinen baute die Firma Franco-Belge in Frankreich, weil Beyer, Peacock mit der Herstellung anderer Garratts ausgelastet war.

Diese 74 Lokomotiven bildeten die umfangreichste Reihe der Rhodesian Railways. Sie waren auch die zweitstärkste Baureihe von Beyer-Garratts, die es je gab, und sie waren auch die ersten mit „stromlinienförmigen" Behältern. Bei einer Höchstgeschwindigkeit von 80 km/h konnte dies nur kosmetisch sein, aber es linderte tatsächlich das etwas brutale Aussehen der Garratts.

Ihren bemerkenswertesten Einsatz erlebten sie 1947 beim Besuch der königlichen Familie, zwei Loks der Reihe „15" übernahmen den 730 t schweren „Weißen Zug". Erst 1963 wurde es möglich, sie auf der ursprünglich vorgesehenen Strecke einzusetzen, die nächsten zehn Jahre bewältigten sie allein den Verkehr zwischen Bulawayo und Mafeking, durch das Gebiet des heutigen Botswana. Zu ihren Pflichten gehörten auch die Schnellzüge Bulawayo-Kapstadt und Bulawayo-Johannesburg. Bei diesen Langstreckenfahrten teilten sich zwei Lokpersonale die Arbeit, eine Mannschaft arbeitete, die andere ruhte sich in einem mitgeführten, komfortabel eingerichteten, Begleitwagen (caboose) aus. Für die 1556 km lange Fahrt Bulawayo nach Mafeking und zurück brauchten sie drei Tage und zwei Nächte.

Als nach politischen Veränderungen der nördliche Teil der RR zur Zambian Railway wurde, erhielt auch das Gebiet am Nordufer des Sambesi eine Anzahl von Loks der Reihe „15". Einige wurden schon ausgemustert, aber etwa 50 Stück blieben übrig. Es ist ein Vergnügen, zu schreiben, daß sie nicht nur noch in Dienst sind, sondern daß das an Öl arme, aber an Kohle reiche Zimbabwe beschlossen hat, seine Flotte von Garratts wieder voll zu unterhalten. Damit dürften diese herrlichen Lokomotiven noch viele Jahre erfolgreicher Arbeit vor sich haben.

Reihe 498.1 2'D1'

Tschechoslowakei
Tschechoslowakische Staatsbahn (ČSD), 1954

Zugkraft: 186,7 kN (41920 lb)
Achslast: Siehe Text
Zylinder, ⌀ x Hub: (3)
500 x 680 mm (19,7 x 26,8 in)
Treibrad ⌀: 1830 mm (72 in)
Verdampfungsheizfläche:
228 m² (2454 sq ft)
Überhitzerheizfläche: 74 m²
(796,5 sq ft)
Kesseldruck: 16 kp/cm² (228 psi)
Rostfläche: 4,9 m² (52,7 sq ft)
Brennstoff (Kohle): 15 t
(33040 lb)
Wasser: 35 m³ (7700 Imp gal)
Reibungsgewicht: Siehe Text
Gesamtdienstgewicht: 194 t
(427300 lb)
Gesamtlänge: 25594 mm
(83 ft 11½ in)

Diese bemerkenswerten Lokomotiven mit ihrem herrlichen blauen Anstrich gehören zum Besten, das je auf Schienen fuhr. Jedermann mit etwas Geschick für Zahlenspielereien kann schon aus der Nummer viel über sie entnehmen, denn die CSD benutzt für die Reihenbezeichnung einen festen Schlüssel. Die erste Ziffer gibt die Zahl der Treibachsen an; zur zweiten Ziffer addiert man 3 und multipliziert sie mit 10, um die Höchstgeschwindigkeit zu erhalten; zur letzten Ziffer addiert man 10 und weiß auch die ungefähre Achslast der Maschine. Die Reihe 498.1 besitzt also 4 Treibachsen, hat eine zulässige Höchstgeschwindigkeit von 120 km/h und eine maximale Achslast zwischen 18 und 19 t. In den Jahren 1954/55 baute die Lokomotivfabrik Skoda fünfzehn Exemplare dieser Lokomotiven.

Unter den Dingen, die man auf den ersten Blick nicht sieht, ist auch der Innenzylinder mit einer Neigung von 1 zu 10 der genauso wie die Außenzylinder die zweite Kuppelachse antreibt. Alle wichtigen Lager der Achsen und des Triebwerks besaßen Rollenlager. Interessanterweise erhielt auch die Treibstange ein Rollenlager. Die Konstrukteure vertrauten der Technik so sehr, daß sie es ohne Bedenken an diesem schwer zugänglichen Ort anwendeten.

Zur modernen Ausrüstung der Maschinen gehörten eine drucklufbetriebene Kraftumsteuerung, mechanische Rostbeschickung, eine Verbrennungskammer, Wasserröhren und -kammern in der Feuerbüchse genauso, wie verstellbare Tragzapfen der Laufachslagerung, die eine Einstellung der maximalen Treibachslast auf 18,5 t oder 16,8 t ermöglichte, und damit natürlich verbunden, Reibungsgewicht von 74 t oder 67,5 t. Die jeweilige Gewichtsdifferenz übernahmen durch Veränderungen des Hebelverhältnisses der Ausgleichshebel die Laufachsen. Mit der verringerten Achslast konnte man diese Lokomotiven nach Elektrifizierung der Hauptstrecken auch auf den leichteren Gleisen der Nebenstrecken verwenden. Übrigens hatten auch die deutschen Reihen 23 41 und 45 derartige Achslastverstellungen. Die Kesselaufbauten der 498.1 sind von vorne gesehen der Speise-, der Sand- und der Dampfdom. Ungewöhnlich mutet auch das Tenderlaufwerk mit seinem zweiachsigen Drehgestell und drei festen Achsen an. Die drei Walschaertsteuerungen folgen der üblichen Bauweise. Der Antrieb für die Innensteuerung befindet sich auf der linken Lokomotivseite an der dritten Kuppelachse, genau wie bei der Chapelon „242.A.1". Die CSD hatten damals eine gute Verbindung zu Chapelon, bis politische Gründe

Rechts: *Ein auffälliger roter Stern ziert die Rauchkammertür des CSD-„Albatros" 498106.*

Reihe 242 2'D2'

Spanien
Spanische Staatsbahn Gesellschaft (RENFE), 1956

Zugkraft: 206,1 kN (46283 lb)
Achslast: 19 t (41850 lb)
Zylinder, ⌀ x Hub: (2)
640 x 710 mm (25,2 x 28 in)
Treibrad ⌀: 1900 mm (74,8 in)
Verdampfungsheizfläche:
293 m² (3154 sq ft)
Überhitzerheizfläche: 104,5 m²
(1125 sq ft)
Kesseldruck: 16 kp/cm² (228 psi)
Rostfläche: 5,3 m² (57 sq ft)
Brennstoff (Öl): 13,5 m³
(2970 Imp gal)
Wasser: 28 m³ (6160 Imp gal)
Reibungsgewicht: 76 t
(167400 lb)
Gesamtdienstgewicht: 213 t
(469160 lb)
Gesamtlänge: 26840 mm
(88 ft 0¾ in)

Diese prächtigen Lokomotiven auf der Spur von zwei spanischen Ellen (1674 mm) kann man als die letzten großen Schnellzuglokomotiven Europas ansehen, als einzige *„Reihe"* westeuropäischer 2'D2'-Lokomotiven und als Höhepunkt des spanischen Lokomotivbaus. Sie stammen von einer langen Ahnenreihe von 2'D1'-Maschinen aus dem Jahre 1925 ab; vor 1914 hatte man diese als Verbundlokomotiven ausgeführt, nach dem Krieg herrschte die einfache Zweizylinderlokomotive vor. Im Falle dieser 2'D2'-Lokomotiven ist die einzige Abweichung von diesen Vorbildern die Verwendung der Lentz-Ventilsteuerung mit schwingendem Antrieb durch Walschaertsteuerungskulissen.

Die zehn Northerns baute im Jahre 1956 die Firma Maquinista Terrestre y Maritima in Barcelona mit den Loknummern 242.2001-10. Zur Ausrüstung gehörten ein Speisewasservorwärmer, die französische TIA-Wasserbehandlung, ein abgefederter Führerhausboden und ein Turbogenerator für die Elektrische Beleuchtung von Lok und Zug. Direkt vor dem Kylchap-

dies unterbanden. Unter den Vorgängern unserer 498.1 findet sich eine Reihe von Dreizylinder-Verbundlokomotiven der Achsfolge 2'D1', die sehr an die französische Bauweise erinnern; gebaut wurden diese im Jahre 1949.

Man fand aber, daß eine Maschine mit einfacher Dampfdehnung im großen Ganzen besser wäre als die Verbundbauart, so folgte man beim Bau der 498.1 mehr den neun Loks der Reihe 486.0 von 1933/38 und den vierzig 498.0 von 1946/49. Die Lokmannschaften bezeichneten ihre neuesten Maschinen als „Albatros"-Reihe, die sich gleichermaßen vor den schweren internationalen Schnellzügen und vor leichteren Garnituren bewährte. Bei Versuchsfahrten erzielte man im August 1964 eine Höchstgeschwindigkeit von 162 km/h, im Normalbetrieb fuhr man die zulässige Geschwindigkeit von 120 km/h oft aus.

Vor kurzem endete der Dampfbetrieb auch in der Tschechoslowakei. Die 498.106 wird aber von der CSD erhalten, über ihr endgültiges Schicksal als betriebsfähige oder als „ausgestopfte" Lokomotive ist noch nichts entschieden.

Unten: *Eine schöne Aufnahme einer „Albatros"-498.1 in ihrem blauen Anstrich. Man sieht gut die ungewöhnliche Tenderbauart mit einem zweiachsigen Drehgestell und drei festen Achsen.*

Doppelschlot saß eine kleine Lampe, damit das Lokpersonal auch bei Nacht leicht an der Farbe der Auspuffgase die richtige Einstellung der Ölfeuerung erkennen konnte. Alle Achsen besaßen Rollenlager. Den großartigen Eindruck dieser Lokomotiven verstärkte ihre grüne Farbgebung – nicht so hochwertige Loks lackierte man in Spanien einfach schwarz.

Bestimmt waren sie für den Einsatz vor den wichtigen Schnellzügen auf dem nicht elektrifizierten Teil der Hauptstrecke von Madrid nach Irun an der französischen Grenze, das heißt von Avila nach Miranda del Ebro. Das Einhalten der Fahrzeiten vor Zügen bis 750 t Gewicht, wie dem „Süd-Expreß", bereitete ihnen keinerlei Schwierigkeiten, obwohl die allgemeine Geschwindigkeitsgrenze von 110 km/h richtige Schnellfahrten verhinderte. Bei Testfahrten erzielte man mit ihnen in der Ebene immerhin 134 km/h mit einem 480 t-Zug, dabei leisteten sie in den Zylindern 4000 PS. Im Dienst konnten sie mit 600 t Zuggewicht auf einer Steigung von 1% eine Beharrungsgeschwindigkeit von 55 km/h einhalten. Im Gegensatz zur Größe der Lokomotiven stand die Winzigkeit der Tender. Ohne Zweifel erlaubten zu kleine Drehscheiben nichts Größeres. Da man aber nicht über Wassertröge zur Ergänzung der Vorräte während der Fahrt verfügte, war es bei einem Wasserverbrauch von etwa 0,2 m³/km mit dem Vorrat von 28 m³ Wasser nicht möglich, längere Strecken ohne Halt zurückzulegen.

Im normalen Zugbetrieb ist auch in Spanien die Dampflok verschwunden. Bei verschiedenen Gelegenheiten sind auch kürzlich noch Dampfloks zu sehen gewesen, aber eine „242" war bisher nicht dabei, obwohl eine, die 2424.2009, im Depot von Miranda del Ebro aufbewahrt wird.

Links: *Hinter der großen spanischen „242"-Northern mutet der winzige Tender seltsam an.*

Rechts: *Die erste der spanischen 2'D2'-Lokomotiven, die 242.2001.*

Reihe RM 2'C1' China
Eisenbahnen der Volksrepublik, 1958

Zugkraft: 154,1 kN (34597 lb)
Achslast: 21 t (46256 l)
Zylinder, ⌀ x Hub:
570 x 660 mm (22,4 x 26 in)
Treibrad ⌀: 1750 mm (69 in)
Verdampfungsheizfläche:
210 m² (2260 sq ft)
Überhitzerheizfläche: 65 m²
(700 sq ft)
Kesseldruck: 15 kp/cm² (213 psi)
Rostfläche: 5,75 m² (62 sq ft)
Brennstoff (Kohle): 14,5 t
(31940 lb)
Wasser: 30,5 m³ (6700 Imp gal)
Reibungsgewicht: 62,5 t
(137670 lb)
Gesamtdienstgewicht: 174 t
(383260 lb)
Gesamtlänge: 22390 mm
(73 ft 5½ in)

Diese ungewöhnlich aber doch hübsch aussehende Pazifik dürfte die letzte neukonstruierte Schnellzugdampflok der Welt sein. Es gibt aber noch einen weiteren Grund dafür, daß sie als letzte Erwähnung findet. Ihr Ursprungsland ist nämlich das letzte Land der Welt, das noch heute neue Dampflokomotiven in Betrieb nimmt. Die heute noch gebauten Maschinen sind zwar im Prinzip Güterzuglokomotiven, aber in verschiedenen Gebirgsregionen der Volksrepublik China befördern sie auch die Schnellzüge. Da auch noch neue Strecken gebaut werden, ist es in China möglich mit einer 1980 gebauten Lokomotive auf einer Neubaustrecke von 1980 zu fahren.

Die Reihe „RM" – „Ren Ming" oder „Volk" – mit der Achsfolge 2'C1' geht auf einige Schnellzugmaschinen zurück, die die Japaner an ihren Marionettenstaat Manchukuo (Mandschurei) lieferten. Die älteren Maschinen aus der Zeit vor der Befreiung hießen ursprünglich „PF-1" (PF gleich Pazifik), später nannte man die Reihe dann „SL" für „Sheng-Li" (Sieg). Der Lokomotivbau nach eigenen chinesischen Entwürfen lief erst einige Jahre nach Gründung der Volksrepublik an, 1958 erschien dann die erste „RM" aus der Fabrik von Szufang (Tsingtao) als vergrößerte Version der „SL"-Reihe mit einer um 12,5% gesteigerten Leistung.

Der Hauptunterschied zwischen den Reihen „RM" und „SL" – und auch zwischen der „RM" und praktisch jeder anderen Lokomotive der Welt, abgesehen von der UdSSR – ist die Anordnung des Hauptdampfrohrs. Üblicherweise verlief es innerhalb des Kesselscheitels vom Dampfdom in Richtung Rauchkammer, aber die große zulässige Höhe des Bahnprofils erlaubte hier eine leichter zugängliche Montage oberhalb des Kessels, natürlich gut isoliert. Eine ungewöhnliche Einrichtung vieler chinesischer Lokomotiven ist ein Drucklufthorn zusätzlich zur Mehrklangsirene, die mit ihrem tiefen Klang sogar die sagenhaften chinesischen Drachen erschrecken könnte. Abgesehen davon folgten diese ausgezeichneten Maschinen der üblichen Bauweise, die sich nach langen Jahren des Lokomotivbaus in aller Welt herausgebildet hat. Dazu gehören zwei Außenzylinder, Walschaertsteuerung in Verbindung mit Kolbenschiebern mit äußerer Einströmung und eine breite Feuerbüchse. Abgesehen von wichtigen Vorrich-

Oben: *Eine brandneue Dampflokomotive der „Vorwärts"-Reihe Nr. QJ 3404 bei der ersten Erprobung in der „Lokomotivfabrik des Volkes" in Datong, Oktober 1980*

Unten: *Die letzte neueentwickelte Dampfschnellzugloktype der Welt ist die chinesische Pazifik der „Volk"-Reihe, hier die Nr. RM 1201 bei Jinan im Dezember 1980.*

tungen wie einem großen Überhitzer und einem mechanischen Stoker hatten die Lokomotiven keine komplizierenden Zutaten.

Besucher in China haben berichtet, daß sie häufig derartige Maschinen bei Geschwindigkeiten um 105 km/h vor Zügen von 600 t Gewicht erleben konnten. Genaue Zahlen liegen nicht vor, aber man nimmt an, daß zwischen 1958 und 1964 etwa 250 Loks mit den Nummern RM 1001 bis RM 1250 gebaut wurden. Eine große Vielfalt bei den Dekorationen und Schrifttafeln auf den heutigen chinesischen Dampflokomotiven bringt etwas Abwechslung in das allgemeine, gepflegte Schwarz der Loks. Eine „RM" in einem besonderen grünen Anstrich zog den Eröffnungszug über die neue große Brücke über den Yangtse-Fluß bei Nanking.

Die heute noch produzierte Lokomotivtype ist die 1'E1'-Einheitslokomotive der Reihe „QJ" – „Qian Jing" (Vorwärts marschieren). Auch über 1982 hinaus erbaut eine Fabrik in Datong in Nordchina etwa 300 dieser Maschinen pro Jahr. Viele Gründe werden für diese letzte Dampflokproduktion der Welt genannt, die auch noch kein absehbares Ende erwartet. Der aber vorwiegende Beweggrund dürfte das Vorkommen billiger Kohle in Kombination mit einem jährlichen Verkehrsanstieg von etwa 10% sein. Der Bau von Diesellokomotiven bindet in China für die gleiche Beförderungskapazität die fünffache Zahl von Mann-Stunden; man kann also leicht verstehen, warum man von dieser einfachen und zuverlässigen Lösungsmöglichkeit für die Transportprobleme der Zukunft nicht lassen will.

Es ist sehr angenehm, dieses Buch damit beschließen zu können, daß es doch noch einen Funken Hoffnung für unsere geliebte Dampflokomotive gibt und sie vielleicht doch noch vor dem völligen Verschwinden bewahrt werden kann. Südafrika, Indien, Polen, Zimbabwe sind, wie wir gesehen haben, andere Orte an denen die Kräfte, die der Dampftraktion den Untergang bereiten wollen, noch in Schach gehalten werden. Aber gibt es auch eine Chance, scheinbar für immer verlorene Gebiete zurückzugewinnen?

In Großbritannien, dem Mutterland der Dampflokomotive, sieht es sehr schlecht aus; neue große Ölfelder und schmale Kohleflöze in veralteten Kohlegruben mit hohen Förderkosten lassen keinen anderen Schluß zu. Jegliche Rückkehr zum Dampfantrieb (abgesehen von Unterhaltungszwecken) anstelle des vorherrschenden Dieselbetriebs, dürfte hier in Form von stationären Dampfturbinen stattfinden, die Strom für elektrische Züge liefern. Einziger Trost für die Briten ist die Tatsache, daß sie im Vergleich mit anderen Ländern eine überdurchschnittliche Zahl von Museumslokomotiven „unter Dampf" haben. In den USA sieht das Ganze schon anders aus – die eigenen Ölvorräte reichen nicht mehr aus. Umfangreiche billige Kohlevorkommen in Verbindung mit typisch amerikanischem Wagemut könnten hier viel eher zum Erfolg führen. In der jüngeren Vergangenheit konnte man hier erleben, daß in Leistung und Zuverlässigkeit („Niagaras" der New York Central) sowie leichter Wartung (Reihe „J" der Norfolk & Western) die Dampflok der Diesellok ebenbürtig sein kann. Heute ist man auch so weit, daß man den Dampfbetrieb auch für die Umwelt verträglich gestalten kann – und auch wirtschaftlicher. Das sehen wir bei der südafrikanischen Reihe „26" mit ihrer neuartigen Verbrennungstechnik und es verwundert darum auch nicht, daß ein amerikanisches Firmenkonsortium an der Entwicklung einer Dampflokomotive des 21. Jahrhunderts arbeitet.

So wollen wir der „American Coal Enterprises, Inc" Erfolg für ihre „ACE 2000" wünschen und hoffen, daß vielleicht eines Tages eine dampfgetriebene Lokomotive an der Spitze eines luxuriösen „Twenty-First Century Limited" zwischen New York und Chicago zu finden ist.

Oben: *Unter einer herrlichen Dampfwolke verläßt im Oktober 1980 die „Volk"-Pazifik Nr. RM 1019 den mandschurischen Bahnhof Harbin, während der nahende Winter erste Schneeschauer vorausschickt.*

Unten: *Ein Bild einer hübsch aufgeputzten „Volk"-Pazifik, der Nr. RM 1049 in Changchun im Nordosten Chinas, im Jahr 1980.*

Oben: *Die Francés TGV, die den Geschwindigkeitsweltrekord hält.*

Moderne Lokomotiven

Moderne Lokomotiven

Oben: *Drei „Units" der ATSF, gemalt von Amarillo.*

Einführung

Die Triebfahrzeuge heutiger Eisenbahnen besitzen fast durchwegs elektrische oder Dieselantriebe. Aber auch Dampflokomotiven findet man noch in erstaunlicher Zahl; Gasturbinenantriebe konnten sich nicht so richtig durchsetzen, dafür baute man Fahrzeuge mit so exotischen Kraftquellen wie Benzinmotoren, Seilzügen, Windsegeln und hier und da findet man sogar noch ein leibhaftiges Pferd. Die Dampfrösser wie *Puffing Billy*, die Anfang des vergangenen Jahrhunderts ihre haferfressenden Kollegen auf den Bahnen der Welt – soweit es sie schon gab – abzulösen begannen, konnten mehr als ein Jahrhundert lang, wenn auch nicht unangefochten, ihre Vorrangstellung behaupten.

Der erste ernsthafte Herausforderer kam in frühen viktorianischen Zeiten in Gestalt des atmosphärischen Systems. Pumpstationen entlang der Strecke erzeugten Unterdruck in einer Röhre in Gleismitte. Durch den Druckunterschied bewegte Kolben waren mit den Zügen durch abgedichtete Längsschlitze hindurch mit den Eisenbahnfahrzeugen verbunden und „saugten" sie vorwärts.

Berühmteste Einrichtung dieser Art war die von Isambard Kingdom Brunel entlang der englischen Südküste zwischen Exeter und Newton Abbot, die aber nur wenige Monate öffentlichen Betriebs überdauerte. Noch am erfolgreichsten war ein weniger ehrgeiziges Projekt in Irland von Kingstown (heute Dun Laoghaire) nach Dalkey, das von 1844 bis 1854 bestand. Man könnte behaupten, daß diese atmosphärischen Bahnen in gewissem Sinne auch Dampfbahnen waren, denn die Antriebskraft wurde von Dampfmaschinen erzeugt, aber natürlich ist das auch bei den heutigen elektrischen Bahnen der Fall. Sogar Kernkraftwerke haben Dampfturbinen!

Elektrische Traktion

Die Experimente mit der elektrischen Traktion begannen schon 1835, nur 6 Jahre nach der ersten Fahrt der *Rocket*; vor allem durch einen Grobschmied namens Thomas Davenport aus Vermont, USA. Er ließ sich einen elektrischen Motor patentieren; aber auch andere – darunter Daniel Gooch von der britischen Great Western Railway – hatten schon kleine elektrisch betriebene Motoren für Vorführzwecke gebaut. Davenport baute eine erste elektrische Miniaturlokomotive, die noch heute existiert.

1839 baute der Schotte Robert Davidson eine richtige Lokomotive, die zwar langsam aber beharrlich fuhr, als man sie 1842 auf den Gleisen der Edinburgh & Glasgow Railway ausprobierte; wenn auch klar war, daß dies noch keine praktikable Lösung war. Das eigentliche Problem war das Fehlen einer ausreichend starken Energiequelle.

Galvanische Elemente wie die Leclanché-Zellen waren für diese Zwecke völlig unzureichend. Die eigentliche Geschichte der modernen Lokomotive beginnt 1860, als der Italiener Antonio Pacinotti den ersten Dynamo baute, der auch als Motor verwendet werden konnte. Zusammen mit den Erfindungen von Leuten wie Wheatstone und Siemens ist Pacinottis Maschine die Grundlage des Großteils der heutigen Eisenbahnantriebe.

Unser Buch beginnt im Jahre 1879 mit der ersten elektrischen Lokomotive in öffentlichem Einsatz. Übrigens, genaugenommen kann man sogar die Mehrheit der heutigen Diesellokomotiven als elektrische Lokomotiven mit eigener Stromerzeugung bezeichnen.

Oben: *Typische nordamerikanische Lokomotiven . . . der Warnanstrich und die starken Scheinwerfer erhöhen die Erkennbarkeit dieser dieselelektrischen Mehrzwecklokomotiven der Canadian Pacific.*

Rechts: *200 km/h schnell . . . die britischen HST-125-Garnituren sind die schnellsten Dieseltriebzüge der Welt. So sieht heute der berühmte „Flying Scotsman" aus.*

Wie Sie im Laufe des Buches sehen werden, dauerte es viele Jahre, bis die Frage der günstigsten Stromart für elektrische Bahnen geklärt werden konnte. Das Schwierige war, daß zwar Gleichstrom für die Traktionsmotoren besser war, Wechselstrom aber bei der Stromübertragung Vorteile bot. Einige Bahnverwaltungen bevorzugten die Komplikationen im Lokomotivantrieb, andere im Versorgungssystem. Bei etlichen Bahnen versuchte man es mit einem Kompromiß, mit Wechselstrom einer so niedrigen Frequenz, daß er sich fast wie Gleichstrom verhielt. Erst in den letzten Jahren konnte dieses Problem durch einfache Mittel zur Umwandlung der Stromarten gelöst werden; durch die Fahrleitung fließt Wechselstrom, die Motoren erhalten aber Gleichstrom.

Oben: *Mehr als 20000 Tonnen auf einen Streich: vier Elloks der Klasse 9E ziehen einen Erzzug nach Saldanha Bay in Südafrika.*

Unten: *Mit einer Reisegeschwindigkeit von 124,7 km/h von Berlin nach Hamburg war der „Fliegende Hamburger" einmal der schnellste Zug der Welt.*

In diesen frühen Tagen, lange bevor es öffentliche Stromnetze gab, verwendeten die ersten elektrischen Bahnen Gleichstrom aus eigenen Kraftwerken. Viele ähnelten Straßenbahnlinien; es waren einfache Betriebe, die Fahrzeuge mit wenigen Pferdestärken Leistung verwendeten. Ja, tatsächlich ersetzten sie oft „echte" Pferdestärken. Schon von Anbeginn wurde es üblich, daß Fahrzeuge elektrischer Bahnen ihren Antrieb „an Bord" hatten und dadurch nicht nur auf Dampfloks, sondern auf Lokomotiven überhaupt verzichtet werden konnte. Heute, hundert Jahre später, gibt es einen guten Grund, warum Reisende, beispielsweise von Paris nach Marseille, von London nach Edinburgh oder von Tokio nach Hiroshima, nicht mehr zum Bahnsteigende gehen, um sich die Lokomotive anzusehen – der Zug hat keine.

1883 begann eine kleine Bahn in Portrush, im heutigen

Nordirland, als erste mit der Nutzung der „weißen Kohle", also elektrischer Energie aus Wasserkraft und das Jahr 1890 sah die Einweihung der ersten elektrischen Untergrundbahn. Es war die City & South London Railway, heute Teil der nördlichen Linie von London Transport. Inzwischen hatte sich das elektrische Antriebsprinzip einen festen Platz erobern können, wenn auch bisher nur für relativ leichte Anforderungen.

1895 kam es zur ersten Anwendung im schweren Betriebseinsatz auf einem Abschnitt der Baltimore & Ohio – der hauptsächlich im Tunnel liegenden Zufahrt zu einem neuen Bahnhof im Herzen von Baltimore. Dies war ein kühner Schritt nach vorn, denn die Zugkraft dieser Lokomotiven war um ein Vielfaches höher als die der bisherigen Maschinen. Dieser Pionierbetrieb erfüllte alle Erwartungen und öffnete die Tür zu einem völlig neuen Anwendungsbereich – der Vollbahn-Elektrifizierung.

Drei weitere bedeutsame Schritte wurden kurz nach der Jahrhundertwende unternommen. In Deutschland führte ein Firmenkonsortium in Zusammenarbeit mit der Regierung Versuche mit zwei großen und schweren stromlinienförmigen Triebwagen und mit einer Lokomotive durch. 1901 erreichte man mehr als 160 km/h, zwei Jahre später fuhr einer der Drehstrom-Triebwagen sogar 210 km/h, ein Rekord, der in Deutschland an die 70 Jahre Bestand hatte.

1906 wurde in Italien die Giovi-Rampe, die den Hafen von Genua mit dem Hinterland verbindet, mit Drehstrom elektrifiziert. Hier stellte man erstmals fest, daß eine Bahn, die mit Dampflokomotiven – durch eine Kombination von starkem Verkehrsaufkommen, extremen Steigungen und zahlreichen schlecht zu lüftenden Tunnels – nicht zufriedenstellend zu betreiben war, mit elektrischer Traktion keine Schwierigkeiten mehr bot.

Schließlich elektrifizierte 1907 die New York, New Haven & Hartford Railroad einen Teil ihrer Hauptstrecke mit Einphasen-Wechselstrom. Einfache elektrische Lokomotiven mit zwei Drehgestellen und Triebwagen erhielten ihren Strom über eine Kettenfahrleitung – genau wie es heute noch üblich ist.

In ungefähr einem Vierteljahrhundert hatte die elektrische Traktion ihre Überlegenheit über die Dampflok in Leistung, Geschwindigkeit, durch fehlende Umweltbelastungen und einfache Handhabung demonstriert – also in allem, das für den Betrieb einer Eisenbahn notwendig oder wünschenswert ist. Warum gab es nun aber keine sintflutartige Elektrifizierungswelle?

Grund waren natürlich die damit verbundenen riesigen Investitionen. Im Vergleich mit Dampfloks waren elektrische Lokomotiven zwei- bis dreimal teurer und dazu kamen selbstverständlich die Kosten für Stromschienen oder Fahrleitungen, Überlandleitungen und Unterwerke, oft auch noch für Kraftwerke. Ganz allgemein (und stark vereinfacht) könnte man sagen, daß der Aufbau einer elektrischen Bahn vier- bis sechs Mal mehr kostete, als der einer dampfbetriebenen Eisenbahn gleicher Verkehrsleistung. Es ist also kein Wunder, daß man nur dann eine Elektrifizierung begann, wenn man keine Alternative sah.

Oben: *Der Bau elektrischer Lokomotiven im Werk der General Electric in Erie, Pennsylvania. Blick auf das Fahrgestell, rechts Pantografen.*

Unten: *Die gigantische W1 der Great Northern nähert sich 1946 im Werk Erie der General Electric ihrer Fertigstellung.*

Dieseltraktion

Der Selbstzündermotor in der heute weltweit verwendeten Form ist weniger das Werk von Dr. Rudolph Diesel, sondern mehr das eines Briten namens Ackroyd-Stuart. Er führte in den achtziger Jahren des vergangenen Jahrhunderts einen Verbrennungsmotor vor, bei dem der Kraftstoff am Ende des Hubs in den Zylinder eingespritzt wurde. Dieser Motor wurde durch die Firma Richard Hornsby & Co in Grantham (später Ruston & Hornsby) in die Praxis umgesetzt. Dr. Diesels Motor, der 1898 vorgestellt wurde, verwendete ein ähnlich hohes Verdichtungsverhältnis wie die heutigen Maschinen um den thermischen Wirkungsgrad nennenswert zu steigern, aber der Kraftstoff mußte mit Hilfe von Druckluft von etwa 65 kp/cm² eingespritzt werden. Dazu benötigte man aber schwere Zusatzausrüstungen.

1896 baute man bei Hornsby eine kleine Diesellokomotive, die erste der Welt und eigentlich eine kleine Ackroyd-Stuart-Lokomotive, die für den Werkverschub verwendet wurde. Die erste bekanntgewordene Anwendung eines Selbstzündermotors im öffentlichen Eisenbahnverkehr dürfte ein kleiner schwedischer Triebwagen mit einer 75 PS-Maschine und elektrischer Kraftübertragung gewesen sein, der 1913 von der Mellersta & Södermansland Eisenbahn in Dienst gestellt wurde. Natürlich war das kaum mehr als die Leistung, die heute ein Mittelklassewagen aufweisen

Oben: *Dampfkraft für die Zukunft? Der südafrikanische „Rote Teufel" mit einem neuartigen gaserzeugenden Feuerbett, August 1981.*

Unten: *Beispiel für die Dominanz von General Motors auf dem Diesellokmarkt ist diese „X45" der Victorian Railways in Australien.*

Oben: *Ein Zeichen der Zeit ist die Kontrollziffer für die Datenverarbeitung hinter der Nummer dieser 103er der Deutschen Bundesbahn.*

kann und noch immer kein Beweis für die allgemeine Verwendbarkeit des Dieselmotors für Eisenbahnzwecke.

Wir alle kennen von unseren Autos das große Problem bei der Verwendung von Verbrennungsmotoren: laienhaft ausgedrückt müssen sie erst einmal laufen, bevor was läuft. Im Gegensatz dazu können Dampfmaschinen und Elektromotoren auch aus dem Stillstand heraus Antriebskräfte erzeugen. Bei niedrigen Leistungen kommt man mit einem, vom Auto bekannten, Getriebe mit Schaltkupplung aus, aber für Hunderte – und ganz sicher für Tausende – von Pferdestärken braucht man etwas anderes.

Versuchen mit Dieseldruckluftlokomotiven, bei denen ein dieselgetriebener Kompressor Druckluft erzeugte, die über ein dampflokähnliches Triebwerk auf die Räder wirkte, war kein Erfolg beschieden. Antriebe mit hydraulischen Drehmomentwandlern waren schon erfolgreicher, vor allem in Deutschland, aber der größte Teil aller jemals erbauten Diesellokomotiven besitzt elektrische Kraftübertragungen. Bei ihnen treibt ein Dieselmotor einen Generator, der Gleich- oder Drehstrom für die Fahrmotoren erzeugt, die denen elektrischer Lokomotiven gleichen.

Die Geschichte der Dieseltraktion beginnt daher in diesem Buch mit der ersten diesel-elektrischen Lokomotive nennenswerter Leistung, die kommerziell erfolgreich Verwendung fand. Sie entstand 1924 durch Zusammenarbeit der Firmen Ingersoll-Rand, General Electric und American Locomotive Co und es ist erfreulich, daß wenigstens GE auch heute noch in der Lage ist, Lokomotiven aus dem Werk in Erie, Pennsylvania in alle Welt zu liefern.

Wie wir bei dieser Lokomotive sehen, muß man im Prinzip erst einmal eine vollständige elektrische Lokomotive bauen – mit Fahrmotoren und Fahrsteuerung – und dann noch einen dieselgetriebenen Generator hinzufügen, der den nötigen Strom liefert. Das war nicht nur ziemlich teuer, sondern auch ziemlich kompliziert. Dazu kommt, daß der elektrischen Einrichtung die enge Nachbarschaft mit einem Dieselmotor nicht sonderlich bekommt, der auch bei bester Pflege Ölnebel und Vibrationen von sich gibt. Folglich fristeten Diesellokomotiven viele Jahre lang – so wirtschaftlich sie auch ihren Kraftstoff nutzen und so praktisch sie auch sein mochten – ein ziemlich unbefriedigendes Dasein.

Auslöser für die fast vollständige Übernahme der nichtelektrifizierten Eisenbahnstrecken der Erde war in den dreißiger Jahren das Auftreten der amerikanischen Firma General Motors, dem größten Hersteller von Straßenfahrzeugen, auf dem Lokomotivmarkt. Sie warb erst dann um Kundschaft, als sie ein Produkt anbieten konnte, auf das sie sich verlassen und für das sie auch gleich die Ersatzteile und den Reparaturservice offerieren konnte – genau wie bei ihren Autos. Und genau wie bei den Autos mußten die Kunden die angebotenen Modelle nehmen und konnten sich nicht einfach ihr Wunschmodell bauen lassen.

Auf diese Weise ließ sich durch Massenproduktion und Normung der Preis diesel-elektrischer Lokomotiven auf ein vernünftiges Maß reduzieren. Darüber hinaus (diesmal nicht wie bei den Autos) konnten alle GM-Dieselloks als Bauelemente betrachtet werden: man kuppelt vier Einheiten, um eine Lok mit Super-Zugkraft zu erhalten; drei, zwei oder auch eine Maschine reichen bei leichteren Anforderungen aus. In allen Fällen braucht man nur eine Lokmannschaft, die anderen Lokeinheiten werden durch die Vielfachsteuerung ferngesteuert. Die Abmessungen und das Gewicht der einzelnen Einheiten erlauben es, sie überall dort zu verwenden, wo ein normaler Güterwagen fahren kann; unterschiedliche Loktypen für spezielle Einsatzgebiete sind kaum noch nötig.

Es ist nur leicht übertrieben, daß damals jeder die Beschaffungsabteilung für Triebfahrzeuge einer Eisenbahn übernehmen konnte, der auch nur in der Lage war, die Kataloge der Lokhersteller zu lesen. Das damals entwickelte Konzept war der Anfang einer erstaunlichen Erfolgsgeschichte, wie wir auf den folgenden Seiten sehen werden.

Die folgenden Seiten enthüllen aber auch das Gegenteil. Die Bahngesellschaften – die Britischen Eisenbahnen sind das beste (das heißt schlechteste) Beispiel – die nicht imstande waren, die alten Gewohnheiten aus der Dampflokzeit bei der Beschaffung neuer Maschinen aufzugeben und weiterhin unterschiedliche Bauarten für die verschiedensten Aufgaben bauen ließen, hatten mit den Folgen viele Jahre lang zu kämpfen. In gewisser Weise wandte eine Nation sogar einige der Gedanken von General Motors auf Dampflokomotiven an – Massenproduktion und Typenbeschränkung – und ist mit dem Endergebnis außerordentlich zufrieden, wenn auch die Chinesen kaum den großen Preisanstieg des Öls im Verhältnis zur Kohle vorhergesehen haben können, der mit zu ihrer Zufriedenheit beiträgt.

Oben: *Frisch aus dem Werk kam diese diesel-elektrische Lokomotive, Klasse BJ „Beijing" der Chinesischen Staatsbahn als sie 1980 aufgenommen wurde.*

Unten: *Aus der Sicht des Lokführers: Ein AMTRAK-Lokführer an den Kontrollen einer diesel-elektrischen Schnellzuglokomotive in Ogden, Utah.*

Andere Traktionsformen

Gasturbinenlokomotiven sind durchaus brauchbar, sogar mit direktem Antrieb, aber sie leiden unter der Tatsache, daß ihr Wirkungsgrad unterhalb der Nenndrehzahl stark abfällt. Züge stellen aber höchst unterschiedliche Anforderungen an die Antriebsleistung ihrer Triebfahrzeuge und es überrascht daher kaum, daß diese Antriebsform keine weite Verbreitung fand, obwohl es genügend erfolgreiche Konstruktionen gab, die die Beschreibung mehrerer Lokomotiven mit Turbinenantrieb in diesem Buch rechtfertigen.

Die Autoren machen sich keinesfalls die Meinung zu eigen, daß sich die Begriffe „Dampf" und „modern" gegenseitig ausschließen, deshalb fanden einige Dampflokomoti-

Oben: *Eine Bo'Bo'-Einheits-Ellok, Klasse 87, der Britischen Eisenbahnen befördert einen Personenzug durch das nördliche Hügelland.*

Links: *Eine Allzwecklokomotive ist die Rc4 Nr. 1137 der Schwedischen Staatsbahn, gebaut von ASEA, aufgenommen in einer typisch skandinavischen Szenerie.*

Oben: *Die japanischen „Bullet"-Triebzüge waren die ersten Personenzüge der Welt mit Reisegeschwindigkeiten von 160 km/h.*

ven, die auch in Zukunft noch Bedeutung haben werden, Aufnahme. Immerhin bestehen in einigen Ländern wieder Chancen für ein Comeback der Dampftraktion.

Von anderen Bauformen moderner Antriebe, die im Laufe der Zeit im Eisenbahnbereich Verwendung fanden, beschreibt ein Beitrag eine Lokomotive mit Dampfturbine und elektrischer Kraftübertragung, ein anderer die Nutzung der Bewegungsenergie schwerer Schwungräder. Die Fortbewegung von Schienenfahrzeugen mit Hilfe von Muskelkraft (durch Mensch oder Tier) oder mit Seilzügen soll außer Betracht bleiben, wenn auch die letztgenannte Form recht häufig zu finden ist. Windgetriebene Fahrzeuge – mit Segel – sind leider von den Schienen der Welt völlig verschwunden und haben deshalb in diesem Buch keinen Platz, so bedauerlich das auch sein mag.

Hohe Geschwindigkeiten

Bei manchem hat der Niedergang der Dampflokomotive zu einem nachlassenden Interesse an den Eisenbahnen als Ganzem geführt, für andere sind aber die wirklich verblüffenden Geschwindigkeiten, die heute gefahren werden, ein mehr als angemessener Ausgleich. Die Hoffnungen, die die vielversprechenden Schnellfahrten bei Berlin im Jahre 1903 weckten, wurden nach langem Warten 1966 durch die japanischen „Bullet"-Züge der Hokkaido-Linie und auch durch vereinzelte schnelle Zugleistungen in Frankreich, Deutschland, Großbritannien und anderen Ländern endlich erfüllt. Reisegeschwindigkeiten von 160 km/h und Fahrgeschwindigkeiten von 200 km/h und mehr sind heute nicht mehr ungewöhnlich.

In Frankreich ging man wie in Japan einen Schritt weiter mit dem Bau einer ausschließlich für sehr schnelle Züge bestimmten neuen Strecke von Paris bis Lyon.

Die zahlreich vorhandenen elektrischen „TGV" (Train à Grande Vitesse)-Züge, mit denen zwischen diesen beiden großen Städten ein dichter Verkehr abgewickelt wird, fahren bis zu 260 km/h schnell um die 426 Kilometer in nur 2 Stunden zu bewältigen. Da bleibt kaum Zeit für ein anständiges Essen, zumindest nicht für ein französisches!

Andere Bahnen, die sich neue Strecken nicht leisten können oder wollen, versuchten es mit dem Bau neuartiger Züge, die in der Lage sind, die Kurven aus der Dampfära schneller zu bewältigen. Es ist keine Schande, daß sich der britische „Advanced Passenger Train", bei dem die Wagenkästen sich zum Kurveninneren neigen, um die Zentrifugalbeschleunigung auszugleichen, sich als etwas zu kompliziert herausstellte. Auch die Italiener, Spanier, Kanadier,

Unten: *Die „Bi-Centennial"-Lokomotive, Nummer 5700.*

Oben: *Eine französische Wechselstrom-Ellok der Reihe 15000 führt den Schnellzug „Le Stanislas" von Paris nach Strasbourg.*

Unten: *Die diesel-elektrische Co'Co'-Lok Nr. 17521 der Klasse WDM der Indischen Eisenbahnen vor dem „Andhra Pradesh Express" nach Dhaulpur.*

Deutschen, Schweizer und all die anderen, die es ebenfalls probierten, hatten mit Problemen zu kämpfen. Die Japaner sind zwar mit ihren Zügen mit Neigungseinrichtungen sehr zufrieden, aber sie versuchten auch nicht mit, sagen wir, 240 km/h um Kurven zu fahren, die für 120 km/h gedacht sind, wie die Briten mit dem „APT", sondern sie fahren auf kurvenreichen Gebirgsstrecken mit 120 km/h dort, wo sonst nur 60 km/h möglich sind. Man konnte sich dabei also ausschließlich auf die Vervollkommnung der Neigungseinrichtung konzentrieren.

Im Angesicht von Zügen, die heute mit 260 km/h fahren, fragt man sich natürlich, ob man künftig auf Schienen noch schneller fahren wird. Es gibt aber Anzeichen dafür, daß man hier langsam an die Grenze der Möglichkeiten spurkranzgeführter Räder auf Stahlschienen kommt.

Die Beschreibungen

Den Hauptteil dieses Buchs bilden die Beschreibungen einzelner Lokomotiven oder Triebwagen, die im großen Ganzen chronologisch geordnet sind. Die Fahrzeuge wurden so ausgewählt, daß an ihnen die Entwicklungsgeschichte moderner Triebfahrzeuge von den Anfängen bis zum heutigen Tag illustriert werden kann. Dazu gehören natürlich zuvorderst die Beschreibungen der Meilensteine in der Geschichte der Eisenbahn. Zweiter Gesichtspunkt war, daß möglichst viele verschiedene technische Entwicklungen Erwähnung finden sollten, einschließlich einer angemessenen Zahl von interessanten „Es hat nicht sollen sein"-Konstruktionen. Auswahlkriterium war hier, daß sie zumindest so weit gelangt sein sollten, daß man sie im regulären Einsatz erprobte. Schließlich wurde auch versucht, die Auswahl so zu gestalten, daß möglichst viele Regionen der Erde vertreten sind; erleichtert wurde dies durch die Tatsache, daß moderne Triebfahrzeuge in erheblich weniger Ländern produziert werden, als dies bei den Dampflokomotiven der Fall war.

Während das Gebiet der Hauptbahnfahrzeuge ausreichend behandelt werden konnte, mußten andere wichtige

Aspekte des Eisenbahnfahrzeugbaus aus Platzgründen auf einige Beispiele beschränkt werden. So gibt es zum Beispiel aus dem Gebiet der Stadtschnellbahnen nur zwei Beiträge; allein hiermit hätte man ein ganzes Buch füllen können. Dasselbe gilt für die Rangierlokomotiven. Auch von den Dampflokomotiven mit moderner Ausstattung konnten nur wenige Eingang in diese Seiten finden, mehr davon sind in dem zugehörigen Band *Illustrierte Enzyklopädie Dampflokomotiven* zu finden.

Jede Beschreibung ist mit der entsprechenden Reihenbezeichnung, dem Namen oder den Nummern, bei Lokomotiven auch mit der Achsfolge überschrieben. Die Bedeutung der Achsfolgebezeichnungen wird auf den folgenden Seiten erklärt. Danach folgen das betreffende Land und die Bahnverwaltung (oder, in einigen Fällen, der Hersteller), gefolgt vom ersten Baujahr.

Der eigentliche Text beginnt mit einer tabellarischen Zusammenstellung der wichtigsten Angaben wie folgt . . .

Bauart: Art und Bestimmungszweck des Fahrzeugs
Spurweite: Der Abstand zwischen den Fahrschienen wird in Millimetern, sowie in Fuß und Zoll angegeben.
Stromversorgung: Bei elektrischen Fahrzeugen wird angegeben, mit welcher Stromart, Spannung (und Frequenz) und auf welchem Weg das Fahrzeug versorgt wird.
Antrieb: Eine kurze Zusammenfassung der Dinge, die dafür sorgen, daß sich die Räder drehen. Meist ist auch die Stundenleistung in Kilowatt und Pferdestärken angegeben.
Gewicht(e): Reibungs- und Gesamtgewicht der Fahrzeuge werden genannt; Entspricht das Gesamtgewicht dem Reibungsgewicht, genügt natürlich eine Angabe.
Maximale Achslast: Dies ist das höchste Gewicht, das eine einzelne Achse tragen muß.
Gesamtlänge: Die Länge von Lokomotive oder Triebwagen, gemessen zwischen den Pufferflächen oder den Stoßflächen bei Zentralkupplungen.
Zugkraft: Die rechnerisch ermittelte maximale Zugkraft bei normalem Schienenzustand. Bei Triebwagen hat dieser Wert keine Bedeutung und entfällt daher.
Höchstgeschwindigkeit: Die höchste im Betrieb aufgrund von technischen Überlegungen und aus Sicherheitsgründen zulässige Geschwindigkeit.

Beim eigentlichen Text wird größerer Wert auf die Darstellung von Unterschieden gelegt, als auf die Aufzählung von sich ähnelnden Fakten. Es muß darauf hingewiesen werden, daß so manche technische Angabe mit gewisser Skepsis zu sehen ist. Beispielsweise hängt die Leistung einer elektrischen Lokomotive direkt von der Spannung der Stromversorgung ab, die sich durch die dauernde Veränderung der Stromentnahme aus dem Netz in einem weiten Bereich bewegen kann. Gewichte einzelner Fahrzeuge können von den angegebenen Werten manchmal erheblich abweichen – und nur die ehrlichen Chinesen geben das auch bei ihren technischen Daten an. Durch abweichende Einstellung der Kraftstoffpumpen und andere Unwägbarkeiten unterscheidet sich oft auch die Leistung eines Dieselmotors vom Nennwert. Sogar die Spurweite ist keine konstante Größe; in Kurven wird sie im allgemeinen erweitert und auch in der Geraden entspricht sie nicht immer ganz dem Normwert.

Unten: *Treidellokomotiven ziehen ein US-Lazarettschiff durch die Schleusen des Panamakanals, Pedro Miguel, Juni 1919.*

In den Tabellen und im Text werden die folgenden Abkürzungen verwendet . . .

ft = feet (englische Fuß); HP = Horsepower (englische Pferdestärke, siehe auch Begriffserklärung); Hz = Hertz, Schwingungen pro Sekunde; in = inch (englischer Zoll); km = Kilometer; km/h = Kilometer pro Stunde; kN = Kilo-Newton (Maß für die Zugkraft)*; lb = pound (englisches Pfund); m = Meter; mm = Millimeter; mph = miles per hour (Meilen pro Stunde); PS = Pferdestärke; t = Tonne; V = Volt

* Anmerkung: Die einzige im täglichen Leben ungebräuchliche Maßeinheit ist, das Kilo-Newton. Meist waren (und sind) wir es zufrieden, wenn wir Kräfte und das Gewicht einer Masse in den gleichen Einheiten maßen, beispielsweise in Kilogramm oder Tonnen. Richtig ist dies aber nicht, denn dabei bleibt der Einfluß der Gravitation unberücksichtigt, die ja eine Kraft auf alle Massen in ihrem Einflußbereich ausübt. Deshalb gibt man Kräfte jetzt allgemein in Newton an, ja es ist inzwischen sogar gesetzlich vorgeschrieben. Für unsere Zwecke reicht es, wenn wir 1000 Newton als Gewichtskraft einer Masse von 102 kg (225 lb) ansehen – aber wenn wir einmal Eisenbahnen auf dem Mond bauen sollten, sieht das Ganze anders aus!

Oben: *Ein britischer Schnellzug von Newcastle nach Cardiff mit einer diesel-elektrischen Lokomotive der Klasse 45 durchfährt Ousdon Junction in der Grafschaft Durham.*

Oben: *Die Schnellsten! Die französischen „Trains à Grande Vitesse" oder TGV sind zur Zeit für 270 km/h (168 mph) zugelassen.*

Unten: *Gestern und Heute! Ein elektrischer Schnelltriebzug der Reihe 403 in Diensten der Lufthansa auf der romantischen Rheinstrecke.*

Achsanordnungen

Diagramm 1

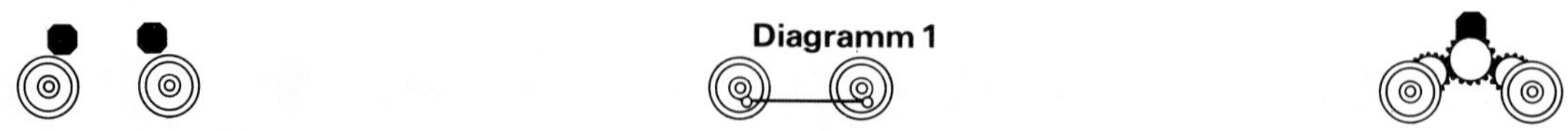

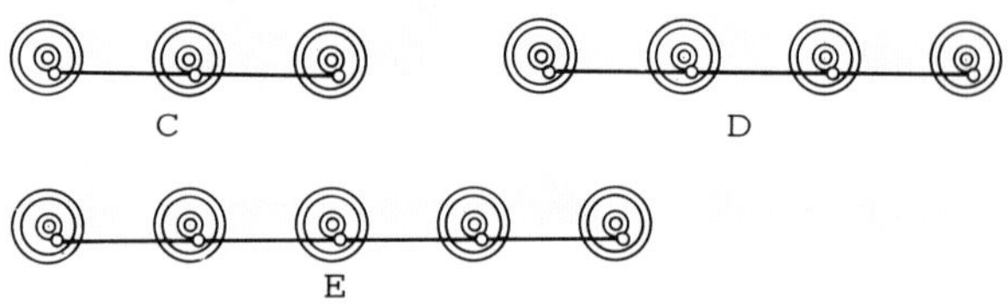

Früher wie heute beschreibt man Lokomotiven mit einer standardisierten Bezeichnung ihrer Achsfolge. Heute hat sich allgemein ein System eingebürgert, bei dem die Zahl der angetriebenen Achsen mit Großbuchstaben bezeichnet wird, also A = 1, B = 2, C = 3, D = 4 und so weiter. Die erste Lokomotive in unserem Buch ist demnach eine „B". Diese Bezeichnung schließt auch ein, daß die Achsen durch Stangen oder Zahnräder gekuppelt sind. Werden sie einzeln angetrieben, verwendet man den Zusatz „o" zum Buchstaben.

Diagramm 2

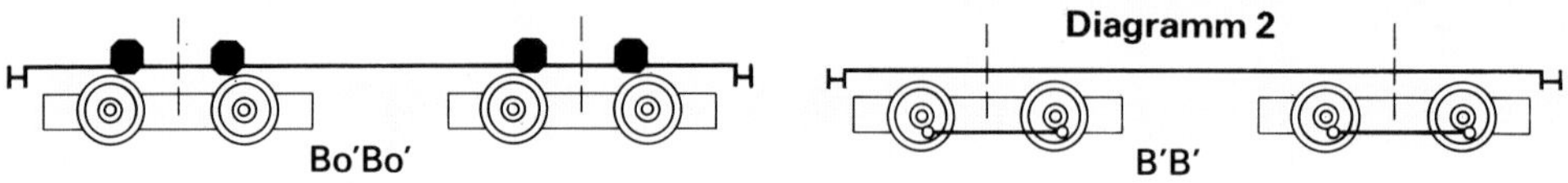

Dreiviertel aller modernen Lokomotiven und fast alle Triebwagen oder Antriebseinheiten von Triebzügen haben die hier dargestellte Achsfolge mit zwei zweiachsigen Drehgestellen.

Diagramm 3

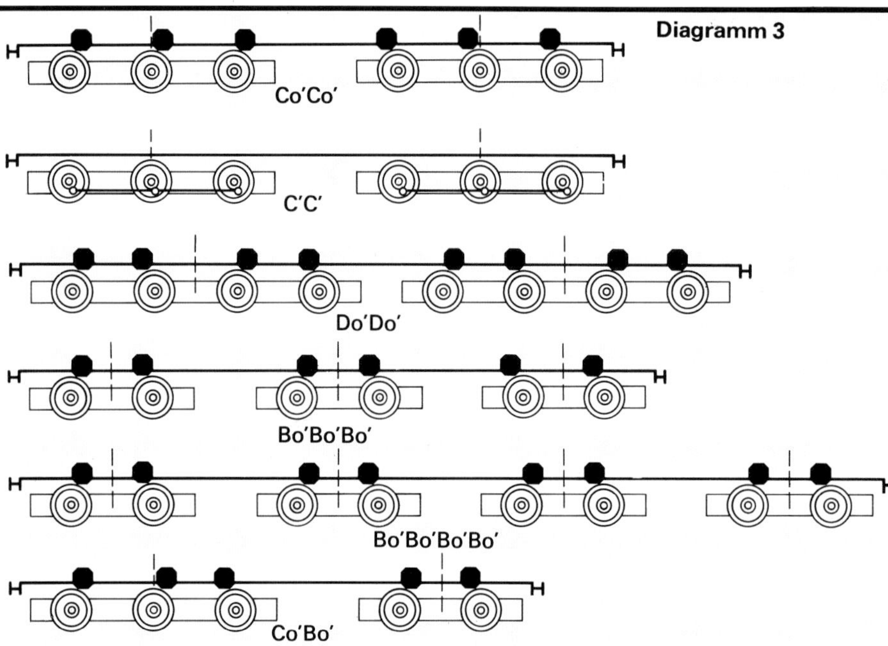

Recht oft findet man auch Fahrzeuge mit zwei Drehgestellen, die drei oder auch vier Treibachsen besitzen. Ab und zu werden auch mehr als zwei Drehgestelle verwendet; unsymmetrische Anordnungen kommen ebenfalls vor, sind aber sehr selten. Drehgestell-Lokomotiven mit durch Stangen gekuppelten Achsen werden heute nicht mehr gebaut und sterben langsam aus. Dagegen sind durch Zahnradgetriebe gekuppelte Treibachsen ziemlich häufig zu finden. Drehgestelle, oder allgemein alle Laufwerksteile, die sich gegenüber dem Lokomotivkasten seitlich verschieben oder verdrehen können, kennzeichnet man mit einem ′. Da der weitaus größte Teil aller Triebfahrzeuge, ob mit Diesel- oder elektrischem Antrieb Einzelachsantriebe besitzt, läßt man in manchen Ländern den Zusatz „o" entfallen und bezeichnet eine Bo'Bo'-Lokomotive als BB oder B-B.

Diagramm 4

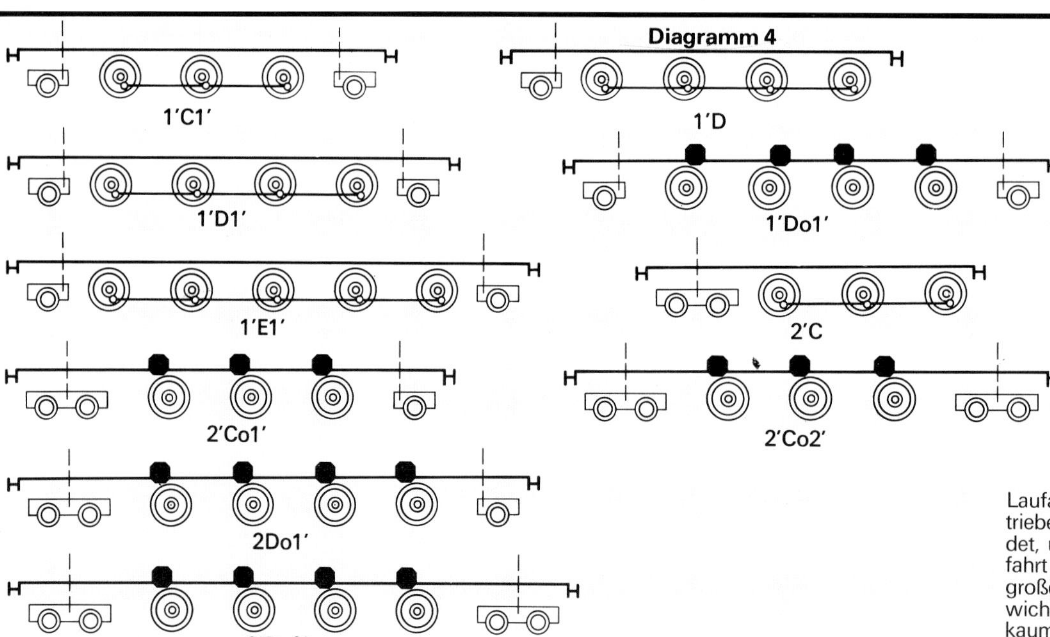

Laufachsen, das heißt nicht angetriebene Achsen, wurden verwendet, um die Fahrzeuge bei Kurvenfahrt besser zu führen, vor allem bei großen Treibrädern, und um das Gewicht zu verteilen. Sie werden heute kaum noch angewandt. Man bezeichnet sie mit arabischen Ziffern.

Diagramm 4

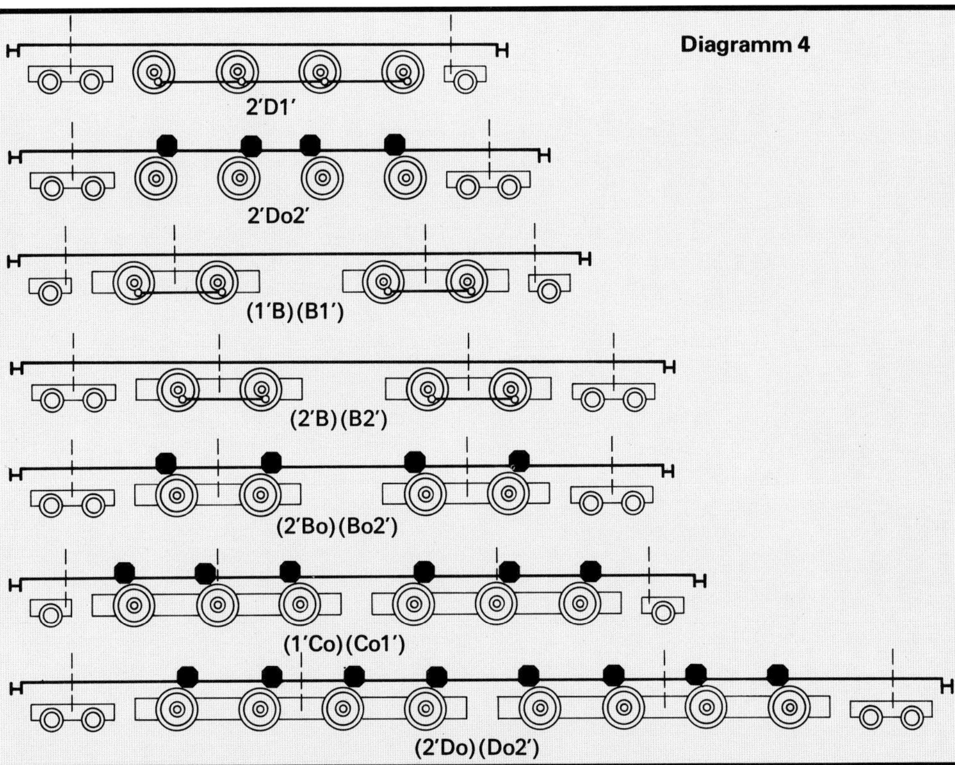

In vielen Ländern verwendet man für Dampflokomotiven andere Bezeichnungssysteme; das bekannteste ist das Whyte-System, bei dem die Anzahl der Räder genannt wird – angetriebene und nichtangetriebene Rädergruppen werden mit Bindestrichen getrennt. Eine 2'D1' ist hier eine 4-8-2, eine C eine 0-6-0. Wie man leicht erkennen kann, wird es aber schwierig, vielachsige Lokomotiven mit mehreren Triebgestellen, wie sie in der Vergangenheit gern gebaut wurden, genau zu beschreiben. So würde aus dem letzten Beispiel auf dieser Seite eine 2-4-8-8-4-2!

Bei der Beschreibung der Triebwagen und der Antriebseinheiten von Triebzügen, die bei den heutigen Eisenbahnen eine so große Rolle spielen, wird meist auf die Angabe der Achsfolge verzichtet, so auch in diesem Buch. Sie haben vorwiegend zwei Drehgestelle mit den Achsfolgen Bo'Bo', B'B', Bo'2' oder B'2'; es reicht daher aus, anzugeben, wieviel Drehgestelle angetrieben sind. Abweichungen gehen aus den Kurzbeschreibungen hervor.

Diagramm 5

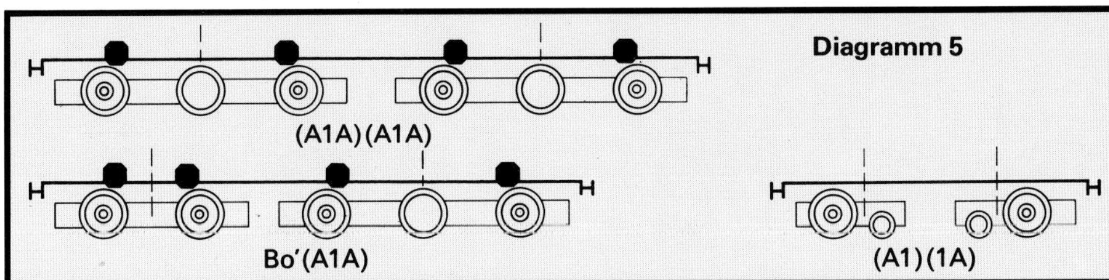

Manches Mal werden nichtangetriebene Achsen mit Antriebsachsen im Hauptrahmen oder einem Drehgestell kombiniert, gewöhnlich um damit das Gewicht besser zu verteilen.

Diagramm 6

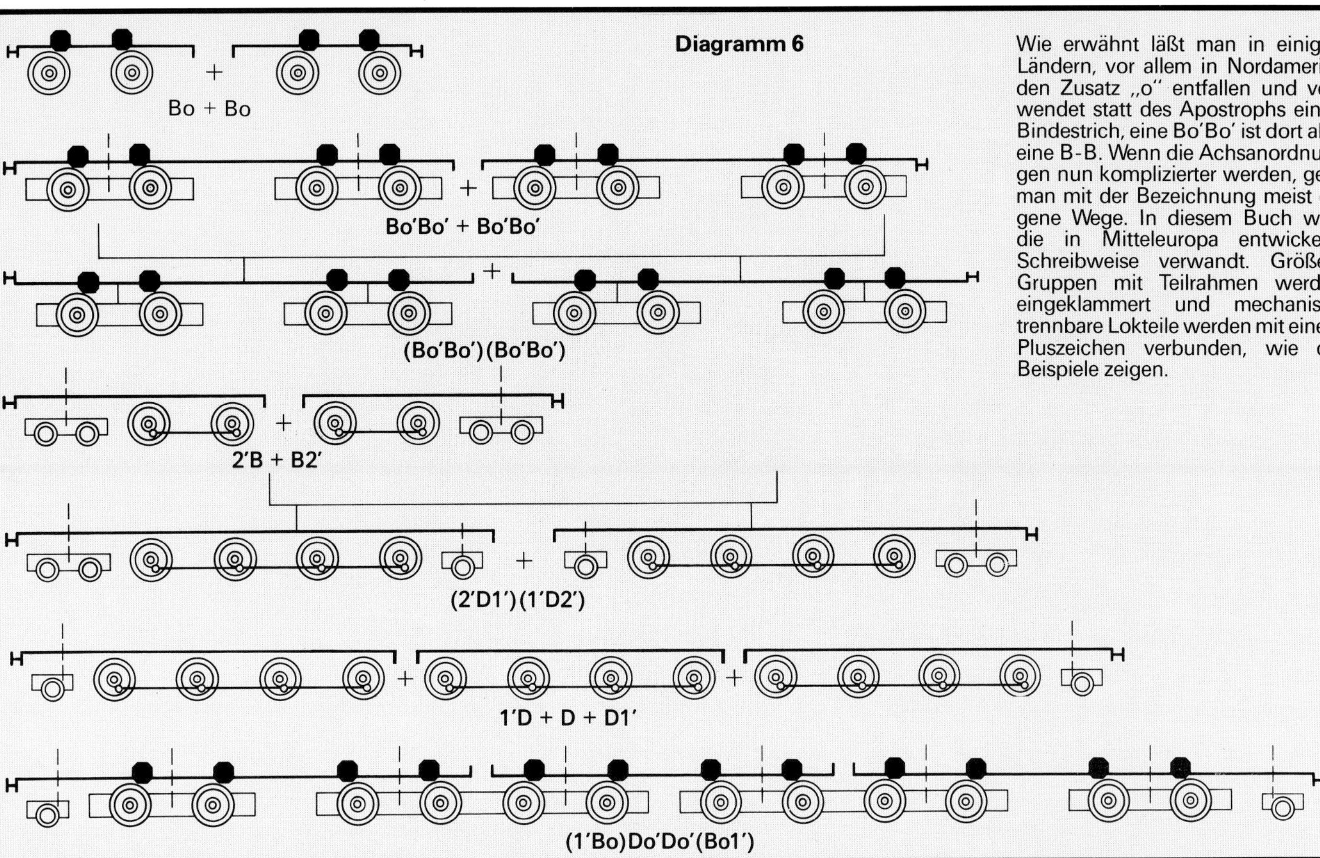

Wie erwähnt läßt man in einigen Ländern, vor allem in Nordamerika den Zusatz „o" entfallen und verwendet statt des Apostrophs einen Bindestrich, eine Bo'Bo' ist dort also eine B-B. Wenn die Achsanordnungen nun komplizierter werden, geht man mit der Bezeichnung meist eigene Wege. In diesem Buch wird die in Mitteleuropa entwickelte Schreibweise verwandt. Größere Gruppen mit Teilrahmen werden eingeklammert und mechanisch trennbare Lokteile werden mit einem Pluszeichen verbunden, wie die Beispiele zeigen.

Siemens Nr. 1 B

Deutschland
Berliner Gewerbe-Ausstellung, 1879

Bauart: Elektrische Ausstellungslokomotive
Spurweite: 450 mm (1 ft 5¾ in)
Stromversorgung: Gleichstrom von 150 V Spannung über Mittelschiene; Spannungseinstellung mit Flüssigkeitswiderstand
Antrieb: Längsliegender Reihenschlußmotor von etwa 2,5 kW (3,5 PS) mit Stirn- und Kegelradgetriebe
Gesamtlänge: 1500 mm (4 ft 11 in)
Höchstgeschwindigkeit: 18 km/h (11 mph)

Diese kleine Zugmaschine stellt die erste gelungene Anwendung des elektrischen Antriebs für die Beförderung eines Zuges in der Öffentlichkeit dar. Über die Ausführung dieser ersten elektrischen Bahn liegen unterschiedliche Angaben vor. Man kann aber davon ausgehen, daß die Gleisanlage auf der Berliner Gewerbeausstellung von 1879 etwas mehr als 300 m lang war und in Form eines Kreises mit Kurven von 5 m Radius schlangenartig zwischen den Ausstellungsgebäuden verlegt war. In den folgenden Jahren wurde diese Ausstellungsbahn auch in anderen Städten vorgeführt und machte damit diese revolutionäre Neuerung schnell in aller Welt bekannt. Schon 1881 eröffnete Siemens in Berlin-Lichterfelde die erste elektrische Bahn für den öffentlichen Verkehr, die aber als Straßenbahn in diesem Buch nicht weiter betrachtet werden soll.

Versuche mit elektrischen Antrieben hatte es schon viel früher gegeben, auch schon vor der Entwicklung der Dynamomaschine im Jahre 1867. Es war allerdings kaum möglich gewesen, mit Volta'schen Zellen genügend Energie zu erzeugen. Das erste Schienenfahrzeug mit Batterie-Antrieb stellte ein Schotte namens Davidson schon 1839 vor. Die „Motoren" bestanden aus hölzernen Zylindern, die auf den Achsen befestigt waren und eine Anzahl Eisenstäbe trugen. Elektromagnete wurden so ein- und ausgeschaltet, daß eine Drehbewegung entstand. Obwohl dieses Prinzip funktionierte, war es klar, daß es noch nicht praktisch verwendbar war. Trotz vieler unterschiedlicher Versuche sollte es noch 35 Jahre bis zum Erfolg dauern.

Erst die Entdeckung des „dynamoelektrischen Prinzips" und seine Anwendung zur Wandlung mechanischer in elektrische Energie und wieder zurück brachte den Erfolg für Werner von Siemens. Eine kleine Dampfmaschine trieb den „Inductor" an, der eine Gleichspannung von 150 Volt lieferte. Mit einem Flüssig-Widerstand (siehe Begriffserklärung) setzte man die

Unten: *Der erste elektrisch betriebene Personenzug der Welt fuhr auf der Berliner Gewerbeausstellung von Mai bis September 1879.*

Siemens Triebwagen Bo

Großbritannien
Volk's Electric Railway, 1884

Bauart: Elektrischer Triebwagen
Spurweite: 825 mm (2 ft 8½ in)
Stromversorgung: Gleichstrom von 460 V Spannung über die Mittelschiene und Regelwiderstand
Antrieb: 2 Motoren von 6 kW (8 PS) mit Riemenantrieb auf die Achsen
Gewicht: 6,5 t (14326 lb)
Gesamtlänge: 9144 mm (30 ft 0 in)
Höchstgeschwindigkeit: 16 km/h (10 mph)

Am 3. August 1883 wurde eine kurze, elektrisch betriebene Vergnügungsbahn auf der Uferpromenade von Brighton eröffnet, in zweifacher Hinsicht ein bemerkenswertes Datum. Diese kleine Bahn sollte die erste elektrische Eisenbahn werden, die auf längere Sicht Bestand hatte, denn sie fährt noch heute und hat bisher mehr als 60 Millionen Fahrgäste befördert. Darüber hinaus war sie die erste Bahn, die mit einzeln fahrenden Triebwagen betrieben wurde, wie es erst viele Jahre später alltäglich werden sollte. Sie war auch die erste elektrische Bahn in Großbritannien, wenn auch schon 5 Wochen später eine weitere derartige Bahn im heutigen Nordirland eröffnete. Diese „Giant's Causeway Tramway" in Portrush war dafür die erste Bahn der Erde, deren Antriebsstrom aus einem eigenen Wasserkraftwerk stammte.

Ursprünglich besaß die Bahn in Brighton auch ein eigenes Kraftwerk, in dem ein Gasmotor der Energieerzeugung diente. Später entnahm man den Strom, wie heute üblich, über ein Umspannwerk dem inzwischen entstandenen öffentlichen Stromnetz der Brighton Corporation. Beschleunigt wurde diese Umstellung dadurch, daß Magnus Volk, der Förderer dieser nach ihm benannten Bahn, auch der Ingenieur der Elektrizitätsgesellschaft war.

Das Ausmaß des ursprünglichen Betriebes kann man aus der Tatsache ersehen, daß innerhalb eines Zeitraums von nur 3 Wochen der erste provisorische Triebwagen erbaut, 400 Meter Gleis von 610 mm Spurweite gelegt und die Krafterzeugungsanlage installiert wurden. Im ersten Jahr war diese Bahn nur ein Versuchsobjekt auf dem Abschnitt vom Aquarium zum Old Chain Pier. Bis April 1884 verlängerte man die Strecke zum Palace Pier und nach Black Rock, eine Entfernung von nunmehr 2 km. Die Spurweite änderte man auf 825 mm (2 ft 8½ in), ein Maß, das offensichtlich willkürlich so gewählt wurde, daß es genau 2 englische Fuß kleiner war als die Normalspurweite. Die oben angegebenen technischen Daten beziehen sich auf die Fahrzeuge dieser nun für einen Dauerbetrieb bestimmten Strecke.

Heute fahren während der Sommersaison 9 Triebwagen mit jeweils 32 Sitzplätzen, von denen 7 schon immer zu „Volk's Electric Railway" gehörten; die beiden anderen kamen vor nicht allzu langer Zeit von der stillgelegten „Southend Pier Tramway". Die Bahn hat mit der Zeit nichts an Beliebtheit eingebüßt, wozu sicher auch die gute Sicht auf Brightons berühmten Nacktbadestrand beiträgt. Eine Verlängerung entlang der Küste bis Rottingdean mit einem Vierschienengleis von 5486 mm (18 ft 0 in) Gesamtspurweite und Wagen, die wegen der hohen Flut auf Stelzen liefen, konnte sich dagegen nicht lange im Betrieb halten.

Links und rechts: *Zwei Ansichten der Triebwagen der Volk's Electric Railway in Brighton, England, der ältesten noch vorhandenen elektrisch betriebenen Bahn der Erde, die 1983 ihren hundertsten Geburtstag unter der Betriebsführung der Brighton Corporation feiern konnte.*

Spannung zum Anfahren herab. Die Lokomotive nahm den Strom von der Mittelschiene ab, der über die Räder und die Fahrschienen zurückfloß.

Die drei Anhängewagen mit je 6 Sitzplätzen konnte die Maschine mit etwa 7 km/h befördern (4 mph). Auch für heutige Begriffe war die Lokomotive recht kompliziert gebaut. Der Motor lag in Längsrichtung, die Feldwicklungen ragten seitlich heraus. Im Vergleich mit heutigen Motoren ähnlicher Leistung war dieser Motor riesig. Das Drehmoment übertrugen drei Stirnzahnräder – mit Zwischenwelle – auf eine ebenfalls längsliegende Antriebswelle zwischen den Rädern, von dort über ein Kegelradgetriebe auf eine querliegende Welle, die entsprechend der gewünschten Fahrtrichtung von Hand verschoben werden konnte – dazu mußte der Fahrer absteigen. Von hier übernahmen Stirnzahnräder die Kraftübertragung auf die Lokomotivachsen.

Heute kann diese bemerkenswerte Maschine im Deutschen Museum in München besichtigt werden.

Rechts: *Die bahnbrechende Lokomotive von Werner von Siemens wurde im Mai 1879 in Berlin vorgestellt.*

Nrn. 1-3 Bo+Bo USA
Baltimore & Ohio Railroad (B & O RR), 1895

Bauart: Elektrische Vollbahnlokomotive
Spurweite: 1435 mm (4 ft 8½ in).
Stromversorgung: Gleichstrom von 675 V Spannung über Oberleitung
Antrieb: 4 Direktmotoren von je 270 kW (360 PS)
Gewicht: 87 t (192000 lb)
Gesamtlänge: 8268 mm (27 ft 1½ in)
Zugkraft: 201 kN (45000 lb)
Höchstgeschwindigkeit: 96,5 km/h (60 mph)

Die erste Hauptbahnelektrifizierung erfolgte 1895 in Baltimore auf einem betrieblich schwierigen Abschnitt. Die Strecke verlief innerhalb der Stadt durch einen 2 Kilometer langen Tunnel unter der Innenstadt zum neuen Mount Royal-Hauptpersonenbahnhof. Die Steigung von 8‰ innerhalb des Tunnels hätte in Verbindung mit dessen Länge zu großen Problemen mit den Abgasen von Dampflokomotiven geführt. Deshalb beauftragte man die General Electric Company von Schenectady, New York State mit der Elektrifizierung.

In Anbetracht der bisherigen Entwicklung war dies eine außerordentlich kühne Entscheidung. Diese B & O-Lokomotiven waren neunmal schwerer und stärker als alles bisher dagewesene. Vom Gelingen dieses großen Sprungs nach vorne hing der ganze Erfolg dieses Projektes ab, eine Umstellung auf Dampfbetrieb bei einem eventuellen Mißlingen wäre nur schwer zu verwirklichen gewesen.

Die Direktmotoren waren zwar schon erprobt, neu war dagegen, daß sie nicht direkt auf der Achse, sondern um sie herum angebracht waren. Das Drehmoment übertrugen Gummipuffer auf die Speichen der Räder. Dieses Antriebsprinzip der elastischen Kraftübertragung war seiner Zeit weit voraus. Die zweiachsigen Lokomotivteile waren im Grunde gleichartig ausgebildet und wurden lediglich durch eine Kupplung und einige Kabel zu einer vierachsigen Lokomotive vereint. Insgesamt gab es drei dieser Doppeleinheiten.

Im großen ganzen bewährten sich diese Maschinen sehr gut bei der Beförderung von bis zu 1630 t schweren Zügen über die 8‰-Steigung. Diese Anhängelast schloß die Dampflokomotive des Zuges ein, die durch den Tunnel geschleppt wurde. Ärger bereitete nur die Korrosion der ungewöhnlichen Stromabnehmer – ein Kontaktschiffchen aus Messing wurde von einem einseitig angebrachten schrägen Stromabnehmer gegen ein Z-Profil der steifen Oberleitungskonstruktion gedrückt. Dieses bestaunenswerte System ersetzte man 1902 durch gewöhnliche Stromschienen neben den Fahrschienen.

Nach immerhin 17 Dienstjahren nahm man 1912 diese Lokomotiven aus dem Dienst, aber zumindest eine von ihnen sollte noch längere Zeit erhalten bleiben – nämlich bis zur Jahrhundertfeier der B & O. Bei dieser „Fair of the Iron Horse" im Jahre 1927 wurde sie mit vielen anderen alten und neuen Maschinen noch einmal der staunenden Öffentlichkeit vorgeführt. Doch leider wurde sie bald darauf doch verschrottet, so daß heutige Interessenten diese erste elektrische Vollbahnlokomotive nicht mehr begutachten können. Die elektrische Traktion hielt sich auf der B & O bis 1952, dann löste sie die neuere Bauform der Lokomotive mit eigenem Kraftwerk ab – die sich immer mehr ausbreitende diesel-elektrische Lokomotive.

Nrn. 1-16 Bo

Großbritannien
City & South London Railway (CSLR), 1890

Bauart: Elektrische Tunnellokomotive
Spurweite: 1435 mm (4 ft 8½ in)
Stromversorgung: Gleichstrom von 500 V Spannung über Mittelschiene
Antrieb: 2 Direktmotoren von je 37,3 kW (50 PS)
Gewicht: 9,4 t (20700 lb)
Gesamtlänge: 4267 mm (14 ft 0 in)
Höchstgeschwindigkeit: 40 km/h (25 mph)

Oben: *Eine zweiachsige Lokomotive der City & South London Railway im Bauzustand von 1890.*

Erste elektrische Untergrundbahn der Welt war die City & South London Bahn, die am 18. Dezember 1890 eröffnet wurde. Beyer Peacock in Manchester baute dafür 16 elektrische Lokomotiven, die elektrische Ausrüstung lieferten Mather & Platt in Manchester und Siemens in Berlin. Die Länge der Strecke von der King William Street Station in der „City" von London nach Stockwell südlich der Themse betrug 5,6 Kilometer.

Diese Lokomotiven bewährten sich hervorragend, man betrieb mit ihnen diese Linie immerhin mehr als 30 Jahre lang bis zur Modernisierung Anfang der Zwanziger Jahre. Heute gehört diese Strecke zur nördlichen Linie der London Transport. Bis auf die letzten Meter in der City liegt die gesamte Strecke von heute 27,8 km Länge im Tunnel, für lange Zeit der längste Eisenbahntunnel der Welt.

Im Gegensatz zur ersten Siemens-Lokomotive von 1879 waren diese Maschinen äußerst einfach gebaut. Die Motoranker befanden sich direkt auf den Achswellen – es gab keine Zahnräder oder ähnlich komplizierte Gebilde. Auch das Bremssystem war in seiner Einfachheit kaum noch zu überbieten. Man verwendete zwar Westinghouse-Luftdruckbremsen, aber ohne Luftpresser. Statt dessen gab es einen einfachen Luftbehälter, der an den Endstationen aus Druckluftleitungen aufgefüllt wurde.

Hochinteressant war auch die – unnötigerweise komplizierte – Anordnung der Mittelschiene auf gläsernen Isolatoren. Diese Stromschiene lag *unterhalb* der Fahrschienen, bei Weichen und Kreuzungen mußten Auflauframpen die Stromabnehmer anheben und über die Gleise leiten. Erst bei der Modernisierung der gesamten Strecke um 1920 ersetzte man diese Bauform durch die übliche seitlich liegende Stromschiene.

Eine dieser kleinen Lokomotiven, die Nr. 1, kann im Science Museum in South Kensington in London besichtigt werden. Einer der dazu gehörenden, seltsamen fensterlosen Wagen steht heute im Londoner Verkehrsmuseum in Covent Garden.

Links: *Die erste elektrische Vollbahnlokomotive stellte die Baltimore & Ohio Railroad 1895 in Dienst.*

HGe 2/2 Nr. 1-4 2-zz

Schweiz
Gornergratbahn (GGB), 1898

Bauart: Bergbahnlokomotive
Spurweite: 1000 mm (3 ft 3⅜ in)
Stromversorgung: Drehstrom von 550 V Spannung und 40 Hz Frequenz über Doppelfahrleitung und die Fahrschienen
Antrieb: 2 Motoren von je 68 kW (90 PS) mit Zahnradgetriebe wirken auf die Treibzahnräder
Gewicht: 11,5 t (25356 lb)
Gesamtlänge: 4130 mm (13 ft 6½ in)
Zugkraft: 78 kN (17630 lb)
Höchstgeschwindigkeit: 8 km/h (5 mph)

Die elektrische Traktion setzte sich bei den Vergnügungsbahnen der Welt sehr schnell durch – damals verband man Dampf und Rauch noch nicht mit Vergnügen wie heute und die Bergbahnen boten sich für die Elektrifizierung geradezu an. Die Dampfkraft hatte es schon längere Zeit Alten wie Athleten gleichermaßen ermöglicht, die Bergwelt der Alpen zu bewundern, aber als es nun darum ging, den herrlichen Ausblick auf das Matterhorn von Gornergrat aus der Öffentlichkeit zu erschließen, wählte man für die neue Bergbahn den elektrischen Betrieb mit Drehstrom.

Da die Schweiz ja keinerlei Kohlevorkommen, dafür aber sehr viele Möglichkeiten zur Nutzung der Wasserkraft besitzt, war man an der Anwendung der neuen Energieart „Elektrizität" sehr interessiert. Vor allem zwei Ingenieure, C. E. L. Brown und W. Boveri arbeiteten an der Verbesserung des recht niedrigen Wirkungsgrads der bisherigen elektrischen Antriebe. Sie untersuchten die Verwendungsmöglichkeiten von Drehstrommotoren, bei denen der Kommutator entfiel, das Gewicht geringer gehalten werden konnte und man vor allem bei der Talfahrt auf einfache Art generatorisch bremsen konnte.

1895 unternahmen sie erfolgreiche Versuche mit einem Straßenbahnwagen ihres Entwurfs, gebaut von der neugegründeten Firma Brown, Boveri Company (BBC), auf einer Strecke von Lugano nach Paradiso. Der Drehstromantrieb machte die Verwendung einer doppelten Fahrleitung mit zwei nebeneinanderliegenden Stromabnehmern notwendig, die dritte Phase lag an den Fahrschienen. Ermutigt von diesem Erfolg offerierten die Ingenieure ihr System für den Bau der geplanten Gornergrat-Bergbahn und einer weiteren Bahn, die Touri-

Links: *Ein Zug der Gornergratbahn mit ursprünglichem Fahrmaterial verläßt die Station Riffelberg in Richtung Zermatt. Im Hintergrund das Matterhorn.*

AEG-Schnelltriebwagen Co'Co'

Deutschland
Deutsche Studiengesellschaft für elektrische Schnellbahnen,

Bauart: Versuchs-Schnelltriebwagen
Spurweite: 1435 mm (4 ft 8½ in)
Stromversorgung: Drehstrom mit einer Spannung von 10000 bis 14000 V und einer Frequenz von 38 bis 48 Hz über drei seitliche Fahrleitungen, zum Haupttransformator
Antrieb: Direktantrieb mit 6 Asynchronmotoren von je 560 kW (750 PS) Kurzzeitleistung.
Gewicht: 60 t (132250 lb)
Maximale Achslast: 10 t (13225 lb)
Gesamtlänge: 22100 mm (72 ft 6 in)
Höchstgeschwindigkeit: 210 km/h

1899 gründete eine Anzahl am Bahnbau beteiligter Firmen unter der Führung der Allgemeinen Elektrizitätsgesellschaft und von Siemens & Halske mit Unterstützung der Preußischen Staatsbahn die „Deutsche Studiengesellschaft für Elektrische Schnellbahnen-St.E.S."

1901 begannen die Fahrversuche auf der Militärbahn von Marienfelde nach Zossen bei Berlin, einer Strecke von 23 km Länge. Die drei Drehstromfahrleitungen ordnete man auf einer Seite des Gleises an. Erstes Versuchsfahrzeug war ein Triebwagen von Siemens, doch es stellte sich bald heraus, daß der vorhandene leichte Oberbau den Belastungen nicht standhielt. Bei hohen Geschwindigkeiten schwankte der Wagen sehr stark und schließlich beendete eine Entgleisung bei einer Geschwindigkeit von 160 km/h die Versuche fürs erste. Die Staatsbahn ersetzte die Schienen von 32,5 kg Metergewicht durch solche von 42 kg/m und verstärkte das Gleis durch dichtere Schwellenanordnung und ein neues Schotterbett. Die Kurvenradien wurden auf mindestens 2000 m vergrößert, die Laufeigenschaften der Wagen ebenfalls durch den Einbau längerer dreiachsiger Drehgestelle mit einem Achsstand von 5,0 statt 3,8 m verbessert. Der Drehstromantrieb bedingte es, daß die jeweilige beabsichtigte Höchstgeschwindigkeit vor der Fahrt mit dem Kraftwerk abgesprochen werden mußte, denn sie hing ja direkt von der Frequenz der Stromversorgung ab.

1903 erreichte man nach einigen Versuchen mit dem AEG-Triebwagen die Rekordgeschwindigkeit von 210,2 km/h. Der äußerst ruhige Lauf des Fahrzeugs bewies schon damals die erst in den letzten Jahren Realität gewordene Anwendbarkeit

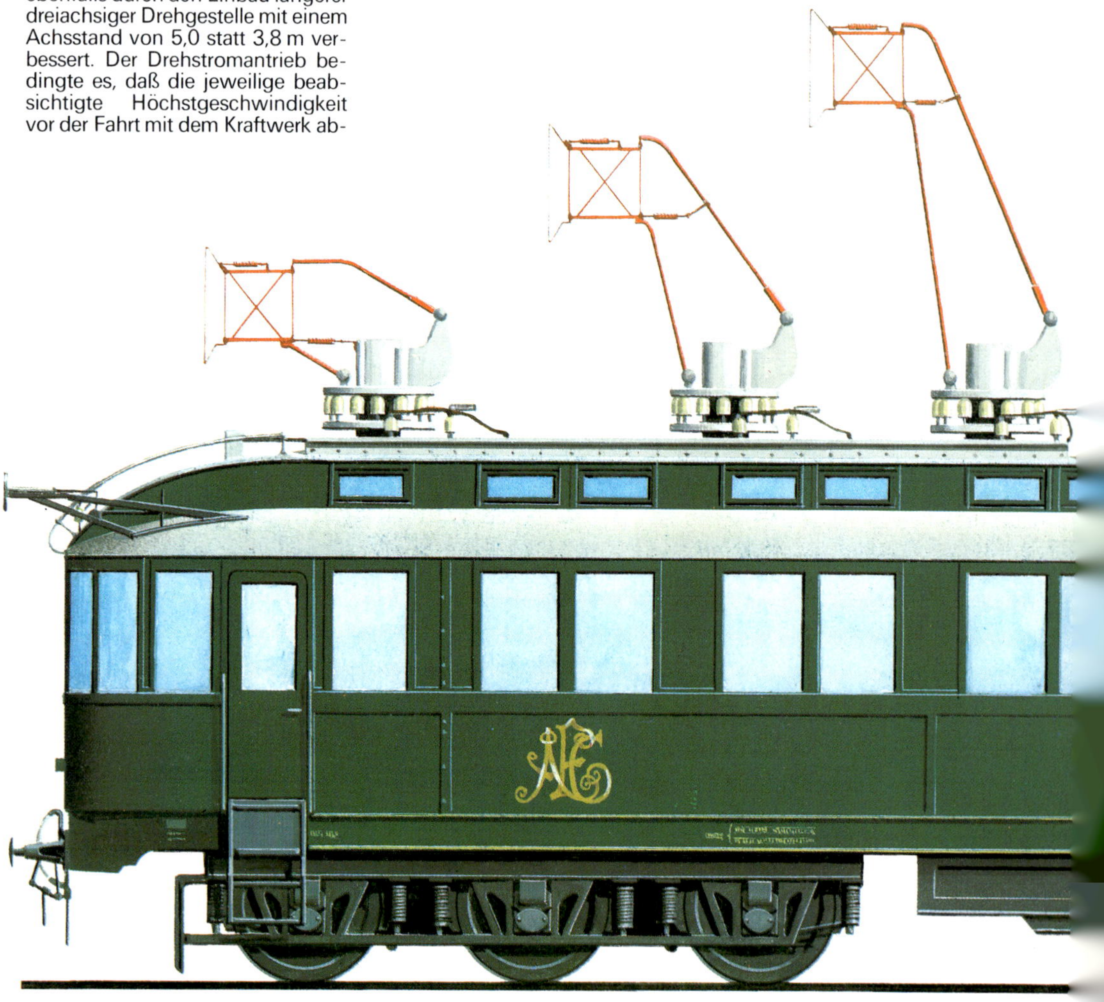

sten zum Gipfel der Jungfrau bringen sollte.

Auf einer Streckenlänge von 9,3 km überwindet die Gornergratbahn einen Höhenunterschied von 1485 m, um auf Steigungen bis zu 20% die Bergstation in einer Höhe von 3089 m zu erreichen. Der Bau begann 1896, so daß am 24. November 1897 erste Fahrten mit der ersten Drehstromlokomotive der Welt durchgeführt werden konnten. Alles verlief erwartungsgemäß. 1898 erfolgte die Eröffnung mit drei Zuggarnituren, eine vierte folgte 1902. Als man 1930 die Lokomotiven für die Landesfrequenz von 50 Hz und eine Spannung von 755 V umbaute, waren immer noch die gleichen Garnituren vorhanden.

Von Vorteil ist, daß die Motordrehzahl und damit die Fahrgeschwindigkeit allein durch die Frequenz des Drehstroms bestimmt wird, solange Spannung am Motor anliegt, bei der Talfahrt ein nicht zu unterschätzender Punkt. Im Gegensatz dazu stand die Kompliziertheit der Doppelfahrleitung, die aber bei den einfachen Gleisanordnungen derartiger Bergbahnen nicht ins Gewicht fiel. Besondere Schaltungen ermöglichten es, daß – meist am Nachmittag – der Strom auch dann in das Kraftwerk rückgespeist werden konnte, wenn alle Züge gleichzeitig talwärts fuhren. Den Betriebsstrom lieferte ein Wasserkraftwerk, dessen Spannung von 5400 V/40 Hz auf 550 V herunter transformiert wurde.

Die Gornergrat-Lokomotiven sind *echte* Zahnrad-Lokomotiven, das heißt, daß der Antrieb nur auf die Treibzahnräder wirkt, die Schienenräder tragen lediglich das Gewicht des Fahrzeugs. Bei dem verwendeten Zahnstangensystem nach Abt greift ein Zahnradpaar in zwei nebeneinanderliegende Zahnstangen ein, die gegeneinander versetzt sind, damit immer ein Zahnrad die volle Kraft übertragen kann.

Oben: *Damit die Wintersportler auch ihre sperrigen Ski mitnehmen können, stellt man den Zügen einen Skitransportwagen voran.*

Ursprünglich gehörten diese Maschinen zum exklusiven Verein der Holzkasten-Lokomotiven. Sie besaßen 2 Motoren von je 90 PS, die am Lokomotivrahmen befestigt waren und das Drehmoment über Zahnradgetriebe auf je ein Treibzahnradpaar übertrugen. Zwei Garnituren der Doppelpantographen fanden auf dem Dach Platz. Wie bei den meisten Schweizer Lokomotiven stammte der mechanische Teil von der Schweizer Lokomotivfabrik in Winterthur, die elektrische Ausrüstung natürlich von Brown Boveri. Nach Art der Rowan-Triebwagen stützte sich ein Ende des ersten Wagens auf die Lokomotive, das andere Ende besaß ein normales Drehgestell. Dieses Gefährt schob einen weiteren zweiachsigen Wagen. Insgesamt besaß ein derartiger Zug ein Fassungsvermögen von 110 Fahrgästen.

Die gemächliche Geschwindigkeit dieser Garnituren genügte jahrzentelang allen Sommerausflüglern, doch als sich Zermatt nach dem Zweiten Weltkrieg zum Wintersportort entwickelte, fanden die häufig bergauf pendelnden Skifahrer die Fahrt nur noch unangenehm langsam. Der erste einer neuen Reihe von Triebwagen erschien 1947, die Fahrzeit verkürzte sich nun auf die Hälfte. Schon bald übernahmen die neuen Triebwagen den gesamten Personenverkehr. Trotzdem überlebten drei der vier ursprünglichen Lokomotiven, allerdings stark modernisiert und mit den neuen Nummern 3001-3. Es ist höchst bemerkenswert, daß diese ersten Drehstromlokomotiven der Welt derartig langlebig sind. Immerhin überlebten sie fast alle der später erschienen Drehstrommaschinen.

derartiger schneller Triebwagenzüge. 30 Jahre später schrieb Dr. Ing. Walter Reichel, der an den Versuchen teilgenommen hatte: „Man hätte sicher auch 230 km/h erreichen können, hätte nicht die Vorsicht den Wissensdurst überwogen."

Außer diesem Triebwagen der AEG erreichte der Siemens-Triebwagen eine Geschwindigkeit von 207 km/h, eine Lokomotive, ebenfalls von Siemens gebaut, erreichte 105 km/h.

Unten: *Einen der beiden Schnelltriebwagen baute die Allgemeine Elektrizitätsgesellschaft. Er erreichte 1903 die damals unglaubliche Geschwindigkeit von 210,2 km/h. Für jede Fahrrichtung besaß der Wagen separate Stromabnehmergarnituren.*

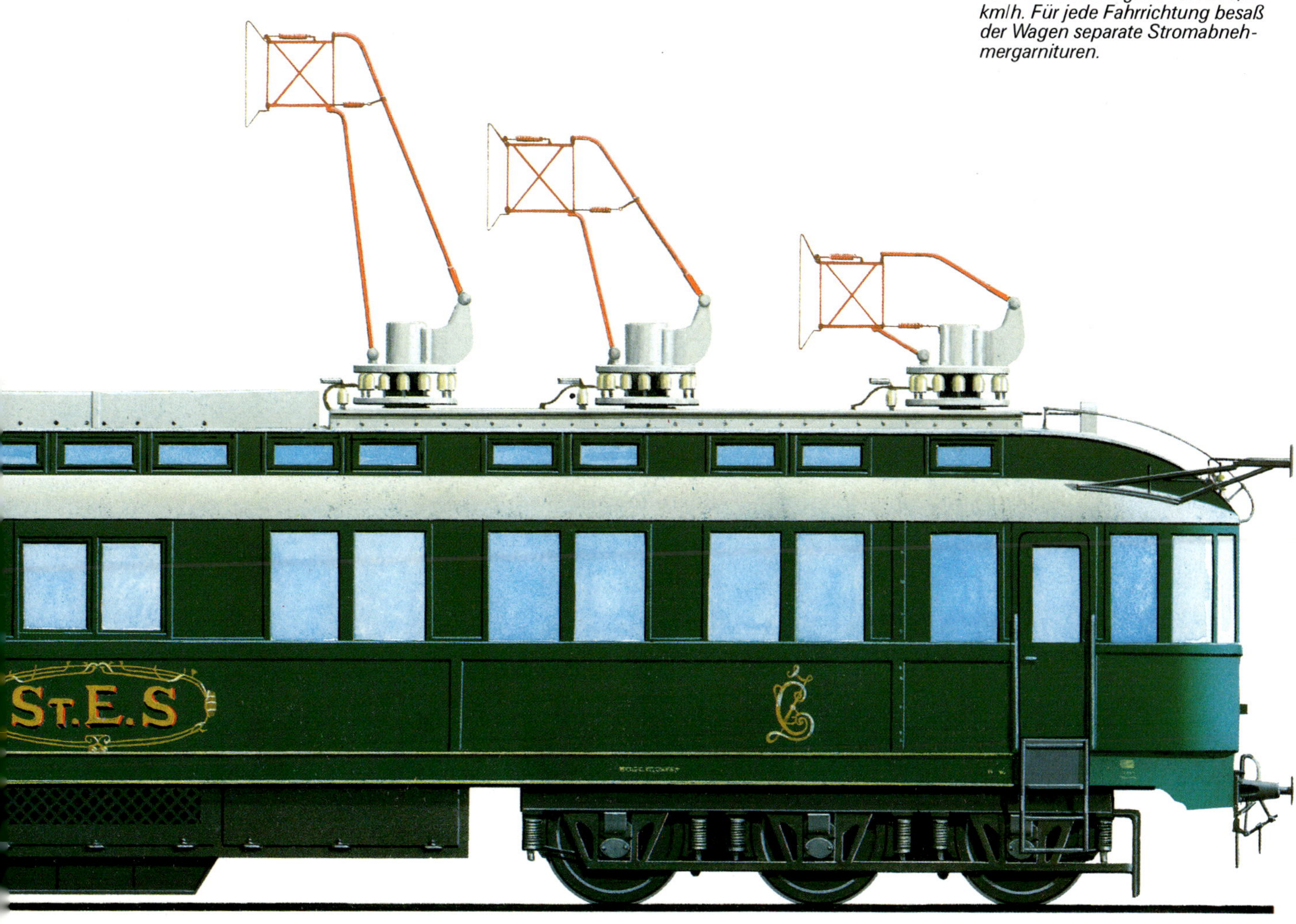

Reihe S 1'Do1' USA

New York Central & Hudson River Railroad (NYC & HR), 1904

Bauart: Elektrische Vollbahn-Personenzuglokomotive
Spurweite: 1435 mm (4 ft 8½ in)
Stromversorgung: Gleichstrom von 660 V Spannung aus einer von unten bestrichenen seitlichen Stromschiene
Antrieb: 4 im Rahmen befestigte Direktmotoren von je 410 kW (550 PS) mit auf den Treibachsen befestigten Motorankern
Gewicht: 64,4 t (142000 lb) Reibungsgewicht 91 t (200500 lb) Gesamtgewicht
Maximale Achslast: 16,1 t (35500 lb)
Gesamtlänge: 11277 mm (37 ft 0 in)
Zugkraft: 145 kN (32000 lb)
Höchstgeschwindigkeit: 113 km/h (70 mph)

Daß der Zusammenstoß zweier Dampfzüge zu einer Weiterentwicklung der elektrischen Traktion führte, klingt sicher wenig glaubhaft – und doch war dies der Auslöser für die Elektrifizierung des New Yorker Grand Central Bahnhofs und der umliegenden Strecken. Ein Teil der Abgasprobleme dieser großen Stadt war schon lange der Bahn angelastet worden, aber in dem 3,2 km langen Park Avenue-Tunnel gefährdete der Abdampf der Lokomotiven sogar die Sicherheit des Betriebes. In den Spitzenzeiten war der Tunnel so stark verqualmt, daß die Sicht auf die Signale behindert wurde. Nach einigen Zusammenstößen innerhalb des Tunnels kam es schließlich zu einem größeren Unglück. Im Januar 1902 überfuhr ein Zug ein Haltsignal und stieß mit einem stehenden Zug zusammen – es gab 15 Todesopfer.

Die Stadt New York verbot daraufhin umgehend die Verwendung von Dampflokomotiven südlich des Harlem Rivers vom 1. Juli 1908 an. Dieses Gesetz war nicht unangemessen, denn die Baltimore & Ohio betrieb ja die Verbindungsbahn von Baltimore mit dem Howard Street Tunnel schon seit 1895 elektrisch. Allerdings beschleunigte die Stadt damit die abzusehende Entwicklung erheblich.

Die New York Central entschied sich für den Betrieb mit Gleichstrom von 660 V aus seitlichen, von unten bestrichenen Stromschienen; den Bauauftrag erhielt General Electric. Einer der großen Pioniere der elektrischen Zugförderung, Frank Sprague, war einer der beteiligten Ingenieure. Man übernahm sein System der elektrischen Vielfachsteuerung für die 180 Triebwagen des Vorortverkehrs. Zur Beförderung von lokbespannten Fernzügen entwarf der Ingenieur Asa Batchelder von GE eine mächtige 1'Do1'-Lokomotive, die etliche Neuerungen nach seinen Ideen beinhaltete. Grundlage seines Entwurfs war die Verwendung zweipoliger Motoren, deren Anker auf den Radsatzachsen zwischen den beiden am Rahmen befestigten Polen saßen. Die Dauerleistung betrug 1620 kW (2200 PS). Die Anfahrleistung von 2205 kW (3000 PS) ergab eine Zugkraft von 145 kN und ermöglichte es, einen Zug von 725 t mit 0,45m/s² zu beschleunigen und mit einem Zug von 450 t Gewicht eine Geschwindigkeit von 97 km/h zu erreichen. Auch die Lokomotiven besaßen als erste die Vielfachsteuerung von Sprague, ein Lokomotivführer konnte damit zwei Lokomotiven fahren.

Der Außenrahmen ließ genügend Raum für die Durchgestaltung der Fahrmotoren. Das große Mittelführerhaus bot eine gute Streckensicht und da bei dieser Gleichstromlokomotive außer den Luftpressern keine größeren Aggregate nötig waren, war es hier auch sehr geräumig. Die anderen Ausrüstungsteile, darunter ein ölbefeuerter Dampfkessel für die Zugheizung befanden sich in den Endvorbauten.

Der Prototyp der Reihe „S", die Nr. 6000, wurde Ende 1904 fertiggestellt und auf einem knapp 10 km langen Abschnitt der NYC-Strecke nahe dem GE-Werk in Schenectady erprobt, der eigens zu diesem Zweck elektrifiziert worden war. Zu diesen Versuchen gehörten auch Parallelfahrten mit den neuesten Dampflokomotiven, bei denen gewöhnlich die Dampflok vom Start an führte, aber bald von der E-Lok überholt und hinter sich gelassen wurde.

Den erfolgreich beendeten Versuchsfahrten folgte eine Bestellung über 34 ähnliche Maschinen, die als Reihe „T" bezeichnet, 1906 geliefert wurden. Eine von ihnen zog im September 1906 den ersten elektrischen Zug aus der teilweise fertiggestellten Grand Central Station. 1907 wurde der gesamte Betrieb umgestellt, aber unglücklicherweise entgleiste schon 3 Tage nach der Eröffnung ein Zug, der von zwei

Unten: *Die Grafik zeigt die erste der 1'Do1'-Lokomotiven der New York Central & Hudson River Railroad aus dem Jahre 1904.*

der „T"-Lokomotiven gezogen wurde, in einer Kurve und es gab 23 Tote. Obwohl die Unfallursache nie völlig geklärt wurde, baute man die Lokomotiven mit zweiachsigen Laufdrehgestellen in 2'Do2'-Maschinen um und bezeichnete sie nun als Reihe „S".

Im Normalbetrieb zeigten die Elektrolokomotiven Einsparungen in den Betriebs- und Unterhaltskosten – im Übergabedienst sparten sie 12%, im Streckendienst sogar 27% ein. 1908-09 baute man weitere 12 Lokomotiven dieser Reihe, die sich mehr als ein halbes Jahrhundert lang bewährte und ihre Tage im Rangierdienst und vor Abstellzügen beschloß. Nach 61 Dienstjahren gelangte Lok Nr. 6000 in ein Museum. Noch 1970 hatte die nunmehrige Penn Central Railroad einige dieser Maschinen in Betrieb.

Links: *Nach mehr als 70 Dienstjahren und einem Umbau auf die Achsfolge 2'Do2' steht Lokomotive Nr. 113 der Reihe „S" heute im Verkehrsmuseum von St. Louis.*

Reihe E550 E

Italien
Italienische Staatsbahn (FS), 1908

Bauart: Elektrische Lokomotive für Bergstrecken
Spurweite: 1435 mm (4 ft 8½ in)
Stromversorgung: Drehstrom von 3400 V und 50 Hz über Doppelfahrleitung und die Fahrschienen
Antrieb: 2 Motoren von je 735 kW (1000 PS) treiben über Blindwellen und Kuppelstangen die Räder
Gewicht: 63 t (138850 lb)
Maximale Achslast: 12,7 t (27990 lb)
Gesamtlänge: 9500 mm (31 ft 2 in)
Zugkraft: 100 kN (22040 lb)
Höchstgeschwindigkeit: 50 km/h (31 mph)

Ähnlich der Schweiz besitzt auch Italien keine eigenen Kohlevorkommen, aber einen nennenswerten Anteil an nutzbarer Wasserkraft in den Bergen und ist somit auch prädestiniert für die Elektrifizierung seiner Bahnen. Was die nötige Erfahrung betrifft, reicht es wohl aus zu erwähnen, daß Volta – nach dem das Maß der elektrischen Spannung benannt wurde – Italiener war. Auch der Erbauer des ersten dynamo-elektrischen Motors war ein Italiener namens Pacinotti. Es überrascht daher nicht, daß die elektrische Traktion hier schon früh ihren Platz beanspruchte und sich auch schneller als in anderen Ländern fortentwickelte.

Die Lokalbahn von Colico nach Chiavenna, nördlich von Mailand, mit einer Länge von 26 km wurde 1901 elektrifiziert. Die Arbeiten führte die Firma Ganz & Co aus Budapest auf eigene Kosten aus; von ihr werden wir später noch mehr erfahren. Wie bei anderen Bahnen gleicher Bauart diente auch hier eine Doppelfahrleitung in Verbindung mit den Fahrschienen der Zuführung des Drehstroms von 3400 V und 15,8 Hz. Man war mit den Versuchsergebnissen zufrieden und erweiterte den elektrischen Betrieb 1902 auf die 80 km lange Strecke Lecco-Colico-Sondrio, einer allerdings nur mäßig belasteten Bahn.

Eine für die Dampftraktion außerordentlich schwierige Strecke war die stark befahrene Giovi-Rampe mit ihren Tunnels, die den Hafen von Genua mit dem Hinterland verband. 1853 erbaut, hatten die Züge hier ursprünglich eine 7,2 km lange Steigung von 3,5% zu überwinden, gefolgt von einem 3,2 km langen Tunnel. 1889 eröffnete man eine neue, verbesserte Bahntrasse mit einer Steigung von 1,6% und einem Scheiteltunnel von 6,4 km Länge, aber schon zur Zeit der Gründung der Italienischen Staatsbahnen (FS) im Jahre 1905 war der Verkehr so stark angewachsen, daß die beiden Strecken gemeinsam nicht mehr ausreichten.

Die guten Erfahrungen auf der Strecke Lecco-Sondrio ermutigten die noch junge FS zur Elektrifizierung der Giovi-Bahn nach den gleichen Prinzipien. Schon 1908 waren die Bauarbeiten beendet. Als Lokomotiven bestellte man die hier beschriebenen fünffach gekuppelten Zugmaschinen, die bei ihrer festen Höchstgeschwindigkeit von 50 km/h noch Züge von 400 t Gewicht über die Steigung von 3,5% ziehen konnten. Durch Kaskadenschaltung der Motoren ergab sich eine weitere feste Höchstgeschwindigkeit von 22 km/h. Die gewählte niedrige Frequenz der Stromversorgung hatte ihren Grund in dem Bestreben der Konstrukteure, die Verwendung damals noch nicht ausgereifter Zahnradgetriebe für die Übertragung der großen

Reihe 1099 C'C'

Österreich
Niederösterreichische Lokalbahnen (NÖLB), 1910

Bauart: Elektrische Lokomotive für Bergstrecken
Spurweite: 760 mm (2 ft 6 in)
Stromversorgung: Wechselstrom von 6500 V und 25 Hz über eine Oberleitung zum Haupttransformator der Lok
Antrieb: Je Drehgestell ein Motor von 220 kW (300 PS) Stundenleistung treibt die Räder über Blindwelle und Kuppelstangen
Gewicht: 47 t (103590 lb)
Maximale Achslast: 8 t (17630 lb)
Gesamtlänge: 11020 mm (36 ft 2 in)
Zugkraft: 45 kN (10150 lb)
Höchstgeschwindigkeit: 40 km/h (25 mph)

73 Jahre jung und noch immer kein Nachfolger in Sicht! Diese prächtigen frühen Beispiele für die Kunst des E-Lokbaus genügen praktisch allen Erfordernissen, die sich beim Betrieb der österreichischen Schmalspurbahn von St. Pölten – an der Hauptstrecke von Wien nach Salzburg – über eine Strecke von 91 Kilometern nach Mariazell und Gusswerk ergeben und das seit der Elektrifizierung im Jahre 1911! Diese Bahn war 1898 von der landeseigenen Niederösterreichischen Landesbahn (NÖLB) erbaut worden, die auch für die Umstellung auf elektrischen Betrieb im Jahre 1911 verantwortlich zeichnete. 1921 übernahmen dann die Österreichischen Bundesbahnen die NÖLB.

Einfachheit war der Grundgedanke beim Entwurf dieser Lokomotiven, sicherlich ein gewichtiger Grund für ihre Langlebigkeit. So besitzen sie trotz langer und starker Steigungen der Bahn keine elektrischen Bremseinrichtungen. Etwas komplizierter mutet allerdings ihre Kupplungseinrichtung an. Neben dem Mittelpuffer mit einer einfachen Ösenkupplung liegen beidseitig noch zwei Schraubenkupplungen. Heute besitzen sie nur noch einen einzelnen Pantographen anstelle der beiden ursprünglichen Stromabnehmer, die aussahen, als habe man kleine Pantographen auf den Rahmen einer Trittleiter montiert.

Man findet recht häufig noch alte Lokomotiven, die auch heute noch so aussehen wie bei ihrer Ablieferung, die aber inwendig vollständig erneuert wurden. Bei der Reihe 1099 ist dies gerade umgekehrt – innen sind sie praktisch noch die alten, äußerlich ersetzte ein bunt lackierter moderner Aufbau den früheren mattbraun gestrichenen Kasten. Trotz zweier Kriege, Wirtschaftsproblemen und Fremdbesetzung des Landes haben alle 16 Maschinen – Nr. 1099.01-16 – bis zum heutigen Tag überlebt. Erbaut

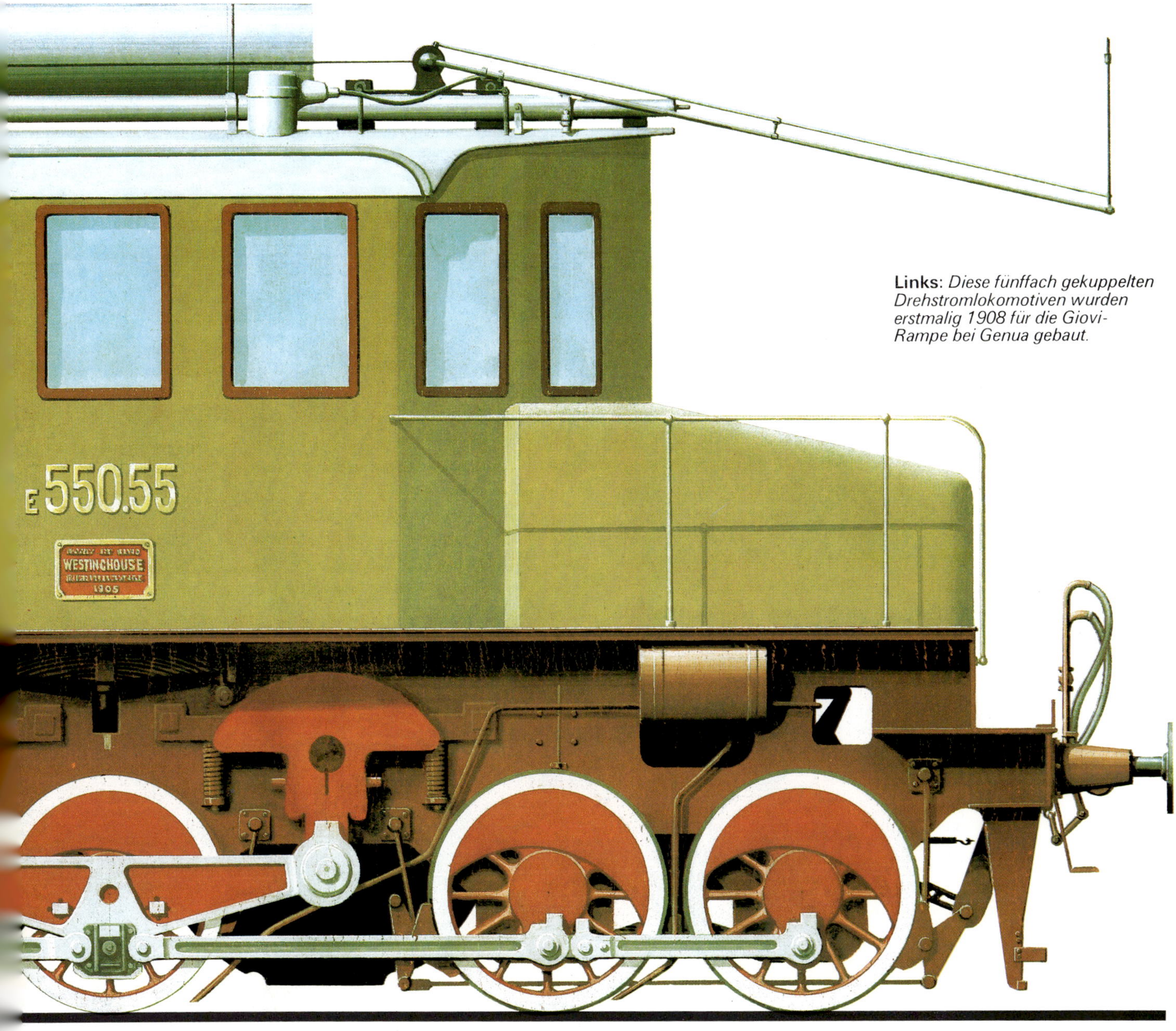

Links: *Diese fünffach gekuppelten Drehstromlokomotiven wurden erstmalig 1908 für die Giovi-Rampe bei Genua gebaut.*

Drehmomente zu vermeiden. Da bekanntlich die Drehzahl der verwendeten Synchronmotoren direkt von der Stromfrequenz abhängt, waren hier Zahnradgetriebe nicht nötig.

Die Bezeichnung dieser Lokomotivreihe „E550" erklärt sich übrigens wie folgt: „E" = E-Lok, erste „5" = 5 Treibachsen, zweite „5" = Kennzahl für die Art des vorgesehenen Dienstes, hier: schwerer Bergdienst, mit der letzten Ziffer, hier „0", kennzeichnet man unterschiedliche Baureihen gleicher Bauart und gleichen Einsatzes.

Die Giovi-Elektrifizierung war so erfolgreich, daß sie bald auch auf andere Strecken in diesem Teil Italiens ausgedehnt wurde, der Mont Cenis-Tunnel und die französische Grenze wurden 1912 erreicht. Die Zahl der „E550" stieg entsprechend rapide – 1921, als die Nachfolgebauart „E551" erschien, gab es insgesamt 186 Maschinen. Damals waren sie bei weitem die zahlreichste E-Loktype ihrer Zeit.

Eine dieser hervorragenden Lokomotiven überlebte die Ausmusterung und steht heute im Leonardo da Vinci Museum für Wissenschaft und Technik in Mailand, wie es einer Maschine gebührt, die erstmals zeigte, daß man mit Elektrizität schaffen konnte, was die Dampfkraft nicht vermochte.

wurden sie im mechanischen Teil von Krauss in Linz, die elektrische Ausrüstung stammt von Siemens-Schuckert in Nürnberg.

Rechts: *Die heutige Baureihe 1099 der Österreichischen Bundesbahnen wurde 1910 für die schmalspurige Mariazellerbahn in Niederösterreich gebaut. Hier sehen wir eine schöne Aufnahme einer Maschine mit altem Aufbau vor einem Zug von St. Pölten nach Gusswerk. Wie durch ein Wunder sind noch alle 16 Lokomotiven vorhanden, wenn auch ein moderner Lokomotivkasten ihr Aussehen erheblich veränderte.*

Be 5/7 1'E1' Schweiz
Bern-Lötschberg-Simplon-Bahn (BLS), 1912

Bauart: Schwere elektrische Lokomotive für gemischten Betrieb
Spurweite: 1435 mm (4 ft 8½ in)
Stromversorgung: Wechselstrom von 15000 V und 16⅔ Hz über Oberleitung zum Lokomotivtransformator
Antrieb: 2 Motoren von je 933 kW (1250 PS) treiben die Räder über Zahnradgetriebe, Blindwellen und Kuppelstangen
Gewicht: 78,2 t (172353 lb) Reibungsgewicht / 105 t (231420 lb) Gesamtgewicht
Maximale Achslast: 16,6 t (36586 lb)
Gesamtlänge: 16000 mm (52 ft 6 in)
Zugkraft: 176 kN (39670 lb)
Höchstgeschwindigkeit: 75 km/h (47 mph)

Als 1906 die Bahn durch den Simplontunnel von Brig in der Schweiz nach Domodossola in Italien eröffnet wurde, mußten die Geschäftsleute der Schweizer Hauptstadt Bern mit Bedauern konstatieren, daß sie zwar nur 85 Kilometer weit von diesem wichtigen Handelsweg entfernt waren, durch die hohen Berge des Berner Oberlandes aber keinerlei direkten Zugang dazu hatten. Die neuen Schweizer Bundesbahnen waren noch zu sehr damit beschäftigt, die Arbeit der verschiedenen Teile ihres Bahnnetzes zu koordinieren und konnten den Bernern daher nicht helfen. Doch diese schritten ohne Zögern selbst zur Tat, schon 1906 begann der Bau der von ihnen ins Leben gerufenen Bern-Lötschberg-Simplon-Bahn.

Dieses kühne Projekt schloß den Bau des dritten großen Schweizer Alpentunnels mit einer Länge von 14,6 km ein. Trotz vieler kleinerer Tunnel und sogar der Verwendung von Kehrtunneln, ließen sich lange Rampen von 2,7% nicht vermeiden. Diese Kombination von Tunnels und Steigungen bot sich zwar geradezu für eine Elektrifizierung an; in dieser Größenordnung war ein derartiges Projekt zur damaligen Zeit fast tollkühn zu nennen, aber man hatte ja einige Vorbilder.

Für die Simplonstrecke und auch die schon erwähnte Giovi-Rampe hatte man den Antrieb mit Drehstrom gewählt. Die Schweizer Firma Oerlikon erkannte jedoch in weiser Voraussicht, daß diese Bauform in Verbindung mit der komplizierten Doppelfahrleitung höchstens für begrenzte Strecken und nicht für größere Bahnnetze Vorteile bot.

Oben: *Eine der bahnbrechenden Be 5/7 – E-Loks der Bern-Lötschberg-Simplon-Bahn von 1912 sehen wir hier in Brig im Juli 1954.*

Oerlikon baute daher zu Versuchszwecken im Jahre 1905 auf eigene Kosten die 22,5 km lange SBB-Strecke von Seebach nach Wettingen auf elektrischen Betrieb mit Einphasen-Wechselstrom von 15000 Volt mit der niedrigen Frequenz von 16⅔ Hertz nach Plänen des Chefkonstrukteurs Dr. Ing. Huber-Stockar um. Durch diese niedrige Frequenz – die so niedrig ist, daß dabei Glühlampen stark flackern – ließen sich verschiedene Probleme der Verwendung von Wechselstrom in Motoren variabler Drehzahl umgehen. Darüber hinaus konnte man Lokomotiven mit einer hohen Spannung speisen, die in einem Transformator auf der Lok auf die gewünschte Motorspannung herabgesetzt wurde. Technisch war dieser Versuchsbetrieb zwar ein Erfolg, nicht aber in wirtschaftlicher Hinsicht – nach Ende der Versuche wurden die elektrischen Einrichtungen wieder entfernt.

Für den Betrieb auf der ersten, neu erbauten elektrischen Hauptbahn der Welt baute man 13 dieser gelungenen fünffach gekuppelten Maschinen – die stärksten ihrer Zeit. Die elektrische Ausrüstung kam selbstverständlich von Oerlikon, genau wie die Fahrzeugteile von der Schweizer Lokomotivfabrik in Winterthur stammten. Die Lokomotiven

Rechts: *Diese mächtigen Lötschberg-Lokomotiven waren bei ihrem Erscheinen 1912 die stärksten elektrischen Lokomotiven der Welt.*

Nr. 1-67 B-zz

Panama Canal Zone
Panama Canal Company (PCC), 1912

Bauart: Treidellok mit Zahnrad- und Adhäsionsantrieb
Spurweite: 1524 mm (5 ft 0 in)
Stromversorgung: Drehstrom von 200 V und 25 Hz über zwei außenliegende Stromschienen
Antrieb: 2 Motoren von je 112 kW (150 PS) mit Polumschaltung zur Geschwindigkeitsänderung. Zahnradgetriebe wirken direkt auf die Treibzahnräder und über Reibkupplungen auf die Adhäsionsräder
Gewicht: 45 t (99180 lb)
Gesamtlänge: 9617 mm (31 ft 6½ in)
Zugkraft: 127 kN (28600 lb)
Höchstgeschwindigkeit: 8 km/h (5 mph)

In den mehr als 50 Jahren, die diese Maschinen damit verbrachten, Schiffe durch den Panamakanal zu ziehen, haben sie sicher größere Lasten befördert als jede andere Lokomotive – ihre Nachfolger sind noch heute damit beschäftigt. Sie mußten dabei auch Steigungen von 1:1, das sind 100%, bei den Schleusen überwinden, allerdings ohne Last, denn zu diesem Zeitpunkt lagen die Schiffe in der Schleuse fest. Ansonsten sind die Gleise in der Ebene verlegt, eine Strecke von insgesamt 32 km Länge, wovon der 19,3 km mit der Riggenbach-Leiterzahnstange in einer besonders schweren Ausführung ausgerüstet sind.

Das Bremssystem wurde so ausgelegt, daß es die großen Kräfte beherrschen konnte, die die Trägheit großer Ozeanschiffe erzeugen kann – genauso wie es imstande ist, die Lokomotiven im Gefälle von 100% aus einer Geschwindigkeit von 4,8 km/h auf einem Weg von nur 3 m anzuhalten. Alle vier „Ecken" eines Schiffes werden durch Trossen mit derartigen Lokomotiven verbunden, ein kompliziertes Kontrollsystem koordiniert die Antriebe ihrer Seilwinden. Diese Treidelloks gehören ganz sicher zu dem Interessantesten, das je auf Schienen lief.

Oben: *„Beweglichkeit ist Alles" für die Treidellokomotiven des Panama Kanals.*

entsprachen allen Erwartungen, auf den Steigungen zogen sie Züge von 300 t Gewicht mit einer Geschwindigkeit von 50 km/h.

Einzelne Probleme blieben natürlich anfänglich nicht aus. Plötzliche Spannungsspitzen in der Stromversorgung traten auf und beschädigten die elektrische Ausrüstung. Ernster waren allerdings harmonische Schwingungen des massiven Dreieckgliedes zwischen den beiden Blindwellen, die sogar bis zu dessen Bruch führten. Aber auch dafür fand man Lösungen und es bedarf wohl keiner weiteren Beurteilung, wenn man erwähnt, daß das gleiche Stromsystem in Deutschland, Österreich, Norwegen und Schweden zur Anwendung kam und daß diese Lokomotiven mehr als 40 Jahre lang ihre Arbeit am Lötschberg verrichteten. Heute ist die „Be 5/7" Nr. 151 auf einem wohlverdienten Platz im Luzerner Verkehrshaus zu besichtigen.

Oben: *Der BLS-Fünfkuppler Nr. 151 bei einer Probefahrt von Spiez nach Brig im Jahre 1912.*

HGe 3/3 Nr. 21-28 C-z

Schweiz
Berner Oberland Bahn (BOB), 1914

Bauart: Elektrische Zahnrad- und Adhäsions-Lokomotive
Spurweite: 1000 mm (3 ft 3⅜ in)
Stromversorgung: Gleichstrom von 1500 V über Doppeldraht-Oberleitung
Antrieb: 2 Motoren von 294 kW (400 PS); ein Motor für den Adhäsionsantrieb mit Vorgelege und Blindwelle, der andere Motor treibt über Vorgelege das Triebzahnrad
Gewicht: 36,5 t (80470 lb)
Maximale Achslast: 12,5 t (27560 lb)
Gesamtlänge: 8240 mm (27 ft 0½ in)
Zugkraft: 59 kN (13250 lb) Reibungsantrieb; 118 kN (26500 lb) Reibungs- und Adhäsionsantrieb gemeinsam
Höchstgeschwindigkeit: 40 km/h (25 mph) auf Reibungsstrecken; 12 km/h (7,5 mph) auf Zahnstangenabschnitten

Die kleine Berner Oberland Bahn (von ihren vielen Freunden kurz BOB genannt) ist Teil eines bemerkenswerten Systems Schweizer Bergbahnen, mit dem man – auf zwei verschiedenen Wegen und mit zweimaligem Wechsel der Spurweite – das Jungfraujoch erreichen kann, die höchste Eisenbahnstation Europas. Seit 1890 verbindet diese Bahn die Urlaubsorte Grindelwald und Lauterbrunnen mit der Hauptbahn in Interlaken. Einige Abschnitte ihrer Strecken sind mit Riggenbach-Leiterzahnstangen ausgerüstet.

In der Frühzeit erfüllten Dampflokomotiven alle anfallenden Aufgaben, 1914 elektrifizierte man die 23,5 km lange Bahn. Von nun an übernahmen diese acht gefälligen kleinen Lokomotiven von Oerlikon und SLM die Züge. Einer ihrer beiden Motoren war nur für den Antrieb des Zahnrades auf den Zahnstangenabschnitten bestimmt, der andere trieb dagegen die Treibräder der Lok dauernd an, auf den Steilstrecken addierte sich die Zugkraft der beiden Antriebe. Auf der Reibungsstrecke von Interlaken zum Trennungsbahnhof Zweilütschinen mit einer größten Steigung von 2,5% konten sie 125 t-Züge befördern, die Steigungen von 12% der Zahnstangenstrecken nach Grindelwald und von 9% nach Lauterbrunnen beschränkten dort die Lasten auf 60 t beziehungsweise 90 t.

Auf derartig steilen Strecken muß man sich auf das gute Funktionieren der Bremsen verlassen können – fünf voneinander unabhängige Bremssysteme dienen hier der Sicherheit. Eine normale Luftbremse wirkt auf die Laufflächen der Räder und auf ein Bremszahnrad, das auf einer Achse lose mitläuft. Dazu gehört eine Bandbremse; die Bremswirkung setzt selbsttätig ein, wenn die zulässige Geschwindigkeit um mehr als 20% überschritten wird. Weiter wirken zwei unabhängige Spindel-Handbremsen ebenfalls auf die Treibräder und das Bremszahnrad. Im Betrieb bremst man

Unten: *Eine Ellok der Berner Oberland Bahnen verläßt den Bahnhof von Lauterbrunnen mit einem Gütertransport nach Interlaken.*

Rechts: *Die Adhäsions- und Zahnrad-Lokomotive HGe 3/3 der BOB in der Seitenansicht.*

Nr. 1-13 Bo'Bo'

Grobritannien
North Eastern Railway (NER), 1914

Bauart: Elektrische Güterzuglokomotive
Spurweite: 1435 mm (4 ft 8½ in)
Stromversorgung: Gleichstrom von 1500 V über Oberleitung
Antrieb: 4 Tatzlagermotoren von je 205 kW (275 PS)
Gewicht: 76 t (166660 lb)
Maximale Achslast: 19 t (41665 lb)
Gesamtlänge: 17989 mm (59 ft 0 in)
Zugkraft: 128 kN (28800 lb)
Höchstgeschwindigkeit: 64 km/h (40 mph)

Hauptgrund für den Bau der Stockton & Darlington Railway, der ersten öffentlichen Eisenbahn der Welt, war der Transport von Kohle aus den Kohlegruben bei Bishop Auckland zum Hafen von Stockton. Es war mehr ein Zufall, daß die Strecke gerade Darlington berührte. Diese erste Bahn ist ein sehr gutes Beispiel für die klassische Aufgabe einer Eisenbahn – die Beförderung von Bodenschätzen in großen Mengen. Heute ist dies der einzige Grund, eine neue Eisenbahn – allein nach wirtschaftlichen Gesichtspunkten gesehen – zu bauen.

Viele Jahre lang war das Glück der S & D hold und der Verkehr stieg so stark, daß man schließlich sogar eine weitere Strecke bauen mußte, die das überlastete Darlington umging, andere Streckenabschnitte mußten von zwei auf vier Gleise erweitert werden. Schon früh dachten die Verantwortlichen daher an eine Elektrifizierung, nicht weil die Zugförderung Schwierigkeiten geboten hätte oder um die Leistungsfähigkeit der Bahn zu erhöhen oder gar um die Luftverschmutzung zu verringern – nein, man wollte „nur" die Betriebskosten senken.

Die elektrifizierte Strecke nahm ihren Ausgang im Güterbahnhof von Shildon, in dem die Kohlenwagen aus verschiedenen Richtungen gesammelt wurden und führte 29 km weit bis zum Rangierbahnhof von Newport, wo die Wagen wieder auf die verschiedenen Abnehmer und Verladekais im Bereich von Stockton und Middlesbrough verteilt wurden. Die Bauarbeiten begannen 1914; erst 1917 war das insgesamt 80 km lange komplizierte Gleisnetz fertig elektrifiziert. Man wollte keine technischen Neuerungen erproben, alles sollte möglichst einfach sein. So besaßen beispielsweise die Lokomotiven, wie in England üblich, keine Bremse für den Wagenzug. Zum Glück war auch die öffentliche Stromversorgung in diesem wichtigen Industriegebiet schon so gut ausgebaut, daß man auf die Errichtung eines eigenen Netzes verzichten konnte. Man schloß über die Stromlieferung einen Vertrag mit der Elektrizitätsgesellschaft ab, die auch die beiden Unterwerke baute.

Einiges hatte man anfänglich dann doch zu einfach gebaut. Die von Hand betätigten Messerschalter der Loks mußten bald durch elektrisch betriebene Schütze ersetzt werden – mehrere Hundert Ampere und über Tausend Volt waren zuviel für sie. Auch die Fahrleitung mußte man besser abstützen, ein Stützabstand von 61 m auf der Geraden war bei starkem Wind zu groß und führte zu Kontaktproblemen. Abgesehen davon war man aber sehr zufrieden.

aber vorwiegend mit einer elektrischen Bremse – die dabei entstehende elektrische Energie wird in zwangsbelüfteten Widerständen vernichtet.

Seit dem Zweiten Weltkrieg befördert die BOB den Großteil ihrer Fahrgäste mit neuen Triebzügen, man behielt jedoch einige dieser kleinen Maschinen für Güterzüge, Arbeitsfahrten und den sommerlichen Spitzenverkehr bei. Damit gehören auch sie zum kleinen Kreis noch aktiver siebzigjähriger Lokomotiven.

Rechts: *Lok Nr. 22 der BOB mit einem Güterzug in Wilderswil im August 1982. Ein Normalspurwagen wird auf einem Schmalspurtransporter befördert.*

Links: *Lok Nr. 9 der North Eastern Railway erbauten die Bahnwerkstätten in Darlington 1914 für die Strecke von Shildon nach Middlesbrough nach einem Entwurf von Vincent Raven.*

Wie vorgesehen beförderte man Züge von 1400 t Gewicht mit ungebremsten Kohlenwagen – man verzichtete sogar auf die sonst üblichen Bremswagen – auf Steigungen von 1% mit annehmbaren Geschwindigkeiten. Bergab halfen die primitiven Achslager der Waggons durch ihren hohen Laufwiderstand sogar beim Bremsen! Dagegen war man wirtschaftlich nicht allzu erfolgreich. In den dreißiger Jahren fiel die Kohleproduktion im West Auckland-Feld auf einen sehr niedrigen Stand. Die Fahrleitungsanlagen mußten überholt werden, vor allem näherten sich die Holzmasten schon dem Ende ihres kurzen Lebens. Man stellte kurzerhand den elektrischen Betrieb ein, die Lokomotiven hob man für eine weitere Verwendung auf der zur baldigen Umstellung vorgesehenen Strecke von Manchester nach Sheffield auf. Doch der Krieg verzögerte dieses neue Projekt, bis zu seiner Vollendung in den 50er Jahren hatte man, bis auf eine, alle der Newport-Shildon-Loks verschrottet.

Reihe DD1 2'B+B2' USA
Pennsylvania Railroad (PRR), 1909

Bauart: Elektrische Schnellzuglokomotive
Spurweite: 1435 mm (4 ft 8½ in)
Stromversorgung: Gleichstrom von 600 V über seitliche Stromschiene oder über kleine Pantographen von obenliegender Stromschiene
Antrieb: 1 Motor von 795 kW (1065 PS) je Lokteil mit Blindwellenantrieb über Stangen
Gewicht: 90,2 t (199000 lb) Reibungsgewicht / 145 t (319000 lb) Gesamtgewicht
Maximale Achslast: 23 t (50750 lb)
Gesamtlänge: 19787 mm (64 ft 11 in)
Zugkraft: 220 kN (49400 lb)
Höchstgeschwindigkeit: 129 km/h (80 mph)

Zu Beginn unseres Jahrhunderts baute die Pennsylvania Railroad in Manhattan, dem Herzen von New York City ihre neue Pennsylvania Station. Als Zufahrt zu ihr dienten mehrere eingleisige Tunnelstrecken: zwei Tunnelröhren unter dem Hudson River kamen vom Festland, vier Röhren unter dem East River führten weiter nach Long Island. Die einzige Möglichkeit, den Betrieb in diesen engen, schlecht zu belüftenden Tunnels störungsfrei durchzuführen, bot die Elektrotraktion. Man entschied sich für das Gleichstromsystem mit seitlicher Stromschiene und baute in den Jahren 1903 bis 1905 erst einmal drei Versuchslokomotiven. Die Bahnwerkstätten der „Pennsy" in Altoona lieferten zwei Bo'Bo'-Maschinen mit Einzelachsantrieb, eine 2'B-Lok von Baldwin erhielt dagegen einen einzelnen großen Fahrmotor, der im Hauptrahmen zwischen den Treibachsen gelagert war. Beide Typen besaßen Hohlwellenantriebe, eine Bauform, die erst ein Vierteljahrhundert später bei den „GG1"-Lokomotiven wieder auftauchen sollte.

In Versuchsreihen untersuchte man die Kräfte, die die Elektrolokomotiven auf die Gleise ausübten und verglich sie mit den neuesten Dampflokkonstruktionen. Die 2'B-Lok verursachte mit ihrem hochliegenden Schwerpunkt zwar „nur" eine um mehr als die Hälfte niedrigere Belastung des Oberbaus als die Bo'Bo'-Loks mit ihren tief angebrachten Motoren, lag damit aber immer noch doppelt so hoch wie die schwerste untersuchte Dampflokomotive. Für die nächsten Versuche wählte man darum zwar wieder die Achsfolge 2'B, um aber die gewünschte Leistung zu erzielen, verband man jeweils zwei derartige Maschinen zu Doppellokomotiven mit der Achsfolge 2'B+B2'. Wichtigste Konstruktionsänderung war die Verwendung einer im Hauptrahmen gelagerten Blindwelle, die Motor und Treibräder über Kuppelstangen verband. Die Lösung der technischen Probleme des Hohlwellenantriebs hob man sich für spätere Zeiten auf.

Mit der Achsanordnung 2'B und Treibrädern mit einem Durchmesser von 1829 mm entsprachen die Laufwerke denen herkömmlicher Dampf-Schnellzuglokomotiven, wie dies auch bei anderen frühen Elloks, beispielsweise in Preußen, zu beobachten war. Allerdings waren diese Pennsylvania-Lokomotiven erfolgreicher als viele andere. Noch bei ihrer Höchstgeschwin-

Reihe T (Bo'Bo')(Bo'Bo') USA
New York Central Railroad (NYC), 1913

Bauart: Elektrische Schnellzuglokomotive
Spurweite: 1435 mm (4 ft 8½) in)
Stromversorgung: Gleichstrom von 660 V über seitliche, von unten bestrichene, Stromschiene
Antrieb: 8 an den Drehgestellrahmen befestigte Direktmotoren von je 243 kW (330 PS) mit auf den Treibachsen befestigten Motorankern
Gewicht: 104,3 t (230000 lb)
Maximale Achslast: 13,0 t (28730 lb)
Gesamtlänge: 16815 mm (55 ft 2 in)
Zugkraft: 307 kN (69000 lb)
Höchstgeschwindigkeit: 121 km/h (75 mph)

Im Jahre 1913 vollendete auch die New York Central Railroad ihren neuen Endbahnhof in New York City, den „Grand Central Terminal". Im gleichen Jahr fanden auch die Arbeiten an der Verlängerung der elektrischen Strecke entlang des Hudson River bis Harmon, 53 km von Grand Central entfernt, ein Ende. Die schwersten Schnellzüge

digkeit von 129 km/h liefen ihre Stangen recht ruhig. Die Unterhaltskosten lagen sehr niedrig, dazu trug sicherlich auch die Ausführung des Lokomotivkastens bei, der sich bei Reparaturen in einem Stück abheben ließ. Auch alle weiteren Elloks der PRR baute man derart wartungsfreundlich. Kleine Pantographen auf den Dächern ermöglichten die Stromabnahme von obenliegenden Stromschienen, wenn komplizierte Gleisanlagen deren Anordnung neben den Gleisen nicht erlaubte.

Die beiden ersten Stangen-Doppelloks erschienen 1909-10, die Lokhälften trugen die Nummern 3996-3999. 1910-11 folgten weitere 31 mit den Nummern von 3932 bis 3949 und 3952 bis 3995. Die Pennsylvania bezeichnete ihre Lokbaureihen mit Kennbuchstaben für die Achsfolge, gefolgt von einer Seriennummer. Bei den Elloks ging man daher analog vor. Der Buchstabe „D" stand für die Type 2'B, entsprechend erhielten die Doppelloks die Bezeichnung „DD". Die Hauptserie von 31 Loks nannte man „DD1", die beiden Prototypen waren die „odd DD" (also „abweichende DD").

Der Bau der Pennsylvania Station in Manhattan dauerte sieben Jahre, von 1903 bis 1910. In dieser Zeit elektrifizierte man die Strecke vom Übergabebahnhof Manhattan Transfer bei Newark, New Jersey bis zum Wagenabstellbahnhof in Sunnyside auf Long Island, eine Entfernung von 21,5 km. In Manhattan Transfer übernahmen die Elloks die Züge von den Dampfloks und brachten sie die letzten 14,2 Kilometer durch die Tunnels mit einem maximalen Gefälle von 1,93% bis zur Pennsylvania Station.

Bis 1924 bespannten die „DD"s alle Schnellzüge dieser Strecke, erst dann erschienen neue Typen, die ihnen einen Teil der Arbeit abnahmen. In der Zwischenzeit arbeitete die PRR an der Wechselstromelektrifizierung ihrer Hauptstrecken nach New York. 1933 erreichte die Oberleitung aus Trenton den Manhattan Transfer-Bahnhof. Die Umstellung des letzten Streckenabschnitts bedeutete hier auch das Ende der Gleichstromloks. Da aber die Long Island Railroad dieses System beibehielt, konnte man die „DD"s noch viele Jahre lang vor Leergarnituren zum Sunnyside-Abstellbahnhof erleben. Schon 1924, bei Erscheinen neuerer Maschinen hatte man 23 „DD1"-Loks zur – von der Pennsylvania Railroad kontrollierten – Long Island Railroad umgesetzt, die dort noch bis 1949-51 in Dienst blieben.

Die „DD"s waren ein Markstein in der Entwicklung der elektrischen Lokomotiven mit ihrer hohen Leistung und der damals ungewöhnlich hohen Zuverlässigkeit, dabei waren sie sehr konservativ konstruiert. Ihre Einfachheit und die Anpassungsfähigkeit des doppelten 2'B-Laufwerks trugen viel zu ihrem Erfolg bei.

Unten: *Eine der 2'B+B2'-Gleichstromlokomotiven, Reihe „DD1", der Pennsylvania Railroad.*

hatten nun mehr als 30 Kilometer freier Strecke mit elektrischer Traktion zurückzulegen. Man benötigte eine neue Schnellzuglokomotive für diese Aufgabe, die stärker als die Reihe „S" sein und zugleich bei höheren Geschwindigkeiten weniger schädliche Auswirkungen auf den Oberbau haben sollte.

Die neuen Lokomotiven erhielten die Reihenbezeichnung „T", die nach dem Umbau der älteren Maschinen wieder frei geworden war. Man verließ das bisherige Prinzip eines starren Rahmens zugunsten einer äußerst beweglichen Gelenkbauart mit Allachsantrieb. Je zwei der zweiachsigen Drehgestelle waren durch einen gemeinsamen Rahmen verbunden. Längskupplungen verbanden darüber hinaus die Drehgestelle ebenso wie die Hilfsrahmen, die außen auch die Kupplungen trugen, untereinander. Der Lokomotivkasten ruhte auf den Hilfsrahmen über zwei Drehpfannen, von denen eine längsverschiebbar sein mußte. Die ganze Lokomotive war also außerordentlich flexibel gebaut, die Verbindungselemente verhinderten aber das Entstehen schädlicher Schwingungen dieser Fahrzeuge, die man mit ihrer Achsfolge (Bo'Bo') (Bo'Bo') als Doppellok mit einem gemeinsamen Kasten betrachten kann.

Bei der Reihe „S" hatte man Motoren mit einer Nennleistung von 410 kW (550 PS) verwendet, bei der Reihe „T" reduzierte man dies auf 246 kW (330 PS). Damit wurden die Motoren kleiner und leichter, sie beanspruchten das Gleis weniger stark und ergaben einen ruhigeren Lauf. Man ließ die Maschinen daher für eine Höchstgeschwindigkeit von 121 km/h (75 mph) zu, die später aber auf 113 km/h (70 mph) reduziert wurde. Im Vergleich dazu durfte die Reihe „S" nur 97 km/h schnell fahren. Die Bauart der Motoren blieb gleich, sie besaßen wie bisher zwei Pole mit annähernd geraden Stirnflächen, zwischen denen sich die – abgefederte – Achse mit dem Motoranker in vertikaler Richtung bewegen konnte.

Anders als bei der Reihe „S" waren die Motoren nun zwangsbelüftet, bei der gelenkigen Bauweise ergab dies allerdings eine ziemlich umständliche Führung der Luftkanäle. Wie bisher besaßen auch diese Loks neben den Stromabnahmeschuhen für die Stromschiene auf dem Dach einen kleinen Pantographen, aus dem sie auf Weichenstraßen über eine Oberleitung versorgt wurden, wenn Stromschienen nicht verwendbar waren. Für die Heizung der Züge sorgte ein ölbefeuerter Dampfkessel. Es mag manchen Betrachter seltsam angemutet haben, daß eine elektrische Lokomotive, mit der die Rauchbelastung des Dampfbetriebs beseitigt werden sollte, einen kleinen Schornstein besaß, aus dem Ölqualm hervorquoll!

Im März 1913 erschien die erste der Lokomotiven als „T1a". Neun weitere wurden im Verlauf des gleichen Jahres als „T1b" ausgeliefert. Die 10 Loks des Jahres 1914 gehörten zur Unterbauart „T2a", 1917 baute man 10 Stück als „T2b". Die letzte Serie von 1926, wiederum 10 Loks, hieß „T3a". Die Unterschiede, die die verschiedenen Bezeichnungen verdeutlichen sollten, lagen hauptsächlich in der Größe des Zugheizkessels und seiner Vorräte. Die Reihe „T2" und „T3" waren dazu auch noch 508 mm länger als die „T1". Die Kästen hatte man bei den verschiedenen Serien ebenfalls verlängert, der Überhang der Drehgestelle verringerte sich entsprechend.

Mit einer Dauerleistung von 1940 kW (2640 PS) bei 77 km/h waren sie für ihre Zeit sehr leistungsfähig; Züge mit einem Gewicht von 890 t beförderten sie ohne Vorspann mit 97 km/h. Sie bewährten sich so hervorragend, daß man erst 1955 begann, sie durch Lokomotiven zu ersetzen, die bei der Einstellung einer elektrischen Strecke in Cleveland frei wurden.

Diese Lokomotiven zeigten, daß es sehr wohl möglich war, Maschinen mit Allradantrieb für hohe Geschwindigkeiten einzusetzen, daß man also auf die schweren und komplizierten Stangenantriebe ihrer Zeitgenossen gut verzichten konnte.

Links: *Eine der (Bo'Bo') (Bo'Bo')-Lokomotiven, Reihe „T", der New York Central Railroad.*

Reihe EP-2 „Bi-Polar" (1'Bo)Do'Do'(Bo1')

USA
Chicago, Milwaukee, St. Paul & Pacific Railroad (CMStP&P), 1919

Bauart: Elektrische Schnellzug-lokomotive
Spurweite: 1435 mm (4 ft 8½ in)
Stromversorgung: Gleichstrom von 3000 Volt über Oberleitung
Antrieb: 12 auf den Achsen befestigte Direktmotoren von je 272 kW (370 PS)
Gewicht: 208 t (457500 lb) Reibungsgewicht / 236 t (520000 lb) Gesamtgewicht
Maximale Achslast: 17,5 t (38500 lb)
Gesamtlänge: 23165 mm (76 ft 0 in)
Zugkraft: 549 kN (123500 lb)
Höchstgeschwindigkeit: 113 km/h (70 mph)

Oben: *Eine „Bi-Polar" im Dienst unter der 3000 Volt-Fahrleitung der Chicago, Milwaukee, St. Paul & Pacific Railroad.*

Die Chicago, Milwaukee, St. Paul & Pacific Railroad war die letzte Bahngesellschaft, die eine neue Verbindung vom Osten der USA zur Westküste baute. 1909 erreichte sie Tacoma im Staate Washington – der durchgehende Personenverkehr begann erst 1911. Als Neuling unter den interkontinentalen Bahnen mußte die Milwaukee sich stärker anstrengen, um einen Teil des Verkehrs an sich zu ziehen, dazu gehörte für sie die Verwendung einer neuen, sauberen Traktionsart, der Elektrizität.

Fünf Jahre nach Eröffnung der Strecke begann man, hölzerne Oberleitungsmasten zu errichten und 1917 nahm man den elektrischen Betrieb in den Rocky Mountain- und Missoula-Bezirken zwischen Harlowton und Avery, Montana auf – eine Entfernung von 705 km! Die Leitungen der Hochspannungsversorgung, die die Wasserkraftwerke mit den Umformerstationen an der Strecke mit einer Spannung von 100000 Volt versorgten, mußten dazu häufig durch jungfräuliches Gelände verlegt werden. Schon 1919 konnte man weitere 370 Kilometer des Küstenbezirks von Othello nach Tacoma im Staate Washington einweihen. Eine Elektrifizierung, die nach Hunderten von Kilometern oder Meilen gemessen wurde, war damals etwas gänzlich Neues. Die Verantwortlichen der anderen großen amerikanischen Bahngesellschaften warteten gebannt auf die Ergebnisse dieses Wagnisses. In technischer Hinsicht war man äußerst zufrieden: Man konnte viel größere Lasten befördern als mit Dampflokomotiven, die Energiekosten waren niedriger, man fuhr schneller – das heißt, der Betrieb ließ sich wirtschaftlicher abwickeln. Man sollte also annehmen, daß andere Gesellschaften bald folgen würden. Leider gehörten zu einem derartigen Projekt aber auch riesige Investitionen, die sich abschreckend auswirkten, vor allem in Anbetracht der langsam bemerkbar werdenden Konkurrenz des Straßenverkehrs. So blieben, mit einer nennenswerten Ausnahme, die Bahnelektrifizierungen in den USA auf kürzere Abschnitte beschränkt.

Die Milwaukee Railroad selbst mußte 1925 den Konkurs anmelden, was natürlich dem Vertrauen in derartige Projekte einen weiteren schweren Schlag versetzte, obwohl man behauptete, daß die Elektrifizierung – immerhin eine Investition von 24 Millionen Dollar – den Konkurs nicht *beschleunigt*, sondern tatsächlich *verzögert* habe.

Die ursprüngliche Schnellzugloktype, Reihe „EP1", lieferten ab 1915 die American Locomotive Company und General Electric. Sie war, abgesehen von einer anderen Übersetzung für eine höhere Geschwindigkeit und einem ölgefeuerten Zugheizkessel, mit den ersten Güterzuglokomotiven identisch. Diese fest gekuppelten Doppellokomotiven mit der Achsfolge (2'Bo) Bo'+Bo' (Bo2') und einer Stundenleistung von 2530 kW (3440 PS) wogen 261 t bei einer maximalen Achslast von 25,4 t! Ihr einfaches, eckiges Äußeres verriet kaum ihre Fähigkeit, bisher ungeahnte Lasten zu bewegen. Dreißig dieser Maschinen in Güterzug- und zwölf Stück in Personenzugausführung wurden erbaut.

Als man nun die Fahrleitungen auch im Cascade-Gebirge aufstellte, wollte man noch einige zusätzliche Lokomotiven, die technisch weniger kompliziert und damit robuster waren. Ergebnis waren die legendären „Bi-Polars", eine Schöpfung von General Electric. Ihr Name ergab sich aus ihrer Motorbauart mit nur zwei Polen – „Bi-Polar". Dies sind die denkbar einfachsten Motoren, die man bauen

nen ähnlicher Gestalt übertragen wurde.

Wichtiges Zubehör war eine Spurkranz-Schmiervorrichtung, die den Verschleiß in der Unzahl von Kurven verminderte. Als Bremse verwendete man auch weiterhin die Vakuumbremse mit einem Exhaustor auf der Lok. Die Wagenheizung erhielt ihren Betriebsstrom aus einer Anzapfung des Haupttransformators. Im Winter befestigte man an einem Ende der Lokomotiven einen großen Schneepflug, der in späteren Jahren durch zwei kleinere, permanent angebrachte, Pflüge ersetzt wurde, die das Kuppeln nicht behinderten und damit das Drehen der Loks an den Endbahnhöfen überflüssig machten.

Man hätte zwar eine Rekuperationsbremse verwenden können, bei der der Strom in das Oberleitungsnetz zurückgespeist wird. Solange aber kein Anschluß des RhB-Bahnstromnetzes zu anderen Netzen bestand, war das nicht möglich. Es konnte ja durchaus geschehen, daß alle Züge gleichzeitig auf den verschiedenen Strecken talwärts fuhren und damit keine Belastung vorhanden war, die eine Bremswirkung erst verursacht. Statt dessen wählte man ein elektrisches Bremssystem, wie es heute auch bei vielen modernen Diesel- und Elektrolokomotiven angewandt wird – die dynamische oder Widerstandsbremse, bei der die von den als Generator wirkenden Fahrmotoren gelieferte Energie in luftgekühlten Bremswiderständen schon auf der Lokomotive in Wärme umgesetzt wird.

Glücklicherweise behielten die Ge 6/6-Lokomotiven ihre schmucke braune Farbgebung und die elegant wirkende Messingbeschilderung auch nach dem Zweiten Weltkrieg, als die RhB bei ihren Neubestellungen einen etwas tristen grünen Anstrich mit verchromter Grotesk-Beschriftung einführten.

Diese neuen Bo'Bo'-Lokomotiven des Jahres 1947 verdrängten die „kleinen Krokodile" der Reihe Ge 6/6 vor den hochwertigsten Leistungen, aber auch an der Spitze weniger komfortabler Züge verrichteten sie weiter zuverlässig ihren Dienst. Obwohl heute schon 20 Bo'Bo'- und 7 Bo'Bo'Bo'-Lokomotiven zur Verfügung stehen, sind noch immer alle – außer der Nr. 401, die 1973 einer Lawine bei Cavadurli in der Nähe von Klosters zum Opfer fiel – im Einsatz.

Die Nachricht, daß weitere neue Lokomotiven bestellt wurden, um diese herrlichen Exemplare der Kunst früherer Lokomotivbauer endgültig zu ersetzen, löst bei all jenen Bedauern aus, für die sie so lange Zeit ein fester Bestandteil dieser beliebten Urlaubsgegend waren. Hoffnung gibt allerdings die Tatsache, daß die RhB-Verwaltung zwei ihrer alten Dampflokomotiven weiter für Sonderzüge einsatzfähig hält, um den Dampffreunden damit einen Gefallen zu tun. Vielleicht macht sie auch den Freunden der „kleinen Krokodile" die große Freude und erhält in Zukunft ein oder zwei dieser robusten Maschinen in betriebsfähigem Zustand, was sicherlich weniger schwierig ist als bei den Dampfrössern.

Oben: *Ge 6/6 Nr. 405 der Rhätischen Bahn hat soeben die 4,5%-Steigung oberhalb Klosters überwunden und fährt in den Bahnhof von Laret im Herzen des berühmten Skigebietes von Parsenn ein.*

Be 4/6 (1'B)(B1')

Schweiz
Schweizerische Bundesbahnen (SBB), 1919

Bauart: Elektrische Schnellzuglokomotive für Bergstrecken.
Spurweite: 1435 mm (4 ft 8½ in)
Stromversorgung: Wechselstrom von 15000 V und 16⅔ Hz über Oberleitung zum Lokomotivtransformator
Antrieb: 4 Motoren von je 380 kW (516 PS). Je ein Motorpaar treibt über Vorgelege, Blindwelle und Stangen zwei Räder eines Drehgestells
Gewicht: 77 t (169 750 lb) Reibungsgewicht; 106,5 t (234790 lb) Gesamtgewicht
Maximale Achslast: 19,25 t (42440 lb)
Gesamtlänge: 16500 mm (54 ft 1½ in)
Zugkraft: 196 kN (44015 lb)
Höchstgeschwindigkeit: 75 km/h (47 mph)

Die Gotthardbahn, eine der großartigsten Gebirgsbahnen der Welt und wohl der wichtigste Grund, warum man die Schweiz auch die „Drehscheibe Europas" nennt, wurde im Jahre 1883 eröffnet. Die zweigleisige Bergstrecke hatte trotz des 14,8 km langen Gotthardtunnels und insgesamt 30 weiteren Kilometern Tunnelstrecken noch eine maßgebende Steigung von 2,6% auf ihren Zufahrrampen beiderseits der Alpenkämme. Man war aber mit verhältnismäßig schweren Dampflokomotiven durchaus imstande, den Betrieb befriedigend abzuwickeln. Die größten Maschinen zur Zeit des Ersten Weltkriegs waren 1'E-Loks für Güterzüge und 2'C-Schnellzugloks.

Doch in diesem Krieg, in dem die Schweiz neutral blieb, machte sich ihr Hunger auf Kohle – die vorwiegend aus Deutschland importiert werden mußte – unangenehm bemerkbar, denn die Einfuhren gingen auf eine minimale Höhe zurück. Die Verwendung von Brennholz war keine Lösung, so daß noch während des Krieges die Pläne zur Umstellung auf die einzige Schweizer Energiequelle reiften – die „weiße Kohle" der Alpen, nämlich die Elektrizität aus Wasserkraftwerken.

Eine erprobte Technik stand inzwischen zur Verfügung, man sammelte auf der Lötschbergbahn schon seit fünf Jahren Erfahrungen. Der Wille – und auch das Geld – waren vorhanden, die Arbeiten konnten ohne Verzögerung beginnen. Am 29. Mai 1921 konnte der

Oben: *Bei Eröffnung des elektrischen Betriebs der Gotthardbahn trugen die Be 4/6-Lokomotiven diese schöne braune Farbgebung.*

Gesamtbetrieb der Gotthardstrecke von Erstfeld bis Bellinzona der Elek-

Nr. 13 2'Co2'

Großbritannien
North Eastern Railway (NER), 1922

Bauart: Elektrische Schnellzuglokomotive
Spurweite: 1435 mm (4 ft 8½ in)
Stromversorgung: Gleichstrom von 1500 V über Oberleitung oder von unten bestrichene Stromschiene
Antrieb: 6 Motoren von 221 kW (300 PS). Je ein Motorpaar treibt über Vorgelege und Federtopfantrieb eine der Treibachsen
Gewicht: 52 t (114240 lb) Reibungsgewicht; 104 t (228480 lb) Gesamtgewicht
Maximale Achslast: 17,25 t (38080 lb)
Gesamtlänge: 16307 mm (53 ft 6 in)
Zugkraft: 125 kN (28000 lb)
Höchstgeschwindigkeit: 144 km/h (90 mph)

Als man nach dem Ende des Ersten Weltkrieges bei den Eisenbahnen der Welt den Blick wieder mehr in die Zukunft richtete, gehörte der Oberingenieur Sir Vincent Raven der North Eastern Railway zu den weitsichtigeren Leuten, und er war von der elektrischen Traktion begeistert. Dazu kam, daß die Hauptaufgabe der NER, der Transport von Massengütern war. Derartige Bahnen sind – sogar heute noch – meist recht wohlhabend und können sich darum eine derart kostspielige, aber lohnende Investition wie eine Elektrifizierung leisten. Die NER war da keine Ausnahme.

Auf einer der am stärksten belasteten Strecken der Gesellschaft, von Shildon nach Newport, hatte man 1917 den elektrischen Betrieb eröffnet und war damit äußerst zufrieden. Raven dachte nun an eine Umstellung der Personenverkehrsstrecke von York nach Newcastle, einem Teil der Bahn von London nach Edinburgh entlang der Ostküste. Die Arbeiten an diesem Projekt begannen, man baute auch eine 2'Co2'-Schnellzuglokomotive, die bis zu 144 km/h schnell fahren konnte – damit eine der schnellsten Lokomotiven ihrer Zeit.

Diese Lok Nr. 13 erbauten die bahneigenen Werkstätten in Darlington in den Jahren 1921-22; Metropolitan-Vickers lieferte die elektrische Ausrüstung. Mit sechs Fahrmotoren ergaben sich drei Schaltungsmöglichkeiten bei voller Spannung: Beim Anfahren lagen alle Motoren in Serie, dann schaltete man zweimal drei und schließlich dreimal zwei Motoren parallel. Damit genügend Bauraum für die Federelemente des Antriebs vorhanden war, gab man den Speichen der 2032 mm großen Treibräder eine etwas ungewöhnlich aussehende Form. Die Fahrmotoren waren im Lokomotivrahmen fest gelagert.

Wie bei Elloks inzwischen üblich,

Oben: *Die Lok Nr. 12320 der SBB ist heute als aktive Museumslokomotive die letzte betriebsfähige Be 4/6. Auf dem Bild erkennt man sehr gut, daß Kupplung und Puffer an den Drehgestellen und nicht am Lokkasten angebracht sind.*

trotraktion übergeben werden, die ersten elektrischen Züge waren schon ein Jahr zuvor gefahren. Für den Schnellzugverkehr baute man 1919 drei Prototyplokomotiven, eine (1'B)(B1')-Lok – Nr. 12301 – und eine 1'C1'-Lok – Nr. 12201 – erhielten eine elektrische Ausrüstung von Oerlikon. Eine weitere (1'B)(B1')-Lok – Nr. 12302 – besaß einen einfacheren elektrischen Teil von Brown Boveri. Nach einer kurzen Versuchszeit entschied man sich für letztere und bestellte eine Serie von 40 Loks der Reihe Be 4/6 mit den Nummern 12303-12342 bei BBC. Der mechanische Teil aller Maschinen stammte wie üblich von der Schweizer Lokomotivfabrik SLM. Das Betriebsprogramm dieser Reihe verlangte die Beförderung eines Zuges von 300 t mit mindestens 50 km/h auf den Rampen von 2,6% und bot für die neuen Loks keine Schwierigkeit. Die bewegliche Bauart mit führenden Laufachsen an den Drehgestellen entsprach den Anforderungen der kurvenreichen Bahntrassierung und die Widerstandsbremsen (ursprünglich nur bei den letzten 30 Loks) halfen bei der Beherrschung der Züge bei der Talfahrt. Vor besonders schweren Zügen verwendete man die Be 4/6 paarweise.

Lange Jahre hindurch verrichteten diese Gotthardloks der ersten Generation den Personenzugdienst und übernahmen auch leichte Schnellgutzüge auf einer der aufreibendsten Hauptstrecken der Welt, bis auch sie durch neue, bei gleicher Achszahl fünfmal stärkere Lokomotiven verdrängt wurden, die wir noch später kennenlernen werden. Viele musterte man schon in den Sechziger Jahren aus, einige konnten sich länger halten. Heute ist nur noch eine Be 4/6 der SBB, die Nr. 12320, als betriebsfähige Museumslokomotive vor Zügen zu bewundern.

Erwähnenswert ist auch, daß ein weiterer lebenswichtiger Teil der Gotthardelektrifizierung, die ersten Pelton-Wasserturbinen in den eigens errichteten Wasserkraftwerken von Amsteg und Piotta, auch heute noch einen Teil der elektrischen Energie liefern, die Lokomotiven über die Alpen bewegt.

---

trug das Dach zwei große Pantographen zur Stromabnahme, aber es war nicht beabsichtigt, damit der Lok dauernd den Fahrstrom zuzuführen. Auf der freien Strecke wollte Raven eine seitliche Stromschiene verwenden, die aus Sicherheitsgründen und um die Ansammlung von Schnee und Eis zu verhindern, von unten bestrichen und auf der Oberseite abgedeckt sein sollte. Man verlegte zwischen York und Scarborough ein Stück Stromschiene und rüstete einige 2'B2'-Tenderdampfloks versuchsweise mit Stromabnehmerschuhen aus. Die gewöhnliche Oberleitung wollte Raven nur in Bahnhöfen verwenden, wo Weichen und Kreuzungen die Verlegung einer Stromschiene behinderten.

Doch leider war die ganze Arbeit umsonst gewesen, nicht aus technischen Gründen, sondern weil die Politik einen Strich durch die Rechnung machte. 1923 veranlaßte die Regierung den Zusammenschluß der britischen Eisenbahnen in vier großen „Gruppen". Man beabsichtigte damit die Unterstützung der unterentwickelten Gebiete durch die Finanzkraft der großen Bahnen. So mußte die North Eastern also nun ihr Geld für die wirtschaftlich schwächeren Partner in der neuen London & North Eastern Railway geben, anstatt ihr eigenes Netz zu verbessern. Damit war die Elektrifizierung York-Newcastle auf unabsehbare Zeit verschoben und auch diese große (und ansehnliche) Lokomotive konnte nie ihren vorgesehenen Zweck erfüllen, sondern wurde 1950 verschrottet.

Oben: *Lok Nr. 13 nahm 1925 an der Kavalkade zur Jahrhundertfeier der Stockton & Darlington Railway teil.*

Unten: *Sir Vincent Raven entwarf die elektrische Versuchs-Schnellzuglokomotive, die 1921 die North Eastern-Werkstätten in Darlington erbauten.*

ALCo's erste Diesellok Bo'Bo' USA

American Locomotive Company (ALCo), 1924

Bauart: Diesel-elektrische Rangierlokomotive
Spurweite: 1435 mm (4 ft 8½ in)
Antrieb: Ein 6-Zylinder/4-Takt Dieselmotor von 221 kW (300 PS) von Ingersoll-Rand mit Generator liefert Strom für 4 Tatzlagermotoren
Gewicht: 54,4 t (120000 lb)
Maximale Achslast: 13,6 t (30000 lb)
Gesamtlänge: 9906 mm (32 ft 6 in)

Diese Lokomotiven können den Titel „Erste erfolgreiche diesel-elektrische Lokomotive der Welt" für sich beanspruchen. Sie sind das Ergebnis der Kooperation drei bekannter Spezialfirmen: Ingersoll-Rand aus Phillips, New Jersey, stellte den Dieselmotor her, General Electric aus Erie, Pennsylvania, erzeugte die elektrische Ausrüstung und die American Locomotive Company aus Schenectady, New York, zeichnet für die Fahrzeugteile und den Zusammenbau verantwortlich. Prinzip und Anordnung der verschiedenen Bauteile blieben bis heute unverändert. Dafür erhält man heute von GE bei gleicher Größe und Gewicht eine Lokomotive mit einer Leistung von 736 kW (1000 PS) anstelle der 221 kW (300 PS) dieser Maschine.

Anfang 1924 baute man einen Prototyp, im gleichen Jahr fertigte man dann eine Serie von 5 Loks auf Lager, das heißt ohne feste Bestellung. Es fanden sich bald Käufer, bis 1928 wuchs die Zahl der gebauten Lokomotiven auf 26. Zu den Abnehmern gehörten die Baltimore & Ohio (1), Central of New Jersey (1), Lehigh Valley (1), Erie (2), Chicago & North Western (3), Reading (2) und die Delaware & Western (2). Die anderen Loks gingen als Werklokomotiven an Industriefir-

Nr. 101-103 1'C+C1'-zz Chile

Chilenische Transanden Eisenbahn (FCCT), 1925

Bauart: Elektrische Zahnrad- und Adhäsionslokomotive
Spurweite: 1000 mm (3 ft 3⅜ in)
Stromversorgung: Gleichstrom von 3000 V über Oberleitung
Antrieb: 4 Motoren von je 236 kW (320 PS) treiben über Vorgelege, Blindwelle und Stangen die beiden dreiachsigen Reibungsantriebe; 2 Motoren von je 397 kW (540 PS) wirken auf die Treibzahnräder
Gewicht: 72 t (158700 lb) Reibungsgewicht; 85,5 t (188450 lb) Gesamtgewicht
Maximale Achslast: 12 t (26450 lb)
Gesamtlänge: 16070 mm (52 ft 9 in)
Zugkraft: 49 kN (11000 lb) Reibungsantrieb; 98 kN (22000 lb) Zahnradantrieb
Höchstgeschwindigkeit: 40 km/h (25 mph) auf Reibungsstrecken; 20 km/h (12,5 mph) auf Zahnstangenabschnitten

Eisenbahnen zur Verbindung von Atlantik und Pazifik haben oft Menschen in ihren Bann geschlagen, manches Mal so stark, daß die Wirtschaftlichkeit solcher Unternehmungen außer Acht blieb. Ein derartiges Projekt, wahrscheinlich auch das spektakulärste, war die „Transandine Railway", die zwischen 1887 und 1908 gebaut wurde, um Argentinien und Chile zu verbinden. Die britische Gesellschaft, die dafür die Konzession von den beiden Staaten erhielt, hatte dabei ihren Enthusiasmus so weit gezügelt, daß sogar ein kleiner Profit erwartet werden konnte, den die Eigentümer aber nicht allzu lange genossen, denn diese Eisenbahn wurde schon vor vielen Jahren verstaatlicht.

Diese meterspurige Transanden-Bahn von Mendoza in Argentinien nach Los Andes in Chile ist 254 km lang. Der Scheitelpunkt, La Cumbre, in einer Höhe von 3186 m bildet gleichzeitig die Grenze der beiden Länder. Auf beiden Seiten sind die Zufahrtrampen – die chilenische mit einer Steigung von 8% – mit dreifachen Zahnstangen ausgerüstet, einer verstärkten Variante der Abtschen Bauart. Auf der chilenischen Seite gibt es auch mehr Tunnels; die Schwierigkeiten der Betriebsabwicklung führten dann auch zur Elektrifizierung des obersten und schwierigsten Abschnitts,

men. In gleicher Bauart entstanden auch einige, etwas längere, zweimotorige Maschinen von 600 PS (441 kW).

Man bezeichnete diese Diesel-loks sogar als „wirtschaftlich" erfolgreich, für die Hersteller bedeutete dies wohl nur, daß sie an diesem Projekt nichts zusetzen mußten. Die Eigentümer mußten dagegen für diese ersten Exemplare einer neuen Lokomotivgeneration durchweg mit höheren Betriebskosten als bei ihren Dampfloks rechnen. Dies war aber überall dort gerechtfertigt, wo äußere Umstände, wie Brandgefahr oder Verbote, deren Einsatz nicht gestatteten. Dazu gehörte auch das schon erwähnte Verbot des Dampflokbetriebs im Gebiet von New York City. Man gewann vor allem wertvolle Erfahrungen, die ein Vierteljahrhundert später die allgemeine Einführung der Dieseltraktion erleichterten. Obwohl man mit diesen Maschinen im Grunde Neuland betrat, waren sie so gut durchdacht, daß einige von ihnen noch 35 Jahre später im Dienst standen, allerdings wohl nach Art des berühmten uralten Hammers, der im Laufe der Zeit schon einige Male neue Stiele und Köpfe erhielt, aber nach außen immer noch der alte war. Zwei Loks dieser ersten ALCo-Serie existieren noch heute; eine steht im Museum der Baltimore & Ohio Railroad in Baltimore, Maryland; die andere – bei ihr handelt es sich um die allererste, an die Central of New Jersey als Lok Nr. 1000 gelieferte – kann man im Nationalen Verkehrsmuseum in St. Louis, Missouri besichtigen.

Unten: *Lok „1000" der CNJ aus dem Jahre 1924 war die erste diesel-elektrische Lok, die über das Versuchsstadium heraus kam und sich im Einsatz bewährte.*

den letzten 36 Kilometern von Portillo bis zum Paß, die 1927 fertiggestellt wurden. Bis 1942 elektrifizierte man auch die verbliebenen 40 Kilometer chilenischer Strecke.

Die Schweizer Lokomotivfabrik Winterthur baute in Verbindung mit Brown Boveri drei Elloks für diese Bahn, die auf der Zahnstangenstrecke Züge von 150 t mit 15 km/h ziehen konnten.

Nach einer Überschwemmung im Jahre 1937 auf dem argentinischen Teil blieb die Strecke einige Jahre lang geschlossen. Man nahm zwar den Betrieb wieder auf, doch die Beziehungen zwischen Argentinien und Chile waren nie sehr freundschaftlich gewesen, so daß Handel und Verkehr zwischen ihnen nie sonderlich stark waren. Es genügt wohl zu erwähnen, daß die drei Originallokomotiven mehr als 35 Jahre lang für den Gesamtverkehr auf dieser transkontinentalen Verkehrsader vollauf genügten.

Rechts: *Eine der Zahnrad-Lokomotiven der Chilenischen Transanden Eisenbahn.*

E401 2'BB2' Frankreich
Paris-Orleans-Bahn (PO), 1926

Bauart: Elektrische Schnellzuglokomotive
Spurweite: 1435 mm (4 ft 8½ in)
Stromversorgung: Gleichstrom von 1500 V über Oberleitung
Antrieb: 4 Motoren von je 883 kW (1200 PS) sind fest im Rahmen gelagert. Je ein Motorpaar treibt zwei Treibachsen über ein Kuppelstangensystem
Gewicht: 72,0 t (158730 lb) Reibungsgewicht; 131,7 t (290345 lb) Gesamtgewicht
Maximale Achslast: 18,0 t (39680 lb)
Gesamtlänge: 16040 mm (52 ft 7½ in)
Zugkraft: 176 kN (39520 lb)
Höchstgeschwindigkeit: 120 km/h (75 mph)

Die Paris-Orleans-Bahn elektrifizierte ihre Pariser Vorortstrecken ab 1899 mit Gleichstrom von 600 V. 1920 hatte man hier 20 Bo'Bo'-Lokomotiven im Einsatz. Auch die französischen Eisenbahnen hatten in der Zeit des Ersten Weltkriegs unter Kohlemangel gelitten und sich mit der Idee der Elektrifizierung von Hauptstrecken angefreundet. Nach Kriegsschluß sandte man eine Fachdelegation in die USA, um den dortigen Stand der Elektrotraktion zu studieren. In ihrem Bericht empfahlen die Ingenieure eine Gleichstromelektrifizierung mit einer Spannung von 1500 Volt. 1919 begann man mit den Planungsarbeiten, die ein elektrisches Netz von 8500 Kilometern auf den Strecken der PO, PLM und Midi-Gesellschaften umfaßten. Den nötigen Strom sollten Wasserkraftwerke im Zentralmassiv und in den Pyrenäen liefern.

1923 fingen die Bauarbeiten für die erste PO-1500 V-Strecke von Paris nach Vierzon, eine Entfernung von 204 km, an. Man bestellte drei verschiedene Versuchs-Schnellzuglokomotiven, die einen Querschnitt durch die damalige Lokomotivbaukunst darstellten. Jede der Maschinen wies interessante Merkmale auf, die bemerkenswerteren waren aber die beiden von Ganz in Budapest 1926 gelieferten mit den Nummern „E.401-2".

Damals war Kálmán Kandó (1869-1931) leitender Direktor der Firma Ganz, ein brillanter Ingenieur, der einen großen Einfluß auf die Entwicklung der Drehstromtraktion und später auch der Wechselstromtraktion mit Industriefrequenz hatte. Seine Arbeiten auf dem Gebiet der Gleichstromtechnik sind weniger bekannt, aber die Lokomotiven, die er für die PO entwarf, waren zumindest genauso charakteristisch wie seine Drehstromloks. Leider trug dieser Ausflug zum Gleichstrom nicht gerade zur Mehrung seines Ruhms bei.

Die Achsfolge der Lokomotiven lautete 2'BB2', das heißt sie besaßen zwei Treibachspaare in einem festen Rahmen. Jedes dieser Achspaare trieben zwei im Hauptrahmen gelagerte Motoren über ein kompliziertes Stangensystem. Im Dreieck angeordnete Stangen verbanden Kurbeln auf den Motorwellen miteinander und übertrugen die Drehbewegung auf eine der Treibachsen. Durch ein Zwischenglied konnten sich die Dreieckstangen verschieben, um die Bewegungen auszugleichen, die die Achsfederung hervorrief. Lok „E.401" besaß eine derartige Stangenanordnung nach Kandós eigenem Entwurf (die komplizierteste, die je gebaut wurde), wie er sie auch bei seinen Drehstrom- und Wechselstromloks

Reihe WCG1 C'C' Indien
Great Indian Peninsula Railway (GIP), 1928

Bauart: Elektrische Güterzuglokomotive
Spurweite: 1676 mm (5 ft 6 in)
Stromversorgung: Gleichstrom von 1500 V über Oberleitung
Antrieb: 4 Motoren von je 478 kW (650 PS). Je ein Motorpaar treibt über Vorgelege, Blindwelle und Stangen die drei Achsen eines Drehgestells
Gewicht: 125 t (275500 lb)
Maximale Achslast: 21 t (46 285 lb)
Gesamtlänge: 20142 mm (66 ft 1 in)
Höchstgeschwindigkeit: 80 km/h (50 mph)

„Krokodil"-Lokomotiven wurden mehr als einmal gebaut – auf Normalspur in der Schweiz und in Österreich und auch auf Schmalspur in der Schweiz. Weniger bekannt ist, daß es auch in Großbritannien gebaute Breitspur-„Krokodile" gibt und daß sie auch heute noch in der Umgebung von Bombay fahren.

1929 vollendete die Great Indian Peninsular Railway die Elektrifizierung von 291 Streckenkilometern zwischen dem Großraum von Bombay und Poona. Der Anstieg der West-Ghats erfolgt mit einer maßgeblichen Steigung von 2,7% und ist damit genauso steil wie die

Rechts: *Eine „WCG1"-Lokomotive der Indian Railways rangiert im Bahnhof von Bombay.*

verwendete. Die Stangenkonstruktion der „E.402" war etwas einfacher ausgefallen. Für die damalige Zeit war die elektrische Ausrüstung sehr fortschrittlich, nicht zuletzt die Dauerleistung der vier Motoren von insgesamt 3530 kW (4800 PS). Diese Fahrmotoren waren zwangsbelüftet, der Fahrschalter konnte sie in Serie/Serie-parallel/Parallel-Kombination schalten und erlaubte vor allem ein – damals – ungewöhnliches Maß der Feldschwächung. Das Erscheinungsbild der Lokomotiven war bemerkenswert, mit ihrem Mittelführerstand und den schmalen Vorbauten erinnern sie uns an amerikanische Diesellokomotiven der fünfziger Jahre. Die schrägen Stirnflächen und die glatte Verkleidung, zusammen mit den 1750 mm großen Treibrädern mit ihren wirbelnden Stangen, ließen beim Betrachter aber keinen Zweifel daran, daß es sich hier um Schnellzugmaschinen handelte.

Sie erzeugten zwar die erwartete Leistung, waren aber außerordentlich störanfällig – auf eine Fahrstrecke von 100 km kamen ein bis zwei Ausfälle. Sobald weitere Schnellzuglokomotiven verfügbar waren, setzte man sie nur noch im Güterzugdienst ein, in dem sie ihre große Leistung zur Geltung bringen konnten. Die Erkenntnis, daß gekuppelte Treibachsen die Reibwerte besser ausnutzen können als Einzelachsantriebe, war ein wichtiger Schritt auf dem Weg zu den späteren französischen „monomoteur"-Drehgestellen.

Nach vorhandenen Aufzeichnungen erreichten die „E.401" mit einem Zug von 636 t zwischen Les Aubrais und Paris eine Durchschnittsgeschwindigkeit von 97,5 km/h; im Güterzugdienst beförderten sie 770 t-Züge auf einer Steigung von 1% mit 30-50 km/h. Man hatte diese Leistungen auch erwartet, das Pflichtenheft forderte die Beförderung von 800 t mit 95 km/h. Obwohl sie nicht richtig befriedigten, waren sie unter Eisenbahnern als „Les Belles Hongroises" – die „Schönen Ungarinnen" bekannt.

Unten: *Ungewöhnliche Formen besaß die von Ganz in Ungarn gebaute 2'BB2'-Ellok „E401". Beachtenswert sind die Stromabnahmeschuhe an den Drehgestellen für die Pariser Tunnelstrecken.*

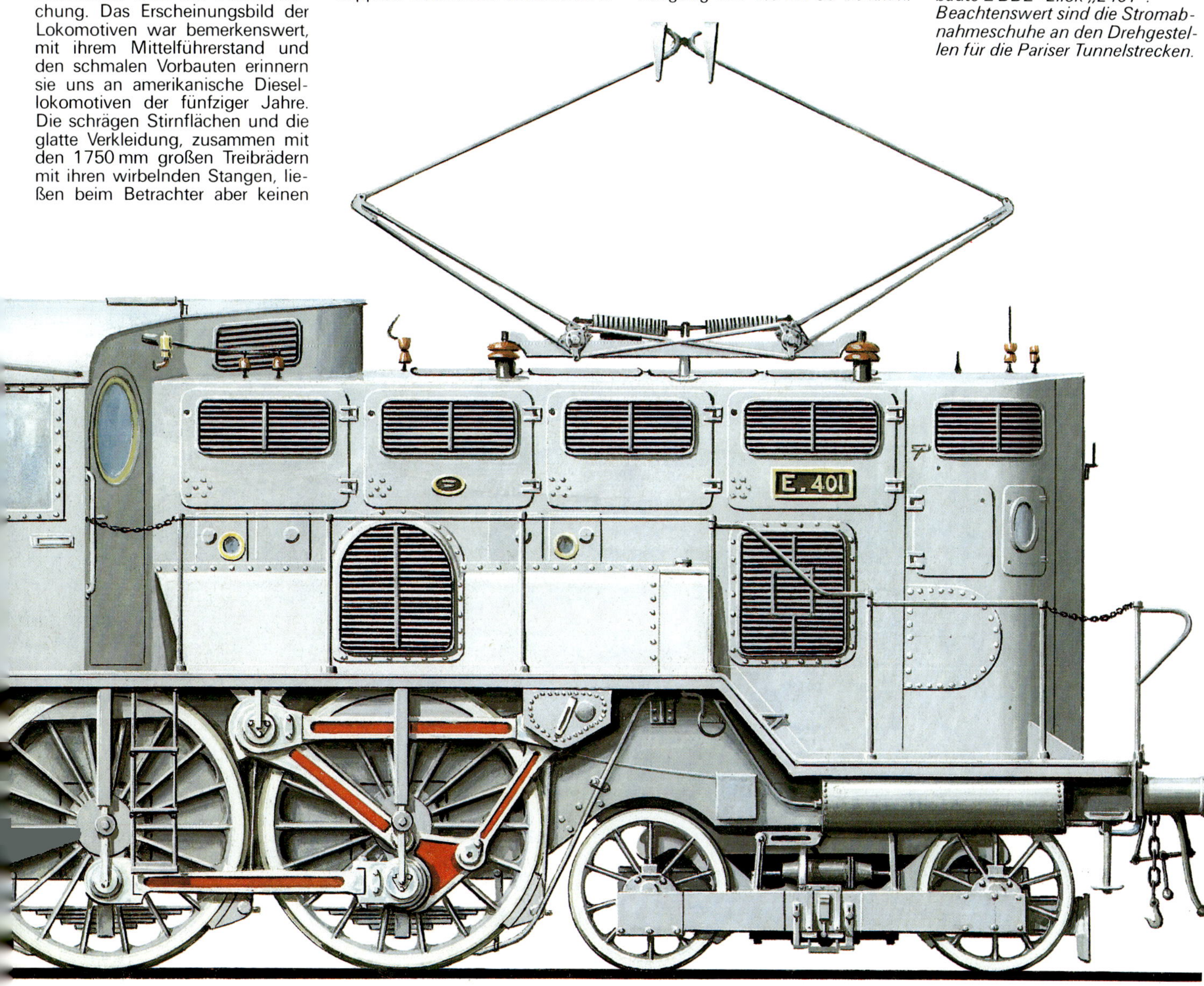

Gotthardrampen. Die Verantwortlichen waren offensichtlich der Meinung, daß eine bewährte Konstruktion nicht zu verachten sei und bestellten diese ausgezeichneten Maschinen, die sich im mechanischen Teil an die Bauart der „Gotthard-Krokodile" anlehnen. Die erste Serie von 10 Stück lieferte auch die Schweizer Lokomotivfabrik.

Durch die Verwendung von Gleichstrom war der elektrische Teil natürlich völlig unterschiedlich, er stammt aus der Fabrikation von Metropolitan-Vickers, nicht nur bei den ersten 10, sondern auch bei weiteren 31 Loks, die die britische Vulcan Foundry baute. Für die damalige Zeit recht fortschrittlich war die Verwendung der elektrischen Bremse mit Stromrückspeisung. Der Fahrschalter erhielt sechs Grundstellungen, die vier Motoren ließen sich auf Serie, Serie-Parallel und Parallel-Anordnung schalten, dazu kamen in jeder Position zwei verschiedene Feldstärken.

Nach einem langen und nützlichen Arbeitsleben steht keine von ihnen mehr im Streckendienst, einige sind aber immer noch als Rangierlok tätig. Ein Exemplar der Reihe WCG1 ist im Indischen Eisenbahnmuseum in Neu Delhi ausgestellt.

Rechts: *Ein frisch aufgearbeitetes „Indisches Krokodil" in Poona im Februar 1981.*

Reihe D 1'C1'

Schweden
Schwedische Staatsbahn (SJ), 1925

Bauart: Elektrische Lokomotive für gemischten Dienst
Spurweite: 1435 mm (4 ft 8½ in)
Stromversorung: Wechselstrom von 15000 V und 16⅔ Hz über Oberleitung zum Loktransformator
Antrieb: 2 Motoren von je 919 kW (1250 PS) treiben über Vorgelege, eine Blindwelle und Kuppelstangen die drei Treibachsen
Gewicht: 51 t (112400 lb) Reibungsgewicht; 75 t (165300 lb) Gesamtgewicht.
Maximale Achslast: 17 t (37480 lb)
Gesamtlänge: 13000 mm (42 ft 6 in)
Zugkraft: 154 kN (34600 lb)
Höchstgeschwindigkeit: 100 km/h (62 mph)

Schweden ist wieder eines der Länder, die keine Kohlevorkommen besitzen, aber reich an Wasserkraft sind und in dem die Ingenieure schon früh an die Elektrifizierung des Eisenbahnnetzes gehen konnten. Man setzte seine Mittel sehr zurückhaltend ein, wie die Tatsache zeigt, daß man fast den ganzen Betrieb mit dieser einfachen Lokomotivtype abwickelte. Von 1925 bis 1952 wurde sie immer wieder in verbesserter und verstärkter Form nachgebaut, die neueste Reihe „Da" hat eine um 30% höhere Zugkraft als die ersten Maschinen der Unterbauart „Du". Einige der frühesten Exemplare, als „Dg" bezeichnet, besaßen einen holzverkleideten Lokkasten.

Einen Teil der ersten Serien lieferte der Erbauer mit einer anderen Übersetzung für den Güterverkehr, einige baute man auch entsprechend um; die Zugkraft stieg damit auf 206 kN bei einer Höchstgeschwindigkeit von 75 km/h. Von

Unten: *Eine der ersten Standard-Elloks der Schwedischen Staatsbahn mit Holzkasten.*

Oben und links: *25 Jahre Entwicklung der schwedischen 1'C1'-Standard-Ellok illustrieren diese beiden Aufnahmen. Links sehen wir ein museal erhaltenes Exemplar der ersten Ausführung mit holzverkleidetem Kasten; die obige Maschine gehört zur letzten Serie, als Reihe „Da" des Jahres 1950.*

den insgesamt 417 gebauten Lokomotiven der Reihe „D" sind die meisten auch heute noch aktiv.

Bei oberflächlicher Betrachtung konnte man der Meinung sein, daß die unsymmetrische Anordnung der Blindwelle und der Fahrmotoren bei dieser Achsfolge eine schlechte Gewichtsverteilung zur Folge hat. Ein mögliches Übergewicht eines Endes der Lokomotive ließ sich aber leicht durch die Plazierung des, bei dem verwendeten niederfrequenten Wechselstrom, sehr schweren Haupttransformators ausgleichen.

Offensichtlich waren die Schweden mit dem Stangenantrieb sehr zufrieden, mit dem sich verständlicherweise kein Schleudern einzelner Treibachsen einstellen kann, das sich bei anderen Antrieben nur durch komplizierte Einrichtungen beherrschen läßt. Bemerkenswert ist, daß die SJ noch 1970 eine Lieferung starker Stangen-Lokomotiven erhielt.

Im großen ganzen folgte die Elektrifizierung den Vorbildern in Deutschland und der Schweiz, mit einem großen Unterschied: An Stelle eines unabhängigen niederfrequenten Bahnstromnetzes bezieht die schwedische Staatsbahn ihren Strom aus dem normalen Landesnetz und wandelt ihn in Unterwerken mit Drehumformern auf die richtige Frequenz um. Diese können mit führendem Strom betrieben werden und damit den Wirkungsgrad der gesamten schwedischen Stromversorgung verbessern – die Staatsbahn bekommt dies über die Stromrechnung rückvergütet – ein neues Kapitel über die Kunst der gewinnbringenden Verwertung industrieller Abfälle!

GPO Posttriebwagen (A1) (1A)

Großbritannien
His Majesty's Post Office (GPO), 1927

Bauart: Fahrerloser elektrischer Gütertriebwagen
Spurweite: 610 m (2 ft 0 in)
Stromversorgung: Gleichstrom von 440 V oder 150 V über eine mittlere Stromschiene
Antrieb: 2 Motoren von je 16,2 kW (22 PS) über Vorgelege auf je eine Achse
Gewicht: 3 t (6610 lb) beladen
Maximale Achslast: 1 t (2204 lb)
Gesamtlänge: 8535 mm (28 ft 0 in)
Höchstgeschwindigkeit: 48 km/h (30 mph)

Der Schreiber dieser Zeilen gehörte in den Sechziger Jahren eine Zeitlang zu einer Gruppe technisch interessierter Leute, die man gebeten hatte, sich die Güterbeförderung der Britischen Eisenbahnen etwas genauer anzusehen, die damals stark im Rückzug war. Man hoffte, mit moderner Technologie weiter zu kommen. Eine der neuen Ideen, die hier diskutiert wurden, beinhaltete die Umstellung großer Teile des Bahnnetzes für einen Betrieb mit führerlosen automatischen Gütertriebwagen. Es war zwar eine sehr kühne und auch kostspielige Idee, aber die Wirtschaftlichkeit wäre großartig gewesen. Leider ist Politik die Kunst des Möglichen und so war klar, daß man den Eisenbahngewerkschaften kaum eine derartige „Null-Option" hätte schmackhaft machen können, obwohl die Einsparungen so groß gewesen wären, daß man allen Betroffenen eine schöne Abfindung hätte auszahlen können. Eine Weiterentwicklung dieses neuartigen Transportsystems verhinderte ein entsprechendes Verbot von oben – auch der Hinweis darauf, daß schon seit 40 Jahren Güter besonderer Art auf diese Weise zwischen wichtigen Londoner Bahnstationen bewegt wurden, nützte nichts.

Was vielleicht die Grundlage eines wirklich konkurrenzfähigen britischen Güterverkehrssystems geworden wäre, führt vom Paddington-Bahnhof über die Mount-Pleasant-Hauptpost zum Liverpool-Bahnhof und dem Ost-Distrikt-Postamt an der Whitechapel Road. Die Spurweite beträgt 610 mm, die gesamte Strecke mißt 5,5 km und verläuft – bis auf die sieben Bahnhöfe – zweigleisig innerhalb einer gußeisernen Tunnelröhre mit einem Durchmesser von 2,75 m.

Der Bau begann schon 1914 und als ein oder zwei Jahre später die deutschen Zeppeline über London erschienen, nutzte man die tief gelegenen Tunnelröhren als sicheren Lagerplatz für verschiedene nationale Kunstschätze. Nach dem Krieg ging es nur langsam voran, so daß erst 1927 der Betrieb aufgenommen wurde. Seitdem wird die Post in Zügen aus einem oder zwei dieser Triebwagen transportiert. Auch mit der Technik der damaligen Zeit hatte man keine Mühe, mit Hilfe von elektromagnetischen Relais, den Verkehr dieser Wagen zu automatisieren. Das ganze System steht unter der Kontrolle eines „signalman" (Stellwärters), falls dies der richtige Ausdruck bei einer Eisenbahn sein sollte, die keine Lokführer und damit auch keine Signale besitzt. Gegenüber dem üblichen Transportweg auf der Straße spart man hier Kosten und vor allem Zeit, denn in der Großstadt London kommen Straßenfahrzeuge in der Regel nur im Schneckentempo voran. Deshalb wird man auch weiterhin nicht auf die Dienste dieser „Post Office Railway" verzichten – vor kurzem wurde erst der Fahrzeugpark erneuert.

Unten: *Eines der außergewöhnlichen elektrischen Fahrzeuge der Londoner Post-Untergrundbahn.*

Kitson-Still-Lokomotive 1'C1't

Großbritannien
Kitson & Co Ltd, 1924

Bauart: Diesel-Dampf-Lokomotive für leichte Dienste
Spurweite: 1435 mm (4 ft 8½ in)
Antrieb: 8 doppelt wirkende Zylinder in zwei horizontalen Reihen, auf einer Seite mit Diesel-, auf der anderen Seite mit Dampfantrieb. Die Kurbelwelle ist mit den Treibrädern über Vorgelege, Blindwelle und Kuppelstangen verbunden; Dampferzeugung im Kessel durch Dieselabgase oder Ölbrenner
Gewicht: 60 t (132160 lb) Reibungsgewicht; 88,4 t (194880 lb) Gesamtgewicht
Maximale Achslast: 20 t (44050 t)
Gesamtlänge: 11890 mm (39 ft 0 in)
Zugkraft: 125 kN (28000 lb)
Höchstgeschwindigkeit: 69 km/h (43 mph)

Ein Dieselmotor wandelt etwa 35% der Wärmeenergie des Brennstoffs in nutzbare mechanische Arbeit um, die verbleibenden 65% bleiben ungenutzt und werden über das Kühlsystem und die Abgase an die Umgebung abgegeben. Man verwendete viele Methoden, um einen Teil dieser Abwärme auszunutzen, der Still-Motor, der vor allem bei stationären und bei Schiffsantrieben einige Beliebtheit genoß, gehört dazu. Wasser umspülte die Zylinderwände und Abgasleitungen, der dabei erzeugte Wasserdampf sammelte sich in einem Kessel. Die doppeltwirkenden Zylinder waren auf einer Seite für den Dieselantrieb, auf der anderen Seite als herkömmliche Dampfzylinder konstruiert. Angefahren wurde mit Dampf, der durch einen Ölbrenner im Kessel erzeugt wurde, bis eine Geschwindigkeit erreicht war, bei der die Selbstzündung des Diesels einsetzte. Das Still-Prinzip erhöhte den Wirkungsgrad der Kraftmaschine auf etwa 40%, ein Wert, der damals mit anderen Wärmemaschinen nicht zu erzielen war.

Die Fähigkeit des Still-Antriebs, aus dem Stand mit Dampfkraft anzufahren, machte ihn für die Verwendung in Lokomotiven interessant, denn man konnte den hohen Wirkungsgrad des Dieselmotors nutzen, ohne daß die nur in der Dampftechnik erfahrenen Ingenieure sich mit so mysteriösen Dingen wie elektrischen oder hydraulischen Kraftübertragungen beschäftigen mußten. Mitarbeiter der Firma Kitson in Leeds ließen sich die Verwendung des Still-Prinzips für Lokomotivantriebe patentieren und die Firma baute 1924 eine derartige Kitson-Still-Lokomotive auf eigene Kosten.

Sie erhielt die Achsfolge 1'C1't und wog etwa 87 Tonnen. Zwei horizontale Zylinderreihen lagen beiderseits der Kurbelwelle, die parallel zu den Treibachsen angeordnet war und die Drehbewegung über ein Vorgelege, eine Blindwelle und Kuppelstangen auf die Treibräder übertrug. Der Zylinderblock lag über den Treibrädern unterhalb des Kessels, dessen Wasser durch den Zylindermantel zirkulierte. Die Abgase des Verbrennungsantriebs führte man durch Kesselheizrohre und am hinteren Kesselende befand sich die zylindrische Feuerbüchse für den Ölbrenner.

Beim Anfahren leitete man beim Erreichen einer Geschwindigkeit von etwa 8 km/h Brennstoff in die Dieselzylinder. Nach ungefähr zwei Umdrehungen hatte der Dieselmotor seine volle Leistung erreicht und man konnte die Dampfzufuhr bis zur nächsten Anfahrt schließen, falls nicht die zusätzliche Zugkraft benötigt wurde. Während der Fahrt reichte die Abwärme des Diesels zur Dampferzeugung aus. Bei Entwicklung der Lokomotive ging man von einer Höchstgeschwindigkeit von 69 km/h, entsprechend einer Motordrehzahl von 45 Upm, aus. Im Laufe der Versuche erhöhte man die Geschwindigkeit dann auf 88 km/h.

Die Versuchsfahrten auf der LNER erstreckten sich mit Unterbrechungen über mehrere Jahre. Nach Beseitigung der Kinderkrankheiten war man mit der Lokomotive sogar recht zufrieden. Ihre Fahrten führten sie über verschiedene Strecken der früheren North Eastern Railway in Yorkshire. Ihre größte Anhängelast von 400 t konnte sie dabei nach einem Signalhalt in einer Steigung von 3% noch gut anfahren. Man ermittelte einen Brennstoffverbrauch, der nur ein Fünftel des Verbrauchs vergleichbarer kohlegefeuerter Dampfloks betrug, die Kostenersparnis war aber vom Verhältnis der Preise für Kohle und Öl abhängig. Die Hersteller hofften hier vor allem auf Bestellungen aus Ländern, die Öl, aber keine Kohle besaßen.

Die Höchstleistung von 515 kW (700 PS) am Zughaken war bei dem Lokgewicht von 87 t nicht sonderlich hoch. Für eine kommerzielle Anwendung dieses Antriebs hätte man die Leistungsausbeute verbessern müssen, eine Entwicklung bis zur Serienreife hätte aber große Summen verschlungen, die unter den damaligen Umständen nicht verfügbar waren. Durch die schlechte Weltwirtschaftslage wuchsen die finanziellen Schwierigkeiten Kitsons und als die Firma schließlich liquidiert werden mußte, lagen noch immer keine Bestellungen für eine Kitson-Still-Lokomotive vor.

Bis die Britischen Eisenbahnen soweit waren, ernsthaft an eine allgemeine Einführung der Dieseltraktion zu denken, hatte man die Hemmungen gegenüber elektrischen und hydraulischen Übertragungen verloren, niemand dachte mehr an die Kitson-Still-Lokomotive.

Rechts: *Die Kitson-Still-Lokomotive im Zustand der dreißiger Jahre.*

Unten: *1924 baute die Firma Kitson in Leeds eine Lokomotive mit einem kombinierten Diesel- und Dampfantrieb nach dem Still-Prinzip. Die Abbildung zeigt ihren Zustand bei der ersten Erprobung im Werk.*

Ae 4/7 2'Do1'

Schweiz
Schweizerische Bundesbahnen (SBB), 1927

Bauart: Elektrische Schnellzuglokomotive
Spurweite: 1435 mm (4 ft 8½ in)
Stromversorgung: Wechselstrom von 15000 V und 16⅔ Hz über Oberleitung zum Lokomotivtransformator
Antrieb: Buchli-Einzelachsantrieb mit 4 Motoren von je 574 kW (780 PS)
Gewicht: 77 t (169750 lb) Reibungsgewicht; 118 t (260140 lb) Gesamtgewicht
Maximale Achslast: 19,25 t (42440 lb)
Gesamtlänge: 16760 mm (55 ft 0 in)
Zugkraft: 196 kN (44000 lb)
Höchstgeschwindigkeit: 100 km/h (62 mph)

Oben: *An einem Wintertag des Jahres 1976 durcheilt eine SBB-Ae 4/7 mit ihrer geringen Zuglast Wädenswil am Zürichsee.*

Reihe E432 1'D1'

Italien
Italienische Staatsbahn (FS), 1928

Bauart: Elektrische Schnellzuglokomotive
Spurweite: 1435 mm (4 ft 8½ in)
Stromversorgung: Drehstrom von 3600 V und 16⅔ Hz über Doppelfahrleitung
Antrieb: 2 Asynchronmotoren von je 1100 kW (1495 PS) mit umschaltbaren Polen treiben die 4 mit Stangen gekuppelten Treibachsen
Gewicht: 71 t (156525 lb) Reibungsgewicht; 94 t (207230 lb) Gesamtgewicht
Maximale Achslast: 18 t (39680 lb)
Gesamtlänge: 13910 mm (45 ft 8 in)
Zugkraft: 137 kN (30760 lb)
Höchstgeschwindigkeit: 100 km/h (62 mph)

1928 war ein entscheidendes Jahr für die italienische Drehstromtraktion. Seit 1910, als die schon beschriebenen Maschinen der Reihe „E550" ihren Dienst auf der Giovi-Rampe aufnahmen, war die Elektrifizierung der italienischen Eisenbahnen zügig vorangeschritten und fast ohne Ausnahme hatte man die Drehstromtrechnik verwendet. Die meisten wichtigen Strecken im Raum Genua-Turin wurden inzwischen elektrisch betrieben, Ausläufer erstreckten sich nach Süden entlang der Mittelmeerküste bis nach Pisa und Livorno. Isolierte Strecken gab es auch zur österreichischen Grenze hin und zwischen Florenz und Bologna. Das gesamte Drehstromnetz umfaßte etwa 1500 Kilometer.

Der Augenblick der Wahrheit kam 1928, als die ebenfalls zur Elektrifizierung mit Drehstrom vorgeschlagene Strecke von Neapel nach Foggia statt dessen zur Teststrecke für eine Gleichstromelektrifizierung ausgewählt wurde. Das neue System funktionierte so gut und war so wirtschaftlich, daß von nun an die alte Drehstromtechnik nicht mehr gefragt war. Auch die noch durchgeführte Elektrifizierung der 166 km langen Strecke Rom-Sulmona mit Drehstrom höherer Spannung und mit Industriefrequenz konnte daran nichts ändern.

Ergebnis dieser Entwicklung war auch, daß diese 40 Lokomotiven der FS-Reihe „E432" von Breda in Mailand die letzten weltweit neu gebauten Drehstrom-Schnellzuglokomotiven von Bedeutung sein sollten. Im Vergleich mit den beschriebenen ursprünglichen Loks der Reihe „E550" fällt auf, daß die Verwendung im Schnellzugdienst klar durch die Anordnung führender Laufachsen und an den nunmehr 1630 mm (statt 1070 mm) großen Treibrädern zu erkennen ist. Die Fortschritte der Elektrotechnik erlaubten jetzt eine größere Zahl fester Geschwindigkeiten (37,5; 50; 75 und 100 km/h) durch Umschaltung der Pole der entsprechend gewickelten Motoren. Ein Teil der Reihe erhielt zwei Doppelpantografen anstelle der üblichen Stromabnehmerausleger. Dieses Merkmal der Drehstromtraktion hatte man bei den bisherigen Maschinen benötigt, um einen möglichst großen Abstand zwischen den Schleifstücken zur Überbrückung unvermeidlicher Lücken des Fahrleitungssystems zu erhalten. Die Dächer der „E432" waren lang genug, um diese Distanz auch mit den Pantografen einzuhalten.

Während des Zweiten Weltkriegs

Diese großartigen, schon mehr als ein halbes Jahrhundert alten, Lokomotiven bedienten viele Jahre lang die wichtigsten Zugförderungsaufgaben der Schweizerischen Bundesbahnen, darunter so renommierte Züge wie den „Simplon-Orient-Express". Ihre Konstruktion basiert auf der außerordentlich erfolgreichen Reihe „Ae 3/6" von 1921 (3/6 bedeutet, daß drei der sechs Achsen angetrieben sind) mit der Achsfolge 2'Co1', die ihrer Zeit weit voraus war und von der bis 1926 114 Exemplare gebaut wurden.

Um eine größere Leistung zu erzielen, vergrößerte man sie einfach um eine weitere Treibachse. Anfänglich hatten die SBB Bedenken wegen des langen Achsstands und man verband die einzelne Laufachse mit der nächsten Treibachse in einem Zara-Gestell. Diese Anordnung war bei italienischen Dampflokomotiven allgemein üblich und verlieh Laufwerken mit längeren Achsständen eine gewisse Beweglichkeit. Im Laufe der Zeit stellte sich heraus, daß die Befürchtungen nicht angebracht waren und man ging zum einfacheren Deichsel-Laufgestell über. Grund für die Verwendung von drei Laufachsen war das große Gewicht der Ausrüstungsteile, vor allem des bei niederfrequentem Wechselstrom besonders schweren Haupttransformators.

Die Bauart des Achsantriebes trägt den Namen ihres Erfinders, des Schweizers Buchli. Die Fahrmotoren treiben große Zahnräder, die sich auf einer Lokseite außerhalb der Treibräder in Verlängerung der Treibachsen befinden. Von hier übertragen durch Zahnsegmente verbundene Hebel die Drehbewegung auf die Treibräder und erlauben gleichzeitig vertikale Verschiebungen zum Ausgleich des Federspiels.

Bis auf wenige Unfallopfer sind noch alle der 127 erbauten Maschinen (10901-11027) im Einsatz, davon besitzen 30 Lokomotiven (10973-11002) Rekuperationsbremsen, die sie für den Einsatz am Gotthard erhielten. 30 andere rüstete man mit der Vielfachsteuerung aus, um sie auch paarweise verwenden zu können (10931-51 und 11009-17).

Links: *Trotz ihres Alters leisten diese gefälligen, schon etwas altertümlich wirkenden, Ae 4/7-Lokomotiven der SBB noch Hervorragendes. Das Bild zeigt ihre Antriebsseite.*

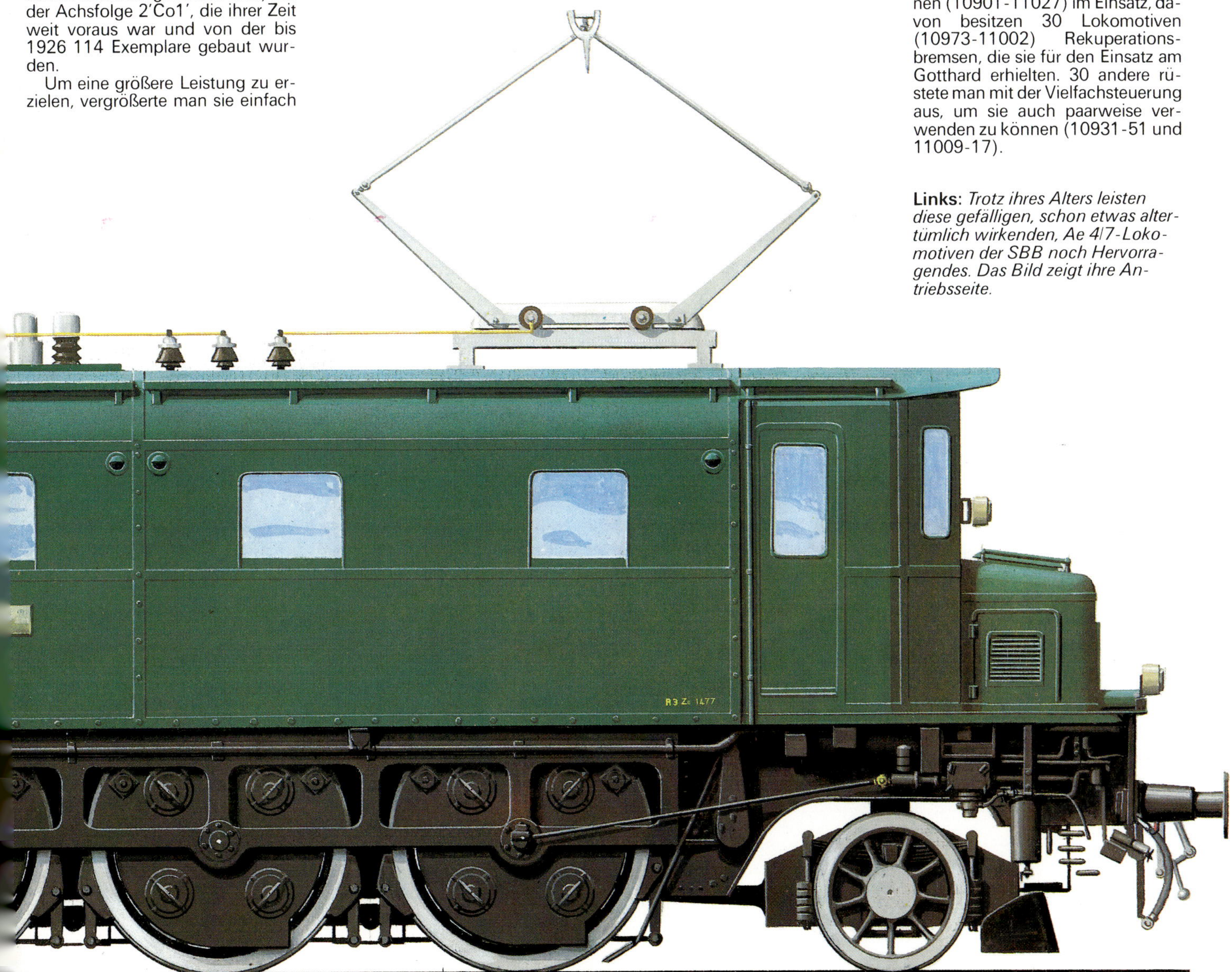

wurden viele der italienischen Strecken ihrer elektrischen Ausrüstung beraubt, der Wiederaufbau fand dann gewöhnlich in Gleichstromtechnik statt. Das oberitalienische Netz hatte den Krieg verhältnismäßig unbeschädigt überstanden und wurde weiterhin mit Drehstrom betrieben. Auch die Reihe „E432" hatte keinerlei Verluste erlitten und überlebte bis in die siebziger Jahre. Doch dann war die Umstellung auf ein einheitliches Gleichstromnetz soweit fortgeschritten, daß mit dem Ende der letzten Drehstromstrecke auch sie überflüssig wurden. Ein wichtiges Kapitel in der Geschichte der Eisenbahn war abgeschlossen.

Rechts: *Eine FS-Drehstromlokomotive der Reihe E432.*

Nr. 9000 2'Do1'+1'Do2'

Kanada
Canadian National Railways (CNR), 1929

Bauart: Diesel-elektrische Lokomotive für Hauptstreckendienst
Spurweite: 1435 mm (4 ft 8½ in)
Antrieb: Ein (anfänglich aufgeladener) Beardmore-V12-4Takt-Diesel von 978 kW (1330 PS) mit angeflanschtem Generator erzeugt Gleichstrom für die 4 Tatzlager-Fahrmotoren
Gewicht: 116 t (255644 lb) Reibungsgewicht; 170 t (374080 lb) Gesamtgewicht
Maximale Achslast: 29 t (63920 lb)
Gesamtlänge: 14338 mm (47 ft 0½ in)
Zugkraft: 223 kN (50000 lb)
Höchstgeschwindigkeit: 120 km/h (75 mph)
Die Angaben beziehen sich auf eine Hälfte des Lokpaares

Ein Blick in die Zukunft! Das waren bei ihrem Erscheinen im Jahre 1929 diese beiden – gewöhnlich Rücken-an-Rücken gekuppelten – Lokomotiven, die ersten Großdiesellokomotiven Amerikas. Nach allem, was man weiß, arbeitete dieses Produkt der Zusammenarbeit der Canadian Locomotive Co und der Westinghouse Electric recht gut – wenn es einmal arbeitete. Die Lok Nr. 9000 hielt mühelos die Fahrzeiten des 635 t schweren „International Limited" zwischen Montreal und Toronto, der bei 13 (teils längeren) Aufenthalten eine Reisegeschwindigkeit von 70 km/h aufwies. Die Betriebskosten lagen unglaublich niedrig und doch war diesen Lokomotiven kein Erfolg beschieden.

Große Schwierigkeiten bereitete nämlich ihr Unterhalt. Erstens war das Werkstattwesen der CN fast ausschließlich auf Arbeiten an Dampflokomotiven eingerichtet, die für Dieselloks nötige Infrastruktur fehlte noch völlig. Zweitens stellten sich bei den Maschinen all die kleinen Kinderkrankheiten ein, die für Neuentwicklungen typisch sind und drittens verfügten weder die CN noch die Hersteller über ein Ersatzteillager, das diesen Namen verdient hätte – fast alle benötigten Teile wurden erst bei Bedarf angefertigt und mußten in oft langwieriger und kostspieliger Arbeit von Hand eingepaßt werden. Ohne Lösung dieser Probleme waren Fortschritte bei der Verdieselung nicht zu erwarten – es sollte aber nicht

HGe 4/4 Bo'Bo'-4z

Schweiz
Visp-Zermatt-Eisenbahn (VZ), 1929

Bauart: Elektrische Zahnrad- und Ahäsions-Lokomotive
Spurweite: 1000 mm (3 ft 3⅜ in)
Stromversorgung: Wechselstrom von 11000 V und 16⅔ Hz über Oberleitung zum Loktransformator
Antrieb: 4 Motoren von je 118 kW (160 PS) – später auf 169 kW (230 PS) erhöht – treiben (über zwei verschiedene Übersetzungen) je eine Treibachse und ein darauf sitzendes Triebzahnrad
Gewicht: 47 t (103615 lb)
Maximale Achslast: 12 t (26455 lb)
Gesamtlänge: 14100 mm (46 ft 3 in)
Zugkraft: 137 kN (30760 lb)
Höchstgeschwindigkeit: 45 km/h (28 mph) auf Reibungsstrecken; 20 km/h (12,4 mph) auf Zahnstangenstrecken

Oben: *Eine der HGe 4/4-Zahnradlokomotiven der heutigen Brig-Visp-Zermatt-Bahn aus dem Jahr 1929.*

Nachdem der Versuch Edward Whympers und seiner Mannschaft das Matterhorn zu besteigen 1865 so katastrophal geendet hatte, geriet das winzige Bergdorf namens Zermatt zum ersten Mal ins Rampenlicht der Öffentlichkeit. Seine Bekanntheit stieg mit der Zahl der Besucher, schließlich projektierte man eine 35,5 km lange Bahnlinie, die das Dorf mit Visp im Rhonetal verbinden sollte und 1891 eröffnet werden konnte. Die maßgebliche Steigung der Reibungsabschnitte beträgt 2,5%, auf den Zahnstangenabschnitten mißt sie 12,5%, die Kurven besitzen einen kleinsten Radius von nur 60 m. Viele Jahre lang begnügte man sich mit kleinen B1'-Tenderloks, die die Sommergäste nach Zermatt hinauf transportierten. Den größeren Teil des Jahres über schätzten die Zermatter ihre Abgeschiedenheit, hartnäckige Besucher mußten zu Fuß oder zu Pferd die Berge erklimmen, Motorfahrzeugen gestattete man schon damals keine Zufahrt.

1928 begann man den Plan eines ganzjährigen elektrischen Betriebs zu verwirklichen. Man wählte das Stromsystem der weit entfernten Rhätischen Bahn mit einer Spannung von 11000 V und 16⅔ Hz, um eine künftige Verbindung mit ihr über die Furka-Oberalp-Bahn zu ermöglichen. Eine Übergangsmöglichkeit in Brig gab es schon 1930, die Verbindung der Stromversorgungen kam 1941 zustande.

Die fünf bemerkenswert einfachen Bo'Bo'-4z-Lokomotiven lieferten die Schweizer Lokomotivfabrik und Oerlikon. Sie besitzen keine separaten Motoren für den Zahnradantrieb, sondern die Triebzahnräder sind auf den Radachsen drehbar gelagert und werden vom gleichen Motor angetrieben. Weil die Zahnräder aber kleiner als die Treibräder sein müssen, um bei abzweigenden Gleisen nicht den Schienenkopf zu berühren, müssen sie schneller laufen, damit beide Triebwerke die gleiche Strecke pro Zeiteinheit zurücklegen – die Übersetzung für den Adhäsionsantrieb beträgt 6,2 : 1, für den Zahnradantrieb 5,6 : 1. Die Typenbezeichnung der „HGe 4/4" setzt sich nach dem in der Schweiz üblichen Schema wie folgt zusammen: „H" = Zahnradlokomotive, „G" = Schmalspur, „e" = elektrisch und „4/4" = 4 Treibachsen bei insgesamt 4 vorhandenen Achsen.

Nicht nur beim Stromsystem folgte man dem Vorbild der RhB. So übernahm man die Kupplungsbauart mit einem Mittelpuffer und beiderseitiger Schraubenkupplung sowie die Vakuumbremse. Als Betriebsbremse auf den Gefällestrecken dient die Widerstandsbremse, zusätzlich sind Handbremsen vorhanden. Eine „Totmanneinrichtung" gestattet die einmännige Besetzung der Maschinen – wird sie nicht durch den Lokführer betätigt, schaltet sich selbsttätig der Fahrstrom ab und die Bremsen werden angelegt.

Die Umstellung auf die elektrische Traktion war ein voller Erfolg, die Fahrzeiten verkürzten sich von 2 h 5 min auf 1 h 35 min und die Zuggewichte konnten erhöht werden. Das auch heute noch gültige Verbot für Motorfahrzeuge in Zermatt – das einen Besuch dort so erholsam werden läßt – bedeutet, daß die Bahnverwaltung sich keinerlei Gedanken um ihre Fahrgastzahlen machen muß, bietet sie doch die einzige bequeme Verkehrsverbindung und gehört dadurch zu den wenigen Eisenbahngesellschaften der Welt, die ihre Bilanzen mit einem Gewinn abschließen können.

Alle fünf Lokomotiven stehen auch heute noch regelmäßig im Einsatz, um zusammen mit einer weiteren Ellok aus dem Jahr 1939 und etlichen Triebwagen den Ansturm der inzwischen nach Millionen zählenden Fahrgäste zu bewältigen.

Rechts: *Bahnhof Zermatt: Ein Personenzug mit einer HGe 4/4 steht zur Abfahrt bereit.*

mehr lange dauern, wie wir sehen werden.

Auf der anderen Seite stand aber fest, daß das verwendete Prinzip richtig war und die vorhandene Technologie ausreichte, noch vorhandene Mängel waren leicht zu beseitigen. So mußte der Motorhersteller 1931 beide Kurbelgehäuse durch stärkere Teile ersetzen, die eine ganze Tonne schwerer waren – ein Beispiel dafür, daß unterschiedliche Einsatzgebiete auch unterschiedliche Anforderungen an die Bauelemente stellen können. Ein Motor wie der verwendete Beardmore, der in einem Unterseeboot unter den wachsamen Augen eines hochqualifizierten Mechanikers – der sich der Verantwortung für das Funktionieren „seines Boots" bewußt war – ausgezeichnet lief, konnte unter den härteren Bedingungen des Eisenbahnbetriebs weniger befriedigen. Trotzdem bedeutete das spezifische Leistungsgewicht des Beardmore-Motors von 15 kg/kW schon einen bedeutenden Fortschritt gegenüber den Ingersoll-Rand-Maschinen der einige Jahre zuvor gebauten Rangierloks, die doppelt so hohe Werte aufwiesen. Die Entwicklung blieb aber hier nicht stehen, die heutigen nordamerikanischen Dieselloks haben nur noch halb so hohe Leistungsgewichte wie diese kanadischen Maschinen.

Nach Erprobung der Lokomotive als Doppeleinheit, teilte man sie auf; einem der Teile blieb die Nr. 9000, der andere wurde zur Nr. 9001. Lok Nr. 9000 verschrottete man schon 1939, Nr. 9001 fand im Zweiten Weltkrieg eine neue Verwendung für einen Zug der Küstenverteidigung. Man gab ihrem Kasten das Aussehen eines Güterwagens, das Lokpersonal sollte sich hinter einem Minimum an Panzerung sicher fühlen. Nach dem Krieg lief diese Lok noch einmal für kurze Zeit im Osten des Landes, aber schon 1947 wurde auch sie abgestellt. Der Traktionswandel war jedoch nicht mehr aufzuhalten – es sollten nur noch zwanzig Jahre vergehen, bis faktisch alle kanadischen Züge von Diesellokomotiven nach dem gleichen Prinzip gezogen wurden.

Unten: *Die erste Großdiesellokomotive der Canadian National Railways aus dem Jahr 1929.*

Schienenbus

Irland
County Donegal Joint Railways (CDJR), 1931

Bauart: Schienenbus für Beiwagenbetrieb
Spurweite: 914 mm (3 ft 0 in)
Antrieb: Ein Gardner-6-Zylinder-Dieselmotor, Type „L2" von 54 kW (74 PS) mit mechanischem Getriebe (4 Vorwärts-, 1 Rückwärtsgang) treibt über eine Kardanwelle eine Achse des hinteren Drehgestells. Bei Bedarf kann die andere Drehgestellachse über einen Kettentrieb ebenfalls angetrieben werden
Gewicht: 3 t (6720 lb) Reibungsgewicht; 7,1 t (15680 lb) Gesamtgewicht
Maximale Achslast: 3 t (6720 lb)
Gesamtlänge: 8534 mm (28 ft 0 in)
Höchstgeschwindigkeit: 64 km/h (40 mph)
Die Daten beziehen sich auf Triebwagen Nr. 7

Diese erfreulich wirtschaftlichen, kleinen Triebwagen sollen all jene Fahrzeuge repräsentieren, die dazu beitrugen, daß Kleinbahnen in aller Welt weiter lebensfähig blieben, auch wenn sie zweimal überlegen mußten, wenn sie nur einen einzigen neuen Schienennagel kaufen wollten.

Die County Donegal Railways mit einer Spurweite von drei Fuß bedienten eine rauhe und schwach besiedelte Gegend im Nordwesten Irlands. Sie waren ausschließlich in der Hand der Dampftraktion, bis man 1907 ein offenes benzinbetriebenes Inspektionsfahrzeug anschaffte. 1920 benötigte dieses Vehikel eine Generalüberholung, in deren Verlauf man seine Verwendungsfähigkeit durch den Aufbau eines geschlossenen Kastens mit 10 Sitzen entscheidend erhöhte. In dieser Form konnte man es von Fall zu Fall für den Transport von einigen wenigen Fahrgästen und von Postgut verwenden. Ab 1926 setzte man diesen ersten kleinen Triebwagen an Stelle eines nur schwach besetzten Dampfzuges im regulären Dienst ein.

Die dabei gewonnenen Erfahrungen überzeugten den Manager der Bahn, Henry Forbes, von der Möglichkeit mit Triebwagen gegen die wachsende Konkurrenz der Autobusse vorzugehen, die andere irische Schmalspurlinien schon stark bedrängten. Bis zu seinem Tod im Jahre 1943 setzte er sich mit Leidenschaft für den Ausbau des Triebwagenverkehrs ein.

Die Betriebskosten der Triebwagen waren niedriger als die der Dampfzüge, sie konnten im Einmannbetrieb eingesetzt werden und ihr Beschleunigungsvermögen war so gut, daß zusätzliche Unterwegshalte keine ernsthafte Auswirkung auf die Fahrpläne hatten.

1930 besaß die Bahn schon vier weitere Triebwagen, davon waren zwei Stück ehemalige Normalspurfahrzeuge aus zweiter Hand. Sie alle besaßen Benzinmotoren, doch 1931 wurde dann der erste Wagen – die Nr. 7 – mit einem 74 PS-Dieselmotor angeliefert. Hinten hatte er ein Drehgestell, dessen vordere Achse über eine Kardanwelle angetrieben wurde, die zweite Achse konnte bei Bedarf über eine Kette gleichfalls angetrieben werden. Unter der vorneliegenden Motorhaube befand sich eine einzelne freie Lenkachse. Mit seinen 32 Sitzplätzen wog er 7 t – im Vergleich zu 5,55 t der Benzintriebwagen. Die Nr. 7 war der erste Dieseltriebwagen, der auf den britischen Inseln im regulären Personenzugdienst verwendet wurde. Ein zweiter Wagen gleichen Typs wurde noch im selben Jahr abgeliefert. Gewöhnlich setzte man sie einzeln ein, doch konnte man sie auch Rücken-an-Rücken gekuppelt erleben, manchmal stellte man noch einige Güterwagen zwischen ihnen ein. Bei diesem Tandembetrieb mußten die Wagenführer sich per Handzeichen verständigen.

Die beiden ersten Dieseltriebwagen, die man wegen ihrem Aufbau mit Motorhaube auch als „Schienen-Bus" bezeichnen kann, leisteten 18 Jahre lang gute Dienste. Nach ihnen hatte die CDJR noch 12 weitere Dieseltriebwagen beschafft, die letzten davon mit zwei Drehgestellen und 43 Sitzplätzen. Das Triebgestell lag nun vorne, die beiden Achsen waren durch Stangen gekuppelt, der Fahrgastraum war mit dem Führerstand gelenkig verbunden – das Ganze ähnelte einem Sattelschlepper. Diese Schienenbusse verlängerten das Leben

Oben: *Triebwagen Nr. 10 der County Donegal Joint Rys stammt von 1932. Interessant der Stangenantrieb des vorneliegenden Triebgestells und der einem Bus ähnliche Kasten.*

Oben: *Nr. 19 war einer der beiden letzten Dieseltriebwagen der CDJR und wurde von der Firma Walker Bros. in Wigan, England mit einem Gardner-Motor erbaut.*

der Bahn um viele Jahre, einer lief dabei sogar fast eine Million Kilometer. Schließlich wurde die Konkurrenz des Straßenverkehrs doch zu übermächtig, der Schienenverkehr mußte mit dem Ablauf des Jahres 1959 aufgegeben werden. Einige dieser Triebwagen fanden Interessenten, so befinden sich Nr. 15 und 16 heute bei der Isle of Man Railway. Wagen Nr. 7 blieb leider nicht erhalten.

Oben: *Die Schienenbusse ermöglichten es der CDJR lange Zeit ohne nennenswerte Defizite zu überstehen.*

Unten: *Eine Seitenansicht der CDJR-Standard-Dieseltriebwagen Nr. 12-14. Die späteren Fahrzeuge hatten über die ganze Breite gehende Führerstände.*

V40 1'D1'

Ungarn
Königlich Ungarische Staatsbahnen (MKA), 1933

Bauart: Elektrische Schnellzuglokomotive
Spurweite: 1435 mm (4 ft 8½ in)
Stromversorgung: Einphasen-Wechselstrom von 16000 V und 50 Hz über Oberleitung zum Mehrphasen-Drehumformer
Antrieb: Ein vom Drehumformer gespeister Drehstrom-Schleifringläufermotor von 1838 kW (2500 PS) wirkt direkt über Stangenantrieb auf die Treibachsen
Gewicht: 70 t (154320 lb) Reibungsgewicht; 97,75 t (215500 lb) Gesamtgewicht
Maximale Achslast: 17,5 t (38580 lb)
Gesamtlänge: 13715 mm (45 ft 0 in)
Zugkraft: 171 kN (38395 lb)
Höchstgeschwindigkeit: 100 km/h (62 mph)

In der Anfangszeit der Elektrotraktion steckte auch die allgemeine Stromversorgung noch in den Kinderschuhen, beide Systeme entwickelten sich ziemlich unabhängig voneinander. Doch sobald die öffentlichen Elektrizitätsnetze sich weiter ausgebreitet hatten, kamen einige weitsichtige Männer auf den Gedanken, daß es vorteilhaft wäre, wenn die Eisenbahnen ihren Betriebsstrom, wie jede andere Industrie auch, von dort beziehen würden. Einer von ihnen war der Ungar Dr. Kálmán Kandó, der schon 1917 eine Bahnelektrifizierung mit Industriefrequenz vorschlug. Damit war er dem Rest der Welt um etwa 50 Jahre voraus. Erst in der jüngeren Vergangenheit erkannte man allgemein die Stichhaltigkeit seiner Argumente, wie die Tatsache zeigt, daß faktisch alle neuen Elektrifizierungen so ausgeführt werden. Darüber hinaus verwenden viele Länder heutzutage das Industriestromsystem sogar bei der Erweiterung ihrer Netze, obwohl sich dabei betriebliche Schwierigkeiten durch den gleichzeitigen Betrieb mehrerer Stromsysteme nebeneinander ergeben.

Unter Kandos Einfluß elektrifizierte man 1922 eine 14,5 km lange Strecke im Norden von Budapest und ließ bei Ganz & Co eine elektrische Lokomotive mit der Achsfolge „E" und einer Leistung von 1177 kW (1600 PS) bauen. Die Verantwortlichen der Bahn waren mit den Versuchsergebnissen zufrieden und gingen 1928 mit Hilfe eines britischen Kredits an die Umstellung der 189 Kilometer von Budapest nach Hegyeshalom an der Grenze zu Österreich. In Zusammenarbeit mit Metropolitan-Vickers entstanden dafür bei Ganz & Co 28 Lokomotiven, vier (Reihe „V60") besaßen die Achsfolge „F" für den schweren Güterzugdienst, beim Rest ersetzte man die äußeren Treibachsen durch Laufachsen, diese 1'D1'-Loks trugen die Baureihenbezeichnung „V40". Zwei Prototypen jeder Bautype wurden schon 1932 angeliefert.

Kandó umging die Probleme, die sich beim Betrieb von Wechselstrommotoren bei einer höheren Stromfrequenz einstellen, indem er den Einphasenstrom auf der Lokomotive in einem Phasenumformer in Mehrphasenstrom umwandelte und damit einen Asynchronmotor speiste. Mit ihrer umfangreichen und schweren elektrischen Ausrüstung sind seine Lokomotiven weit von der heutigen Regelform entfernt, ihr Antriebsprinzip findet aber wieder zunehmendes Interesse in aller Welt. Inzwischen ermöglichen es nämlich die Fortschritte der Elektronik, mit weniger gewichtigen Teilen aus jedem vorhandenen Betriebsstrom Drehstrom variabler Frequenz für die Fahrmotoren zu erzeugen. Bei diesen Kandó-Lokomotiven wurden alle vier Treibachsen über massive Treibstangen direkt von dem, mit seinem Durchmesser von 3080 mm riesigen, Drehstrommotor angetrieben, der durch den Umformer mit Strom konstanter Frequenz, aber variabler Spannung versorgt wurde. Wie bei der direkten Drehstromversorgung bestimmte auch hier die Stromfrequenz die Motordrehzahl. Der auf vier unterschiedliche Polzahlen umschaltbare Motor ermöglichte die vier Geschwindigkeitsstufen 25, 50, 75 und 100 km/h, die man mit einer komplizierten Motorkonstruktion bezahlen mußte. So benötigte man allein für die Stromzuführung zum Motorläufer 16 Schleifringe. Dagegen konnte beim Bremsen erzeugter Strom ohne zusätzliche Einrichtungen ins Netz zurückgespeist werden.

Nachdem man einige Schwächen des Fahrwerks beseitigt hatte, war man mit den Maschinen sehr

Unten: *Kandos 1'D1'-Einheits-Schnellzuglokomotive entstand 1932 für die erste ungarische 50 Hz-Elektrifizierung von Budapest zur österreichischen Grenze.*

Links: *Eine der 1'D1'-Elloks der ungarischen Baureihe „V40", die ab 1932 gebaut wurden.*

zufrieden und sie blieben lange Zeit im Einsatz. Die Hauptabsicht Kandós – die Minimierung der Kosten der festen Streckeneinrichtungen – wurde voll verwirklicht, wenn man bedenkt, daß die gesamte Strecke durch vier einfache Unterwerke versorgt wurde. Im Gegensatz dazu benötigte man bei der, noch nicht weit zurückliegenden, Gleichstromelektrifizierung der 155 km langen Strecke Croydon-Brighton insgesamt 18 Unterwerke, noch dazu mit einer komplizierteren Ausrüstung.

Das Kandó-System hat noch einen zusätzlichen Vorteil, der in einem gewissen Umfang seine Komplikationen ausgleicht. Der Leistungsfaktor der Kandó-Lokomotiven war annähernd gleich eins oder der Strom führte sogar etwas, damit ließ sich der schlechte Leistungsfaktor (das heißt, der Strom läuft der Spannung nach) herkömmlicher Stromverbraucher zum Teil kompensieren. Da zur damaligen Zeit, das öffentliche Stromnetz noch nicht leistungsfähig genug war, baute die Staatsbahn vorerst ein eigenes Netz auf und gelangte so auch in den direkten Genuß der sich ergebenden Ersparnisse.

Leider starb Kandó schon 1931 und konnte so den Erfolg seiner Arbeit nicht mehr erleben – der ersten Hauptbahnelektrifizierung mit Industriefrequenz-Einphasenstrom in einem Land, das bis dahin mehr für seine landwirtschaftlichen Produkte und nicht durch seine Schwerindustrie bekannt geworden war. Vieles hat sich bei der Bahntechnik seitdem geändert, aber ein Bauelement fand weltweite Verbreitung. Überall sieht man heute die von Kandó verwendete Stütze für die Kettenfahrleitung mit einem waagerechten und einem schrägen Stützstab, die von einer zweiten waagerechten Stange stabilisiert wird. Neben diesen kaum zu zählenden Andenken an ihn, beherbergt das ungarische Verkehrsmuseum in Budapest auch eine seiner „V40"-Lokomotiven.

5-Bel „Brighton Belle"-Triebzug

Großbritannien
Southern Railway (SR), 1933

Bauart: Fünfteiliger elektrischer Pullman-Schnelltriebzug
Spurweite: 1435 mm (4 ft 8½ in)
Stromversorgung: Gleichstrom von 650 V über von oben bestrichene Stromschiene
Antrieb: 4 Tatzlagermotoren von je 165 kW (225 PS) pro Endtriebwagen
Gewicht: 126 t (277 700 lb) Reibungsgewicht; 253 t (557 760 lb) Gesamtgewicht
Maximale Achslast: 16 t (35 280 lb)
Gesamtlänge: 105 920 mm (347 ft 6 in)
Höchstgeschwindigkeit: 120 km/h (75 mph)
Die Angaben beziehen sich auf eine 5-Wagen-Garnitur

Zwar gab es im Ausland schon etliche beachtliche Beispiele für die Fähigkeiten der Briten, Triebwagen für den Schnellverkehr zu bauen, doch im eigenen Land sollte es bis zum 1. Januar 1933 dauern, bis man in einem derartigen Gefährt Platz nehmen konnte. Die Southern Railway und ihre Vorgänger hatten schon lange an der Elektrifizierung ihres Vorortnetzes im Süden von London gearbeitet und dabei in technischer und auch finanzieller Hinsicht hervorragende Ergebnisse erzielt. Aber jetzt war man bei dem Punkt angekommen, an dem man an die Elektrifizierung der Hauptstrecken dachte. Bei dieser Entscheidung kam zu Hilfe, daß es möglich geworden war, anstelle der bisherigen Unterwerke mit Drehumformern, die Bedienpersonal erforderten, jetzt unbesetzte Anlagen mit Quecksilbergleichrichtern zu verwenden.

Oben: *Üblicherweise bestanden die „Brighton Belle"-Züge aus zwei 5-Wagen-Garnituren wie auf diesem Bild. Die Kodezahl „4" an der Stirnfront weist darauf hin, daß der Zug zwischen dem Victoria-Bahnhof und Brighton nicht hält.*

Wenn auch dieser unsichtbare Aspekt der Elektrifizierung der Strecken nach Brighton, Hove und Worthing einen großen Schritt vorwärts im Bereich der Bahntechnologie bedeutete, so beruhte doch der sichtbare Teil dieser Umstellung – die Züge – auf bewährten, in langjährigem Einsatz auf den Hauptstrecken erprobten, Baugrundsätzen. Dennoch war das, was der Fahrgast erblickte elegant und neu.

Schon zu Zeiten des Dampfbetriebs hatte der, ausschließlich aus Pullman-Wagen bestehende, „Southern Belle"-Zug einen ausgezeichneten Ruf genossen. Der elek-

Unten: *An den Enden der 5-Wagen-Pullman-Züge befanden sich die 900 PS-Triebwagen mit einem Großraum dritter Klasse und einem Packabteil.*

AEC Dieseltriebwagen

Großbritannien
Great Western Railway (GWR), 1933

Bauart: Diesel-mechanischer Triebwagen
Spurweite: 1435 mm (4 ft 8½ in)
Antrieb: Ein AEC-6-Zylinder-4-Takt-Dieselmotor von 89 kW (121 PS) treibt über ein mechanisches Getriebe, eine Kardanwelle zwei Achsen eines Drehgestells. Die Achsgetriebe befinden sich einseitig am Achsende
Gewicht: 11,2 t (24 685 lb) Reibungsgewicht; 24,4 t (53 780 lb) Gesamtgewicht
Maximale Achslast: 5,6 t (12 340 lb)
Gesamtlänge: 19 228 mm (63 ft 1 in)
Höchstgeschwindigkeit: 96 km/h (60 mph)

So, wie die „Brighton Belle" wegweisend für die künftige Entwicklung des britischen Hauptbahn-Schnellverkehrs war, so waren es diese bescheidenen Triebwagen für den Personenverkehr der Nebenbahnen. Viele andere Firmen bauten leichte Dieseltriebwagen, aber der hier beschriebene sollte der direkte Vorfahr aller Diesel-mechanischen Triebwagen der British Railways werden.

Die Associated Equipment Co. (AEC) in Southall, Middlesex war der Hauptlieferant für die Londoner Busse. An diese Firma wandte sich 1932 die GWR auf der Suche nach Fahrzeugen, die etwas robuster als die bisherigen Schienenbusse sein sollten, aber doch auf den Bau-

trisch betriebene Nachfolger hieß nun „Brighton Belle". Neu für die Southern (nicht für Pullman) war, daß die Wagen der drei 5-Wagen-Pullman-Züge für diesen Dienst in Ganzstahlbauweise errichtet waren. Jede Garnitur bot 80 Sitzplätze erster und 152 Sitzplätze dritter Klasse. Die sechs Pullmanwagen der ersten Klasse (zwei pro Garnitur) erhielten wie üblich Namen, diesmal nicht die großer Damen wie „Zenobia" oder „Lady Dalziel", sondern man nannte sie nach dem „Mädchen von nebenan": „Hazel, Doris, Audrey, Vera, Gwen" und „Mona".

Mit Ausnahme der Zeit des Zweiten Weltkriegs boten diese Züge eine luxuriöse Fahrmöglichkeit, mit der man mehrmals täglich zur vollen Stunde die Möglichkeit hatte, von Londons Victoria-Bahnhof die 84 Kilometer nach Brighton zurückzulegen. Schließlich wurden aber auch sie durch gewöhnlichere Züge ersetzt. Sie waren aber so beliebt, daß etliche der Wagen in Museen und als Restaurants erhalten blieben.

Rechts: *Ein Blick auf den Schluß eines „Brighton Belle"-Zugs bei Wandsworth Common in der Nähe von London. Die Doppelgarnitur wies die beachtliche Leistung von 3600 PS auf.*

grundsätzen des Omnibus-Leichtbaus basierten. Der Dieselmotor lag unter dem Wagenboden und trieb die Achsen eines Drehgestells über eine Kardanwelle an. Der Führerstand war nicht abgetrennt und den Fahrgästen bot sich ein Ausblick auf die Strecke wie in einem Aussichtswagen.

Im weiteren Verlauf des Jahres lieferte die AEC drei Schnelltriebwagen ähnlicher Ausführung, aber mit zwei Motoren und für eine Höchstgeschwindigkeit von 120 km/h. Diese Wagen besaßen sogar ein kleines Speisebüfett. In den nächsten Jahren folgten weitere Triebwagen, davon war Nr. 17 für den Pakettransport bestimmt, Nr. 18 erhielt eine normale Zugvorrichtung, um Beiwagen oder Güterwagen mitnehmen zu können. Die gewonnenen Erfahrungen mündeten in der Bestellung einer Serie von 20 zweimotorigen Triebwagen mit Vielfachsteuerung (mit vakuumbetriebener Servosteuerung). Sie wurden 1940 abgeliefert und unterschieden sich von ihren Vorgängern durch den eckigeren Aufbau.

Nachdem der Krieg endlich vorbei war und auch die Umwälzungen der Verstaatlichung verkraftet waren, entstand auf der Grundlage dieser Fahrzeuge die mehrere Tausend Exemplare umfassende Triebwagenflotte der British Railways, die vom Jahr 1953 an in Dienst ging.

Ganz links: *Der GWR-Dieseltriebwagen Nr. 1 im Bauzustand von 1933.*

Links: *Ein GWR-Triebwagen für Beiwagenbetrieb aus der Serie von 1940.*

„Pioneer Zephyr"-Diesel-Triebzug

USA
Chicago, Burlington & Quincy Railroad (CB&Q), 1934

Bauart: Dreiteiliger diesel-elektrischer Schnell-Gliedertriebzug
Spurweite: 1435 mm (4 ft 8½ in)
Antrieb: Ein Electro-Motive-2-Takt-Reihen-Dieselmotor, Typ 201 E von 448 kW (609 PS) mit Gleichstromgenerator treibt zwei Tatzlagermotoren im führenden Drehgestell
Gewicht: 41 t (90360 lb) Reibungsgewicht; 79,5 t (175000 lb) Gesamtgewicht
Maximale Achslast: 20,5 t (45180 lb)
Gesamtlänge: 59741 mm (196 ft 0 in)
Höchstgeschwindigkeit: 177 km/h (110 mph)

Bis zum 25. Mai 1934 war der „Autocrat" mit einer Fahrzeit von 27 h 45 min (bei 40 Unterwegshalten) der schnellste Zug auf der 1624 km langen Strecke von Denver nach Chicago. Vom 26. Mai an spulte ein brandneuer Gliedertriebzug aus glänzendem rostfreiem Stahl diese lange Distanz in nur etwas mehr als 13 Stunden mit einer Durchschnittsgeschwindigkeit von 125 km/h herunter. Als dieser kleine Zug seinen triumphalen Einzug in seine Ausstellungsposition auf der „Jahrhundertschau des Fortschritts" in Chicago hielt, hatte sich für die nordamerikanischen Eisenbahnen vieles für immer geändert.

Die Vorbereitungen für diesen großen Erfolg begannen 1930 als General Motors die Electro-Motive Co und deren Motorenlieferanten Winton Engine Co aufkauften. GM konzentrierte seine Anstrengungen auf die Entwicklung eines Dieselantriebs, der für die Anforderungen des Eisenbahnbetriebs geeignet war. Man arbeitete mit Bedacht und benötigte entsprechend viel Zeit. Nur mit vielen Bedenken stellte man einen der Versuchsantriebe für diesen „Pioneer Zephyr" zur Verfügung. Die Flutlichter, die seinen Triumph beleuchteten, hätten genauso gut einen katastrophalen Mißerfolg bescheinen können – ja, man war gar nicht weit davon entfernt gewesen, als es bei dieser Jungfernfahrt zu Störungen in der elektrischen Anlage kam. Nur der Einsatz der mitfahrenden Techniker, die an der unter Spannung laufenden Anlage Reparaturen ausführten, rettete den Erfolg.

In gewisser Hinsicht war das Ganze nur ein Werbegag. Die Hersteller betonten natürlich, daß all

Unten: *Den Schlußwagen des CB&Q-Schnelltriebzuges „Pioneer Zephyr" gestaltete man als Aussichtswagen. Heute kann man ihn im Chicagoer Museum für Wissenschaft und Technik besichtigen.*

M-10001 Dieseltriebzug

USA
Union Pacific Railroad (UP), 1934

Bauart: Sechsteiliger diesel-elektrischer Schnell-Gliedertriebzug
Spurweite: 1435 mm (4 ft 8½ in)
Antrieb: Ein Electro-Motive 2-Takt-V16-Dieselmotor von 895 kW (1200 HP = 1217 PS) mit Gleichstromgenerator treibt 4 Tatzlagermotoren in den beiden führenden Drehgestellen
Gewicht: 65 t (143260 lb) Reibungsgewicht; 187,5 t (413280 lb) Gesamtgewicht
Maximale Achslast: 16,25 t (35815 lb)
Gesamtlänge: 114605 mm (376 ft 0 in)
Höchstgeschwindigkeit: 193 km/h (120 mph)

Aus technischen Gründen entging der Union Pacific Railroad im Februar 1934 die Ehre, den ersten diesel-elektrischen Schnelltriebzug Nordamerikas in Dienst zu nehmen. Die vorgesehene Dieselmaschine war nicht rechtzeitig fertig geworden und so mußte der Superzug der UP mit einem Vergasermotor auf die Reise gehen. Es war der gelb und grau lackierte „M-10000", bestehend aus drei gelenkig verbundenen stromlinienförmigen Leichtmetallwagen, der betriebsbereit nur 85 t auf die Waage brachte, kaum mehr als ein gewöhnlicher amerikanischer Schnellzugwagen der damaligen Zeit. Der Zug stammte von Pullman Standard und bot in seinen klimatisierten Räumen Platz für 116 Fahrgäste; der Motorwagen hatte ein 10 m langes Postabteil. Nach einer Vorstellungsfahrt von Küste zu Küste begann sein Dienst als „City of Salina", einer der kürzeren Tagesverbindungen der UP zwischen Kansas City und Salina.

Die prinzipielle Anordnung des Fahrzeugs bewährte sich und führte schon bald zum Bau des ersten diesel-elektrischen Schlafwagenzugs, dem 6-teiligen Gliederzug Nr. M-10001. Bei seiner Ablieferung durch Pullman im November 1934 besaß er endlich den erwünschten Dieselmotor, anfangs eine V12-Maschine von 900 HP, die später

Rechts: *Der erste aller Verbrennungstriebwagen der Union Pacific, der 3-Wagen-Zug M-10000, 1934 im Pullmanwerk in Chicago fotografiert.*

dies nur durch die Dieseltraktion möglich gewesen war, aber der eigentliche Grund war die neue Art, mit der man den Langstreckenverkehr anging. Andere Bahnen, voran die Chicago, Milwaukee, St. Paul & Pacific und die Southern Pacific, zeigten schon bald, daß derartiges bei niedrigeren Investitionskosten auch mit Dampflokomotiven durchführbar war. Nachdem die hohen Anschaffungskosten der neuen Triebzüge aber erst einmal abgeschrieben waren, lagen die Betriebskosten niedriger als beim Dampfbetrieb. Doch ein Verkehrszuwachs ließ sich kaum verzeichnen, so nutzte man mehr als ein Drittel des vorhandenen Raums für die Post- und Paketbeförderung.

Zusätzliche Annehmlichkeiten der neuen Fahrzeuge wie Klimaanlage, verstellbare Sitzlehnen, Radioempfang, Grill-Büfett und Aussichtsraum waren recht schön, doch über die Fahreigenschaften des „Pioneer Zephyr" wurde lieber geschwiegen. Man kann wohl annehmen, daß sie im Gegensatz zum bisherigen schweren Wagenmaterial, zu wünschen übrig ließen. Es entstanden weitere „Zephyr"-Züge – allerdings nie mehr so leicht wie der erste – für das gesamte Netz der Burlington. Das Triebwagenkonzept gab man schon bald wieder zugunsten separater Lokeinheiten auf, aber noch heute erinnert der „San Francisco Zephyr" der Amtrak zwischen Oakland (bei San Francisco) und Chicago daran. Der ursprüngliche kleine Triebzug mit seinen 72 Sitzplätzen – später auf vier Wagen erweitert – legte trotz allem mehr als 3 Millionen Kilometer zurück und wird heute im Chicagoer Museum für Wissenschaft und Technik gehütet.

Rechts: *Die Vorderfront des „Pioneer Zephyr". Es fällt vor allem der Aufbau mit den starken Stirnlampen auf, die darauf aufmerksam machen sollten, daß sich hier trotz dem Fehlen einer großen Dampfwolke ein Schnellzug näherte.*

Oben: *Der erste diesel-elektrische Triebzug, Nr. M-10001 der Union Pacific bei seiner Ablieferung im November 1934.*

gegen einen V16-Motor ausgetauscht wurde. Hinter dem Motorwagen lief ein kombinierter Post-/Packwagen, danach folgten drei Pullman-Schlafwagen und den Schluß bildete ein Sitzwagen mit Büfett, der ganze Zug bot 124 Passagieren Platz.

Am 22. Oktober 1934 schickte die UP ihren neuen Zug auf eine lange Reise nach New York, um einen neuen Rekord für die Überquerung des Kontinents aufzustellen. Den alten Rekord von 71 ½ Stunden hatte 1906 ein Sonderzug des Eisenbahnmagnaten E. H. Harriman auf der Route über die Atchison, Topeka & Santa Fe aufgestellt – lebensnah beschrieben von Rudyard Kipling in seinem Werk „Captains Courageous". 1934 legte man nun die 817 Kilometer von Cheyenne, Wyoming nach Omaha mit einer Reisegeschwindigkeit von 135 km/h zurück, östlich von Chicago fuhr man dann etwas verhaltener. Um nicht in Konflikt mit dem Anti-Rauch-Gesetz von New York City zu geraten, spannte man eine ältliche New York Central-Ellok aus dem Jahre 1904 auf den letzten Kilometern vor. Trotz solcher Handikaps und einiger längerer Aufenthalte zur Ergänzung der Vorräte und zur Wartung brachte der Triebzug M-10001 die 5216 km lange Strecke vom Oakland Pier bei San Francisco bis in den Grand Central Terminal von New York in 57 Stunden hinter sich.

Der Eindruck auf die Öffentlichkeit war gewaltig. Im folgenden Jahr ging dieser Zug als „City of Portland" auf der 3652 km langen Strecke von Chicago nach Portland, Oregon in den regulären Einsatz und vermochte hier 18 Stunden der bisherigen 58 Stunden Fahrzeit einzusparen. Die Nachfrage nach derartigen Triebzügen war so stark, daß in den nächsten Jahren weitere Stromlinienzüge mit zuerst 11, später sogar 17 Wagen in Dienst gestellt wurden, die beispielsweise als „City of Los Angeles" und „City of San Francisco" liefen.

Reihe E428 (2'Bo)(Bo2')

Italien
Italienische Staatsbahnen (FS), 1934

Bauart: Elektrische Schnellzuglokomotive
Spurweite: 1435 mm (4 ft 8½ in)
Stromversorgung: Gleichstrom von 3000 V über Oberleitung
Antrieb: 8 Motoren von je 346 kW (470 PS) sind im Rahmen gelagert und treiben paarweise je eine Achse über Gelenkantrieb an
Gewicht: 74 t (163140 lb) Reibungsgewicht; 135 t (297620 lb) Gesamtgewicht
Maximale Achslast: 16,5 t (36375 lb)
Gesamtlänge: 19000 mm (62 ft 4 in)
Zugkraft: 215 kN (48275 lb)*
Höchstgeschwindigkeit: 150 km/h (93 mph)*

* Ändert sich mit der verwendeten Übersetzung.

Mit Fortschreiten der Elektrifizierung in Italien wuchs bei den Verantwortlichen die Unzufriedenheit über die Einschränkungen des Drehstromsystems. Man hatte hier nur eine kleine Zahl fester Geschwindigkeitsstufen und der Aufbau der Doppelfahrleitungen über Weichenstraßen war außerordentlich kompliziert. Ein alternatives System, das man untersuchte, verwendete Gleichstrom hoher Spannung und war zuerst in den USA von der Chicago, Milwaukee, St. Paul & Pacific Railroad für längere Strecken angewandt worden. Auch in Italien hatte man damit schon erste Erfahrungen beim Betrieb der 101 Kilometer langen Linie von Benevento nach Foggia in Süditalien sammeln können.

1928 entschied man, daß alle künftigen Elektrifizierungen mit diesem Gleichstromsystem durchgeführt werden sollten. 1934 eröffnete man schließlich die erste neue Gleichstrombahn von Rom nach

Links und unten: *Diese Abbildungen der FS-Reihe E428 zeigen die Lokomotive in einem leicht rötlichen Braunton. Meist kennt man sie dagegen in einem khakifarbenen Ton namens „Isabella" nach der Farbe der Kleider von Königin Isabella, die einmal gelobt haben soll, sie werde keine frischen Kleider anlegen, bis ihre Armee eine bestimmte Stadt eingenommen habe.*

„Lyntog"-Dieseltriebzug

Dänemark
Dänische Staatsbahnen (DSB), 1935

Bauart: Dreiteiliger dieselelektrischer Gliedertriebzug
Spurweite: 1435 mm (4 ft 8½ in)
Antrieb: 4 Frichs-Dieselmotoren von je 202 kW (275 PS) mit Generatoren – zwei auf jedem Enddrehgestell – treiben je einen Tatzlagermotor von 76,5 kW (104 PS) an jeder der acht Achsen
Gewicht: 130 t (286596 lb)
Maximale Achslast: 16,5 t (36376 lb)
Gesamtlänge: 63703 mm (209 ft 0 in)
Höchstgeschwindigkeit: 144 km/h (90 mph)
Die Daten gelten für einen dreiteiligen Triebzug

In der Mitte der dreißiger Jahre wurde die Verwaltung einer der geruhsamsten Bahngesellschaften plötzlich sehr lebendig und begann mit einem außerordentlichen und gelungenen Programm zur Beschleunigung aller Verkehrsverbindungen, in dem diese diesel-elektrischen Triebzüge eine große Rolle spielten. Bisher hatte beispielsweise ein Reisender aus Großbritannien nach seiner Ankunft in Esbjerg auf einem der ausgezeichneten Schiffe der dänischen „Det Forende Dampskib Skelskab" noch einmal eine Fahrt von 7½ Stunden für 342 Kilometer und damit eine zweite Nacht in einem Eisenbahnwagen vor sich, bevor er nach zwei weiteren Meeresüberfahrten auf Eisenbahnfähren endlich die dänische Hauptstadt erreichte. Nicht weniger als 2 h 48 min sparte der neue „Englaenderen"-Express bei dieser Fahrt ein, auch alle anderen Städteverbindungen zwischen Jütland und Kopenhagen wurden entsprechend schneller.

Für 56 Minuten dieser Fahrzeitkürzungen war die riesige neue Brücke über den Kleinen Belt verantwortlich, die König Christian, ein großer Eisenbahnenthusiast, am 14. Mai 1935 eröffnete. Auch weiterhin mußte man noch die 1 h 40 min dauernde Überfahrt über den Großen Belt in Kauf nehmen. Doch von der bisherigen Fahrzeit auf der Schiene von 4 h 40 min bei unserem Beispiel sparten die neuen „Lyntogs" (Blitzzüge) den beachtlichen Teil von 1 h 50 min ein. Die Reisegeschwindigkeiten auf der Schiene wurden fast verdoppelt. Die Triebzüge waren mit Jakobsdrehgestellen gelenkig verbunden, die Enddrehgestelle trugen die Motoranlagen aus insgesamt vier verhältnismäßig kleinen Dieselmotor-Generatorsätzen, die sicherstellten, daß der Ausfall von ein oder zwei Maschinen nicht zum Liegenbleiben des Zuges führen konnte. Darüber hinaus waren die Antriebsanlagen so angeordnet, daß sie für Wartungsarbeiten oder Reparaturen durch Ausbau des gesamten Dreh-

Mailand einschließlich des neu erbauten 18,5 km langen Apenninen-Tunnels, der am 12. April 1934 eröffnet wurde. Die neue Strecke bedurfte natürlich auch neuer Schnellzuglokomotiven, Resultat waren diese gewaltigen Maschinen.

Erst seit kurzem ist es möglich, mit Hilfe von statischen Umrichtern, eine hohe Gleichspannung in eine niedrigere umzuwandeln und da Fahrmotoren für eine Betriebsspannung von 3000 Volt nicht sehr praktikabel sind, war man gezwungen, für den Antrieb 1500 V-Motoren paarweise in Serie zu schalten. Daher treibt bei diesen Lokomotiven jeweils ein derartiges Motorpaar eine Treibachse an, die – von außen kaum erkennbar – in zwei Drehgestellen gelagert sind.

Fast alle der 241 ausgezeichneten E428er sind heute noch im ständigen Einsatz, wenn auch in weniger exklusiven Diensten wie in ihren bewegten Jugendtagen, als es mehr ihnen, und weniger Mussolini zu verdanken war, daß die italienischen Spitzenzüge wieder pünktlich fuhren.

Oben: *Die italienische Reihe E428 in der späteren Form. Die ersten Maschinen besaßen nicht die stromlinienförmige Front.*

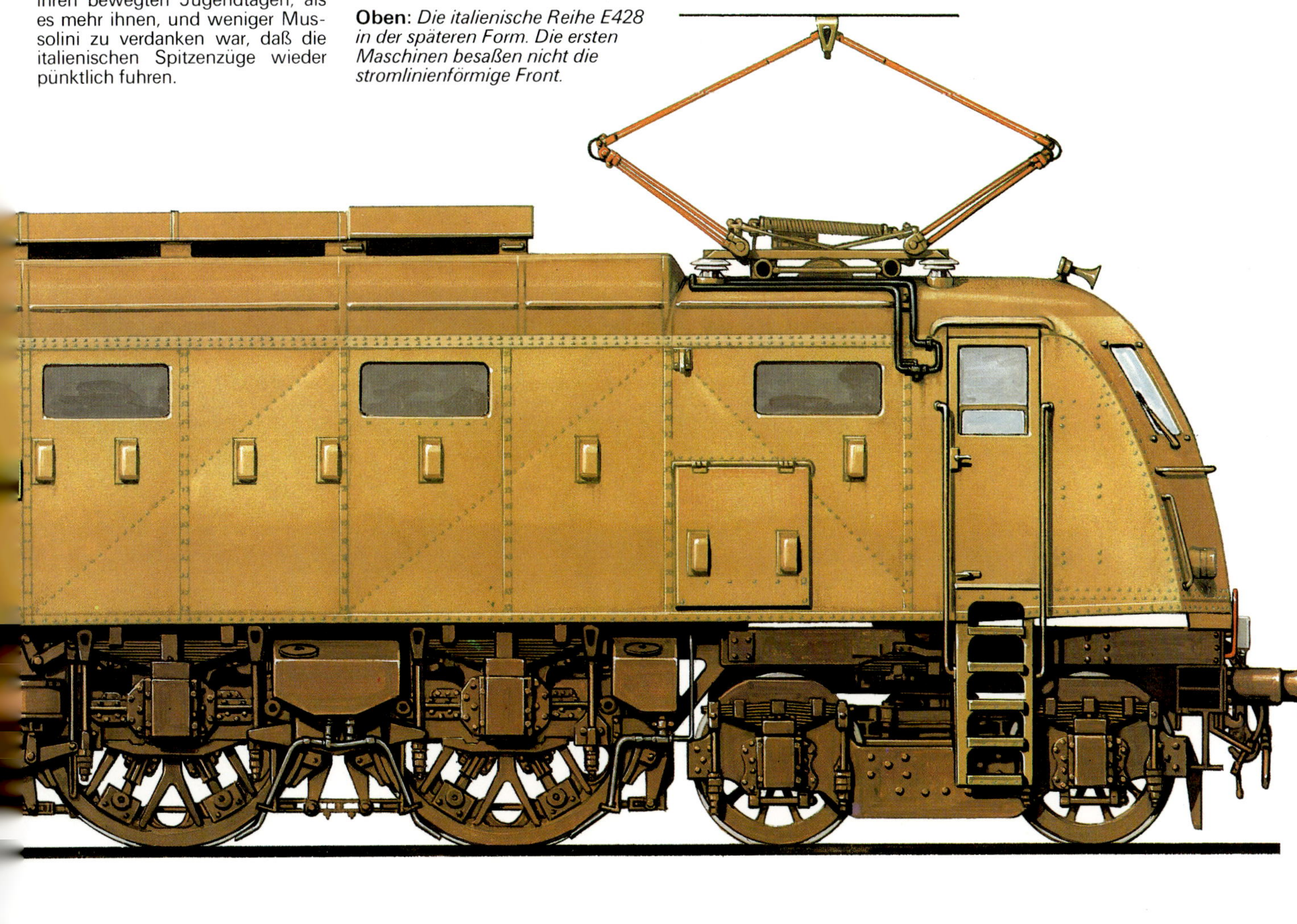

gestells leicht zugänglich waren. Ein Allachsantrieb mit wiederum recht kleinen Fahrmotoren von 76,5 kW (104 PS) ergab eine hohe Anfahrbeschleunigung. Zusätzlich zu den 36 Sitzplätzen erster und 104 Sitzplätzen dritter Klasse gab es 12 Plätze in einem kleinen Speiseraum mit Küche.

Der große Erfolg der ersten Züge führte bald zu weiteren Bestellungen. Diese Serie erhielt zur Erhöhung des Platzangebots einen zusätzlichen Wagen. Abgesehen davon war man so zufrieden, daß faktisch keine Änderungen, außer denen, die der vierte Wagen erforderlich machte, erfolgten. Die damals ausgearbeiteten Fahrpläne haben ihre Bewährungsprobe so gut bestanden, daß die Nachfolger der ursprünglichen „Lyntogs" noch bis 1982 nach ihnen fuhren. Im Gegensatz zum allgemeinen Trend – vielleicht ist das Gras auf der anderen Seite des Zauns tatsächlich grüner – begannen die Dänen 1982 viele Verbindungen auf lokbespannte Züge mit neuen Wendezugwagen umzustellen.

Links: *Ein „Lyntog"-Dieseltriebzug der Dänischen Staatsbahnen verläßt nach der Überquerung des Großen Belts das Fährschiff.*

Bugatti-Triebwagen

Frankreich
Staats-Eisenbahn (Etat), 1934

Bauart: Benzin-mechanischer Schnelltriebwagen
Spurweite: 1435 mm (4 ft 8½ in)
Antrieb: 4 Bugatti „Royale"-Benzin-Motoren von je 147 kW (200 PS) treiben über hydraulische Kupplungen und Kardanwellen jeweils die Mittelachsen der beiden vierachsigen Drehgestelle
Gewicht: 16 t (35275 lb) Reibungsgewicht; 32 t (70545 lb) Gesamtgewicht
Maximale Achslast: 4 t (8820 lb)
Gesamtlänge: 22300 mm (73 ft 2 in)
Höchstgeschwindigkeit: 140/172 km/h (87/107 mph)

In der Zwischenkriegszeit gelangten die Verbrennungstriebwagen zur Reife, vor allem in jenen Ländern, in denen der Preis für Lokomotivkohle einen Wechsel der Traktionsform attraktiv erscheinen ließ. Frankreich war eines dieser Länder und zu den Produzenten von Triebwagen gehörten so bekannte Namen aus der Welt der Automobile wie Renault und Michelin.

Zu Beginn der dreißiger Jahre war die Technologie soweit fortgeschritten, daß man mit Triebwagen nicht nur Dampfzüge auf Nebenbahnen ersetzen konnte, sondern es auch mit den schnellsten Dampfleistungen auf den Hauptstrecken aufnahm. Damals betrat ein neuer Hersteller mit einem berühmten Namen die Szene: Ettore Bugatti. Er war berühmt für seine Rennwagen – von Geburt Italiener, war er ein naturalisierter Franzose und baute seine Wagen in Molsheim im Elsaß. Nun beschäftigte er also seinen genialen Verstand auch mit den Problemen der Eisenbahntechnik, ausgehend von der Annahme, daß man mit entsprechend gestalteten Triebwagen die bisherigen Reisegeschwindigkeiten verdoppeln könne.

Sein erster Triebwagen ging an die Etat und strotzte förmlich vor Neuerungen. Schon die Form des Wagens und seine Proportionen ließen die Geschwindigkeit ahnen – bei einer Länge von 22300 mm war er nur 2692 mm hoch. Die Keilform der Stirnfronten entstand nach Versuchen im Windkanal. Den Fahrer plazierte Bugatti in einer Aussichtskuppel in Wagenmitte, von der er in beiden Richtungen eine sehr gute Streckensicht hatte – was sich direkt vor seinem Fahrzeug abspielte, konnte er allerdings nicht sehen. Vier Bugatti-„Royale"-Motoren von jeweils 200 PS, die ein Benzol-Alkohol-Gemisch verbrannten, waren in der Wagenmitte quer angeordnet und trieben die Drehgestelle über seitlich liegende Kardanwellen an. Die vier Achsen der Drehgestelle waren so flexibel gelagert, daß sie nicht nur, wie üblich, Gleisunebenheiten folgen konnten, für einen guten Kurvenlauf waren sie teilweise auch seitlich verschiebbar. Nur die Mittelachsen der Drehgestelle wurden angetrieben. Die Motoren und die Kardanwellen wurden durch eine hydraulische Kupplung verbunden – die Motoren

„Fliegender Hamburger" SVT 877

Deutschland
Deutsche Reichsbahn Gesellschaft (DRG), 1932

Bauart: Zweiteiliger diesel-elektrischer Schnelltriebzug
Spurweite: 1435 mm (4 ft 8½)
Antrieb: Je ein Maybach-V12-Dieselmotor von 302 kW (410 PS) mit Gleichstromgenerator in den beiden Enddrehgestellen erzeugt Strom für Tatzlagermotoren im mittleren Jakobsdrehgestell
Gewicht:* 32,8 t (72310 lb) Reibungsgewicht; 93,8 t (206790 lb) Gesamtgewicht
Maximale Achslast: 16,4 t (36155 lb)
Gesamtlänge: 41906 mm (137 ft 6 in)
Höchstgeschwindigkeit: 160 km/h (100 mph)
* Die Gewichtsangaben gelten für die Nachkriegszeit. Für den Lieferzustand wird ein Gewicht von 78 t (171960 lb) angegeben.

Exakt um 8 Uhr 02 Minuten am 15. Mai 1933 begann eine neue Epoche in der Geschichte der Eisenbahnen: Der „Fliegende Hamburger" verließ den Lehrter Bahnhof in Berlin und begann seine erste planmäßige Fahrt nach Hamburg – mit einer Reisegeschwindigkeit von 124,7 km/h. Bemerkenswert war, daß dies damit die schnellste Fahrzeit der Welt war, noch bemerkenswerter war aber, daß dieser Rekord in Deutschland aufgestellt wurde. Trotz der aufsehenerregenden Ergebnisse der Schnellfahrten auf der Strecke Marienfelde–Zossen im Jahre 1903 waren die Geschwindigkeiten bei den deutschen Eisenbahnen hinter der allgemeinen Entwicklung zurück geblieben, erst 1933 hatte die zulässige Höchstgeschwindigkeit die Grenze von 100 km/h überschritten.

Dieseltriebwagen gab es in Deutschland seit 1915; in den zwanziger Jahren fanden sie allmählich Verwendung auf Nebenstrecken mit dem Ziel, hier die Betriebskosten gegenüber den bisherigen Dampfzügen zu senken. Das Neuartige am „Fliegenden Hamburger" war, daß man zum ersten Mal den Dieselantrieb anwendete, um die Geschwindigkeiten über das mit Dampfantrieb bislang mögliche Maß zu steigern.

Offiziell hieß das neue Fahrzeug „SVT 877" („S" = Schnellverkehr, „VT" = Verbrennungstriebwagen). Es besaß zwei, durch ein Jakobsdrehgestell verbundene Wagenkästen, in den Enddrehgestellen saßen die beiden Motor-Generatoranlagen, die die beiden Tatzlagermotoren im Mitteldrehgestell mit Strom versorgten. Dadurch war das Gewicht der Antriebsanlage so gleichmäßig wie nur möglich verteilt. Die Form der Wagenstirn entstand nach umfangreichen Versuchen im Windkanal der Zeppelin-Werft in Friedrichshafen. Die zulässige Höchstgeschwindigkeit betrug 160 km/h, bei Versuchsfahrten erreichte man sogar 175 km/h.

Die beiden Wagen besaßen 98 Polstersitze der zweiten Klasse, das kleine Büfett bot noch einmal 4 Fahrgästen Platz. Die auffällige Lackierung in creme und violett unterstrich das Besondere dieses Schnelltriebwagens. Bei seiner Lieferung gab man das Gewicht mit

Oben: *Eine Hälfte des „Fliegenden Hamburgers" ist im Deutschen Verkehrsmuseum in Nürnberg zu besichtigen.*

78 t an, nach dem Krieg verzeichnete das Merkbuch der DB dagegen 93,8 t.

Der Fahrplan für die Strecke Berlin–Hamburg sah für die 287 Kilometer in westlicher Richtung eine Fahrzeit von 138 Minuten vor, in Gegenrichtung brauchte man 2 Minuten länger. Die Strecke war nur leicht geneigt und hatte kaum Langsamfahrstellen, bis auf einen Abschnitt auf der halben Distanz, der nur 60 km/h erlaubte.

Mit dem neuen Fahrzeug gab es kaum technische Probleme, wegen Wartungsarbeiten und auch für die Durchführung von Versuchsfahrten

waren so ausgelegt, daß auch ohne ein mechanisches Getriebe angefahren werden konnte.

Die Gesamtleistung von 800 PS war für ein Fahrzeug mit einem Dienstgewicht von 32 t außergewöhnlich hoch und ermöglichte bisher ungekannte Beschleunigungswerte und hohe Dauergeschwindigkeiten. In den beiden „Salons" standen jeweils 48 Sitzplätze zur Verfügung. Die Rücklehnen und Sitzflächen der Sitze waren gleich gestaltet und ließen sich mit einem einfachen Handgriff in die gewünschte Sitzrichtung bringen.

Bei den ersten Versuchsfahrten lief der Triebwagen auch noch bei einer Geschwindigkeit von 172 km/h sehr ruhig, im regulären Dienst zwischen Paris und Trouville-Deauville mußte man sich dann allerdings an die allgemeine Geschwindigkeitsgrenze von 120 km/h halten. Später gestattete man aufgrund der hervorragenden Laufeigenschaften eine Höchstgeschwindigkeit von 140 km/h.

Schon kurz nach der Indienststellung benutzte der französische Präsident den ersten Bugatti-Wagen für eine Fahrt von Paris nach Cherbourg, bei der eine Reisegeschwindigkeit von 118 km/h erreicht wurde. Nach dieser Fahrt war dieser Wagentyp nur noch als „Présidential" bekannt. Diesem ersten folgten weitere Wagen für die Etat. 1934 erhielt die PLM ein Doppelfahrzeug aus einem Triebwagen, der mit einem Beiwagen festgekuppelt war. Es entstanden weitere Versionen, darunter ein besonders leichter Triebwagen mit geringerer Leistung und ein besonders langer Wagen. Bis zum Jahre 1938 war die Flotte der Bugatti-Triebwagen auf 76 angewachsen, davon gehörten 41 der Etat. Auf einer Vorführfahrt von Strasbourg nach Paris – 501,8 km – erzielte einer der Etat-Wagen die bemerkenswerte Durchschnittsgeschwindigkeit von 142,7 km/h.

Während des Zweiten Weltkriegs hatte man kaum Verwendung für derartige Fahrzeuge, aber nach Kriegsende leisteten sie einen erheblichen Beitrag bei der Wiederbelebung des Schnellzugverkehrs. Mit der Zeit führte die SNCF neue Triebwagentypen ein und der letzte der Bugattis wurde 1958 aus dem Verkehr gezogen. Glücklicherweise fand einer von ihnen eine weitere Verwendung als Dienstfahrzeug und wurde so vor der Verschrottung gerettet. Nach seiner Restaurierung im Originalzustand erhielt ihn 1982 das Eisenbahnmuseum in Mulhouse als Exponat.

Die Bugatti-Wagen waren in ihren Jugendtagen in Frankreich das Sinnbild für Geschwindigkeit auf Schienen und sie haben sich den Titel, mit dem die PLM ihren Schnellverkehr anpries, wirklich verdient – „Vollblüter der Schiene".

Unten: *Einer der Bugatti-Triebwagen der französischen Staats-Eisenbahn. Die Aussichtskanzel in Wagenmitte beherbergte den Führerstand.*

Oben: *Nachfolger des „Fliegenden Hamburgers" war dieser Wagentyp, den wir hier als vereinigten „Fliegenden Münchner" und „Fliegenden Stuttgarter" im Frankenwald bei Lauenstein sehen.*

stand es nicht immer zur Verfügung, im ersten Halbjahr bestritt es aber immerhin 71% der planmäßigen Fahrten, nach zwei Betriebsjahren sah die Betriebsstatistik mit einer Verfügbarkeit von 90% noch wesentlich besser aus. Der große Erfolg des „Fliegenden Hamburgers" führte schon 1934 zur Bestellung 13 zusätzlicher Doppel-Triebwagen für ein Schnellverkehrsnetz von Berlin nach Köln, Frankfurt und München und ein zweites Zugpaar Berlin–Hamburg, sowie eine Verbindung von Köln nach Hamburg. Als sie 1935 in Dienst gingen, gab es wieder einen neuen Weltrekord, die Reisegeschwindigkeit von 132,4 km/h von Berlin nach Hannover überstieg erstmals die Grenze von 80 Meilen pro Stunde (128,7 km/h).

Die Schnellverbindungen erfreuten sich immer größerer Beliebtheit und so war der nächste Schritt die Schaffung eines dreiteiligen Triebzuges mit zwei 600 PS-Motoren (441 kW), bei dem die Fahrmotoren in den Enddrehgestellen untergebracht waren. Einer dieser „SVT Leipzig" fuhr 1936 bei einer Versuchsfahrt 205 km/h schnell. Das nun immer dichter werdende Schnellverkehrsnetz bestand bis zum 22. August 1939. Bei Kriegsausbruch stellte man die Schnelltriebwagen ab. Bis auf ein kurzes Intermezzo, als in den USA der „Super Chief" der Santa Fe schneller war, hielt Deutschland damit von 1933 bis 1939 den Weltrekord bei den Reisegeschwindigkeiten.

Nach Kriegsende tauchten die Fahrzeuge wieder im Eisenbahnbetrieb Westdeutschlands auf, zuerst allerdings nur im Dienst der Besatzungsmächte. Ab 1949 verfügte man in der französischen Zone wieder über den „Fliegenden Hamburger", jetzt mit der Nr. „SVT 04000". Erst 1950/51 kamen andere SVTs hinzu. Durch die Teilung Deutschlands und die Auswirkungen des Krieges war es natürlich nicht mehr möglich, an die Vorkriegsleistungen anzuknüpfen. Einige der Triebzüge baute man versuchsweise auf diesel-hydraulische Antriebe um. Den Vorkriegs-Schnelltriebzügen war aber kein langes Leben, zumindest im Westen Deutschlands, vergönnt – 1960 schieden die letzten bei der DB aus. Bei der Deutschen Reichsbahn in der DDR waren noch 1982 einige Exemplare vorhanden. Eine Hälfte des „Fliegenden Hamburgers" SVT 877, steht heute im Verkehrsmuseum in Nürnberg, die andere Hälfte wurde aus Platzgründen leider verschrottet.

Trotz des großen Vertrauens, daß die alte Reichsbahn-Gesellschaft in diese Triebwagen setzte, hatte sie 1939 eine größere Zahl von Stromlinien-Dampflokomotiven bestellt. Schon vorher hatte man immer wieder Triebwagen durch dampflokbespannte Züge ersetzen müssen, wenn die Nachfrage nach Plätzen das Angebot überstieg. Es bleibt daher Spekulationen überlassen, wohin die Entwicklung geführt hätte, wenn es nicht durch den Krieg zu einer Unterbrechung der Entwicklung gekommen wäre.

Baureihe E18 1'Do1'

Deutschland
Deutsche Reichsbahn Gesellschaft (DRG), 1935

Bauart: Elektrische Schnellzuglokomotive
Spurweite: 1435 mm (4 ft 8½ in)
Stromversorgung: Wechselstrom von 15000 V 16⅔ Hz über Oberleitung zum Loktransformator
Antrieb: Jede Achse wird von einem Fahrmotor von 760 kW (1033 PS) Stundenleistung über einen Federtopf-Antrieb angetrieben
Gewicht: 78,1 t (172180 lb) Reibungsgewicht; 108,5 t (239200 lb) Gesamtgewicht
Maximale Achslast: 19,6 t (43210 lb)
Gesamtlänge: 16920 mm (55 ft 6 in)
Zugkraft: 206 kN (46 250 lb)
Höchstgeschwindigkeit: 150 km/h (93 mph)

Von 1926 an ließ die Deutsche Reichsbahn für ihr wachsendes elektrisches Bahnnetz eine ganze Reihe neuer Elloks für den Schnellzugdienst erbauen. Zu ihnen gehörten die 38 Lokomotiven der Baureihe E 17 von 1928 mit der Achsfolge 1'Do1' und einer Dauerleistung von 2300 kW (3125 PS), die auf den 2'Do1'-Probeloks E 21 01-02 basierten. 1933/34 entstand eine leichtere Baureihe E 04 für Flachlandstrecken mit der Achsfolge 1'Co1' und dem gleichen von Kleinow verbesserten Westinghouse-Federtopfantrieb in insgesamt 23 Exemplaren. 3 ähnliche Loks der Baureihe E 05 konnten mit den Laufeigenschaften ihres Tatzlagerantriebs nicht so befriedigen. Die E 17 hatte eine Höchstgeschwindigkeit von 120 km/h, die E 04 09-23 und die E 05 103 waren 130 km/h schnell.

Zu dieser Zeit fand in Deutschland die große Revolution im Bereich der Schnellzug-Geschwindigkeiten durch die Schnelltriebwagen mit ihrer Höchstgeschwindigkeit von 160 km/h statt, auch erste Dampflokomotiven für diese und höhere Geschwindigkeiten gaben ihr Debüt. Die Elektrotraktion konnte hier natürlich nicht zurückbleiben. Als nächste Baureihe erschien 1935, im Jubiläumsjahr der ersten deutschen Eisenbahn, die E 18, eine 1'Do1'-Maschine mit einer Höchstgeschwindigkeit von 150 km/h und einer Dauerleistung von 2840 kW (3860 PS), die so ausgelegt war, daß sie einen Zug von 700 t noch mit 140 km/h befördern konnte.

Man war mit dem Laufverhalten der vorhandenen 1'Do1'-Maschinen durchaus zufrieden und übernahm darum die Laufwerkanordnung der E 18 von der E 17. Bei der elektrischen Ausrüstung und der Verwendung nur eines Fahrmotors pro Achse mit dem Kleinow-Federtopfantrieb folgte man dagegen der E 04. Das Äußere der deutschen Elloks war bisher recht kantig gewesen, bei der E 18 rundete man die Front windschnittig ab, stellte die Fensterfront des Führerstands etwas schräg und brachte unter den Pufferbohlen große Schürzen an. Das war zwar keine Stromlinienschale wie bei den Schnelltriebwagen oder den Hochgeschwindigkeits-Dampfloks, aber das glatte Erscheinungsbild der neuen Elloks zeigte doch jedem Betrachter, daß dies eine neue Lokomotivgeneration war.

Dem Lokführer erleichterte man die Bedienung der Lokomotive durch ein motorisch betriebenes Schaltwerk. Bei einer Geschwindigkeit von 70 km/h erhöht sich automatisch die Bremskraft der Lokbremsen. Wie bei den Vorgängerbaureihen verband man die Laufachsen mit der benachbarten Treibachse in Lenkgestellen der Bauart Krauss-Helmholtz-AEG, die mittleren Achsen sind für einen guten Kurvenlauf seitenverschieblich. Bei hohen Geschwindigkeiten ergaben sich durch diese Flexibilität des Fahrwerks Schwingungen der Lenkgestelle. Dieses Problem löste man durch den nachträglichen Einbau von Druckluftzylindern, die das Seitenspiel der Treibachse im Lenkgestell unterbinden konnten, nur die Laufachse blieb in geringerem Umfang seitenverschiebbar. Beim Betätigen des Fahrtwendeschalters wurde automatisch die jeweils hintere Treibachse festgestellt.

Nach der Bewährung der ersten Maschinen bestellte man weitere, die höchste Nummer sollte die E 18 092 werden. Nach Ausbruch des Zweiten Weltkriegs stornierte man den Rest der Bestellung, es wurden bis 1940 nur 53 E 18er gebaut. Einige der Loks fielen dem Krieg zum Opfer, der Großteil befand sich 1945 im Westen und kam zur DB, 4 Loks verblieben der DR im Osten und 2 Loks wurden zu den 1018.101 und 1118.01 der ÖBB, die weitere 8 Loks in etwas geänderter Ausführung als 1018.201-208 besaß. Die DB erhielt 1953 aus vorhandenen Teilen noch zwei Nachbauten mit den Nummern E 18 054 und 055. Sie alle sollten noch mehrere Jahrzehnte lang – einige bis heute – vorwiegend im Schnellzugdienst Verwendung finden.

Der Baureihe E 18 folgten 1939 4 noch stärkere und schnellere Lokomotiven ähnlichen Aussehens für eine planmäßige Höchstgeschwindigkeit von 180 km/h, die so konstruiert waren, daß sie bei Versuchsfahrten 225 km/h erreichen sollten. Ihre Dauerleistung steigerte man dafür auf 3720 kW (5060 PS). Die von der AEG ausgerüsteten Loks erhielten die Bezeichnung E 19 01-02, die Siemens-Maschinen E 19 11-12. Leider führte der Krieg dazu, daß sie nie ihre hohe Geschwindigkeit im Plandienst ausspielen konnten; nach dem Krieg setzte die DB ihre Höchstgeschwindigkeit dann auf 140 km/h herab, ein Bedarf für schnellere Loks war nicht mehr vorhanden. Bis zum Erscheinen der Baureihe E 03 im Jahre 1965 waren sie aber wenigstens die stärksten deutschen Schnellzugloks.

Gleichzeitig mit der Entwicklung der E 18 begann die DRG einen Großversuch mit dem Industriestromsystem von 20000 V und 50 Hz. Die Höllentalbahn im Schwarzwald mit Steigungen von mehr als 5% bot ausreichende Erprobungsmöglichkeiten. Wäre nicht auch hier der Krieg dazwischen gekommen, hätte die Kombination dieses billigeren Stromversorgungssystems mit der vorhandenen Elloktechnologie möglicherweise Deutschland für Jahrzehnte eine Spitzenstellung im Eisenbahnwesen eingebracht.

Rechts: *Eine E 18 der Deutschen Bundesbahn mit der EDV-Nummer 118049-6 fährt mit einem außerplanmäßigen Schnellzug am alten Lokschuppen vorbei in den Hauptbahnhof von Aschaffenburg ein.*

Unten: *Mit ihrem Einzelachsantrieb und den Vorlaufachsen sind die Lokomotiven der Baureihe E 18 die klassische Bauform der dreißiger Jahre. Die abgebildete E 18 046 befand sich bei Kriegsende in Österreich und wurde dort zur ÖBB 1018.101.*

2
88
6

E18 046

262BD1 2'Co2'+2'Co2'

Frankreich
Paris, Lyon & Méditerranée-Bahn (PLM), 1937

Bauart: Zweiteilige diesel-elektrische Schnellzuglokomotive
Spurweite: 1435 mm (4 ft 8½ in)
Antrieb: Je Lokhälfte erzeugen zwei MAN-6-Zylinder-4-Takt-Dieselmotoren von je 754 kW (1025 PS) mit Generatoren Strom für drei im Hauptrahmen gelagerte Fahrmotoren mit Federtopfantrieb auf die Treibachsen
Gewicht: 108 t (238095 lb) Reibungsgewicht; 224 t (493830 lb) Gesamtgewicht
Maximale Achslast: 18,0 t (39680 lb)
Gesamtlänge: 33050 mm (108 ft $5\frac{3}{16}$ in)
Zugkraft: 314 kN (70500 lb)
Höchstgeschwindigkeit: 130 km/h (81 mph)

Mitte der dreißiger Jahre experimentierte die PLM auf ihrem algerischen Ableger mit der Dieseltraktion. Eines der Resultate waren zwei gewaltige diesel-elektrische Lokomotiven, die sie 1935 für ihre Hauptstrecke von Paris zur Riviera bestellte. Das Pflichtenheft verlangte die Beförderung eines 450 t-Zuges von Paris nach Menton in einer Fahrzeit, die eine Höchstgeschwindigkeit von 130 km/h und Beharrungsgeschwindigkeiten von mindestens 85 km/h auf den größten vorkommenden Steigungen erforderten. Züge von 600 t sollten von Paris nach Nizza im vorhandenen Fahrplan gefahren werden, die maximale Achslast betrug 18 t und für die ersten beiden Jahre erwartete man die Bewältigung einer Jahresleistung von 275000 km.

Die benötigte Leistung von 4000 PS erzielte man auf zwei unterschiedliche Arten; erstens mit vier MAN-6-Zylinder-Reihen-Motoren und zweitens mit zwei Sulzer-12-Zylinder-12LDA 31-Doppelkurbelwellenmotoren. Um diese Leistung auf die Schienen zu bringen brauchte man sechs Treibachsen; und, um das Gesamtgewicht zu verteilen, waren weitere acht Laufachsen nötig. Man wählte eine Ausführung als Doppellok, deren Hälften die Achsfolge 2'Co2' besaßen und im Betrieb nicht getrennt wurden. Ein Gang verband die beiden Führerstände. Wie bei Dampflokomotiven üblich, erhielten die Laufdrehgestelle Innenrahmen. Jedes MAN-Motorenpaar besaß ein gemeinsames Gehäuse, aber getrennte Kurbelwellen. An jedem Ende des Gehäuses war ein Generator angeflanscht. Bei den Sulzer-Motoren wirkten die beiden Kurbelwellen dagegen auf eine gemeinsame Antriebswelle und einen Generator.

Jeder der MAN-Motoren entwickelte eine Leistung von 754 kW (1025 PS), die Hilfsbetriebe benötigten 221 kW (300 PS), für den Antrieb standen somit 2795 kW (3800 PS) zur Verfügung. Die Sulzer-Motoren erzeugten je 1397 kW (1900 PS), bei ihnen ergab sich eine Antriebsleistung von 2611 kW (3550 PS). Jede Treibachse wurde von einem einzelnen Fahrmotor über einen Kleinow-Federtopfan-

Klasse 11 C

Großbritannien
London, Midland & Scottish Railway (LMS), 1936

Bauart: Diesel-elektrische Rangierlokomotive
Spurweite: 1435 mm (4 ft 8½ in)
Antrieb: Ein English Electric 4-Takt-6-Zylinder-Reihenmotor, Typ 6K, von 261 kW (350 HP) Leistung mit Generator versorgt zwei Tatzlagermotoren von 130 kW (175 HP) an den äußeren Achsen. Alle drei Achsen sind über Kurbeln und Treibstangen verbunden
Gewicht: 52,7 t (116260 lb)
Maximale Achslast: 17,6 t (38750 lb)
Gesamtlänge: 8705 mm (28 ft 6¾ in)
Zugkraft: 134 kN (30000 lb)
Höchstgeschwindigkeit: 48 km/h (30 mph)

Oben: *Die Rangierlokomotiven der Klasse „08" stammen von den LMS-Lokomotiven des Jahres 1936 ab.*

Die erste von einem Ölmotor getriebene Lokomotive wurde 1894 in England gebaut – der Beginn zahlreicher Experimente der verschiedensten Firmen mit Antrieben durch Verbrennungsmotoren. Darunter waren neben großen Maschinenbaufirmen auch einige der kleineren Lokomotivhersteller. In den zwanziger Jahren boten etliche von ihnen kleine Standardtypen für den Verschubdienst an und Armstrong-Whitworth in Newcastle-upon-Tyne baute die ersten Diesellloks für den Streckeneinsatz. Diese Firma hatte erst nach dem Ersten Weltkrieg begonnen, neben Rüstungsgütern, auch Lokomotiven herzustellen.

Die großen Bahngesellschaften gestatteten zwar Versuche auf ihren Gleisen, zeigten ansonsten aber kaum Interesse. Für explosionsgefährdete Einsatzgebiete kauften auch sie einige kleine Maschinen, die Vorherrschaft der Dampflokomotiven war aber nicht anzutasten; Kohle und Arbeitskräfte waren billig, für den verhältnismäßig teuren Dieselantrieb sprach nur wenig. 1932 baute Armstrong-Whitworth jedoch einen diesel-elektrischen Rangierlok-Prototyp der Achsfolge C, bei dem die Achsen über eine Blindwelle und Kuppelstangen von einem Traktionsmotor angetrieben wurden. Der Armstrong-Sulzer-Dieselmotor leistete 187 kW (250 HP). Bei der Betriebserprobung auf großen Rangierbahnhöfen der LNER und GWR beeindruckte vor allem ihre Zuverlässigkeit und Wirtschaftlichkeit.

1933 kam dann der Durchbruch, die LMS sah ein, daß Dieselloks im Rangierdienst wirtschaftliche Vorteile bieten könnten, vor allem dort wo rund um die Uhr rangiert wurde. Man bestellte bei fünf Herstellern neun Loks sechs unterschiedlicher Typen. Ein Zeichen für die große Aktivität im Diesellokbau war, daß es sich bei all diesen Lokomotiven um Standardmodelle handelte. Alle besaßen mechanische Kraftübertragungen, außer der Armstrong-Whitworth-Maschine, die mit ihrem diesel-elektrischen Antrieb der früheren Vorführlok ähnelte.

Gleichzeitig baute die Firma Hawthorn-Leslie in Newcastle eine andere dreiachsige diesel-elektrische Rangierlok mit Motor und Ausrüstung von English Electric. Der 300 HP-Motor (224 kW), eine 6-Zylinder-Reihenmaschine erzeugte den Strom für zwei Traktionsmotoren an den äußeren Achsen. Die drei Treibachsen verbanden den Kuppelstangen. Nach eingehenden Prüfungen kaufte die LMS auch diese Lok.

Mit den gewonnenen Erfahrungen ging man nun an die Bestellung zweier Serien von dreiachsigen Diesellokomotiven mit einer Motorleistung von 350 HP (261 kW). Eine Serie lieferte Hawthorn Leslie mit direkt über Zahnradvorgelege angetriebenen Achsen, die anderen Loks von Armstrong-Whitworth erhielten wieder den Blindwellenantrieb. Der Erfolg dieser Lokomotiven ermutigte die LMS zum Bau weiterer, doch gab Armstrong-Whitworth zu diesem Zeitpunkt den Lokomotivbau wieder auf. Die LMS ging nun einfach selbst an den Bau von 30 derartigen Loks mit English Electric-Ausrüstung und einem Blindwellenantrieb mit einem Traktionsmotor, die zwischen 1939 und 1942 in den Werkstätten in Derby entstanden. 1942 genehmigte der Bahnvorstand noch einmal 100 Loks. Da aber der lange Radstand des Blindwellenfahrwerks Probleme in engen Kurven bereitete, ging man zur Bauform von Hawthorn Leslie mit zwei Traktionsmotoren über. Zwanzig dieser Loks baute man für das Kriegsministerium und zwischen 1949 und 1952 entstanden dann die 100 bestellten Loks für den eigenen Bedarf. In der Zwischenzeit hatten auch die drei

trieb angetrieben, einer bei Elektrolokomotiven bewährten Bauform.

Die Lokomotiven verkleidete man fast bis zur Schienenhöhe strömungsgünstig. In späteren Jahren entfernte man einen Teil der Fahrwerksverkleidung wieder.

Die Maschine mit dem MAN-Antrieb, die 262BD1, wurde Ende 1937 abgeliefert und beförderte am 29. Dezember des gleichen Jahres den ersten französischen Zug mit Dieseltraktion. Zu dieser Zeit war sie die stärkste Diesellokomotive der Welt – mit Ausnahme der USA. Die 262AD1 war im April 1938 fertiggestellt und entriß ihrer Schwester für kurze Zeit den Titel der stärksten Diesellok, aber schon im Juli des Jahres mußte sie ihn an eine von Henschel gebaute Doppel-Lokomotive für Ungarn abgeben, bei der aus den gleichen Sulzer-Motoren 1618 kW (2200 PS) geholt wurden.

Trotz der normalen Kinderkrankheiten übernahmen die beiden Lokomotiven schon bald Schnellzüge zwischen Paris und Lyon. Als sie bei Kriegsausbruch abgestellt wurden, um Kraftstoff zu sparen, hatten sie schon eine ansehnliche Laufleistung erreicht, aber nicht soviel, wie im Pflichtenheft vorgesehen war. Im Januar 1945 kehrten sie in den Betriebsstand zurück und trugen ihren Teil zur Linderung des großen Lokmangels im Nachkriegsfrankreich bei. Anfangs fuhren sie zwischen Paris und Lyon, später wurde das Depot Nizza ihre Heimat. Hier leisteten sie Hervorragendes vor Zügen bis zu 750 t. 1955 nahm man sie schließlich aus dem Dienst; die 262AD1 hatte bis zu diesem Zeitpunkt immerhin eine Laufleistung von 1585000 km erreicht.

Für die damalige Zeit waren diese Lokomotiven bemerkenswert, sie bedeuteten einen großen Schritt vorwärts in der Entwicklung der europäischen Groß-Diesellokomotiven. Ihre Bedeutsamkeit ließen zwei Dinge nicht zur Geltung kommen – ihre mehr als vier Jahre währende Abstellung und die nach dem Krieg beginnende Elektrifizierung der französischen Hauptstrecken, auch der PLM-Strecke, für die sie gebaut worden waren. Diese Entwicklung ließ in Frankreich erst wieder in der Mitte der sechziger Jahre einen Bedarf an großen Dieselloks entstehen. Inzwischen hatten aber zwei Jahrzehnte technischen Fortschritts dieses Pionierwerk der Dieseltraktion in Vergessenheit geraten lassen.

Unten: *Jede Hälfte der dieselelektrischen Lokomotive Nr. 262BD1 der PLM von 1937 besaß zwei MAN-Dieselmotoren mit einer Gesamtleistung von 4100 PS (3015 kW).*

anderen großen Bahnen sehr ähnliche Maschinen beschafft, so daß man zum ersten Mal von einer britischen Einheits-Rangierlok sprechen konnte.

Unter diesen Voraussetzungen war es selbstverständlich, daß auch die neu entstandenen „British Railways" diesen Loktyp übernahmen. Schon bald nach der Verstaatlichung, lange bevor Interesse an Strecken-Diesellloks bestand, begannen die BR mit einem Programm zur vollständigen Verdieselung ihres Rangierbetriebs, in dessen Verlauf insgesamt 1193 dieser 350 HP-Rangierlokomotiven gebaut wurden, die – bis auf einige Versuchsmaschinen mit anderen Motortypen – identisch waren.

In einem Land, in dem die Bahngesellschaften seit alters her ihre eigenen Lokomotivtypen entwarfen, war die Einführung einer gemeinsamen Bauform sehr bemerkenswert und sie führte am Ende zum Bau der zahlenstärksten Lokomotivklasse Großbritanniens.

Rechts: *Auch diese Rangierloktype der Niederländischen Staatsbahnen basiert auf den Vorkriegslokomotiven der LMS.*

GG1 (2'Co)(Co2') USA
Pennsylvania Railroad (PRR), 1934

Bauart: Elektrische Schnellzuglokomotive
Spurweite: 1435 mm (4 ft 8½ in)
Stromversorgung: Wechselstrom von 15000 V 25 Hz über Oberleitung zum Loktransformator
Antrieb: 12 Fahrmotoren von je 306 kW (416 PS) treiben paarweise über einen Federtopfantrieb je eine der 6 Treibachsen
Gewicht: 137 t (303000 lb) Reibungsgewicht; 216 t (477000 lb) Gesamtgewicht
Maximale Achslast: 22,9 t (50500 lb)
Gesamtlänge: 24230 mm (79 ft 6 in)
Zugkraft: 314 kN (70700 lb)
Höchstgeschwindigkeit: 161 km/h (100 mph)

Oben: *In den siebziger Jahren übernahm die Amtrak die Durchführung des verbliebenen Personen-Fernverkehrs der USA. Dazu gehörte natürlich die Übernahme etlicher der GG1-Lokomotiven.*

Die Pennsylvania Railroad verwendete als Symbol das stilisierte Bild eines Schlußsteins, der einem gemauerten Gewölbe den Zusammenhang verleiht, weil man – mit gewissem Recht – der Meinung war, daß man in der Wirtschaft der Vereinigten Staaten eine ähnliche Stellung einnähme. Dieser „keystone" auf den Stirnfronten dieser großartigen Lokomotiven mag gleichermaßen für ihre Stellung im Personenverkehr der „Pennsy" stehen. Von 1928 an arbeitete die PRR an einem langfristigen Programm zur Elektrifizierung ihrer wichtigsten Strecken. Die Zahlen waren eindrucksvoll: Man benötigte – in der Wirtschaftskrise schwer zu beschaffende – 175 Millionen Dollar, um 1287 Streckenkilometer und 4505 Gleiskilometer (mit 830 täglichen Personenzügen und 60 täglichen Güterzügen) zu elektrifizieren.

Man hatte sich für ein Mittelfrequenz-Wechselstromsystem mit Stromzuführung über eine Kettenfahrleitung entschieden. Das in New York City verwendete Gleichstromsystem mit Stromschiene war für längere Strecken ungeeignet; vor allem aber hatte die PRR auf ihren Vorortstrecken um Philadelphia schon seit 1913 Erfahrungen mit Wechselstrom von 25 Hz gesammelt hatte. Nur eine derartig große und gesunde Gesellschaft wie die Pennsy war imstande gewesen, solch kostspielige Investitionen auch in den Jahren der Depression durchzuführen. 1934 stand die Elektrifizierung der Strecke von New York nach Washington vor der Vollendung und man beschäftigte sich mit der Suche nach einer besonders leistungsfähigen Schnellzuglokomotive. Zur Wahl standen zwei Bauformen; einmal eine 2'Do2'-Lokomotive, die aus der 2'Co2'-Lok der Reihe „P5a" weiterentwickelt worden war und zum zweiten eine schlichte, kastenförmige Lokomotive mit einem Gelenkfahrwerk der Achsfolge (2'Co)(Co2'), die man sich vom Nachbarn New York, New Haven & Hartford Railroad ausgeliehen hatte.

Die Leihlok zeigte sich überlegen, aber vor einer endgültigen Entscheidung baute man einen weiteren Prototyp. Hauptunterschied war der stromlinienförmige Lokomotivkasten, der für die folgenden Serienlokomotiven von dem berühmten Industriedesigner Raymond Loewy überarbeitet wurde. Zwischen 1935 und 1943 entstanden 139 Lokomotiven dieser Reihe „GG1", die erst in den letzten Jahren durch modernere Elloks in der Schnellzugförderung abgelöst wurden.

Einige der GG1 bauten die bahneigenen Werkstätten in Altoona, andere lieferten Baldwin und General Electric. Die elektrische Ausrüstung stammte von GE und von Westinghouse. Hinter der Lokomotivkon-

Unten: *Eine GG1 der Pennsylvania Railroad durchfährt den Bahnhof von Glenolden, Pennsylvania mit dem „George Washington"-Express der Chesapeake & Ohio Railroad.*

Unten: *Die GG1 in einer der schönsten Farbvarianten, dem „toskanischen Rot" mit fünffachem Goldstreifen. Man konnte sie auch in dunkelgrün oder schwarz antreffen.*

struktion standen die gleichen Grundsätze wie hinter der ganzen Bahn – alles mußte solide, verläßlich und vor allem, gut erprobt sein. Zum Beispiel war die gesamte Antriebsanordnung mit den Doppelmotoren, der Kraftübertragung und vielem anderen teilweise schon seit 20 Jahren bei der New Haven in Verwendung. Eine interessante Einrichtung der Pennsylvania Railroad war die Signalanzeige im Führerstand, bei der über isolierte Schienenstücke der Signalstand auf die Lok übertragen wurde. Für die damalige Zeit war dies eine erstaunliche Errungenschaft, vor allem wenn man bedenkt, daß über die Schienen ja auch der Fahrstrom zurückfloß.

Damals war das Glück der Pennsy noch hold; der schwache Verkehr der Depression hatte den Vorteil gehabt, daß die Störungen durch die Umstellungsarbeiten nicht so ins Gewicht gefallen waren. Zudem fiel die Fertigstellung der Verlängerung nach Harrisburg 1939 mit dem Beginn des größten Booms aller Zeiten im Personenverkehr zusammen, dem Beginn des Krieges in Europa. Absoluter Höhepunkt dieses Ansturms war der Weihnachtstag des Jahres 1944, als über 175000 Fernverkehrspassagiere im New Yorker Bahnhof der Pennsylvania gezählt wurden. Man verwendete alles, was Räder besaß, aber die gewaltigen Züge aus altem und neuem Material bereiteten den GG1 keine Mühe beim Einhalten der Fahrzeiten auf einer Strecke, auf der man die meisten Großstädte zwischen Florida und Illinois erreichen konnte.

In Zahlen ausgedrückt, besaß die GG1 eine Dauerleistung von 3680 kW (5004 PS), konnte aber kurzzeitig 6340 kW (8620 PS = 8500 HP) abgeben; für die Beschleunigung nach Aufenthalten und Langsamfahrstellen war dies ideal. In dieser Hinsicht konnten die GG1 ebensoviel leisten wie drei oder vier, der 30 oder 40 Jahre jüngeren Diesellokomotiven unserer Tage. Schwer waren sie allerdings auch und so geschah es einmal, daß bei einer GG1 die Bremsen versagten und sie durch die Bahnsteigsperre hindurch bis in die Bahnhofshalle der „Washington Union Station" gelangte. Diese war aber nur für Menschen und nicht für Lokomotiven gebaut, die GG1 landete im Keller!

Je weniger Worte man über das Schicksal der Pennsy nach dem Zweiten Weltkrieg verliert, desto besser ist es wohl. Unsere herrliche GG1-Flotte ging Stück für Stück an die verschiedenen Nachfolgegesellschaften – die Penn Central, Amtrak, Conrail und die Verkehrsbetriebe des Staates New Jersey (NJDoT). Wenn es nicht so tragisch für die Eisenbahn gewesen wäre, hätte man über das reihenweise Versagen der groß als GG1-Nachfolger angepriesenen Lokomotiven lachen können, die den als Relikte einer schlechten Vergangenheit verachteten „Museumsstücken" nicht das Wasser reichen konnten. Erst vor nicht langer Zeit setzte das Erscheinen der Amtrak „AEM7"-Klasse dem Einsatz vor Schnellzügen auf Hauptstrecken ein Ende.

Die Conrail entfernte vor kurzem die elektrischen Einrichtungen auf dem nicht mehr durch Personenzüge genutzten Teil ihrer Strecken, die sie von der bankrotten Penn Central geerbt hatte und raubte damit der Handvoll ihrer noch vorhandenen GG1-Loks das letzte Einsatzgebiet. Nur das „New Jersey Department of Transportation – NJDoT – wickelt noch einen bescheidenen Vorortverkehr ab, bei dem einige dieser prächtigen Maschinen eine Verwendung finden.

Wenigstens zwei Loks werden in den Museen von Altoona und Strasburg der Verschrottung entgehen. Aber nie wieder werden wir eine dieser mächtigen Maschinen dabei beobachten, wie sie mit mehr als 90 Meilen in der Stunde mit einem 20-Wagen-Zug vorbeibraust, der für sie kaum schwerer als ein Sack Federn zu sein scheint.

Oben: *Die 10000 PS der beiden, schon ziemlich schäbig aussehenden, GG1-Maschinen reichten am Ende der Tage der großen Pennsylvania Railroad für die Beförderung der Güterzüge aus.*

Unten: *Die GG1 Nr. 4835 wurde im historischen schwarzen Farbkleid mustergültig restauriert; hinter ihr folgen zwei Loks im Amtrak-Anstrich, die vierte Maschine ist eine moderne E60P.*

4-COR Triebzug

Großbritannien
Southern Railway (SR), 1937

Bauart: Vierteiliger elektrischer Schnelltriebzug
Spurweite: 1435 mm (4 ft 8½ in)
Stromversorgung: Gleichstrom von 660 V über von oben bestrichene Stromschiene
Antrieb: 4 Tatzlagermotoren von je 205 kW (280 PS) treiben die beiden äußeren Drehgestelle der Einheit
Gewicht: 59,3 t (130816 lb) Reibungsgewicht; 158,7 t (349890 lb) Gesamtgewicht
Maximale Achslast: 14,8 t (32704 lb)
Gesamtlänge: 80620 mm (264 ft 5 in)
Höchstgeschwindigkeit: 120 km/h (75 mph)

Viele Jahre lang beanspruchte die englische Southern Railway für sich, daß sie über das größte elektrische Vorortnetz der Welt verfügte. Seine letzte Blütezeit begann mit der Netzerweiterung 1937-38 bis Portsmouth über gleich zwei verschiedene Hauptstrecken und der Eröffnung zusätzlicher Ergänzungsabschnitte. Dieses ehrgeizige Programm umfaßte die Elektrifizierung von 650 km Gleis. Im Sommerfahrplan verbanden an Samstagen mehr

Rechts: *Ein Schnellzug vom Waterloo-Bahnhof nach Portsmouth, gebildet aus „4-COR" und „4-RES"-Einheiten, durcheilt das Weichbild von London bei Clapham Junction.*

North Shore „Electroliner"

USA
Chicago, North Shore & Milwaukee Railroad (North Shore), 1941

Bauart: Elektrischer Schnelltriebwagen-Gelenkzug
Spurweite: 1435 mm (4 ft 8½ in)
Stromversorgung: Gleichstrom von 550 V (später 600/650 V) über Oberleitung und Trolley-Stangenstromabnehmer oder 600 V aus einer Stromschiene auf der Hochbahn
Antrieb: 8 Tatzlagermotoren von je 93 kW (127 PS) an den vier äußeren Commonwealth-Stahlgußdrehgestellen
Gewicht: 77,6 t (171030 lb) Reibungsgewicht; 95 t (210500 lb) Gesamtgewicht
Maximale Achslast: 9,7 t (21380 lb)
Gesamtlänge: 47345 mm (155 ft 4 in)
Höchstgeschwindigkeit: 137 km/h (85 mph)*

* Bei 600/650 V nach dem Zweiten Weltkrieg.

Unten: *Die legendären „Electroliner" der Chicago, North Shore & Milwaukee Railroad bestanden aus vier gelenkig verbundenen Wagenkästen, von denen die Abbildung die beiden ersten darstellt. Ihren Kauf finanzierte man durch Kürzungen der Angestelltenlöhne, um die drohende Einstellung der Bahn abzuwenden.*

In einer Zeit, in der es so aussieht, daß im Städteschnellverkehr die Zukunft den elektrischen Triebzügen gehört, muß man auch einmal daran erinnern, daß sich in den Vereinigten Staaten von Amerika schon vor Jahrzehnten ein riesiges, 29000 Kilometer langes, städteverbindendes Netz elektrischer Bahnen entwickelt hat. Einige fuhren schneller als die anderen, aber von den wenigsten ist heute noch etwas zu finden. Eine der langlebigsten – und schnellsten – Überlandbahnen war die Chicago, North Shore & Milwaukee Railroad. Bei ihr konnte man die Fahrt an Haltestellen des berühmten Innenrings der Chicagoer Hochbahn beginnen – Bedin-

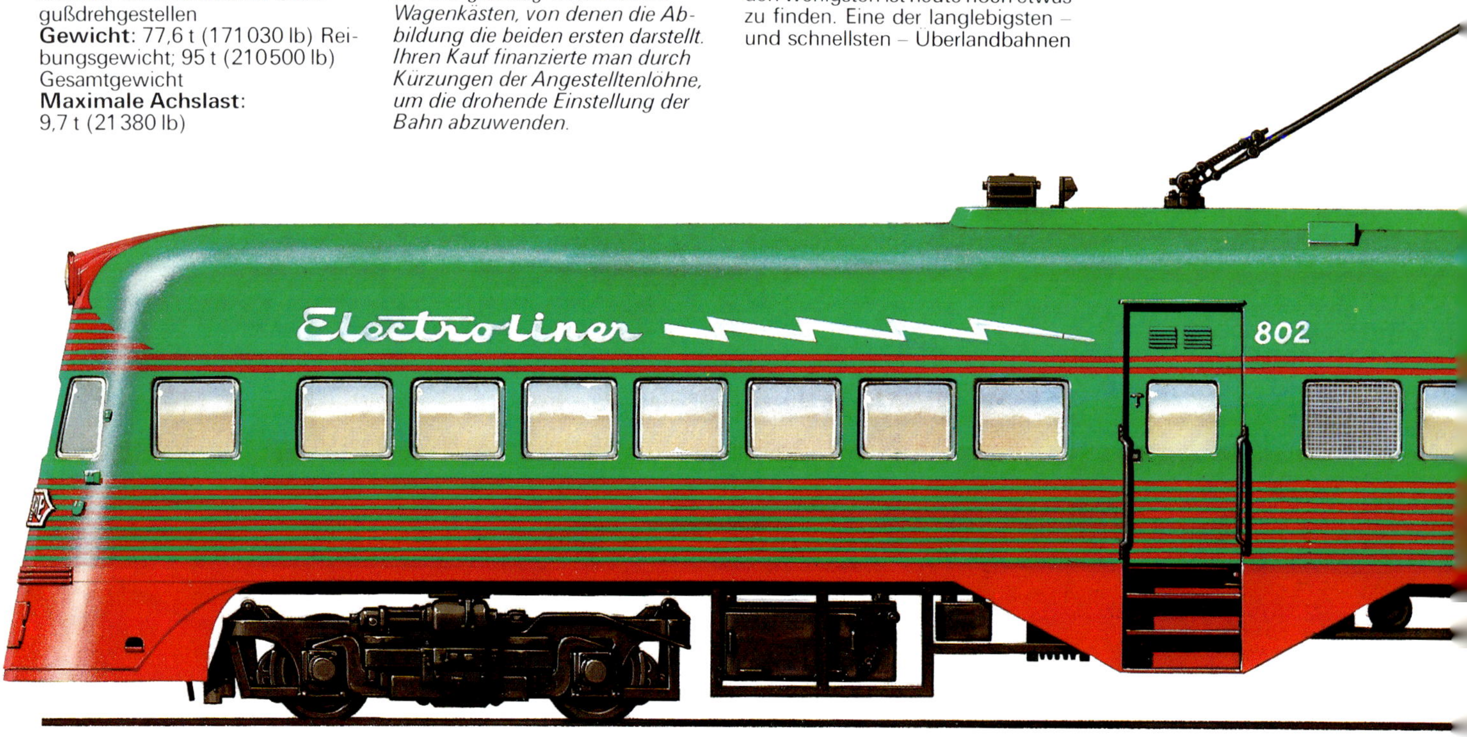

als 120 Schnellzüge und 70 Nahverkehrszüge London und Portsmouth. Der elektrische Betrieb umfaßte nun die ganze Südküste Englands von Portsmouth bis Hastings. Im Durchschnitt verdoppelte sich das bisherige Verkehrsangebot, vor allem waren die neuen Züge sauberer, schneller und verläßlicher. Es war eine Modernisation in einem Maß, das für uns – fast 50 Jahre später – völlig außer Reichweite liegt.

Zur Ausweitung des Angebots baute man 193 Triebwagen-Garnituren, 87 davon bestanden aus 4 Durchgangswagen für den Schnellverkehr. Aus ihnen bildete man Züge von 8 oder 12 Wagen; wegen der Durchgangsmöglichkeit erhielt dieser Fahrzeugtyp die Bezeichnung „4-COR" (corridor). Neunzehn Einheiten besaßen einen Speisewagen („4-RES") und 13 ein Büfett („4-BUF").

Die gesamte elektrische Ausrüstung war unter dem Wagenboden untergebracht und beeinträchtigte die Ausgestaltung der Fahrgasträume nicht. Die elektro-pneumatischen Fahrschalter erlaubten auch die Vielfachtraktion mit älteren Triebwagen, die eine elektromagnetische Steuerung besaßen. Nicht benutzte Führerstände innerhalb eines Zuges konnte man mit Falttüren verschließen, die den Durchgang freiließen. Wie bei den elektrischen Fahrzeugen der SR üblich, verwendete man die Luftdruckbremse.

Oben: *Die Codezahl „80" im Stirnfenster bedeutet, daß diese 12-Wagen-Komposition die Strecke vom Waterloo-Bahnhof in London bis zum Hafenbahnhof von Portsmouth ohne Zwischenhalt durchfährt.*

Die Portsmouth-Garnituren – mit Spitznamen „Nelsons" genannt – verrichteten mehr als 30 Jahre lang zur vollen Zufriedenheit ihren Dienst. Die offizielle Höchstgeschwindigkeit wurde oft übertroffen, Geschwindigkeiten von 144 km/h (90 mph) waren häufig zu beobachten, wenn ihre Fahrt dabei auch etwas lebhafter wurde. Wichtiger als Geschwindigkeit war aber Zuverlässigkeit. Ihr ständiger Einsatz in einer Zeit, in der der Zweite Weltkrieg tobte und bevor die British Railways ernsthaft an eine Modernisierung ihres Betriebes dachte, gab dem Schreiber eine völlig falsche Vorstellung von den Dingen, die die Zukunft bringen würde. Manches Mal hatte man in diesen Zügen zwar das Gefühl in einer Dampfwalze mit eckigen Rädern zu sitzen, aber in einem Punkt versagten sie selten – sie hielten auf jeden Fall die Versprechungen des Fahrplans ein. Inzwischen sind sie alle verschwunden, bis auf einen einzelnen Triebwagen, der für das Nationale Eisenbahnmuseum in York aufgehoben wird und eine zwar komplette, aber motorlose, 4-Wagen-Einheit, in der man hinter Dampflokomotiven die Nene Valley-Touristen-Bahn bei Peterborough bereisen kann.

gung waren dafür Züge, die so beweglich waren, daß sie Kurven innerhalb der Stadt mit einem Radius von nur 27,5 m durchfahren konnten. Man erreichte dies mit Gelenkwagen, die relativ kurze Wagenkästen besaßen. Nur wenige Minuten später verließ man die Stadtgrenzen und raste auf den ausgezeichneten Gleisen der North Shore mit 135 km/h dahin. In Milwaukee angekommen, benutzte die Bahn – mit entsprechend niedrigen Geschwindigkeiten – die Gleise der städtischen Straßenbahn, um zu ihrem Endbahnhof in der Innenstadt zu gelangen. Es war fast so, als ob man mit einem heutigen Hochgeschwindigkeitszug aus Bristol vom Londoner Paddington Bahnhof durch die Oxford Street weiterfuhr, um endlich in die Regent Street einzubiegen.

Die phantastischen Triebzüge, die all dies so spektakulär vollbrachten, waren in manchem ungewöhnlich, nicht zuletzt durch die Tatsache, daß sich die Bahnbeschäftigten zu Lohnkürzungen bereitgefunden hatten, um Verbesserungen – darunter auch diese „Electroliner" – zu finanzieren, mit denen die Bahn in letzter Minute vor der Einstellung gerettet werden sollte.

Die St. Louis Car Company baute die Wagen mit elektrischen Ausrüstungsteilen von Westinghouse. Sie boten 146 Sitzplätze und sogar den Komfort eines Barwagens. Die beiden „Electroliner" fuhren vom 9. Februar 1941 an planmäßig fünfmal täglich die 141 km lange Strecke von Chicago nach Milwaukee und zurück. Schließlich trug der Individualverkehr doch noch den Sieg über die Eisenbahn davon – am 20. Januar 1963 war der letzte Betriebstag der North Shore.

Die „Electroliner" verkaufte man an die „Southeastern Pennsylvania Transportation Authority" (SEPTA) in Philadelphia, die sie von 1964 an als „Liberty Liners" mit den Namen „Valley Forge" und „Independence Hall" und in einem leuchtenden dunkelrot-weiß-blauen Anstrich einsetzte. 1980 endete dann auch hier ihr Einsatz.

„E"-Serie (A1A)(A1A)

USA
Electro-Motive Division, General Motors Corporation (EMD), 1937

Bauart: Diesel-elektrische Schnellzuglokomotiven – als „A"-Einheit mit, als „B"-Einheit ohne Führerstand
Spurweite: 1435 mm (4 ft 8½ in)
Antrieb: Zwei EMD 2-Takt-V12-Dieselmotoren mit Aufladung, Typ 567A, von 746 kW (1000 HP = 1014 PS) mit Gleichstromgeneratoren versorgen vier Tatzlagermotoren an den äußeren Achsen der beiden Drehgestelle
Gewicht: „A"-Einheit: 96,3 t (212310 lb) Reibungsgewicht; 142,9 t (315000 lb) Gesamtgewicht. „B"-Einheit: 93,3 t (205570 lb) Reibungsgewicht; 138,4 t (305000 lb) Gesamtgewicht
Maximale Achslast: „A" – 24,1 t (53080 lb); „B" – 23,3 t (51390 lb)
Gesamtlänge: „A" – 21670 mm (71 ft 1¼ in); „B" – 21340 mm (70 ft 0 in)
Zugkraft: 236 kN (53080 lb)
Höchstgeschwindigkeit: 137 km/h (85 mph), 148 km/h (92 mph), 158 km/h (98 mph), 188 km/h (117 km/h) – Je nach Übersetzung
Die Angaben beziehen sich auf die Type „E7" von 1945

Oben: *Ein Personenzug der Gulf, Mobile & Ohio RR, geführt von einer EMD „E7A" und einer „F3B".*

Im Jahre 1930 tätigte die General Motors Corporation zwei Käufe, die sich dramatisch auf die amerikanische Lokomotivwelt auswirken sollten. Erstens kaufte sie die Winton Engine Co., die auf die Herstellung leichter Dieselmotoren spezialisiert war. Das zweite Kaufobjekt war Wintons Hauptkunde, die Electro-Motive Corporation, die 1922 gegründet worden war, um benzin-elektrische Triebwagen zu produzieren und die in zehn Jahren auch 500 Einheiten verkauft hatte. Durch die neu erstandenen Fabrikationsanlagen und die übernommenen Sachkenntnisse war es erst möglich geworden, daß EMD einen maßgeblichen Anteil an der Einführung der sensationellen neuen Stromlinien-Triebzüge des Jahres 1934 übernehmen konnte. Schon im folgenden Jahr stellte die Firma ihre ersten eigenen Diesellokomotiven her, vier rechteckige „Boxcar"-Maschinen der Achsfolge Bo'Bo', die von jeweils zwei Winton-V12-Motoren mit einer Leistung von je 670 kW (900 HP) angetrieben wurden. Da die eigene Lokomotivwerkstatt noch nicht fertiggestellt war, mußten diese Loks noch bei anderen Herstellern zusammengebaut werden.

1936 konnte EMD endlich in die neuen Fabrikhallen in La Grange, Illinois einziehen und begann sofort mit dem Bau der nächsten Lokomotiven. Sie gehörten zur „E"-Serie, auch „Stromlinien"-Serie genannt, und erhielten die gleichen 900 HP-Motoren wie ihre Vorgänger; Fahrwerk und Aufbau waren aber völlig neu. Die Kastenwände gestaltete man als mittragende Bauelemente nach der Art von Fachwerkbrückenträgern. Um die Laufeigenschaften bei höheren Geschwindigkeiten zu verbessern, erhielten die Drehgestelle drei Achsen. Da aber nur vier Traktionsmotoren benötigt wurden, blieben die Mittelachsen antriebslos, die Achsanordnung lautete (A1A)(A1A). Man baute die Lokomotiven in zwei Versionen, als „A"-Einheiten mit und als „B"-Einheiten ohne Führerstand. Die Baltimore & Ohio RR war der erste Kunde. Sie kaufte sechs Maschinen jeder Type, die paarweise als 3600 HP-Lokomotiven (2685 kW) verwendet wurden. Die Santa Fe kaufte 8 „A"- und 3 „B"-Einheiten und die Betriebsgemeinschaft der „City"-Stromlinienzüge erstand zwei A-B-B-Garnituren für den „City of Los Angeles" und den „City of San Francisco", die mit ihrer Gesamtleistung von 5400 HP (4028 kW) bei ihrem Erscheinen 1937 die stärksten Diesellokomotiven der Welt waren. Die B&O-Loks klassifizierte EMD als „EA" und „EB", die der Santa Fe waren die „E1A" und „E1B" und die „City"-Maschinen nannte man „E2A" und „E2B".

Schon diese ersten Lokomotiven waren ein Erfolg, nicht nur durch ihre Leistungen, sondern auch durch ihre Zuverlässigkeit, die ein hervorragender Beweis für die Qualität der Konstruktionsarbeiten war, denn vor den ersten vier „Boxcar"-Loks hatte es keinen Prototyp der Baureihe gegeben. Beim Betrieb in Mehrfachtraktion konnten Unterhaltsarbeiten sogar unterwegs ausgeführt werden, auf weniger anstrengenden Streckenabschnitten schaltete man einfach die entsprechende Maschine ab. Dadurch waren bemerkenswerte Dauerleistungen möglich geworden: Eine der B&O A-B-Garnituren erlangte nationale Berühmtheit als sie 365 Tage lang ohne Unterbrechung ihren Dienst zwischen Washington, DC. und Chicago verrichtete und dabei 454000 Kilometer mit einer durchschnittlichen Geschwindigkeit von 90 km/h zurücklegte! Die technische Weiterentwicklung ging in La Grange rasch voran. Der Winton-Diesel erreichte bei der Leistung von 900 PS seine Grenzen, man entwickelte daher einen neuen

Unten: *Die letzte Variante der „E"-Serie war die „E9". Die Abbildung zeigt sie in dem Anstrich, den die Rock Island RR für ihre „Rocket"-Expresszüge verwendete.*

EMD-Motor. Seine Typnummer „567" gab den Rauminhalt eines seiner Zylinder in Kubikzoll an – ein Volumen von 9,29 Litern. Er war mit 8,12 und 16 Zylindern erhältlich und leistete dabei 600, 1000 und 1350 HP (448, 746 und 1007 kW). Gleichzeitig begann La Grange mit der Herstellung eigener Generatoren, Traktionsmotoren und anderer elektrischer Ausrüstungsteile.

Die ersten, komplett aus EMD-Teilen erbauten, Lokomotiven erhielt die Seabord Air Line – 14 „A" und 5 „B"-Lokomotiven des Typs „E4" – die ab Oktober 1938 abgeliefert wurden. Sie besaßen zwei 1000 HP-Motoren und wurden als 3-teilige Einheit mit 6000 HP Gesamtleistung betrieben. Die Typen „E3" – 18 Loks für die Santa Fe – und „E5" – 16 Stück für die Burlington folgten.

Bisher hatten die Bestellungen der einzelnen Bahnen einzelne Konstruktionsunterschiede aufgewiesen – daher die unterschiedlichen Bezeichnungen – aber EMD beabsichtigte die Lokomotivproduktion durch eine Großserienfertigung zu optimieren und versuchte, die Besteller von Sonderwünschen abzubringen. Die nächste Serie, die „E6", die 1939 im gleichen Monat wie das erste Vorführmodell einer Güterzuglokomotive erschien, war die erste Standardtype, die mit wenigen Variationsmöglichkeiten „von der Stange" verkauft wurde und damit der eigentliche Beginn der Massenproduktion von dieselelektrischen Lokomotiven. Bis der Kriegsproduktionsausschuß im Februar 1942 die Herstellung von Personenzuglokomotiven verbot, hatte EMD 118 Maschinen dieser Bauart abgeliefert.

Im Februar 1945 konnte man endlich den Bau von Personenzugloks mit dem ersten Exemplar der „E7"-Type wieder aufnehmen, bei dem man auch die Erfahrungen aus den Güterzuglokomotiven der „F"-Serie nutzte. Zu den Verbesserungen gehörte vor allem ein neues und größer dimensionierte Kühlsystem. Äußerlich fiel die steiler abfallende Schnauze mit einem Neigungswinkel von 80° zur Horizontalen, wie bei der „F"-Serie, anstelle der 70° der bisherigen „E"-Lokomotiven, auf. Abgesehen davon bestehen die hauptsächlichsten äußeren Unterschiede zwischen den verschiedenen Modellen der „E"-Serie in der Anordnung der Fenster und Lüftergitter. Viele Lokomotiven der amerikanischen Bahnen befanden sich durch die Kriegsanstrengungen in einem heruntergekommenen Zustand, ein weiterer Grund, der zu den zahlreich eingehenden Bestellungen von Diesellokomotiven für den Schnellzugdienst beitrug. „Electro Motive Division" richtete sich für eine monatliche Produktionsrate von durchschnittlich 10 „E7"-Lokomotiven ein. Innerhalb von 4 Jahren entstanden 428 „A"-Einheiten und 82 „B"-Einheiten; die Reihe „E7" war damit zahlenmäßig stärker vertreten als die Personenzug-Dieselloks aller anderen US-Hersteller zusammen. Käufer waren meist Bahnen mit schnellen Personenzugverbindungen auf verhältnismäßig flachen Strecken, bei schwierigeren Bahnverhältnissen hielt man sich lieber an die „F"-Serie mit ihrem Allachs-Antrieb.

Zu den Abnehmern gehörten die Pennsylvania und die New York Central – mit 60 bzw. 50 Lokeinheiten besaßen sie die größten „E7"-Flotten. Auf der New York Central führte man im Oktober 1946 die gründlichsten Vergleichsuntersuchungen zwischen Diesel- und Dampftraktion durch, die es je gab. Zwei „E7"-Paare verglich man mit sechs neuen „Niagara" 2'D2' Schnellzuglokomotiven im Betrieb auf der 1493 km langen Strecke von Harmon, New York nach Chicago. Im Durchschnitt liefen die „E7" monatlich 46587 km, die „Niagaras" 43796 km (28954 und 27221 Meilen). Die durchschnittlichen Betriebskosten pro Meile ergaben sich mit 1,11 Dollar für die Dieselloks und mit 1,22 Dollar für die Dampfloks. Leider führte in der Folgezeit eine Reihe von Streiks in der Kohlenindustrie und Probleme mit der für die Kessel der „Niagaras" verwendeten Stahllegierung, dazu, daß die NYC die knappe Differenz nicht doch zugunsten der noch immer heiß geliebten Dampflokomotive interpretierte. Für den eingefleischten Dampflokenthusiasten ist es auch heute noch interessant, wie klein die Unterschiede waren, wenn hervorragende intensiv genutzte und entsprechend gut unterhaltene Dampflokomotiven durch Dieselloks ersetzt wurden. Bei vielen Bahnen gab es allerdings größere Kostendifferenzen und die Dieselloks erwirtschafteten nennenswerte Einsparungen, die ausreichten, um die höheren Kapitalkosten zu kompensieren.

Unten: *Diese „A"-Einheit – mit Führerstand – der Santa Fe weist noch die schräge Front der frühen „E"-Maschinen auf.*

1949 stand der Motortyp „567B" mit einer Leistung von 839 kW (1125 HP) zur Verfügung, der für die nächste Loktype „E8" Anwendung fand. Inzwischen hatten die meisten Bahngesellschaften ihre wichtigsten Personenzugleistungen verdieselt und der Eindruck auf die Fachwelt war nicht mehr so spektakulär. Beim Erscheinen der letzten Version der „E"-Serie, der „E9", mit 1200 HP (895 kW) Dieselmotor, Typ „567C", war der Markt schon gesättigt, zwischen 1954 und 1963 entstanden nur noch 144 Einheiten, verglichen mit immerhin 457 Maschinen der Type „E8".

Angesichts der starken Konkurrenz von Luftverkehr und Auto ging der Niedergang des amerikanischen Personenzuges rasch vonstatten und vielen der späteren „E"-Lokomotiven war nur ein kurzes Leben vergönnt, man gab sie für neue Allzwecklokomotiven in Zahlung.

Die EMD-„E"-Lokomotiven leiteten die allgemeine Verdieselung der amerikanischen Personenzüge ein und etliche von ihnen hatten auch die zweifelhafte Ehre so manchen berühmten Expreßzug auf seiner letzten Fahrt zu führen. In ihrer Glanzzeit besaßen die USA in ihnen einen unumstrittenen Rekordhalter im Bereich der Schnellzuggeschwindigkeiten. Mit einer möglichen Höchstgeschwindigkeit von 188 km/h (obwohl die wenigsten Bahnen sie schneller als 160 km/h laufen ließen) waren die Lokomotiven der „E"-Type damals die schnellsten Dieselloks der Welt – trotzdem waren sie robuste und einfache Konstruktionen. Bemerkenswert ist, daß auch bei derartigen Geschwindigkeiten Tatzlagermotoren verwendet wurden, die offensichtlich keine nachteiligen Auswirkungen auf den ziemlich schweren Oberbau mit seinem engen Schwellenabstand hatten.

1980 waren bei der Amtrak noch einige der letzten „E"-Lokomotiven in Vielfachtraktion im Einsatz, ihre Reihen waren schon erheblich gelichtet. Zum Glück blieb der Lokomotivkasten der ersten B&O-Maschine als Museumsstück der Nachwelt erhalten.

„F"-Serie Bo'Bo'

USA
Electro-Motive Division, General Motors Corporation (EMD), 1939

Bauart: Diesel-elektrische Mehrzwecklokomotive – als „A"-Einheit mit, als „B"-Einheit ohne Führerstand
Spurweite: 1435 mm (4 ft 8½ in)
Antrieb: Ein EMD 2-Takt-V16-Dieselmotor mit Aufladung, Typ 567B, von 1120 kW (1500 HP = 1522 PS) Leistung erzeugt in einem Generator Gleichstrom für 4 Tatzlagermotoren
Gewicht: 104,3 t (230000 lb) – ohne Dampfheizkessel und Widerstandsbremse.
Maximale Achslast: 26,1 t (57500 lb)
Gesamtlänge: „A" – 15443 mm (50 ft 8 in), „B" – 15240 mm (50 ft 0 in)
Zugkraft: 256 kN (57500 lb)
Höchstgeschwindigkeit: Zwischen 80 km/h und 164 km/h (50 bis 102 mph) je nach Übersetzung
Die Angaben beziehen sich auf den Typ „F3" von 1945

Oben: *Eine einzelne „F"-Lokomotive der Denver & Rio Grande Western Railroad an der Spitze eines 3-Wagen-Zuges auf der Moffattunnelstrecke.*

Lokomotiven wird in ihrem Leben nichts geschenkt, nur die Besten überleben. Meist bewegte sich die technische Evolution in kleinen Schritten voran, nur wenige Neuentwicklungen waren so umwälzend und auch erfolgreich, daß sie die Bezeichnung „revolutionär" verdient hätten. Eine dieser epochemachenden Entwicklungen waren die Allzweck-Diesellokomotiven der „F"-Serie der Electro-Motive Division von General Motors. Als die vierteilige Vorführ-Lokomotive Nr. 103 von 1939 ihre 134780 km lange Vorstellungsfahrt über 20 der größten amerikanischen Bahnen begann, dachte kaum jemand, außer vielleicht EMDs Chefingenieur Richard M. Dilworth, auch nur im Geringsten daran, daß damit das Ende der amerikanischen Dampftraktion eingeläutet wurde und man schon zwanzig Jahre später den Dampfloks die letzte Ehre erweisen würde.

1939 konnte EMD auf eine sechsjährige Erfahrung beim Bau von maßgeschneiderten Dieselloks für Hochgeschwindigkeitszüge zurückblicken. Ihre Fähigkeit, auch die besten Dampfloks hinter sich zu lassen, hatte in vielen Teilen des Landes Anerkennung eingebracht, aber es handelte sich nur um einen eng begrenzten Wirkungskreis. Auch Diesel-begeisterte Eisenbahner konnten sich die Diesellokomotive nicht als Alternative zu den schweren Güterzug-Dampfloks mit 5, 6 oder 8 Treibachsen in ihrem harten Alltagstrott vorstellen.

Dilworth traute auch dies der Dieseltraktion zu und seine Firma unterstützte sein Vertrauen mit dem Bau der vierteiligen Vorführlokomotive mit einem Gesamtgewicht von 414 t (912000 lb) und einer Länge von 58830 mm. Die meisten bisher gebauten Personenzug-Dieselloks besaßen den Winton-Diesel Typ 201 in Leichtbauweise. Ab 1938 produzierte EMD seine eigene Motortypenreihe „567": 2-Takt-V-Maschinen mit einem Zylindervolumen von 567 Kubikzoll (9,29 Liter). Die 16-Zylinder-Version hatte eine Nennleistung von 1350 HP (1007 kW) und paßte bequem in eine vierachsige Lokomotive der Achsanordnung Bo'Bo'.

Zwei derartige Maschinen waren permanent gekuppelt, die „B"-Einheit wurde vom Führerstand der „A"-Einheit mitgesteuert; normalerweise kuppelte man zwei solche Garnituren mit den „B"-Einheiten zueinander. Über die Vielfachsteuerung kontrollierte ein Lokführer alle vier Maschinen. Dilworth rechnete damit, daß ein 2700 HP-Lokpaar leistungsmäßig einer der üblichen 1'D1' oder 1'E1'-Dampflokomotiven entsprach und daß die komplette Vierer-Garnitur mit den größten Gelenk-Dampfloks konkurrieren konnte. Da ihre Gesamtanfahrzugkraft mehr als doppelt so groß war, wie die der größten Dampfloks, hatte man allen Grund zu dieser Annahme. Die Vorführloks besaßen eine Getriebeübersetzung für 120 km/h, es war aber bei Verwendung anderer Zahnradpaarungen auch eine Höchstgeschwindigkeit von 164 km/h möglich. Damit waren diese neuen Maschinen wirkliche Mehrzweck-Lokomotiven.

Bei der Konstruktion des Fahrzeugteils verwendete man das Prinzip des mittragenden Wagenkastens – die Lokomotivwände und das Dach übernahmen gemeinsam mit dem Rahmenunterbau alle auftretenden Kräfte. Die glatte Stromlinienverkleidung der Dieselloks bildete einen scharfen Kontrast zu den Dampflokomotiven. Auch dies war eine der revolutionären Ideen, die man mit der Lok Nr. 103 demonstrieren wollte. Die bunten, leuchtenden Farbgebungen der Stromlinienzüge hatten zu deren Popularität beigetragen, nun hatte man die Chance, das Image des Güterverkehrs auf gleiche Art aufzumöbeln.

Trotz großer Skepsis der Dampflokexperten reagierten 20 Bahngesellschaften mit Strecken in 35 Staaten der USA auf das Angebot von EMD, die Nr. 103 auszuprobieren und wo immer sie auch auftauchte, übertrafen ihre Leistungen die der besten Dampfloks um nennenswerte Beträge, egal, ob auf Seehöhe oder in 3120 m über dem Meer, ob bei Temperaturen von −40°C oder +46°C. Typische Leistungswerte waren Beharrungsgeschwindigkeiten von 42 km/h mit einem 5400 t-Zug auf einer 158 km langen Rampe von 4‰ im Vergleich zur Geschwindigkeit von nur 16 km/h einer modernen (2'C)C2'-Dampflok. Die „B"-Einheiten besaßen Dampfkessel für die Zugheizung, Lok Nr. 103 war damit imstande, auch vor Personenzügen ihr Können zu beweisen; die Fachleute waren gehörig beeindruckt. Eine nicht gering zu schätzende Eigenschaft der „103" war ihre außergewöhnliche Zuverlässigkeit. In den elf Monaten ihrer Erprobungsfahrten war kein Ausfall zu verzeichnen und auch wenn man die gute Betreuung durch die EMD-Begleitmannschaft berücksichtigt, war dies sehr bemerkenswert.

Die Serienmaschinen der Type „FT" folgten der Vorführmaschine fast auf den Fersen, die Bestellungen kamen aus allen Teilen des Landes. Das EMD-Werk in La Grange stellte sich auf die Großserienproduktion ein und innerhalb von sechs Jahren entstanden hier 1096 „FT"-Einheiten, davon allein 320 für den Großabnehmer Santa Fe. Auch der Kriegsproduktionsausschuß war von dem Beitrag, den

Unten: *Ein „F3"-Lokpaar wie es an die Baltimore & Ohio RR geliefert wurde.*

diese Lokomotiven für die Kriegsanstrengungen leisten konnten, hinreichend beeindruckt und gestattete – bis auf eine kleine Unterbrechung – die Weiterführung der Produktion, trotz des Bedarfs an knappen Metallegierungen.

Bei Kriegsende hatte man die Güterzug-Diesellokomotive auf vielen Bahnen voll akzeptiert und so mancher Verantwortliche dachte schon an eine Vollverdieselung. Die erste Nachkriegsneuerung war die Entwicklung des „567B"-Dieselmotors mit einer Leistung von 1500 HP (1120 kW), der den „567A"-Motor mit 1350 HP ersetzte. Nach 104 Exemplaren der Übergangstype „F2" erschien eine vierteilige Vorführ-Einheit der Type „F3" mit einem an die Motorleistung von 1500 PS angepaßten stärkeren Generator und etlichen anderen Verbesserungen, die sich durch sechs Jahre Erfahrung mit den „FT"s ergeben hatten. Dazu gehörten auch selbsttätig arbeitende Kühlerlüfter; die Lüfter der „FT"-Loks wurden mechanisch – über Kupplungen – angetrieben und hatten von Hand zu bedienende Luftklappen. Stellte der Lokführer einmal die Motoren ab, mußte sich der – auch bei Dieselloks „fireman" (Heizer) genannte – zweite Mann sputen, um alle Lüfter abzustellen und alle Lüftergitter zu verschließen, wenn bei großer Kälte die Gefahr bestand, daß die Kühler schnell einfroren.

EMD pries die „F3" als die am vielseitigsten verwendbare Lokomotive der Geschichte an und die Eisenbahnen schienen dem zuzustimmen, denn in wenig mehr als 2 Jahren, bis 1949, konnte man 1807 Einheiten verkaufen. Man nutzte die Möglichkeiten einer einfallsreichen Farbgestaltung der Lokomotiven, die die großen glatten Außenflächen boten, ein EMD-Prospekt illustrierte 40 verschiedene Farbvarianten, in denen die Lokomotiven abgeliefert wurden.

Vereinfachte Wartung und ein verminderter Brennstoffverbrauch durch Verbesserungen der Motorkonstruktion, nannte EMD unter anderem als Vorzug der neuen „F3"-Loks. Auch für das nächste Modell „F7", das 1949 auf den Markt gebracht wurde, behauptete man dies wieder. Der Hauptunterschied zur „F3" bestand in Verbesserungen der Traktionsmotoren und anderer elektrischer Ausrüstungsteile. Bei gleicher Dieselleistung konnte man mit den neuen Fahrmotoren auf schweren Steigungen 25% höhere Zuglasten ziehen. Auch dieses Lokmodell bot EMD in verschiedenen Varianten an, darunter acht verschiedenen Getriebeübersetzungen.

Die „F7" entpuppte sich als Bestseller: 49 US-Bahnen kauften 3681 „F7"-Einheiten und 301 „FP7"-Loks, eine verlängerte Version mit Zugheizkessel, auch Kanada und Mexiko erstanden 238 beziehungsweise 84 Maschinen. Sie übernahmen alle Aufgaben von den schnellsten Personenzügen bis hin zu schwersten Güterzügen. Gemessen an den Verkaufszahlen war die „F7" die erfolgreichste „carbody"-Lokomotive, die je gebaut wurde. Die „F7"-Produktion endete 1953 mit dem Erscheinen der „F9". Ihr wesentlichster Unterschied zur „F7" war der neue Motortyp „567C" mit einer Leistung von 1750 HP (1305 kW). Inzwischen begann aber die Nachfrage nach „carbody"-Loks nachzulassen, denn die „hood"-Bauarten (mit schmaler Motorverkleidung und offenen Seitengängen) erfreuten sich wachsender Popularität. So entstanden innerhalb der nächsten drei Jahre nur noch 175 „F9"-Einheiten.

Zu Beginn der sechziger Jahre war die Dampftraktion in den U.S.A. praktisch völlig verschwunden und die Dieselhersteller mußten nun versuchen, neue Dieselloks zu verkaufen, die ältere Dieselloks ersetzen sollten. Die Inzahlungnahme älterer Modelle wurde alltäglich, so manches Teil, vor allem die Drehgestelle, wurde weiterverwendet. Viele „F"s verschwanden auf diese Weise, um Platz für neue und stärkere „hood-units" zu machen, der Niedergang des Eisenbahnpersonenverkehrs trug seinen Teil dazu bei. Trotzdem überlebte so manche „F7" oder „F9" bis heute, vor allem in Kanada kann man sie noch immer vor respektablen Schnellzügen sehen.

Die „F"-Serie zeigte, mehr als jede andere Bauart, daß man durch eine Verdieselung Leistungen und Wirtschaftlichkeit in allen Einsatzgebieten verbessern konnte, obwohl die Beschaffungskosten über denen vergleichbarer Dampflokomotiven lagen und trotz anfänglicher Unkenntnis der tatsächlichen Lebensdauer, die von einer Diesellokomotive zu erwarten war.

Oben: *Ein Personenzug der Gulf, Mobile & Ohio RR verläßt Chicago hinter einer „F"-Lokomotive.*

Unten: *EMD „F"-Loks in Mehrfachtraktion vor einem Personenzug der Canadian Pacific im Januar 1963 in London, Ontario.*

Reihe 1020 Co'Co'

Österreich
Österreichische Bundesbahnen (ÖBB), 1940

Bauart: Schwere elektrische Güterzuglokomotive
Spurweite: 1435 mm (4 ft 8½ in)
Stromversorgung: Wechselstrom von 15000 V 16⅔ Hz über Oberleitung zum Loktransformator
Antrieb: 6 Tatzlagermotoren von 650 kW (884 PS) Stundenleistung mit beidseitigen Zahnradgetrieben treiben alle Achsen an
Gewicht: 120 t (264550 lb)
Maximale Achslast: 20 t (44090 lb)
Gesamtlänge: 18600 mm (61 ft 0 in)
Zugkraft: 290 kN (65115 lb)
Höchstgeschwindigkeit: 90 km/h (56 mph)

Diese stattlichen Lokomotiven, die eine angenehme Abwechslung vom heute üblichen eckigen Erscheinungsbild bieten, entstanden während und nach dem Zweiten Weltkrieg in größerer Zahl in Deutschland und Österreich, das damals als „Ostmark" unter deutscher Herrschaft stand. Sie sind eine Weiterentwicklung der DRG-Baureihe „E 93" (heute „193"). Von den insgesamt 200 Lokomotiven verblieben nach 1945 auf Anordnung der Alliierten 44 Stück im wieder erstandenen Österreich, weil ein Teil der Maschinen hier gebaut worden war. Noch einmal 3 Loks stellten die Wiener Lokomotivfabrik und die AEG-Wien nach Kriegsende fertig, damit besaßen die ÖBB 47 Loks, die die Nummern 1020.01-47 erhielten. Die meisten der E 94 gelangten zur DB, etliche

Rechts: *Die ÖBB 1020.41 im alten grünen Anstrich in St. Anton am 2. Juni 1967.*

CC1 Co'Co'

Großbritannien
Southern Railway (SR), 1941

Bauart: Elektrische Lokomotive für gemischten Dienst.
Spurweite: 1435 mm (4 ft 8½ in)
Stromversorgung: Gleichstrom von 600 V über seitliche Stromschiene oder Oberleitung
Antrieb: Zwei Motor-Generator-Aggregate mit Schwungrädern erhöhen die Fahrspannung auf eine Spannung von 1200 V für die sechs Tatzlagermotoren
Gewicht: 101,2 t (222990 lb)
Maximale Achslast: 16,9 t (37296 lb)
Gesamtlänge: 17297 mm (56 ft 9 in)
Zugkraft: 200 kN (45000 lb)
Höchstgeschwindigkeit: 120 km/h (75 mph)

Von 1932 an dehnte die Southern Railway ihren elektrisch betriebenen Personenverkehr über die Vorortstrecken hinaus auf die Hauptstrecken aus und setzte auch dort Triebzüge ein. Der Güterverkehr auf der SR war verhältnismäßig schwach; die Betriebsabteilung war bereit, die meist nachts verkehrenden Güterzüge auch weiterhin mit Dampflokomotiven zu fahren, die man ja für die nicht elektrifizierten Strecken noch benötigte. Alfred Raworth, der leitende Elektroingenieur der Bahn war allerdings darauf aus, auch elektrische Güterzuglokomotiven zu bauen und schaffte es 1937 endlich, den Bau von drei Elloks genehmigt zu bekommen. Der Fahrzeugteil fiel in die Zuständigkeit des Obermaschineningenieurs – ein Posten, den ab 1938 O. V. S. Bulleid innehatte.

Bulleid argumentierte, daß die hohen Anschaffungskosten einer elektrischen Lokomotive nur gerechtfertigt seien, wenn sie am Tage Personenzüge und nachts dann die Güterzüge befördere, daß sie also in der Lage sein mußte, die schwersten Personen- und Güterzüge zu übernehmen, die künftig auf der SR zu erwarten waren. Man legte also fest, daß die Elloks Züge von 475 t mit 120 km/h und 1000 t-Züge mit 64 km/h befördern sollten. Weil damals die britischen Güterzüge keine durchgehenden Bremsen besaßen, mußte die Maschine imstande sein, die Züge von 1000 t Gewicht auch sicher abzubremsen, nur mit der bescheidenen Mithilfe des üblichen Bremswagens. Die erforderliche Bremskraft machte ein Reibungsgewicht von 100 t nötig, für das man sechs Treibachsen brauchte – die Loks erhielten also die Achsanordnung Co'Co'.

Die von der Lok geforderte Leistung war nicht außergewöhnlich, eine weitere Bedingung war schwieriger zu erfüllen. Die unver-

Oben: *Lok Nr. 20001 der British Railways (ehem. CC1 der Southern Railway) bringt den Sonderzug der Königin von England vom Victoria-Bahnhof zum Derbyrennen nach Tattenham Corner.*

sind heute auch noch bei der DR im Einsatz.

In ihrem Aufbau ähneln diese Loks den „Krokodilen", auch hier tragen die Fahrgestelle die Zug- und Stoßvorrichtungen und halbhohe Apparateaufbauten, während der Hauptkasten der Lok mit dem Transformator und der Fahrelektrik über Drehzapfen auf den beiden Fahrgestellen aufliegt. Mit ihrer Widerstandsbremseinrichtung, der hohen Zugkraft und dem kurzen festen Achsstand sind sie vorzüglich geeignet für die Bergstrecken Österreichs mit ihren Steigungen und engen Kurven. Ihre einfache und konventionelle Konstruktion ist ein Grund für ihre Langlebigkeit. Zwar werden sie nicht mehr für die Beförderung internationaler Expreßzüge herangezogen, aber fast alle sind noch vor den schweren Güterzügen anzutreffen, für die sie ja entworfen wurden.

Links: *Zwölf Treibachsen für einen Zug! Die modernisierte ÖBB 1020.14 leistet einer Co'Co'-Lok der Reihe 1110 Vorspann.*

Einige der DB-Nachbauten erhielten Fahrmotoren mit einer Stundenleistung von 830 kW und teilweise auch eine andere elektrische Ausrüstung mit einer Hochspannungssteuerung. In späteren Jahren erhöhte man ihre zulässige Höchstgeschwindigkeit auf 100 km/h, um sie in der Einsatzmöglichkeit an ihre Nachfolgereihe E 50 anzupassen.

Links: *Die 1020.38 der Österreichischen Bundesbahnen ist die frühere E 94 100 der Deutschen Reichsbahn Gesellschaft. Die Abbildung zeigt sie im heutigen, modernisierten, Zustand.*

meidlichen Lücken der Stromschienen konnten sogar bei einem Drei-Wagen-Triebzug dazu führen, daß dieser kurzzeitig ohne Fahrstrom war. Man forderte nun, daß die Loks in der Lage sein sollten, auch dann mit einem 1000 t-Zug anzufahren, wenn sie in einem stromlosen Abschnitt zu stehen gekommen waren. Genauso wichtig war es, daß es zu keiner plötzlichen Unterbrechung der Zugkraft kommen durfte, wenn man Stromschienenlücken passierte, denn sonst konnte es geschehen, daß durch den starken Ruck eine der einfachen Kettenkupplungen der Güterwagen riß. Für dieses ungewöhnliche Problem fand Raworth in Zusammenarbeit mit English Electric eine ungewöhnliche Lösung. Der Strom aus der Stromschiene trieb zwei Motor-Generator-Aggregate, für jedes Drehgestell eines, die 600 V Gleichstrom erzeugten. Den Generator schaltete man in Serie mit den Lokstromabnehmern, so daß für die Fahrmotoren eine Gesamtspannung von 1200 V zur Verfügung stand. Die drei Fahrmotoren eines Drehgestells waren ebenfalls in Reihe geschaltet, die Motorspannung betrug somit 400 V.

Auf den Antriebswellen der Motor-Generator-Aggregate saßen Schwungräder mit einem Gewicht von 1 Tonne. Fiel die äußere Stromversorgung aus, sorgte das Schwungrad dafür, daß die Aggregate weiterliefen. Der Motor, seiner Versorgungsspannung ledig, arbeitete nun ebenfalls als Generator und erzeugte weiterhin, in Reihe mit dem eigentlichen Generator, eine Gesamtspannung von 1200 V für die Antriebsmotoren, bis die Bewegungsenergie des Schwungrads aufgezehrt war.

Die Fahrmotorspannung regelte man durch Änderung des Generatorfeldes. Die benötigten Anfahrwiderstände konnten dadurch so klein ausfallen, daß es möglich war, alle 26 Fahrstufen auf Dauer einzuhalten, ohne daß es zu Problemen mit der Wärmeabfuhr kam. Im Vergleich dazu besitzen die gleichaltrigen LNER 1500 V-Bo'Bo'-Elloks nur 10 Dauerfahrstufen. Diese Vorteile mußte man natürlich mit der schweren elektrischen Zusatzausrüstung bezahlen, die während der gesamten Fahrtdauer in Betrieb sein mußte.

Auch im mechanischen Teil boten diese Loks Neues: sie besaßen keine Drehzapfen, der Lokkasten stützte sich über Gleitflächen auf die Drehgestellrahmen ab. Die Führung übernahmen Gleitführungen mit einem Krümmungsradius von 1372 mm, die zwischen Kasten und Drehgestell nur eine Drehbewegung zuließen. Ohne Drehzapfen hatte man einen freien Raum für den Fahrmotor der Mittelachse zur Verfügung. Die notwendige Beweglichkeit bei Gleisunebenheiten und Neigungswechseln bot die Abfederung der Achsen. Diese Anordnung schien den bisher gewohnten Konstruktionsregeln für Drehgestelloks zuwider zu laufen, aber sie stellte sich als so zufriedenstellend heraus, daß sie später bei 396 anderen diesel-elektrischen Lokomotiven von SR und BR angewendet wurde.

Die erste Lokomotive, die „CC1" wurde 1941 fertiggestellt und erfüllte die gestellten Forderungen. Nach umfangreichen Versuchen begann ihr Dienst mit der Beförderung von Güterzügen. Im Februar 1942 setzte man sie zwei Wochen lang vor einem Schnellzug von London nach Portsmouth als Ersatz für einen Triebzug ein. Dies war das erste Mal, daß in Großbritannien ein Schnellzug mit einer elektrischen Lokomotive auf einer Hauptstrecke fuhr.

Nach dem Krieg fanden die Loks, es waren nunmehr zwei, Verwendung vor den Schiffszügen von London nach Newhaven, auf einer Strecke, die ansonsten nur von Triebzügen befahren wurde. 1948 erhielten sie Gesellschaft durch eine dritte Maschine, mit der sie sich die Beförderung von Schiffszügen, Sonder-Personenzügen und Güterzügen bis 1969 teilten. Von den BR erhielten sie die Nummern 20001-3. 1969 waren auch in der Südregion durch die allgemeine Flaute und den damit verbundenen Rückgang des Güterverkehrs viele Lokomotiven überzählig, man stellte die „Schwungrad"-Lokomotiven ab, die verbliebenen Dienste übernahmen vielseitiger verwendbare diesel-elektrische Maschinen.

Zwischenzeitlich hatten die BR weitere 24 Bo'Bo'-Elloks mit einer einfacheren Version des Schwungradantriebs für die Südregion gebaut, die aber auch nach einem kurzen Leben der diesel-elektrischen Traktionsform zum Opfer fielen.

Ae 4/4 Bo'Bo'

Schweiz
Bern-Lötschberg-Simplon-Bahn (BLS), 1944

Bauart: Elektrische Lokomotive für gemischten Dienst
Spurweite: 1435 mm (4 ft 8½ in)
Stromversorgung: Wechselstrom von 15000 V 16⅔ Hz über Oberleitung zum Loktransformator
Antrieb: 4 Fahrmotoren von je 736 kW (1000 PS) treiben die Achsen über BBC-Scheibenantriebe an
Gewicht: 80 t (176365 lb)
Maximale Achslast: 20 t (44090 lb)
Gesamtlänge: 15600 mm (51 ft 2 in)
Zugkraft: 236 kN (52990 lb)
Höchstgeschwindigkeit: 125 km/h (78 mph)

Oben: *Das schlichte Aussehen der 1944 eingeführten BLS-Reihe Ae 4/4 täuscht etwas über das komplexe Innenleben der Lokomotiven hinweg.*

Die Kunst des Lokomotivbaus machte einen großen Sprung nach vorne, als diese kleine, aber fortschrittliche, Schweizer Eisenbahngesellschaft einen einfach aussehenden Lokomotivtyp mit zweiachsigen Drehgestellen in Betrieb nahm. Das Außergewöhnliche war, daß man hier auf vier Achsen eine Leistung von 4000 PS untergebracht hatte, wo man sich bisher bei Lokomotiven ähnlicher Bauart und Größe mit der Hälfte begnügen mußte.

Die frühen BLS-Maschinen mit Stangenantrieb der Reihe „Be 5/7" wurden schon beschrieben. Mit einer Leistung von 1840 kW (2500 PS) waren sie zu ihrer Zeit die stärksten Loks Europas, die auch die schwersten Züge auf dieser schwierigen Hauptbahn zufriedenstellend bewältigten. 1926 erschienen dann zwei neue (1'Co)(Co1')-Lokomotiven, Reihe „Be 6/8", mit einer Gesamtleistung von 3310 kW (4500 PS), bei denen die gewünschte Leistungssteigerung mit einer recht komplexen und schweren und damit auch kostspieligen Grundanordnung verbunden war. Weitere Loks gleicher Bauart folgten, aber zu Beginn der vierziger Jahre begann man sich mit der Konstruktion einer neuen Lokomotive zu beschäftigen.

Der Gedanke, daß man die Achsen einer Lok in zwei Drehgestellen anordnet, war noch nicht lange Allgemeingut; man hatte noch manches Problem zu lösen. Vor allem mußte man die Achslast auf die vorgegebene Größe von 20 t beschränken. Bei dem verwendeten niederfrequenten Wechselstrom war vor allem das Gewicht des Haupttransformators ein kritischer Punkt – durch Verwendung eines sternförmigen Kerns konnte das Trafogewicht von 16 auf 9,5 t vermindert werden. Beim Bau des geschweißten Lokkastens fanden Leichtmetallegierungen umfangreiche Verwendung.

Mit einer Verminderung des Lokgewichts verringert sich aber auch die verfügbare Zugkraft; dieses Problem ging man mit einer Kombination mechanischer und elektrotechnischer Maßnahmen an. Die Spannungssteuerung auf der Hochspannungsseite des Haupttransformators ermöglichte eine – mit 28 Fahrstufen – feinere Abstufung der Zugkraft, die die Gefahr des Räderschleuderns durch Spannungssprünge herabsetzte. Die Anlenkung der Drehgestelle legte man so tief wie möglich, um die unvermeidliche Entlastung der vorderen Treibachsen auf ein Mindestmaß zu beschränken. Zusätzlich verbesserte eine mechanische Ausgleichsvorrichtung die Gewichtsverteilung zwischen den beiden Drehgestellen. Dem Schleudern der Räder wirkte eine selbsttätige Schleuderschutzbremse entgegen, darüber hinaus gibt es dagegen die althergebrachte Abhilfe durch Sandstreuer. Bei Talfahrten wird die Bremskraft automatisch so geregelt, daß die Räder nicht blockieren können. Bei den langen Gefällestrecken hilft die Widerstandsbremse den Verschleiß der Bremsklötze auf ein erträgliches Maß zu beschränken. Wegen dem damit verbundenen zusätzlichen Gewicht verzichtete man auf eine Rückspeisung des Bremsstroms in die Fahrleitung; im Vergleich zu anderen Maschinen waren die „Ae 4/4" auch so schon kompliziert genug.

Über ihre Qualitäten braucht man im einzelnen nicht zu sprechen; es reicht wohl, wenn man erwähnt, daß die Mehrzahl der heutigen elektrischen (und diesel-elektrischen) Hochleistungslokomotiven in der Grundanordnung diesen wegweisenden Maschinen folgt. Ursprünglich waren es vier Loks (Nr. 251-254), 1955 kamen noch einmal vier Stück (Nr. 255-258) hinzu. Ab 1959 entstanden drei Doppelloks, Reihe „Ae 8/8" (Nr. 271-273), die permanent gekuppelten „Ae 4/4"-Paaren – unter Fortfall zweier Führerstände – entsprachen. 1965/66 baute man die „Ae 4/4" Nr. 253 bis 256 in zwei weitere „Ae 8/8" mit den Nummern 274 und 275 um. Die verbliebenen vier ursprünglichen Loks rüstete man mit einer Vielfachsteuerung aus, die den Einsatz in Doppeltraktion oder im Wendezugverkehr mit Steuerwagen gestattete. Der Grund

Unten: *Bei den Ae 4/4 der Bern-Lötschberg-Simplon-Bahn gelang es erstmals eine Leistung von 1000 PS pro Achse zu erzielen.*

dafür war nicht, daß man mit ihrer Leistung nicht mehr zufrieden gewesen wäre, sondern ein starker Anstieg des Verkehrsaufkommens auf der Lötschbergbahn.

Eine einzelne „Ae 4/4" vermochte auf den Steigungen von 2,7% eine Zuglast von 400 t zu befördern, aber das sollte nicht immer so bleiben. 1964 bestellte die BLS die ersten Exemplare einer neuen stärkeren Ausführung, mit der die Anhängelast auf 640 t gesteigert werden konnte und die später wegen der auf 140 km/h gesteigerten Höchstgeschwindigkeit als Reihe „Re 4/4" bezeichnet wurde. Der grundlegende Unterschied der beiden Konstruktionen war, daß man die bisherigen Wechselstrom-Fahrmotoren zugunsten gleichrichtergespeister Gleichstrommotoren aufgab, die günstigere Eigenschaften, vor allem eine wesentlich geringere Schleuderneigung, aufweisen. In Verbindung mit anderen konstruktiven Maßnahmen gelang es damit bei einer 65% größeren Motorleistung, aber gleichem Gewicht, die maximale Zugkraft um 33% zu steigern. Heute stehen von dieser Reihe bei der BLS-Gruppe 35 Maschinen im täglichen Einsatz.

Links: *Die Re 4/4 Nr. 167 wartet vor ihrem Schnellzug in Brig, dem südlichen Endpunkt der BLS, auf das Abfahrtsignal.*

Unten: *Die Re 4/4 ist eine Weiterentwicklung der Ae 4/4. Die Aufnahme vom September 1980 zeigt die Lok Nr. 179 der zur BLS-Gruppe gehörenden Bern-Neuenburg-Bahn vor einem schweren Schnellzug im Bahnhof Kandersteg.*

„PA"-Serie (A1A)(A1A)

USA
American Locomotive Company (ALCO), 1946

Bauart: Diesel-elektrische Schnellzuglokomotive – als „A"-Einheit mit, als „B"-Einheit ohne Führerstand
Spurweite: 1435 mm (4 ft 8½ in)
Antrieb: Ein Alco 4-Takt-V16-Dieselmotor mit Turbolader, Typ 244, von 1492 kW (2000 HP = 2029PS) Leistung erzeugt in einem Generator Gleichstrom für 4 Tatzlagermotoren an den äußeren Achsen der Drehgestelle
Gewicht: 92,5 t (204000 lb) Reibungsgewicht; 138,8 t (306000 lb) Gesamtgewicht
Maximale Achslast: 23,1 t (51000 lb)
Gesamtlänge: „A" – 20015 mm (65 ft 8 in), „B" – 19350 mm (63 ft 6 in)
Zugkraft: 227 kN (51000 lb)
Höchstgeschwindigkeit: 129, 145, 160 oder 188 km/h (80, 90, 100 oder 117 mph) je nach Übersetzung

Bis zum Ende des Zweiten Weltkriegs beschäftigte sich die American Locomotive Company vorwiegend mit dem Bau von Dampflokomotiven, hatte aber auch schon einen guten Ruf für ihre diesel-elektrischen Rangierloks gewonnen. 1940 brachte man eine zweimotorige Schnellzuglokomotive von 1492 kW (2000 HP) Leistung auf den Markt, von der 78 Stück gebaut wurden, bis die Produktion aus Kriegsgründen eingestellt werden mußte. Im folgenden Jahr versuchte Alco eine erste „road-switcher"-Lokomotive von 1500 HP (1120 kW) zu offerieren, also eine Lok, die gleichermaßen für Streckendienst und Rangierarbeiten geeignet war, aber die Verantwortlichen der Bahngesellschaften konnten sich mit einer solchen Mehrzwecklokomotive noch nicht anfreunden. All diese Loks besaßen Dieselmotoren von Fremdherstellern, erst 1944 entwickelte Alco ein eigenes Antriebsaggregat. Die beiden letzten Ziffern seiner Typenbezeichnung „244" weisen auf sein erstes Baujahr hin. Es war ein turbogeladener Diesel in V-Anordnung, der in zwei Versionen gebaut wurde. Mit 12 Zylindern leistete er 1500 HP (1120 kW) und mit 16 Zylindern 2000 HP (1492 kW).

Mit diesen beiden Motortypen bot Alco ab 1945 drei verschiedene Lokomotivmodelle an: eine Bo'-Bo'-„road-switcher"-Lokomotive von 1500 HP, eine Bo'Bo'-1500 HP-Güterzuglokomotive und eine 2000 HP-(A1A)(A1A)-Schnellzuglokomotive. Die erstgenannte war eine sogenannte „hood"-Lokomotive, sie besaß einen außermittigen Führerstand und schmale Vorbauten mit einem offenen Umlauf. Die beiden anderen waren „cab" oder „carbody"-Lokomotiven, ihr selbsttragender Lokkasten war völlig geschlossen, die „A"-Einheiten besaßen an einem Ende einen Führerstand, die „B"-Einheiten wurden von ihnen mitgesteuert. Alle Maschinen erhielten eine elektrische Ausrüstung von GE und wurden auch unter der Firmenbezeichnung „Alco-GE" verkauft. Großen Wert legte man in der Werbung auf die Tatsache, daß 98% der elektrischen und 96% der mechanischen Bestandteile zwischen den drei Loktypen austauschbar waren.

Die Güterzuglokomotiven der „FA/FB"-Serie erschienen Ende 1945, die Personenzugmaschinen der „PA/PB"-Serie folgten im September 1946. Mit ihren hochgelegenen Führerstandsfenstern und der Schnauze erinnerten sie stark an die schon vorhandenen EMD- und Baldwin-Lokomotiven, aber die Front und das Dach waren flacher gestaltet und kaum mit den Konkurrenzentwürfen zu verwechseln. Die ersten „PA/PB"-Einheiten waren für die Santa Fe bestimmt und erhielten eine beeindruckende Farbgebung in rot, orange und silber, die man nach dem indianischen Kopfschmuck „warbonnet" taufte. Die dreiachsigen Drehgestelle waren ungewöhnlich lang, zusammen mit den ebenfalls langgezogenen Schnauzen gab dies den Lokomotiven den Eindruck einer außerordentlichen Länge, obwohl sie tatsächlich sogar 5 Fuß (1524 mm) kürzer als die EMD-Maschinen waren.

Im Laufe der nächsten drei Jahre entstanden insgesamt 170 „A"- und 40 „B"-Einheiten der Typen „PA1" und PB1". Nach einer Pause erschien 1950 die „PA2/PB2"-Version mit einer erhöhten Motorleistung von 2250 HP (1679 kW), der schließlich eine dritte Version „PA3/PB3" folgte, die die gleiche Motorbauart besaß, aber in verschiedenen Details verbessert war. Die letzte von ihnen entstand im Jahre 1953. Eine weitere Version mit einem 2400 HP (1790 kW)-Motor wurde zwar angeboten, fand aber keinen Käufer mehr. Die Zeit der „carbody"-Maschinen war vorüber, der Personenverkehr im Niedergang begriffen. Es gab auch eine ähnlich aussehende Exportversion, die teilweise im Ausland in Lizenz

Oben: *Charakteristisch für das Aussehen der Alco-„cab units" ist die gerade abfallende Schnauze, die auch die „PA"-Serie besaß.*

Unten: *Die Lokomotive Nr. 51 lieferte die American Locomotive Co. 1946 an die Atchison, Topeka & Santa Fe RR in dieser rasant wirkenden Farbgebung für Schnellzuglokomotiven.*

Oben: *6000 PS erzeugen die Motoren der dreiteiligen PA-PB-PA-Komposition, die mit ihrem Stromlinien-Schnellzug die Steigung zum Cajon Paß hinaufdonnert.*

gebaut wurde und meist die Achsfolge Co'Co' erhielt.

Mit dem „244"-Motor gab es etliche Probleme, vor allem bei der 2000 HP-Version, wenn längere Strecken mit Vollast durchlaufen wurden. Die „PA"-Lokomotiven besaßen einige Sicherungsvorrichtungen, die Schäden der elektrischen Ausrüstung verhindern sollten, so manches Mal aber überempfindlich reagierten und falschen Alarm auslösten. Im Vergleich mit dem Konkurrenzprodukt von EMD hatten die Alco-Loks einen einfacheren Aufbau mit nur einem Motor, aber offensichtlich zahlte sich der zusätzliche Aufwand der zweiten Maschinenanlage bei der EMD „E"-Serie durch den höheren Grad der Zuverlässigkeit wieder aus. Obwohl sie an insgesamt 16 amerikanische Bahnen verkauft wurden und auch vor vielen hochwertigen Schnellzügen Verwendung fanden, waren sie gegenüber den EMD-Loks gewöhnlich in der Minderzahl. Mit dem Rückgang des Personenverkehrs wurden die „PAs" entweder aus dem Dienst genommen oder für den Güterzugdienst eingesetzt, oft mit einer geänderten Getriebeübersetzung. Die großen GE-Traktionsmotoren waren gegenüber kurzzeitigen Überlastungen unempfindlich und damit für derartige Einsätze sehr gut geeignet. Einige wenige „PAs" baute man mit EMD-1750 HP-Dieselmotoren (1305 kW) um, aber keine erhielt die modernere „Alco 251"-Maschine.

Die vier letzten „PA"-Lokomotiven beschlossen ihre aktiven Tage in Mexiko bei den Staatsbahnen (NdeM), wohin sie 1978 von der Delaware & Hudson vermietet worden waren. Im Gegensatz dazu war die „FA"-Serie langlebiger; von den 1072 gebauten Einheiten waren etliche auch noch 1980 in den Vereinigten Staaten, Kanada und in Mexiko im Dienst.

Nr. 10000 Co'Co' **Großbritannien** London Midland & Scottish Railway (LMS), 1947

Bauart: Diesel-elektrische Lokomotive für gemischten Dienst
Spurweite: 1435 mm (4 ft 8½ in)
Antrieb: Ein English Electric V16-Dieselmotor mit Turbolader, Typ 16SVT, von 1194 kW (1600 HP) erzeugt in einem Generator Fahrstrom für sechs Tatzlagermotoren
Gewicht: 129,7 t (285936 lb)
Maximale Achslast: 21,7 t (47824 lb)
Gesamtlänge: 18644 mm (61 ft 2 in)
Zugkraft: 184 kN (41400 lb)
Höchstgeschwindigkeit: 145 km/h (90 mph)

Oben: *Die diesel-elektrische Co'Co'-Lokomotive Nr. 10000 der BR vor einem Schnellzug der Südregion in Richtung London durcheilt Basingstoke im Mai 1953.*

Die LMS verwendete als erste britische Bahn Diesellocks im regulären Dienst. Erste Experimente mit Rangierlokomotiven datieren aus dem Jahr 1932, und schon während des Zweiten Weltkriegs verfügte man über einen Einheitstyp einer dreiachsigen 350 PS-Rangierlok für größere Bahnhöfe. Die dreißiger Jahre waren aber auch die Blütezeit der britischen Dampflokomotive und so bestand keinerlei Interesse an Diesellokomotiven für Hauptstreckendienste. 1942 fand bei der LMS ein wichtiger Wechsel statt; der Chefingenieur des Maschinendienstes Sir William Stanier wurde durch C. E. Fairburn abgelöst, der bei der LMS seit 1934 die elektrotechnische Abteilung leitete und schon vorher etliche Jahre lang Erfahrungen mit der Diesel- und Elektrotraktion bei English Electric gesammelt hatte. Unter den Einschränkungen der Kriegszeit konnte er aber nicht mehr tun, als das allgemeine Interesse an der Dieseltraktion zu wecken. Nach seinem plötzlichen Tod hatte dann sein Nachfolger, H. G. Ivatt, die Möglichkeit, diese Interessen weiter zu entwickeln, als English Electric einen 1620 PS-Diesel vorstellte, bei weitem der bislang stärkste Motor, der für Eisenbahnzwecke in Großbritannien zur Verfügung stand.

Unten: *Die Lokomotive Nr. 10000 wurde in den Derby-Werkstätten kurz vor der Verstaatlichung der LMS vollendet.*

Ivatt war an allen Neuerungen interessiert und plante auch schon etliche Experimente mit der Dampftraktion, darunter zwei Pazifiks, die sich von ihren Vorgängern in vielen Details unterschieden und mit denen man den Wartungsbedarf herabsetzen und die jährliche Laufleistung vergrößern wollte. Sie sollten ihre Kräfte mit zwei diesel-elektrischen Lokomotiven messen, die eine vergleichbare Leistung aufweisen sollten. Da die Pazifiks etwa 2500 PS am Zughaken entwickelten, waren für einen direkten Vergleich Doppellokomotiven mit zwei 1620 PS-Dieselmotoren erforderlich.

Es folgte eine Zeit hektischer Betriebsamkeit in den Werkstätten von Derby, die erste Diesellokomotive entstand in nur sechs Monaten. Man sputete sich, denn Ende 1947 sollte die LMS in den neuen Britischen Eisenbahnen aufgehen und Ivatt war entschlossen, wenigstens eine der Maschinen noch mit den „LMS"-Initialen in Betrieb zu nehmen; von der Verstaatlichung war er nicht sonderlich begeistert. Die zweite Lok folgte erst acht Monate später, nachdem man die in der Eile liegengebliebenen Arbeiten nachgeholt hatte!

Man hatte verschiedene Grundbauformen untersucht; nachdem English Electric aber entschied, daß man sechs Traktionsmotoren pro Lokomotive benötigte, einigte man sich auf die Achsfolge Co'Co'. Die durch das enge britische Lichtraumprofil beschränkte Bauhöhe ergab Probleme, die man in anderen Ländern nicht kennt. Man ersann eine neuartige Abstützung des Kastens auf dem Drehgestell, die niedriger baute und Raum für den Fahrmotor der Mittelachse ließ: von den Drehzapfen aus übertrugen H-förmige Rahmen das Gewicht des Kastens über Federgruppen an den Rahmenecken auf den Drehgestellrahmen.

Man war der Auffassung, daß dampflokgewohnte Lokführer irritiert wären, wenn sie direkt vor sich die Schwellen unter dem Führerstand verschwinden sähen, man ordnete daher vor den Führerstandsfenstern Vorbauten an, die die direkte Sicht auf das Gleis vor der Lok nahmen. Diese „Nasen" wiesen eine erstaunliche Ähnlichkeit mit den gleichaltrigen EMD-Erzeugnissen auf, waren aber kürzer.

Wenn man bedenkt, daß diese Loks Prototypen waren, die von dampflok-orientierten Konstrukteuren entworfen wurden, waren sie bemerkenswert erfolgreich. Da das BR-Lokomotivprogramm die Beibehaltung der Dampftraktion bis zu ihrer Ablösung durch einen elektrischen Betrieb vorsah, bestand in den ersten Jahren kaum Interesse an diesen Hauptbahn-Dieselloks. Auch die von Ivatt angestrebten Vergleiche zwischen ihnen und den Pazifiks fanden nie statt. Darüber hinaus war allein schon die große Länge der Doppeleinheit ein schwerwiegender Nachteil auf einer Bahn, bei der schon jetzt manche Personenzüge länger waren als die längsten verfügbaren Bahnsteige der Kopfbahnhöfe. Trotzdem bewiesen sie, daß sie mit 3200 PS Motorleistung erheblich mehr leisten konnten als eine einzelne Pazifik und, wenn alles gut lief, erhebliche Laufleistungen von den Dieselloks zu erwarten waren. Leider wurden sie in schmutzigen Dampflok-Werkstätten unterhalten und der akute Arbeitskräftemangel der Eisenbahn verhinderte, daß man ihnen die notwendige Aufmerksamkeit angedeihen ließ. Ergebnis war, daß sie oft längere Zeit durch Defekte außer Gefecht gesetzt waren.

1953 lieh sich die Südregion die beiden Dieselloks in der Hoffnung, in Verbindung mit ihren drei eigenen Dieselmaschinen, die Probleme zu lindern, die die hohe Ausfallrate der neuartigen und unkonventionellen „Bulleid-Pazifiks" mit sich brachte. Im Laufe der Zeit verschwand aber auch hier der vorhandene Enthusiasmus in Anbetracht der Wartungsschwierigkeiten, die man auch mit den Diesellokomotiven hatte und alle fünf Maschinen gingen zur London Midland-Region, um dort den Rest ihres Lebens zu verbringen. An ihrer wechselnden Beliebtheit änderte sich nichts. Zeitweise beförderten sie als Lokpaar den „Royal Scot" und Schlafwagenzüge; einzeln übernahmen sie Leistungen von London nach Birmingham und Manchester, aber sie wurden von Schwierigkeiten mit den Dampfheizkesseln verfolgt, die endlich dazu führten, daß sie während der Heizperiode nur noch vor Güterzügen Verwendung fanden.

1955 änderten die BR ihre Lokomotivpolitik und begannen mit Vorbereitungen für ein groß angelegtes Verdieselungsprogramm. Die beiden Prototypen lieferten zwar weiterhin wertvolle Erkenntnisse für die künftige Entwicklung, aber ihre häufigen Besuche in der Werkstatt von Derby wurden immer lästiger, je mehr der neuen Dieselloks ihren Dienst aufnahmen. Nachdem sie lange Zeit auf dem Abstellgleis verbracht hatten, musterte man sie schließlich 1963 bzw. 1966 aus. Leider ignorierte man die Bedeutung der Lok Nr. 10000 in der Geschichte der Lokomotive, so daß nichts von der ersten britischen Groß-Diesellokomotive erhalten blieb.

Oben: *Der Lack der Lok Nr. 10000 ist noch frisch. Derby, Dezember 1947.*

Unten: *3200 PS für den „Royal Scot". Mit ihren vereinten Kräften haben die Loks Nr. 10000 und 10001 mit ihrem 13-Wagen-Zug keine Mühe auf der berühmten Steigung von Shap.*

M-1 2'(1Co)2'(1Co)Bo' USA

Chesapeake & Ohio Railway (C&O), 1947

Bauart: Dampf-turbo-elektrische Schnellzuglokomotive
Spurweite: 1435 mm (4 ft 8½ in)
Antrieb: Ein kohlegefeuerter Röhrenkessel erzeugt Dampf mit einem Druck von 21,8 kp/cm² (310 psi) für eine 6000 HP-Turbine (4476 kW/6085 PS). Zwei mit ihr gekuppelte Generatoren erzeugen den Fahrstrom für 8 Traktionsmotoren.
Gewicht: 230,4 t (508032 lb) Reibungsgewicht; 559,7 t (1233970 lb) Gesamtgewicht*
Maximale Achslast: 28,8 t (63475 lb)
Zugkraft: 436 kN (98000 lb)
Gesamtlänge: 46965 mm (154 ft 1 in)*
Höchstgeschwindigkeit: 160 km/h (100 mph)

* Einschließlich Tender

Schon seit ihr frühester Vorläufer, die James River Company, ihre Konzession erhalten hatte und George Washington persönlich deren Direktor war, war die Kohle das Lebenselixier der Chessie, wie die Chesapeake & Ohio schon seit langem von ihren Freunden genannt wird. Es ist darum kein Wunder, daß sie alles unternahm, um sich dem Wechsel von der Dampf- zur Dieseltraktion zu widersetzen.

Der größte Teil des elektrischen Stroms wird in Kraftwerken mit Dampfturbinen erzeugt und so sprach 1945 auch nichts dagegen, einen derartigen Antrieb bei einer Lokomotive auszuprobieren. Die Chessie bestellte bei Westinghouse Electric und bei den Baldwin Locomotive Works drei Maschinen einer Bauart, die die größten und schwersten Dampflokomotiven sein sollten, die je gebaut wurden.

Man beabsichtigte, sie vor einem projektierten Stromlinienzug zwischen Washington und Cincinnati einzusetzen. Der gebirgige Charakter der Strecke verlangte nach einer Lokomotive mit einem hohen Anteil angetriebener Achsen, was sich bei einer elektrischen Kraftübertragung leicht verwirklichen ließ. Die Treibachsen der „M-1" waren übrigens nicht die vom äußeren Anschein offensichtlichen; jeweils drei der vier Achsen der großen Drehgestelle und die beiden Achsen des hinteren zweiachsigen Drehgestells trugen die acht Fahrmotoren. Der Lokomotivkessel normaler Bauart mit einer Rostfläche von 10,4 m² (112 sq ft) war umgekehrt zur üblichen Praxis mit der Feuerbüchse nach vorne eingebaut, der Bunker für 17 t Kohle lag im vorderen Vorbau der Lok. Der sechsachsige Tender nahm nur die Wasservorräte auf,

W1 (Bo'Do)(DoBo') USA

Great Northern Railway (GN), 1947

Bauart: Elektrische Lokomotive für gemischten Dienst auf Bergstrecken.
Spurweite: 1435 mm (4 ft 8½ in)
Stromversorgung: Wechselstrom von 11500 V und 25 Hz über Oberleitung.
Antrieb: Zwei Motor-Generator-Sätze erzeugen Gleichstrom für 12 Tatzlagermotoren von je 279 PS (202 kW)
Gewicht: 239 t (527000 lb)
Maximale Achslast: 20 t (43917 lb)
Gesamtlänge: 30785 mm (101 ft 0 in)
Zugkraft: 802 kN (180000 lb)
Höchstgeschwindigkeit: 105 km/h (65 mph)

Die vierte große transkontinentale Eisenbahn, die die Westküste der USA erreichte war die Great Northern Railway, die durch den berühmten Eisenbahnmagnaten James J. Hill erbaut wurde. Die ersten 7 Jahre des Bestehens mußte man sich auf einer provisorischen Strecke mit Steigungen von 4% über das Cascade-Gebirge quälen, bis endlich im Jahre 1900 der 4,2 km lange Cascade-Tunnel eröffnet werden konnte.

1909 elektrifizierte man die Tunnelstrecke mit dem Dreiphasensystem, das einzige Beispiel dieser Technik in Nordamerika. 1927 gab man dieses Stromsystem wieder auf und installierte das herkömmlichere Einphasensystem, das nun auch die Zufahrtstrecken, sowie den 12,5 km langen neuen Cascade-Tunnel einschloß, mit dem man den schwierigsten Teil der bisherigen Strecke unterfahren konnte. Nunmehr umfaßte das elektrische Betriebsnetz eine Streckenlänge von 117 km zwischen Wenatchee und Skykomish im Staate Washington.

Rechts: *Die Loks der Reihe „W1" der Great Northern Railway hatten nicht weniger als 12 Treibachsen.*

eine Kondensationseinrichtung zur Rückgewinnung des Speisewassers war nicht vorhanden.

In Betrieb und Unterhalt waren die „M-1" sehr teuer, sie waren für die konventionellen Dampflokomotiven keine ernsthafte Konkurrenz, ganz zu schweigen von der Dieseltraktion. Nach nur wenigen Betriebsjahren wurden sie schon Anfang der fünfziger Jahre verschrottet.

Rechts und unten: *Drei dieser riesigen dampf-turbo-elektrischen Lokomotiven der Reihe „M-1" wurden 1947 für die Chesapeake & Ohio gebaut.*

In ihrem Antriebskonzept waren die verwendeten Lokomotiven ihrer Zeit weit voraus, denn man formte bei ihnen den eingespeisten Wechselstrom in Gleichstrom für die Fahrmotoren um. Selbstverständlich gab es damals noch keine Halbleiter-Gleichrichter, sondern große Synchronmotoren trieben Gleichstromgeneratoren an. Die ersten beiden Exemplare derartiger Umformerlokomotiven entstanden an einem Ort, den man wohl kaum mit Eisenbahnen in Verbindung bringt, den Ford-Motorwerken, denn sie waren ursprünglich für eine Bahn bestimmt, die Henry Ford gehörte, die Detroit, Toledo & Ironton RR. Die elektrische Ausrüstung lieferte Westinghouse. Der GN-Betrieb begann mit vier „Y1"-(1'Co)(Co1')- und zwölf „Z1"-1'D1'-Loks. Die „Z1" waren ebenfalls in gewisser Hinsicht zukunftsweisend, mit ihrer Vielfachsteuerung konnte man sie wie Bausteine zu Lokomotiven fast beliebiger Größe zusammenstellen.

Das letzte Aufbäumen dieses kleinen Betriebs war der Kauf der beiden riesigen „W1"-Lokomotiven, die 1947 von General Electric erbaut wurden. Ihre Leistung war nur mittelmäßig, in Verbindung mit dem Allachsantrieb ergaben sich aber enorme Zugkräfte, wie sie für eine Lokomotive, die nur im Gebirge verwendet wurde, auch nötig waren. Sie konnten miteinander oder auch mit den älteren „Y1"- und „Z1"-Loks in Mehrfachsteuerung gefahren werden. Wie alle anderen Elloks der Great Northern besaßen sie Rekuperationsbremsen, das heißt sie erzeugten bei Talfahrt einen Teil des Stroms, mit dem die bergfahrenden Züge versorgt wurden. Die Elektrifizierung war ein voller Erfolg, als Inselbetrieb auf Dauer aber ein Fremdkörper im Bahnnetz. So kam es, daß 1956, nachdem eine neue Ventilationseinrichtung im zweiten Cascade-Tunnel installiert worden war, auch hier Diesellloks den Betrieb übernahmen. Eine der „W1"-Maschinen wurde für die Union Pacific in eine Gasturbinen-Lokomotive umgebaut, die anderen fielen der Verschrottung zum Opfer.

Oben: *Nur zwei Exemplare dieser riesigen Loktype wurden 1947 gebaut. Für ihre Größe war die Leistung von 3350 PS (2460 kW) recht mäßig.*

Unten: *Eine „W1"-Ellok der Great Northern Railway verläßt mit ihrem Güterzug das Ostportal des Cascade-Tunnels im Staate Washington.*

Nr. 18000 (A1A)(A1A)

Großbritannien
British Railways (BR), 1950

Bauart: Gasturbo-elektrische Schnellzuglokomotive
Spurweite: 1435 mm (4 ft 8½ in)
Antrieb: Eine Brown Boveri Gasturbine von 1839 kW (2500 PS) mit Generator erzeugt Strom für vier Fahrmotoren von je 394 kW (535 PS), die über Gelenkantriebe die äußeren Achsen der Drehgestelle antreiben
Gewicht: 79 t (174000 lb) Reibungsgewicht; 118 t (260000 lb) Gesamtgewicht
Maximale Achslast: 19,5 t (43000 lb)
Gesamtlänge: 19202 mm (63 ft 0 in)
Zugkraft: 140 kN (31500 lb)
Höchstgeschwindigkeit: 145 km/h (90 mph)

Oben: *Die in der Schweiz von Brown Boveri gebaute gasturbo-elektrische Lokomotive vor einem Schnellzug.*

Die Flugzeug-Gasturbine gab gegen Ende des Zweiten Weltkriegs ihr spektakuläres Debüt in der Welt des Maschinenbaus und so hatte man nach dem Krieg große Hoffnungen, daß diese mechanisch einfache Maschine mit einem sehr günstigen Leistungsgewicht den komplexeren Dieselmotor in vielen Anwendungsbereichen ablösen könnte. Genaugenommen arbeitete man schon seit etlichen Jahren, ohne großes Aufsehen zu erregen, an der Entwicklung von Gasturbinen für Industriezwecke. Schon 1940 war in der Schweiz von Brown Boveri und der Schweizer Lokomotivfabrik SLM eine gasturbo-elektrische Lokomotive entstanden, die bei Kriegsende einige Jahre der Betriebsbewährung hinter sich hatte.

In Großbritannien führten die Eisenbahnen nach dem Krieg grundlegende Untersuchungen über ihre zukünftige Lokomotivpolitik durch, vor allem im Angesicht des rapiden Wachstums der Dieseltraktion in den USA. Die Great Western hielt sich weiterhin an ihre Tradition, daß sie anders war als andere Bahnen und entschied, daß die Gasturbine gute Aussichten hatte, im Laufe der Zeit den Dieselantrieb abzulösen und daß es wohl am besten sei, wenn man gleich diese endgültige Antriebsform wählte. Sie bestellte deshalb eine Gasturbinenlokomotive mit elektrischer Kraftübertragung bei Metropolitan-Vickers, einer Firma mit einer langen Erfahrung auf dem Gebiet der elektrischen Traktion, die sich aber auch recht früh auf dem Gebiet der Flugzeug-Gasturbinen betätigte. Metro-Vick sollte die Lokomotive entwerfen und bauen, die mit Dieselöl betrieben werden sollte; die Kosten wollten sich Hersteller und Besteller teilen.

Die Fachleute der GWR besuchten nun auch die Schweiz, um sich die Ergebnisse von Brown Boveri anzusehen und sie waren davon so beeindruckt, daß sie dort umgehend eine zweite Gasturbinenlok bestellten. Sie sollte sich eng an das Schweizer Vorbild anlehnen, angepaßt an das britische Lichtraumprofil, und war für die Verwendung von schwerem „Bunker C"-Öl vorgesehen. Obwohl sie schon 1946 bestellt wurde, traf sie erst 1950 in England ein. Die frühere Great Western Railway bildete zu diesem Zeitpunkt schon seit zwei Jahren die Westregion der neuen British Railways, die beschlossen hatten, weiter Dampflokomotiven zu bauen, bis genügend Geld für eine Elektrifizierung zur Verfügung stand.

Die Gasturbine mit einer Leistung von 2500 PS trieb einen Generator an, der den Strom für vier Fahrmotoren erzeugte. Jedes Drehgestell besaß eine Tragachse zwischen den beiden Treibachsen, die Achsfolge lautete daher (A1A)(A1A). Ein Wärmetauscher erwärmte mit Hilfe der Abgaswärme die Verbrennungsluft zwischen dem Kompressor und der Verbrennungskammer. Die Details der Lokomotive entsprachen Schweizer Normen, der Dampfheizkessel und die Vakuumbremse entstanden nach den Vorschriften der BR. Ein Dieselmotor

RDC (1A)(A1)

USA
The Budd Company (Budd), 1949

Bauart: Diesel-mechanischer Triebwagen
Spurweite: 1435 mm (4 ft 8½ in)
Antrieb: Zwei General Motors 6-Zylinder-Dieselmotoren, Typ 6-110, von 205 kW (279 PS) unter dem Wagenboden treiben über Kardanantriebe die jeweils innere Achse der Drehgestelle
Gewicht: 29 t (63564 lb) Reibungsgewicht; 57,5 t (126728 lb) Gesamtgewicht
Maximale Achslast: 14,5 t (31782 lb)
Gesamtlänge: 25910 mm (85 ft 0 in)
Höchstgeschwindigkeit: 137 km/h (85 mph)

Oben: *Im Sommer 1958 verläßt ein aus „RDC"-Triebwagen der Canadian Pacific gebildeter Zug Montreal.*

Nach dem Zweiten Weltkrieg bemühte sich die Budd Company ihren Anteil am Personenwagenmarkt mit ihren Konstruktionen aus rostfreiem Stahl auszubauen, die erstmals für den „Pioneer Zephyr" verwendet worden waren. 1948 nahm Budd die zweite Position hinter Pullman ein und man plante nicht nur Stromlinienwagen für den Fernverkehr herzustellen, sondern auch Fahrzeuge für untergeordnete Dienste.

In diesem Bereich verwendete man etwa seit den zwanziger Jahren benzin- und diesel-elektrische Triebwagen, es war aber an der Zeit für Moderneres als diese „doodlebugs" mit noch niedrigeren Betriebskosten. Der bei Budd für das Maschinenwesen zuständige Direktor, Generalmajor G. M. Barnes, hatte von einem neuen V6-Dieselmotor gehört, den General Motors für den Antrieb von Panzern entwickelt hatte. Darüber hinaus besaß er aus seiner Armeezeit einige Erfahrung mit Drehmomentwandlern.

Mit einer Leichtbaukonstruktion aus rostfreiem Stahl und mit einem Paar solcher Motoren und Getriebe sollte es doch möglich sein, einen ausgezeichneten Triebwagen mit einem günstigen Leistungsgewicht von etwa 8 PS/t zu bauen. Das niedrige Gewicht würde eine hohe Beschleunigung ermöglichen, auf Steigungen von 2% noch mehr als 40 mph (64 km/h) erlauben und vor allem befriedigende Höchstgeschwindigkeiten ergeben. Scheibenbremsen mit Gleitschutzvorrichtungen würden für kurze Bremswege sorgen. Man beschloß, einen derartigen Triebwagen zu bauen, um ihn den Bahnen vorführen zu können, anstatt zu versuchen, ihnen erst einmal die bloße Idee schmackhaft zu machen.

Folglich baute man 1949 einen ersten RDC (Rail Diesel Car), der überall Erfolge verbuchen konnte. Genaugenommen verkaufte er sich so ausgezeichnet, daß bis 1956 mehr als 300 RDCs entstanden. Die meisten besaß die Boston & Maine mit 64 Stück, andere bedienten den Lokalverkehr auf der 1478 km langen Strecke von Salt Lake City nach Oakland bei San Francisco. Die längste planmäßige Fahrstrecke mit RDCs waren die 1613 Kilometer von Port Piree bis Kalgoorlie auf der Trans-Australischen Eisenbahn! Die Bahnen konnten unter mehreren unterschiedlichen Wagenaufteilungen mit Personen-, Pack- oder Postabteilen wählen. Mehrere RDCs konnten problemlos zu Zügen zusammengestellt werden, die Vielfachsteuerung gehörte zur Grundausrüstung.

Meist fuhren die Budd-Triebwagen schon im ersten Jahr ihre Anschaffungskosten durch reduzierte Betriebskosten und das gesteigerte Verkehrsaufkommen ein. Man muß allerdings berücksichtigen, daß viele RDCs nur beschafft wurden, weil die Eisenbahnen mit ihnen ihrer Verkehrspflicht im Lokalverkehr am billigsten nachkommen und die unvermeidlichen Defizite möglichst gering halten konnten. Um 1970 war diese Verkehrspflicht in den USA fast generell entfallen und noch nicht einmal mit einem billigen RDC konnte man Gewinne einfahren. Trotzdem findet man noch viele von ihnen, 33 Jahre nach dem Erscheinen des ersten, vor allem in Kanada. Zweifellos hat der unverwüstliche Wagenkasten aus rostfreiem Stahl seinen Teil dazu beigetragen und auch die Leichtigkeit, mit der sich Tauschmotoren einbauen lassen, aber der Hauptgrund für diese unamerikanische Langlebigkeit ist wohl die hervorragende Verwirklichung des ursprünglichen Konzepts.

Rechts: *Ein RDC der Chicago & North Western Railway im Sommer 1952.*

von 150 PS (110 kW) versorgte die Hilfsbetriebe, wenn die Turbine abgeschaltet war und konnte die Lokomotive innerhalb von Betriebswerken mit Schrittgeschwindigkeit bewegen. Die Höchstgeschwindigkeit dieser Lokomotive Nr. 18000 wurde auf 145 km/h festgelegt.

Nach einer dreimonatigen Erprobung setzte man sie im Plandienst vom Londoner Paddington-Bahnhof nach Plymouth ein. Verschiedene Probleme traten auf, und wurden gemeistert. Man stellte aber fest, daß die Fahrmotoren besser für hohe Geschwindigkeiten als für die starken Steigungen in Devon geeignet waren und stationierte sie darum zur Strecke Paddington–Bristol um. Die meisten Störungen traten an der Verbrennungskammer auf, man verzeichnete Verformungen und Risse. Dynamometer-Versuche enthüllten die grundlegende Schwäche der Gasturbine im Eisenbahnbetrieb. Der Wirkungsgrad fiel im Teillastbereich stark ab und eine britische Lokomotive der damaligen Zeit fuhr nun einmal den geringsten Teil der Fahrzeit mit Vollast. Der Gesamtverbrauch an Öl lag kaum niedriger als der durchschnittliche Kohlenverbrauch einer 2'C-Lokomotive der „King"-Klasse, wenn man das Gewicht der verbrauchten Brennstoffe verglich. Allerdings lag im günstigsten Fall der Wirkungsgrad der Turbolok doppelt so hoch wie der einer „King".

Die Metro-Vick-Lokomotive mit der Nummer 18100 wurde im Dezember 1951 abgeliefert. Sie besaß die Achsfolge Co'Co', ihre Gasturbine entsprach der Bauart der Flugzeugturbinen. Sie hatte keinen Wärmetauscher zur Luftvorwärmung, dadurch sank der Wirkungsgrad etwas, teilweise durch eine höhere Gastemperatur ausgeglichen, die aber der Haltbarkeit der Turbinenschaufeln abträglich war. Die Nominalleistung der Turbine betrug 3500 HP (2611 kW), die Anfahrzugkraft der Lok von 267 kN (60000 lb) war höher als die jeder anderen damals vorhandenen britischen Schnellzuglokomotive und ermöglichte die Anfahrt mit einem Zug von 600 t auf den stärksten Steigungen der westlichen Grafschaften, verglichen mit 290 t Zuggewicht der Lok Nr. 18000. Entsprechend fand die „18100" ihre Verwendung auf der westenglischen Strecke, wo man die hohe Zugkraft am besten nutzen konnte. Da es sich bei den Turboloks aber nur um Einzelstücke handelte, war es nicht möglich die Fahrpläne ihrer hohen Leistungsfähigkeit anzupassen, um sie bis an ihre Grenzen auszunutzen.

Während man in der Westregion Erfahrungen mit den Gasturbinen-Maschinen sammelte, erprobte die BR in anderen Regionen dieselelektrische Antriebe. Man war sich im klaren darüber, daß beide Traktionsformen der weiteren Entwicklung bedurften, die Dieselloks wiesen aber günstigere Verbrauchswerte als die Turbinen auf und waren inzwischen schon näher zur Serienreife entwickelt. Als die GWR die beiden Loks bestellt hatte, fanden mit Unterstützung der britischen Regierung auch Versuche mit kohlegefeuerten Gasturbinen statt, die aber nach einigen Jahren erfolglos abgebrochen wurden. Serienmäßige Gasturbinen hätte man also ebenfalls mit teurem importiertem Öl betreiben müssen, ein weiterer Faktor zuungunsten einer Weiterentwicklung in dieser Richtung.

Als 1955 die BR mit einem Programm zur Ablösung der Dampftraktion begannen, war die Begeisterung für die Gasturbinen merklich abgekühlt. Prototypen für eine Serienproduktion wurden dringend benötigt, die Kapazität der britischen Lokomotivindustrie war aber beschränkt und es war unausweichlich, daß die Wahl auf den Dieselantrieb fiel. Nr. 18000 blieb noch 10 Jahre – mit Unterbrechungen – im Einsatz. Planmäßig übernahm sie täglich den 9 Uhr 15-Zug von Paddington nach Bristol und fuhr 16 Uhr 15 zurück. Im Dezember 1960 stellte man sie ab und gab sie nach einigen Jahren Abstellzeit der Herstellfirma zurück, die sie für Versuchszwecke weiterverwendete. Die Nr. 18100 hatte ein kürzeres Leben, sie wurde 1958 in eine elektrische Lokomotive für Versuchszwecke und Personalschulung zur Vorbereitung der Westküsten-Elektrifizierung umgebaut.

Unten: *Die 2500 PS-Gasturbinen-Lokomotive Nr. 18000 der BR wurde noch von der Great Western Railway bei Brown Boveri bestellt.*

„GP"-Serie Bo'Bo'

USA
Electro-Motive Division, General Motors Corporation (EMD), 1949

Bauart: Diesel-elektrische Lokomotive für Rangier- und Streckendienst
Spurweite: 1435 mm (4 ft 8½ in)
Antrieb: Ein EMD 2-Takt-V16-Dieselmotor, Typ 567D2, mit Turbolader von 1492 kW (2000 HP = 2028 PS) Leistung erzeugt in einem Generator Gleichstrom für vier Tatzlagermotoren
Gewicht: 110,7 t (244000 lb) bis 117,9 t (260000 lb) je nach Ausstattung
Maximale Achslast: 27,7 t (61000 lb) bis 29,5 t (65000 lb)
Gesamtlänge*: 17069 mm (56 ft 0 in)
Zugkraft: 272 kN (61000 lb) bis 289,5 kN (65000 lb) je nach Gewicht
Höchstgeschwindigkeit: 105, 114, 124, 134, 143 km/h (65, 71, 77, 83, 89 mph) je nach Übersetzung

* Die angegebenen Daten beziehen sich auf die Type „GP20" von 1959

Oben: *Die 1750 HP-Lokomotive Nr. 6137 der Chesapeake & Ohio RR gehört zur „GP9"-Serie von General Motors.*

Zur Befriedigung des Nachfragebooms nach Diesellokomotiven in der Nachkriegszeit offerierte EMD eine Anzahl unterschiedlicher Modelle in drei Grundbauarten. Erstens die „E"-Serie mit der Achsfolge (A1A)(A1A) für den Schnellzugdienst, zweitens die Bo'Bo'-Maschinen der „F"-Serie vorwiegend für Güterzüge, mit entsprechender Übersetzung aber ebenfalls für Schnellzüge verwendbar. Drittens produzierte EMD eine Anzahl unterschiedlicher Maschinen für den Rangier- und Übergabedienst. Zwischen diesen Rangierloks und den anderen gab es einen wichtigen Unterschied. Bei den Rangierlokomotiven übertrug allein der Lokrahmen alle Kräfte, die auf ihm angeordnete Ausrüstung wie Motor, Generator und Steuerung wurde durch Hauben verkleidet, die allein dem Schutz vor äußeren Einflüssen dienten – man bezeichnete sie als „hood-units" (Hauben-Einheiten). Im Gegensatz dazu hatten die „E"- und „F"-Lokomotiven mittragende Kastenkonstruktionen – „carbodies" –, die die Ausrüstung so umschlossen, daß im Maschinenraum das Personal auch bei Wartungsarbeiten während der Fahrt geschützt war und die auch nach ästhetischen Gesichtspunkten ansprechender waren.

Mit diesen Modellen eroberte sich EMD einen Anteil von etwa 70% des amerikanischen Lokomotivmarktes. Dieser Erfolg beruhte gleichermaßen auf der Leistungsfähigkeit und Zuverlässigkeit der Lokomotiven, niedrigen Unterhaltskosten – zu denen auch die große Zahl der Teile beitrug, die bei den verschiedenen Loktypen gleich waren – und auf günstigen Preisen, die die Großserienfertigung ermöglichte. Die Vorteile der Fließbandfertigung konnte man aber nur durch eine Beschränkung der lieferbaren Varianten voll nutzen und dies gab den Konkurrenzfirmen die Chance, sich durch Auffüllen der Lücken des EMD-Angebots ihren Marktanteil zu sichern. Anfänglich legte EMD das Schwergewicht seiner Werbung auf die Vorteile, die sich für die Bahnen ergäben, wenn sie ihre Dampfloks durch die Dieseltraktion ersetzen würden, aber als die Konkurrenz mit ihren „Lückenfüllern" auch nur mäßige Erfolge verzeichnete, verlegte man sich mehr und mehr darauf, die Überlegenheit der eigenen Erzeugnisse gegenüber allen anderen zu verkünden.

Um diese Überlegenheit zu erreichen, mußte man die Angebotspalette abändern. Die wichtigste Neuerung beruhte auf Kundenwünschen, die schon vor dem Krieg nach einer Lokomotive verlangt hatten, die vorwiegend Rangierlok sein sollte, aber auch auf Nebenbahnen, vor Nahgüterzügen und sogar vor Personenzügen des Nahverkehrs verwendbar war. Man baute eine kleine Serie von Lokomotiven auf der Basis der Rangierloks, mit einem zur Unterbringung eines Heizkessels verlängertem Rahmen und auf Drehgestellen der „F"-Serie und nannte sie „road-switcher" (Strecken-Rangierloks). Nach dem Krieg nahm man die Produktion dieser Loks wieder auf und änderte die Konstruktion nach den Vorstellungen der Kunden ab.

Um 1948 waren die Konkurrenten EMDs, vor allem Alco, recht erfolgreich mit einer – „hood-unit" – Vielzwecklokomotive für den Nebenbahndienst. In diesem Verwendungsbereich war die leichte Zugänglichkeit aller Teile wichtiger als der Schutz bei Wartungsarbeiten während der Fahrt, vor allem hatte der Lokführer an den schmalen Aufbauten vorbei einen besseren Streckenüberblick. 1948 stellte darum auch EMD eine Loktype „BL" vor, die für Nebenstrecken (branchlines) bestimmt war. Der 1500 HP-„567B"-Dieselmotor und die restliche Ausrüstung stammten von der „F"-Serie und waren in einem windschlüpfrig gestalteten Kasten untergebracht, dessen Hauptvorteil gegenüber der „carbody"-Form die bessere Streckensicht vom Führerstand aus war. Es gab nur einen einzigen, aber schwerwiegenden, Nachteil – die „BL" war zu teuer.

EMD entwarf nun eine echte „hood"-Lokomotive, die als „Allzweck"-Lokomotive („General Purpose") die Typenbezeichnung „GP" erhielt. Richard Dilworth, Chefingenieur von EMD, sagte später, daß sein Ziel eine Lokomotive gewesen sei, die so häßlich sein sollte, daß die Eisenbahnen froh waren, wenn sie sie in die fernsten Ecken ihres Netzes schicken konnten (wo sie die letzten Dampfloks ersetzten) und die so simpel sein sollte, daß sie noch weniger als eine gewöhnliche Güterzuglokomotive kostete.

Man pries zwar die „GP" als eine völlig neue Konstruktion an, vieles stammte aber von der gleichzeitig gebauten „F7". Der klassische

Rechts: *Eine der neuesten Versionen der „GP"-Serie ist die 2000 HP-Lokomotive „GP-38-2". Nr. 3018 der Canadian Pacific entstand im kanadischen Werk von General Motors.*

EMD-Dieselmotor, Typ 567, war als 2-Takter zwar etwas weniger effizient als ein 4-Takter, dafür aber auch einfacher gebaut. Im Laufe der Jahre unternahm EMD große Anstrengungen, den Wirkungsgrad zu erhöhen, um den 4-Takt-Maschinen der Konkurrenz zu begegnen. Die Blomberg-Drehgestelle, eine einfache Bauart mit Pendelaufhängung des Querträgers, wurden schon 1939 bei den „FT"-Lokomotiven eingeführt und sind noch heute – mit geänderter Abfederung – bei den EMD Bo'Bo'-Lokomotivmodellen der achtziger Jahre die Norm. Der Erfolg dieser langlebigen Drehgestellbauart steht im starken Gegensatz zu den radikalen Änderungen, von denen andere Drehgestelltypen in anderen Ländern im Laufe der Zeit betroffen waren.

Vom Führerstand aus hatte man eine gute Sicht in beiden Richtungen, die Aufbauten waren leicht zugänglich und trotz der Absicht ihres Konstrukteurs gelang es den EMD-Designern, das Ganze ansehnlich zu verpacken. Die elektrische Ausrüstung war gegenüber der „F"-Serie zwar vereinfacht worden, trotzdem gestattete sie dem Lokführer eine bessere Steuerung der Zugkraft bei der Anfahrt und eine bessere Beherrschung der Lokomotive im gesamten Geschwindigkeitsbereich.

Das erste Serienmodell dieses Typs war die „GP7" des Jahres 1949, die sofort ein Verkaufsschlager wurde. Von 1949 bis 1953 lieferte EMD 2610 Maschinen an US-Bahnen, weitere 112 nach Kanada und 2 Stück nach Mexiko – und dies zu einer Zeit, in der auch der Verkauf der „F7" Rekordzahlen erreichte.

Rechts: *Das Erscheinungsbild der Güterzüge auf dem 28485 km langen Netz der Conrail wird von Lokomotiven wie diesen EMD „GP"s bestimmt.*

1954 stand eine neue Version des „567"-Diesels, die „C"-Serie mit einer Leistung von 1750 HP (1306 kW) zur Verfügung und fand bei der Type „GP9" Verwendung, bei der verschiedene Detailänderungen den Wartungsanfall gegenüber der „GP7" weiter vermindern sollten. Inzwischen hatte man die „hood-units" allgemein akzeptiert, die Verkaufszahlen erreichten mit 4157 Lokomotiven einen neuen Rekordwert. Die „GP" war nun in Amerika (und damit auch der ganzen Welt) die meistverkaufte Diesellokomotive.

Bisher wurde der Dieselmotor durch ein mechanisch angetriebenes Roots-Gebläse aufgeladen; nachdem die Konkurrenz aber höhere Motorleistungen offerierte, begann EMD mit der Produktion einer Motorversion mit Turboladung, Typ 567D2, die 2000 HP (1492 kW) lieferte. Für Kunden, für die sich die mit der Leistungssteigerung verbundenen Mehrkosten nicht lohnten, bot man den 1800 HP-Motor (1343 kW) des Typs 567D1 an. Beide Motortypen hatten eine höhere Verdichtung als ihre Vorgänger, in Verbindung mit einer verbesserten Brennstoffeinspritzung ergaben sich Brennstoffeinsparungen von 5%. In Anlehnung an die Motorleistung bezeichnete man die Lokomotiven mit diesen Motoren als „GP20" und „GP18".

Inzwischen waren die US-Eisenbahnen vollständig verdieselt, zusammen mit einem Nachlassen der Wirtschaftstätigkeit ging auch die Nachfrage nach Diesellloks zurück.

Um den Verkauf anzukurbeln, startete EMD seinen „Lokomotiven-Austausch-Plan". Man machte geltend, daß drei neue „GP20" genausoviel leisteten wie vier „F3"-Maschinen. Man bot den Bahngesellschaften also an, beim Kauf von drei „GP20" vier „F3" in Zahlung zu nehmen, noch brauchbare Teile sollten wiederverwendet werden. Man behauptete, daß die Kosten dieser Aktion sich schon in drei oder vier Jahren amortisieren würden und daß die Eisenbahnen dann ja über drei fast neue Maschinen verfügten an Stelle von vier älteren mit ihren viel höheren Unterhaltskosten. Es klang zwar recht plausibel, trotzdem verkaufte man in 13 Jahren nur 260 „GP20" und 390 „GP18".

Die nächste Entwicklungsstufe war zugleich die letzte mit dem 567er-Motor. 1961 erschien die „GP30" mit dem Motortyp „567D3" mit einer Leistung von 2250 HP (1679 kW). Die Bezeichnung „GP30" war nur ein Werbegag, die „30" sollte auf 30 Verbesserungen des neuen Lokmodells verweisen, mit denen der Unterhalt um 60% verringert werden sollte. Sie wurde wiederum von der „GP35" mit 2500 HP (1865 kW) abgelöst. Die Wirtschaft war wieder im Aufschwung und viele der frühen Diesellloks mußten nun doch ersetzt werden, so daß von diesen Modellen 2281 Exemplare verkauft wurden. Zu diesem Zeitpunkt ersetzte der neue Motortyp „645" den alten „567", mit dem auch in den achtziger Jahren die Produktion der „GP"-Serie weiterläuft.

Von der „GP"-Serie mit der 567er-Maschine entstanden insgesamt 10647 Lokeinheiten, das ist etwa ein Drittel aller nordamerikanischen Diesellokomotiven. Sie etablierte damit die „hood-unit" endgültig als Standardausführung des modernen amerikanischen Lokomotivbaus.

2D2-9100 2'Do2'

Frankreich
Französische Staatsbahn (SNCF), 1950

Bauart: Elektrische Schnellzuglokomotive
Spurweite: 1435 mm (4 ft 8½ in)
Stromversorgung: Gleichstrom von 1500 V über Oberleitung
Antrieb: 4 Fahrmotoren von je 1255 PS (923 kW) wirken auf die vier Treibachsen über Buchli-Gelenkantriebe
Gewicht: 82 t (180775 lb) Reibungsgewicht; 144 t (317460 lb) Gesamtgewicht
Maximale Achslast: 20,5 t (45195 lb)
Gesamtlänge: 18040 mm (59 ft 2¼ in)
Zugkraft: 226 kN (50745 lb)
Höchstgeschwindigkeit: 140 km/h (87 mph)

Oben: *Die SNCF-Gleichstrom-Ellok „2D2-9119" fährt mit einem Schnellzug von Paris nach Marseille im Jahre 1967 in den Bahnhof von Dijon ein.*

25 Jahre lang waren 2'Do2'-Lokomotiven die modernsten elektrischen Schnellzuglokomotiven Frankreichs. Zur Elektrifizierung der Strecke von Paris nach Vierzon baute 1925-26 die PO eine Anzahl verschiedener Schnellzuglokomotiven. Fast allen war gemeinsam, daß man in vielerlei Hinsicht Schwierigkeiten mit ihnen hatte, vor allem verursachten sie einen großen Unterhaltungsaufwand. Ausnahme waren zwei 2'Do2'-Maschinen aus dem Jahre 1925, die einen bedeutenden Einfluß auf den französischen Lokomotivbau der nächsten 25 Jahre haben sollten. Die Lokomotiven Nr. E501-2 waren ein Entwurf der Schweizer Firmen Brown Boveri und SLM und sie folgten in vielen Details den damals üblichen Schweizer Wechselstromlokomotiven.

Viele Lokomotiven besaßen damals noch plumpe und komplizierte Stangenantriebe; ein wichtiges Merkmal der beiden PO-Loks war darum ihr Buchli-Antrieb, ein System aus Zahnsegmenten und Gelenkhebeln, das innerhalb des Großrades untergebracht war. Dieser Gelenkantrieb überträgt das Drehmoment vom starr im Rahmen gelagerten Fahrmotor so auf die abgefederte Treibachse, daß diese sich unter dem Einfluß der Gleisunebenheiten ungehindert bewegen kann. Ein beachtenswerter Unterschied zu den Schweizer Maschinen war, daß diese den Buchli-Antrieb nur an einem Ende der Treibachse besaßen, während die Achsen der französischen Loks beidseitig angetrieben wurden. Die französischen Ingenieure führen darauf die äußerst geringe Abnutzung ihrer Buchli-Antriebe zurück, die zwischen den Untersuchungen festzustellen ist.

Nach umfangreichen Versuchen baute man zwischen 1933 und 1943 weitere 48 2'Do2'-Lokomotiven, die die PO-Nummern E503-50 erhielten und später von der SNCF in Nr. 5503-50 umgezeichnet wurden. Ihre maximale Leistung lag bei 2600 kW (3535 PS). 23 sehr ähnliche Maschinen entstanden 1938 für die damalige Elektrifizierung der Staatsbahn (Etat) von Paris nach Le Mans.

Für die Nachkriegselektrifizierung der früheren PLM-Hauptstrecke beschaffte man eine neue Baureihe von 2'Do2'-Loks, die

9100, die auf den letzten PO-Maschinen basierte, aber in vielem verbessert wurde. Die Motorsteuerung wurde in großem Umfang abgeändert, zusätzliche Feldschwächungsstufen wurden durch Verbesserungen der Kompensationswicklungen der Fahrmotoren möglich. Die wesentlich größere Anzahl der Fahrstufen verminderte die immer mit einem Ruck verbundenen Zugkraftsprünge beim Weiterschalten auf die nächste Widerstandsstufe auf etwa ein Fünftel der bei den 5500ern üblichen Größe. Die zusätzliche Feldschwächung verbesserte das Verhalten bei höheren Geschwindigkeiten. Die Höchstgeschwindigkeit setzte man auf 140 km/h fest, 10 km/h mehr als bei den Vorgängern.

Die geforderten Leistungen umfaßten die Beförderung von 900 Tonnen mit 140 km/h in der Ebene und von 1000 t auf 0,5% mit 100 km/h. Anfänglich waren niedrigere Leistungswerte vorgesehen gewesen, aber noch während der Entwurfsphase hatte man sie unter dem Eindruck der großartigen Versuchsergebnisse der Chapelon-2'D2'-Dampflokomotive erhöht. Zwar war die Elektrifizierung der logische nächste Schritt in einem Land, das kein Öl und nur wenig Kohle besaß und die SNCF stand auch zu ihrem Entschluß, aber die Elektroingenieure wollten sicherstellen, daß ihr Geistesprodukt nicht von einer anderen „älteren" Traktionsform überboten wurde. Die Dauerleistung der Elloks lag bei 3236 kW (4400 PS), die Stundenleistung bei 3590 kW (4880 PS). Trotz dieser Leistungssteigerung wogen die „9100" nur 3,5 t mehr als die „5500".

Man bestellte eine erste Serie von 35 Loks und beabsichtigte, den Bestand im Laufe der Zeit auf 100 Stück zu erhöhen. Bei der Ablieferung in den Jahren 1950-51 war dieser Loktyp allerdings schon überholt. Lokomotiven mit Allachsantrieb hatten in der Schweiz ihre Bewährungsprobe hinter sich und der umständliche Buchli-Antrieb war durch die Entwicklung neuer Motoren, die sich im Drehgestell unterbringen ließen, überflüssig geworden. Die nächsten Bestellungen waren darum für Lokomotiven der Achsfolge Co'Co'.

Nichtsdestotrotz spielte die Reihe 9100 eine Hauptrolle beim Betrieb auf der „Ligne Impériale", der kaiserlichen Linie. Im Sommer 1951 beförderten sie die vier schnellsten Züge Frankreichs. Sie wurden für ihre Zuverlässigkeit gerühmt und erreichten genauso hohe Laufleistungen wie ihre moderneren Zeitgenossen. Zu Beginn des Jahres 1983 hatten etliche von ihnen die Grenze von 7 Millionen Laufkilometern schon überschritten, die anderen waren nicht weit davon entfernt. Leider hat die Ausmusterung dieser interessanten Lokomotiven schon begonnen, die ersten mußten 1982 den Dienst quittieren.

Oben: *Die Front der „2D2-9104. Zur sicheren Übertragung der hohen Stromstärken besitzen die Pantografen doppelte Schleif stücke.*

Unten: *Die 2'Do2'-Lokomotiven der SNCF-Reihe 9100 entstanden 1950 als jüngste Angehörige einer großen Familie mit dieser eleganten Achsanordnung.*

Nr. 10201-3 (1'Co)(Co1')

Großbritannien
British Railways, Southern Region (BR), 1951

Bauart: Diesel-elektrische Lokomotive für gemischten Dienst
Spurweite: 1435 mm (4 ft 8½ in)
Antrieb: Ein English Electric 4-Takt-V16-Dieselmotor, Typ 16SVT, von 1775 PS (1305 kW) mit Generator erzeugt den Fahrstrom für 6 Tatzlagermotoren
Gewicht: 112 t (246950 lb) Reibungsgewicht; 137 t (302400 lb) Gesamtgewicht
Maximale Achslast: 18,9 t (41440 lb)
Gesamtlänge: 19430 mm (63 ft 9 in)
Zugkraft: 139 kN (31200 lb)
Höchstgeschwindigkeit: 145 km/h (90 mph)

Der Nachkriegs-Entwicklungsplan der Southern Railway sah die Einführung der Dieseltraktion auf bestimmten Strecken vor, auf denen sich eine Elektrifizierung nicht lohnte. Man dachte an Lokomotiven für den Hauptstreckendienst mit einer Leistung von 2500 PS Verantwortlich für die Entwicklung dieser Diesellokomotiven, mit Ausnahme des elektrischen Teils, war der Chefingenieur der Maschinenabteilung, O. V. S. Bulleid, ein starker Befürworter der Dampflokomotive, der zu dieser Zeit mit dem Bau einer großen Zahl unkonventioneller Pazifiks beschäftigt war und noch weit unkonventionellere Dampfloktypen plante. Bulleid war von der Dieseltraktion nicht überzeugt, aber er glaubte, daß es die beste Art der Konkurrenz zu begegnen war, wenn man sie überzeugend besiegte. Da der damals stärkste in Großbritannien erhältliche Dieselmotor mit seinen 1600 PS erheblich unter der anvisierten Leistung von 2500 PS lag, hatte er keine Bedenken, daß seine Pazifiks in den Schatten gestellt würden.

Der Bau von drei Probelokomotiven wurde genehmigt, die eigentliche Entwurfsarbeit begann 1946. Die Achslastbegrenzung der SR machte acht Achsen erforderlich. Bulleid übernahm das Drehgestell von seiner Ellokkonstruktion und fügte jeweils eine Laufachse hinzu, so daß sich die Achsfolge (1'Co)(Co1') ergab. Die Laufachse wurde durch zwei horizontale Lenker geführt, die eine seitliche Bewegung um einen imaginären Drehpunkt gestattet. Der Großteil des Lokgewichts wurde über Gleitflächen in Drehgestellmitte übertragen, zwei zusätzliche Abstützpunkte lagen in der Nähe der Drehgestellenden. Wie bei den Elloks gestatteten allein die Blattfedern über den Achslagern und ihre Gummiauflagen Bewegungen der Drehgestellkonstruktion. Im Unterschied zu den Elloks waren die Kupplungen und Puffer hier an den Drehgestellen und nicht am Lokkasten angebracht.

Der 16-Zylinder-Dieselmotor stammte von English Electric und war schon an die LMS und die Ägyptische Staatsbahn geliefert worden, English Electric lieferte auch die elektrische Ausrüstung. Die Form des Lokkastens paßte man an das Nachkriegs-Wagenmaterial der SR an. Zahlreiche Seitentüren erlaubten den Ausbau des Motors und der Ausrüstungsteile

Oben: *Die diesel-elektrische Lokomotive Nr. 10201 stammt von der Southern Railway. Im Juni 1960 durcheilt sie Kenton in der Grafschaft Middlesex, das zur London Midland-Region der BR gehört.*

Nr. 10100 2'D2'

Großbritannien
British Railways (BR), 1951

Bauart: Diesel-mechanische Lokomotive für gemischten Dienst
Spurweite: 1435 mm (4 ft 8½ in)
Antrieb: 4 Davey Paxman 12-Zylinder-2-Takt-Dieselmotoren von 368 kW (500 PS) wirken gemeinsam über ein patentiertes System aus hydraulischen Kupplungen und Differentialgetrieben auf die vier stangengekuppelten Treibachsen.
Gewicht: 77,2 t (170240 lb) Reibungsgewicht; 121,9 t (268800 lb) Gesamtgewicht
Maximale Achslast: 19,3 t (42560 lb)
Gesamtlänge: 15240 mm (50 ft 0 in)
Höchstgeschwindigkeit: 125 km/h (78 mph)

In Nordamerika hatte sich gegen Ende des Zweiten Weltkriegs die elektrische Kraftübertragung für Diesellokomotiven als Standardbauform etabliert. In Europa aber gab es noch Ingenieure, die hofften, daß es ihnen gelingen würde, das hydraulisch-mechanische Antriebssystem zu perfektionieren. Das anvisierte Ziel war ein höherer Wirkungsgrad und ein niedrigeres Gewicht. Der Großteil der Entwicklungstätigkeit konzentrierte sich auf Westdeutschland, aber auch ein Engländer war auf diesem Gebiet aktiv. Oberstleutnant L. F. R. Fell besaß eine Ausbildung als Dampflokkonstrukteur und war nach Beendigung seiner Armeelaufbahn in die Dienste einer Flugzeugfirma getreten. In seiner freien Zeit beschäftigte er sich mit Dieselantrieben und mechanischen Kraftübertragungen für Lokomotiven und meldete etwa zwanzig seiner Erfindungen zum Patent an.

Fell bevorzugte mehrmotorige Lokomotiven, teilweise um die Auswirkungen von Maschinendefekten zu verringern, aber auch weil die Wartung kleinerer Motoren einfacher ist. Bei einer üblichen Diesellokomotive steigt die Leistung mit der Geschwindigkeit, Fell aber war der Meinung, daß die Leistung über den größten Teil des nutzbaren Drehzahlbereichs konstant bleiben sollte, damit sich eine ähnlich abfallende Zugkraftkurve ergäbe wie bei einer Dampflokomotive. Dazu schlug er vor, den Ladekompressor so zu steuern, daß mit steigender Drehzahl die Aufladung abnahm und damit die Leistung annähernd konstant gehalten wurde.

Das Fell-Getriebe verband nicht nur die Abtriebe der Dieselmotoren – bei der beschriebenen Versuchslokomotive waren es vier –, sondern es sorgte auch für eine Verringerung des beim Anfahren hohen Übersetzungsverhältnisses mit zunehmender Geschwindigkeit. Während beim Differentialgetriebe eines Autos der Motor auf den Planetenradträger wirkt und die Antriebsleistung an den Sonnenrädern abgenommen wird, war hier jeder Dieselmotor mit einem Sonnenrad verbunden und der Planetenradträger leitete ihre vereinigte Antriebskraft weiter. Wenn bei laufendem Motor ein Antriebsrad eines Autos an der Bewegung gehindert wird, dreht sich das andere Rad doppelt so schnell. Das Übersetzungsverhältnis zwischen dem Planetenradträger und dem Sonnenrad des sich drehenden Rads hat sich gegenüber dem Zustand mit zwei sich gleich schnell drehenden Rädern verdoppelt. Entsprechend war beim Fell-Antrieb das Übersetzungsverhältnis auch doppelt so hoch, wenn nur ein Motor eines Motorpaares lief.

Bei der viermotorigen Lokomotive vereinte ein drittes Differentialgetriebe die Antriebsleistungen der beiden Motorpaare und leitete sie zu den Rädern. Wenn nur ein Motor lief, war das Übersetzungsverhältnis viermal so groß wie beim Betrieb aller vier Dieselmaschinen. Beim Zuschalten der einzelnen Motoren vollzog sich der Wechsel der Übersetzungen stufenlos.

Die LMS besaß schon früh Erfahrungen mit diesel-elektrischen Rangierlokomotiven und begann 1946 mit dem Bau von zwei 1600 PS-Versuchslokomotiven für den Personenverkehr. Im darauffolgenden Jahr überredete Fell den Maschinenbau-Oberingenieur der LMS, H. G. Ivatt, zum Bau einer Lokomotive nach seinen Ideen, um sie mit den diesel-elektrischen Maschinen zu vergleichen. Der Vorstand der LMS genehmigte dieses Projekt noch kurz vor der Verstaatlichung. Die Lokomotive besaß Kuppelstangen zwischen den vier Treibachsen, die mittleren Achsen waren aber schon durch das Getriebe verbunden. Einige Zeit lief die Lok daher auch mit entfernter mittlerer Kuppelstange.

Die Endvorbauten der Lok beherbergten die vier Paxman-Motoren für den Antrieb, zwei zusätzliche 150 PS-Motoren trieben die Ladekompressoren und die Hilfsbetriebe an. Ein Antriebsmotor reichte für den Geschwindigkeitsbereich bis 11 km/h, zwei von 11 bis 30,5, drei von 30,5 bis 43 und alle vier Motoren liefen bis zur Höchstgeschwindigkeit von etwa 121 km/h. Im Betrieb liefen dann aber doch meist alle Dieselmotoren, hydraulische Kupplungen arretierten die Sonnenräder, wenn die Motoren leer liefen.

Die Lokomotive wurde 1951 in den Werkstätten von Derby fertig-

Unten: *Die diesel-mechanische „Fell"-Versuchs-Diesellokomotive der British Railways wurde 1951 gebaut.*

auch in Werkstätten, die über keinen Kran zum Ausbau durch das Dach der Lokomotive verfügten. Auf einer Bahn, auf der die Lokführer durch den elektrischen Betrieb an Fahrerpositionen am Fahrzeugende gewöhnt waren, konnte man auf sichtbehindernde Lokschnauzen verzichten, die Führerstände der Diesellloks ordnete man an den Lokenden an.

Die Arbeiten gingen nur langsam voran; die Southern Railway ging in den neu erstandenen British Railways auf, die nur ein geringes Interesse an Groß-Dieselloks hatte. Auf jeden Fall ließen die Nöte der Nachkriegszeit die Verdieselung der Südregion in weite Ferne rücken. Schließlich wurde 1951 in den Werkstätten von Ashford die erste Lokomotive fertiggestellt, die Nr. 10201. Die Stundenleistung des Diesels hatte man inzwischen auf 1775 PS steigern können. Bei der Festlegung der Übersetzung für eine Höchstgeschwindigkeit von 177 km/h war man wohl etwas zu optimistisch gewesen, schon bald änderte man dies auf realistischere 145 km/h, damit verbunden war eine entsprechende Erhöhung der Zugkraft. Die Lokomotive bewies bald, daß sie imstande war, die gleichen Zugleistungen wie die Bulleid-Pazifiks zu erbringen, wenn sie auch hinter deren Höchstleistung zurückblieb. Sie war aber imstande, zweimal täglich die 276 Kilometer von London nach Exeter und zurück zu fahren, mehr als die damaligen Dampflokomotiven leisten konnten. Nach Erscheinen der zweiten Maschine, der Nr. 10202, erweiterte man die Einsätze auf die Strecke London–Bournemouth.

Indessen war das fünfte Jahr der Staatsbahnen angebrochen und in so mancher Amtsstube war man inzwischen zur Meinung gelangt, daß man die Möglichkeiten der Dieseltraktion doch einmal gründlich untersuchen sollte, wenn auch weiter allgemein die Absicht bestand, die Dampftraktion als wichtigste Antriebsform beizubehalten. Man stoppte den Weiterbau der dritten Diesellokomotive, um erst einmal festzustellen, welche Verbesserungen bei dieser nun schon mehr als sechs Jahre alten Konstruktion durchführbar waren.

1954 war dann auch sie endlich fertiggestellt, die Hauptunterschiede waren eine auf 2000 PS gesteigerte Motorleistung und eine erheblich verbesserte Antriebssteuerung. Bei den Loks Nr. 10201-02 besaß der Fahrschalter nur acht Positionen und es war damit ziemlich schwierig, die Leistung so einzustellen, daß sich exakt die gewünschte Geschwindigkeit ergab. Die Nr. 10203 erhielt eine stufenlose Einstellmöglichkeit, die bei allen künftigen BR-Diesellokomotiven zur Norm werden sollte.

Während die beiden ersten Loks die Leistungen einer Pazifik in guter Form nicht ganz erreichten, war die Nr. 10203 in der Lage, sie sogar zu übertreffen. Eine Zeitlang schlug der Enthusiasmus der Südregion für die Dieselloks hohe Wellen, man lieh sich sogar die zwei LMS-Maschinen Nr. 10000-1. Der Zustand der Dampflokomotiven war zu dieser Zeit äußerst unbefriedigend und die Dieselloks übernahmen Leistungen, für die man bis zu zehn Dampfloks gebraucht hätte. Die Dampflokmalaise besserte sich mit der Zeit, dafür wuchsen die Probleme, die die Wartung der Diesellokomotiven in den dafür wenig geeigneten, schmutzigen Dampflokwerkstätten mit sich brachten und die Zuverlässigkeit litt. Die SR verlor die Lust an ihrer neuen Traktionsform und sie wurden zur London Midland Region umgesetzt.

Auch hier war ihr Schicksal sehr wechselvoll. Sie übernahmen einige der schwersten Zugleistungen auf den vom Euston Bahnhof in London ausgehenden Strecken. Gewöhnlich verwendete man die kleineren Loks paarweise vor Fernzügen; die Nr. 10203 konnte nicht in Mehrfachtraktion fahren, aber sie zeigte sich imstande, Züge bis zu 500 t bei den großzügig bemessenen Fahrplänen dieser Jahre mit durchschnittlichen Geschwindigkeiten von etwa 88 km/h (55 mph) zu führen. Eine Zeitlang setzte man die Loks auch auf der Hauptstrecke der früheren Midland Railway vom Londoner St. Pancras-Bahnhof ausgehend ein.

In ihren besten Tagen erreichten diese Lokomotiven jährliche Laufleistungen, von denen man in Großbritannien bisher nur geträumt hatte, aber nicht immer konnte man sich auf ihre Zuverlässigkeit stützen. Als die Hauptwerkstätten in Derby sich vorrangig mit dem Modernisierungsprogramm von 1955 beschäftigen mußte, verbrachten die Prototypen immer mehr Zeit mit Warten auf Reparaturen. 1963 wurden die SR-Maschinen dann ausgemustert.

Trotz ihres wechselhaften Schicksals, lieferten diese Lokomotiven den Konstrukteuren der BR wertvolle Informationen und die Lok Nr. 10203 wurde zum Vorbild der ersten Generation großer BR-Seriendiesellokomotiven.

gestellt und einer langen Reihe von Versuchsfahrten im Midland-Bezirk der London Midland-Region unterzogen. Schließlich gelangte sie in den Planeinsatz und übernahm vorwiegend auf der Strecke Derby-Manchester bis zu 12 Wagen starke Personenzüge.

In den ersten Jahren zeigten sich die BR wie schon erwähnt an Groß-Dieselloks wenig interessiert, das änderte sich mit dem Beginn des Modernisierungsprogramms. Bei Leistungsmeßfahrten untersuchte man 1956 die Leistungsfähigkeit der Fell-Lokomotive eingehend. Im großen Ganzen fiel der Versuchsbericht positiv aus, vor allem hob man hervor, daß es mit dem Fell-System möglich sei, eine Lokomotive zu entwickeln, deren Zugkraftcharakteristik dem gewünschten Verlauf sehr nahe kam. Tatsächlich besaß die Lokomotive im Bereich von 64 bis 97 km/h (40 bis 60 mph) eine höhere Zugkraft als eine diesel-elektrische 2000 PS-Lokomotive, bei niedrigeren Geschwindigkeiten fiel die Zugkraft aber stark ab. Die maximale Zugkraft wurde mit 129 kN (29000 lb) gemessen, verglichen mit 223 kN (50000 lb) einer diesel-elektrischen Lok. Die Fell-Kraftübertragung hatte einen höheren Wirkungsgrad als die elektrische, aber die wurde durch den erheblich größeren Leistungsbedarf der Hilfsbetriebe der Fell-Lokomotive mehr als ausgeglichen.

Links: *Nach einem Schaden am Hauptgetriebe nahmen die BR die „Fell"-Diesellokomotive 1957 aus dem Betrieb.*

Klasse EW Bo'Bo'Bo'

Neuseeland
New Zealand Railways (NZR), 1952

Bauart: Elektrische Lokomotive für gemischten Dienst.
Spurweite: 1067 mm (3 ft 6 in)
Stromversorgung: Gleichstrom von 1500 V über Oberleitung
Antrieb: Mit 6 Tatzlagermotoren von je 220 kW (300 PS)
Gewicht: 76 t (167505 lb)
Maximale Achslast: 12,6 t (27770 lb)
Gesamtlänge: 18898 mm (62 ft 0 in)
Zugkraft: 187 kN (42000 lb)
Höchstgeschwindigkeit: 96 km/h (60 mph)

Das gebirgige und Öl-lose Neuseeland ist wieder eines der Länder, das für elektrischen Betrieb prädestiniert ist, in dem sich aber in dieser Richtung nur wenig getan hat. 1932 begann man zwar mit der Elektrifizierung der 685 km langen Hauptstrecke auf der Nordinsel von Wellington ausgehend in Richtung Auckland. Man kam aber nicht weit, noch fünfzig Jahre später endete die überspannte Strecke in Paekakariki, 42 Kilometer von Wellington entfernt.

Für den Verkehr auf dieser kurzen Strecke baute English Electric 1952 sieben elektrische Gelenklokomotiven in einer ungewöhnlichen Anordnung; die elektrische Ausrüstung von der Firma Robert Stephenson & Hawthorn war dagegen sehr konventionell und im Verhältnis zu ihrem Gewicht kann man die Leistung nur bescheiden nennen.

Die „EWs" gehören zu den Loktypen, die sich am Besten beschreiben lassen, wenn man aufführt, was sie nicht besitzen. So haben sie keine komplizierten Gelenkantriebe, sondern jede Achse besitzt einen simplen Tatzlagermotor, ebenso fehlt eine elektrische Bremseinrichtung. Obwohl Neuseeland in vielem mehr nach Großbritannien ausgerichtet ist, folgen die Eisenbahnen der amerikanischen Baupraxis und statt der eigentlich zu erwartenden Vakkuumbremse benutzt man hier die Luftdruckbremse. Die Bo'-Bo'Bo'-Achsfolge ist der Trassierung der NZR mit ihren scharfen Kurven angepaßt, die sechs Fahrmotoren ergeben durch Reihen-/Parallelschaltung etliche Dauerfahrstufen. Mit ihrem schlichten, glatten Äußeren wirken sie sehr ansprechend auf das Auge des Beschauers. Auf der Minusseite muß man sehen, daß im gleichen Jahrzehnt für die Rhätische Bahn in der Schweiz Lokomotiven gleicher Anordnung und ähnlich in Gewicht und Spurweite entstanden, die eine 50% höhere Leistung aufweisen können.

1967 begannen die NZGR damit, die Fernzüge bis Wellington durchgehend mit Diesellloks zu bespannen. Die „EWs" wurden dadurch auf Nahverkehrszüge abgedrängt, die den elektrifizierten Bereich nicht verlassen. Zwar hat man inzwischen die Elektrifizierung des Hauptteils der Strecke Wellington-Auckland in Angriff genommen, aber die Verwendung von hochgespanntem Wechselstrom wird dazu führen, daß diese gefälligen und tüchtigen Maschinen dort keine Verwendung mehr finden können.

Oben: *Ein kurzer Personenzug mit einer EW-Lokomotive unterquert gleich den Weg eines Güterzugs mit zwei Dieselloks.*

Rechts: *Die Lokomotive „EW 165" der New Zealand Government Railways verläßt mit ihrem Personenzug den Bahnhof von Wellington.*

Reihe 277* Co'Co'

Spanien
Spanische Staatsbahn (RENFE), 1952

Bauart: Elektrische Lokomotive für gemischten Dienst
Spurweite: 1676 mm (5 ft 6 in)
Stromversorgung: Gleichstrom von 3000 V über Oberleitung
Antrieb: Mit 6 Tatzlagermotoren von je 441 kW (600 PS)
Gewicht: 120 t (264550 lb)
Maximale Achslast: 20 t (44090 lb)
Gesamtlänge: 20657 mm (67 ft 9½ in)
Zugkraft: 307 kN (69000 lb)
Höchstgeschwindigkeit: 110 km/h (68 mph)

* Ursprünglich Reihe 7701

Diese Reihe ziemlich massiv wirkender Zugpferde war einer der wenigen Exporterfolge, den die britische Lokomotivindustrie auf dem europäischen Festland verzeichnen konnte. Sie waren für zwei Bergstrecken im Nordwesten Spaniens bestimmt. Die Hauptbahn von der Hauptstadt Madrid zum Atlantikhafen Gijon überquert das Kantabrische Gebirge mit Hilfe eines 3,1 km langen Tunnels unterhalb des Pajares-Passes in einer Höhe von 1271 m. Die nördliche Anfahrt von Ujo (249 m über dem Meer) zum 62 km entfernten Paß ist besonders schwierig, in den Tagen der Dampfloks erschwerten die 71 Tunnels den Betrieb außerordentlich. Dieser verhältnismäßig kurze Abschnitt mit einer maßgeblichen

Rechts: *Die 277 004-8 der RENFE, ehemals Lok Nr. 7704, im September 1975 in Oviedo.*

Steigung von 2,1% wurde schon 1924 elektrifiziert.

Als das Land sich langsam von den Folgen des Bürgerkriegs zu erholen begann, gab man grünes Licht für eine Verlängerung der elektrischen Strecke bis nach Gijon und Leon, eine Entfernung von 172 km. Darüber hinaus begann man mit der Elektrifizierung einer weiteren Gebirgsbahn von Leon in Richtung Corunna bis Ponferrada. Aus dieser Zeit stammt die Bestellung bei English Electric; für einen Teil der Serie baute auch die Vulcan Foundry den Mechanteil. Ähnliche Lokomotiven entstanden 1950 für die brasilianische Santos-Jundiai-Bahn und der Zufall wollte es, daß just zu diesem Zeitpunkt die spanische Einkaufskommission das Werk besuchte, als die Maschinen für Brasilien zusammengebaut wurden. Die Konstruktion sagte den Spaniern zu und so diente sie als Basis – mit vielen gemeinsamen Bauteilen – für die RENFE-Loks.

Wie bei Gleichstromlokomotiven üblich, wird die Geschwindigkeit mit Widerstands-Zwischenstufen, Serien-/Parallelschaltung und Feldschwächung geregelt. Bei der Bewältigung der schweren Aufgaben im Gebirge sind auch die Vielfachsteuerung und die Rekuperationsbremsen sehr hilfreich. Für die damals in Spanien noch üblichen Vakuumbremse erhielten die Loks einen Exhaustor.

English Electric konnte diesen Loktyp noch ein weiteres Mal erfolgreich an den Mann – oder die Bahn – bringen. Mit einigen Abweichungen lieferte man 1954 eine Serie an die Central Railway of India, die ihrerseits wieder Vorbild für die ersten in den Chitteranja-Werkstätten der Indian Railways – in denen vorher nur Dampflokomotiven entstanden waren – selbstgebauten Elektrolokomotiven des Jahres 1961 wurden.

Seit damals erweiterte die RENFE das elektrische Netz in Nordwest-Spanien auf 605 km Länge und die Reihe 277, die frühere Reihe 7701, wuchs auf 75 Exemplare an; die letzten wurden 1959 abgeliefert. Als dieses Buch entstand, waren sie noch alle im Dienst.

Oben: *RENFE 277 037-8 im Bahnhof von La Robla.*

ETR 300 „Settebello"

Italien
Italienische Staatsbahn (FS), 1953

Bauart: Siebenteiliger elektrischer Luxus-Gliedertriebzug
Spurweite: 1435 mm (4 ft 8½ in)
Stromversorgung: Gleichstrom von 3000 V über Oberleitung
Antrieb: 12 Fahrmotoren von je 184 kW (250 PS) treiben über Hohlwellenantriebe 6 der 10 Drehgestelle an
Gewicht: 204 t (449735 lb) Reibungsgewicht; 325 t (716490 lb) Gesamtgewicht
Maximale Achslast: 17 t (37480 lb)
Gesamtlänge: 165202 mm (542 ft 0 in)
Höchstgeschwindigkeit: 158 km/h (98 mph)

Es war der 20. Juli 1939 und der Zweite Weltkrieg war kaum einen Monat entfernt, als die Italienischen Staatsbahnen einen neuen Geschwindigkeitsweltrekord für Fahrten über größere Entfernungen aufstellten, der mehr als 25 Jahre ungebrochen bleiben sollte. Der Rekordzug war ein dreiteiliger elektrischer Schnelltriebzug, Reihe ETR 200, mit einer Nennleistung von 1084 kW (1475 PS) und aufgestellt wurde der Rekord auf der Strecke von Florenz nach Mailand mit dem neuen 18,4 km langen Appenninentunnel. Die 314 Kilometer wurden in 1 Stunde 55 Minuten heruntergespult, die Durchschnittsgeschwindigkeit betrug 164 km/h. Um die verfügbare Leistung für die Rekordfahrt zu erhöhen, hatte man die Fahrleitungsspannung von 3000 auf 4000 Volt gesteigert und die meisten Geschwindigkeitsbeschränkungen gelockert. Als Höchstgeschwindigkeit verzeichnete man aufregende 203 Stundenkilometer, für die, die im Bilde waren, vielleicht etwas zu aufregend, wie die ganze Fahrt.

Als der Zweite Weltkrieg endlich vorüber war und man die schlimmsten Zerstörungen beseitigt hatte, benutzte man das Fachkönnen, das schon den Weltrekordzug hervorbrachte, um einen neuen, besseren Zug zu bauen, der nicht nur schnell, sondern auch äußerst luxuriös werden sollte. Man bedenke, daß dies immer noch zu einer Zeit war, in der andernorts die Nöte der Nachkriegszeit das Regiment führten, vor allem bei den Eisenbahnen.

Der ETR 300 „Settebello" (Glücks-Siebener) ist ein Sieben-Wagen-Zug mit nur 160 Plätzen der ersten Klasse und entsprechend üppiger Ausstattung. An beiden Enden befinden sich geräumige Aussichtssalons (den Fahrer verbannte man in einen Dachausguck) mit jeweils 11 Sitzplätzen. Beide Endwagen sind mit dem benachbarten Wagen durch ein gemeinsames Drehgestell verbunden. Diese vier Wagen bildeten anfänglich den gesamten gewinnbringenden Teil des Zuges, hier befanden sich alle offiziellen Sitzplätze des Zuges. Ele-

ganz und Komfort der Einrichtung waren in einem Maße luxuriös, daß es kaum noch zu übertreffen war.

In der Mitte des Zuges befindet sich der Speisewagen mit 56 Plätzen, in den beiden angrenzenden Wagen brachte man die Küche und Räume für das Personal, Gepäck und Postsendungen unter, auch ein Kiosk fand noch Platz. Später verkleinerte man diese großzügig bemessenen Diensträume und schaffte dadurch Raum für 30 weitere zahlende Fahrgäste.

Sechs der zehn Drehgestelle sind angetrieben, jedes mit einem Paar von 1500 V-Motoren, die dauernd in Reihe geschaltet sind. Die siebzehn Stufen des Fahrschalters ergeben sich durch Serien-, Serien-Parallel- und Parallelschaltung mit zusätzlichen Feldschwächungsstufen. Das Motormoment übertragen Hohlwellenantriebe auf die Treibachsen. Die Bremskraft wird selbsttätig der Geschwindigkeit angepaßt und verringert sich bei langsamerer Fahrt.

Nach einiger Zeit rüstete man die Triebzüge auch mit Widerstandsbremsen aus. Gleichzeitig baute man neue Fahrmotoren mit einer um 28% höheren Nennleistung und eine Führerstands-Signalanzeige ein. Die theoretische Höchstgeschwindigkeit legte man auf 200 km/h fest, wenn auf der Strecke auch jetzt nicht mehr als 160 km/h möglich waren.

Man darf nicht vergessen, daß zu solch hohen Geschwindigkeiten mehr gehört als nur die Fahrzeuge. Daß das Gleis verbessert werden muß, ist offensichtlich, aber das ist nicht alles. Das Signalsystem muß so eingerichtet werden, daß der Bremsweg auch bei der Höchstgeschwindigkeit ausreicht. Man kann dies auch mit einer Anzeige der Signale im Führerstand erreichen, dann sind kostspielige Streckeninstallationen erforderlich. Ein großes Problem ist die Kapazität der Strecke. Auf ausgelasteten Strecken – und die Strecke Rom–Mailand ist sehr stark ausgelastet – können einige wenige Züge, die von der durchschnittlichen Geschwindigkeit stark abweichen, die Zahl der möglichen Zugläufe überproportional herabsetzen.

Aus all diesen Gründen war es anfänglich nicht möglich, die beste Vorkriegs-Fahrzeit von 6 Stunden für die 627 km lange Verbindung Rom–Mailand zu unterbieten. Änderung verspricht erst die seit längerem im Bau befindliche Schnellstrecke „direttissima" von Rom nach Florenz, die für Geschwindigkeiten von 250 km/h trassiert ist. Der erste südliche Abschnitt von 122 km Länge liegt zu mehr als der Hälfte in Tunnels oder auf Brücken und Viadukten und wurde 1977 dem Verkehr übergeben. Die Streckengeschwindigkeit ist zwar immer noch auf 180 km/h begrenzt, aber immerhin konnte man die Fahrzeit des „Settebello" auf 5 h 35 min, einschließlich Aufenthalten in Bologna und Florenz, verkürzen. Inzwischen hat man die Fahrt stillschweigend wieder verlangsamt, 6 Stunden oder etwas mehr sind das Beste, das zur Zeit geboten wird.

Eigenartig ist, daß in der Vergangenheit die besten Züge, beispielsweise in Frankreich und England, von Lokomotiven gezogen wurden, während man in Italien Triebzüge verwendete. Jetzt wendet man sich in Frankreich und auch England Schnelltriebzügen zu und die Italiener kehren zur Loktration zurück. Die Schnellfahrlokomotiven der Reihe „E444" mit der Achsfolge Bo'Bo' und dem Spitznamen „Tartaruga" (Schildkröte) befördern heute Wagenzüge, die in ihrer Luxusausstattung den „ETR 300" vergleichbar sind und auch für die gleiche – theoretische – Höchstgeschwindigkeit von 200 km/h gebaut sind. Nur hatten auch sie bislang keinerlei Möglichkeit, ihre Fähigkeiten zu beweisen. Auch ihnen fehlt bislang die Strecke, auf der sie ihre Fähigkeiten unter Beweis stellen können.

Links: *Die eindrucksvolle Front eines „Settebello"-Triebzugs. Die großen Fenster sind für die Fahrgäste und nicht für den Triebwagenführer bestimmt.*

Oben: *Diese Aufnahme eines „Settebello"-Zuges läßt den Ausguck des Fahrers auf dem Dach erkennen.*

Unten: *Die sieben Wagen eines FS ETR 300-Triebzugs bieten 160 Fahrgästen eine luxuriöse Reisemöglichkeit.*

Unten: *Ein „Settebello"-Expreßzug eilt über ein schönes Viadukt der Strecke von Rom nach Mailand.*

„Gas Turbine" (Bo'Bo')(Bo'Bo') USA
Union Pacific Railroad (UP), 1951

Bauart: Gasturbo-elektrische Güterzuglokomotive
Spurweite: 1435 mm (4 ft 8½ in)
Antrieb: 1 ölgefeuerte Gasturbine von 3357 kW (4565 PS = 4500 HP) Leistung erzeugt in einem Generator Gleichstrom für 8 Tatzlagermotoren
Gewicht: 250,3 t (551 720 lb)*
Maximale Achslast: 31,3 t (68 970 lb)
Gesamtlänge: 25 464 mm (83 ft 6½ in)*
Zugkraft: 600 kN (135 000 lb)
Höchstgeschwindigkeit: 105 km/h (65 mph)

* Die Angaben gelten für die Lok ohne Brennstofftender

Die Union Pacific ist eine große Bahngesellschaft und auch ihre letzten drei Dampflokkonstruktionen gehörten zu den größten und stärksten der Welt. Es war also ein seltsamer Gegensatz, als die Bahn auf einmal Diesellоks „von der Stange" mit nur 1750 HP anstelle von selbst entworfenen 6000 HP-Dampfloks kaufte. Aber die ganze UP ist eine Bahn der Gegensätze. Eine ihrer Hauptstrecken durchquert Wüstenland, in dem Wasser und Kohle rar sind, Öl aber im Überfluß vorkommt – also eine ideale Strecke für die Verdieselung. In anderen Gebieten besaß die Gesellschaft dagegen eigene Kohlengruben, wirtschaftliche Vorteile von Dieselloks waren hier nicht so klar erkennbar. Man war ganz besonders an allem interessiert, das Kohle als Brennstoff verwenden konnte und damit eine Alternative zum Diesel bot.

Oben: *Die dreiteilige 8500 HP-Gasturbinenlok Nr. 26 der Union Pacific. Der erste Lokteil beherbergt die Gasturbine, in den anderen sind die Hilfsbetriebe und die Brennstoffvorräte untergebracht.*

„Trainmaster" H-24-66 Co'Co' USA
Fairbanks Morse & Co (FM), 1953

Bauart: Diesel-elektrische Vielzweck-Lokomotive
Spurweite: 1435 mm (4 ft 8½ in)
Antrieb: Ein Fairbanks-Morse 12-Zylinder-Dieselmotor mit gegenläufigen Kolben, Typ 38D-12, von 1790 kW (2400 HP) mit Generator versorgt 6 Tatzlagermotoren
Gewicht: 170,1 t (375 000 lb)
Maximale Achslast: 28,4 t (62 500 lb)
Gesamtlänge: 20 117 mm (66 ft 0 in)
Zugkraft: 501 kN (112 500 lb)
Höchstgeschwindigkeit: 105, 113, 129 km/h (65, 70, 80 mph)

Fairbanks Morse in Beloit, Wisconsin war eine der Maschinenfabriken, die schon lange Zeit technisches Zubehör für Eisenbahnen produzierte, beispielsweise Wasserkräne. In den dreißiger Jahren entwickelte diese Firma ein Spezialprodukt, einen Gegenkolben-Dieselmotor, bei dem zwei Kolben pro Zylinder auf zwei außenliegende Kurbelwellen arbeiteten, die durch Zahnradgetriebe verbunden waren. Man verwendete diese Motoren in einer Anzahl Triebwagen, weitere Anwendungen im Eisenbahnbereich scheiterten am Interesse der US Navy – die ganze Produktion der nächsten vier Jahre wurde in Unterseeboote eingebaut. Nach dem Krieg brachte FM mit diesen Motoren eine Reihe von „Hood-units" für den Rangier- und Übergabedienst auf den Markt. Von 1950 an baute man damit auch „carbody"-Lokomotiven der sogenannten „Consolidation"-Type („C-Liner"), bei denen der Käufer die Wahl zwischen Motoren von 1600 HP (1190 kW), 2000 HP (1490 kW) oder 2400 HP (1790 kW) hatte, die Strom für die vier Traktionsmotoren erzeugten. Nur 22 Maschinen mit der 2400 HP-Maschine konnte man 1952-53 verkaufen, die Kundenwünsche änderten sich rasch und die „carbody"-Lokomotiven mußten den vielseitiger verwendbaren „Hood-units" mit schmalen Vorbauten weichen.

Fairbanks Morse handelte ebenso rasch und stellte schon 1953 eine „Hood-unit" mit dem 2400 HP-Motor und der Typenbezeichnung „H-24-66" vor („Hood", 2400 HP, 6 Fahrmotoren, 6 Achsen). Sie hatte zwei dreiachsige Drehgestelle mit Allachsantrieb einer neuen Bauart. Im Vergleich mit der Konkurrenz waren die Loks in allem größer – in der Zugkraft, der Bremskraft der dynamischen Bremse, den Brennstoffvorräten, dem Zugheizkessel (wenn vorhanden). EMD offerierte zwar eine „carbody"-Lokomotive von 2400 PS, aber mit zwei Dieselmotoren, der FM-Motor war der größte auf dem Markt. Mit einiger Berechtigung wählte FM für seine neue Baureihe den anspruchsvollen Namen „Trainmaster" und führte die erste Einheit auf einer Verkaufsmesse der Eisenbahnzulieferer in Atlantic City vor, wo sie allem anderen die Schau stahl. Diese gelungene Werbung und der Eindruck, den die vier Vorführloks machten, führten schon bald zu ersten Bestellungen.

Der Höhepunkt der „trainmaster"-Produktion folgte aber allzu bald; nachdem man 1954 die Höchstzahl von 32 Einheiten verkaufen konnte, ließ der Bestelleingang schon wieder nach. Die Eisenbahnen hatten Schwierigkeiten mit dem Gegenkolbenmotor und der elektrischen Einrichtung. Einer der Schwerpunkte der EMD-Serviceorganisation war schon immer die prompte und gründliche Beseitigung aller vorkommenden Mängel und die Kunden fanden nun zu ihrem Leidwesen heraus, daß die viel kleinere Firma hierzu nicht in der Lage war. 1954-55 war man immer noch mit den Schwachstellen des Motors beschäftigt, vor allem mit den Kolben und den Lagern, als ein anderes Geschehen dem Unternehmen schwer zusetzte.

Ein großer Anteil der Firma war im Besitz der Familie Morse und schwere Streitigkeiten innerhalb der Familie ließen große Zweifel an der Stabilität der ganzen Unternehmung aufkommen; es kam schließlich zur Übernahme durch eine andere Gesellschaft. Als sich die Situation langsam stabilisiert hatte, befand sich der Diesellokmarkt in seiner großen Flaute und die Konkurrenz hatte den Vorsprung von FM inzwischen aufgeholt. Ein Ne-

General Electric verfügte über eine gute Position, als nach dem Krieg das Interesse für Gasturbinen hohe Wellen schlug. GE konnte auf eine lange und erfolgreiche Tätigkeit auf dem Gebiet der Dampfturbinen zurück schauen und auch mit Gasturbinen hatte man sich erstmals im Jahre 1904 beschäftigt. 1946 begann man mit der Entwicklung von Gasturbinen für Lokomotivantriebe, 1948 erschien eine erste Versuchslokomotive. Attraktive Vorzüge der Gasturbine waren ihr niedriges Leistungsgewicht, der einfache mechanische Aufbau und die Möglichkeit, Brennstoffe minderer Qualität zu verwerten. Die verwendete Turbine verbrannte sogenanntes „Bunker C"-Schweröl, man arbeitete aber auch schon an einer Verwendung von Kohlenstaub als Energielieferant.

Die Gasturbine trieb einen Generator, der acht herkömmliche Fahrmotoren in vier Drehgestellen mit Gleichstrom versorgte, die Achsanordnung lautete (Bo'Bo')(Bo'Bo'). Der Hauptrahmen der Lok war gleichzeitig als Brennstofftank ausgebildet, ein Kessel sorgte für die Erwärmung des Öls, das im kalten Zustand nicht fließfähig ist. Mit einer Nennleistung von 4500 HP war sie die stärkste Lokomotive der Welt mit Verbrennungsantrieb und zog schon bald die Aufmerksamkeit der UP auf sich, die sie für Versuchsfahrten auslieh.

Die erfolgreichen Probefahrten zahlten sich für GE sehr bald aus. Der neue Präsident der UP, A. E. Stoddard, war ein überzeugter Anhänger großer Lokomotiven, dem die Maschine zusagte; er bestellte umgehend zehn 4500 HP-Einheiten. Sie wurden 1951-52 mit den Nummern 51-60 abgeliefert und folgten weitgehend dem als Nr. 50 übernommenen Prototyp, besaßen aber nur einen Endführerstand. Sie übernahmen sofort die Beförderung von Güterzügen zwischen Ogden, Utah und Green River, Wyoming; ihre zulässige Zuglast betrug 4435 Tonnen. Sie waren von Beginn an so erfolgreich, daß schon nach Ablieferung der ersten sechs Loks weitere fünfzehn nachbestellt wurden.

Dreizehn Monate nach Inbetriebnahme der 25sten Gasturbinenlok, entschied sich die Union Pacific in ihrer Begeisterung für einen zweiten Schritt – sie bestellte eine Serie von 15 (später auf 30 aufgestockt) 8500 HP-Gasturbinen-Lokomotiven geänderter Bauform Die neuen Maschinen bestanden aus zwei Lokeinheiten mit der Achsfolge Co'Co', eine trug die Turbine mit Generator, die andere die Steuer- und Hilfseinrichtungen. Ein umgebauter Dampfloktender nahm die Brennstoffvorräte auf. Mit ihrer – erheblich – gesteigerten Leistung übernahmen sie selbstverständlich auch den Titel der stärksten Brennkraftlokomotive der Welt.

Der wärmetechnische Wirkungsgrad der Gasturbine liegt von Natur aus unter dem eines Dieselmotors und der Schlüssel zu niedrigeren Betriebskosten war die Verwendung billigeren Brennstoffs. Das benutzte Schweröl machte sich aber bald durch Korrosionsschäden und Ablagerungen an den Turbinenschaufeln unangenehm bemerkbar, abgesehen von den Schwierigkeiten, die die Handhabung dieser zähen Masse mit sich brachte. Man versuchte ersatzweise verflüssigtes Propangas zu verbrennen, es war aber noch teurer und schwieriger zu handhaben. Korrosion der Turbinenschaufeln war auch der Hauptgrund für die Einstellung der Versuche mit der Kohlenstaubfeuerung von Gasturbinen.

Die 55 „Big Blow" genannten Maschinen (sie sorgten für ziemlich viel Wind) leisteten Hervorragendes, aber die Zeit arbeitete gegen sie. Umstellungen in der petrochemischen Industrie ließen den Preis für das Bunker C-Öl steigen, gleichzeitig wurden die Diesellokomotiven immer effizienter und leistungsfähiger und damit auch zu einer immer größeren Konkurrenz für die „Gas Turbines". Als diese endlich zu einer grundlegenden Überholung anstanden, besaß die UP schon die stärksten Diesellokomotiven der Welt, weitere Ausgaben für die Gasturbinenloks hielt man nicht mehr für gerechtfertigt. Schrittweise wurden sie durch Dieselloks abgelöst; die letzte mußte im Dezember 1969 ihren Abschied nehmen.

Unten: *Die achtachsige 4500 HP-Gasturbinenlokomotive Nr. 55 der Union Pacific. Ein ehemaliger großer Dampfloktender nahm die Brennstoffvorräte auf.*

Oben: *Die beiden dieselelektrischen Fairbanks-Morse-Vorführlokomotiven „TM-1" und „TM-2" leisteten in Doppeltraktion 4800 HP, vor mehr als 30 Jahren eine bemerkenswerte Leistung.*

gativresultat des Familienstreits war gewesen, daß sich die Illinois Central gegen eine beabsichtigte Bestellung von 50 bis 60 Einheiten entschied, eine Bestellung, die großen Einfluß auf das künftige Geschick der Firma gehabt hätte. So entstanden im Ganzen nur 105 „Trainmaster"-Lokomotiven für 8 US-Bahnen, weitere 22 wurden in Kanada montiert.

Zu den Großkunden gehörten die Norfolk & Western, die durch Bahnfusionen zu einem Bestand von 33 Stück kam und die Southern Pacific, die mit ihnen einen großen Teil ihres Vorortpersonenverkehrs bediente. Die meisten Maschinen beendeten ihre Tage im Rangierdienst, wo ihr hohes Reibungsgewicht auch dann noch geschätzt wurde, nachdem sie stärkere Lokomotiven anderer Hersteller aus dem Streckendienst verdrängt hatten.

Eine 1600 HP-Version des „Trainmasters", oft als „Baby Trainmaster" bezeichnet, erzielte ebenfalls nur einen unzureichenden Absatz, insgesamt 58 Exemplare. Die Gegenkolben-Motoren hatten im Eisenbahnbereich ihr Klassenziel verfehlt. Immerhin haben sich diese Lokomotiven eine Zeitlang einer wohlverdienten Anerkennung erfreut.

CC 7100 Co'Co' Frankreich
Französische Staatsbahn (SNCF), 1952

Bauart: Elektrische Schnellzuglokomotive
Spurweite: 1435 mm (4 ft 8½ in)
Stromversorgung: Gleichstrom von 1500 V über Oberleitung
Antrieb: 6 in den Drehgestellen untergebrachte Fahrmotoren treiben die Achsen über Alsthom-Gelenkhebelantriebe
Gewicht: 107 t (235890 lb)
Maximale Achslast: 17,8 t (39240 lb)
Zugkraft: 225 kN (50520 lb)
Höchstgeschwindigkeit: 160 km/h (100 mph)

Oben: *Die Co'Co'-Lokomotive Nr. CC-7135 der Französischen Staatsbahnen für das 1500 V-Gleichstromsystem.*

Französische Lokomotiven waren schon immer etwas anders als ihre Zeitgenossen und viele ihre Eigenheiten beruhten auf französischer Erfindergabe, aber von Zeit zu Zeit hatten auch ausländische Entwicklungen großen Einfluß auf sie, wie man schon gesehen hat. So führte bei der Konstruktion von Schnellzuglokomotiven für die neu elektrifizierte Paris-Orleans-Bahn die Verwendung des schweizerischen Buchli-Antriebs zur Entstehung bemerkenswerter 2'Do2'-Lokomotiven, die auch äußerlich ihren Schweizer Schwestern ähnelten. Die letzten 2'Do2'-Maschinen der Reihe 9100 wurden von der SNCF als Standard-Schnellzugloks für die Nachkriegselektrifizierung der PLM-Hauptstrecke nach Lyon konzipiert. Doch bevor überhaupt die vorgesehene Anzahl erbaut war, änderte eine andere Neuerung aus der Schweiz den Kurs der französischen Lokomotivpolitik.

Bis zu dieser Zeit war man der Meinung gewesen, daß führende Laufachsen oder Laufdrehgestelle bei Schnellzuglokomotiven unentbehrlich sind, nicht nur um einen Teil des Lokgewichts zu übernehmen, sondern vor allem, um die Führung beim Kurvenlauf zu verbessern. Bo'Bo'-Maschinen mit Allachsantrieb, die den größeren Teil des französischen Ellokparks bildeten, hatte man bisher nur für den unteren und mittleren Geschwindigkeitsbereich tauglich gehalten. Zwei bemerkenswerte Schweizer Loktypen änderten diese Auffassung über derartige Lokomotiven grundlegend. 1946 führten die Schweizerischen Bundesbahnen ihre 56 t schweren „Re 4/4 I"-Bo'Bo'-Lokomotive für Geschwindigkeiten bis zu 125 km/h ein. Diese Loks erregten schon bald durch ihre Fähigkeit, Züge von 400 t mit der Höchstgeschwindigkeit zu befördern, große Aufmerksamkeit in der ganzen Fachwelt. Schon zwei Jahre früher hatte die Lötschbergbahn die schon beschriebenen 80 t schweren Bo'Bo'-Loks „Ae4/4" erhalten. Der Erfolg dieser Baureihen bewies die Eignung laufachsloser Drehgestellokomotiven für den Schnellzugdienst und veranlaßte die SNCF zur Bestellung von zwei Bo'Bo'-Lokomotiven bei den Schweizer Herstellern, zusammen mit zwei Bo'Bo'- und zwei Co'Co'-Loks, die in Frankreich bestellt wurden.

Die Co'Co'-Loks entstanden bei Alsthom nach Maßgabe des Pflichtenhefts für die PLM-Elektrifizierung. Mit 600 t sollten in der Ebene 160 km/h erreicht werden, mit 850 t noch 140 km/h. Mit dem 600 t-Zug sollten sie auf einer Steigung von 0,8% anfahren und bis zu einer Höchstgeschwindigkeit von 120 km/h beschleunigen können.

Jede Achse wird von einem eigenen Fahrmotor über einen Alsthom-Gelenkhebelantrieb angetrieben. Neuartig waren die Drehgestellbefestigung und die Achslagerführung. Lokkasten und Drehgestell verbinden zwei senkrechte Lenkerstangen in der Drehgestell-Längsachse jeweils auf halber Distanz zu benachbarten Achsen, ihre Enden ruhen in konischen Gummilagern. Die seitliche Bewegungsmöglichkeit begrenzen zwei horizontale Federn. Versucht der Lokkasten bei Einfahrt in eine Kurve sich durch die Zentrifugalkraft nach außen zu bewegen, üben diese Federn eine Rückstellkraft aus. Wird das Drehgestell gegenüber dem Kasten verdreht, werden die Lenker in entgegengesetzter Richtung schräg ausgelenkt und wirken dadurch der Verdrehung entgegen. Beginnen die Drehgestelle auf geradem Gleis zu schlingern, wirken sich diese Rückstellkräfte als Dämpfung für die Schwingungen aus und verhindern weitgehend das Anlaufen der Spurkränze am Schienenkopf.

Jedes Achslager ist mit dem Drehgestellrahmen durch zwei horizontale Achslenker verbunden, die nur vertikale Bewegungen zulassen. Damit vermied man die bisher üblichen verschleißanfälligen Gleitführungen. Zwischen den Achsenden und den Achslagerdeckeln brachte man steife Schraubenfedern an, die seitliche Stöße gemildert auf das Drehgestell weiterleiten. An den Gelenkstellen und Auflagern verwendete man in einem bisher unbekanntem Umfang Gummielemente zur Dämpfung und Verschleißminderung.

An der elektrischen Ausrüstung war die große Zahl der Fahrstufen bemerkenswert, die durch das starke Maß der Feldschwächung ermöglicht wurden. Die klare Linienführung der Maschine wurde durch die Lackierung in zwei verschiedenen Blautönen und die silberfarbigen Fensterrahmen und Zierleisten noch betont.

Die beiden Lokomotiven, Nr. 7001-2, wurden 1949 abgeliefert und umfassend auf der Hauptstrecke Paris-Bordeaux, der damals längsten elektrischen Strecke, untersucht. Schon zu Beginn der Erprobung durchfuhr die Nr. 7001 diese Relation mit einem Zug von 170 t Gewicht mit einer durchschnittlichen Geschwindigkeit von 131 km/h und erreichte dabei eine höchste Geschwindigkeit von 170 km/h – damals ein Weltrekord für elektrische Lokomotiven, aber nur ein erstes Zeichen für die Dinge, die noch folgen sollten.

Nach drei Jahren Versuchsbetrieb bestellte man eine Serie von 35 Lokomotiven, die sich in Details von den Nr. 7001-2 unterschieden und 1952 als Nr. 7101 bis 7135 geliefert wurden. Eine weitere Bestellung über 23 Maschinen brachte die Gesamtzahl dieser Bauform auf 60. Im Vergleich zu den Prototypen erhöhte sich bei der Serie die Leistung von 2942 kW (4000 PS) auf 3486 kW (4740 PS) und das Gewicht von 96 t auf 107 t. Verglichen mit den Vorgängern der Reihe 2D2-9100 steigerte sich das Reibungsgewicht von 88 t auf 107 t, während sich die Achslast von 22 t auf 17,8 t verminderte. Damit wurde der Oberbau stärker geschont. Sechs Loks rüstete man mit Stromabnahmeschuhen aus, um sie auf der Mont Cenis-Strecke der früheren PLM von Culoz nach Mo-

dane zu verwenden, die damals seitliche Stromschienen besaß.

Die Elektrifizierungsarbeiten zwischen Paris und Lyon waren 1952 beendet und die Reihe CC-7100 teilte sich mit der 202-9100 in die schwersten und schnellsten Leistungen. Im Sommer 1954 gab es drei Züge zwischen Paris und Diyon bzw. Paris und Lyon mit einer planmäßigen Durchschnittsgeschwindigkeit von 124 km/h bei einer zulässigen Zuglast von 650 t. Ein weiterer Zug von 730 t schaffte von Paris nach Dijon immer noch 122,4 km/h. Wenn man bedenkt, daß noch nicht einmal zehn Jahre zuvor der Krieg die Bahnen Europas verwüstet hatte, waren das wirklich außergewöhnliche Leistungen.

Im Februar 1954 begannen die ersten Schnellfahrversuche mit der CC 7121, noch in Normalausführung, auf einem geraden Streckenabschnitt zwischen Dijon und Beaune. Man beabsichtigte dabei, daß Verhalten der verschiedenen Komponenten bei hohen Geschwindigkeiten festzustellen. Dazu gehörte auch die Messung der auf das Gleis ausgeübten Kräfte und das Verhalten der Pantographen. Mit einer Zuglast von 111 t erreichte man 243 km/h, ein neuer Weltrekord für jegliche Bauart von Schienenfahrzeugen; auch die Rekordmarke von 230 km/h des Kruckenberg-Schienenzeppelins aus dem Jahre 1931 war nun überboten worden.

Man verlegte nun den Versuchsbetrieb auf die ehemalige PO-Strecke, auf der südlich von Bordeaux ein langes Stück fast schnurgeraden Gleises vorhanden ist. Zuerst untersuchte man die Stromabnahme bei großen Stromstärken mit zwei CC 7100 in Doppelbespannung. Bei einer um 25% gesteigerten Fahrdrahtspannung erreichte man mit ihnen 195 km/h vor einem 714 t-Zug und 201 km/h vor 617 t.

Das nächste anvisierte Ziel hieß „300 km/h". Man änderte die Getriebeübersetzung der CC 7107 entsprechend und stellte einen Versuchszug mit drei Wagen und einem Gesamtgewicht von 100 t zusammen; der letzte Wagen erhielt ein stromlinienförmiges Heck und die Wagenübergänge verkleidete man bündig, um den Luftwiderstand möglichst weit herabzusetzen. Die Wunschgeschwindigkeit von 300 km/h erreichte man nach einer Fahrt von 21 Kilometern. Es blieb aber nicht dabei, das Tempo stieg weiter an, bis die Tachometernadel für 2 Kilometer bei 330,8 km/h verharrte; insgesamt fuhr man 12 Kilometer mit mehr als 300 km/h. Dafür war eine maximale Leistung von 12000 PS (8826 kW) nötig gewesen. Noch bemerkenswerter war, daß am nächsten Tag die gleiche Rekordgeschwindigkeit mit der 81 t schweren Bo'Bo'-Lok BB 9004, einer der beiden erwähnten französischen Versuchsloks, noch einmal erzielt werden konnte. Die beiden Maschinen teilen sich seitdem den Titel der schnellsten Lokomotive der Welt und da die weitere Entwicklung der Hochgeschwindigkeitszüge sich auf Triebzüge beschränkte, ist es sehr wahrscheinlich, daß dieser Rekord nicht so schnell von einer anderen Lokomotive gebrochen wird.

Besonders bedeutungsvoll war die Leistung der BB 9004, einer Lokomotive, die nur wenig mehr als die Hälfte der Reihe 7100 gekostet hatte, ein Zeichen für die damalige rapide Fortentwicklung des französischen Lokbaus. Man konzentrierte sich völlig auf die vierachsigen Maschinen, erst 1964 erschienen wieder sechsachsige Elloks, die sich aber durch die inzwischen eingeführten einmotorigen „monomoteur"-Drehgestelle stark von den CC 7100 unterschieden.

Obwohl die Co'Co'-Maschinen also schon bald durch ihre kleineren Kollegen in den Schatten gestellt wurden, übernahmen sie natürlich ihren Teil des Schnellzugbetriebs auf der früheren PLM-Strecke und 1982 war die CC 7001 die erste französische Lokomotive, die eine Gesamtlaufleistung von 8 Millionen km, bei einem Tagesdurchschnitt von 658 km, überschritt.

Oben: *Die CC-7140 der SNCF im Pariser „Gare de Lyon" im Februar 1979.*

Unten: *Die Baureihe CC 7100 in der Seitenansicht. Eine Lokomotive dieser Reihe, die CC-7107 stellte 1954 einen Geschwindigkeitsweltrekord auf, der lange Bestand haben sollte.*

EM2 Co'Co'

Großbritannien
British Railways (BR), 1954

Bauart: Elektrische Schnellzuglokomotive
Spurweite: 1435 mm (4 ft 8½ in)
Stromversorgung: Gleichstrom von 1500 V über Oberleitung
Antrieb: Mit 6 Tatzlagermotoren von je 360 kW (490 PS)
Gewicht: 98,5 t (217280 lb)
Maximale Achslast: 16,5 t (36288 lb)
Gesamtlänge: 18098 mm (59 ft 4½ in)
Zugkraft: 199 kN (44600 lb)
Höchstgeschwindigkeit: 135 km/h (84 mph)

Sieben dieser soliden und verläßlichen Maschinen (etwas unpassend nach ziemlich launischen griechischen Göttinen benannt) bauten 1954 die Werkstätten der British Railways in Gorton für den recht spärlichen Personenverkehr der neu elektrifizierten 112 km langen Strecke über das Penninische Gebirge von Manchester nach Sheffield. Wer hätte damals gedacht, daß sie eines Tages einige der besten Expreßzüge Kontinentaleuropas auf den ersten Teil ihrer Reise bringen würden?

Vor dem Zweiten Weltkrieg begann die London & North Eastern Railway mit Unterstützung der Regierung die Vorarbeiten zu einem umfangreichen Elektrifizierungsprojekt, das die stark belastete Kohleabfuhrstrecke von Süd Yorkshire durch den Woodhead-Tunnel nach Manchester umfaßte. Auf dieser Strecke bereitete die Zugförderung mit Dampflokomotiven große Schwierigkeiten, aber bei Kriegsausbruch mußten die Planungsarbeiten wieder eingestellt werden. Nach Kriegsende wurde eine Wiederaufnahme der Arbeiten zuerst durch die kommende Verstaatlichung verzögert, später ging dann die staatliche Verwaltung sehr bedächtig vor, schließlich gab man ja jetzt das Geld des Steuerzahlers aus. Man fand es notwendig, einen neuen 4,8 km langen Tunnel zu bauen und so wurde es 1954, bis der elektrische Betrieb eröffnet werden konnte. Die LNER hatte beabsichtigt, die schon beschriebenen „North Eastern" Bo'Bo'-Maschinen von 1914 hier weiterzuverwenden, die BR verwarf dieses Vorhaben aber zugunsten neuer Güterzuglokomotiven völlig abweichenden Aussehens, aber ähnlicher Grundanordnung.

Über all dem Streit über die Notwendigkeit derartiger Ausgaben, vergaß man ebenso wichtige Dinge und zeigte sich beispielsweise bei der Überarbeitung des Oberbaus als Pfennigfuchser. Die Auswirkungen ließen nicht lange auf sich warten und man bekam einen unfreiwilligen Unterricht über die Auswirkun-

Oben: *Lok Nr. 1501, die wir hier in Hoek van Holland im Mai 1971 vor dem „Lorelei-Expreß" nach Basel sehen, kauften die Niederländischen Staatsbahnen von den Britischen Eisenbahnen.*

Klasse 4E (1'Co)(Co1')

Südafrika
South African Railways (SAR), 1954

Bauart: Elektrische Lokomotive für gemischten Dienst
Spurweite: 1067 mm (3 ft 6 in)
Stromversorgung: Gleichstrom von 3000 V über Oberleitung
Antrieb: Mit 6 Tatzlagermotoren von je 377 kW (512 PS) mit gefederten Zahnrädern.
Gewicht: 131,1 t (288960 lb) Reibungsgewicht; 157,5 t (347200 lb) Gesamtgewicht
Maximale Achslast: 21,85 t (48160 lb)
Gesamtlänge: 21844 mm (71 ft 8 in)
Zugkraft: 320 kN (72000 lb)
Höchstgeschwindigkeit: 97 km/h (60 mph)

Es sagt wohl genug über die Voraussicht, Zielstrebigkeit und Einsicht derjenigen aus, die hier Entscheidungen zu treffen haben, daß die Südafrikanischen Eisenbahnen nach 25 Jahren umfangreicher Elektrifizierungen erst bei der vierten Lokomotivtype angelangt waren. Und doch repräsentieren diese Loks der Klasse „4E" eine kleine Abschweifung von der simplen Drehgestell-Lokomotive durch die Anwendung zusätzlicher Laufachsen an den äußeren Enden der dreiachsigen Drehgestelle. Abgesehen davon besaßen sie die gleiche solide, verläßliche und erprobte Technik, die schweren Zügen half, die langen und steilen Rampen zum afrikanischen Zentralhochland zu erklimmen und die wilde Karroo-Wüste zu durcheilen, mit der aber auch die täglichen Pendlerströme zwischen London und Sevenoaks oder Surbiton bewältigt wurden.

North British in Glasgow und General Electric in Manchester lieferten 1954 40 dieser Lokomotiven an die South African Railways für eine 238 km lange Erweiterung des elektrischen Netzes bis nach Touws River. Die neuen Loks verkörperten eine Leistungssteigerung von 12,5% über die bisher stärksten SAR-Maschinen. Sie waren in der Lage, einen 1000 t-Zug in einer Steigung von 1,5% anzufahren und auf 40 km/h zu beschleunigen.

Zu dem Elektrifizierungsprojekt gehörte auch eine Neutrassierung des berüchtigten Anstiegs zum Hex River-Paß, mit der die Steigung von 2,5% auf die erwähnten 1,5% ermäßigt werden sollte und man legte die Lokomotiven entsprechend aus. Der Bau der neuen Linie verzögerte sich jedoch und die elektrischen Züge mußten die alte Strecke benutzen. Zum Glück besaßen die Loks eine Vielfachsteuerung, so boten die erforderlichen Doppeltraktionen keine unüberwindlichen Schwierigkeiten. Am Ende des steilsten Abschnitts kuppelte man die zweite Lok ab und fuhr sie auf ein Wartegleis. Der nächste Talfahrer übernahm die wartende Ma-

Unten: *Die (1'Co)(Co1')-Lokomotiven der südafrikanischen Klasse „4E" bauten 1954 die North British Locomotive Co in Glasgow und General Electric in Manchester.*

gen der großen ungefederten Massen eines Tatzantriebs auf einen schwachen Gleisbau. Bei den langsamen Kohlenzügen fiel das nicht ins Gewicht, aber der Personenverkehr mußte sich mit andauernden Geschwindigkeitsbeschränkungen auf 96 km/h (60 mph) oder Ähnlichem auf der ganzen Strecke abfinden und das in einer Region, in der Dampfzüge häufig die Marke von 160 km/h (100 mph) überschritten.

1968 verlegte man den durchgehenden Personenverkehr von Manchester nach Sheffield auf eine andere Strecke und so fanden sich die „EM2" nach einem Zeitraum, der für eine Diesellok schon eine ansehnliche Länge besaß, für eine Ellok aber wenig mehr als ein Augenblick war, ohne Arbeit auf dem Abstellgleis; eine Umsetzung auf andere Strecken war wegen der unterschiedlichen Stromsysteme nicht möglich. Glücklicherweise fand sich ein Käufer, dem die Maschinen zusagten und nach Einbau einiger Zutaten, wie der elektrischen Zugheizung, Luftbremsen und anderer Zugsicherungseinrichtungen, sowie einer Generalüberholung wurde aus den „EM2" die Reihe „1500" der Niederländischen Staatsbahnen.

Diese hatten die Absicht, sie für kurze Zeit als Lückenfüller bei einem momentan vorhandenen Lokmangel in den Niederlanden zu verwenden. Wie es scheint, blieb es nicht dabei, die robuste, einfache Bauweise gefiel und führte zu einer erheblichen Verlängerung des Lebens dieser Maschinen. So hat die Verwendung von gefederten Zahnrädern dem Tatzantrieb viel von der schädlichen Auswirkung auf das Gleis genommen, das einfache Antriebsprinzip brauchte dazu nicht geändert werden. Weitere Vereinfachungen waren möglich, da man nun die Einrichtung für die Rekuperationsbremse der Metropolitan-Vickers-Elektrik nicht mehr brauchte, die für die Steigungen in der Heimat der „EM2" konzipiert war. Genausowenig benötigte man jetzt den Exhaustor der Vakuumbremse oder den elektrisch geheizten Dampfkessel für die Zugheizung.

Es soll nicht unerwähnt bleiben, daß der gesamte 1500 V-Betrieb zwischen Manchester und Sheffield 1981 bis auf einen Vorortbetrieb in Manchester bis Hadfield und Glossop eingestellt wurde. Damit fand die Güterzugversion unserer Lokomotiven, die „EM1" (später Klasse „76") ihr Ende durch den Schneidbrenner.

Oben: *Die „EM2" Co'Co'-Lokomotiven beschafften die British Railways für die Strecke von Manchester nach Sheffield.*

schine, die nun mit ihrer Rekuperationsbremse die Bremskraft erhöhte. Darüber hinaus besitzen die „4E"-Loks Druckluftbremsen für die Abbremsung der Lok und eine Vakuumbremseinrichtung für den Zug, die übrigens selbsttätig betätigt wird, falls die Rekuperationsbremse durch ein Versagen der Elektrik ausfallen sollte.

Rechts: *Lok Nr. 219 der SAR-Klasse „4E". Obwohl die Eisenbahnen Südafrikas auf Schmalspur fahren, sind die Lokomotiven genauso groß und schwer wie europäische Normalspurmaschinen.*

BB-12000 Bo'Bo' Frankreich
Französische Staatsbahn (SNCF), 1954

Bauart: Elektrische Lokomotive für gemischten Dienst
Spurweite: 1435 mm (4 ft 8½ in)
Stromversorgung: Wechselstrom von 25000 V 50 Hz über Oberleitung und den Loktransformator zu einem Quecksilbergleichrichter
Antrieb: Im Drehgestell untergebrachte Fahrmotoren wirken auf die vier Treibachsen. Jeweils die beiden Achsen eines Drehgestells sind durch Zahnräder gekuppelt
Gewicht: 85,6 t (188710 lb)
Maximale Achslast: 21,4 t (47180 lb)
Gesamtlänge: 15200 mm (49 ft 10⅜ in)
Zugkraft: 240 kN (54000 lb)
Höchstgeschwindigkeit: 120 km/h (75 mph)

Oben: *Die Lokomotiven der SNCF-Reihe BB-12000 markieren den Beginn einer neuen Ära der elektrischen Bahntechnologie.*

Nach dem Zweiten Weltkrieg war das 1500 V-Gleichstromsystem die Norm auf den elektrifizierten Hauptstrecken Frankreichs, aber die Fachleute waren, wie in etlichen anderen Ländern auch, an der Verwendungsmöglichkeit des Industriestromsystems mit einer Stromfrequenz von 50 Hz sehr interessiert. Es bot ja einiges an Vorteilen: Man konnte den Strom an beliebiger Stelle des öffentlichen Hochspannungsnetzes entnehmen und benötigte nur einen verhältnismäßig kleinen Transformator zum Umspannen auf die Fahrleitungsspannung. Da sich die Spannung auf der Lokomotive weiter heruntertransformieren läßt, konnte man die Versorgungsspannung sehr hoch wählen; je höher die Spannung, desto kleiner der Strom und um so leichter auch der Fahrdraht und seine Abstützung. Durch die kleineren Ströme verringert sich der Spannungsabfall und die Einspeisungsstellen können einen größeren Abstand voneinander erhalten.

Der zweite und bis dato umfangreichste 50 Hz-Versuchsbetrieb fand auf der Höllentalbahn im Schwarzwald statt, die nach dem Krieg in der französischen Besatzungszone lag. Die französischen Ingenieure hatten damit eine ausgezeichnete Möglichkeit, die verwendete Technologie und die Ergebnisse von 10 Betriebsjahren zu studieren. Sie beurteilten das System positiv, vor allem als Mittel zur Elektrifizierung von Strecken, deren Verkehrsdichte bislang als zu niedrig für einen wirtschaftlichen Erfolg einer Umstellung angesehen wurde. Die SNCF wählte daraufhin die Strecke von Aix-les-Bains nach La-Roche-sur-Foron in Savoyen für einen eigenen Versuchsbetrieb. Sie war vorwiegend eingleisig ohne komplizierte Gleisanlagen trassiert, besaß aber Steigungen, die schwierig genug waren, um die Fahrzeuge ausreichend zu fordern. Französische und schweizerische Firmen lieferten eine Anzahl von Versuchslokomotiven und -triebwagen, von denen ein Teil nur mit Wechselstrom, andere auch mit Gleichstrom fahren konnten.

Der Erfolg mit dem Projekt in Savoyen ermutigte zu einem großen Schritt nach vorne – die Umstellung der 303 km langen Bahnlinie von Thionville nach Valenciennes im Norden mit Wechselstrom von 25000 V und 50 Hz. Obwohl als Nebenstrecke eingestuft, verkehrten hier täglich drei Expreßzüge und bis zu 100 Güterzüge in jeder Richtung und die maximale Steigung betrug 1,1%.

Die normale Wechselstromelektrifizierung in Deutschland und der Schweiz wurde über ein eigenes Bahnstromsystem mit einer Stromfrequenz von 16⅔ Hz versorgt. Ein

Unten: *Die Gleichrichter-Lokomotiven der Reihe 12000 wurden für eine frühe Industriefrequenz-Elektrifizierung gebaut. Spätere Exemplare besaßen offene Stützrahmen für die Pantografen anstelle der dargestellten Blechträger.*

normaler Elektromotor läuft sowohl mit Gleichstrom, als auch mit Wechselstrom, aber bei jedem Wechsel des Stromflusses werden im Motor Spannungen induziert, die die Kommutierung erschweren. Diese Effekte sind dem Quadrat der Frequenz proportional; bei 16⅔ Hz lassen sie sich noch gut beherrschen, aber bei 50 Hz ist dies etwas völlig anderes. Bisher – auch beim Höllentalversuch – war es noch nicht gelungen, zufriedenstellende Fahrmotoren für diese Frequenz herzustellen; man behielt das Ziel aber weiter im Auge.

Es gab also beim 50 Hz-System zwei grundsätzliche Möglichkeiten: an den 50 Hz-Motoren festzuhalten oder den Strom in eine besser verwendbare Form umzuwandeln. Tatsächlich entschied sich die SNCF, vier verschiedene Anordnungen zu untersuchen, die Umwandlung in Gleichstrom in einem statischen Umrichter, die direkte Verwendung des 50 Hz-Stroms, die Umwandlung in Gleichstrom in einem Drehumformer und die Umwandlung in Drehstrom ebenfalls in einem Drehumformer.

Zu diesem Zweck entwarf man vier Loktypen, für die beiden erstgenannten Systeme als B'B', für die anderen als Co'Co'. Die einfachste Technik besaß die zweite Type, wie beim 16⅔ Hz-System benötigte man hier nur einen Haupttransformator und einen Satz Leistungsschalter, um die Fahrmotoren aus den verschiedenen Trafoanzapfungen zu speisen. Für die statische Umwandlung des Wechselstroms in Gleichstrom wählte man Ignitrons, eine Quecksilberbad-Gleichrichter-Bauart mit einem Stahlbehälter, die Westinghouse in den USA entwickelt hatte. Die elektrische Ausrüstung der beiden Umformerloktypen war schwerer, deshalb mußten sie sechs Achsen erhalten. In der vorhin aufgeführten Reihenfolge erhielten die Loks die Reihenbezeichnungen „12000", „13000", „14000" und „14100".

Die Grundanordnung der Lokomotiven war ziemlich ungewöhnlich. Sie besaßen nämlich nur ein Führerhaus in der Lokmitte, eine sonst nur bei Rangierlokomotiven übliche Bauform. Hauptgrund war, daß die SNCF festgestellt hatte, daß die Hälfte aller Defekte auf freier Strecke bei elektrischen Lokomotiven in den Steuerorganen auftrat. Hatte die Lokomotive zwei Führerstände an den Enden, war eine störanfällige Fernbedienung verschiedener Schalteinrichtungen unumgänglich, bei einem einzigen Mittelführerstand für beide Fahrrichtungen konnte der Lokführer zumindest einen Teil direkt betätigen. Außerdem war die gute Rundumsicht und der Schutz des Lokführers bei Kollisionen nicht zu verachten. Ein auffälliges Merkmal der Loks waren auch die weit vorgezogenen Dachauskragungen für die beiden Pantografen.

Die Drehgestelle der B'B'-Typen waren aus denen der Hochgeschwindigkeits-Versuchsloks, Nr. 9003-4, abgeleitet, wegen der niedrigeren Geschwindigkeiten aber etwas verkürzt und mit einer vereinfachten Abfederung. Für die Strecke nach Thionville reichte es aus, wenn eine der vier Baureihen für den Schnellzugverkehr geeignet war, man legte daher nur die Reihe „12000" für 120 km/h aus, die „13000" für 105 km/h und die beiden Co'Co'-Reihen für 60 km/h.

Die erste „12000"er, die BB-12001, wurde im Juli 1954 abgeliefert und sofort vor Personen- und Güterzügen von 500 t bis 1300 t eingesetzt. Die Höhe der Motorspannung stellte man mit Hilfe von Anzapfungen auf der Hochspannungsseite des Haupttransformators ein. Lok Nr. 12006 zeigte bei Versuchsfahrten eine erstaunliche Leistungsfähigkeit: auf einer Steigung von 1% fuhr sie einen Zug von 2424 t an und entwickelte dabei eine maximale Zugkraft von etwa 373 kN, das entspricht einem Reibwert von 44%; fast die Hälfte des Lokgewichts wurde für den Antrieb genutzt. Bei 8,5 km/h betrug die Zugkraft immer noch 330 kN. Diese hervorragenden Ergebnisse und die Fähigkeit der Lokomotiven, die Zugkraft, hart am Schleudern, aufrecht zu erhalten, ohne tatsächlich ins Schleudern zu geraten, führte man auf den Ignitron-Gleichstromantrieb in Verbindung mit der Kopplung der Drehgestellachsen durch Zahnräder zurück. Auch die anderen Reihen waren leistungsfähig, aber nicht so wie die „12000", vor allem aber waren die „12000"er am zuverlässigsten von allen.

Die anderen Reihen wurden nicht über die anfängliche Stückzahl hinaus weiterbeschafft, aber von der Reihe „12000" entstanden im Laufe der Zeit 148 Stück. Der Erfolg der Elektrifizierung Thionville-Valenciennes führte zu einer grundlegenden Entscheidung über die Zukunft der SNCF – alle künftigen Elektrifizierungen, abgesehen von Erweiterungen bestehender Gleichstromstrecken, würde man nur noch mit dem Wechselstromsystem 25000 V/50 Hz ausführen. Erste davon betroffene Strecke war die ehemalige Nordbahn, die an das nördliche Ende der vorhandenen Wechselstromstrecke anschloß. Die letzten der „12000"er wurden auch für diese Linie bestellt.

Noch während der Bauzeit dieser Lokomotivtype entwickelte die Elektrotechnik eine umwälzende Neuheit, den Festkörper-Leistungsgleichrichter. Diese Silizium-Dioden waren sehr viel kleiner, einfacher und robuster als das Ignitron und für die rauhe Existenz als Lokomotivbauteil viel besser geeignet. Die 15 letzten Exemplare der Reihe „12000" wurden schon mit diesen Silizium-Gleichrichtern gebaut, die anderen erhielten sie im Laufe der fälligen Untersuchungen. Als erfolgreichste und zahlenstärkste der vier Typen des elektrischen Betriebs um Thionville dominieren sie auch heute noch den Betrieb auf dieser Strecke.

Die Erfahrungen mit diesen vier verschiedenen Bauformen entschieden endgültig die Frage, welche Technik zukünftig beim Fahrmaterial der Wechselstromstrecken zu verwenden war. Wieder einmal hatte der direkte 50 Hz-Antrieb nicht zufrieden stellen können und die Entwicklung der simplen Silizium-Gleichrichter sprach entschieden gegen die Anwendung jeglicher elektromechanischer Umformermaschinerie.

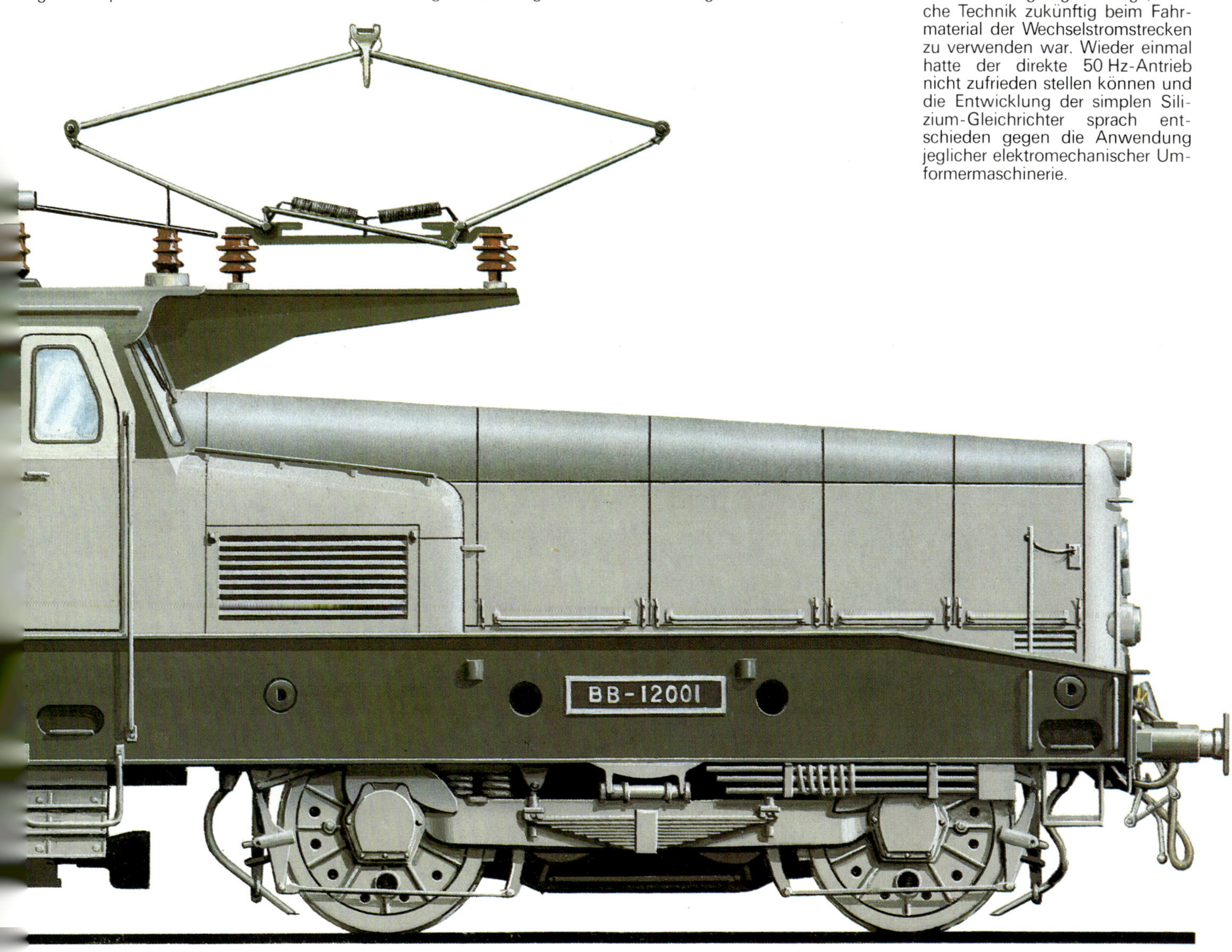

FL9 Bo'(A1A)

USA
New York, New Haven & Hartford RR (NH), 1956

Bauart: Zweikraft-Lokomotive mit Diesel- und elektrischem Antrieb
Spurweite: 1435 mm (4 ft 8½ in)
Antrieb: Ein General Motors 2-Takt-V16-Dieselmotor, Typ 567C, von 1305 kW (1750 HP = 1775 PS) mit Generator – oder Gleichstrom aus seitlichen Stromschienen – speist vier Tatzlagermotoren
Gewicht: 105,2 t (231 937 lb) Reibungsgewicht; 130 t (286 614 lb) Gesamtgewicht
Maximale Achslast: 26,3 t (57 984 lb)
Gesamtlänge: 17 983 mm (59 ft 0 in)
Zugkraft: 258 kN (58 000 lb)
Höchstgeschwindigkeit: 113 km/h (70 mph)

Diese ungewöhnlichen und interessanten Maschinen, sind wie so manch andere, das Ergebnis der berühmt-berüchtigten New Yorker Anti-Rauch-Verordnung, die innerhalb der Grenzen von New York City den Gebrauch aller Lokomotiven verbot, die Rauch von sich gaben. In den fünfziger Jahren erwog die New Haven die Stillegung ihres einstmals zukunftsweisenden Wechselstromnetzes, das bis auf das Jahr 1905 zurückgeht, und die Umstellung auf Dieselbetrieb. Nur mußte man einen Weg finden, wie man nach New York hineinfahren konnte.

Die Züge der New Haven benutzten gleichermaßen den Grand Central-Bahnhof der New York Central RR und die Pennsylvania Station. Die beiden Strecken besaßen unterschiedliche Stromschienensysteme, deren verhältnismäßig niedrige Gleichspannung in der gleichen Größenordnung lag wie die Generatorspannung einer diesel-elektrischen Lokomotive. Man schlug also vor, „FP9"-„cab units" von General Motors so abzuändern, daß man sie bei Bedarf auch als

My* (A1A)(A1A)

Dänemark
Dänische Staatsbahnen (DSB), 1954

Bauart: Diesel-elektrische Lokomotive für gemischten Betrieb
Spurweite: 1435 mm (4 ft 8½ in)
Antrieb: Ein General Motors EMD 2-Takt-V16-Dieselmotor, Typ 567B, von 1250 kW (1700 PS) Leistung erzeugt in einem Generator Gleichstrom für vier Tatzlagermotoren an den äußeren Achsen der Drehgestelle
Gewicht: 70 t (154 320 lb) Reibungsgewicht; 98,6 t (217 730 lb) Gesamtgewicht
Maximale Achslast: 17,5 t (38 580 lb)
Gesamtlänge: 18 900 mm (62 ft)
Zugkraft: 176 kN (39 520 lb)
Höchstgeschwindigkeit: 133 km/h (83 mph)

* Ab 1968 Reihe Mv

Für die Dänischen Staatsbahnen waren diesel-elektrische Fahrzeuge nichts Neues – ihre hervorragenden „Lyntog" (Blitz)-Züge liefen schon seit den dreißiger Jahren. 1954 war endlich die Zeit gekommen, um den Versuch zu wagen, „einen Zeh ins Wasser zu stecken", und eine kleine Serie von 5 großen modernen Diesellloks für die Beförderung von Personen- und Güterzügen auf Hauptstrecken zu bestellen. Man entschied sich vernünftigerweise für eine Lokomotivtype, die man mehr oder weniger als amerikanische Einheitslok bezeichnen konnte und deren Hersteller General Motors damals wohl beinah der einzige wirklich erfahrene Diesellokfabrikant der Welt war. Tatsächlich entstanden sie dann bei der schwedischen Lokomotivschmiede von Nydquist & Holm, besser bekannt als NOHAB, die die europäische Lizenz für EMD-Produkte gekauft hatten. Mit Bausteinen aus dem großen EMD-Baukasten waren sie imstande in kurzer Zeit das Gewünschte für die DSB zusammenzubauen. Die Lokomotiven der Type „My" waren im Grunde „F"-Lokomotiven, deren Aufbau so abgeändert war, daß sich Platz für zwei Endführerstände fand. Um die Achslasten auf die niedrigeren europäischen Werte zu ermäßigen, ordnete man zwischen den Treibachsen der Drehgestelle je eine unmotorisierte Tragachse an. Die dreiachsigen Drehgestelle ähnelten denen der EMD „E"-Einheiten, besaßen aber eine geänderte Abfederung. Abgesehen von den Puffern, den Schraubenkupplungen und den dänischen Königskronen an den Schnauzen war alles an ihnen

Rechts: *Die diesel-elektrische Lok Nr. 1019 der DSB gehört zur Nachfolgereihe „Mx" und wurde ebenfalls von der schwedischen Firma Nydquist & Holm unter Lizenz von General Motors gebaut.*

Gleichstrom-Ellok verwenden konnte. Man konnte dann die Einrichtungen des Wechselstrombetriebs abbauen und trotzdem weiterfahren, ohne gegen das Gesetz zu verstoßen. Die Beschränkung der Achslasten führte zu einer auffälligen Änderung – das hintere Drehgestell erhielt eine mittlere Tragachse; es ergab sich die einzigartige Achsanordnung Bo'(A1A). Das Endprodukt bezeichnete man als Typ „FL9", von 1956 bis 1960 lieferte EMD davon 60 Stück. Auf ihr ungewöhnliches Innenleben wiesen von außen nur die einziehbaren Stromabnehmer an den beiden Drehgestellen hin, ein Satz für die von unten bestrichene Stromschiene der New York Central, die anderen für die von oben bestrichene der Long Island RR. Abgesehen davon war der hauptsächliche Unterschied zur serienmäßigen „FP9" die zusätzliche Kontrolleinrichtung für den reinen Gleichstrombetrieb – und natürlich das hintere Drehgestell.

Die New Haven änderte zwar ihre Pläne über die Abschaffung ihres eigenen elektrischen Betriebs, aber die „FL9" fanden trotzdem Beschäftigung und überlebten lange genug, um in den siebziger Jahren noch zur Amtrak zu gelangen. Solange sie existierten sorgten sie für etwas Abwechslung in einem Land, dessen Lokomotiven – von Oregon bis Florida und von Arizona bis Maine – meist Gleiche unter Gleichen (abgesehen von der Farbgebung) waren.

Unten: *Die Zweikraft-Lokomotiven „FL9" der New Haven RR mit ihrer ungewöhnlichen Achsfolge konnten den Betriebsstrom für die Fahrmotoren mit einem Dieselmotor erzeugen oder aus den beiden unterschiedlichen Stromschienensystemen von New York City entnehmen.*

„von der anderen Seite des großen Teichs".

Es war ein NOHAB-Werksgeheimnis, wieviel man selbst machte und wieviel schon fertig von EMD angeliefert wurde, aber der DSB konnte das egal sein; sie war mit dem Endergebnis zufrieden und zeigte dies auch, indem sie insgesamt 54 auf 1950 PS (1434 kW) verstärkte „My" kauften. Nicht nur das, sie beschafften auch nach dem gleichen Rezept 45 „Mx"-Lokomotiven mit 12-Zylinder-Motoren von 1425 und 1445 PS (1048 und 1063 kW). Die spätere Co'Co'-Reihe „Mz" folgte ihnen in der Antriebstechnik, sie besitzt aber einen viel kantigeren Kasten, die Leistung dieser Maschinen beträgt 3300 bzw. 3900 PS (2427 und 2868 kW). Lokomotiven wie „My/Mx"-Loks besitzen auch Norwegen, Belgien und Ungarn; viele andere Länder und Bahnverwaltungen sollten dem Beispiel des „Kaufs von der Stange" bei der erfahrensten Firma in diesem Geschäft – EMD – folgen.

Links: *Auch die Norwegische Staatsbahn bezog Lokomotiven der gleichen NOHAB-Type. Lok Nr. 3.641 der Reihe „Di.3b" entspricht der verstärkten Ausführung der DSB „My".*

Baureihe V200^0 B'B'

Deutschland
Deutsche Bundesbahn (DB), 1953

Bauart: Diesel-hydraulische Schnellzuglokomotive
Spurweite: 1435 mm (4 ft 8½ in)
Antrieb: Zwei schnellaufende, aufgeladene 12-Zylinder-4-Takt-Dieselmotoren von je 809 kW (1100 PS) wirken auf die Achsen je eines der beiden Drehgestelle über hydraulische Getriebe und Kardanwellen
Gewicht: 73,5 t (162035 lb)
Maximale Achslast: 18,4 t (40565 lb)
Gesamtlänge: 18470 mm (60 ft 7 in)
Zugkraft: 234 kN (52540 lb)
Höchstgeschwindigkeit: 140 km/h (87 mph)

Ein erhebliches Hindernis für die Entwicklung großer Diesellokomotiven in den dreißiger Jahren war das große Gewicht im Verhältnis zur erreichbaren Leistung. Im Vergleich mit späteren Maschinen sieht man, daß drei Hauptfaktoren daran beteiligt waren. Erstens die niedrigen Drehzahlen der Motoren, zweitens die schwere elektrische Ausrüstung und drittens Lokkästen, bei denen wie bei den Dampflokomotiven nur das Untergestell alle Kräfte übernahm. Abgesehen von Nordamerika, wo die zulässigen Achslasten bis zu 50% höher waren als beim Rest der Welt, war es damals üblich, daß große Dieselloks mehrere Laufachsen besaßen, weil das Lokgewicht größer war als das nutzbare Reibungsgewicht.

Deutsche Ingenieure gingen das erste Problem an, indem sie schneller laufende Dieselmotoren entwickelten; das zweite versuchten sie durch die Verwendung hydraulischer Kraftübertragungen zu lösen, die weniger wiegen und leichter zu regeln sind als elektrische Übertragungssysteme. 1939 war schon eine ganze Anzahl dieselhydraulischer Rangierloks in Betrieb und auch eine erste Großdiesellok von 1400 PS (1030 kW) mit hydrodynamischem Antrieb war 1935 erbaut worden. Weitere Erfahrungen gewann man auch aus der Verwendung einer großen Zahl dieselhydraulischer Loks mit Leistungen bis zu 550 PS durch die deutsche Wehrmacht.

Nach Kriegsende nahm man Bau und Fortentwicklung derartiger Lokomotiven wieder auf. Die Deutsche Bundesbahn arbeitete schon bald am Entwurf größerer Lokeinheiten, die auf den nicht zur Elektrifizierung vorgesehenen Strecken den Betrieb übernehmen sollten. Ein erster großer Schritt in dieser Richtung war 1952 der Bau von 10 B'B'-Lokomotiven mit Motoren von 800 und 1000 PS (588 und 736 kW), die später durch 1100 PS-(809 kW)-Maschinen ersetzt wurden. Die hydrodynamischen Strömungsgetriebe lieferte die Firma Voith, die etwa 70% aller derartigen Getriebe für die DB herstellen sollte. Durch Einbeziehung des gesamten – geschweißten – Lokkastens in die Tragkonstruktion und leichte Innenrahmendrehgestelle gelang es, das Gewicht auf etwa 57 t zu beschränken. Diese Baureihe V 80 (später 280) mit einer Höchstgeschwindigkeit von 100 km/h war für Nahverkehrs- und Güterzüge vorgesehen.

Diese Maschinen hatte Krauss-Maffei in Zusammenarbeit mit der DB entwickelt. Zwar blieb es bei den 10 V 80, sie waren aber die Grundlage für den Entwurf einer B'B'-Schnellzuglokomotive mit zwei 1100 PS-Motoren (809 kW) und einer Höchstgeschwindigkeit von 140 km/h. Jeder der Motoren wirkt über ein Voith-Getriebe und Kardanwellen auf eines der Drehgestelle. Hauptelemente der Tragkonstruktion sind zwei Stahlröhren, die mit Blechen verbunden sind. Der mittragende, geschweißte Lokaufbau wurde strömungsgünstig gestaltet und im oberen Teil entsprechend dem Fahrzeugbegrenzungsprofil abgeschrägt. 5 Prototypen erschienen 1953 mit drei verschiedenen 1100 PS-Motorbauarten und Gewichten von 70,5 bis 73,5 t, die für die damalige Zeit bemerkenswerte spezifische Leistungswerte ergaben.

Nachdem man diese Loks mit den Nummern V 200 001-005 eingehend erprobt hatte, vergab die DB 1955 eine Bestellung über 51 Serienlokomotiven, denen 1958 noch einmal 31 Stück folgen sollten. Wieder war die Verwendung von drei Motortypen möglich, da-

Rechts: *Lok 221 145-6 der Reihe V200*^{1} im Jahre 1976 auf der Emslandstrecke bei Lingen.

ChS2 Co'Co'

UdSSR
Sowjetische Staatsbahnen (SZD), 1958

Bauart: Elektrische Schnellzuglokomotive
Spurweite: 1524 mm (5 ft 0 in)
Stromversorgung: Gleichstrom von 3000 V über Oberleitung
Antrieb: 6 Fahrmotoren von je 609 kW (828 PS) wirken über Skoda-Gelenkantriebe auf alle Achsen
Gewicht: 123 t (271165 lb)
Maximale Achslast: 20,5 t (45195 lb)
Gesamtlänge: 18920 mm (62 ft 1 in)
Zugkraft: 314 kN (70500 lb)
Höchstgeschwindigkeit: 160 km/h (100 mph)

Nach dem Ende des Krieges konzentrierte sich die UdSSR beim Bau elektrischer Lokomotiven viele Jahre lang ausschließlich auf die Fertigung von Güterzugmaschinen, Personenzugloks wurden auf dem Importweg beschafft. Zu ihrem Glück besaß die Sowjetunion in einem ihrer Satellitenstaaten eine günstige Bezugsquelle, die weltberühmte tschechische Lokbaufirma Skoda in Pilsen, deren Erzeugnisse durchaus neben denen der westlichen Industriestaaten Bestand hatten.

Für Versuchszwecke entstanden 1958 zwei Prototypen; die Ergebnisse mit ihnen waren zufriedenstellend und die Serienfertigung begann 1962; sie sollte erst 1972 nach dem Bau von 944 Stück dieser sehr einfachen und zuverlässigen Type enden. Spätere Exemplare erhielten zusätzlich Widerstandsbremsen und zur Unterscheidung die Bezeichnung „ChS2T" statt „ChS".

Ungewöhnliche Merkmale sind kaum vorhanden, bemerkenswert ist aber die Glasfaserkonstruktion des Lokaufbaus, der nicht dem russischen, sondern dem europäischen Lichtraumprofil folgt. Um den Höhenunterschied von etwa 600 mm auszugleichen, mußte man die Pantografen auf Stelzen montieren. Die Höchstgeschwindigkeit von 160 km/h kann abseits der Hauptstrecke von Moskau nach Leningrad im Alltagsbetrieb allerdings kaum ausgenutzt werden.

Es wurde gesagt, daß die Produktion der „ChS2T" 1972 endete, offiziell hießen aber auch die danach gebauten Maschinen so, sie wiesen aber so große Unterschiede auf, daß man sie als eigene Reihe ansehen muß. Sie besitzen einen erheblich höheren Stahlaufbau, der das russische Profil voll ausnutzt und ihr Ausehen völlig verändert. Auch in ihrem Inneren sind diese Loks abgeändert, ihre elektrische Ausrüstung gestattet eine um 30% höhere Leistungsabgabe.

Das Durcheinander vervollständigen gleich ausehende Skoda-Lokomotiven der Reihen „ChS4" und „ChS4T" für die sowjetischen 25000 V/50 Hz-Wechselstromstrecken. Zwar unterschiedlich im Erscheinungsbild, aber gleichen Familie angehörig sind einige

von stammten die meisten von Maybach. Die V 200er erwiesen sich als sehr gelungene Maschinen und es gab in den ersten Jahren nur wenige Schwierigkeiten mit den Antrieben. Um 1960 führten schwerere Züge und ein erhöhtes Verkehrsaufkommen in Verbindung mit höheren Laufleistungen zu einer ganzen Reihe von Ausfällen der Lokantriebe. Man beseitigte die Mängel und konnte 1962 Laufleistungen von 233000 km pro Lokomotive in Diensten erreichen, die um 30% über den beim Entwurf geforderten Belastungswerten lagen. Die V 200 zogen 700 t-Züge in der Ebene mit 100 km/h und auf einer 1%-Steigung 305 t mit 80 km/h.

1962 erschienen die ersten Exemplare einer verstärkten Reihe V 200¹ (Nr. V 200 101-150) mit zwei 1350 PS-Motoren (993 kW) und einer Anzahl weiterer Verbesserungen, unter anderem bei der Drehgestellkonstruktion. Ihr Gewicht lag zwischen 78 und 79,5 t. Bei der Umzeichnung auf das EDV-System erhielten die V 200⁰ die Bezeichnung 220, die V 200¹ wurden zu 221, die Ordnungsnummern blieben unverändert. Die fortschreitende Elektrifizierung und der Bau neuer Dieselloks der V 160-Familie führten Ende der siebziger Jahre zur Ausmusterung der ersten V 200er, einige gingen als Bauloks nach Saudi-Arabien, die meisten fielen aber dem Schneidbrenner zum Opfer. Die verbliebenen Lokomotiven wurden im norddeutschen Raum konzentriert.

Obwohl deutsche Lokomotiven immer mit einem Auge auf den Exportmarkt konstruiert wurden, ließen sich nur wenige der zweimotorigen Maschinen exportieren. Größte Verwendung im Ausland fand diese Bauart bei der Westregion der British Railways; diese Loks der „Warship" (Kriegsschiff)-Klasse wurden aber in Großbritannien in Lizenz hergestellt.

Rechts: *Eine V200 mit der neuen Nummer 220 023-6 verläßt im Herbst 1969 den Bahnhof von Aalen mit einem Schnellzug von Nürnberg nach Stuttgart.*

Unten: *Für nicht elektrifizierte Strecken beschaffte die DB eine große Zahl leistungsstarker dieselhydraulischer Lokomotiven. Der Reihe V200 folgte die V160-Familie, von der wir eine Vertreterin vor einem Lastprobezug des AW Nürnberg aus alten Heizkesselwagen sehen.*

Bo'Bo'+Bo'Bo'-Versuchs-Doppellokomotiven mit einer Leistung von 7885 kW (10720 PS). Diese „ChS200"-Loks, mit einer Übersetzung für eine Höchstgeschwindigkeit von 200 km/h sind für den noch fernen Tag bestimmt, an dem die SZD ihren geduldigen Kunden derartige Geschwindigkeiten anbieten wird.

Rechts: *Eine der in der Tschechoslowakei gebauten „ChS2"-Lokomotiven bei Versuchsfahrten auf der „Oktober-Eisenbahn" 1959 in Kalinin.*

Klasse 30* (A1A)(A1A)

Großbritannien
British Railways (BR), 1957

Bauart: Diesel-elektrische Lokomotive für gemischten Dienst.
Spurweite: 1435 mm (4 ft 8½ in)
Antrieb: Ein Mirrless V12-Dieselmotor, Typ VST12T, von 934 kW (1270 PS) Leistung mit einem Generator erzeugt den Fahrstrom für vier Tatzlagermotoren
Gewicht: 74 t (163100 lb) Reibungsgewicht: 105,5 t (232520 lb) Gesamtgewicht
Gesamtlänge: 17297 mm (56 ft 9 in)
Zugkraft: 190 kN (42800 lb)
Höchstgeschwindigkeit: 128 km/h (80 mph)

* Nach dem Bezeichnungsschema von 1968, später erhielten die Loks andere Motoren und wurden in Klasse 31 umgezeichnet.

Diese unfauffälligen Maschinen gehören zu den ersten, die nach dem Leitprogramm der British Railways für die Verdieselung entstanden, das die Lieferung einer Vielzahl von Lokomotiven unterschiedlicher Leistung und Gewichte durch eine ganze Anzahl von Lokbaufirmen vorsah, die 1955 bestellt wurden. Brush Engineering in Loughborough lieferte die Lok „D5500" im Oktober 1955 als erste von 20 Loks an die Britsih Railways ab, die auf einer Serie von 25 Maschinen für Ceylon aus dem Jahre 1953 basierten.

Anfänglich besaßen sie einen Mirrless-Motor von 1270 PS, spätere Exemplare rüstete man mit der stärkeren English Electric „12VV"-V12-Maschine mit einer Leistung von 1490 PS (1097 kW) aus. Nachdem im Laufe der Zeit alle Loks der Serie diesen Motor erhielten, zeichnete man sie in Klasse „31" um. Um die Achslast dieser sonst sehr konventionell konstruierten Lokomotiven auf das zulässige Maß zu beschränken, ordnete man zwischen den Treibachsen zusätzliche Laufachsen an. Wie üblich besaßen sie Dampfheizkessel und eine Vakuumbremseinrichtung. Die Drehgestellrahmen waren einteilige Stahlgußstücke, die – wie die Lokrahmen – bei Beyer Peacock in Manchester hergestellt wurden.

Ihr spezifisches Leistungsgewicht von 8,7 kW/t war ziemlich niedrig, aber das verwendete Rezept einer soliden, einfachen und konventionellen Bauweise war richtig, denn sie erwiesen sich langfristig als eine der zuverlässigsten Baureihen des gesamten BR-Diesellokparks, wenn auch eine dieser Maschinen Schande über sich brachte, indem sie versagte, als man die Beförderung des königlichen Sonderzugs, mit der Queen höchstpersönlich an Bord, zum ersten Mal der Dieseltraktion anvertraute.

Wichtiger war, daß man mit ihnen so zufrieden war, daß sie im Laufe der Jahre in einer Stückzahl von 362 Loks gebaut wurden und noch heute mehr als 200 als Klasse „31" gute Dienste leisten, wenn ihre Zahl auch langsam aber stetig abnimmt. Immerhin fand man es der Mühe wert, 24 von ihnen (Unterklasse „31.4") mit einer zusätzlichen Druckluftbremseinrichtung und elektrischer Zugheizung zu modernisieren.

Rechts: *Eine (A1A) (A1A)-diesel-elektrische Lokomotive der BR-Klasse 31 in York im September 1982.*

Unten: *Diesellok Nr. D5603 der British Railways in Oakleigh Park vor einem Zug von Welwyn zum Kings Cross-Bahnhof.*

„Kodama"-Triebzug

Japan
Japanische Staatsbahnen (JNR), 1958

Bauart: Achtteiliger elektrischer Schnelltriebzug
Spurweite: 1067 mm (3 ft 6 in)
Stromversorgung: Gleichstrom von 1500 V über Oberleitung zu den beiden End-Triebwagen
Antrieb: 16 Fahrmotoren von je 100 kW (136 PS) treiben alle Achsen an vier Wagen an
Gewicht: 146 t (321870 lb) Reibungsgewicht; 276 t (608465 lb) Gesamtgewicht
Maximale Achslast: 9,6 t (21165 lb)
Gesamtlänge: 166420 mm (546 ft 0 in)
Höchstgeschwindigkeit: 120 km/h (75 mph)

Die Elektrifizierung der Tokaido-Linie, der wichtigsten Bahn in Japan, die die Hauptstadt Tokio mit Osaka verbindet, war eine günstige Gelegenheit für die Staatsbahn, den Personenverkehr erheblich zu beschleunigen. Es wird allgemein angenommen, daß man auf schmalen Spurweiten nicht schnell fahren kann. Dies ist aber nicht unbedingt so, sondern meist besitzen die Schmalspurbahnen nur keinen genügend schweren, gut unterhaltenen, Oberbau. Die bisher besten Leistungen verzeichnete man auf der Insel Java, wo man 1939 mit Dampfloks regelmäßig 120 km/h schnell war, aber diese imposanten japanischen Triebzüge – „Kodama" (Echo) genannt – waren etwas gänzlich anderes. Die 553 Kilometer von Tokio bis Osaka durcheilten sie in 6 h 50 min. Die Durchschnittsgeschwindigkeit von 81 km/h war sicher ein Weltrekord für Schmalspurlinien.

Die beiden äußeren Wagen sehen zwar so aus, als ob man ihnen den Antrieb des Zuges anvertraut hätte, sie sind aber nur Steuerwagen. Die elektrische Ausrüstung ist in den nächsten Wagen untergebracht, also dem zweiten und dem siebten; Fahrmotoren besitzen außerdem

Rechts: *Der achtteilige „Kodama"-Schnelltriebzug der Japanischen Staatsbahnen.*

der dritte und der sechste Wagen, zu deren Ausstattung kleine Bufetträume gehören. Die beiden Mittelwagen sind einfache Zwischenwagen mit 104 Sitzplätzen der Zweiten Klasse. Der Rest des Zuges bietet insgesamt 321 Fahrgästen der Dritten Klasse Platz. Dem Komfort der Passagiere dienen Luftkühler auf dem Dach für heiße Tage, Trinkwasserspender, Telefonzellen, Ohrhörer zum Radioempfang und Tachometer für Geschwindigkeitsbewußte in den Speiseräumen. So beeindruckt wie die ersten Reisenden von den erreichten 120 km/h gewesen sein müssen, so wenig ahnten sie damals, was gerade auf dieser Strecke an Geschwindigkeit nachfolgen sollte.

Diese „Kodama"-Züge, heute JNR-Reihe „481", wurden zum Vorbild einer ganzen Dynastie elektrischer Schnelltriebzüge, die schon bald den Großteil des Schnellzugverkehrs der staatlichen Schmalspurstrecken übernehmen sollten. Schon bald erschienen Zwölf-Wagen-Züge und auch Fahrzeuge, die sowohl auf Gleichstromstrecken als auch auf Industriefrequenz-Wechselstrombahnen eingesetzt werden konnten. Kompliziert wurde das Ganze durch die seltsame Tatsache, daß die Wechselstromelektrifizierungen in verschiedenen Teilen Japans Frequenzen von 50 und auch 60 Hz verwendeten, so mußte man auch entsprechende Dreisystemfahrzeuge beschaffen. Trotz aller Kompliziertheit der Technik, gelang es alle Einrichtungen so unterzubringen, daß kein wertvoller Fahrgastplatz verloren ging. Außer den vielen elektrischen Triebzügen, entstanden auch dieselhydraulische Triebzüge ähnlichen Aussehens für die nicht-elektrifizierten Strecken.

Rechts: *Die stromlinienförmige Schnauze und die Führerstandskanzel des japanischen „Kodama" (Echo)-Triebzugs.*

Klasse 40 (1'Co)(Co1') Großbritannien British Railways (BR), 1958

Bauart: Diesel-elektrische Lokomotive für gemischten Dienst
Spurweite: 1435 mm (4 ft 8½ in)
Antrieb: Ein English Electric 4-Takt-V16-Dieselmotor mit Turbolader, Typ SVT, von 1492 kW (2029 PS = 2000 HP) Leistung erzeugt in einem Generator den Fahrstrom für sechs Tatzlagermotoren
Gewicht: 108 t (238032 lb) Reibungsgewicht; 133 t (293132 lb) Gesamtgewicht
Maximale Achslast: 18 t (39672 lb)
Gesamtlänge: 21037 mm (69 ft 6 in)
Zugkraft: 232 kN (52000 lb)
Höchstgeschwindigkeit: 145 km/h (90 mph)

Nach Bildung der Britischen Eisenbahnen im Jahre 1948 entschied der Verwaltungsrat, daß Grundlage der Lokomotiventwicklung die Verwendung einheimischer Brennstoffe sein sollte. Da Großbritannien damals kaum über eine eigene Ölproduktion verfügte, bedeutete dies, daß die Dampftraktion beibehalten werden sollte, bis eine Elektrifizierung möglich wurde. Ausgenommen davon war der Einsatz von Dieselloks im Rangierdienst, da die Erfahrungen der LMS gezeigt hatten, daß trotz des importierten Brennstoffs hier nennenswerte Einsparungen zu erzielen waren. Die fünf großen Strecken-Dieselloks, die die BR von der LMS und der SR übernahm, fanden daher wenig Interesse, obwohl sie, soweit es die Umstände zuließen, eingesetzt wurden und dabei den Ingenieuren der BR wertvolle Kenntnisse verschafften. Die fünfte dieser Lokomotiven, die dritte der SR-Loks, mit der Nummer 10203 unterschied sich erheblich von ihren Vorgängern, vor allem durch ihren 2000 HP-Dieselmotor. Man war auf dem richtigen Weg, aber man unternahm nichts, um die gelernten Lektionen umgehend in eine Konstruktion nach dem neuesten Stand umzusetzen.

1955 machten es die immer schlechter werdende Qualität der Kohle und die wachsenden Schwierigkeiten, Arbeitskräfte für die unangenehmeren Arbeiten der Dampflokunterhaltung zu finden, allen Verantwortlichen klar, daß die Lokomotivpolitik einer dringenden Revision bedurfte. Die Regierung stimmte einem umfangreichen Modernisierungsprogramm zu, daß eine Elektrifizierung der wichtigsten von London ausgehenden Strecken mit einem Oberleitungssystem vorsah; das elektrische Stromschienennetz der SR sollte erweitert werden und den gesamten Rest der BR wollte man verdieseln. Man plante eine ganze Diesellokflotte, die in vier Hauptgruppen unterteilt wurde, die entsprechend ihrer Leistung fortlaufend numeriert wurden. Die höchste Gruppe war die „Type 4", die Lokomotiven mit Leistungen von 2000 bis 2300 HP umfaßte, eine fünfte Gruppe kam später hinzu, um den 3300 HP „Deltic"-Loks gerecht zu werden.

Zur damaligen Zeit gab es nur einen Industriekonzern in Großbritannien, der komplette diesel-elektrische Lokomotiven einschließlich Motoren und elektrischer Ausrüstung bauen konnte: English Electric. Er hatte komplette Rangierloks oder auch nur die Motoren und die Elektrik an alle vier großen Bahnen vor der Verstaatlichung geliefert und auch die Motoren und die Ausrüstung aller fünf vorhandenen Groß-Dieselloks. Anfänglich baute English Electric die Diesellokomotiven in seinem Werk in Preston zusammen, vergab aber nach dem Zweiten Weltkrieg die Montage der Lokomotiven an einen Lokomotivhersteller großer historischer Bedeutung. Diese Firma war ein Zusammenschluß der Firmen Robert Stephenson, Hawthorn Leslie und der Vulcan Foundry, mit einer lückenlosen Geschichte des Dampflokbaus seit 1825. 1955 ging diese Firma dann vollständig in der English Electric auf.

Abgesehen von English Electric gab es Firmen, die Dieselmotoren oder elektrische Ausrüstungen lieferten oder Lokomotiven montierten, aber nicht alles zusammen. Man dachte bei der BR auch an den Import einiger EMD-Dieselloks, denen der Bau weiterer gleicher Maschinen in Lizenz im eigenen Land folgen sollte, aber dies wurde aus politischen Gründen abgelehnt. Die BR widmeten sich daraufhin einem umfangreichen Versuchsprogramm, das 171 Lokomotiven 13 verschiedener Typen umfaßte. Die Herstellung dieser Loks wurde auf eine ganze Reihe von Firmen verteilt, um die vorhandenen Fähigkeiten und die Kapazitäten der Industrie und der BR-eigenen Werkstätten möglichst weitgehend zu nutzen.

Es überraschte kaum, daß English Electric den größten Anteil erhielt; 40 Lokomotiven wurden hier bestellt, darunter 10 der stärksten „Type 4". Das Konzept der Maschinen legten die BR fest, die Details überließ man dem Hersteller. In Anbetracht der Eile, mit der das ganze Programm durchgezogen werden sollte, blieb keine Zeit für mehr als die nötigsten Konstruktionsarbeiten. Die Co'Co'-Achsanordnung der LMS-Loks verwarf man, weil die hohen Achslasten den allgemeinen Einsatz auf den BR nicht gestatteten und die einzige erprobte Anordnung mit acht Achsen war die der SR-Maschinen. Man übernahm die komplette Drehgestell-Bauart mitsamt dem Plattenrahmen, der altertümlichen Achslagerbauform und der ringförmigen Kastenabstützung. Nach heutigen Maßstäben war dies alles nicht so richtig ausgereift, aber es hatte sich bei den SR-Loks bewährt und vor

Oben: *Die diesel-elektrische Lokomotive Nr. 40183 der British Railways im August 1982 in Scarborough.*

Rechts: *Die BR-Diesellok Nr. 40151 legt sich bei Montrose mit dem Schnellzug von Aberdeen nach Edinburgh in die Kurve. Die „Pfeiltafel" weist auf eine vorläufige Geschwindigkeitsbeschränkung von 40 mph (64 km/h) hin.*

allem ermöglichte es die Beschränkung der Achslasten auf 18 t.

Auch die Ausrüstung ähnelte sehr der dritten SR-Lokomotive, der Nr. 10203, wie bei den LMS-Lokomotiven war man aber auch hier der Meinung, daß ein nach hinten versetzter Führerstand dem Lokpersonal mehr Schutz bot. Die Vorderseiten der Loks erhielten Türen, um einen Übergang zwischen den Loks bei Mehrfachtraktion herzustellen; sie wurden aber nur selten benutzt und später entfernt. Alle lokomotivbeförderten Züge der BR waren damals dampfgeheizt und die neuen Dieselloks besaßen nicht nur einen Kessel und einen großen Wasserbehälter, sondern auch Wasserschöpfvorrichtungen, um während der Fahrt Wasser aufnehmen zu können.

Die 10 Lokomotiven wurden zwischen März und September 1958 abgeliefert und dem Londoner Kings Cross-Bahnhof für die Ostküstenstrecke sowie dem Liverpool Street-Bahnhof für die Hauptstrecke der ehemaligen Great Eastern zugeteilt. Sie trugen die Nummern D200-D209 und waren bis zur Einführung eines neuen Bezeichnungssystems 1971 allgemein als „EE Type 4" bekannt. Man nahm sie mit gemischten Gefühlen auf; sie litten unter mancher Kinderkrankheit, von der eine die BR plagen sollte, bis die Dampfheizung völlig abgeschafft wurde – der Zugheizkessel. Obwohl sie bei hohen Geschwindigkeiten die Leistungen der LNER oder BR-Pazifiks nicht erreichen konnten, verschaffte ihnen ihre hohe Anfahrzugkraft und das hohe Reibungsgewicht Vorteile gegenüber den Dampfloks im niedrigeren Geschwindigkeitsbereich.

Noch wichtiger war aber, daß sie ihren Dienst tagein, tagaus über lange Zeiträume hin verrichteten und es war diese Fähigkeit, die ihnen einen Vorsprung über die nachlässig gewarteten und mit schlechtem Brennstoff versehenen Dampflokomotiven verschaffte. Sie erreichten schon bald Tagesleistungen, die die Möglichkeiten jeder britischen Dampflok übertrafen, wenn auch oft, vor allem in ihrer Anfangszeit, zu sehen war, daß Dampflokomotiven, denen man die nötige Aufmerksamkeit schenkte, diesen Leistungen bemerkenswert nahe kommen konnten.

Noch bevor die 10 ersten Loks überhaupt abgeliefert waren, zwang politischer Druck die BR das Programm zur Abschaffung der Dampfloks weiter zu beschleunigen. Man hatte zwar vorgehabt, die Prototypen des Versuchsprogramms eingehend zu erproben, bevor man an weitere Bestellungen ging, bis 1960 bestellte man nun aber fünf Serien der „EE Type 4", die die Gesamtzahl auf 200 Stück brachten.

Die wichtigsten Einsatzgebiete dieser Klasse waren die Hauptstrecken an Ost- und Westküste. Im Osten ersetzten sie größtenteils die LNER-Pazifiks, bis sie wiederum durch „Deltics" und die „Brush Type 4" abgelöst wurden. An der Westküste beherrschten sie den Personenverkehr bis zur Fertigstellung der Elektrifizierung vom Euston-Bahnhof in London nach Liverpool und Manchester im Jahre 1967. Zur gleichen Zeit übernahmen die größeren English Electric 2700 HP-Lokomotiven den Verkehr von Crewe weiter in Richtung Norden. Die „EE Type 4" wanderten in weniger anspruchsvolle Dienste ab, vor allem in den Güterzugverkehr im Norden Englands. Man hatte zwar im Laufe der Zeit verschiedene Probleme kuriert, sie litten aber weiterhin unter Rahmenrissen und anderen Störungen in Verbindung mit der primitiven Plattenrahmen- und Achslagerkonstruktion der Drehgestelle. Die Loks litten, aber auch das Gleis nahm Schaden, doch im großen ganzen waren sie verläßliche und beliebte Maschinen. Im Bezeichnungsschema von 1971 wurden sie zur Klasse „40".

Oben: *Im Oktober des Jahres 1979 verläßt BR 40152 York mit einem Zug leerer Selbstentladewagen nach Morpeth, Northumberland.*

Unten: *Die (1'Co)(Co1')-Lokomotive Nr. D312 der British Railways erklimmt im September 1964 die Steigung von 1,33% bei Shap Wells mit dem Schnellzug von London nach Carlisle.*

Ende der siebziger Jahre sank der Bedarf der BR an Diesellokomotiven und eine Anzahl älterer Maschinen wurde zur Abstellung freigegeben. Die Ausmusterung der Klasse 40 begann 1980, wurde aber nach einer Weile hinausgeschoben und so übernahmen sie weiterhin auch Personenzüge in Nord Wales, wenn sommerliche Temperaturen die Zugheizung entbehrlich machten.

Ursprünglich war die Baureihe im Einheits-Grün der BR lackiert, das eigentlich das Great Western „Lokomotiv-Grün" war. Ab 1967 tauchten sie dann im BR-Blau auf, das Interesse der Öffentlichkeit an dieser Lokklasse war aber so groß, daß die BR gegen Ende ihrer Tage eine der Loks für Sonderzugeinsätze wieder grün lackierte.

Die 2000 HP-Motoren der Klasse „40" stammten aus einer langen Reihe von English Electric-Motoren mit Zylindern von 10 × 12 Zoll (254 × 305 mm). Die erste Verwendung fanden sie als Sechszylindermaschine in Rangierloks von 1934. Zwischen 1934 und 1962 wurden insgesamt 1233 dieser Motoren an die BR und ihre Vorgänger geliefert. Ende der dreißiger Jahre begann man die Entwicklung von Motoren in V-Anordnung mit einer Zweizylinder-Versuchsmaschine, die erste Produktionseinheit dieser Form war der 16-Zylinder-Motor, den die LMS- und SR-Großdieselloks sowie die Klasse „40" erhielten.

Für das Modernisierungsprogramm der BR baute man auch 8- und 12-Zylinderversionen, die in 228 1000 HP-Bo'Bo'-Loks und den 309 Co'Co'-Loks der Klasse „37" mit 1750 HP Verwendung fanden. Die Klasse „37" war der direkteste Nachfolger der LMS-Prototypen Nr. 10000-1, die mit ihrem Gewicht von 127,5 t nur auf wenigen Strecken eingesetzt werden konnten, wogegen die „37" mit 101 bis 105 t (je nach Ausrüstung) auf dem gesamten BR-Netz freizügig verwendbar waren. Alles zusammen genommen lieferte English Electric bis 1975 2082 Dieselmotoren an die BR, und die Entwicklung dieser Motortypen sollte auch unter der folgenden Schirmherrschaft der GEC nicht enden.

Die Klasse „40" war weder die stärkste noch die zahlenstärkste Baureihe der frühen BR-Diesellocks, aber sie war die erste erfolgreiche Groß-Diesellokreihe dieser Bahn, deren Beitrag zur Anerkennung der Dieseltraktion in dem vorwiegend dampf-orientierten Betrieb von großer historischer Bedeutung ist. Die Klasse wird auch wegen dem hohen durchdringenden Pfeifton ihres Turboladers immer im Gedächtnis bleiben, der sie zu einer der am leichtesten am Geräusch erkennbaren BR-Dieselloks machte.

Klasse 44 „Peak" (1'Co)(Co1')

Großbritannien
British Railways (BR), 1959

Bauart: Diesel-elektrische Schnellzuglokomotive
Spurweite: 1435 mm (4 ft 8½ in)
Antrieb: Ein Sulzer Zweireihen-Dieselmotor mit Turbolader, Typ 12LDA28, von 1716 kW (2300 HP = 2333 PS) Leistung erzeugt in einem Generator Strom für 6 Tatzlagermotoren mit gefederten Zahnrädern
Gewicht: 115,9 t (255360 lb) Reibungsgewicht; 140,2 t (309120 lb) Gesamtgewicht
Maximale Achslast: 19,3 t (42560 lb)
Gesamtlänge: 20701 mm (67 ft 11 in)
Zugkraft: 311 kN (70000 lb)
Höchstgeschwindigkeit: 144 km/h (90 mph)

Oben: *BR „46004" überquert mit einem Schnellzug von Newcastle nach Liverpool die King Edward-Brücke über den Tyne, April 1977.*

Die berühmten „Peaks" (Gipfel) waren bei ihrem Erscheinen die leistungsstärksten diesel-elektrischen Lokomotiven der BR. Sie waren die ersten aus einer beispiellos großen Bestellung über 147 Schnellzuglokomotiven (später noch auf 193 erhöht) mit Sulzer Zweireihen-Motoren (mit zwei parallelen Kurbelwellen im gleichen Motorgehäuse). Die meisten der später gebauten Loks entstanden in Lizenz bei Vickers-Armstrong in Barrow-in-Furness. Nach Lieferung der ersten 10 Stück erhöhte man die Motorleistung um 200 HP (149 kW).

Die Fahrgestellanordnung stammte von der Klasse „40", die schon beschrieben wurde. Den gesamten mechanischen Teil bauten die Werkstätten der BR in Derby und Crewe, wo die Maschinen auch montiert wurden. Die elektrische Ausrüstung der ersten 137 Loks kam von Crompton Parkinson (CP), beim Rest von Brush Engineering.

Ursprünglich besaßen die „Peaks" die Nummern D1 bis D193, führten also die Liste der BR-Dieselloks an. Später wurde aus den 10 Sulzer/CP-Lokomotiven von 2300 HP die Klasse „44", die Sulzer/CP-Loks von 2500 HP wurden zur Klasse „45" und die 2500 HP Sulzer/Brush-Maschinen zur Klasse „46". Alle besaßen die übliche Ausrüstung wie einen automatischen Zugheizungskessel, einen Vakuum-Exhaustor für die Zugbremsen, einfache Druckluftbremsen für die Lok, Vielfachsteuerung und eine Toilette fürs Personal. Später erhielten sie auch eine Druckluftbremseinrichtung für den Zug und teilweise elektrische Zugheizanlagen. Die ersten 10 taufte man auf Namen britischer Berggipfel, andere erhielten die Namen britischer Regimenter und anderer Militäreinheiten.

Obwohl ihre Leistung 15% höher war, als die der Klasse „40", hatten auch die „Peaks" kaum Leistungsreserven, wenn sie in den anstren-

TEP-60 Co'Co'

UdSSR
Sowjetische Staatsbahnen (SZD), 1960

Bauart: Diesel-elektrische Schnellzuglokomotive
Spurweite: 1524 mm (5 ft 0 in)
Antrieb: Ein 16-Zylinder-2-Takt-Dieselmotor mit Turbolader, Typ D45A, von 2207 kW (3000 PS) erzeugt in einem Generator den Fahrstrom für sechs abgefederte Fahrmotoren von je 306 kW (416 PS) die auf die Treibachsen über Alsthom-Gelenkantriebe wirken
Gewicht: 129 t (284390 lb)
Maximale Achslast: 21,5 t (47400 lb)
Gesamtlänge: 19250 mm (63 ft 2 in)
Zugkraft: 248 kN (55750 lb)
Höchstgeschwindigkeit: 160 km/h (100 mph)

Diese kräftigen diesel-elektrischen Maschinen bilden eine der wichtigsten sowjetischen Schnellzuglokomotivreihen, wenn auch inzwischen die 4000 PS-Baureihe „TEP-70" dabei ist, sie vor den markantesten Leistungen zu verdrängen. Die „TEP-60" wurden mindestens 15 Jahre lang gebaut, die Gesamtzahl wurde aber nicht enthüllt. Lange Zeit waren sie die einzigen sowjetischen Diesellokomotiven, die schneller als 140 km/h laufen durften, wenn auch dafür auf dem Netz der SZD bisher kaum Gelegenheit vorhanden ist.

Vor dem Zweiten Weltkrieg besaßen die Russen kaum Erfahrungen mit Diesellokomotiven und soweit sie vorhanden waren, kann man sie nur als wenig zufriedenstellend bezeichnen. Die Ingenieure mußten daher 1945 am Nullpunkt beginnen und stützten sich vernünftigerweise auf die Entwicklung in Nordamerika. Um 1960 herum besaß man dann aber schon ausreichend Mut, um sich an die Verwirklichung eigener Ideen zu wagen.

Ein ernster Mangel, der sich bei Verwendung der frühen Güterzuglokomotiven im Personenverkehr zeigte, waren die schlechten Laufeigenschaften der Drehgestelle. Die SZD besaßen schon damals Ambitionen nach einer Beschleunigung der Personenzüge und hatten darum einige elektrische Lokomotiven bei Alsthom in Frankreich bestellt, den Herstellern der Drehgestelle der französischen Weltrekordlokomotive CC-7107.

Man folgte bei dem Entwurf der Drehgestelle für die „TEP-60" der Alsthombauart, vor allem erhielten sie auch den Gelenkantrieb, der es erlaubte, die Fahrmotoren im abgefederten Teil der Lokomotive unterzubringen. Bei Probefahrten erreichte der Prototyp der Serie eine Höchstgeschwindigkeit von 189 km/h. Man reklamierte den Titel der schnellsten Diesellokomotive der Welt für sich und bewies auf diese Weise seine doch noch beschränkte Kenntnis der allgemeinen technischen Entwicklung. Zu den erwähnenswerten Merkmalen der Maschinen gehören auch die elektrische Zugheizung und ihre Fähigkeit, auch bei erheblich höheren oder tieferen Außentemperaturen einwandfrei zu funktionieren, als sie sonst auf einem einzelnen Eisenbahnnetz anzutreffen sind.

Rechts: *Typische russische Dieselloks in Doppelbespannung.*

gendsten Dampflokplänen eingesetzt wurden. Man kann zwar kritisieren, daß beim Entwurf dieser Maschinen wenig Mut zu Neuem gezeigt wurde, aber man muß feststellen, daß die konservative Bauweise sich durch ihre Langlebigkeit bezahlt machte. Noch heute, nach mehr als 20 Jahren, sind 130 der anfänglichen 193 im Dienst, während so mancher ihrer Nachfolger mit seinen brillanten Leistungen recht schnell den Weg zum Schrottplatz fand.

Rechts: *Ein Entlastungs-Schnellzug von Newcastle nach Kings Cross passiert am Ostermontag 1978 Brandon in der Grafschaft Durham hinter der „Peak" Nr. 46042. Außerhalb der Hauptreisetage ist diese Klasse jetzt vorwiegend im Güterverkehr beschäftigt.*

Unten: *Eine der ersten 10 (1'Co)(Co1')-Lokomotiven der „Peak"-Klasse, heute Klasse „44" im Zustand bei ihrer Ablieferung.*

Reihe 060DA Co'Co'

Rumänien
Rumänische Staatsbahnen (CFR), 1960

Bauart: Diesel-elektrische Lokomotive für gemischten Dienst
Spurweite: 1435 mm (4 ft 8½ in)
Antrieb: Ein Sulzer 12-Zylinder-Zweireihen-Dieselmotor mit Turbolader, Typ 12LDA28, von 1692 kW (2300 PS) erzeugt in einem Generator Strom für die 6 Traktionsmotoren, die über abgefederte Zahnräder auf die Achsen wirken
Gewicht: 117 t (257935 lb)
Maximale Achslast: 19,5 t (42990 lb)
Gesamtlänge: 17000 mm (55 ft 9 in)
Zugkraft: 285 kN (63990 lb)
Höchstgeschwindigkeit: 100 km/h (62 mph)

Der Großteil der diesel-elektrischen Lokomotiven der Rumänischen Staatsbahnen basiert auf sechs Prototypen, die 1959 in der Schweiz gebaut wurden. Den mechanischen Aufbau lieferte die Schweizer Lokomotivfabrik, die elektrische Ausrüstung Brown Boveri und den Dieselmotor schuf Sulzer. Die Motoren sind Zweireihen-Maschinen mit zwei parallelen Zylinderreihen, die auf zwei Kurbelwellen arbeiten.

Der elegant wirkende geschweißte Lokkasten ist typisch für die schweizer Bauweise. Eine Zugheizeinrichtung ist nicht vorhanden; bei Bedarf übernehmen separate Heizwagen diese Aufgabe.

Auf der maßgeblichen Steigung von 2,5% der Hauptstrecke von Brasov nach Bukarest können sie einen 550 t-Zug anfahren und auf 14 km/h beschleunigen. Bei schwereren Zuglasten kann man sie in Vielfachtraktion fahren. Es gibt keine Widerstandsbremsen, nur die üblichen Druckluftbremseinrichtungen für Lok und Wagenzug. Die Schleuderschutzvorrichtung ist eine große Hilfe auf diesen schweren Gebirgsstrecken.

Die Lokomotivtype wurde in Rumänien in Lizenz weitergebaut und wird auch für den Export angeboten.

Klasse 124 „Trans-Pennine"

Großbritannien
British Railways (BR), 1960

Bauart: Sechsteiliger diesel-mechanischer Schnelltriebzug
Spurweite: 1435 mm (4 ft 8½ in)
Antrieb: Vier Wagen besitzen je zwei Leyland-Albion 6-Zylinder-Dieselmotoren in liegender Anordnung, Typ EN602, von 172 kW (233 PS) unter dem Wagenboden, die über eine hydraulische Kupplung, Wilson-Viergang-Planetengetriebe und Kardanantriebe auf die Achsen wirken
Gewicht: 164 t (361455 lb) Reibungsgewicht; 227 t (500310 lb) Gesamtgewicht
Maximale Achslast: 10,5 t (23140 lb)
Gesamtlänge: 120650 mm (395 ft 10 in)
Höchstgeschwindigkeit: 120 km/h (75 mph)

Hauptgegenstand des 1955 verkündeten Modernisierungsplan der Britischen Eisenbahnen war der Ersatz der Dampftraktion durch die Diesel- und Elektrotraktion. Erste Auswirkungen dieses Programms konnte das Bahnpublikum schon bald in ländlichen Gegenden und im Nahverkehr feststellen. Die nötige Sachkenntnis war bei den BR durch die diesel-mechanischen Triebwagen, die von 1933 bis 1941 für die Great Western gebaut worden waren, schon vorhanden. So entstand innerhalb sehr kurzer Zeit eine große Flotte von Dieseltriebwagen mit Vielfachsteuerung („DMU"-diesel multiple-unit), die letztendlich eine Zahl von 3740 Fahrzeugen erreichen sollte und die meisten Personenzugleistungen im Lokal- und Vorortverkehr auf nicht-elektrifizierten Strecken übernahm. Gewinne konnte man zwar auch mit ihnen nicht erwirtschaften, aber im Allgemeinen konnten die Gemeinkosten spürbar gesenkt werden und die Einnahmen stiegen.

Nach einigen Jahren widmete man sich auch dem Schnellzugverkehr auf kurzen Relationen und eines der bemerkenswertesten Projekte der Zeit war die Verdieselung des Verkehrs über das Penninische Gebirge zwischen Liverpool, Manchester, Leeds und Hull. Die Triebzüge, die 1960 für diesen Einsatz entstanden, waren eine Weiterentwicklung des DMU-Prinzips mit mehreren kleinen Unterflurmotoren, die über fernbediente mechanische Getriebe auf die Treibachsen wirkten.

Für die „Trans-Pennine"-Züge aus sechs Wagen verwendete man Motoren von 172 kW (233 PS) anstelle der üblichen 112 kW (152 PS)-Maschinen der anderen „DMUs". Jeder Triebzug besaß 8 Motoren in den beiden Endwagen und zwei Zwischenwagen. Es gab ein Grill-Bufettabteil und den Fahr-

Oben: *Ein diesel-mechanischer „Trans-Pennine"-Triebzug der British Railways im Herbst 1976 bei Selby in Yorkshire.*

Links, rechts und unten: *Drei Abbildungen der diesel-elektrischen Co'Co'-Lokomotive Nr. 062 0433-3 der Reihe 060DA der Rumänischen Staatsbahnen. Diese Mehrzweckmaschinen Schweizer Herkunft wurden über einen längeren Zeitraum produziert und sind auf dem ganzen Netz vor Personen- und Güterzügen anzutreffen. Die lebhafte Farbgebung ist eine Neuerung – lange Zeit waren sie in dem in vielen Ländern Europas verwendeten blassen Grünton lackiert.*

gästen der ersten Klasse bot sich in den Endwagen durch die unverbauten Stirnfenster eine herrliche Rundumsicht. Es waren 60 Sitzplätze erster und 232 Sitzplätze zweiter Klasse mit dem im Fernverkehr üblichen Komfort vorhanden. Die Steuerung der Fahrzeuge war so ausgelegt, daß sie auch zusammen mit anderen „DMUs" gefahren werden konnten.

Der mittlere Abschnitt der Strecke besitzt relativ starke Steigungen und das günstige Leistungsgewicht von 6 kW/t war hier von Vorteil. Die Fahrzeit von 3 h 30 min für die 204 km von Hull nach Liverpool hinter Dampfloks verkürzte sich auf nunmehr 2 h 51 min. Davon entfielen nicht weniger als 5½ min auf die schnellere Bewältigung des 11,4 km langen Anstiegs von Huddersfield bis zum Standedge-Tunnel mit meist 1,04% Steigung.

Durch die Existenz acht unabhängiger Antriebsaggregate waren die Züge sehr zuverlässig, allerdings waren meist ein oder zwei Motoren „aus" und die genaue Einhaltung des Fahrplans litt manches Mal darunter. Trotzdem gelang es etliche Jahre lang Leute, die bisher mit dem Auto die Penninen auf engen Landstraßen überquert hatten, zur Benutzung der Bahn zu bringen, frei nach dem Motto „Nicht Sie strengen sich an, sondern Ihr Zug".

Der Bau der Autobahn M62 parallel zur Bahn kam dann zu einer Zeit, als die Züge erste Anzeichen ihres Alters zeigten und stellte den Status quo wieder her. Das Nachlassen der Nachfrage führte zu Sparmaßnahmen wie der Einstellung des Restaurantbetriebs, der Einführung zusätzlicher Halte, dem Ausbau der Maschinenanlagen in den Zwischenwagen und Geschwindigkeitsbeschränkungen auf den erneuerungsbedürftigen Gleisen. All dies zusammen führte zu Fahrzeitverlängerungen von 20 Minuten und damit wiederum zu einem weiteren Verlust an Fahrgästen und einer Umorientierung des Betriebs. Heute fahren lokbespannte Züge von Nord Wales oder Liverpool nach Leeds und „DMUs" von Leeds nach Hull.

Rechts: *Ein umgebauter vierteiliger „Trans-Pennine"-Triebzug durchfährt im Oktober 1980 die Ortschaft Hessle bei Hull.*

TEE-Triebzug

Niederlande/Schweiz
Niederländische Staatsbahnen (NS)/Schweizerische Bundesbahnen (SBB), 1957

Bauart: Diesel-elektrischer Luxus-Schnelltriebzug
Spurweite: 1435 mm (4 ft 8½ in)
Antrieb: 2 Werkspoor 16-Zylinder-Dieselmotoren, Typ RUHB1616, von 736 kW (1000 PS) mit Generatoren erzeugen den Strom für 4 Fahrmotoren mit Gelenkantrieben an den äußeren Drehgestellachsen der beiden Antriebseinheiten
Gewicht: 80 t (176 365 lb) Reibungsgewicht; 230 t (507 055 lb) Gesamtgewicht
Maximale Achslast: 20 t (44 090 lb)
Gesamtlänge: 96 926 mm (318 ft 0 in)
Höchstgeschwindigkeit: 140 km/h (87 mph)

Eine hervorragende Persönlichkeit der europäischen Eisenbahngeschichte war ein niederländischer Ingenieur namens F. Q. den Hollander. Er war der Mann, der in wenigen Jahren nach Beendigung des Krieges aus Trümmern die modernen Niederländischen Staatsbahnen schuf – ein effizientes (wenn auch kleines) Bahnnetz, das für viele andere Bahnen ein erstrebenswertes Vorbild war und ist. In den fünfziger Jahren hinterließ er seine Spuren auch in anderen Ländern Europas als treibende Kraft bei der Schaffung eines internationalen Netzes luxuriöser Schnellverbindungen, den allseits bekannten Trans-Europ-Expreß- oder TEE-Zügen.

Wichtiges Prinzip des TEE-Verkehrs war die möglichst vollständige Vermeidung von Grenzaufenthalten; die nötigen Kontrollen sollten während der Fahrt an Bord der Züge stattfinden. Der Einsatz von Triebzügen sollte die Zeitverluste durch Lokwechsel und das Umrangieren von Wagen ausmerzen. Die bisher üblichen, manchmal stundenlangen Standzeiten in Grenzstationen wollte man auf wenige Augenblicke abkürzen, die 3 Minuten in Basel waren für die TEE-Züge schon eine große Ausnahme. Man wollte auf diese Weise dem Geschäftsreisenden ein attraktives Angebot mit kürzesten Fahrzeiten in Verbindung mit großer Bequemlichkeit durch große Laufruhe, Klimaanlagen und eine ausgezeichnete Restauration machen. Dafür mußte der Fahrgast zum Fahrpreis der ersten Klasse noch einen TEE-Zuschlag entrichten. Frankreich, die Bundesrepublik Deutschland, die Niederlande, Belgien, Italien und die Schweiz waren die wichtigsten Partner dieser Unternehmung, außerdem nahm auch noch Spanien – trotz abweichender Spurweite – daran teil. Zugegeben, der Spurwechsel an der spanisch-französischen Grenze nahm mehr als einen Augenblick in Anspruch. Jede

Unten: *Ein „RAm TEE I" der SBB als TEE „Bavaria" von Zürich nach München im Oktober 1972 bei Mörschwil in der Schweiz.*

Oben: *Die Lokomotiveinheit des niederländisch-schweizerischen diesel-elektrischen Luxus-Triebzugs für den Trans-Europ-Expreß-Verkehr.*

der beteiligten Bahngesellschaften stellte Zuggarnituren zur Verfügung. Die hier beschriebenen Triebzüge wurden gemeinschaftlich von den Niederländischen und Schweizerischen Eisenbahnen gebaut und betrieben. Von den fünf Zugeinheiten gehörten drei der NS und zwei der SBB. Sie enthielten 114 Sitzplätze, Speiseraum, Räumlichkeiten für das Zollpersonal und an beiden Enden Führerstände.

Der Triebwagen war im Grunde eine starke Diesellokomotive, die auch fernbedient werden konnte. Zusätzlich zu den beiden 1000 PS-Dieselmotoren für den Antrieb besaß er einen weiteren 350 PS-Motor (257 kW), der Zugheizung, Küche, Klimaanlage und Beleuchtung versorgte. Damals war es noch nicht möglich, die benötigte Leistung auf vier Achsen bei der vorgegebenen Achslast unterzubringen, darum mußte man jeweils in Drehgestellmitte Laufachsen einfügen und erhielt eine Achsfolge (A1A)(A1A).

Vorrangig vorgesehen waren die Züge für den Einsatz als TEE „Edelweiß", der täglich von Amsterdam über Brüssel und Luxemburg nach Basel und Zürich verkehrte. Die 1050 Kilometer legte er bei 13 Zwischenhalten in 9 Stunden 33 Minuten zurück, bei einer bemerkenswerten Durchschnittsgeschwindigkeit von 110 km/h. 1957 war die Elektrifizierung dieser Strecke noch nicht komplett und auch wenn es der Fall gewesen wäre, hätte man mit vier verschiedenen Stromsystemen zu tun gehabt: Gleichstrom von 1500 V in den Niederlanden, von 3000 V in Belgien, Wechselstrom von 25000 Volt/50 Hz in Frankreich und von 15000 V/16⅔ Hz in der Schweiz; der Dieselantrieb war darum das einzige Mittel der Wahl.

Die Entwicklung von Mehrsystem-Fahrzeugen für elektrischen Betrieb führte im Laufe der Zeit zur Ablösung der Dieselzüge, aber sie waren noch nicht am Ende ihrer Tage angelangt. Einer der Schweizer Züge war zwar 1971 einem schweren Unfall als TEE ‚Bavaria" zum Opfer gefallen, drei Züge konnten aber in den siebziger Jahren von einer der höchsttechnisiertesten Gegenden der Welt in die „Wildnis" verkauft werden – an die kanadische Ontario Northland Railway, wo sie als täglicher „Northlander" auf den 388 Kilometern zwischen Toronto und Timmins Verwendung fanden, in einer Gegend, die bisher kaum durch Straßen erschlossen war.

Rechts: *Der abendliche „L'Arbalete" verläßt den Bahnhof Paris Est in Richtung Basel, Juni 1966.*

Unten: *Ein niederländisch-schweizerischer TEE-Triebzug durcheilt im Juni 1966 Culmont-Chalindrey auf seinem Weg von Basel nach Paris.*

Reihe Dm + Dm3 1'D + D + D1'

Schweden
Schwedische Staatsbahn (SJ), 1960

Bauart: Dreiteilige elektrische Lokomotive für schweren Güterverkehr
Spurweite: 1435 mm (4 ft 8½ in)
Stromversorgung: Wechselstrom von 15000 V 16⅔ Hz über Oberleitung zum Loktransformator
Antrieb: 6 Fahrmotoren von je 1200 kW (1630 PS) wirken über Zahnradgetriebe, Blindwellen und Kuppelstangen auf insgesamt 12 Treibachsen
Gewicht: 243,2 t (536155 lb) Reibungsgewicht; 273,2 t (602290 lb) Gesamtgewicht
Maximale Achslast: 20 t (44090 lb)
Gesamtlänge: 35250 mm (115 ft 8 in)
Zugkraft: 932 kN (209260 lb)
Höchstgeschwindigkeit: 75 km/h (47 mph)

Um die riesigen Eisenerzlager, die im Inneren Nordschwedens gefunden wurden, ausbeuten zu können, mußte eine Eisenbahn gebaut werden. Es war verhältnismäßig einfach, eine Bahn vom Ostseehafen Lulea in das Bergwerksgebiet von Kiruna, nördlich des Polarkreises, zu bauen, aber die nördliche Ostsee friert im Winter regelmäßig zu, ein Weitertransport per Schiff ist dann nicht möglich. Also war man gezwungen, die Bahn weiter in Richtung Norden über den Gebirgszug der Ofoten und die heutige norwegische Grenze bis zum Hafen von Narvik zu verlängern, der durch den Golfstrom das ganze Jahr über eisfrei gehalten wird. Die Erzbahn von Lulea bis Narvik nahm 1883 den durchgehenden Betrieb auf einer Entfernung von 473 km auf.

Der Dampfbetrieb litt unter unsäglichen Schwierigkeiten – vor allem im Winter – wegen der schweren Zuglasten, den extrem niedrigen Temperaturen, den Steigungen und, nicht zu vergessen, der monatelangen Dunkelheit. Abgesehen von den Milliarden von Mücken war es hier im Sommer erheblich angenehmer – beispielsweise kann sich das an der Strecke gelegene Touristenhotel in Abisko (nur durch die Bahn zu erreichen) einer nach Norden zeigenden Sonnenveranda rühmen, auf der man die Mitternachtssonne genießen kann!

Es überrascht darum nicht, daß die Erzbahn in Lappland die erste wichtige Eisenbahnstrecke Skandinaviens war, die elektrifiziert wurde. Der elektrische Betrieb begann 1915, die gesamte Strecke war bis 1923 umgestellt. Man übernahm das schon in der Schweiz und anderswo bewährte Einphasen-Wechselstromsystem.

Die Qualität des Eisenerzes aus Kiruna und die Leichtigkeit, mit der es gewonnen wird, in Verbindung mit der langwährenden Neutralität Schwedens, die – man muß es so ausdrücken – bedeutete, daß kein Kunde aus politischen Gründen abgelehnt wurde, sorgte für eine jahrzehntelang nicht nachlassende

Unten: *Eine „Dm + Dm 3"-Lokomotive der Schwedischen Staatsbahn zieht ihren Eisenerzzug durch die endlosen Wälder der schwedischen Lappmark.*

Nachfrage, die mit der Zeit noch anstieg. Das einzige Problem, das die Bahn zu meistern hatte, war die Bewältigung des starken Verkehrs, der erst durch die Krise der letzten Jahre nachließ.

Bisher konnte die Verlegung eines zweiten Streckengleises durch fortwährende Erhöhung der Zuglasten vermieden werden, die heute zu den schwersten in Europa gehören.

Es ist typisch für das schwedische Eisenbahnwesen, daß die heute dort verwendeten Triebfahrzeuge nur leicht veränderte Versionen der ausgesprochen einfachen, frühen Ellokreihe „D" sind, die schon beschrieben wurde. Ergebnis ist diese Reihe „Dm + Dm3" von 9780 PS (7200 kW), die Lasten von 5200 t über die Steigungen von 1% ziehen und sie auch bei Polartemperaturen anfahren kann; die maximale Zugkraft beträgt ja mehr als 900 kN.

Man mag sich fragen, warum die Schwedischen Staatsbahnen diese Riesenmaschinen als Unterbauart der bescheidenen und alltäglichen 1'C1'-Loks der Reihe „D" bezeichnet. Grund ist, daß die „Dm"-Loks (das „m" in „Dm" steht für „malm", das heißt „Erz") im Prinzip aus zwei „D" entstanden, die unter Fortfall von zwei Führerständen gekuppelt und bei denen jeweils die inneren Laufachsen durch zusätzliche Kuppelachsen ersetzt wurden. Diese zweiteiligen „Dm"-Maschinen wurden Anfang der fünfziger Jahre eingeführt. Mit der Zeit verfügten die SJ über eine ganze Flotte dieser Zwillingsloks, die Norwegische Staatsbahn NSB hatte vier weitere, die sie „El 12" nannte. Sowohl die braunen Schwedenloks als auch die grünen Norweger werden ohne Unterschied auf der ganzen Strecke eingesetzt.

1960 wollte man die Leistung noch weiter erhöhen und baute drei zusätzliche Lokeinheiten ohne Führerstände oder Pantografen des Typs „Dm3" und kuppelte sie zwischen vorhandene Lokpaare. Bis 1970 entstanden auf diese Weise 19 dreiteilige Maschinen „Dm + Dm3".

Jede einzelne Lokeinheit trägt ihre eigene Nummer, obwohl die Lokomotiven im Betrieb im Allgemeinen nicht getrennt werden. Die riesigen Zugkräfte ergaben Probleme mit den herkömmlichen Schraubenkupplungen und man versuchte es mit kräftigeren automatischen Mittelpufferkupplungen nach russischem Vorbild.

Als Stangenlokomotive war die Reihe „Dm" die letzte ihrer Art. Nach 1970 entwickelte man eine neue Erzloktype, bei der sich die Geschichte wiederholte. Auch sie entstanden durch Abwandlung der modernsten schwedischen Hochleistungslokomotive, Reihe „Rc4". Zu den Änderungen gehören eine geänderte Übersetzung, eine sehr komplizierte Schleuderschutzeinrichtung und die Erhöhung des Gewichts durch Ballast um 10 t, alles, um die Zugkraft zu erhöhen. Darüber hinaus isolierte man die Führerstände zusätzlich gegen die arktischen Temperaturen.

Oben und unten: *Schwere Güterzuglokomotiven der Schwedischen Staatsbahn, Reihe „Dm + Dm3". Diese gewaltigen Zugmaschinen finden Verwendung vor den Eisenerzzügen vom nordschwedischen Erzberg bei Kiruna zum nördlich des Polarkreises gelegenen eisfreien Hafens von Narvik in Norwegen.*

Unten: *Die dreiteilige 9780 PS-Erzzuglokomotive, Reihe „Dm + Dm3" der Schwedischen Staatsbahn. Die Verwendung des Stangenantriebs ist für eine neuzeitliche Lokomotive ungewöhnlich.*

U25B Bo'Bo'

USA
General Electric Company (GE), 1960

Bauart: Diesel-elektrische Lokomotive für Strecken- und Rangierdienst
Spurweite: 1435 mm (4 ft 8½ in)
Antrieb: Ein GE 4-Takt-V16-Dieselmotor, Typ FDL16, von 1865 kW (2500 HP = 2536 PS) mit Generator erzeugt den Fahrstrom für 4 Tatzlagermotoren
Gewicht: 118 t (260000 lb)
Maximale Achslast: 29,5 t (65000 lb)
Gesamtlänge: 18340 mm (60 ft 2 in)
Zugkraft: 360 kN (81000 lb) bei 105 km/h Höchstgeschwindigkeit
Höchstgeschwindigkeit: 105, 121, 129 oder 148 km/h (65, 75, 80 oder 92 mph)

Oben: *Eine General Electric „U36C" 3600 HP-Lokomotive der Union Pacific.*

Wenn jemand in den zwanziger Jahren zu einem amerikanischen Lokomotivingenieur gesagt hätte: „Die diesel-elektrische Lokomotive scheint sehr entwicklungsfähig zu sein; welcher Lokomotivhersteller ist in der Lage, dies zu nutzen?", hätte er ganz sicher zur Antwort bekommen: „General Electric", denn diese Firma begann gerade mit dem Bau von Diesel-Rangierlokomotiven mit Motoren verschiedener Hersteller und konnte sich dabei auf mehr als 30 Jahre Erfahrung mit elektrischen Antrieben stützen. Trotzdem hätte der Prophet unrecht gehabt, denn es waren erst die fast unbegrenzten Mittel der General Motors Corporation, die hinter der Electro Motive Division standen, die die revolutionäre Verdieselungswelle in den Vereinigten Staaten in Gang brachte und am Leben hielt.

GE war in diesem Spiel zu einer kleinen Rolle verurteilt, aber an den 25% oder so des Lokomotivmarkts, die nicht auf EMD entfielen, hatte sie immer einen großen Anteil. Als die American Locomotive Company (Alco) sich ernsthaft mit der Produktion von Streckendiesellloks zu beschäftigen begann, traf sie eine Vereinbarung mit GE, daß sie die elektrischen Ausrüstungen nur von dort beziehen würde und daß dafür GE von einer Konkurrenz auf dem Dieselloksektor absah. Von 1940 bis 1953 zogen beide Firmen Nutzen aus diesem Vertrag; Alco profitierte von der Erfahrung des größten Herstellers elektrischer Antriebe und GE hatte einen sicheren Absatzmarkt für die Produkte, für deren Erzeugung sie besonders qualifiziert und ausgerüstet war. Ein zweiter Lokhersteller, Fairbanks Morse, bot seine Lokomotiven ebenfalls mit GE-Ausrüstungen an.

Anfang der fünfziger Jahre war die totale Verdieselung der US-Eisenbahnen sichergestellt, und obwohl Alco schon lange auf diesem Gebiet tätig war, lag man bei den Verkaufszahlen weit abgeschlagen hinter EMD auf dem zweiten Platz und war nicht in der Lage aufzuholen. GE hielt den Zeitpunkt für gekommen, um den Sprung ins kalte Wasser zu probieren; man beendete ohne Aufsehen die Zusammenarbeit mit Alco und begann mit der Entwicklung einer eigenen Baureihe großer Diesellokomotiven. Man hatte bisher meist mit kleineren Rangierloks zu tun gehabt, schon 1936 war allerdings eine große Maschine gebaut worden, die mit ihrem 2000 PS-Sulzer-Motor 10 Jahre lang die stärkste einmotorige Diesellokomotive Nordamerikas gewesen war und in den Nachkriegsjahren hatte man sich einen interessanten Exportmarkt für Streckenlokomotiven erobern können.

Wichtigste Voraussetzung für einen Erfolg GE's auf dem heimischen Markt war ein großer Dieselmotor. Die Rangierloks, die man gerade baute, besaßen 6-Zylinder-Reihen- und 8-Zylinder-V-Motoren von Cooper-Bessemer. Man erwarb die Rechte zur Weiterentwicklung dieser Maschinen und baute zwei Versionen: der 8-Zylinder-Motor entwickelte 1200 HP (895 kW), aus 12 Zylindern holte man 1800 HP (1343 kW).

Das erste sichtbare Zeichen für GE's neue Unternehmung war eine vierteilige Lokomotive mit geschlossenen Aufbauten, also „cab-units". Zwei Einheiten erhielten die V8-Maschine und zwei die V12. Diese Lok lief von 1954 bis 1959 auf der Erie RR im Versuchsbetrieb. Gestützt auf die erfolgversprechenden Ergebnisse brachte GE 1956 eine neue Reihe von Exportmodellen heraus, die sie als „Universal"-Serie bezeichnete. Mit den Erfahrungen aus den V8- und V12-Motoren gerüstet, wagte GE jetzt einen weiteren Schritt nach vorne, eine 16-Zylinder-Version von 2400 HP (1790 kW) Leistung. Zwei dieser Motoren installierte man in Bo'Bo'-„Hood"-Lokomotiven und testete sie intensiv auf der Erie RR; in 11 Monaten legten sie dort 160000 km zurück. Man versteckte sie zwar etwas hinter der Bezeichnung „XP24" (Versuchsversion einer 2400 PS-Exportlok), aber in Wirklichkeit waren sie als Vorführlokomotiven für den US-Markt vorgesehen.

1960, sieben Jahre nach Beendigung der Partnerschaft mit Alco kündigte GE sein neues Lokmodell, die 2500 HP (1865 kW) Bo'Bo'-„Universal"-Lokomotive des Typs „U25B", an. Wichtigste Werbeaussage war, daß sie die höchste PS-Leistung aller in den USA angebotenen Lokomotiven aufweisen konnte – der Vorsprung zu EMD be-

Unten: *Eine vierachsige „U-Boot"-Lokomotive der Louisville & Nashville Railroad.*

trug 100 PS – aber um in den EMD/Alco-Markt einzubrechen, mußte man mehr anbieten, um die Käufer zu verlocken.

Bei der Ausarbeitung des Entwurfs hatte GE die Chefs der Maschinenabteilungen von 33 Bahngesellschaften gefragt, was sie an den Dieselloks, die sie schon hatten, mochten und was sie bemängelten. Man analysierte auch deren Betriebskosten und fand heraus, daß 28,7% der gesamten Unkosten für Reparaturen aufgewendet werden mußten. Die Bemühungen der Konstrukteure zielten nun einerseits auf eine Steigerung der Leistungsfähigkeit, andererseits aber auch auf eine Vereinfachung der Ausrüstung, damit sie zuverlässiger und wartungsärmer wurde. Sehr viele Klagen gab es über das Lüftungssystem, gleichermaßen über die Zufuhr der Verbrennungsluft und über die Kühlung. Die eintretende Luft wurde gefiltert, die meisten Modelle der Luftfilter mußten aber nach etwa 4000 km Fahrstrecke gereinigt werden. Man entwarf also einen selbstreinigenden mechanischen Luftfilter. Anlaß zu Beanstandungen war auch, daß die Kühlluft für die Räume mit den Steuereinrichtungen durch die Motorräume geführt und dabei verunreinigt und aufgeheizt wurde. Bei der „U25B" leitete man diese Luft vom Lüftergebläse durch Luftkanäle im Hauptrahmen, so kam sie nicht mit dem Motor in Berührung. Eine weitere Vereinfachung war der Fortfall elektrisch fernbetätigter Verschlußklappen für das Motorkühlsystem.

Im Gegensatz zu solchen Neuerungen war der Großteil der elektrischen Ausrüstung, auch die Fahrmotoren, von bewährter Bauweise und Bahnen, die Alco-Lokomotiven besaßen, konnten hier auf vorhandene Ersatzteile zurückgreifen. Eine wichtige Neuerung gab es aber auch im elektrischen Bereich – man verwendete elektronische Steuereinrichtungen in Modulbauweise.

Oben: *Diese GE „U25C"-Einheiten gehören der Lake Superior & Ishpeming RR, die sie an die Detroit, Toledo & Ironton RR vermietet hat.*

Der Startschuß für das neue Lokmodell fiel in einer Zeit mit sehr ungünstigen wirtschaftlichen Bedingungen bei den Eisenbahnen und so dauerte es mehr als ein Jahr, bis die ersten Bestellungen eingingen. Erster war wieder einmal die Union Pacific, die immer auf der Suche nach starken Lokomotiven war, dann folgten auch andere Bahnen, die einen Bedarf an leistungsfähigeren Maschinen hatten. Über einen Zeitraum von sechs Jahren verkaufte GE 478 „U25Bs", nicht viel nach dem Maßstab der EMD-Produktion, aber genügend, um Alco von seinem zweiten Platz zu verdrängen.

Es war inzwischen allgemein üblich, daß von amerikanischen „road-switcher"-Loks neben vierauch sechsachsige Versionen angeboten wurden, die für Kunden interessant waren, die entweder eine höhere Reibungslast oder niedrigere Achslasten wünschten. Die Type „U25C" erschien 1963 und konnte 113mal verkauft werden. Die „U"-Serie fand immer weitere Verbreitung, irgendwann bezeichnete sie jemand als „U-Boote" und dieser Spitzname blieb haften.

Die Konkurrenz wurde durch den Erfolg der „U-Boote" angespornt, ihre eigenen Lokmodelle zu verbessern; der Konkurrenzkampf war hart. Die GE 16-Zylinder-Motoren und die Generatoren waren noch nicht bis zur Grenze ausgenutzt, eine Leistungssteigerung war ohne große Änderungen (mit noch mehr Ersatzteilen, die gelagert werden müssen) möglich und so erschienen 1966 die „U28B" und „U28C"-Modelle mit 2800 HP-Motoren (2089 kW).

Die UP kaufte 16 „U25B"-Maschinen, bestellte dann aber eine Sonderausführung, um der Sucht ihres Lokomotivdezernenten, D. S. Neuhart nach Lokomotiven großer Leistung Genüge zu tun. Die Bahn besaß schon eine Anzahl von 8500 HP-Gasturbinenloks von GE, jetzt entstanden dort zweimotorige 5000 HP-Versionen der „U"-Serie auf vier Drehgestellen und mit einem Gewicht von 247 t, die Reihe „U50B". Später erschien eine vereinfachte Co'Co'-Ausführung gleicher Leistung. Beide Typen waren nicht sonderlich erfolgreich und als 3000 HP-Standardmodelle angeboten wurden, war sogar die UP damit zufrieden, Serienmaschinen – wie jede andere Bahn – zu kaufen.

Der nächste Markstein in der nordamerikanischen Diesellokgeschichte war die Entwicklung von 3000 HP-Motoren (2238 kW), die 1965-66 fast gleichzeitig bei EMD, Alco und GE auftauchten. Die GE-Loks, „U30B" und „U30C" kamen Ende 1966 heraus und schon weniger als ein Jahr später gab es eine 3300 HP-Version (2462 kW) davon. 1969 konnte man die Leistung noch einmal auf 3600 HP (2686 kW) steigern. Die GE-Entscheidung, in den ersten „U-Booten" die Motorleistung nicht schon bis zum letzten auszunutzen, zahlte sich aus, denn man konnte diese Leistungserhöhungen durch Weiterentwicklung der 16-Zylindermaschine erreichen, EMD mußte dagegen zu einer 20-Zylinderversion übergehen. Die Bahnen zeigten aber nicht lange Interesse an Antriebsleistungen über 3000 PS, denn schon bald fanden sie heraus, daß damit erheblich höhere Unterhaltskosten einhergingen.

1976 wurde eine weitere Umstellung des GE-Angebots, die „7er-Serie", von einer Änderung der Typenbezeichnung begleitet, die 3000 HP-Co'Co'-Lokomotiven hießen nun „C30-7". Mit diesen Modellen besitzt GE auch heute eine sichere Position auf dem US-Markt, sie werden auch direkt oder über Partner in Übersee exportiert. In jüngster Zeit frischte auch das Interesse an 3600 HP-Einheiten auf.

GE bewies, daß es möglich war, mit EMD zu konkurrieren. Die „U"-Serie offerierte attraktive technische Alternativen zu den EMD-Produkten und verhinderte damit auch eine Monopolstellung der größeren Firma.

Klasse 47 Co'Co' Großbritannien British Railways (BR), 1962

Bauart: Diesel-elektrische Lokomotive für gemischten Dienst
Spurweite: 1435 mm (4 ft 8½ in)
Antrieb: Ein Sulzer 12-Zylinder-Zweireihen-Dieselmotor, Typ 12LDA28C, von 2052 kW (2790 PS) mit Generator erzeugt den Fahrstrom für 6 Tatzlagermotoren
Gewicht*: 120 t (264480 lb)
Maximale Achslast*: 20 t (44080 lb)
Gesamtlänge: 19329 mm (63 ft 5 in)
Zugkraft: 275 kN (62000 lb)
Höchstgeschwindigkeit: 152 km/h (95 mph)

* Einzelne Unterbauarten weichen von diesen Angaben ab.

Diese tüchtigen Lokomotiven sind die Arbeitstiere im Diesellokstall der BR und stellen fast die Hälfte aller Diesellokomotiven mit Leistungen von 2000 PS und mehr. Von 1962 bis 1967 bauten Brush Engineering und die BR-Werkstätten in Crewe insgesamt 528 Stück. Alle erhielten die gleiche elektrische Ausrüstung von Brush und die gleichen Sulzermotoren – mit leicht erhöhter Leistung – wie die „Peak"-Klasse, aber durch sorgfältige Durcharbeitung des Entwurfs konnte man so viel Gewicht einsparen, daß die beiden Vorlaufachsen der Vorgängertype entfallen konnten. Die Motoren baute Vickers-Armstrong in Barrow, England in Lizenz. Ursprünglich war die Reihe von D1500-99 und von D1100 aufwärts numeriert, die Umnummerung des Jahres 1968 ließ sie zur Klasse „47xxx" werden.

Es gibt etliche Untertypen in dieser Klasse mit abweichenden Details. Die Gruppe „47.0" (243 Stück) besaß anfänglich Dampfheizkessel, durch die hohe Zahl belegt sie auch die Reihen „471xx"

Oben: *Lok Nr. 47083 „Orion" der BR-Klasse „47.0" in York im September 1981.*

Unten: *Eine diesel-elektrische Lokomotive der Klasse „47" legt sich mit ihrem Entlastungs-Schnellzug bei Durham in die Kurve, Aufnahme von 1979.*

und „472xx". Die Gruppe „47.3" (81 Stück) hat keinerlei Heizeinrichtungen, aber eine besondere Fahrsteuerung für niedrige Geschwindigkeiten, die beim automatischen Beladen von Kohlenzügen benötigt wird. Die 185 Loks der Gruppe „47.4" (Nrn. „474xx, 475xx") verfügen über elektrische Zugheizeinrichtungen (einige haben auch noch Dampfkessel). Einzelgänger der Klasse ist die frühere Nr. 47046, die ab 1975 als Testobjekt für die Erprobung des Paxman-Motors, „16RK3CT" von 2425 kW (3296 PS) dient und dadurch einziges Mitglied der Gruppe „47.6", später der Gruppe „47.9", Nr. 47901, wurde. Zu guter Letzt gibt es noch Loks, die für Wendezüge des Städteschnellverkehrs zwischen Edinburgh und Glasgow ausgestattet und in die Gruppe „47.4" eingereiht wurden. Alle „47"er besitzen eine doppelte Bremsausrüstung für vakuum- und druckluftgebremste Züge und automatische Schleuderschutz- und Gleitschutzvorrichtungen. Ihre Drehgestelle besitzen einteilige Stahlgußrahmen.

Man muß einmal erwähnen, daß die elektrische Zugheizleistung ebenfalls vom Motor erzeugt wird und daher die Antriebsleistung entsprechend vermindert – immerhin um etliche hundert PS, das ist etwa der gleiche Betrag, den man durch die Steigerung der Motorleistung in mehrjähriger Entwicklungsarbeit gewonnen hat! Wenn diese Lokomotiven im Schnellzugdienst verwendet werden, muß man diesen Verlust berücksichtigen. Heute ist das nicht mehr ganz so wichtig, seitdem viele hochrangige dieselbeförderte Schnellzüge an die „HST125"-Garnituren übergingen. Um kurzfristig über die volle Motorleistung zu verfügen, besitzt die Klasse „47" eine zusätzliche Schaltstufe am Fahrregler. Der Lokführer muß den Reglerhebel gegen den Widerstand einer Feder drücken und unterbricht damit momentan die Heizversorgung.

Bemerkenswert ist, daß zum Rüstzeug der „47" keine Vielfachsteuerung gehört und dies unterstreicht die Denkweise der BR, daß (mit Ausnahmen) immer nur eine einzelne Lokomotive mit ausreichender Leistung vorhanden sein muß, um jeden vorhandenen Zug übernehmen zu können. Dies steht im völligen Gegensatz zum nordamerikanischen Prinzip, bei dem man die Dieselloks als Bausteine eines Systems ansieht, bei dem sich fast beliebig starke Lokgarnituren zusammenstellen lassen.

Aus der Versuchslok Nr. 47901 von 1975 entstand 1976 die BR-Klasse „56". Sie gleichen der Klasse „47" in Achsfolge, Größe, Gewicht und Aussehen (abgesehen vom Anstrich), besitzen aber durch das größere Antriebsaggregat eine um 18% höhere Leistung.

Unten: *Vor den Tagen der automatischen Zugmeldung stattete man die Lokomotiven mit Anzeigetafeln für die Zugnummer aus. Heute werden sie nicht mehr benötigt, daher sehen wir hier nur verrutschte Nullen.*

Klasse 309 „Clacton"-Triebzug

Großbritannien
British Railways (BR), Ostregion, 1962

Bauart: Vierteiliger elektrischer Schnelltriebzug
Spurweite: 1435 mm (4 ft 8½ in)
Stromversorgung: Wechselstrom von 25000 V und 50 Hz (anfänglich auch von 6250 V 50 Hz) über Oberleitung zum Haupttransformator und zu Silikongleichrichtern
Antrieb: Mit 4 Gleichstrom-Tatzlagermotoren von je 210 kW (285,5 PS) an den Achsen eines Mittelwagens
Gewicht: 58 t (127830 lb) Reibungsgewicht; 171 t (376885 lb) Gesamtgewicht
Maximale Achslast: 14,5 t (31960 lb)
Gesamtlänge: 81000 mm (265 ft 9 in)
Höchstgeschwindigkeit: 160 km/h (100 mph), aber Streckengeschwindigkeit nur 144 km/h (90 mph)

Ende der fünfziger Jahre entschieden sich die BR, bei künftigen Elektrifizierungen nur noch das Industriefrequenzsystem als Norm zu verwenden. Bei der vorgesehenen Verlängerung des vom Londoner Liverpool-Bahnhofs ausgehenden 1500 V-Gleichstromnetzes für den Vorortverkehr stellte sich die Frage, ob man nicht zuerst dieses Netz umstellen sollte, bevor man es erweiterte. Um eine Antwort zu erleichtern, elektrifizierte man erst einmal versuchsweise die Zweigstrecken von Colchester nach Clacton-on-Sea und Walton-on-the-Naze mit dem neuen System. Unter großen betrieblichen Schwierigkeiten stellte man anschließend auch den Vorortbetrieb auf Wechselstrom um und schloß 1961 die Lücken der Oberleitung zwischen Shenfield und Colchester. Jetzt bestand erstmals Bedarf an schnellen elektrischen Zügen für die Verbindung London-Clacton.

Es entstanden diese „Clacton"-Triebzüge, insgesamt 15 vierteilige Einheiten, sowie 8 passende Zwei-Wagen-Garnituren zur Ergänzung der Züge im Spitzenverkehr. Man konnte 4-, 8- oder 10-Wagen-Züge – mit durchgehenden Übergangsvorrichtungen – fahren. Trotz der hohen Anschaffungskosten und des hohen Gewichts verwendete man „Commonwealth"-Stahlgußdrehgestelle, um gute Laufeigenschaften zu erzielen. Die Leistung war reichlich bemessen, ein 10-Wagen-Zug von 460 t verfügte über 2520 kW (3426 PS) Gesamtleistung. Die Umschaltung zwischen den beiden Fahrdrahtspannungen erfolgte automatisch, der Strom wurde in – damals noch neuartigen – Silikon-Dioden gleichgerichtet. Sowohl elektro-pneumatische als auch normale automatische Druckluftbremsen waren vorhanden.

Die beste Zugleistung der „Clactons" war der „Essex Coast Express", der die 113 km vom Liverpool Street-Bahnhof nach Clacton in 80 Minuten durchmaß. Die stündlich verkehrenden normalen Züge hielten unterwegs fünfmal und setzten in Thorpe-le-Soken eine Einheit nach Walton ab; dafür brauchten sie 8 Minuten länger. Leider konnte die hohe Geschwindigkeit dieser Fahrzeuge im dichten Londoner Vorortverkehr nicht genügend genutzt werden.

Es war klar, daß diese großartigen Züge für Besseres bestimmt waren; eine Verlängerung der Elektrifizierung von Colchester nach Ipswich, Harwich und Norwich schien greifbar, wurde aber erst 1982 genehmigt. Eigenartigerweise bestand seit 1962 kein weitergehender Bedarf an Wechselstrom-Schnelltriebzügen (wenn man vom „APT" absieht) und so sind die „Clacton"-Züge, inzwischen alle in 4-Wagen-Einheiten umgebaut die einzigen Exemplare ihrer Art im Lande.

Unten: *Ein elektrischer Triebzug der Klasse „309" im Bahnhof von Clacton, Essex im September 1982 als Sonderzug zur Hundertjahrfeier.*

„Krauss-Maffeis" C'C'

USA
Denver & Rio Grande Western RR/Southern Pacific RR (D&RGW/SP), 1961

Bauart: Diesel-hydraulische Güterzuglokomotive
Spurweite: 1435 mm (4 ft 8½ in)
Antrieb: Zwei aufgeladene Maybach-16-Zylinder-4-Takt-Dieselmotoren, Typ MD870, von je 1471 kW (2000 PS) treiben über zwei dreistufige Voith-Hydraulikgetriebe die Achsen je eines Drehgestells an
Gewicht: 150 t (330690 lb)
Maximale Achslast: 25 t (55115 lb)
Gesamtlänge: 20100 mm (65 ft 11$^{5}/_{16}$ in)
Zugkraft: 400 kN (89800 lb)
Höchstgeschwindigkeit: 113 km/h (70 mph)

In den fünfziger Jahren stieg der Anteil der weltweit produzierten Großdiesellokomotiven mit mehr als 2000 PS Leistung mit hydraulischer Kraftübertragung dank der intensiven Entwicklungsarbeit in Westdeutschland von 4 auf 17% an. Bis 1960 hielten die größten Verwender von Dieselloks der Welt, die US-Bahnen ausschließlich an der elektrischen Kraftübertragung fest. Dazu kam noch, daß diesel-hydraulische Lokomotiven vorwiegend in Westdeutschland gebaut wurden und die USA schon seit Jahrzehnten praktisch keine fremden Lokomotiven mehr gekauft hatten. Es war deshalb für beide Seiten des Atlantiks eine Sensation, als zwei Bahnen der USA, die Denver & Rio Grande Western und die Southern Pacific, verkündeten, daß sie jeweils drei diesel-hydraulische Lokomotiven bei Krauss-Maffei in München bestellt hätten und daß außerdem die Leistung dieser Lokomotiven von 4000 PS um 1600 PS über der der stärksten erhältlichen US-Lokomotivtype lag.

Die D&RGW war zuerst an Krauss-Maffei herangetreten, um aber eine Produktion wirtschaftlich interessant zu machen, brauchte man eine zweite Bestellung; die SP zog mit. Drei Hauptgründe führten zu diesem revolutionären Schritt: Diesel-hydraulische Loks hatten ein günstigeres Leistungsgewicht; die deutschen Erfahrungen hatten gezeigt, daß mit hydraulischen Antrieben die Rad-Schiene-Reibung wesentlich besser ausgenutzt werden konnte; und in den USA hatte man die bittere Erfahrung machen müssen, daß die elektrische Übertragung sehr anfällig war, denn bis zu zwei Drittel der Pannen auf freier Strecke waren auf sie zurückzuführen. Durch das günstige Leistungsgewicht war es möglich, zwei 2200 PS-Motoren in einer C'C'-Maschine unterzubringen.

Diese Motoren waren verstärkte Versionen der in deutschen Loks verwendeten Maybach-Motoren und fielen in den USA vor allem durch ihre Drehzahl von 1500 Upm auf, die fast 50% höher war als die amerikanischer Dieselmotoren. Die Motoren hatten eine Ausgangsnennleistung von 2000 PS; durch die unvermeidbaren Übertragungsverluste ergab sich damit eine Traktionsleistung von 2604 kW (3540 PS), eine Zahl, die einen ehrlicheren Vergleich mit den amerikanischen Loks zuließ, bei denen im allgemeinen auch die Traktionsleistung angegeben wird.

Jeder Motor war über eine Kardanwelle mit einem Voith-Getriebe in der Nähe der Lokenden verbunden. Von dort führten geneigte Kardanwellen zu Getrieben am inneren Ende der Drehgestelle, von denen die Antriebskräfte über weitere Kardanantriebe auf die einzelnen Achsen verteilt wurden. Die Getriebeanordnung erlaubte die hydrodynamische Abbremsung des Zuges, die pneumatische Fahrsteuerung war für Vielfachsteuerung ausgelegt.

Die erste fertiggestellte Lokomotive war die D&RGW Lok Nr. 4001. Um die Lok unter ähnlich schwierigen Betriebsbedingungen wie in den USA zu erproben, arrangierten die Hersteller einen einwöchigen Versuchsbetrieb auf der berühmten österreichischen Semmeringbahn mit Steigungen von 2,5%. In der größten Steigung fuhr die Maschine einen Zug von 867 t an und beschleunigte ihn auf 26,5 km/h.

Oben: *12000 PS leisten die drei diesel-hydraulischen Lokomotiven von Krauss-Maffei, die im Zuge der transkontinentalen Strecke der Denver & Rio Grande Western schwere Güterzüge über die Rocky Mountains nach Salt Lake City zogen.*

Links: *Die spätere Ausführung der diesel-hydraulischen Krauss-Maffei-Loks für die Southern Pacific erhielt offene Umläufe.*

Unten: *Krauss-Maffei lieferte 1961 die diesel-hydraulische Lokomotive Nr. 4003 der Denver & Rio Grande Western RR.*

Nur einmal kam es zu einem leichten Rädergleiten und auch die dynamische Bremse arbeitete einwandfrei.

Die sechs Loks wurden umgehend nach den USA verschifft und begannen 1961 ihren Dienst. Auf der D&RGW setzte man zu zweit oder zu dritt vor Zügen von 4000 bis 7000 t auf den 2%-Steigungen ein. Obwohl die Bahn mit ihnen zufrieden war, beschloß man, es bei diesem einen Experiment zu belassen und verkaufte die Maschinen an die Southern Pacific, nachdem sie 320000 km gelaufen waren. Die SP war ihrerseits von den Loks so beeindruckt, daß sie 15 weitere bestellte, die 1963 in geänderter äußerer Form abgeliefert wurden. Mit insgesamt 21 dieser deutschen Maschinen konnte die SP die wirtschaftlichen und technischen Möglichkeiten dieser Bauart genau beurteilen.

Dieses Urteil wurde 1968 verkündet; die hydraulische Übertragung „war als zuverlässige Antriebsform mit konkurrenzfähigen Unterhaltskosten geeignet", aber die Motoren „litten unter der Kompliziertheit ihrer Konstruktion und der Unzugänglichkeit bei Reparaturen". Schwierigkeiten mit der Luftansaugung in den zahlreichen Tunnels und Schneegalerien und mit der pneumatischen Steuerung bereiteten viel Kopfzerbrechen. Man führte einige Änderungen durch, aber als die Loks zu einer umfangreichen Überholung anstanden, nahm man sie aus dem Dienst.

Dies sollte aber noch nicht das Ende aller diesel-hydraulischen Lokomotiven der SP sein, denn 1964 hatte auch Alco drei C'C'-Ausführungen seiner „Century" (Jahrhundert)-Serie mit Voith-Getrieben gebaut. Sie waren recht vielversprechend, aber die Produktionseinstellung bei Alco im Jahre 1969 verhinderte abrupt jegliche Weiterentwicklung.

GT3 2'C Großbritannien
English Electric Co Ltd, 1960

Bauart: Gasturbinen-Lokomotive mit direktem Antrieb für gemischten Dienst
Spurweite: 1435 mm (4 ft 8½ in)
Antrieb: Eine Zweiwellen-Gasturbine mit einer Ausgangsnennleistung von 2074 kW (2820 PS) wirkt direkt auf die Treibräder über Zahnradgetriebe und Kuppelstangen
Gewicht: 60 t (132720 lb) Reibungsgewicht; 125 t (276416 lb) Gesamtgewicht*
Maximale Achslast: 20,5 t (44800 lb)
Gesamtlänge: 20726 mm (68 ft 0 in)
Zugkraft: 169 kN (38000 lb)
Höchstgeschwindigkeit: 144 km/h (90 mph)

* Mit Tender

Im Großbritannien der Nachkriegszeit schlug die Begeisterung für Gasturbinenantriebe große Wellen und als die Great Western Railway eine Turbolokomotive bei Metropolitan-Vickers bestellte, überraschte es kaum, daß der Hauptkonkurrent English-Electric auf eigene Kosten die Entwicklung und den Bau einer eigenen Gasturbinenlok unternahm. Es gab aber große Unterschiede zwischen beiden Projekten, nicht zuletzt, daß Metro-Vick die Lokomotive nach fünf Jahren ablieferte, wogegen EE geschlagene 14 Jahre brauchte.

Die Metro-Vick-Lokomotive folgte dem Vorbild von Brown Boveri in der Schweiz und General Electric in den USA, indem die Turbine einen Generator antrieb, der Strom für konventionelle Gleichstrom-Fahrmotoren erzeugte. English Electric nutzte dagegen die Fähigkeit einer Turbine, beim Anfahren ein hohes Drehmoment abzugeben, für einen direkten Antrieb der Lokomotive aus, wie er schon bei einigen Dampfturbinen-Loks angewendet worden war. Dazu gestaltete man das Fahrwerk mit der Achsanordnung 2'C ähnlich dem einer Dampflokomotive.

Die Turbine ruhte auf dem Rahmen vor der ersten Treibachse und war, anders als sonst üblich, eine Zweiwellenmaschine. Der Hochdruckteil der Turbine trieb den Kompressor; der Niederdruckteil wirkte über eine eigene Antriebswelle auf ein Getriebe an der mittleren Treibachse. Ein Wechselgetriebe ermöglichte die Wahl der Fahrrichtung. Die Verwendung von zwei separaten Turbinen war eine Grundbedingung für den direkten Antrieb, sie ergab aber auch ein weniger unwirtschaftliches Verhalten im Teillastbereich, das ja sonst eine große Schwäche der Turbinenloks war. Ein Wärmetauscher über dem Turbinengehäuse heizte mit Hilfe der Abgase die Verbrennungsluft hinter dem Kompressor weiter auf. Der Führerstand war wie bei einer Dampflok am hinteren Ende angeordnet und ein dreiachsiger Tender nahm die Brennstoffvorräte und den Zugheizkessel auf.

Einzigartig bei der Entwicklung der Lok war, daß jedes einzelne Bauelement vor und nach dem Einbau ausgiebig getestet wurde. Dabei machte man ausgiebig Gebrauch von der Lokomotivversuchsstation der BR in Rugby, das erste Mal, daß diese Anlage in solchem Umfang von Außenstehenden genutzt wurde. Viel Erfindungsgabe steckte in der Konstruktion, vor allem in der Kraftübertragung, die ja das Neuartigste daran war. Die Turbine war ein erprobtes Industriemodell.

Grund für die Wahl der Achsanordnung war die Tatsache, daß – abgesehen vom Federspiel – die angetriebene Achse hier fest im Rahmen lagerte. Damit umging man die Probleme, die sich ergeben hätten, wenn man Drehgestelle vorgesehen hätte.

Oben: *Die English Electric Co baute 1960 diese Gasturbinenlok mit Direktantrieb. Sie war sehr einfach aufgebaut und bewährte sich gut. Hier ist sie vor einem 12-Wagen-Zug im Norden der britischen Insel zu sehen.*

Unten: *Die „GT3" wurde 1961 auf einer Fachschau im Güterbahnhof von Marylebone ausgestellt.*

Unten: *Auf den ersten Blick unterscheidet sich die „GT3" kaum von einer Dampflok, und doch hatte sie keinen Kessel und keine Zylinder mit dem zugehörigen komplexen Übertragungssystem.*

Die Lokomotive wurde 1960 endlich fertiggestellt und nach Probefahrten in der Nähe der Versuchsanstalt von Rugby auch auf die Strecke gelassen. Dem Betrachter bot sich ein ungewohnter Anblick, denn die ersten Fahrten unternahm man ohne äußere Verkleidung der Maschine – alle Teile, wie Turbine, Wärmetauscher und anderes waren klar zu erkennen.

1961 erprobte man die Lok, nunmehr dezent verhüllt und mit der rätselhaften Bezeichnung „GT3" versehen, auf verschiedenen Teilen der London Midland Region der BR. Höhepunkt war eine Reihe von Fahrten zwischen Crewe und Carlisle mit Zügen bis zu 15 Wagen (etwa 450 t) über die Rampe von Shap mit Geschwindigkeiten, die genauso hoch waren, wie man sie je mit Dampf- oder 2000 PS-Dieselloks hatte ereichen können. Die Leistung der Lok war zufriedenstellend, obwohl die Turbine nie die rechnerische Leistung von mehr als 2800 PS erzielte. Beim Anfahren betrug die Zugkraft 160 kN (36000 lb), bei Geschwindigkeiten zwischen 48 und 130 km/h lag sie im gleichen Bereich wie die einer „Merchant Navy"-Pazifik bei maximaler Leistung des Lokheizers und sie lag um einiges über der einer 2000 PS-Diesellok.

Nach Abschluß der Probefahrten war man an dem Punkt angelangt, an dem man die Erfahrungen aus 14 Jahren Entwicklungsarbeit an dieser und anderen Lokomotivtypen in ein Serienprodukt umsetzen konnte. Grundvoraussetzung dafür war aber viel Geld für weitere Investitionen, die nur bei Vorliegen ausreichender Bestellungen zu rechtfertigen waren. Die BR hatten aber inzwischen ihre beiden Gasturbinenloks abgestellt und waren schon im Begriff, die zweite Generation ihrer Dieselloks zu erproben, Dieselloks mit Motoren von 2700 bis 2750 PS bei einem Gewicht von weniger als 120 t. Die BR hatten sich auf die Dieseltraktion festgelegt und waren so eingehend mit den Problemen der Verdieselung beschäftigt, daß sie kein Interesse an Alternativen hatten; auch Bestellungen aus dem Ausland trafen nicht ein. Darüberhinaus wuchsen die finanziellen Schwierigkeiten English Electrics und es sollte nicht mehr lange dauern, bis sie ihrem früheren Rivalen Metro-Vick in der GEC-Gruppe Gesellschaft leisten konnte. Es war unvermeidlich, daß die weiteren Arbeiten an der Gasturbolok eingestellt wurden und die „GT3" verschrottet wurde. 14 Jahre intensiver Arbeit hatten keine Früchte getragen.

Oben: *Obwohl sie so manches Mal Darsteller in derartigen Szenerien war, fand dieses Muster an Einfachheit keine allgemeine Anerkennung.*

Klasse 55 „Deltic" Co'Co'

Großbritannien
British Railways (BR), 1961

Bauart: Diesel-elektrische Schnellzuglokomotive
Spurweite: 1435 mm (4 ft 8½ in)
Antrieb: Zwei Napier „Deltic" 18-Zylinder-2-Takt-Dieselmotoren, Typ 18-25, von je 1305 kW (1775 PS) mit zwei in Reihe geschalteten Generatoren erzeugen Strom für 6 Tatzlagermotoren
Gewicht: 101 t (222600 lb)
Maximale Achslast: 16,25 t (36920 lb)
Gesamtlänge: 21180 mm (69 ft 6 in)
Zugkraft: 222 kN (50000 lb)
Höchstgeschwindigkeit: 160 km/h (100 mph)

Das Traurige an Diesellokomotiven ist, daß bei ihnen, anders als bei Dampflokomotiven, der gesamte faszinierende Antriebsmechanismus im Inneren versteckt ist. Deshalb ist es sehr ungewöhnlich, daß ihr Name diese unsichtbaren Dinge widerspiegelt. Aber bei den „Deltics" war der Antriebsmechanismus so interessant, daß er auch außerhalb der Fachwelt bekannt wurde. Im Griechischen ist der Großbuchstabe „Delta" – Δ – ein Dreieck, das, auf den Kopf gestellt, die Anordnung einer Reihe von Dieselmotoren genau wiedergibt, die für ihr Gewicht und ihre Größe eine bemerkenswert hohe Leistung abgeben. Sie wurden kurz nach dem Zweiten Weltkrieg von der English Electric-Tochtergesellschatt Napier für Schnellboote der Königlich Britischen Marine entwickelt, um Benzinmotoren zu ersetzen, die vor allem bei Gefechten sehr feuergefährlich waren.

Die Vorteile einer Maschine mit gegenläufigen Kolben sind ja wohlbekannt. Anstelle eines Kolbens im Zylinder, mit einem massiven Zylinderkopf, der dem Druck Widerstand leisten muß, gibt es hier zwei Kolben, die sich in entgegengesetzter Richtung voneinander abstoßen. Man erhält zwar nicht gerade „zwei für den Preis eines einzigen", aber man kommt der Sache recht nah. Einziges Problem sind die Schwierigkeiten, die sich ergeben, wenn man die gegenläufigen Bewegungen auf eine einzige Antriebswelle übertragen will. Der „Deltic"-Motor besitzt nun drei Reihen dieser Doppelkolbenzylinder, die zueinander ein gleichschenkeliges Dreieck bilden und auf drei Kurbelwellen an den Spitzen des Dreiecks arbeiten. Die Bewegung der drei Wellen wird dann über Zahnräder zu einer mittigen Abtriebswelle geleitet. Ergebnis war ein sehr günstiges Leistungsgewicht von nur 3,8 kg/kW, mehr als zweieinhalbmal besser als bei den üblichen Dieselmotoren, die seinerzeit für Lokomotiven Verwendung fanden. Vor allem waren hier auch alle erzeugten Kräfte im völligen Gleichgewicht.

English Electric war bekanntlich einer der Hauptlokomotivlieferanten der BR und der EE-Präsident Lord Nelson erkannte, daß man mit einer Napiermaschine auf einem English Electric-Fahrgestell die Leistung einer typischen diesel-elektrischen Lokomotive würde verdoppeln können. Gegen den Widerstand der eigenen Schienenfahrzeugabteilung und auf eigene Kosten der Firma entstand 1955 ein Lokomotivprototyp. Während der mehrjährigen Erprobung vollbrachte er alles, was sich nur von einer Lok erwarten ließ, die über 3350 PS (2463 kW) anstelle der 2000 PS ihrer Konkurrenten verfügte. Vor allem war sie unerwartet zuverlässig.

Der BR-Modernisierungsplan sah gleichermaßen eine Elektrifizierung von London in den Norden Englands vom Euston-Bahnhof, wie auch vom Kings Cross-Bahnhof ausgehend vor. Es sollte aber nur das erstgenannte Projekt ausgeführt werden, so daß die Verantwortlichen der Ost-/Nordost- und Schottland-Regionen nach einer Möglichkeit suchten, mit möglichst geringen Ausgaben Fahrzeiten wie bei einem elektrischen Betrieb zu erreichen. Man entschied sich 1959 für die Bestellung von 22 dieser großartigen Lokomotiven einer

Links: *„Deltic" Nr. 55021 vor einem Schnellzug von Kings Cross nach Edinburgh in Ouston Junction, Grafschaft Durham im Juli 1978.*

Unten: *So sahen die ersten Einheiten der leistungsstarken diesel-elektrischen „Deltic"-Klasse bei ihrer Anlieferung aus.*

Klasse, die noch zu Lebzeiten zur Legende werden sollte. Bei ihrer Ablieferung waren sie mit Abstand die stärksten einteiligen Lokomotiven der Welt.

Sie besaßen zwei separate „Deltic"-Motor-Generatorsätze, die normalerweise in Serie geschaltet waren. Beim Ausfall einer Anlage konnte die Lok mit unveränderter Zugkraft, aber mit verminderter Geschwindigkeit ihre Fahrt fortsetzen.

Zur Ausrüstung der „Deltics" gehörte ein automatischer ölgefeuerter Zugheizkessel. Die Wassertanks waren so angeordnet, daß sie aus Wasserkränen und auch – erstaunlicherweise – während der Fahrt mit einer Schöpfvorrichtung aus Wasserträgen zwischen den Fahrschienen gefüllt werden konnten. Später wurden die Generatoren so verändert, daß man auch Leistung für die elektrische Zugheizung abzweigen konnte; dann standen aber etliche hundert PS weniger für den Antrieb zur Verfügung. Sowohl ein Luftpresser als auch ein Exhaustor für die Zugbremsung waren vorhanden, genauso wie eine Kochstelle und eine Toilette für das Lokpersonal.

Die Drehgestelle stammten von der English Electric „Typ 3" – 1775 PS-Lokomotive (heute BR-Klasse 37) und besaßen Schleuderschutzeinrichtungen. Die Fahrsteuerung ähnelte ebenfalls den anderen EE-Loks, allerdings mußte der Lokführer sie mit viel Gefühl handhaben, denn durch die niedrige Massenträgheit des Motors kam es sonst zur Selbstabschaltung durch Überlastung. Trotzdem verdienten sie sich durch ihre Fähigkeit die 0,5%-Rampe von Stoke bei Peterborough, mit dem schweren „East Coast Express" hinter sich, mit 90 Meilen pro Stunde (144 km/h) emporzustürmen die Hochachtung aller Lokmänner. Nach alter LNER-Tradition erhielten alle „Deltics" Namen – einige die von Rennpferden, andere die von englischen oder schottischen Regimentern. Anfänglich trugen sie die Nummern D9000 bis D9021, später wurden D9001-21 zu Nr. 55001-21, die D9000 zur 55022.

Einer der entscheidenden Punkte der Lieferbedingungen der „Deltics" war, daß die Unterhaltsarbeiten im Kaufpreis enthalten waren und Geldbußen fällig wurden, wenn die Maschinen nicht in der Lage waren, vereinbarte Laufleistungen zu erreichen. Die Aufgabe, die Maschinen betriebsfähig zu halten, vereinfachte man durch den Austausch kompletter Motoren bei Defekten, die dann in Ruhe repariert werden konnten. Nach einigen Anlaufschwierigkeiten, die nie ausbleiben, etablierte sich mit der Zeit die Jahresleistung bei etwa 275000 km, etwa 800 km/Tag, bei einer sehr niedrigen Ausfallquote.

Nach Verbesserung der Gleisanlagen und einigen Streckenbegradigungen fuhren die „Deltics" mit dem „Flying Scotsman" (zum Beispiel 1973) die 433 km von Kings Cross nach Newcastle in 3 h 37 min und die 632 km nach Edinburgh in 5 h 30 min, das sind Durchschnittsgeschwindigkeiten von 119,8 bzw. 114,5 km/h). Aber nicht nur ein oder zwei „Vorzeigezüge" fuhren so schnell, sondern der ganze Betrieb profitierte von den „Deltics". So verkürzte sich die Fahrzeit von London nach Edinburgh gegenüber dem Stand 12 Jahre zuvor im Schnitt um 1½ Stunden. Für Fahrgäste aus dem Norden verlängerte sich der mögliche Aufenthalt in London um bis zu 1¾ Stunden bei gleichlanger Abwesenheit von Zuhause. Die Britischen Eisenbahnen wurden durch eine nennenswerte Zunahme der Nachfrage belohnt und dies wog die Tatsache auf, daß der Unterhalt dieser komplexen Maschinen zugegebenermaßen teurer war, als der ihrer einfacheren Schwestern mit weniger Leistung.

Oben: *Die „Deltic" Nr. 55010 namens „Kings Own Scottish Borderer" („des Königs schottischer Grenzwächter") unter Fahrdraht im Kings Cross-Bahnhof.*

15 Jahre und 50 Millionen „Deltic"-Meilen später schien eine Elektrifizierung noch genausoweit entfernt wie zuvor und eine weitere Entwicklungsstufe wurde wünschenswert. Man dachte an „Super-Deltics" mit erhöhter Motorleistung, die aber zugunsten der „HST" (High Speed Train) Hochgeschwindigkeits-Triebzüge mit konventionelleren Paxman-Motoren fallengelassen wurden. Man hoffte, die dadurch verdrängten „Deltics" zur Verbesserung der Verhältnisse auf weniger wichtigen Strecken nutzen zu können, wo ihre niedrige Achslast willkommen war, aber am Ende wurde ihr Unterhalt doch zu teuer und die nüchternen Zahlen der BR-Buchhalter entschieden gegen sie.

So fuhr am 2. Januar 1982 zum letzten Mal eine „Deltic" mit ihrem Zug in den Kings Cross-Bahnhof ein. Alles was bleibt sind Erinnerungen an die imposanten Leistungen dieser legendären Maschinen. Mindestens zwei werden der Nachwelt erhalten – der Prototyp im Wissenschaftsmuseum von London und die „Kings Own Yorkshire Light Infantry" („des Königs leichte Yorkshire-Infanterie") im Nationalen Eisenbahnmuseum in York.

Rechts: *Ein Ostküsten-Schnellzug mit einer „Deltic" in der heutigen Standardfarbgebung rollt südwärts durch das Hügelland.*

Klasse 52 „Western" C'C'

Großbritannien
British Railways (BR)-Westregion, 1962

Bauart: Diesel-hydraulische Schnellzuglokomotive
Spurweite: 1435 mm (4 ft 8½ in)
Antrieb: Zwei Bristol-Siddeley/Maybach V12-Dieselmotoren, Typ MD655, von je 1007 kW (1370 PS) treiben je ein Drehgestell über ein dreistufiges Voith/North British-Hydraulikgetriebe, Kardanwellen und Wendegetriebe an
Gewicht: 110 t (242440 lb)
Maximale Achslast: 18,5 t (40775 lb)
Gesamtlänge: 20726 mm (68 ft 0 in)
Zugkraft: 323 kN (72600 lb)
Höchstgeschwindigkeit: 144 km/h (90 mph)

Die Geschichte der „Western"-Klasse gleicht dem furiosen, aber vergeblichen letzten Kavallerieangriff einer Armee, die ihr unausweichliches Schicksal vor Augen hat. Von all den Bahngesellschaften, die am 1. Januar 1948 in den Britischen Eisenbahnen aufgegangen waren, fand sich die Great Western Railway am wenigsten mit diesem Schicksal ab. Ihre eigenen hohen Standards, die sich in mehr als einem Jahrhundert entwickelten, wurden plötzlich durch solche „minderer Güte" ersetzt, die von „fremden" Gesellschaften stammten. Eine Zeitlang mußte sich die Regionalverwaltung mit Worten begnügen – der Generaldirektor verfügte sogar, daß Züge, mit denen er reiste, nur mit GWR-Lokomotiven bespannt werden durften!

Nachdem ein Jahrzehnt vergangen war, konnte man endlich zur Tat schreiten. Das BR-Modernisierungsprogramm sah eine eingehende Erprobung diesel-hydraulischer Lokomotiven in einer der BR-Regionen vor und die Westregion war dazu geeignet. Dies war die Chance für Paddington, endlich wieder einmal eigene Lokomotiven zu erarbeiten, die der geheiligten GWR-Tradition folgten – sie sollten sich soweit wie möglich von allen anderen unterscheiden.

Damals war die Wahl der hydraulischen Kraftübertragung anstelle der elektrischen ein weniger radikaler Schritt als heute. Die Hauptverwaltung der BR hatte sich bei den meisten vorgesehenen Dieselloks auf die elektrische Übertragung festgelegt – im Nachhinein gesehen mit Recht – aber auch die hydraulischen Antriebe boten gute Aussichten. Da diese Antriebe in Westdeutschland am weitesten entwickelt worden waren, baute man ganz auf den dortigen Erfahrungen auf. Zusätzlich zu den Hydraulikgetrieben hatten die deutschen Dieselloks auch sehr schnell laufende leichte Dieselmotoren. Ihre Drehzahl war doppelt so hoch wie bei den anderen BR-Lokomotiven und sie wogen bei gleicher Leistung nur die Hälfte.

Die erste Baureihe von Bedeutung war die 2000 PS-B'B'-„Warship"-(Kriegsschiff)Klasse von 1958, die so ausgelegt war, daß sie das Gleiche wie die (1'Co)(Co1')-Klasse „40" leistete, dabei aber 40% weniger wog. Man baute 66 „Wahrships", aber ein Gleichziehen mit dem Rest der BR war nicht genug. Was man wünschte, war eine Maschine, die mit ihren Leistungen die anderen BR-Dieselloks in Grund und Boden versinken ließ.

Die Lok Nr. D1000 „Western En-

Oben: *Lok Nr. D1005 der Klasse 52 durchfährt Lostwithiel, Cornwall mit dem „Cornish Riviera Express" aus London, Oktober 1974.*

Unten: *Lok Nr. 1028 „Western Hussar" verrichtet mindere Dienste vor einem Zug aus fünf Milchwagen.*

Oben: *Die diesel-hydraulische C'C'-Lokomotive Nr. D1012 „Western Firebrand", Klasse 52, der BR-Westregion in der ursprünglichen roten Farbgebung. Versuchsweise verwendete man auch andere Farben, beispielsweise den Farbton „Wüstensand".*

terprise" („Westliches Wagnis") erschien Ende 1961; ihr folgten 73 Schwesterloks. Auch ihre Namen waren oft beschwörend oder, wie bei der ersten, sogar offen provokativ für die Ohren der Herren in der Marylebone Road Nr. 222 in London. So hieß Nr. D1001 „Western Pathfinder" („Westlicher Bahnbrecher"), D1019 „Western Challenger" („Westlicher Herausforderer") oder D1059 „Western Empire" („Westliches Reich"). Man folgte auch der GWR-Tradition der Schreibfehler – Nr. D1029 „Western Legionnaire" („Westlicher Legionär") schrieb man erst einmal als „Legionaire".

Leider konnten sich die Maschinen nicht mit „Westlichem Ruhm" („Western Glory" – D1072) bedecken. Zuerst einmal konnten sie ihren Leistungsvorsprung nicht lange auskosten, denn schon im folgenden Jahr erschien die Brush-Co'Co'-Klasse „47" (schon beschrieben), die ein kleines bißchen mehr Leistung aufweisen konnte, bei etwa gleichem Gewicht und 1967 zog auch English Electric mit der Klasse „50" gleichauf. Zu allem Überfluß entschied schon 1963 die Hauptverwaltung, daß diesel-hydraulische Lokomotiven gegenüber den im Überfluß vorhandenen diesel-elektrischen Maschinen keine Vorteile boten. So waren die „Westerns" schon aus dem Dienst verschwunden, als gegen Ende der Siebziger Jahre die „HST125"-Züge die Dienste auch des Paddington-Bahnhofs übernahmen. Die Ausmusterung begann schon Mitte 1973 mit Nr. 1019 und war Anfang 1977 beendet. Nicht weniger als 6 Stück überlebten die Verschrottung, im Gegensatz zu ihnen sind aber fast alle ihrer Konkurrenten der Klassen „47" und „50" noch im täglichen Einsatz.

Das Äußere der „Westerns" wies einen eigenen Stil auf, noch ungewöhnlicher im Aussehen durch die Innenrahmen der Drehgestelle. Auch die Maybachmotoren der „Tunnelbauart" waren ungewöhnlich (wenn auch nicht sichtbar); ihre „Scheibenkurbelwelle" hatte kreisförmige Kurbelwangen, deren Außenflächen in Wälzlagern liefen. Die Antriebskraft wurde über etliche hydraulische und mechanische Getriebe und zahlreiche Kardanwellen auf die Treibachsen übertragen. Dieses komplizierte Gebilde war eine Quelle zahlreicher Störungen, bei denen die Ursachen nicht klar feststellbar waren, die aber ernste Auswirkungen hatte. Der Ersatz der elektrischen Kraftübertragungen durch hydraulische und mechanische Bauelemente hatte die Zuverlässigkeit nicht verbessert, sondern vermindert. Außerdem brauchte man für die Steuerung und Überwachung der Maschinen viel Elektrik, die all jene Probleme bereitete, die in der ölgeschwängerten Atmosphäre einer Diesellok zu erwarten sind.

Die Maschinenabteilung der Westregion schaffte es trotzdem, die Probleme zu meistern; man freute sich vor allem, als es gelang, die schlechten Laufeigenschaften, die zu Geschwindigkeitsbeschränkungen führten, durch Änderungen an den Drehgestellen zu beseitigen, die nun im Prinzip der Standardbauform der GWR in viktorianischen Zeiten glichen. Jetzt waren auf den 363 Kilometern von Paddington-Bahnhof nach Plymouth Fahrzeiten von 3 h 30 min möglich, eine nennenswerte Verkürzung um 30 Minuten gegenüber den besten Fahrplänen der Dampflokzeit.

Auch das Problem der Zuverlässigkeit bekam man durch einen langen Prozeß mühsamen Herumprobierens in den Griff, schließlich fand man Abhilfen für die meisten fehlerhaften Details. Inzwischen war aber schon die Entscheidung gefallen die diesel-hydraulischen Loks vorzeitig aus dem Dienst zu ziehen und sie durch die diesel-elektrische Klasse „50" zu ersetzen. Dies war für die „Westler" der Höhepunkt der Schikanen, denn in der Zwischenzeit (zum Beispiel 1971) kam bei den „Westerns" ein Ausfall auf 24000 km, während die Nachfolger der Klasse „50" im Durchschnitt schon nach nur 14500 km versagten.

Etwas Gutes brachte auch diese ganze Geschichte; dringend benötigtes Selbstvertrauen. Diese Eigenschaft, die bisher fehlte, erzeugte bei den BR die Tatsache, daß auch dieses ausländische Produkt bei weitem nicht so perfekt war, wie man es angepriesen hatte und daß man erkannte, daß auch seine Urheber nur Menschen wie jeder andere waren.

Unten: *Lok Nr. D1048 kommt mit einem Schnellzug von Birmingham nach Paddington aus dem kurzen Harbury-Tunnel zwischen Leamington und Banbury.*

BB16500 B'B'

Frankreich
Französische Staatsbahnen (SNCF), 1962

Bauart: Elektrische Lokomotive für gemischten Betrieb
Spurweite: 1435 mm (4 ft 8½ in)
Stromversorgung: Wechselstrom von 25000 Hz und 16⅔ Hz über Oberleitung, Loktransformator und Gleichrichter zu den Fahrmotoren
Antrieb: Jedes Drehgestell besitzt einen Fahrmotor, der die Achsen über ein umschaltbares Zweigang-Getriebe antreibt
Gewicht: 71 t bis 74 t (156525–163140 lb) je nach Ausrüstung
Maximale Achslast: 17,8 t bis 18,5 t (39240-40785 lb)
Gesamtlänge: 14400 mm (47 ft 3 in)
Zugkraft: 318 kN (71400 lb) im Langsamgang; 188 kN (42210 lb) im Schnellgang
Höchstgeschwindigkeit: 90 km/h (56 mph) bzw. 150 km/h (93 mph)

Die Erfahrungen mit den B'B'-Lokomotiven der SNCF-Reihe „12000" auf der Strecke Thionville-Valenciennes bewiesen die Überlegenheit des Ignitrons über andere damals erhältliche Gleichrichterbauformen und sie bestätigten auch die Vorteile, die eine Kupplung der Treibachsen eines Drehgestells mittels Zahnradgetrieben brachte. Das Schleudern beginnt meist bei einem Rad, nur selten sind beide Achsen gleichzeitig davon betroffen. Die Kupplung der Achsen gestattet es also, mit einer Lokomotive näher an der Reibungsgrenze zu fahren als bei einem Einzelachsantrieb und die SNCF-Ingenieure kalkulierten, daß eine derartige 60 t-Lokomotive eine ähnliche Zugkraft erbringen könne wie eine 85 t-Maschine mit einzeln angetriebenen Achsen.

Nächste, nach der Strecke Thionville-Valenciennes, elektrifizierte Verbindung war die Hauptbahn von Paris nach Lille in der Nordregion. Hierfür entstanden zwei neue Loktypen. Eine war eine Bo'Bo'-Schnellzuglok für 160 km/h, die andere war eine Mehrzwecklokomotive mit der eine andere Neuheit eingeführt wurde – das einmotorige „monomoteur"-Drehgestell mit Zweiganggetriebe. Die „monomoteur"-Anordnung hatte man schon in Versuchen mit 2 Zweispannungsloks erprobt. Wie der Name schon sagt, besitzt jedes Drehgestell nur einen einzigen Motor über dem Drehgestellrahmen, der die Achsen über Zahnräder und Federantriebe antreibt. Zwischen dem Motorritzel und dem Großrad des Übersetzungsgetriebes gibt es eine Zwischenstufe. Zwei unterschiedlich große Zahnräder sitzen an den Enden eines Schwenkarms und können wahlweise in Eingriff gebracht werden; die Umschaltung in die Personenzug- oder die Güterzugstellung kann nur bei Stillstand der Lok erfolgen.

Bei einem einmotorigen Drehgestell können die Achsen einen geringeren Abstand erhalten, es läßt sich kompakter bauen und da der Motor über der Drehgestellmitte liegt, neigt es weniger zu Schwingungen bei höheren Geschwindigkeiten.

Die SNCF verkündete, daß diese Lokomotiven der Reihe „16500" nur 60 t wiegen würden, tatsächlich brachten sie dann zwischen 71 und 74 t auf die Waage. Auch so ist das sehr wenig für eine Lokomotive mit einer Leistung von fast 3500 PS (2574 kW), die eine Zugkraft von 318 kN entwickeln kann. Bei Einführung der Reihe war das Ignitron die modernste Gleichrichterbauart der SNCF.

Nach außen hin war am auffallendsten, daß man vom Mittelführerstand der Thionville-Loks wieder abkam und einen eckigen Lokkasten vorsah; der beschränkte Platz

ElD4-Triebzug

Niederlande
Niederländische Staatsbahnen (NS), 1964

Bauart: Elektrischer Triebzug für Städteschnellverkehr
Spurweite: 1435 mm (4 ft 8½ in)
Stromversorgung: Gleichstrom von 1500 V über Oberleitung
Antrieb: 8 Tatzlagermotoren von je 188 kW (255 PS) treiben die Achsen der beiden Mittelwagen
Gewicht: 91 t (200615 lb) Reibungsgewicht; 168 t (370370 lb) Gesamtgewicht
Maximale Achslast: 13 t (28660 lb)
Gesamtlänge: 102000 mm (334 ft 7¾ in)
Höchstgeschwindigkeit: 140 km/h (88 mph)

Der elektrische Bahnbetrieb in den Niederlanden begann recht früh; schon 1924 wurden die Strecken im Bereich Amsterdam–Den Haag–Rotterdam elektrifiziert. Die ersten stromlinienförmigen Triebzüge erschienen 1934 und vieles an ihnen war zukunftsweisend. Die stromlinienförmigen Enden erlaubten keinen Übergang zwischen gekuppelten Einheiten, aber das Kuppeln wurde durch automatische Kupplungen – die auch die Verbindungen der elektrischen und der Bremsleitungen herstellten – erleichtert. Diese frühen Triebzüge gab es in den unterschiedlichsten Längen als zwei-, drei-, vier- oder fünfteilige Einheiten. Für längere Fahrten, die inzwischen möglich waren, stattete man die größeren Einheiten komfortabler aus. Gleich aussehende diesel-elektrische Züge wurden ebenfalls gebaut und sogar passende stromlinienförmige Postwagen gab es.

Die Züge waren für den Betrieb in einem kleinen Land bestimmt, das zwar eine sehr große Bevölkerungsdichte besitzt, aber kein besonders herausragendes Siedlungszentrum, wie zum Beispiel Berlin oder London es sind. Sie verkehrten stündlich (oder häufiger) und man legte großen Wert darauf, daß es möglich war, zwischen den großen Städten ohne Umsteigen zu reisen. Daher auch die automatischen Kupplungen, die es gestatteten, Einheiten während eines kurzen Aufenthalts an- oder abzukuppeln.

Obwohl die niederländischen Eisenbahnen im Zweiten Weltkrieg fast völlig zerstört wurden, arbeitete man schon bald nicht nur an einer Wiederherstellung, sondern an etwas viel Besserem, der Elektrifizierung aller wichtigen Strecken des Landes. Man entschied sich, auch weiterhin Triebzüge zu verwenden. Nur einige internationale und nationale Züge sollten mit Lokomotiven befördert werden, um die Loks auch tagsüber zu beschäftigen, denn in

Unten: *Ein vierteiliger elektrischer Triebzug, Typ ElD4/Plan T, 1981 im Amsterdamer Hauptbahnhof.*

für die Ausrüstung in den Vorbauten wurde durch die Vorteile des Mittelführerstands nicht aufgewogen. Von der Reihe „16500" entstanden insgesamt 294 Stück, die auf die Nordregion und die etwas später elektrifizierte Strecke Paris–Strasbourg der Ostregion verteilt wurden. Die ersten 155 hatten eine Drehgestellaufhängung ähnlich der „CC 7100" mit zwei Lenkern und Rückstellfedern. Die anderen besaßen Pendellenker an den Ecken der Drehgestellrahmen.

Während der Bauzeit der Reihe kam ein neuer Gleichrichtertyp auf den Markt, das Excitron, das in die Loks Nr. 16656 bis 16750 (und einige andere) eingebaut wurde. Schließlich kamen die Siliziumgleichrichter auf, die bei den letzten 44 verwendet wurden und die auch die anderen nach und nach erhielten.

Die Reihe „16500" erfüllte die Erwartungen ihrer Konstrukteure. Sie war als Universallokomotive in der Lage, einzeln oder paarweise, alle Dienste außer den schnellsten Expreßzügen zu übernehmen. Für diese wurde eine 160 km/h-Version entwickelt, die Reihe „17000", aus der wiederum die Reihe „8500" für Gleichstrombetrieb und die Zweisystem-Loks der Reihe „25500" entstanden.

Links: *Die SNCF B'B'-Elektrolokomotive Nr. 16506 vor einem Güterzug von Paris nach Lille.*

den Niederlanden fuhr man die Güterzüge meist in der Nacht.

Die in den Fünfziger Jahren neu entwickelten elektrischen Triebzüge folgten in der Grundform ihren Vorgängern, nur besaßen sie keine Jakobsdrehgestelle mehr und wurden nur noch zwei- oder vierteilig gebaut. Sie erhielten auch stark gewölbte Vorbauten, die nicht aus ästhetischen Gründen entstanden, sondern um dem Fahrzeugführer mehr Schutz zu bieten. Einige Einheiten waren auch als Zweispannungswagen für den Verkehr von Amsterdam über das belgische 3000 V-Netz nach Brüssel ausgerüstet.

In den sechziger Jahren benötigte man weitere Fahrzeuge und diese Triebzüge des Plans T ab Nr. 501, äußerlich den Vorgängern noch ähnlich, repräsentierten einen erheblichen Schritt nach vorne. Ein Prototype wurde 1961 abgeliefert, die Serienproduktion begann 1964. Durch eine Neugestaltung der Konstruktion konnte das Gewicht der 4-Wagen-Einheit nennenswert gesenkt werden, während die Beschleunigung ungefähr verdoppelt wurde.

In Verbindung mit den automatischen Türen erlaubte dies eine Kürzung der Fahrzeiten. Ein weiterer wichtiger Unterschied ist, daß jetzt die Endwagen antriebslos sind und die Mittelwagen angetrieben werden. Seitdem ließen das steigende Verkehrsaufkommen, höhere Geschwindigkeiten und ein schwerer Unfall im Jahr 1962 es ratsam erscheinen, die Züge mit einer Signalanzeige im Führerstand auszustatten, die auf den am stärksten befahrenen Streckenabschnitten über Gleisstromkreise auf den Zug übertragen wird.

Rechts: *Die Vorderpartie eines niederländischen Elektro-Triebzugs mit der automatischen Kupplung, die die Zugbildung erleichtert.*

C630 „Century" Co'Co' USA

Alco Products Inc. (Alco), 1965

Bauart: Diesel-elektrische Mehrzwecklokomotive für Strecken- und Rangierdienst
Spurweite: 1435 mm (4 ft 8½ in)
Antrieb: Ein Alco 4-Takt-V16-Dieselmotor mit Turbolader, Typ 251E, von 2238 kW (3000 HP = 3043 PS) mit Drehstromgenerator und Gleichrichtern erzeugt den Strom für 6 Gleichstrom-Tatzlagermotoren
Gewicht: 141,5 t (312000 lb)
Maximale Achslast: 23,6 t (52000 lb), konnte aber auf 27,7 t (61000 lb) erhöht werden
Gesamtlänge: 21180 mm (69 ft 6 in)
Zugkraft: 458 kN (103000 lb)
Höchstgeschwindigkeit: 129 km/h (80 mph) (oder nach Übersetzung)

Die alteingesessene American Locomotive Company, besser bekannt unter dem Kürzel „Alco", war Vorreiter bei der Einführung der wichtigsten Dieselloktype, der Mehrzweckbauart „road switcher", als sie 1946 eine 1500 HP-(A1A)(A1A)-Lokomotive mit schmalen Vorbauten herstellte, die erste wirklich erfolgreiche amerikanische Diesellok, die gleichermaßen vor Güterzügen und im Rangierdienst zu Hause war. Sie besaß einen „Alco 244"-Motor, der sich schon in Rangierloks bewährt hatte, bei dem anstrengenderen Streckendienst aber Schwächen zeigte.

Der Typ „244" wurde durch eine neue Maschine, die „251" ersetzt, die 1956 offiziell die „244" ablöste. Sie war als 6-Zylinder-Reihen- und als V12-Motor erhältlich; V16- und V18-Versionen folgten später. Anfänglich wurden sie in vorhandenen Loktypen installiert, aber 1963 erschien dann eine neue Modellreihe der „Road-switcher"-Type, die „Century" (Jahrhundert)-Serie.

Trotz des Erfolgs des neuen Motors wurde die Position Alcos immer schwieriger. Von 1940 bis 1953 hatte die Firma eine Vereinbarung mit GE gehabt, daß Alco nur elektrische Ausrüstungen von GE verwendet und dafür GE nicht mit Alco auf dem Diesellokmarkt konkurriert. 1953 beendete GE das Übereinkommen und begann die Entwicklung eigener „road-switcher"-Modelle, die 1960 auf dem Markt erschienen. Dies war eine ungeheure Konkurrenz. Die Bahnen waren inzwischen nämlich voll verdieselt und die Firmen hatten Mühe ihre potentiellen Kunden davon zu überzeugen, daß es sich auszahlte, die veralteten Loks der „ersten Generation" durch ihre neuesten Produkte zu ersetzen.

Ein wichtiges Verkaufsargument für jedes neue Modell waren reduzierte Unterhaltskosten; bei den „Century"-Loks betonte man dies ganz besonders. Der Hersteller behauptete, daß gegenüber anderen, 10 Jahre alten, Modellen Einsparungen bis zu zwei Dritteln zu erwarten seien.

Die neue Baureihe wurde durch drei Ziffern bezeichnet, die erste gab

Rechts: *Die „C630" Nr. 712 der British Columbia Ry in Lillooet. Der Schneepflug weist auf die schneereichen Winter in Kanada hin.*

„Shin-Kansen"-Triebzug

Japan
Japanische Staatsbahnen (JNR), 1964

Bauart: Sechzehnteiliger elektrischer Schnelltriebzug
Spurweite: 1435 mm (4 ft 8½ in)
Stromversorgung: Wechselstrom von 25000 V 16⅔ Hz über Oberleitung zu Transformatoren und Gleichrichtern
Antrieb: 64 Gleichstrommotoren von je 185 kW (251 PS) treiben alle Achsen über Gelenkantriebe an
Gewicht: 922 t (2032630 lb)
Maximale Achslast: 14,4 t (31745 lb)
Gesamtlänge: 401880 mm (1318 ft 6 in)
Höchstgeschwindigkeit: 210 km/h (130 mph)

Oben: *210 km/h schnell können diese „Bullet"-Triebzüge der japanischen „Shin-Kansen" fahren.*

Es dauerte mehr als 60 Jahre, bis die Hoffnungen, die die Schnellfahrten von Zossen geweckt hatten, endlich in die Tat umgesetzt wurden. Öffentliche Hochgeschwindigkeitszüge mit Reisegeschwindigkeiten von mehr als 160 km/h und mit normalen Fahrgeschwindigkeiten, die noch um 30% darüber lagen, gab es erstmals 1965, als die Japanischen Staatsbahnen auf ihrer neuen „Shin-Kansen"-Linie von Tokio nach Osaka den vollen Betrieb aufnahmen. Die Strecke war schon 1964 eröffnet worden, aber in der Anfangsphase hatte man sich mit weniger ungewöhnlichen Geschwindigkeiten begnügt.

Trotz ihres beeindruckenden Aussehens sind die „Shin-Kansen" (das heißt einfach „neue Linie")-Züge im Grunde recht konventionell. Die hohe Geschwindigkeit erreicht man durch die außerordentlich hohe Leistung – ein 16-Wagen-Zug verfügt über eine Dauerleistung von 11840 kW (16100 PS) – und die hohe Beschleunigungsrate verdankt man dem Allachsantrieb.

Nein, das Interessante ist, was man mit moderner, aber konventioneller Technologie erreichen kann, wenn man mit einem leeren Blatt Papier beginnt. Bis 1964 fuhren die JNR ausschließlich auf der Kapspur von 1067 mm; die neue Linie war davon völlig unabhängig, sogar die Spurweite war anders. Es kostete große Summen, um zwischen einigen japanischen Großstädten eine neue Normalspurbahn zu bauen, aber der Mut der Befürworter dieses Plans wurde belohnt, vor allem durch einen Anstieg der Fahrgastzahlen zwischen 1966 und 1973 um das Dreifache.

Der Preis für die hohe Geschwindigkeit war beträchtlich. Man muß für den Bau neuer Strecken nicht nur viele Grundstücke innerhalb und außerhalb der großen Städte erwerben, sondern die flachen Kurven mit einem Radius von 2500 Metern, die die hohen Geschwindigkeiten bedingen, erfordern umfangreiche Erdbewegungen und Kunstbauten. Wenn man natürliche Hindernisse nicht umgehen kann, muß man eben hindurch. Selbstverständlich bilden bei dem hohen Leistungsangebot der Fahrzeuge selbst Steigungen von 1,5% keine unüberwindlichen Schwierigkeiten.

Bedeutendste Neuerung ist die automatische Fahrsteuerung der Züge: Beschleunigung und Abbremsung werden selbsttätig eingeleitet, nur die letzten Meter vor dem Anhalten werden direkt vom Fahrer gesteuert. Es gibt keine Streckensignale, alle wichtigen Informationen über den Streckenzustand werden durch kodierte Impulse über die Stromzuleitung auf den Führerstand übertragen. Die Züge erzeugen selbst auch Signalimpulse, die ihnen in Fahrrichtung vorauseilen und bei Gleisverzweigungen den Fahrweg festlegen. Seismografen in den Kontrollzentren führen bei Erdbeben zum sofortigen Halt der Züge.

Ursprünglich gab es 480 Wagen, die zu 40 12-Wagen-Garnituren zusammengestellt waren. Jeder 12er-Zug war elektrisch in sechs 2-Wagen-Einheiten unterteilt, eine davon mit einem Speisewagen, an den Enden die an Geschosse erin-

die Achszahl an, die beiden anderen gaben die Leistung an (in Hundertstel der HP-Zahl). Die ersten Loktypen waren die „C420", die „C424" und die „C624", wovon die beiden letzten im damals beliebtesten Leistungsbereich lagen. Der 16-Zylindermotor mit Turbolader entwickelte 2600 HP (1940 kW), der Generator hatte eine Ausgangsleistung von 2400 HP (1790 kW), die nach amerikanischer Praxis als Lokleistung angegeben wurden.

1964 erschien eine neue Version des Motors, mit einer durch bessere Kühlung und höhere Drehzahl auf 2750 HP (2052 kW) gesteigerten Leistung; damit war die Lokomotive die stärkste auf dem amerikanischen Lokmarkt. In einer Zeit, in der die Bahnen immer mehr von immer stärkeren Loks angezogen wurden, war dies ein Pluspunkt. Trotzdem wurden nur 135 Einheiten in den USA verkauft.

1965 erhöhte man durch eine weitere Drehzahlsteigerung die Leistung auf 3000 HP (2238 kW). Wichtiger aber war, daß diese Type „C630" zum ersten Mal einen leichteren Drehstromgenerator mit Gleichrichtern erhielt. Es war das erste derartige Antriebsaggregat eines US-Herstellers und führte schon bald zum Nachziehen aller anderen Lokproduzenten auf diese Bauform.

Schließlich kam 1968 eine 3600 HP-Lokomotive (2686 kW) des Typs „C636". All diese Leistungssteigerungen wurden an demselben 16-Zylinder-Motortyp erreicht. Andere Varianten der „Century"-Reihe waren die „C855" der Union Pacific, riesige Maschinen mit vier zweiachsigen Drehgestellen, Achsfolge (Bo'Bo') (Bo'Bo'), mit zwei 2750 HP-Maschinen und die diesel-hydraulischen „C430H" mit zwei 2150 HP (1604 kW)-Motoren und Voith-Getrieben. Beiden folgten aber keine Nachbestellungen.

Trotz dieser Anstrengungen, wurde Alco langsam aber stetig durch GE vom zweiten Platz auf dem US-Loksektor verdrängt. Auch weitreichende Modernisierungen des Werks in Schenectady konnten nichts mehr retten. Die Bestellzahlen sanken weiter und 1969 wurde das Werk endgültig geschlossen.

Die Alco-Tradition ging aber trotzdem nicht unter; der kanadische Partner Alcos, die Montreal Locomotive Works waren in besserer Verfassung und produzierten weiter für kanadische und mexikanische Kunden. Die MLW übernahmen alle Alco-Konstruktionen und sind auch 1982 noch dabei, eigene Versionen der „Century"-Serie zu bauen.

Oben: *Eine Co'Co'-Mehrzwecklokomotive der Alco-Type „C630" der kanadischen British Columbia Railway.*

Links: *Das moderne Japan: Ein „Shin-Kansen"-Zug vor dem Fudschijama.*

Links: *Die Japanischen Staatsbahnen konnten durch ihre Normalspur-Neubaustrecken Reisezeiten erheblich verkürzen.*

nernden Endwagen mit den Führerständen. 1970 wurden die Züge auf 16 Wagen erweitert, jetzt mit 2 Speisewagen, und die Zugfrequenz wurde von 120 auf mehr als 200 tägliche Fahrten pro Richtung erhöht. Der Fahrzeugpark war inzwischen auf fast 1400 Wagen angewachsen, die zu 87 16-Wagen-Einheiten gekuppelt waren.

Nachdem der Erfolg 1970 feststand, arbeitete man einen Plan aus, der eine Verzwanzigfachung der ursprünglichen 515 km Streckenlänge vorsah. Bisher waren vier „Shin-Kansen"-Strecken entstanden – die das Netz von Tokio nach Okajama und Hakata und von Omija (bei Tokio) nach Niigata und Morioka ausdehnten, insgesamt 1912 km.

Der Umfang der Arbeiten, die in den Gebirgsgegenden nötig waren – ganz zu schweigen von einem 18,6 km langen unterseeischen Tunnel zwischen den Inseln – kann man an dem Anteil der Kunstbauten ersehen, die nötig wurden. Von den 398 Kilometern zwischen Okajama und Hakata liegen 55% in Tunnels und 31% auf Brücken oder Viadukten, es bleiben nur 14% einfacher Strecke. Einer der Gründe dafür war die Vergrößerung des kleinsten Halbmessers auf 4000 m für die beabsichtigte Streckenhöchstgeschwindigkeit von 260 km/h (162 mph), während die maßgebliche Steigung auf 1,5% beschränkt wurde. Zwar wurde bisher die höhere Geschwindigkeit im öffentlichen Verkehr nicht realisiert, doch immerhin fahren die schnellen stündlichen „Hikari"-Züge die 1176 Kilometer von Tokio nach Hakata in 6 h 40 min mit einer *Durchschnittsgeschwindigkeit* von 176,4 km/h. Vergleichsweise würde ein „Shin-Kansen"-ähnlicher Zugbetrieb die Fahrzeit auf der vergleichbaren Strecke New York-Chicago von heute 18½ auf 8¼ Stunden halbieren!

Übrigens wurden die Züge für die Hakata-Strecke schon für die künftige höhere Geschwindigkeit ausgerüstet, ihre Leistung wurde um 48% auf 17600 kW (23930 PS) gesteigert. Um das zusätzliche Gewicht der elektrischen Ausrüstung zu kompensieren, baute man die Wagenkästen aus Leichtmetallen. Inzwischen arbeitet man an einem Ersatz für die ursprünglichen Fahrzeuge; in Jahren gemessen waren ihre Leben nur kurz – nicht aber im Verhältnis zu den durchfahrenen Kilometern.

WDM2 Co'Co'

Indien
Indian Railways (IR), 1962

Bauart: Diesel-elektrische Lokomotive für gemischten Dienst
Spurweite: 1676 mm (5 ft 6 in)
Antrieb: Ein Alco 4-Takt-V16-Dieselmotor, Typ 251D, von 1940 kW (2600 HP) mit Generator erzeugt Gleichstrom für 6 Tatzlagermotoren
Gewicht: 127 t (279910 lb)
Maximale Achslast: 21,5 t (47385 lb)
Gesamtlänge: 17932 mm (58 ft 10 in)
Zugkraft: 280 kN (63000 lb)
Höchstgeschwindigkeit: 120 km/h (75 mph)

Rechts: *Die diesel-elektrische Breitspur-Einheitslokomotive der Type „WDM2" der Indischen Staatsbahnen, Nr. 17462, wurde nach einem Entwurf von Alco in den bahneigenen Werkstätten von Varanasi erbaut.*

CC 40100 C'C'

Frankreich
Französische Staatsbahnen (SNCF), 1964

Bauart: Elektrische Viersystem-Schnellzuglokomotive
Spurweite: 1435 mm (4 ft 8½ in)
Stromversorgung: Gleichstrom von 1500 V oder 3000 V sowie Wechselstrom von 25000 V 50 Hz oder 15000 V 16⅔ Hz über Oberleitung. Wechselstrom wird auf 1500 V herabtransformiert und mit Siliziumdioden gleichgerichtet
Antrieb: Je Drehgestell ein Fahrmotor von 2170 kW (2950 PS) mit geteilten Ankerwicklungen, die Serien-, Serien-/Parallel- und Parallelschaltung erlauben, der alle drei Drehgestellachsen über Zahnradgetriebe und Alsthom-Gelenkantriebe antreibt
Gewicht: 107 t (235890 lb)
Maximale Achslast: 17,8 t (39240 lb)
Gesamtlänge: 22030 mm (72 ft 3,3 in)
Zugkraft: 200 kN (44900 lb)
Höchstgeschwindigkeit: 180 km/h (112 mph); mit anderer Übersetzung 220 km/h (137 mph)

Der Durchlauf von Lokomotiven von Paris nach Brüssel wurde schon zu Zeiten der Dampftraktion eingeführt, später fuhren auch Dieseltriebwagen durch. Die Elektrifizierung der französischen und belgischen Bahnen ermöglichten auch den durchgehenden Einsatz von Elloks, da aber die Franzosen Wechselstrom von 25000 V 50 Hz verwendeten, während in Belgien Gleichstrom von 3000 V üblich war, wurde eine neuartige Lokomotivtype erforderlich. Damals, Anfang der sechziger Jahre, hatte man das „Trans-Europ-Express"-Netz aufgebaut, das mit Dieseltriebzügen betrieben wurde. Die SNCF beschlossen, eine kleine Serie elektrischer Lokomotiven zu bauen, die nicht nur nach Belgien fahren konnten, sondern auch in andere westeuropäische Länder, falls es eine Ausweitung des TEE-Netzes auf elektrische Traktion geben würde. Sie mußten daher für vier verschiedene Stromsysteme verwendbar sein, für Gleichstrom von 1500 V (in den Niederlanden und Frankreich), von 3000 V (in Belgien und Italien) und für Wechselstrom von 15000 V 16⅔ Hz (in Österreich, Westdeutschland und der Schweiz) und von 25000 V 50 Hz (in Frankreich).

Den Entwurf der Maschine übertrug man Alsthom und dort entstanden diese ersten Exemplare einer neuen Generation elektrischer und dieselgetriebener Lokomotiven mit dreiachsigen „monomoteur"-Drehgestellen. Bis jetzt hatte man diese Antriebsform nur an zweiachsigen Drehgestellen erprobt und die SNCF hatte auch seit 1952 keine sechsachsigen Loks mehr beschafft. Die Anforderungen an die neue Lokbauart spiegelten die vorherrschende enthusiastische Denkweise über den TEE-Verkehr wider: sie sollten Züge von 210 t in der Ebene mit 220 km/h und auf den 2,6%-Steigungen von Gotthard und Lötschberg mit 110 km/h befördern; Züge von 450 t auf der Strecke Paris–Brüssel sollten 160 km/h fahren und 110 km/h auf der 1,4%-Steigung zwischen Mons und Quévy in Belgien. Ebenso sollten sie imstande sein, zwischen Paris und Aulnoye 800 t mit 160 km/h und auf 0,5% noch mit 125 km/h zu fahren.

Grundlage für die Verwendung der vier Stromsysteme waren Gleichstromfahrmotoren für 1500 V Spannung. Im Wechselstrombetrieb wird die Spannung auf 1500 V heruntertransformiert und in Siliziumdioden gleichgerichtet. Bei 3000 V werden die beiden Motoren in Reihe geschaltet, bei 1500 V direkt gespeist. Die Fahrsteuerung erfolgt über Anfahrwiderstände, auch eine Widerstandsbremse ist vorhanden.

Das Gewicht dieser Ausrüstung erforderte sechs Achsen. Um die Umschaltung der Motoren für 3000 V-Betrieb zu ermöglichen, sind die Ankerwicklungen zweigeteilt. Für jedes der vier Stromsysteme steht ein separater Stromabnehmer zur Verfügung; Sicher-

Obwohl Indien ein Land mit wenig Öl, aber reich an Kohle, ist, hatten sich die Verantwortlichen 1960 zur Entscheidung durchgerungen, daß die Dieseltraktion Vorteile bot, die es zu nutzen galt. Im nachhinein betrachtet, war dies eine recht kostenträchtige Entscheidung, aber man setzte sie wenigstens in einer Weise in die Tat um, die Hochachtung verdient hat. Man ignorierte die Versuchung, der so viele Länder der „dritten Welt" unterlegen waren und orderte keine große Flotte fertiger Dieselloks im Ausland, mit denen man dann für immer in der Hand der Hersteller gewesen wäre. Gleichzeitig war man sich aber im klaren darüber, daß ein Bau im „do-it-yourself"-Verfahren ohne Hilfe überseeischer Lokproduzenten nicht möglich war.

Die mit dem Projekt betrauten Fachleute sondierten den Markt und entschieden, daß die US-Firma Alco das beste Angebot gemacht hatte. Man vereinbarte, daß Alco sowohl technische Hilfe als auch komplette Entwürfe an die Indian Railways zu liefern hatte, anfänglich auch fertige Bauteile für eine Lokomotivproduktion in Werkstätten, die in Varanasi (Benares) neu erbaut werden sollten. Nach Fertigstellung besaß das Werk eine überbaute Fläche von 8 Hektar, der gesamte Fabrikkomplex einschließlich einer eigenen selbständigen Siedlung umfaßt 220 Hektar.

Die ersten 40 Loks lieferte Alco Anfang des Jahres 1962 in betriebsfähigem Zustand, 1963 von einer Serie gefolgt, die in Einzelteilen verschifft wurde. Zehn Jahre später stellte man selbst 75 Einheiten im Jahr her und der Anteil importierter Teile war von 100 auf 25% gesunken. Die drei Loktypen, die hier hergestellt wurden oder werden, sind die große „WDM2" (W = Breitspur, D = Diesel, M = gemischter Dienst), eine kleine Breitspurtype „WDM1" und eine Meterspurlok „YDM4". Alle drei besitzen Alco-Motoren der Type 251, der Unterschied liegt in der Anzahl der Zylinder – 16, 12 und 6 in der erwähnten Reihenfolge.

Die Alco-Bezeichnung für die „WDM2" ist „DL560" und in vielem ähnelt sie der „Century"-Reihe. Die dreiachsigen Drehgestelle mußten der breiten Spur angepaßt werden, aber sie besitzen die gleiche asymmetrische Achsanordnung, die durch die Anbringung der drei Tatzlagermotoren bedingt ist. Eine Abweichung ist die Verwendung eines kombinierten Luftpresser-Exhaustor-Aggregats wegen der vorkommenden Vakuumbremsen. Auch die Achslast ist niedriger als bei den amerikanischen Modellen. Obwohl Alco 1969 die Lokomotivproduktion aufgeben mußte, ist der kanadische Alco-Partner Montreal Locomotive Works, heute unter dem Namen Bombardier bekannt, immer noch im Geschäft und unterstützt auch weiterhin den indischen Betrieb.

Man hat zwischenzeitlich vorgeschlagen die „WDM2" zu modernisieren, indem man den Gleichstrom- durch einen Drehstromgenerator und die 16-Zylinder-Maschine durch einen 12-Zylinder-Motor gleicher Leistung ersetzt. Indes wiegen die Vorteile des unveränderten Baus einer guten Konstruktion über viele Jahre hinweg oft die Vorteile einer technischen Neuerung mehr als genügend auf. So manches Mal sind die Techniker gegenüber solch einer vernünftigen Auffassung in ihrem Bestreben, nicht der Entwicklung hinterherzuhinken, einfach blind. Doch brachten die für die Lokomotivbeschaffung Verantwortlichen in Indien bisher solchem Bemühen ein gesundes Mißtrauen entgegen.

---

heitsschaltungen verhindern, daß Gleichstrom zum Transformator gelangt und sorgen dafür, daß der richtige Pantograf angelegt ist. Die Übersetzung der Motorvorgelege kann geändert werden, anders als bei den anderen französischen „Zweigang"-Loks reicht dazu nicht das Umlegen eines Hebels, sondern es ist eine Arbeit für die Werkstatt. Die ersten vier Loks sind für eine Höchstgeschwindigkeit von 160 km/h ausgelegt, die zweite Serie von 6 Stück für 180 km/h. Bis jetzt wurde keine von ihnen auf 220 km/h umgestellt.

Die Gestaltung der Lokomotiven übernahm der Industriedesigner Paul Arzens, der auch die „CC 6500" und „BB 15000"-Elloks und die Dieselloks der Reihen „67000" und „72000" gestaltete. Dies war sein erster Entwurf mit stark geneigter Frontscheibe zur Verminderung der Sonnenreflektion. Die anderen Reihen haben größere wabenartig aufgebaute Vorbauten, die den Lokführer bei Kollisionen schützen sollen, aber die Reihe „40100" ist kürzer gebaut, so daß das Dach vorne etwas übersteht. Die gesickten Seitenwände aus rostfreiem Stahl sind einzig bei diesen Maschinen zu finden.

Die ersten Loks der Reihe erschienen 1964. Sie sind im Depot „La Chapelle" in Paris stationiert und werden zwischen Paris, Brüssel und Amsterdam eingesetzt. Bekanntlich entwickelte sich das internationale TEE-Netz nicht weiter und so kamen die „CC 40100" nicht über Frankreich, Belgien und die Niederlande hinaus. Genausowenig sind die Schnellfahrstrecken für 220 km/h bisher Wirklichkeit geworden.

Sechs sehr ähnliche Lokomotiven für die Belgischen Staatsbahnen (SNCB/NMBS) wurden in Belgien mit französischer Elektrik gebaut. Diese Maschinen kommen auch in den Bereich der Deutschen Bundesbahn.

Oben: *Die französische Viersystem-Elektrolokomotive Nr. CC 40101 in voller Fahrt.*

Unten: *Die „CC 40101" kann mit vier verschiedenen Stromsystemen betrieben werden – Gleichstrom von 1500 V und 3000 V und Wechselstrom von 25000 V 50 Hz und 15000 V 16 ⅔ Hz. Mit einer anderen Übersetzung ist sie 220 km/h schnell.*

Nr. 111-120 1'E1' Argentinien
Rio Turbio Industriebahn (R.F.I.R.T.), 1956

Bauart: Kohlegefeuerte Güterzugdampflokomotive
Spurweite: 750 mm (2 ft 5½ in)
Antrieb: Ein Kessel mit einer gaserzeugenden Rostfläche von 2,43 m² (26 sq ft) erzeugt Heißdampf von 16 kp/cm² (228 psi) für zwei Zylinder von 420 mm Durchmesser × 400 mm Hub (16½ × 17⅜ in), die die 5 Treibachsen über Stangen antreiben
Gewicht: 38 t (83775 lb) Reibungsgewicht; 86,5 t (190695 lb) Gesamtgewicht (mit Tender)
Maximale Achslast: 7,6 t (16755 lb)
Gesamtlänge: 18790 mm (61 ft 7¾ in)
Zugkraft: 55,5 kN (12460 lb)
Höchstgeschwindigkeit: 45 km/h (28 mph)

Die vielen Versuche im Laufe des zwanzigsten Jahrhunderts, den Wirkungsgrad der Dampflokomotive zu verbessern, lassen sich in zwei Gruppen einteilen: einmal all die radikalen Abweichungen vom Prinzip Stephensons, wie komplizierte Hochdruckkessel oder Turbinenloks und zum zweiten all jene, die sich darauf beschränkten, die Proportionen und einzelne Details konventioneller Dampfloks zu verbessern. Zur zweiten Gruppe gehören auch die hervorragenden Arbeiten André Chapelons; seine Umbauten entwickelten bis zum Zweifachen der ursprünglichen Leistung und nutzten den Brennstoff gleichzeitig noch effizienter.

Unter den Anhängern Chapelons waren auch etliche argentinische

Oben: *Zwei Porta-Chapelon-Dampfloks werden gleich den Hafen von Rio Gallegos in Argentinien verlassen, um leere Kohlenwagen zu den Bergwerken von Rio Turbio zu bringen.*

QJ „Vorwärts"-Klasse 1'E1' China
Eisenbahnen der Volksrepublik China (CR), 1956

Bauart: Dampfgüterzuglokomotive
Spurweite: 1435 mm (4 ft 8½ in)
Antrieb: Ein Röhrenkessel mit einer Rostfläche von 6,8 m² (73 sq ft) erzeugt Heißdampf von 15 kp/cm² (213 psi) Druck für zwei Zylinder von 800 × 650 mm (31½ × 25⅝ in), die die 5 Treibachsen über Stangen antreiben
Gewicht: 100,5 t (221560 lb) Reibungsgewicht; 220,5 t (486110 lb) Gesamtgewicht*
Maximale Achslast: 20,1 t (44310 lb)
Gesamtlänge: 26251 mm (86 ft 1½ in)*
Zugkraft: 282 kN (63320 lb)

* Mit dem kleinen Tender mit 15 t Kohle und 35 m³ (7700 gal) Wasser. Der große Tender erhöht das Gesamtgewicht auf 248 t (546735 lb) und die Gesamtlänge auf 29180 mm (95 ft 9 in); er faßt 21,5 t Kohle und 50 m³ (11020 gal) Wasser

Rotchina begann ernsthaft mit dem Bau von Dampflokomotiven, nachdem man überall sonst in der Welt damit aufgehört hatte. Auch heute wird etwa eine Lokomotive pro Tag hergestellt und nicht nur das, es ist auch noch kein Ende abzusehen. Genau genommen ist die „QJ"-Klasse zur Zeit mit mehr als 4000 Stück die zahlenmäßig stärkste Loktype der Welt jeglicher Traktionsform und dies sind auch etwa ein Fünftel aller auf der Welt noch aktiven Dampfloks.

Die Gründe, warum die Entwicklung in China nicht im Einklang mit dem Rest der Welt ist, liegen auf der Hand. Große einheimische Kohlevorkommen, geringe Ölreserven und ein riesiger Vorrat an Arbeitskräften auch für eine arbeitsintensive Traktionsform sind drei davon. Noch wichtiger ist wohl die Notwendigkeit, die Leistungsfähigkeit der Eisenbahnen den Bedürfnissen eines schnellen industriellen Wachstums anzupassen. Dies geschieht am besten durch die Großserienproduktion von Dampfloks in zweckbestimmten Fabriken, die zu einem Siebtel des Preises beispielsweise einer Diesellok gebaut werden können. In westlicher Währung kostet eine chinesische 1'E1'-Dampflok etwa 105000 US-$, eine Diesellok gleicher Leistung, die in China gebaut wird, aber etwa 800000 US-$. Auch die Brennstoffkosten für eine Dampflok sind niedriger. Ein letzter wichtiger Faktor ist, daß die Chinesen weniger unter Druck stehen, dem Vorbild der Nachbarn zu folgen wie andere. Man muß nicht unbedingt „mehr als Meiers nebenan haben", wenn man für sich lebt.

Die ersten Schritte der Entwicklung der „QJ"-Klasse begannen 1946, als nach zwölfjährigem Kampf die kommunistische Regierung Maos die von Krieg gebeutelte Eisenbahn übernahm. Um langfristig die Lokomotivsituation zu verbessern, begann man mit russischer Unterstützung in Datong in Nordchina eine Fabrik zum Bau großer Güterzugloks aufzubauen. Der Abzug der russischen Helfer brachte große Verzögerungen und ein ziemliches Durcheinander resultierte nicht zuletzt aus Maos „Großem Sprung nach vorn", bei dem man anordnete, daß die noch nicht vollständigen Lokfabriken Dieselloks bauen sollten – der Versuch Datongs soll „Sputnik" genannt worden sein.

Es wurde 1962, bevor die Produktion dieser Klasse (damals „Ho Ping" oder „Frieden" genannt) in Datong beginnen konnte. Es war im Grunde die russische „Lv"-Lokomotive; einige Prototypen waren schon 1956 in den Dalien-Werken in der Mandschurei entstanden. Man machte einige Änderungen an der Serienausführung, vor allem am Kessel, und mit zunehmender Erfahrung stiegen die Produktionszahlen stetig. Die 500te „QJ" entstand 1968, die 1000te 1970, die 2000te 1974 und die 3000te 1979, alle bis auf die ersten aus Datong. Datong baute auch eine Anzahl von 1'D1'-Loks der „JS" („Aufbau")-Klasse und eine Reihe mobiler diesel-elektrischer Generatoranlagen.

Ingenieure, von denen Dante Porta am bekanntesten wurde. Unter der Anleitung Portas und seiner Kollegen wurden mehrere Lokomotivreihen soweit verbessert, daß man sie kaum wiedererkannte. Die Leistungen stiegen um bis zu 55%, obwohl man nicht über so qualifizierte Arbeitskräfte verfügte wie in Frankreich. Diese Umbauten folgten der Lehre Chapelons – vergrößerte Dampfquerschnitte, erhöhte Dampftemperaturen durch Umgestaltung des Überhitzers und ein verbesserter Saugzug, der die Dampferzeugung erhöht, ohne den Ausstoß des Zylinderabdampfs zu behindern.

Auch Verbesserungen gegenüber den Arbeiten Chapelons kamen zum Tragen. Die bemerkenswerteste davon war das gaserzeugende Feuerbett. Dieses Feuerbett hat eine verhältnismäßig niedrige Temperatur, so daß die brennbaren Bestandteile der Kohle als Gas frei werden. Die eigentliche Verbrennung findet über dem Feuerbett statt, Luft und Dampf werden so in die Feuerbüchse geblasen, daß bis zu höchsten Verdampfungsleistungen eine annähernd perfekte Verbrennung erfolgt. Dies behob einen großen Mangel herkömmlicher Lokkessel, bei denen die Qualität der Verbrennung und damit auch der Wirkungsgrad mit zunehmender Dampfleistung abnimmt.

Porta erzielte seine spektakulärsten Ergebnisse auf der südlichsten Eisenbahn der Welt, der Rio Turbio-Bahn in Argentinien, einer 750 mm-Schmalspurbahn, die Kohlen die 257 km von den Rio Turbio-Minen zum Hafen von Rio Gallegos am Atlantik bringt, mit Steigungen von 0,3% in Lastrichtung und Windgeschwindigkeiten bis zu 160 km/h. Der leichte Oberbau beschränkt die Achslast auf 7½ t und die Höchstgeschwindigkeit beträgt 40 bis 45 km/h.

1956 entstanden für diese Bahn zehn 1'E1'-Lokomotiven nach einer Baldwin-Konstruktion in Japan. An drei von ihnen erprobte Porta später seine Ideen einschließlich des gaserzeugenden Feuerbetts. Ergebnis war eine Erhöhung der Zughakenleistung von 700 auf 1200 PS (515 auf 883 kW). Trotz der schlechten Qualität der Kohle mit einem hohen Aschegehalt erfolgt die Verbrennung fast rauchlos. Die Verbesserungen versetzten die Loks in die Lage, regelmäßig Züge von 1700 t und bei Versuchsfahrten sogar von 3000 t zu ziehen, eine außerordentliche Leistung für eine Lokomotive von 48 t Gewicht auf Gleisen mit der Hälfte der Normalspur!

1964 wurden zehn weitere Loks gebaut, die von Anfang an Portas Verbesserungen besaßen; eine von ihnen erhielt eine runde Feuerbüchse nach seinem Entwurf, um eine noch bessere Verbrennung durch ein Verwirbeln von Gas, Luft und Dampf zu erreichen.

Genauso bemerkenswert ist wohl, daß diese Maschinen mit einer Rostfläche von 2,1 m² (22,5 sq ft) einen mechanischen Stoker besaßen, wo doch viele europäische und amerikanische Loks mit der doppelten Rostfläche von Hand gefeuert wurden. Man hatte zwar bei der Planung nicht daran gedacht, aber der Stoker war durch das kontrollierte Feuern für die gleichmäßige Verbrennung von großem Vorteil.

Porta entwarf auch eine 1'D-Zweizylinder-Verbundlokomotive, die für Eisenbahnen unterentwickelter Länder ohne Öl, aber mit Kohle, bestimmt war, in denen es schwierig war, qualifizierte Arbeitskräfte zu bekommen. Das Mitreiten auf der Verdieselungswelle war aber in den Ländern, die von Portas Arbeiten profitieren konnten, schon zur Mode geworden – unter Nachhilfe der Industrieländer, die der dritten Welt billige Kredite zur Verfügung stellten, um der eigenen Dieselindustrie zu helfen. Als die Ölkrise allen die Torheit der völligen Abhängigkeit vom Öl vor Augen führte, war die Verdieselung in den meisten Ländern schon zu weit fortgeschritten; kein einziges Land baute eine neue Lok nach der Chapelon/Porta-Bauart. Wie wir später sehen werden, fand sie aber in jüngster Zeit doch noch eine Anwendung in Südafrika.

Unten: *Lok Nr. 108 „André Chapelon" ist eine der modernen Dampflokomotiven der Rio Turbio Industriebahn.*

Links: *Eine „QJ" 1'E1'-Dampflokomotive der Eisenbahnen der Volksrepublik China dampft im Oktober 1980 durch die Vororte von Jilin.*

Die „QJs" sind sehr umfangreich ausgestattet und gleichen, abgesehen von der Lage des Hauptdampfrohrs oberhalb – statt innerhalb – des Kessels, nordamerikanischen Maschinen. Sie besitzen mechanische Rostbeschickung, Abdampfinjektoren, Vorwärmer, elektrische Beleuchtung, ein Preßlufthorn und eine Dampfpfeife, die sogar chinesischen Drachen das Fürchten beibringt; sogar eine Kochmöglichkeit und eine Toilette sind an Bord. Die Standardausführung ist – bis auf wenige Ausnahmen – von QJ100 aufwärts eingereiht und besitzt vierachsige Tender. Einige in der QJ60xx-Reihe verfügen über große sechsachsige Tender für Einsätze in trockenen Gegenden.

Obwohl für schweren Güterverkehr entworfen, kann man diese großartigen Lokomotiven oft im Personenzugdienst auf schwierigen Bergstrecken und im Vorortverkehr erleben. Durch den umfangreichen Streckenbau der neueren Zeit ist es möglich, auf einer Neubaustrecke der achtziger Jahre mit einer Dampflok aus den achtziger Jahren zu fahren. Mit einer Leistung von 2980 PS (2192 kW) am Radreifen – das entspricht etwa einer Motorleistung einer Diesellok von 3700 PS (2721 kW) – steht auch genügend Leistung zur Verfügung.

Baureihe 103[1] Co'Co'

Bundesrepublik Deutschland
Deutsche Bundesbahn (DB), 1970

Bauart:
Elektrische Schnellzuglokomotive
Spurweite: 1435 mm (4 ft 8½ in)
Stromversorgung: Wechselstrom von 15000 V 16⅔ Hz über Oberleitung zum Loktransformator
Antrieb: 6 in den Drehgestellrahmen gelagerte Fahrmotoren von je 1250 kW (1700 PS) treiben alle Achsen über Gummiringfeder-Kardan-Antriebe an.
Gewicht: 116 t (255730 lb)
Maximale Achslast: 19,3 t (42550 lb)
Gesamtlänge: 19500 mm (63 ft 11½ in)
Zugkraft: 312 kN (70050 lb)
Höchstgeschwindigkeit: 200 km/h (125 mph)

Oben: *Eine 103er Serienlokomotive der DB vor einem schnellen Intercity-Zug.*

Unten: *Die 103 245-7 ist die letztgebaute Maschine dieser Reihe leistungsstarker Schnellfahrlokomotiven, die 1970 eingeführt wurde.*

1960 begann die Deutsche Bundesbahn mit der Planung eines schnellen Städteverkehrsnetzes, um der Konkurrenz des Inlandflugverkehrs zu begegnen. Die Dieselschnelltriebzüge des Vorkriegsdeutschlands hatte man vorwiegend auf den von Berlin ausgehenden Strecken eingesetzt, auf denen hohe Geschwindigkeiten über große Entfernungen gefahren werden konnten. In Westdeutschland sind aber die Entfernungen zwischen den Städten kleiner, die Züge müssen entsprechend häufiger halten; auch weisen die Strecken mehr Geschwindigkeitseinschränkungen auf. Die Fähigkeit einer Lokomotive, stark zu beschleunigen, war daher genauso wichtig wie eine hohe Endgeschwindigkeit. 1961 legte man darum als Bedingung für eine Neukonstruktion fest, daß mit einem 300 t-Zug eine Geschwindigkeit von 200 km/h auf einer Rampe von 0,5% gehalten werden mußte und daß diese Geschwindigkeit in 150 Sekunden nach dem Anfahren aus dem Stillstand erreicht sein sollte.

Wie in Deutschland üblich, bat man mehrere Firmen um die Vorlage von Entwürfen. Darunter waren auch (1Bo)(Bo1) und (A1A)(A1A)-Maschinen mit vier Moto-

VL80T Bo'Bo'+Bo'Bo'

UdSSR
Sowjetische Staatsbahnen (SZD), 1967

Bauart: Schwere elektrische Güterzuglokomotive
Spurweite: 1524 mm (5 ft 0 in)
Stromversorgung: Wechselstrom von 25000 V 50 Hz über Oberleitung zum Loktransformator und Siliziumgleichrichtern
Antrieb: 8 Gleichsrom-Tatzlagermotoren von je 590 kW (802 PS)
Gewicht: 184 t (405645 lb)
Maximale Achslast: 23 t (50705 lb)
Gesamtlänge: 32840 mm (107 ft 9 in)
Zugkraft: 433 kN (97220 lb)
Höchstgeschwindigkeit: 110 km/h (68 mph)

Die verschiedenen Varianten der sowjetischen „VL80"-Reihe, eine der zahlenstärksten der Welt, sind die Hauptstützen des schweren Güterverkehrs auf dem riesigen, 18700 km langen, Industriefrequenzbahnnetz der UdSSR. Die Buchstaben „VL" erinnern an niemand geringeren als „Vladimir Lenin", dessen persönlicher Einsatz für eine Bahnelektrifizierung so viele Jahre nach seinem Tod zu solch eindrucksvollen Resultaten geführt hat.

Die Lokomotiven bestehen aus zwei vierachsigen, permanent gekuppelten, Einheiten und sind in der UdSSR sehr beliebt. Von 1953 an wurden etwa 1500 der Reihe „VL8" für das 3000 V-Gleichstromnetz gebaut, ab 1961 gefolgt von der Reihe „VL10", ebenfalls für Gleichstrom. Die Wechselstromvariante, Reihe „VL80", ist äußerlich der „VL10" sehr ähnlich und erschien 1963 als „VL80K".

Die ersten „VL80K"s besaßen Quecksilber-Gleichrichter, es war aber schwierig, Störungen zu vermeiden, wenn durch die Vibrationen und Stöße des Eisenbahnbetriebs – laienhaft ausgedrückt – eine Menge Quecksilber in einem Behälter umherschwappte. Schon bald traten feste Silizium-Gleichrichter an ihre Stelle. Als „VL80T" erhielten sie zusätzlich eine Widerstandsbremse und in dieser Form wurden dann auch die meisten „VL80" gebaut – bis heute mehr als 2000 Stück. Nach etlichen Jahren wurden die Schaltschützen durch eine Thyristorsteuerung abgelöst – die jetzt unproblematisch die Möglichkeit bot, die Bremsleistung ins Stromnetz zurückzuspeisen und dadurch den Stromverbrauch um mehr als 10% zu senken.

Zur Zeit experimentiert man mit einer „VL80A"-Version mit Drehstrom-Asynchronmotoren mit Kurzschlußläufer, die durch statische Umrichter mit Strom variabler Frequenz gespeist werden. Eine andere hochinteressante Entwicklung, für den Laien sehr ähnlich dem „VL80A"-Projekt, ist die Verwendung von Thyristoren innerhalb des Motors anstelle von Kommutatoren und Bürsten. Damit will man die Probleme von mechanischer Abnutzung und Überschlägen an den Kommutatoren vermeiden. Man baute auch eine dreiteilige Ausführung „VL80S" mit einer Leistung von 9780 kW (13300 PS) für die Beförderung von 10000 t-Zügen und Prototypen einer stärkeren Lokomotive des Typs „VL84".

Mit den „VL80" sind auch die Zweisystemloks für 3000 V Gleichstrom und 25000 V Wechselstrom

ren von je 1250 kW (1700 PS), aber die DB war der Meinung, daß sechs Motoren verwendet werden sollten, um das Motorgewicht möglichst niedrig zu halten und man wählte die Achsfolge Co'Co'.

4 Prototypen wurden 1963 bei Siemens-Schuckert und Henschel bestellt; geliefert wurden sie 1965 als E 03 001-004. Ihre ersten Betriebseinsätze erregten viel Aufsehen, denn sie fuhren noch im gleichen Jahr aus Anlaß der Internationalen Verkehrsausstellung in München zweimal täglich Sonderzüge von München nach Augsburg mit einer Höchstgeschwindigkeit von 200 km/h.

Die Lokomotiven folgen der bei der DB bewährten Bauform mit im Drehgestellrahmen gelagerten Fahrmotoren und Gelenkantrieben. Die Anzapfungen zur Spannungsregelung befinden sich auf der Hochspannungsseite des Haupttransformators. Die Fahrgeschwindigkeit wird in Stufen von 10 km/h vom Lokführer vorgegeben und von der Lokelektronik selbsttätig eingeregelt. Für ihre Leistung sind die Fahrmotoren ziemlich leicht; sie wurden speziell für die hohen Geschwindigkeiten ausgelegt. Die Stundenleistung der Lok beträgt 6420 kW (8730 PS), kurzzeitig kann die Lok sogar nicht weniger als 9000 kW (12235 PS) abgeben. Man unterzog die Maschinen einem umfangreichen Versuchsprogramm, bei dem unter anderem festgestellt wurde, daß sich bei der Beförderung schwerer Schnellzüge im unteren Geschwindigkeitsbereich der Transformator zu stark erwärmte; man mußte daraufhin größere Trafos verwenden.

Etliche Jahre lang spielte die DB mit dem Gedanken eines „Inter-City"-Städteverkehrs mit Triebzügen, kam aber im Laufe der Zeit zu der Auffassung, daß abgesehen von einem noch in der Zukunft liegenden Schnellverkehr mit mehr als 200 km/h, Lokomotiven günstiger waren und beschaffte daraufhin 145 Co'Co'-Maschinen einer verstärkten Ausführung. Sie wurden ab 1970 geliefert, im neuen EDV-Bezeichnungsschema erhielten sie die Nummern 103 101-2 bis 103 245-7, die 103 106-1 fiel schon bald dem Unfall in Rheinweiler zum Opfer. Die verschiedenen Verbesserungen, beispielsweise an den Motoren und der Steuereinrichtung, gestatteten jetzt die Beförderung von 480 t-Zügen mit 200 km/h. Bei den Vorserienloks hatten durch die hohen Ströme bei niedrigen Geschwindigkeiten die Bürsten und die Kommutatoren einem hohen Verschleiß unterlegen, jetzt erlaubten zusätzliche Trafoanzapfungen auf der Niederspannungsseite die Beförderung von 750 t-Zügen im „unteren" Geschwindigkeitsbereich bis 160 km/h.

Die äußere Form dieser Schnellfahrloks hatte man im Windkanal entwickelt, aber die starke Krümmung der Stirnwände führte dazu, daß die Führerstände sehr eng ausfielen. Die letzte Serie von 30 Loks verlängerte man darum um 70 cm zugunsten der Führerstände. Der anfängliche 200 km/h-Betrieb zeigte recht bald, daß dabei die Abnutzung an den Gleisen und den Loks größer als erwartet ausfiel und man stellte die Schnellfahrten ab 1967 vorläufig wieder ein. Es sollte 1977 werden, bis das geplante „IC"-Netz eingeführt werden konnte. Endlich konnten die 103er zeigen, was in ihnen steckte; die Erweiterung der Züge auf die zweite Wagenklasse ließ die Zuggewichte über die geplanten Werte ansteigen.

Lok 103 118-6 war bis vor kurzem für eine Höchstgeschwindigkeit von 250 km/h ausgelegt und wurde vorwiegend für Versuchsfahrten aller Art eingesetzt. Mit einer Kurzzeitleistung von 10400 kW (14100 PS) war sie dabei die stärkste einteilige Lokomotive der Welt.

der Reihe „VL82" von 1966 verwandt. Wenn man beide Netze gemeinsam betrachtet, ergibt sich ein verblüffendes Bild – auf ihnen werden auf Strecken von 44800 km Länge von einer Flotte von mehr als 4000 dieser wuchtigen Maschinen mehr Güter bewegt, als auf allen anderen elektrifizierten Bahnen der Welt zusammen.

Rechts: *Eine Hälfte einer sowjetischen VL82-Bo'Bo'+Bo'Bo'-Zweisystem-Ellok.*

Klasse 73 Bo'Bo' Großbritannien
British Railways (BR), 1967

Bauart: Zweikraftlokomotive mit Diesel- und Elektroantrieb
Spurweite: 1435 mm (4 ft 8½ in)
Stromversorgung: Gleichstrom von 675 V über eine seitliche Stromschiene oder erzeugt durch einen English Electric-Dieselmotor, Typ 4SKRT, von 448 kW (610 PS)
Antrieb: 4 Tatzlagermotoren von je 295 kW (400 PS)
Gewicht: 76,2 t (168000 lb)
Maximale Achslast: 19 t (42000 lb)
Gesamtlänge: 16358 mm (53 ft 8 in)
Zugkraft: 187 kN (42000 lb)
Höchstgeschwindigkeit: 145 km/h (90 mph)

Eines der Probleme elektrifizierter Bahnbetriebe ist die Unvermeidbarkeit, auch auf Strecken zu fahren, die ohne Stromversorgung sind, gleich ob dies kurzzeitig oder auf Dauer der Fall ist. Die Versorgung aus Stromschienen verstärkt dies noch, weil es nicht möglich ist, sie lückenlos zu verlegen. Wie schon beschrieben, fand die Southern Railway bei ihrer „CC 1" eine Lösung mit Hilfe von großen Schwungrädern zur Energiespeicherung, die das Befahren kürzerer stromloser Abschnitte erlaubte.

Mit der Ausweitung der SR-Elektrifizierung wurden die Abschnitte, für die man Dieselloks benötigte, immer kürzer und der Betrieb auf ihnen unwirtschaftlicher. Darum entstanden diese Maschinen, kräftige Elektro-Lokomotiven mit einer zusätzlichen mäßig großen Diesel-Generator-Anlage für den Einsatz fern der Stromschiene. Von

Links: *Der Hochzeits-Sonderzug für den Prinz und die Prinzessin von Wales (mit einer speziellen „CD"-Charles & Diana-Kennung) fährt in den Bahnhof von Romsey, Hants ein, gezogen von der Zweikraftlok Nr. 73142.*

Unten: *Die diesel-elektrische Zweikraftlokomotive Nr. 73142 „Broadlands" der Südregion der British Railways.*

ET22 Co'Co' Polen
Polnische Staatsbahn (PKP), 1972

Bauart: Elektrische Lokomotive für gemischten Dienst
Spurweite: 1435 mm (4 ft 8½ in)
Stromversorgung: Gleichstrom von 3000 V über Oberleitung
Antrieb: 6 Fahrmotoren von je 520 kW (707 PS) mit Hohlwellenantrieb
Gewicht: 120 t (264550 lb)
Maximale Achslast: 20 t (44090 lb)
Gesamtlänge: 19240 mm (63 ft 1½ in)
Zugkraft: 411 kN (92280 lb)
Höchstgeschwindigkeit: 125 km/h (78 mph)

Polen wird vom Westen hauptsächlich als kleiner (und widerspenstiger) Satellitenstaat der Sowjets gesehen. Dabei ist es von seiner Fläche und auch von seiner Eisenbahnstreckenlänge – 24260 km – beispielsweise 30% größer als Großbritannien – während die Bevölkerungszahl 40% kleiner ist. Der erstaunlichste Unterschied ist aber, daß die PKP 7mal soviel Güter befördert wie die Britischen Eisenbahnen. Genau genommen ist dort, abgesehen von der UdSSR, der Schienenverkehr stärker als in jedem anderen europäischen Land. Polen ist auch reich an Kohle und arm an Öl, so daß trotz der relativen Armut des Landes schon 7140 Bahnkilometer elektrifiziert wurden.

Es gibt zwar mehrere Tausend Dieselloks (einschließlich Rangierloks) in Polen, die genaue Zahl wird nicht genannt, aber es ist auch ein Zeichen der Zeit, daß hier – in diesem Umfang einzig in Europa – noch mehr als 1000 Dampflokomotiven mit ihren inzwischen wieder erheblich niedrigeren Energiekosten zur Wirtschaftlichkeit beitragen. Es besteht aber kein Zweifel, daß das elektrifizierte Netz, schon jetzt mit einem Verkehrsanteil von einem Drittel, weiter ausgebaut wird.

Der starke Verkehr auf den dafür vorgesehenen Strecken bedeutet, daß die Versuchung gering ist, vom in den dreißiger Jahren eingeführten 3000 V-Gleichstromsystem abzuweichen. Von Anfang an waren polnische Elloks Drehgestellokomotiven der Achsfolgen Bo'Bo' und Co'Co'.

Die Reihe „ET22" ist die häufigste polnische Elloktype und war ursprünglich für den Güterverkehr bestimmt. Mehr als 500 bauten die „Panstwowa Fabryka Wagonow" (Pafawag) in Wroclaw (Breslau) – mechanischer Teil – und Kolmex in Warschau – elektrischer Teil – seit 1971. Sie folgen der angelsächsischen Tradition der Einfachheit, die 1936 mit einer Serie von Bo'Bo'-Loks englischer Herkunft Einzug hielt. Daher gibt es auch keine „Kinkerlitzchen" wie dynamische Bremsen, obwohl einige Maschinen eine Vielfachsteuerung für die schweren Kohlenzüge vom schlesischen Revier nach Danzig besitzen.

Etwas komplizierter ist der Hohlwellenantrieb, der durch die geringere dynamische Belastung die stark befahrenen Gleise schonen soll. Die Höchstgeschwindigkeit ist hoch genug und auch eine elektrische Zugheizung ist vorhanden (bei Gleichstrombetrieb recht einfach zu bewerkstelligen), um auch Personenzüge zu übernehmen. Dies ist vielleicht auch der Grund, warum in manchen Quellen diese Reihe als „EU22" angegeben wird. „E" heißt „elektrisch", „T" heißt „Towarowy" – „Güter" – und „U" deutet auf gemischten Dienst hin. Nebenbei bemerkt sind die Bo'Bo'-Typen von dieser vielseitigen Lokbauart entstanden 1962 sechs Prototypen, denen 1967 eine Serie von 42 Stück folgte.

Zu ihren interessanten Details gehören die Vielfachsteuerung, nicht nur für den Betrieb mit ihren Schwestern, sondern auch mit normalen elektrischen oder dieselelektrischen Loks. Das Gewicht des Diesel-Aggregats am einen Ende der Lok wird durch eine massive Pufferbohle am anderen aufgewogen. Sowohl Schraubenkupplungen (für Güterzüge) als auch Mittelpufferkupplungen (für Personenzüge) sind vorhanden.

Die ganze Welt konnte im Juli 1981 die Vielseitigkeit der „Klasse 73“ feststellen, als Charles und Diana, Prinz und Prinzessin von Wales, London hinter der Lok Nr. 73142 „Broadlands“ auf dem Weg in die Flitterwochen verließen: 132 Kilometern auf der elektrischen Hauptstrecke folgten 8 weitere auf einer nicht-elektrifizierten Nebenbahn.

Oben: *Ein „Elektro-Diesel“ der Klasse „73“. Die gelben Fronten machen die Loks leichter auf Distanz erkennbar.*

„01“ bis (zur Zeit) „08“ durchgenummert, die Co'Co'-Loks von „20“ bis „23“ und die Bo'Bo'-Doppelloks von „40“ bis „42“. „P“ heißt „Pospiszny“ – „Personen“ –, dementsprechend heißt die jüngste Version der „ET22“ für 160 km/h „EP23“.

Die „ET22“ sind sehr erfolgreiche Maschinen und haben den einst florierenden Export von Dampfloks um elektrische Lokomotiven erweitert: 1973 wurde eine Serie von 23 Loks nach Marokko als Reihe „E-1000“ geliefert.

Rechts: *PKP „ET22-112“ neben einer „Pt31“-Dampflok im Bahnhof von Lublin.*

Reihe 72000 C'C'

Frankreich
Französische Staatsbahnen (SNCF), 1967

Bauart: Diesel-elektrische Mehrzwecklokomotive
Spurweite: 1435 mm (4 ft 8½ in)
Antrieb: Ein 16-Zylinder-4-Takt-Dieselmotor der Société Alsacienne de Constructions Mécaniques, Typ AGO-V16 ESHR, mit 2650 kW (3603 PS) Leistung und Drehstromgenerator mit Gleichrichtern erzeugt den Strom für zwei Gleichstromfahrmotoren, die über Zweiganggetriebe und Gelenkantriebe auf die Drehgestellachsen wirken
Gewicht: 110/114 t (242505/251320 lb)
Maximale Achslast: 18,4/19 t (40565/41885 lb)
Gesamtlänge: 20190 mm (66 ft 3 in)
Zugkraft: im Langsamgang 363 kN (81505 lb)/im Schnellgang 206 kN (46253 lb)
Höchstgeschwindigkeit: im Langsamgang 85 km/h; im Schnellgang 140 km/h (53/87 mpH)

Als die SNCF 1961 mit dem Bau großer Diesellokomotiven begann, war man sich im klaren darüber, daß im Laufe der Zeit für die schwersten Aufgaben stärkere Maschinen als die 2700 PS-Loks der Reihe „68000" benötigt würden. Man bestellte darum zwei Paare zweimotoriger Versuchslokomotiven, die bis zu 4800 PS (3530 kW) leisten konnten. Man war allerdings nie sonderlich von den Komplikationen einer zweimotorigen Maschine begeistert und die Entwicklung neuer Dieselmotoren im Bereich von 3500 bis 4000 PS veranlaßte die SNCF die Lokhersteller um Angebote für eine starke einmotorige Lokomotive zu bitten. Alsthom hatte mit seinem Entwurf einer C'C'-Maschine mit dem „AGO16"-Motor von 3600 PS Erfolg. („A" deutet auf den Hersteller, die Société Alsacienne de Constructions Mécaniques in Mulhouse, „G" und „O" bezeichnen die Konstrukteure namens Grosshaus und Ollier.)

Dieser Motor war eine 16-Zylinder-Version des 12-Zylinder-Motors, der schon in den (A1A)(A1A)-Loks der Reihe „68500" Verwendung fand.

Achtzehn Lokomotiven des neuen Typs wurden 1966 bei Alsthom bestellt, die Ablieferung begann im folgenden Jahr. Die Reihe erhielt die Nummern ab 72001 zugeteilt. Die SNCF war zu dieser Zeit dabei, eine neue Familie elektrischer Lokomotiven mit „monomoteur"-Drehgestellen zu entwickeln und die „72000" hatten vieles mit ihnen gemein. Die Drehgestelle folgten eng der Bauart, die jüngst bei den Viersystem-Lokomotiven der Reihe „40100" eingeführt worden waren, das Zweiganggetriebe gestattete Höchstgeschwindigkeiten von 85 und 140 km/h für Güter- und Schnellzugdienste. Die Fahrmotoren waren die gleichen wie bei den „BB8500", „BB17000" und den „BB25500" Elektrolokomotiven. Die SNCF veranschlagte die Gewichtseinsparung durch die „monomoteur"-Bauart auf 9 t gegenüber dem konventionellen Einzelachsantrieb, vor allem erlaubte er die Einhaltung der vorgegebenen Achslast von 18 t.

Hauptinnovation im elektrischen Teil war die Verwendung eines Drehstrom- anstelle eines Gleichstromgenerators. Der erzeugte Drehstrom wird in Siliziumdioden gleichgerichtet und speist die üblichen Gleichstromfahrmotoren. Zur elektrischen Ausrüstung gehört auch Alsthoms „Superadhäsions"-System, bei dem die Erregung der Motorfelder in annähernd direktem Verhältnis zu Motorspannung und -strom steht. Die Schleuderneigung wird erheblich reduziert und man gibt an, daß die Anfahrzugkraft damit um 15 bis 20% gesteigert werden kann.

Rechts: *Eine der diesel-elektrischen „Monomoteur"-Loks der SNCF-Reihe „72000".*

Reihe 68000 (A1A)(A1A)

Frankreich
Französische Staatsbahnen (SNCF), 1963

Bauart: Diesel-elektrische Personenzuglokomotive
Spurweite: 1435 mm (4 ft 8½ in)
Antrieb: Ein 4-Takt-V12-Dieselmotor von CCM-Sulzer, Typ 12LVA24 von 1985 kW (2700 PS), mit Gleichstromgenerator erzeugt Strom für vier abgefederte Tatzlagermotoren
Gewicht: 79,2 oder 72 t (174605/158730 lb) Reibungsgewicht; 106,4 t (234570 lb) Gesamtgewicht
Maximale Achslast: 19,8 oder 18 t (43650/39680 lb) einstellbar
Gesamtlänge: 17920 mm (58 ft 9½ in)
Zugkraft: 294 kN (66010 lb)
Höchstgeschwindigkeit: 130 km/h (83 mph)

Oben: *Ein Paar diesel-elektrischer Lokomotiven, Reihe „68000" vor einem Schnellzug bei Noyelles, 1978.*

In den fünfziger Jahren breitete sich die Elektrifizierung rapide auf die verkehrsreichsten Hauptstrecken Frankreichs aus und verdrängte die leistungsstarken Dampflokomotiven in großer Zahl auf die verbliebenen nicht-elektrifizierten Strecken. Bis zum Ende dieses Jahrzehnts unternahm man nichts, um die endgültige Ablösung der Dampftraktion durch große Diesellokomotiven auf den Strecken, die nicht genügend Verkehr für eine Elektrifizierung aufwiesen, in die Wege zu leiten. 1962 wurden erst 8% der SNCF-Tonnenkilometer mit Diesellloks befördert.

1960 standen dann Dieselmotoren zur Verfügung, die es erlaubten, Diesellokomotiven zu erbauen, die auch die größten Dampfloks zu ersetzen vermochten und so bestellte man 1961 vier neue Dieselloktypen; 20 B'B'-Loks, die 1500 kW (2040 PS) leisten sollten, 18 (A1A)(A1A)-Loks mit 1985 kW (2700 PS) und zweimal zwei große zweimotorige Maschinen mit Leistungen von 3530 kW (4800 PS).

Die 2700 PS-Reihe „68000" war dafür vorgesehen, die schwersten Zugleistungen von Paris nach Cherbourg und nach Basel zu übernehmen, bis die größeren Maschinen fertiggestellt waren. Ihr Motor ist eine Sulzerkonstruktion, hergestellt vom französischen Partner Sulzers, CCM. Es ist ein 16-Zylinder-Motor in V-Anordnung, im Gegensatz zu den 2750 PS-Sulzer-Motoren mit zwei Kurbelwellen, die damals in großer Zahl für die Britischen Eisenbahnen gebaut wurden. Es war der erste V-Motor von Sulzer für Traktionszwecke seit 1927.

Der Motor treibt einen Gleichstromgenerator an, der Strom für die Tatzlagermotoren erzeugt. Das Gewicht von Motor, Generator und Zugheizkessel machte sechs Achsen erforderlich, man benötigte aber nur vier Fahrmotoren, die mittleren Achsen der Drehgestelle blieben antriebslos. Neuartig war die Möglichkeit, durch Einschieben von Keilen über den Tragfedern der Mittelachsen, den Gewichtsanteil der Treibachsen zu ändern. Auf Strecken, auf denen eine Achslast von 20 t erlaubt ist, tragen die Mittelachsen nur 13,6 t, bei 18 t Achslastgrenze übernehmen sie 17,2 t. Im zweiten Fall gestattet ein sinnreicher Mechanismus, die Last der Treibachsen beim Anfahren bis zu einer Geschwindigkeit von 30 km/h auf den höheren Wert zu steigern. Die Höchstgeschwindigkeit liegt bei 130 km/h.

Auch die Geschwindigkeitssteuerung war für Diesellokomotiven neuartig, sie gleicht den, bei elektrischen Lokomotiven verwen-

Unten: *Lok Nr. 68067 der SNCF fährt im Juni 1967 mit einem Schnellzug nach Paris in Angers ein.*

deten, Sollwertgebern. Der Fahrregler verfügt nur über vier Stellungen: „Halt", „Fahren", „Schneller" und „Langsamer". Bewegt der Lokführer sein Stellrad von „Halt" auf „Fahren", werden die Motorstromkreise eingeschaltet, der Diesel läuft im Leerlauf. Um zu beschleunigen, drückt der Lokführer das Handrad gegen den Druck einer Feder auf „Schneller", bis die gewünschte Geschwindigkeit erreicht ist. Zum Abbremsen dient entsprechend die Stellung „Langsamer". Das eigenwillige Äußere der Lokomotiven mit der pfeilförmigen Lüfterblende und der blau/weißen Lackierung ist charakteristisch für die gesamte damals entstandene Lokfamilie.

Die 1961 bestellten ersten 18 „68000"er wurden ab 1963 von der Cie des Ateliers & Forges de la Loire in St. Chamond abgeliefert. Im Beschaffungsprogramm des folgenden Jahres waren wieder 18 vorgesehen, insgesamt entstanden 82 Loks dieser Reihe. Die ersten Maschinen übernahmen gleich Dienste zwischen Paris und Mulhouse sowie Paris und Cherbourg, aber es war schon bald offensichtlich, daß sie nur mit Mühe die Alltagsaufgaben der 2'D1'-Dampfloks der Reihe „241 P" vor 800 t-Zügen erfüllen konnten und dann auch nur durch längeres Verweilen im Volllastbereich, das man für die Lebensdauer der Maschinen für abträglich hielt.

Eine zweite Version der gleichen Bauform und gleichen Leistung, Reihe „68500", erschien Ende 1963 mit dem „AGOV12-Motor von SACM in Mulhouse, eine kleinere Ausführung des Motors der Reihe „72000". Seit der Inbetriebnahme der „72000"er kann man die „68000"er in weniger anstrengenden Diensten antreffen.

Der Lokkasten folgt in der Ausführung den verwandten Ellokreihen, hat aber ein stärker gewölbtes Dach, um Raum für den Motor zu schaffen. Die Stirnfenster sind wie bei der „40100" stark geneigt, um die Reflektionen zu vermindern, das Aussehen wird aber durch die wabenartig konstruierten Vorbauten erheblich verändert, die das Personal bei Kollisionen schützen sollen.

Man setzte die Loks sofort auf den Strecken von Paris nach der Bretagne und nach Basel ein, wo sie gegenüber der Reihe „68000" nur mäßig bessere Fahrzeiten erzielten, die aber im Zusammenhang mit den Absichten der SNCF standen, die Zeit im Vollastbetrieb auf 60% der Fahrt zu beschränken, verglichen mit den 67%, die man bei den Vorgängern ermittelt hatte. Außerdem verbrauchte auch die elektrische Zugheizung einen Teil der Motorleistung. Die Zahl der Loks wuchs bis auf 92 Stück, die die schwersten Züge auf den meisten nicht-elektrifizierten Strecken übernahmen. Zehn wurden für eine Höchstgeschwindigkeit von 160 km/h abgeändert.

1973 rüstete man die Lok „72075" mit einem SEMT-Pielstick „PA6-280" V12-Motor aus, der anfänglich eine Leistung von 3100 kW (4214 PS) hatte, die im Laufe des Jahres aber auf 3530 kW (4800 PS) gesteigert wurde und die sie zur stärksten Diesellokomotive (zumindest der westlichen Welt) machte. Bei einer Untersuchung Ende 1978 befand sie sich in gutem Zustand und wurde für weitere Zeit dem Verkehr übergeben. Diese Bauartveränderung hatte das Gewicht der Lok auf 118 t erhöht.

WAM4 Co'Co'

Indien
Indian Railways (IR), 1971

Bauart: Elektrische Lokomotive für gemischten Dienst
Spurweite: 1676 mm (5 ft 6 in)
Stromversorgung: Wechselstrom von 25000 V 50 Hz über Oberleitung und Loktransformator wird mit Siliziumdioden gleichgerichtet
Antrieb: 6 Gleichstrom-Tatzlagermotoren von je 441 kW (600 PS)
Gewicht: 113 t (249050 lb)
Maximale Achslast: 19 t (41876 lb)
Gesamtlänge: 18974 mm (62 ft 3 in)
Zugkraft: 332 kN (74600 lb)
Höchstgeschwindigkeit: 120 km/h (75 mph)

Als in den fünfziger Jahren die Verwendung von Industriefrequenz-Wechselstrom in Verbindung mit Gleichrichtern allgemeine Verbreitung fand, schwenkte auch Indien, wie viele andere Länder, die bisher auf Gleichstrom geschworen hatten, darauf um. Da Frankreich auf diesem Gebiet führte, folgten die ersten Lokomotiven auch der dortigen Technik, egal ob aus Frankreich importiert oder in Indien gebaut. Schon bald wurde es aber offensichtlich, daß manches komplizierte Detail wie die abgefederten Motoren mit Gelenkantrieb nicht für die indischen Verhältnisse geeignet waren. Es entstand die erste in Indien entworfene und gebaute elektrische Lokomotivtype, die seit 1971 in den bahneigenen Chittaranjan-Lokomotivwerken gefertigt wird.

Interessant ist, daß sie die gleichen Triebdrehgestelle besitzen wie die indischen diesel-elektrischen Loks; meist gehen die Konstrukteure von Diesel- und Elloks getrennte Wege, wie das Beispiel Großbritannien sehr schön zeigt. Von diesen Maschinen gibt es inzwischen mehr als 300 Stück, alle verfügen über Hochspannungssteuerung und Siliziumgleichrichter, Widerstandsbremsen und Vielfachsteuerung.

Abarten sind die Zweisystemloks „WCAM1" und die „WCG2" für Güterverkehr auf Gleichstromstrecken. Sie gleichen den „WAM4" im Aussehen und haben viele gemeinsame Bauteile. Eine kleine Gruppe der „WAM4"-Reihe erhielt eine geänderte Übersetzung für schwere Erzzüge („WAM4B"), eine Version für höhere Geschwindigkeiten soll ebenfalls im Bau sein.

Die Reihe „WAM4" illustriert anschaulich, wie vernünftiges Denken und Mut zur Selbsthilfe den Indischen Eisenbahnen zu einer beneidenswerten Ausgangsbasis für eine positive Zukunftsentwicklung verhalfen.

Unten: *Die elektrischen 3600 PS-Lokomotiven, Klasse „WAM4", der Indischen Eisenbahnen für Wechselstrombetrieb entstanden in den Chittaranjan Lokomotivwerken als „Eigenbau".*

„Virgen" Talgo-Lokomotive B'B'

Spanien
Spanische Staatsbahn (RENFE), 1964

Bauart: Diesel-hydraulische Schnellzuglokomotive
Spurweite: 1676 mm (5 ft 6 in)
Antrieb: Zwei Maybach-Mercedes V12-Dieselmotoren, Typ MD6557, von 883 kW (1200 PS) treiben je ein Drehgestell über hydraulische Mekydro K104U-Getriebe, Kardanwellen und Zwischengetriebe
Gewicht: 74 t (163140 lb)
Maximale Achslast: 18,5 t (40785 lb)
Gesamtlänge: 17450 mm (57 ft 3 in)
Zugkraft: 240 kN (53885 lb)
Höchstgeschwindigkeit: 140 km/h (87 mph)

Fahrzeuge mit weniger als vier Rädern sind in der Welt der Eisenbahn ziemlich rar, abgesehen von Spanien. Dort haben die Wagen der berühmten „Talgo"-Züge nicht nur zwei Räder (das andere Ende stützt sich auf den nächsten Wagen), sondern sie sind auch so gedrungen gebaut, daß der Fußboden im Durchschnitt nur 356 mm über der Schienenoberkante liegt, verglichen mit den mehr als 1200 mm üblicher Personenwagen. Diese niedrige Schwerpunktlage verhilft den „Talgos" zu einem ausgezeichneten Lauf auf den kurvenreichen Strecken. Auch das Gewicht pro Sitzplatz ist mit 305 kg viel niedriger als die sonst üblichen 460 bis 750 kg.

1964, es liefen schon etliche „Talgos" und weitere waren geplant, wandten sich die Spanischen Staatsbahnen an die Münchner Firma Krauss-Maffei wegen einer Serie von fünf passenden niedrigen Diesellokomotiven. Die beschriebenen Maschinen, heute Reihe „352", waren das Ergebnis. Auch in Spanien ist man der Meinung, daß besondere Fahrzeuge Namen verdienen, als gläubige Katholiken wählten sie dafür die Namen bekannter Wallfahrtsstätten der Heiligen Jungfrau. Im Laufe der Jahre folgten weitere Loks für die „Talgos"; die nächsten fünf waren praktisch gleich, wurden aber in Lizenz bei Babcock y Wilcox in Bilbao gebaut.

8 Maschinen in einer längeren Ausführung, Reihe „353", kamen 1969 noch einmal von Krauss-Maffei; sie leisten 25% mehr als die Vorgänger. 1982 lieferte Krauss-Maffei weitere 8 der Reihe „354" mit einer auf 2980 kW (4050 PS) gesteigerten Leistung. Die letzte der ursprünglichen Serie, die Nr. 3005 „Virgen de la Bien Aparecida" hat eine besonders interessante Geschichte, anfänglich lief sie nämlich auf Normalspurgleisen. Sie zog damals den „Catalan Talgo"-Trans-Europ-Express auf dem französischen Teil seiner Reise von Barcelona nach Genf. Der Wagenzug selbst hat Radsätze, die an der Grenze schnell von der spanischen Breitspur auf die französische Normalspur umgespurt werden können.

Für die „Talgo"-Wagen benötigen die Loks besondere niedrige Zugvorrichtungen und sie müssen auch den Zug mit Energie für Licht, Heizung, Klimaanlage und die Küche versorgen. Dazu dienen zwei 250 PS (184 kW) Diesel-Generator-Sätze. Grundlage der Konstruktion waren die diesel-hydraulischen „V 200"-Lokomotiven der DB; es waren aber etliche Änderungen nötig, um die Ausrüstung bei einer Bauhöhe von 3277 mm unterzubringen. Zum Vergleich: normale spanische Züge sind bis zu 4293 mm hoch.

Das „Talgo"-Prinzip wurde vor kurzem auf einen Schlafwagenzug von Paris nach Madrid ausgeweitet, der die 1458 km in beachtlichen 12 h 55 min zurücklegt, den Spurwechsel eingeschlossen. Interessanteste Neuerung bei diesem und anderen neueren „Talgo"-Zügen ist die Einführung einer passiven Kastenneigungsvorrichtung, die in Kurven höhere Geschwindigkeiten erlaubt.

Rechts: *Eine der gedrungenen diesel-hydraulischen „Virgen"-Lokomotiven, die „Virgen Santa Maria" („Heilige Jungfrau Maria") in Pancorbo vor einem Talgo-Expreß auf der Strecke Miranda–Burgos.*

Metroliner

USA
Pennsylvania Railroad (PRR), 1967

Bauart: Zweiteilige elektrische Schnelltriebwagen
Spurweite: 1435 mm (4 ft 8½ in)
Stromversorgung: Wechselstrom von 11000 V 25 Hz über Oberleitung und Haupttransformator wird gleichgerichtet
Antrieb: 8 Gleichstrom-Tatzlagermotoren von je 221 kW (300 PS) treiben alle Achsen an
Gewicht: 149 t (328400 lb)
Maximale Achslast: 19 t (41880 lb)
Gesamtlänge: 51816 mm (170 ft 0 in)
Höchstgeschwindigkeit: 256 km/h (160 mph) – rechnerische Geschwindigkeit, kann im Betrieb nicht gefahren werden!

Nach 1960 langte der Personenverkehr der Vereinigten Staaten auf einem Tiefpunkt an. Die meisten Bahnen verzeichneten ein massives Defizit ihrer verbliebenen Personenzüge und die Nachfrage sank ständig weiter ab. Auf langen Strecken hatte das Flugzeug einen bis zu zwanzigfachen Zeitvorteil, bei dem die längere Anfahrt zu den Flughäfen außerhalb der Stadtzentren kaum ins Gewicht fiel. Im Nahbereich war das Gegenteil der Fall und hier schien es die Möglichkeit zu geben, einen Verkehr auf der Schiene konkurrenzfähig zu gestalten, wenn man es nicht mit veraltetem Material und auch einem veralteten Image zu tun gehabt hätte.

Eine dieser Verbindungen war die elektrische Hauptstrecke der Pennsylvania Railroad zwischen New York, Philadelphia und Washington, der sogenannte Nordostkorridor. Um hier das Verkehrsangebot zu verbessern, schuf man diese bemerkenswerten Züge. Mögliche Prototypen hatte man 1958 von der Budd Company in Philadelphia (Typ „MP85") erhalten, andere folgten 1963 – die Budd „Silverliners", die die Stadt Philadelphia auf Betreiben der Pennsy kaufte.

Einige Zeit später erhielt die Bahn auch von der Regierung Unterstützung zur Durchführung eines 22-Millionen-Dollar-Programms zum Bau neuer Schnelltriebwagen und eines 33-Millionen-Dollar-Projekts zur Verbesserung der Gleisanlagen – man visierte eine Höchstgeschwindigkeit von 256 km/h an!

1966 bestellte man bei Budd 50 (später auf 61 erhöht) Fahrzeuge aus rostfreiem Stahl, die „Metroliner". Sie erhielten Allachsantrieb, fuhren noch schneller als geplant und hatten die phantastische Kurzzeitleistung von 34 PS pro Tonne (25 kW/t). Die dynamische Bremse wirkt bis herab auf 48 km/h und

Unten: *Ein Metroliner-Schnellzug in voller Fahrt auf der Hauptstrecke des Nordostkorridors.*

hochentwickelte Elektronik übernimmt die Geschwindigkeitssteuerung. Die Triebwagen sind voll klimatisiert, die Speisewagenversorgung erfolgt wie in einem Flugzeug; elektrisch betätigte Türen und öffentliche Funktelefone gehören auch zur Ausstattung. Die Bestellung umfaßte gleichermaßen Großraum-, Snackbar-Wagen und normale Sitzwagen. Jeder Wagen hat an einem Ende einen Führerstand, der Übergang zwischen den Fahrzeugen ist aber möglich. Im Betrieb werden sie als Zwei-Wagen-Einheiten verwendet. Man traf leider die unbedachte Entscheidung, gleich vom Reißbrett aus die Serienproduktion zu beginnen; ein Zeichen für den angeschlagenen Zustand der Pennsy, deren Verantwortliche es jetzt an der sprichwörtlichen Vorsicht fehlen ließen und nicht erst auf dem Bau und dem Testbetrieb von Prototypen bestanden. Ergebnis war eine kaum zu zählende Fülle von Fehlern, die die Betriebsaufnahme so lange verzögerten, bis die unselige Penn Central 1968 alles übernahm. Anfang 1969 begann man mit einem einzigen Zugpaar und mußte ein Umbauprogramm durchführen, um die Wagen überhaupt einsatzfähig zu machen, das noch einmal 50% des Anschaffungspreises kostete.

Amtrak übernahm den Personenverkehr im Mai 1971 und ein Jahr später gab es endlich 14 tägliche „Metroliner"-Zugpaare mit planmäßigen Reisegeschwindigkeiten bis zu 152 km/h. Die angekündigten 150 Meilen pro Stunde konnten auch jetzt nicht gefahren werden, man erreichte bei einer Versuchsfahrt aber immerhin 264 km/h, der Zustand der Gleise erlaubte jedoch höchstens 170 km/h.

Damals begann ein umfangreiches Gleisbauprogramm, dessen Kosten von 2,5 Milliarden Dollar 75mal höher waren als die anfängliche – sehr naive – Kalkulation. Es umfaßt aber auch die Strecke von Boston nach New York. Dieses umfangreiche Werk nähert sich endlich seiner Vollendung und man kann mit in Zukunft höheren Geschwindigkeiten rechnen. Leider sind die Metroliner inzwischen über 15 Jahre alt und wurden auf der Relation New York–Washington durch neue „AEM7"-Lokomotiven und „Amfleet"-Wagen verdrängt, die nichts anderes als unmotorisierte „Metroliner" sind. Die Original-„Metroliner" fahren nun auf der Strecke New York–Philadelphia–Harrisburg. Die ursprünglich geplante Fahrzeit von 2½ Stunden für die 364 Kilometer von New York nach Washington wurde nie erreicht, aber die stündlichen Züge fahren die Strecke in respektablen 3 Stunden (plus ein oder zwei Minuten) bei vier Unterwegshalten, eine Durchschnittsgeschwindigkeit von 121 km/h.

Oben: *Ein Amtrak-Zug von New York nach Washington aus vier Metroliner-Triebwagen.*

Unten: *Ein Budd Metroliner-Schnelltriebwagen der Amtrak mit Innenausstattung als Club-Wagen.*

„Shao-Shan I“ Co'Co'

China
Eisenbahnen der Volksrepublik, 1969

Bauart:
Elektrische Güterzuglokomotive
Spurweite: 1435 mm (4 ft 8½ in)
Stromversorgung: Wechselstrom von 25000 V 50 Hz über Loktransformator und Siliziumgleichrichter
Antrieb: 6 Tatzlagermotoren von je 700 kW (952 PS)
Gewicht: 138 t (304230 lb)
Maximale Achslast:
23 t (50705 lb)
Gesamtlänge:
20368 mm (66 ft 10 in)
Zugkraft: 530 kN (119000 lb)
Höchstgeschwindigkeit:
90 km/h (56 mph)

Die Chinesischen Eisenbahnen waren in der glücklichen Lage, daß die Frage, Gleichstrom oder Wechselstrom, schon entschieden war, bevor sie mit ihrem ehrgeizigen Elektrifizierungsprogramm begannen, das einem Land angemessen ist, das über genügend Kohle und Wasserkraft, aber über wenig Öl verfügt. Das erste Projekt war der Bau einer völlig neuen Eisenbahn mit einigen bestaunenswerten Kunstbauten über 679 km durch gebirgiges Gelände in Zentralchina von Baoji nach Chengtu. Weitere Elektrifizierungen im Anschluß an diese Strecke und auch in anderen Landesteilen sind im Betrieb oder im Bau.

Als man Ende der fünfziger Jahre an die Beschaffung von Lokomotiven denken mußte, besaßen die Franzosen die meisten Erfahrungen mit Industriefrequenzsystemen, man bestellte also eine Anzahl Lokomotiven in Frankreich. Einer ersten Serie in konventioneller Technik folgte 1972 eine Reihe von 40 5350 kW (7275 PS)-Maschinen für gemischten Dienst der Klasse „6G“ in modernerer Technik mit Thyristorsteuerung. In der Zwischenzeit hatte man in Chu-Chu eine Fabrik für elektrische Lokomotiven gebaut und mit der Produktion der „Shaoshan I“ oder „SS1“-Klasse begonnen. Die Klasse hatte zu Ehren des Großen Vorsitzenden Mao, den Namen seines Geburtsortes erhalten, ein Zeichen für den Stellenwert, den die Elektrifizierung beim Aufbau des Chinas der Zukunft haben sollte.

Die „SS1“ basierten auf den französischen Loks von 1960, abgesehen von den Siliziumgleichrichtern an Stelle der Ignitron-Quecksilbergleichrichter. Obwohl die Achslast recht hoch ist, verwendet man einfache Gleichstrom-Tatzlagermotoren. Die Loks besitzen Widerstandsbremsen und die Vielfachsteuerung ermöglicht die Beförderung von Zügen bis zu 2400 t auf Steigungen von 3,3% mit 3 „SS1“-Einheiten mit einer Gesamtleistung von mehr als 17000 PS. Etwa 250 Loks dieser Klasse wurden bisher gebaut.

„SS2“ und „SS3“ – Prototypen als verlängerte und modernisierte

Reihe EF81 Bo'Bo'Bo'

Japan
Japanische Staatsbahnen (JNR), 1968

Bauart: Elektrische Mehrsystemlokomotive für gemischten Dienst
Spurweite: 1067 mm (3 ft 6 in)
Stromversorgung: Gleichstrom von 1500 V oder Wechselstrom von 25000 V 50 Hz oder 60 Hz über Oberleitung. Der Haupttransformator hat nur eine Ausgangsspannung, die nach Gleichrichtung in die Gleichstromsteuerung der Lok eingespeist wird
Antrieb: 6 Tatzlagermotoren von je 425 kW (578 PS)
Gewicht: 101 t (222665 lb)
Maximale Achslast:
17 t (37475 lb)
Gesamtlänge:
18600 mm (61 ft 0 in)
Zugkraft: 195 kN (43785 lb) bei Gleichstrom; 179 kN (40190 lb) bei Wechselstrom
Höchstgeschwindigkeit:
115 km/h (72 mph)

In der jüngeren Vergangenheit hat man dem Bedarf an schweren Güterzugmaschinen auf dem 8435 km langen Kapspurnetz Japans mit dem Bau etlicher Lokomotivreihen mit drei zweiachsigen Drehgestellen genügt. Für alle drei Stromsysteme, die heute in Japan verwendet werden, also für Gleichstrom und für Wechselstrom von 50 oder 60 Hz gibt es derartige Bo'-Bo'Bo'-Lokomotiven, genauso wie es alle denkbaren Spielarten von Zweisystemloks und auch die hier beschriebenen Dreisystemmaschinen gibt. Ähnliche Ausführungen mit der Achsfolge Bo'2'Bo' bieten die Möglichkeit, das Gewicht auf den Triebdrehgestellen nach Bedarf zu ändern. Die Tabelle gibt eine Übersicht über die verschiedenen Typen.

Die Reihe „EF81“ ist die wohl komplizierteste Konstruktion dieser faszinierenden Fülle von Lokvarianten. Zu ihrer Ausstattung gehören unter anderem ein selbsttätiger

Oben: *Eine „EF82“ der Japanese National Railways im Juli 1975 vor einem Containerzug auf der Tohoku-Linie.*

Unten: *Die Mehrsystemlokomotive „EF81“ mit der Achsfolge Bo'Bo'Bo' der JNR in der Seitenansicht.*

Versionen der „SS1" mit Thyristorsteuerung entstanden und es scheint, daß die „SS3" auch in Serie geht, um den Bedarf auf den elektrischen Strecken zu decken, die bald eine Länge von 2000 km überschreiten werden. Nachdem nun nicht nur Gebirgsstrecken im Programm stehen, gibt es auch Pläne für Elektrolokomotiven für Geschwindigkeiten bis zu 120 km/h.

Rechts: *Eine 4200 kW-Einheits-Elektrolokomotive der „SS1" oder „Shao-Shan I"-Klasse der Volksrepublik China für 50 Hz-Wechselstrom.*

Schleuderschutz und eine Achslastausgleichsvorrichtung, ansonsten sind sie jedoch recht einfach gebaut. Auf Gelenkantriebe hat man verzichtet, genauso wie auf eine Widerstands- oder Nutzbremse; auch die Gestaltung des Lokaufbaus blieb auf das Wesentliche beschränkt. Für eine Schmalspurlok ist die Höchstgeschwindigkeit beachtlich, allerdings wird der Großteil des japanischen Personenverkehrs mit Triebzügen abgewickelt – sogar mit Schlafwagen-Schnelltriebzügen, wie wir noch sehen werden. Eine elektrische Zugheizung ist vorhanden, wenn doch einmal ein Personenzug übernommen wird.

Insgesamt 156 „EF81" sind im Einsatz; hergestellt von so bekannten Firmen wie Hitachi, Mitsubishi und Toshiba. Eine Serie von 4 Stück hat einen Aufbau aus rostfreiem Stahl, denn sie müssen einen großen Teil ihres Arbeitslebens in der korrosiven Atmosphäre des 18,7 km langen Unterseetunnels zwischen der Hauptinsel Honshu und Kyushu zubringen.

Japanische Elektrolokomotiven mit drei Drehgestellen

Baujahr	Reihe	Achsfolge	Gleichstrom 1500 V	Wechselstrom 50 Hz	Wechselstrom 60 Hz	Leistung PS	Leistung kW	Gewicht t	Geschwindigkeit mph	Geschwindigkeit km/h
1960	EF30	Bo'Bo'Bo'	●		●	2445	1800	96	53	85
1961	EF70	Bo'Bo'Bo'			●	3125	2300	96	62	100
1961	EF72	Bo'2'Bo'			●	2585	1900	87	62	100
1962	EF63	Bo'Bo'Bo'	●			3465	2550	108	62	100
1962	EF80	Bo'Bo'Bo'	●	●		2650	1950	96	65	105
1964	EF64	Bo'Bo'Bo'	●			3465	2550	108	72	115
1964	EF65	Bo'Bo'Bo'	●			3465	2550	108	72	115
1965	EF76	Bo'2'Bo'		●	●	2585	1900	90,5	62	100
1965	EF77	Bo'2'Bo'		●		2585	1900	75	62	100
1966	EF66	Bo'Bo'Bo'	●			5300	3900	101	75	120
1966	EF71	Bo'Bo'Bo'		●		3670	2700	100,8	62	100
1966	EF78	Bo'2'Bo'		●		2585	1900	81,5	62	100
1968	EF81	Bo'Bo'Bo'	●	●	●	3465	2550	101	72	115

DDA40X „Centennial" Do'Do'

USA
Union Pacific Railroad (UP), 1969

Bauart: Schwere diesel-elektrische Güterzuglokomotive
Spurweite: 1435 mm (4 ft 8½ in)
Antrieb: Zwei aufgeladene General Motors 2-Takt-16-Zylinder-Dieselmotoren, Typ 645, von je 2460 kW (3345 PS) mit angeflanschten Drehstromgeneratoren erzeugen den Strom für 8 Tatzlagermotoren
Gewicht: 247,4 t (545270 lb)
Maximale Achslast: 31 t (68324 lb)
Gesamtlänge: 29997 mm (98 ft 5 in)
Zugkraft: 596 kN (133766 lb)
Höchstgeschwindigkeit: 144 km/h (90 mph)

Wenn man die Nummer eins unter den Bahnen der Welt wählen sollte, wäre der mittlere Teil der ersten transkontinentalen Eisenbahn der Vereinigten Staaten ein aussichtsreicher Kandidat; eine Bahn, die heute noch den gleichen Namen trägt – Union Pacific – wie bei der Eröffnung im Jahre 1869. Zur Dampflokzeit besaß die UP einige der größten und stärksten Lokomotiven der Welt, die legendären „Big Boys", um den stetigen und starken Güterfluß über die kontinentale Wasserscheide zu bewältigen. Auf dem Weg nach Westen begann der Weg in Cheyenne, Wyoming mit dem berühmten „Sherman Hill" (benannt nach dem Erbauer der UP, General Sherman), ein stetiger Anstieg mit 1,5% Steigung auf einer Länge von etwa 65 km.

Als die Dieseltraktion die Zugförderung übernahm, konnte man die Leistung der (2'D) D2'-Dampfloks durch Zusammenkuppeln mehrerer Dieselmaschinen erzielen und übertreffen, aber die UP-Direktion unternahm immer wieder Versuche, einfachere Lösungen durch Erhöhung der Lokleistung zu finden. Es wurde ja schon beschrieben, wie man eine Zeitlang mit Gasturbinenloks hoher Leistung zufrieden war, aber auch wie sie am Ende doch wieder von Dieselloks abgelöst wurden, die in großen Serien nach einheitlichen Entwürfen entstanden.

Ende der sechziger Jahre gewann bei der UP wieder einmal die Meinung die Überhand, daß es Besseres geben müsse, als sechs oder gar acht Lokomotiven vor einem Zug. General Motors hatte eine eigenartige Lokomotive von 5070 PS (3730 kW) mit der Bezeichnung „DD35" zusammengebaut, eine riesige führerstandslose Maschine mit der Ausrüstung von zwei normalen „GP35"-Mehrzwecklokomotiven. Diese Lokeinheit lief auf zwei vierachsigen Drehgestellen, die nicht gerade gut für die Gleise waren, aber da sie ja nur hinter anderen Dieselloks zur Erhöhung der Zugkraft laufen sollte, betrachtete man dies als für den Kurvenlauf nicht allzu schädlich. Trotzdem fand sich kaum jemand, der dies ausprobieren wollte. Nur eine Handvoll konnte man an die Union Pacific und die Southern Pacific verkaufen. Die Gleise der UP waren (und sind) aber auch sehr gut und so deutete man GM an, daß man auch eine „DD35" mit Führerstand gebrauchen könne. Ergebnis war die „DD35A", von der die UP 27 Stück erhielt. Es wurde nicht enthüllt, wieviel man bei ihnen sparte, wenn man die Mehrkosten einer Sonderausführung einrechnete, zumindest bei der Länge gab es mit 26873 mm gegenüber den 34240 mm von zwei „GP35" einen Unterschied.

Eine Jahrhundertfeier („Centennial") in einem noch jungen Land ist ein großartiges Ereignis und als die UP Überlegungen anstellte, wie sie die hundert Jahre ihres Bestehens feiern sollte, beschloß sie, aus diesem Anlaß eine Triebfahrzeugreihe zu bestellen, die wieder einmal die stärkste der Welt sein sollte. Wieder kam fast alles außer dem Fahrgestell der Lokomotive aus dem normalen General Motors-Programm und doch waren die „Centennials" (etwas prosaischer, die Reihe „DDA40X") ein bemerkenswertes Werk.

Genauso wie die „DD35A" eine doppelte „GP35" war, war die „DDA40X" eine verdoppelte „GP40". Die Leistung der 16-Zylinder-Motoren der „GP40" (eine aufgeladene Version der „GP35"-Motoren) wurde von 3045 PS auf 3345 PS (2460 kW) durch Erhöhung der Drehzahl gesteigert und man erhielt eine einteilige Lokomotive von 6690 PS (4920 kW) Leistung. Es war nicht nur die stärkste, sondern auch die längste und schwerste einteilige Maschine mit eigener Energieerzeugung, die es nun auf der Welt gab. Von 1969 bis 1971 baute EMD 47 Exemplare; die Fertigstellung der ersten hatte man vorgezogen, damit sie rechtzeitig mit der beziehungsreichen Nummer „6900" bei den Feierlichkeiten zur Verfügung stand. Führerstand und Vorbau gehen über die volle Breite der Lok und alle modernen Einrichtungen der normalen GM-Loks wurden verwendet. Dazu gehörte der neue Motortyp „645", eine „Uniflow"-2-Takt-Maschine wie der langlebige Vorgängertyp „567". Bei diesen Motortypen haben die Zylinder der 1000 PS-Motoren der Rangierloks und die Maschinen der „Gentennials" die gleichen Abmessungen. Der von den bürstenlosen Drehstromgeneratoren erzeugte Strom wird zur Speisung der Traktionsmotoren in Siliziumdioden gleichgerichtet. Selbstverständlich besitzen die Loks auch dynamische Bremsen und Schleuderschutzausrüstung.

Die komplizierte elektrische Ausrüstung, die allen diesel-elektrischen Loks gemeinsam ist, verbesserte man, indem man sie in einer Anzahl leicht austauschbarer Module anordnete, die die Reparaturzeit der Maschinen verkürzten. Auf diese Weise konnten jegliche Ausbesserungs- oder Einstellarbeiten in entsprechend ausgerüsteten Werkstätten erfolgen. Später wurde dies für die gesamte Produktpalette von

Oben: *Die Reihe „DDA40X" der Union Pacific. Daß sie eine verdoppelte „GP40" ist, zeigt der offene Durchgang zwischen den beiden Maschinenaufbauten.*

Unten: *Die Union Pacific „DDA40X" Nr. 6900 führte den „Golden Spike"-Jubiläumszug aus Anlaß der Jahrhundertfeier der ersten amerikanischen Transkontinentalstrecke.*

Oben: *Zwei Do'Do'-„Centennial"-Dieselloks der UP bilden hier eine Einheit, die 13380 PS (9840) leistet und damit eine Zugkraft von fast 1200 kN erzeugt.*

GM zur Norm, die entsprechenden Lokmodelle werden als „Dash-2" (Strich-2) bezeichnet, beispielsweise als „SD40-2".

Man kann sagen, daß durch diese Entwicklung den Monster-Lokomotiven schon wieder das Wasser abgegraben wurde, denn einer der wichtigsten Gründe für die Kombination von zwei „GP40"-Aggregaten auf einem Rahmen war die Vereinfachung der Elektrik. Nun gab es aber auch bei den kleineren Einheiten weniger Schwierigkeiten und als Ergebnis davon wurden keine dieser „Dinosaurier" mehr gebaut, nicht einmal für die Union Pacific. Ein weiterer Grund war die Einführung der „SD45-2"-Reihe mit einem 20-Zylinder-Motor von 2685 kW (3650 PS).

Nach diesen großartigen „Centennials" kehrte also auch die UP wieder dazu zurück, wie praktisch alle anderen Eisenbahnen der USA ihre Lokomotiven „nach Katalog" zu bestellen. Wenn ein Zug zusammengestellt wird, berechnet man hier die nötige Lokleistung und kuppelt aus den verfügbaren Maschinen die entsprechende Garnitur zusammen, dabei sind unteilbare große Einheiten nicht unbedingt von Vorteil. So wurden also nach den „Big Boys" und den Gasturbinenloks auch die „Centennials" von gewöhnlicheren Triebfahrzeugen aus dem Dienst verdrängt. Dennoch ist die ständige Parade meilenlanger Güterzüge am Sherman Hill und über die Wasserscheide eines der großartigsten Erlebnisse dieser Erde, zumindest für Eisenbahnfreunde.

Unten: *Frisch aus dem Werk präsentiert sich die Nr. 6900 dem Fotografen der Union Pacific Railroad Company.*

Klasse 92 (1′Co)(Co1′)

Ostafrika
East African Railways (EAR), 1971

Bauart: Diesel-elektrische Lokomotive für gemischten Dienst
Spurweite: 1000 mm (3 ft 3⅜ in)
Antrieb: Ein Alco 4-Takt-V12-Zylinder-Dieselmotor, Typ 251F, von 1902 kW (2586 PS) mit Generator erzeugt Gleichstrom für 6 Tatzlagermotoren
Gewicht: 99 t (218200 lb) Reibungsgewicht; 114,5 t (251255 lb) Gesamtgewicht
Maximale Achslast: 16,5 t (36370 lb)
Gesamtlänge: 18015 mm (59 ft 1 in)
Zugkraft: 343 kN (77000 lb)
Höchstgeschwindigkeit: 72 km/h (45 mph)

Oben: *Ein Zug leerer Tankwagen auf dem Weg von Nairobi nach Mombasa hinter einer Alco-Diesellok der Klasse 92.*

Der Bau der Uganda-Eisenbahn war der Beginn der sogenannten Zivilisation im heutigen Kenia. Kleine holzgefeuerte Dampflokomotiven erreichten 1895 das Gebiet von Nairobi und damit begann die Geschichte einer Bahnlinie, die die meiste Zeit ihres Bestehens mit der Bewältigung des stetig steigenden Güteraufkommens zu kämpfen hatte.

In den dreißiger Jahren löste Öl das Holz als Brennstoff ab und der Verkehr erreichte einen Punkt, an dem man Gelenklokomotiven – die legendären Beyer-Garratts – benötigte. Diese Lokomotivriesen bewältigten den Verkehr so ausgezeichnet, daß die Vertreter der Dieselindustrie bei der, nun East African Railways genannten, Bahn eine harte Nuß zu knacken hatten. Verschiedene Studien im Laufe der Jahre machten deutlich, daß es keinen Grund für eine Veränderung gab, es sei denn, man wollte „besser sein, als Meiers nebenan". Und doch bestellte die Verwaltung in den sechziger Jahren in Großbritannien eine Reihe von English Electric-Maschinen mittlerer Leistung.

1970 hatte die Verdieselung auf Nebenlinien schon einige Fortschritte zu verzeichnen, aber die Hauptstrecke, die vom Meeresspiegel in Mombasa ständig bis auf eine Höhe von 2783 m in Timboroa ansteigt, war noch immer fest in der Hand der Garratts. Um eine wirtschaftliche Lösung für die Verdieselung dieser Bahn zu finden, sahen sich die EAR zum ersten Mal außerhalb Englands um. Das Ergebnis der Suche waren diese Loks der Klasse „92", die die Montreal Locomotive Works nach einem Alco-Entwurf bauten. Sie leisteten 38% mehr als die seinerzeit stärksten kenianischen Dieselloks.

Grundlage war ein Alco-Standardprodukt, das der Meterspur angepaßt wurde. Um die Achslast auf eine für die Strecke westlich Nairobi annehmbare Größe zu vermindern, mußte man nicht nur dreiachsige Drehgestelle vorsehen, sondern sogar noch zusätzliche Laufachsen anbringen. Diese Anordnung wurde von den MLW speziell für niedrige Achslasten als „Afrikanische Serie" angeboten. Die EAR bestellten außerdem eine noch

„1967 Tube Stock"

Großbritannien
London Transport (LT), 1967

Bauart: Vierteiliger elektrischer U-Bahn-Triebzug mit automatischer Steuerung
Spurweite: 1435 mm (4 ft 8½ in)
Stromversorgung: Gleichstrom von 600 V über zwei Stromschienen
Antrieb: 8 Tatzlagermotoren von je 105 kW (143 PS) in 2 Triebwagen
Gewicht: 60 T (132250 lb) Reibungsgewicht; 93,5 t (206075 lb) Gesamtgewicht
Maximale Achslast: 7,5 t (16530 lb)
Gesamtlänge: 65355 mm (214 ft 5 in)
Höchstgeschwindigkeit: 96 km/h (60 mph) höchste Betriebsgeschwindigkeit: 88 km/h (55 mph)

Wenn man die Verwalter des berühmten King's College in Cambridge fragen würde, welches das Geheimnis ihres perfekten Rasens sei, bekäme man zur Antwort, das sei kein Problem – einfach 400 Jahre den Rasen walzen, schneiden und pflegen. In gleicher Weise würde vielleicht London Transport auf die Frage nach ihrem Erfolgsrezept antworten, daß man erst einmal ein Jahrhundert Erfahrung sammeln müsse. Die Victoria-Linie, auf der der automatische Betrieb 1968 aufgenommen wurde und 1971 auf die Strecke von Brixton bis Walthamstow ausgeweitet wurde, war ein Höhepunkt der Bahngeschichte, ermöglicht durch die vielfältigen Erfahrungen aus dem alltäglichen Untergrundbahnbetrieb seit 1863, dem elektrischen Betrieb seit 1890 und dem automatischen Zugbetrieb seit 1963. Der öffentliche Einsatz automatischer Züge begann 1964 im Zubringerverkehr zwischen Woodford und Hainault in Ost-London. Man war mit den Ergebnissen zufrieden und begann mit der Planung neuer Fahrzeuge für die projektierte Victoria-Linie.

Neu war bei diesem „1967 Tube Stock" (U-Bahn-Material von 1967), daß sobald der „Fahrer" (eigentlich ein „Zugbegleiter, er fuhr ja nicht) den „Startknopf" gedrückt hatte, der Zug ohne menschlichen Einfluß bis zur nächsten Station weiterfuhr. Zwei separate elektrische Impulssysteme versorgen die Kontrolleinrichtungen mit den entsprechenden Informationen. Einmal gibt es eine Reihe von Impulsen im mittleren Frequenzbereich, die über die Schienen ständig den Zügen zugeleitet werden – 420 Impulse/min bedeuten „Fahren", 270 bedeuten „Langsam", 180 „Leistung abschalten" und kein Signal heißt „Anhalten". Zusätzlich gibt es „Kommandostellen" an zweckmäßigen Punkten, an denen weitere Geschwindigkeitsinformationen im Tonfrequenzbereich an die Züge gegeben werden, die von der Kontrollautomatik innerhalb der durch das konstante Signal vorgegebenen Grenzen verarbeitet werden.

Die Kosten einer solchen Automatik sind hoch, aber sie ergeben auch erhebliche Einsparungen, nicht nur durch den Fortfall der

leichtere und schwächere Version (Klasse „88") mit gleichem Fahrgestell.

1976 wurde die EAR unter den Eigentümern, den Staaten Kenia, Uganda und Tansania aufgeteilt. Die Klasse „92" ging an Kenia und behielt dort diese Bezeichnung. Seitdem entstand bei General Electric auch eine Reihe „93" mit der Achsfolge Co'Co'. Der technische Fortschritt hatte zu einem geringeren Gewicht geführt, man konnte auf die Laufachsen verzichten.

Rechts: *Eine „92"er der Kenya Railways noch in der Beschriftung der früheren East African Railways, mehr als ein Jahr nach der Aufteilung der Gesellschaft.*

Unten: *Beachten Sie wie man einem Standardprodukt von Alco Laufachsen hinzufügte, um die Achslasten zu verringern und die Kurvenführung zu verbessern.*

Hälfte des Zugpersonals. Eine 20-prozentige Erhöhung der Durchschnittsgeschwindigkeit erspart etliche Zuggarnituren bei einer gegebenen Fahrtenzahl und die automatische Steuerung läßt sich auch für einen minimalen Stromverbrauch bei einer vorgegebenen Reisegeschwindigkeit programmieren.

Andere Neuerungen dieses Materials standen nicht in direktem Zusammenhang mit der Automatik, obwohl die starken Stirnlampen dem „Fahrer" eine bessere Sicht auf die Strecke geben sollen, nachdem er sich nicht mehr an Signalen orientieren kann. Weiter gibt es seitlich herumgezogene Stirnfenster, hydraulische Handbremsen und Widerstandsbremsen, die bis herab auf 16 km/h wirken.

Die Züge bestehen aus vierteiligen Einheiten aus zwei Motor- und zwei Beiwagen. Automatische „Wedgelock"-Kupplungen, die auch die Luft- und die elektrischen Leitungen verbinden, erleichtern die Zusammenstellung von 8-Wagen-Zügen. Der Stadtverkehr im Untergrund von London ist sehr weit vorangekommen seit der Einführung der kleinen fensterlosen, von winzigen Elloks gezogenen, Züge der City & South London Railway (siehe Seite 24) vor fast einem Jahrhundert.

Rechts: *Ein automatisch gesteuerter U-Bahn-Zug fährt in die Londoner „Seven Sisters Station" ein.*

RTG-Triebzug

Frankreich
Französische Staatsbahnen (SNCF), 1972

Bauart: Fünfteiliger Gasturbinen-Schnelltriebzug
Spurweite: 1435 mm (4 ft 8½ in)
Antrieb: Zwei Société Française Turbomeca Gasturbinen, Typ Turmo IIIF1, von 845 kW (1150 PS) Ausgangsleistung in den Endwagen treiben über Voith-Hydraulikgetriebe die Achsen der Enddrehgestelle an
Gewicht: 64,9 t (143075 lb) Reibungsgewicht; 259 t (570990 lb) Gesamtgewicht
Maximale Achslast: 16,2 t (35715 lb)
Gesamtlänge: 128990 mm (339 ft 6⁵/₁₆ in)
Zugkraft: 120 kN (26945 lb)
Höchstgeschwindigkeit: 180 km/h (112 mph)

Da die SNCF keine Diesellokomotiven besaß, die schneller als 140 km/h fahren konnten, untersuchte sie 1966 die Frage des Baus von Triebzügen für nichtelektrifizierte Strecken, die vergleichbare Leistungen wie die Elektrotraktion erzielen sollten, das heißt normale Fahrgeschwindigkeiten von 160 km/h und bis zu 200 km/h auf geeigneten Abschnitten. Die nichtelektrifizierten Bahnlinien wiesen mehr Streckenstücke mit Geschwindigkeitseinschränkungen auf, als die meist großzügiger trassierten Strecken des E-Betriebs. Damit war für die angestrebten Fahrleistungen ein erheblich besseres Leistungsgewicht nötig, als es die damaligen Dieseltriebwagen aufweisen konnten, um die nötige Beschleunigung und eine hohe Geschwindigkeit auch auf Steigungen zu gewährleisten.

Die französische Luftfahrtindustrie stellte für den Antrieb von Hubschraubern recht erfolgreich kleine Gasturbinen her und die SNCF sah in diesen Turbinen eine Chance, die Leistung von Triebwagen nennenswert, aber praktisch ohne Mehrgewicht gegenüber dem Dieselantrieb, zu erhöhen. Das erste derartige Experiment begann 1967. In den Beiwagen eines zweiteiligen 330 kW (449 PS)-Einheitstriebzugs baute man eine „Turmo III"-Gasturbine der Société Française Turbomeca von 810 kW (1100 PS) ein, die über ein hydraulisches Voith-Getriebe auf ein Drehgestell wirkte. Beide Wagen erhielten eine andere Drehgestellbauart. Die Turbine leistete in den Hubschraubern 1500 PS (1103 kW), für den Bahneinsatz setzte man die Leistung herab. Sie verbrannte Dieseltreibstoff, gleichermaßen wegen des Preises und der größeren Sicherheit.

Die erste Probefahrt fand am 25. April 1967 statt; zwei Monate später erreichte man erstmals 230 km/h und bei weiteren Versuchen fuhr man immer wieder 200 bis 250 km/h schnell. Mit dem Kraftstoffverbrauch war man zufrieden, vor allem wenn man berücksichtigte, daß es keine andere Möglichkeit gab, diese Leistung aus einem solch kleinen Aggregat herauszuholen. Anfänglich „TGV" genannt, bezeichnete man dieses Fahrzeug später als „TGS" (Turbine à Gaz Spéciale).

Der nächste Schritt war 1968 die Bestellung von 10 vierteiligen Triebzügen für die Strecke Paris–Caen–Cherbourg. Ein Triebwagen erhielt einen herkömmlichen 330 kW (449 PS)-Dieselmotor, der andere eine verstärkte Gasturbine, Typ Turmo IIIF1. Der Antrieb glich damit dem „TGS", der große Unterschied bestand in der Ausstattung der Fahrgasträume nach Hauptbahnstandard und mit einem Speiseraum. Diese „ETG"s (Élément à Turbine à Gaz) übernahmen 1970 die durchgehenden Leistungen zwischen Paris und Cherbourg.

Oben: *Einer der fünfteiligen gasturbinengetriebenen Schnelltriebzüge der Französischen Staatsbahnen für nichtelektrifizierte Strecken.*

Unten: *Ein Motorwagen der SNCF RTGs. Die starke Gasturbine befindet sich in dem fensterlosen Raum zwischen den beiden Türen am Kopfende des Wagens.*

Baureihe 132 Co'Co'

Deutsche Demokratische Republik
Deutsche Reichsbahn (DR), 1973

Bauart: Diesel-elektrische Schnellzuglokomotive
Spurweite: 1435 mm (4 ft 8½ in)
Antrieb: Ein Kolomna „5D49"-V16-4-Takt-Dieselmotor von 2207 kW (3000 PS) mit Turbolader und Drehstromgenerator erzeugt den Strom für 6 Tatzlagermotoren
Gewicht: 125,5 t (276675 lb)
Maximale Achslast: 21 t (46295 lb)
Gesamtlänge: 20620 mm (67 ft 8 in)
Zugkraft: 326 kN (73195 lb)
Höchstgeschwindigkeit: 120/140 km/h (75/87 mph)

Die Kunst des erfolgreichen Baus von Diesellokomotiven läßt sich nur auf eine Weise erlernen – durch langes Sammeln eigener Erfahrungen und manchen bitteren Rückschlag. Auch die russischen Ingenieure waren da keine Ausnahme und mußten sich damit abfinden, seit in den zwanziger Jahren Professor Lomonossoff Versuche mit ersten Diesellokomotiven unternahm. In den sechziger Jahren, nach dem Bau von Tausenden selbsterbauter Dieselloks war man soweit, daß man diese russischen Erzeugnisse auch dem Ausland anbieten konnte. Zugegeben, man hat es noch nicht fertiggebracht, mit Bahnen ins Geschäft zu kommen, die auch Zugang zu General Motors-Produkten haben, aber es ist noch nicht aller Tage Abend. Das Festhalten der Russen am erfolgreichsten Prinzip des Lokomotivbaus – der Einfachheit – läßt zumindest weitere Erfolge erwarten.

Das erste Exportmodell war eine 2000 PS (1471 kW)-Maschine mit zwei Führerständen. Man verkaufte sie nach Ungarn (Reihe „M62") nach der Tschechoslowakei („T679.1" und „T679.5"), nach Polen („ST44"), in die DDR („120") und nach Korea („K62"). All diese Lokomotiven baute die Lokomotivfabrik in Woroschilowgrad. Aus dieser Type mittlerer Leistung entwickelte man dort eine stärkere Version mit dynamischer Bremse, die SZD „TE-109".

Die Prototypen dieses Typs baute man mit zwei verschiedenen Übersetzungen für den Güter- bzw. den Personenverkehr. Auch sie besaßen Drehstromgeneratoren mit Gleichrichtern, außerdem einen Umrichter für die Zugheizung mit Einphasenstrom von 16⅔ Hz. Der Hauptabnehmer dieser 3000 PS-Maschinen war die Deutsche Reichsbahn der DDR. Die ersten dieser Loks kamen 1970, die Reichsbahn reihte sie als 130 ein; sie hatten keine Heizeinrichtung und waren anfänglich für 140 km/h zugelassen. Im Laufe der Zeit reduzierte man bei ihnen durch Umbauten die Höchstgeschwindigkeit auf 120 bzw. 100 km/h. Als Reihe 131 für den Güterverkehr besitzen sie keine Heizung und waren

Dies war damit der erste Städteschnellverkehr der Welt, der durchgehend mit der Gasturbinentraktion betrieben wurde. Caen wurde nach 109 Minuten erreicht, eine Reisegeschwindigkeit von 131 km/h. Die Züge haben eine offizielle Höchstgeschwindigkeit von 180 km/h, fahren im Betrieb aber nur 160 km/h. Bei Versuchsfahrten erzielten auch sie 200-250 km/h.

Der Erfolg der „ETG"s verstärkte die Nachfrage nach solchen Zügen mit noch besserer Ausstattung. Man befriedigte diesen Wunsch mit dem Bau von Triebzügen mit längeren Einzelwagen, die vier- oder fünfteilig eingesetzt werden können, über Klimaanlagen verfügen und auch sonst dem neuesten Stand entsprachen. Anstelle des Diesels erhielten sie eine weitere „Turmo IIIF1"-Turbine. Jeder Triebwagen verfügt außerdem über eine kleine „Aztazou IV A"-Turbine, die Energie für die Hilfsbetriebe und die Beleuchtung liefert, denn die Hauptturbine wird nur für den eigentlichen Zweck, den Antrieb des Zugs, angelassen.

Diese „RTG"s übernahmen bald nach ihrer Ablieferung die Leistungen nach Cherbourg, der Großteil ging aber nach Lyon für die nichtelektrifizierten Querverbindungen nach Strasbourg, Nantes und auch Bordeaux. Insgesamt entstanden 41 dieser Züge, zwei wurden später auch an die Amtrak in USA verkauft.

Die Gasturbinenfahrzeuge stellten einen bemerkenswerten Erfolg für die französischen Ingenieure dar, sie sind nicht nur zuverlässig und in angemessenem Rahmen wirtschaftlich, sie sind auch gleichermaßen für die Reisenden und die Umwelt eine annehmbare Belastung. Obwohl die Gasturbinentraktion seitdem nicht mehr ausgeweitet wurde, kann man diese französischen Triebzüge als die bisher erfolgreichste Anwendung dieser Antriebsform im Personenverkehr ansehen.

Oben: *Ein französischer RTG in voller Fahrt zwischen Tours und Vierzon auf dem Weg von Nantes nach Lyons.*

Rechts: *Ein Amtrak „Turbo-train" nähert sich dem Bahnhof von Chicago. Zwei dieser Züge wurden in Frankreich erbaut, weitere lieferte die Rohr Inc. in Lizenz.*

von Anfang an 100 km/h schnell bei entsprechend höherer Zugkraft. Der größte Teil der Loks dieser Grundtype gehört zur Baureihe 132, die von 1973 an geliefert wurde und auf die sich die angegebenen Daten beziehen. Andere Bezieher der „TE-109" sind Bulgarien und die Tschechoslowakei, wo man sie als Reihe „07" bzw. „T679.2" bezeichnet.

Rechts: *Die in der UdSSR gebaute 132335-1 der Deutschen Reichsbahn im Jahre 1978 in Halberstadt.*

Reihe 15000 B'B'

Frankreich
Französische Staatsbahnen (SNCF), 1971

Bauart: Elektrische Schnellzuglokomotive
Spurweite: 1435 mm (4 ft 8½ in)
Stromversorgung: Wechselstrom von 25000 V 50 Hz über Oberleitung über Loktransformator wird mit Siliziumdioden gleichgerichtet und mit Thyristoren gesteuert
Antrieb: Je Drehgestell ein Fahrmotor von 2300 kW (3127 PS) wirkt über Zahnradgetriebe und Kardangelenkantriebe auf beide Treibachsen
Gewicht: 88 t (194005 lb)
Maximale Achslast: 22 t (48500 lb)
Gesamtlänge: 17480 mm (57 ft 4⅛ in)
Zugkraft: 288 kN (64800 lb)
Höchstgeschwindigkeit: 180 km/h; im Betrieb 160 km/h (112/100 mph)

Oben: *Diese Lokomotive im Pariser Gare de Lyon gehört zur Schwesterbaureihe der „15000" für Gleichstrom, der Reihe „7200".*

Schon bald nach Beginn der Versuche mit dem 50 Hz-Wechselstromsystem war es der SNCF klar, daß die Existenz ihres 1500 V-Gleichstromnetzes den Einsatz von Lokomotiven erfordern würde, die auf beiden Systemen verkehren konnten. Sonst würde der Zeitverlust durch den Lokwechsel in Verbindung mit der schlechteren Ausnutzung der Lokomotiven die wirtschaftlichen Vorteile der Hochspannungselektrifizierung teilweise aufheben. So umfaßten die Versuche mit Wechselstrommaschinen auch Zweisystemfahrzeuge, denen die Entwicklung von Lokfamilien folgte, das heißt von Wechselstrom-, Gleichstrom- und Zweisystemloks mit möglichst vielen gleichen Bauteilen. Die Bezeichnung dieser Reihen war ein illustres Beispiel gallischer Logik, es basierte auf der mathematischen Gleichung: „Wechselstrom" + „Gleichstrom" = „Zweisystem". So gehörten zu den Wechselstromloks der Reihe „17000" und den „8500"er Gleichstromloks die Zweisystemloks der Reihe „25500".

Verschiedene Entwicklungsstufen der französischen Lokomotiventwicklung bildeten entsprechende Lokfamilien. So gehörten zu einer Gruppe die ersten vierachsigen laufachslosen Maschinen mit Einzelachsantrieb. Die nächste, vorhin erwähnte, Gruppe umfaßt Zweigang-„monomoteur"-Lokomotiven mit Silizium-Gleichrichtern. Die dritte Gruppe „15000" + „7200" = „22200" brachte den Eintritt in die Thyristorära; mit einer UIC-Nennleistung von 4620 kW (6281 PS) sind es auch die stärksten französischen vierachsigen Maschinen. Bemerkenswert ist auch, daß man bei ihnen zu einer einzigen Getriebeübersetzung zurückkehrte. Die zuerst erschienene „15000"er war primär für den schweren Schnellzugdienst bestimmt und man erachtete einen Langsamgang für unnötig, hoffte man doch, daß die verschiedenen Verbesserungen der Technik seit Einführung der Zweigang-Loks es den Thyristormaschinen auch so ermöglichen würden, Güterzüge zu übernehmen.

Es ist bei der SNCF üblich, neue Technologien erst einmal an vorhandenen Fahrzeugen auszuprobieren. Durch das Beibehalten eines großen Teils der bewährten Technik kann man sich ganz auf die Untersuchung des Neuen konzentrieren. Einen Teil der ersten Versuche mit Thyristorsteuerungen machte man mit einer der ersten Zweispannungs-Lokomotiven, der BB-20006 (ex Nr. 10001). Sie erhielt Widerstände zur Geschwindigkeitsregelung beim Gleichstrombetrieb und für die Nutzbremse. Bei Wechselstrombetrieb wurde der heruntertransformierte Strom gleichgerichtet. Die versuchsweise eingebaute Thyristorschaltung arbeitete nur als Wechselrichter für die Nutzbremsung an Wechselstrom. Die erste reguläre Anwendung einer Steuerung der Traktionsleistung durch Thyristoren erfolgte bei Triebzügen; 1971 erschienen dann die ersten von vornherein mit Thyristoren bestückten Regelfahrzeuge, wiederum Triebzüge, dann auch die B'B'-Lokomotiven der Reihe „15000".

Bis zu diesem Zeitpunkt hatte man die Fahrspannung bei Wechselstromlokomotiven mit Hilfe von Transformatoranzapfungen auf der Hochspannungsseite gesteuert, jetzt bot die Thyristortechnik eine elegante Alternative dazu und vor allem die Möglichkeit der stufenlosen Einstellung der Motorspannung.

Die Reihe „15000" hatte man dazu bestimmt, die wichtigsten Schnellzugleistungen auf der Hauptstrecke der Ostregion der SNCF, der ehemaligen Ostbahn, von Paris nach Strasbourg zu übernehmen. Ihnen folgten bald die „CC-6500" für Gleichstrom und die Dieselloks der Reihe „CC-72000", die viele gemeinsame Teile besaßen, vor allem auch den gleichen Lokaufbau. Jedes Drehgestell hat nur einen Fahrmotor, der fest auf dem Rahmen montiert und mit den Ach-

sen durch Getriebe und Gelenkantriebe verbunden ist. Der Kasten ruht auf vier Gummifederelementen, zwei an den Außenseiten und zwei nahe der Längsachse. Diese bemerkenswert einfachen Konstruktionselemente bestehen aus mehreren Gummischichten mit Stahlzwischenlagen, die zugleich die vertikalen Kräfte und die Seitenkräfte durch die Auslenkung der Drehgestelle aufnehmen.

Wichtigste Neuerung der „15000"er war aber wie erwähnt die vergleichsweise einfache Spannungssteuerung mit Hilfe von Thyristoren. Der Lokführer hat hier die Wahl zwischen zwei Regelungsarten: mit konstanter Geschwindigkeit oder mit konstantem Strom. Bei der ersten Möglichkeit gibt er die gewünschte Geschwindigkeit und einen Maximalwert für den Strom ein. Die Steuerautomatik der Lok beschleunigt auf diese Geschwindigkeit und variiert dann den Strom, um sie zu halten – innerhalb der Grenze des Maximalstroms. Beschleunigt die Lok im Gefälle wird der Fahrstrom reduziert und gegebenenfalls auch die Widerstandsbremse eingeschaltet. Bei der anderen Methode hält das Steuersystem den Strom auf einem eingestellten Wert, die Geschwindigkeit muß der Lokführer durch Einstellung von Hand regulieren.

Die konstruktive Höchstgeschwindigkeit der „15000"er liegt bei 180 km/h. Dies scheint etwas überraschend in Anbetracht der Tatsache, daß damals auf einigen Abschnitten des SNCF-Netzes schon 200 km/h zugelassen waren. Auf der Ostregion, für die sie bestimmt waren, war (und ist) das Tempo aber auf 160 km/h begrenzt. Beim Entwurf der Loks nutzte man jede Möglichkeit, die Wartungskosten zu senken, so führte man die Fahrmotoren selbstbelüftend aus, um gesonderte Motorlüfter zu sparen. Sie waren auch die ersten Streckenlokomotiven mit zwei Führerständen, die mit nur einem Pantografen ausgerüstet wurden.

Sie genossen schon bald einen exzellenten Ruf und es dauerte nicht lange, bis 74 dieser Loks den Schnellzugverkehr der Ostregion dominierten. Die Erforschung der Thyristortechnik ging indessen weiter. Unter anderem baute man der schon betagten CC-20002 Steuerelemente für eine Leistung von 5700 kW ein, mit der die Fahrmotoren der fest angekuppelten BB-9252 gesteuert wurden. Als nächstes baute man die Nr. 15007 in die Gleichstromlok Nr. 7003 um und erprobte in ihr die Ausrüstung der Reihe „7200".

1976 begann die Ablieferung der Reihe „7200", ein Jahr später gefolgt von den Zweispannungsloks der Reihe „22200", die einen zweiten Pantografen und einen Transformator mit Gleichrichter erhielt. Die Fahrsteuerung ist bei beiden Stromsystemen dieselbe. Beide Loktypen ähneln der „15000" sehr stark, sie sind aber etwas länger und haben keine Nutzbremse, sondern Widerstandsbremsen, die auch bei Netzausfall mit Hilfe von Batterien zur Motorerregung funktionsfähig sind.

Die Reihen „7200" und „22200" sind in der Südostregion stationiert und haben dort auf den Linien, die nicht von TGVs befahren werden, ältere Bauarten ersetzt. Zu ihrem Einsatzgebiet gehört auch die Strecke von Marseille nach Ventimiglia; die 1118 Kilometer von Paris bis Ventimiglia fahren die „22200"er durch. Sie übernehmen auch schnelle Güterzüge nach Nordfrankreich, eine relativ neue Einrichtung des Güterfernverkehrs, die Durchläufe über 1120 km von Marseille bis Lille einschließt. Dies sind die längsten Lokläufe in Frankreich und die hohe Kilometerleistung, die die Loks damit erreichen können, rechtfertigt die Mehrkosten der Zweisystemloks gegenüber den einfacheren Maschinen.

Man hatte gehofft, die Reihe „7200" auch im schweren Güterzugdienst einsetzen zu können; es kam dabei aber zur Überhitzung der Fahrmotoren, so daß man die ersten 35 Loks vorübergehend mit anderen Übersetzungen für eine Höchstgeschwindigkeit von 100 km/h umbaute. Alle späteren Loks erhielten wieder zwangsbelüftete Motoren.

Vor dem Getriebeumbau war die Nr. 7233 neun Monate lang zur Südwestregion umstationiert und fuhr dort mit dem „L'Etendard" zwischen Paris und Bordeaux auf langen Abschnitten mit einem Tempo von 200 km/h. Später testete man die Nr. 22278 auf die gleiche Weise und bewies damit die Tauglichkeit dieser Baureihe für Geschwindigkeiten auch über der Entwurfsgeschwindigkeit von 180 km/h.

Bis zum Jahr 1982 hatten die SNCF 210 Stück der Reihe „7200" und 150 Stück der „22200" bei Alsthom bestellt, die auch 48 ähnliche Lokomotiven an die Niederländischen Staatsbahnen NS liefert. 1982 rüstete man die Nr. 15055 probeweise mit Drehstrom-Synchronmotoren aus und Nr. 15056 erhielt Drehstrom-Asynchronmotoren.

Unten: *Diese Lokomotivtype gibt es in drei Versionen, für 50 Hz-Wechselstrom als „15000", für Gleichstrom als „7200" und für beide Stromsysteme als „22200".*

Oben: *Die SNCF Lok Nr. 15059 bei Pringy auf der Strecke Paris–Strasbourg vor einem „Corail"-Zug.*

Re 6/6 Bo'Bo'Bo'

Schweiz
Schweizerische Bundesbahnen (SBB), 1972

Bauart: Elektrische Hochleistungslokomotive für gemischten Dienst
Spurweite: 1435 mm (4 ft 8½ in)
Stromversorgung: Wechselstrom von 15000 V 16⅔ Hz über Oberleitung und Loktransformator
Antrieb: 6 Fahrmotoren von je 1300 kW (1768 PS) Dauerleistung mit Gelenkantrieben
Gewicht: 120 t (264550 lb)
Maximale Achslast: 20 t (44090 lb)
Gesamtlänge: 19310 mm (63 ft 4½ in)
Zugkraft: 395 kN (88690 lb)
Höchstgeschwindigkeit: 140 km/h (87 mph)

Oben: *Die Re 6/6 Nr. 11632 „Däniken" der SBB im Mai 1982 vor einem schweren Tankwagenzug bei Effingen auf der Strecke Zürich–Basel.*

10000 Pferdestärken in einer Lokomotive! Und das ohne Mogeln – nämlich in einer einteiligen Lokomotive. Die Geschichte dieses Höhepunkts des Schweizer Lokomotivbaus ist die Geschichte der stetig steigenden Anforderungen des Verkehrs auf der Gotthardstrecke über die Alpen.

Die ersten schweren Geschütze nach Elektrifizierung der Gotthardbahn waren die weltberühmten „Krokodile", große (1'C)(C1')-Lokomotiven mit nur einem Viertel der Leistung der Re 6/6-Maschinen. Insgesamt 52 wurden gebaut, heute ist keine mehr im regulären Einsatz zu finden. 1931/32 erschienen zwei aufsehenerregende vierzehnachsige Doppellokomotiven der Reihe „Ae 8/14". Die Oerlikonmaschine brachte es auf eine Leistung von 8800 PS (6472 kW) und damit auf eine maximale Zugkraft von 588 kN, die für so manche Kupplung etwas zu hoch war. Die andere, von BBC, war etwas weniger leistungsfähig. 1940 stellten die SBB eine weitere Doppellok der gleichen einzigartigen Achsanordnung, die mit einer Gesamtleistung von 11100 PS (8165 kW) erstmals über der Schallgrenze von 10000 PS lag; ihre Zugkraft lag durch die etwas höhere Höchstgeschwindigkeit von 110 km/h „nur" bei 490 kN. Allerdings wog sie das Doppelte unserer „Re 6/6". Man war zwar zufrieden mit ihnen, sie wurden aber nicht nachgebaut.

Die „Re 4/4"-Lokomotiven mit zwei Drehgestellen für den Schnellzugdienst erschienen 1946 nach dem Vorbild der zwei Jahre zuvor entstandenen „Ae 4/4" der Lötschbergbahn (schon beschrieben). Im Nachhinein scheint es unverständlich, warum die Schweizer nicht einfach eine höher übersetzte Güterzugversion der „Re 4/4" bauten, die man am Gotthard in Mehrfachtraktion gefahren hätte. Tatsache bleibt, daß dies nicht geschah und daß man weiter nach einer einzigen Loktype suchte, die allen Aufgaben gewachsen war. So kam es, daß Brown Boveri, Oerlikon und die Schweizer Lokomotivfabrik gemeinsam 1952 eine Lokomotive mit sechs angetriebenen Achsen und mit fast 1000 PS pro Achse vorstellten, die „Ae 6/6". In ihnen steckte das gesamte Wissen, das man mit den „Ae 4/4" und „Re 4/4" gesammelt hatte.

Von dieser Reihe „Ae 6/6" mit einer Dauerleistung von 4290 kW (5833 PS) wurden bis 1966 120 Exemplare gebaut. Sie besitzen Rekuperationsbremsen und eine zulässige Höchstgeschwindigkeit von 125 km/h. Bei ihnen kehrte man zum schon lange nicht mehr ausgeübten Brauch der Namensgebung von Lokomotiven zurück. Man begann mit den Schweizer Kantonen, aber schon bald war das Ende der Liste erreicht und man nahm die Namen größerer und kleinerer Städte; die Nachfolger der „Ae 6/6" mußten sich schließlich mit Namen kleiner und kleinster Orte begnügen. Die gesteigerte Leistung der Reihe „Ae 6/6" kam im richtigen Zeitpunkt, ein explosiver Verkehrsanstieg stand bevor. Von 1950 bis zum Ende der sechziger Jahre stieg die beförderte Tonnage auf das Dreifache und die Zahl der Züge auf das Doppelte.

Um diese Situation in den Griff zu bekommen, schlug man den Bau noch stärkerer Lokomotiven vor. Eine schnelle Hilfe war der Umbau vorhandener Maschinen für Mehrfachtraktion – einer Maßnahme, der man in der Schweiz sehr reserviert gegenüber stand. 1972 lieferte das gleiche Firmenkonsortium vier Prototypen einer neuen Hochleistungslokomotive mit der ungewöhnlichen Achsfolge Bo'Bo'Bo'. Es war unsinnig, die Leistung über ein Maß zu steigern, das die Beförderung von 850 t-Züge am Gotthard ermöglichte, denn schwereren Zuglasten sind die europäischen Schraubenkupplungen nicht gewachsen. Will man schwerere Züge über die Rampen ziehen, muß eine weitere Lokomotive zwischen die Wagen eingereiht werden, um die Zughakenlast im vorderen Zugteil zu reduzieren.

Die ersten beiden „Re 6/6", Nr. 11601-2, erhielten einen geteilten Lokkasten, die beiden anderen ei-

nen einteiligen, den man dann auch für die Serienproduktion übernahm. Man legte sie für eine Zuglast von 800 t bei einer Geschwindigkeit von 80 km/h auf den 2,7%-Steigungen aus. Einer der Gründe für die Wahl der Bo'Bo'Bo'-Achsfolge anstelle der Co'Co'-Bauform war die Reduzierung des festen Achsstands, auf einer Strecke wie der Gotthardbahn mit fast ununterbrochenen Kurven bis herab zu 300 m Radius ein äußerst wichtiger Punkt. Der ungeteilte Lokkasten vereinfachte und verbilligte die Konstruktion des Mitteldrehgestells gegenüber der Gelenkbauart. Alle drei Drehgestelle sind drehzapfenlos ausgeführt; um kleine Ungleichmäßigkeiten der Gleislage auszugleichen, können sich die Achsen gegen den Widerstand von Federn in seitlicher Richtung bewegen.

Heute trifft man die „Ae 6/6" meist auf weniger anstrengenden Strecken an; sie brauchen auch heute keinen Vergleich zu scheuen, doch die „Re 6/6" leisten bei gleichem Gewicht 80% mehr. Zusätzlich sind sie nicht nur im schwersten Güterzugdienst auf Bergstrecken anzutreffen, sondern sie sind auch noch für die höchste in der Schweiz zugelassene Geschwindigkeiten von 140 km/h geeignet.

Rechts: *Die Re 6/6 Nr. 11630 „Herzogenbuchsee" der Schweizerischen Bundesbahnen auf der Gotthardbahn unterhalb Wassen vor dem internationalen Schnellzug „Barbarossa" am 24. Mai 1981.*

Unten: *Die Serienausführung der Co'Co'-Lokomotiven, Reihe Re 6/6 der Schweizerischen Bundesbahnen. 10000 PS in einer einzigen Maschine.*

SD40-2 Co'Co'

USA
Electro-Motive Division, General Motors Corporation (EMD), 1972

Bauart: Diesel-elektrische Mehrzwecklokomotive
Spurweite: 1435 mm (4 ft 8½ in)
Antrieb: Ein EMD 2-Takt-V16-Dieselmotor mit Turbolader, Typ 645E3, von 2240 kW (3045 PS = 3000 HP) mit Drehstromgenerator und Gleichrichtern erzeugt den Strom für 6 Tatzlagermotoren
Gewicht: 167 t (368000 lb)
Maximale Achslast: 27,8 t (61330 lb)
Gsamtlänge: 20980 mm (68 ft 10 in)
Zugkraft: 370 kN (83100 lb)
Höchstgeschwindigkeit: 105 km/h (65 mph)

Oben: *„Road-switcher" Nr. 7044 der Burlington Northern ist eine von fast 900 SD40-2-Lokomotiven dieser Bahn.*

Seit 50 Jahren dominiert die Electro-Motive Division von General Motors auf dem nordamerikanischen Diesellokmarkt mit einem Marktanteil von 70 bis 75%. Den Rest teilten sich die früheren Dampflokproduzenten Alco und Baldwin/Lima, einige kleinere Firmen und schließlich GE; seit 1969 ist davon nur noch GE übriggeblieben. Wichtiger ist dabei aber die Tatsache, daß EMD nie ein Monopol erlangen konnte und obwohl der Großteil des Erfolgs dieser Firma auf der Herstellung einer begrenzten Zahl von Standardtypen beruhte, Sonderwünsche der Kunden nie ganz ignorieren konnte; die EMD-Modelle wurden ständig der Entwicklung angepaßt. Das Hauptaugenmerk richtete man dabei auf die Steigerung der Leistung, die Reduzierung des Brennstoffverbrauchs und der Unterhaltskosten und auf die Verbesserung der Zugkraftübertragung zwischen Rad und Schiene.

Unten: *Eine EMD SD40-2 im Blau der Conrail, einem von der US-Regierung finanzierten Netz etlicher in Konkurs gegangener Bahnen im Osten der USA, dessen bekanntester Bestandteil die frühere Penn Central ist.*

Die Einführung der „hood-units" mit der Reihe „GP7" im Jahre 1949 kennzeichnete den Anfang vom Ende der vollverkleideten „cab-units", mit denen EMD seine Vorrangstellung aufgebaut hatte. Von nun an sollten fast alle EMD-Streckenlokomotiven Mehrzweckmaschinen sein. Das Übergreifen der Dieseltraktion auf Nebenstrecken machte eine neue Variante nötig, denn die vierachsigen Maschinen hatten sehr hohe Achslasten. Es entstanden sechsachsige Versionen, die man mit „SD" für „Special Duty" (Sonderdienst) bezeichnete. Obwohl die Achslast verringert wurde, stieg das Gesamtgewicht, damit waren sie auch für Bahnen interessant, die durch die klimatischen Bedingungen ein möglichst hohes Reibungsgewicht benötigten. Es wurde fortan üblich, von jedem Modell vier- und sechsachsige Varianten anzubieten.

An anderer Stelle dieses Buchs wurde die „GP35" beschrieben. Sie besitzt den ursprünglichen Motortyp „567", der auch in entsprechende „SD"-Lokomotiven eingebaut wurde. Mit der Leistung von 2500 HP, die man aus dem Motor holte, war man an der Obergrenze angekommen, die Entwicklung einer neuen Motorbaureihe wurde notwendig. Man behielt den Kolbenhub von 10 Zoll (254 mm) bei und vergrößerte den Zylinderdurchmesser von 8,5 Zoll (216 mm) auf $9^1/_{16}$ Zoll (230 mm). Das Zylindervolumen stieg auf 645 Kubikzoll (10,57 Liter) und gab den Motoren die Typenbezeichnung „645". Man blieb bei der Zweitaktbauart und bot die Motoren mit oder ohne Turbolader an. Eine Zweitaktmaschine braucht einen gewissen Ladedruck, um sauber zu arbeiten, deshalb verwendet man ein vom Motor angetriebenes Roots-Gebläse, wenn der Turbolader unerwünscht ist. Es gab daher zwei divergierende Entwicklungslinien, einmal die Turbolader-Motoren mit immer weiter steigender Leistung und daneben die einfachere Ausführung, deren Leistung bei 2000 HP (1492 kW) stehen blieb, die aber von den mechanischen Verbesserungen profitierte.

Einer der Vorzüge der ersten Dieselloks, die die Dampfloks vor den Güterzügen ablösten war, daß etliche Maschinen mäßiger Leistung in Mehrfachtraktion mit einer Lokcrew auch die größten Dampflokomotiven ersetzen konnten. Diese Dieselloks waren kaum größer als die Diesel-Rangierloks, die schon auf einigen Bahnen liefen und ihre Unterhaltung war dadurch einfacher als die der oft überlasteten Dampflokomotiven, die eine aufmerksame Wartung und guten Brennstoff verlangten, um ihr Bestes zu geben. Auch wenn man die höheren Kapitalkosten der Dieselloks einbezog, konnte man durch die niedrigeren Betriebskosten einiges sparen.

Nachdem alle Einsparungsmöglichkeiten durch eine Vollverdieselung erzielt worden waren, mußten sich die Fachleute nach neuen Wegen zur weiteren Verbesserung der Wirtschaftlichkeit umsehen. Man verstand inzwischen die Probleme der Diesellokunterhaltung besser und kam auf den Gedanken, eine kleinere Zahl größerer Lokeinheiten zu verwenden, um eine gewünschte Gesamtleistung zu erzielen. Dies sparte sowohl beim Kauf als auch bei der Unterhaltung Kosten ein. Die Konkurrenz EMDs war schneller und warb zuerst mit höheren Lokleistungen. Erst 1958 bot auch EMD seine „SD24" von 1790 kW (2400 HP) als Gegenstück zum (beschriebenen) Fairbanks-Morse „Trainmaster" von 1953 an. 1959 erschien auch ein vierachsiges EMD-Modell gleicher Leistung; der PS-Wettlauf hatte begonnen.

1965 kam die „645"er-Maschine in zwei Versionen, mit Gebläse-Aufladung als „645E", wie üblich in 8-, 12- und 16-Zylinder-Ausführungen und als „645E3" mit Turbolader und mit 12, 16 und 20 Zylindern. Diese Antriebsaggregate bot EMD in 9 verschiedenen Lokmodellen an, darunter die „GP40" und die „SD40" mit 16-Zylinder-Turbolader-Motor, der 2240 kW (3045 PS) leistet und die „SD45" mit einem 20-Zylinder-Motor von 2690 kW (3657 PS). Diese erste nordamerikanische Lokomotive mit einem 20-Zylinder-Motor etablierte auch EMD endgültig in den Rängen der Hersteller von Lokomotiven mit 3000 HP und mehr, einige Zeit nachdem schon Alco und GE diesen Punkt erreicht hatten. Alle Lo-

komotiven dieser Modellreihe erhielten auch einen neuen Fahrmotortyp mit verbesserter Isolation und damit einem besseren Verhalten bei hohen Leistungen. Die sechsachsigen Lokomotiven erhielten neue Flexicoil-Drehgestelle, um die Laufeigenschaften zu verbessern und bei den Loks ab 3000 HP verwendete man Drehstromgeneratoren, die kleiner und leichter als die Gleichstromgeneratoren sind und damit mehr Raum für die Unterbringung der großen Dieselaggregate lassen.

Solange die Eisenbahnen noch von Höchstleistungslokomotiven begeistert waren, war die „SD45" das populärste Modell der ganzen Reihe, innerhalb von 6 Jahren verkaufte man 1260 Stück. Die stärkste vierachsige Maschine, die „GP40" verkaufte sich 1201mal, die „SD40" baute man 883 mal.

Bis 1972 waren dies die EMD-Standardmodelle; dann überarbeitete man sie gründlich, um der immer noch starken Konkurrenz von GE zu begegnen. Zur Unterscheidung fügte man der Typenbezeichnung eine „2" hinzu, beispielsweise „SD40-2". Die neue Baureihe nannte man „Dash 2" (Strich 2).

Von nun an bot man keine weitere Leistungssteigerung an, sondern konzentrierte sich ganz auf eine bessere Brennstoffausnutzung und eine Vereinfachung der Unterhaltsarbeiten. Die größte Änderung gab es bei der elektrischen Ausrüstung; sie führte man jetzt in Form leicht austauschbarer Module mit gedruckten Schaltungen aus, wo immer dies möglich war. Die Besitzer früherer Modelle hatten verschiedentlich Schwierigkeiten gehabt, Fehler in der Elektrik zu finden, man entwickelte darum eine Anzeigetafel, die Störungsmeldungen aufzeichnete und speicherte.

Die sechsachsigen Lokomotiven bot man mit einer neuen Drehgestelltype an, die als „HT-C" (High-Traction = Hohe Zugkraft, Achsfolge C) bezeichnet werden. Vor allem zwei Dinge bestimmten den Trend der künftigen Bestellungen der „Dash-2"-Modelle: Erstens, daß die zusätzlichen Unterhaltskosten der 20-Zylinder-Maschine mit großem Turbolader und Kühlern für 600 PS mehr gegenüber der 16-Zylinder-Maschine von vielen Bahnen nicht für gerechtfertigt gehalten wurden und zweitens, daß die vierachsige „GP40" sehr zum Schleudern neigte und ihre hochbeanspruchten Fahrmotoren übermäßige Wartungskosten verursachten. Dadurch entwickelte sich die „SD40-2" mit 3000 HP auf 6 Achsen zum beliebtesten Modell. Ende der siebziger Jahre kann man sie als Standard-Hochleistungs-Diesel-loks unserer Zeit bezeichnen, denn zu diesem Zeitpunkt hatte EMD schon fast 4000 Stück verkaufen können. Der größte Abnehmer war hierbei die Burlington Northern mit etwa 900 Loks, das ist ein Viertel ihres gesamten Bestands.

Gleichzeitig hatten die hohen Kosten für die Wartung eines Turboladers im Vergleich mit dem Roots-Gebläse viele Bahnen zum Kauf der 2000 HP-Loks „GP38-2" für Dienste, bei denen ihre Leistung ausreichte, veranlaßt; bis 1980 hatte man von ihnen mehr als 2000 Exemplare verkauft.

EMD ging nun das Problem der Reibungsausnutzung durch Einführung einer Schleuderschutzeinrichtung an, die mit Hilfe von Doppler-Radar arbeitet und genügend empfindlich ist, um sicher nahe der Reibungsgrenze zu fahren. Die Fortentwicklung der Motoren führte zu einem 16-Zylinder-Motor von 2610 kW (3550 PS), der seit 1980 in der vierachsigen „GP-50" angeboten wird, so daß die Bahnen wieder die Möglichkeit haben, eine derartige Leistung ohne Mehrkosten durch sechsachsige Drehgestelle zu erhalten.

Unten: *Drei SD40-2-Lokomotiven der Canadian National Railways. Die zweite Maschine hat einen der neuen „Sicherheits"-Führerstände.*

Klasse Dx Co'Co'

Neuseeland
New Zealand Railways (NZR), 1972

Bauart: Diesel-elektrische Lokomotive für gemischten Dienst
Spurweite: 1067 mm (3 ft 6 in)
Antrieb: Ein General Electric (USA) 12-Zylinder-Dieselmotor, Typ 7FDL-12, von 2050 kW (2787 PS) mit Drehstromgenerator und Siliziumdioden erzeugt Gleichstrom für 6 Tatzlagermotoren
Gewicht: 97,5 t (214890 lb)
Maximale Achslast: 16,3 t (35925 lb)
Gesamtlänge: 16916 mm (55 ft 6 in)
Zugkraft: 241 kN (54225 lb)
Höchstgeschwindigkeit: 105 km/h (65 mph)

Neuseeland mag ein Land mit einer geringen Einwohnerzahl sein und auch Eisenbahngleise mit einer geringeren Spurweite besitzen, aber seine Eisenbahner waren schon immer von großen Lokomotiven eingenommen. So waren die legendären, in Neuseeland gebauten, 2'D2-Dampfloks der „K"-Klasse mindestens genauso leistungsfähig wie alles, was im englischen Mutterland umherfuhr, trotz einer erheblich geringeren Achslast. Gleichermaßen kann man diese großen „Dx"-Diesellokomotiven mit den Einheitsloks der British Railways, Klasse „47", vergleichen, auch heute noch beträgt die Achslast hier nur etwa 70% des in England üblichen Wertes.

Die Klasse „Dx" war der Höhepunkt eines Verdieselungsprogramms, das 1955 mit 40 (A1A)(A1A)-Einheiten der Klasse „Dg" begann. Der damalige „Commonwealth-Vorzugstarif" bei den Einfuhrsteuern bedeutete für britische Hersteller einen deutlichen Vorteil und so ging die Bestellung an English Electric. Die Loks waren sehr leicht konstruiert, um auf den

Links: *Ein Güterzug der New Zealand Railways mit einer Co'Co'-Lokomotive der Klasse „Dx" überquert eine der typischen Stahlfachwerkbrücken.*

Unten: *Die diesel-elektrischen Co'Co'-Lokomotiven der Klasse „Dx" lieferte General Electric (USA).*

Baureihe 403

Bundesrepublik Deutschland
Deutsche Bundesbahn (DB), 1973

Bauart: Vierteiliger elektrischer Schnelltriebzug
Spurweite: 1435 mm (4 ft 8½ in)
Stromversorgung: Wechselstrom von 15000 V 16⅔ Hz über Oberleitung und Dachleitung zu den einzelnen Wagen
Antrieb: Thyristoranschnitt-gesteuerte Mischstrommotoren mit Gummiring-Kardan-Antrieben an allen Achsen; Gesamtleistung: 3840 kW (5221 PS)
Gewicht: 235,7 t (519620 lb)
Maximale Achslast: 14,7 t (32405 lb)
Gesamtlänge: 109220 mm (358 ft 4 in)
Höchstgeschwindigkeit: 200 km/h (125 mph)

Nach den Erfolgen des internationalen TEE-Schnellverkehrs nahm die DB 1971 ihr neues Intercity-Netz noch schnellerer Inlandsverbindungen in Betrieb. Man verwendete, meist von den Schnellzugloks der Baureihe „103" gezogene, kurze Wagenzüge, die nur die erste Wagenklasse führten. Man war sich aber auch der Vorteile bewußt, die Triebzüge mit Allachsantrieb durch das höhere Reibungsgewicht und die gleichzeitig niedrigeren Achslasten im Vergleich zu lokbespannten Zügen bieten. Die DB gab daher drei elektrische Schnelltriebzüge in Auftrag, die mit einer Höchstgeschwindigkeit von 200 km/h auch der Entwicklung noch schnellerer Fahrzeuge für die Neubaustrecken dienen sollten und die 1973 als Baureihe „403" abgeliefert wurden. Jede Garnitur besteht aus vier Wagen mit Allachsantrieb und automatischen Kupplungen. Die Endtriebwagen besitzen einen Führerstand und tragen die Stromabnehmer; die beiden Mittelwagen werden über eine selbsttätig kuppelnde Dachleitung mit Hochspannung versorgt; in einem von ihnen befindet sich ein Speiseraum. Die eigenwillige windschnittige Vorderpartie der Züge verhalf ihnen schon bald zu dem Spitznamen „Donald Duck".

Die bewährte elektrische Ausrüstung der S-Bahn-Triebzüge, Baureihe „420", wurde – soweit möglich – übernommen. Abgesehen von den Stromabnehmern besitzt jeder Wagen eine vollständige Ausrüstung mit Haupttransformator, Spannungsregelung und Bremswiderständen.

Die Luftfederung der Drehgestelle wird gleisbogenabhängig zur Verbesserung des Fahrkomforts so gesteuert, daß der Kasten sich bis zu 4° neigt. Als Betriebsbremse dient die fahrdrahtabhängige Widerstandsbremse mit Druckluftzusatzbremse. Die Drehgestelle besitzen Scheiben- und Magnetschienenbremsen, elektronische Gleitschutzanlagen und automatische Überwachung der Achslagertemperaturen. Sie sollen bis zur nächsten Aufarbeitung, abgesehen von Profilberichtigungen, eine Laufleistung von 600000 km erreichen.

Die Fortschritte des Schnellzugwagenbaues in Deutschland führten zu immer geringeren Wagengewichten; bei den Kästen dieser Triebzüge ging man wieder einen Schritt weiter. Erstmals verwendete man Großstrangpreßprofile aus Aluminium bei Hochgeschwindigkeitsfahrzeugen. Ergebnis war eine Achslast unter 15 t, die wesentlich günstiger für die Gleise ist, als die 19,5 t der „103"er-Lokomotiven.

Im Mai 1974 nahmen die Triebzüge ihren regulären Dienst auf einer der längsten Inlandsstrecken – 781 km mit sechs Zwischenhalten zwischen München und Bremen – auf. Sie waren bei den Reisenden

schwachen Schienen der Südinsel eingesetzt werden zu können, wo die Achslast auf nur 11 t beschränkt war.

Zwischen 1955 und 1957 schaffte General Motors den großen Einstieg mit der 74 Loks zählenden Klasse „Da" von 1065 kW (1448 PS), die den Verkehr auf den Strecken der Nordinsel von nun an dominierten. Die NZR erhielten auch 16 leichtere GM „Db"-Lokomotiven für Nebenbahnen der Nordinsel. 1968/69 lieferte die japanische Firma Mitsubishi 60 Bo'-Bo'Bo'-Loks, Klasse „Dj" für die Südinsel, die 780 kW (1060 PS) leisteten und eine Achslast von 10,9 t hatten. Diese Lieferung verdrängte 1972 die letzte planmäßig eingesetzte Dampflokomotive aus dem Dienst der NZR.

Inzwischen war man zur Überzeugung gekommen, daß man stärkere Lokomotiven mit Vorteil einsetzen konnte und man entwarf die Klasse „Dx". Überraschenderweise wendeten sich die NZR wieder an eine andere Bezugsquelle, die vierte, für diese großartigen Maschinen. General Electric aus den USA lieferte von 1972 bis 1975 47 Exemplare dieser Type. Man verwendet sie für die Spitzenzüge auf der Hauptstrecke der Nordinsel von Wellington nach Auckland, gleichermaßen im Personen- und im Güterzugdienst. Die Konstruktion basiert auf dem GE Standard-Exportmodell „U26C".

GE konnte aber den Kunden nicht für sich gewinnen; weitere Lieferungen erfolgten durch General Motors in (A1A)(A1A)- und in Co'Co'-Ausführung ähnlicher Form – 67 Stück „Dc" und 30 Stück „Df". Und dies trotz einer hitzigen Diskussion über die Frage, ob man in diesem Land mit seinem verhältnismäßig geringen Verkehrsbedürfnis überhaupt Eisenbahnen brauche. Am Ende entschied man sich doch für die Bahn, aber gegen die Dieseltraktion. Die New Zealand Railways arbeiten seitdem an einem umfangreichen Elektrifizierungsprogramm, das die Verwendung einheimischer Energiequellen ermöglicht.

Oben: *Den „Silver Star"-Expreß auf der Nordinsel befördert eine „Dx".*

sehr beliebt, an Freitagen und Montagen mußten sie oft durch einen fünften Wagen aus der Reservegarnitur verstärkt werden.

Das Jahr 1979 brachte das Ende dieser Einsätze: das IC-System der DB wurde in großem Maß umgestaltet. Nachdem die ICs jahrelang den Fahrgästen der ersten Klasse vorbehalten gewesen waren, hatte die DB entschieden, daß ein umfangreiches Netz schneller Städteverbindungen nur unter Einbeziehung der zweiten Klasse wirtschaftlich zu gestalten sei. Die 403er boten aber nur Plätze erster Klasse und darüber hinaus war die DB zu der Auffassung gekommen, daß nur lokbespannte Züge die nötige Flexibilität für den Betrieb bieten konnten.

Die drei Schnelltriebzüge schieden aus dem Plandienst aus, fanden aber bei einzelnen Sondereinsätzen reichlich Beschäftigung. Das änderte sich 1982, als die Lufthansa die Züge probeweise anmietete, um mit ihrer Hilfe – sehr werbewirksam – Inlandsflüge und die dafür benötigten Treibstoffmengen einzusparen. Seitdem verbinden sie die Flughäfen von Frankfurt und Düsseldorf, Zwischenhalte erfolgen in Bonn und Köln.

Anfänglich altweiß mit anthrazitfarbenem Fensterband und roten Zierlinien lackiert, traten sie ihren neuen Dienst im Gelb und Grauweiß der Lufthansa-Flugzeuge an, von dem sich ihre schwarzen Fensterrahmen abheben.

Rechts: *Die Schnelltriebzüge der DB-Baureihe 403 werden heute auf Rechnung der Deutschen Lufthansa anstelle von Inlandsflügen zwischen dem Frankfurter Flughafen und dem Rhein-Ruhrgebiet eingesetzt.*

Klasse 87 Bo'Bo' Großbritannien
British Railways (BR), 1973

Bauart: Elektrische Lokomotive für gemischten Dienst
Spurweite: 1435 mm (4 ft 8½ in)
Stromversorgung: Wechselstrom von 25000 V 50 Hz über Oberleitung und Loktransformator mit Gleichrichtern
Antrieb: 4 abgefederte Fahrmotoren von je 932 kW (1267 PS) mit ASEA-Hohlwellenantrieben
Gewicht: 83 t (182930 lb)
Maximale Achslast: 20,75 t (45735 lb)
Gesamtlänge: 17830 mm (58 ft 6 in)
Zugkraft: 258 kN (58000 lb)
Höchstgeschwindigkeit: 160 km/h (100 mph)

Obwohl man in beiden Fällen nach dem Krieg am Nullpunkt beginnen mußte, kann man sich kaum größere Gegensätze denken, als sie die Entwicklungsgeschichten der britischen Dieselloks und der Wechselstrom-Elloks aufzeigen. Aufeinanderfolgende Dieseltypen ähnelten sich oft so wie aufeinanderfolgende Bilder eines Kaleidoskops, während die sieben Typen der elektrischen Lokomotiven alle gleich aussahen und auch die gleiche Höchstgeschwindigkeit und Achsfolge besaßen.

Die ersten 5 Typen waren die Antworten verschiedener Hersteller auf die Aufforderung zum Entwurf einer elektrischen Lokomotive mit 160 km/h Höchstgeschwindigkeit für den Betrieb mit 50 Hz-Wechselstrom mit Spannungen von 25000 V und 6250 V. Die Tabelle gibt eine Übersicht.

Alle besaßen im Drehgestell befestigte Fahrmotoren mit Gelenkantrieben. Anfänglich hatten die Klassen „81" bis „84" Quecksilberdampfgleichrichter, die Klasse „85" dagegen von Anfang an Diodengleichrichter und auch Widerstandsbremseinrichtung. Alle besaßen Umschalteinrichtungen für eine Fahrdrahtspannung von 6250 V, die aber bei ihnen nie zur Verwendung kommen sollte. Da alle regelmäßig zu befördernden Züge elektrische Heizung besaßen, waren Dampfkessel überflüssig; mußte man im Winter einmal dampfgeheizte Wagenzüge mit ihnen bespannen, standen Heizkesselwagen zur Verfügung.

Zur vollständigen Umstellung auf

Oben: *Eine Ellok der Klasse 87 vor einem Schnellzug der Westküstenstrecke.*

Unten: *Die Bo'Bo'-Lokomotiven der Klasse 87 sind die modernsten elektrischen Lokomotiven der British Railways. Sie wurden 1973-74 für die Erweiterung des elektrischen Betriebs von Crewe nach Glasgow beschafft.*

Erste Bezeichnung	Spätere	Erbaute Stückzahl	Erbaut von	Elektrische Ausrüstung von	Heutige Stückzahl
AL1	81	25	Birmingham Carriage & Wagon	AEI	22
AL2	82	10	Beyer-Peacock	Metropolitan-Vickers	0
AL3	83	15	English Electric		0
AL4	84	10	North British	General Electric	0
AL5	85	40	BR Doncaster	AEI	40

Links: *An einem klaren Wintertag im November 1982 eilt Lok 87004 durchs nördliche Hügelland, Glasgow entgegen.*

elektrischen Betrieb der Strecke von London nach Birmingham, Manchester und Liverpool wurden weitere 100 Lokomotiven geliefert. Diese Klasse „AL6", die spätere Klasse „86", besaß Siliziumdioden-Gleichrichter, eine Widerstandsbremseinrichtung als Betriebsbremse und – als große Vereinfachung – Tatzlagermotoren. Es überrascht kaum, daß diese einfache Bauart bei dem dichten Schnellverkehr schon bald böse Auswirkungen auf die Gleise zeigte und man Änderungen vornehmen mußte. Die Klasse gliedert sich heute wie folgt auf:

Klasse „86.0" im Originalzustand, aber mit Vielfachsteuerung und einer Höchstgeschwindigkeit von 130 km/h: 20 Lokomotiven nur für den Güterzugdienst.

Klasse „86.1" mit neuen Drehgestellen mit ASEA-Hohlwellenantrieb. Prototypen für die Klasse „87": 3 Lokomotiven.

Klassen „86.2" und „86.3" mit Umbauten für 160 km/h zugelassen. Sie besitzen gummigefederte Radsätze und (nur 86.2) eine geänderte Drehgestellabfederung: 58 Loks „86.2" und 19 „86.3".

Für die Erweiterung des elektrischen Betriebs von Crewe nach Glasgow entstanden die 36 Lokomotiven der Klasse „87" in den BR-Werkstätten von Crewe, die elektrische Ausrüstung stammt von der Firma GEC Traction, in der inzwischen auch die AEI, English Electric, Metropolitan-Vickers und British Thompson-Houston aufgegangen waren. Gegenüber der Klasse „81" war ihre Leistung 56% größer, bei einem Mehrgewicht von nur 4%. Man verwendete den in den „86.1" erprobten ASEA-Hohlwellenantrieb und sie erhielten Vielfachsteuerung. Endlich hatte man es bei ihnen für unnötig gehalten, sie mit einem Exhaustor für Vakuumbremsen auszustatten. Alle Loks der Klasse tragen Namen von lebenden oder verstorbenen Persönlichkeiten und dieser hübsche Brauch hat sich auch auf einige Exemplare der Klasse „86" ausgedehnt.

Die bisher letzte Neuerung ist die Ausrüstung einer Lok mit einer Thyristor-Fahrsteuerung, Unterklasse „87.1". Diese Lok 87101 trägt den ehrenvollen Namen „Stephenson" und es besteht kein Zweifel daran, daß wir nach Beendigung der derzeitigen Schaffenspause bei elektrischen Lokomotiven noch einiges von dieser neuen Entwicklungsstufe der britischen Fahrzeugtechnologie hören werden.

In punkto Leistung und Zuverlässigkeit reicht es, festzustellen, daß sie den Erwartungen entsprechen. Der Oberleitung kann ausreichend Strom entnommen werden, um mit Höchstgeschwindigkeit die üblichen Zuglasten zu befördern und sie sind auch für die Bespannung schwerer und langsamerer Güterzüge geeignet.

Unten: *Besonders herausgeputzt hat man die 87002 der BR, die im Juni 1980 den Königlichen Zug zwischen Stafford und Crewe beförderte.*

Reihe 381 Triebzug

Japan
Japanische Staatsbahnen (JNR), 1973

Bauart: Neunteiliger elektrischer Triebzug mit Kastenneigungseinrichtung
Spurweite: 1067 mm (3 ft 6 in)
Stromversorgung: Gleichstrom von 1500 V oder Wechselstrom von 25000 V und 50 Hz oder 60 Hz über Oberleitung
Antrieb: 6 Triebwagen besitzen je 4 Fahrmotoren von 100 kW (136 PS)
Gewicht: 234 t (515875 lb) Reibungsgewicht; 342 t (753970 lb) Gesamtgewicht
Maximale Achslast: 9,75 t (21495 lb)
Gesamtlänge: 191700 mm (628 ft 11 in)
Höchstgeschwindigkeit: 120 km/h (75 mph)

Die Idee einer gleisbogenabhängigen Wagenkastenneigungseinrichtung entspringt der Tatsache, daß entsprechend ausgestattete Fahrzeuge schneller durch Kurven fahren können als normale. In Kurven ist normalerweise die äußere Fahrschiene etwas höher gelegt, um einen Teil der Zentrifugalkraft auszugleichen, die auf die Insassen eines Zuges wirkt. Neigt man nun den Kasten noch weiter nach innen, kann man die Kurvengeschwindigkeit ohne Komforteinbuße erhöhen. Dieser Gedanke ist so verlockend, daß schon viele Bahnverwaltungen derartige Fahrzeuge beschafften, aber erst eine, die Japanische Staatsbahn, setzt sie in größerer Zahl ein.

Diese japanischen Triebzüge der Reihe 381 sind aber nicht für hohe Geschwindigkeiten von, sagen wir, 145 km/h anstelle normaler 120 km/h bestimmt, sondern um beispielsweise 96 km/h zu fahren, wo sonst nur 80 km/h erlaubt sind. Die Kastenneigung ist auf 5° beschränkt (im Vergleich mit 9° der

Oben: *Ein elektrischer Triebzug der JNR-Reihe 381 mit Wagenkastenneigungseinrichtung im Jahre 1978 auf der Hanwa-Linie.*

Rechts: *Die Neigungsvorrichtung der Reihe 381 ist auf den kurvenreichen Gebirgsstrecken von Vorteil.*

Reihe 581 Triebzug

Japan
Japanische Staatsbahnen (JNR), 1968

Bauart: Zwölfteiliger elektrischer Schlafwagen-Schnelltriebzug
Spurweite: 1067 mm (3 ft 6 in)
Stromversorgung: Gleichstrom von 3000 V oder Wechselstrom von 25000 V und 50 Hz oder 60 Hz über Oberleitung
Antrieb: Die elektrische Ausrüstung in zwei Triebwagen versorgt 24 Fahrmotoren von je 100 kW (136 PS) in sechs Mittelwagen
Gewicht: 290 t (639330 lb) Reibungsgewicht; 553 t (1219135 lb) Gesamtgewicht
Maximale Achslast: 12 t (26455 lb)
Gesamtlänge: 249000 mm (816 ft 11 in)
Höchstgeschwindigkeit: 160 km/h (100 mph); aber zulässige Streckengeschwindigkeit 120 km/h (75 mph)

Oben: *Ein elektrischer Schlafwagen-Triebzug der Japanischen Staatsbahnen.*

britischen APT-Züge) und sie wird mit Hilfe von Sensoren für die Seitenbeschleunigung gesteuert. Die Fahrzeuge sind für Gebirgsstrecken mit Steigungen bis zu 2,5% bestimmt und verfügen über eine entsprechend hohe Antriebsleistung. Jeweils zwei von drei Wagen sind motorisiert; jeder zweite Triebwagen trägt die elektrische Ausrüstung inklusive Transformator, Gleichrichter und Stromabnehmer. Die Garnituren bestehen normalerweise aus neun Wagen mit Steuerwagen an beiden Zugenden und verfügen über eine Gesamtleistung von 2400 kW (3263 PS), die für eine Geschwindigkeit von 80 km/h bei 2% Steigung ausreicht. Für die Gefällestrecken sind dynamische Bremsen vorhanden.

Die gleichermaßen in Kurven und auf Steigungsstrecken höheren Geschwindigkeiten ergeben lohnenswerte Fahrzeiteinsparungen. Die ersten Fahrzeuge waren so zufriedenstellend, daß die Zahl dieser Triebzüge während der letzten zehn Jahre auf über 150 gestiegen ist.

Der weltweite Trend der neuzeitlichen Fahrzeugentwicklung zu selbständigen, lokomotivlosen Zugeinheiten griff mit der Einführung dieser interessanten Triebzüge auch auf die davon bisher wenig berührten Japanischen Staatsbahnen über. Bisherige Beispiele für Triebzüge mit Schlafwagenausstattung waren der „M-10001" der Union Pacific (siehe Seite 64), verschiedene elektrische Triebwagen mit Schlafwageneinrichtung auf amerikanischen Überlandbahnen und nicht zuletzt der Nacht-Gliederzug „Komet" der DSG, der in den fünfziger Jahren eine nur kurze Karriere erlebte. Bei keiner Bahn hatte sich dieses Konzept bisher aber auf Dauer durchsetzen können.

Diese sehenswerten Triebzüge haben dagegen den nächtlichen Schnellverkehr auf vielen Fernstrecken Japans übernommen; sie werden aber auch tagsüber verwendet. Ihr Einsatz dürfte sich nach der Eröffnung des 54 km langen Seikan-Tunnels zwischen der Hauptinsel Honshu und Hokkaido erheblich ausweiten. Zwar ist er für die normalspurige „Shin-Kansen"-Linie vorgesehen, wird aber wohl erst einmal etliche Jahre lang von Schmalspurzügen benutzt werden.

Alle Betten liegen in Längsrichtung und sind nicht nach grüner (erster) und zweiter Klasse getrennt. Stattdessen muß für die unteren Schlaflager mehr bezahlt werden als für die in der Mitte oder oben. Die Bettgebühren schließen allerdings, wie auch in japanischen Hotels, die Nachtwäsche und Waschzeug ein. Mit bis zu 45 Betten in einem Schmalspurwagen muß man das Können der Designer bewundern, die es fertiggebracht haben ein Gefühl von Geräumigkeit zu schaffen! Die 12-Wagen-Einheit besitzt 40 Speisewagenplätze, die restlichen 11 Wagen bieten 444 Schlafplätze oder 656 Sitzplätze. Die Wagen sind vollklimatisiert und man sagt, daß die Geräuschdämpfung so gut sei, daß es in ihnen leiser ist, als in lokbespannten Schlafwagen.

Oben: *Die Endtüren dieser Triebzüge ermöglichen den Fahrgästen den Übergang zwischen gekuppelten Einheiten.*

Unten: *Die Endfahrzeuge des Schlafwagen-Triebzugs, Reihe 581, mit dem Führerstand sind nicht motorisiert.*

Rc4 Bo'Bo'

Schweden
Schwedische Staatsbahnen (SJ), 1975

Bauart: Elektrische Mehrzwecklokomotive
Spurweite: 1435 mm (4 ft 8½ in)
Stromversorgung: Wechselstrom von 15000 V 16⅔ Hz über Oberleitung zum Loktransformator
Antrieb: 4 thyristorgesteuerte Gestellmotoren von je 900 kW (1224 PS) mit ASEA-Hohlwellenantrieb
Gewicht: 78 t (161 960 lb)
Maximale Achslast: 19,5 t (42990 lb)
Gesamtlänge: 15520 mm (50 ft 11 in)
Zugkraft: 290 kN (65115 lb)
Höchstgeschwindigkeit: 135 km/h (84 mph)

Die „Rc"-Familie elektrischer Lokomotiven, entwickelt von der Allmanna Svenska Elektriska Aktiebolaget (ASEA) für die Schwedischen Staatsbahnen, hat gute Chancen, eine der erfolgreichsten elektrischen Lokomotivbauarten zu werden. Im Grunde für gemischte Dienste bestimmt, hat man sie auf der einen Seite für eine Höchstgeschwindigkeit von 160 km/h weiterentwickelt, auf der anderen Seite wurde auch eine Variante für die schweren Erzzüge in der arktischen Region Schwedens geliefert. Im Ausland haben so unterschiedliche Kunden wie Österreich, Norwegen und die USA „Rc"-Versionen bestellt.

Einer der Gründe für ihre hervorragende Stellung ist, daß die „Rc1" die erste thyristorgesteuerte Elloktype der Welt war, die schon 1967 in Dienst gestellt wurde. Der Einfallsreichtum mancher Lokfabrikanten ist eben nicht unbedingt ein Ersatz für jahrelange Erfahrung.

1969 folgten den 20 „Rc1" 100 „Rc2" mit verbesserter Thyristorsteuerung und weiterentwickelten Filterschaltungen, die verhindern sollen, daß harmonische Schwingungen, die in den Thyristorkreisen entstehen, über die Gleise fließen und die Signalströme (die auch über die Gleise fließen) und andere Kommunikationseinrichtungen stören. Die 10 „Rc3"-Loks von 1970 waren „Rc2" mit einer geänderten Übersetzung für 160 km/h. 1971-73 wurden dann zehn Loks mit Widerstandsbremse als Reihe „1043" an die Österreichischen Bundesbahnen geliefert.

1975 erschien die Reihe „Rc4" mit einer von ASEA entwickelten Schleuderschutzanlage, die automatisch den Strom eines Fahrmotors reduziert, wenn sich seine Treibräder schneller zu drehen beginnen, als die anderen. Andere Verbesserungen sind beispielsweise statische anstelle der Motorumrichter für die Versorgung der Hilfsaggregate.

Insgesamt 130 „Rc4" erhielten die Schwedischen Staatsbahnen, weitere 10 ähnliche Maschinen gingen nach Norwegen als Reihe „El.16", gleiche Maschinen fahren sogar im Iran. Den bemerkenswer-

E60CP Co'Co'

USA
National Railroad Passenger Corporation (Amtrak), 1973

Bauart: Elektrische Schnellzuglokomotive
Spurweite: 1435 mm (4 ft 8½ in)
Stromversorgung: Wechselstrom von 12500 V 25 Hz oder von 25000 V/12500 V 60 Hz über Oberleitung zum Loktransformator
Antrieb: 6 thyristorgesteuerte Tatzlagermotoren von 951 kW (1293 PS)
Gewicht: 176 t (387905 lb)
Maximale Achslast: 22 t (48490 lb)
Gesamtlänge: 21720 mm (71 ft 3 in)
Zugkraft: 334 kN (75000 lb)
Höchstgeschwindigkeit: 194 km/h (120 mph); wegen schlechten Laufs auf 137 km/h (85 mph) beschränkt

Anfang der siebziger Jahre suchte man immer intensiver nach einem Ersatz für die legendären „GG1"-Schnellzuglokomotiven, die noch immer den Schnellzugverkehr zwischen New York und Washington beherrschten. Grund waren weniger Probleme, die man mit den „GG1" hatte – sie arbeiteten so gut wie eh und je. Es war mehr das schlechte Image durch die Tatsache, daß man sich bei den Schnellzügen noch immer auf diese bald 50 Jahre alten Maschinen stützen mußte. Dazu kam, daß sie für eine bevorstehende (aber nun verschobene) Modernisierung der Stromversorgung mit höherer Spannung nicht geeignet waren.

Für rasche Abhilfe sorgte General Electric, wo man seit 1955 keine elektrische Personenzuglokomotive für US-Bahnen mehr gebaut hatte. Man änderte einfach die Konstruktion einer schweren Güterzugmaschine, die 1972 an die Black Mesa & Lake Powell RR geliefert wurde. Dazu gehörten eine andere

Oben: *Die Amtrak „E60CP" 972 im Juni 1982 vor dem „Silver Star" von New York nach Miami in Newark, New Jersey.*

testen Auslandserfolg konnte ASEA aber in den USA verbuchen. Die Nationale Eisenbahn-Personenverkehrsgesellschaft, besser als Amtrak bekannt, war auf der Suche nach einem Ersatz für die betagten, aber immer noch großartigen „GG1"-Maschinen von 1934 (siehe S. 74). Die neuen Loks sollten auf der Hauptstrecke New York–Washington mit einer Fahrdrahtspannung von 12500 V 25 Hz eingesetzt werden. Verschiedene Vorführmaschinen amerikanischer Hersteller (die seit den „GG1" kaum noch elektrische Schnellfahrlokomotiven gebaut hatten) und eine aus Frankreich enttäuschten, aber eine abgeänderte „Rc4", die für die Probefahrten über den großen Teich geschickt wurde – „unser kleiner Volvo", wie sie die Amtrak-Eisenbahner nannten – war haargenau das Richtige und man bestellte schon bald 47 Stück.

Anstatt aber die „Kaufe amerikanisch"-Lobby zu bekämpfen, wählte man die einfachere Lösung und ließ die Baureihe „AEM7" mit ASEA-Teilen unter ASEA-Lizenz von der General Motors Electro-Motive Division bauen. Im Vergleich zur „Rc4" sind die „AEM7" kräftiger gebaut, haben 25% mehr Leistung und sind auch für das künftige Stromsystem von 25000 V 60 Hz (bei engem Lichtraum auch 12500 V 60 Hz) geeignet. Die Höchstgeschwindigkeit liegt mit 200 km/h viel höher, das Gewicht stieg um 17%. Dies ist hier kein Nachteil, da ja allgemein sehr hohe Achslasten üblich sind und man entsprechend schwere Schienen, enge Schwellenabstände und tiefe Schotterbettung verwendet.

In Schweden baute man 1977 sechs Loks als Type „Rm" für den Erzzugverkehr: zusätzliche Ballastgewichte steigern die Achslast auf 23 t, sie haben automatische Kupplungen, höhere Übersetzungen, Widerstandsbremsen und Vielfachsteuerung, vor allem aber besser wärmeisolierte und beheizte Führerstände und als neueste Version gibt es die Type „Rc 5".

Unten: *Die schwedische Universal-Ellok mit Thyristor-Fahrsteuerung, Reihe Rc4.*

Übersetzung, eine zusätzliche Trafoanzapfung für die Energieversorgung der Wagen und – bei einigen Einheiten – der Einbau von ölgefeuerten Dampfheizkesseln. Man war mit den 1973 gelieferten 27 Loks eigentlich recht zufrieden, nur ihre Laufeigenschaften bei höheren Geschwindigkeiten ließen sehr zu wünschen übrig. Es blieb kein Ausweg, die „GG1" mußten weiterhin Schnellzüge übernehmen.

Für einige „E60CP"s fand man geeignetere Beschäftigungen, andere fanden neue Besitzer. Erst die Schwedenloks mit ihren ausgezeichneten Eigenschaften konnten die „Old Faithfuls" (die alten Getreuen) verdrängen.

Rechts: *Die „E60CP"-Loks können sowohl mit Wechselstrom von 25 Hz als auch von 60 Hz fahren.*

Klasse X Co'Co'

Australien
Victorian Railways (VicRail), 1966

Bauart: Diesel-elektrische Lokomotive für gemischten Dienst
Spurweiten: 1600 mm und 1435 mm (5 ft 3 in, 4 ft 8½ in)
Antrieb: Ein General Motors 2-Takt-V16-Dieselmotor, Typ 16-567E, von 1455 kW (1978 PS) mit Generator versorgt 6 Tatzlagermotoren
Gewicht: 116 t (255665 lb)
Maximale Achslast: 19,5 t (42980 lb)
Gesamtlänge: 18364 mm (60 ft 3 in)
Zugkraft: 285 kN (64125 lb)
Höchstgeschwindigkeit: 134 km/h (84 mph)

Rechts: *Die diesel-elektrische Lokomotive Nr. X49 fährt mit dem „Southern Aurora" (Südliche Morgenröte)-Expreß von Sydney in den Bahnhof von Melbourne ein.*

Es ist ja allgemein bekannt, daß Australien große Probleme mit den Spurweiten seiner Bahnen hat; die einzelnen Staaten waren in der Vergangenheit hier ihre eigenen Wege gegangen. Der Staat Victoria und sein Nachbar South Australia hatten sich damals für die Breitspur von 1600 mm entschieden. Zu Zeiten der Dampfloks ergaben sich dadurch unterschiedliche Lokkonstruktionen, bei den heutigen Dieselloks beschränken sich die Unterschiede oft nur auf die entsprechenden Radsätze.

Diese Loks der Klasse „X" der Victorian Government Railways sind dafür ein gutes Beispiel, denn inzwischen streckt auch die Normalspur einen Fühler in diesen Staat aus, um eine Verbindung von Melbourne zur Transaustralischen Bahn, sowie nach Sydney herzustellen. Sie sind ein typisches General Motors-Produkt – wie fast alle Dieselloks dieser Bahn – und wurden beim australischen GM-Lizenznehmer Clyde Engineering Pty

Reihe 2130 Co'Co'

Australien
Queensland Railways (QR), 1970

Bauart: Diesel-elektrische Güterzuglokomotive
Spurweite: 1067 mm (3 ft 6 in)
Antrieb: Ein General Motors 2-Takt-V16-Dieselmotor, Typ 16-645E, von 1640 kW (2230 PS) mit Drehstromgenerator und Gleichrichtern versorgt 6 Tatzlagermotoren
Gewicht: 97,6 t (215050 lb)
Maximale Achslast: 16,3 t (35850 lb)
Gesamtlänge: 18060 mm (59 ft 3 in)
Zugkraft: 287 kN (64500 lb)
Höchstgeschwindigkeit: 80 km/h (50 mph)

Das 9985 km lange Bahnnetz Queenslands wurde in jüngster Zeit erweitert, um einige Bergwerke zu erschließen und rückte dadurch zur Überraschung vieler mit seiner Bahnlänge auf den ersten Platz der australischen Staatsbahnverwaltungen vor. Noch bemerkenswerter ist aber, daß die QR, trotz ihrer schmalen Spurweite, auch bei den Beförderungszahlen im Güterverkehr führt. Die Lokomotiven, die diesen Rekord ermöglichen, sind diese diesel-elektrischen Loks der Reihe „2130", die – wie 57% des QR-Fuhrparks – GM-Konstruktionen sind und von Clyde Engineering gebaut oder zumindest in Lizenz montiert wurden. Sie folgen auch der US-Tradition, Bausteine für größere Lokeinheiten fast beliebiger Zugkraft zu sein.

Die eindrucksvollste Verwendung dieser ausgezeichneten Maschinen ist ihr Einsatz in zwei Gruppen von je drei Lokomotiven auf der neu erbauten Goonyella-Strecke vor Kohlenzügen mit 148 Wagen, die bei 11140 t Gesamtgewicht 8700 t Kohle befördern. Weil die Zugeinrichtungen der Wagen die immensen Zugkräfte nicht ertragen,

Oben: *Diesel-elektrische Co'Co'-Lokomotiven der Queensland Railways in Mehrfachtraktion.*

Unten: *Die Lokomotiven der QR-Reihe „2130" stammen aus dem Jahr 1970.*

in Sydney, South Wales montiert. Diese Vereinheitlichung bietet den Vorteil, das fast alle VicRail-Dieselloks, egal welcher Type, in Mehrfachtraktion gefahren werden können.

Bald nachdem die ersten 6 „X"-Loks geliefert wurden, stand Clyde die neue 645er-Maschine von GM zur Verfügung, die bei den 1970 gelieferten 18 Lokomotiven eingebaut wurde. Die Leistung erhöhte sich damit auf 1940 kW (2638 PS) ohne Mehrgewicht. Sie waren nun die stärksten Loks der Bahn, aber nach Erhöhung der Achslastgrenze auf 22,5 t auf einigen Strecken bezog man eine weitere Reihe von GM Co'Co'-Loks, Klasse „C", mit einer installierten Leistung von 2460 kW (3345 PS).

Eine Eigenheit victorianischer Lokomotiven, die möglicherweise den Kauf von General Motors-Originalmodellen verhinderte, waren die pneumatisch betätigten „Stab-Übergabevorrichtungen". Die Betriebsvorschriften nach britischem Muster sehen vor, daß Züge auf eingleisigen Streckenabschnitten immer im Besitz eines physischen Zeichens ihrer Befugnis (einem Stab) sein müssen, das dem Gegenzug übergeben wird. Die Orte, an denen sich die Züge begegnen, liegen oft auf freier Strecke und so benutzt man diese Übergabevorrichtung, um den Stab während der Fahrt auszutauschen. Moderne elektrische Signalsysteme ersetzen langsam diese erstaunliche Methode, aber zur Zeit wird sie noch verwandt und alle Lokomotiven müssen dementsprechend ausgerüstet sein.

Rechts: *Die diesel-elektrische Co'Co'-Lokomotive Nr. X45 „Edgar B. Brownbill" der Victorian Railways wurde 1970 gebaut.*

Links: *Interessant ist das Vorhandensein sowohl von Schraubenkupplungen mit Seitenpuffern als auch von Mittelpuffer-Klauenkupplungen.*

wird die zweite Lokgruppe in Zugmitte eingestellt und von den führenden Einheiten über Funk ferngesteuert, ein System, das in den USA entwickelt wurde und in Nordamerika unter dem Namen „Locotrol" weite Verbreitung fand.

Zu diesem Locotrol-System gehört ein besonderes Fahrzeug, das mit den zu steuernden Loks gekuppelt wird. Auf ihm wird die Zughakenbelastung selbsttätig gemessen und die Leistung der Lokomotiven entsprechend geregelt. Zur Gewährleistung der Sicherheit hat der Lokführer in der ersten Maschine die Luftbremsen des ganzen Zugs unter seiner Kontrolle. Sechs Loks, Nr. 2135-40, sind für die Führung solcher Einheiten mit klimatisierten Führerständen und Locotrol-Einrichtung ausgerüstet.

Die Reihe „2130" gehört zu einer Gruppe von 57 ähnlichen Diesellokomotiven, die alle von GM stammen, und nach ihrer Leistung in die Reihen „21xx" und „22xx" eingereiht sind. Die einzigen „fremden" Loks dieser Leistungsklasse auf der QR sind 16 1735 kW (2360 PS)-Maschinen der Reihe „2350" von English Electric, die auf Strecken mit einer Achslastgrenze von 15 t eingesetzt werden. Diese starke Diesellokflotte könnte schon der Höhepunkt der Diesellokentwicklung in Queensland sein, denn es bestehen Pläne für die Elektrifizierung einiger stark belasteter Strecken.

DF4 „Ostwind IV"-Klasse Co'Co'

China
Eisenbahnen der Volksrepublik China (CR), 1969

Bauart: Diesel-elektrische Mehrzwecklokomotive
Spurweite: 1435 mm (4 ft 8½ in)
Antrieb: Ein 4-Takt-V16-Dieselmotor, Typ 16-240-Z, von 2648 kW (3600 PS) mit Drehstromgenerator und Gleichrichter versorgt 6 Tatzlagermotoren
Gewicht: 138 t (304235 lb)
Maximale Achslast: 23 t (50705 lb)
Gesamtlänge: 21100 mm (69 ft 2½ in)
Zugkraft: 338 kN (75890 lb)
Höchstgeschwindigkeit: 120 km/h (75 mph)

Oben: *Eine diesel-elektrische „Ostwind IV"-Lokomotive bei Peking im November 1980.*

Der Diesellokbau hatte in der VR China einen unglaublich schlechten Start, als verschiedene Lokfabriken Anfang der sechziger Jahre nach der Aufforderung des großen Vorsitzenden Mao zum „Großen Sprung nach vorn" unbelastet von jeglicher Erfahrung versuchten, auf die Schnelle eigene Dieselloks zu bauen. Die Ergebnisse waren entsprechend katastrophal. Als die Vernunft dann langsam zurückkehrte, verfiel man glücklicherweise nicht auf den Fehler, sich in die Hände ausländischer Lieferanten zu begeben.

Die unmittelbare Lösung war der Weiterbau von Dampflokomotiven. Daneben begann man langsam, aber sicher, mit der Eigenentwicklung funktionsfähiger Dieselloks. Man importierte auch einige diesel-elektrische Streckenloks, zu erwähnen sind 50 4000 PS-Loks (2942 kW) von Alsthom in Frankreich Anfang der siebziger Jahre und 20 2100 PS-Maschinen (1545 PS), die Electroputere in Rumänien 1975 baute. Gleichzeitig entstanden erste eigene Konstruktionen, von denen die beschriebene die weiteste Verbreitung fand.

Die „DF4" ist eine Allzwecklokomotive, von der eine Personenzugversion (Nummern ab 2001) und eine Güterzugvariante (Nummern ab 0001) existieren. Als stärkste einmotorige Maschine wird sie nur selten in Mehrfachtraktion verwendet, für die üblichen Züge reicht die Leistung einer Lok aus. Sie ist recht ansehnlich gestaltet und besitzt zwei Endführerstände. Der Motor, die gesamte Drehstrom-/Gleichstrom-Elektrik und die mechanischen Teile sind chinesische Eigenentwicklungen nach einem Prototyp von 1969. Die Serienproduktion liegt heute in den Händen der Fabrik in Talien (Dairen). Die Typenbezeichnung des Motors gibt übrigens die Zahl der Zylinder (16) und den Kolbendurchmesser (240 mm) an. Es ist erfrischend, mit welcher Offenheit, die bei den technischen Abteilungen der Eisenbahnen dieser Welt weithin unbekannt ist, angegeben wird, daß die angegebenen Gewichte Toleranzen von plus-minus 3% haben. Bis Ende 1981 dürften von der „DF4"-Klasse etwa 450 Loks entstanden sein.

BJ „Beijing"-Klasse B'B'

China
Eisenbahnen der Volksrepublik China (CR), 1971

Bauart: Diesel-hydraulische Schnellzuglokomotive
Spurweite: 1435 mm (4 ft 8½ in)
Antrieb: Ein 4-Takt-V12-Dieselmotor, Typ 12-240Z, von 2427 kW (3300 PS) treibt über hydraulische Drehmomentwandler alle 4 Achsen an.
Gewicht: 92 t (202820 lb)
Maximale Achslast: 23 t (50705 lb)
Gesamtlänge: 16505 mm (54 ft 2 in)
Zugkraft: 232 kN (52090 lb)
Höchstgeschwindigkeit: 120 km/h (75 mph)

Parallel zur Entwicklung dieselelektrischer Lokomotiven arbeitete man in China auch an diesel-hydraulischen Antrieben. Erfahrung sammelte man vor allem durch die von Henschel in Kassel gebauten großen Lokomotiven der Reihen „NY6" (3383 kW/4600 PS) und „NY7" (3972 kW/5400 PS), 1971 produzierte dann die Lokomotivfabrik „7. Oktober" in Peking (= Beijing) einige Prototypen etwas kleinerer Maschinen für den Personenzugdienst, die als „BJ" oder „Beijing"-Klasse bekannt wurden. Die volle Produktion begann 1975 und bis Ende 1981 gab es schon etwa 150 Stück mit Nummern von 3001 aufwärts.

Diese kompakten Lokomotiven sind erheblich stärker, als es ihre Größe vermuten läßt. Die hohe Achslast in Verbindung mit dem kräftigen Motor verleiht ihnen eine erhebliche Zugkraft; so können sie auf einer Steigung von 3,3% eine Last von 600 t noch mit der, unter diesen Umständen respektablen, Geschwindigkeit von 24 km/h befördern. Eine Tiefzugvorrichtung verringert die Achsentlastung, die hydraulische Kraftübertragung umfaßt zwei Drehmomentwandler zum Anfahren und für normale Streckengeschwindigkeit, die wahlweise auf eines oder auf beide Drehgestelle wirken können und auch die hydrodynamische Abbremsung der Lok ermöglichen. Eine zweimotorige Version ist in der Entwicklung. Ihre Erbauer schätzen die Leistung und Zuverlässigkeit der „BJ"-Klasse so hoch ein, daß sie sie inzwischen voller Zuversicht auch für den Export anbieten.

Links: *Eine der kompakten diesel-hydraulischen „Beijing"-Lokomotiven, die BJ3062 steht im Oktober 1980 an einem Bahnsteig des Hauptbahnhofs von Peking.*

Rechts: *Eine „Beijing"-Lokomotive vor dem Zug, der täglich Touristen von Peking zur Chinesischen Mauer bringt.*

Reihe Dr 13 C'C'

Finnland
Finnische Staatsbahn (VR), 1963

Bauart: Diesel-elektrische Lokomotive für gemischten Dienst
Spurweite: 1524 mm (5 ft 0 in)
Antrieb: Zwei Tampella MGO V16-Dieselmotoren, Typ V-16 BHSR, von 1030 kW (1400 PS) mit Generatoren erzeugen Strom für zwei große Fahrmotoren, die über Zweigang-Zahnradgetriebe je drei Drehgestellachsen antreiben
Gewicht: 99 t (218255 lb)
Maximale Achslast: 16,5 t (36375 lb)
Gesamtlänge: 18576 mm (60 ft 11 in)
Zugkraft: 277 kN (62195 lb)
Höchstgeschwindigkeit: 140 km/h im Schnellgang / 100 km/h im Langsamgang (87/62 mph)

Zwei Prototypen dieser ungewöhnlich aussehenden Lokomotiven erstand die VR 1963 bei Alsthom in Frankreich; sie beinhalteten viele typische Merkmale der damaligen Erzeugnisse dieser berühmten Firma. Später entstand eine Serie von 52 Stück unter Lizenz in Finnland. Die Firmen Lokomo und Valmet, beide in Tampere, teilten sich den Auftrag. Von den 54 Loks sind heute noch 48 im Einsatz.

Die Konstruktion basiert auf einer Motortype mäßiger Leistung, die in Finnland verfügbar war; für die gewünschte Lokleistung benötigte man zwei Stück. Das Laufwerk und die elektrische Ausrüstung folgten den einzigartigen Konstruktionsprinzipien, die damals in Frankreich gleichermaßen für elektrische und diesel-elektrische Lokomotiven eingeführt worden waren. Die „monomoteur"-Drehgestelle besitzen nur einen großen Fahrmotor, der mittig über den Achsen montiert ist. Das Drehmoment übertragen Zahnradgetriebe mit umschaltbarer Übersetzung, einmal für den Schnellzugdienst und das andere Mal für Güterzüge. Die Umschaltung kann nur bei Stillstand der Lokomotive durchgeführt werden.

Diese interessanten Maschinen haben sich bei der VR bewährt, die künftige Diesellokentwicklung in Finnland wird aber von Elektrifizierungsplänen überschattet.

Oben: *Eine diesel-elektrische C'C'-Lokomotive, Reihe Dr 13, der Finnischen Staatsbahnen.*

Klasse 6E Bo'Bo' Südafrika

South African Railways (SAR), 1969

Bauart: Elektrische Lokomotive für gemischten Dienst
Spurweite: 1067 mm (3 ft 6 in)
Stromversorgung: Gleichstrom von 3000 V über Oberleitung; Widerstandsregelung
Antrieb: 4 Tatzlagermotoren von je 623 kW (847 PS)
Gewicht: 88,9 t (195935 lb)
Maximale Achslast: 22,25 t (49040 lb)
Gesamtlänge: 15494 mm (50 ft 10 in)
Zugkraft: 311 kN (70000 lb)
Höchstgeschwindigkeit: 113 km/h (70 mph)

Die Elektrifizierung begann in Südafrika recht früh; schon 1925 wurde der schwierige Abschnitt zwischen Estcourt und Ladysmith der Hauptstrecke von Durban nach Johannesburg mit Fahrdraht überspannt. Die dort verwendeten Lokomotiven der Klasse „1E" – die erste Serie kam aus der Schweiz – sind die direkten Vorfahren der Klasse „6E" mit der gleichen Grundanordnung und Achsfolge. 55 Jahre technischen Fortschritts brachten eine Steigerung der Zugkraft um 77%, der Leistung um 208% und der Höchstgeschwindigkeit um 180%, die man mit einem Mehrgewicht von nur 31% und einer um 16% größeren Länge bezahlen mußte. Es ist für den elektrischen Betrieb typisch, daß viele dieser „1E"-Loks nach mehr als einem halben Jahrhundert immer noch mit untergeordneten, aber trotzdem anstrengenden, Aufgaben betraut sind. Ein Land mit hohem Wirtschaftswachstum und reichen Vorräten an Bodenschätzen, aber völlig ohne Öl wie dieses, ist geradezu prädestiniert für eine

Links: *Zwei passend lackierte Elektroloks der Südafrikanischen Eisenbahnen befördern den berühmten „Blue Train", nahe Fountains, Pretoria.*

Klasse 9E Co'Co' Südafrika

South African Railways (SAR), 1978

Bauart: Elektrische Lokomotive für schweren Güterzugdienst
Spurweite: 1067 mm (3 ft 6 in)
Stromversorgung: Wechselstrom von 50 000 V 50 Hz über Oberleitung zum Loktransformator
Antrieb: 6 thyristorgesteuerte Tatzlagermotoren von je 680 kW (925 PS)
Gewicht: 168 t (370270 lb)
Maximale Achslast: 28 t (61712 lb)
Gesamtlänge: 21132 mm (69 ft 4 in)
Zugkraft: 538 kN (121000 lb)
Höchstgeschwindigkeit: 90 km/h (56 mph)

Es heißt, daß das einzige von Menschenhand geschaffene Werk, das man vom Mond aus mit bloßem Auge auf der Erde erkennen kann, die Chinesische Mauer sei; aber auch von einer Bahnstrecke könnte man dies behaupten, von der 851 km langen Erzbahn von Sishan im Zentrum Südafrikas zum neuen Atlantikhafen von Saldanha Bay. Sie wäre einem Beobachter auf dem Mond nicht nur durch die Schnelligkeit aufgefallen, mit der sie erschien, ihre Erkennbarkeit wird auch durch eintönige wüstenartige Umgebung auf dem Großteil der Strecke gesteigert. Erbaut von der staatlichen südafrikanischen Eisen & Stahl Industriegesellschaft (ISCOR) für den Abtransport großer Erzvorkommen, führt die südafrikanische Eisenbahn SAR den Betrieb, der durch seine Rahmenbedingungen bisher beispiellose Technik erforderlich macht. In dem praktisch menschenleeren Landstrich wollte man die Stromversorgung möglichst einfach halten und wählte deshalb eine Fahrdrahtnennspannung, die doppelt so hoch wie sonst üblich ist. Dadurch kommt man auf der gesamten Strecke mit nur sechs Unterwerken aus; zwischen ihnen dient nur die Fahrleitung der Energieübertragung. Die 25 elektrischen Lokomotiven für diese Bahn (nach anfänglichem Dieselbetrieb) wurden von GEC Traction in Großbritannien entworfen, aber in Südafrika von der Union Carriage & Wagon Co gebaut. Sie werden normalerweise zu dritt verwendet, eine Lokomotivgarnitur von 16650 PS (12240 kW), die in der Lage ist, in der maßgebenden Steigung von 0,4% in Lastrichtung Züge von 20000 t anzufahren und zu beschleunigen. Sie arbeiten auch noch bei einem Spannungsabfall um 50% auf 25000 V (mit reduzierter Geschwindigkeit), wie er unter Umständen, etwa zwischen zwei 70 km auseinanderliegenden Unterwerken, vorkommen kann.

Eine sehr gute, aber doch ungewöhnliche Einrichtung ist, daß die Züge in einem Geschränk unter dem Umlauf einen Motorroller mit sich führen. Damit kann das Perso-

Rechts: *Eine der südafrikanischen „9E"-Lokomotiven für 50000 V-Betrieb, die auf der Erzbahn von Sishen nach Saldanna Bay fahren.*

ren und ankommen, nicht mehr genügend Raum verfügbar war. Daneben entstand ein Depot in Wormwood Scrubs, das an der Hauptroute im Westen liegt und von Waterloo aus über die West London-Linie zu erreichen ist. In Battersea, wo sich die alte Boat Train-Linie von Victoria Station aus mit der Hauptstrecke ab Waterloo Station kreuzt, wurde ein neuer, kurvenförmig verlaufender Viadukt gebaut; zahlreiche Streckenverbesserungen in Kurven waren außerdem nötig, insbesondere in Tonbridge. Um zwei Bahnsteige für die neuen Züge aus dem Ärmelkanal im Zentrum schaffen zu können, mußte der Bahnhof von Ashford neu gebaut werden. Im Tunnel selbst und dann bis einige Kilometer vor Paris waren neue Schienen zu verlegen; die alten Bahnsteige am Gare du Nord in Paris konnten leicht modifiziert werden.

Sowohl Belgien als auch Großbritannien beabsichtigen, auf ihrem Schienennetz Hochgeschwindigkeitszüge einzusetzen, aber nur die Belgier kommen momentan damit voran: 1998 oder sogar noch vorher soll die Hochgeschwindigkeitsverbindung von Lille nach Brüssel eröffnet werden. Selbstverständlich sollen Hochgeschwindigkeitszüge auf der Route Paris – Brüssel – Amsterdam verkehren, und auch nach London ist ein solcher Hochgeschwindigkeitskorridor geplant.

Den bisherigen Planungen zufolge soll der umgebaute St. Pancras-Bahnhof Ausgangsbahnhof für die neue Linie werden; dort tauchen die Nahverkehrszüge in den Untergrund ab, wodurch in der schönen Bahnhofshalle der benötigte Raum zur Verfügung steht. Die Strecke soll die ersten 17 km unterirdisch verlaufen, dann aber bei Barking Station für weitere 15 km an die Oberfläche kommen. Weiter geht es dann in einem 3 km langen Tunnel unter der Themse hindurch, worauf man Ebbsfleet Station erreicht, wo Anschluß zu bestehenden Verbindungen gegeben ist. Die Trasse folgt dann den Autobahnen M2 und M20, wobei das Verbindungsstück zwischen beiden durch einen 3,5 km langen Tunnel durch Blue Bell Hill hergestellt werden soll. Ab Ashford, Kent, wo wieder ein Tunnel unter der Stadt hindurchführt, liegt die Hochgeschwindigkeitsstrecke in unmittelbarer Nähe der bestehenden Bahnlinie. Das ganze Konzept ist mit einem minimalen Kurvenradius von 4000 m ausgearbeitet, wodurch die Höchstgeschwindigkeit von 300 km/h umgesetzt werden kann. Die größte Steigung auf der Strecke beträgt 2,5%. Diese Konstellation ist der in Frankreich vergleichbar.

Links: *Der „Eurostar" 3004 bei seinem ersten Besuch bei Tageslicht in Waterloo International Station, London, im Februar 1994.*

Rechts: *Der „Eurostar" im Terminal des internationalen Londoner Bahnhofs Waterloo, der eigens für die Kanallinie umgebaut wurde. Der Zug ist teilweise dem französischen TGV nachgebildet.*

Unten: *Abfahrt London, Waterloo Station, Ankunft Brüssel im Oktober 1994. Eine neue Hochgeschwindigkeitstrasse zwischen Belgien und Großbritannien soll Anfang des 21. Jahrhunderts fertiggestellt sein.*

Klasse 460 Bo,Bo'-Lokomotive

Schweiz
Schweizerische Bundesbahnen (SBB)

Bauart: Elektrische Mehrzwecklokomotive
Spurweite: 1435 mm (4 ft 8 $^{1}/_{2}$ in)
Stromversorgung: Wechselstrom von 15000 V 16 2/3 Hz über Oberleitung
Antrieb: 2 Thyristor-Steuerungssysteme für vier am Wagenrahmen befestigte Traktionsmotoren von 1525 kW (2074 PS), die über Gelenkantriebe auf jeweils eine Achse wirken
Gewicht: 84 t (185136 lb)
Maximale Achslast: 21 t (46284 lb)
Gesamtlänge: 18500 mm (60 ft 8 in)
Höchstgeschwindigkeit: 230 km/h (144 mph)

Oben: *Zwei Bo,Bo'-Lokomotiven der Klasse 460 im Verbund als Antrieb für einen Autozug.*

Teil des ehrgeizigen RAIL 2000-Plans der Schweizerischen Bundesbahnen sind diese Lokomotiven, die von einem Firmenkonsortium, nämlich der Schweizerischen Lokomotiv- & Maschinenfabrik und Asea Brown Boveri, konzipiert und gebaut wurden. Sie sollten nicht nur auf den ebenen Strecken des Schweizer Eisenbahnnetzes höchste Geschwindigkeiten erzielen, sondern auch als zusätzlicher Antrieb für die schwersten Güterzüge in den Steigungen des Gotthard- und Lötschberg-Tunnels eingesetzt werden können. Gleichzeitig verfügt die Lokomotive über einige mechanische und elektrische Besonderheiten und zeigt, dank der italienischen Beraterfirma Pininfarina, ein äußerst ansprechendes Design.

Auf der mechanischen Seite ist vor allem die „Lenkbarkeit" der Räder in jedem Drehgestell hervorzuheben, wodurch die Achsen sich unabhängig voneinander bewegen und in Kurven jeweils im rechten Winkel zur Spur stehen können. Durch die Glasfiber-Sandwichkonstruktion des Führerstands hat dieses Element nur wenig Gewicht; so wird eine aerodynamische und attraktive Form möglich. Das Frontfenster wurde verstärkt, damit keine Druckunterschiede beim Ein- und Ausfahren aus Tunnels entstehen, der Führerstand ist abgedichtet und klimatisiert. Weil es keine Seitenfenster gibt, wurden spezielle, ausklappbare und heizbare Rückspiegel an jeder Seite der Lokomotive angebracht.

Das Steuerungssystem basiert auf Mikroprozessoren; zwei Thyristorgruppen versorgen bei der Fahrt die beiden Dreiphasen-Traktionsmotoren an jedem Drehgestell mit Wechselstrom variabler Frequenz. Zum Bremsen wird Rückkoppelungsstrom erzeugt und, falls notwendig, Luftdruck freigesetzt (pneumatische Bremse); als letzte Möglichkeit kann eine magnetische Schienenbremse eingesetzt werden. Außerdem ist der Rückkoppelungsstrom „clean", d. h. Spannungs- und Stromkreislauf sind in Phasen aufeinander abgestimmt. In der Vergangenheit war der beim Bremsen der Lokomotiven gewonnene Rückkoppelungsstrom gewöhnlich nicht in Phase, weswegen man von dieser Möglichkeit keinen Gebrauch machte.

Beim Betrieb der Lokomotive gab es einige Probleme, insbesondere mit den Computersystemen. 1993 mußte man die Lokomotiven von den Hauptfahrten sogar ausschließen, nachdem es bei einigen Expreß-Zügen zu ernsthaften Verspätungen gekommen war. Ein Jahr lang setzte man sie daher ausschließlich im Personennahverkehr und für zahlreiche Fahrten auf der Gotthard-Strecke ein.

Die Schweizerischen Staatsbahnen haben insgesamt 250 dieser bemerkenswerten Loks bestellt; über die Hälfte davon sind bereits ausgeliefert, einschließlich einiger Sondermodelle, die mit 25000 V 50 Hz in Basel und Genf eingesetzt werden sollen, sowie einer 3000 V Gleichstrom-Lok für Italien. Auch die Bern-Lötschberg-Simplon-Bahn hat die von ihr bestellten 18 leicht modifizierten Loks bereits erhalten. Bei diesen handelt es sich um die stärkeren Versionen der Klasse 465, mit einer Leistung von 7000 kW (9520 PS). Es sind die leistungsstärksten achträdrigen Lokomotiven der Welt, so daß sich damit auch bereits Exportmöglichkeiten ergaben: Finnland hat 20 Breitspur-Modelle für 25000 V 50 Hz bestellt, später orderte Norwegen 22 Lokomotiven. Diese Lokomotiven heißen jetzt LILLEHAMMER und OLYMPIA, wobei auch andere bestimmte Namen tragen – seien es nun Städtenamen oder diejenigen bestimmter Schweizer Regionen. Andere sind auch – in Folge profitabler Verträge – zu Werbeträgern für Produkte oder Dienstleistungsbetriebe geworden: Die 460 015 heißt z. B. „AGFA". Eine Klausel setzt allerdings fest, daß die verwendeten Farben genauso kräftig wie das Rot der Standardausführung sein müssen.

Unten: *Die Schweizer Bo' Bo'-Mehrzwecklokomotive der Klasse 460.*

O

P

Q

R

S

T

U

Fotonachweis

Die Herausgeber und der Verlag möchten allen Vereinigungen und Privatpersonen danken, die Fotos für dieses Buch zu Verfügung gestellt haben. Sie werden hier mit den Seitenzahlen benannt.

AC = Arthur Cook. BBC = BBC Hulton Picture Library. BH = Brian Hollingsworth. BS = Brian Stephenson. CG = C Gammell. CV = Colourviews, Birmingham. JJ = Jim Jarvis. HB = Hugh Ballantyne. MARS = Mechanical Archive & Research Services. GFA = Geoffrey Freemann-Allan.

Seite 20: B Stephenson; BBC Hulton Picture Library **21:** CV; R Bastin; **22:** B Stephenson **23:** C Gammell; N Trotter **24:** B Stephenson; B Hollingsworth; CV **25:** GFA; D Cross; Robert Barton; **26:** Robert Barton; Union Pacific RR; B Stephenson **28:** CV **29:** Science Museum/CV **30:** Science Museum; AAR **31:** PNWA; PNWA **32:** Science Museum/CV **34:** R Bastin; PNWA; **35:** AAR **37:** J Adams **39:** Science Museum/CV **40:** CV; **41:** CV **42:** Schweizerische Bundesbahnen; CV **43:** CV; O Bamer **44:** CV; VR/Henry Science Museum **45:** CV **46:** AAR **47:** J Winkley **48:** CV **49:** CV **50:** VR **51:** J Dunn **52:** CV **53:** GFA **55:** M Whitehouse **56:** CV **57:** CV **58:** CV **59:** CV **60:** Verkehrsmuseum Nürnberg **61:** Verkehrsmuseum Nürnberg **63:** CV; AAR **64:** AAR; Strasburg RR **65:** Strasburg RR 66–67 GFA **67:** CV **68:** Italienische Staatsbahn; GFA **70:** VR **72:** VR **73:** CV **74:** D Cross; GFA **75:** D Cross **76:** CV **76–77:** J Winkley **77:** CV **78:** Colour-rail **79:** CV **80–81:** CV **81:** CV; JM Jarvis **82–83:** Colour-rail/RM Quinn **84:** CV **85:** CV **86:** CV **87:** CV **88:** CV **89:** CV; VR **90:** Staatsbibliothek Berlin; MARS **90–91:** GFA **91:** CV **92:** Schweizerische Bundesbahnen **92–93:** K Mills **93:** M Whitehouse **94:** CV **96:** CV **97:** Presseagentur Nowosti; Italienische Staatsbahn **98:** Colour-rail/RM Quinn; CV **99:** Archiv Triebl; CV **100:** Schwedische Staatsbahn 101: Schwedische Staatsbahn/MARS **102:** JM Jarvis; GFA **103:** CV **104:** CV **104–105:** CV **105:** LG Marshall **106:** CV **107:** CV **108:** CV **108–109:** GFA **109:** D Cross **110:** CV **112:** VR **112–113:** C Gammell; CV **113:** GFA **114:** J Winkley; R Bastin **115:** R Bastin **116:** D Cross **117:** R Bastin **118:** Victorian Government Railways; **118–119:** Colour-rail/RM Quinn **119:** CV; GFA; Finnische Staatsbahn; **120:** J Winkley **121:** CV **122:** Burlington Northern **123:** CV **124:** Southern Railway Systems/MARS **125:** CV **126:** JM Jarvis **127:** GFA; AAR **128:** South Australian Railways **129:** D Cross; South Australian Railways **130:** K Cantlie **131:** C Gammell; D Cross **132:** CV **133:** CV **134:** CV **136:** JM Jarvis **136–137:** GFA **137:** GFA; Canadian Pacific **138:** CV; Colour-Rail/HN James **139:** CV **140:** Bundesarchiv Koblenz; Norwegische Staatsbahn **141:** Norwegische Staatsbahn **142:** C Gammell **142–143:** AAR **144:** AAR; CV **144:** GFA **145:** CV; **146:** D Cross **147:** CV **148:** CV **149:** GFA; CV **149:** British Columbia Railway/MARS **151:** British Columbia Railway/MARS **152:** Canadian National Railways/MARS **153:** CV **154–155:** Chicago & North Western/MARS **155:** Colour-Rail **157:** CV **158:** C Gammell **159:** JM Jarvis **160:** CV; J Dunn **161:** CV; SAR **162:** CV; GFA **163:** D Cross; GFA **164:** CV **165:** Union Pacific RR **166:** JM Jarvis **167:** JM Jarvis; GFA **168:** GFA **169:** Santa Fe RR; GVA **170:** CV **171:** D Cross **172:** JM Jarvis **173:** GFA; JM Jarvis **174:** VR/Fenino **175:** VR **176:** K Yoshitani; C Gammell **177:** K Yoshitani **178:** Colour-rail/R Hill **179:** CV; C Gammell **180:** B Stephenson **181:** C&O RR/MARS **182:** R Bastin; CV; M Whitehouse **183:** CV; VR **184:** CV; R Ziel; J Westwood **185:** J Westwood, R Ziel **186:** Colour-rail/RM Quinn **187:** CV; Colour-rail/RM Quinn **188:** Canadian Pacific **1 89:** CV **190:** D Cross; CV **191:** Colour-rail/J Dewing **192:** South African Railways/MARS; CV **193:** C Gammell **194:** CV **195:** CV **196:** CV; Colour-rail/JG Dewing **197:** CV; RENFE/MARS **198:** B Hollingsworth; C Gammell **199:** R Gillard; CV **204:** J Winkley **205:** oben, South African Railways, unten links, P Robinson, rechts, GFA **206:** General Electric **207:** oben, BH, unten links, Victorian Government Railways, unten rechts, DB **208:** oben, CG, unten, R Barton **209:** oben, P Robinson, unten links, Schwedische Staatsbahn, unten rechts, K Yoshitani **210:** Union Pacific **210–211:** SNCF **211:** unten links, JJ; unten rechts, J Winkley **212:** Panama Canal Company **212–213:** SNCF **213:** oben rechts, P Robinson, unten, BS **216:** oben, BBC, unten, Winkley **217:** oben, Deutsches Museum, München, unten, JJ **220–221:** Gomergrathbahn **223:** J Winkley **225:** MARS **226:** JJ **227:** oben, Panama Canal Company, BH **228:** Colour-rail **229:** oben, JJ; unten, BBC **230:** BH **232:** JJ **233:** J Winkley **234:** Colour-rail **235:** BS **236:** BS **237:** R Bastin **238:** SBB **239:** SBB **241:** BH **242:** LG Marshall **243:** JJ **244:** Schwedische Staatsbahn **245:** oben, JJ; unten, Britische Post **247:** Britisches Eisenbahnmuseum **248–249:** JJ **250–251:** AC **252:** oben, CG; unten, CV **253:** AC **255:** BH **256:** oben, Colour-rail, unten, Oxford Publishing Co. **257:** oben, BS; unten, Oxford Publishing Co. **258:** oben, J Winkley, unten, Union Pacific RR **259:** oben, J Winkley; unten, Union Pacific RR **260:** Italienische Staatsbahn **261:** oben, Italienische Staatsbahn; unten, Dänische Staatsbahn **262:** AC **263:** GFA **265:** BS **266:** CG **267:** CG **268:** oben, AMTRAK, unten, BH **270:** AMTRAK **270:** CG **271:** BS **272:** CG **273:** AT&SF **274:** Emery Gulash **275:** oben, J Winkley, unten, CG **276:** oben, BS, unten CG **277:** J Whiteley **278:** BLS **279:** R Bastin **280–281:** AT&SF **282–283:** JJ **284:** Burlington Northern RR **285:** oben, GFA, Mitte, Burlington Northern RR; unten, Burlington Northern RR **286:** oben, CV; unten, CG **287:** oben, Oxford Publishing Co.; unten, JJ **288:** BH **289:** J Winkley **290:** BS **291:** SNCF **292:** D Cross **293:** Colour-rail **294:** oben, CV unten, via MARS **295:** oben, NZGR, unten, J Winkley **296–297:** Italienische Staatsbahn **298:** BH **299:** Fairbanks Morse **300:** SNCF **301:** R Bastin **302:** BS **303:** oben, Colour-rail; unten, SAR **304:** SNCF **306:** Dänische Staatsbahn **307:** J Winkley **308:** BS **309:** oben, BS; Mitte, J Whiteley; unten, J Westwood **310:** oben, D Cross, unten M Kashima **311:** oben, BS; unten, M Kashima **312:** oben, J Winkley; unten, J Robinson **313:** oben, P Robinson, unten, D Cross **314–315:** oben, P Robinson; unten J Westwood **316:** J Winkley **317:** oben links, J Westwood; oben rechts, Rumänische Staatsbahn; unten P Robinson **318–319:** BS **320:** Schwedische Staatsbahn **321:** oben, ASEA, unten, JJ **322:** J Winkley **323:** BH **324:** oben, HB, unten, P Robinson **325:** links, HB; rechts, CG **326:** Southern Pacific RR **327:** Denver & Rio Grande RR **328:** oben, Colour-rail, unten JJ **329:** Colour-rail **330:** P Robinson **331:** oben, CV; unten, BS **332:** oben, D Cross, unten, BS **333:** R Bastin **334:** J Westwood **335:** oben, SNCF; unten, MARS **336:** oben, P Cook; unten, Koyusha **337:** oben, P Cook; Mitte, Japanese Information Service; unten, K Yoshitani **338:** JJ **339:** GFA **340:** Dr. Hedley **341:** JJ **342:** DB **343:** J Westwood **344–345:** oben, BR; unten, BS **346:** oben, SNCF, unten BS **347:** oben, SNCF; unten, CG **348:** AMTRAK **349:** oben, J Winkley; Mitte und unten, AMTRAK **35O:** H Kawai **351:** CV **352:** oben, Union Pacific RR, unten J Winkley **353:** Union Pacific RR **354:** J Winkley **355:** oben, HB; unten, London Transport **356–357:** oben, SNCF, unten, BS **358:** R Bastin **359:** SNCF **360–361:** BS **362:** J Winkley **363:** CV **364:** NZGR **365:** oben, NZGR; unten, DB **366:** oben, R Bastin; unten J Winkley **367:** HB **368:** oben, K Yoshitan; unten, H Kawai **369:** oben, H Kawai, unten, Kazunori **370:** CV **371:** AMITRAK **372:** oben, HB; unten, Queensland Government Railways **373:** oben, Victorian Government Railways; unten, Queensland Government Railways **374:** oben, CG, unten JJ **375:** oben, Finnische Staatsbahn, unten CG **376–377:** South African Railways **378:** oben, CV; unten, CV **379:** J Winkley **380:** oben und Mitte, J Whiteley; unten, Romney Hythe & Dymchurch Railway **381:** oben, OBB, unten, RH&DR **3 82:** FO **383:** AC **384:** R Bastin **385:** BS **386–387:** DB **388–389:** Via Rail **390:** NSW Railways **391:** oben, J Dunn; unten, N Curley **392:** HB **393:** oben, SAR; unten Colour-rail **394–395:** SNCF **395:** CV **396:** oben, Italienische Staatsbahn **397:** unten, BR **398–399:** BR.